AF747582

DROIT ET RISQUE PRÉNATAL DE CONTAMINATION PAR LE VIH EN AFRIQUE SUBSAHARIENNE

Collection « Droit de la bioéthique »

Collection fondée et dirigée par Gérard Teboul,
professeur à l'université Paris-Est

La collection « Droit de la bioéthique » concerne un droit de formation récente qui tient une place croissante dans l'univers juridique. Intéressant le droit international, le droit de l'Union européenne et le droit interne (public et privé), cette collection invite, par sa transversalité, à appréhender les sciences du vivant sous un regard axiologique. Nourrie par des considérations éthiques, elle propose des analyses juridiques qui importent à la société civile dans son ensemble et qui interrogent le devenir de l'espèce humaine. Se situant au carrefour d'enjeux multiples, la collection « Droit de la bioéthique » a vocation à contribuer au débat public.

Fils ANGELESI BAYENGA

DROIT ET RISQUE PRÉNATAL DE CONTAMINATION PAR LE VIH EN AFRIQUE SUBSAHARIENNE

Avant-propos de Gérard Teboul

L'Harmattan

© L'Harmattan, 2021
5-7, rue de l'Ecole-Polytechnique, 75005 Paris
http://www.editions-harmattan.fr
ISBN : 978-2-343-22533-3
EAN : 9782343225333

À mes étudiants présents et à venir.

AVANT-PROPOS

Issu d'une thèse de doctorat soutenue à l'Université Paris-Est (Paris XII), le présent ouvrage appréhende une thématique qui, au regard du droit de la bioéthique, se situe au cœur d'un enjeu cardinal: comment faut-il assurer la protection de l'enfant contre le risque de naître avec le virus de l'immunodéficience humaine (VIH) ?

Circonscrite au droit congolais et recourant à une démarche d'information comparative intéressant dix États d'Afrique subsaharienne, l'étude entreprise par Monsieur Fils ANGELESI BAYENGA invite à fréquenter un univers normatif dans lequel « droit *à* l'enfant » et « droit *de* l'enfant » ne cessent de rivaliser: peut-on parvenir à concilier le droit dont les femmes peuvent légitimement se prévaloir - celui de procréer - et le bien-être de l'enfant qui, dès sa conception, mérite d'être placé à l'abri de toute infection par le VIH ?

Nourrie d'analyses approfondies et rigoureuses, la pensée de Fils ANGELESI BAYENGA ne se borne pas à décrire le droit applicable dans les États d'Afrique, objets de l'étude entreprise: elle propose, de *lege ferenda,* des solutions innovantes qui contribuent, même si l'on entend les contester, à stimuler la réflexion. À cet égard, il importe de souligner - marque de la crédibilité de la démarche prospective suivie par l'auteur - que M. ANGELESI BAYENGA appartient au Groupe de travail « Droit et VIH » du Ministère de la justice et des droits humains de la République démocratique du Congo.

Par sa démarche transversale, holistique et, parfois même, anthropologique, cet ouvrage est susceptible d'intéresser, par-delà le continent africain, tous les praticiens et les théoriciens qui, attachés au développement des sciences du vivant, sont sensibles au respect de la dignité humaine.

Gérard TEBOUL

Professeur des universités (Paris XII)

*

* *

TABLE DES MATIÈRES

PRINCIPALES ABRÉVIATIONS

AMP	:	Assistance médicale à la procréation
ARV	:	Antirétroviraux
B.A	:	Bulletin des arrêts
B.O	:	Bulletin officiel
C.C.C.L III	:	Code civil congolais, Livre III
CCNE	:	Comité consultatif national sur l'éthique de sciences de la vie et de la santé (France)
CDV	:	Centres de dépistage volontaire
CEDH	:	Cour européenne des droits de l'Homme
CNMLS	:	Conseil national multisectoriel de lutte contre le VIH/sida
CNS	:	Conseil national du sida (France)
CPL II	:	Code pénal, livre II
CPN	:	Consultation prénatale
CSJ	:	Cour suprême de justice
CSP	:	Code de santé publique (France)
DIU	:	Dispositif intra-utérin
DPI	:	Dépistage préimplantatoire
Dir	:	Sous la direction de
Ed	:	Édition
EDS	:	Enquête démographique et de santé
Et. al	:	*Et alii* (et autres)
Gaz. Pal	:	Gazette du palais
GPA	:	Gestation pour autrui
HCDH	:	Haut-Commissariat des Nations unies aux droits de l'Homme
IAC	:	Insémination artificielle intraconjugale
IAD	:	Insémination artificielle avec donneur
Ibid	:	*Ibidem* (là même)
IDH	:	Indice de développement humain
INRB	:	Institut national de recherche biomédicale
J.O	:	Journal officiel
J.O.RDC	:	Journal officiel de la RDC
JORF	:	Journal officiel de la République de France
J.O.Z.	:	Journal officiel du Zaïre
IRG	:	Interruption responsable de grossesse
IST	:	Infections sexuellement transmissibles

IVG	:	Interruption volontaire de grossesse
LGBT	:	Lesbiennes, Gay, Bisexuels et Transgenres
LGDJ	:	Librairie générale de droit et de jurisprudence
MST	:	Maladies sexuellement transmissibles
OEC	:	Officier de l'état civil
OMP	:	Officier du ministère public
OMS	:	Organisation mondiale de la santé
ONU	:	Organisation des Nations unies
ONUSIDA	:	Programme commun des Nations unies sur le VIH/sida
Op. cit	:	Œuvre déjà citée
OPJ	:	Officier de police judiciaire
PNLS	:	Programme national de lutte contre le Sida et IST
PMA	:	Procréation médicalement assistée
PNMLS	:	Programme national multisectoriel de lutte contre le sida
PNUD	:	Programme des Nations unies pour le développement
PSN	:	Plan stratégique national de lutte contre le sida
PTME	:	Prévention de la transmission mère-enfant du VIH/sida
PUC	:	Presses universitaires du Congo
PUF	:	Presses universitaires de France
PUK	:	Presses universitaires de Kinshasa
PUZ	:	Presses universitaires du Zaïre
PVV	:	Personnes vivant avec le VIH
R.C	:	Rôle civil
R.C.A	:	Rôle civil en appel
RDC	:	République démocratique du Congo
RDSS	:	Revue de droit sanitaire et social
RGDM	:	Revue générale de droit médical
RJCB	:	Revue juridique du Congo belge
RJZ	:	Revue juridique du Zaïre
RJC	:	Revue juridique du Congo
RP	:	Rôle pénal
SADC	:	*Southern africa development community*
Sida	:	Syndrome immunodéficitaire acquis
TAR	:	Traitement antirétroviral
TGI	:	Tribunal de grande instance
TME	:	Transmission mère-enfant du VIH/sida
TPE	:	Tribunal pour enfants
TRIPAIX	:	Tribunal de paix

UNESCO	:	Fond des Nations unies pour l'éducation, la science et la culture
UNGASS	:	Session ordinaire de l'Assemblée générale des Nations unies sur le VIH/sida
UNICEF	:	Fond des Nations unies pour l'enfance
VIH	:	Virus de l'immunodéficience humaine
Voy.	:	Voyez

INTRODUCTION GÉNÉRALE

OBJET ET CONTEXTE ÉPIDÉMIOLOGIQUE DE L'ÉTUDE

1. Le VIH/sida est un vaste champ de recherches dont les horizons scientifiques se sont élargis et développés dans des directions différentes. À en croire la Commission mondiale sur le VIH et le droit : « En à peine trois décennies, plus de 30 millions de personnes sont mortes du sida et plus de 34 millions d'autres ont été infectés par le VIH. L'épidémie du VIH est devenue l'un des plus grands défis de notre temps en matière de santé publique. Elle constitue également une crise en matière de droit, de droits de l'homme et de justice sociale[1].»

2. En Afrique subsaharienne, on estime à environ 1.080.000 le nombre de nouvelles infections à VIH en 2018[2]. Dans cette même région, à l'instar du reste du monde, les femmes sont touchées de manière disproportionnée par l'épidémie de VIH. Sur environ les 25.600.000 cas des personnes diagnostiquées séropositives pour le VIH en Afrique subsaharienne en 2018[3], plus de 60% sont des femmes et des filles. Depuis plusieurs années, la structure générale du VIH/sida reste majoritairement dominée par une tendance croissante à la féminisation de l'épidémie.

3. On sait que des progrès scientifiques considérables sont intervenus dans la compréhension des aspects biomédicaux des risques d'infection par le VIH et de la prévention de l'infection. Plus spécifiquement, des années d'expérience dans la surveillance épidémiologique du VIH/sida ont permis d'observer que la transmission du VIH de la mère à l'enfant[4] est à

---

[1] COMMISSION MONDIALE SUR LE VIH ET LE DROIT, *Risques, droit et santé*, New York, 2012, p. 7.

[2] Soit environ 800. 000 nouvelles infections à VIH en Afrique de l'Est et du Sud, et un peu plus de 280.000 autres en Afrique de l'Ouest et du Centre. Voy. les récentes statistiques mondiales et régionales sur le VIH tirées de l'ONUSIDA, *Fiche d'information*, juillet 2019, p. 5.

[3] Soit environ 20, 6 millions de personnes vivant avec le VIH en Afrique de l'Est et du Sud, et près de 5, 0 millions de personnes séropositives en Afrique de l'Ouest et du Centre. Voy. *idem*.

[4] Plusieurs expressions équipollentes sont utilisées pour traduire l'idée de « transmission du VIH de la mère à l'enfant ». On peut citer : « transmission verticale du VIH », « transmission périnatale du VIH », « transmission mère-enfant », « transmission maternofoetale », etc.

l'origine de la majorité des infections à VIH chez les enfants de moins de dix ans, les nourrissons en particulier[5].

Les études scientifiques[6] sont sans équivoque sur les déterminants biologiques de la transmission du VIH de la mère à l'enfant. Il en ressort qu'une mère infectée peut transmettre le VIH à son enfant avant la naissance, c'est-à-dire pendant la gestation via les cellules trophoblastiques du placenta occasionnant le passage du virus de la mère vers le fœtus. La mère infectée peut également transmettre le VIH à son enfant après la naissance, lors de l'allaitement maternel. Elle le peut enfin au moment de l'entre deux, l'instant de l'accouchement, au contact avec la muqueuse et le sang maternel dans la filière pelvi-génitale[7].

4. On sait également que la durée médiane estimée entre la naissance et l'apparition des marqueurs viraux est de dix jours ; le 95e percentile est estimé à cinquante-six jours, ce qui implique que l'infection à VIH chez le nouveau-né, contractée durant la grossesse ou l'accouchement, peut être diagnostiquée pendant les trois premiers mois suivant la naissance[8]. Le premier trimestre de vie constitue ainsi le délai d'attente nécessaire au bilan sérologique sur la contamination par le VIH du nouveau-né de mère séropositive.

5. Selon les estimations de l'Organisation Mondiale de la Santé (OMS)[9], 430.000 nourrissons et enfants ont été nouvellement infectés par le VIH dans le monde au cours d'une même année, et 90 % de ces cas étaient dus à la transmission mère-enfant. Entre 280.000 et 360.000 cas d'infection se sont produits au moment de l'accouchement. La majorité des autres infections à VIH ont eu lieu au cours de l'allaitement au sein.

6. Par ailleurs, les progrès des sciences biomédicales sont remarquables en matière de prévention de la transmission du VIH de la mère à l'enfant

---

[5] Cette affirmation est corroborée de manière constante par les statistiques publiées dans tous les rapports périodiques de l'ONUSIDA et de l'UNICEF sur la situation épidémiologique du VIH/sida dans le monde.

6 Voy. notamment SOCIÉTÉ CANADIENNE DU SIDA, *La transmission du VIH : « Les facteurs qui affectent le risque biologique »*, Ottawa, 2006 ; AGENCE DE LA SANTÉ PUBLIQUE DU CANADA, *Risque de transmission du VIH : sommaire des données scientifiques*, 2012.

7 En ce sens, voy. CRITON (C.) et FENER (P.), « La sexualité et la grossesse de la femme confrontée au VIH/sida », in *http://sidasciences.inist.fr/IMG/pdf/vih_femme_sexualite_grossesse_version_finale.pdf*, p. 35-36, [consulté le 13 octobre 2015].

8 *Idem*.

9 Voy. OMS, *Traitement antirétroviral de l'infection à VIH chez le nourrisson et l'enfant : vers un accès universel. Recommandations pour une approche de santé publique - Mise à jour 2010*, Genève, 2011, p. 9. En 2017, au total 1,8 million d'enfants (moins de 15 ans) vivaient avec le VIH dans le monde. Voy. ONUSIDA, *op. cit.*, p. 1.

(PTME). À l'heure actuelle, ils ne permettent cependant pas d'atteindre le niveau zéro probabilité de transmission périnatale du VIH chez les femmes enceintes séropositives.

7. Si dans les pays du Nord, de nombreux efforts entrepris par les pouvoirs publics ont réussi à ramener le taux de séroconversion infantile tributaire à la maternité à des proportions minimes, en Afrique noire, par contre, plusieurs points d'incertitude subsistent encore quant à sa régression et aux perspectives d'amélioration de la situation à moyen terme. Le contraste est à ce point tel qu'en dépit du risque omniprésent de faire naître des enfants atteints par l'infection à VIH et de l'accès encore très limité aux thérapies de prévention, le nombre des femmes séropositives menant leur grossesse à terme est en augmentation constante au sud du Sahara[10]. D'après un rapport du Programme commun des Nations unies sur le VIH/sida (ONUSIDA)[11], dont les révélations restent d'actualité, bien que l'Afrique ne compte que 10% de la population mondiale, c'est là que naissent 90% des bébés infectés par le VIH, sous l'effet combiné d'une prévalence élevée de l'infection et d'un fort taux de natalité.

À l'appui de la littérature existante, on peut avancer une explication culturelle au contraste géographique observé en contexte d'épidémie du VIH/sida : si dans certains pays d'Europe notamment, le fait de se savoir séropositif semble être un frein au désir d'enfant[12], en Afrique, on sait pourtant que pour des raisons culturelles, la fécondité constitue à la fois un élément central de l'identité de la femme et un facteur de reconnaissance sociale pour les femmes. Celles-ci y sont prêtes à prendre des risques pour elles-mêmes et pour l'enfant à venir. Ne pas ou ne plus

---

[10] En RDC, un rapport officiel fait état du nombre de nouveaux cas de VIH pédiatriques de l'ordre de 28.461 par an (Voy. PROGRAMME NATIONAL DE LUTTE CONTRE LE SIDA (PNLS), *Rapport épidémiologique de surveillance du VIH chez les femmes enceintes fréquentant les structures de CPN en 2009*, Kinshasa). Un rapport officiel plus récent estime le nombre de femmes enceintes séropositives ayant accouché au cours des 12 derniers mois en RDC à 20.332. Voy. PROGRAMME NATIONAL MULTISECTORIEL DE LUTTE CONTRE LE SIDA (PNMLS), *Rapport sur l'état d'avancement de la réponse à l'épidémie du VIH/sida*, Kinshasa, 2016, p. 38). Dans le même registre, sur des études faisant état de l'accroissement tendanciel du nombre des femmes séropositives menant leur grossesse à terme dans d'autres pays d'Afrique subsaharienne, voy. DESCLAUX (A.), MSELLATI (P.) et KHOUDIA (S.), dir., *Les femmes à l'épreuve du VIH dans les pays du Sud. Genre et accès universel à la prise en charge*, Paris, Collection sciences sociales et sida, 2011, 291 p. ; BEHANZIN (L.), « Disparités géographique, populationnelle, sociodémographique et épidémique dans l'évolution de la pandémie du VIH : quels enjeux éthiques? », in *Actes du colloque international sur la bioéthique et réalités africaines*, Cotonou, 2013, p. 220.

[11] ONUSIDA, *Prévention de la transmission du VIH de la mère à l'enfant. Options stratégiques*, Genève, 1999, p. 5.

[12] Une étude menée en France étaie cette assertion. Voy. CRITON (C.) et FENER (P.), *op. cit.*, p. 22.

avoir d'enfant y a souvent exposé la femme à des conséquences sociales telles que le rejet par le partenaire ou la belle-famille[13].

8. En République démocratique du Congo (RDC), en particulier, on estime à 450.000 le nombre de personnes vivant avec le VIH/sida en 2018 et à 19.000 celui de nouvelles contaminations enregistrées au cours de la même année[14]. Les données statistiques disponibles sur le pourcentage des nourrissons nés de mères séropositives, qui sont infectés par le VIH, demeurent tout aussi lacunaires que parcellaires[15]. Un rapport de l'ONUSIDA[16]consacré à ce pays aux dimensions continentales[17]révèle que la transmission périnatale du VIH représentait environ 5 à 20 % des cas de contamination en 2012. Toutefois, l'analyse diachronique des statistiques les plus récentes[18]à notre portée permet d'observer une tendance inquiétante à la progression du taux de séroincidence du VIH chez les enfants.

Toutes proportions gardées, à bien des égards, il apparaît qu'en RDC, et assurément dans bien d'autres pays africains à profil épidémiologique du VIH similaire, la prévention de la transmission du VIH de la mère à l'enfant est devenue un enjeu majeur des politiques de santé publique.

Autant de données factuelles, autant de considérations statistiques et empiriques qui témoignent, si besoin était, de ce qu'à l'ère du « sidaïsme »[19], la procréation et la protection de la personne de l'enfant font visage des problématiques juridiques se posant avec acuité.

APPROCHE EXPLICATIVE DU CONCEPT OPÉRATOIRE « ENFANT »

9. Vouloir parler du « *droit et risque prénatal d'infection par le VIH* », c'est forcément aller au cœur de la problématique de la protection de l'enfant contre le risque de naître avec le VIH. En effet, dans sa thèse engagée à

---

[13] *Idem.*

[14] Ces données chiffrées sont disponibles dans le site officiel de l'ONUSIDA.

[15] En 2018, 44% des femmes enceintes vivant avec le VIH avaient accès à des antirétroviraux afin d'empêcher la transmission du virus à leur enfant, ce qui a évité 2.300 nouvelles infections parmi les nouveaux-nés. Le pourcentage de bébés exposés au VIH testés avant leur huitième semaine, atteignait 20%.

[16] Voy. ONUSIDA et PNUD, *Le VIH/sida et les droits de l'homme en République démocratique du Congo, Manuel de formation,* Kinshasa, 2013, p. 24.

[17] Avec une superficie de 2.345.409 km2, soit quatre-vingt fois plus que l'étendue du territoire de l'ancienne métropole belge et quatre fois plus que la France.

[18] Voy. PROGRAMME NATIONAL MULTISECTORIEL DE LUTTE CONTRE LE SIDA (PNMLS), *op. cit.*, p. 35 et s.

[19] Un néologisme de notre vocabulaire pour évoquer justement l'idée du séisme sanitaire provoqué par l'épidémie du VIH/sida.

opérer la distinction juridique entre les personnes et les choses à l'épreuve des procréations artificielles, Roberto ANDORNO[20] écrit que la protection, « tâche dont la responsabilité revient principalement au droit, exige comme *condition sine qua non* de sa réalisation effective que l'on sache de quoi [ou de qui] on parle ». C'est pourquoi, d'ores et déjà, nous ne pouvons éluder de circonscrire le sens juridique du concept « enfant » et d'en préciser les prolongements et ramifications dignes d'intérêt dans la présente étude.

Certes, il peut paraître surprenant d'avoir à s'interroger sur le contenu du mot *enfant* dont chacun semble avoir immédiatement une connaissance exacte. En témoigne l'affirmation d'un juriste congolais pour qui « l'enfance est, à l'instar de la vie, une réalité si familière qu'il semble superfétatoire de la définir »[21]. Logiquement, l'inférence est immédiate : le « qu'est-ce que l'enfant » a tendance, chez certains juristes, à entrer dans la catégorie des « questions que nous n'avons pas l'habitude de nous poser car nous y répondons spontanément sans y penser »[22]. Serait-ce pour escamoter le « mystère » du mot *enfant* que le célèbre Philosophe Jean-Jacques Rousseau[23] eut résolu de préconiser une définition négative selon laquelle « l'enfant est celui qui n'est pas »?

Qu'est-ce que donc l'enfant en droit ? La réalité est que les législateurs et les juristes semblent être dans le désarroi face un dérivé sémantique de l'*infans*[24] de la Rome antique qui, de tous temps, ne se laisse pas facilement enfermer dans les liens étroits d'une définition juridique prêtant à unanimité. Ceci expliquant cela.

10. En droit interne congolais, en dépit de la disparité des textes fixant des majorités variables au gré des matières règlementées[25] - ce qui illustre

---

[20] ANDORNO (R.), *La distinction juridique entre les personnes et les choses à l'épreuve des procréations artificielles*, Thèse, Université Paris XII, L.G.D.J., 1996, p. 40.

[21] TELOMONO BISANGAMANI (M.), *La responsabilité civile du fait de l enfant en République démocratique du Congo. De la romanogermanisation à la transculturalité juridique pour la paix sociale,* Thèse, Université Paris 1 Panthéon-Sorbonne, 2012, p. 49.

[22] Formule tirée de BERTRAND-MIRKOVIC (A.), *La personne humaine (Etude visant à clarifier la situation en droit de l'enfant à naître),* Thèse, Université Panthéon-Assas (Paris II), 2001, p. 12.

[23] Sur l'œuvre philosophique de Rousseau dédiée à l'enfant, voy. RUSS (J.), *Philosophie, Les auteurs, les œuvres*, Bordas, Mémo, Paris, 2003, p. 227 et s.

[24] Etymologie latine du terme « enfant » dont la traduction littéraire renvoie à « l'être privé de parole » ou « celui qui ne parle pas ». Sur ces traductions, voy. GENOUVRIER (E.) *et al., Dictionnaire des synonymes*, Paris, Larousse-Bordas, 1998, p. 262.

[25] Voy. notamment la majorité professionnelle ou capacité de travail fixée en principe à 16 ans accomplis (Article 6 du Code du travail), et la majorité sexuelle et matrimoniale qui fut fixée pour la fille à 15 ans jusqu'à l'avènement de la loi n°09/001 du 10 janvier 2009 portant protection de l'enfant (*J.O. de la RDC*, 50ème année, numéro spécial, Kinshasa, 25 mai 2009.) qui l'a remontée à 18 ans révolus.

parfaitement toute la perdition à laquelle expose l'exercice de la détermination de l'enfance-, la doctrine[26], prenant principalement appui sur les articles 219 du Code de la famille[27] et 2, 1° de la loi n°09-01 du 10 janvier 2009 portant protection de l'enfant[28], s'accorde à voir en l'enfant toute personne n'ayant pas encore atteint l'âge de dix-huit ans accomplis[29]. Dans cette même perspective, certains auteurs congolais[30] optent carrément pour la solution de l'assimilation de l'enfant au mineur, en l'opposant à la personne majeure.

11. En droit international, la Convention relative aux droits de l'enfant du 20 novembre 1989[31], en son article 1er, définit l'enfant comme « tout **être humain** âgé de moins de dix-huit ans [...] ». Le choix du mot « être humain »[32] ne saurait être pris pour hasardeux. Vite, la doctrine

---

[26] Voy. notamment NDOMBA KABEYA (E.-L.), *Droit (civil) de la famille, 1ère partie : La personne*, Kinshasa, Ed. VmPress, 2012, p.110 ; KIFWABALA TEKILAZALA (J.P.), *Droit civil congolais : Les personnes, les incapacités, la famille*, Lubumbashi, Presses universitaires de Lubumbashi, 2008, p. 143.

[27] « *Le mineur est l'individu de l'un ou de l'autre sexe qui n'a pas encore l'âge de dix-huit ans accomplis* ». (Voy. Loi n°087-010 du 1er août 1987 portant Code de la famille, telle que modifiée et complétée par la loi n°16/008 du 15 juillet 2016 modifiant et complétant le Code de la famille, *J.OR.D.C*, numéro spécial, Kinshasa, octobre 2016).

[28] « *Il faut entendre par enfant : toute personne âgée de moins de dix-huit ans* ».

[29] Cette perception se distingue très nettement de l'entendement de « *descendant à tout âge* » (Voy. NDOMBA KABEYA [E.-L.], *De l'égalité des enfants en droit civil congolais*, Thèse, Université catholique de Louvain, 2005, p. 37) ou, plus précisément, de « [...] *personne liée par un lien de filiation au père ou à la mère* » (Voy. l'article 699, alinéa 2, du Code de la famille) que revêt le terme *enfant* en droit successoral (Voy. l'article 758 du même Code) et en matières de filiation, de parenté et d'obligation alimentaire.

[30] Notamment TELOMONO BISANGAMANI (M.), *op. cit.*, p. 55. Cet auteur fait néanmoins observer que l'expression « enfant mineur » consacrée à l'article 41 de la Constitution congolaise en vigueur « *semble faire double emploi, car, par déduction, elle fait penser que le constituant de 2006 a sous-entendu l'existence des enfants non mineurs, donc des ''enfants majeurs''* ». Voy. *Idem* ; également KABWA KABWE, *La protection du patrimoine de l'enfant en droits congolais et français comparés*, Thèse, Université Paris 1 Panthéon-Sorbonne, 2012, p. 2-3. On y va vite comprendre pourquoi, acquis à la conception « enfant égal mineur », l'auteur de cette dernière thèse consacrée à la protection des intérêts patrimoniaux de l'enfant se serait rendu « coupable » de l'omission d'examen de l'article 840 du Code de la famille. Pourtant, à notre humble avis, cet article rentrait incontestablement dans son champ d'étude de droit congolais. Il dispose que : « *La donation ou le testament au profit d'un* ***enfant conçu*** *n'a son effet qu'autant que l'enfant est né viable* ».

[31] Ratifiée par la RDC le 27 septembre 1990. Voy. *J.O.* de la RDC, 43ème numéro, Kinshasa, décembre 2002.

[32] Le mot « être humain » figure également dans la définition de l'enfant fournie à l'article 2 de la Charte africaine des droits et du bien-être de l'enfant du 11 juillet 1990, ratifiée par la RDC en date du 28 mars 2001 (Voy. *J.O. de la RDC*, 43ème numéro, Kinshasa, décembre 2002). Pour cette raison, nos développements suivants sur l'article 1er de la Convention

internationale s'en était emparée en y décelant, comme le résume si bien le Professeur Gérard TEBOUL[33], « la question récurrente et traditionnelle relative au point de départ de l'enfance [...]: l'enfance commence-t-elle à la conception ou à la naissance de l'être humain ? ». Plus clairement, peut-on considérer que l'embryon et le fœtus, en tant qu'êtres humains *in utero,* rentrent dans la qualification juridique d'enfant ? Ce qui, dans l'affirmative, aurait pour conséquence de leur étendre les droits inhérents à la nature humaine et le bénéfice du régime de protection tel qu'organisé par la Convention internationale sus visée.

12. Chez les auteurs[34], la tendance dominante, à laquelle nous adhérons volontiers, est celle qui décèle du préambule de la Convention et du projet de Convention initié par la Pologne[35], l'intention clairement affirmée par le législateur international de New York de viser la situation anténatale. On peut lire dans ce préambule l'extrait suivant : « *Ayant à l'esprit que, comme indiqué dans la Déclaration des droits de l'enfant, l'enfant, en raison de son manque de maturité physique et intellectuelle, a besoin d'une protection spéciale et de soins spéciaux, notamment d'une protection juridique appropriée,* ***avant comme après la naissance.*** »

Cet élan d'interprétation de la Convention du 20 novembre 1989 avait tout de même suscité quelques réticences, de dires d'experts[36].

internationale des droits de l'enfant valent, *mutatis mutandis*, à l'égard de la Charte africaine.

[33] TEBOUL (G.), « Procréation et droits de l'enfant (Rapport introductif) », in TEBOUL (G.), dir., *Procréation et droits de l'enfant*, Bruxelles, Bruylant, 2004, p. 4.

[34] Voy. TORELLI (M.), *La protection internationale des droits de l'enfant*, Travaux du Centre d'étude et de recherche de droit international et de relations internationales de l'Académie de droit international, 1979, La Haye, p. 7 et s.

[35] Pour des raisons d'ordre historique, il convient de rappeler que pendant la seconde guerre mondiale, la Pologne avait enregistré des millions de cas de décès d'enfants, bien d'autres enfants ayant été rendus orphelins. C'est fort de cette triste expérience que lui fut venue l'idée de soumettre à la communauté des Etats membres de l'ONU, en marge des préparatifs de l'année internationale dédiée à l'enfance en 1979, un projet de Convention consacré aux droits de l'enfant. Pour plus d'amples détails, voy. DEI/UNICEF. *La future Convention des Nations unies sur les droits de l'enfant*, dossier d'information, 3e éd., mai 1989. À propos du texte de projet de Convention élaboré par la Pologne, voy. NATIONS UNIES, Conseil économique et social, Commission des droits de l'homme, 34è session (point 22 de l'ordre du jour), E/CN.4/L.1366, 7 février 1978, p. 2-6.

[36] Pour relativiser le recours aux travaux préparatoires de la Convention et mettre en garde contre toute interprétation tendancieuse du texte adopté, le Groupe d'experts commis à la relecture du projet de Convention polonais avait indiqué qu'il n'entendait pas « préjuger de l'interprétation de l'article 1er ou de toute autre disposition de la Convention par les Etats parties. » (Voy. Nations Unies, Conseil économique et social, session (point 13 de l'ordre du jour), 2 mars 1989, p. 8-9 (par. 43-rappr., p. 9, par. 46)). A notre avis, cette mise au point, plutôt diplomatique que scientifique, est indifférente sur la pertinence du raisonnement juridique qui donne au terme enfant, au sens de la Convention de New York, une extension anténatale.

Néanmoins, il demeure avéré que devant toutes difficultés d'interprétation des clauses d'une convention internationale, le recours à son préambule constitue une *règle générale d'interprétation* admise, sans réserve, par les Etats parties à la Convention internationale sur le droit des traités[37].

13. Quoi qu'il en soit, on s'aperçoit vite que, sans appartenir *a priori* au champ disciplinaire du droit procédural, le vocable « enfant » en insinue pourtant le vocabulaire familier, en ce sens qu'il semble suggérer, pour sa compréhension, la détermination du *dies a quo* et du *dies ad quem* de l'enfance. Là, fait surface l'erreur de perception juridique véhiculée par la partie de la doctrine congolaise qui assimile le terme *enfant* à celui de mineur, c'est-à-dire une personne en chair et en os, déjà née. Ce qui correspond à la méconnaissance injustifiée de la période anténatale.

Définir juridiquement le terme *enfant* ne devrait nullement procéder par inversion de l'ordre naturel des choses, en se fourvoyant à déterminer à quel âge finit l'enfance, sans avoir préalablement égard à son point de départ. Le point de départ de l'enfance, ce serait logiquement le début de la vie biologique de l'être humain, c'est-à-dire le moment de sa conception.

Littéralement, cette prise de position est confortée par la charpente de la loi n°09-001 du 10 janvier 2009 portant protection de l'enfant. On y trouve un chapitre à intitulé suffisamment évocateur, en l'occurrence « ***De la protection de l'enfant avant sa naissance*** »[38], parallèlement à un autre chapitre traitant « *De la protection de l'enfant après sa naissance* »[39].

Ainsi, par « enfant » en droit congolais et précisément dans la présente étude, qui s'y réfère au premier chef, il y a lieu d'entendre **l'être humain avant comme après la naissance, âgé de moins de dix-huit ans**. Le monisme consacré par le constituant congolais[40] et l'absence de réserve[41]

---

[37] Conclue à Vienne le 23 mai 1969, adhérée par la RDC le 25 juillet 1977 et entrée en vigueur le 27 janvier 1980, la Convention sur le droit des traités stipule à son article 31, intitulé « *Règle générale d'interprétation* », que : « *Un traité doit être interprété de bonne foi suivant le sens ordinaire à attribuer aux termes du traité dans leur contexte et à la lumière de son objet et de son but. Aux fins de l'interprétation d'un traité, le contexte comprend, outre le texte,* ***préambule*** *et annexes inclus :* [...] ».

[38] Voy. les articles 143 à 146.

[39] Voy. les articles 147 à 198.

[40] En RDC, les traités et accords internationaux régulièrement conclus sont revêtus d'une autorité supérieure à celle des lois et font corps, dès leur publication, avec l'ordre juridique interne. Ce principe moniste trouve son siège à l'article 215 de la Constitution en vigueur. Pour plus d'amples détails, voy. KAZADI MPIANA (J.), *La position du droit international dans l'ordre juridique congolais et l'application de ses normes*, Editions Publibook Université, 2013.

[41] On sait, par exemple, qu'anticipant sur les difficultés d'application en droit interne de l'article 6 de la Convention internationale relative aux droits de l'enfant (« *Les Etats*

au moment de la ratification de la Convention des Nations unies sur les droits de l'enfant par la RDC, ainsi que le principe légal d'attribution de la personnalité juridique à l'être humain dès sa conception[42] -et non à la naissance comme c'est le cas dans certains droits étrangers[43]-, sont autant d'arguments péremptoires qui confortent l'approche *bio-processuelle* du mot *enfant* adoptée dans la présente étude.

14. Si la précision sémantique vient d'être apportée sur l'entendement du mot *enfant* pris de façon isolée, l'orientation thématique de notre étude et le contexte de prévention de la transmission verticale du VIH, dans lequel elle s'inscrit, nous obligent, pour éviter l'amalgame, de clarifier le sens de certains concepts directement associés audit mot. Nous en retenons cinq : « l'enfant à concevoir », « l'enfant conçu », « l'enfant naissant », « l'enfant affecté » et enfin, « l'enfant infecté ».

15. Gérard CORNU définit la conception comme étant la « procréation d'un enfant résultant de la fécondation de l'ovule dans l'utérus maternel (normalement causée par le rapport sexuel d'un homme et d'une femme, mais pouvant être provoquée par insémination artificielle) ou même d'une fécondation *in vitro* suivie d'implantation »[44]. Partant de cette définition, dans la présente étude, la référence à l'expression *enfant à*

---

parties reconnaissent que tout enfant a un droit inhérent à la vie. Les Etats parties assurent dans toute la mesure possible la survie et le développement de l'enfant.») à la situation juridique de l'enfant en gestation, l'Etat français avait formulé une réserve d'interprétation précisant que cet article ne saurait faire obstacle à la législation nationale sur l'interruption volontaire de grossesse. À ce sujet, voy. DHOMMEAUX (J.), « Le rôle du Comité des droits de l'enfant dans le contrôle, l'interprétation et l'évolution de la Convention relative aux droits de l'enfant », in *Les droits de l'homme à l'aune du XXe siècle, Karel Vasak Amicorum Liber*, Bruxelles, Bruyant, 1999, p. 568. La RDC n'ayant fait valoir aucune réserve, rien ne saurait faire obstacle à la réception en droit interne de la conception de l'enfant-être humain dès le début de la vie biologique. D'ailleurs, jusqu'ici, nous n'avons connaissance d'aucun instrument juridique multilatéral ratifié sous réserve généralement quelconque par l'Etat congolais. Sur le droit et la pratique diplomatique congolais en matière de conclusion des traités, voy. LUNDA BULULU, *La conclusion des traités en droit constitutionnel zaïrois. Etude de droit international et de droit interne*, Bruxelles, Bruylant, 1984.

[42] Voy. l'article 211 du Code de la famille, qui dispose : « *Sauf les exceptions établies par la loi, toute personne jouit des droits civils* ***depuis sa conception****, à condition qu'elle naisse vivante* ». L'enfant avant la naissance est donc, en droit congolais, doté d'une personnalité juridique. Cette personnification juridique de l'être humain dès le sein maternel est assortie d'une seule condition résolutoire : naître vivant.

[43] En droit français par exemple, sous réserve de quelques exceptions légales inspirées par l'adage latin « *infans conceptus pro nato habetur de commodis ejus agitur* », le principe est que tout être humain acquiert la personnalité juridique à partir de sa naissance, à la condition suspensive de naître vivant et viable.

[44] CORNU (G.), *Vocabulaire juridique*, 10e édition mise à jour, Paris, P.U.F., 2014, p. 220. Voy. aussi GUINCHARD (S) et DEBARD (T.), s. dir., *Lexique des termes juridiques*, 25e éd., Paris, Dalloz, 2018, p. 484.

concevoir renverra à l'idée d'un futur et hypothétique enfant dont l'existence ne se situe que dans l'univers mental. Cette expression doctrinale s'inscrit dans la perspective du « désir d'enfant ». Elle nous servira d'outil conceptuel pour examiner, harmonieusement, les questions liées aux droits sexuels et reproductifs en liaison avec les peurs légitimes que génère le risque de transmission du VIH de la mère à l'enfant.

Fondamentalement, le concept d'*enfant à concevoir* vient très à propos, dans la mesure où la plupart des législations contemporaines n'assurent pas seulement la protection de la vie humaine au stade de la gestation ou de la grossesse. Elles s'intéressent également à la situation préconceptionnelle de l'enfant, notamment en réprimant toute propagande antinataliste[45] ou en encadrant la fécondation *in vitro* dans le respect strict de la dignité due à l'être humain à concevoir artificiellement.

16. Telle que circonscrite, l'expression *enfant à concevoir* sera très nettement distinguée de celle d'*enfant conçu* qui, elle, appartient au discours de la loi[46]. Ce deuxième terme à définir désigne la réalité scientifiquement observable de début de vie biologique de l'être humain, le stade atteint par le produit de la grossesse étant indifférent. Ici, il conviendra de se rappeler que pendant la grossesse, le risque de contamination par le VIH de l'enfant en gestation n'est pas négligeable.

---

[45] En droit positif congolais, l'article 178 du Code pénal dispose que: « (…) *Quiconque aura exposé ou distribué des objets spécialement destinés à empêcher la conception et aura fait de la réclame pour en favoriser la vente ; quiconque aura, dans un but de lucre, favorisé les passions d'autrui en exposant, vendant ou distribuant des écrits imprimés ou non qui divulguent* ***des moyens d'empêcher la conception****, et en préconisant l'emploi ou en fournissant les indications sur la manière de se les procurer ou de s'en servir ; quiconque aura, en vue du commerce ou de la distribution, fabriqué, fait fabriquer, fait importer, fait transporter, remis à un agent de transport ou de distribution ou annoncé par un moyen quelconque de publicité les écrits visés dans l'alinéa précédent ; sera puni d'une servitude pénale de huit jours à un an et d'une amende de vingt-cinq à mille zaïres ou d'une de ces peines seulement.* »

[46] Par exemple, à l'article 840, précédemment cité, du Code de la famille, on peut lire : « *La donation ou le testament au profit d'un* ***enfant conçu*** *n'a son effet qu'autant que l'enfant est né viable* ». À l'opposé, l'article 839 du même Code dispose que : « Les **enfants non conçus** au jour de l'acte de donation ou au décès du testateur ne peuvent recevoir aucune libéralité, sous réserve des dispositions relatives à l'institution contractuelle et à la substitution fidéicommissaire ».

Dans la jurisprudence[47] et la doctrine[48], on s'accorde à tenir pour équipollents les termes *enfant conçu* et *enfant à naître*, chacun de deux pouvant indistinctement s'appliquer à l'embryon[49] et au fœtus[50]. Nous y adhérons, sous la seule réserve qu'en matière d'institutions contractuelles, le législateur du Code de la famille fait emploi du terme *enfant à naître*[51]dans un contexte tel que l'assimilation de l'*enfant à naitre* à l'*enfant conçu* ne nous y semble pas être de mise.

17. Pour sa part, le terme *enfant naissant* désigne simplement l'enfant en instance d'accouchement qui, lorsqu'il n'a pas été éventuellement contaminé par le VIH *in utero*, en encourt le risque au moment de sa

---

[47] En RDC, voy. C.S.J., R.P 290, 20 décembre 1978, *B.A*, 1979, p.150. En France, une étude est particulièrement révélatrice du profond tourment dans lequel l'absence de définition légale de la notion d'*enfant à naître* a longtemps plongé les cours et tribunaux français (voy. BERTRAND-MIRKOVIC (A.), *op. cit.*, p.109-153). La question s'est, en effet, posée au juge français de savoir si la qualification *enfant à naître* rentrait dans la définition du crime de suppression d'enfant prévue à l'article 345, alinéa 1er, de l'ancien Code pénal (voy. Crim., 20 septembre 1838, *S.*, 1838.909; crim., 2 septembre 1843, *S.*, 1843.801). Le tourment judiciaire autour de la notion d'*enfant à naître* s'est ensuite fait sentir dans les affaires d'atteintes au fœtus - homicide et coups et blessures sous l'ancien Code pénal (voy. TGI Lille, 6 mai 1996, *D.*, 1997.543, note X. LABBEE ; crim., 9 décembre 1986, pourvoi n°86-81.124 contre cour d'appel de Reims, chambre correctionnelle, 30 janvier 1986, inédit ; crim., 18 mars 1987, pourvoi n°86-91.421 sur Paris, 7 janvier 1986). Enfin, la crise due à l'absence de définition légale de ce qu'il convient d'entendre par *enfant à naître,* prit une nouvelle tournure judiciaire depuis l'entrée en vigueur du nouveau Code pénal, s'agissant particulièrement de la notion d'état de nécessité au visa de l'article 122-7 : le prévenu poursuivi du chef de délit d'entrave à l'interruption volontaire de grossesse (IVG) incriminé par l'article L. 2223-2 du Code de la santé publique est-il fondé d'invoquer dans sa défense la sauvegarde de l'*enfant à naître* d'une atteinte à sa vie ? Sur les réponses apportées par le juge français, voy. notamment TGI Roanne, 27 juin 1995, *Gaz. Pal.*, 1998.1.2 ; TGI Valenciennes, 15 janvier 1996, *Dictionnaire permanent bioéthique et biotechnologies*, p. 9294 ; Crim., 27 novembre 1996, *Gaz. Pal.*, 1996.1.chron.crim. p. 128. Tout cela revient à dire qu'il était important de préciser ce que nous entendons par *enfant conçu* ou *enfant à naître,* pour dissiper chez le lecteur tout malentendu.

[48] Voy. LIKULIA BOLONGO, *Droit pénal spécial zaïrois*, tome 1, 2ième édition, Paris, LGDJ, 1985, p. 299 et s.; CIZUNGU M. NYANGEZI (B.), *Les infractions de A à Z*, Kinshasa, éd. Laurent NYANGEZI, 2011, p. 78 et s.; BERTRAND-MIRKOVIC (A.), *op. cit.*, p. 112 et 137 notamment.

[49] C'est-à-dire, d'après le dictionnaire LAROUSSE, « *l'être humain pendant les huit premières semaines de son développement à l'intérieur de l'utérus, ou en éprouvette puis dans l'utérus lors de la fécondation in vitro* ».

[50] Ce terme désigne, quant à lui, « *l'être humain de la fin du 2e mois au terme de la grossesse.* » (Dictionnaire LAROUSSE, éd. 2016).

[51] Voy. l'article 904 du Code de la famille : « *Toute personne ne peut disposer, à titre gratuit, de tout ou partie des biens qui auront composé sa succession, qu'au profit d'un futur époux ou d'un époux et au profit des* ***enfants à naître*** *de leur mariage dans le cas où le donateur survit à l'époux donataire. Le donateur s'appelle l'instituant et le donataire l'institué.* »

naissance. Logiquement, il s'agit de l'enfant se situant, selon que le regard lui est porté en amont ou en aval, à la porte de sortie de la vie intra-utérine ou à la porte d'entrée à la vie extra-utérine.

Si pas en RDC - en l'état actuel de nos connaissances -, du moins en France, le concept *enfant naissant* a déjà fait son entrée dans le discours jurisprudentiel. On retiendra, pour illustration, que dans une affaire, la cour de Douai avait jugé qu' « on ne saurait soutenir que l'homicide d'un **enfant naissant**, c'est-à-dire commis pendant l'accouchement même, ne tombe pas sous le coup de la loi ; [...] Cette doctrine, appliquée au crime d'infanticide, serait la source d'une immunité scandaleuse [...][52] ».

18. Comme nous l'avons relevé précédemment, la transmission du VIH de la mère séropositive à l'enfant au moment de l'accouchement est une simple éventualité. Il peut, fort heureusement, arriver que l'enfant venu au monde des entrailles de la femme séropositive soit exempt du VIH. Ce qui nous amène à en venir au concept d'*enfant affecté* pour déterminer le contenu que nous entendons lui conférer.

L'expression *enfant affecté* se situe à cheval entre la qualification légale de « groupe vulnérable » et celle de « personnes affectées par le VIH ». En effet, au sens de l'article 1er de la loi n°08/011 du 14 juillet 2008 portant protection des droits des personnes vivant avec le VIH/sida et des personnes affectées[53], on entend par *groupe vulnérable* « [l'] *ensemble de personnes particulièrement exposées au risque d'infection à VIH, notamment* [...] *les enfants* » ; et par *personnes affectées par le VIH*, « [les] *conjoint, enfant ou tout autre parent qui subit les effets collatéraux de la personne vivant avec le VIH/sida* ».

De ce qui précède, l'expression *enfant affecté* peut s'entendre de l'enfant né séronégatif d'une mère séropositive. Il apparaît particulièrement exposé au danger de séroconversion en raison du risque additionnel de transmission verticale du VIH que comporte l'allaitement maternel.

19. Enfin, entre en ligne de compte de notre cadre conceptuel, le cinquième et dernier terme à définir : *enfant infecté*. Le mot n'en dit-il pas déjà assez éloquemment ? Ici, la situation envisagée est celle d'un enfant « pris au piège » du risque d'infection à VIH.

20. À l'égard d'un tel enfant victime de la contamination par le VIH, le terme « protection », associé à l'épithète « appropriée » dans le préambule de la Convention des Nations unies sur les droits de l'enfant, ne saurait revêtir en droit d'autre sens que celui de la prise en charge sociale et de la réparation pour parer aux conséquences néfastes du VIH sur sa personne

[52] Douai, 16 mai 1882, *S.*, 1883.II.153.
[53] *J.O.* de la RDC, 49e année, numéro spécial, Kinshasa, 15 juillet 2008.

et son devenir[54]. D'où la pertinence de la remarque de la Professeure Joséphine IDZUMBUIR ASSOP selon laquelle « pour être complète, la protection de l'enfant se joue au niveau tant préventif que curatif et social[55] ».

PROBLÉMATIQUE ET QUESTIONS DE RECHERCHE

21. Les situations-problèmes couleront de soi. D'abord, entre désir effréné d'enfanter et risque prévisible de naître avec handicap d'infection par le VIH, on se retrouve vite au cœur de la controverse juridique et éthique sur le *droit à la procréation des personnes vivant avec le VIH/sida* : faudrait-il carrément le leur dénier – notamment par la préconisation du recours aux méthodes de contraception (stérilisation, usage de préservatif, etc.) -, en restreindre simplement le champ d'exercice à leur égard ou plutôt le réaffirmer absolument à leur profit ?

22. Ensuite, corrélativement, est-il socialement acceptable et éthiquement permis d'engager le droit objectif sur le chemin de la consécration d'une conception d'*interruption volontaire de grossesse* (IVG) en raison du risque de donner naissance à un enfant atteint de l'infection incurable à VIH ?

23. Sous un autre angle, il est admis qu'en Afrique, la voie sexuelle constitue le premier vecteur de propagation du VIH et représenterait environ 90% des cas de séroconversion enregistrés jusqu'ici[56]. Or, du moins par le procédé naturel, la procréation suppose un rapport hétérosexuel non protégé. Ainsi, à l'évidence, le droit à la procréation en contexte de *couple sérodiscordant*[57] soulève, chez le juriste, autant d'inquiétudes que d'interrogations. Parmi elles, l'on pourrait retenir le problème lié à

---

[54] C'est pour cette raison que par souci de complétude, le terme « protection » devra être entendu, dans le cadre de notre étude, au sens le plus large possible. Dans cette acception, le concept de protection va au-delà de l'idée de prévention ou de défense qui lui est intrinsèquement liée (En ce sens, voy. CORNU (G.), *op. cit.*, p. 821.). Il se nourrit du sens donné au ***principe de précaution*** de plus en plus revendiqué en droit de la santé publique (À ce sujet, lire notamment BOUAL (J.C.) *et al.*, dir., *Santé et principe de précaution*, Paris, L'Harmattan, 2003 ; et FOUCHER (K.), *Principe de précaution et risque sanitaire. Recherche sur l'encadrement juridique de l'incertitude scientifique*, Paris, L'Harmattan, 2002). Aussi, le concept de protection intègre-t-il les préoccupations liées à la prise en charge des victimes en cas de survenance du risque sanitaire, sur fond des techniques juridiques telles que la sécurité (protection) sociale, la responsabilité civile et la responsabilité pénale.

[55] IDZUMBUIR ASSOP (J.), *La loi de protection de l'enfant en R.D. CONGO. Analyse critique et perspectives*, Kinshasa, Editions CEDESURK, 2013, p. 36.

[56] En ce sens, voy. ONUSIDA et PNUD, *op.cit.*, p. 23.

[57] Couple sérodiscordant ou sérodifférent, l'expression renvoie à la réalité d'un couple dans lequel l'un de deux conjoints est séropositif au VIH.

l'*annonce de la séropositivité d'une personne à son conjoint et/ou à ses partenaires sexuels*.

À ce dernier propos, d'aucuns estiment qu'une personne sexuellement active, qui se sait porteuse du VIH, a le devoir moral de « ne pas contaminer autrui ». Ce qui lui impose vis-à-vis de son ou ses partenaire(s) sexuel(s) habituel(s) ou occasionnel(s), au-delà d'une simple abstention, un devoir corollaire de mise en garde[58]. À cet égard, la question se pose aux législateurs de savoir ce qui conviendrait le mieux, au regard des exigences de l'éthique et du droit individuel à la vie privée, entre hisser le devoir d'annoncer son statut sérologique à son conjoint ou partenaire sexuel au rang d'une obligation légale, et en faire une simple faculté d'information laissée à la discrétion de la personne séropositive concernée.

24. Dans le même registre, se pose également la question de savoir sous quelles conditions légales le refus d'annoncer, soi-même, sa séropositivité à son conjoint ou partenaire sexuel pourrait, légitimement, être contourné au moyen de la dénonciation à la diligence du tiers professionnel de santé. On imagine que c'est dans l'exercice de ses fonctions que celui-ci eut connaissance du statut séropositif du patient concerné. On est manifestement en face d'un grave dilemme juridique et éthique posé aux médecins et autres intervenants paramédicaux autour de la notion de secret médical ou professionnel.

25. Aussi, hors tout rapport sexuel procréatif, rapport par essence exposé au risque de transmission horizontale[59] ou verticale du VIH, la question de la *procréation artificielle* s'invite dans le champ de notre problématique d'étude.

En effet, dans les couples où l'homme est séropositif, les progrès actuels de la science rendent possible un traitement biologique et virologique du sperme[60]. Cette sorte de « *lavage de sperme* », qui n'en est pas moins une *pratique eugénique*[61], permet de sélectionner une population de spermatozoïdes dont la charge virale est indétectable, réduisant quasiment à zéro le risque de contamination par le VIH de la femme et, donc, de

---

[58] Voy. GABLE (L.) *et al.*, *Considérations juridiques sur le VIH/sida. Guide de réforme des politiques publiques et du cadre juridique*, Washington, éd. Banque mondiale, 2007, p. 87.

[59] C'est-à-dire transmission du VIH de partenaire à partenaire sexuels.

[60] Voy. CRITON (C.) et FENER (P.), *op. cit.*, p. 6.

[61] Au sens péjoratif ou négatif, le mot « eugénisme » désigne les pratiques biomédicales ou interventions de thérapie génique tendant à la suppression des êtres dysgéniques, notamment en recourant aux biotechnologies d'assistance médicale à la procréation. En ce sens, voy. BELRHOMARI (N.), *Génome humain, espèce humaine et droit*, Paris, L'Harmattan, 2013, p. 197.

l'enfant. Selon le bilan des fonctions génitales de deux partenaires sérodifférents, le choix de la technique d'assistance médicale à la procréation (AMP) pourrait alors être fait conséquemment. Un tel progrès de la biomédecine ne va pas sans soulever des interrogations dans la sphère du droit en général et du droit de la bioéthique en particulier.

26. À l'opposé, lorsque c'est la femme qui est séropositive, qu'est-ce qui, d'un point de vue social ou (bio)éthique, interdirait alors au législateur et au juriste de porter un regard innovant sur la technique de *gestation pour autrui* (GPA), désignée autrement par la *maternité de substitution* ? Peut-être faudrait-il déjà le faire remarquer : à notre connaissance, aucune étude n'a, jusqu'ici, mis en perspective cette technique d'AMP avec la problématique de la prévention de la transmission du VIH de la mère à l'enfant.

27. À l'état actuel de la biomédecine, on enregistre diverses méthodes d'AMP susceptibles de réduire chez la femme séropositive le risque de transmission du VIH à l'enfant à concevoir ou à naître. Cependant, à l'évidence, le risque zéro demeure un pari scientifique non encore gagné[62]. Ces méthodes d'AMP restent dominées par le placement des femmes enceintes séropositives sous *traitement antirétroviral* (TAR)[63].

D'après les Directives de l'OMS[64], la prophylaxie antirétrovirale de la transmission maternofoetale du VIH exige que les femmes enceintes soient dépistées au VIH, aussi précocement que possible, pour distinguer les séropositives nécessitant une prise en charge médicale appropriée de femmes qui sont séronégatives.

Se pose, dans ces conditions, le problème de *diagnostic prénatal du VIH*. En considération de l'exigence éthique du consentement préalable de la femme enceinte à dépister, la question de diagnostic prénatal du VIH fait appel à un consensus *a priori* difficile à réaliser entre, d'une part, les droits à l'intégrité physique et à la vie privée ou à la confidentialité des

[62] Le risque de transmission mère-enfant du VIH peut être diminué de plus de 40% par l'administration à la mère et/ou au nourrisson d'une thérapie antirétrovirale dans les semaines qui précèdent et qui suivent l'accouchement.

[63] Remarquons déjà à ce stade que le traitement antirétroviral soulève des inquiétudes souvent ignorées du public. À l'heure actuelle, l'état des connaissances scientifiques ne permet pas encore d'évaluer avec exactitude la toxicité associée aux antirétroviraux (ARV) chez la femme enceinte et l'enfant à naître, encore moins l'impact à long terme de son administration pour l'enfant. En ce sens, voy. OMS, *Utilisation des antirétroviraux pour traiter la femme enceinte et prévenir l'infection à VIH chez le nourrisson*, Genève, 2012 ; CRITON (C.) et FENER (P.), *op. cit.*, p. 7.

[64] *Idem.*

informations sérologiques de la mère ; et d'autre part, le souci pour le bien-être et « *l'intérêt supérieur de l'enfant* »[65] à naître.

28. Dans un même contexte, il n'est pas exclu que les prestataires des soins de santé de la reproduction se voient confrontés aux femmes enceintes séropositives en situation de refus des soins destinés à prévenir la transmission périnatale du VIH. Les raisons à la base du refus maternel desdits soins sont variables. Dans la pratique sociale, on semblerait invoquer le plus souvent des convictions religieuses personnelles. Le droit devrait-il les tenir pour déraisonnables ? Une *injonction des soins* dans l'intérêt de l'enfant à naître, une sorte de « *traitement pour autrui* », serait-elle éthiquement acceptable en ce domaine ? Y'a-t-il, *a contrario*, lieu à notion d'*acharnement* ou *d'obstination thérapeutique déraisonnable* ?

29. Par ailleurs, quoiqu'elles dépassent le stade prénatal de l'enfant, auquel se limite notre étude, les situations-problèmes en rapport avec les concepts d'*enfant affecté* et d'*enfant infecté* entretiennent un lien étroit avec la période antérieure à la naissance, ainsi qu'il apparaît judicieux d'en mentionner quelques-unes.

30. Dans l'hypothèse de l'*enfant affecté* -enfant né sans VIH de mère séropositive-, en plus d'un accompagnement médicamenteux en antirétroviraux (ARV), la médecine recommande *l'allaitement artificiel exclusif*, en remplacement de l'allaitement au sein comportant un risque additionnel de contamination par le VIH de l'enfant après sa naissance. Pourtant, nul n'ignore que, d'un point de vue culturel, la femme noire africaine est particulièrement encline à l'allaitement au sein. Bien plus, en raison de conditions socioéconomiques d'extrême précarité dans lesquelles végètent de nombreuses femmes sur le continent africain, l'alimentation de substitution au lait maternel demeure un luxe.

31. Dans l'hypothèse, cette fois-ci, de l'*enfant infecté*, on s'attachera au problème relatif à son indemnisation en tant que victime de la transmission maternelle du VIH, et à la recherche des fondements juridiques de sa prétention au droit à la réparation du *préjudice sérologique*[66] : la mère séropositive est-elle, sinon, devrait-elle être tenue

---

[65] À son article 3, la Convention relative aux droits de l'enfant précise que dans toutes les décisions qui concernent les enfants, qu'elles soient le fait des institutions publiques ou privées de protection sociale, des tribunaux, des autorités administratives ou des organes législatifs, **l'intérêt supérieur de l'enfant doit être une considération primordiale**. La supériorité de l'intérêt de l'enfant consacrée par cette disposition de droit international est-elle absolue ou relative ? Sur cette question, l'œuvre normative du législateur international recèle *a priori* une certaine lacune, si ce n'est une lacune certaine.

[66] D'après la définition proposée par le Fonds d'indemnisation des victimes de la contamination par le VIH créé par la loi française du 31 décembre 1991, et largement reproduite dans la jurisprudence, le terme préjudice sérologique « *recouvre l'ensemble des troubles dans les conditions d'existence entraînés par la séropositivité et la*

pour civilement voire pénalement responsable de la venue au monde d'un enfant handicapé par l'infection à VIH ? Qu'en est-il de l'Etat tenu, dans la majeure partie des *corpus* législatifs spécifiques au VIH/sida, pour premier responsable de la lutte contre la propagation du VIH ?

32. Apparemment évasif au premier abord, le questionnement général de notre recherche obéit fondamentalement à un même fil conducteur. Il témoigne de la pertinence d'un regard juridique et de bioéthique sur une réalité observable perçue comme le point d'intersection de l'ensemble des situations-problèmes précédemment identifiées, en l'occurrence : le risque biologique de transmission du VIH de la mère à l'enfant.

Inévitablement, au législateur comme au juriste et à la société tout entière, toutes ces situations-problèmes imposent une attention bien méritée. Sur la plupart d'entre elles, la jurisprudence se révèle, malheureusement, sinon inexistante, du moins indigente[67]. La doctrine juridique, quant à elle, fait encore montre de silence coupable[68]. Ce qui ne revient pas à nier, dans un cadre plus général, l'existence des travaux que comporte l'état actuel de l'art sur le couple « droit et VIH/sida ». Il importe d'en dresser un bilan sommaire.

---

survenance de la maladie déclarée. Ce préjudice spécifique inclut ainsi, dès la phase de séropositivité, tous les troubles psychiques subis du fait de la contamination par le VIH : réduction de l'espérance de vie, incertitude quant à l'avenir, craintes éventuelles de souffrances physiques et morales, isolement, perturbation de la vie familiale et sociale, le préjudice sexuel et, le cas échéant, de procréation. Il inclut en outre les différents préjudices personnels apparus ou qui apparaîtront en phase de maladie avérée, souffrances endurées, préjudice esthétique et l'ensemble des préjudices d'agrément consécutifs ». Voy. Civ. 2ème, 2 avril 1996, *Bull. Civ.* II, n°88 ; *JCP* G 1996. IV. 1289 ; Civ. 2ème, 1 er février 1995, *Bull. Civ.* II, n°42 ; Resp. Civ. Et ass. 1995, Comm. 126.

[67] Globalement sur le VIH/sida, la jurisprudence congolaise, à proprement parler, ne s'est pas encore formée, sauf à signaler par-ci et par-là, dans des matières non identiques, quelques jugements et arrêts en nombre extrêmement insignifiant. Cette pauvreté de la jurisprudence congolaise se révèle aussi sur la plupart des problèmes de droit de la santé et de la bioéthique étudiés dans la présente étude. Le souci de contourner cette difficulté rentre dans les explications du recours fréquent fait au droit français. Celui-ci étant caractérisé par une production jurisprudentielle particulièrement abondante et diversifiée. Nous y reviendrons plus loin.

[68] En RDC, très peu de juristes se sont consacrés à écrire sur le VIH/sida. D'où une difficulté réelle de documentation juridique locale à prendre en compte et, par compensation, la vocation d'être modestement compté parmi les pionniers, à laquelle tout essai d'étude de droit congolais sur le VIH/sida prédestine fièrement son auteur, quel qu'il soit.

ÉTAT DE LA RECHERCHE SUR L'OBJET D'ÉTUDE ET QUESTION PRINCIPALE DE RECHERCHE RETENUE

33. La littérature sur l'interaction entre la crise sociale née de l'épidémie du VIH/sida et le droit, entendu au sens d'instrument de régulation sociale, remonte historiquement de la période avoisinant la fin des années 80. Durant cette période, un intérêt accru pour l'étude des aspects juridiques de l'épidémie du VIH/sida permit de mettre en relief le rôle phare du droit dans la lutte contre cette épidémie.[69]

34. Méritent, à nos yeux, une mention spéciale, les travaux de la Table ronde internationale tenue du 24 au 26 octobre 1991, lesquels ont été publiés sous la direction de Jacques FOYER et Lucette KHAÏAT[70]. Ce colloque de haute facture scientifique avait réuni les spécialistes de vingt États, venus des cinq continents et choisis précisément en raison de leurs différences, pour passer au peigne fin les balbutiements de réponses apportées par les droits nationaux aux problèmes juridiques soulevés par le sida.

35. Au fil du temps, le droit s'est trouvé officiellement investi d'un rôle avant-gardiste dans la lutte contre l'épidémie du VIH/sida, grâce à une reconnaissance internationale de grande portée historique[71]. Ce qui a expliqué, à travers plusieurs pays, la propension observée à la « juridicisation de la lutte contre l'épidémie du VIH/sida »[72].

Phénomène relativement récent, la juridicisation de la lutte contre l'épidémie du VIH/sida se traduit par une floraison des législations

---

[69] On peut citer : DANISH CENTRE ON HUMAN RIGHTS, *AIDS and Human Rights*, éd. Akademisk Forlag, Copenhague, 1988; SIEGHART (P.), *AIDS and Human Rights: A UK Perspective*, éd. British Medical Association Foundation for AIDS, Londres, 1989 ; VANSWEEVELT (T.), *Le sida et le droit, une étude de droit de la responsabilité et droit des assurances*, Bruxelles, Bruylant, 1990 ; LWAMBA KATANSI, « La marche anti-vent du juriste contre le sida », in *Conférence sur le sida et les droits de l'homme*, Brazzaville, 1990 ; DWYER (J.), « Legislating AIDS Away: The Limited Role of Legal Persuasion in Minimizing the Spread of HIV », in *9 Journal of Contemporary Health Law and Policy*, n° 167, Sydney, 1993.

[70] FOYER (J.) et KHAÏAT (L.), dir., *Droit et Sida. Comparaison internationale*, Paris, CNRS DROIT, 1994.

[71] La nécessité de créer un environnement juridique propice à la lutte contre la propagation du VIH a été solennellement reconnue par les Etats membres des Nations unies, d'abord à travers la Déclaration d'engagement sur le VIH/sida du 27 juillet 2001 (Voy. Résolution n°A/RES/S-26/2 adoptée au cours de la session extraordinaire de l'Assemblée générale des Nations unies tenue du 25 au 27 juin 2001), et ensuite par le biais de la Déclaration politique sur le VIH/sida du 2 juin 2006 (Voy. Résolution n°A/RES/60/262).

[72] Expression tirée de ANGELESI BAYENGA (F.), « Le VIH/sida, une épreuve pour la science juridique. Illustrations en droit congolais et perspectives », in *Revue du Barreau de Kinshasa/Gombe*, n°04, Kinshasa, 2011, p. 115.

nationales spécifiques au VIH/sida[73]. Leur vocation première étant, en règle générale, d'offrir aux personnes vulnérables des moyens d'éviter l'infection à VIH et, en même temps, de permettre aux personnes vivant avec le VIH de jouir de leurs droits et libertés fondamentaux, d'accéder à la prévention, au traitement, aux soins et à l'accompagnement liés au VIH.

En effet, « à l'épidémie virale, on a répondu, entre autres choses, par une ''épidémie'' de lois et de politiques. Dès 1991, l'OMS recensait 583 lois et règlements concernant l'infection au VIH et le sida dans les différents pays »[74]. Témoigne également de la juridicisation de la lutte contre le VIH/sida, l'afflux d'instruments juridiques consacrés à la problématique

---

[73] En Afrique subsaharienne, les exemples en sont légion : Loi n°1/018 du 12 mai 2005 portant protection juridique des personnes infectées par le virus de l'immunodéficience humaine et des personnes atteintes du Syndrome de l'Immunodéficience Acquise au **Burundi**, in *http://www.ilo.org/aids/legislation/lang--en/index.htm,* consulté le 13 octobre 2014 ; Loi n°2005-040 du 20 février 2006 sur la lutte contre le VIH/sida et la protection des droits des personnes vivant avec le VIH/SIDA au **Madagascar**, *Journal officiel*, n°3029, Antananarivo, 15 mai 2006 ; Loi n°2005-31 du 5 avril 2006 portant prévention, prise en charge et contrôle du VIH/sida en République de **Bénin**, in *http://www.plateforme-elsa.org/loi-portant-prevention-prise-en-charge-et-controle-du-vihsida-en republique-du-benin/?ref=search*, consulté le 24 juin 2014; Loi n°06-028 du 29 juin 2006 fixant les règles relatives à la prévention, à la prise en charge et au contrôle du VIH/sida au **Mali**, in *http://www.ilo.org/aids/legislation/lang--en/index.htm,* consulté le 13 octobre 2014 ; Loi n°2007-08 du 30 avril 2007 relative à la prévention, la prise en charge et le contrôle du Virus de l'Immunodéficience Humaine (VIH) en République du **Niger**, *Journal officiel*, n°TX/RX 9881, Niamey, 23 janvier 2008 ; Loi n°019/PR/2007 du 15 novembre 2007 portant lutte contre le VIH/sida et protection des droits des personnes au **Tchad**, in *http. : //www.cefod.org/spip.php ?page=imprimir_crticulo&id _article=1826*, consulté le 19 avril 2010 ; Loi n°030-2008/AN du 20 mai 2008 portant lutte contre le VIH/sida et protection des droits des personnes vivant avec le VIH/SIDA au **Burkina Faso**, *Journal officiel*, Ouagadougou, 2008 ; Loi n°2010-03 du 09 avril 2010 relative au VIH/sida au **Sénégal**, *Journal officiel de la République du Sénégal*, n°6535, Dakar, 10 juillet 2010 ; Loi n°2010-018 du 31 décembre 2010 modifiant la loi n°2005-012 du 14 décembre 2005 portant protection des personnes en matière de VIH/sida au **Togo**, *Journal officiel de la République togolaise*, Lomé, 31 décembre 2010 ; Loi n°30-2011 du 03 juin 2011 portant lutte contre le VIH et le sida et protection des droits des personnes vivant avec le VIH/sida en **République du Congo**, *Journal officiel de la République du Congo*, 53ième année, numéro 24, Brazzaville,16 juin 2011 ; Loi du 11 juillet 2014 portant régime de prévention, de protection et de répression en matière de lutte contre le VIH et le sida en **Côte d'ivoire**, *Journal officiel de la République de Côte d'ivoire*, 56ième année, numéro 11, Abidjan,15 juillet 2014.

[74] ONUSIDA, *La poursuite des droits : Études de cas sur le traitement judiciaire des droits fondamentaux des personnes vivant avec le VIH*, Genève, Collection Meilleures pratiques de l'ONUSIDA, 2006, p. 9.

du VIH et du sida, tant au niveau onusien[75] qu'à celui des ensembles régionaux voire sous-régionaux[76].

36. La revue de la littérature permet de montrer que dans la majeure partie des *corpus* législatifs nationaux, les tentatives de réponses au questionnement soulevé par le VIH/sida se tiraillent sans cesse entre deux impératifs souvent difficiles à concilier : d'une part, la réaffirmation des droits de la personne infectée par le VIH ou vulnérable à ce virus, et d'autre part, la nécessité de protéger la santé publique.

C'est ce qui fit dire à l'ONUSIDA et au Haut-Commissariat des Nations unies aux droits de l'Homme (HCDH) que : « Dans le contexte du VIH, les normes internationales des droits de l'homme et les objectifs concrets de santé publique obligent les États à envisager des mesures qui risquent de prêter à controverse, s'agissant en particulier des femmes et des enfants [...]. Il appartient néanmoins à chaque État de déterminer la manière la plus efficace de satisfaire à ses obligations en matière de droits de

---

[75] Au niveau international, il n'existe pas à ce jour de traité spécifique au VIH/sida. La majeure partie des normes internationales applicables au VIH/sida est encore à l'état de droit émergent ou mou. Il s'agit le plus souvent des normes à valeur pédagogique dépourvues de force contraignante. On les retrouve dans des Directives, des Recommandations, des Déclarations, etc. Néanmoins, les Observations générales et Résolutions des Comités des traités, qui se sont particulièrement intéressées à la question du VIH/sida, contribuent sensiblement à clarifier la nature des obligations internationales des Etats et à préciser les contenus de certains droits de l'homme par rapport au VIH. C'est bien de cette façon contournée qu'il est possible, en l'état actuel du droit international positif, non seulement de donner certaines réponses aux problèmes de sécurité sanitaire et de protection des droits humains soulevés par l'épidémie du VIH/sida, mais aussi de tirer astucieusement profit du caractère contraignant inhérent aux traités les plus pertinents relatifs auxdits droits. C'est, en ce sens, que la Commission (l'actuel Conseil) des droits de l'homme des Nations unies avait invité les Etats membres « *à prendre toutes les mesures nécessaires pour assurer le respect, la protection et le plein exercice des droits de l'homme dans le contexte du VIH/sida, telles qu'elles sont énoncées dans les Directives concernant le VIH/sida et les droits de l'homme* ». Voy. Commission des droits de l'homme, Résolution 2003/47, 23 avril 2003, par. 1.

[76] La remarque contenue dans la note précédente vaut, *mutatis mutandis*, pour le contexte juridique régional et sous-régional africain, sauf à relever l'existence sur le continent africain de quelques initiatives assez heureuses d'harmonisation des législations nationales sur le VIH/sida. C'est le cas de *la loi type sur le VIH pour l'Afrique centrale et occidentale*, mieux connue sous l'appellation de la « loi de N'Djamena ». Elaborée en septembre 2004, cette loi type est l'œuvre de l'*Action for West Africa Region- HIV/AIDS* (AWAREHIV/AIDS). Elle a servi de source d'inspiration à la plupart des corpus législatifs relatifs au VIH/sida des pays de la sous-région de l'Afrique centrale et occidentale. On peut aussi citer le cas de la sous-région de l'Afrique australe où, à l'initiative du Forum parlementaire de la Communauté pour le développement de l'Afrique australe (FP de la SADC), une loi type sur le VIH/sida a été élaborée en 2008 à l'intention des Etats membres.

l'homme et de protéger la santé publique en tenant compte de son contexte politique, culturel et religieux particulier[77]. »

37. On conviendra, volontiers, de ce que d'après les principales tendances et théories qui se dégagent de l'état actuel du droit, les rôles jusqu'ici joués par les lois dans les réponses nationales à la pandémie du sida sont de deux types[78] :

- Le *rôle ou modèle punitif* : fondé sur le primat de la santé publique, il consiste à prohiber, sous la menace des sanctions pénales, des pratiques et comportements présentant pour soi-même ou autrui le risque d'être infecté par le VIH ;
- Le *rôle ou modèle protectionniste et libéral* : axé sur la manière dont la loi peut protéger des individus ou des groupes d'individus contre toute forme de discrimination ou de stigmatisation basée soit sur leur statut séropositif pour le VIH, soit sur leur vulnérabilité au VIH.

38. En outre, il est certes admis que « les États peuvent, dans certains cas très précis, imposer des restrictions à l'exercice de certains droits si ces restrictions sont nécessaires pour atteindre des objectifs qui priment sur les autres comme la santé publique, les droits d'autrui, la moralité, l'ordre public, le bien-être général d'une société démocratique et la sécurité nationale[79]. » Au demeurant, c'est sur ce fondement que la santé publique se voit être le motif le plus fréquemment invoqué ou sous-entendu par les législateurs nationaux lorsqu'ils assortissent certains droits humains de restrictions dans le contexte de l'épidémie du VIH/sida.

Cependant, à l'analyse, dans la manière de saisir le risque de transmission du VIH de la mère à l'enfant, les textes du droit positif (textes nationaux, étrangers et internationaux) ne permettent pas de déceler très nettement, parmi les restrictions possibles à l'exercice de certains droits humains[80], la frontière éthique et juridique entre « l'acceptable et l'inacceptable », « le raisonnable et le déraisonnable », « le licite et l'illicite ».

39. Aussi, en l'état actuel de l'art, on semble ne pas encore disposer d'études axées sur la recherche d'un équilibre éthique harmonieux entre les droits de l'homme et la santé publique dans le cadre spécifique de l'appréhension du risque de transmission du VIH de la mère à l'enfant.

---

[77] ONUSIDA et HCDH, *Le VIH/sida et les droits de l'homme. Directives internationales. Version consolidée*, Genève, 2006, p.16.

[78] En ce sens, voy. HAMBLIN (J.), « Rôle de la loi dans les politiques en matière de VIH et de sida, in *AIDS*, n°5 (suppl. 2), 1991, p. 239.

[79] ONUSIDA et HCDH, *op. cit.*, p. 81.

[80] Tels que : le droit à la procréation, le droit au respect de l'intégrité physique, le droit à la vie privée, le droit de jouir du meilleur état de santé rendu possible par les progrès de la biomédecine, le droit à la survie, etc.

Dans un cadre plus large, en revanche, de rares travaux scientifiques sont à signaler[81]. Excepté la thèse de Madame Julie MABILAT[82], les plus récents et pertinents d'entre eux sont l'œuvre des Agences des Nations unies.

C'est le cas de la Version consolidée de 2006 du document intitulé « *Le VIH/sida et les droits de l'homme. Directives internationales* », issu de deux consultations internationales sur le VIH/sida et les droits de l'homme tenues à Genève, respectivement du 23 au 25 septembre 1996 et du 25 au 26 juillet 2002, sous les auspices conjoints du HCDH et de l'ONUSIDA[83]. C'est aussi le cas des *Considérations juridiques sur le VIH/sida* qu'on retrouve dans le *Guide de réforme des politiques publiques et du cadre juridique* publié par la Banque Mondiale en 2007[84]. Au cours de la même année, puis en 2011, d'autres publications d'une importance juridique capitale ont été éditées conjointement par l'ONUSIDA et le PNUD[85]. Mérite enfin d'être signalée, l'étude publiée en juillet 2012 par la Commission Mondiale sur le VIH et le Droit autour du thème *: « Risques, droit et santé »*[86].

Tous ces travaux antérieurs ont le mérite de donner une vue panoramique de la problématique juridique et éthique suscitée par le VIH/sida et de formuler, à l'intention des États, des recommandations utiles à réformer leurs législations nationales dans toute la mesure compatible avec leurs engagements internationaux en matière de droits de l'homme. On ne saura le nier. Néanmoins, dans ce lot, sauf à l'état embryonnaire, aucune étude ne traite spécifiquement de la thématique de la transmission du VIH de la

---

[81] Voy. LAFAYE (J.), *La dimension juridique du VIH/SIDA ou aspects juridiques nationaux, étrangers et internationaux du syndrome d'immunodéficience acquise*, Thèse, Université de Bordeaux 1, 1991 ; ABEN (J.), *Les aspects juridiques du SIDA*, Thèse, Université de Montpellier 1, 1995 ; DAGO-CAILLARD (A.), *La lutte contre le sida en Côte d'Ivoire : pratiques et problèmes juridiques*, Thèse, Université Paris 8, 1997 ; BOUTIN (C.), *Le sida et le droit (Étude critique d'une approche comparative)*, Thèse, Université de Nice, 1998.

[82] MABILAT (J.), *Les droits fondamentaux face au VIH/sida : étude comparative de l'Afrique du Sud, du Canada et de la France*, Thèse, Université d'Aix-Marseille, 2016. Dans cette thèse, l'auteure démontre du VIH/sida le visage positif d'un facteur d'aide à la mise en œuvre des droits fondamentaux pour tous, y compris pour les individus non atteints du virus.

[83] Voy. ONUSIDA et HCDH, *op. cit.*

[84] Ce guide a été rédigé sous la direction scientifique de GABLE (L.) *et al.*, *op.cit.*

[85] ONUSIDA et PNUD, *Agir contre le VIH et le sida. Guide à l'usage du législateur*, New York, 2007 ; également ONUSIDA et PNUD, *Note à l'usage du législateur sur le VIH et le sida. Mettre le droit au service de la riposte au VIH*, New York, 2011.

[86] COMMISSION MONDIALE SUR LE VIH ET LE DROIT, *op. cit.*

mère à l'enfant, de la manière la plus exhaustive possible et dans ses multiples controverses juridiques et (bio)éthiques[87].

40. C'est à l'intérieur de ce « *secteur incomplet* »[88] des travaux juridiques antérieurs que se positionne la question principale de notre recherche. Nous la formulons en un propos interrogatif comme suit : *En contexte sous-développé d'Afrique subsaharienne, comment appréhender en droit le risque biologique de transmission prénatale du VIH de la mère à l'enfant, sans rompre avec l'équilibre éthique nécessaire entre droits et libertés de la femme ou mère séropositive et bien-être de l'enfant ?*

41. Fort de son actualité brûlante, de son importance pour la société et de sa pertinence pour le progrès de la science du droit –toutes ces considérations ayant déjà été effleurées dans nos développements antérieurs-, l'objet de la présente recherche est, objectivement, d'un intérêt si évident que s'y attarder laisserait se filtrer des redondances dans notre écriture. Mal littéraire vu de loin, la prudence commande de l'éviter.

Par contre, au niveau personnel, au-delà de notre engagement professionnel[89] dans le domaine de la lutte contre le VIH/sida, l'intérêt de ce travail de recherche est qu'il nous ouvre les autoroutes à l'entrée

---

[87] Par exemple, le *Guide de réforme des politiques publiques et du cadre juridique*, cité plus haut, met en avant-plan une « Note explicative » qui ne cache pas l'ambition scientifique mesurée de ses auteurs. En voici un extrait : « *L'objectif n'est pas de traiter de manière exhaustive l'un ou l'autre des 65 points thématiques examinés, mais plutôt d'attirer l'attention de ceux qui s'attachent à élaborer des stratégies et des projets dans le domaine du sida sur les possibilités de réforme de la législation et du cadre de l'action publique en leur fournissant les moyens de s'atteler efficacement à la tâche. [...]* ***Nous avons bien conscience du fait que tous ces sujets pourraient faire l'objet d'un examen plus approfondi et qu'il conviendrait d'analyser plus en détail les textes législatifs nationaux****. Mais par souci de lisibilité, nous nous sommes limités à quelques pages seulement par thème.* »

[88] Expression empruntée à CISLARU (G.) *et al.* cités par SHOMBA KINYAMBA, *Méthodologie et Epistémologie de la Recherche Scientifique*, Kinshasa, PUK, 2013, p. 38.

[89] C'est le lieu de mentionner notre appartenance au Groupe de travail thématique « Droit et VIH » du Ministère de la Justice et des droits humains de la RDC, un organe technique permanent, fédérant experts et associations engagés dans la lutte contre le VIH/sida et/ou la défense des droits de l'homme. Le Groupe mène des études, pilote des enquêtes de terrain et organise régulièrement des séminaires et ateliers d'informations et de sensibilisation ouverts au grand public. Aussi, en tant qu'avocat, notre ministère est-il parfois sollicité pour la défense en justice des causes en rapport étroit avec le VIH/sida. Voy. TGI/KALAMU, RP 12.892, 05 janvier 2015, inédit (Une affaire des poursuites du chef de l'infraction de tentative de transmission délibérée du VIH, analysée *infra*).

« privilégiée » dans la double sphère scientifique du droit de la santé[90] et du droit de la bioéthique[91].

En effet, ces deux disciplines juridiques relativement jeunes sont encore en friche, si pas généralement en Afrique[92], du moins singulièrement en RDC, où ni le système de l'enseignement universitaire, ni le programme officiel des cours dans les Facultés de Droit ne leur aménagent un espace nécessaire à l'incitation des travaux de recherche et à leur émergence.

DISPOSITIFS MÉTHODOLOGIQUES CHOISIS ET JUSTIFICATION

42. Pour mener à bien cette recherche scientifique, il nous a fallu définir rigoureusement des moyens méthodologiques appropriés et envisager, avec réalisme, une délimitation rationnelle du champ de l'étude.

Sous cet angle, premièrement, il nous est apparu indiqué de privilégier une *méthode de raisonnement de type inductif*, à laquelle les juristes ne s'intéressent que de façon très marginale. Grâce à elle, notre démarche aura consisté à partir d'abord du particulier de chaque situation-problème concrètement retenue, avec le risque scientifiquement établi de

---

[90] À la faveur d'une définition « attrape-tout » de la santé devenue célèbre (« *Un état de complet bien-être physique, mental et social, et ne consiste pas seulement en une absence de maladie ou d'infirmité* », d'après le préambule de la Charte constitutive de l'OMS), le droit de la santé se voit contraint de couvrir un très large éventail des matières allant de l'organisation du système de santé (les missions, les institutions) à la protection de l'humain dans le cadre des pratiques biomédicales (principes fondamentaux applicables en matière biomédicale, règlementation des pratiques biomédicales), en passant par les principes régissant la relation de soins (droits et obligations des partenaires à la relation de soins, principes d'indemnisation liés à la relation de soins). On aura remarqué que toutes ces thématiques du champ disciplinaire du droit de la santé sont, directement ou indirectement, mobilisées dans la présente étude. Sur les aspects de droit français rattachés à ces différentes thématiques, voy. LAUDE (A.), MATHIEU (B.) et TABUTEAU (D.), *Droit de la santé*, 3ième édition mise à jour, Paris, PUF, 2007, 728 p.

[91] La (le droit de la) bioéthique a été définie différemment comme « *la science normative du comportement humain acceptable dans le domaine de la vie et de la mort* » (Pierre DESCHAMPS cité par DURAND (G.), *La bioéthique : nature, principes, enjeux*, Paris, Cerf, 1989, p. 30) ; « *l'étude interdisciplinaire de l'ensemble des conditions qu'exige une gestion responsable de la vie humaine (ou de la personne humaine) dans le cadre des problèmes rapides et complexes du savoir et des technologies biomédicales* » (David ROY cité par *Idem*, p. 28.) ; « *la recherche de l'ensemble des exigences du respect et de la promotion de la vie humaine et de la personne dans le secteur biomédical* » (Voy. *Ibid.*, p. 32).

[92] À ce sujet, on peut utilement lire GUEYE (I.), *Les normes de la bioéthique et l'Afrique*, Paris, L'Harmattan, 2012. Dans cet ouvrage issu de sa thèse de doctorat soutenue à l'Université Paris XII, l'auteur présente le visage que la bioéthique revêt dans les normes non seulement de droit national des États africains, mais aussi de droit communautaire africain. Ces normes, soutient-il, s'affirment progressivement.

transmission verticale du VIH qu'elle renferme, pour en venir, ensuite, à interroger les règles générales du corpus juridique. Autrement dit, pour paraphraser Madame Nadia BELRHOMARI, il s'est agi de partir « des données observables, des faits cristallisés tout entiers[93] », pour en induire le régime de protection juridique rattachable, en droit positif comme en droit prospectif.

43. Deuxièmement, nous avons privilégié une *approche holistique et interdisciplinaire* dans la manière d'aborder les problématiques étudiées. Deux raisons, qui se tiennent, expliquent ce choix. D'abord, le VIH/sida est à lui seul une question de santé publique à caractère transversal. Ensuite, il n'est par conséquent pas possible de mieux comprendre certaines attitudes ou pratiques à risque de transmission du VIH sans transcender le positivisme juridique, pour emprunter les lunettes d'autres disciplines telles que la sociologie, l'anthropologie juridique[94], la philosophie, l'histoire, etc.

44. S'agissant plus particulièrement de l'*approche anthropologique au droit*, elle présente l'avantage de permettre de comprendre le fonctionnement réel des sociétés, leurs référents culturels, les limites du droit positif et les réalités endogènes qui parfois scellent à l'avance le sort de l'ineffectivité et/ou de l'inefficacité du « droit étatique » ou « droit officiel »[95]. Sous l'emprise de cette approche, nous avons administré des questionnaires d'enquêtes de terrain, principalement dans la Ville de Kinshasa, avec le concours de quelques étudiants de la Faculté de Droit de l'Université de Kinshasa[96] et de certains membres d'associations locales spécialisées dans la prise en charge des personnes vivant avec le VIH[97]. Ce faisant, nous avons organisé des interviews avec des acteurs sociaux privilégiés et autres catégories des personnes-cibles telles que : les personnes vivant avec le VIH/sida, la population des femmes enceintes habituées aux consultations prénatales (CPN), les prestataires des soins prénatals et autres professionnels de santé de la reproduction, ainsi que les personnes du troisième âge jouissant généralement de la présomption de savoir en

---

[93] BELRHOMARI (N.), *op. cit.*, p. 43.

[94] Sur les repères méthodologiques et épistémologiques de l'anthropologie juridique, voy. KUYU MWISSA (C.), *Écrits d'anthropologie juridique et politique*, Louvain-la-Neuve, Editions Academia, 2008, 310 p.

[95] Par opposition au « droit vécu », « droit réel » ou « droit informel ».

[96] Nos fonctions de Chef de Travaux à la Faculté de Droit de l'Université de Kinshasa ont, tout naturellement, facilité la mise à contribution et la collaboration bénévole de quelques-uns de nos étudiants. Voy. l'Arrêté ministériel n°0010/MINESU/CABMIN/TMF/RK3/CPM/2015 du 11 mai 2015 portant nomination et promotion des membres du personnel scientifique des Universités publiques de la République démocratique du Congo.

[97] En particulier l'Union congolaise des organisations des personnes vivant avec le VIH (UCOP+) et l'Association Femmes Plus.

matière de droits traditionnels non-écrits ou de normes culturelles locales[98].

45. En troisième position, a été enfin mobilisée la *méthode comparative.* L'intérêt de faire le droit comparé dans une étude juridique portant sur le VIH/sida s'explique par le phénomène de la juridicisation de la lutte contre le VIH/sida évoqué *supra.*

46. De l'avis de nombre d'auteurs, le premier problème que soulève le recours au droit comparé est celui de la détermination du champ de comparabilité des droits. Tout est fonction du choix rationnel et réaliste fait par le comparatiste[99]. C'est le lieu de préciser que nos recherches comparatives se sont principalement orientées vers les *corpus* législatifs[100] de dix États africains, à savoir : le Burkina Faso, le Burundi, le Congo (Brazzaville), la Côte d'Ivoire, le Mali, la Mauritanie, le Niger, le Tchad, le Togo et le Sénégal. Dans la sélection, ce choix a obéi à un double critère juridique et géopolitique visant non seulement à faciliter la comparaison, en en contournant certains écueils, mais aussi à l'objectiviser.

47. Sur le plan juridique, on remarquera qu'en ce qui concerne les rapports entre le droit international et le droit interne, ces différents États appartiennent au système moniste avec primauté de la norme

---

[98] D'où le célèbre proverbe africain d'après lequel : « *Un vieillard qui meurt, c'est une bibliothèque qui brûle.* »

[99] En ce sens, voy. RAMBAUD (T.), *Introduction au droit comparé. Les grandes traditions juridiques dans le monde,* Paris, PUF, 2014, p. 32-34 ; CHAMPEIL-DESPLATS, *Méthodologies du droit et des sciences du droit,* Paris, Dalloz, 2014, p.213 et s.; JALUZOT (B.), « Méthodologie du droit comparé », *Revue internationale de droit comparé*, 2005 n°1, p. 40 et s.

[100] Voy. *Supra*, n° 35. Réalisme oblige, compte tenu de sérieuses difficultés d'accès à la documentation juridique officielle (lois, règlements et surtout jurisprudence) des Etats d'Afrique, nous avons été contraint de limiter notre entreprise de comparaison à leurs textes respectifs spécifiques au VIH/sida, sans être en mesure, à quelques exceptions près, d'interroger leur mise en œuvre par les acteurs judiciaires et sociaux. Néanmoins, pour contourner ce type de difficultés, nous avons emprunté deux biais méthodologiques. Le premier a consisté à mobiliser massivement, dans la mesure de leur disponibilité, des ressources doctrinales et publications spécialisées traitant de la situation juridique, épidémiologique, sociale, culturelle ou anthropologique spécifique à chacun des pays concernés par notre champ d'étude comparée. Le second biais emprunté est celui des forums groupe : mettant habilement à contribution notre réseau professionnel du secteur de la lutte contre le VIH/sida en Afrique, durant toute la période de nos recherches, nous avons su tirer profit des rencontres physiques et des lieux virtuels de contacts et d'échanges nourris sur internet entre activistes, juristes étrangers et autres chercheurs intéressés par la thématique du VIH/sida. Les personnes-ressources côtoyées, d'un pays à un autre, ont, dans une mesure non négligeable, concouru non seulement à aiguiser nos interrogations et réflexions, mais aussi à nous faire surmonter des obstacles inhérents à toute entreprise de droit comparé.

internationale sur la norme interne[101]. Tous sont parties prenantes à la Convention de New York sur les droits de l'enfant[102]. Sous un autre angle, aucun de ces États ne s'est effectivement affranchi du dualisme encore présent en Afrique postcoloniale entre le droit écrit ou étatique et les droits traditionnels ou autochtones auxquels la majeure partie des populations s'identifie. Aussi, historiquement, les États retenus sont tous de tradition juridique romano-germanique. À ces différentes considérations vient s'ajouter un détail important : tous ces États se sont dotés des lois spécifiques au VIH/sida.

Il n'y a aucun doute possible sur le fait que toutes ces caractéristiques juridiques sont le propre du droit congolais.

48. Sur le plan géopolitique, dans le choix des pays à étudier, nous avons eu égard à leur localisation dans la région francophone[103] de l'Afrique subsaharienne. Cette partie du continent africain se caractérise par une situation épidémiologique du VIH extrêmement dramatique dans la population infantile[104] et de faibles taux d'indice de développement humain (IDH)[105].

49. Ce choix pour l'africanisation de notre étude de droit comparé ne nous a pas pour autant empêché de faire des incursions rendues nécessaires dans d'autres systèmes juridiques étrangers à la famille des droits africains contemporains. Le plus souvent, cela s'est justifié par le constat, au sein de ces systèmes, d'une certaine longueur d'avance normative, jurisprudentielle ou doctrinale sur un aspect donné de l'étude.

---

[101] On peut trouver un aperçu général de grandes options juridiques de l'ensemble des États africains chez RODOLFO SACCO, *Le droit africain. Anthropologie et droit positif*, Paris, Dalloz, 2009, 566 p.

[102] Actuellement, seuls les États-Unis n'ont pas ratifié la Convention internationale relative aux droits de l'enfant. En Afrique, la Somalie et le Soudan du Sud sont les derniers Etats signataires en date.

[103] Les similitudes lexicales et sémantiques dans la formulation de la règle de droit permettent d'affirmer, avec Camille KUYU, l'existence d'une « *culture juridique francophone relative à la construction normative* ». Voy. KUYU MWISSA (C.), *op. cit.*, p. 47.

[104] À l'instar de la RDC, presque tous ces pays font partie de 27 États où vivent plus de 80 % de l'ensemble des enfants infectés par le VIH au niveau mondial, d'après un rapport conjoint de l'OMS et de l'UNICEF. Voy. OMS et UNICEF, *Guide pour la mise à l'échelle au plan mondial de la prévention de la transmission mère-enfant du VIH : vers un accès universel pour les femmes, les nourrissons et les jeunes enfants et pour l'élimination du VIH et du sida,* Genève, Bibliothèque de l'OMS, 2007.

[105] L'IDH se fonde sur trois critères principaux d'évaluation du niveau de développement humain des pays du monde : l'espérance de vie à la naissance, le niveau d'éducation et le niveau de vie. Sur le dernier classement des statistiques d'IDH d'après le PNUD, voy. https : fr.actualitix.com/pays/afri/afrique-indice-de-developpement.humain.php, [consulté le 13 janvier 2017].

50. C'est ce qui explique – il importe d'en faire une remarque spéciale - un abreuvage fréquent aux sources riches en enseignements du droit français. Sans doute, pour une étude comparative portant sur le droit et l'épidémie du VIH/sida, il eut été historiquement inexcusable de passer sous silence le succès recueilli par la célèbre « *affaire du sang contaminé* »[106].

De même, l'on ne devrait, sauf moindre effort, ne pas avoir égard à la production jurisprudentielle particulièrement abondante en France, non seulement sur des questions d'indemnisation des victimes de la contamination par le VIH[107], mais aussi et surtout sur une variété des questions de bioéthique et de droit de la santé[108] d'actualité scientifique internationale.

Aussi, la place privilégiée qu'occupe le droit français dans la présente étude se justifie par le fait qu'il a très largement inspiré l'actuel *Avant-projet de Code pénal congolais*[109], spécialement dans sa partie de *droit*

---

[106] L'histoire devrait reconnaître à cette affaire très médiatisée le mérite d'avoir réveillé le juriste et le législateur français de leur sommeil face à l'épidémie du VIH/sida, vers la fin des années 90. À son sujet, un auteur écrit, à juste titre, que cette affaire avait « *mobilisé toute la gamme possible des divers recours possibles devant les juridictions françaises, judiciaires, administratives et politiques* ». Voy. BEAUD (O.), *Le sang contaminé*, Paris, P.U.F., 1999.

[107] Dans l'histoire du couple thématique « droit et VIH/sida », la spécificité du préjudice de contamination par le VIH a été mise en évidence, pour la toute première fois, par la jurisprudence française dans l'Arrêt Courtellemont rendu par la Cour d'appel de Paris le 7 juillet 1989 (Paris, 7 juillet 1989, Gaz Pal., 1989, 2, Juris. p. 752, note PICHOT.). Sur la définition donnée à la notion de préjudice sérologique, voy. *Supra*, n°31.

[108] On peut en citer quelques questions qui, généralement, se sont posées à l'occasion de la connaissance par les cours et tribunaux de certaines affaires : le « droit de ne pas naître » ou la question de l'indemnisation d'un handicap de naissance à travers la non moins célèbre « affaire Nicolas Perruche » (Voy. *infra*) ; les questions liées au droit encadrant la fin de vie ou plus spécifiquement la question de l'arrêt des soins chez un malade en état végétatif (À ce sujet, voy. BELRHOMARI (N.), « L'affaire Vincent Lambert, un cas de conscience pour le juge », *RGDM*, n°53, 2014, p. 131-152) ; les affaires de qualification d'homicide involontaire en cas d'avortement d'un fœtus par erreur ou imprudence (Voy. notamment Lyon, 13 mars 1997, *D.*, 1997.557, note E. SERVERIN ; *J.C.P., G.*, 1997.II.10231, note G. FAURE) ; etc.

[109] D'après le Professeur Pierre AKELE ADAU, sous la direction scientifique duquel il a été élaboré, cet Avant-projet répond à un besoin de mise en conformité du Code pénal congolais en vigueur avec les exigences et les standards d'un État de droit, les évolutions modernes de la pratique et de la science pénales, les valeurs socio-culturelles de la société congolaise et les nécessités de développement économique. Il est l'œuvre du *Comité technique pour la réforme du Code pénal congolais* constitué, en mai 2006, à l'initiative conjointe du Ministère de la Justice, de la Commission Permanente de Réforme du Droit Congolais et de la Coopération française par l'entremise du Projet *Soutien à l'Instauration d'un Etat de Droit* (SIED). Voy. COMMISSION PERMANENTE DE RÉFORME DU DROIT CONGOLAIS, *Avant-projet de Code pénal*, Livre 1er « *Dispositions communes à l'ensemble des infractions et des sanctions pénales* », août 2010, p. 5.

émergent de la bioéthique -nommons-la ainsi– comportant des dispositions relatives au « *crime d'eugénisme et au clonage reproductif* »[110], aux « *atteintes à l'espèce humaine* »[111], aux « *atteintes au corps humain* »[112] et aux « *atteintes à l'embryon humain* »[113].

51. Par ailleurs, il est admis qu'un autre problème, et non le moindre, que le comparatiste est appelé à vider avant tout examen au fond, c'est celui de la détermination de la méthode. En réalité, il est abusif de parler de la méthode de droit comparé car, en droit comparé coexistent, voire se rivalisent, plusieurs méthodes d'approche.

Dans cette étude, compte tenu de la richesse inestimable que renferme de nos jours la normativité en matière de VIH/sida, la *méthode de comparaison systématique*[114], pour complexe et exigeante qu'elle puisse être, nous est paradoxalement apparue appauvrissante, en termes de collecte maximale d'informations juridiques. Nous lui avons préféré la *méthode d'information comparative*[115] qui, elle, rend possible la mise en relief d'un large éventail des normes émanant des systèmes juridiques aussi divers que diversifiés, lorsqu'elles procèdent d'une même *ratio legis* ou semblent poursuivre un objectif commun[116].

C'est dire que ni le souci de réalisme[117] qui a présidé à la délimitation géographique du champ de comparabilité de notre étude, ni la renonciation à la *méthode de comparaison systématique*, ne devraient être

---

[110] Voy. les articles 220 à 224 de l'Avant-projet de Code pénal, livre 2.
[111] Voy. les articles 333 à 335.
[112] Voy. les articles 336 à 353.
[113] Voy. les articles 354 à 373.
[114] La démarche de comparaison systématique suppose généralement un nombre très restreint des droits comparables, afin d'établir leur rapprochement et d'en dégager les ressemblances et les dissemblances à propos d'une institution juridique donnée. Elle exige du comparatiste des connaissances solides des droits étrangers retenus. Car, la comparaison systématique, pour être scientifiquement fiable, ne devrait pas se limiter aux textes ; elle devrait s'étendre à la comparaison des tendances jurisprudentielles voire des pratiques sur l'objet d'étude comparative.
[115] Dans la démarche d'information comparative, « *les informations n'ont la prétention ni d'examiner ni d'expliquer, ni à vrai dire de comparer des droits étrangers. Elles sont occasionnelles et visent à compléter l'exposé du droit national par une incision comparative, fugace et résumée* ». Voy. CONSTANTINESCO (L.J.), *Traité de droit comparé*, Tome II, *La Méthode comparative,* Paris, LGDJ, 1974, p. 26.
[116] En l'espèce, il s'agit de protéger l'enfant à concevoir ou à naître contre le risque d'infection par le VIH.
[117] Outre les difficultés d'accès à la documentation juridique africaine déjà épinglées, entrent en ligne de compte du réalisme : le facteur « temps » assigné aux travaux de recherche doctorale, le facteur « moyens matériels et financiers » à la disposition du chercheur-doctorant, le facteur « obstacles linguistiques », etc.

interprétés comme l'expression d'une solution de facilité, mais plutôt un choix rationalisé à l'aune des objectifs poursuivis par la recherche.

Notre volonté ne consiste pas en effet à entrevoir les possibilités d'une harmonisation des droits africains étudiés, ni celles d'unification des normes - quoique l'étude menée soit à même d'y contribuer par ricochet - . Elle consiste plutôt à rechercher l'amélioration du droit national du comparatiste (le droit congolais) par d'éventuels apports tirant leur source des systèmes juridiques qui lui sont étrangers[118].

Aussi, songera-t-on à préciser, en définitive, l'hypothèse principale de départ de notre étude et sa division sommaire.

HYPOTHÈSE DE DÉPART ET DIVISION SOMMAIRE DE L'ÉTUDE

52. En RDC, comme dans la plupart des pays africains, face à la forte probabilité de naître avec le VIH, la protection juridique offerte à l'enfant se révèle insuffisante et incohérente. Le choix de politique législative majoritairement opéré par les États africains a tendance à privilégier démesurément les droits et libertés individuels de la femme ou mère séropositive sur son corps. Ce qui, à de nombreux égards, contraste avec la conception que le droit positif se fait de la notion d'intérêt supérieur de l'enfant et du principe de précaution.

53. Dès lors, tiraillées essentiellement entre droit à l'enfant et droit de l'enfant, les législations africaines spécifiques au VIH/sida sont invitées à intérioriser un nouveau paradigme de normativité[119]. Celui-ci étant fondé sur la recherche d'une conciliation éthique, qui n'apparaisse pas manifestement disproportionnée, entre l'autonomie de soi de la femme ou mère séropositive sur son corps et la responsabilité de ses choix en matière de santé de la reproduction.

54. Pour nous attacher à démontrer systématiquement cette thèse, il paraît indispensable de considérer le projet de maternité dans toute sa

---

[118] C'est de la fonction heuristique du droit comparé qu'il s'agit. L'étude du droit comparé permet en effet un approfondissement de la connaissance du droit national. Cette affirmation est d'autant plus vraie qu'un regard attentif tourné méthodiquement vers plusieurs droits étrangers, à propos d'une institution ou règle juridique déterminée, est à même de permettre une prise de distance critique à l'égard du droit national dans lequel le comparatiste a été formé au premier chef. Ne dit-on pas que les voyages aident à voir autrement sa propre société, et pourquoi pas son propre système juridique?

[119] Nous entendons le mot « normativité » dans son sens le plus courant d'activité de production ou de construction de la norme juridique. Le concept peut revêtir des sens variés et prête à de vives controverses doctrinales dans la perspective de l'épistémologie juridique. Dans cette optique, voy. la thèse de BRUNET (F.), *La normativité en droit*, Paris, Editions mare & martin, 2011, 678 p.

temporalité prénatale. C'est pourquoi, dans le présent ouvrage, le régime juridique de protection de l'enfant contre le risque de naître avec le VIH sera appréhendé en deux temps : d'abord, *a priori*, avant la conception de l'enfant (PREMIÈRE PARTIE), ensuite, *a posteriori*, pendant la gestation de l'enfant ou l'étape de la grossesse (DEUXIÈME PARTIE).

PREMIÈRE PARTIE :

LA PROTECTION *A PRIORI* DE L'ENFANT AVANT SA CONCEPTION

55. D'après l'UNICEF, « les générations sans sida commencent par les enfants »[120]. On peut tirer de ce slogan international la leçon que face au risque récurrent de transmission du VIH de la mère à l'enfant, le principe de précaution[121] impose aux générations présentes un devoir moral de sécurité vis-à-vis des générations futures. Ce devoir de chacun et de tous invite à prendre toutes dispositions raisonnables et proportionnées nécessaires à éliminer, à moyen ou long terme, les nouvelles infections par le VIH parmi les enfants.

Dans cette optique, parler de la protection juridique de l'enfant, avant qu'il ne soit conçu, reviendrait à questionner la prise en compte du risque de transmission maternelle du VIH dans la règlementation applicable à l'activité humaine procréative.

En effet, de nos jours, les découvertes en biologie humaine et les innovations biotechnologiques, qui les accompagnent, ont modifié radicalement notre image de la procréation. Désormais, on peut se passer du procédé naturel de rapprochement hétérosexuel conduisant à la conception *in utero* de l'enfant, et procréer artificiellement, en parvenant à la conception *in vitro* de l'enfant désiré. De même, les développements actuels sur les méthodes de prévention de la transmission du VIH et la découverte du traitement antirétroviral ont changé les représentations sociales sur l'infection à VIH/sida et le regard que l'opinion publique porte sur les personnes à risque de propagation du VIH. Les législateurs se voient aujourd'hui contraints à prendre position sur des questions qui leur sont sans cesse suggérées par toutes ces profondes mutations enregistrées dans le domaine de la procréation.

Cette problématique suscite des interrogations sur la manière dont le droit congolais saisit le désir légitime d'enfant chez la femme séropositive ou la femme séronégative vivant en couple sérodiscordant, selon le cas.

Voilà pourquoi, nous envisagerons l'étude des règles encadrant la procréation humaine, en distinguant nettement la perspective de la conception *in utero* chez la femme séropositive (Titre 1er), de celle relative à la conception *in vitro* en contexte de couple sérodiscordant (Titre 2).

---

[120] Voy. UNICEF, *La situation des enfants dans le monde 2016. L'égalité des chances pour chaque enfant,* New York, 2016.
[121] Sur la mobilisation du principe de précaution en droit de la santé, voy. BCUAL (J.C.) *et al.*, *op. cit.* ; FOUCHER (K.), *op. cit.*

TITRE PREMIER :

L'ENCADREMENT JURIDIQUE DE LA CONCEPTION *IN UTERO* CHEZ LA FEMME SÉROPOSITIVE

56. Les expressions « conception *in utero* » et « procréation naturelle » peuvent être tenues pour interchangeables. Le législateur congolais emploie génériquement le terme « procréation » sans en fournir la définition[122]. Dans la doctrine, la procréation a été définie comme étant « l'acte de concevoir, d'engendrer, lorsqu'il s'agit des enfants[123]. »

En règle générale, toute femme en âge de procréer peut souhaiter concevoir ou au contraire ne pas concevoir. Selon l'hypothèse, elle s'accouplera à un partenaire de sexe opposé ou recourra aux moyens de contraception pour faire obstacle à l'ovulation.

Classiquement, les juristes admettent que « les libertés de concevoir ou de ne pas concevoir ne nécessitent pas *a priori* l'ingérence du droit. Ce sont des activités intimes qui se déroulent suivant la seule volonté des individus. Néanmoins, l'examen de la situation actuelle de ces libertés [...] montre que des dispositions juridiques sont progressivement apparues[124] ».

En droit congolais, les normes relatives à la procréation humaine sont éparses et de nature juridique très variée. Ainsi, en considération du risque de transmission du VIH de la mère à l'enfant, la régulation chez la femme séropositive des libertés de concevoir et de ne pas concevoir mérite d'être étudiée. Nous verrons comment le droit positif nuance la liberté de concevoir de la femme séropositive (Chapitre 1er), en même temps qu'il porte sur sa liberté de ne pas concevoir un regard plutôt contrasté (Chapitre 2).

---

122 Voy. notamment l'article 8 de la loi n°08-011 du 14 juillet 2008 portant protection des droits des personnes vivant avec le VIH/sida et des personnes affectées : « *Conformément à l'article 40 de la constitution, les personnes vivant avec le VIH/sida et les personnes affectées ont droit au mariage et à la* ***procréation*** [...] ».

123 LETTERON (R.), *Le droit de la procréation*, Paris, Coll. Que sais-je ?, 1997, p. 3.

124 PAIN-MASBRENIER (M.-T.), *Les libertés et les droits en matière de procréation humaine,* Thèse, Université Paris II Panthéon-Assas, 2004, p. 25.

CHAPITRE PREMIER :

UNE LIBERTÉ DE CONCEVOIR NUANCÉE

57. On conviendra avec Annabel DESGREES DU LOÛ et Benoit FERRY que sexualité et procréation sont très liées, et constituent les deux principales voies de transmission du VIH sur le continent africain, le plus touché par l'épidémie[125].

Certes, le vécu de la sexualité ne saurait se résumer « au simple fait d'avoir des rapports sexuels ou de ne plus en avoir, d'utiliser des préservatifs ou de refuser leur emploi. Il englobe une part beaucoup plus importante de la vie de l'individu. Il comprend tout ce qui a trait à l'image de soi et de son corps, au désir et à la satisfaction. Il recouvre tout ce qu'implique la relation à autrui, qu'elle soit existante ou à créer, profonde ou superficielle[126]. » En témoignent des préoccupations d'ordre sociologique telles que : quels sont les problèmes liés à la sexualité quand on est séropositif ? Comment sont-ils vécus ? Quelle incidence ont-ils sur la prévention de la transmission du VIH ?[127]

Dans cette perspective de pure sociologie de la sexualité, bon nombre d'études[128] révèlent que 25 à 71 % des personnes VIH positives présentent des troubles de la sexualité. Certains témoignages[129] émanant de cette catégorie des personnes font état « des blocages de la libido plus ou moins prolongés », voire du « sacrifice de la sexualité ». Il semble même que,

---

[125] DESGREES DU LOÛ (A.) et FERRY (B.), « Sexualité et procréation confrontées au sida : Permanences et adaptations dans les pays fortement touchés par l'épidémie », in DESGREES DU LOÛ (A.) et FERRY (B.), dir, *Sexualité et procréation confrontées au sida dans les pays du sud*, Paris, CEPED, 2006, p.12.

[126] MEYSTRE-AGUSTON (G.) *et al.*, *La sexualité des personnes vivant avec le VIH/sida,* Institut universitaire de médecine sociale et préventive, Raisons de santé 17, Lausanne, 1998, p. 29.

[127] Sur les éléments de réponses à ce genre de questions, voy. *idem*, 153 p. En contexte africain, on peut lire GUIRA (O.) et al., « Sexualité et risque de transmission du VIH chez les couples séropositifs suivis à l'hôpital de jour du CHU de Ouagadougou (Burkina Faso) », in *Bull. Soc. Pathol. Exot.* (2013) 106, p. 43-47.

[128] Voy. Florence (E.) et al. "Prevalence and factors associated with sexual dysfunction among HIV-positive women in Europe." *AIDS Care* 16(5), 2004, p. 550-557 ; également CRITON (C.) et FENER (P.), *op. cit.*, p. 9.

[129] Voy. Table ronde intitulée « Couples et VIH », in *http : //www. Actup.paris.org/article 1696.html*, [consulté le 20 octobre 2016].

pour être en parfait état psychologique de jouissance, nombreuses sont des personnes séropositives qui préfèrent des partenaires sexuels de leur état sérologique[130]. La raison en serait que, d'instants supposés de plaisir, les rapports sexuels avec un partenaire sérodifférent se transforment à des moments d'angoisse qui viennent leur rappeler, désagréablement, tout aussi la présence de la maladie que l'absence de certitude absolue de ne pas la transmettre à autrui.

58. Toutefois, là n'est pas l'essentiel de notre propos. Ce qui intéresse notre étude, c'est, d'abord, l'analyse critique de la manière dont le droit positif (Section 1) régit la vie sexuelle des personnes vivant avec le VIH en général et celle de la femme séropositive en particulier. Les critiques issues de cette analyse nous auront permis, ensuite, de mettre en perspective et de repenser le droit en vigueur (Section 2), pour une protection adéquate de l'enfant à concevoir contre le risque de contamination par le VIH.

Section 1 : L'analyse critique du droit positif

59. Rappelons que la procréation naturelle ne peut se concevoir sans le rapprochement sexuel entre un homme et une femme. D'où la curiosité de chercher à savoir si le recours par la femme séropositive aux rapports sexuels non protégés est licite. En d'autres termes, la femme vivant avec le VIH/sida jouit-elle de la liberté de concevoir naturellement ?

Si dans une première acception, la liberté est « la qualité de ce qui n'est pas soumis à une contrainte (physique, psychologique ou morale) »[131], la seconde acception, qui convient le mieux au juriste, est celle qui consiste à considérer qu'« être libre d'agir, c'est avoir le 'droit' ou le pouvoir d'accomplir tel ou tel acte. Le mot 'libre' est synonyme de 'licite' ou de 'permis'[132] ».

Nous montrerons que les rapports sexuels procréatifs constituent un champ de la vie privée dans lequel, par principe, le droit d'entrée a été légalement reconnu à toutes les personnes vivant avec le VIH/sida, y-compris la femme séropositive (§1). Il y a cependant une nuance : pour être licite, leur entrée dans ce champ est assortie d'une subtile condition qu'il nous appartiendra de décrypter (§2).

---

[130] En ce sens, voy. DELFRAISSY (J.-F.) *et al.*, « Désir d'enfant et assistance médicale à la procréation », in *Prise en charge thérapeutique des personnes infectées par le VIH. Rapport Médecine-Sciences*, Flammarion, 2004, p. 207-222.

[131] ROBERT (J.) et DUFFAR (J.), *Droits de l'homme et libertés fondamentales*, 7ème édition, Paris, Montchrestien, 1999, p. 19.

[132] *Idem.*

Paragraphe 1 : Le principe de la libre entrée de la femme séropositive dans le champ des rapports sexuels procréatifs

60. La règle selon laquelle la femme séropositive a libre entrée dans le champ de la procréation trouve sa base légale à l'article 8 de la loi n°08-011 du 14 juillet 2008 portant protection des droits des personnes vivant avec le VIH/sida et des personnes affectées. Cet article dispose que : « *Conformément à l'article 40 de la constitution, les personnes vivant avec le VIH/sida et les personnes affectées ont droit au mariage et à la procréation* […]».

En son premier alinéa, l'article 40 de la Constitution visé par le législateur indique que « tout individu a le droit de se marier avec la personne de son choix, de sexe opposé[133], et de fonder une famille.» La doctrine[134] voit dans la liberté de procréer, un droit naturel implicitement contenu dans le droit individuel de fonder une famille. Celui-ci étant consacré par les instruments juridiques internationaux opposables à la RDC, en particulier la Déclaration universelle des droits de l'homme[135] et le Pacte international relatif aux droits civils et politiques[136].

61. Ainsi, du droit à la procréation légalement reconnu aux femmes séropositives, on peut inférer que chez cette catégorie des personnes, le recours aux rapports sexuels non protégés, voie naturelle par excellence de la procréation, est incontestablement licite. Ce qui correspond à affirmer, en d'autres termes, que les femmes séropositives n'ont aucunement l'obligation légale d'utiliser les préservatifs lors des rapports sexuels qu'elles entretiennent.

La solution manifestement libérale adoptée par le législateur congolais appelle quelques critiques. Les unes se réfèrent au contexte juridique international (A) et les autres au droit comparé africain (B).

A. Les critiques dictées par le contexte juridique international

62. À son actif, la position du législateur du 14 juillet 2008 sur la faculté de procréation chez les personnes vivant avec le VIH/sida se justifie par

---

[133] À travers l'incise « *de sexe opposé* », le constituant congolais avait entendu exprimer clairement son entière désapprobation à l'égard de l'homosexualité et de l'idée de « mariage pour tous » qui a conquis le terrain de plusieurs droits étrangers, en Occident en particulier.

[134] Voy. notamment ROBERT (J.) et DUFFAR (J.), *op. cit.*, p. 225.

[135] Voy. l'article 16, point 1 : « *À partir de l'âge nubile, l'homme et la femme, sans aucune restriction quant à la race, la nationalité ou la religion, ont le droit de se marier et de fonder une famille* […]».

[136] Voy. l'article 23, point 2 : « *Le droit de se marier et de fonder une famille est reconnu à l'homme et à la femme à partir de l'âge nubile.* »

l'exigence de respect dû aux engagements internationaux souscrits par la RDC en matière de droit à la protection contre la discrimination (1). Ceci n'empêche de reprocher audit législateur d'avoir consacré un certain double emploi normatif (2). Bien plus, sa position révèle une profonde crise de cohérence au sein du tissu juridique congolais (3).

1. Le respect dû aux engagements internationaux de l'État congolais en matière de droit à la protection contre la discrimination

63. À propos de la liberté de procréation chez les personnes vivant avec le VIH/sida, l'option levée par le législateur congolais présente l'avantage d'être conforme aux exigences du droit international positif. En effet, les instruments juridiques internationaux relatifs aux droits de l'homme se montrent hostiles à toutes formes de discrimination. L'État, dont la législation nationale dénierait le droit à la procréation aux personnes ou femmes séropositives, pour quelque raison de santé publique que ce soit, se rendrait *a priori* coupable de violation de ses engagements internationaux en matière de droit à la protection contre la discrimination[137].

En cette matière des droits de la personne humaine, la jurisprudence[138] et la doctrine[139] se veulent particulièrement rigoureuses au regard de la règle « *pacta sunt servanda* » consacrée par l'article 26 de la Convention de

---

[137] Voy. Déclaration universelle des droits de l'homme (art. 2); Pacte international relatif aux droits civils et politiques (PIRDCP) (art. 2, 26); Pacte international relatif aux droits économiques, sociaux et culturels (PIRDÉSC) (art. 2); Convention sur l'élimination de toutes les formes de discrimination à l'égard des femmes (art. 12); Charte africaine des droits de l'homme et des peuples (art. 2,28).

[138] À l'origine, c'est à la Cour internationale de justice (CIJ) qu'on doit le principe selon lequel la notion d'obligations réciproques est inappropriée en matière des traités relatifs aux droits de l'homme. La haute juridiction internationale avait adopté cette position dans son avis de 1951 concernant la Convention sur la prévention et la répression du crime de génocide en indiquant que : « *Dans une telle convention, les États contractants n'ont pas d'intérêts propres ; ils ont seulement, tous et chacun, un intérêt commun : celui de préserver les fins supérieures qui sont la raison d'être de la Convention. Il en résulte que l'on ne saurait, pour une Convention de ce type, parler d'avantages ou de désavantages individuels des États non plus que d'un exact équilibre contractuel à maintenir entre les intérêts et les charges.* » (CIJ, Avis consultatif du 28 mai 1951, Réserves à la Convention sur le génocide, Rec. p. 23). À cette position historique de la CIJ, la Commission européenne des droits de l'homme avait emboité le pas, en 1961, en estimant que « les obligations souscrites par les Etats contractants dans la Convention ont essentiellement un caractère objectif, du fait qu'elles visent à protéger les droits fondamentaux des particuliers contre les empiètements des Etats contractants, plutôt qu'à créer des droits subjectifs et réciproques entre ces derniers. » (Commission européenne des droits de l'homme, Décision du 11 janvier 1961, Autriche contre Italie, Requête n°788/60, Annuaire de la CEDH, vol. 4, 1961, p. 141.)

[139] Voy. KAZADI MPIANA (J.), *op. cit. ;* DE VISSCHER (P.), « Les tendances internationales des constitutions modernes », *R.C.A.D.I.*, 1952-II, p. 558.

Vienne sur le droit des traités[140]. Elles y tiennent pour inopérant le principe de réciprocité que les textes constitutionnels dans bien d'États ont érigé en condition d'application des traités internationaux en droit interne[141]. C'est aussi l'avis du Comité des droits de l'homme[142] qui a fait de la dérogation au principe de réciprocité, une règle générale applicable à l'ensemble des traités de protection des droits de la personne humaine.

64. Par ailleurs, il avait, à juste titre, semblé à la Commission des droits de l'homme que l'expression *«autre situation»,* qui figure dans les dispositions de droit international interdisant la discrimination, devrait être interprétée comme incluant la situation en matière de santé, notamment pour ce qui est du VIH[143].

Au nombre de tout premiers instruments juridiques internationaux ayant employé l'expression *« autre situation »*, il y a lieu de mentionner la Déclaration universelle des droits de l'Homme, qui précise, à son article 2, que « chacun »[144] peut se prévaloir de tous les droits proclamés « *sans distinction aucune, notamment de race, de couleur, de sexe, de langue, de religion, d'opinion publique et de toute autre opinion, d'origine nationale ou sociale, de fortune, de naissance ou* ***de toute autre situation.*** »

Au niveau régional, mérite d'être invoqué l'article 2[145] de la Charte africaine des droits de l'homme et des peuples : « *Toute personne a droit à la jouissance des droits et libertés reconnus et garantis dans la présente Charte, sans distinction aucune, notamment de race, d'ethnie, de couleur, de sexe, de langue, de religion, d'opinion politique ou de toute autre*

---

[140] D'après cet article : « *Tout traité en vigueur lie les parties et doit être exécuté par elles de bonne foi.»*

[141] C'est le cas en RDC. On peut lire l'article 215 de la constitution en ces termes : « *Les traités et accords internationaux régulièrement conclus ont, dès leur publication, une autorité supérieure à celle des lois,* ***sous réserve pour chaque traité ou accord, de son application par l'autre partie.*** »

[142] Voy. Observation générale n°24 (52) du 2 novembre 1994 sur les réserves au Pacte international relatif aux droits civils et politiques, adoptée lors de la 1382e session du Comité des droits de l'homme (Doc. CCPR/C/21/rev.1 : ADD.6. publié dans la R.U.D.H. 1995, p. 59-62).

[143] Voy., par exemple, Protection des droits fondamentaux dans le contexte du Virus d'immunodéficience humaine (VIH) et du Syndrome d'immunodéficience acquise (sida), Commission des droits de l'homme de l'ONU, Résolution 1999/49. Voir aussi les Résolutions 1995/44, 1996/43, 2001/51, 2003/47 et 2005/84.

[144] On s'aperçoit vite que par l'emploi du terme générique « *chacun* », l'intention des rédacteurs de la Déclaration Universelle des Droits de l'Homme était celle d'inclure dans le champ *ratione personae* de l'article 2, tous les êtres vivants, à la seule condition d'appartenir à la famille humaine.

[145] À lui, on peut joindre l'article 3 de la même Charte qui précise que toutes les personnes bénéficient d'une totale égalité devant la loi et ont droit à une égale protection de la loi.

*opinion, d'origine nationale ou sociale, de fortune, de naissance ou **de toute autre situation.*** »

65. D'ailleurs, outre l'expression « autre situation » interprétée par la Commission des droits de l'homme comme incluant l'état sérologique des personnes, on pouvait aboutir à la même conclusion, c'est-à-dire étendre aux personnes séropositives le bénéfice des dispositions juridiques interdisant la discrimination, en prenant simplement en compte la valeur juridique de l'adverbe « *notamment* ». Cet adverbe est également familier auxdites dispositions, comme on peut aisément s'en rendre compte en les inventoriant.

En effet, en légistique[146], le mot « notamment » a toujours été considéré comme introduisant une énumération qui se veut simplement indicative ou illustrative, par opposition aux énonciations exhaustives. C'est dire qu'au sens du droit international positif, l'énumération des motifs de discrimination ne devrait pas être considérée comme prétendant à l'exhaustivité. Des situations de fait en nombre illimité, quoique non expressément visées par le législateur international, n'en rentrent pas moins dans ses prévisions, implicitement certes.

Face à cet état des lieux des normes internationales relatives au droit de chacun à la non-discrimination, l'intervention supplémentaire du législateur national était-elle pour autant opportune ?

2. Un double emploi normatif compréhensible

66. Compte tenu de l'antériorité des instruments juridiques internationaux d'interdiction de la discrimination par rapport à la loi congolaise du 14 juillet 2008 pré citée, on admettra que la consécration, en droit interne, de la liberté de procréation des personnes vivant avec le VIH/sida obéit à une simple logique de réaffirmation d'un droit théoriquement déjà acquis. En ce sens, le législateur du 14 juillet 2008 ne cache pas l'un des objectifs de son œuvre qu'est celui de « *réaffirmer les droits et libertés fondamentaux de ces catégories des personnes* »[147].

---

[146] En termes simples, la légistique pourrait être définie comme étant l'art de rédiger le droit. Certains la prétendent à la dimension de la « science des lois ». MONTESQUIEU est l'un de plus illustres artisans de cette technique qui demeurent les références obligées pour les législateurs dans l'ordre juridique international et dans nombre d'Etats dans le monde. Pour en savoir davantage, voy. BESCH (M.), *Traité de légistique formelle*, Publication du Conseil d'Etat du Grand-Duché de Luxembourg, Luxembourg, 2005, 152 p.; MORAND (C.-A.), dir., *Légistique formelle et matérielle*. Formal and Material Legistic, Aix-en-Provence, Presses universitaires d'Aix-Marseille, 1999, 334 p.

[147] Voy. l'article 1er, point 5, de la loi du 14 juillet 2008.

Le droit constitutionnel congolais ayant opté pour le système moniste[148], il en découle que du seul fait de la ratification d'un traité par l'État congolais, le droit international s'incorpore au droit interne. En l'occurrence, bien avant l'avènement en droit congolais de la loi qui consacre le droit à la procréation des personnes vivant avec le VIH/sida, la faculté de procréer leur était juridiquement déjà acquise.

On est en face d'une drôle intrusion de l'esprit du dualisme juridique[149] et d'un subtil double emploi normatif. Ce qui fit croire, au sein de l'opinion publique, à un semblant de droit subjectif nouvellement né dans l'édifice congolais des droits de l'homme[150].

67. Si double emploi normatif il y a, nous y voyons cependant deux avantages. Le premier est d'ordre pédagogique, outre qu'il intéresse la légistique. Il tient à la clarté et à la précision qui sont, à la norme juridique, deux vertus essentielles à son assimilation par les populations destinataires et à sa mise en œuvre par les organes habilités. On se souviendra que les instruments contraignants du droit international concernant le principe de non-discrimination ne visent nullement, à des termes exprès, la situation liée à l'état sérologique pour le VIH. Il n'était donc pas sans intérêt, dans le cadre du droit interne, d'apporter aux énoncés classiques du droit international des adaptations et applications dictées par une situation épidémiologique postérieure à leur élaboration.

Le second avantage que présente la normativité actuelle en matière de droit à la procréation des personnes vivant avec le VIH/sida tient au respect d'une obligation internationale qui lie l'ensemble des États membres de l'Organisation des Nations unies. En effet, aux termes d'un instrument onusien dénommé « Déclaration politique sur le VIH/sida », les États prirent l'engagement *« d'intensifier leurs efforts pour*

---

[148] Voy. l'article 215 de la Constitution, libellé *supra*.

[149] Dans son esprit, la racine latine du mot « dualisme (juridique) », « duo » qui veut dire « deux », cache deux idées. *Primo*, elle suggère l'existence de deux ordres juridiques distincts dans un pays donné ; alors que le monisme, du latin *« mono »* signifiant « un », évoque l'idée que les traités dûment ratifiés et les lois de droit interne forment un seul et même édifice juridique. *Secundo*, elle mène à considérer que les traités internationaux n'acquièrent de force contraignante dans l'Etat qui les a ratifiés qu'après avoir été transposés dans le droit interne. De plus en plus, l'esprit du dualisme juridique semble « envoûter » le législateur congolais. L'un des exemples les plus illustratifs de ce propos est la loi n°09/001 du 10 janvier 2009 portant protection de l'enfant qui est, à plus d'un titre, un *fac simile* de la Convention de New York sur les droits de l'enfant régulièrement ratifiée par la RDC, 19 ans en arrière.

[150] L'enthousiasme, on ne peut plus démesuré, avec lequel la loi du 14 juillet 2008 a été, sinon vénérée, du moins accueillie, par les associations locales des personnes vivant avec le VIH/sida et autres organisations de défense des droits de l'homme, en est la preuve. Voy. BENDA (F.), *Les droits et devoirs des personnes vivant avec le VIH/sida... « Ce que j'en pense». Le témoignage d'un activiste PVV,* Kinshasa, 2009.

promulguer, renforcer ou appliquer, selon qu'il conviendra, des lois, règlements et autres mesures afin d'éliminer toute forme de discrimination contre les personnes atteintes du VIH/sida et les membres de groupes vulnérables, et de veiller à ce qu'ils jouissent pleinement de tous leurs droits et libertés fondamentaux[151]*.*»

Il demeure qu'il appartient à chaque État de s'y prendre avec tact et mesure, pour ne pas compromettre la cohérence au sein de son système juridique. Bien d'indicateurs portent à croire qu'à cet égard, la RDC a quelque peu failli.

3. Une appropriation sélective et incohérente du principe international d'interdiction de la discrimination

68. Si en matière de droit à la procréation, le législateur congolais fait figure de bon élève aux yeux du législateur international, son appropriation du principe de droit international interdisant toutes formes de discriminations demeure, dans l'ensemble, assez mitigée. Dans d'autres matières, le législateur congolais semble pourtant n'avoir trouvé aucun inconvénient à méconnaître le droit individuel à la non-discrimination, en violation de la norme supérieure internationale.

En guise d'illustration, on peut invoquer le fait que dans la législation congolaise, « *une personne ou un couple homosexuel* » est expressément écarté du champ des personnes ayant qualité pour adopter un enfant[152]. Cette différence de traitement en raison de l'orientation sexuelle de l'adoptant potentiel paraît certes légitime au regard des valeurs culturelles congolaises[153]. Cependant, elle soulève des objections de trois ordres distincts.

---

[151] ASSEMBLÉE GÉNÉRALE DES NATIONS UNIES, Déclaration politique sur le VIH/sida, Rés./60/262, 2 juin 2006.

[152] Voy. l'article 20 de la loi n°09/001 du 10 janvier 2009 portant protection de l'enfant, en ces termes : « *L'adoption d'un enfant par une personne ou un couple homosexuel, un pédophile ou une personne souffrant de troubles psychiques est interdite* ».

[153] Dans leur majeure partie, les populations congolaises jugent abominable l'homosexualité. D'après le Député congolais Steve MBIKAYI, initiateur d'une proposition de loi sur l'interdiction des pratiques homosexuelles, « l'homosexualité est un danger contre les valeurs africaines ». Les lobbyings homosexuels, du Congo et d'ailleurs, semblent avoir réussi jusqu'ici à faire échec à ce texte de proposition de loi visant, d'après son auteur, à « *conserver les valeurs africaines, lesquelles n'ont jamais toléré des relations amoureuses entre personnes du même sexe* », et à protéger la jeunesse congolaise contre la « dérive » qu'il qualifie de « mœurs occidentales » (Propos recueillis par la Radio Okapi, Kinshasa, édition du 17 février 2012.). À ce jour, l'absence de texte de loi réprimant les pratiques homosexuelles ne va pas sans laisser la place à une justice privée synonyme d'un quotidien d'insultes, d'agressions et d'autres pires formes de stigmatisations à l'endroit de quelques rares homosexuels qui assument publiquement leur identité sexuelle. La position homophobe clairement exprimée par le législateur civil en matière d'adoption

69. D'abord, l'orientation sexuelle des personnes, au même titre que leur état sérologique pour le VIH, rentre incontestablement dans l'interprétation juridique de l'expression « *autre situation* » évoquée précédemment en rapport avec les traités internationaux et régionaux relatifs au droit à la protection contre la discrimination[154].

Sur ce registre, il est significatif de noter que l'Avant-projet de Code pénal congolais envisage l'orientation sexuelle comme motif de discrimination pénalement prohibée[155], en même temps qu'il l'érige en circonstance aggravante d'un certain nombre d'infractions[156]. C'en est qu'un projet de réforme du droit positif.

70. Ensuite, d'un point de vue axiologique[157], il apparaît intolérable que l'actuel législateur congolais se soit préoccupé, à ce point, de la sauvegarde de la culture traditionnelle hostile à l'homosexualité, plus qu'il dut l'être à l'égard de générations futures sérieusement menacées par l'activité procréative des personnes ou femmes séropositives. La vie humaine à venir ne constitue-t-elle pas une valeur ou un intérêt juridique protégeable de rang supérieur à la fameuse culture traditionnelle ?

---

rejoint celle de l'actuel constituant congolais qui limite le droit au mariage à la personne « *de sexe opposé* » (Voy. l'article 40 de la Constitution, libellé *supra*).

154 En ce sens, voy. HAUT-COMMISSARIAT DES NATIONS UNIES AUX DROITS DE L'HOMME, *Nés libres et égaux. Orientation sexuelle et identité de genre en droit international des droits de l'homme*, New York et Genève, 2012, 62 p. Dans un discours historique sur les droits des LGBT (lesbiennes, gays, bisexuels et transgenres), l'ancien Secrétaire général de l'ONU, M. BAN KI-MOON, s'était prononcé, en 2010 à New York, en ces termes : « *En tant qu'hommes et femmes de conscience, nous rejetons la discrimination en général, et en particulier la discrimination fondée sur l'orientation sexuelle et l'identité de genre. Lorsque les attitudes culturelles sont en conflit avec les normes universelles des droits de l'homme, ce sont celles-ci qui doivent primer* ». Aussi, prenant position sur l'incrimination des relations sexuelles entre adultes consentants de même sexe au Cameroun, le Comité des droits de l'homme avait noté que : « *Comme le Comité et d'autres mécanismes internationaux des droits de l'homme l'ont souligné, cette incrimination viole le droit à la vie privée et à la protection contre la discrimination énoncés dans le Pacte* [...]. *L'État partie devrait prendre des mesures immédiates afin de dépénaliser les relations sexuelles entre adultes consentants de même sexe, de manière à mettre sa législation en conformité avec le Pacte* ». (Voy. Observations finales du Comité des droits de l'homme sur le Cameroun (CCPR/C/CMR/CO/4), par. 12).

155 Voy. l'article 398, livre 2.

156 Il s'agit des infractions de meurtre et d'assassinat (article 236), d'homicide prétérintentionnel (article 255), de violences ayant entrainé une mutilation ou infirmité permanente (article 256), de violences ayant entrainé une incapacité totale de travail (article 257) et de violences ayant entrainé une incapacité de travail inférieure ou égale à 8 jours ou n'ayant entrainé aucune incapacité de travail (article 258).

157 Du grec « *aksios* » signifiant « valable », l'axiologie est définie par le Dictionnaire LAROUSSE comme « *la théorie des valeurs philosophiques, morales et métaphysiques* ».

71. Enfin, tout porte vraisemblablement à croire que la politique législative actuelle de deux poids, deux mesures, en matière de droit à la protection contre la discrimination, témoigne de l'incohérence interne du corpus juridique en vigueur.

72. En outre, il est curieux de constater que, très récemment, dans un texte de loi[158] investi de l'ambition de « conformer le code de 1987 aux obligations souscrites par la République dans les deux Pactes internationaux de 1966 relatifs aux droits de l'homme, dans la Charte africaine des droits de l'homme et des peuples, dans la Convention sur l'élimination de toutes les formes de discriminations à l'égard de la femme ainsi que dans la Convention relative aux droits de l'enfant »[159], la liste discriminatoire des personnes majeures et capables exclues du champ de l'adoption a été paradoxalement élargie aux « transsexuels »[160]. L'incohérence juridique paraît flagrante entre les motifs de la loi et son dispositif.

73. Autre incohérence juridique : le traitement discriminatoire que la législation congolaise réserve aux homosexuels et, dorénavant, aux transsexuels, ne vise pas expressément les bisexuels[161]. Il s'agit là des personnes qui éprouvent de l'attirance sexuelle ou amoureuse pour les deux sexes ou, plus largement, entretiennent des relations amoureuses, sentimentales ou sexuelles avec des personnes du même sexe et du sexe opposé. Les bisexuels ne sont ni homosexuels, ni transsexuels. Ils sont, en revanche, mi-homosexuels et mi-hétérosexuels.

Au sujet de l'omission des bisexuels sur pied de l'actuel article 653 du Code de la famille, d'aucuns seraient probablement tentés de faire valoir une interprétation qui consisterait à étendre la prohibition adoptive à toutes les formes d'identité ou d'orientation sexuelle autres que l'hétérosexualité. Une telle interprétation nous paraît d'emblée abusive, pour la simple raison que les règles de droit civil relatives à l'état des

---

[158] Loi n° 16/008 du 15 juillet 2016 modifiant et complétant la loi n°87-010 du 1er aout 1987 portant Code de la famille, *J.O.R.D.*C, numéro spécial, Kinshasa, octobre 2016.

[159] Voy. l'Exposé des motifs de la loi n° 16/008 précitée.

[160] Voy. article 653 : « *Ne peuvent adopter que les personnes majeures et capables, à l'exception de celles qui sont déchues de l'autorité parentale, des homosexuels, des* ***transsexuels,*** *des pédophiles et des personnes souffrant des troubles psychiques* ». Sur les transsexuels, voy. CHILAND (C.), *Le Transsexualisme*, Éditions Presses Universitaires de France, Collections Que sais-je?, 2003 ; AUGST-MERELLE (A.) et NICOT (S.), *Changer de sexe: identités transsexuelles*, Le Cavalier Bleu, 2006 ; CHILAND (C.), *Changer de sexe. Illusion et réalité*, Paris, Editions Odile Jacob, 2011 ; SIRONI (F.), *Psychologie(s) des transsexuels et des transgenres*, Paris, Editions Odile Jacob, 2011.

[161] Sur les bisexuels, voy. notamment DESCHAMPS (C.), *Bisexualité et bisexuels. De l'invisibilité à l'idéologie de la diversité : histoire d'un rapport ambivalent à la domination*, Thèse, Université Paris IV, 1999.

personnes sont d'ordre public[162]. Elles devraient dès lors s'interpréter restrictivement. Ainsi l'incapacité adoptive prescrite à l'article précité devrait-elle s'interpréter comme ne frappant que les seules catégories des personnes citées limitativement par le législateur.

74. Dans une certaine mesure, il n'est toutefois pas hasardeux de prétendre mettre sous le signe de l'oubli, l'omission des « bisexuels » de la liste légale des incapables en matière d'adoption. À défaut d'indications précises dans les travaux préparatoires[163] de la loi n°16/008 du 15 juillet 2016 modifiant et complétant la loi n°87-010 du 1er août 1987 portant Code de la famille -ce qui, *a contrario*, aurait équivalu idéalement à l'*interprétation authentique* de la loi-, la t*echnique d'interprétation téléologique* des textes de lois pourrait servir à étayer cette hypothèse de l'oubli ou de l'omission non intentionnelle. Le juriste le sait, cette technique, opposée à la méthode d'interprétation littérale[164], commande de transcender la lettre de la loi, pour en privilégier l'esprit et en rechercher, en fin de compte, la *ratio legis.*

En effet, à l'interpréter d'un point de vue téléologique, l'article 653 du nouveau Code de la famille nous semble laisser très peu de doute sur l'intention du législateur du 15 juillet 2016 de vilipender toutes les formes d'identité ou d'orientation sexuelle autres que l'hétérosexualité. La *ratio legis* de cette disposition résiderait dans le souci du nouveau législateur de la famille de mettre la personne visée par le projet d'adoption à l'abri de l'effet de « contagion » d'un état psychosomatique de l'adoptant socialement appréhendé comme une véritable dérive sexuelle. Le but de la prohibition adoptive étant celui de soustraire anticipativement la personne-cible de l'adoption d'une proximité affective et d'une influence morale jugées préjudiciables à son éducation, à son équilibre mental, bref, à sa santé sexuelle.

Au vu de ce qui précède, il y a fort à penser qu'aucun motif raisonnable ne pouvait justifier, dans l'esprit des rédacteurs de l'article 653 sous exégèse, l'intention délibérée de réserver un traitement différent aux bisexuels en particulier.

---

[162] En ce sens, voy. BOMPAKA NKEYI MAKANYI, *Cours de Droit Civil les personnes*, Faculté de Droit, Université de Kinshasa, 2012, p. 8; KIFWABALA TEKILAZAYA (J.-P.), *op. cit.*, p. 92-93.

[163] Voy. MINISTÈRE DU GENRE, DE LA FAMILLE ET ENFANT, *Travaux préparatoires de révision de quelques dispositions du Code de la famille*, Kinshasa, 2010.

[164] La méthode d'interprétation littérale s'attache exclusivement à la lettre de la loi, en écartant de son champ tout ce qui n'a pas été dit expressément. Elle présuppose l'idée que la volonté du législateur se limite à ce dont il a fait mention, et que rien de ce qui n'a pas été mentionné ne doit être attribué à sa pensée.

75. Dans l'avenir, on verra ce que pourrait bien être la position de la jurisprudence à propos de la juste portée de l'article susmentionné et du nouveau régime des incapacités qu'il apporte en droit civil congolais des personnes et de la famille. En attendant, en dernière analyse, notre opinion conclusive est qu'en cas de litige portant sur la contestation de la capacité adoptive d'une personne relevant de la catégorie des LGBT (Lesbiennes, Gays, Bisexuels et Transgenres), au visa des prescrits de l'article 215 de la Constitution[165], il conviendrait de faire échec à l'application de l'article 653 du Code de la famille, en raison de sa contrariété à la norme internationale d'interdiction de toutes formes de discrimination.

76. Dans le prétoire, il finira également par surgir la question de savoir comment établir une identité ou orientation sexuelle autre que l'hétérosexualité, quand on sait qu'en RDC, la législation sur l'état civil[166] et la pratique administrative[167] ont du sexe une conception binaire opposant le masculin au féminin. Si bien qu'il n'est laissé aucunement place ni aux situations intermédiaires (cas des bisexuels), ni au « sentiment profond et inébranlable d'appartenir à un sexe opposé malgré une conformation sans ambiguïté en rapport avec le sexe chromosomique »[168] (cas des homosexuels : lesbiennes et gays), ni aux changements de sexe actuellement rendus possibles grâce aux progrès de la science biomédicale (cas des transsexuels ou transgenres)[169].

---

[165] Déjà énoncé dans nos lignes précédentes, cet article consacre le monisme du système juridique congolais avec primauté des normes de droit international sur les normes de droit interne.

[166] Sans préjudice des textes légaux et règlementaires particuliers, certaines dispositions du Code de la famille se limitent à faire mention du sexe comme l'une des énonciations substantielles des actes de l'état civil, sans pour autant ressortir expressément la distinction biologique classique entre sexe masculin et sexe féminin (cas des articles 92, 118 et 120). D'autres dispositions du même Code visent expressément l'un ou l'autre sexe (cas de l'article 264 sur le Conseil de tutelle qui « *doit comprendre au moins un membre de sexe féminin* », et de l'article 684 sur l'hypothèse d'une « *personne de sexe masculin* » qui adopte un mineur dont la filiation paternelle n'a pas été établie).

[167] Aux bureaux de l'état civil, aux services émetteurs des passeports ou des cartes d'électeurs tenant lieu de cartes d'identité provisoires, dans la pratique de la verbalisation devant les autorités judiciaires, policières ou de renseignements, pour ne citer que ces quelques exemples de notoriété publique, toute personne est identifiée, par simple déclaration ou constatation physique apparente, comme appartenant au sexe masculin ou au sexe féminin. Ça et là, on retrouve des documents officiels pré-imprimés et des programmations informatiques ne laissant le moindre doute sur la conception du sexe de manière binaire.

[168] Voy. BUFFELAN-LANORE (Y.), *Droit civil*, Première partie, 14e édition, Paris, Arman Colin, 2005, p. 77.

[169] En dépit de la possibilité scientifique de changement biologique de sexe, en droit positif congolais, en vertu du principe de l'indisponibilité de l'état des personnes, le sexe est immuable : l'identité sexuelle ayant fait l'objet de la déclaration de naissance devant

À notre avis, au cours de l'instance en adoption, la charge de la preuve de l'identité ou orientation sexuelle d'une personne incombe à celui qui l'allègue, en vertu du principe « *actori incumbit probatio* ». Compte tenu de l'incidence juridique de l'identité ou orientation sexuelle sur la capacité adoptive, le sexe mentionné dans l'acte de l'état civil n'a qu'une force probante ordinaire. Il fait foi jusqu'à preuve contraire. Celle-ci pouvant être administrée par tous moyens de droit, notamment par témoins ou expertise biomédicale.

Au titre de preuve, nous pensons que rien n'interdit de faire valoir, le cas échéant, la notion de *possession d'état*[170] en matière d'identité ou d'orientation sexuelle. Par exemple, au sens de l'article 653 du Code de la famille, l'on pourrait considérer qu'une personne majeure a la « **possession d'état d'homosexuel** », lorsque les présomptions ou indices résultant de faits constants sont assez graves pour déterminer son identité

l'officier de l'état civil ne peut être modifiée ni par déclaration postérieure contraire, ni par jugement rectificatif d'actes de l'état civil. Ce dernier procédé, institué par les articles 105 et 107 du Code de la famille, n'étant réservé qu'aux seuls cas d'erreurs ou d'omissions. En droit comparé, le droit à changer de sexe à l'état civil pour les personnes transgenres ou transsexuelles fait l'objet de traitement législatif et jurisprudentiel variant d'un pays à un autre. En France, sous l'influence de la jurisprudence issue de l'arrêt de revirement rendu le 11 décembre 1992 par l'assemblée plénière de la Cour de cassation, l'article 56 de la récente loi n°2016-1547 du 18 novembre 2016 de modernisation de la justice du XXIe siècle (JORF n°0269 du 19 novembre 2016) encadre la modification de la mention du sexe à l'état civil en prévoyant que :« *Toute personne majeure ou mineure émancipée qui démontre par une réunion suffisante de faits que la mention relative à son sexe dans les actes de l'état civil ne correspond pas à celui dans lequel elle se présente et dans lequel elle est connue peut en obtenir la modification. Les principaux de ces faits, dont la preuve peut être rapportée par tous moyens, peuvent être :*
1° Qu'elle se présente publiquement comme appartenant au sexe revendiqué;
2° Qu'elle est connue sous le sexe revendiqué de son entourage familial, amical ou professionnel;
3° Qu'elle a obtenu le changement de son prénom afin qu'il corresponde au sexe revendiqué ; […] *La demande est présentée devant le tribunal de grande instance* […]. *Mention de la décision de modification du sexe et, le cas échéant, des prénoms est portée en marge de l'acte de naissance de l'intéressé, à la requête du procureur de la République, dans les quinze jours suivant la date à laquelle cette décision est passée en force de chose jugée* […]. *La modification de la mention du sexe dans les actes de l'état civil est sans effet sur les obligations contractées à l'égard de tiers ni sur les filiations établies avant cette modification.* »

[170] Faute de définition légale (Voy. la « possession d'état d'époux » prévue à l'article 438 du Code de la famille et la notion de « possession d'état d'enfant » instituée par l'article 633 du même Code), la *possession d'état* a été appréhendée dans la doctrine comme étant « *l'exercice apparent d'un état déterminé. Cette apparence résulte le plus souvent du fait qu'une personne se comporte comme si elle avait un état qui ne lui est pourtant pas officiellement reconnu. La possession d'état est ainsi un ensemble des faits, un faisceau d'indices concordants qui rendent l'existence de l'état vanté probable* » (KIFWABALA TEKILAZAYA (J.-P.), *op. cit.*, p. 110).

ou orientation homosexuelle consciente ou inconsciente, assumée ou non. Ainsi définie, la *possession d'état d'homosexuel* est à considérer comme une question de fait soumise à l'appréciation souveraine du juge de fond compétent en matière d'adoption. Il s'y déterminera *ex aequo et bono.*

77. Nous venons de confronter au contexte juridique international la solution retenue par la législation congolaise au sujet de l'accès des femmes ou personnes VIH positives dans le champ des rapports sexuels procréatifs. Poursuivons, à présent, notre démarche critique en utilisant, cette fois-ci, comme grille d'analyse, quelques données du droit comparé africain.

B. Les critiques inspirées par la référence au droit comparé africain

78. Sur l'encadrement juridique de la liberté de concevoir chez la femme séropositive, les pays africains se répartissent en deux groupes selon le modèle de normativité adopté.

Dans un premier groupe, on retrouve des droits nationaux ayant opté, à l'instar du législateur congolais, pour la solution du libre accès de la femme séropositive dans le champ des rapports sexuels procréatifs. Le cas typique est celui du droit sénégalais[171], où il a été clairement posé le principe selon lequel « *la femme séropositive a droit à la maternité* ». On y observe que le droit à l'enfant a résolument pris le dessus sur le droit de l'enfant, celui d'être mis, *ante conceptus*, à l'abri du risque de contamination par le VIH.

Le second groupe, sur lequel nous nous attarderons, est composé des pays qui ont plutôt privilégié le principe de précaution, en adoptant des solutions juridiques largement favorables à la protection préconceptionnelle de l'enfant en contexte de VIH/sida. Diamétralement opposé au précédent, ce modèle de normativité se retrouve notamment en droit burundais (1), en droit togolais (2) et en droit burkinabé (3).

1. La solution en droit burundais

79. Le premier cas de contamination au VIH/sida a été diagnostiqué au Burundi en 1983. Menées respectivement en 1989-90, en 2002, en 2007 et en 2010-2011, quatre enquêtes nationales ont permis d'évaluer la prévalence de l'épidémie de VIH. Leurs résultats permettent d'observer quelques constances, entre autres : la prévalence du VIH est plus élevée chez les femmes que chez les hommes ; les femmes sont infectées plus précocement que les hommes ; 50% de toutes les nouvelles infections

[171] Voy. l'article 15 de la loi n°2010-03 du 09 avril 2010 relative au VIH/sida au Sénégal, *J.O. de la République du Sénégal*, n°6535, Dakar, 10 juillet 2010.

apparaissent chez les moins de 25 ans, dont 25% concernent la transmission du VIH de la mère à l'enfant[172].

80. Depuis 2002, le Burundi met en œuvre un vaste programme visant la riposte nationale contre le sida. C'est dans ce cadre que s'intègre, au plan juridique, la loi n°1/018 du 12 mai 2005 portant protection juridique des personnes infectées par le virus de l'immunodéficience humaine et des personnes atteintes du Syndrome de l'Immunodéficience Acquise[173].

Ce corpus législatif ne vise pas thématiquement la question de la faculté de procréation chez les personnes séropositives. On n'y trouve nulle part employée l'expression « (droit à la) procréation », ni celle de « (droit à la) maternité ». Cependant, deux de ses dispositions dévoilent l'intention du législateur burundais de faire obstacle à l'activité sexuelle procréative chez la femme séropositive. En voici la teneur :

- « L'utilisation du préservatif est une mesure de prévention **obligatoire** contre l'infection par le VIH. En conséquence, sa disponibilité doit être assurée en tous lieux où cela se justifie »[174].
- « Toute personne se sachant qu'elle est infectée par le VIH ou atteinte du sida **doit s'abstenir d'avoir des rapports sexuels non protégés**. Toutes les précautions préalables doivent être prises pour éviter de contaminer le partenaire[175].»

Une solution analogue a été adoptée en droit togolais.

2. La solution en droit togolais

81. L'absence d'enquête démographique sanitaire au Togo ne permet pas de percevoir avec netteté la situation épidémiologique nationale du VIH/sida. Celle-ci se mesure à l'aune des données épidémiologiques issues notamment des estimations de la séro-surveillance sentinelle chez les femmes enceintes.

Selon les estimations fournies par des sources officielles[176], la féminisation de l'épidémie du VIH/sida au Togo connaît de légères

---

[172] Voy. MINISTÈRE DE LA SANTÉ PUBLIQUE ET DE LA LUTTE CONTRE LE SIDA (Burundi), *Plan stratégique national de lutte contre le sida 2012-2016*, 127 p. ; CONSEIL NATIONAL DE LUTTE CONTRE LE SIDA, *Rapport d'activités sur la lutte contre le sida et rapport sur les progrès enregistrés vers un accès universel* (Burundi), 2015, 44 p.

[173] Voy. *http://www.ilo.org/aids/legislation/lang-en/index.htm*, [consulté le 13 octobre 2015].

[174] Article 8.

[175] Article 9.

[176] Voy. CONSEIL NATIONAL DE LUTTE CONTRE LE SIDA ET LES INFECTIONS SEXUELLEMENT TRANSMISSIBLES (C.N.L.S.-IST), *Rapport de progrès sur la riposte au VIH et au sida au Togo (GARPR 2014)*, Lomé, 2015, p. 9.

croissances depuis 2000. Le ratio de prévalence est passé de 1,39 en 2000 à 1,44 en 2012 avec une prévalence de 3,56% chez la femme et 2,48% chez l'homme.

On signale également qu'au Togo, le groupe d'âge de 0-4 ans représente 13% de nouvelles infections, ce qui montre l'importance de la transmission mère-enfant. Les nouvelles infections chez les adultes de 30-34 ans et 35-39 ans sont importantes et représentent respectivement 14 et 10% de nouveaux cas. Les nouvelles infections chez les adolescents 15-19 ans sont estimées à 9%. Au total, 61% de nouvelles infections surviennent entre 0 et 29 ans. Les nouvelles infections chez les femmes sont plus prolongées entre 15 et 29 ans, ce qui montre la vulnérabilité de jeunes filles à cet âge[177].

82. Sur le plan juridique, la loi n°2010-018 du 31 décembre 2010 modifiant la loi n°2005-012 du 14 décembre 2005 portant protection des personnes en matière de VIH/sida[178] donne du Togo l'image clairement affichée d'un pays hostile aux rapports sexuels procréatifs chez les personnes vivant avec le VIH/sida. En témoigne l'article 13 de ce corpus, qui édicte que : « *Toute personne se sachant infectée par le VIH* ***doit s'abstenir d'avoir des rapports sexuels non protégés****. Elle doit en outre éviter tout comportement susceptible de transmettre le virus à autrui* ». Va dans le même sens, l'article 14 suivant lequel : « *L'utilisation des préservatifs masculins ou féminins est* ***obligatoire*** *lors des rapports sexuels à risque.* »

3. La solution en droit burkinabé

83. Le Burkina Faso est catégorisé parmi les pays à épidémie du VIH généralisée, avec une forte concentration de l'épidémie dans certains groupes cibles. Le nombre des personnes vivant avec le VIH/sida est estimé à 110.000 dont 94.000 adultes et 26.000 enfants de moins de 15 ans. Parmi ces adultes, 55.000 sont des femmes. Par ailleurs, les décès liés au VIH sont estimés à 5.500 décès et 130.000 enfants sont orphelins du fait du sida[179].

84. C'est en mai 2008 que le Burkina Faso s'est doté d'une législation spécifiquement dédiée à la lutte contre le VIH/sida[180]. À son article 10, ce texte édicte que : « *Toute personne se sachant infectée par le VIH* ***doit s'abstenir des rapports sexuels non protégés avec une autre personne*** ».

---

[177] *Idem*, p. 10.

[178] *Journal officiel de la République togolaise*, Lomé, 31 décembre 2010.

[179] Voy. ONUSIDA, *Rapport d'activités sur la riposte au sida au Burkina Faso (GARP 2014)*, Ouagadougou, mars 2014, p. 10.

[180] Loi n°030-2008/AN du 20 mai 2008 portant lutte contre le VIH/sida et protection des droits des personnes vivant avec le VIH/sida, Journal officiel, Ouagadougou, 2008.

En décidant ainsi, le législateur burkinabé érige implicitement un obstacle légal à la jouissance du droit à la procréation par les femmes séropositives.

On notera que cette option liberticide du législateur du 20 mai 2008 contraste avec la loi n°049-2005/AN du 21 décembre 2005 portant santé de la reproduction[181], qui précise, en son article 14, alinéa 1er, que : «T*oute personne atteinte d'une infection sexuellement transmissible (IST) et du Virus de l'immunodéficience humaine/Syndrome d'immunodéficience acquise (VIH/sida) en particulier, doit jouir sans discrimination, des droits civils, politiques et sociaux (logement, éducation, emploi, santé, protection sociale)*».

Cela est la preuve qu'en RDC, comme ailleurs en Afrique, la normativité en matière de VIH/sida est le vecteur de plusieurs incohérences au sein des édifices juridiques nationaux.

85. Par ailleurs, au postulat de départ de notre démonstration selon lequel le législateur congolais du 14 juillet 2008 laisse libre le champ procréatif à la femme séropositive, il sied d'apporter une nuance qui se filtre subtilement de la loi.

Paragraphe 2 : Le préalable à l'exercice du droit d'entrée de la femme séropositive dans le champ des rapports sexuels procréatifs

86. L'article 8 de la loi congolaise n°08/011 du 14 juillet 2008 ne se limite pas à prescrire le droit à la procréation des personnes vivant avec le VIH/sida. Il est enrichi, *in fine,* de l'incise « *moyennant information et consentement éclairé* ». Cette incise vient atténuer la fougue du principe de la libre entrée des personnes séropositives dans le champ procréatif, en y apportant un tempérament raisonnable.

87. Littéralement, l'incise insérée dans ce texte de loi est entachée d'un grave *obscuri libelli* qui n'en facilite pas la compréhension. Remarquons qu'à propos de l'information visée par ce texte, le législateur n'en précise ni le sujet (l'informateur), ni l'objet (le contenu de l'information), ni le procédé (la forme ou la procédure de l'information), encore moins le destinataire (la personne devant être informée).

Interrogés sur ces difficultés d'interprétation, les travaux préparatoires de la loi n°08/011 susvisée nous permettent d'affirmer que l'intention qui a animé le législateur a été celle de subordonner l'exercice du droit à la procréation par la personne vivant avec le VIH à une double condition :

---

[181] http// :www.elearning.trree.org/pluginfile.../09_Loi_portant_Sante_de_la_Reproduction.pdf?, [consulté le 5 novembre 2016]

d'abord, avant tout rapport sexuel non protégé, informer son potentiel partenaire procréatif de son statut séropositif. Ensuite, grâce à cette information préalable, induire de la part de celui-ci l'émission libre d'un consentement supposé éclairé[182].

Mais le problème d'interprétation n'est pas entièrement réglé, puisque le législateur reste muet sur la forme sous laquelle l'information sérologique au VIH devrait être donnée au potentiel partenaire procréatif. Les travaux préparatoires de la loi sous examen n'en donnent aucune indication précise. On peut alors déduire de ce silence, la liberté de choix de procédé informationnel laissée, implicitement, à l'informateur du statut sérologique au VIH : l'oralité, l'écrit sur support papier ou électronique, etc.

88. Sur le moment à partir duquel la femme séropositive désireuse d'enfanter est tenue d'informer son potentiel partenaire procréatif de son statut séropositif, l'article 41, alinéa 1er, de la loi n°08/011 du 14 juillet 2008 portant protection des droits des personnes vivant avec le VIH/sida et des personnes affectées, telle que modifiée et complétée par l'article 1er de la loi n°18/012 du 09 juillet 2018[183], indique que : « *Toute personne se sachant séropositive est tenue d'en informer, **dans un délai raisonnable et avant tout nouveau rapport sexuel,** son partenaire sexuel*[184]. »

89. En interprétation des dispositions combinées des articles 8 et 41, alinéa 1, sus mentionnés, nous sommes d'avis que durant l'espace de temps compris entre le moment à partir duquel la femme séropositive a pris connaissance de son statut sérologique et l'instant où elle en donne effectivement l'information à son partenaire sexuel habituel ou occasionnel, elle n'est pas légalement autorisée à exercer son droit à la procréation. Pendant cette période, initialement voulue la plus courte possible par le législateur[185], dans le chef de la femme séropositive,

---

[182] En ce sens, voy. COMMISSION POLITIQUE, ADMINISTRATIVE ET JURIDIQUE DE L'ASSEMBLÉE NATIONALE, *Rapport d'examen de la proposition de loi portant protection des droits des personnes vivant avec le VIH/sida et des personnes affectées*, Kinshasa, 2007, inédit. Cette proposition de loi fut l'œuvre du Député Jean Pierre LEBUGHE IZALEY qui l'a appréhendée, d'après le texte initial de l'exposé des motifs, comme *« une réponse urgente au vide juridique en matière de législation antidiscriminatoire dans le domaine du VIH/sida »*.

[183] *J.O. de la RDC*, 59e année, numéro spécial, Kinshasa, 23 juillet 2018.

[184] Nous reviendrons plus loin, avec force détails, sur cette disposition légale (Voy. *infra*, n°403 et 451 à 457). Elle n'a été ici évoquée que pour le besoin de l'exégèse de l'article 8 de la même loi.

[185] Avant d'être amendé par la loi du 09 juillet 2018, l'article 41, alinéa 1er, de la loi du 14 juillet 2008 disposait que : « (…) *toute personne se sachant séropositive informe **aussitôt** son conjoint et ses partenaires sexuels de son statut sérologique au VIH.* »

l'exercice du droit à la procréation est, pour ainsi dire, suspendu[186]. Son entrée dans le champ procréatif devient momentanément illicite.

En bref, en l'état actuel de la législation congolaise, le droit à la procréation (naturelle) des personnes vivant avec le VIH/sida est *pendente conditione,* c'est-à-dire que dans son exercice effectif, il est assorti d'une condition suspensive.

90. Une telle restriction apportée à l'exercice du droit à la procréation en contexte de VIH/sida présente l'avantage de contribuer à prévenir la transmission horizontale du VIH : le tiers partenaire sexuel s'y voit mis en face de ses responsabilités, entre consentir et ne pas consentir à un projet parental risqué pour sa propre santé. Cependant, cette restriction ne va pas sans s'exposer à la critique d'être en contradiction avec la règle de l'interdiction de toutes formes de discrimination énoncée à l'article 4 de la même loi, en ces termes : « [...] *constitue un acte de discrimination, tout traitement différent, toute distinction,* ***toute restriction****, toute exclusion d'une personne vivant avec le VIH/sida (...) du fait de son statut sérologique au VIH avéré ou présumé* ». Encore là, une incohérence juridique flagrante!

91. Nous sommes bien obligé de constater que la restriction apportée par l'article 8 *in fine* de la loi du 14 juillet 2008 ne satisfait d'aucune manière à la nécessité de protéger l'enfant à concevoir contre le risque de transmission verticale du VIH. En fait, implicitement, le législateur accorde au tiers partenaire sexuel de la personne séropositive le droit de disposer librement de son corps, jusqu'à consentir éventuellement à sa propre contamination par le VIH ou à en courir consciemment le risque. Par son laxisme déconcertant, le législateur fait ainsi dépendre le sort de la santé du futur enfant à naître du libre arbitre de ses futurs parents. Libre à eux de s'autodéterminer sur la menace réelle de transmission du VIH de la mère à l'enfant.

Cette idée diffuse de l'autodétermination individuelle à la contamination par le VIH contraste avec la règle de *l'indisponibilité du corps humain* admise en droit positif congolais au titre de principe général de droit. En

---

[186] Statuant sur une contestation portant sur le droit au mariage des personnes vivant avec le VIH/sida et suivant un raisonnement analogue pour aboutir à la conclusion de « droit suspendu », la Cour suprême indienne avait jugé : « *Dès lors que la loi considère qu'une 'maladie vénérienne' est un motif de divorce pour l'homme ou la femme, toute personne déjà porteuse de la maladie avant même le mariage n'est pas fondée à contracter ladite union aussi longtemps qu'elle n'en est pas complètement guérie (...). En outre, aussi longtemps que la personne n'est pas guérie de la maladie vénérienne contagieuse (...), son droit au mariage ne peut être exercé et appliqué par la voie judiciaire et doit être considéré comme étant* ***un droit suspendu.*** » Voy. ONUSIDA, *La poursuite des droits...op. cit.*, p. 23.

effet, bon nombre des normes du droit positif véhiculent l'idée selon laquelle « le corps humain n'appartient pas à l'individu mais à la collectivité ». Témoigne de cette conception collectiviste du corps humain, le fait qu'en droit congolais l'*euthanasie*[187] soit assimilable au meurtre[188]. En témoigne également, le fait qu'en RDC, la conception occidentale d'*interruption volontaire de grossesse* (IVG)[189] se heurte, constamment, à un régime sévère de répression de l'avortement, qui ne laisse aucune place exonératoire au consentement de la victime[190].

C'est dire qu'une fois encore là, la loi encadrant le droit à la procréation en contexte de VIH/sida engendre une situation d'incohérence dans l'ordonnancement juridique national. Dès lors, des réaménagements du droit positif s'avèrent nécessaires pour rétablir la cohésion rompue et surtout protéger au mieux le bien-être du futur enfant menacé par le risque de transmission verticale du VIH.

---

[187] Sur cette notion, on pourra retenir que « le terme d'euthanasie oscille entre deux significations, celle de 'mort douce' et celle de 'suicide' jugé préférable à une mort plus pénible ». En ces termes, voy. AUMONIER (N.) *et al.*, *L'Euthanasie*, Coll. Que sais-je ?, Paris, PUF, 2001, p. 35.

[188] Il a été abondamment jugé que sera poursuivi de meurtre, « celui qui tue par pitié pour mettre fin à une agonie accompagnée d'intolérables souffrances, fût-ce à la demande de la victime elle-même et même si la mort est prévisible, prochaine et certaine ». Voy. L'shi, 17 septembre 1969, in *R.J.C.*, 1970, p. 42 ; CSJ, 8 août 1969, *R.J.C.*, 1970, p. 4 ; Trib. de 1ère Inst. Kis., 23 juillet 1972, in *R.J.Z.*, 1973, p. 194. L'euthanasie est formellement prohibée à l'article 19 du Code de déontologie médicale annexé à l'ordonnance n°70/158 du 30 avril 1970 déterminant les règles de la déontologie médicale (*Moniteur congolais* n°20 du 15 octobre 1970, p. 667). Voy. aussi NYABIRUNGU mwene SONGA, *Responsabilité pénale et civile du médecin en droit Zaïrois*, Kinshasa, Ed. D.E.S., 1995, p.39 et s. ; LIKULIA BOLONGO, *op. cit.*, p.57. En Afrique en général, « *l'intérêt accordé à l'être humain et tous les rituels et modes de protection organisés pour protéger sa vie suffisent à démontrer que la vie des africains est un combat perpétuel contre la mort. Aucune raison, aucune maladie ne justifie qu'on mette un terme à la vie humaine. Ce n'est d'ailleurs pas un hasard si l'Afrique a le plus faible taux de suicide au monde* ». En ces termes, qui en résument tout, voy. GUEYE (I.), *op. cit.*, p. 216.

[189] Par exemple, en France, la loi (article L.2212-1 du Code de la santé publique) permet à toute femme enceinte, qui s'estime placée dans une situation de détresse, de demander à un médecin l'interruption de sa grossesse, qu'elle soit majeure ou mineure. C'est mon corps, dira-t-on, j'en fais ce que je veux ! D'après une certaine source, 220.000 interruptions volontaires de grossesse sont pratiquées chaque année, soit un avortement pour trois naissances. Voy.http://www.doctissimo.fr/html/sante/mag_2000/mag1215/dossier/sa_3400_ivg_niv2.htm, [consulté le 19 octobre 2016].

[190] D'après l'article 166 du Code pénal ordinaire, tel que modifié par l'ordonnance-loi n°70-031 du 30 avril 1970, la femme qui volontairement se sera fait avorter sera punie d'une servitude pénale de cinq à dix ans.

Section 2 : Les pistes d'amélioration du droit positif

92. L'analyse critique des dispositions légales encadrant le droit aux rapports sexuels procréatifs en contexte de VIH/sida en a révélé plusieurs insuffisances et incohérences. Pour tenter d'y remédier, nous préconisons, comme idées-forces en arrière-plan du projet de réforme, la réhabilitation de la notion juridique d'intérêt supérieur de l'enfant (§1) et la clarification tant de la responsabilité parentale que du devoir de ne pas contaminer autrui des personnes vivant avec le VIH/sida (§2).

Paragraphe 1 : La réhabilitation de la notion juridique d'intérêt supérieur de l'enfant

93. De nombreux textes internationaux, dont la Convention relative aux droits de l'enfant[191], soulignent que l'intérêt supérieur de l'enfant doit être une préoccupation primordiale dans toutes les options et décisions qui concernent les enfants, qu'elles soient le fait notamment des organes législatifs. Comme l'écrit Gwenaëlle HUBERT-DIAS, « L'intérêt supérieur de l'enfant doit guider le législateur dans les législations concernant l'enfant, conformément à ce que prévoit l'article 3-1 de la Convention de New York. En conséquence et en présence d'autres principes, c'est celui-ci qui doit primer[192]. »

« Lorsque l'intérêt supérieur de l'enfant est évoqué, le terme ''supérieur'' retient l'attention[193] ». Un autre auteur[194] met en relief les conséquences de cette primauté en précisant que ce terme « supérieur » suppose la prévalence de l'intérêt de l'enfant sur les volontés individuelles, dont celles des parents, garantissant ainsi la protection de celui-ci. En situation de concurrence des droits, il permettrait d'imposer l'intérêt de l'enfant en présence d'autres intérêts. Tout ceci reste dans les proportions sémantiques bien gardées de l'adjectif « supérieur » qui signifie, d'après le Dictionnaire Le Robert[195], « qui dans une classification a un rang considéré comme très élevé ».

94. Il sied de constater que ce semble ne pas être le cas dans la manière dont le législateur du 14 juillet 2008 a réglé le conflit entre le principe de primauté de l'intérêt supérieur de l'enfant et celui interdisant la

---

191 Voy. l'article 3.

192 HUBERT-DIAS (G.), *L'intérêt supérieur de l'enfant dans l'exercice de l'autorité parentale. Etude de droit européen comparé*, Thèse, Université de Reims Champagne-Ardenne, 2014, p. 232.

193 *Idem.*

194 BRUNETTI-PONS (C.), « L'intérêt supérieur de l'enfant, une définition possible ? », *RLDC*, n°87, 2011, p. 27 et s.

195 Dictionnaire Le Robert, éd. 2013, voy. « supérieur ».

discrimination fondée sur le statut sérologique dans le domaine de la procréation naturelle. Pourtant, par « intérêt supérieur de l'enfant », l'article 6 de la loi n°09/001 du 10 janvier 2009 portant protection de l'enfant suggère d'entendre « *le souci de sauvegarder et de privilégier* ***à tout prix*** *ses droits [...]* ».

Pour alors extirper le discrédit jeté sur la notion d'intérêt supérieur de l'enfant à l'état actuel du droit encadrant la procréation naturelle en contexte de l'épidémie du VIH/sida, nous préconisons l'ajout dans la loi du 14 juillet 2008 d'une disposition de principe formulée comme suit :

« **Dans l'interprétation et l'application des dispositions de la présente loi mettant en cause la situation des enfants, avant et après leur naissance, les institutions publiques ou privées de protection sociale, les formations médicales et hospitalières, les cours et tribunaux, les autorités administratives et quelques autres autorités que ce soit, auront en vue la sauvegarde de l'intérêt supérieur de l'enfant[196].** »

Ainsi aura-t-on réglé convenablement, à des termes généraux mais précis, le problème de savoir entre le « droit de l'enfant » et le « droit à l'enfant », qu'est-ce qui prime l'autre[197].

C'est sur ce socle que des réaménagements spécifiques pourraient être apportés aux constructions du corpus législatif du 14 juillet 2008 qui nécessitent d'être clarifiées dans leurs zones d'ombre actuelles.

Paragraphe 2 : La clarification de la responsabilité parentale et du devoir de ne pas contaminer autrui des personnes vivant avec le VIH/sida

95. En plus de la règle d'interprétation préconisée *supra,* réhabiliter la notion d'intérêt supérieur de l'enfant reviendrait aussi, *de lege ferenda*, à imposer certaines restrictions à l'exercice de tout droit de futurs père et mère susceptible de compromettre le bien-être de l'enfant désiré. Pour rappel, lorsqu'elles sont raisonnables et visent la protection des valeurs juridiques légitimes et supérieures, les restrictions aux droits de l'homme sont

---

196 Cette formulation nous a été inspirée par l'article 331 du Code de la famille, qui témoigne de l'importance que le législateur congolais attache à la protection de la famille-ménage : « *Dans l'interprétation et l'application de la présente loi, les cours et tribunaux auront en vue la protection du ménage fondé sur le mariage et la sauvegarde de son unité et de sa stabilité* ».

197 À ce sujet, il ne manque pas d'intérêt de noter que d'après l'Eglise catholique romaine, la vie de l'enfant est un « don » et non un « dû ». Voy. CONGRÉGATION POUR LA DOCTRINE DE LA FOI, *Instruction sur le respect de la vie humaine et la dignité de la procréation,* cité par BAUDOUIN (J.-L.) et LABRUSSE-RIOU (C.), *Produire l'homme, de quel droit ? Etude juridique et éthique des procréations artificielles*, Paris, PUF, 1987, p. 12.

conformes aux normes du droit international positif : « Les États peuvent, dans certains cas très précis, imposer des restrictions à l'exercice de certains droits si ces restrictions sont nécessaires pour atteindre des objectifs qui priment sur les autres comme la santé publique, les droits d'autrui, la moralité, l'ordre public, le bien-être général d'une société démocratique et la sécurité nationale[198]. »

96. On se gardera néanmoins de pousser à l'extrême la notion d'intérêt de l'enfant, jusqu'à considérer sa supériorité comme étant absolue, c'est-à-dire impliquant de ne se laisser déterminer que par elle, sans égard à d'autres principes et/ou intérêts juridiquement protégés en présence. La tendance dominante de la jurisprudence internationale[199] et de la doctrine[200], à laquelle nous adhérons, est à considérer que la supériorité de l'intérêt de l'enfant est relative. La notion de supériorité n'exclut pas la recherche, autant que possible, d'un équilibre entre intérêts en conflit dans l'application d'un principe hiérarchique.

Va, dans le même sens, l'article 3-2 de la Convention de New York relative aux droits de l'enfant, en ce qu'il énonce: « *Les États parties s'engagent à assurer à l'enfant la protection et les soins nécessaires à son bien-être, compte tenu des droits et des devoirs de ses parents, de ses tuteurs ou des autres personnes légalement responsables de lui, et ils prennent à cette fin toutes les mesures législatives et administratives appropriées* ».

Pour assurer à l'enfant désiré la protection et les soins nécessaires face au risque de transmission maternelle du VIH, nous préconisons que soient clarifiés la responsabilité de futurs parents infectés ou affectés par le VIH (A) et le devoir moral général des personnes séropositives de ne pas propager l'épidémie du VIH/sida (B).

A. La clarification de la responsabilité de futurs parents infectés ou affectés par le VIH

97. Ici, un aperçu historique nous paraît utile pour justifier le recadrage envisagé de la loi du 14 juillet 2008, spécialement en ce qui concerne la situation du futur enfant en relation avec ses géniteurs. En droit congolais, les rapports parents-enfants ont connu au fil du temps de profondes transformations. De ces transformations historiques a survécu, d'une

---

198 ONUSIDA et HCDH, *op. cit.*, p. 81.

199 Statuant sur des questions de conflits des droits dans les rapports parents-enfants, il se dessine devant les juridictions internationales une tendance à ménager un « juste équilibre » entre les valeurs en conflit. Voy. CEDH, gde ch., 16 décembre 2010, A., B. et C. c. Irlande, n°25579/05, sur un conflit, à propos de l'accès à l'IVG, entre le droit au respect de la vie privée de la mère et les droits de l'enfant à naître.

200 Voy. HUBERT-DIAS (G.), *op. cit.*, p. 329 et s.

époque à une autre, le souci majeur de mettre l'enfant à l'abri de tout abus de droit ou d'autorité de ses géniteurs.

98. Avant la colonisation, la culture africaine traditionnelle, foncièrement conservée par les droits coutumiers autochtones[201], véhiculait de l'enfant l'image d'un être faible mais cher, qui préexiste à sa naissance, voire à sa conception maternelle. L'enfant était considéré comme « un ancêtre revenu [réincarné][202] ». En tant que tel, il inspirait une certaine vénération et n'appartenait pas à ses géniteurs mais à la collectivité.

99. Pendant la colonisation, le législateur du Code civil, livre 1er[203], avait tempéré le risque de voir l'institution de l'*autorité paternelle* dégénérer à l'autoritarisme, en édictant que : « *Le père qui abuse de l'autorité paternelle ou qui se livre à l'égard de son enfant à des sévices, peut être privé temporairement ou définitivement de cette autorité par le tribunal, statuant même à la requête du ministère public. L'autorité paternelle peut aussi être retirée à celui qui s'en montre indigne par son inconduite notoire ou son incapacité absolue.* »

Sous l'empire de ce Code d'inspiration napoléonienne, la cour d'appel de Léopoldville[204] avait jugé que l'autorité paternelle est un devoir des parents vis-à-vis des enfants et non un pouvoir (absolu) établi à leur profit.

100. Après la colonisation, une image rénovée des rapports parents-enfants, qui met un accent particulier moins sur les droits des parents que sur leurs devoirs, va émerger avec la réforme législative du 01 août 1987[205]. Dans le Code de la famille, l'*autorité parentale* n'est pas en soi un privilège,

---

[201] Voy. SOHIER (A.), *Traité élémentaire de droit coutumier du Congo belge*, Bruxelles, Larciers, 1949, p. 11 et s.

[202] En ces termes, voy. GUEYE (I.), *op. cit.*, p. 65. Décrivant la conception traditionnelle africaine d' « enfant né, ancêtre revenu », cet auteur rappelle qu'en Afrique, le nouveau-né est minutieusement étudié par ses ascendants dans le but de déceler en lui, les éventuelles ressemblances avec un ancêtre ou un membre prédécédé de la famille qui « serait alors revenu ». Cette considération entre en ligne de compte dans le choix du nom du nouvel arrivé. Voy. aussi KOUASSIGAN (G.), *Quelle est ma loi ? Tradition et Modernisme dans le droit privé de la famille en Afrique noire francophone*, Paris, Pedone, 1974 ; KEBA MBAYE, dir., *Le droit de la famille en Afrique noire et à Madagascar*, Paris, G.P. Maisonneuve et Larose, 1968.

[203] Décret du 4 mai 1895 portant Code civil congolais livre 1er « Des personnes ». Voy. LYCOPS (A.) et TOUCHARD (G.), *Recueil usuel de la législation de l'Etat Indépendant du Congo*, Bruxelles, éd. Weissenbruch, 1903, p. 387-405.

[204] Léo., 31 mars 1936, *R.J.C.B.*, p. 173.

[205] Allusion faite à la loi n°87-010 du 1er août 1987 portant Code de la famille, in *J.O.Z.*, 28ème année, numéro spécial, Kinshasa, 1er août 1987. Voy. KENGO wa DONDO, « Considérations sur le projet du nouveau Code de la famille, Mercuriale prononcée à l'audience solennelle de rentrée de la Cour suprême de justice du 16 octobre 1976 », *Bull.* 1977, p. 267 et s.

mais plutôt une responsabilité. Ce qui fit dire au Professeur BOMPAKA NKEYI MAKANYI que c'est « un droit-fonction attribué aux parents[206] ».

D'où la place de choix qu'occupent dans le chapitre du Code de la famille consacré à l'autorité parentale, les aménagements relatifs aux notions telles que : la perte de l'exercice de l'autorité parentale ou la privation provisoire de cet exercice[207], la déchéance de l'autorité parentale[208], etc. D'ailleurs, le droit des rapports parents-enfants issu du Code de la famille consacre la primauté des devoirs des parents vis-à-vis de leurs enfants sur leurs droits à l'égard de ceux-ci. C'est ce qui ressort des prescrits de l'article 326, qui dispose : « [...] *Ils [les père et mère] ne peuvent faire usage des droits de l'autorité parentale que dans l'intérêt de l'enfant.* »

101. Vint enfin, à une époque relativement récente, la loi n°09/001 du 10 janvier 2009 portant protection de l'enfant, qui emploie dix-huit fois l'expression « autorité parentale », soit pour responsabiliser davantage les personnes qui en sont investies[209], soit pour l'envisager comme une circonstance aggravante associée aux comportements répréhensibles de certains parents érigés en infractions[210].

102. Tout cela démontre à suffisance que dans l'encadrement juridique des rapports parents-enfants, l'orientation philosophique générale du droit congolais va dans le sens de l'amenuisement des pouvoirs des parents sur la personne de leurs enfants. Il en est d'autant plus ainsi que dans la prise en charge de l'intérêt supérieur de l'enfant, on assiste à la disparition progressive du régime classique de « l'autorité parentale », au profit de l'émergence du concept de « *responsabilité parentale* ».

Face à cette tendance générale du droit positif, on s'aperçoit que le primat du droit à l'enfant sur le droit de l'enfant, implicitement consacré par l'article 8 de la loi du 14 juillet 2008, constitue le germe d'une énième incohérence juridique.

103. On devrait alors, dans le cadre de la réforme de la loi précitée, s'atteler à ressortir clairement la part de responsabilité de futurs parents infectés ou affectés par le VIH dans la sauvegarde de l'intérêt supérieur de l'enfant qu'ils désirent engendrer. À cet effet, il nous paraît constructif de proposer quelques idées fondamentales qui peuvent servir de fil directeur à la réforme souhaitée, à savoir :

---

[206] Voy. BOMPAKA NKEYI MAKANYI, *op. cit.* , p. 75.
[207] Voy. l'article 318.
[208] Voy. l'article 319.
[209] Voy. les articles 2, 13, 23, 26, 28, 30, 31, 46, 50, 103, 110, 113 et 176.
[210] Voy. les articles 158, 173, 182, 184 et 189

- L'intérêt de l'enfant à concevoir prime sur le désir parental d'enfant ;
- La vie du futur enfant appartient à la collectivité. Ses parents ne peuvent dès lors en disposer librement, ni la compromettre en décidant arbitrairement de sa venue au monde, sans justifier des conditions maximales d'élimination du risque de son infection par le VIH[211].
- La négligence grave et l'abus de droit[212] en matière de liberté de concevoir ou de procréation sont constitutifs d'atteinte punissable à la dignité de l'espèce humaine[213] et au droit à la vie ainsi qu'à la survie de l'enfant.

Il est par ailleurs souhaitable que la réforme à intervenir aille au-delà de la protection des droits des personnes vivant avec le VIH/sida pour appréhender leurs devoirs moraux, en commençant par le premier d'entre eux : ne pas contaminer autrui.

B. La clarification du devoir de ne pas contaminer autrui

104. La loi du 14 juillet 2008 s'est assigné pour objectifs, entre autres, de « *lutter contre l'expansion de la pandémie du VIH/sida* »[214]. Un tel objectif sera difficile à atteindre sans compter sur le devoir, avant tout moral, qu'ont les personnes séropositives de s'abstenir des conduites à risque de propagation du VIH. Or, dans sa configuration ancienne comme actuelle, le texte de cette loi ne laisse expressément aucune place au devoir de ne pas contaminer autrui. En effet, jusqu'avant juillet 2018, la loi précitée se bornait à pénaliser l'acte de transmission délibérée du VIH[215], ce qui permettait d'en inférer simplement une obligation implicite d'abstention. Depuis la réforme du 09 juillet 2018, marquée notamment par la supression pure et simple de l'article 45 relatif à la criminalisation

---

[211] Ces conditions pourraient être déterminées soit dans la loi, soit par voie réglementaire, quitte à prévoir, en ce dernier cas, une disposition légale expresse de renvoi aux mesures règlementaires d'application. Nous donnerons, plus loin, ce que pourrait bien être la substance desdites conditions.

[212] Il convient de noter, à cet égard, que d'après l'article 319 du Code de la famille, encourt déchéance de l'autorité parentale, celui des père et mère, entre autres, qui aura mis en péril la santé de son enfant, « par mauvais traitement, **abus d'autorité,** inconduite notoire ou **négligence grave** ». S'il est vrai que cette disposition s'applique à l'enfant après sa naissance, rien ne s'oppose à ce qu'une disposition future semblable vienne à viser particulièrement la situation de l'enfant avant sa naissance.

[213] Sur le droit à la dignité de l'espèce humaine, voy. BELRHOMARI (N.), *Génome humain…op.cit.*

[214] Voy. l'article 1er, point 1.

[215] Voy. l'article 45: *« Est puni de cinq à six ans de servitude pénale principale et de cinq cent mille francs congolais d'amende, quiconque transmet délibérément le VIH/sida ».*

de la transmission délibérée du VIH/sida, le devoir moral de ne pas contaminer autrui au VIH a davantage perdu de sa lisibilité dans la loi.

105. Dans l'avenir, pour plus de clarté et de fermeté, il conviendrait de consacrer, à des termes exprès, le devoir moral de ne pas transmettre le VIH à autrui. L'exemple du droit togolais illustre ce souci de clarté et de fermeté à travers deux dispositions légales complémentaires déjà évoquées. Peut-être faudrait-il en rappeler le contenu :

- « Toute personne se sachant infectée par le VIH doit s'abstenir d'avoir des rapports sexuels non protégés. Elle doit, en outre, éviter tout comportement susceptible de transmettre le virus à autrui[216]. »
- « L'utilisation des préservatifs masculins ou féminins est obligatoire lors des rapports sexuels à risque[217]. »

Cette option du droit togolais se rencontre dans bien d'autres pays, même en dehors du continent africain. Ceci dit, notons qu'en 2005, un tribunal néo-zélandais avait jugé que les personnes séropositives au VIH ont une obligation légale de prendre des mesures raisonnables pour éviter de propager le virus, condition satisfaite lorsque la personne utilise un préservatif lors des rapports vaginaux[218].

106. La solution du droit togolais invite cependant à la prudence. Elle satisfait certes au besoin de clarté dans la consécration du devoir de ne pas contaminer autrui. Vue sous cet angle, c'est un exemple de normativité à suivre. Mais sous un autre regard, elle pèche par sa rigueur excessive, traduite par le déni on ne peut plus inacceptable de la liberté de procréation des personnes vivant avec le VIH/sida.

Idéalement, la modération s'impose au futur législateur congolais. Elle lui commande la recherche de l'équilibre entre la réaffirmation de la liberté de procréation en contexte de VIH/sida et la nécessité de son encadrement juridique pour éviter qu'elle dégénère en libertinage. Pour y parvenir, des aménagements nouveaux dans la loi du 14 juillet 2008 sont inévitables. Nous ne les envisagerons qu'après avoir étudié l'encadrement juridique de la liberté de ne pas concevoir, compte tenu du lien étroit que ce type de liberté entretient avec la liberté de concevoir dans le contexte de la lutte contre la transmission mère-enfant du VIH.

---

216 Voy. l'article 13 de loi togolaise n°2010-018 du 31 décembre 2010 modifiant la loi n°2005-012 du 14 décembre 2005 portant protection des personnes en matière de VIH/sida.

217 Voy. l'article 14 de la même loi.

218 Voy. BERNARD (E.), « Groundbreaking New Zealand rulingfinds condom use eliminates HIV disclosure requirement », *http://www.aidsmap.com/en/news/99FCF282-21EF-4ED5-99FCB3A9E2E1A110.asp,* [consulté le 14 mai 2009].

CHAPITRE DEUXIÈME :

UNE LIBERTÉ DE NE PAS CONCEVOIR CONTRASTÉE

107. On utilise souvent l'expression générique « droits reproductifs » pour évoquer une foultitude des droits et libertés en matière de santé de la reproduction, du nombre desquels émerge l'accès à la contraception. En ce sens, Rebecca COOK et autres[219] rappellent que cette expression, employée pour la première fois à l'occasion de la Conférence internationale de l'ONU sur la population et le développement tenue au Caire en 1994, couvre juridiquement moult dispositions permettant à la femme d'avoir un enfant seulement quand elle le désire.

108. La liberté de ne pas concevoir peut revêtir plusieurs visages dans son exercice. Tantôt, elle se réduit à une abstinence de toute relation sexuelle ; tantôt elle se replie derrière l'immixtion de la médecine dont l'art rend possibles d'éventuels rapports sexuels sans risque d'aboutir à la conception d'un enfant non désiré. Comme le note Marie-Thérèse PAIN-MASBRENIER dans sa thèse, « depuis le début du 20e siècle, les recherches sur la fertilité, et en particulier sur la régulation hormonale du cycle de fécondité chez la femme, ont conduit à de nombreuses applications contraceptives [...]. Désormais, les personnes qui ont une activité sexuelle et souhaitent limiter leur fécondité disposent d'une importante gamme de moyens techniques[220]. » C'est là tout le sens de la question du contrôle de la procréation naturelle qui s'entend de « la possibilité de décider si et quand la vie sexuelle doit aboutir à la procréation[221] ».

109. L'Afrique subsaharienne a la réputation d'être « la seule région du monde où la prévalence contraceptive est restée basse, estimée à moins de 13%,

---

[219] COOK (R.J.) *et al.*, *Santé de la reproduction et droits humains. Intégrer la médecine, l'éthique et le droit,* Paris, Masson, 2005 ; voy. aussi SHENFIELD (F.), « Droit comparé en santé de la reproduction : un droit à se reproduire ? Une vision européenne », *Bull. Acad. Natle Méd.*, 2013, 197, n°3, p. 619-630.

[220] PAIN-MASBRENIER (M.-T.), *op. cit.* , p. 26.

[221] REGOURD (S.), « Sexualité et libertés publiques », *Annales de l'Université des Sciences Sociales de Toulouse*, Tome XXXIII, 1985, p. 52.

avec moins de 5 % des couples qui utilisent une méthode contraceptive moderne[222]. »

Dans le continent africain, la naissance de l'enfant n'est pas toujours perçue sous le jour d'un acte médical. Elle revêt une portée surnaturelle, en ceci qu'elle est considérée comme le chemin de retour mystique d'un ancêtre dans le monde visible. Dans cette croyance anthropologique, utiliser un contraceptif revient à s'opposer au retour bienfaisant des ancêtres.

En RDC, la fécondité demeure encore élevée puisque chaque femme congolaise donne naissance, en moyenne, à 6,6 enfants[223]. Chez les femmes en général, la prévalence contraceptive (méthode moderne) est passée de 15 % en 1990 à 4,6 % en 1998[224] et de 4,4 % en 2001[225] à 5,7 % en 2007[226]. À ce jour, cette dernière proportion de 5,7 % est en nette augmentation d'après les résultats de la plus récente enquête démographique et sanitaire nationale[227]l'estimant globalement à 68 %, uniquement pour les femmes en union.

---

[222] LEROY (V.), « La contraception face au VIH/sida dans les pays du sud : enjeux médicaux, sociaux et comportementaux », in DESGREES DU LOÛ (A.) et FERRY (B.), dir, *Sexualité et procréation confrontées au sida...op.cit.*, p. 94.

[223] Voy. MINISTÈRE DU PLAN ET SUIVI DE LA MISE EN ŒUVRE DE LA RÉVOLUTION DE LA MODERNITÉ (MPSMRM) *et al.*, *Enquête Démographique et de Santé en République démocratique du Congo 2013-2014 (EDS-RDC II)*, Kinshasa, 2014, p. 69. En comparaison avec le taux de fécondité dans le reste des pays africains concernés par notre étude, la situation du nombre d'enfants en moyenne par femme se présentait comme suit en 2014 (Source : http://www.jeuneafrique.com/164461/societe/carte-droit-l-avortement-l-afrique-entre-tabou-et-d-sinformation/12 avril 2014) :

-Burundi : 6,8 enfants
-Burkina-Faso : 6,1 enfants
-Congo (Brazzaville) : 6,7 enfants
-Togo : 5 enfants
-Tchad : 6,3 enfants
-Niger : 7,3 enfants
-Sénégal : 4,9 enfants
-Mauritanie : 4,5 enfants
-Mali : 6,6 enfants
- Côte d'ivoire : 4,6 enfants.

[224] Voy. MINISTÈRE DE LA SANTÉ PUBLIQUE, *État des lieux du Secteur de la Santé en RDC (ELS)*, Kinshasa, 1998.

[225] Voy. UNICEF (RDC), *Enquête à Indicateurs Multiples (MICS 2), Enquête nationale sur la situation des enfants et des femmes*, 2001.

[226] Voy. MINISTÈRE DE LA SANTÉ PUBLIQUE, *Rapport d'Enquête démographique et de santé en République démocratique du Congo* (EDS-RDC I), Kinshasa, 2007.

[227] Voy. MINISTÈRE DU PLAN ET SUIVI DE LA MISE EN OEUVRE DE LA RÉVOLUTION DE LA MODERNITÉ (MPSMRM) *et al.*, *op. cit.*, p. 81. « *L'EDS-RDC II étant une enquête rétrospective, les données collectées permettent d'estimer, non*

Jusqu'ici, aucune enquête ne s'est encore intéressée à la prévalence contraceptive chez les femmes séropositives à l'échelle nationale Seules les données disponibles sur l'augmentation constante du nombre des femmes enceintes séropositives permettent d'induire, du moins provisoirement, que le niveau de prévalence contraceptive chez les femmes vivant avec le VIH reste en deçà du seuil souhaitable.

110. Ce tableau sur la prévalence contraceptive en RDC invite les pouvoirs publics à plus d'efforts et à mobiliser davantage des ressources nécessaires à inciter la population féminine au contrôle responsable de la fécondité. Dans cet élan, la régulation de la contraception a la vocation de jouer un rôle d'avant-plan. Son examen, dans l'optique du droit congolais, est révélateur d'un contraste criant dû à la cohabitation conflictuelle entre normes d'encouragement à la contraception et normes décourageant le recours à la contraception (Section 1). Cette incohérence juridique ne facilite pas la prévention de la transmission mère-enfant du VIH. À ce titre, des correctifs nécessaires seront les bienvenus en droit du futur (Section 2).

Section 1 : La cohabitation conflictuelle entre normes d'encouragement et normes de découragement du recours à la contraception

111. L'histoire de la contraception apparaît assez tourmentée. Elle dévoile les hésitations et les difficultés devant lesquelles se sont trouvés, de tous temps, les pouvoirs publics congolais, le législateur en particulier. Examinons les normes incitatives ou favorables à la contraception (§1), avant de mettre en évidence les normes appréhendées comme étant hostiles au recours aux méthodes contraceptives (§2).

Paragraphe 1 : Les normes incitatives ou favorables à la contraception

112. Il existe, de nos jours, un nombre important des pratiques et méthodes contraceptives. Les unes sont considérées comme traditionnelles[228], et les autres sont dites modernes[229]. On signale aussi l'existence des méthodes dites « populaires »[230], qui seraient le propre notamment des populations

seulement le niveau de fécondité actuelle, mais également les tendances passées du phénomène [...] *sur les vingt dernières années avant l'enquête.* » Voy. *Idem*, p. 69.

[228] Notamment la continence périodique et le retrait, autrement appelé le coït interrompu.

[229] Entre autres : la stérilisation, la pilule, le stérilet ou dispositif intra utérin (DIU), les injectables, les implants, le condom ou préservatif, le diaphragme, les méthodes vaginales (spermicides, mousses et gelées), la pilule du lendemain et la méthode des jours fixes ou collier du cycle.

[230] On en cite : les herbes, les tisanes, la corde et les amulettes autour des hanches, la boule de règles séchées, soigneusement enroulée dans un linge et accrochée dans la chambre à

congolaises vivant en milieux ruraux, profondément ancrés dans des croyances et pratiques ancestrales.

113. Très récemment, il a été prouvé, à l'appui des données statistiques fiables[231], que les méthodes de contraception les plus connues en RDC sont : le condom ou préservatif (94%), la stérilisation féminine (56%), les injectables (55%) et la pilule (50%). La méthode moderne la plus fréquemment utilisée y serait le préservatif[232].

Sur cette base et en considération de l'objet principal de notre étude, nous limiterons nos développements aux méthodes modernes de contraception. Au sein de cette catégorie, l'examen privilégié du préservatif (A) sera suivi de celui de la stérilisation féminine (B), puis viendra, à titre très subsidiaire, le survol d'autres méthodes contraceptives prises *in globo* (C).

A. Les normes incitatives à l'utilisation du préservatif

114. Qu'il soit masculin ou féminin, le préservatif est la méthode de référence pour la prévention de la propagation du VIH par la voie sexuelle. La proportion des personnes qui connaissent cette méthode en RDC[233] est de 82% pour le préservatif masculin, contre 43% pour le préservatif féminin[234].

On considère que l'utilisation du préservatif « est un déterminant essentiel de l'efficacité et de la viabilité à long terme d'une stratégie globale de prévention du VIH. Des préservatifs bon marché et de bonne qualité offrent une protection efficace contre l'infection à VIH. Des travaux de recherche montrent qu'utilisé systématiquement et conformément au mode d'emploi, le préservatif réduit considérablement les risques de transmission du VIH[235]. »

---

coucher pendant le temps d'espacement des naissances. Voy. MINISTÈRE DU PLAN ET SUIVI DE LA MISE EN OEUVRE DE LA RÉVOLUTION DE LA MODERNITÉ (MPSMRM) et al., *op. cit.*, p. 92.

231 *Idem*, p. 93.

232 *Ibid.*, p. 95.

233 *Ibid.*, p. 93.

234 Moins connu et répandu que le masculin, le préservatif féminin a été décrit comme « une sorte de gaine en polyuréthane avec deux anneaux flexibles à chaque extrémité. L'un des anneaux se situe à l'intérieur du préservatif, du côté fermé. Il permet d'introduire le préservatif et de le maintenir en place pendant le rapport sexuel. L'autre anneau forme l'ouverture du préservatif. Il reste à l'extérieur du vagin pour retenir le préservatif pendant le rapport. Il assure en même temps une protection supplémentaire à l'entrée du vagin et à la base du pénis. » Voy. CRITON (C.) et FENER (P.), « Facteurs de risque de l'infection à VIH/sida chez la femme » in *http://sidasciences.inist.fr/IMG/pdf/Facteurs_de_risquedefversionfinale.pdf.*, p. 29, [Consulté le 13 octobre 2015].

235 Voy. GABLE (L.) *et al.*, *op.cit.*, p. 39.

En RDC, selon la première Enquête démographique et de santé de 2007[236], le taux d'utilisation des préservatifs dans la population générale à l'échelle nationale est faible : 26% des hommes de 15-49 ans ont déclaré avoir utilisé un préservatif lors du dernier rapport sexuel payant et 21 % de l'ensemble des femmes et des hommes de 15-49 ans ayant eu des rapports sexuels à risque ont déclaré avoir utilisé un préservatif lors de leur tout dernier rapport sexuel.

Récemment, pour la période 2013-2014[237], le taux d'utilisation du préservatif chez les femmes en union a été estimé à 3,4%.

Dans certaines régions d'Afrique, le faible taux voire le refus de l'utilisation du préservatif masculin s'explique par des causes anthropologiques. Ainsi que l'avait si bien expliqué le Professeur Camille KUYU, à l'occasion de la soutenance de notre thèse de doctorat, « *(...) la vision africaine du monde n'est pas dualiste, mais holiste et bidimensionnelle. Il n'ya pas deux mondes différents (monde visible et monde invisible), mais un seul monde avec deux dimensions différentes (une dimension visible et une dimension invisible). Entre les deux dimensions, il y a une circulation permanente d'énergies. Ainsi, selon des croyances populaires, certaines parties du corps humain ou certaines sécrétions humaines peuvent être utilisées pour des rituels destinés à renforcer ou à diminuer la force vitale. De nombreux témoignages révèlent que des prostituées vendraient le sperme des clients avec lesquels elles entretiennent des rapports protégés à des magiciens qui les utilisent pour des rituels. De nombreuses personnes seraient tombées malades suite à l'utilisation de leur sperme dans ces sinistres rituels. Une telle pratique crée un sentiment de méfiance vis-à-vis du préservatif*[238]. »

115. Dans la pratique des rapports sexuels, l'utilisation du condom a parfois posé des problèmes de déchirure ou de glissement. Une étude[239] a révélé que sur un total de 20.148 rapports sexuels concernant 869 femmes, la déchirure s'est produite pour 0,1% [0,05-0,21] des préservatifs féminins et 3,1% [2,80-3,42] des condoms masculins, alors que le glissement du préservatif féminin était plus fréquent (5,6% versus 1,1%). Dans une autre

---

236 MINISTÈRE DE LA SANTÉ PUBLIQUE, *Rapport d'Enquête démographique...op. cit.*

237 Voy. MINISTÈRE DU PLAN ET SUIVI DE LA MISE EN ŒUVRE DE LA RÉVOLUTION DE LA MODERNITÉ (MPSMRM) *et al.*, *op. cit.*, p. 95.

238 En ces termes, voy. Rapport de soutenance de thèse rédigé par le Professeur Gérard TEBOUL, Président du jury, inédit.

239 VALAPPIL (T.) *et al.*, « Female condom and male condom failure among women at high risk of sexually transmitted diseases", *Sex Transm Dis* 32(1), 2005, p. 35-43.

étude empirique[240], première du genre, les accidents de préservatifs ont été rapportés par 1 à 12% d'utilisateurs et le taux d'échec comme moyen de contraception évalué à moins de 12%.

116. Au plan normatif, si des lois ont été adoptées dans de nombreux pays pour permettre la plus large diffusion possible des préservatifs[241], le droit congolais n'en est pas encore là. Aussi étrange que cela puisse paraître, le corpus législatif du 14 juillet 2008 n'emploie aucunement les termes « préservatif » ou « condom ».

La distribution des préservatifs et la diffusion des informations sur son utilisation et son importance dans la prévention de nouvelles contaminations par le VIH, s'inscrivent plutôt dans le cadre de l'Axe 1, intitulé « *Réduction de la transmission des IST et du VIH* », du Plan stratégique national (PSN) de lutte contre le sida[242]. Il s'agit d'un document officiel dépourvu de valeur normative au sens strict, quoiqu'il énonce des principes de base qui orientent les interventions de différents secteurs et parties prenantes dans la lutte contre le sida à l'échelle nationale.

117. Si, littéralement, le législateur du 14 juillet 2008 ne s'est pas intéressé au préservatif, il est cependant vrai que fondamentalement, le régime juridique de lutte contre le VIH/sida, qu'il apporte, est, du moins implicitement, de nature à favoriser l'utilisation systématique du préservatif par les populations congolaises. Ainsi, faute de mieux, peuvent entrer dans le champ des normes juridiques favorables à l'utilisation des préservatifs, à la fois comme moyen d'autoprotection et méthode contraceptive, les dispositions de la loi du 14 juillet 2008 qui :

- Enjoignent aux établissements d'enseignement publics et privés d'appliquer le programme de la politique nationale de lutte contre le sida en milieu éducationnel et d'organiser les activités d'information, d'éducation sur le VIH/sida et les infections sexuellement transmissibles en faveur des écoliers, des élèves,

---

240 Voy. CATES (W.) et al., "Family planning, sexually transmitted diseases and contraceptive choice: a literature update--Part II." *Fam Plann Perspect* 24(3), 1992, p. 122-128.

241 Notamment dans des endroits tels que les prisons, les night-clubs, les restaurants, les aéroports et autres zones de transit frontalier, les toilettes publiques, les dortoirs des lysées, les résidences universitaires, les supermarchés, les pharmacies, les centres sportifs et les lieux de travail.

242 Voy. PROGRAMME NATIONAL MULTISECTORIEL DE LUTTE CONTRE LE SIDA (PNMLS), *Plan Stratégique National (PSN) de lutte contre le sida 2010-2014*, Kinshasa, Août 2009, p. 43-48. Le nouveau PSN (2018-2021) récemment élaboré par un groupe d'experts est en phase de validation, avant d'être officiellement endossé.

des étudiants, du personnel enseignant et du personnel administratif[243].

- Imposent à tout employeur d'appliquer le programme de lutte contre le VIH/sida en milieu professionnel et d'organiser, en faveur de ses employés, des activités d'information, d'éducation et de communication sur le VIH/sida et les infections sexuellement transmissibles[244].
- Obligent le Ministre ayant la justice dans ses attributions d'appliquer le programme de la politique nationale de lutte contre le sida en milieu carcéral, et de mettre en place un service d'information sur le VIH/sida au profit des détenus et du personnel de l'Administration pénitentiaire[245] ;
- Invitent les associations confessionnelles à participer à l'application du programme de la politique nationale de lutte contre le VIH/sida, en collaboration avec les structures spécialisées de l'État[246].

118. Pour offrir à l'utilisation du préservatif dans les rapports sexuels un environnement juridique incitatif, on peut espérer l'accompagnement de bonnes intentions du législateur par le pouvoir règlementaire. À ce jour, on en enregistre quelques heureuses initiatives sectorielles. C'est le cas, dans le secteur de l'emploi, de l'Arrêté ministériel n°12/CAB.MIN/ETPS/RM/42/2009 du 11 avril 2009 portant création, organisation et fonctionnement de l'Unité d'Exécution du Programme de lutte contre le VIH/sida dans le monde du travail[247], pris en application de l'article 19 de la loi du 14 juillet 2008. On peut également signaler, en direction des femmes en particulier, l'Arrêté ministériel n°MIN.CONDIFA/CAB.MIN/CSH/BL/001/2005 du 03 janvier 2005 portant création et organisation de la Cellule ministérielle de lutte contre le VIH/sida au sein du Ministère de la Condition Féminine et Famille[248].

---

243 Voy. l'article 15.
244 Voy. l'article 19.
245 Voy. l'article 28. Sur la prévalence du VIH en milieu carcéral congolais et les efforts de riposte de l'Etat congolais, voy. ANGELESI BAYENGA (F.), *Document de stratégie d'intervention de lutte contre le VIH/sida en milieu carcéral à Kinshasa*, Consultance offerte au Ministère de la Justice dans le cadre de l'initiative « Projet d'appui à l'environnement juridique favorable en RDC et Renforcement des capacités des Acteurs du Pouvoir judiciaire, les Agents et Cadres du Ministère de la Justice et des O.S.C. », octobre 2014, 32 p.
246 Voy. l'article 31.
247 *J.O. de la RDC*, 50ième année, numéro spécial, Kinshasa, 1er juillet 2009.
248 *J.O. de la RDC*, 46ième année, numéro spécial, Kinshasa, 15 avril 2005.

119. Sur la normativité en matière d'utilisation de préservatif, les systèmes juridiques de certains pays africains apparaissent plus outillés que le droit congolais. Par exemple, en République du Congo (Brazzaville), la loi n°30-2011 du 03 juin 2011 portant lutte contre le VIH et le sida et protection des droits des personnes vivant avec le VIH/sida[249], précise, à son article 39, que : « *La distribution et la possession de préservatifs et autres matériels favorisant les rapports sexuels sans risque dans les prisons ne constituent pas une infraction criminelle ou une faute administrative. Les préservatifs et autres matériels favorisant les rapports sexuels sans risque ne sont pas retenus comme éléments de preuve de rapports sexuels dans la poursuite d'une infraction criminelle ou dans une procédure administrative* ».

Compte tenu de la fréquence des rapports sexuels consentants ou non consentants dans les prisons, c'est à juste titre que les autorités du Congo-Brazzaville ont vu en l'accès au préservatif, un moyen efficace de prévenir la propagation du VIH en milieu carcéral.

120. La position adoptée par le législateur du Congo-Brazzaville, en faveur des personnes en séjour carcéral, est conforme à l'état du droit international en la matière. De quoi la prendre pour exemple à suivre dans la famille des droits africains contemporains. En effet, on s'accorde à reconnaître que les préservatifs font partie intégrante des services nécessaires pour la jouissance du *droit au meilleur état de santé susceptible d'être atteint*, tel que garanti notamment par l'article 12 du Pacte international relatif aux droits économiques, sociaux et culturels.

En sa qualité d'organe chargé de superviser et de promouvoir le respect par les États de leurs obligations aux termes du Pacte, le Comité des droits économiques, sociaux et culturels des Nations unies a, à son actif, une Observation générale qui vient très à propos. Dans cette Observation générale, le Comité rappelle que les États parties au Pacte sont liés par l'obligation de respecter le droit fondamental à la santé, « en s'abstenant de refuser ou d'amoindrir l'égalité d'accès de toutes les personnes, dont les détenus » et en s'abstenant également « de restreindre l'accès aux moyens de contraception et à d'autres éléments en rapport avec la santé sexuelle et génésique[250]. »

121. Outre les normes issues de l'ordre juridique international, dans la plupart des pays africains, ce ne sont pas les lois qui manquent, souvent c'est leur vulgarisation qui fait défaut. L'un des défis majeurs qui restent à relever

---

[249] *J.O. de la République du Congo*, 53ième année, numéro 24, Brazzaville, 16 juin 2011.

[250] Voy. COMITÉ DES DROITS ÉCONOMIQUES, SOCIAUX ET CULTURELS, *Le droit au meilleur état de santé susceptible d'être atteint*. (Observation générale n°14), UN Doc. E/C.12/2000/4 (2000), paragraphes 34 et 35.

dans le domaine de la communication au public sur le préservatif, c'est la rupture avec le paradigme « préservatif = rapport sexuel à risque ».

En RDC, comme dans le reste du continent africain, les campagnes de sensibilisation sur la prévention du VIH ont longtemps été axées essentiellement sur les « rapports sexuels à risque », sous-entendu avec des partenaires occasionnels ou dans un cadre prostitutionnel. Pourtant, il arrive souvent que des infections surviennent dans un cadre conjugal, par le fait du « partenaire régulier» qui peut avoir des partenaires sexuels « occasionnels », ou s'être infecté auparavant[251].

Ainsi, dans plusieurs pays du Sud, l'échec des politiques publiques sur le préservatif est dû, dans une large mesure, « aux types de message qui ont été véhiculés dans les campagnes de promotion du préservatif dans le cadre de la lutte contre le sida. En effet, l'utilisation de préservatif a été conseillée en cas de rapports *« à risque »,* les rapports à risque étant définis comme les rapports sexuels avec des partenaires occasionnels, ou dans le cadre de la prostitution, etc. Ainsi l'image du préservatif est-elle associée à celle de multipartenariat, de relation de courte durée, sans lendemain. D'où, [...] les meilleurs taux d'utilisation de préservatifs à l'occasion de ce type de relation éphémère. Dès que la relation s'installe dans la durée, le préservatif est abandonné sans pour autant que les deux partenaires n'aient fait de test de dépistage[252]. »

Pour ce qui est du contrôle de la fécondité, nombre des femmes, le plus souvent les multipares[253], préfèrent se faire stériliser, plutôt que de compter sur le préservatif dont l'efficacité contraceptive demeure relativement faible.

B. Les normes favorables à la stérilisation volontaire

122. Chez la femme, la stérilisation correspond à une intervention médicale, habituellement chirurgicale, pratiquée dans le but de la rendre stérile, c'est-à-dire hors état de conception. Il s'agit d'une ligature des trompes

---

[251] Sur cette réalité, voy. CARPENTER (L.M.) et al., "Transmission with in marriage in rural Uganda in relation to the HIV sero-status of the partners", in *AIDS,* n°13,1999; HUGONNET (S.) *et al., Incidence of HIV infection in stable sexual partnerships : a retrospective cohort study of 1.802 couples in Mwanza Region, Tanzania,* inédit; LURIE (M.) *et al.,* "Who infects whom ? HIV-1 concordance and discordance among migrant and non-migrant couples in South Africa". *In AIDS,* n° 17, 2003; MALAMBA (S.) *et al.,* "Couples at risk. HIV-1 concordance and discordance among sexual partners receiving voluntary counseling and testing in Uganda", in *J Acquir Immune Defic Syndr,* n° 39, 2005.

[252] DESGREES DU LOÛ (A.) et FERRY (B.), *op.cit.*, p.7.

[253] Se dit des femmes qui ont accouché plusieurs fois, par opposition aux « primipares » (celles qui accouchent pour la première fois) et aux « nullipares » (celles qui n'ont jamais accouché).

utérines qui a pour effet « de faire obstacle à la libre circulation et à la rencontre de l'ovule et du spermatozoïde et partant, à la fécondation[254] ».

Les résultats de la récente Enquête démographique et de santé montrent qu'en RDC, la stérilisation féminine est pratiquée principalement dans le secteur public (92%), essentiellement dans les hôpitaux (81%) et, dans une moindre mesure, dans les centres de santé. Les hôpitaux et cliniques du secteur médical privé y contribuent dans une proportion de 8%[255].

123. La stérilisation peut être médicalement recommandée pour un motif thérapeutique. On estime qu'« une femme peut avoir recours à la stérilisation en cas de découverte d'une pathologie générale, gynécologique, obstétricale susceptible d'être aggravée par la poursuite d'une grossesse. [...] La stérilisation est indiquée si le danger est permanent et se produit à chaque grossesse. L'indication est médicalement justifiée. L'acte chirurgical répond alors à une motivation thérapeutique. Il est réalisé après information de la patiente qui y consent librement[256]. »

La stérilisation peut également être demandée au médecin à l'initiative de la femme, le plus souvent à des fins contraceptives. En ce cas, qui intéresse notre étude, on parle alors de « stérilisation volontaire ».

124. À l'instar du préservatif, le législateur du 14 juillet 2008 est resté silencieux sur la stérilisation volontaire. Pour autant, la licéité de cette méthode contraceptive n'est pas remise en cause. Son régime juridique relève du droit commun. Entrent en ligne de compte : les dispositions générales du Code civil, livre III, applicables au contrat médical[257], les règles spécifiques de déontologie médicale[258] et - ce sur quoi nous nous attarderons singulièrement - les dispositions répressives ci-après de l'article 174 l du Code pénal ordinaire, tel que lui ajouté par la loi du 20 juillet 2006 relative aux violences sexuelles[259] : « *Sera puni de cinq à quinze ans de servitude pénale, quiconque aura commis sur une personne*

---

[254] Voy. PAIN-MASBRENIER (M.-T.), *op.cit.*, p. 26.

[255] Voy. MINISTÈRE DU PLAN ET SUIVI DE LA MISE EN ŒUVRE DE LA RÉVOLUTION DE LA MODERNITÉ (MPSMRM) *et al.*, *op. cit.*, p. 100.

[256] *Idem*, p. 27.

[257] Voy. l'article 33 du Code civil, livre III (Décret du 30 juillet 1888 portant des contrats ou des obligations conventionnelles, *B.O.*, Léopoldville, 1888, p. 109) : « *Les conventions légalement formées tiennent lieu de loi à ceux qui les ont faites* [...]».

[258] Voy. l'ordonnance n°70-158 du 30 avril 1970 déterminant les règles de déontologie médicale, in *Moniteur congolais* n°20 du 15 octobre 1970, p. 667. L'article 1er de cette ordonnance dispose que : « *Les règles de la déontologie médicale, telles que prévues par l'article 56, 2°) de l'ordonnance-loi n°68/70 du 1er mars 1968 créant l'ordre des médecins, sont déterminées en annexe à la présente ordonnance* ».

[259] Loi n°06/018 du 20 juillet 2006 modifiant et complétant le Code pénal congolais, *J.O. de la RDC*, numéro spécial, Kinshasa, août 2008.

un acte (de nature) à la priver de la capacité biologique et organique de reproduction sans qu'un tel acte ait préalablement fait l'objet d'une décision médicale justifiée et d'un libre consentement de la victime. »

125. À travers cet article, le législateur congolais se montre intransigeant sur l'exigence du consentement en matière de stérilisation, au point qu'il érige la *stérilisation forcée* en infraction autonome. Par « stérilisation forcée », on entend « un acte visant à priver une personne de sa capacité procréatrice, sans que cet acte ne soit médicalement justifié, ni consenti librement. Elle est un acte attentatoire à la santé et aux droits en matière de procréation[260]. »

Pour sa consommation, l'infraction de stérilisation forcée suppose une recette faite de la combinaison de quatre éléments, à savoir :

- La privation de la capacité biologique et organique de procréation (1) ;
- L'absence de consentement libre de la victime (2) ;
- Le défaut de justification médicale préalable (3) ;
- L'intention coupable (4).

1. La privation de la capacité biologique et organique de procréation

126. La stérilisation forcée est une infraction matérielle et non formelle. La loi incrimine le résultat matériel obtenu, en l'occurrence l'incapacité de la reproduction, peu importe le procédé utilisé pour parvenir à cette fin. Les moyens de matérialisation de la privation de la capacité biologique et organique de procréer sont donc indifférents, qu'il s'agisse de l'emploi des agents chimiques ou physiques, de l'excision des gonades ou de la ligature des trompes utérines ou des canaux déférents.

127. De même, le sexe de la victime n'importe. La stérilisation forcée, au sens de l'article 174 l du Code pénal, vise indistinctement les hommes et les femmes. Il en est ainsi en dépit du fait que « la stérilisation n'entraîne pas nécessairement chez l'homme les mêmes effets définitifs que chez la femme, puisqu'il est possible de congeler le sperme conservé dans les Centres d'études et de conservation du sperme pendant une durée très longue[261]. »

128. Ce premier élément matériel constitutif de l'infraction de stérilisation forcée permet de la distinguer d'autres violences sexuelles voisines, avec lesquelles elle peut prêter à confusion.

---

[260] CIZUNGU M. NYANGEZI (B.), *op.cit.*, p. 544.
[261] ROBERT (J.) et DUFFAR (J.), *op. cit.*, p. 230.

On retiendra que la stérilisation forcée, en tant qu'elle vise un résultat précis consistant en la privation de la capacité reproductive de la victime, est différente de l'infraction de *mutilation sexuelle*[262] que de simples lésions portées sur les organes génitaux peuvent suffire à réaliser. Le dénominateur commun entre ces deux infractions réside dans le fait qu'à l'instar de la stérilisation forcée, la mutilation sexuelle peut se faire par divers procédés qui constituent des questions de fait laissées à l'appréciation du juge de fond. Il réside également dans le fait que l'une et l'autre peuvent victimiser indistinctement les hommes et les femmes. Ainsi, c'est à juste titre qu'un auteur congolais avait précisé que « la mutilation sexuelle est le fait de dénaturer l'organe sexuel d'une personne. La dénaturation peut l'être au nom des traditions. Par exemple, exciser certains organes génitaux, atrophier ou allonger d'autres, castrer des hommes etc.[263] »

129. La stérilisation forcée n'est pas, non plus, à confondre avec *l'excision* qui, sans avoir été érigée en infraction autonome en l'état actuel du droit pénal congolais, entre pour autant dans la catégorie punissable des violences sexuelles. Souvent, l'excision se commet au moyen des mutilations génitales. En tant que telle, l'excision est poursuivable, soit comme circonstance aggravante associée aux coups et blessures volontaires[264], soit sur le fondement de l'article 174 g du Code pénal sous la qualification de mutilation sexuelle.

2. L'absence de consentement libre de la victime

130. Pour qu'il y ait stérilisation forcée, la victime ne doit pas avoir donné son consentement. Implicitement, le législateur tient donc pour amplement licite la stérilisation volontaire.

Si la victime est un enfant ou toute autre personne majeure incapable placée sous le régime de la représentation[265], le consentement requis à l'acte de stérilisation est celui des personnes investies de l'autorité

---

[262] Voy. l'article 174 g du Code pénal, en ces termes : « *Sera puni d'une peine de servitude pénale de deux à cinq ans et d'une amende de deux cent mille Francs congolais constants, quiconque aura posé un acte qui porte atteinte à l'intégrité physique ou fonctionnelle des organes génitaux d'une personne. Lorsque la mutilation a entraîné la mort, la peine est de servitude pénale à perpétuité* ».

[263] CIZUNGU M. NYANGEZI (B.), *op. cit.*, p. 408.

[264] Voy. l'article 47 du Code pénal, en ces termes : « *Si les coups et blessures ont causé une maladie ou une incapacité de travail personnel, ou s'il en est résulté la perte de l'usage absolu d'un organe ou une mutilation grave, les peines seront une servitude pénale de deux ans à cinq ans et une amende qui ne pourra excéder mille zaïres* ».

[265] C'est le cas des personnes en état de démence ou d'imbécilité ayant fait l'objet d'une mesure d'interdiction judiciaire, en application des articles 300 et s. du Code de la famille.

parentale[266] ou tutélaire[267], selon le cas. C'est le lieu d'indiquer qu'indépendamment de l'article 174 l du Code pénal, la loi n°09/001 du 10 janvier 2009 portant protection de l'enfant réprime, de manière autonome, « *Le fait de priver un enfant de la capacité biologique de reproduction sans qu'un tel fait ne soit justifié médicalement* »[268]. En matière de consentement parental à l'acte de stérilisation, cette loi spéciale a le mérite de préciser que: « *En cas de conflit entre la justification médicale et le consentement des parents, l'intérêt supérieur de l'enfant prime* »[269].

131. Pour revenir à lui, le Code pénal ne fournit pas au juge les éléments dont il pourrait inférer le défaut de consentement libre de la victime. En l'absence d'une position jurisprudentielle connue, le défaut de consentement libre de la victime de la stérilisation est à considérer comme une question de fait. Le juge pénal devrait être admis à s'y déterminer, en toute souveraineté, suivant son intime conviction.

Dans la pratique, au gré des circonstances propres à chaque espèce dont est saisi le juge, et en inspiration de la solution jurisprudentielle retenue en matière de viol[270], l'absence de consentement libre de la personne privée de capacité biologique et organique de procréation pourrait être inférée, entre autres, soit de la violence physique ou morale, soit des menaces graves, soit de la ruse dont elle aurait fait l'objet, soit, en cas de victime de sexe féminin, d'un environnement culturel coercitif ne favorisant guère l'autonomisation des femmes dans le domaine de la santé de la reproduction.

Pour rappel, en droit commun, on considère que la preuve pénale est libre ; le juge répressif tient un fait pour établi ou non d'après son intime conviction. Si cette règle de la liberté de la preuve et de l'intime conviction du juge en matière pénale est consacrée par la loi dans certains

---

[266] Voy. l'article 176, alinéa 2, de la loi du 10 janvier 2009 portant protection de l'enfant : « [...] *Lorsque le fait est médicalement justifié, le consentement des parents ou de ceux qui exercent l'autorité parentale est requis* [...] ».

[267] Le principe de la représentation tutélaire du mineur est posé à l'article 222 du Code de la famille, qui dispose que: « *Tout mineur non émancipé n'ayant ni père ou mère pouvant exercer sur lui l'autorité parentale, est pourvu d'un tuteur qui le représente* ». Ce principe s'étend à l'interdit en vertu des dispositions combinées des articles 303 (« *Le tribunal, en faisant droit à la demande, nomme un tuteur à l'interdit sur proposition du conseil de famille* ») et 304 (« *L'interdit est assimilé au mineur sous tutelle conformément aux articles suivants* [...] ») du même Code.

[268] Article 176, alinéa 1.

[269] Article 176, alinéa 3.

[270] Voy. notamment Boma, 25 janvier 1902, *Jur. Etat*, I, p. 186 ; 2 mai 1911, *Jur. Congo* 1912, p. 149.

pays[271], en RDC elle demeure au stade d'un principe général de droit gratifié d'une large application jurisprudentielle[272].

132. Il importe cependant de noter qu'en matière d'infractions relatives aux violences sexuelles (en ce compris implicitement la stérilisation forcée), l'article 14 (ter) de la loi n°06/019 du 20 juillet 2006 modifiant et complétant le Décret du 06 août 1959 portant Code de procédure pénale congolais[273] déroge au droit commun de l'administration de la preuve pénale, plus précisément à la règle générale de l'intime conviction du juge, en prévoyant exceptionnellement que :

1. « Le consentement ne peut en aucun cas être inféré des paroles ou de la conduite d'une victime lorsque la faculté de celle-ci à donner librement un consentement valable a été altérée par l'emploi de la force, de la ruse, de stupéfiant, de la menace ou de la contrainte ou à la faveur d'un environnement coercitif » ;
2. « Le consentement ne peut en aucun cas être inféré du silence ou du manque de résistance de la victime des violences sexuelles présumées » ;
3. « La crédibilité, l'honorabilité ou la disponibilité sexuelle d'une victime ou d'un témoin ne peut en aucun cas être inférée de leur comportement sexuel antérieur» ;
4. « Les preuves relatives au comportement sexuel antérieur d'une victime des violences sexuelles ne peuvent exonérer le prévenu de sa responsabilité pénale. »

133. Le Code pénal ne fournit, non plus, aucune indication sur le mode d'expression du consentement requis en matière de stérilisation. Le silence du législateur pénal sur cette question pourrait être suppléé par le

---

[271] En guise d'illustration, voy. l'article 353, alinéa 2, du Code de procédure pénale français : « *La loi ne demande pas compte aux juges des moyens par lesquels ils se sont convaincus [...] ; elle leur prescrit de s'interroger eux-mêmes dans le silence et dans le recueillement et de chercher, dans la sincérité de leur conscience, quelle impression ont faite, sur leur raison, les preuves rapportées contre l'accusé, et les moyens de sa défense. La loi ne leur fait que cette seule question, qui renferme toute la mesure de leurs devoirs : 'Avez-vous une intime conviction ?'* ». Voy. également GIUDICELLI-DELAGE (G.), dir., *Les transformations de l'administration de la preuve pénale. Perspectives comparées*, Paris, Société de législation comparée, 2006, p. 67 et s.

[272] Il a été en effet jugé qu' « *en matière pénale le juge doit baser sa décision sur son intime conviction et peut rechercher la preuve des faits dans tous les éléments de la cause et notamment dans les renseignements inclus dans les procès-verbaux réguliers* ». Léo., 26 octobre 1937, *R.J.C.B.*, p. 111 ; Elis., 19 mars 1940, *R.J.C.B.*, 1940, p. 131.

[273] *J.O.* de la RDC, numéro spécial du 1er août 2006, Kinshasa.

recours au droit commun que constitue le principe du consensualisme[274]. Ce principe civiliste souligne l'idée que dans son expression, le consentement à un acte juridique n'est soumis à aucune forme sacramentelle. À elle seule, l'expression du consentement compte, peu importe sa forme.

Ce qui revient à admettre que, faute de formalisme clairement affiché dans la loi pénale, l'existence d'un simple consentement oral de la victime de l'acte de stérilisation suffirait à soustraire son auteur de poursuites. Nul ne saurait être juridiquement fondé d'exiger de cette forme de consentement un support écrit ou la déposition des témoins, sans s'exposer au reproche d'interdire ce que la loi autorise implicitement.

134. En outre, l'on pourrait se poser la question de savoir si le seul consentement d'une personne mariée suffit à se faire stériliser à des fins contraceptives, sans égard à la volonté de son conjoint. Une telle question ne s'est pas encore posée aux cours et tribunaux congolais. Dans la doctrine, on est frappé d'étonnement de voir un auteur[275] l'invoquer sans se donner la moindre peine de s'y prononcer.

À notre avis, la réponse à cette question devrait être nuancée selon que l'examen de celle-ci est porté devant le juge civil ou le juge pénal.

135. En matière civile, l'acte juridique médical par lequel une personne mariée consent, unilatéralement, à se faire stériliser à des fins non thérapeutiques, encourt nullité pour illicéité de la cause. À l'étai de ce moyen de nullité, on visera, dans un premier temps, l'article 8[276] du Code civil congolais, livre III, qui fait de la « cause licite » une des conditions du contrat prescrites *ad validitatem*.

Classiquement, deux principales théories sur la cause divisent la doctrine[277] : la théorie objective et la théorie subjective. Du moins, dans la pratique, lorsqu'il s'agit d'apprécier la licéité d'un contrat, la jurisprudence a tendance à prendre position pour la notion de cause subjective, en faisant prévaloir l'idée de mobile déterminant sans lequel le consentement n'eut été donné[278]. Ainsi, dans un contrat médical de stérilisation à des fins non thérapeutiques, la finalité contraceptive

---

[274] Sur le consensualisme et ses applications en droit pénal, voy. EKEU (J.-P.), *Consensualisme et poursuites en droit pénal comparé,* Travaux de l'Institut de Sciences criminelles, vol. XII, Paris, éd. Cujas, 1992.

[275] CIZUNGU M. NYANGEZI (B.), *op. cit.*, p. 545.

[276] *« Quatre conditions sont essentielles pour la validité d'une convention: le consentement de la partie qui s'oblige; sa capacité de contracter; un objet certain qui forme la matière de l'engagement;* ***une cause licite dans l'obligation.*** *»*

[277] Sur les controverses doctrinales autour de la cause, voy. KALONGO MBIKAYI, *Droit civil, tome I, les obligations,* Kinshasa, Editions Universitaires Africaines, 2012, p.

[278] Voy. en ce sens, *Idem*, p.

poursuivie constitue la cause de l'obligation de la partie contractante intéressée. Lorsque celle-ci se retrouve dans les liens d'un mariage régulièrement conclu, il semble bien que la cause de son obligation est illicite, sauf consentement mutuel des époux.

136. Pour s'en convaincre, il suffit de considérer, dans un deuxième temps, les articles 349[279] et 350[280] du Code de la famille, en ce qu'ils font de la procréation une fin essentielle du mariage[281] protégée par la nullité de plein droit de toute convention contraire. Ces deux articles combinés s'interprètent comme reconnaissant à chacun des époux un droit individuel à « *perpétuer leur espèce* ».

Ce raisonnement aboutit à la conclusion que le contrat médical de stérilisation conclu par une personne mariée, en méconnaissance de l'accord de son conjoint, revêt une cause contraire à l'esprit des dispositions prescrites par les articles 349 et 350 du Code de la famille. Ces dispositions, qui visent à protéger à la fois l'ordre public familial et les intérêts charnels privés, sont impératives. La volonté des parties au contrat médical de stérilisation[282] ne saurait y déroger. Pour autant, la nullité encourue nous semble être relative, de sorte que seul le tiers conjoint serait recevable à l'invoquer en justice.

137. Raisonnablement, en matière de stérilisation à visée contraceptive, l'idéal de l'entente conjugale doit être privilégié dans les rapports personnels entre époux. À nos yeux, cet idéal est justement au cœur de la *ratio legis* du principe de « *concertation* » nouvellement introduit en droit congolais,

---

[279] « *Le mariage a pour but essentiel de créer une union entre un homme et une femme qui s'engagent à vivre ensemble jusqu'au décès de l'un d'entre eux, pour partager leur commune destinée* ***et pour perpétuer leur espèce*** ».

[280] « *Est* ***nulle*** *toute stipulation visant à écarter l'une des fins essentielles du mariage.* »

[281] Cette perception nataliste du droit congolais se démarque de la conception occidentale du mariage et du droit de fonder une famille. Ce qui amena la Cour européenne des droits de l'Homme à juger : « *Il ne résulte pas du caractère absolu de l'article 12 de la Convention européenne des droits de l'homme (droit de fonder une famille) qu'une personne doive toujours être mise en mesure de procréer. Car, la capacité de procréation n'est pas une condition fondamentale du mariage, ni même la procréation une fin essentielle* [*du mariage*].» Voy. CEDH, D. 6564.74, X c/ R.U., 21 mai 1975, D.R.2.107.

[282] On peut toutefois rappeler à l'esprit la distinction qui a déjà été faite dans nos développements antérieurs entre la stérilisation pour motif thérapeutique et la stérilisation à visée contraceptive. Ceci nous amène à considérer que dans le premier type de stérilisation, la cause de l'acte médical de privation de la capacité de reproduction humaine est licite, en tant que celui-ci vise un intérêt légitime juridiquement protégé : la santé en péril. Là, c'est une question d'état de nécessité. Ici par contre, la question débattue dans la perspective des rapports de réciprocité entre époux vise exclusivement la stérilisation à des fins simplement contraceptives.

depuis l'entrée en vigueur de la loi n°16/008 du 15 juillet 2016 modifiant et complétant le Code de la famille[283].

En cela, le droit civil congolais de la famille est conforme à la mentalité juridique locale. Il prend ses bonnes distances culturelles du droit français où dans un arrêt du 14 décembre 2001[284], la Cour de cassation avait rappelé qu'aucune disposition légale ne requiert le consentement d'un époux à une intervention tendant, même sans nécessité thérapeutique, à la stérilisation, fût-elle irréversible, de l'épouse. La plus haute juridiction de l'ordre judiciaire français avait, en outre, souligné que toute personne jouit des droits de la personnalité, qui comprennent le droit à la vie et à l'intégrité physique, et que le consentement requis pour la licéité d'un acte médical portant atteinte à l'intégrité physique d'une personne est celui de cette seule personne.

Telle société, telle culture, tel droit de la famille!

138. Par contre, devant le juge pénal congolais saisi de faits susceptibles de tomber sous la qualification légale de stérilisation forcée, l'absence de consentement du tiers partenaire conjugal à l'acte de stérilisation nous paraît inopérante. Il suffit que la personne sur le corps de laquelle la stérilisation a été pratiquée y ait librement consenti pour que l'infraction ne soit pas légalement établie. Son statut matrimonial est indifférent, l'article 174 l du Code pénal n'établissant aucune différence entre les victimes mariées et les victimes célibataires. Notre position doctrinale trouve sa justification dans l'autonomie du droit pénal et le principe de l'interprétation stricte de la loi pénale.

Pour que la stérilisation forcée soit coupablement établie, encore faut-il prouver l'absence de justification médicale préalable.

3. Le défaut de justification médicale préalable

139. On l'a vu, la stérilisation peut être indiquée pour un motif thérapeutique. Lorsque la preuve de ce motif est apportée, l'infraction de stérilisation forcée n'est pas établie. Ainsi, « la stérilisation d'une femme peut être justifiée par la sauvegarde de la vie d'une mère constamment menacée par des naissances par césarienne[285] ».

140. Il convient de souligner que la justification médicale, au sens de la loi, doit être antérieure à l'acte de stérilisation. Pour apprécier la condition du défaut de justification médicale, le juge se situera au moment de l'acte de

---

[283] Sur les applications du principe de concertation, voy. les articles 477 et 490 du Code de la famille, tel que modifié et complété.

[284] Voy. Cass., 14 décembre 2001, *TBBR/RGDC*, 2002, p. 328 ; FAGNART (J.-L.), « Stérilisation et consentement éclairé », *T. Gez/Rev. dr. santé,* 2001-2002, p. 242-245.

[285] CIZUNGU M. NYANGEZI (B.), *op. cit.*, p. 545.

stérilisation et non à celui du jugement. Un temps assez long peut s'être écoulé entre le moment de la commission des faits et celui du procès. De même, le moment du procès n'est pas celui du délibéré[286], ni le moment du délibéré, souvent affreusement long en contexte judiciaire congolais[287], celui du prononcé du jugement. En pareille occurrence, un motif thérapeutique justifiant médicalement la stérilisation peut raisonnablement se révéler établi après que la stérilisation ait été pratiquée, alors même qu'il n'avait pas préexisté à l'acte de stérilisation. Un tel motif thérapeutique tardif n'a pas d'effet justificatif en droit. Il laisse subsister l'infraction de stérilisation forcée.

141. Soulignons que la justification médicale, au sens de l'article 174 l du Code pénal, doit être *déterminante* à l'acte de stérilisation. Ce qui revient à dire qu'il va falloir prouver qu'en l'état de l'art médical, la pathologie à laquelle était confrontée la santé de la victime ne laissait au médecin d'autres possibilités que de la stériliser. Au cours du procès, la réquisition à expert pourrait s'avérer nécessaire pour éclairer la religion du juge.

Interpréter autrement la loi équivaudrait à laisser des prétextes sanitaires de tout genre pervers espérer trouver leur blanchiment sur le dos de ce que le législateur pénal a qualifié de « *décision médicale justifiée* ». Pourtant, la rigueur, c'est l'âme du droit pénal. Un droit pénal sans rigueur est un droit pénal sans âme.

À la différence de trois premiers éléments constitutifs de l'infraction de stérilisation forcée, qui sont d'ordre matériel, le quatrième élément, lui, est plutôt psychologique ou moral.

---

[286] Sauf en cas de flagrance où « *Le jugement est rendu sur dispositif immédiatement après la clôture des débats; il est rédigé dans les quarante-huit heures* ». Voy. l'article 9 de l'ordonnance-loi 78-001 relative à la répression des infractions flagrantes (*J.O.Z.*, n°6, 15 mars 1978, p. 15). Néanmoins, même en pareil cas exceptionnel, il est prévu que : « *Si l'affaire n'est pas en état de recevoir jugement, le tribunal en ordonne le renvoi à l'une de ses plus prochaines audiences pour plus amples informations et commet, s'il échet, l'officier du Ministère public pour procéder, toutes affaires cessantes, aux devoirs d'instructions qu'il précise* » (Article 6, alinéa 1er, de l'ordonnance-loi précitée).

[287] L'article 80 du Code de procédure pénale fixe le délai du prononcé à huit jours qui suivent la clôture des débats au plus tard. Dans la pratique, une étude a révélé qu'il se passe au minimum six mois entre la commission de l'infraction et le prononcé du jugement. Voy GLOBAL RIGHTS, *S.O.S. Justice : Quelle justice pour les populations vulnérables à l'Est de la RDC ?*, Rapport d'évaluation du secteur de la justice au Nord et Sud Kivu, Maniema et Nord Katanga, Kinshasa, 2005, p. 14. D'une autre source, on apprend que « pour obtenir un arrêt en matière de cassation, il faut parfois attendre des années ». En ces termes, voy. MATADI NENGA GAMANDA, *La question du pouvoir judiciaire en République démocratique du Congo : contribution à une théorie de réforme*, Kinshasa, Droit et idées nouvelles, 2001, p. 374.

4. L'intention coupable

142. Les éléments matériels précédemment analysés ne suffisent pas à constituer l'infraction de stérilisation forcée, car la loi requiert un élément moral. La privation d'une personne de sa capacité biologique et organique de procréer ne sera coupablement établie que si l'agent a agi délibérément, en connaissance de l'absence de justification légale et médicale de son acte. Cette volonté coupable se caractérise par la conscience que l'acte posé n'est pas tolérable légalement, ni médicalement, en dehors de toute volonté libre de la victime.

143. Au reste, en ce qui concerne le régime répressif, signalons que l'auteur de la stérilisation forcée est passible d'une servitude pénale de cinq à quinze ans. Au regard de ce taux de la peine encourue, sauf cas de privilège de juridiction[288], la compétence matérielle de le juger est dévolue au tribunal de grande instance[289].

144. On s'en est certainement rendu compte, le droit pénal congolais n'établit directement aucun lien entre l'acte de stérilisation forcée et les enjeux socioculturels particulièrement liés au VIH/sida. En revanche, l'étude du droit comparé africain permet d'observer, chez d'autres législateurs nationaux, la prise en compte du risque de voir des femmes séropositives s'exposer à des velléités de pratiques traditionnelles dommageables et autres sévices sexuels pouvant aller jusqu'à leur stérilisation forcée. C'est pourquoi, le besoin se fit sentir de réaffirmer le caractère nécessairement volontaire de la stérilisation féminine, en prohibant singulièrement toute forme de stérilisation forcée fondée sur le statut sérologique au VIH.

C'est la position adoptée par le législateur du Congo-Brazzaville en ces termes : « *Quiconque aura stérilisé ou tenté de stériliser une femme en raison de son statut sérologique relatif au VIH, sans son consentement donné par écrit ou devant deux témoins majeurs au moins, sera puni d'un emprisonnement de deux ans à cinq ans et d'une amende de trois cent mille à un million de francs CFA, ou de l'une de ces peines seulement*[290]. »

---

[288] Par exemple, les médecins des services publics de l'Etat revêtus au moins du grade de directeur ou du grade équivalant, bénéficient du privilège de juridiction de la cour d'Appel, en vertu de l'article 91 de la loi organique *n°13/011-B* du 11 avril 2013 portant organisation, fonctionnement et compétences des juridictions de l'ordre judiciaire (*J.O.de la RDC*, 54ième année, numéro spécial, Kinshasa, 4 mai 2013).

[289] Voy. l'article 89 de la loi organique n°*13/011-B précitée :* « *Les tribunaux de grande instance connaissent des infractions punissables de la peine de mort et de celles punissables d'une peine excédant cinq ans de servitude pénale principale* ».

[290] Article 49 de la loi n°30-2011 du 03 juin 2011 portant lutte contre le VIH et le sida et protection des droits des personnes vivant avec le VIH/sida, *Journal officiel de la République du Congo*, 53ième année, numéro 24, Brazzaville,16 juin 2011.

Quoiqu'assez timidement, le droit tchadien désapprouve également la pratique de la stérilisation forcée en contexte de VIH/sida, en ce qu'il prévoit dans la loi spécifique à la lutte contre cette épidémie la règle selon laquelle : « *Sont considérés comme actes discriminatoires* [...] *l'avortement ou la stérilisation forcée d'une mère séropositive* [...][291] ».

145. Sur le terrain du droit international des droits de l'homme, la brève remarque à faire est que la sérologie VIH d'une femme ne saurait, sous aucun prétexte, justifier sa stérilisation forcée. L'acte de stérilisation forcée ayant à sa base comme unique motivation le statut sérologique de la victime constituerait une atteinte grave aux droits:

- À une égale protection de la loi[292] et à la protection contre toute discrimination[293];
- À la santé ou au meilleur état de santé susceptible d'être atteint[294] ;
- À la liberté individuelle et à l'intégrité physique[295];

---

[291] Article 22 de la loi n°019/PR/2007 du 15 novembre 2007 portant lutte contre le VIH/sida et protection des droits des personnes, in http. : //www.cefod.org/spip.php ?page=imprimir_articulo&id_article=1826, consulté le 19 avril 2010.

[292] Observons que dans la *Déclaration politique sur le VIH/sida,* telle qu'annexée à la Résolution A/RES/60/262 du 15 juin 2006 de l'Assemblée générale de l'ONU, les Etats membres s'étaient engagés à : « [...] *à éliminer les inégalités fondées sur le sexe, les abus et la violence sexistes et à renforcer les capacités des femmes et des adolescentes de se protéger elles-mêmes du risque d'infection par le VIH, notamment en leur fournissant les soins et les services de santé, en particulier dans les domaines de la santé sexuelle et de la santé en matière de reproduction, et le plein accès à l'information et à l'éducation ; à veiller à ce que les femmes puissent exercer leur droit de décider librement et en toute connaissance de cause des questions liées à leur sexualité, y compris à leur hygiène sexuelle et à leur santé en matière de procréation, sans être soumises à la coercition, à la discrimination et à la violence, afin de mieux se protéger contre l'infection par le VIH et à prendre toutes les mesures nécessaires afin d'instaurer un environnement qui favorise l'autonomisation des femmes* [...]». Cet engagement des Etats a été réaffirmé par la Résolution A/RES/65/277 du 8 juillet 2011, à travers un nouvel instrument intitulé *« Déclaration politique sur le VIH et le sida : intensifier nos efforts pour éliminer le VIH et le sida ».*

[293] Les dispositions internationales sur le droit individuel à la non-discrimination ont déjà été répertoriées. Voy. *supra*, note n°131.

[294] Voy. COMITÉ DES DROITS ÉCONOMIQUES, SOCIAUX ET CULTURELS, Observation générale n°14, *op. cit.*

[295] L'article 9 du Pacte international relatif aux droits civils et politiques dispose ce qui suit : « *Tout individu a droit à la liberté et à la sécurité de sa personne* [...]». Il implique qu'il ne devrait donc jamais y avoir d'immixtion arbitraire dans la jouissance de ce droit individuel sous forme de mesures comme la stérilisation forcée.

- De fonder une famille[296];

- À la protection contre tout traitement cruel, inhumain ou dégradant[297].

146. Nonobstant quelques insuffisances sus décriées, on peut clore en affirmant que, globalement, le corpus juridique congolais est meublé d'un large éventail des normes favorisant la stérilisation volontaire. Un tel paysage juridique pourrait s'avérer productif dans le cadre de la lutte contre la transmission mère-enfant du VIH, quand on sait que la stérilisation volontaire vient, juste après le préservatif, en deuxième position des méthodes contraceptives les plus en vue en RDC.

À côté de ces deux méthodes, les femmes congolaises recourent, dans une faible mesure, à d'autres moyens contraceptifs. De façon marginale, c'est ce qu'il nous faut étudier à présent.

C.Les normes favorables à d'autres méthodes contraceptives

147. La gamme restante des méthodes contraceptives est constituée notamment de la contraception hormonale[298] et des prises contraceptives orales[299]. Il est difficile de parier sur l'existence en droit congolais des règles juridiques qui leur sont spécifiquement consacrées. Pour autant, aucune règle du droit positif n'interdit aux médecins de prescrire la contraception hormonale ou orale.

Pour si peu qu'elles intéressent directement notre étude, l'administration de ces méthodes contraceptives aux femmes séropositives soulève deux types de problème. Le premier est lié à l'amplification du risque de transmission du VIH et aux interactions médicamenteuses.

148. D'après une étude[300], la contraception hormonale chez les femmes séropositives est susceptible d'augmenter le risque de transmission virale en direction de leurs partenaires sexuels par action sur l'immunité

---

[296] Voy. les articles 16, point 1 de la Déclaration universelle des droits de l'homme et 23, point 2, du Pacte international relatif aux droits civils et politiques.

[297] D'après la Résolution 37/194 de l'Assemblée générale des Nations unies du 18 décembre 1982 relative aux problèmes d'éthique médicale : « *Il y a violation flagrante de l'éthique médicale et délit au regard des instruments internationaux applicables, si des membres du personnel de santé, et en particulier des médecins, se livrent activement ou passivement à des actes par lesquels ils se rendent coauteurs, complices ou instigateurs* […] *de traitements cruels, inhumains ou dégradants.* » Voy. RÉSEAU EUROPÉEN MÉDECINE ET DROITS DE L'HOMME, *La santé face aux droits de l homme, à l'éthique et aux morales : 120 cas pratiques*, Conseil de l'Europe, 1996, p. 141.

[298] Voy. CRITON (C.) et FENER (P.), *Facteurs de risque de l'infection à VIH/sida...op.cit.*, p. 16 et s.

[299] *Idem.*

[300] Voy. GROSSMAN (C.-J.), « Regulation of the immune system by sex steroids », *Endocr Rev* 5(3), 1994, p. 435-455.

humorale et cellulaire et sur la réplication du virus. Une autre étude[301] signale des interactions médicamenteuses qui font que l'efficacité des méthodes contraceptives hormonales s'expose à la diminution suite aux traitements administrés à la femme porteuse du VIH. De même, la concentration sanguine des médicaments est susceptible d'augmentation ou de diminution par l'effet des contraceptifs hormonaux ou oraux.

Ces révélations scientifiques exigent du professionnel de santé, et en particulier du médecin qui prescrit une contraception hormonale à la femme séropositive, la prise en compte des interactions possiblement préjudiciables. C'est à ce niveau que se profile l'intérêt pour la normativité, car des responsabilités peuvent être engagées.

149. Le second type de problème associé à la prescription médicale des contraceptions hormonales et orales est d'ailleurs le propre de toutes les méthodes contraceptives modernes : elles comportent, presque toutes, une probabilité d'échec. Parlant de la femme séropositive, potentielle utilisatrice des méthodes contraceptives, le problème posé est celui de savoir ce qu'il adviendrait en droit si, suite à l'échec de la contraception qui lui a été médicalement prescrite, elle vient à concevoir un enfant non désiré. Le fruit de ses entrailles peut-il être considéré comme un préjudice réparable ? Si la réponse est affirmative, on serait alors tenté de parler, en ce cas, de « *bébé-préjudice* ».

L'expression « bébé-préjudice » a été pour la première fois employée par J.-B. ONORIO[302] dans un commentaire d'arrêt, avant de récolter un succès remarquable dans la jurisprudence française. En effet, le juge français[303] s'est longtemps confronté à la notion de bébé-préjudice à l'occasion de la connaissance des litiges relatifs aux interventions chirurgicales de stérilisation volontaire, lorsque la patiente a dû concevoir contre son gré. D'où la question de savoir si, en pareil cas de figure, le chirurgien a manqué à son obligation et que de ce manquement à son obligation issue du contrat médical est engendré un bébé-préjudice donnant droit à une créance de réparation.

À cet égard, il a été jugé qu' « une femme mariée, mettant au monde un enfant légitime mais non désiré, ne subit pas de préjudice rattaché directement à cette naissance. Ainsi, même si l'intervention est techniquement insuffisante, la plaignante ne peut invoquer aucun intérêt

---

[301] Voy. A Guide to the Clinical Care of Women with HIV/AIDS, 2005 edition, *http://hab.hrsa.gov/publications/womencare05/index.htm,* [consulté le 22 juillet 2016].

[302] ONORIO (J.-B.), note sous C.E., 23 juilet 1982, *Dalloz*, 1984.425. Voy. FAURE (G.-M.), *Le désir d'enfant à l'épreuve du droit (Essai sur le droit de la procréation médicalement assistée)*, Thèse, Université de Montpellier 1, 1991, p. 202.

[303] Voy., entre autres, Crim., 1er juillet 1937, *S.* 1938.1.193, note R. TORTAT ; Civ. 1ère, 9 mai 1983, *D.* 1984.121, note J. PENNEAU.

légitime et juridiquement protégé[304]. » Jugé également que « la procréation et l'éducation des enfants étant l'aboutissement du mariage, le fait de donner la vie ne peut être source d'un dommage moral ou matériel[305]. »

En contexte extra-marital, la cour de Riom, pour sa part, avait décidé que même pour une femme célibataire, « la naissance d'un enfant ne peut constituer par elle-même, au plan moral, un dommage ; qu'il ne pourrait en être autrement que si l'enfant avait été conçu d'un viol. En effet, toute naissance est un événement présumé heureux. La femme, qui ne voulait pas être mère, doit prouver qu'elle a subi un traumatisme psychologique[306]. »

150. À la lumière de ces précisions nécessaires sur la notion de bébé-préjudice, le problème à résoudre, à ce niveau précis de notre étude, invite à être situé dans son contexte thématique spécifique. L'approche à suivre dans sa résolution appelle une mise au point méthodique.

Dans un premier exercice intellectuel, il s'agit, d'abord, de transposer la notion de bébé-préjudice en contexte de femme séropositive et d'imaginer, ensuite, l'hypothèse dans laquelle cette dernière dut concevoir, contre son gré, après échec de la contraception qui lui a été prescrite par médecin. Dans cette hypothèse d'école, supposons volontiers que le recours à la contraception a été dicté par la crainte légitime de donner naissance à un enfant prédestiné à être condamné, durant toute sa future vie éphémère, à une immunodéficience mortelle. Se pose alors la question de savoir : si dans l'avenir, une juridiction congolaise est saisie d'un tel litige, quelles solutions pourrait-elle envisager en accord avec le droit positif ? Y'a-t-il matière à bébé-préjudice réparable ?

En second lieu, vient une exigence de méthode et d'ordre dans la présentation de notre étude. Jusqu'ici, nous n'en sommes en effet qu'à l'examen des problèmes qui se posent au cours de la période préconceptionnelle. Il y a donc lieu de nous y en tenir momentanément, au risque littéraire d'anticiper, malencontreusement, nos prochains développements sur le concept *« enfant conçu »* et la problématique de la responsabilité civile du fait de la naissance avec le VIH[307].

151. Sans doute nous faut-il néanmoins adopter, d'ores et déjà, une position de principe dans le débat soulevé : chez la femme séropositive ayant librement opté pour une contraception médicalement prescrite, la

---

304 T.G.I. Nîmes, 10 juin 1980 et arrêt confirmatif de Nîmes, 15 octobre 1981, inédits. Voy. FAURE (G.-M.), *op. cit.*, p. 204.

305 T.G.I. du Mans, 22 novembre 1983, *Gaz. Pal.* 1984.

306 Riom, 6 juillet 1989, cité par FAURE (G.-M.), *op. cit.*, p. 204.

307 Voy. *infra*, n° 577 et s.

conception accidentelle ne saurait être considérée comme « *un événement présumé heureux* »[308]. Bien au contraire, la perspective de devenir mère d'un enfant non désiré, qui encourt *ad nutum* le risque d'infection par le VIH, laisse présumer dans le chef de la femme séropositive un « *traumatisme psychologique* »[309] constitutif de préjudice réparable.

Une telle femme, victime de ce que nous pourrions volontiers qualifier de « *conception-préjudice* », n'aura pas de peine à invoquer un intérêt légitime et juridiquement protégé. Il s'agit, avant toutes choses, de sa liberté de ne pas concevoir, envisagée comme corollaire du droit à la procréation que lui reconnaît le droit positif nonobstant son état sérologique. Il s'agit, en outre, de la préservation de la santé du futur enfant menacée par le risque omniprésent de contamination par le VIH.

Après le tour d'horizon sur les normes favorables au recours à la contraception, il nous faut maintenant étudier les normes ayant paradoxalement pour objet de faire radicalement obstacle à l'emploi des moyens contraceptifs.

Paragraphe 2 : Les normes hostiles à la contraception

152. Le siège de la matière relative aux normes hostiles à la contraception est, en droit congolais, l'article 178 du Code pénal, qui dispose que : « [...] *Quiconque aura exposé ou distribué des objets spécialement destinés à empêcher la conception et aura fait de la réclame pour en favoriser la vente ; quiconque aura, dans un but de lucre, favorisé les passions d'autrui en exposant, vendant ou distribuant des écrits imprimés ou non qui divulguent des moyens d'empêcher la conception, et en préconisant l'emploi ou en fournissant les indications sur la manière de se les procurer ou de s'en servir ; quiconque aura, en vue du commerce ou de la distribution, fabriqué, fait fabriquer, fait importer, fait transporter, remis à un agent de transport ou de distribution ou annoncé par un moyen quelconque de publicité les écrits visés dans l'alinéa précédent ; sera puni d'une servitude pénale de huit jours à un an et d'une amende de vingt-cinq à mille zaïres ou d'une de ces peines seulement.* »

À lui seul, ce dispositif légal de prohibition de la propagande anticonceptionnelle remet en cause l'économie générale des normes d'incitation au recours à la contraception précédemment étudiées. Contrevenant à l'esprit général de la loi du 14 juillet 2008 spécifique au VIH/sida, il coupe l'herbe au pied aux stratégies et politiques publiques en matière de fabrication, d'importation, de transport, de distribution, de publicité, d'information et d'utilisation des préservatifs par les

[308] Expression empruntée à l'arrêt du 6 juillet 1989 de la cour de Riom, cité *supra*.
[309] Voy. *idem*.

populations congolaises. Pourtant, de tous temps et partout dans le monde, « les campagnes d'information en matière de contraception font partie d'une politique traditionnelle de régulation des naissances. Elles se sont adressées tantôt au public en général ; tantôt elles ont visé certaines personnes en particulier, des publics dits ''plus à risque''. Parmi les modes d'information, on trouve en la matière les campagnes d'information et la publicité en faveur des contraceptifs[310]. »

Aussi, le dispositif de l'article 178 du Code pénal sape les efforts des pouvoirs publics dans le domaine du planning familial. Dans ce domaine, le plus grand apport juridique aura été le règlement créant le *Conseil national pour la promotion du principe de naissances désirables* (CNPPND)[311]. En la forme d'ordonnance présidentielle, ce règlement, encore en vigueur, pose le principe d'information contraceptive systématiquement donnée aux couples non désireux d'avoir des enfants en surnombre.

L'énorme incohérence créée au sein du corpus juridique s'explique par l'évolution des mentalités et la fluctuation, dans le temps et dans l'espace, des considérations éthiques, religieuses, philosophiques, démographiques, économiques et sociopolitiques en matière de natalité.

Avant de nous attarder sur l'analyse de l'incrimination de la propagande anticonceptionnelle qu'il prévoit (C), nous verrons que l'article 178 du Code pénal est un vestige de l'héritage colonial belge (A). Son maintien dans l'édifice juridique postcolonial contraste avec une ferme volonté de son rejet, clairement affichée par les pouvoirs publics du Congo-Zaïre, depuis le début des années 1970 jusqu'à ce jour (B).

A. L'arrière-plan colonial de l'article 178 du Code pénal

153. L'article 178 du Code pénal actuel a un passé lié à l'histoire coloniale. Il est la transposition à la Colonie belge d'une loi métropolitaine datant de 1920[312]. Ce transfert législatif s'opère dans un contexte socioculturel congolais traditionnellement acquis à l'espacement des naissances, grâce à une variété des méthodes contraceptives utilisées par les populations indigènes. Bon nombre d'auteurs[313], qui se sont penchés sur la place

[310] PAIN-MASBRENIER (M.-T.), *op. cit.* , p. 168.

[311] Voy. l'ordonnance n°73-089 du 14 février 1973. Nos recherches portent à croire que ce texte est l'un de ses nombreux autres qui, pour une raison ou une autre, n'ont pas été publiés au journal officiel.

[312] On en trouve plus d'amples indications dans le Rapport du Conseil colonial sur le projet de décret relatif aux outrages aux bonnes mœurs (*Bulletin officiel du Congo belge*, 1ère partie, 1933, p. 285 et s.).

[313] Voy., entre autres, CHIRWISA CHIRHAMOLEKWA (F.) et MALONGA MIATUDILA, « Histoire de la planification familiale en RDC », in

accordée à *l'intervalle intergénésique*[314] dans les sociétés traditionnelles africaines, affirment qu'à l'époque précoloniale, on considérait que l'enchaînement trop rapide des grossesses représente une menace pour la survie de l'enfant, comme le reflète le mot *kwashiorkor*[315] (littéralement, l'affliction imposée par le bébé aîné – kwaski – à son cadet – orkor –, en conséquence de l'arrivée prématurée de ce dernier). Pour vaincre le danger des naissances non désirées, la femme africaine traditionnelle recourt notamment à l'allaitement prolongé et à l'abstinence *post-partum* prolongée de plusieurs mois après l'accouchement.

154. Pendant la colonisation belge, le pouvoir colonial mit en œuvre une politique natale favorable à la croissance démographique, comme en témoigne l'adoption d'une série des mesures incitatives aux naissances, telles que : « des allocations généreuses pour les travailleurs, des exemptions d'impôts, des logements prioritaires, des cadeaux pour les enfants et les femmes enceintes se rendant dans les centres de soins, l'accès gratuit à l'éducation et des cérémonies publiques périodiques en l'honneur des couples ayant plus de sept garçons ou sept filles[316] ». C'est dans ce contexte précis que fut promulguée la loi coloniale de 1920 interdisant toute forme d'incitation au recours à la contraception : importation des contraceptifs, leur fabrication, leur distribution, leur administration, la diffusion et la publicité des informations y-relatives, etc.

155. Après avoir fait son entrée dans le Décret du 30 janvier 1940 portant Code pénal ordinaire, la loi belge de 1920 aura continué à marquer l'environnement congolais des empreintes de son arrière-plan politique pronataliste. Il en sera ainsi même après l'accession du Congo belge à l'indépendance, le 30 juin 1960. C'est vers le début des années 70 que commença à s'afficher, publiquement, une volonté politique de maîtrise de la fécondité, acquise au changement des mentalités en matière de natalité.

---

http://planificationfamiliale-rdc.net/historie-de-la-planification-familiale-en-rdc.php, [Consulté le 21 avril 2016].

[314] Ce terme désigne l'intervalle de temps qui sépare la naissance d'un enfant de la naissance précédente. Son étude revêt une importance capitale dans l'analyse des questions liées à la fécondité. Il est courant d'affirmer que les intervalles intergénésiques courts sont nuisibles à la santé des enfants et augmentent le risque de leur décès.

[315] Ce mot tiré de certains dialectes africains, notamment ghanéen, a été adopté par l'Académie française pour désigner « *une forme de malnutrition de l'enfant résultant de l'alimentation pauvre en protéines, les besoins caloriques globaux pouvant être par ailleurs couverts* ». Voy. le Dictionnaire LAROUSSE, édition 2016.

[316] CHIRWISA CHIRHAMOLEKWA (F.) et MALONGA MIATUDILA, *op. cit.*, p. 2.

B. *Le paradigme « naissances désirables » ou la volonté politique de rupture avec la philosophie coloniale pronataliste*

156. Depuis 1972, actuellement redevenu « République démocratique du Congo », le Zaïre d'autrefois est considéré comme le premier pays africain francophone à adhérer au paradigme de la *planification familiale*. Cependant, au terme internationalement consacré de «planification familiale », le Président MOBUTU SESE SEKO aura préféré employer dans son discours historique d'adresse à la Nation, de la même année, l'expression « *naissances désirables* » jugée culturellement plus convenable à la politique d'alors du « *recours à l'authenticité* »[317]. Ce concept de *naissances désirables* s'inscrit « dans une optique du renforcement des capacités des couples à contrôler leur fertilité, à prévenir les grossesses non-désirées et à contribuer, ainsi, à la lutte contre les avortements clandestins[318] ».

157. Dès l'année suivante, une structure dénommée « Conseil National pour la Promotion du Principe de Naissances Désirables », en sigle CNPPND, a été instituée par ordonnance présidentielle n°73-089 du 14 février 1973. Durant plus de trois décennies, avec des dénominations et sous des formes juridiques aussi diverses que diversifiées, de nombreuses structures de mise en œuvre du paradigme « naissances désirables » ont été successivement créées par voie règlementaire. En ordre chronologique, il s'agit notamment de:

- L'arrêté ministériel de févier 1982 créant au sein du Ministère de la Santé le Projet de Services des Naissances Désirables (PSND), chargé notamment d'évaluer les besoins des populations en planification familiale et d'approvisionner les sites pilotes en contraceptifs;
- L'ordonnance présidentielle n°86/209 de juin 1986 créant le Comité National de la Population (CONAPO), investi de la mission de coordonner et d'orienter la politique nationale de sécurité sociale ainsi que de promouvoir le projet de naissances désirables;
- L'ordonnance présidentielle de mars 1992 accordant la personnalité juridique à l'ONG « Association Zaïroise pour le Bien-Être Familial (AZBEF);

---

[317] Sur la philosophie zaïroise du recours à l'authenticité et ses implications dans le domaine de la famille, voy. MABIKA KALANDA, *Le code de la famille à l'épreuve de l'authenticité*, Kinshasa, Laboratoire d'analyses sociales de Kinshasa, 1990.

[318] MINISTÈRE DE LA SANTÉ PUBLIQUE, *Planification familiale. Plan stratégique national à vision multisectorielle (2014-2020)*, Kinshasa, 2014, p. 17.

- ➢ L'arrêté ministériel n°1250/CAB/MINISP/0096 de février 1996 créant le Programme National des Naissances Désirables et appelant à l'intensification des activités d'information, d'éducation et de communication sur la planification familiale;
- ➢ L'arrêté ministériel n°1250/CAB/MINI/S/AJ/KIZ/009/2001 du 9 décembre 2001 créant le Programme National de Santé de la reproduction, chargé de :

- Élaborer, vulgariser et faire approprier la politique nationale, le plan directeur, le cadre organique et les normes en santé de la reproduction par la population congolaise ainsi que par tous les partenaires intervenant dans ce domaine ;
- Assurer la coordination, le suivi, la supervision et l'évaluation de toutes les activités de santé de la reproduction en veillant à l'utilisation des outils de collecte des données autorisés par le Ministère de la Santé Publique ;
- Mobiliser les ressources en vue d'appuyer les maternités et les unités de naissances désirables (UND) en matériels gynéco–obstétriques, en médicaments essentiels et en contraceptifs, en vue d'améliorer la qualité des soins ainsi que la formation du personnel et la promotion de la recherche en santé de la reproduction.

158. On peut le remarquer, les textes règlementaires créant les différentes structures nationales de mise en œuvre de la politique des naissances désirables autorisent, d'une manière ou d'une autre, l'offre des services de planification familiale. À ce titre, ils contrarient la norme supérieure édictée par l'article 178 du Code pénal et pèchent contre le principe de la légalité des actes règlementaires. Ce principe étant pourtant solidement ancré et largement répandu dans toutes les Constitutions du pays, de la première République à nos jours[319]. Ayant encore cours légal, en dépit de son anachronisme juridique avéré, l'article 178 du Code pénal, qui incrimine la propagande anticonceptionnelle, mérite d'être analysé.

C. L'analyse de l'incrimination de la propagande anticonceptionnelle

159. Rappelons utilement les alinéas de l'article 178 du Code pénal qui prévoient et punissent l'infraction de la propagande anticonceptionnelle ou antinataliste : « [...] ***Quiconque*** *aura exposé ou distribué des objets*

[319] La Constitution du 18 février 2006, telle que modifiée à ce jour, consacre le principe de la légalité des actes règlementaires à son article 153, alinéa 4. Sur la place qu'occupe ce principe dans les textes constitutionnels anciens, voy. IYELEZA MOJU-MBEY *et al.*, *Recueil des textes constitutionnels de la République du Zaïre du 19 mai 1960 au 28 avril 1991*, Kinshasa, ISE-CONSULT, 1991 ; BOSHAB (E.), *La trajectoire constitutionnelle de la RDC*, Kinshasa, Parlement, 2004.

*spécialement destinés à empêcher la conception et aura fait de la réclame pour en favoriser la vente ; **quiconque** aura, dans un but de lucre, favorisé les passions d'autrui en exposant, vendant ou distribuant des écrits imprimés ou non qui divulguent des moyens d'empêcher la conception, et en préconisant l'emploi ou en fournissant les indications sur la manière de se les procurer ou de s'en servir ; **quiconque** aura, en vue du commerce ou de la distribution, fabriqué, fait fabriquer, fait importer, fait transporter, remis à un agent de transport ou de distribution ou annoncé par un moyen quelconque de publicité les écrits visés dans l'alinéa précédent ; sera puni d'une servitude pénale de huit jours à un an et d'une amende de vingt-cinq à mille zaïres ou d'une de ces peines seulement.* »

Il procède de l'analyse de ce texte que de façon non cumulative, trois séries distinctes des faits matériels suffisent à constituer l'infraction de la propagande anticonceptionnelle. Il s'agit de :

1. L'exposition, la distribution des objets spécialement destinés à empêcher la conception ainsi que la réclame pour favoriser la vente de ces objets ;
2. Le fait, dans un but de lucre, de favoriser les passions d'autrui en exposant, vendant ou distribuant des écrits, imprimés ou non, qui divulguent des moyens d'empêcher la conception, en préconisant l'emploi ou en fournissant des indications sur la manière de se les procurer ou de s'en servir ;
3. La fabrication, l'importation, le transport, la remise à un agent de transport ou de distribution, l'annonce par n'importe quel moyen de publicité, en vue du commerce ou de la distribution, des écrits, imprimés ou non, qui divulguent les moyens d'empêcher la conception et en préconisent l'emploi.

160. Quant à l'élément moral constitutif de l'infraction de la propagande anticonceptionnelle, il réside en l'intention coupable d'accomplir sciemment l'un des actes prohibés par la loi. Ainsi, tombent sous le coup du régime répressif de l'article 178 du Code pénal :

- Les fabricants, vendeurs et distributeurs des préservatifs[320] en tant qu'ils constituent des matériels à effet contraceptif ;

---

[320] Une auteure relève qu'en France, « Les préservatifs sont en vente libre. Ils peuvent être commercialisés dans des distributeurs disposés dans tous les lieux publics, y compris dans des établissements scolaires, conformément à une circulaire ministérielle qui encourage les chefs d'établissements à les installer afin de participer à la lutte contre le Sida. Dès lors, on en déduit qu'aucune condition n'est exigée pour l'achat de ces produits, notamment de conditions d'âge, contrairement à ce qu'avait envisagé la loi du 28 décembre 1967. Cela a amené le législateur de 1974 à permettre, en matière de contraception, une autonomie au mineur qui peut demander la délivrance de contraceptifs sans l'autorisation des titulaires

- Les distributeurs des brochures et autres documents d'information dont les indications sont de nature à inciter les lecteurs à utiliser la contraception ;
- Les acteurs de la publicité sur toute méthode contraceptive traditionnelle ou moderne ;
- Les sensibilisateurs et éducateurs communautaires qui vulgarisent les informations sur l'importance de la contraception et les indications sur la manière d'espacer les naissances, etc.

Toutes ces catégories des personnes s'exposent à la servitude pénale de huit jours à un an et/ou à une amende de vingt-cinq à mille zaïres. En considération de ce taux de la peine, l'infraction de la propagande antinataliste est de la compétence matérielle du tribunal de paix, en vertu de l'article 85 de la loi organique *n°13/011-B* du 11 avril 2013 portant organisation, fonctionnement et compétences des juridictions de l'ordre judiciaire[321].

161. L'inadaptation de l'article 178 du Code pénal au contexte juridique et sociopolitique actuel est manifeste. La cohérence interne du corpus juridique congolais en pâtit. Déjà en 1985, le Professeur LIKULIA BOLONGO observait qu'« il est dès lors urgent d'opérer, par des modifications législatives appropriées, des redressements de nature à assurer la cohérence de notre législation sur [...] la protection de la natalité, et à la concilier avec les exigences de notre temps et de notre

de l'autorité parentale, quel que soit son âge.» (Voy. PAIN-MASBRENIER (M.-T.), *op. cit.,* p. 217). L'exemple de ce droit étranger nous est apparu pertinent pour prendre la mesure du contraste avec le droit congolais, alors que par comparaison avec la RDC, la France est de très loin moins touchée par l'épidémie du sida. On retiendra, en effet, qu'en droit congolais, tout rapprochement sexuel avec un mineur (personne âgée de moins de dix-huit ans), consentant ou non, est légalement réputé viol à l'aide de violences ; de sorte qu'implicitement, les rapports sexuels lui sont interdits. Voy. l'article 170 *in fine* de la loi n°06/018 du 20 juillet 2006 modifiant et complétant le Décret du 30 janvier 1940 portant Code pénal congolais. Exactement vingt-huit ans après, ce texte de loi est venu consacrer l'arrêt de principe par lequel la Cour suprême de justice avait jugé que : « *Lorsque la victime du viol est un enfant, le défaut de consentement est absolu. Le consentement de la victime mineure âgée de moins de dix-huit ans et la circonstance qu'elle était déjà déflorée constituent à coup sûr l'infraction de viol parce que les relations sexuelles dans ces cas sont présumées commises avec violence* ». (C.SJ., R.P. 17/C.R, 5/04/1978, *Bull.* 1979, p.57). Nous en déduisons qu'en RDC, le mineur a une obligation légale implicite d'abstinence sexuelle. L'incapacité contractuelle qui le frappe, ne lui permet pas de poser, par lui-même, un acte juridique d'acquisition du préservatif.

[321] Cet article dispose que : « *Les Tribunaux de paix connaissent des infractions punissables au maximum de cinq ans de servitude pénale principale et d'une peine d'amende, quel que soit son taux, ou de l'une de ces peines seulement.* »

société, tout en veillant aux nécessités techniques de rectitude juridique[322]. » De nos jours, il est bien plus qu'urgent de repenser le droit.

Section 2 : Les pistes d'amélioration du droit positif

162. Le droit n'a pas vocation à constituer un cadre intangible. Au contraire, à chaque fois que de besoin, il est du devoir du législateur d'adapter les textes à l'évolution des circonstances juridiques et factuelles qui ont initialement motivé leur adoption. Ce principe d'adaptation permanente des textes de lois peut emporter une obligation de révision du droit existant ou, dans certains cas, d'invention d'un droit nouveau.

Le travail précédent de revue analytique du droit encadrant la contraception nous amène ainsi à préconiser quelques aménagements *de lege ferenda.* Les uns sont d'ordre général (§1) et les autres spécifiques à la situation de la femme séropositive (§2).

Paragraphe1 : Les aménagements *de lege ferenda* d'ordre général

163. Pour rendre cohérent le droit de la contraception et l'adapter au contexte actuel, l'abrogation de l'article 178 du Code pénal est inévitable (A). Par ailleurs, il procède de la recrudescence des violences sexuelles en RDC, la nécessité d'adapter le dispositif actuel de répression du viol au risque de grossesse indésirable et de propagation du VIH (B). Il en va de la protection pénale de la liberté de ne pas concevoir quand on n'en a pas le désir.

A. L'abrogation expresse de l'article 178 du Code pénal[323]

164. Selon les résultats d'une enquête réalisée en 2010[324], le taux de prévalence contraceptive moderne en RDC était de 5,4%, ce qui reste faible comparativement à plusieurs pays du continent africain. Pourtant, d'après la même source, 24% des femmes congolaises exprimaient un besoin non satisfait en planification familiale. Elles auraient souhaité espacer ou ne plus avoir d'enfants si l'accès aux méthodes contraceptives leur avait été garanti. En raison de ce faible taux de prévalence contraceptive, le Gouvernement avait décidé de faire de la planification familiale l'une des priorités nationales[325]. Le *Plan Stratégique National*

---

[322] LIKULIA BOLONGO, *op. cit.*, p. 295.

[323] En réalité, nous ne visons que les alinéas 3, 4 et 5 de cet article, étant donné que ses deux premiers alinéas se rapportent, d'une manière autonome, aux actes ou faits destinés à détruire le produit de la conception ou à faire avorter.

[324] Voy. MINISTÈRE DE LA SANTÉ PUBLIQUE, *Planification familiale…op. cit.*, p. 12.

[325] Sur cette question de société au cœur de la vie familiale, la doctrine juridique au Congo est paradoxalement très peu fournie. A titre exceptionnel, voy. NDOMBA KABEYA (E.-

pour la Planification Familiale 2014-2020 s'assigne ainsi deux objectifs antinomiques à l'interdiction de la propagande antinataliste, à savoir[326] :

- Augmenter la prévalence contraceptive moderne estimée à 6,5% en 2003 à au moins 19% en 2020 ;
- Assurer l'accès et l'utilisation des méthodes contraceptives modernes à au moins 2,1 millions de femmes d'ici 2020.

L'augmentation de l'utilisation de la contraception moderne est un facteur de ralentissement progressif de la croissance démographique. Ce qui devrait entraîner une réduction des charges pésant sur la population potentiellement active de 15 à 64 ans. « Dans d'autres pays, cette réduction des charges a permis une augmentation de l'épargne et des investissements qui a stimulé leur développement. La RDC pourrait s'inspirer de l'expérience de ces pays pour suivre une évolution similaire et bénéficier de ce qu'on a appelé le ''dividende démographique''[327]. » C'est ce qui explique que depuis l'an 2012, les lois des finances en RDC dégagent une ligne budgétaire pour les activités de planification familiale, tel l'achat des contraceptifs, matériels et autres équipements de santé y-relatifs[328]. Il est dès lors à craindre que le maintien des dispositions pénales sur la propagande anticonceptionnelle continue à nuire aux efforts de la « *révolution contraceptive*[329] » en marche. L'abrogation de l'article 178 du Code pénal est donc vivement recommandable[330].

165. D'un point de vue international, l'abrogation de l'article 178 du Code pénal est, à l'égard de la RDC, une exigence de respect dû au Protocole à la Charte africaine des droits de l'homme et des peuples relatif aux droits de la femme en Afrique[331]. L'article 14 de cet instrument juridique

---

L.), « Planification familiale en République démocratique du Congo : bonnes ou mauvaises mœurs ? », *Cahiers Africains des Droits de l'Homme et de la Démocratie*, 14ième année, N°031, Vol. 1, janvier-juin 2011, p. 13 et s.

[326] Voy. MINISTÈRE DE LA SANTÉ PUBLIQUE, *Planification familiale... op. cit.*, p. 30.

[327] *Idem*, p. 11.

[328] *Ibid.*, p. 20. Voy. notamment la loi de finances n°15/021 du 31 décembre 2015 pour l'exercice 2016.

[329] *Ibid.*, p. 12. Le concept « révolution contraceptive » pourrait se comprendre comme évoquant le changement radical de paradigme sur la natalité, traduit par l'émergence des politiques publiques d'incitation des populations à l'utilisation à large échelle des services de plannification familiale.

[330] Ce point de vue est partagé par la Professeure Joséphine IDZUMBUIR. Voy. IDZUMBUIR ASSOP (J.), *La place de la Convention relative aux droits de l'enfant en droit zaïrois. Les enfants d'abord*, Kinshasa, UNICEF/Zaïre, 1994, p. 9.

[331] Adopté le 11 juillet 2003, à Maputo, en Mozambique, par la 2e session ordinaire de la Conférence des Chefs d'État et de Gouvernement de l'Union africaine, ce Protocole à la

international stipule que : « *Les États assurent le respect et la promotion des droits de la femme à la santé, y-compris la santé sexuelle et reproductive. Ces droits comprennent:*

> *a) Le droit d'exercer un contrôle sur leur fécondité;*
>
> *b) Le droit de décider de leur maternité, du nombre d'enfants et de l'espacement des naissances;*
>
> *c) Le libre choix des méthodes de contraception;*
>
> *d) Le droit de se protéger et d'être protégées contre les infections sexuellement transmissibles, y compris le VIH/sida;*
>
> *e) Le droit d'être informées de leur état de santé et de l'état de santé de leur partenaire, en particulier en cas d'infections sexuellement transmissibles, y compris le VIH/sida, conformément aux normes et aux pratiques internationalement reconnues;*
>
> *f) Le droit à l'éducation sur la planification familiale.* »

L'abrogation envisagée a le mérite de pouvoir concrétiser la Directive 8[332] des *Directives internationales sur le VIH/sida et les droits de l'homme*, dont il ressort, à charge des États, l'obligation de veiller à ce que toutes les femmes et les jeunes filles en âge de procréer aient accès à des informations et à des conseils fiables et exhaustifs sur la manière de prévenir la transmission du VIH et sur le risque de transmission verticale du virus, ainsi qu'aux moyens disponibles pour réduire ce risque, autant que possible, ou pour mener à bonne fin une grossesse si elles choisissent de le faire.

Abroger l'article 178 du Code pénal fera évidemment honneur à la *Déclaration des Nations sur le progrès et le développement dans le domaine social*[333]. L'article 4 de cet autre instrument international indique que : « *Les parents ont le droit exclusif de déterminer librement et en toute responsabilité le nombre et l'échelonnement des naissances* ».

Il est aussi évident que cette perspective abrogatoire traduirait une réelle appropriation par la RDC des acquis de la Conférence internationale sur la population et le développement qui s'est tenue au Caire en 1994. On doit à ces assises une large définition du concept de « santé de la reproduction » qui ne saurait laisser indifférent le futur législateur, notamment pour ce qui est de la régulation des libertés en matière de contraception : « *Par santé de la reproduction, on entend le bien-être général, tant physique que mental et*

Charte africaine est entré en vigueur le 25 novembre 2005 et a été ratifié par la RDC le 09 juin 2008.

332 Intitulée « *Femmes, enfants et autres groupes vulnérables* ». Voy. ONUSIDA et HCDH, *Le VIH/sida et les droits de l'homme... op. cit.*, p. 52 et s.

333 Assemblée générale, Résolution 2542 (XXIV) du 11 décembre 1969.

social de la personne humaine pour tout ce qui concerne l'appareil génital, ses fonctions et son fonctionnement et non pas seulement l'absence de maladies ou d'infirmités. Cela suppose donc qu'une personne peut mener une vie sexuelle satisfaisante en toute sécurité, qu'elle est capable de procréer et libre de le faire aussi souvent ou aussi peu souvent qu'elle le désire. Cette dernière condition implique qu'hommes et femmes ont le droit d'être informés et d'utiliser la méthode de planification familiale de leur choix, ainsi que d'autres méthodes de leur choix de régulation des naissances qui ne soient pas contraires à la loi, méthodes qui doivent être sûres, efficaces, abordables et acceptables, ainsi que le droit d'accéder à des services de santé qui permettent aux femmes de mener à bien grossesse et accouchement et donnent aux couples toutes les chances d'avoir un enfant en bonne santé. »

166. Du point de vue de la légistique, la perspective de l'abrogation de l'article 178 du Code pénal soulève, chez les juristes, la question de savoir si, en l'état du droit positif, il y a lieu de tenir la disposition portée par cet article pour caduque[334] ou désuète[335]. Cette question mérite d'être préalablement éclairée. Car si caducité ou désuétude il y a, l'abrogation expresse préconisée équivaudrait à vouloir enfoncer inutilement une porte déjà ouverte.

La thèse de la désuétude a été soutenue par le Réseau national Ethique, Droit et VIH/sida, dont la Coordonnatrice avait affirmé, dans un quotidien indépendant paraissant à Kinshasa, que : « *Le constat est que cet article 178 CPL2 est déjà tombé en désuétude* [...][336] ».

La question soulevée se pose avec acuité. Elle est d'autant plus pertinente qu'on retrouve des dispositions abrogatoires générales dans bon nombre des textes légaux et règlementaires advenus *a posteriori* et ayant la caractéristique commune d'être favorables aux libertés contraceptives. C'est le cas à l'article 46 de la loi n°08-011 du 14 juillet 2008 spécifique au VIH/sida : « *Sont abrogées toutes les dispositions antérieures contraires à la présente loi.* » C'est aussi le cas à l'article 13 de l'Arrêté ministériel n° MIN.CONDIFA/CAB.MIN/ CSH/BL/001/2005 du 03 janvier 2005 portant création et organisation de la Cellule ministérielle de lutte contre le VIH/sida au sein du Ministère de la condition féminine et famille, qui dispose que : « *Sont abrogées toutes les dispositions contraires au présent Arrêté.* »

---

334 Du latin « *caducus, de cadere* » qui veut dire « tomber », être caduc, c'est cesser d'être valable, d'avoir cours.

335 Du latin « *desuetus* » qui veut dire « périmé », qui n'est plus d'usage.

336 Voy. KAPINGA (M.-L.), « L'article 178 du Code pénal à l'épreuve du VIH et de la démographie galopante », in *Journal Le Phare*, numéro du 7 janvier 2013.

167. Dans ce débat, en premier lieu, notre avis est qu'il n'y a pas matière à désuétude à proprement parler, pour la simple raison que l'objet de l'article 178 du Code pénal tant critiqué n'a pas juridiquement disparu. En second lieu, notre position appelle à distinguer selon que les dispositions abrogatoires générales sont portées par un texte règlementaire ou une loi.

Dans la première hypothèse (dispositions abrogatoires à caractère règlementaire), il peut suffire d'invoquer le principe de parallélisme des formes[337] et celui de la supériorité de la norme légale sur la norme règlementaire pour exclure toute possibilité juridique d'abrogation d'une norme issue du Code pénal par la volonté contraire du pouvoir règlementaire.

Dans la seconde hypothèse, celle mettant en duel l'article 178 du Code pénal et, précisément, les dispositions abrogatoires portées par l'article 46 de la loi du 14 juillet 2008, nous pensons que pour qu'un article de la loi soit techniquement pris pour abrogé, son abrogation ne doit pas être tacite. Elle doit résulter de plein droit de l'adoption d'une nouvelle disposition, de même rang juridique, qui le vise expressément, en lui enlevant pour l'avenir le cours légal et, partant, la force obligatoire. Cette prise de position est confortée par les auteurs spécialistes de l'art de l'écriture du droit, qui enseignent que : « Les abrogations doivent être expresses, il ne suffit pas d'abroger ''toutes dispositions antérieures contraires''. L'abrogation d'un texte antérieur ne doit pas se déduire de sa seule contradiction avec le texte nouveau, mais doit être formulée. […] L'abrogation implique l'expression d'une volonté nouvelle du législateur[338]. »

168. Longtemps resté indécis et parfois hésitant, le législateur congolais semble être, pour le moins, conscient de la nécessité d'exprimer une volonté nouvelle en matière d'incrimination de la propagande antinataliste. C'est ce qui ressort du travail d'adaptation législative abattu, au début des années 80, par les bons soins de la Commission Permanente de Réforme du Droit Zaïrois[339]. Avec le concours des Ordres professionnels et d'autres associations de la société civile intéressés par la

---

[337] L'un des versants de la théorie de l'acte contraire, le parallélisme des formes est un principe général de droit public d'après lequel un acte administratif pris sous une certaine forme ne peut être retiré, abrogé, annulé ou modifié qu'en respectant les formes qui ont présidé à sa naissance. Sur ce principe dans une perspective de droit congolais, voy. VUNDUAWE te PEMAKO, *Traité de droit administratif*, Bruxelles, Afrique éditions, De Boeck et Larcier, 2007, p.

[338] CONSEIL D'ETAT, *Légistique formelle. Recommandations et formules*, Paris, 2001, p. 52. Dans le même sens, abondent bien d'autres spécialistes, notamment : LAMBOTTE (C.), *Technique législative et codification*, Bruxelles, Story-Scientia, 1988 ; REMY (D.), *Légistique. L'art de faire des lois,* Paris, Editions Romillot, 1994.

[339] Créée par la loi n°76-017 du 15 juin 1976, *J.O.* n°15 du 1er août 1976, p. 791.

thématique, un projet de loi sur l'avortement et la protection de la natalité, aujourd'hui dans les oubliettes, a été élaboré par la sous-commission de réforme du droit pénal.

169. Pour l'instant, en ce domaine, l'attention du législateur est focalisée sur l'Avant-projet de Code pénal de 2010, qui ne fait pas mention de la propagande anticonceptionnelle ou antinataliste dans la nomenclature légale des infractions. On y observe une abrogation timide (mi- tacite, mi-expresse, pour ainsi dire) de l'article 178 du Code pénal en vigueur.

En effet, d'une part, le nouvel article correspondant[340] à l'actuel 178 en restreint significativement le champ incriminateur, en se bornant à pénaliser seule l'incitation à l'avortement. Ce qui procède d'une suppression implicite de l'infraction de la propagande incitative à la contraception, c'est-à-dire une suppression soit par omission volontaire – ce qui nous paraît plus vraisemblable -, soit par oubli. Il est assez regrettable de constater que sur ce point précis, les rédacteurs de l'Avant-projet de Code pénal congolais ne fournissent aucune indication explicative.

D'autre part, l'Avant-projet contient, certes, des dispositions abrogatoires expresses[341]. Cependant, ces dispositions évoquent globalement le texte actuel du Code pénal, sans viser spécifiquement l'article relatif à l'infraction de propagande antinataliste. Pourtant, pareil visa eut été de bon procédé du point de vue de la légistique formelle.

170. En outre, une autre perspective d'abrogation expresse de l'article 178 du Code pénal actuel a été envisagée à travers le *projet de loi sur la*

---

[340] Voy. l'article 517, livre 2, de l'Avant-projet de Code pénal, en ces termes : « *Est puni d'un emprisonnement d'un à trois ans et d'une amende de 500.000 francs, quiconque* ***incite à l'avortement,*** *alors même que cette incitation ne serait pas suivie d'effet :*

1° Soit par des discours proférés dans les lieux ou réunions publics ;

2° Soit par la vente, la mise en vente ou l'offre, même non publique ou par l'exposition, l'affichage ou la distribution sur la voie publique ou dans les lieux publics, ou par la distribution à domicile, la remise sans bande ou sans enveloppe fermée, de livres, écrits, imprimés, annonces, affiches, dessins, images, emblème ;

3° Soit par la publicité de cabinets médicaux ou soit disant médicaux. » On peut joindre à ces dispositions l'article 514, livre 2, du même Avant-projet, selon lequel : « *Les membres du corps médical ou ceux d'une profession touchant à la santé publique* ***qui indiquent, favorisent ou mettent en œuvre les moyens de provoquer l'avortement*** *sont condamnés aux peines prévues par les articles 512 et 513 selon les distinctions y établie* (sic) ».

[341] Nous pensons spécialement à l'article 882, livre 2, de l'Avant-projet de Code pénal, qui dispose : « *Est* ***abrogé le Décret du 30 janvier 1940 portant Code pénal congolais*** *en son Livre 2e tel que modifié à ce jour.* »

planification familiale, classé sans suite dans les tiroirs du Parlement depuis 2012[342].

Après qu'ils se soient diligemment impliqués dans l'adaptation des lois sur les violences sexuelles par le durcissement de leur régime répressif, nous pensons que les parlementaires congolais devraient être, en plus de cela, sensibilisés autour des liens de plus en plus appréhendés en droit comparé africain entre le viol, la grossesse et la transmission du VIH/sida.

B. L'adaptation du régime répressif du viol au risque de grossesse et de transmission du VIH/sida

171. Au cours d'une période de ces deux dernières décennies, la RDC a été déchirée par une spirale de conflits armés ayant officiellement impliqué tous les États d'Afrique de Grands Lacs. Bien d'auteurs s'accordent à voir en cette crise armée la « *première guerre mondiale africaine*[343] ». Durant cet épisode historique, plusieurs rapports nationaux[344] et internationaux[345] avaient dénoncé un accroissement sans précédent du nombre des femmes et jeunes filles abusées par viol et contraintes à porter des grossesses indésirables.

---

[342] D'après son Exposé des motifs, ce projet de loi viserait à « *autoriser les activités de planification familiale et abolir la loi de 1920* ». Voy. MINISTÈRE DE LA SANTÉ PUBLIQUE, *Planification familiale…, op. cit.*, p. 20.

[343] L'expression a été employée pour la première fois par la journaliste belge spécialiste des questions de l'Afrique centrale, Colette BRAECKMAN, dans un article intitulé « La première guerre mondiale africaine », paru le samedi 20 janvier 2001 dans les lignes du journal belge francophone LE SOIR. On peut lire ceci dans ses lignes : « *La République démocratique du Congo est le théâtre de la « première guerre mondiale africaine », du premier conflit mettant aux prises sur le continent noir les armées de six pays différents* ». Voy. aussi BULA-BULA (S.), « L'agression permanente en tant que mode de domination étrangère du Congo », in *La guerre d'agression contre la République démocratique du Congo et l'interpellation du droit international*, Actes des journées de réflexion des 5 et 6 octobre 1998 du Département de droit international de la Faculté de droit, Université de Kinshasa, Presses universitaires de Kinshasa, 1998, p. 20 et s.

[344] Voy. MINISTÈRE DES DROITS HUMAINS, *Livre blanc sur les violations massives des droits de l'homme et des règles de base du droit international humanitaire par les pays agresseurs (Ouganda, Rwanda, Burundi) à l'Est de la RDC*, Kinshasa, 1998.

[345] On peut citer : AMNISTIE INTERNATIONALE, « *République démocratique du Congo, après le viol : témoignages recueillis dans l'Est du pays* », Octobre 2004. Ce rapport sélectionne des entretiens et témoignages recueillis par *Amnesty International* en 2004 auprès des femmes congolaises victimes des viols systématiquement perpétrés durant les conflits armés. Il est en ligne au *http:// www.amnesty.org/fr/report/info /AFR62/019/2004.* Voy. également RÉSEAU DES FEMMES POUR UN DÉVELOPPEMENT ASSOCIATIF ET AL. , « *Le corps des femmes comme champ de bataille durant la guerre en République démocratique du Congo : violences sexuelles contre les femmes et les filles au Sud-Kivu* » (1996-2003), 2004. Ce rapport est également en ligne au *http://www.grandslacs.net/doc/4051.pdf.*

Il y a viol quand l'agresseur connaît « charnellement une femme sans la participation de sa volonté »[346]. Depuis 2006[347], la définition du viol en droit congolais s'est « déféminisée », en s'élargissant à outrance. Elle a dépassé le cap trop étroit du « coït illicite avec une femme qu'on sait n'y point consentir »[348], pour s'élargir, non sans *obscuri libelli*, à tout acte de pénétration, de quelque nature qu'il soit et dans quelque orifice que ce soit du corps d'une femme ou d'un homme, de l'organe sexuel, de toute autre partie du corps ou de tout objet quelconque, par violence, menace, contrainte, surprise, ruse ou dol.

Tout de même, il est curieux d'observer qu'en dépit de la pacification du pays[349], le viol régulier et systématique des femmes est loin d'appartenir au passé, la RDC continuant à souffrir, à tort ou à raison, de la réputation d'être la « capitale mondiale du viol »[350].

172. Sur le continent africain, la récurrence du viol des femmes est un phénomène contemporain commun à plusieurs pays. Ses conséquences sociales majeures ne se limitent pas au risque des grossesses indésirables. Encore faut-il y ajouter l'exposition au VIH tant de la femme violée que de l'enfant conçu sous le coup du viol. D'ailleurs, il est établi que des rapports sexuels forcés recèlent un risque de transmission du VIH/sida plus élevé que dans le cadre des rapports sexuels librement consentants.

Le fait précédant la règle, la revue du droit comparé africain permet d'observer, à l'égard du phénomène sus décrit, une tendance à

---

346 GARRAUD (R.), *Traité de droit pénal*, 3e éd., Paris, Sirey, 1913-1935, T.V, n°2080 et s.

347 Voy. l'article 170 de la loi n° 06/018 du 20 juillet 2006 modifiant et complétant le Décret du 30 janvier 1940 portant Code pénal congolais.

348 GARCON (E.), *Code pénal annoté*, 2e éd., Paris, Sirey, 1952-1959, articles 331 à 333.

349 Sous réserve de la persistance des zones des conflits armés à l'Est du pays, par la volonté de certains Groupes armés résiduels communément appelés les « Forces négatives ».

350 C'est dans un article paru le 28 avril 2010 dans la célèbre revue Jeune Afrique que l'Envoyée spéciale de l'ONU pour les violences faites aux femmes et aux enfants dans les conflits, Mme Margot WALLSTRÖM, avait qualifié la RDC de « capitale mondiale du viol ». Depuis, plusieurs ONG locales et internationales de lutte contre les violences sexuelles se font le plaisir de faire large écho de cette imputation. Exagérée, peut-être. Toujours est-il que le législateur congolais, lui-même, fait ce qui pourrait être assimilé à un aveu de la culture des violences sexuelles qui s'est invitée en RDC, en déclarant : « *Quelques innovations viennent d'être introduites dans le Code pénal en vue de renforcer la répression des infractions aux violences sexuelles,* ***de plus en plus fréquentes dans nos sociétés*** […]». En ces termes, voy. le premier paragraphe de l'Exposé des motifs de la loi n°06/019 du 20 juillet 2006 modifiant et complétant le Décret du 06 août 1959 portant Code de procédure pénale congolais.

l'adaptation des lois sur le viol à ce genre nouveau de propagation infâme du VIH/sida.

En droit burkinabé, l'article 19 de la loi n°030-2008/AN du 20 mai 2008 portant lutte contre le VIH/sida et protection des droits des personnes vivant avec le VIH/sida[351] dispose que :

« *Est interdite, toute demande de test à VIH comme condition préalable à l'emploi, à l'admission aux institutions scolaires ou universitaires, à l'exercice du droit au logement, de droit d'entrée et de séjour dans le pays ou comme condition préalable à l'exercice du droit de voyager, d'obtenir des soins médicaux, contracter une assurance ou un prêt bancaire ou tout autre service ou comme condition préalable au droit inaliénable de jouir dudit service.*

Toutefois, cette interdiction est levée dans les cas suivants :

- Lorsqu'une personne est inculpée d'avoir volontairement contaminé ou tenté d'infecter une autre personne par quelque moyen que ce soit ;
- Lorsqu'une personne est inculpée de viol ;
- Lorsque la détermination du statut sérologique est nécessaire pour résoudre un litige matrimonial. »

Une solution identique a été adoptée en droit malien[352].

En Mauritanie, dans le même sens, mais à des termes plus concis, l'article 15 de la loi n°2007-042 du 03 septembre 2007 relative à la prévention, la prise en charge et le contrôle du VIH/sida[353], édicte que : « *Est interdite toute demande de test au VIH comme condition préalable à l'obtention ou*

---

[351] *Journal officiel*, Ouagadougou, 2008.

[352] Voy. l'article 18 de la loi n°06-028 du 29 juin 2006 fixant les règles relatives à la prévention, à la prise en charge et au contrôle du VIH/sida (http://www.ilo.org/aids/legislation/lang--en/index.htm, consulté le 13 octobre 2014) : « *Est interdite, toute demande de test à VIH comme condition préalable à l'emploi, à l'admission aux institutions scolaires ou universitaires, à l'exercice du droit au logement, du droit d'entrée ou de séjour dans le pays, ou comme condition préalable à l'exercice du droit de voyager, d'obtenir des soins médicaux ou tout autre service, ou comme condition préalable au droit inaliénable de jouir des dits service. Toutefois, cette interdiction est levée dans les cas suivants :*

- Lorsqu'une personne est inculpée d'infection au VIH/sida d'une autre personne ou tentative d'infection au VIH par quelque moyen que ce soit ;
- Lorsqu'une personne est inculpée de viol ;
- […] ».

[353] *Journal officiel de la République Islamique de Mauritanie*, 49ième année, n°1155, 15 novembre 2007, p. 1298 et s.

la jouissance d'un droit quelconque. ***En cas de viol, l'auteur présumé doit subir un test de dépistage au VIH/sida.*** »

173. *De lege ferenda*, il importe que le législateur congolais emboite le pas à ses pairs africains. L'imposition du test de dépistage du VIH au présumé auteur du viol ne doit pas être perçue comme une violation du droit international des droits de l'homme. Il s'agit, dans l'intérêt de la justice[354] et de la protection des droits d'autrui, d'une restriction raisonnable du droit du prévenu à la confidentialité de son statut sérologique, et d'une intrusion acceptable dans sa vie privée.

174. Le viol, on en conviendra, est une atteinte à la liberté de ne pas concevoir de la femme, lorsqu'il en résulte une grossesse qu'elle n'a pas désirée. Une telle éventualité a suscité parmi les juristes la question de savoir si l'enfant issu du viol était recevable à se constituer partie civile au procès de jugement de son auteur, indépendamment de sa mère.

Cette question ne s'est pas encore posée devant les cours et tribunaux congolais.

En France, l'enfant conçu à l'occasion du viol de sa mère et né à la suite de ce crime a été reconnu comme victime de celui-ci et recevable à se constituer partie civile. Cette solution adoptée pour la première fois par la chambre criminelle de la Cour de cassation[355] fait aujourd'hui jurisprudence. À sa suite, la cour d'appel de CAEN avait jugé, le 7 novembre 2000, que pour l'enfant « né du viol de sa mère », le préjudice moral « constitué par le caractère nécessairement douloureux que prendra

---

[354] C'est sur ce fondement qu'en droit français, il est prévu des vérifications médicales cliniques et biologiques destinées à établir la preuve de l'état alcoolique d'un conducteur, sans que de telles atteintes infligées à l'intégrité physique du conducteur à des fins de santé et de sécurité publiques n'aient été jugées contraires au droit international. « *Tout conducteur d'un véhicule impliqué dans un accident mortel de la circulation est soumis à des épreuves de dépistage et éventuellement à des analyses et examens médicaux, cliniques et biologiques en vue d'établir s'il conduisait sous l'influence de substances ou plantes classées comme stupéfiants. Les résultats de ces analyses sont transmis au Procureur de la République du lieu de l'accident* » (Voy. l'article 9 de la loi n°99505 du 18 juin 1999 portant diverses mesures relatives à la sécurité routière et aux infractions sur les agents des exploitants de réseau de transport public de voyageurs, *JORF*, 19/06/1999, p. 9015). Dans le même ordre d'idées, il y a lieu de faire également mention, en droit français, de « l'injonction des soins » qui est un pouvoir particulier reconnu au juge pénal en matière d'infractions sexuelles (Voy. l'article 131-36-4 du Code pénal ou loi n°98-468 du 17 juin 1998 relative à la prévention et à la répression des infractions sexuelles ainsi qu'à la protection des mineurs, *JORF*, 18/06/1998, p. 9255). Nous y reviendrons dans le tout dernier chapitre de notre dissertation.

[355] Voy. Crim., 4 février 1998, *Bull. crim.*, n°43, p. 109. Dans un attendu de cet arrêt historique, la Cour de cassation rappelle que « *les proches de la victime d'une infraction sont recevables à rapporter la preuve d'un dommage dont ils ont personnellement souffert et qui découle des faits, objet de la poursuite.* »

l'évocation de sa conception et de sa naissance » a un caractère « personnel, certain et en lien avec les faits », ce qui justifie la réparation du dommage[356].

Nous pensons que cette position de la jurisprudence française est valable en droit congolais. Elle est conforme à l'esprit des termes généraux de l'article 69 du Code de procédure pénale[357].

La question du viol ayant été abordée dans l'optique des femmes en général, esquissons, à présent, quelques pistes d'amélioration du droit positif en relation avec la situation spécifique des femmes séropositives.

Paragraphe 2 : Les aménagements *de lege ferenda* d'ordre spécifique

175. Pour être en adéquation avec les exigences de prévention maximale du risque de transmission verticale du VIH, le droit a besoin d'aménager un cadre de consultation ou prise en charge préconceptionnelle des femmes vivant avec le VIH/sida en âge de procréer (A). Une fois fournies les justifications en faveur de la création de ce cadre, nous nous attacherons à proposer quelques règles minima constitutives de son régime juridique (B).

A. La préconisation d'une prise en charge préconceptionnelle des femmes séropositives en âge de procréer

176. D'après les nouvelles recommandations d'un groupe d'experts français, « dès que la personne ou le couple [vivant avec le VIH] manifeste son désir d'enfant, il doit recevoir des informations et des conseils adaptés à sa situation, en vue de préserver la santé des membres du couple et du futur enfant, au cours d'une consultation préconceptionnelle réalisée par une équipe gynéco-obstétricale et/ou d'AMP spécialiste du VIH. La discussion doit aborder aussi bien les indications thérapeutiques que les modalités pratiques de la conception »[358].

---

[356] Voy. SERIAUX (A.), *Indemnisation de l'enfant né du viol de sa mère*, note sous C.A. CAEN, 1ère ch. Sect. Civ. ; 7 novembre 2000, *J.C.P.*, 2002, II, 10 001 ; DOLARD-ROCHE (E.), « L'enfant né d'un viol », *Journal de Médecine Légale Droit médical*, 2002, vol. 45, n°7-8, p. 355 à 359.

[357] En son alinéa 1er : « *Lorsque la juridiction de jugement est saisie de l'action publique, la partie lésée peut la saisir de l'action en réparation du dommage en se constituant partie civile.* »

[358] MANDELBROT (L.) et al., « Désir d'enfant chez les personnes vivant avec le VIH : nouvelles recommandations 2013 du groupe d'experts français », in *Gynécologie obstétrique et fertilité* 42 (2014), p. 544.

D'après ces experts[359], l'évaluation initiale dans le cadre d'une prise en charge préconceptionnelle comporte l'analyse des éléments suivants :

- La situation médicale VIH : antécédents, état clinique et immuno-virologique ;
- Les traitements antirétroviraux et leur historique : motifs de logiques VHB (hépatite B) et VHC (hépatite C) ;
- Le contexte de fertilité : grossesses précédentes, antécédents gynécologiques, antécédents de paternité ou d'infertilité chez le partenaire, âge de la femme ;
- La relation du couple : la connaissance de la séropositivité par le conjoint, son statut sérologique, etc.

177. Eriger en norme juridique la consultation préconceptionnelle est d'autant plus important que médicalement, il existe des situations dans lesquelles une grossesse est déconseillée. À l'instar de toute femme atteinte d'une pathologie chronique, il peut aller de l'intérêt pour la santé d'une femme séropositive de différer la conception. Il pourrait en être ainsi dans des situations telles que : « Infection opportuniste en cours, maladie sévère surajoutée (cancer, insuffisance hépatique ou rénale, cardiopathie,…), échec virologique sans perspective à court terme de bénéficier d'un traitement efficace (multi résistances, intolérances sévères aux traitements disponibles, …), situation sociale critique, usage de stupéfiants ou alcoolisme »[360].

Nous préconisons donc que le désir d'enfant soit envisagé chez toute femme séropositive en âge de procréer et l'éventualité d'une grossesse évoquée le plus précocement possible, sans y voir une incitation ni un empêchement à l'enfantement, afin d'anticiper sur la conception dans le cadre d'une prise en charge préconceptionnelle à formaliser *de lege ferenda.*

Ce cadre de check-up avant la grossesse pourrait s'avérer approprié pour aborder la question et faire le choix de la méthode contraceptive la plus adaptée à la femme séropositive consultée, en tenant compte des éléments propres à son dossier médical et, le cas échéant, à sa situation psychosociale ainsi qu'à son environnement culturel.

Pour éviter tout risque d'abus, il appartiendra au législateur de fixer les règles minima de conduite de la consultation préconceptionnelle. C'est ce qu'il nous reste à proposer.

---

[359] *Idem*, p. 546.

[360] *Ibid.*

B. Les règles minima d'encadrement de la prise en charge préconceptionnelle des femmes séropositives en âge de procréer

178. Par « règles minima », nous entendons ici des normes de portée générale qui n'ont pas pour objet de régir en détail le cadre de prise en charge préconceptionnelle. Elles ne visent qu'à établir dans la loi quelques principes de base, quitte au pouvoir règlementaire de parfaire l'œuvre du législateur. Nous préconisons trois principes généraux, à savoir : le conseil obligatoire du recours à la contraception (1), la proportionnalité (2) et le contrôle juridictionnel (3).

1. Le principe de conseil obligatoire du recours à la contraception chez la femme séropositive

179. Pour l'avenir, imposer la contraception à la femme séropositive est une perspective législative à écarter pour une raison simple : d'emblée, elle constituerait une grave atteinte au droit à la non-discrimination et au droit à la procréation garantis, irréversiblement, par des normes juridiques supérieures. Le problème tant décrié de l'incohérence interne du corpus juridique n'aurait alors pas été résolu.

La solution juridique adéquate doit être recherchée ailleurs. Nous préconisons que la loi fasse obligation aux professionnels de santé chargés de consulter *ante conceptus*, d'interpeller, dans les règles déontologiques de l'art, la conscience de la femme séropositive sur le risque d'infection par le VIH de son futur enfant et le bien-fondé du recours à la contraception. Le but poursuivi étant celui d'obtenir son adhésion, sans en principe l'y contraindre.

180. La règle proposée pourrait être libellée en ces termes :

« Sans préjudice du droit individuel à la procréation, la femme séropositive recourt à une consultation médicale appropriée avant toute conception in utero.

Le professionnel de santé chargé de la prise en charge préconceptionnelle la conscientise sur le risque de transmission verticale du VIH, et lui recommande ou, dans le cas d'extrême péril, lui prescrit le meilleur moyen contraceptif correspondant à son bilan médical et psychosocial.

Le professionnel de santé, qui aura volontairement ou involontairement manqué aux devoirs de son état prévus à l'alinéa précédent, est passible des peines encourues au titre de la non-assistance à personne en danger.

Les peines encourues sont portées au double lorsque le manquement a entraîné la conception redoutée. »

Afin que le principe de conseil obligatoire du recours à la contraception ne s'applique ni s'interprète, abusivement, comme un empêchement légal à la procréation chez la femme séropositive, il est souhaitable de l'assortir d'une limitation expresse. L'idée de proportionnalité y concourt.

2. Le principe de proportionnalité dans la prescription de la contraception aux femmes séropositives

181. Le principe de proportionnalité est un concept juridique qui a de nombreux sens. Il reçoit des applications variées selon les branches de droit. Cependant, de part et d'autre, il conserve fondamentalement son idée de principe d'adéquation des moyens à un but recherché. Ainsi allons-nous nous en tenir à cette idée pour ne pas détourner le sens profond du principe énoncé.

Appliqué dans le cadre de la consultation préconceptionnelle destinée aux femmes séropositives, le principe de proportionnalité suggère l'idée que la prescription de la contraception aux femmes séropositives désireuses d'enfanter doit être un recours de l'*ultima ratio.* Les conseils du médecin ou de tout autre professionnel de santé commis à la consultation ne doivent pas excéder ce qui est strictement nécessaire pour atteindre l'objectif stratégique visé par la *lex ferenda*, à savoir : l'articulation entre désir légitime d'enfant et risque prévisible d'infection par le VIH de l'enfant désiré.

Autrement dit, le médecin ne peut prescrire la contraception que si la mesure s'avère strictement indispensable pour atteindre l'objectif de la loi, après évaluation objective du rapport entre le risque mesurable d'infection par le VIH encouru et l'avantage de la procréation escompté. Il aura en cela égard aux éléments subjectifs en nombre indéterminé, tels que : le bilan médical de la patiente, l'effectivité de l'accessibilité économique, sociale et géographique des antirétroviraux et autres soins de prévention de la transmission du VIH de la mère à l'enfant (PTME), etc. Les critères de cet exercice d'évaluation et les applications concrètes du principe de proportionnalité pourraient être fixés par voie règlementaire. Il s'avérerait dès lors enrichissant de consulter préalablement l'Agence Nationale de la Biomédecine[361].

Ce n'est qu'*a posteriori* qu'interviendra le contrôle juridictionnel de la régularité des actes posés au cours de la consultation préconceptionnelle.

[361] Dans le même ordre d'idées, on notera que dans l'Avant-projet de réforme du Code pénal congolais de 2010, sur une multitude des matières d'une certaine sensibilité liée à la bioéthique, l'avis préalable ou l'autorisation de l'Agence Nationale de la Biomédecine est requise. Voy. les articles 343, 345, 347, 360, 362 à 364, 367 et 368 dudit Avant-projet.

3. Le principe de contrôle juridictionnel de la régularité des décisions médicales émanant de la consultation préconceptionnelle

182. Le droit de former un recours contre la prescription contraceptive devrait être garanti à la femme séropositive. Le principe de contrôle juridictionnel vise à permettre à la femme séropositive, qui juge la prescription de la contraception dont elle fait l'objet entachée d'excès de pouvoir ou d'une quelconque irrégularité, d'en référer à l'autorité judiciaire compétente pour en obtenir la mainlevée.

Nous préconisons que la compétence *ratione materiae* de connaître de ce litige soit dévolue au tribunal pour enfants. Dès lors, cette juridiction se verra investie d'une mission novatrice, celle de protéger anticipativement l'intérêt supérieur de l'enfant avant sa venue au monde. Sur le plan *ratione loci,* il est préférable de donner la compétence au juge du ressort du médecin dont la prescription contraceptive est contestée.

Il est souhaitable qu'en telle matière, la procédure soit entourée des garanties telles que le huis clos[362], la gratuité et la célérité.

Aussi suggérons-nous qu'il ne soit point admis la recevabilité des moyens de fond comme la demande en dommages-intérêts contre l'auteur de la prescription contraceptive attaquée en mainlevée.

Par ailleurs, le bon sens juridique commande que le conjoint de la femme séropositive se voit reconnaître la qualité à agir en justice en son nom personnel.

183. Le principe de contrôle juridictionnel étant directement lié à la règle de proportionnalité, nous proposons, comme suit, la formulation du nouvel article à ajouter dans la loi du 14 juillet 2008 :

---

[362] La loi congolaise du 14 juillet 2008 relative au VIH/sida est muette sur la nécessité du huis clos dans tout procès mettant en cause le statut sérologique d'un justiciable. En droit comparé africain, on remarque que cette nécessité a été souvent prise en compte par bien de législateurs. L'exemple du droit tchadien nous enseigne, à cet égard, que le procès lié au VIH/sida doit se dérouler à huis clos à la demande de l'une des parties ou du Ministère public (Voy. l'article 6 de la loi n°19/PR/2007 du 15 novembre 2007 portant lutte contre le VIH/sida/IST et protection des droits des personnes vivant avec le VIH/sida). On notera cependant que les règles du droit commun, notamment l'article 20 de la constitution, reconnaissent au juge congolais le pouvoir d'ordonner le huis clos, d'office ou à la demande d'une des parties au procès, lorsqu'il y a à craindre, dans une espèce donnée, que la publicité des audiences nuise aux bonnes mœurs. Il en a été décidé ainsi dans une affaire où nous avons eu le privilège de prêter notre ministère d'avocat de la défense à une prévenue séropositive, poursuivie du chef de l'infraction de transmission délibérée du VIH/sida. Voy. TGI/KALAMU, RP 12.892, 05 janvier 2015, inédit.

« Pour quelque méthode que ce soit, la contraception ne peut être prescrite à la femme séropositive que si, après évaluation, le risque encouru de transmission verticale du VIH s'avère irrémédiablement supérieur à l'avantage de procréation escompté.

En pareil cas d'extrême péril, l'utilisation de la contraception prescrite est, à son égard, une mesure de prévention obligatoire.

La femme séropositive et, le cas échéant, son conjoint disposent chacun d'un recours, non suspensif, en mainlevée de la prescription contraceptive, devant le tribunal pour enfants du lieu de la prescription ; recours à introduire dans un délai de trente jours ouvrables, courant à partir de la prise de connaissance par le demandeur de la prescription contestée.

La procédure requiert célérité. Elle est sans frais et se déroule à huis clos.

Un arrêté du Ministre ayant la Santé dans ses attributions fixe les mesures d'application du principe de proportionnalité prévu à l'alinéa premier du présent article, après avis de l'Agence Nationale de la Bioéthique. »

184. Bien entendu, les différentes propositions *de lege ferenda* formulées ci-dessus ne visent que la procréation naturelle. Or, à côté du mode naturel de procréation, il existe, de nos jours, toute une gamme des pratiques biomédicales permettant aux couples de procréer artificiellement, c'est-à-dire de concevoir des enfants *in vitro*, sans le procédé de rapprochement hétérosexuel. Sous cet angle précis, toute notre attention sera portée, dans le prochain titre, sur la situation des couples dans lesquels l'un des partenaires est séropositif.

TITRE DEUXIÈME :

L'ENCADREMENT JURIDIQUE DE LA CONCEPTION *IN VITRO* CHEZ LE COUPLE SÉRODISCORDANT

185. Si l'expression « conception *in utero* » équivaut à la procréation naturelle, celle de « conception *in vitro* », quant à elle, correspond à la procréation artificielle. On assimile souvent le terme « procréation artificielle » à celui très répandu de « procréation médicalement assistée ». À cette dernière expression, souvent jugée réductrice par des auteurs[363], la plupart des législateurs contemporains[364] préfèrent celle d'« assistance médicale à la procréation » (ci-dessous désignée par le sigle « AMP »). On retrouve également cette préférence terminologique dans l'Avant-projet de réforme du Code pénal congolais qui emploie abondamment le terme AMP[365]. Ce terme, que nous adoptons de bon gré dans la présente étude, couvre « tous les artifices médicaux qui permettent d'aider les individus à procréer : méthodes chirurgicales, hormonales, biologiques, etc.[366] ».

186. Dans un projet de Décret-loi cadre portant sur la santé publique, en veilleuse au Parlement depuis 2001, soit neuf ans avant l'avènement de l'Avant-projet de Code pénal, c'est plutôt le terme « *procréation assistée* » (tout court) qui a été retenu par le législateur congolais.[367] L'article 4 de ce projet, consacré à la définition de cinquante-trois termes légaux les plus usuels, ne précise pas ce qu'il conviendrait d'entendre par l'expression « procréation assistée ». On peut espérer en avoir la définition juridique par voie règlementaire, sous la foi des dispositions de renvoi contenues à l'article 124 dudit projet, qui dispose que : « *Sur proposition du Comité National d'Ethique Médicale, le Ministre ayant la Santé dans ses attributions fixe par voie règlementaire les règles et procédures relatives aux manipulations génétiques et à la procréation.* »

---

363 En ce sens, voy. MERVIEL (P.), dir., *Assistance médicale à la procréation*, Paris, Editions Eska, 2006, p. 15 ; OLIVENNES (F.) *et al.*, *Assistance médicale à la procréation*, 3 èd., Paris, Masson, 2006, p. 12.

364 D'après le législateur français, l'assistance médicale à la procréation « *s'entend des pratiques cliniques et biologiques permettant la conception in vitro, le transfert d'embryons et l'insémination artificielle, ainsi que de* ***toute technique d'effet équivalent*** *permettant la procréation en dehors du processus naturel.* » (Article L. 2141-1 du Code de la santé publique français). Cette définition a été reproduite aux termes de l'article 367, livre 2, de l'Avant-projet de réforme du Code pénal congolais.

365 Voy. notamment les articles 350, 355, 367 et 370 du livre 2 de l'Avant-projet de Code pénal. À titre exemplatif, ce dernier article punit de cinq ans d'emprisonnement et de 1.000.000 de francs congolais d'amende « *quiconque procède à des activités* ***d'assistance médicale à la procréation*** *en vue d'un objet autre que de remédier à une infertilité dont le caractère pathologique a été médicalement diagnostiqué ou* ***d'éviter la transmission à l'enfant ou à un membre du couple d'une maladie d'une particulière gravité.*** » Ce texte tire son inspiration de l'article 716-14 du Code pénal français, édition 2006.

366 TESTART (J.), *La procréation médicalisée*, Coll. Dominos, Paris, Flammarion, 1993, p. 117.

367 Voy. le Projet de décret-loi cadre portant sur la santé publique, Texte en seconde lecture à l'Assemblée Constituante et Législative-Parlement de transition (ACL-PT), juin 2001.

187. Par ailleurs, il peut paraître à certains surprenant d'étudier l'AMP dans le cadre de la prévention de la transmission mère-enfant du VIH (ci-dessous désignée par le sigle « PTME »). En réalité, « depuis l'arrivée des traitements, on meurt moins du sida. L'allongement de la durée de vie s'accompagne maintenant d'expériences de vie en couple sur un long terme, que les partenaires soient séropositifs ou sérodifférents [...][368] ».

Aussi, en l'état actuel des connaissances scientifiques et biomédicales, certaines techniques d'AMP peuvent-elles servir, avec satisfaction, à la PTME. Ainsi qu'y a bien pensé le législateur français, l'AMP n'a pas pour seule finalité de donner l'enfant à un couple en état pathologique de procréation naturelle, mais aussi « d'éviter la transmission à l'enfant d'une maladie d'une particulière gravité [...][369] ».

En l'occurrence, grâce aux progrès de la biomédecine, le risque de transmission de l'infection du VIH/sida à l'enfant à concevoir pourrait être évité par des procédés distincts et être différemment saisi par le droit, selon qu'en contexte de couple sérodiscordant[370], le porteur du VIH se trouve être la femme (Chapitre 1) ou l'homme (Chapitre 2).

---

[368] Extrait de la Table ronde intitulée « Couples et VIH », in *http : //www. Actup.paris.org/article 1696.html*, [consulté le 20 octobre 2016].

[369] Voy. l'article L. 214-2 du Code de la santé publique français.

[370] On entend par « couple sérodiscordant ou sérodifférent », le couple, marié ou non, dans lequel l'un des partenaires est VIH positif. Le caractère indifférent de la situation conjugale des partenaires dans la compréhension de ce concept justifie notre préférence pour les termes génériques «homme » et « femme », en lieu et place des expressions juridiques « mari ou époux » et « épouse » propres au cadre marital.

CHAPITRE PREMIER :

UNE NÉCESSITÉ DE RÉGULER L'ASSISTANCE MÉDICALE À LA PROCRÉATION POUR LES COUPLES DONT LA FEMME EST SÉROPOSITIVE

188. Avant de rechercher, en droit tant positif que prospectif, les normes applicables aux techniques d'AMP chez le couple où seule la femme est infectée par le VIH (Section 2), il y a lieu de fournir quelques données socio-épidémiologiques et biomédicales concernant ce type de couples (Section 1).

Section 1 : Les données socio-épidémiologiques et biomédicales

189. Nous donnerons un bref aperçu, d'abord, de la situation épidémiologique et sociologique du phénomène de couples sérodifférents dont la femme est séropositive (§1), et ensuite, de l'état actuel des techniques d'AMP chez cette catégorie de couples (§2).

Paragraphe 1 : Les données épidémiologiques et sociologiques

190. Le phénomène de la sérodiscordance reste encore peu documenté. Les rares études disponibles permettent d'affirmer qu'en Afrique subsaharienne, la sérodiscordance a atteint les proportions d'un à deux tiers des couples vivant avec le VIH[371]. En Zambie et au Rwanda, deux pays frontaliers à la RDC, 55,1 à 92,7 % de nouvelles infections hétérosexuelles chez les adultes surviennent dans des couples sérodiscordants[372].

---

[371] Voy. BUNNEL (R.) *et al.*, « Living with discordance : knowledge, challenges and prevention strategies of HIV-discordant couples in Uganda », *AIDS* 17 (8), 2005, p. 999-1012; DESGREES DU LOÛ (A.) *et al.*, "Couple-centred testing and counseling for HIV serodiscordant heterosexual couples in sub-Saharan Africa", *Reprod Health Matters* 16 (32), 2008, p. 151-161; GUTHRIE (B.) *et al.*, "HIV-1 discordant couples in sub-Saharan Africa: explorations and implications for high rates of discordancy", *Current HIV Res* 5 (4), 2007, p. 416-229.

[372] Voy. DUNKLE (K.) *et al.*, « New heterosexually transmitted HIV infections in married or cohabiting couples in urban Zambia and Rwanda: an analysis of survey and clinical data", *Lancet* 371 (9631), 2008, p. 2183-2191.

À titre historique, on se rappellera que le premier cas de contamination par le VIH a été diagnostiqué chez une femme en Afrique, en 1982[373]. Dans ce même continent, précisément au sud du Sahara, depuis près de deux décennies, l'épidémie de VIH/sida touche constamment plus de femmes que d'hommes[374]. Ce qui pourrait permettre d'inférer que dans la majeure partie des couples sérodiscordants vivant sur le continent africain, ce sont les femmes qui sont infectées par le VIH.

191. En RDC, il n'existe pas de données statistiques connues sur l'ampleur du phénomène de couples sérodifférents dont la femme est séropositive. Cependant, les derniers indicateurs officiels sur la prévalence nationale du VIH témoignent, globalement, d'une tendance fort remarquable à la féminisation de l'épidémie.

En effet, d'après l'Enquête démographique et de santé (EDS II) menée entre 2013 et 2014[375], le pourcentage des séropositifs parmi les femmes et les hommes de 15 à 49 ans testés selon certaines caractéristiques sociodémographiques, révèle une prévalence nettement plus élevée chez les femmes que chez les hommes (1,6 % contre 0,6 %). Comparativement avec les indicateurs issus de l'EDS I de 2007, il s'observe que la prévalence est restée particulièrement élevée chez les femmes, alors qu'elle a légrement baissé chez les hommes (de 0,9 % à 0, 6 %).

D'ailleurs, le fossé semble s'être davantage accru ces dernières années, particulièrement dans les zones post-conflit de l'Est du pays où il a été rapporté que durant près d'une décennie, le recours systématique au viol des femmes et jeunes filles visait la dissémination du VIH/sida dans l'ultime but de décimer les populations ou de déstabiliser l'ennemi[376].

192. La meilleure façon d'expliquer la féminisation de l'épidémie consiste à aller à la recherche des facteurs de vulnérabilité à l'infection à VIH/sida chez la femme. Les spécialistes dont les écrits font autorité dans ce

---

[373] Nous tirons cette affirmation de DESCLAUX (A.), MSELLATI (P.) et KHOUDIA (S.), « Introduction : l'expérience des femmes à l'épreuve du VIH dans les pays du sud », in DESCLAUX (A.), MSELLATI (P.) et KHOUDIA (S.), dir., *op. cit.*, p. XIII.

[374] Sur cette évidence, voy. DESCLAUX (A.) et DESGREES DU LOÛ (A.), « Les femmes africaines face à l'épidémie de sida », *Population et société*, n°428, novembre 2006, 4 p.

[375] Voy. MINISTÈRE DU PLAN ET SUIVI DE LA MISE EN ŒUVRE DE LA RÉVOLUTION DE LA MODERNITÉ (MPSMRM) *et al.*, op. cit., p. 9.

[376] En ce sens, voy. MUNTAZINI MUKIMAPA, « La problématique de la lutte contre les violences sexuelles en droit congolais », in *Actes du séminaire de la justice militaire avec les Forces armées de la RDC,* RCN, Kinshasa, 2009, p. 202 ; Voy. également ONU, *Rapport du Projet MAPPING concernant les violations les plus graves des droits de l'homme et du droit international humanitaire commises entre mars 1993 et juin 2003 sur le territoire de la République démocratique du Congo,* 2010, p. 322.

domaine, parmi lesquels des anthropologues[377], des démographes[378] et des docteurs en médecine[379], en retiennent globalement de trois ordres : les facteurs biologiques (A), les facteurs culturels (B) et les facteurs socio-économiques (C).

A. La vulnérabilité biologique de la femme

193. Certaines parties du col utérin et des parois de l'utérus ont une très fine couche de cellules épithéliales. Les déséquilibres de la flore vaginale favorisent l'infection par le VIH de la femme. Ce qui fait que sur le plan biologique et physiologique, les femmes sont plus exposées au VIH que les hommes lors de la conjonction sexuelle.

En outre, on estime que le vagin et le col utérin ont des surfaces beaucoup plus étendues où la transmission virale peut survenir, comparativement à celles du pénis (prépuce, urètre et petites déchirures sur le gland du pénis)[380]. Sous cet angle, en 1992, une étude avait révélé que la transmission du VIH est environ deux fois plus probable de l'homme à la femme que de la femme à l'homme[381]. En 2004, le résultat de cette étude a été amplifié par l'OMS[382] qui affirme que la transmission d'un homme à une femme pendant les rapports sexuels a deux à quatre fois plus de risques de se produire que la transmission d'une femme à un homme.

La vulnérabilité de la femme africaine à l'infection par le VIH tient également aux facteurs d'ordre culturel.

B. La vulnérabilité culturelle de la femme

194. L'Organisation des Nations unies pour l'éducation, la science et la culture (UNESCO) inclut dans sa définition du mot «culture », les modes de vie, les traditions et les croyances, les représentations de la santé et de la maladie, les perceptions de la vie et de la mort, les normes et pratiques

---

[377] Notamment Alice DESCLAUX du Centre de recherche Cultures, Santé, Sociétés de l'Université Paul Cézanne d'Aix-Marseille.

[378] Notamment Annabel DESGREES DU LOÜ de l'Institut de recherche pour le développement (IRD), Laboratoire Population, Environnement, Développement du Campus du Jardin Tropical de Paris.

[379] Notamment Claire CRITON et Patricia FENER du Centre national de recherche scientifique (CNRS) de France.

[380] Voy. SOCIÉTÉ CANADIENNE DU SIDA, *op.cit.*, p. 17.

[381] Voy. EUROPEAN STUDY GROUP ON HETEROSEXUAL TRANSMISSION OF HIV. "Comparison of female to male and male to female transmission of HIV in 563 stable couples". *BMJ,* 1992, p. 304.

[382] OMS, "Le nombre de femmes vivant avec le VIH augmente dans chacune des Régions du monde", *http:// www.who.int / mediacentre /news /releases /2004/pr_unaids/fr/*, [consulté le 17 mai 2015].

sexuelles, les relations de pouvoir et les relations entre les sexes, les structures familiales, les langues et les moyens de communication, ainsi que les arts et la créativité[383].

Les facteurs culturels influent, dans une très large mesure, sur les comportements liés à l'épidémie du VIH/sida et la relation aux risques d'infection des membres d'un groupe social. On s'accorde à admettre que bon nombre de logiques culturelles en Afrique sont le berceau des inégalités basées sur le genre. Elles créent le plus souvent un environnement social d'exposition des femmes aux risques accrus d'infection par le VIH. Celles-ci se voient dépourvues d'autonomie et privées du pouvoir de décider librement et en toute responsabilité sur des questions relevant de la sphère des activités sexuelles.

Même dans le cadre d'une relation stable, prémaritale ou maritale, plusieurs études axées sur les comportements sexuels en contexte africain font état d'une très forte réticence des hommes à utiliser le préservatif. Le réflexe du préservatif surgit, dans la plupart des cas, lors d'un rapport sexuel occasionnel. Proposer le préservatif dans son couple « revient donc soit à professer son infidélité, soit à faire preuve de défiance envers son partenaire[384] ».

Les facteurs socioéconomiques permettent enfin d'expliquer la vulnérabilité de la femme au VIH/sida.

C. La vulnérabilité socioéconomique de la femme

195. Dans la plupart des pays africains, l'écart est considérable entre les hommes et les femmes en matière d'accès à l'éducation, à l'emploi, aux services de santé, au pouvoir et aux prises de décisions. Ces disparités sont à la base du faible taux des femmes ayant accès aux traitements. Le sida contribue ainsi à la féminisation de la pauvreté et fait que les femmes végètent dans une situation économique de précarité qui incite certaines d'entre elles à des modes de vie à risque d'infection par le VIH[385].

La féminisation de l'épidémie de VIH en Afrique n'est pas sans retombées fâcheuses sur l'ampleur de l'épidémie pédiatrique de VIH. Sur le continent, la rime des mots entre « féminité » et « maternité » va au-delà

---

383 UNESCO, "Sida et culture", in *http://portal.unesco.org/fr/ev.php-URL_ID=2932&URL_DO=DO_TOPIC&URL_SECTION=201.html*, [Consulté le 5 avril 2015].

384 DESCLAUX (A.) et DESGREES DU LOÛ (A.), *op. cit.*, p. 2.

385 Pour plus d'amples informations sur l'analyse des déterminants sociaux et économiques de la vulnérabilité féminine face au VIH, voy. CRITON (C.) et FENER (P.), « Facteurs de risque...*op. cit.*, p. 36 et s.

d'une simple figure stylistique pour prendre un visage plutôt symbolique. On s'y aperçoit que les femmes subissent une forte « pression de procréation »[386] de la part de leur conjoint, leur famille et leur belle-famille, qui exigent d'elles de devenir mères. Le taux de fécondité, d'après Valériane LEROY[387], demeure en Afrique l'un des plus élevés au monde avec 5,1 enfants par femme en 2004.

196. À en croire un rapport de l'ONUSIDA de la même année[388], sur le continent africain, les femmes dépistées positives au cours d'une grossesse sont fréquemment rendues de nouveau enceintes dans les trois ans qui suivent. Ce constat a été corroboré par une étude[389] qui a montré qu'au Rwanda, la tendance chez les femmes qui découvrent leur séropositivité est à se hâter de faire un autre enfant.

Une autre étude[390] révèle, pour sa part, que par peur d'éventuelle incidence préjudiciable de la grossesse sur l'évolution de l'infection à VIH chez la femme au stade avancé de la maladie du sida, certaines femmes séropositives auraient tendance à décider rapidement de concevoir avant d'avoir une déficience immunitaire trop sévère.

L'absence des données empiriques fiables sur la situation particulière à la RDC justifie que soient tenues pour vraisemblables, à son égard, les constatations faites au sujet de la région africaine en général et du Rwanda en particulier, pays avec lequel elle partage les frontières et l'histoire. En pareil contexte social où la séropositivité féminine suscite le regain d'intérêt pour la maternité, il importe d'interroger l'état actuel des techniques d'AMP sur les possibilités scientifiques de satisfaire au désir de procréation, chez la femme séropositive, sans risque pour le futur enfant de contracter le VIH.

Paragraphe 2 : Le point sur les techniques d'AMP chez le couple sérodiscordant dont la femme est séropositive

197. En l'état actuel des progrès scientifiques, des protocoles d'AMP ont été mis en place dans le but de permettre au couple sérodiscordant dont la femme est séropositive de procréer artificiellement, dans des conditions maximales d'élimination du risque d'infection par le VIH de l'enfant à concevoir. Il nous appartient de faire brièvement échos de l'état de l'art en ce domaine de la biomédecine.

---

386 *Idem*, p. 3.

387 LEROY (V.), *op. cit.*, p. 93.

388 ONUSIDA, *Rapport sur l'épidémie mondiale de sida 2006, et Les femmes et le sida*, décembre 2004.

389 Voy. DESGREES DU LOÛ (A.) et FERRY (B.), *op. cit.*, p. 1-18.

390 Voy. LEROY (V.), *op. cit.*, p. 97.

198. Nos développements s'étendront à la technique de la « maternité de substitution », autrement désignée par les expressions telles que « gestation pour autrui » (GPA), « technique de la mère porteuse » et « contrat de substitution de mère »[391].

Cette extension peut paraître étrange. Pourtant, à la voir de plus près, sous un œil désintéressé, la gestation pour autrui semble bien être à même de satisfaire au désir d'enfant dans le couple sérodiscordant où la femme est séropositive, sans risque d'exposition à VIH de l'enfant à concevoir. La littérature sur la gestation pour autrui est sans doute abondante. Cependant, de nos jours, la communauté scientifique reste muette sur les liens possibles entre cette technique d'AMP et les méthodes de prévention de la transmission du VIH de la mère séropositive à l'enfant dans le cadre d'un couple sérodifférent.

Ainsi, pour satisfaire notre curiosité scientifique et scruter ce terrain d'étude en friche, le souci d'innovation nous amènera à opérer la distinction, en relation avec le couple sérodifférent où la femme est séropositive, entre, d'une part, les techniques d'AMP impliquant le port de la grossesse par la femme séropositive (A) ; et, d'autre part, la technique de la maternité de substitution qui consiste en la gestation par et pour autrui (B).

A. Les techniques d'AMP impliquant le port de la grossesse par la femme séropositive

199. Dans un couple sérodifférent, si la femme est séropositive pour le VIH, les travaux des spécialistes[392] enseignent qu'elle doit être suivie régulièrement, traitée ou non, et ne pas avoir de maladie évolutive, avec les critères immunologiques suivants :

- Lymphocytes CD4 supérieur à 200/mm3 à deux reprises dans les quatre mois précédents ;
- ARN-VIH plasmatique stable, sans augmentation supérieure à 0,5 log10 pendant les quatre mois précédents.

Elle devra être informée du risque subsistant de contamination de l'enfant à concevoir et des risques potentiels des thérapeutiques pendant la grossesse. La grossesse est prise en charge par des équipes spécialisées. Cette prise en charge s'étend à l'enfant après la naissance. La toxicité des antirétroviraux est à craindre. Sa réduction est un enjeu majeur de la prise en charge anténatale.

---

[391] Voy. ATTIAS (C.), « Le contrat de substitution de mère », *D. 1986, chron.*, p. 67.
[392] Voy. DELFRAISSY (J.-F.) *et al.*, *op. cit.*, p. 207-222.

200. On estime que « l'idéal est d'articuler dans le suivi d'une patiente séropositive en âge de procréer, une consultation préconceptionnelle qui fera le point sur la situation immunologique, informera sur le risque de transmission de la mère à l'enfant, adaptera éventuellement le traitement antirétroviral en vue d'une grossesse et établira le lien avec une équipe gynéco-obstétricale[393]. » Le protocole d'AMP peut varier suivant l'âge de la femme sous prise en charge préconceptionnelle.

Avant 38 ans, l'autoinsémination artificielle est médicalement préconisée. L'auto-insémination est simple dans sa pratique et respecte l'intimité du couple. Elle ne requiert pas l'intervention médicale. Il suffit que l'homme recueille son sperme, soit par masturbation, soit lors d'un rapport, avec un préservatif spécial ne comportant aucun spermicide. Ce sperme est injecté au fond du vagin sans délai à l'aide d'une seringue ou d'une pipette. Le dernier jour de la température basse de la courbe thermique, entre le 12e et le 14e jour pour un cycle de 28 jours, est considéré comme le moment adéquat. En cas d'échec après quelques mois, un bilan de fertilité sera envisagé[394].

Après 38 ans, tranche d'âge correspondant à la dégradation rapide de la fertilité naturelle, le bilan de fertilité sera démarré concomitamment aux essais d'auto-insémination. En cas d'anomalie du bilan de fertilité, le couple est rapidement placé sous une prise en charge d'AMP[395].

201. Dans les pays où ces techniques ont été expérimentées, l'expérience a montré que l'âge des femmes au moment de l'AMP est assez élevé. Cela s'explique par le fait que souvent, la découverte de la séropositivité féminine dans ces pays fait retarder le projet d'enfant pour des raisons médicales. Or, de l'âge dépend le taux de succès. On enregistre souvent la présence d'autres causes d'infertilité associées, liées aux infections sexuellement transmissibles, notamment tubaires.

C'est pourquoi, on estime que la technique de la fécondation *in vitro* est souvent nécessaire « mais elle requiert une fonction ovarienne parfaite et ses taux de succès sont donc dépendants de l'âge. Les grossesses gémellaires majorent le risque de transmission du VIH de la mère à l'enfant, du fait de l'augmentation des complications obstétricales. Pour les éviter, le replacement d'un seul embryon et des stimulations moins fortes peuvent être envisagés dans certains cas, réduisant les chances de succès de l'AMP[396]. »

---

393 Voy. CRITON (C.) et FENER (P.), « La sexualité et la grossesse... *op. cit.*, p. 27.
394 En ce sens, voy. DELFRAISSY (J.-F.) *et al., op. cit.,* p. 213.
395 Voy. *Idem.*
396 CRITON (C.) et FENER (P.), « La sexualité et la grossesse... *op. cit.*, p. 28.

202. On voit bien qu'en cas de succès, les techniques d'insémination et de fécondation *in vitro* aboutissent à ce que la femme séropositive porte, elle-même, le fruit de ses entrailles. Ce qui laisse courir le risque, minime soit-il, de contamination de l'enfant *in utero*. Il en sera autrement avec la technique de la maternité de substitution.

B. *La technique de la maternité de substitution consistant en la gestation par et pour autrui*

203. La maternité de substitution n'est pas une invention du monde moderne. Sous le jour d'une « procréation pour autrui »[397], on en trouve, en la forme archaïque de rapprochement sexuel extraconjugal, l'un de premiers exemples dans la Bible, bien avant Jésus-Christ. Le récit biblique de l'Ancien Testament[398] décrit le cas où pour pallier à sa stérilité, Saraï, la femme d'Abram, eut consenti à ce que ce dernier fît un enfant avec sa servante égyptienne du nom d'Agar, pour assurer sa progéniture. L'enfant né dans ces conditions, nommé Ismaël, revint de plein droit au couple formé par Abram et Saraï.

204. De nos jours, la maternité de substitution peut revêtir plusieurs formes et couvrir divers scénarios :

- Une femme se fait implanter un embryon fécondé *in vitro* à l'aide des gamètes provenant d'un couple commanditaire donné. Dans ce cas, biologiquement, l'enfant porté ne correspond pas à la femme porteuse, mais plutôt au couple commanditaire appelé à l'accueillir.

- Une femme se fait implanter un embryon fécondé *in vitro* à l'aide de ses propres ovocytes et des spermatozoïdes provenant du père d'accueil. Dans ce deuxième cas, elle est à la fois génitrice (en tant que pourvoyeuse de gamète femelle) et gestatrice.

- Une femme se fait implanter un embryon fécondé *in vitro* à l'aide des spermatozoïdes provenant du futur père d'accueil et des ovocytes d'une tierce donneuse.

- Une femme se fait implanter un embryon fécondé *in vitro* à l'aide des spermatozoïdes provenant d'un tiers donneur et des ovocytes d'une tierce donneuse.

À vrai dire, notre étude ne s'intéresse essentiellement qu'au premier cas de figure sus décrit, c'est-à-dire celui d'un couple qui entend limiter

---

[397] On parle de « procréation pour autrui » lorsque l'enfant émane génétiquement de la mère porteuse. Il en est autrement dans la « gestation pour autrui » qui, à proprement parler, suppose que la mère porteuse n'est pas donneuse d'ovule. Son rôle se limite au port de la grossesse.

[398] Voy. dans la Bible, le livre de Genèse, chapitre 16, versets 1 à 6.

l'apport de la mère porteuse à la gestation. L'enfant porté y conserve, de part et d'autre, le lien génétique avec ses père et mère d'accueil grâce à leur don des gamètes. Une très récente revue de la jurisprudence en France[399] a pu établir que, comparativement à d'autres cas de figure, cette hypothèse de couple commanditaire de la gestation pour autrui fait le plus l'objet des controverses juridiques et des litiges.

205. Abstraction faite des considérations juridiques, d'un point de vue strictement biomédical, rien n'empêche à ce que le projet parental d'un couple sérodifférent dont la femme est séropositive s'oriente vers la maternité de substitution. Techniquement, pour que l'enfant soit génétiquement issu d'un tel couple, il va falloir, dans un premier temps, prélever les gamètes de l'homme et de la femme, puis les féconder *in vitro*. En second lieu, les embryons conçus *in vitro* seront soumis à un diagnostic préimplantatoire avant d'être, pour l'un ou certains, transférés dans l'utérus d'une tierce femme appelée de façon indifférente « mère porteuse »[400], « mère gestatrice », « mère de substitution », « mère utérine » ou « mère d'emprunt ». Celle-ci, étant au préalable testée VIH négative, aura marqué librement son accord à porter en elle l'enfant issu de la fécondation *in vitro*, qui n'est pas génétiquement le sien, avec promesse de le rendre au couple commanditaire à sa naissance. La mère de substitution, c'est donc ici la femme qui, sur le fondement d'une convention, est prête à se soumettre à un transfert d'embryon ne provenant pas de ses propres ovocytes, puis à remettre à autrui, aussitôt après l'accouchement, l'enfant qu'elle a porté.

Il en résulte que la technique de la maternité de substitution serait effectivement en mesure de permettre à la femme séropositive de faire donner naissance à un enfant issu de son propre gène, sans le moindre risque de sa contamination prénatale par le VIH.

206. Indépendamment de la perspective de PTME dans laquelle l'inscrit notre étude, la maternité de substitution, en elle-même, a suscité de vifs débats à travers le monde entier. Elle soulève de nombreuses questions d'ordre éthique, comme le risque de marchandisation du corps humain. Ce risque précisément de patrimonialisation d'un organe du corps de la personne humaine se traduit clairement à travers l'expression « location ou louage d'utérus » également employée dans l'opinion publique pour désigner la pratique de la gestation pour autrui. La ressemblance avec la situation de

---

[399] Voy. BERGOIGNAN-ESPER (C.) et SARGOS (P.), *Les grands arrêts du droit de la santé*, 2ième édition, Paris, Dalloz, 2016, p. 104-105.

[400] Une rime bien trouvée amena certains auteurs à opposer à l'expression « mère porteuse », celle de « mère pondeuse » pour désigner, cette fois-ci, la mère substituée-donneuse d'ovule. Voy. LABBEE (X.), *Condition juridique du corps humain avant la naissance et après la mort*, Presses universitaires de Septentrion, 2012, p. 150-151.

la prostitution pour raisons économiques est frappante : « Certaines femmes de milieux économiquement défavorisés risquent, en effet, d'être attirées par l'appât du gain et de devenir une proie facile à une exploitation commerciale[401]. »

Bien d'autres critiques sont faites à la technique de la maternité de substitution de la part de ses détracteurs, parmi lesquels des philosophes, des sociologues, des théologiens et des éthiciens, préoccupés de conséquences que sa légitimation pourrait avoir. Les plus pertinentes de ces critiques visent le lien naturel entre sexualité et procréation humaine (1), le lien entre la gestatrice et l'enfant qu'elle porte (2), le traitement juridique réservé à ce dernier (3) et enfin, son bien-être futur (4).

1. La dépersonnalisation de la sexualité

207. Dans l'entendement de certains théologiens et philosophes, « toute intervention visant à séparer artificiellement procréation et sexualité humaine normale est blâmable et mauvaise en soi[402]. » Cette position tend à considérer que la pratique de la gestation pour autrui déshumanise la procréation humaine en la séparant de la sexualité, au profit des artifices de la science biomédicale.

2. La banalisation du lien biologique et affectif entre la gestatrice et l'enfant pendant la grossesse

208. D'après Jean-Louis BAUDOUIN et Catherine LABRUSSE-RIOU[403], la technique des mères de substitution trivialise les rapports entre l'enfant et sa véritable mère, puisque la continuité de cette relation est volontairement et délibérément rompue. La gestation ne constitue plus ainsi une étape dans l'établissement d'une relation permanente mère-enfant. Elle devient une simple fonction temporaire de fabrication. Elle ne sert pas à la création d'un lien affectif, mais est utilisée comme simple support technique.

3. La réification de l'enfant

209. Il est reproché à la gestation pour autrui de réduire l'être humain-enfant au rang d'une chose –du latin « *res* »-, un simple moyen de satisfaire, chez l'une, un désir d'enfant, et chez l'autre, un besoin d'argent. L'enfant est ainsi traité non comme un humain, mais plutôt comme une marchandise, à laquelle viennent se greffer parfois des courtiers, commissionnaires et autres intermédiaires offrant des services commerciaux de facilitation des rencontres entre « vendeurs » et « acheteurs ».

[401] Voy. BAUDOUIN (J.-L.) et LABRUSSE-RIOU (C.), *op. cit.*, p. 113.
[402] *Idem*, p. 69-70.
[403] *Ibid.*, p. 111.

4. La mise en péril du bien-être et de l'intérêt de l'enfant

210. D'après certains penseurs, la gestation pour autrui est socialement et juridiquement inacceptable, au motif qu'elle suppose la préméditation d'un geste moralement répréhensible : l'abandon d'enfant, perçu comme un « phénomène psychologiquement dur et potentiellement marquant »[404].

Dans la même optique, on a redouté que la révélation à l'enfant du procédé artificiel de sa venue au monde ait un impact négatif sur son développement affectif et psychique.

211. Il est vrai que toutes ces critiques sont *a priori* valables. Il n'en demeure pas moins que leurs auteurs n'avaient pas à l'esprit le cas particulier du désir d'enfant « sain » en contexte de couple sérodifférent. À n'en point douter, ce cas d'école leur aurait suggéré des considérations morales, philosophiques et éthiques tout à fait nuancées.

212. Par ailleurs, contrairement à la technique de la maternité de substitution, les différentes techniques d'AMP, jusqu'ici recommandées au couple sérodiscordant dont la femme est séropositive, requièrent le traitement antirétroviral avant et durant la grossesse. Or, les risques d'effets indésirables d'antirétroviraux (ARV) pour la mère et le futur enfant sont certes « faibles mais non nuls »[405]. Aussi, en l'état actuel de la biomédecine, ces techniques d'AMP n'éliminent-elles pas entièrement le risque d'infection par le VIH encouru par l'enfant à concevoir.

Ces deux remarques nous amènent finalement à avancer le postulat suivant : la maternité de substitution serait, de nos jours, la technique d'AMP la plus sécurisante pour prévenir la transmission mère-enfant du VIH chez le couple sérodifférent dont la femme est séropositive. À l'aune de ce postulat, comment le droit appréhende-t-il la maternité de substitution ? Quelles sont les pistes possibles de sa refonte ? C'est ce qu'il nous faut maintenant étudier.

Section 2 : La position du droit congolais sur la maternité de substitution

213. Le quasi-vide juridique actuel (§1) milite en faveur du plaidoyer pour un droit du futur (§2) adapté au désir d'enfant « sain » en contexte de couple sérodifférent dont la femme est séropositive.

---

[404] *Ibid.*

[405] MANDELBROT (L.) *et al.*, *op. cit.*, p. 546.

Paragraphe 1 : Le quasi-vide juridique actuel

214. Sur l'expression « vide juridique », une précision mérite d'être apportée d'entrée d'analyse. Au sens large, cette notion est une fiction, pour ainsi dire. Il est abusif de parler du vide juridique, dans la mesure où le silence du législateur sur une question donnée n'équivaut pas forcément à la réalité absolue du vide au sein du corpus juridique. Nettement distinct de la loi qui n'en est qu'un procédé formel d'expression, parmi tant d'autres, le droit est, on le sait, un champ plus vaste et plus riche.

C'est ainsi qu'en droit congolais, il est prévu que lorsqu'un litige porte sur une matière à propos de laquelle il n'existe aucun texte de loi ou de règlement, le juge fait recours aux coutumes locales, aux principes généraux de droit et à l'équité[406].

Néanmoins, pour amplifier la sonnette d'alarme, nous avons délibérément jugé bon d'emprunter l'expression « vide juridique » - entendu dans son sens restreint d'absence de texte spécifique sur une matière déterminée - , en lui adjoignant le préfixe « quasi ».

215. En effet, en droit positif congolais, la gestation pour autrui ne fait l'objet d'aucun texte juridique spécifique. C'est avec raison que Monsieur Léonard MASHAKO MAMBA, alors Ministre de la Santé publique, relevait dans son allocution de présentation générale du projet de décret-loi cadre portant sur la santé publique, que le texte soumis à l'examen des députés « innove en régissant la procréation assistée et le clonage »[407].

216. Seule l'insémination artificielle a été saisie par le droit congolais. Le législateur n'y apporte cependant pas une règlementation spécifique. Avec un laconisme extrêmement déconcertant, il se limite à en régler la conséquence sur l'établissement de la filiation de l'enfant concerné, en y consacrant un article unique suivant lequel : *« La contestation de paternité n'est pas recevable s'il est établi que l'enfant a été conçu par voie d'insémination artificielle, avec le consentement écrit du mari*[408]*.* »

L'insémination artificielle est la pratique la plus ancienne d'intervention médicale en matière procréative. Ses premières applications remontent à 1790 en Angleterre, à la suite de l'intervention du Médecin anglais John

---

[406] L'ordonnance de l'Administrateur du Congo du 14 mai 1886, approuvée par le décret du 11 novembre de la même année, édicte en son article 1er que : « *Quand la matière n'est pas prévue par un décret, un arrêté et une ordonnance déjà promulgués, les contestations qui sont de la compétence des tribunaux du Congo seront jugées d'après les coutumes locales, les principes généraux de droit et l'équité* ». *Voy. B.A.*, 1886, p. 188 et 189.

[407] Voy. le Projet de décret-loi cadre portant sur la santé publique, cité *supra*.

[408] Article 609 du Code de la famille. Cet article ne vise que l'insémination artificielle intraconjugale et laisse, de ce fait, planer le flou sur la licéité d'une insémination artificielle avec tiers donneur.

HUNTER[409]. Elle consiste pour un médecin « à introduire des spermatozoïdes dans les voies génitales féminines à l'aide d'une sonde. L'insémination artificielle intraconjugale (IAC) est réalisée avec le sperme du conjoint ou du concubin et l'insémination artificielle avec donneur (IAD), avec celui d'un tiers donneur[410]. » Traitant de l'insémination artificielle de la femme, une certaine doctrine congolaise avait préféré parler d'auto-insémination et d'hétéro-insémination « selon que la semence utilisée émane de son mari ou d'un tiers »[411]. Dans la pratique des inséminations artificielles, les gamètes mâles peuvent être déposés au niveau du col (IA cervicale), dans l'utérus (IA intra-utérine), dans les trompes (IA tubaire) ou encore dans la cavité abdominale (IA transpéritonéale)[412].

217. Le premier cas d'expérimentation réussie de l'AMP en RDC remonte à 2001. On doit ce succès de procréation artificielle à une Clinique privée dénommée « Clinique Médicis de Kinshasa ». Créée en 1987 à l'initiative du Docteur Antoine MOSIKWA AMANA[413], cette Clinique changea d'appellation en 2008 pour revêtir sa dénomination actuelle de « New Médicis Clinic ». Elle exerce ses activités procréatives et de recherches biomédicales sur la base d'un agrément officiel du Ministre de tutelle[414]. C'est le 14 juin 2002, à 19 h 50', que naquit, de sexe masculin, avec 2650 grammes et 47 cm de taille, le premier enfant congolais conçu artificiellement. Il est issu de la fécondation *in vitro* des gamètes mâle et femelle d'un couple marié, suivie du transfert d'embryon. Ce premier « bébé-éprouvette » congolais porte le prénom d'Emmanuel, mot grec, signifiant « Dieu parmi les hommes », qui trouve ici tout son sens pour traduire, à la fois, la gratitude des parents à l'endroit de la Source divine de tout ce qui vit, et la « vénération » de l'enfant chèrement acquis grâce à l'AMP.

On se rappellera de l'origine lointaine du terme« bébé-éprouvette» qui est une traduction de « *test tube baby* ». Ce terme fit large échos dans les médias internationaux dès avant la naissance de Louisa BROWN, premier bébé dans le monde conçu *in vitro* en 1978. L'appellation « bébé-éprouvette » n'est rien d'autre qu' « une dénomination affectée à

---

409 Sur l'historique de l'insémination artificielle, voy. DAVID (G.), *Histoire de l'insémination artificielle*, Echanges, 1974.

410 PAIN-MASBRENIER (M.-T.), *op. cit.*, p. 34.

411 Voy. BOMPAKA NKEYI MAKANYI, *op. cit.*, p. 136.

412 En ce sens, voy. TESTART (J.), *op. cit.* , p. 117.

413 Gynécologue-obstétricien et spécialiste en biologie et médecine de la reproduction.

414 Voy. la lettre n° 1250/CAB/MINSPA FFSF/1232/97 du 18 novembre 1997 du Ministre de la Santé publique autorisant l'ouverture du Laboratoire de Recherche en Reproduction Humaine et de la Fécondation *in vitro* au sein de la Clinique Medicis de Kinshasa.

l'embryon *in vitro* depuis ses premiers stades jusqu'à son implantation, son développement et la mise au monde de l'enfant qui en est issu »[415].

218. En outre, d'après les investigations doctorales menées par une criminologue congolaise[416], « *vers la fin de l'an 2005* », la technique d'AMP dénommée « micro injection intra ovocytaire », communément désignée par l'anglicisme « *Intra cytoplasmic sperm injection* » (ICSI), fit son entrée sur le marché procréatique congolais avec la naissance de deux jumeaux.

Nos propres recherches montrent que c'est précisément le 22 septembre 2005 que naquirent, à la Clinique Médicis de Kinshasa, les premiers jumeaux, fille et garçon, issus de l'ICSI[417]. Depuis la naissance du premier bébé-éprouvette congolais, une trentaine d'autres enfants sont nés artificiellement, grâce à l'insémination artificielle ou à la fécondation in vitro et transfert d'embryon (FIVETE)[418].

219. À ce jour, la maternité de substitution est en reste en RDC. Aucune source connue ne rapporte son expérimentation. N'empêche qu'on s'attache à identifier, le cas échéant, les normes disparates du droit positif susceptibles de recevoir application en matière de maternité de substitution.

Pour ce faire, on aura d'abord égard au droit commun des contrats issu du Code civil, livre III (A), avant de fouiller dans le système juridique congolais l'existence probable des principes de bioéthique applicables à la condition juridique du corps humain (B). Enfin, pour son enrichissement et la clarification de certains de ses aspects, cette étude du droit national sera suivie d'un regard tourné vers les tendances actuelles d'encadrement juridique de la maternité de substitution en droit comparé (C).

---

415 ROEGIERS (L.), « L'énigmatique embryon in vitro », in SCHIFFINO (N.) et VARONE (F.), dir, *Procréation médicalement assistée : régulation publique et enjeux bioéthiques,* Bruxelles, Bruylant, 2003, p. 137.

416 MVAKA NGUMBU (I.), *La lutte contre la néocriminalité procréatique en République démocratique du Congo. Esquisse de politique criminelle en bioéthique*, Kinshasa, l'Harmatan RDC, 2018, p. 60.

417 Pour s'en convaincre, on peut utilement visiter le site officiel de New Médicis Clinic de Kinshasa : *http://www.newmedicisclinic.cd/Site/index.php*, [consulté le 02 novembre 2016].

418 Ce bilan est tiré du témoignage du Docteur Antoine MOSIKWA AMANA sur les ondes de la Radio France Internationale (RFI).Voy. *https://bamp.fr/2014/12/05/rfi-sante-les-voix-du-monde-emission-de-sante-a-la-radio-linfertilite-en-afrique/*, [consulté le 02 novembre 2016].

A. *La mobilisation des règles du Code civil, livre III, en matière de convention de gestation pour autrui*

220. Telle qu'elle se conçoit, la gestation pour autrui est un contrat au sens de l'article 1er du Code civil congolais, Livre III, qui dispose que : « *Le contrat est une convention par laquelle une ou plusieurs personnes s'obligent, envers une ou plusieurs autres, à donner, à faire ou à ne pas faire quelque chose.* »

Il s'agit d'un contrat innommé, car ni sa dénomination, ni son régime juridique ne rentrent dans les prévisions de la règlementation en vigueur sur les contrats. Cependant, dans sa formation et pour sa validité, la convention de gestation pour autrui ou le contrat de substitution de mère ne saurait échapper aux règles de droit commun des contrats. L'indique clairement l'article 7 du Code précité, selon lequel: « *Les contrats, soit qu'ils aient une dénomination propre, soit qu'ils n'en aient pas, sont soumis à des règles générales qui sont l'objet du présent titre* ». L'intitulé du titre visé par cet article est assez évocateur : « *Des contrats ou des obligations conventionnelles* ***en général*** ».

221. Nous l'avons précédemment rappelé, parmi les conditions essentielles pour la validité d'une convention, l'article 8 du Code civil, Livre III, retient « *une cause licite dans l'obligation* ». Le législateur enrichit le régime juridique de la cause notamment par l'apport de deux autres articles, dont l'un[419] déclare sans effet escompté l'obligation portant sur une cause illicite ; et l'autre[420] étermine le champ de l'illicéité de la cause. Ce champ intègre trois critères recognitifs non cumulatifs : un contenu prohibé par la loi, un contenu contraire aux bonnes mœurs et un contenu contraire à l'ordre public. La jurisprudence et la doctrine congolaises[421] sont unanimes sur la sanction de nullité absolue qu'encourt le contrat dans lequel la cause de l'obligation d'une des parties est illicite.

Ainsi, nous pensons qu'en l'absence d'une loi spéciale autorisant son entrée dans le commerce juridique, la convention de gestation pour autrui, généralement conclue à titre onéreux, doit être considérée, *de lege lata*, comme étant entachée de nullité tirée du caractère illicite et immoral de la cause de l'obligation de la mère porteuse. Il est en effet contraire aux bonnes mœurs[422] de marchander le corps humain.

[419] Voy. l'article 30 du Code civil, Livre III : « *L'obligation sans cause, ou sur une fausse cause, ou sur une cause illicite, ne peut avoir aucun effet.* »

[420] Voy. l'article 32 du même Code : « *La cause est illicite quand elle est prohibée par la loi, quand elle est contraire aux bonnes mœurs ou à l'ordre public* ».

[421] Voy. KALONGO MBIKAYI, *op. cit.*, p.

[422] Et non pas à l'*ordre public*. En effet, d'après la doctrine, la notion de l'ordre public fait référence à l'ensemble des lois et des principes du droit positif auxquels la volonté privée

222. On ne saurait, pour lui accorder astucieusement le bénéfice de la légalité, coller à la gestation pour autrui la qualification contractuelle de « location » ou de « louage ». En tant qu'organe du corps humain, l'utérus n'est pas juridiquement à même de constituer l'objet du contrat de « louage des choses »[423]. L'interprétation du régime juridique applicable à ce contrat nommé s'y oppose fermement. C'est aussi l'avis de Xavier LABBEE lorsqu'il remarque, à propos de la gestation pour autrui, que « la formule ''*contrat de location d'utérus*'' est mal choisie, et doit être proscrite : cette expression tend à accréditer l'idée d'un rapport d'obligation entre deux femmes, dont l'objet serait le corps de la bailleresse. Or on ne peut louer que des objets. Le corps humain n'est pas susceptible d'être loué[424]. »

223. Pour les mêmes raisons, nous rejetons également toute possibilité juridique de prêt du corps féminin ou de prêt d'utérus[425].

224. Tout cela mène à affirmer que l'on ne devrait nullement inférer de l'absence de cadre légal sur la gestation pour autrui la conclusion que sa

---

ne peut déroger. Or, le droit positif congolais est à ce jour muet sur la question de la GPA. A l'opposé, les *bonnes mœurs* s'entendent des normes, écrites ou non, de moralité publique, telle qu'elle est entendue à une époque donnée et dans une société déterminée. On enseigne qu'elles concernent surtout la morale sexuelle, le respect de la personne humaine et de sa liberté. Elles évoluent dans le temps. En ce sens, voy. KENGE NGOMBA TSHILOMBAYI (M.-T.), *Droit civil : Les obligations*, Paris, L'Harmattan, 2017, p. 86.

[423] Au sens de la loi, le louage des choses s'entend du contrat par lequel l'une des parties s'oblige à faire jouir l'autre d'une chose pendant un certain temps, et moyennant un certain prix que celle-ci s'oblige de lui payer (voy. l'article 371 du Code civil, livre III). En tout état de cause, l'idée de location à titre onéreux des facultés reproductrices et gestatives du corps féminin contrarie l'ordre public et les bonnes mœurs.

[424] LABBEE (X.), *op. cit.*, p. 354. Cet auteur met cependant un bémol à sa position en soutenant que : « Si le contrat préserve l'intégrité corporelle de la femme, en excluant toute idée de contrainte physique, l'obligation prend alors un aspect différent : le créancier n'a plus de droit sur le corps de son débiteur, mais ne peut exiger de lui qu'une simple prestation. Le boxeur reçoit de l'argent pour prendre des coups parfois durs. Si à la veille du match, il refuse de monter sur le ring et déclare forfait, on ne peut pas le contraindre physiquement à remplir son contrat. Il pourra en revanche devoir éventuellement des dommages et intérêts pour l'inexécution contractuelle. Pourquoi ne pourrait-on transposer ce raisonnement pour la question de la mère porteuse ? » Voy. *Idem*, p. 354-355. Nous pensons, quant à nous, que le raisonnement par analogie auquel s'est livré Xavier LABBEE n'est pas convainquant, car, contrairement à celui de la prestation du boxeur, l'objet de la prestation de la mère porteuse est hors commerce, jusqu'à nouvel ordre juridique. En soi, la boxe n'a rien d'immoral et d'illicite, ainsi que l'atteste l'état actuel du droit des sports. Sur la règlementation et la contractualisation du sport en RDC, voy. NGWABIKA FUNGA (J.), *La protection du sportif en droit congolais*, Thèse, Université de Kinshasa, 2013.

[425] Par définition, le prêt est un contrat réel, en ceci qu'il porte nécessairement sur une chose (traduction du mot latin « res»). Voy. l'article 447 du Code civil, livre III.

pratique en droit congolais est implicitement permise, du moins dans le sens où elle n'est pas explicitement interdite.

Après le droit des contrats, voyons à présent ce qu'il en est de la licéité de la gestation pour autrui sous le jour des principes de bioéthique sur la condition juridique du corps humain.

B. La convention de gestation pour autrui dans le collimateur des principes de bioéthique sur la condition juridique du corps humain

225. Les progrès de la médecine et de la biologie humaine sont à l'origine de la naissance et du raffinement, en droit, des principes de bioéthique relatifs à la protection de la personne humaine et de son corps. Certains de ces principes ont préexisté à la « révolution biomédicale » qui est d'avènement relativement récent. C'est le cas des principes classiques protégeant la personnalité physique contre les atteintes au droit à la vie[426] ou au droit à l'intégrité du corps. D'autres, par contre, sont assez nouveaux tant dans leur consécration législative que dans leur qualification technique. Sont visés dans cette dernière catégorie, les principes tels que : la gratuité et l'anonymat en matière de don d'organes du corps humain, la non-patrimonialité du corps humain, l'indisponibilité du corps humain, etc.

226. Il n'existe pas encore en droit congolais d'édifice autonome des principes de bioéthique à la manière des lois dites de bioéthique en France[427] ou d'autres corpus spécifiques de protection du corps humain que l'on rencontre dans plusieurs systèmes juridiques des pays européens. À l'observer de plus près, l'on pourrait, tout de même, déceler dans l'ordonnancement juridique congolais la lueur de quelques principes épars de bioéthique. La compréhension et l'interprétation de certains d'entre eux laissent planer l'ombre de l'illicéité de la gestation pour autrui en droit positif.

---

[426] D'ailleurs, dans son ensemble, l'arsenal d'infractions d'atteintes à la vie vise à assurer pénalement la protection du corps humain, en considération du fait que toute mort découlant de la commission d'une infraction, c'est forcément une atteinte portée aux organes vitaux d'une personne.

[427] C'est par les lois de bioéthique que le terme « corps humain » fit son entrée dans le Code civil français, en ce qu'elles y insèrent un chapitre intitulé « *Du respect du corps humain* ». Voy. les lois de bioéthique de 1994 (Loi n°94-548 du 1er juillet 1994 relative au traitement des données nominatives ayant pour fin la recherche dans le domaine de la santé, loi n°94-653 du 29 juillet 1994 relative au respect du corps humain et loi n°94-654 du 29 juillet 1994 relative au don et à l'utilisation des éléments et produits du corps humain, à l'assistance médicale à la procréation et au diagnostic prénatal), telles que modifiées et complétées à ce jour, principalement par la loi n°2004-800 du 6 août 2004 relative à la bioéthique et la loi n°2011-814 du 7 juillet 2011 relative à la bioéthique.

227. Dans ce cadre normatif assez confus, on retiendra, en premier lieu, le *principe matriciel* de la *dignité de la personne humaine,* qui trouve son ancrage dans la constitution[428]. Il est en effet déshumanisant de se servir du corps d'une mère, même avec son consentement, comme ce que Judith SANDOR appelle « une machine biologique jouant le rôle d'incubateur[429] ».

L'idée même de la dignité humaine ne s'accommode à aucune forme de marchandisation du corps humain féminin. Vu sous cet angle, le *principe de la non-patrimonialité du corps humain* pourrait, ensuite, être retenu et examiné comme corollaire de celui de la dignité humaine. Il lui empruntera son fondement juridique, faute de base légale propre[430].

228. Il a été enseigné que la « non-patrimonialité signifie qu'aucune valeur pécuniaire ne peut être conférée au corps lui-même, à ses éléments ou produits. Les conventions ayant pour effet de conférer une valeur patrimoniale au corps humain, à ses éléments ou à ses produits sont nulles[431]. » Vont dans le même sens, les auteurs qui affirment que « les

---

[428] Voy. l'article 11 : « *Tous les êtres humains naissent libres et égaux en dignité et en droits* [...]».

[429] SANDOR (J.), « Piliers fondamentaux de la protection du corps dans le droit médical hongrois : dignité, autodétermination et non-réification », in FEUILLET-LIGER et SCHAMPS (G.), dir., *Principes de protection du corps et biomédecine. Approche internationale*, Bruxelles, Bruylant, 2015, p. 179.

[430] Si, en droit positif, faute de base légale propre, le principe de la non-patrimonialité du corps humain peut valablement être considéré comme un corollaire du principe-mère de dignité humaine de la personne, en droit du futur, l'Avant-projet de Code pénal jette les balises de la consécration de la norme de la non-patrimonialité, en y consacrant trois articles dans le cadre de la protection pénale contre les atteintes au corps humain. Il s'agit des articles 336 (« *Quiconque obtient d'une personne l'un de ses organes* ***contre un paiement****, quelle qu'en soit la forme, est puni de sept ans d'emprisonnement et de 1.000.000 de francs congolais d'amende. Est puni des mêmes peines, quiconque apporte son entremise pour favoriser l'obtention d'un organe* ***contre le paiement*** *de celui-ci, ou de céder* ***à titre onéreux*** *un tel organe du corps d'autrui. Les mêmes peines sont applicables dans le cas où l'organe obtenu dans les conditions prévues au premier alinéa provient d'un pays étranger »),* 348 (« *Quiconque obtient des gamètes* ***contre un paiement*** *à l'exception du paiement des prestations assurées par les établissements effectuant la préparation et la conservation de ces gamètes, est puni de cinq ans d'emprisonnement et de 1.000.000 de francs d'amende. Est puni des mêmes peines quiconque apporte son entremise pour favoriser l'obtention de gamètes* ***contre un paiement*** *ou remet à des tiers,* ***à titre onéreux*** *des gamètes provenant de dons »)* et 354 (« *Quiconque obtient des embryons humains,* ***contre un paiement*** *est puni de sept ans d'emprisonnement et de 1.000.000 de franc d'amende. Est puni des mêmes peines quiconque apporte son entremise pour favoriser l'obtention d'embryons humains* ***contre un paiement*** *ou remet à des tiers,* ***à titre onéreux*** *des embryons humains. »).* On peut remarquer que les trois textes sus libellés ont été inspirés respectivement par les articles 511-2, 511-9 et 511-15 du Code pénal français/Edition 2006.

[431] BOMPAKA NKEYI MAKANYI, *op. cit.* , p. 14.

contrats portant sur le corps humain ont toujours été vus avec défaveur par la tradition juridique parce qu'ils représentent une atteinte indirecte aux droits de la personnalité et parce que celle-ci ne peut, par principe, être objet de commerce[432]. » Un autre auteur décrit le principe de la non-patrimonialité du corps humain, de ses éléments et de ses produits comme « l'affirmation radicale de leur non-matérialité [...]. Ce principe classifie le corps humain dans l'ordre de l'être et non de l'avoir[433] ».

229. Le principe de dignité de la personne humaine s'oppose également à la forme de réification de l'être-enfant qui se camoufle, dans une certaine mesure, derrière la technique de « location d'utérus ». Faire de l'enfant l'objet de satisfaction à un désir du couple « locataire de l'utérus » ou au besoin d'argent (de loyer !) de la mère « bailleresse de l'utérus», équivaudrait à le déshumaniser.

230. On retiendra, enfin, le *principe de l'indisponibilité du corps humain.* Quoique n'ayant été explicitement consacré par aucun texte de loi ni de règlement, ce principe trouve de nombreuses applications en droit congolais. Dans une large mesure, le corps humain, en droit congolais, est considéré comme, non pas « *une propriété de soi* », mais plutôt une « *propriété de l'Etat* », pour emprunter ces deux expressions employées par Bertrand LEMENNICIER[434]. La non-légalisation de l'euthanasie - ce qui implique sa pénalisation sous la qualification de meurtre[435] - et l'érection du proxénétisme en infraction autonome[436], en sont, à nos yeux,

---

432 BAUDOUIN (J.-L.) et LABRUSSE-RIOU (C.), *op. cit.*, p. 115.

433 KERNALEGUEN (F.), « Les principes de protection du corps humain en droit français : l'influence déterminante de la biomédecine », in FEUILLET-LIGER et SCHAMPS (G.), dir., *op. cit.*, p. 150.

434 LEMENNICIER (B.), « Le corps humain : propriété de l'Etat ou propriété de soi ? », *Droits*, 1991, n°13, p. 111-119.

435 Au visa de l'article 43 du Code pénal ordinaire, le consentement de la victime ne peut justifier le meurtre. Ainsi sera poursuivi, d'après la doctrine, « un médecin qui, à la demande du malade, lui injecte une solution plus dosée de morphine pour hâter sa mort et le délivrer de douleurs atroces.» Voy. LIKULIA BOLONGO, *op. cit.*, p. 60.

436 Le proxénétisme a été défini par la même doctrine comme « *toute activité tendant à favoriser la débauche, la prostitution d'autrui ou à en tirer profit* ». Voy. *Idem*, p. 361. Il constitue une infraction prévue et punie par l'article 174 bis du Code pénal ordinaire, tel que modifié par l'article 6 du décret du 27 juin 1960. Dans l'Avant-projet de réforme de ce Code (voy. l'article 297), sous l'inspiration de l'article 225-5 du Code pénal français (édition 2006), le proxénétisme est défini comme « *le fait, par quiconque, de quelque manière que ce soit et pour satisfaire les passions d'autrui :*

1. *D'aider, d'assister ou de protéger la prostitution d'autrui ;*
2. *De tirer profit de la prostitution d'autrui, d'en partager les produits ou de recevoir des subsides d'une personne se livrant habituellement à la prostitution ;*
3. *D'embaucher, d'entraîner ou de détourner une personne majeure en vue de la débauche ou de la prostitution,* ***même de son consentement****, ou d'exercer sur elle une pression pour qu'elle se prostitue ou continue à le faire. Le proxénétisme*

deux illustrations éloquentes. Autant le consentement du patient en fin de vie ou tourmenté par une maladie incurable n'exonère pas pénalement le médecin qui pratique l'euthanasie, ni le consentement à la débauche de la prostituée ne disculpe le proxénète ou le souteneur, autant le consentement de la mère de substitution ne suffit à lui accorder, avec le concours d'un tiers – le (couple) commanditaire de la maternité de substitution -, le pouvoir de disposer arbitrairement de son corps.

231. Ces quelques indications sont la preuve qu'il existe dans l'édifice juridique congolais, d'une manière assez éparpillée, des principes de bioéthique relatifs à la protection de la personne humaine et de son corps. Confrontée à eux, la pratique de la gestation pour autrui se révèle d'ores et déjà illicite, en dépit de l'absence des normes de droit positif qui lui soient spécifiquement réservées.

En droit comparé, il en va différemment d'un pays à l'autre.

C. *Les approches du droit comparé en matière de gestation pour autrui*

232. Le quasi-vide juridique qui caractérise la RDC en matière de gestation pour autrui est, à quelques exceptions près[437], une situation juridique commune aux pays en voie de développement situés sur le continent africain.

Dans les pays développés, berceau de progrès des techniques biomédicales, trois grandes approches se dessinent en matière de gestation pour autrui. Ces approches se résument en trois mots : interdire[438], permettre[439] ou ignorer[440]. Certains systèmes juridiques restent mitigés et sont, de ce fait, difficiles à être catégorisés sous le label de l'une ou l'autre de trois approches sus épinglées[441]. Visiblement, l'approche prohibitive

---

est puni de sept ans d'emprisonnement et d'une amende de 10.000.000 de francs. »

[437] En droit algérien, c'est depuis 2005 qu'il existe un dispositif de régulation de l'insémination artificielle qui prohibe expressément la pratique de la mère porteuse. Voy. l'article 45 bis ajouté à la loi n°84-11 du 9 juin 1984 portant Code de la famille, par l'ordonnance n°05-02 du 27 février 2005 la modifiant et la complétant (*J.O.* de la République algérienne, n°15 du 27 février 2005, p. 19).

[438] La gestation pour autrui est prohibée notamment en France, en Allemagne, en Espagne, en Italie et en Suisse.

[439] La gestation pour autrui est licite au Royaume Uni.

[440] En Belgique, la gestation pour autrui ne fait l'objet d'aucun texte juridique spécifique. Elle n'est donc ni prohibée, ni légalisée.

[441] Il existe des pays où la régulation de la gestation pour autrui varie, entre la prohibition et la légalisation, d'une province à une autre (cas du Canada) ou d'un Etat fédéré à un autre (cas des Etats-Unis où la maternité pour autrui n'est prohibée formellement que dans les

demeure dominante, ainsi que le révèle une étude de droit comparé menée sur l'espace européen[442].

233. Dans la famille des systèmes juridiques acquis à l'interdiction de la pratique de gestation pour autrui, l'itinéraire français paraît très évocateur pour illustrer les moyens de droit généralement invoqués par les juristes opposés à sa légitimation.

Déjà en 1984, le Comité d'éthique de la France était très ferme dans son avis[443], en déclarant que : « Le recours à cette pratique est illicite. Elle réalise la cession d'un enfant. Un tel contrat ou engagement est nul par son objet et est contracté en fraude à la loi relative à l'adoption. »

Deux ans après, saisi d'une demande d'annulation de l'opposition du Commissaire de la République à l'inscription de l'Association « Les Cigognes » sur le registre des associations, le Tribunal administratif de Strasbourg n'y fit pas droit, en jugeant que : « Par son objet, l'Association nécessairement se constitue en intermédiaire entre la femme stérile et la mère de substitution qui s'engage à abandonner l'enfant qu'elle porte dès sa naissance en faveur de la femme stérile ; que cette activité d'intermédiaire comporte nécessairement l'existence d'un acte d'engagement même s'il est seulement verbal ou moral[444]. »

Donnant suite à un pourvoi dans une affaire similaire, la Cour de cassation française[445] confirma l'arrêt attaqué qui avait décidé, au visa de l'article 3 de la loi du 1er juillet 1901, que l'association Alma mater était nulle en raison de l'illicéité de son objet ; le droit de se marier et de fonder une famille reconnu à l'homme et à la femme en âge nubile n'impliquant pas le droit de conclure avec un tiers des conventions portant sur le sort d'un enfant à naître.

Etats suivants : Kentucky, Indiana, Louisiane, Nebraska, Arizona, New York, Nouveau-Mexique, Utah, Michigan et Columbia). Dans d'autres pays, des options juridiques incohérentes sont perceptibles (cas du Danemark où la pratique de la gestation pour autrui est reconnue en droit médical, tandis que le droit civil s'y oppose).

442 Voy. SENAT (France), *Les documents de travail du Sénat. Série législation comparée : La gestation pour autrui*, n° LC 182, janvier 2008, 42 p.

443 Voy. Avis n°3, 23 octobre 1984, « Les problèmes éthiques nés des techniques de reproduction artificielle ».

444 T.A. Strasbourg, 17 juin 1986, *A.J.D.A.*, 1986, 710. Cette décision a été entérinée par C.E. Ass., 22 janvier 1988, *D.* 1988. IR. 45. Dans ce dernier arrêt confirmatif, le Conseil d'Etat avait jugé que les associations intermédiaires dans la maternité de substitution tombent sous le coup de l'article 353-1 de l'ancien Code pénal réprimant le délit de provocation à l'abandon ainsi que d'entremise à l'adoption.

445 Voy. Cass. 1ère Civ. 13.12.1989, *Bull.*, p. 260, n°387 ; DS 1990-J-273, Rapport J. MASSIP ; *JCP* 1990-II-21526.

Une nouvelle argumentation juridique hostile à la maternité de substitution fut l'œuvre de l'Assemblée plénière de la même Cour, qui affirma solennellement « que la convention par laquelle une femme s'engage, fut-ce à titre gratuit, à concevoir et à porter un enfant pour l'abandonner à sa naissance contrevient tant au principe d'ordre public de l'indisponibilité du corps humain qu'à celui de l'indisponibilité de l'état des personnes[446]. » Cette historique solution jurisprudentielle est à l'origine du principe inscrit à l'article 16.7 du Code civil français, selon lequel : « *Toute convention portant sur la procréation ou la gestation pour le couple d'autrui est nulle* ». À cette sanction civile de nullité, se sont ajoutées les peines portées par le Code pénal[447] à l'encontre du fait de s'entremettre entre une personne ou un couple désireux d'accueillir un enfant et une femme acceptant de porter en elle cet enfant en vue de le leur remettre.

234. De toute manière, pour prévenir la transmission mère-enfant du VIH, la maternité de substitution reste objectivement une technique d'AMP porteuse d'espoirs. Une refonte du droit positif suffirait à la règlementer avec la plus grande circonspection, de façon à prendre soigneusement en compte les enjeux et dangers en présence.

Le juriste est ainsi sommé d'inventer un nouveau droit de la maternité de substitution dans l'intérêt de la PTME.

Paragraphe 2 : L'invention d'un droit du futur

235. L'opinion répandue selon laquelle la gestation pour autrui est une pratique immorale reste très relative. Toute la nuance est dans la finalité recherchée, selon que le recours à la mère porteuse vise exclusivement la satisfaction des intérêts privés (besoin d'argent chez la gestatrice et désir d'enfant chez le commanditaire de la gestation) ou, par-dessus tout, la protection de l'ordre public sanitaire menacé par une forte probabilité de donner naissance aux enfants atteints d'affection d'une particulière gravité.

D'emblée, en situation de risque avéré de transmission du VIH de la mère à l'enfant, la maternité de substitution ne peut être en soi contraire aux bonnes mœurs, particulièrement lorsqu'elle est pratiquée à titre gratuit. Il ne peut être contraire à l'éthique de « prêter » gratuitement, à autrui, son utérus à des fins, socialement acceptables, de prévention d'un tel risque sanitaire.

---

[446] Voy. Cass. Ass. Pl. 31.5.1991, *DS* 1991-J-417, Rapport Y. CHARTIER et note D. THOUVENIN concl. M. le Premier Avocat Général DONTENWILLE.
[447] Voy. l'article 227.12 al. 3.

D'ailleurs, « le droit n'est pas moralement neutre, il porte des valeurs au détriment d'autres. Il n'est jamais une pure technicité ni dans sa lettre ni dans son usage. Toute décision juridique affecte l'ordre des choses, elle tranche dans la complexité et les ambivalences du lien social[448]. »

236. C'est finalement au législateur qu'il appartient de fixer les frontières d'une règlementation spécifique à l'intérieur desquelles la technique de gestation pour autrui pourrait fonctionner, en contexte de VIH/sida, avec un minimum d'inconvénients pour la société et un maximum de garanties d'ordre éthique.

Pour contribuer théoriquement à la recherche de ce droit prospectif, notre volonté consistera à tenter de construire le régime juridique d'encadrement de la *maternité de substitution à visée de PTME* (A). Après quoi, nous mobiliserons des considérations variées susceptibles d'entrer en ligne de compte du plaidoyer en faveur de ce régime juridique (B).

A. Le régime juridique d'encadrement de la maternité de substitution à visée de PTME

237. Nous préconisons une nette démarcation, dans la *lex ferenda*, entre les conditions d'accès à la *maternité de substitution à visée de PTME* (1) et les principes directeurs d'encadrement de sa pratique en soi (2).

1. Les conditions d'accès à la maternité de substitution à visée de PTME

Pour être éligible à la *maternité de substitution à visée de PTME*, la femme commanditaire devrait satisfaire à trois conditions d'accès que sont : la sérologie positive (a), la capacité biologique procréative (b) et la majorité d'âge (c).

a. La condition liée au statut sérologique pour le VIH

238. Notre projet de réforme juridique n'a pas pour finalité de faire légaliser la gestation pour autrui dans sa conception actuellement répandue, mais plutôt un type nouveau de gestation pour autrui investie du rôle de prévenir la transmission mère-enfant du VIH. Il en découle logiquement la condition que la mère commanditaire doive être celle-là même en qui réside le risque biologique de transmission verticale du VIH : femme séropositive.

---

448 LE BRETON (D.), « Corps et personne : quelle(s) anthropologie(s) pour le droit ? », in FEUILLET-LIGER et SCHAMPS (G.), dir., *op. cit.*, p. 20-21.

b. La condition liée à la capacité biologique et organique de reproduction

239. La *maternité de substitution à visée de PTME* requiert que l'enfant qui sera porté par la mère de substitution soit l'émanation génétique de la mère séropositive commanditaire. Il va falloir que celle-ci soit en état biologique et organique de pouvoir procréer par le don d'un gamète femelle à féconder *in vitro.* Autrement dit, la femme stérile ou inféconde n'est pas visée.

La capacité biologique et organique de reproduction ne se présume pas. Elle ne saurait se déduire des expériences de maternité du passé, en raison du risque scientifiquement établi des stérilités dites secondaires. Elle doit être médicalement attestée.

c. La condition d'âge

240. Le statut séropositif et la capacité de procréation naturelle ne suffiraient pas à eux seuls pour qu'une personne de sexe féminin soit éligible à la *maternité de substitution à visée de PTME.* Encore faudrait-il que cette personne soit majeure d'âge.

En fait, l'âge de procréation féminine n'est pas scientifiquement fixe. On le situe généralement à la puberté ou à l'adolescence lorsque la fille connaît ses premières menstruations. Or, celles-ci sont précoces chez les unes et tardives, voire très tardives chez d'autres.

241. En droit positif, le législateur fait de la procréation une fin essentielle du mariage, en même temps qu'il fixe l'âge nuptial minimum à 18 ans[449]. Le mariage de l'enfant, c'est-à-dire toute personne âgée de moins de 18 ans, est légalement prohibé[450]. Son activité sexuelle, librement consentie soit-elle, est légalement assimilée au viol à l'aide de violences[451].

Faute d'âge de procréation explicitement déterminé dans la loi, on peut inférer de considérations légales qui précèdent que, dans la pensée du législateur congolais, cet âge ne saurait être admis en deçà de 18 ans. Derrière cette pensée se cache le besoin ressenti de protéger l'enfant contre tout risque d'abus en raison de sa vulnérabilité et de son manque de maturité physique et émotionnelle. C'est pourquoi, pour préserver la cohérence interne du droit, il est convenable de subordonner l'accès à la

---

[449] Initialement fixé à 18 ans accomplis pour l'homme et à 15 ans accomplis pour la femme, l'âge nuptial a été indistinctement ramené à 18 ans depuis la très récente réforme du Code de la famille. Voy. l'article 352 de la loi n°16/008 du 15 juillet 2006 modifiant et complétant la loi n°87-010 du 1er août 1987 portant Code de la famille. Cet article précise que : « *L'homme et la femme avant dix-huit ans révolus ne peuvent contracter mariage.* »

[450] Voy. l'article 48 de la loi n°09/001 du 10 janvier 2009 portant protection de l'enfant : « *Les fiançailles et le mariage d'enfants sont interdits.* »

[451] Voy. l'article 170 *in fine* de la loi n°06/018 du 20 juillet 2006 modifiant et complétant le Décret du 30 janvier 1940 portant Code pénal congolais.

maternité de substitution à visée de PTME à la condition de la majorité d'âge.

242. On veillera à n'entretenir aucune confusion entre la condition d'âge de procréation et le statut matrimonial de la femme en matière d'accès à la *maternité de substitution à visée de PTME.* La question du statut matrimonial de la femme intéressée par ce type de gestation pour autrui devrait rester indifférente sur son droit d'y avoir accès. De sorte que femme séropositive célibataire[452], femme séropositive en couple marié et femme séropositive vivant en concubinage doivent, toutes, recevoir un traitement égal.

Légiférer autrement équivaudrait à la méconnaissance du droit fondamental de chaque individu de fonder une famille. En ce sens, la Cour européenne des droits de l'homme avait jugé que « le refus d'accéder à l'AMP entre dans le champ d'application du droit au respect de la vie privée et familiale des requérants. Cette notion englobe le droit au respect de leur décision de devenir parents génétiques [...][453] ».

Légiférer autrement porterait par ailleurs atteinte au principe de l'égalité de tous devant la loi et au droit de tous à une égale protection de la loi. Ce principe d'égalité étant enraciné dans le système juridique actuel[454], on risquerait de nuire à la cohérence interne de celui-ci, en y introduisant une discrimination fondée sur le statut matrimonial.

On remarquera, en définitive, que le droit à la protection contre la discrimination en matière d'accès aux techniques de procréation artificielle est à l'origine de vifs débats dans certains pays d'Europe. En France, il avait récemment semblé au Haut Conseil à l'égalité entre les femmes et les hommes (HCEfh)[455] que le droit encadrant la procréation

---

[452] Dans l'hypothèse d'une femme seule, la *maternité de substitution à visée de PTME* nécessitera l'intervention d'un donneur anonyme de gamète mâle. La question de la filiation paternelle pourra être réglée grâce à la « *paternité juridique* » qui est une invention juridique congolaise inspirée par les coutumes locales. Au sens de l'article 649 du Code de la famille, est appelé *père juridique*, tout homme désigné par le tribunal, au sein ou en dehors de la famille de la mère, pour exercer toutes les prérogatives résultant de la filiation paternelle et en assumer les devoirs vis-à-vis d'un enfant né hors mariage dont cette filiation n'a pu être établie.

[453] CEDH, 20 mars 2007, Tysias c. Pologne, Req. n° 5410/03 ; arrêt définitif rendu le 24 septembre 2007 ; *JCP G* 2007, II, 10071, note Matthieu, CEDH, Grande chambre, 10 avril 2007, Evans c. Royaume-Uni, Req. n° 6339/05.

[454] Le principe d'égalité est une formulation positive du droit à la non-discrimination dont il est inséparable. Sur sa place en droit congolais, voy. NGONDANKOY NKOY-ea-LOONGYA (G.), *Droit congolais des droits de l'homme*, Bruxelles, Academia-Bruylant, 2004, p. 248 et s.

[455] Voy. HAUT CONSEIL À L'ÉGALITE ENTRE LES FEMMES ET LES HOMMES, *Contribution au débat sur l'accès à la PMA*, Avis n°2015-07-01-SAN-17, adopté le 26 mai 2015, p. 21 et s.

médicalement assistée (PMA) est discriminatoire en raison de la conjugalité, en ce sens que la femme qui n'est pas en couple ne peut accéder à la PMA. Ce droit a aussi été jugé incohérent par le HCEfh, à partir du moment où un autre texte de loi[456] du droit français laisse paradoxalement aux femmes célibataires le libre accès à l'adoption d'enfants.

De lege ferenda, qu'en est-il de principes directeurs d'encadrement de la *maternité de substitution à visée de PTME* ?

2. Les principes directeurs d'encadrement de la maternité de substitution à visée de PTME

243. Dans le but de prendre en compte les critiques que la communauté scientifique hostile à la gestation pour autrui oppose à cette technique d'AMP, le droit encadrant la *maternité de substitution à visée de PTME* devrait reposer sur un certain nombre des principes directeurs. Pour en systématiser la présentation, nous regrouperons méthodiquement ces principes selon qu'ils visent, respectivement, la mère porteuse (a), la femme séropositive commanditaire (b), les relations entre la mère porteuse et la femme séropositive commanditaire (c), ou les différents protagonistes pris ensemble (d).

a. Les principes applicables à la mère porteuse

244. Six principes retenus seront, tour à tour, expliqués, à savoir : le célibat (a.1.), le libre consentement (a.2.), le dépistage pré-gestationnel du VIH (a.3), le diagnostic préimplantatoire (a.4.), la gratuité (a.5.) et la prise en charge des soins médicaux prénataux par la sécurité sociale (a.6).

a. 1. Le principe de célibat

Il est préférable que les potentielles mères porteuses soient recrutées parmi la population des femmes qui ne se retrouvent pas dans les liens du mariage. Ce semble déjà en être le cas dans la pratique sociale de la maternité de substitution à travers le monde. En effet, la gestation pour autrui par une femme mariée peut nuire gravement à l'intimité du couple. Elle ne s'accommode pas aux valeurs culturelles traditionnellement rattachées au mariage comme la fidélité[457], entendue au sens large de la

[456] Voy. la loi n°66-500 du 11 juillet 1966 portant réforme de l'adoption.

[457] Il paraît évident que la femme mariée qui accepte de porter en son sein la semence d'un homme autre que son mari entretient avec lui, biologiquement et psychiquement, voire spirituellement, une relation d'intimité, quoiqu'exempte de rapprochement sexuel. Pourtant, comme le note la doctrine, « *le devoir de fidélité interdit à chaque époux d'avoir les relations sexuelles ou intimes avec une personne autre que son conjoint. C'est l'exclusivité des services sexuels entre les époux* ». Voy. KIFWABALA TEKILAZAYA (J.-P.), *op. cit.*, p. 251. Dès lors, à notre avis, il n'y a aucun abus de langage à étendre le

constance d'une personne dans son attachement affectif et sentimental à son conjoint ou sa conjointe.

245. Dans la conception africaine du mariage, on n'est pas loin de considérer que le corps de la femme mariée est affecté à la satisfaction des désirs de son mari, pour ainsi dire à l'usage de celui-ci. Elle doit constamment tenir son corps à la disposition exclusive de son mari, notamment à des fins de fécondité. On l'exhorte[458] à ne point l'en priver, sauf pour juste et légitime motif (maladie, abstinence post-partum ou espacement des naissances, etc.).

246. L'on pourrait, le cas échéant, atténuer la rigueur du principe *de lege ferenda* de célibat, en décidant dans la loi que la femme mariée ne peut jouer le rôle de la mère de substitution à visée de PTME qu'avec le consentement préalable et écrit de son mari.

a. 2. Le principe de consentement

247. Le principe de consentement est au cœur de toute pratique ou expérimentation médicale portant sur le corps de la personne humaine. Ce principe procède du respect de la dignité de tout être humain et de son droit à la protection contre toute forme d'atteinte à son intégrité physique. Il a été inscrit dans des instruments de droit international ratifiés par la RDC, notamment le Pacte international des Nations unies relatif aux droits civils et politiques[459]. Le fondement en est déjà posé en droit interne en ces termes généraux : « *Les recherches et les essais cliniques en matière de VIH/sida sont effectués conformément à l'éthique biomédicale, à la dignité humaine ainsi qu'aux normes nationales et internationales*[460]. »

248. Ignorer le consentement de la mère porteuse en l'assujettissant, contre son gré, à la gestation pour autrui, serait un acte d'asservissement avoisinant l'esclavage. La constitution congolaise pose le principe d'interdiction de toute forme généralement quelconque d'esclavage, en

---

concept de fidélité conjugale à la notion d'*exclusivité des services reproducteurs et gestationnels.*

458 Allusion faite aux sociétés et cultures qui connaissent des rites d'initiation des jeunes filles à la relation maritale, sans tabou. Voy. GENNEP (A.V.), *Les rites de passage. Étude systématique de rites de la porte et du seuil, de l'hospitalité, de l'adoption, de la grossesse et de l'accouchement, de la naissance, de l'enfance, de la puberté, de l'initiation, de l'ordination, du couronnement des fiançailles et du mariage, des funérailles, des saisons, etc.*, Paris, Mouton & Co, 1969, 288 p.

459 Voy. l'article 7.

460 Voy. l'article 14 de la loi n°08/011 du 14 juillet 2008 relative au VIH/sida.

prescrivant que nul ne peut être tenu en esclavage « *ni dans une condition analogue* »[461].

Dans l'écriture constitutionnelle, l'expression « *dans une condition analogue* », héritée des textes constitutionnels les plus anciens[462], doit être entendue dans son sens le plus générique possible, de manière à prendre en compte le ferme attachement du constituant congolais au principe de liberté individuelle. De sorte que rentrerait dans les prévisions de l'article 16, alinéa 3, de la Constitution, toute forme de servitude infligée à un être humain, sous quelque dénomination que ce soit, en dehors des cas prévus par la loi. Il ne saurait en être autrement de la qualification de *maternité de substitution à visée de PTME*, au cas où la mère porteuse n'y aurait pas librement consenti.

a. 3. Le principe de dépistage pré-gestationnel du VIH

249. Pour rester cohérent avec la visée de PTME assignée à la maternité de substitution, il est acceptable de devoir préalablement se rassurer que la mère porteuse choisie n'est pas, elle aussi, infectée par le VIH. À cet effet, l'examen de sa sérologie est inévitable avant le début de la gestation, c'est-à-dire avant le transfert d'embryon conçu *in vitro* dans son utérus.

Ainsi que nous le verrons plus loin, l'éthique biomédicale la plus élémentaire et le droit individuel à la vie privée exigent le recueil du consentement préalable de la personne sur qui sera pratiqué le test de dépistage du VIH. En fait de *maternité de substitution à visée de PTME*, le consentement éclairé de la mère porteuse à l'idée de prêter librement son utérus à une femme séropositive, devrait emporter, tacitement, son accord au test pré-gestationnel de dépistage du VIH. C'est une question de bon sens, car on ne peut vouloir une chose et son contraire à la fois.

a. 4. Le principe de diagnostic préimplantatoire (DPI)

250. Considérant la probabilité d'obtenir *in vitro* un embryon porteur du VIH, puisqu'étant le produit des gamètes émanant d'une femme séropositive, il serait requis d'effectuer sur les embryons fécondés *ex utero* un diagnostic sérologique approprié. Ce diagnostic ne peut avoir d'autre objet que de rechercher l'affection virale[463], aux fins de détecter les embryons

---

[461] Voy. l'article 16, alinéa 3.

[462] Pour une vue panoramique de ces textes, Voy. IYELEZA MOJU-MBEY et al., *op. cit.* ; BOSHAB (E.), *op. cit.*

[463] En ce sens, il est significatif de faire état de l'article 365, livre 2, de l'Avant-projet de Code pénal congolais, qui dispose que : « *Quiconque procède à un* ***diagnostic préimplantatoire*** *sans que soit attestée, par un médecin exerçant son activité dans un établissement public ou privé à but non lucratif autorisé à cet effet,* ***la forte probabilité pour le couple de donner naissance à un enfant atteint d'une maladie génétique d'une***

éventuellement infectés par le VIH pour les distinguer et les séparer très nettement des embryons exempts d'infection. Ce sont ceux-ci qui sont destinés à l'implantation dans l'utérus de la mère porteuse. Comme le relève le Professeur TESTART, parmi les embryons fécondés *in vitro*, « le diagnostic préimplantatoire va élire le meilleur par sélection[464] ».

Son nom l'indique, le diagnostic préimplantatoire précède l'implantation ou le transfert d'embryon. Ainsi, si le dépistage pré-gestationnel du VIH est utile à prévenir la contamination par le VIH de l'embryon au stade de sa gestation, le diagnostic préimplantatoire l'est pour éviter la contamination de la mère gestatrice par l'embryon éventuellement infecté par le VIH lors de sa fécondation *in vitro*.

a. 5. Le principe de gratuité

251. On a souvent reproché à la gestation pour autrui de s'inscrire dans une logique moralement répréhensible de marchandisation du corps humain. On a également mentionné, dans ce même cadre, le risque d'exploitation des femmes économiquement faibles[465]. La prise en compte de ces critiques rend nécessaire la consécration légale du principe de gratuité, à l'exemple des lois de bioéthique en France[466].

La future loi devrait clairement disposer que la mère de substitution ne doit s'attendre à aucune contrepartie de la part de la femme ou du couple commanditaire, ni d'un tiers. La charité doit rester le seul mobile de son adhésion à la *maternité de substitution à visée de PTME*. L'*animus lucri*

---

particulière gravité reconnue comme incurable au moment du diagnostic*, est puni de deux ans d'emprisonnement et de 1.000.000 de francs d'amende. Est puni des mêmes peines le fait de procéder à un diagnostic préimplantatoire :*

1° Sans avoir recueilli par écrit le consentement de deux membres du couple ;

***2° Ou à d'autres fins que de rechercher l'affection, de la prévenir et de la traiter** ;*

3° Ou hors d'un établissement public ou privé à but non lucratif autorisé à cet effet ». Ce texte a été inspiré par la combinaison des articles 511-21 et 716-12 du Code pénal français ainsi que des articles L.2131-4 et L.2131-4-1 du Code (français) de la santé publique.

464 TESTART, « Les risques de la purification génique. Questions à P.-A. Taguieff », *Esprit* 1994, n°199, p. 178.

465 Voy. nos développements antérieurs sur les critiques faites à la gestation pour autrui.

466 En droit français, le principe de gratuité a été introduit dans le Code civil, aux articles 16-1 et 16-7. Le premier vise l'interdiction de faire du corps humain, de ses éléments ou de ses produits, l'objet d'un droit patrimonial. Le second article, lui, interdit de rémunérer celui qui se prête à un prélèvement de produits de son corps ou à la collecte de produits de celui-ci. Au niveau européen, la règle de la gratuité est consacrée par l'article 21 de la Convention sur les droits de l'homme et la biomédecine du 4 avril 1997 : « *Le corps humain et ses parties ne doivent pas être, en tant que tels, source de profit* ».

– l'intention du lucre – est à bannir avec la plus grande fermeté, au besoin, en recourant à la dissuasion du droit pénal[467].

Tel qu'appréhendé, le principe de gratuité reste conciliable avec le bénéfice de certaines prestations et allocations du système de sécurité sociale. Pourvu que ce dernier soit repensé.

a. 6. Le principe de la couverture des soins médicaux prénatals par la sécurité sociale

252. Ce principe *de lege ferenda* s'insère dans le cadre général de la législation actuelle sur le VIH/sida, qui fait obligation à l'État d'assurer « *gratuitement l'accès aux soins de prévention, aux traitements et à la prise en charge des personnes vivant avec le VIH/sida* [...][468] », et de mettre en place ainsi que d'organiser « *les structures nécessaires à la prévention, à la prise en charge et à l'accompagnement psychologique, social, économique et juridique des personnes vivant avec le VIH/sida* [...][469] ».

En l'état, le droit positif permet ainsi une prise en charge totale du coût de la *maternité de substitution à visée de PTME* par l'État. Le problème de la disposition par l'État des moyens suffisants à cet effet est une question de fait et non de droit. Le droit se limite à rendre l'État « *le premier responsable de la lutte contre le VIH/sida* »[470]. Il lui incombe de mobiliser les moyens nécessaires pour éradiquer l'épidémie du VIH et mettre les générations futures à l'abri. Le législateur n'y va pas par des voies détournées lorsqu'il édicte à propos de l'Etat : « *Il élabore un budget conséquent à cet effet* »[471].

C'est donc dans ce cadrage législatif précis que devrait s'inscrire le principe selon lequel les soins médicaux prénatals occasionnés par la *maternité de substitution à visée de PTME* sont entièrement pris en charge par le système de sécurité sociale.

253. Cette perspective appelle des réajustements législatifs et structurels nécessaires au système congolais actuel de sécurité sociale[472]. Il serait dès lors souhaitable d'entrevoir les possibilités de création d'un régime

---

[467] Sur la pénalisation des atteintes au principe de la gratuité ou de la non-patrimonialité du corps humain en *droit congolais émergent de la bioéthique*, voy. les articles 336, 348 et 354, livre 2, de l'Avant-projet de Code pénal, dont la teneur a été donnée précédemment.

[468] Voy. l'article 11, alinéa 1, de la loi n°08/011 du 14 juillet 2008.

[469] Voy. l'article 11, alinéa 2, de la même loi.

[470] Voy. l'article 5, alinéa 1, de la même loi.

[471] Voy. l'article 5, alinéa 2, de la même loi.

[472] Sur la législation et la pratique congolaises en matière de sécurité sociale, voy. MUKADI BONYI, *Droit de la sécurité sociale*, Kinshasa, Ed. Ntobo, 1995.

particulier de sécurité sociale[473] dicté par les impératifs liés aux soins de prévention, aux traitements, à la prise en charge des personnes vivant avec le VIH/sida et à l'AMP en contexte de VIH/sida.

La future législation sur la *maternité de substitution à visée de PTME* doit, en outre, se positionner sur le problème d'établissement de la filiation entre l'enfant porté par la mère d'emprunt et la femme séropositive commanditaire dont il est génétiquement issu.

b. Les principes applicables à la femme séropositive commanditaire

254. En droit congolais de la famille, l'accouchement détermine la filiation maternelle. Celle-ci s'établit à la naissance. Par présomption légale irréfragable[474], l'enfant a pour mère la femme qui l'a accouché. La doctrine explique ce principe de droit positif en enseignant que « la maternité résulte de l'accouchement de la femme, fait qui tombe sous les yeux et dont on peut faire la preuve directe[475]. »

Or, comme on a pu le remarquer, actuellement la maternité biologique ne correspond pas toujours avec la maternité génétique. Plus clairement, les progrès scientifiques dans le domaine de la biomédecine rendent désormais possibles la gestation et l'accouchement d'un enfant par une femme qui n'a pas fait son apport génétique à sa fécondation.

Le principe « *mater semper certa est* » (littéralement traduit par « la mère est toujours certaine ») hérité du droit romain n'est plus devenu qu'une illusion. Les progrès scientifiques remettent ainsi en cause les conceptions juridiques classiques sur l'établissement de la filiation. Cette nouvelle problématique juridique fait débat dans la doctrine civiliste[476].

255. En 1987, année qui a vu naître le Code de la famille congolais, le législateur d'alors ne pouvait avoir la prescience des progrès actuels de la biomédecine. On ne saurait, par ce motif, lui en vouloir pour les limites du droit encadrant la filiation maternelle révélées *a posteriori*.

Par contre, le législateur de la très récente loi n°16/008 du 15 juillet 2016 modifiant et complétant la loi n°87-010 du 1er aout 1987 portant Code de la famille s'expose, quant à lui, à des critiques acerbes bien méritées. Il est en effet irritant de constater qu'après plusieurs années des travaux de

---

[473] En droit positif, parallèlement au régime général de sécurité sociale porté par le décret-loi du 29 juin 1961 organique de la sécurité sociale (In *Moniteur congolais*, 1961, p.319), il existe d'autres régimes de sécurité sociale dits spéciaux. Voy. MUKADI BONYI, *op. cit.*, p. 37 et s.

[474] L'article 595, alinéa 1, du Code de la famille dispose que : « *La filiation maternelle résulte du seul fait de la naissance.* »

[475] KIFWABALA TEKILAZAYA (J.-P.), *op. cit.*, p. 340.

[476] Voy. notamment NEIRINCK (C.), « Le droit de la filiation et la procréation médicalement assistée », *L.P.A.*, 14.12.1994, p. 54-62.

réforme, les rédacteurs du « nouveau Code de la famille » n'ont pas eu à l'esprit d'évacuer du texte originel du 1er août 1987 des conceptions sur le droit de la filiation complètement battues en brèche par les progrès actuels de la biomédecine. Sans nul doute, sous l'emprise d'une certaine hégémonie culturelle occidentale[477], leur attention était beaucoup plus focalisée sur la suppression des dispositions sexistes à contre-courant du mouvement féministe actuel.

256. Pour y remédier, spécialement en ce qui concerne l'encadrement juridique de la *maternité de substitution à visée de PTME*, le législateur est invité à consacrer ce que nous nommons « *le principe de rétroactivité de la filiation maternelle* ». Ce principe signifie qu'en matière de *maternité de substitution à visée de PTME*, la filiation maternelle s'établit non à la naissance, mais plutôt au moment de la fécondation ou de la conception de l'embryon. En d'autres termes, la filiation maternelle résulte du seul fait de la fécondation et non de l'accouchement. Ceci revient à préférer la mère génétique commanditaire (femme séropositive) à la mère biologique commanditée (mère porteuse) dont l'apport, limité à la gestation, est postérieur à la fécondation *in vitro*.

Matériellement, pour établir la filiation maternelle dans l'hypothèse d'une *maternité de substitution à visée de PTME*, il faudra prouver que « l'on est issu des œuvres de telle femme »[478].

257. En conséquence, en cas de femme séropositive commanditaire se trouvant dans les liens du mariage, par fiction juridique, il est souhaitable que l'enfant soit légalement réputé né dans le mariage. Il en va de son intérêt supérieur[479]. D'où l'intervention d'un deuxième principe, celui de « *la présomption légale de paternité* », lequel constitue un corollaire du principe sus évoqué de *rétroactivité de la filiation maternelle*.

Le principe de la présomption de paternité en cas de mariage existe déjà en droit positif. Cela ressort de l'article 602 du Code de la famille, suivant lequel : « *Nonobstant toute convention contraire, l'enfant né pendant le*

---

[477] En ce sens, voy. KUYU MWISSA (C.), « Les réformes des droits africains de la famille: un projet juridique visant une hégémonie culturelle », in *A la recherche du droit africain du XXIème siècle*, Paris, Editions Connaissances et Savoirs, 2005.

[478] Expression empruntée à KIFWABALA TEKILAZAYA (J.-P.), *op. cit.*, p. 340. Bien évidemment, l'auteur l'emploie dans un contexte étranger à la *maternité de substitution à visée de PTME* imaginée par nous.

[479] Être réputé né dans le mariage présente pour l'enfant un double avantage. D'abord, sur le plan extrapatrimonial, l'établissement de sa filiation paternelle s'opère du seul fait de la présomption légale de paternité. Ensuite, d'un point de vue patrimonial, on notera qu'en vertu de l'article 758 du Code de la famille, l'enfant né dans le mariage se voit reconnaître le droit de venir à la succession de son père, là où la loi conditionne la vocation successorale de l'enfant né hors mariage à son affiliation hypothétique du vivant de son père.

mariage ou dans les trois cents jours après la dissolution du mariage a pour père le mari de sa mère. » Dans le même ordre d'idées, nous pensons que si l'enfant issu de la *maternité de substitution à visée de PTME* a pour mère la femme qui a génétiquement participé à sa fécondation, il est normal qu'il ait pour père le mari de sa mère au moment de la fécondation. C'est une question de cohérence juridique.

258. Remarquons qu'il se pourrait que le mari de la mère génétique de l'enfant ne soit pas son père biologique : pour un couple sérodiscordant où la femme est séropositive et l'homme séronégatif mais stérile, il peut être fait recours à la technique de fécondation *in vitro* avec tiers donneur de gamète mâle. Ici, devrait alors jouer le *principe de l'anonymat du tiers donneur*[480].

En pareille hypothèse, la subtilité de la normativité réside dans le fait que si le législateur ne reconnaît pas la filiation paternelle au mari de la mère génétique, l'enfant conçu à l'aide de gamète mâle émanant d'un tiers anonyme s'en trouverait privé de père connu. Or, il est de principe en droit positif que « *Tout enfant congolais doit avoir un père*[481]. »

259. Une autre conséquence du principe préconisé de rétroactivité de la filiation maternelle tient à l'absence d'établissement de tout lien juridique quelconque entre l'enfant issu de la *maternité de substitution à visée de PTME* et la mère porteuse ainsi que tous ses ascendants et descendants[482]. Précisément, entre ces différentes personnes, il n'existe juridiquement ni

---

[480] Aucune information permettant l'identification du donneur ne peut être divulguée. Un énoncé concis a souvent été utilisé pour exprimer le principe de bioéthique relatif à l'anonymat : « *Le donneur ne peut connaître l'identité du receveur, ni le receveur celle du donneur* ». En ce sens, voy. l'article 1211-5 du Code de la santé publique français. Il sied aussi de noter que, sous l'inspiration du Code pénal français (voy. spécialement les articles 511-10, 511-13 et 716-7), le principe de l'anonymat en matière de don de gamète fait l'objet d'une protection pénale à travers, essentiellement, deux articles de l'Avant-projet de Code pénal congolais : l'article 349 (« *Quiconque divulgue une information permettant à la fois d'identifier une personne ou un couple qui a fait don de gamète et le couple qui l'a reçu est puni de deux ans d'emprisonnement et de 1.000.000 de francs d'amende* ») et l'article 351 (« *Quiconque subordonne le bénéfice d'un don de gamètes à la désignation par le couple receveur d'une personne ayant volontairement accepté de procéder à un tel don en faveur d'un couple tiers anonyme, est puni de deux ans d'emprisonnement et de 1.000.000 de francs d'amende.* »).

[481] Article 591, alinéa 1, du Code de la famille.

[482] Par exemple, on considérera que l'enfant de la mère séropositive accouché par la mère de substitution et l'enfant que celle-ci aura naturellement mis au monde, ne sont pas parents en ligne collatérale. Ils ne sont donc pas des frère(s) et/ou sœur(s) utérin(e)s au sens de l'article 696, alinéa 4, du Code de la famille, qui dispose que : « *Sont parents en ligne collatérale les personnes qui descendent d'un auteur commun, sans descendre les unes des autres; les collatéraux par le père sont dits consanguins,* ***par la mère, utérins*** [...]».

parenté, ni obligation alimentaire. Pourtant, le lien biologique et/ou affectif entre elles est une réalité sociale que le droit devrait objectivement prendre en considération.

Voilà pourquoi, nous proposons que la rigueur de cette conséquence juridique trouve un assouplissement raisonnable à travers la désignation de la mère porteuse au sein du cadre familial de la femme séropositive commanditaire.

c. Les principes applicables aux relations entre la mère porteuse et la femme séropositive commanditaire

260. Deux principes pourraient encadrer les rapports entre les deux mères concernées par la maternité de substitution à visée de PTME : le principe de désignation de la mère de substitution au sein du cadre familial de la mère substituée (c.1.) et le principe de remise et reprise de l'enfant (c.2.).

c.1. Le principe de désignation de la mère de substitution au sein du cadre familial de la mère séropositive substituée

261. Nous suggérons que ne soit admise à jouer le rôle de la mère porteuse que seule la femme unie à la mère séropositive par le lien de parenté ou d'alliance. Ainsi énoncé, ce principe est dicté par le souci du réalisme au regard de la règle de gratuité de la gestation précédemment recommandée. Il est en effet plus réaliste d'espérer trouver au sein de la famille[483] de la femme séropositive désireuse d'avoir un enfant, plutôt qu'ailleurs, une mère de substitution qui renoncerait *a priori* à toute motivation lucrative, pour ne se laisser déterminer que par un sentiment de charité, d'entraide ou de solidarité.

Subtilement, le principe préconisé a l'avantage, à la fois, de maintenir *ad vitam eternam* les liens affectifs entre la mère porteuse et l'enfant issu de sa gestation, et d'établir, mieux, maintenir, entre eux, le lien juridique de parenté ou d'alliance, à quelque degré ou en quelque ligne que ce soit, conformément au droit commun[484]. Là, se trouve prise en compte la

---

483 Il convient de bien avoir à l'esprit la conception congolaise de la famille. Le Code de la famille, à son article 701, définit la famille comme « *l'ensemble des parents et alliés d'un individu* ». L'exposé des motifs de la loi du 1er août 1987 portant Code de la famille éclaire le sens nouveau donné au terme « famille », en indiquant: « *La nouvelle formule ne consacre ni la famille nucléaire qui repose sur l'individualisme et l'égoïsme, ni la famille traditionnelle qui favorise le parasitisme* ». Pour plus d'amples développements, voy. TSHIBANGU TSHIASU KALALA, *Droit civil. Régimes matrimoniaux, successions et libéralités,* Kinshasa, CADICEC, 2002, p. et s.

484 En droit commun, la parenté résulte de la filiation. Les filiations successives forment une ligne de parenté (Voy. les articles 795 à 703 du Code de la famille). L'alliance, quant à elle, naît du mariage. Un lien d'alliance unit un époux aux parents de son conjoint. Il

critique généralement faite à la technique de gestation pour autrui, comme quoi elle banalise le lien affectif entre la mère porteuse et l'enfant porté en le réduisant à l'acte temporaire de gestation.

Il demeure que l'enfant « appartient », au premier chef, à la mère séropositive substituée qui devrait, de ce fait, en avoir la garde.

c.2. Le principe de remise et reprise de l'enfant à la naissance

262. Il est important de préciser dans la loi sur la *maternité de substitution à visée de PTME* que la naissance de l'enfant rend la mère accoucheuse débitrice de l'obligation de le remettre, *hic et nunc*, à sa mère génétique substituée, qui le reprend. Le silence du législateur sur cette question capitale pourrait s'avérer préjudiciable en créant l'insécurité juridique[485]. On risquerait d'assister à une nouvelle forme de réification de l'enfant traduite par l'exercice sur sa personne d'un prétendu droit de rétention - un droit réel par excellence[486]-, sous quelque prétexte que ce soit. Or, le principe de dignité humaine s'oppose à tout alibi d'*exceptio non adimpleti contractus* en ce qui concerne l'obligation de remise du nouveau-né à sa mère génétique. On l'a déjà suggéré, en faveur de celle-ci, la filiation maternelle aura été établie *ex tunc, ab initio ou origine,* simplement pour dire rétroactivement.

263. Un autre type de réification de l'enfant pourrait se profiler derrière la dérobade de la mère séropositive à l'égard de son obligation naturelle de reprise de l'enfant à la naissance. Ceci est à craindre lorsque, par exemple,

---

existe en ligne directe avec les ascendants et descendants de l'autre époux, en ligne collatérale avec les collatéraux du conjoint jusqu'au quatrième degré. Les ascendants et descendants d'un époux sont alliés aux ascendants et descendants de l'autre (Voy. articles 704 à 711 du même Code). Voy. KUYU MWISSA (C.), *Parenté et famille dans les cultures africaines. Points de vue de l'anthropologie juridique*, Paris, Karthala, 2005.

[485] L'affaire dénommée « Baby M. » en 1987, aux Etats-Unis, est à cet égard riche d'enseignements historiques. Dans cette affaire, les époux WHITEHEAD avaient assigné en restitution d'enfant la mère porteuse qui, après avoir donné naissance à l'enfant inséminé artificiellement, décida de se raviser et de le garder, en violation flagrante de ce qui a été convenu, moyennant rémunération, entre elle et le couple commanditaire de la gestation. Dans sa décision, la Cour suprême du New Jersey fit droit à la demande du couple en invoquant la notion d'intérêt supérieur de l'enfant. Voy. PEDROT (P.), *Les seuils de la vie. Biomédecine et droit du vivant*, Paris, Odile Jacob, 2010, p. 110-111.

[486] Du latin « *jus in re* », le droit réel est celui qui porte sur une chose. La rétention sur une personne humaine ne vaut en droit. On aurait dû en ce cas parler de la détention. Juridiquement, la rétention n'est possible que sur les objets. Ainsi dans un contrat synallagmatique de dépôt des marchandises, le dépositaire est juridiquement admis à opposer l'exception d'inexécution (*exceptio non adimpleti contractus*) au déposant qui a manqué à son obligation de payement du prix de dépôt convenu, en retenant momentanément les objets déposés et en lui en refusant la restitution. En ce sens, l'article 511 du Code civil, Livre III, dispose que : *« Le dépositaire peut retenir le dépôt jusqu'à l'entier payement de ce qui lui est dû à raison du dépôt. »*

l'enfant présente des signes extérieurs d'une grave malformation congénitale, « un peu à la manière d'un acheteur qui refuse l'objet du contrat parce qu'il l'estime atteint de vices cachés ou apparents et du vendeur qui entend au contraire forcer l'acheteur à prendre livraison[487] ».

Les risques de réification de l'enfant issu de la *maternité de substitution à visée de PTME* témoignent de la pertinence du principe préconisé de remise et reprise de l'enfant à la naissance.

Venons-en aux principes qui nous paraissent nécessaires à encadrer les rapports entre les différents protagonistes au processus biomédical de *maternité de substitution à visée de PTME.*

d. Les principes applicables aux différents protagonistes pris ensemble

264. On retiendra, premièrement, le *principe de libre consentement* qui impose l'accord préalable de trois volontés : la volonté de la femme séropositive désireuse d'avoir un enfant exempt d'infection à VIH, la volonté du donneur de gamète mâle, qu'il s'agisse de son conjoint, de son concubin ou d'un donneur anonyme, et enfin, la volonté de la mère de substitution.

En réalité, la *maternité de substitution à visée de PTME* a vocation de conserver la logique de la contractualisation qui caractérise la pratique sociale de la gestation pour autrui. Un certain dirigisme contractuel s'avère néanmoins indispensable pour éviter des abus. Dans un domaine de procréation artificielle aussi délicat, on ne saurait s'empêcher de soumettre le principe classique d'autonomie de la volonté à quelques restrictions légales visant à protéger l'ordre public familial et les bonnes mœurs.

Pour les mêmes raisons, en lieu et place du principe classique du consensualisme, nous recommandons au futur législateur la préférence pour l'écrit comme mode d'expression du consentement[488] en matière de *maternité de substitution à visée de PTME.* À la rigueur, on admettra qu'un acte sous seing privé ne suffit pas à prouver, en dehors de tout doute raisonnable, que le consentement de différents protagonistes a été émis librement. Encore faudrait-il, préconisons-nous, le passer devant l'officier de l'état civil[489] du lieu de résidence ou de domicile de la personne consentante, à des fins de légalisation.

---

[487] BAUDOUIN (J.-L.) et LABRUSSE-RIOU (C.), *op. cit.*, p. 112-113.

[488] En ce sens, l'article 344 de l'Avant-projet de Code pénal congolais dispose que : « *Quiconque recueille ou prélève des gamètes sur une personne vivante* ***sans son consentement écrit*** *est puni de cinq ans d'emprisonnement et de 1.000.000 de francs d'amende.* » Ce texte s'inspire de l'article 511-6 du Code pénal français, édition 2006.

[489] Pour des raisons prenant en compte les exigences de commodité, de célérité et de déjudiciarisation nécessaire à désengorger les cours et tribunaux, l'option du consentement

265. Vient, en second lieu, *le principe de confidentialité.* Telle que conçue, la *maternité de substitution à visée de PTME* requiert la plus grande confidentialité. Le respect de la vie privée de différents protagonistes est à ce prix. Ainsi, pour préserver le secret des informations sérologiques disponibles, l'emploi de simples initiales des noms des personnes dans l'acte de consentement à légaliser devrait être de règle.

Aucune exigence de comparution à l'acte devant l'officier de l'état civil ne devrait être imposée à celui ou celle qui a donné son consentement. Un service public spécialisé à déterminer pourrait valablement faire l'interface. Sa mission consisterait à attester à l'intention l'officier de l'état civil, dont le ministère de légalisation est sollicité, l'existence réelle du consentant et la foi due à l'acte sous seing privé supposé être le sien par présomption légale renversable[490].

Le principe de confidentialité s'appliquera également aux résultats issus du test pré-gestationnel de dépistage du VIH préconisé *supra.*

266. Tels pourraient être les principes directeurs d'encadrement de la *maternité de substitution à visée de PTME.* Convenons-en, il sera *a priori* difficile de concilier ce droit prospectif avec certaines terminologies péjoratives dont l'opinion publique et la communauté scientifique gratifient la gestation pour autrui sous son jour actuel. Sur le front d'une sorte de guerre des mots menée à l'encontre de cette technique d'AMP, il

---

donné devant l'officier de l'état civil nous est apparue préférable à celle du recours à un référent judiciaire. Cette dernière option se retrouve proposée à l'article 339, livre 2, de l'Avant-projet de Code pénal congolais, à propos, spécifiquement, du recueil de consentement de la personne concernée en matière de prélèvement d'organe, de tissu, de produit ou des cellules du corps humain dans une finalité thérapeutique. À l'alinéa 1, cet article est ainsi libellé : « *Le consentement prévu aux articles 347 et 350 du présent code est* ***exprimé devant le président du tribunal de grande instance ou le magistrat désigné par lui.*** *Il peut être révoqué à tout moment* ». Il est à noter qu'en droit congolais, les fonctions d'officier de l'état civil sont remplies soit par le bourgmestre, soit par le chef de collectivité, soit, sous la direction de l'un ou l'autre, par les agents subalternes qu'ils ont chacun la latitude de désigner (voy. les articles 73 et 76 du Code de la famille). Dans la pratique sociale, il serait en effet beaucoup plus commode de se référer à l'officier de l'état civil qu'au juge de grande instance ou au magistrat de son choix. Il y a là un réel motif d'espérer obtenir un examen plus rapide de la *requête en homologation du consentement émis*, sans être astreint au formalisme parfois ennuyeux du Palais de justice. Notons, enfin, que la loi fait interdiction aux officiers de l'état civil de recevoir tout acte qui les concerne personnellement ou concerne leurs conjoints, ascendants ou descendants. C'est ce qui ressort de l'article 79 du Code de la famille.

[490] En droit positif, la situation est similaire à l'avocat auquel la loi reconnaît le pouvoir de représenter son client en matière de comparution à l'acte devant notaire. Croyant l'avocat sur paroles, par la foi due à son pouvoir légal de représentation, le notaire procède à la légalisation de l'acte juridique produit, sous l'entière responsabilité de l'avocat comparant, sans qu'il ne soit besoin, forcément, de requérir la comparution personnelle du signataire de l'acte valablement représenté.

appartiendra au législateur, pour peu qu'il entendrait la valoriser en contexte de VIH/sida, de donner le ton d'une réplique terminologique proportionnée.

Partant, il nous apparaît que l'expression plus précise de « ***gestation pour parente ou alliée*** » est préférable à la « gestation pour autrui », pour traduire le caractère sélectif et strictement familial de la maternité de substitution à visée de PTME.

Par ailleurs, on ne devra pas laisser place dans la loi à la « location d'utérus », l'expression étant juridiquement incorrecte et socialement stigmatisante. Longtemps, la tendance, notamment aux Etats-Unis, était et est à considérer la location d'utérus comme une forme d'esclavage. D'après une dépêche qui fit couler beaucoup d'encre[491], environ 300 femmes concluaient chaque année des contrats de ce type aux Etats-Unis, s'abstenant parfois de boire ou de fumer ou même d'avoir des relations sexuelles.

Aussi jugeons-nous à la fois dévalorisante et minimaliste l'expression « mère porteuse ». En effet, dans le cadre de la *maternité de substitution à visée de PTME*, la mère de substitution vaut plus qu'une simple porteuse. Avant et par-delà la gestation, elle se trouve être, vis-à-vis de l'enfant concerné, une parente ou une alliée, à quelque degré et en quelque ligne que ce soit. Les liens affectifs et juridiques entre eux survivent à l'opération de remise et reprise qui s'opère à la naissance.

La mère de substitution n'est pas non plus la « mère sociale » selon le vocabulaire stigmatisant utilisé par d'aucuns[492] pour insinuer ses présupposées motivations mercantiles et son appartenance présumée à la catégorie des femmes nécessiteuses économiquement. Nous formulons donc la recommandation que soient bannies du vocabulaire de la loi à venir toutes ces expressions péjoratives associées à la mère de substitution. En échange, nous préconisons le terme « ***Aide-mère*** ».

267. Après nous être attaché à construire le droit susceptible d'encadrer la *maternité de substitution à visée de PTME*, il apparaît pertinent d'enrichir le plaidoyer en sa faveur par la mobilisation de quelques considérations supplémentaires.

---

[491] Libération, 16 septembre 1987. Voy. ROBERT (J.) et DUFFAR (J.), *op. cit.* , p. 238-239.

[492] Voy. FABRE-MAGNAN (M.), *La Gestation pour autrui. Fictions et réalités,* Paris, Editions Fayard, 2013, p. 74 et s.

B. Les considérations supplémentaires du plaidoyer pour la maternité de substitution à visée de PTME

268. D'emblée, en droit positif, il transparaît dans la théorie sur l'obligation alimentaire un arrière-plan axiologique et anthropologique à même de justifier le droit prospectif d'encadrement de la *maternité de substitution à visée de PTME* (1). Dans ses grandes lignes, ce droit prospectif jouit de l'adhésion de la population, selon les résultats issus de notre enquête de terrain sur l'acceptabilité *de la maternité de substitution à visée de PTME* (2).

En outre, le risque d'une plus grande dérive éthique et les incertitudes scientifiques rattachés à la découverte d'un utérus artificiel, appelé « ectogenèse », invitent le droit, faute de mieux, à composer avec la technique du recours à l'utérus naturel de substitution (3).

Ces différentes considérations théoriques et empiriques seront développées à tour de rôle.

1. La maternité de substitution à visée de PTME justifiée par la fonction axiologique et anthropologique[493] de l'obligation alimentaire

269. Le législateur congolais ne définit pas l'obligation alimentaire. L'article 716, le tout premier des articles du Code de la famille qui traitent de cette notion, se borne notamment à en déterminer l'effet juridique en disposant que « *l'obligation alimentaire rend une personne débitrice d'une autre pour la satisfaction des besoins essentiels de la vie du créancier* ». On peut convenir à entendre par « obligation alimentaire », une chaîne juridique, d'origine légale ou conventionnelle, en vertu de laquelle une personne est tenue de fournir à une autre, qui se trouve en état de nécessité et qui se rattache à elle par un lien de parenté ou d'alliance, les secours nécessaires à satisfaire les besoins essentiels de sa vie.

Telle que conçue, l'obligation alimentaire a une fonction axiologique et anthropologique. Elle se veut l'expression en droit d'une valeur sociale profondément ancrée dans la culture congolaise : la solidarité familiale. On comprend pourquoi, dès le tout premier considérant[494], le préambule

---

[493] À propos d'un regard théorique sur la notion de fonctions anthropologiques dont le droit se fait le véhicule, voy. SUPIOT (A.), « Les fonctions anthropologiques du droit », *Esprit*, février 2001, p. 151 et s.; SUPIOT (A.), *Homo juridicus. Essai sur la fonction anthropologique du droit*, Seuil, « La couleur des idées », 2005, p. 30 et s.; BROEKMAN (J.), *Droit et anthropologie*, Paris, LGDJ, Coll. «La pensée juridique moderne», 1993 p. 38 et s.

[494] « *Nous, Peuple congolais, Uni par le destin et par l'histoire autour de nobles idéaux de liberté, de* ***fraternité, de solidarité****, de justice, de paix et de travail* ».

de la Constitution s'emploie à réaffirmer l'attachement du peuple congolais aux idéaux de fraternité et de solidarité.

Fraternité et solidarité, ces deux valeurs sont au cœur de la *ratio legis* de l'obligation alimentaire. Celle-ci vise leur consolidation. L'atteste l'Exposé des motifs du Code de la famille, lorsqu'il renseigne, à propos de l'obligation alimentaire, que : « *La solidarité familiale traduit en réalité le sentiment profond d'appartenance à un seul groupe familial, sentiment qui se traduit juridiquement par des devoirs et des droits d'aide réciproques entre ses membres* [...]».

270. De ce point de vue axiologique et anthropologique, la théorie de l'obligation alimentaire apporte un tonus à la légitimité culturelle et à la pertinence sociale de l'idée prônée de *maternité de substitution à visée de PTME*.

D'abord, obligation alimentaire et *maternité de substitution à visée de PTME* se nourrissent d'une valeur culturelle identique : la solidarité familiale[495]. En Afrique, la famille apparaît comme « le premier réseau de solidarité dans lequel la personne séropositive trouve un soulagement, un soutien social[496] ». La Charte africaine des droits de l'homme et des peuples reconnaît le rôle spécifique de la famille africaine, lorsqu'elle fait obligation à l'État « *d'assister la famille dans sa mission de gardienne de la morale et des valeurs traditionnelles reconnues par la communauté*[497] ».

Ensuite, d'entrée d'étude sur l'obligation alimentaire, on est frappé par le contenu générique que l'on attache souvent au terme « aliments », du latin « *alimentum* » (nourriture) du verbe « *alere* » qui signifie « faire grandir »[498]. Dans la doctrine, aucun auteur ne se risque d'en limiter le champ. On s'accorde à entendre par le terme « aliments », tout ce qui est nécessaire à la vie, sans exception : « Aliments proprement dits, vêtement, logement, frais médicaux et même frais funéraires[499] ».

---

[495] Ce n'est sans doute pas par hasard que la « *solidarité* » et « *l'identité culturelle fondée sur la reconnaissance et le respect des valeurs traditionnelles locales* » ont été officiellement retenues du nombre des « *valeurs et principes* » qui fondent la politique nationale de la RDC en matière de santé de la reproduction. Voy. MINISTÈRE DE LA SANTÉ PUBLIQUE, *Politique nationale de santé de la reproduction*, Kinshasa, 2008, p. 18.

[496] ATTANE (A.) *et al.*, « Lutter au quotidien : effets de genre et de génération sur l'entraide intrafamiliale en contexte de VIH au Burkina Faso », in DESCLAUX (A.), MSELLATI (P.) et KHOUDIA (S.), dir., *op. cit.*, p. 208.

[497] Voy. l'article 18 de la Charte africaine.

[498] Voy. le dictionnaire de l'Académie française, 8ième édition, 1932-1935.

[499] Voy. en ce sens, BOMPAKA NKEYI MAKANYI, *op. cit.*, p. 151 ; KIFWABALA TEKILAZAYA (J.P.), *op. cit.*, p. 410.

271. Pourrait, dès lors, se poser la question de savoir si l'utérus de la mère de substitution rentre dans la catégorie juridique d'aliments, c'est-à-dire, d'après le dictionnaire LAROUSSE, « tout ce qu'il faut pour nourrir et entretenir une personne[500] ». Cette catégorisation de l'utérus, en tant que partie du corps de la personne humaine, est à écarter, *prima facie*, pour ne pas l'assimiler aux choses. Son affectation volontaire à l'usage de la gestation de l'embryon issu génétiquement d'un membre de la famille séropositif, n'en constitue cependant pas moins un acte de solidarité familiale ou de « *secours nécessaire à la vie* », au sens des valeurs intrinsèquement véhiculées par le droit de l'obligation alimentaire[501].

La nuance dans le rapprochement établi est la suivante : en matière d'obligation alimentaire, c'est le **patrimoine** d'un parent ou allié qui est visé pour la satisfaction des besoins essentiels du créancier d'aliments. Par contre, en fait de *maternité de substitution à visée de PTME*, c'est le **corps** d'une parente ou alliée qui est sollicité pour satisfaire à un désir légitime d'enfant « sain » éprouvé par un membre de la famille infecté par le VIH. Au fond, chez la femme séropositive en âge de procréer, le désir d'enfant « sain » n'est-il pas, dans une certaine mesure, assimilable à un besoin essentiel de la vie ?

272. Pour rappel historique, dans les sociétés africaines traditionnelles, la solidarité familiale ne se limitait pas à donner de son patrimoine à un membre du cercle familial qui se trouve dans le besoin. Elle pouvait également consister en un don de soi impliquant le corps humain, pourvu qu'il ne présente aucun danger pour soi-même. Les exemples de ce qu'il convient de désigner par la « *conception extrapatrimoniale de la solidarité africaine traditionnelle* » sont légion, quoique n'étant pas assez documentés.

C'est le cas de la pratique ancestrale d'« *allaitement pour autrui* ». Elle consiste pour une femme allaitante à « prêter » ses seins à l'allaitement d'un nouveau-né dont la mère, appartenant à la même famille qu'elle, a trouvé la mort lors de l'accouchement. Si en Afrique l'allaitement pour autrui est culturellement admis, la gestation pour autrui devrait en principe

[500] En rapport avec cette définition, remarquons que la *maternité de substitution à visée de PTME* consiste justement à « faire grandir » (traduction du verbe latin « *alere* » dont est issu le terme aliment) l'embryon dans un autre espace utérin, celui de la mère de substitution, à l'effet de préserver sa croissance du risque d'infection à VIH que représente le sein de la mère génétique substituée.

[501] Par analogie, un don de sang (produit du corps humain) ou d'organe (rein, etc.) fait à un membre de la famille en détresse, sans relever d'une obligation alimentaire au sens du droit positif, n'en est pas moins un acte charitable exprimant l'attachement du donateur à la valeur culturelle de solidarité familiale.

l'être aussi, du moins au sens valorisant où nous l'envisageons dans la présente étude.

Autre exemple : au nom de l'entraide et de la solidarité familiales, un membre du groupe pouvait être spontanément amené, qu'il y soit coutumièrement contraint ou non, à fournir son travail manuel dans le champ d'un parent frappé d'un handicap physique. Si l'idée, ici véhiculée, de *« location ou de substitution des mains »* dans un but d'entraide familiale est culturellement tolérable en cas de nécessité, à combien plus forte raison n'en irait-il pas de même au sujet de la « substitution d'utérus » à visée de PTME ?

Un troisième exemple de ce que nous considérons comme la manifestation de *l'extrapatrimonialisation de la solidarité africaine traditionnelle* nous est fourni par le Professeur LIKULIA BOLONGO, qui révèle que : « Certaines coutumes toléraient qu'un cadet puisse avoir des relations intimes avec la femme de son grand frère aîné [stérile]. Dans certains cas, d'ailleurs, le grand frère pouvait intenter un procès contre son petit frère pour ne lui avoir pas procuré des enfants pendant son absence[502]. »

Si c'en est assez, un quatrième et dernier exemple transparaît derrière les *Ecrits d'anthropologie juridique et politique* de Camille KUYU, là où l'auteur rappelle que dans certaines cultures de l'Afrique traditionnelle: « Une épouse qui décède prématurément est remplacée par une de ses sœurs, même classificatoires, surtout si la défunte a laissé des enfants en bas âge. La croyance prétend que seule la sœur de la défunte est capable d'élever les enfants de cette dernière[503]. »

273. De nos jours, il apparaît que la solidarité familiale africaine s'exprime, assez fréquemment, par une autre forme de quasi-substitution des mains: d'après une norme culturelle très répandue, lorsqu'une femme enceinte est à terme ou vient d'accoucher, les cadettes[504] d'entre ses propres sœurs ou ses belles-sœurs ont, chacune selon son état, l'obligation naturelle de se rendre disponibles pour lui apporter le secours nécessaire dans les travaux ménagers et les soins au nouveau-né. On utilise localement le terme « *walé* »[505] ou « *ndesi* »[506], que l'on pourrait traduire par « nourrice », pour désigner la cadette qui se porte volontaire à prêter son secours (corporel) manuel à l'aînée-mère. Le service rendu ne donne lieu à aucune contrepartie pécuniaire.

---

502 LIKULIA BOLONGO, *op. cit.*, p. 276.

503 KUYU MWISSA (C.), *Écrits d'anthropologie…op. cit.*, p. 72.

504 En Afrique, l'aîné bénéficie d'un profond respect de ses cadets, ce qui lui accorde le bénéfice de certains privilèges sociaux. En ce sens, voy. GUEYE (I.), *op. cit.*, p. 70.

505 En milieux kinois particulièrement.

506 Terme tiré de la langue nationale appelée « *kikongo* ».

274. On en vient à cette conclusion qu'à l'instar de l'obligation alimentaire, la *maternité de substitution à visée de PTME* véhicule l'idéal de la solidarité familiale. À ce titre, elle est conforme à l'authenticité culturelle de l'homme africain en général et congolais en particulier.

Les résultats de l'enquête menée révèlent qu'interviewée sur l'acceptabilité de la *maternité de substitution à visée de PTME*, la population congolaise s'y est montrée réceptive dans la majeure partie de l'échantillon pris.

2. L'adhésion de la population congolaise à l'idée véhiculée par la maternité de substitution à visée de PTME

275. Avant d'exposer les résultats de notre enquête de terrain sur l'acceptabilité de la *maternité de substitution à visée de PTME* parmi la population congolaise (c), il sied de présenter d'abord notre cadre d'enquête (a) et, ensuite, les caractéristiques de l'échantillon enquêté (b).

a. La présentation du cadre d'enquête

276. L'idée-force qui a guidé notre enquête était celle de jauger, parmi quelques couches-cibles de la population congolaise, soit la réception, soit le rejet de la *maternité de substitution à visée de PTME*. Aux fins d'interview, nous avons administré un questionnaire d'enquête à trois catégories des personnes : les femmes en âge de procréer, les femmes séropositives et les personnes de troisième âge[507] que l'on considère dans l'opinion publique comme des dépositaires des normes et traditions culturelles autochtones. Les questions posées variaient selon le groupe-cible. Ont émergé dans le questionnaire d'enquête les interrogations suivantes :

- Pensez-vous être en mesure d'accepter librement de vous substituer à une femme séropositive, à laquelle vous êtes unie ou non par un lien de parenté ou d'alliance, pour le besoin de la gestation de son enfant génétique, sans risque, ni pour vous-même, ni pour l'enfant à naître, d'être infectés par le VIH ? »
- « Êtes-vous pour ou contre la maternité de substitution réalisable dans des conditions biomédicales telles que, d'un côté, l'embryon est issu de la fécondation *in vitro* entre vos propres ovocytes et le gamète mâle de votre partenaire ou d'un tiers donneur anonyme ; et de l'autre, il n'y a aucun risque de transmission du VIH ni pour la mère porteuse consentante (celle qui se substitue à vous), ni pour votre futur enfant génétique ? »

[507] C'est-à-dire à partir de 70 ans.

- « Telle qu'elle vous est préalablement expliquée par l'enquêteur, pensez-vous que la technique de la *maternité de substitution à visée de PTME* est conforme aux normes et traditions de votre culture d'origine ? »

b. Les caractéristiques sociodémographiques de l'échantillon

277. Sur la question, destinée à l'ensemble des femmes en âge de procréer, de savoir si elles se sentaient en mesure de consentir à la *maternité de substitution à visée de PTME*, l'échantillon était constitué de soixante-sept (67) femmes célibataires et de trente-trois (33) femmes vivant en couple marié ou en concubinage. Il n'importait de chercher à savoir leur statut sérologique pour le VIH. L'âge moyen des interviewées était de trente-cinq (35) ans.

De toutes les femmes interviewées, au total cinquante-cinq (55) avaient déjà une expérience vécue de maternité. Parmi elles, les multipares étaient majoritaires, leur nombre atteignant les 70%. Dans l'échantillon, la majeure partie des femmes interrogées avaient un niveau d'instruction moyen leur permettant de savoir lire et écrire de manière compréhensible. Plus d'un tiers des répondantes ont dépassé le cap du niveau d'études secondaires.

278. Par ailleurs, en ce qui concerne la question posée aux femmes reconnues VIH positives de savoir si elles étaient pour ou contre la *maternité de substitution à visée de PTME*, l'échantillon était composé de vingt-trois (23) femmes. Trois (3) d'entre elles vivaient en couple sérodiscordant avec mari séronégatif, cinq (5) vivaient en couple séroconcordant (les deux époux séropositifs), cinq (5) autres étaient célibataires, tandis que les dix (10) restant avaient préféré garder secrets leur statut matrimonial et les informations sur leur vie affective ou sentimentale.

L'âge des femmes de ce deuxième groupe-cible variait entre vingt-neuf (29) et quarante-neuf (49) ans. Le niveau d'instruction général est supérieur à l'équivalant du baccalauréat. Parmi elles, on observe une prédominance des nullipares (15 sur 23). Deux femmes ont déclaré avoir donné naissance aux enfants non infectés par le VIH.

279. S'agissant du groupe constitué des hommes et femmes à un âge avancé, on en dénombre vingt-neuf (29) dont l'âge moyen est approximativement fixé à soixante-douze (72) ans. Sur le total de vingt-neuf (29), seuls treize (13) ont été en mesure de décliner leur âge sans approximation ni concours d'un descendant.

On note une surreprésentation des hommes, à raison de vingt (20) sur vingt-neuf (29), soit un taux d'environ 70 %. Environ neuf (9) de personnes interviewées savaient lire et écrire. Une répartition des vieillards interrogés a été rendue possible suivant le critère de leur appartenance à l'une de quatre aires linguistiques nationales[508] : huit (8) pour le Kikongo, sept (7) pour le Lingala, cinq (5) pour le Swahili et enfin, trois (3) pour le Tshiluba.

280. Somme toute, un dénominateur commun se dégage de personnes interviewées, tous groupes-cibles confondus : bien évidemment, aucune d'entre elles n'avait déjà entendu parler de la maternité de substitution comme technique de PTME. La proportion de celles ayant déjà entendu parler de la gestation pour autrui (tout court) reste en deçà de 10%.

c. Le dépouillement des résultats d'enquête

281. Pour la clarté de leur présentation, nos résultats d'enquête se démarqueront les uns des autres, selon qu'ils se rapportent au groupe des femmes en âge de procréer (c.1), au groupe des femmes séropositives (c.2) ou à celui constitué des personnes en âge très avancé (c.3).

c.1. Sur la question orientée vers des femmes en âge de procréer

Exactement 68% des femmes interrogées se sont farouchement opposées à la perspective d'une gestation d'enfant pour personne étrangère à la famille, tout en se disant favorables à la maternité de substitution au sein du cercle familial, par amour pour un être cher et au nom de l'entraide familiale.

20% des femmes ont estimé que, pour rien au monde, elles ne pouvaient consentir à une gestation pour autrui. Parmi elles, le nombre des femmes vivant en couple[509] excède remarquablement celui des femmes célibataires[510]. Les 12% restant sont constitués des femmes qui se sont déclarées disposées à « prêter » leur utérus sous la seule condition d'une rémunération conséquente. La plupart d'entre elles ont estimé que l'entraide ou la solidarité familiale n'est pas inconciliable avec le principe de rémunération conséquente pour un service (la gestation pour autrui) d'un tel sacrifice physique et psychologique à endurer plusieurs mois durant. Pour illustrer l'esprit mercantile qui habite ce dernier groupe des femmes interrogées, on a observé, chez plusieurs, la répétition du vocable « *shida* », un mot de l'argot du Lingala, très répandu en milieux des jeunes kinois, pour traduire l'idée de « passe en or ou affaire à ne pas rater pour se faire un peu d'argent ».

282. Tout compte fait, le constat général est que dans leur majeure partie, les femmes congolaises accueillent plutôt favorablement l'idée de *la*

---

[508] D'après l'article 1er, alinéa 8, de la Constitution, les langues nationales de la RDC sont : le *kikongo*, le *lingala*, le *swahili* et le *tshiluba*. Plus de quatre cent ethnies, qui y habitent, s'identifient, de près ou de loin, à l'une ou l'autre de ces quatre aires linguistiques.

[509] 15 femmes.

[510] 5 femmes.

maternité de substitution à visée de PTME, en tant qu'elle attache une importance capitale à l'existence d'un lien de parenté ou d'alliance entre la mère de substitution et la mère séropositive substituée.

Dans le même ordre d'idées, la règle *de lege ferenda* de célibat requis chez la mère porteuse s'en sort confortée par notre enquête : les résultats montrent une forte réticence à la gestation pour autrui parmi la population des femmes vivant en couple.

c.2. Sur la question orientée vers des femmes séropositives

283. Ici, on s'en doutait, les réponses recueillies ont été très largement favorables à la *maternité de substitution à visée de PTME*, à concurrence de 78 %[511]. Les rares femmes séropositives qui se sont déclarées défavorables à la gestation pour autrui évoquent notamment leur droit de jouir pleinement de la maternité. Elles ont rappelé, à juste raison, que la maternité s'entend non seulement du don de gamète femelle, mais aussi et surtout du moment d'intimité mère-enfant qu'incarne la gestation.

Chez la catégorie des femmes hostiles à la gestation pour autrui, on note la présence de celles qui ont expérimenté la maternité sans transmission verticale du VIH. On y trouve également des femmes qui semblent avoir une surestime à l'égard de la capacité de PTME qu'offre le placement de la mère séropositive sous traitement antirétroviral avant et durant la grossesse. N'empêche que l'idée de la *maternité de substitution à visée de PTME* a recueilli le plus grand nombre des suffrages favorables au cours de l'enquête menée.

c.3. Sur la question orientée vers des personnes du troisième âge

284. Face à la question de savoir si, telle qu'envisagée, la perspective de la *maternité de substitution à visée de PTME* paraît conforme à leurs normes et valeurs culturelles, la sagesse des personnes âgées interrogées était au rendez-vous. Si, dans l'ensemble, les vieillards interviewés se sont accordés sur la conformité de la *maternité de substitution à visée de PTME* à l'idéal d'entraide et de solidarité familiales - une valeur commune aux quatre aires linguistiques nationales de la RDC -, deux, parmi eux, se sont particulièrement distingués par leur sens élevé d'illustration et de comparaison.

285. En effet, un viel homme interrogé[512] nous a révélé que dans certaines traditions ancestrales, on jugeait conforme aux mœurs que la femme

---

[511] Soit 18 sur un total de 23 femmes interrogées.

[512] Du nom de Guillaume BOMANZA, lingalophone, ressortissant de l'ex province de l'Equateur, appartenant à l'ethnie Mongo. D'après les anthropologues qui se sont intéressés à la culture des peuples Mongo, la sexualité n'y est pas un tabou. L'adultère est tolérable et les relations sexuelles incestueuses, très courantes. Voy. HULSTAERT

mariée stérile soit momentanément substituée par l'une de ses sœurs pour permettre à son mari de se donner une progéniture. Ceci, semble-t-il, évitait à l'époux de « souiller le lit conjugal avec le sang de la femme étrangère à la famille ou au clan[513] ». Il s'en est suivi, dans les propos de cet interlocuteur, une logique pouvant s'interpréter comme un raisonnement *a fortiori*. C'est que, s'il en était ainsi au temps des ancêtres, l'inférence serait la suivante : est conforme aux valeurs culturelles ancestrales, l'entraide familiale en matière de procréation, actuellement rendue possible entre sœurs, dans des conditions modernes telles que le rapprochement sexuel de l'une d'entre elles avec son beau-frère n'est plus indispensable.

286. D'une autre personne en âge avancé[514], de sexe féminin, il émerge de nos résultats d'enquête un témoignage qui en résume tout. De religion musulmane et issue d'un couple polygame, l'interviewée rapporte qu'à la suite du décès de sa rivale, laissant derrière elle un nourrisson de deux mois, elle s'était volontairement administré une plante médicinale traditionnelle pour être en mesure de poursuivre l'allaitement au sein du bébé en lieu et place de sa défunte mère biologique.

On comprend aisément l'insinuation cachée derrière ce témoignage de la femme musulmane[515], en en faisant le rapprochement avec la *maternité de substitution à visée de PTME* au cœur de notre sondage d'opinions. Ce témoignage réconforte l'auteur qui a écrit que d'une manière générale, dans les familles polygamiques africaines, on admet qu'« en cas d'indisponibilité de la mère allaitante pour diverses raisons, la coépouse peut très bien allaiter l'enfant [516] ». D'ailleurs, dans la culture africaine, les coépouses de la mère sont indistinctement appelées « mamans » par tous les enfants consanguins issus de différents lits.

287. La *maternité de substitution à visée de PTME* constitue donc, sur le plan socioculturel, une piste de solution conforme aux mœurs et habitudes des populations congolaises. Sa réception en droit et son acceptabilité par les destinataires de la norme juridique ne nous semblent devoir poser aucun

---

(G.), *Eléments pour l'histoire mongo ancienne*, Bruxelles, Académie royale des sciences d'outre-mer, 1984, 83 p. ; BONGANGO (J.), *L'organisation sociale chez les Mongo de Basankusu et sa transformation*, Paris, Éditions Publibook, 2008, 247 p.

[513] Notre traduction fidèle des propos recueillis en lingala.

[514] Swahilophone d'origine de l'ex province orientale.

[515] De l'avis de certains érudits de la religion islamique, le principe de gestation pour autrui n'offense pas le Coran, lorsque le rôle de la mère porteuse est dévolu à une coépouse. En ce sens, voy. BEN HAMIDA et EL MEKKI NASSIRI (M.), « La position de l'Islam concernant la fécondation artificielle », in *Problèmes éthiques engendrés par les nouvelles maîtrises de la procréation humaine*, Colloque de Rabat 1986, Académie du Royaume de Maroc, Rabat, 1987, p. 26 et s.

[516] GUEYE (I.), *op.cit.*, p. 153.

problème majeur. Sans préjudice des limites inhérentes à la technique d'échantillonnage, les résultats de l'enquête menée en témoignent largement.

Le législateur s'en voit interpellé. Cela d'autant plus que l'« utérus artificiel », qu'on espère un jour venir remplacer la pratique de « prêt » d'utérus naturel de la mère porteuse, demeure encore une perspective biotechnologique hypothétique.

3. La biotechnologie de l'ectogenèse ou l'horizon hypothétique d'un utérus artificiel

288. L'ectogenèse est un néologisme inventé par le généticien britannique John B.S. HALDANE[517] en 1923 et lancé publiquement au cours d'une conférence à Cambridge devant un club d'étudiants appelés « les Hérétiques ». Ce néologisme désigne une technique de procréation artificielle dont la particularité serait de rendre possible le développement de l'embryon et du fœtus dans un utérus artificiel investi de diverses fonctions naturellement assumées par l'utérus humain (nutrition, excrétion, etc.). L'utérus artificiel se conçoit ainsi comme une biotechnologie de gestation extracorporelle de l'enfant.

Dans le monde animal, les succès récoltés chez les mammifères donnent à espérer aux biologistes de la reproduction humaine[518]. Cependant, bien que des reproductions d'autres organes du corps humain, tel le rein artificiel, aient déjà été réalisées, de nos jours, l'ectogenèse « n'est pas encore une machine à bébés qui fonctionne[519] ». Elle n'en demeure pas moins « une machine à penser en état de marche[520] ». D'où tout l'intérêt de la technique pour notre étude, tant il apparaît qu'aussitôt sera mis au point l'utérus artificiel, la pratique de « prêt » ou de « location » d'utérus d'autrui n'aura probablement plus le même attrait.

289. Dans l'opinion publique, l'idée première qui s'associe à la perspective d'une « mise en culture des enfants à naître dans un utérus artificiel »[521],

---

[517] Voy. ATLAN (H.), *L'Utérus artificiel*, Paris, Seuil, Coll. « La Librairie du XXIe siècle », 2005.

[518] À l'université de Tokyo, un Professeur du nom de Yoshinori Kuwabara a pu développer, en 1997, trois semaines des fœtus de chèvre en milieu artificiel : liquide amniotique de synthèse dans un placenta artificiel.

[519] CONFAVREUX (J.), « L'utérus artificiel engendrera-t-il un bouleversement social ? » [archive], *France Culture*, 4 février 2011. Toutefois, récemment en 2016, une équipe des biologistes de l'Université de Cambridge avait annoncé être parvenue à cultiver des embryons humains jusqu'à treize jours, un stade jamais atteint auparavant par les chercheurs. Voy. SHAHBAZI (M.N.) et al., « Self-organization of the human embryo in the absence of maternal tissues », *Nature Cell Biology*, n° 18, 4 mai 2016, p. 700–708.

[520] CONFAVREUX (J.), *op.cit.*

[521] Cette expression a été utilisée par Catherine DAVID dans un article publié le 7 avril 2005 dans le Nouvel Observateur, en réaction à la parution du livre du biologiste Henry

est celle d'un bouleversement social à l'horizon. Effectivement, les défis que l'ectogenèse pose à la communauté humaine et à nos sociétés actuelles sont très préoccupants d'un point de vue éthique. Cette technologie du vivant invite à déconsidérer la grossesse, en la dévaluant[522], et à reconsidérer, par ricochet, le lien d'intimité entre la mère et l'enfant, en le banalisant outrancièrement[523].

290. La question se pose de savoir si, par préférence à la *maternité de substitution à visée de PTME*, l'utérus artificiel pourra se transformer demain en berceau de pseudo-naissance des enfants issus génétiquement des femmes séropositives[524]. Quoi qu'il en soit, de dires de nombreux spécialistes, l'ectogenèse ne pourra être opérationnelle que d'ici une cinquantaine voire une centaine d'années. Ce qui reste à relever comme défi[525] dans la mise au point de l'utérus artificiel est de loin plus ambitieux et hypothétique que ce qui est fait jusqu'ici.

Puisque, dit-on, un tiens vaut mieux que deux tu l'auras, le législateur doit se rendre à l'évidence que le droit gagnerait à composer avec la technique de « location » d'utérus naturel de la mère de substitution, plutôt qu'à compter sur l'horizon lointain et incertain d'un utérus artificiel. Ainsi pourra-t-on espérer offrir effectivement aux couples sérodiscordants, dont

---

ATLAN sur le thème provocateur « Seriez-vous prête à louer un utérus artificiel pour faire développer votre enfant ? ».

522 C'est le caractère indispensable de la grossesse qui est totalement remis en cause. Les femmes s'en voient offertes la possibilité d'être enfin affranchies d'une double servitude de « mère porteuse » et de « mère pondeuse » d'enfant, à laquelle les astreint la maternité naturelle. Il s'installe, par la force des choses, une égalité parfaite entre l'homme et la femme en matière de procréation humaine, les deux n'étant plus que de simples donneurs de gamètes.

523 En ce sens, voy. DESCAMPS (P.), *L'Utérus, la Technique ou l'Amour : l'enfant de l'ectogenèse*, Paris, PUF, 2008.

524 Dans une perspective futuriste, la question mérite d'être posée, car il n'est pas à exclure l'hypothèse d'injonction pouvant être faite aux femmes séropositives éprouvant le désir d'enfant, de s'en remettre aux centres spécialisés dans l'ectogenèse, lesquels se chargeront de l'incubation de leurs enfants à l'état embryonnaire dans un utérus artificiel personnalisé. Du reste, sans préjuger des options à lever, l'ONU recommande aux Etats une attention vigilante à l'égard des découvertes scientifiques en matière biomédicale, notamment en ce qui concerne les nouvelles techniques portant sur la procréation humaine. Voy. Résolution 250-XXXIII de l'Assemblée générale; Résolution 1989/11 sur la non-discrimination en matière de santé et celle 1993/91 intitulée « Droits de l'homme et bioéthique ».

525 Le défi n'est pas moindre d'après les experts, car les phases et éléments de la grossesse doivent être reproduits artificiellement. La paroi interne de l'utérus artificiel devrait être parfaitement copiée sur le modèle naturel de l'original. Autrement, la croissance du fœtus sera buttée à de graves complications. Le placenta artificiel devrait ressembler au plus près au vrai, de manière à pouvoir assumer convenablement le triple rôle de livraison des nutriments (s'ajoutent les acides aminés, les acides gras, le glucose, etc.), d'élimination des déchets et d'échange de gaz par l'approvisionnement de sang de la mère.

la femme est séropositive, la possibilité de procréer artificiellement, sans le moindre risque de transmission maternelle du VIH.

En revanche, qu'en est-il de l'impératif de réguler l'AMP dans l'hypothèse de couples sérodiscordants dont l'homme est séropositif?

CHAPITRE DEUXIÈME :

UNE NÉCESSITÉ DE RÉGULER L'ASSISTANCE MÉDICALE À LA PROCRÉATION POUR LES COUPLES DONT L'HOMME EST SÉROPOSITIF

291. Lorsque dans le couple sérodiscordant, c'est l'homme qui est séropositif, le protocole d'AMP change de tournure. Nous nous y intéresserons (Section 1), avant de chercher à savoir comment le droit appréhende ou devrait appréhender la technique d'AMP que les scientifiques recommandent à ce genre de couples pour mener à bien le projet parental, c'est-à-dire sans risque de transmission verticale du VIH (Section 2).

Section 1 : Le protocole d'AMP chez le couple sérodiscordant dont l'homme est séropositif

292. Avant de faire le point sur les techniques d'AMP utilisables en contexte de couple sérodiscordant dont l'homme est séropositif (§2), un point de droit mérite d'être préalablement discuté compte tenu de son importance théorique et pratique : l'épouse séronégative, dont le mari est séropositif, justifie-t-elle d'un droit légal au refus des rapports sexuels non protégés (§1)?

Paragraphe 1 : Existe-t-il chez la femme séronégative un droit au refus des rapports sexuels non protégés en contexte de couple marié sérodiscordant ?

293. La plupart des sociétés africaines sont en proie à une conception du mariage qui fait de l'épouse un instrument de satisfaction des désirs sexuels de son mari, la privant ainsi de la capacité de négocier des rapports sexuels conjugaux sans risque pour sa propre santé. Sur la question de savoir s'il est légalement reconnu à la femme séronégative vivant en couple marié sérodiscordant la faculté de refuser les rapports sexuels conjugaux à risque de contamination par le VIH, le droit positif congolais paraît ambigu.

D'un côté, le droit du mari à la consommation du mariage, au sens de l'article 453 du Code de la famille[526], peut amener à soutenir que le recours à quelque contrainte que ce soit pour forcer une épouse à participer à l'activité sexuelle rentre dans le cadre de l'exercice des droits conjugaux légaux. Ce qui reviendrait à exclure toute hypothèse de viol conjugal, avec cette conséquence regrettable qu'impunément, la loi aurait laissé la femme mariée séronégative courir le risque de séroconversion et de transmission verticale du VIH.

De l'autre côté, on remarque que le nouvel arsenal de répression des violences sexuelles, et particulièrement du viol[527], a été construit en des termes très généraux. Ainsi, au nom du principe de l'autonomie du droit pénal, on peut considérer que la relation civile de mariage entre l'auteur de l'agression sexuelle et sa victime est indifférente sur la consommation de l'infraction.

294. Cette ambigüité du droit augure un débat doctrinal houleux de nature à rivaliser civilistes et pénalistes. Théoriquement, elle plante le décor de sérieuses controverses jurisprudentielles, quand bien même, dans la pratique, pour des raisons d'ordre culturel, il est peu probable d'enregistrer des plaintes d'épouses victimes des violences sexuelles. Peut-être faudra-t-il compter sur l'aboutissement heureux de l'Avant-projet de Code pénal qui tranche avec l'ambigüité du droit positif, en prévoyant, à l'article 292 de son livre deuxième, le doublement du minimum des peines encourues « *si le viol est commis par le conjoint de la victime* ».

295. En droit comparé, certains pays africains ont clairement levé l'équivoque face au risque de contamination par le VIH dans le couple sérodifférent. C'est le cas en droit mauritanien où la loi[528] précise que : « *L'épouse a le*

---

[526] D'après cet article : « *Les époux s'obligent mutuellement à la communauté de vie. Ils sont tenus de vivre ensemble et d'assurer la consommation du mariage.* »

[527] Voy. l'article 170 de la loi n°06/018 du 20 juillet 2006 modifiant et complétant le Décret du 30 janvier 1940 portant Code pénal congolais : « *Aura commis un viol, soit à l'aide de violences ou menaces graves ou par contrainte à l'encontre d'une personne, directement ou par l'intermédiaire d'un tiers, soit par surprise, par pression psychologique,* ***soit à l'occasion d'un environnement coercitif****, soit en abusant d'une personne qui, par le fait d'une maladie, par l'altération de ses facultés ou par toute autre cause accidentelle aurait perdu l'usage de ses sens ou en aurait été privé par quelques artifices :*

a) ***Tout homme****, quel que soit son âge, qui aura introduit son organe sexuel, même superficiellement dans celui d'une femme ou toute femme, quel que soit son âge, qui aura obligé un homme à introduire même superficiellement son organe sexuel dans le sien ;*

b) ***Tout homme*** *qui aura pénétré, même superficiellement l'anus, la bouche ou tout autre orifice du corps d'une femme ou d'un homme par un organe sexuel, par toute autre partie du corps « ou par un objet quelconque* […] ».

[528] Voy. l'article 8 de la loi n°2007-042 du 03 septembre 2007 relative à la prévention, la prise en charge et le contrôle du VIH/sida.

droit de refuser des rapports sexuels non protégés avec son époux s'il est établi que ce dernier est porteur du virus. Aucun comportement à risque ne peut lui être imposé. »

Le législateur du Congo-Brazzaville a adopté une solution similaire en reconnaissant aux femmes le droit « *de refuser d'avoir des rapports sexuels et le droit et la capacité de négocier des rapports sexuels sans risque*[529] ».

En Afrique du Sud, la loi sur la violence au foyer de 1998[530] criminalise les rapports sexuels non consensuels entre époux ainsi que la violence dans les relations conjugales.

De même, en droit Zimbabwéen[531], l'acte sexuel non consensuel entre personnes mariées est constitutif du viol.

296. À la lumière de cette comparaison de quelques droits étrangers africains, le législateur congolais devrait penser à remédier aux lacunes du droit positif, en levant une option claire sur la protection de la femme en matière de sexualité conjugale. L'option visée devrait se conformer à la ligne directrice tracée par la Convention des Nations unies du 18 décembre 1979 sur l'élimination de toutes les formes de discrimination à l'égard des femmes. En son article 5, cet instrument juridique international invite les États à « *modifier les schémas et modèles de comportement socioculturel de l'homme et de la femme en vue de parvenir à l'élimination des préjugés et des pratiques coutumières, ou de tout autre type, qui sont fondés sur l'idée de l'infériorité ou de la supériorité de l'un ou l'autre sexe ou d'un rôle stéréotypé des hommes et des femmes* ».

Tout cela explique l'intérêt que suscitent les techniques d'AMP pour espérer mener à bien le projet d'enfant sans risque d'infection par le VIH dans un couple sérodiscordant dont l'homme est séropositif.

Paragraphe 2 : Le point sur les techniques d'AMP chez le couple sérodiscordant dont l'homme est séropositif

297. À l'origine, l'insémination artificielle avec sperme de donneur était, chez le couple sérodifférent dont l'homme est infecté, la seule possibilité d'avoir un enfant sans risque pour ce dernier d'être contaminé par le VIH. Cette technique d'AMP avec intervention d'un tiers donneur de gamète

[529] Voy. l'article 15 de la loi n°30-2011 du 03 juin 2011 portant lutte contre le VIH et le sida et protection des droits des personnes vivant avec le VIH/sida.

[530] Voy. Domestic Violence Act 116 of 1998, in *http://www.info.gov.za/gazette/acts/1998/a116-98.pdf*, [Consulté le 11 avril 2016].

[531] Voy. Sexual Offences Act (Act 8/2001), in *http: / / www.kubatana.net /html / archive /legis l/010817sexoff.asp?sector=LEGISL*, [Consulté le 11 avril 2016].

mâle présente des inconvénients indéniables. Par exemple, dans l'hypothèse d'un couple marié, elle prive le mari séropositif de la possibilité d'avoir un enfant issu de son gène et nuit à l'unité et à l'intimité du couple.

En droit, nous l'avons précédemment fait remarquer, les techniques d'AMP avec intervention d'un tiers donneur suscitent de sérieux problèmes liés à la filiation. Là n'est plus notre propos[532].

298. En 1992, une équipe italienne[533] avait préconisé une technique innovante dénommée « *lavage de sperme* ». Ses mérites auront été corroborés, six années plus tard, par une étude pionnière[534]. Ainsi, de nos jours, pour les couples sérodiscordants dont l'homme est séropositif, le *lavage de sperme* est reconnu comme la technique d'AMP la plus sécurisante face au risque de transmission du VIH.

Concrètement, ce lavage consiste en une sélection des spermatozoïdes dont un échantillon est, pour une partie, soumis à l'analyse virologique, et pour une autre, congelé pour être éventuellement utilisé si le résultat de la recherche virale est négatif. Une expérimentation européenne[535] n'a trouvé aucun cas de transmission chez 938 femmes, soit un risque de contamination de zéro avec un intervalle de confiance (IC 95%) de 0 à 0,09%. De même, une étude menée en Italie[536] n'a trouvé aucune transmission sur 1365 cycles chez 367 couples (IC 95% : 0-0,18 pour 100 cycles).

299. Cependant, on se gardera de penser que le *lavage de sperme* est entièrement à l'abri de limites. De manière générale, aussi sophistiquée qu'elle puisse paraître, aucune technique d'AMP ne saurait faire exception à la règle « l'œuvre humaine est imparfaite ». L'atteste, sous

---

[532] Observons, tout de même, que la Commission européenne des droits de l'homme, après avoir rappelé les éléments constitutifs d'une vie familiale, avait estimé que : « *La situation dans laquelle une personne donne son sperme uniquement pour permettre à une femme de concevoir par insémination artificielle ne confère pas en soi au donneur le droit au respect de sa vie familiale avec l'enfant né de cette insémination* ». Voy. D. 16944/90, M c/ P.-B., 8.2.1993, DR 74/128.

[533] Voy. SEMPRINI (A.E.), "Insemination of HIV-negative women with processed semen of HIV-positive partners", *Lancet* 1993; 341:1343-4.

[534] Voy. MARINA (S.) *et al.*, « Human immunodeficiency virus type I serodiscordant couples can bear healthy children after undergoing intrauterine insemination », *Fertil Steril* 1998; 70 : 35-9.

[535] Voy. BUJAN (L.) *et al.*, « Safety and efficacy of sperm washing in HIV-I-serodiscordant couples where the male is infected : results from the European Creathe network », *AIDS* 2007 ; 21 (14) : 1909-14.

[536] Voy. SEMPRINI (A.E) *et al.*, « Safe conception for HIV-discordant couples : insemination with processed semen from the HIV-infected partner", *Am J obstet Gynecol* 2013; 208 (5): el-9 (402).

l'intitulé provocateur « *Parents blanco, jumelles noires : les ratés de la fécondation in vitro ?* », le récit fait par Frédéric VARONE[537] : « Un couple noir et un couple blanc, partageant aussi bien le désir d'enfant que le désespoir de ne pouvoir en faire un de manière naturelle, recourent à un traitement de fécondation *in vitro* (FIV) identique, dans la même clinique publique de fertilisation à Londres et à la même période ; avec le résultat pour le moins surprenant que, neuf mois plus tard, la mère blanche donne naissance à des jumelles noires ».

On sait, du reste, qu'une fois le sperme lavé dans les règles de l'art biomédical, il est procédé à la sélection des gamètes dans lesquels la charge virale est indétectable. Or, des études montrent que le caractère indétectable de la charge virale est parfois trompeur. Le VIH, affirme-t-on, « peut se cacher dans des lymphocytes T à mémoire qui sont en repos, puis réapparaître [...]. Ces cachettes, appelées '*réservoirs persistant ou latents*', constituent la principale pierre d'achoppement dans la recherche d'un réel remède pour guérir l'infection à VIH[538]. » Toutefois, on n'en est pas encore arrivé à un bilan négatif dans l'expérimentation du *lavage de sperme*.

300. À notre connaissance, la technique du *lavage de sperme* n'a pas encore été expérimentée en RDC. Probablement, elle n'a pas encore, non plus, fait son entrée dans le reste des pays du Sud les plus touchés par l'épidémie d'infection à VIH. Nous en voulons pour illustration l'étude basée sur la Côte d'Ivoire qui indique clairement que « lorsque c'est l'homme qui est VIH+, il n'existe pas, à ce jour, de solution disponible en Côte d'Ivoire pour rendre possible la fécondation tout en évitant la contamination du partenaire non infecté[539]. » Françoise GUILLEMAUT[540] n'eut pas tort de constater que la pandémie du VIH/sida joue comme un révélateur des inégalités sociales, économiques, biotechnologiques et scientifiques, en particulier Nord/Sud ou pays riches/pays pauvres.

Il reste à savoir la position du droit à l'égard de la biotechnologie du *lavage de sperme*.

---

[537] VARONE (F.), « Les enjeux de la procréation médicalement assistée : Questions éthiques et anthropologiques, choix politiques et normes juridiques », in SCHIFFINO (N.) et VARONE (F.), dir, *op. cit.*, p. 4.

[538] SOCIÉTÉ CANADIENNE DU SIDA, *op. cit.*, p. 31.

[539] MINGA (A.) et al., « Évolution des comportements sexuels à risque de patients infectés par le VIH-1 à date de séroconversion estimée », in DESGREES DU LOÛ (A.) et FERRY (B.), dir, *op. cit.*, p. 82.

[540] GUILLEMAUT (F.), « Genre, sexe et sida », in IGNASSE (G.) et WELZER-LANG (D.), dir., *Genre et sexualités*, Paris, L'Harmattan, 2003, p. 93.

Section 2 : La position du droit congolais sur la technique du lavage de sperme

301. Précisément, l'objet assigné à la présente section est celui d'interroger le droit sur le problème d'ordre éthique que soulève le *lavage de sperme* (§1). Corrélativement, nous nous intéresserons également au problème du même ordre rattaché à la notion de « bébé-médicament » (§2).

Paragraphe 1 : La dimension éthique du lavage de sperme au regard du droit congolais

302. D'une manière générale, le droit congolais, on l'a déjà vu, se caractérise par un quasi-vide juridique en matière d'AMP. Ce constat est commun à la plupart des pays africains. On pense que « si la législation sur la PMA n'est pas très fournie dans les États africains, c'est parce qu'ils ne sont pas assez souvent confrontés, en tout cas pas comme dans les pays occidentaux, à la mise en œuvre des techniques médicales pour la procréation susceptibles d'interpeller l'éthique, sans doute parce que les techniques n'y sont pas très développées[541]. » Décriant la tendance générale à l'absence en Afrique de législation sur l'AMP, une auteure « occidentale » écrit, non sans mépris: « […] On remarquera la quasi-absence du continent africain. Peut-être que ces questions constituent un luxe législatif que l'Afrique ne peut pas forcément s'offrir[542]. »

Sur cette question d'interpellation des droits africains, il nous semble que la probité intellectuelle commande de ne pas exagérément amplifier la critique. La vérité historique est que certains pays africains, à l'exemple de la Tunisie[543], ont légiféré en matière d'AMP à un moment où plusieurs États en Occident se caractérisaient par le silence de leurs législateurs. Un silence, à notre avis, d'autant plus réprimandable que la révolution biotechnologique posait déjà de sérieux problèmes dans ces États.

303. En ce qui concerne spécifiquement la technique du *lavage de sperme,* son côté éthique, qui interroge le droit, est lié au traitement réservé aux

---

[541] GUEYE (I.), *op. cit.*, p. 142.

[542] PAIN-MASBRENIER (M.-T.), *op. cit.* , p. 77.

[543] En Tunisie, la loi relative à la médecine de la reproduction, votée depuis le 7 août 2001, interdit la conception *in vitro* d'embryons à des fins d'études, de recherches ou d'expérimentation. Elle interdit, en outre, le clonage humain, alors que, visiblement, le clonage humain est un « luxe » biotechnologique que la Tunisie n'était pas et n'est pas encore à même de « s'offrir », pour reprendre les termes utilisés par Marie-Thérèse PAIN-MASBRENIER dans son extrait satirique contre le continent africain. Sur cette loi tunisienne, voy. MASMOUDI (T.) *et al.*, « La recherche biomédicale en Tunisie : aspects règlementaires », in DUGUET (A.-M.), dir., *Séminaire d'actualité de Droit Médical : Droit et Ethique de la Recherche Médicale. Originalités de la législation française, limites et questions éthiques,* Bordeaux, Les Etudes Hospitalières, 2004, p. 233-239.

spermatozoïdes : les uns sont sélectionnés, d'autres destinés à la destruction. Ne serait-ce pas là une pratique *eugénique* juridiquement répréhensible ?

On doit le terme « eugénique»[544], employé pour la première fois en 1883, au physiologiste britannique Francis GALTON, qui l'a défini comme « l'étude des facteurs socialement contrôlables qui peuvent élever ou abaisser les qualités raciales des générations futures aussi bien physiquement que mentalement[545]. »

En revanche, en tant qu'idéologie, le mot *eugénisme*, entendu du moins au sens négatif[546], « constitue une atteinte contre la vie en matière de procréation humaine, puisqu'il amène à détruire ou à éviter l'arrivée d'une nouvelle vie humaine [...]. Il a pour objet de sélectionner des vies non dignes d'exister ou d'en faire émerger, selon des critères subjectifs[547]. » L'*eugénisme*, enseigne-t-on, trouve ainsi dans l'*eugénique* son origine, sa justification et sa fin[548].

304. Dès lors, il convient d'observer qu'aucun de ces deux concepts (eugénique et eugénisme) n'est formellement connu du droit positif congolais. Leur consécration législative relève, jusqu'ici, du *droit émergent de la bioéthique* que recèle l'Avant-projet de Code pénal en veilleuse depuis 2010. Ce qui fait que, sous réserve du nouveau Code pénal congolais en gestation[549], il serait actuellement hasardeux de se prononcer sur la question de savoir si le *lavage de sperme* constitue en RDC une forme illicite d'exploitation eugénique des gamètes mâles.

305. Aussi doit-on observer que sur la question sous examen, l'état actuel du droit international ne fournit aucune indication satisfaisante, faute de texte sur la biomédecine assorti de force obligatoire à l'égard de la RDC[550]. Au

---

[544] Du grec « *eughéneia* » qui se traduit littéralement par « bonne naissance ».

[545] Voy. LEVY (G.), *Ethique, religion, droit de la reproduction*, Paris, 1997.

[546] L'eugénisme négatif tend « à écarter les personnes susceptibles de transmettre des caractères dysgéniques. L'objectif est alors de raréfier ces tares ». L'eugénisme positif (préventif ou curatif), pour sa part, « vise au contraire les individus porteurs de 'bons' caractères et les encourage à se reproduire ». En ces termes, voy. BELRHOMARI (N.), *Génome humain...op. cit.*, p. 217.

[547] PAIN-MASBRENIER (M.-T.), *op. cit.* , p. 297.

[548] Voy. BELRHOMARI (N.), *Génome humain...op. cit.*, p. 197.

[549] Aux termes de l'article 220 de l'Avant-projet de Code pénal : « *Constitue un* ***crime d'eugénisme****, le fait de mettre en œuvre une pratique tendant à l'organisation de la sélection des personnes. Le crime d'eugénisme est puni de vingt ans de réclusion criminelle et de 20 000.000 de francs congolais* ». D'après les rédacteurs dudit Avant-projet, « *le texte de cet article est inspiré de l'article 214-1 du Code pénal français/Edition 2006* » (Voy. la note au bas de page correspondante à l'article 220 de l'Avant-projet de Code pénal, livre 2).

[550] Il n'existe pas encore sur le continent africain, ni au niveau universel, un instrument juridique international à caractère contraignant comparable à la *Convention pour la*

titre de droit mou, on songera juste à invoquer l'article 16 de la Déclaration universelle sur la bioéthique et les droits de l'homme[551], qui énonce que : « *L'incidence des sciences de la vie sur les générations futures, y compris sur leur constitution génétique, devrait être dûment prise en considération* ». Quoiqu'étant de portée assez vague, cette exhortation faite aux États membres des Nations unies pourrait servir de base de réflexion à la normativité en matière de *lavage de sperme*, dans le but de préserver les générations futures du danger du sida.

306. De tout ce qui précède, on conviendra que rien en droit positif n'interdit formellement le recours au génie de la biomédecine à dessein d'écarter du cursus vital les spermatozoïdes détectés infectés par le VIH. Le *lavage de sperme* serait donc licite.

Un autre problème eugénique qui mérite d'être relevé, c'est la tendance observée chez certains couples de détourner l'AMP de ses fins essentielles, en faveur de ce qu'on a appelé le « *bébé-médicament* ». Penchons-nous-y très succinctement.

Paragraphe 2 : Le bébé-médicament au regard du droit congolais

307. En Occident, certains parents, souhaitant soigner leur enfant aîné atteint d'une maladie génétique d'une particulière gravité, se donnent le loisir de recourir à la fécondation *in vitro* (FIV) et au diagnostic préimplantatoire (DPI) « pour sélectionner un embryon ''sain'' et s'assurer que ce bébé à naître pourra être un donneur potentiel, grâce à sa compatibilité immunologique, pour un grand frère ou sa grande sœur malade[552]. » C'est cet enfant de sauvetage, conçu *in vitro* essentiellement à des fins thérapeutiques, que d'aucuns ont qualifié de « bébé-médicament ».

Saisi en 2002 de la question de savoir s'il était acceptable d'autoriser un couple à demander un diagnostic préimplantatoire afin de produire un *bébé-médicament*, la réponse du Comité consultatif français sur l'éthique

---

protection des Droits de l'Homme et de la dignité de l'être humain à l'égard des applications de la biologie et de la médecine, mieux connue sous l'appellation de la « Convention sur les droits de l'Homme et la biomédecine » ou la « Convention d'Oviedo ». Adopté par le Conseil de l'Europe le 4 avril 1997, cet instrument pose le principe de l'interdiction de la sélection des êtres humains en stipulant en son article 14 que : « *L'utilisation des techniques d'assistance médicale à la procréation n'est pas admise pour choisir le sexe de l'enfant à naître, sauf en vue d'éviter une maladie héréditaire grave liée au sexe* ».

[551] Cet instrument juridique a été adopté par l'UNESCO le 19 octobre 2005. Il est dépourvu de force contraignante à l'égard des États membres de l'Organisation des Nations unies. Voy. TEN HAVE (H.) et JEAN (M.), dir., *UNESCO : la Déclaration universelle sur la bioéthique et les droits de l'homme. Histoire, principes et application*, Paris, Editions UNESCO, 2009, 404 p.

[552] VARONE (F.), *op. cit.*, p. 9.

des sciences de la vie et de la santé était la suivante : « Le désir d'enfant doit rester au premier plan. La sélection d'un embryon et la mise en route d'un enfant conçu seulement comme donneur potentiel et non d'abord pour lui-même n'est pas pensable. En revanche, permettre qu'un enfant désiré représente, de plus, un espoir de guérison pour son aîné est un objectif acceptable, s'il est second[553]. »

Le *bébé-médicament*, c'est encore un luxe en l'état actuel du développement biomédical de la RDC. De là, le silence du droit en cette matière est compréhensible dans une large mesure.

308. Pour l'avenir, si besoin naît, le législateur gagnerait à s'engager sur le chemin du « droit flexible » tracé par l'article 338, livre 2, de l'Avant-projet de Code pénal, selon lequel : « [...] *Un prélèvement de moelle osseuse sur un mineur au profit de son frère ou de sa sœur* ***peut être autorisé par un comité médical*** *constitué dans les conditions fixées par la réglementation applicable en la matière, sous réserve du consentement de chacun des titulaires de l'autorité parentale ou du représentant légal du mineur*[554]. » Pour saisir éventuellement le problème de bioéthique posé par le *bébé-médicament*, le législateur devrait alors construire une norme qui ne soit pas en incohérence avec l'esprit et la lettre du projet de texte précédent, sauf à y renoncer substantiellement.

309. Il est souhaitable que la norme à venir sur le *bébé-médicament* prenne en compte la position, particulièrement nuancée, adoptée par le Comité consultatif français sur l'éthique des sciences de la vie et de la santé, quitte à l'adapter au contexte congolais pour ne pas tomber dans le piège d'un mimétisme juridique irréfléchi.

Au demeurant, c'est à la faveur de l'avis émis par ce Comité consultatif qu'en 2004[555], le législateur français a été amené à inscrire dans le Code de la santé publique un nouvel article (2131-4-1) ayant pour effet de tempérer au rigorisme de la règle initiale qui limitait l'objet du diagnostic à rechercher l'affection et les moyens de la prévenir ou de la traiter . Dorénavant, en droit français, lorsqu'un couple est confronté à la situation d'un enfant déjà né, atteint de certaines maladies génétiques particulièrement mortelles[556], la loi autorise la conception d'un nouvel

---

[553] CCNE cité par le Monde, édition du 10 juillet 2002.

[554] Sur la source d'inspiration de ce texte, voy. l'article 716-1, alinéa 2, du Code pénal français.

[555] Voy. la loi n°2004-800 du 6 août 2004 relative à la bioéthique.

[556] Notamment les maladies de Fanconi (« Caractérisée par un ensemble de malformations congénitales variables, une insuffisance de la moelle osseuse d'apparition retardée et un risque élevé de leucémie aiguë et de cancers ».Voy. http://www.fanconi.com/Les-caracteristiques-de-la-maladie.html [consulté le 15 novembre 2016]) et de Huntington (« une maladie neurodégénérative rare du système nerveux central caractérisée par des

enfant par AMP. À titre dérogatoire, celui-ci est soumis à un dépistage préimplantatoire (DPI) dans le but de s'assurer qu'il est histocompatible avec l'enfant né et malade.

Sans y voir une forme d'eugénisme répréhensible, la doctrine française note qu'une telle pratique « pourra conduire à éliminer des embryons atteints de la même maladie, mais aussi des embryons sains qui ne présentent pas certaines caractéristiques recherchées. D'autre part, la finalité première de la procréation n'est pas la naissance d'un nouvel être humain exclusivement pour lui-même, mais la sauvegarde d'un autre enfant[557]. »

310. Avant de clore nos développements sur le risque d'infection par le VIH de l'enfant dans le contexte d'un couple sérodifférent dont l'homme est séropositif, une dernière question s'invite : qui infecte qui ? Plus clairement, est-il en fait juste et en droit correct de continuer à parler de la « transmission mère-enfant (ou maternelle) du VIH », même quand on sait que l'infection tire son origine médiate du père ?

Il nous est d'avis qu'en pareille occurrence, voire en tout état de cause, l'expression « transmission mère-enfant (ou maternelle) du VIH », largement employée dans des textes juridiques actuels (nationaux, étrangers et internationaux), récèle une part inacceptable de stigmatisation et de discrimination à l'égard des femmes (mères).

C'est pourquoi, nous suggérons la consécration juridique de la formulation « **transmission parentale du VIH** ». Son émergence dans les instruments juridiques à venir aura permis au droit de rester cohérent avec le principe supranational de l'égalité des sexes et celui de l'interdiction de toutes les formes de discrimination basée sur le genre.

---

mouvements involontaires choréiques, des troubles comportementaux, des troubles psychiatriques et une démence ». Voy. Fiche descriptive de la maladie sur Orphanet, portail des maladies rares et des médicaments orphelins, http://www.orpha.net/consor/cgi-bin/Disease_Search_Simple.php?lng=FR, [consulté le 15 novembre 2016]).

557 LAUDE (A.), MATHIEU (B.) et TABUTEAU (D.), *op.cit.*, p. 635.

CONCLUSION DE LA PREMIÈRE PARTIE

311. Finalement, la réflexion sur la normativité à propos de la protection *a priori* de l'enfant avant sa conception supposait de clarifier la manière dont le droit appréhende le désir d'enfant chez la femme séropositive ou chez le couple sérodiscordant. Il a fallu, pour ce faire, distinguer nettement, dans le cadre de la procréation humaine, la perspective de la conception *in utero* ou procréation naturelle de celle de la conception *in vitro* ou procréation artificielle.

312. Ainsi, dans le premier titre de l'étude, partant de l'évidence qu'il n'y a pas de procréation naturelle sans rapprochement hétérosexuel, toute la question était de savoir comment a été pensée l'ingérence du droit dans la vie sexuelle des femmes séropositives. Une telle ingérence du droit interroge la liberté de concevoir (question des rapports sexuels procréatifs et, par essence, « non protégés ») et la liberté de ne pas concevoir (question de la contraception).

313. Sur le droit encadrant la liberté de concevoir, l'analyse des dispositions pertinentes en la matière a permis de mettre en évidence le principe de la licéité de l'accès des personnes séropositives aux rapports sexuels procréatifs. Ce principe n'a de limitation légale que l'obligation qui leur est faite d'informer préalablement leurs partenaires sexuels habituels ou occasionnels de leur statut séropositif. À chacun de ceux-ci est implicitement reconnu le droit de disposer librement de son corps, jusqu'à consentir éventuellement à sa propre contamination par le VIH.

Dès lors le droit positif se préoccupe-t-il moins de la transmission verticale du VIH que de sa transmission horizontale : le partenaire sexuel peut consentir ou échapper au risque d'infection ; il est libre d'emprunter la voie qui lui convient. Par contre, le futur enfant, lui, subit ce risque sur la voie de la venue au monde à laquelle il n'a pourtant pas consenti. De sorte que, dans l'entendement du législateur, l'accord mutuel entre un homme et une femme suffit à procréer à loisir, importe peu le risque éventuel de transmission du VIH au fruit de leur union. Est-ce éthiquement acceptable et socialement juste ?

314. Aussi apparaît-il, à la comparaison des droits africains étudiés, que l'état des lieux alarmant de la législation congolaise est, sur ce point, similaire à d'autres *corpus* législatifs étrangers dont celui mis en place par le Sénégal.

Certains droits africains contemporains sont toutefois parvenus à assurer plus efficacement la protection préconceptionnelle de l'enfant exposé au VIH, en optant pour la remise en cause du droit à la procréation des personnes vivant avec le VIH/sida. C'est le cas des droits burundais, togolais et burkinabé. Ces trois derniers droits africains étant de tradition moniste, on ne saura cependant s'empêcher de leur faire grief d'avoir, en cette matière, rompu avec la cohérence interne de l'édifice juridique. L'illustre le désaccord manifeste entre l'option liberticide levée, en droit interne, sur la capacité reproductrice des personnes vivant avec le VIH/sida, et l'état actuel des engagements internationaux des pays concernés en matière de droits fondamentaux de la personne humaine.

En conséquence, il nous appartenait de penser autrement la normativité dans ce domaine. La tentative a consisté à faire valoir une solution médiane entre deux logiques juridiques extrêmes : d'un côté, le chèque en blanc procréatif donné aux personnes vivant avec le VIH/sida, sans le moindre égard au « droit à la non-contamination » du futur enfant ; et de l'autre, le mépris caractérisé du droit international positif, spécialement en ce qui concerne la protection des droits sexuels et reproductifs individuels.

315. Quant à l'encadrement juridique de la liberté de ne pas concevoir, le constat principalement fait est celui de l'incohérence que recèle le droit positif. En son sein, des normes particulières d'incitation au recours à la contraception se voient frontalement rivaliser par les dispositions du Code pénal réprimant toutes formes de propagande anticonceptionnelle.

Sur ce terrain très confus, le droit a besoin d'être réformé pour répondre à deux impératifs majeurs, à savoir : d'une part, sa mise en harmonie avec le paradigme de la planification familiale ou de naissances désirables. Et d'autre part, l'adaptation du régime répressif du viol au risque de grossesse indésirable et d'inoculation du VIH/sida à la victime. A cela s'ajoute le besoin ressenti d'imaginer un faisceau de règles juridiques destinées à régir l'indispensable prise en charge préconceptionnelle des femmes séropositives en âge de procréer.

316. Par ailleurs, dans le second titre de l'étude, l'AMP s'est invitée dans notre champ de réflexion. On aura retenu que chez le couple sérodifférent, l'AMP est techniquement en mesure d'éviter, autant que possible, la transmission du VIH à l'enfant à concevoir *in vitro*.

317. Résolument, un accent particulier a été mis sur les couples sérodifférents dont la femme est séropositive, compte tenu de leur supériorité numérique. Celle-ci s'expliquant par une forte tendance à la féminisation de l'épidémie du VIH/sida sur le continent africain. Dans cette hypothèse de couples sérodiscordants, force a été de constater que du nombre des techniques d'AMP à même d'éviter la transmission mère-enfant du VIH, seule la gestation pour autrui permet théoriquement de gagner le pari du risque zéro.

Or, en droit comparé et dans la doctrine, la tendance dominante va dans le sens de la désapprobation de la convention dite de mère porteuse. Sa contrariété à l'éthique ne semble plus être à démontrer dans la communauté scientifique. Son illicéité est largement consacrée dans de nombreux systèmes juridiques. Le corps humain, avec tous les organes et tissus qui le composent, étant, en règle générale, indisponible et hors commerce.

318. C'est à ce niveau précis que se positionne l'un des côtés « révolutionnaires » de la présente étude : elle opère en effet une rupture épistémologique, en suggérant l'introduction en droit de la théorie nommée « *la maternité de substitution à visée de PTME* ». Il s'agit d'une manière de repenser la gestation pour autrui, dans une perspective originale de protection préconceptionnelle de l'enfant contre le risque de sa venue au monde avec handicap d'infection par le VIH.

Aussi alléchante soit-elle, cette trouvaille théorique ne nous fait pas perdre de vue que, dans la majeure partie des cas, la transmission verticale du VIH s'opère pendant la gestation de l'enfant dans le sein maternel. C'est pourquoi, nous nous attacherons, dans la seconde partie, à interroger la protection juridique offerte à l'enfant après sa conception effective, mieux, au cours du stade de la gestation.

DEUXIÈME PARTIE :

LA PROTECTION *A POSTERIORI* DE L'ENFANT PENDANT SA GESTATION

319. C'est sans nul doute pendant la gestation, c'est-à-dire en phase de grossesse, que le risque de contamination par le VIH de l'enfant à naître est le plus à craindre. Celui-ci en est-il suffisamment protégé par le droit ?

Pour répondre à cette question, dans un premier temps, nous nous intéresserons au regard que le législateur porte sur le test de dépistage prénatal du VIH. À l'évidence, en dehors de la pratique de ce test, il est impossible de détecter les femmes présentant le risque de transmission verticale du VIH parmi la population générale des femmes enceintes (Titre 1er).

Une fois détecté l'échantillon de femmes enceintes au statut VIH positif, il se poserait alors la question de savoir comment le législateur appréhende le supposé droit de chacune d'entre elles à l'autonomie sur son propre corps (Titre 2). La survie de l'enfant en gestation et sa santé en dépendent inexorablement.

TITRE PREMIER :

L'ENCADREMENT JURIDIQUE DU DÉPISTAGE PRÉNATAL DU VIH CHEZ LA FEMME ENCEINTE

320. En santé publique, deux conceptions diamétralement opposées peuvent guider toute action sociale à vocation préventive. L'une vise un champ vaste, de sorte que toute la population se voit impliquée dans l'effort de prévention[558]. L'autre vise singulièrement un groupe d'individus identifiés au sein de la population générale comme des « porteurs de risques »[559]. Cette seconde conception, souvent controversée en raison du danger de stigmatisation qui la caractérise, fait appel à des méthodes médicales ayant pour objectif de détecter, le plus rapidement possible, les affections d'une particulière gravité et, le cas échéant, de mettre en œuvre les moyens conséquents nécessaires à les éradiquer à court, moyen ou long terme.

Le dépistage du VIH au cours de la grossesse relève de la « prévention secondaire ». Il constitue l'un des piliers majeurs des programmes de prévention de la transmission mère-enfant du VIH.

321. Par « dépistage du VIH », le législateur congolais entend « l'examen qui consiste à détecter dans le sang et d'autres milieux biologiques la présence des anticorps et/ou des antigènes qui traduisent la présence du VIH dans l'organisme d'un individu apparemment sain ou infecté[560]. » Il a été observé que « la méthode la plus courante pour diagnostiquer le VIH dans le sang est de chercher les anticorps dirigés contre le VIH. Les anticorps sont des protéines qui apparaissent lorsque l'organisme est en train de lutter contre une infection [opportuniste] spécifique[561]. » Joint à l'épithète « prénatal », le dépistage du VIH évoque la période précédant la naissance comme moment au cours duquel l'examen sérologique est pratiqué. La pratique en est courante lorsque les femmes enceintes vaquent aux consultations anténatales.

322. De manière générale, il existe une variété des tests de dépistage du VIH[562]. En ce qui concerne spécifiquement la technique de dépistage du VIH appliquée aux femmes enceintes en RDC, la stratégie III de l'OMS est de mise. Il s'agit d'une stratégie de diagnostic recommandée au sein

---

558 On parle ainsi de la « prévention primaire », c'est-à-dire « celle qui, indistinctement, pèse sur l'ensemble de la population. A ce titre, les restrictions aux libertés qu'elle implique ne sont point jugées exorbitantes ». Voy. ROBERT (J.) et DUFFAR (J.), *op. cit.*, p. 207.

559 En ce cas-ci, on parle de la « prévention secondaire », c'est-à-dire « celle dont la raison d'être est précisément de ne s'adresser qu'à des secteurs de la population dits à risques. Là, il faudra nécessairement procéder à des discriminations, à des investigations et à la constitution de 'centres' dont la finalité est de 'catégoriser' les personnes pour soigner plus efficacement celles qui en ont besoin ». Voy. *Idem.*

560 Article 2, point 3, de la loi du 14 juillet 2008 relative au VIH/sida.

561 CRITON (C.) et FENER (P.), « Dépistage du VIH/sida chez la femme à risque », *http://www.inist.fr/article188.html,* mai 2007, p. 12, [Consulté le 14 novembre 2016].

562 Voy. *Idem*, p. 12 et s.

d'une population asymptomatique où la séroprévalence est inférieure à 10%, ce qui rentre dans les proportions caractéristiques de la population congolaise des femmes enceintes. Trois tests sont couverts par ce type de diagnostic prénatal : le *Determine HIV*-1/2, l'*Uni Gold HIV* et le *Double Check Gold HIV* ½[563].

323. La matière relative au dépistage du VIH est régie par les articles 35 à 38 de la loi n°08/011 du 14 juillet 2008 portant protection des droits des personnes vivant avec le VIH/sida et des personnes affectées. À cette succession d'articles viennent se greffer, au sein de la même loi, les dispositions des articles 39 à 41 consacrées à la confidentialité des résultats issus du test de dépistage.

Il convient de préciser qu'aucune disposition de ce corpus législatif ne traite spécifiquement du dépistage prénatal du VIH. En conséquence, les règles édictées à propos du dépistage du VIH en général constituent le droit commun d'encadrement du dépistage prénatal du VIH. À l'analyse, le contenu de ce droit ne nous semble pas satisfaisant eu égard à la nécessité de réduire aux plus faibles proportions le risque de contaminations périnatales de la mère à l'enfant. Les insuffisances et incohérences de ce droit objectif se révèlent singulièrement dans la manière dont le législateur appréhende deux principes de bioéthique intimement liés à la problématique du test prénatal de dépistage du VIH, à savoir : le principe de consentement (Chapitre 1er) et celui de confidentialité (Chapitre 2).

---

563 En ce sens, voy. PROGRAMME NATIONAL DE LUTTE CONTRE LE SIDA (PNLS), *Module de formation des techniciens de laboratoire en techniques simples de dépistage/diagnostic de l'infection à VIH et de suivi biologique des personnes vivant avec le VIH*, Kinshasa, 2006.

CHAPITRE PREMIER :

UN PRINCIPE RIGIDE DE LIBRE CONSENTEMENT

324. Dans ce chapitre, dans un premier temps, nous nous emploierons à dresser l'état des lieux des règles qui gouvernent le consentement aux fins de dépistage prénatal du VIH (Section 1). Dans un second temps, nous nous attacherons à identifier les limites auxquelles se heurtent ces règles. Ce qui nous amènera, faisant d'une pierre deux coups, à formuler, en fin de compte, quelques pistes de solution pour un droit du futur plus favorable à la protection de l'enfant à naître contre le risque d'infection par le VIH (Section 2).

Section 1 : L'état actuel du droit positif

325. Dans le dispositif légal congolais applicable à la recherche biomédicale du VIH dans le corps humain, le libre consentement de la personne concernée occupe une place de choix. Tant dans son fondement que dans sa portée (§1), le consentement est une exigence juridique et éthique remontant des temps les plus reculés. Son importance aux yeux des juristes et des éthiciens croît à mesure que les préoccupations de bioéthique font leur conquête sur l'espace du savoir.

Sur le recueil du consentement avant toute intervention médicale portant sur la personne humaine (§2), en RDC comme à l'étranger, les législateurs se montrent davantage protectionnistes et parfois intransigeants. Ils en arrivent presque toujours à sanctionner les atteintes portées à l'intégrité corporelle sans l'assentiment de qui de droit.

Toutes ces assertions valent à propos du dépistage prénatal du VIH, ainsi que nous tenterons de le démontrer.

Paragraphe 1 : Le fondement et la portée du principe de consentement en matière de dépistage prénatal du VIH

326. Après avoir rappelé le fondement du principe de consentement (A), nous en déterminerons la portée en matière de dépistage prénatal du VIH (B).

A. Le fondement du principe de consentement

327. L'impératif du consentement dans une relation patient-professionnel de santé remonterait du dix-neuvième siècle avec l'axiome, à la fois religieux et philosophique, « *noli me tangere* »[564] opposé par le Christ ressuscité à une dame nommée Marie de Magdala[565], et repris dans l'un des plus anciens enseignements de philosophie du droit[566]. C'est ce qui fit dire à DEMICHEL que ce « *noli me tangere* » constitue « le plus vieux principe normatif qui soit en la matière[567] ».

Avant que les législateurs ne s'en accaparent, c'est aussi au dix-neuvième siècle que la jurisprudence avait appréhendé la nécessité de recueillir, préalablement, le consentement de la personne concernée par toute atteinte à l'intégrité corporelle dictée par des considérations d'ordre médical ou expérimental. Ainsi en a-t-il été, en Belgique, de l'arrêt qui a condamné un médecin pour avoir pratiqué une intervention chirurgicale sur un enfant, sans l'assentiment préalable de ses parents. En l'espèce, le motif invoqué était que « pour pratiquer légitimement une opération chirurgicale, l'homme de l'art doit y être autorisé par le malade ou par la personne sous l'autorité de laquelle le malade se retrouve[568] ».

C'est au fil du temps que verra le jour, dans plusieurs législations nationales, la règle selon laquelle « tout patient a droit au respect de l'intégrité de sa personne, ce qui comprend le droit de décider si, et dans quelle mesure, il acceptera de se soumettre à des actes médicaux[569] ».

328. L'idée philosophique dominante qui fonde le principe de consentement est celle de l'autonomie individuelle : chacun a, estime-t-on, le droit de décider de ce qu'on pourra faire subir à son corps et, partant, de refuser une intervention médicale à laquelle il n'a pu librement consentir. Il s'agit d'un droit subjectif que Gérard CORNU définit comme une « prérogative individuelle reconnue et sanctionnée par le Droit objectif qui permet à son titulaire de faire, d'exiger ou d'interdire quelque chose dans son propre intérêt ou, parfois, dans l'intérêt d'autrui[570]. »

Sous l'influence des philosophes des lumières, cette doctrine de l'autonomie de la volonté de la personne humaine fit son entrée en droit

---

[564] Traduit par « Ne me touches pas ».

[565] Voy. la Bible, Evangile selon Jean, Chapitre 20, spécialement le Verset 17.

[566] Voy. BOISTEL (E.), *Cours de philosophie du droit*, Tome I, Paris, 1899, p. 72.

[567] DEMICHEL (A.), « Médecine et droit : bilan provisoire d'une cohabitation problématique », in *Etudes offertes à Jean-Marie AUBY*, Paris, Dalloz, 1992, p. 720.

[568] Liège, 30 juillet 1890, *D.P.* 1981. II. 281.

[569] Cet extrait d'un arrêt rendu par la Cour suprême canadienne a, à nos yeux, le mérite de résumer superbement le contenu normatif du principe de consentement tel qu'il se conçoit généralement par les juristes.

[570] CORNU (G.), *op. cit.*, p. 374.

international, notamment à travers le Pacte international relatif aux droits civils et politiques, qui énonce, en son article 7, la règle d'après laquelle : « *Il est interdit de soumettre une personne sans son libre consentement à une expérience médicale ou scientifique* ». Ce qui se traduit, en d'autres termes, par le droit de toute personne au respect par les tiers de sa liberté sur son intégrité corporelle. Un tel droit implique nécessairement l'idée « d'intersubjectivité »[571].

En lien avec le dépistage du VIH, en droit congolais, le principe de consentement trouve son fondement légal à l'article 36, alinéa 1er, de la loi du 14 juillet 2008 précitée, qui édicte que : « *Le test de dépistage du VIH est volontaire* [...] ».

Ainsi précisé, le fondement du principe de consentement n'est pas à confondre avec sa portée.

B. La portée du principe de consentement

329. L'autonomie de tout individu sur son intégrité physique s'étend sur l'ensemble du corps humain, en ce compris les éléments détachables comme le sang. On sait que le test de dépistage du VIH consiste fréquemment en un prélèvement sanguin. Le sang est en effet un élément du corps humain sur lequel est reconnu à son titulaire le pouvoir d'autodétermination. C'est pourquoi, autant pour être licite, le don de sang requiert l'assentiment du donneur, autant le prélèvement du sang ou de toute autre matière biologique d'un sujet humain, dans le but de détecter la présence des anticorps traduisant la présence du VIH dans son organisme, exige le recueil préalable d'un consentement libre de sa part ou de celle de son représentant légal.

330. En tant qu'élément corporel sur lequel s'exerce le pouvoir d'autodétermination de la personne sujette au dépistage du VIH, le sang humain soulève incidemment la question de savoir sa nature juridique : est-ce la personne même ou une chose ?

Pour répondre à cette question, la tentation paraît forte de distinguer selon que le sang est déjà prélevé (c'est-à-dire détaché du corps) ou non. Envisagé avant son prélèvement du corps de la personne, il irait alors de soi de considérer que le sang humain fait corps avec la personne et lui emprunte, de ce fait, sa nature juridique, en vertu du principe « l'accessoire suit le sort du principal ».

Nous ne nous laisserons pourtant pas séduire par ce raisonnement de raccourci, qui aboutirait à une conception juridique ambivalente selon laquelle le sang est, tout à la fois, une personne et une chose, selon qu'il

---

[571] En ce sens, voy. DABIN (J.), *Le droit subjectif*, Paris, Dalloz, 1952, p. 94.

est détaché ou non du reste du corps. À cette conception ambivalente jugée peu heureuse, à cause de son imprécision, nous préférons, pour notre part, la qualification de « chose par anticipation »[572].

À ce propos, faisant recours à la qualification de « chose par anticipation » dans une étude attachée à déterminer la nature juridique du gène, une doctrine avait soutenu à juste titre: « De même que le meuble par anticipation est un immeuble par nature dont on anticipe la qualification mobilière, en raison de la perspective de son détachement du sol, la chose par anticipation est un élément de la personne, destiné prochainement à en être séparé et qualifié, par avance, de chose. Personne avant d'être prélevé du corps, le gène, qui en est détachable, a la nature fictive d'une chose sur laquelle l'individu peut accomplir des actes juridiques de disposition[573]. »

Ce qui vaut pour le gène[574], l'est incontestablement pour le sang humain, *mutatis mutandis*. Partant, à notre avis, la nature juridique de « chose par anticipation » convient le mieux au sang, par analogie avec le gène.

331. Sur le registre juridique des choses, l'on admettra cependant que le sang n'est pas une chose « de droit commun ». Il semble rentrer dans la catégorie de ce que d'aucuns qualifient de « choses sacrées »[575]. Ce qui expliquerait l'application à son endroit d'un régime juridique *sui generis*, dominé par des principes de « vénération » de sa nature originelle de

---

[572] La théorie générale des biens a souvent inspiré la doctrine à chaque fois que la *summa divisio*, qui oppose traditionnellement la catégorie des personnes à celle des biens, n'a pas semblé rendre aisée la détermination de la nature juridique de certains éléments de l'univers juridique sans cesse mouvant. C'est ainsi que puisant dans la notion d'immeuble par destination, PERROT utilisa le terme de « *personne par destination* » pour désigner notamment les prothèses dentaires et autres éléments affectés à l'usage physique des handicapés, qu'il considéra fictivement comme des personnes en considération de leur affectation au service du corps humain. En tant qu'éléments accessoires du corps humain, ces prothèses et autres éléments semblables empruntent à ce dernier la qualification de personne et épousent son régime juridique. En conséquence, du fait qu'elles font partie intégrante de la personne humaine, ces choses par nature mais « personnes par destination » ne peuvent faire l'objet ni d'une saisie, ni d'un droit de rétention au profit du prothésiste. En ce sens, voy. PERROT (R.), obs., Douai, 14 octobre 1983 et TGI Lille, 16 novembre 1983, *RTDC*, 1985.455 ; également MEMETEAU (G.), « Prothèse et responsabilité du médecin », *Dalloz, 1976, Chronique III*, p. 9 et s.

[573] MARAIS (A.), *La prédisposition génétique*, Thèse, Université Panthéon-Assas (Paris II), 2000, p. 38.

[574] « Depuis que les progrès scientifiques ont permis de trouver dans le gène un substratum moléculaire identifiable à la cause endogène de la maladie, on utilise le terme de prédisposition génétique pour qualifier ce terrain interne de la personne ». En ces termes, voy. *Idem,* p. 2.

[575] Voy. LABBEE (X.), *op. cit.*

personne, à l'exemple de celui de la non-patrimonialité. Chasser le naturel, dit-on, il reviendra au galop.

Pour que le prélèvement de l'échantillon sanguin destiné au test de dépistage prénatal du VIH soit licite, il devra donc être précédé du consentement de la femme enceinte concernée. On devrait l'en avoir recueilli suivant des modalités conformes à la loi.

Paragraphe 2 : Les modalités de recueil du consentement aux fins de dépistage prénatal du VIH

332. Il ressort, explicitement ou implicitement, de la loi du 14 juillet 2008 des principes relatifs au recueil du consentement (A), dont la méconnaissance préjudiciable, une fois établie, peut donner lieu à des sanctions à l'endroit du professionnel de santé contrevenant (B).

A. Les principes applicables en matière de recueil du consentement

333. Ces principes sont au nombre de trois : le principe d'information préalable (1), le principe de consensualisme (2) et celui de la représentation (3).

1. Le principe d'information préalable ou le conseil pré-test de dépistage du VIH

334. La décision d'une femme enceinte d'accepter ou de refuser de se faire dépister au VIH doit être précédée d'une série d'informations qu'il incombe aux professionnels de santé commis à cette tâche de mettre préalablement à sa disposition. Cette exigence est énoncée à l'article 36, alinéa 2, de la loi du 14 juillet 2008 qui indique que le test de dépistage du VIH est précédé « *des conseils appropriés* ».

Le conseil pré-test de dépistage du VIH est un exercice délicat d'une importance indéniable, particulièrement lorsqu'il s'oriente vers la population des femmes enceintes. Il a en effet été rappelé que « la découverte de la séropositivité pour le VIH constitue un moment de fragilité extrême dont les conséquences personnelles peuvent être extrêmement graves si l'individu n'y a pas été préparé. La grossesse est elle-même un moment important de l'existence. Révéler l'infection par le VIH pendant cette période à une femme qui n'y serait pas préparée pourrait la conduire à de nombreux doutes et interrogations sur ses pratiques intimes et celles du partenaire sexuel, sur son statut de mère et à terme sur sa survie ainsi que celle de l'enfant à naître[576]. »

---

[576] CONSEIL NATIONAL DE SIDA (CNS, France), *Avis sur le dépistage de l'infection par le VIH au cours de la grossesse et prévention périnatale de la contamination de l'enfant,* 14 mars 2002, p. 6. Pour rappel, cet avis faisait suite au constat de la « poursuite

335. Le législateur parle laconiquement de « *conseils appropriés* », sans en déterminer la juste portée. À notre avis, en contexte de consultation prénatale, il conviendrait d'entendre par cette expression, une vue d'ensemble de l'infection à VIH/sida, sa prévalence, sa gravité et surtout des indications les plus complètes et compréhensibles possibles sur aussi bien les canaux biologiques de transmission du VIH de la mère à l'enfant que les interventions permettant d'éviter, autant que possible, cette transmission. C'est à la lumière de ces informations qu'on peut espérer recueillir un consentement éclairé de la part de la femme enceinte placée devant ses responsabilités maternelles.

2. Le principe de consensualisme ou le régime de la liberté de mode d'expression du consentement

336. « *Le test de dépistage du VIH est* ***volontaire*** [...][577] ». Le législateur n'en dit pas plus sur le mode d'expression de la volonté requise. On en déduit que dans son émission, le consentement aux fins de dépistage du VIH n'est légalement soumis à aucune forme sacramentelle. Ce qui importe est que le consentement ait été effectivement donné au-delà de tout doute raisonnable, et qu'il ait été obtenu sans quelque contrainte que ce soit sur la personne du consentant. La pratique des Centres de dépistage volontaire du VIH (CDV) disséminés à travers la RDC montre qu'on y a presque toujours égard à l'oralité, c'est-à-dire au consentement verbal.

337. Pour leur part, l'écrit constatant le consentement émis, tout comme la présence des témoins lors de l'émission du consentement au dépistage du VIH, peuvent, chacun, prêter à controverse. En effet, si ces deux modalités de recueil du consentement (consentement par écrit et consentement devant témoins) offrent aux professionnels de santé l'avantage de faciliter l'administration de la preuve en cas de contestation, elles présentent cependant l'inconvénient de nuire aux exigences légales de l'anonymat et de la confidentialité du test de dépistage du VIH. Nous reviendrons plus loin sur ces considérations.

Il nous reste à souligner que la règle générale selon laquelle le consentement doit émaner de la personne physiquement concernée par le test de dépistage du VIH, connaît quelques exceptions. Dans le point suivant, nous sommes bien obligé de nous y étendre, en long et en large, compte tenu de leur importance théorique.

---

de contaminations périnatales de la mère à l'enfant » qui amena les investigateurs de l'Enquête Périnatale Française (EPF) à saisir le CNS à l'effet de recueillir sa position sur « l'opportunité d'un dépistage de routine de la femme enceinte dont la réalisation serait obligatoire ».

[577] Article 36, alinéa 1, de la loi du 14 juillet 2008.

3. Le principe de la représentation ou la logique du consentement donné par autrui

338. Ce principe est posé sur pied de l'article 37, alinéa 1er, de la loi du 14 juillet 2008, telle que modifiée[578] et complétée par la loi n°18/02 du 09 juillet 2018, en ces termes: « *Le test de dépistage du VIH sur un mineur ou sur tout autre incapable est pratiqué avec le consentement des parents ou du tuteur, selon le cas, sauf si son intérêt supérieur l'exige.* » Ce texte est d'une utilité certaine dans le domaine du dépistage prénatal du VIH, en considération de la représentativité assez étonnante des mineures d'âge parmi la population des femmes congolaises vaquant fréquemment aux consultations prénatales[579].

L'examen consistant à détecter dans le sang ou d'autres milieux biologiques de la femme enceinte la présente du VIH s'inscrit dans le cadre médical d'un acte juridique bilatéral. À ce titre, pour être légalement formé, cet acte exige de la part de la femme concernée la capacité d'émettre un consentement valable.

C'est le lieu de rappeler que les mineurs, c'est-à-dire les personnes, de l'un ou l'autre sexe, âgées de moins de 18 ans accomplis[580], de même que certains majeurs souffrant de quelques altérations graves des facultés mentales ou corporelles judiciairement constatées[581], sont frappés d'incapacité juridique[582].

---

[578] Les modifications apportées à l'article 37, alinéa 1er, se limitent au remplacement du terme « *enfant* » par celui de « *mineur* » et à la substitution de pronoms entre « *leur* » et « *son* ». Le texte originel était ainsi libellé : « *Le test de dépistage du VIH sur un* ***enfant*** *ou sur tout autre incapable est pratiqué avec le consentement des parents ou du tuteur, selon le cas, sauf si* ***leur*** *intérêt supérieur l'exige.* » Ce qui, en pareil contexte, n'emporte aucune conséquence juridique.

[579] Sur l'échantillon d'enquête menée auprès des femmes enceintes et la proportion des filles mineures, voy. *infra*, n° 377.

[580] Voy. l'article 219 du Code de la famille.

[581] Voy. l'article 298 du même Code.

[582] Voy. l'article 215 du même Code : « *Sont incapables aux termes de la loi:*
1. les mineurs;
2. les majeurs aliénés interdits;
3. les majeurs faibles d'esprit, prodigues, affaiblis par l'âge ou infirmes placés sous curatelle. » Ici, nous ne saurions passer sous silence une importante remarque : la réforme apportée par la loi n° 16/008 du 15 juillet 2016 modifiant et complétant le Code de la famille a supprimé le dernier alinéa de cet article qui maintenait la femme mariée dans les liens sinon de l'incapacité juridique, du moins d'une capacité juridique limitée à outrance. Hostile à l'affirmation de « l'incapacité juridique de la femme mariée » soutenue, jusqu'à la date de la récente réforme législative, par la majeure partie de la doctrine congolaise (Voy. BOMPAKA NKEY MAKANYI, *op. cit.*, p. 55 et 113 ; MWANZO Idin'AMINYE, *L'égalité des époux en droit congolais de la famille*, Thèse, Université Catholique de Louvain, 2010, p. 113 ; KIFWABALA TEKILAZAYA., *op. cit.*, p. 169, 183 et s.), le

S'agissant des enfants (mineurs), le consentement à tout acte juridique les concernant est l'apanage soit de leurs père et mère[583], soit de ceux qui exercent sur eux l'autorité parentale[584] ou tutélaire[585], à défaut de leurs auteurs biologiques.

Quant aux majeurs incapables, notamment les aliénés mentaux, les prodigues, les faibles d'esprit, les personnes frappées de grave paralysie, de surdité ou de surdi-mutité, les régimes de protection légale qui leur sont applicables oscillent, selon le cas de figure, entre la représentation par un tuteur[586] et l'assistance d'un curateur[587].

339. Au vu de ce qui précède, il apparaît que, littéralement, l'harmonie entre l'énoncé de l'article 37 sus mentionné de la loi du 14 juillet 2008 et les règles protectrices des personnes incapables prévues en droit commun, n'est qu'une impression de premier regard. À l'analyse rigoureuse, la formulation de cet article est peu heureuse. Elle pèche par imprécisions multiples. Il faut brièvement s'en expliquer.

D'un côté, l'article 37 précité méconnaît l'autorité parentale par défaut et le pouvoir de représentation des mineurs que le Code de la famille attribue aux pères juridiques et aux parents adoptifs, selon le cas. Ces deux catégories omises des personnes dûment investies de l'autorité parentale

---

Professeur NDOMBA KABEYA Elie-Léon a été singulièrement le défenseur de la thèse d'une capacité plutôt limitée de la femme mariée. Voy. NDOMBA KABEYA (E.-L.), *op. cit.*, p. 108 ; NDOMBA KABEYA (E.-L.), *Droit (civil) de la famille. 2ième partie : la famille et les relations familiales*, Kinshasa, VmrPress, 2014, p. 87.

[583] Voy. l'article 317, alinéa 1, du Code de la famille : « *L'enfant mineur reste, jusqu'à sa majorité ou à son émancipation, sous l'autorité conjointe de ses père et mère quant à l'administration de sa personne et de son patrimoine et quant à la protection de sa sécurité, de sa santé et de sa moralité* ». Ici, il convient d'observer que l'article 320 du même Code reconnaît aux père et mère de l'enfant la faculté de déléguer, en tout ou en partie, l'exercice de l'autorité parentale à une personne majeure jouissant de la pleine capacité. C'est en application de cette disposition qu'un juge de paix de Kinshasa fit droit à la demande des parents qui tendait à faire homologuer la délégation de l'exercice de l'autorité parentale, motif pris de leurs âges avancés et des difficultés financières auxquelles ils étaient confrontés. Voy. Tripaix/Lemba, RC 2/5037/II, 18 décembre 1992 et RC 2/4152/II du 15 décembre 1992, inédits.

[584] Il peut s'agir du père juridique, au sens de l'article 649 du Code de la famille, ou des parents adoptifs.

[585] Voy. l'article 222 du Code de la famille : « *Tout mineur non émancipé n'ayant ni père ou mère pouvant exercer sur lui l'autorité parentale est pourvu d'un tuteur qui le représente* ».

[586] Par exemple, l'article 304 du Code de la famille assimile l'*interdit* au mineur sous tutelle, pour ce qui est du régime de protection applicable à sa personne.

[587] Voy. l'article 310 du Code de la famille : « *Les faibles d'esprit, les prodigues et les personnes dont les facultés corporelles sont altérées par la maladie ou l'âge et toute autre personne qui le demanderait, peuvent être placés sous l'assistance d'un curateur, nommé par le tribunal de paix, dès l'âge de la majorité.* »

sont à distinguer nettement des père et mère biologiques du mineur et de son tuteur éventuel. L'alinéa deuxième[588] ajouté audit article par la loi modificative du 09 juillet 2018 laisse subsister la lacune décriéee.

De l'autre côté, en ce qui concerne les majeurs incapables, le même article emploie l'expression « *tuteur* » dans la suite de l'expression manifestement générique de « *tout autre incapable* ». La juxtaposition de ces deux expressions crée un sérieux problème d'interprétation sur le point de savoir si les incapables placés sous l'assistance d'un « curateur » rentrent dans le champ de la loi. Par exemple, de qui doit émaner le consentement au test de dépistage prénatal du VIH à effectuer sur la personne d'une femme (majeure) faible d'esprit placée sous la protection d'un curateur, quand on sait qu'elle n'est sous l'autorité d'aucun tuteur ?

340. Si, effectivement, l'article 37 de la loi du 14 juillet 2008 ne permet pas de régler la question précédemment soulevée, on conviendra d'en devoir rechercher la réponse nulle part ailleurs qu'en droit commun, en vertu de la règle « *generalia specialibus non derogant ».* Ainsi, en l'absence d'une position jurisprudentielle connue en la matière, nous pensons qu'il est conforme à l'état actuel du droit congolais de considérer que le consentement à l'acte de dépistage prénatal du VIH sur la personne de la femme placée sous la protection d'un curateur devrait, le cas échéant, être donné par elle-même, avec l'assistance de celui-ci. On n'est donc plus dans un cas de figure de la représentation, mais plutôt sous le régime protecteur de l'assistance. Ce régime de droit commun est ignoré, mais non expressément prohibé, par la loi spéciale du 14 juillet 2008.

341. Par ailleurs, en matière de dépistage du VIH, le principe du consentement donné par autrui, en vertu de la théorie de la représentation, peut être à la base d'un autre questionnement en relation avec soit l'exercice conjoint de l'autorité parentale[589], soit l'autorisation du tribunal et l'avis du conseil de famille requis du tuteur, en droit commun, avant de poser des actes

---

[588] Ce nouvel alinéa dispose que : « *Toutefois, le mineur ou l'incapable sans parents ou tuteur est accompagné par un service approprié.* »

[589] Sauf pour cause d'empêchement de droit (filiation non établie, déchéance de l'autorité parentale, incapacité, absence, disparition, etc.) ou de fait (éloignement, prédécès ou toute autre cause) de l'un d'entre eux, les père et mère de l'enfant administrent sa personne de manière **conjointe**, conformément à ce qui est prévu par l'article 317 du Code de la famille. Depuis la récente réforme que vient de connaître ce Code dans une perspective d'élimination des dispositions jugées discriminatoires à l'égard de la femme, le principe de l'égalité des époux, notamment dans les rapports qu'ils entretiennent avec leurs enfants, a d'ailleurs été renforcé. En effet, avant d'être amendé en 2016, l'article 317 du Code de la famille, spécialement en son alinéa 2, disposait que: « *En cas de dissentiment entre le père et la mère, la volonté du père prévaut. Toutefois, la mère a un droit de recours devant le tribunal de paix* ». Actuellement, cet alinéa est reformulé comme suit : « *En cas de dissentiment entre le père et la mère, chacun d'eux a un droit de recours devant le tribunal pour enfants.* »

d'une certaine importance intéressant l'enfant sous tutelle[590]. En clair : les consentements des deux parents sont-ils requis **cumulativement** avant de procéder au test de dépistage prénatal sur la personne d'une fille mineure d'âge enceinte (a) ? Corrélativement, pour consentir à l'acte médical de dépistage du VIH sur la personne d'une femme aliénée mentale placée sous l'interdiction judiciaire, son tuteur aura-t-il besoin de l'autorisation préalable du juge, le conseil de famille entendu (b) ? Nous tenterons de répondre à ces deux interrogations de haute portée doctrinale.

a. L'exercice conjoint de l'autorité parentale implique-t-il l'exigence du cumul de volontés des père et mère avant de procéder au dépistage du VIH chez la fille mineure enceinte ?

342. Le débat soulevé fait émerger une importante lacune du droit congolais des rapports parents-enfants. Il nous offre l'occasion de regretter qu'il n'existe pas dans le Code de la famille le correspondant de l'article 372-2 du Code civil français. Cet article institue une « présomption d'accord parental » applicable dans le cas où l'un des parents « *fait seul un acte usuel de l'autorité parentale relativement à la personne de l'enfant* ». On estime que si le médecin devrait recueillir, pour chaque acte médical, l'accord des deux parents, il en résulterait un risque de « paralysie pratique de la vie quotidienne »[591] susceptible de mettre en péril la santé de l'enfant en situation d'urgence.

Il est évident que la notion d'acte usuel peut prêter à des interprétations diffuses, tant le législateur français, lui-même, ne l'a pas définie. D'après Gérard CORNU, l'acte usuel « suggère d'abord dans une échelle de gravité [...] des actes anodins, opérations courantes [...]. Pris dans une autre perspective, les actes usuels [...], ce sont des actes qu'il est d'usage d'accomplir relativement à la personne de l'enfant[592]. »

Le dépistage prénatal du VIH, est-ce un acte usuel au sens de la compréhension doctrinale du terme ? La réponse devrait, à notre avis, être négative : se faire dépister au VIH tout court, *a fortiori* se faire dépister en état de grossesse, ce ne semble être ni un acte anodin, ni un acte courant.

---

[590] Il ressort de la combinaison des articles 227, 228 et 231 du Code de la famille qu'étant composé de parents ou alliés du père et de la mère, en évitant de laisser une des deux lignes sans représentation, ainsi que des frères et sœurs majeurs du mineur, le conseil de famille se réunit toutes les fois que l'exige l'intérêt du mineur sous tutelle. Le tuteur ne peut ni faire voyager le mineur plus de trois mois hors du territoire national, ni l'émanciper, ni encore passer pour ses biens aucun acte excédant la simple administration, **sans l'autorisation du tribunal pour enfants, le conseil de famille entendu**.

[591] Voy. TERRE (F.) et FENOUILLET (D.), *Droit civil. Les personnes. La famille. Les incapacités*, Paris, Dalloz, 6ième édition, 1996, p. 876.

[592] CORNU (G.), *Droit civil. La famille,* Paris, Montchrestien, 6ième édition, 1998, p. 146.

343. Dans le domaine des interventions médicales portant sur le corps de l'enfant, plutôt que de se déterminer sur la base théorique de la notion assez floue d'acte usuel, les juges français ont tendance à se référer à la distinction entre actes médicaux bénins et ceux qui présentent une certaine gravité. C'est dans cette optique que le tribunal de grande instance de Paris avait débouté, en date du 6 novembre 1973, un père qui reprochait au médecin d'avoir circoncis ses trois enfants mineurs d'âge, pour des motifs religieux et non médicaux, en se contentant du seul accord de leur mère. Considérant pour sa part que la circoncision était, en l'espèce, justifiée par des raisons médicales, le tribunal de céans avait jugé que « le médecin n'était pas tenu, avant de pratiquer une intervention médicale relativement bénigne, de recueillir d'autre autorisation que celle de la mère[593]. »

344. Dès lors, le test de dépistage du VIH devrait-il être considéré comme un acte médical bénin ou un acte médical d'une certaine gravité pour la personne concernée ? Sur cette question, notre position se veut nuancée.

Sous un certain angle de vue, on conviendra que l'acte de prélèvement du sang ou de toute autre matière biologique de l'organisme humain aux fins de test de dépistage du VIH paraît bénin. En ceci qu'en règle générale, il n'expose la personne concernée à aucun danger comme l'aurait suggéré une intervention chirurgicale d'extrême sensibilité clinique.

Sous un autre point de vue, on ne saurait nier la part d'émotions et l'impact psychosocial associés à l'acte médical tendant à faire connaître à un sujet son statut sérologique au VIH. Nous l'avons déjà fait remarquer, ce problème se pose avec plus d'acuité lorsque le test de dépistage est orienté vers la population des femmes en état de grossesse.

Ainsi, la conciliation de ces deux points de vue opposés est souhaitable. Si, par hypothèse, en soi le test de dépistage du VIH ne présente pas de gravité en termes de pronostic vital ou d'incidences préjudiciables sur l'intégrité corporelle de la personne dépistée, il représente cependant, sur le plan psychique et socio-comportemental, une certaine gravité qui n'en est pas la moindre. Partant de ce raisonnement, il nous semble que la distinction faite dans la jurisprudence française entre les actes médicaux bénins et les actes d'une certaine gravité n'est pas d'une grande utilité à notre problématique. Elle ne permet pas de saisir, dans leur juste portée, la complexité et l'ambivalence du problème que pose l'exercice de l'autorité parentale sur le terrain de l'examen médical de dépistage du VIH.

345. En l'absence d'une présomption légale d'accord parental, l'orthodoxie juridique exige alors de s'en tenir au principe en vigueur de l'exercice conjoint de l'autorité parentale. Ce qui implique, sur la base de la

[593] T.G.I. Paris, 6 novembre 1973, *Gaz. Pal.* 1974. 1. 299, note P. BARBIER.

concertation parentale, le cumul de volontés des père et mère de l'enfant visé par le test de dépistage du VIH. En cas de dissentiment entre le père et la mère, le Code de la famille prévoit que chacun d'eux a un droit de recours devant le tribunal pour enfants[594]. C'est l'occasion de signaler que par le vœu du législateur du 10 janvier 2009, « *l'enfant capable de discernement est entendu en présence de son conseil dans toute procédure judiciaire ou administrative l'intéressant, soit directement, soit par l'intermédiaire d'un représentant ou d'une organisation appropriée*[595]. »

346. Le seul bémol admissible pour tempérer la rigueur de la solution fondée sur l'article 317 du Code de la famille (exercice conjoint de l'autorité parentale), et parer au plus pressé, serait l'évocation de l'état de nécessité. En effet, en situation d'urgence médicale, on peut dans la pratique contourner la lourdeur du cumul de volontés des père et mère en faisant valoir l'incise « ***sauf si son intérêt supérieur l'exige*** » qui apparaît à l'article 37, alinéa 1er *in fine*, de la loi du 14 juillet 2008.

Il va de soi que si état de nécessité il y a à faire valoir sur pied de cette incise légale, il devra être apprécié au regard de la personne de l'incapable et non de celle de l'enfant à naître. Littéralement, cette dernière hypothèse n'entre évidemment pas dans les prévisions de la loi. Autrement dit, dans l'extrait de la loi ci-dessus relevé, il s'agit bien de l'intérêt supérieur de l'enfant ou de tout autre incapable visé par le dépistage du VIH, et non pas de l'intérêt supérieur d'un tiers, fœtus en son sein soit-il.

En l'état actuel du droit congolais, ce n'est que dans ces conditions-là qu'on peut espérer obtenir, sans violer la loi, le contournement total (absence de consentement de chacun des parents) ou partiel (absence de consentement du père ou de la mère) de l'autorisation parentale aux fins de test de dépistage du VIH sur la personne du mineur.

Qu'en est-il du dépistage du VIH sur la personne de l'interdit ?

b. Est-il requis du tuteur de recueillir l'autorisation du tribunal compétent et l'avis du conseil de famille avant de consentir au test de dépistage prénatal du VIH sur la personne de l'interdit ?

---

[594] Voy. l'alinéa 2 de l'article 317 du Code de la famille, tel que modifié.

[595] Voy. l'article 32 de la loi n°09/001 du 10 janvier 2009 portant protection de l'enfant. Rappelons que durant plusieurs années, certains auteurs se sont interrogés à la nécessité, de plus en plus ressentie, d'aménager pour les enfants en âge de discernement, en particulier les adolescents, un état intermédiaire entre l'incapacité et la capacité, une sorte de stage de préparation du mineur à la majorité et au libre exercice de ses droits, que F. GISSER a qualifié de « prémajorité ». Voy. GISSER (F.), « Réflexion en vue d'une réforme de la capacité des incapables mineurs. Une institution en cours de formation : la prémajorité », *JCP*, 1984. I. 3142.

347. Dans la recherche des éléments de réponse à cette question, trois constats méritent d'être faits. Premièrement, en attribuant au tuteur le pouvoir de consentir en lieu et place de l'incapable placé sous sa protection, sur lequel devrait pouvoir être pratiqué le test de dépistage du VIH, l'article 37 de la loi du 14 juillet 2008 ne subordonne expressément l'exercice de ce pouvoir à aucune forme habilitante.

Deuxièmement, c'est plutôt dans le Code de la famille, spécialement à l'article 231[596], qu'apparaît l'idée de formes habilitantes, précisément l'intention clairement exprimée par le législateur de subordonner l'exercice du ministère du tuteur à l'autorisation du juge des enfants, le conseil de famille du mineur sous tutelle entendu.

Troisièmement et enfin, il est important de remarquer qu'aux termes de cet article 231, il est fait énumération exhaustive de seuls actes ou catégories d'actes pour lesquels le tuteur ne peut engager la personne ou le patrimoine du mineur dont il a la garde sans en référer préalablement à l'office du tribunal pour enfants. Il s'agit de :

- Faire voyager le mineur plus de trois mois hors du territoire national ;
- L'émanciper;
- Passer pour ses biens un acte excédant la simple administration.

348. Selon toute vraisemblance, deux pistes de solution opposées peuvent être avancées. Dans une première, l'on serait tenté de soutenir qu'en l'absence d'obligation légale expresse, qu'elle soit issue du droit commun ou du droit particulier au VIH/sida, le tuteur est admis à apprécier souverainement s'il y a lieu de consentir ou non au diagnostic du VIH sur la personne du mineur placé sous sa protection. Ici, ce qui est dit à propos du mineur vaut, *mutatis mutandis*, à l'égard de l'interdit, étant donné que l'article 304 du Code de la famille, comme nous l'avons déjà rappelé, assimile l'interdit au mineur sous tutelle, pour ce qui est du régime de sa protection.

La seconde piste de solution consisterait à faire de l'article 231 du Code de la famille une interprétation extensive qui apparaisse conforme à sa *ratio legis*. En effet, si l'intention du législateur de voir le tuteur assurer la direction du mineur et exercer sur sa personne les prérogatives attachées à l'autorité parentale n'est pas contestable, il n'en reste pas moins que l'esprit de l'article 231 précité laisse transparaître de la part du même

---

[596] « *Le tuteur ne peut ni faire voyager le mineur plus de trois mois hors du territoire national, ni l'émanciper, ni encore passer pour ses biens aucun acte excédant la simple administration, sans l'autorisation du tribunal pour enfants, le conseil de famille entendu.* »

législateur la volonté de limiter l'exercice du pouvoir du tuteur aux seuls actes de la vie courante. Or, comme nous l'avons précédemment observé, le test de dépistage prénatal du VIH n'est pas un acte anodin, ni bénin.

349. Nous pensons, pour notre part, que cette seconde piste de solution doit être abandonnée au profit de la première. À l'appui de cette préférence, deux arguments de droit peuvent être avancés. D'abord, il est de principe que sauf disposition contraire, les règles édictées par le Code de la famille sont « *impératives et d'ordre public* »[597]. À ce titre, elles doivent être interprétées restrictivement. On ne peut dès lors ajouter à l'énumération d'actes faite à l'article 231 dudit Code, ce à quoi le législateur n'a pas pensé.

Ensuite, faute pour le législateur spécial du 14 juillet 2008 d'avoir élargi le champ des actes du tuteur requérant l'autorisation du juge et l'avis du conseil de famille à l'acte de dépistage du VIH, alors qu'il en avait le plein pouvoir[598], le juriste doit se départir de toute tentative d'interprétation ayant pour conséquence intolérable de faire dire à la loi du 14 juillet 2008 (en l'occurrence l'article 37) ce qu'elle n'a pas expressément dit.

350. À coup sûr, les questions subtiles précédemment discutées ont entièrement échappé à l'attention des rédacteurs de la loi du 14 juillet 2008. Pourtant, d'un point de vue pratique, l'enjeu juridique majeur de ces questions tient à ce qu'en cas de méconnaissance des modalités légales de recueil du consentement en matière de dépistage du VIH, les professionnels de santé peuvent voir leur responsabilité être engagée.

B. Le régime de la sanction en cas de méconnaissance des modalités de recueil du consentement

351. Rappelons simplement que la liberté de consentir au test de dépistage du VIH recèle deux facettes : la liberté d'accepter et la liberté de refuser l'atteinte à l'intégrité corporelle. Le consentement requis par la loi doit être éclairé. Aussi implique-t-il de la part du médecin ou technicien qui pratique le test de dépistage un devoir d'information. La personne qui ne comprend pas les tenants et les aboutissants du consentement qu'on lui demande est sous la dépendance morale et intellectuelle de son interlocuteur. Il en va de la coercition dans une certaine mesure.

L'absence de consentement, le consentement extorqué par quelque violence que ce soit et le consentement aveugle, c'est-à-dire non éclairé

---

[597] Voy. l'article 332, alinéa 1, du Code de la famille.

[598] En vertu du principe général de droit connu sous la maxime latine de « *specialia generalibus derogant* ».

par le procédé de conseil pré-test, constituent des manquements punis par la loi.

La preuve de ces manquements peut être rapportée par toutes voies de droit. Conformément à la règle « *actori incumbit probatio* », la charge de la preuve de toute méconnaissance des modalités de recueil du consentement en matière de dépistage du VIH incombe à celui qui l'allègue.

Le régime de la sanction encourue dépendra du type de responsabilité mise en mouvement à l'encontre du professionnel de santé présumé fautif. Car, trois voies de recours distinctes s'offrent à la victime pour obtenir réparation du préjudice subi et/ou répression de la faute commise : le pénal, le civil et le disciplinaire.

352. Au pénal, l'atteinte infligée arbitrairement à l'intégrité physique d'une personne non consentante au dépistage du VIH est susceptible de tomber sous l'incrimination de coups et blessures volontaires[599] prévue et punie par l'article 46 du Code pénal ordinaire.

Par « coup », il faut entendre, d'après la jurisprudence la plus ancienne demeurée constante, toute atteinte matérielle ou physique résultant du rapprochement violent de deux corps. Il en est ainsi de tout heurt ou choc subi par la victime[600]. On enseigne que « le coup peut être infligé soit directement soit au moyen d'un objet quelconque »[601].

Quant à la « blessure », la Cour suprême de justice y voit toute lésion externe ou interne produite dans l'organisme humain soit par un coup, soit par un choc ou rapprochement, soit par une arme ou un instrument tranchant, perçant, contondant, piquant, soit par tout autre objet ou moyen susceptible de laisser une trace apparente ou durable[602]. La piqûre de prélèvement sanguin à des fins de dépistage du VIH rentre dans les termes généraux de cette définition jurisprudentielle.

Par ailleurs, la Haute Cour militaire avait jugé que le fait matériel de l'infraction de coups et blessures consiste soit en des coups, soit en des blessures, qui peuvent d'ailleurs s'accomplir en un seul acte[603]. Aussi, il a été jugé que l'écorchure ou l'éraflure sont indépendamment de toute gravité une blessure[604].

---

[599] Les coups et blessures, en l'occurrence, simples sont punis de six mois de servitude pénale principale maximum et/ou d'une peine d'amende.

[600] C.G. App., 25 janvier 1900, *Jur. Etat*, I, p. 83 ; Boma, 10 mai 1904, *Jur. Etat*, I, p. 344.

[601] LIKULIA BOLONGO, *op. cit.*, p. 90.

[602] CSJ, 8 septembre 1979, inédit. Cité par *Idem.*

[603] HCM, RP 00I/2004, 05 octobre 2004, inédit.

[604] Cass., 28 novembre 1949, *Rev. Dr. Pen.*, p. 455.

353. Sur le plan civil, l'homme de l'art médical qui se rend auteur d'un acte arbitraire de dépistage du VIH s'oblige à réparer le préjudice causé à la victime, en vertu de l'article 258 du Code civil, livre III[605]. En tant que commettant, l'institution hospitalière qui l'a employé pourrait également voir sa responsabilité civile être engagée au visa de l'article 260, alinéa 3, du même Code[606].

354. Enfin, en disciplinaire, le fait pour un médecin ou tout autre professionnel de santé de se soustraire au devoir de diligence que lui impose la loi, au titre d'information au patient ou de recueil du consentement requis en matière de dépistage du VIH, est constitutif de manquement aux règles déontologiques, c'est-à-dire un corpus « de normes d'origine interne à la profession guidant le comportement du praticien »[607]. De tels manquements sont justiciables des Ordres professionnels[608].

355. D'une manière générale, l'état des lieux, qui vient d'être dressé, a certes déjà fait émerger quelques limites du droit encadrant le principe de consentement en matière de dépistage prénatal du VIH. Néanmoins, il importe de placer particulièrement le « curseur » sur celles des limites du droit positif qui ne favorisent pas une prévention maximale de la transmission du VIH de la femme enceinte à l'enfant à naître. Tel est le mouvement de pensée de la section suivante.

---

605 Siège de la responsabilité civile de droit commun, cet article dispose que : « *Tout fait quelconque de l'homme, qui cause à autrui un dommage, oblige celui par la faute duquel il est arrivé à le réparer* ». Il en découle qu'une faute, un préjudice et un lien de causalité entre la faute et le préjudice sont nécessaires à la reconnaissance judiciaire de la responsabilité civile.

606 Cette disposition du Code civil rend les commettants civilement responsables du dommage causé par leurs préposés dans les fonctions auxquelles ils les ont employés.

607 MEMETEAU (G.), *Cours de droit médical*, 4ième édition, Bordeaux, Les Études Hospitalières, 2010, p. 55. Voy. notamment l'ordonnance n°70-158 du 30 avril 1970 déterminant les règles de déontologie médicale, in *Moniteur congolais* n°20 du 15 octobre 1970, p. 667.

608 Voy. à titre indicatif, l'ordonnance-loi n°68-070 du 1er mars 1968 créant l'Ordre des médecins (*Moniteur congolais* n°20 du 15 octobre 1970, p. 667). D'après l'article 11 de ce texte, le barème des peines disciplinaires applicables aux membres de l'Ordre comprend : l'avertissement, le blâme, l'interdiction temporaire ou permanente d'exercer une, plusieurs ou la totalité des fonctions médicales conférées ou rétribuées par les personnes morales de droit public ou des fonctions médicales accomplies en application des lois sociales, l'interdiction temporaire d'exercer la médecine, cette interdiction ne pouvant excéder six mois, et enfin la radiation du tableau de l'Ordre.

Section 2 : Les limites du droit positif et les pistes de son amélioration

356. Le diagnostic des règles actuelles d'encadrement du principe de consentement en matière de dépistage du VIH révèle leurs limites face à l'objectif de réduction de nouvelles contaminations périnatales par le VIH. Pour faire la démonstration de ces limites du droit positif (§1), nous prendrons appui sur certaines données empiriques, avant d'envisager quelques axes de la refonte du droit en vigueur (§2).

Paragraphe 1 : Les limites du droit positif

357. Trois principaux griefs peuvent être faits au droit encadrant le consentement en matière de dépistage du VIH parmi la population des femmes enceintes: l'absence d'obligation de proposition de test de dépistage du VIH lors des consultations prénatales (A), la méconnaissance du risque d'abus de droit à la liberté d'accepter ou de refuser le test de dépistage prénatal du VIH (B) et la non-prise en compte du cas où la femme enceinte ne serait pas cliniquement en état d'exprimer son consentement au dépistage du VIH (C).

A. L'absence d'obligation de proposition de test de dépistage du VIH lors des consultations prénatales

358. À l'étude du dispositif juridique congolais relatif au dépistage du VIH, on est surpris de constater que, nulle part, il n'est fait obligation aux prestataires des soins de santé de la reproduction d'intégrer le test VIH dans la batterie habituelle des examens prénatals proposés aux femmes enceintes. Si un tel test leur est suggéré dans la pratique, cela ne relève que des usages des Services de consultations prénatales (CPN). Juridiquement, rien de plus.

Ces usages hospitaliers sont conformes aux orientations stratégiques de la Politique nationale de santé de la reproduction. Or, à l'état actuel des choses, quoiqu'il se soit assigné l'objectif spécifique d'éliminer le VIH[609], le Document de la politique nationale de santé de la reproduction n'a aucune force contraignante. C'est un simple énoncé d'orientations stratégiques sectorielles à l'intention des partenaires institutionnels et praticiens intervenant dans le secteur de la santé reproductive. N'ayant

[609] Dans la préface du Document de la Politique nationale de santé de la reproduction, M. Victor MAKWENGE KAPUT, alors Ministre de la Santé publique, écrit : « *La vision est d'avoir une nation congolaise où chaque enfant qui naît est un enfant désiré et* ***qui ne devrait pas mourir pour des causes évitables*** ». Voy. MINISTÈRE DE LA SANTÉ PUBLIQUE, *Politique nationale de santé de la reproduction…op. cit.*, p. 4.

pas été coulé en forme règlementaire, ce Document de travail, officiel certes, a valeur simplement déclaratoire.

359. Dès lors, sous réserve des règles déontologiques internes aux professions médicales et paramédicales, lesquelles prescrivent à leurs membres un devoir général de prudence dans la prise en charge du patient, aucune obligation juridique de proposition de l'examen de dépistage du VIH aux femmes enceintes ne pèse sur les prestataires des soins prénatals. Ainsi l'enfant à naître se voit-il être insuffisamment protégé par le droit positif contre le risque de contamination par le VIH : suite à l'absence de politique législative incitative à la recherche du VIH parmi une population reconnue à risque[610], le taux de transmission du VIH de la mère à l'enfant[611] demeure à un niveau supérieur à ce qu'il put bien être si toutes les femmes enceintes se voyaient obligatoirement proposer le test de dépistage du VIH. Encore faudrait-il espérer que le test de dépistage prénatal du VIH proposé soit agréé par les femmes-cibles.

B. La méconnaissance du risque d'abus de droit à la liberté d'accepter ou de refuser le test de dépistage prénatal du VIH

360. En édictant, sans réserve, le principe suivant lequel le test de dépistage du VIH est volontaire, le législateur semble n'avoir pas imaginé le risque réel de voir la liberté d'accepter ou de refuser l'examen de dépistage du VIH dégénérer en un abus de droit. L'hypothèse de l'abus de droit est raisonnablement à craindre en matière de dépistage prénatal du VIH. Théoriquement, les conditions pourraient en être réunies lorsque le conseil pré-test, avec tout ce qu'il comporte comme gamme d'informations sur le risque de contamination par le VIH de l'enfant en gestation, se heurte à l'opposition « injuste » de la future mère contre tout prélèvement « légitime » d'élément biologique de son organisme à des fins de dépistage du VIH.

Injuste, cette opposition l'est, pensons-nous, car en décidant de procréer, la femme vivant avec le VIH engage le devenir d'une vie qui n'est pas la sienne, celle d'un enfant, être vulnérable qui mérite d'être protégé par l'État.

---

[610] Toute femme enceinte, dont le statut sérologique au VIH n'est pas encore déterminé, est potentiellement porteuse du risque de transmission du VIH à l'enfant en gestation. Il va donc de soi que la catégorie sociale des femmes enceintes soit considérée comme une population à risque.

[611] D'après un rapport officiel, le nombre de nouveaux cas de VIH pédiatriques est en RDC de l'ordre de 28.461 par an. Voy. PROGRAMME NATIONAL DE LUTTE CONTRE LE SIDA (PNLS), *Rapport épidémiologique de surveillance du VIH chez les femmes enceintes fréquentant les structures de CPN en 2009*, Kinshasa.

Si, aux termes de l'article 319 du Code de la famille, il plût au législateur de menacer de déchéance de l'autorité parentale le père ou la mère qui aura mis en péril la santé de son enfant « *par mauvais traitement, abus d'autorité, inconduite notoire ou **négligence grave*** », on ne voit pas pourquoi le même législateur se réserverait d'imaginer et de dissuader, dans le chef de la future mère, un quelconque abus de droit préjudiciable à la santé de son enfant à naître.

361. En Afrique subsaharienne, de nombreuses études empiriques établissent la forte réticence des femmes enceintes à la recherche biologique du VIH[612]. Ce qui conforte notre hypothèse de l'abus du droit à la liberté de consentir ou non au dépistage prénatal du VIH.

D'après les résultats d'une étude[613] menée à Lubumbashi[614], dans le Sud-Est de la RDC, l'acceptabilité globale (le produit de l'acceptabilité du pré-test, du test et du post-test) de dépistage du VIH aux consultations prénatales (CPN) était de 33,7% chez les femmes enceintes à l'Hôpital général de Kenya du District sanitaire de la Ville de Lubumbashi. On en déduit qu'il existe un nombre important d'accouchées dont le statut sérologique au VIH demeure inconnu. Par conséquent, « des accouchements à forte potentialité infectieuse au VIH ont encore lieu à Lubumbashi, alors que cela pourrait être bien évité actuellement[615]. »

---

[612] On peut citer quelques-unes de ces études : BROU (H.) *et al.*, « Le dépistage du VIH en prénatal : impact chez des femmes VIH négatif à Abidjan (Côte d'Ivoire). Approche quantitative et qualitative », *Cahiers Santé*, vol. 15, n°2, avril-mai-juin 2005, p. 81-91 ; MAKHLOUF OBERMEYER (C.) et al., « Genre et expérience du dépistage du VIH au Burkina Faso », in DESCLAUX (A.), MSELLATI (P.) et KHOUDIA (S.), dir., *op. cit.*, p.17-29 ; DESGREES DU LOU (A.), « Conséquences conjugales du dépistage prénatal du VIH à Abidjan », in *idem*, p. 73-88.

[613] Voy. MWEMBO-TAMBWE (A.N.), *Acceptabilité du dépistage volontaire du VIH chez les femmes enceintes de l'hôpital général de référence de Kenya à Lubumbashi en République démocratique du Congo* (Dissertation MDC), Antwerpen : Prince Leopold Institute of Tropical Medicine, 2007.

[614] Dans la cartographie épidémiologique du VIH, Lubumbashi est classée parmi les villes du pays à prévalence très élevée. Cela s'explique par son trafic externe florissant et son ouverture frontalière aux pays de l'Afrique australe, où les taux d'infection par le VIH parmi la population des femmes enceintes sont particulièrement très élevés, notamment en Zambie (13,5%), au Zimbabwe (14,2%) et en Afrique du Sud (39%). Sur les données statistiques épidémiologiques de ces trois pays, voy. JURGENSEN (M.) *et al.*, "The burden of knowing: balancing benefits and barriers in HIV testing decisions. A qualitative study from Zambia", *BMC Health Serv Res* 2012;12(1):2; EVANS (W.) et al., "Brand equity and willingness to pay for condoms in Zimbabwe", *Reprod Health Matters* 2011;8:29; HUSSAIN (A.), "Moodley D, Naidoo S, Esterhuizen TM. Pregnant women's access to PMTCT and ART services in South Africa and implications for universal antiretroviral treatment", *PLoS One* 2011; 6 (12):e27907.

[615] MWEMBO-TAMBWE (A.N.) et al., « Dépistage du VIH en salle de travail à Lubumbashi, République démocratique du Congo. Une stratégie de rattrapage dans le

Les résultats de notre propre enquête menée à Kinshasa[616] révèlent également un très faible taux d'acceptabilité du test de dépistage du VIH chez les femmes enceintes, ce qui interroge l'efficience et l'efficacité des normes actuelles de régulation du consentement en matière de dépistage prénatal du VIH.

Par ailleurs, il existe des cas où le besoin de procéder au dépistage prénatal du VIH se fait sentir, cependant la femme enceinte concernée se trouve cliniquement hors d'état d'y consentir. Qu'en dispose le droit positif ?

C. La non-prise en compte du cas où la femme enceinte ne serait pas cliniquement en état d'exprimer son consentement au dépistage du VIH

362. Sur la question de savoir ce qu'il en reste de l'obligation de recueillir le consentement, lorsque la femme enceinte visée par le dépistage du VIH est hors d'état d'exprimer sa volonté, la législation actuelle brille par son silence. Le scénario pourrait bien être celui d'une femme enceinte plongée dans le coma[617] suite à de graves complications gynécologiques, obstétriques ou de toute autre nature clinique. Comme le note Astrid MARAIS[618], l'inconscience d'un patient peut être spontanée (malaise, coma) ou peut avoir été provoquée (anesthésie), mais bien évidemment, dans un but autre que celui de se passer du consentement requis de sa part.

363. Notons qu'en application du droit français, il a été jugé que l'impossibilité de recueillir le consentement de la personne en état d'inconscience ne décharge pas le médecin de l'obligation de recueillir « celui des personnes qui sont investies à l'égard du malade d'une autorité légale, ou que leurs liens de parenté avec lui désignent comme des protecteurs naturels[619] ».

À l'heure actuelle, cette solution de la jurisprudence française ne cadre pas avec le droit positif congolais. Aucune théorie scientifique n'y en autorise la transposition.

---

cadre de la prévention de la transmission de la mère à l'enfant », *Revue d'Epidémiologie et de Santé publique*, 61 (2013), p. 22.

616 Voy. *infra*

617 C'est-à-dire, d'après le Dictionnaire LAROUSSE : « *L'état caractérisé par la perte des fonctions de relation (conscience, mobilité, sensibilité) avec conservation de la vie végétative (respiration, circulation)* ».

618 Voy. MARAIS (A.), *op. cit.*, p. 109.

619 Cass. Civ., 1ère, 8 novembre 1955, *JCP* 1955. II. 9014, note R. SAVATIER ; *D.* 1956. 3 ; *Gaz. Pal.* 1956. 1. 37, confirmant Lyon, 17 novembre 1952, *D.* 1953. 253, note P. GERVESIE.

Il saute aux yeux qu'en matière de consentement au test de dépistage prénatal du VIH, le droit invite à être repensé, sauf à considérer, *quod non*, que le risque d'infection par le VIH couru par l'enfant conçu n'en vaut pas la peine.

Paragraphe 2 : Les pistes d'amélioration du droit positif

364. À notre estime, la refonte du dispositif légal sur le consentement en matière de dépistage prénatal du VIH devrait pouvoir reposer sur deux piliers théoriques majeurs : le concept de *consentement présumé* au test de dépistage prénatal du VIH (A) et l'approche de conseil prénatal sur le VIH orienté vers le couple (B).

A. Le concept de consentement présumé au test de dépistage prénatal du VIH

365. La notion de « consentement présumé » recèle *a priori* une antinomie. Elle donne l'impression de camoufler astucieusement le déni de consentement, car consentir évoque l'exercice de la liberté d'accepter ou de refuser expressément quelque chose. Ce qui implique de la part du titulaire de cette liberté la faculté d'extérioriser son choix, et de la part des tiers, l'obligation de le respecter.

Or, il peut exister des contextes épidémiologiques ou cliniques motivant, exceptionnellement, un fléchissement radical du principe de consentement. C'est sur ce fondement philosophique que certains procédés draconiens d'intervention de la puissance publique, tels que les vaccinations obligatoires[620], ont été expérimentés dans plusieurs pays, à

[620] D'après l'OMS, la vaccination est l'une des interventions sanitaires les plus efficaces et les plus économiques. Elle a permis d'éradiquer la variole, de réduire de 99 % à ce jour l'incidence mondiale de la poliomyélite, et de faire baisser de façon spectaculaire la morbidité, les incapacités et la mortalité dues à la diphtérie, au tétanos, à la coqueluche et à la rougeole. Pour la seule année 2003, on estime que la vaccination a évité plus de 2 millions de décès. Les vaccins servent à induire la production par l'organisme d'anticorps, c'est-à-dire des agents biologiques naturels de la défense du corps vis-à-vis d'éléments pathogènes identifiés. D'après les spécialistes, à large échelle, la vaccination permet de réduire de façon significative l'incidence de la maladie chez les sujets vaccinés. L'éradication de la poliomyélite de type 2 en 1999 est le résultat des campagnes de vaccinations. De même, pour l'éradication de la variole qui est effective depuis 1980, l'OMS avait initié une stratégie de vaccination de masse, alliée à une approche reposant sur la surveillance et l'endiguement (dépistage des cas, isolement des malades et vaccination des sujets contact). Pour en savoir plus, voy. ROUSH (S.) *et al.*, « Vaccine-Preventable Disease Table Working Group, *Historical comparisons of morbidity and mortality for vaccine-preventable diseases in the United States* », *JAMA*, 2007; 298:2155-2163; également Communiqué publié par l'OMS pour la commémoration du 30e anniversaire de l'éradication de la variole [archive], 2010, et La Variole [archive], Donald A. Henderson, 1971 (rapport mis en ligne par l'OMS [archive]). Voy. enfin

un moment donné de leur histoire, pour faire face à une menace déterminée pour la santé publique.

La présomption de consentement peut en effet faire bonne recette juridique soit en situation d'urgence clinique (1), soit dans le cadre de la santé publique (2).

1. Le consentement présumé en situation d'urgence clinique

366. Plusieurs scénarios de situation d'urgence clinique peuvent être envisagés. Limitons-nous à la situation précédemment évoquée, celle dans laquelle l'acte médical de dépistage du VIH s'avère nécessaire et urgent alors que la patiente enceinte n'est pas cliniquement en état d'y consentir expressément.

En pareil cas, nous suggérons que le futur législateur prenne le consentement de la patiente pour acquis implicitement, en posant le principe de la dispense des prestataires des soins de santé de l'obligation de recueillir le consentement de l'intéressée. Ce consentement devrait se présumer de manière irréfragable. Une telle application du concept de « consentement présumé » aura ainsi permis de combler la lacune sus décriée du droit positif.

367. Dans un ordre d'idées voisin, la position adoptée en droit nigérien est que : « Le consentement n'est pas requis lorsque [...] le dépistage est à visée diagnostique chez une personne et que le pronostic vital est engagé[621]. »

Une solution analogue à notre préconisation se retrouve dans le Code civil français[622], qui exonère le médecin de recueillir le consentement du patient dans « *le cas où son état rend nécessaire une intervention thérapeutique à laquelle il n'est pas à même de consentir* ». Ce cas de figure vise l'intérêt de la prise en charge médicale du patient hors d'état d'exprimer son consentement. Dans un autre cas de figure, il peut s'agir de l'intérêt de la sauvegarde de la santé du public ou d'autrui.

2. Le consentement présumé dans le cadre de la santé publique

368. L'obligation de recueillir le consentement d'autrui en matière de dépistage du VIH trouve, certes, son fondement philosophique dans la liberté dont dispose chacun sur son intégrité physique. Cela n'empêche de s'attacher à savoir si le droit à cette liberté est absolu ou relatif (a). Il nous

---

BEVIERE-BOYER (B.), « L'obligation vaccinale », in *Revue générale de droit médical*, Numéro spécial « La protection de la santé publique », Les Études Hospitalières, septembre 2005, p. 53-74.

[621] Voy. l'article 11, alinéa 3, de la loi n°2007-08 du 30 avril 2007 relative à la prévention, la prise en charge et le contrôle du Virus de l'Immunodéficience Humaine.

[622] Voy. l'article 16-3, alinéa 2.

semble important d'évacuer préalablement cette question, avant d'aborder celle relative à la pertinence du consentement présumé ou implicite en matière de test visant à déceler la présence du VIH parmi les femmes en état de grossesse (b).

a. Le droit de l'être humain au consentement à l'acte de dépistage du VIH dans son organisme, un droit absolu ou relatif ?

369. En réponse à cette question, la position adoptée en droit international se résume en ce qu'il appartient à chaque État de déterminer la manière la plus efficace de satisfaire à ses obligations en matière de droits de la personne humaine et de protéger la santé publique en tenant compte de son contexte particulier[623]. En règle générale, il est admis que certains droits de l'homme peuvent être l'objet de restrictions si celles-ci sont prévues par la loi et nécessaires pour protéger notamment la santé publique ou les droits d'autrui[624].

C'est ainsi qu'en conformité avec les prescrits du droit international positif, dans plusieurs législations nationales, le dépistage obligatoire du VIH ou l'examen sérologique systématique est autorisé dans des situations exceptionnelles, tel le cas des dons de sang destiné à la transfusion ou à la fabrication des produits sanguins[625]. On considère qu'à de pareilles situations, « il est manifestement impératif du point de vue sanitaire d'effectuer des tests VIH. D'ailleurs, dans ces cas, l'État a une obligation juridique de diligence envers les receveurs potentiels[626] ».

370. Obligation de diligence de l'État envers les receveurs potentiels des dons sanguins, le législateur congolais y a pensé en édictant à l'article 13 de la loi du 14 juillet 2008 que : *« L'État assure, par les banques de sang, la disponibilité du sang **testé et confirmé séronégatif** sur l'ensemble du territoire national »*. Il demeure que par son champ minimaliste au point de vue corporel, cette disposition légale ne permet pas de saisir, par-delà le sang, les multiples cas de dons d'autres matières biologiques telles que les tissus ou les organes du corps humain destinés à la transplantation, au traitement ou à la recherche biomédicale. Ce n'en est pas moins une insuffisance déplorable du droit positif.

371. Dans certaines législations africaines, le terme « consentement présumé » a été expressément employé pour rendre l'idée de restriction imposée à la jouissance par le donneur du sang ou autre élément voire

---

623 Voy. ONUSIDA et HCDH, *op. cit.*, p. 16.

624 Voy. en ce sens l'article 12, point 3, du Pacte international relatif aux droits civils et politiques.

625 Il en est de même du cas des dons de tissus ou organes humains.

626 Voy. ONUSIDA, *Recommandations concernant la modification de certains articles problématiques de la loi de N'Djamena sur le VIH (2004)*, p. 8.

organe du corps humain de sa liberté d'accepter ou de refuser le test de dépistage du VIH. C'est le cas notamment en droits burkinabé[627], nigérien[628] et malien[629].

Aussi, parmi les pays d'Afrique subsaharienne, bien de législateurs ont-ils envisagé des restrictions à ladite liberté dans des cas exceptionnels autres que les dons de sang, de tissus ou d'organes humains. Certains, à l'exemple des droits togolais[630] et sénégalais[631], admettent la possibilité, matériellement illimitée, d'imposition de test du VIH sur ordre de l'autorité judiciaire. D'autres législateurs, par contre, limitent une telle possibilité soit au cas de viol[632], soit, en plus de ce cas, à celui d'inculpation du chef de transmission volontaire du VIH à autrui, voire au cas de litige matrimonial[633].

---

[627] Voy. l'article 9, alinéa 4, de la loi n°030-2008/AN du 20 mai 2008 portant lutte contre le VIH/sida et protection des droits des personnes vivant avec le VIH/sida : *« Toutefois, dans les cas de don d'organes, de tissus ou de sang,* ***le consentement au test est présumé*** *lorsqu'une personne accepte volontairement ou librement de faire don de son sang, de tissu ou d'organe pour une transfusion, une transplantation ou pour la recherche ».*

[628] Voy. l'article 11, alinéa 2, de la loi n°2007-08 du 30 avril 2007 relative à la prévention, la prise en charge et le contrôle du Virus de l'Immunodéficience Humaine : « ***Le consentement est présumé*** *en cas de don de sang, d'organe, ou de tissu destiné au traitement ou à la recherche ».*

[629] Voy. l'article 17, alinéa 3, de la loi n°06-028 du 29 juin 2006 fixant les règles relatives à la prévention, à la prise en charge et au contrôle du VIH/sida : *« Toutefois, dans les cas de don d'organes, de tissus ou de sang,* ***le consentement au test est présumé*** *lorsqu'une personne accepte volontairement ou librement de faire don de son sang, de tissu ou d'organe pour une transfusion, une transplantation ou pour la recherche ».*

[630] Voy. l'article 6, alinéa 2, de la loi n°2010-018 du 31 décembre 2010 modifiant la loi n°2005-012 du 14 décembre 2005 portant protection des personnes en matière de VIH/sida : « *Exceptionnellement, et* ***par décision du juge****, des tests peuvent être réalisés en tenant compte des considérations importantes touchant la vie privée et la liberté individuelle ».*

[631] Voy. l'article 12, alinéa 4, de la loi n°2010-03 du 09 avril 2010 relative au VIH/sida : *« Le dépistage forcé est interdit* ***sauf sur demande de l'autorité judiciaire****, en respect des lois et règlements en vigueur* […]».

[632] D'après l'article 15, alinéa 2, de la loi mauritanienne n°2007-042 du 03 septembre 2007 relative à la prévention, la prise en charge et le contrôle du VIH/sida : « *En cas de viol, l'auteur présumé doit subir un test de dépistage au VIH/sida ».*

[633] L'exemple le plus éloquent en est offert par le Burkina-Faso. L'article 19 de la loi n°030-2008/AN du 20 mai 2008 portant lutte contre le VIH/sida et protection des droits des personnes vivant avec le VIH/sida, dispose que : *« Est interdite, toute demande de test à VIH comme condition préalable à* […]. *Toutefois, cette interdiction est levée dans les cas suivants :*

- Lorsqu'une personne est inculpée d'avoir volontairement contaminé ou tenté d'infecter une autre personne par quelque moyen que ce soit ;
- Lorsqu'une personne est inculpée de viol ;
- Lorsque la détermination du statut sérologique à VIH est nécessaire pour résoudre un litige matrimonial. »

372. Sans ambages, on peut conclure de cet état des lieux que le droit humain au consentement en matière de dépistage du VIH revêt un caractère relatif. Il peut être l'objet des restrictions légales, pourvu que celles-ci soient justes, légitimes et raisonnables dans le cadre d'un État démocratique. Tout est fonction du contexte socioculturel en présence, lequel peut varier d'un pays à un autre.

b. La pertinence du concept de consentement présumé au dépistage prénatal du VIH en contexte congolais

373. En RDC, la situation épidémiologique du VIH/sida présente des caractéristiques socio-comportementales propres. Les résultats de notre enquête[634]ont pu en déceler une forte réticence des femmes enceintes vis-à-vis du test de dépistage prénatal du VIH. Ce qui, dans une certaine mesure, milite en faveur d'un encadrement juridique adéquat de la liberté d'accepter ou de refuser ledit test, compte tenu de son intérêt pour la santé de l'enfant à naître.

En effet, sur la question de savoir si elles étaient pour ou contre le test de dépistage du VIH en cours de grossesse, plus de 70% des femmes enceintes interviewées se sont prononcées contre[635]. La peur d'être traumatisé par le résultat de ce test pendant la grossesse a été plusieurs fois évoquée pour justifier l'attitude de réticence observée à son égard[636]. Il en est de même du risque des conséquences conjugales désastreuses[637], particulièrement lorsque les résultats s'avèrent positifs.

---

[634] Le gros du travail d'enquête a été mené, au cours de deux périodes différentes (janvier et décembre 2015) aux Cliniques Universitaires de Kinshasa et au Centre Hospitalier du Mont-Amba, deux hôpitaux de référence situés sur le plateau du campus de l'Université de Kinshasa, dans la Commune de Lemba.

[635] Soit 50 contre 20 sur un échantillon total de 70 femmes enceintes. Sur les caractéristiques sociodémographiques de l'échantillon, la tranche d'âge approximative des femmes interrogées varie entre 16 et 35 ans. On note une présence assez remarquable des mineures d'âge (ratio de 20) et des primipares (ratio de 20). La plupart des femmes dans l'échantillon de l'enquête semblent appartenir à la classe sociale moyenne. Leur niveau d'études en moyenne oscille entre le secondaire et le graduat. La proportion des femmes mariées est un peu inférieure à celle des femmes célibataires, soit au taux de 42,9 % (ratio de 30) contre 57,1% (ratio de 40).

[636] De dires éloquents d'une femme interviewée, *« Si votre test prénatal de dépistage du VIH est positif et que vous alliez chercher vos résultats, vous aurez en main votre acte de décès plutôt que de vous attendre paisiblement à un acte de naissance d'un bébé en état d'ignorance pure et simple du statut sérologique au VIH. »* (Propos recueillis en lingala et fidèlement traduits par nous).

[637] Sur la réalité de ce risque, la littérature est très abondante en contexte africain. Voy. DESGRÉES DU LOÛ (A.), « Conséquences conjugales du dépistage prénatal du VIH à Abidjan ...*op. cit.*, p.73-88 ; KILEWO (C.) *et al.*, "HIV counseling and testing of pregnant women in sub-Saharan Africa. Experiences from a study on prevention of mother-to-child HIV-1 transmission in Dar Es Salaam Tanzania", in *JAIDS Journal of Acquired Immune*

Ce trait socio-comportemental caractéristique du contexte congolais fait que celui-ci soit diamétralement opposé à la situation en France, où il a été rapporté que « la quasi-totalité des femmes enceintes acceptent volontairement le test de dépistage proposé lors de la première consultation prénatale »[638]. C'est notamment sur la base de cette donnée empirique que dans son avis consultatif du 14 mars 2002, le Conseil national du sida (CNS) français avait pris position contre l'opportunité d'un dépistage prénatal obligatoire, en concluant que: « En l'état des connaissances, il n'apparaît pas fondé au Conseil national du sida de remettre en cause le caractère volontaire du dépistage pour le VIH des femmes enceintes »[639].

374. Autre société, autres réalités ! Voilà pourquoi, à la suite des données socio-comportementales propres au contexte congolais, il nous vient à l'esprit de suggérer au législateur une idée tout à fait simple: **en décidant volontairement[640] de concevoir un enfant et de mener à terme la grossesse, la femme consent tacitement à ce qu'il lui soit pratiqué le test de dépistage prénatal du VIH**. Il s'agit là d'une autre application théorique du concept de « consentement présumé », le but étant, bien entendu, celui de préserver les générations futures contre l'infection par le VIH. Autrement dit, *de lege ferenda,* nous préconisons la consécration de la norme juridique résumée à travers la formule : **« Qui conçoit volontairement, consent tacitement au dépistage prénatal du VIH ».**

Cette solution juridique ne remet pas globalement en cause le principe de consentement. Elle le pense autrement. Fondée sur le principe de droit international relatif au primat de l'intérêt supérieur de l'enfant[641], la solution préconisée se situe dans une perspective de protection anténatale de

---

Deficiency Syndromes, n°28, 2001, p. 458-462*;* MAMAN (S.) et al,. "HIV and partner violence : implications for HIV voluntary counseling and testing programs in Dar es Salaam, Tanzania"*,* in *Research report,* Dar es Salaam, 2001; GAILLARD (P.) *et al.,* "Vulnerability of women in an African setting: lessons for mother-to-child HIV transmission prevention programmes"*,* in *JAIDS,* n°16, 2002, p. 937-939; SEMRAU (K.) *et al,.* « Women in couples antenatal HIV counseling and testing are not more likely to report adverse social events"*, in JAIDS,* n°19, 2005, p. 603-609*;* GRINSTEAD (O.) *et al.,* "Positive and negative life events after counseling and testing: the Voluntary HIV-1 Counseling and Testing Efficacy study"*, in J AIDS,* n°15, 2001,p. 1045-1052.

638 Voy. CONSEIL NATIONAL DU SIDA, *op. cit*., p. 5.

639 *Idem*, p. 7.

640 L'adverbe « volontairement » évoque plus précisément l'hypothèse d'une grossesse désirée, excluant des cas extrêmes dans lesquels une femme peut se retrouver grosse sans l'avoir voulu, notamment pour avoir été victime d'un viol. Cet horizon augure le débat sur l'IVG en contexte de risque avéré de transmission mère-enfant du VIH. Nous y reviendrons dans le premier Chapitre du dernier Titre de notre étude.

641 Voy. l'article 3 de la Convention internationale des droits de l'enfant qui impose aux États parties de veiller à ce que l'intérêt supérieur de l'enfant soit « *une considération primordiale* ».

l'enfant, tout en mettant en perspective le souci pour son bien-être après la naissance.

375. La solution préconisée aboutit à rendre obligatoire le test de dépistage du VIH parmi la population des femmes enceintes. Ce qui équivaudrait à l'obligation faite aux professionnels de santé d'y procéder. Ils devraient s'y prendre non seulement lors de premières consultations prénatales, mais aussi à un temps voisin de l'accouchement : le moment de la salle de travail. Envisager un ultime dépistage prénatal du VIH en salle de travail se justifie triplement.

D'abord, en Afrique en général, « les services de dépistage du VIH ont été introduits au niveau des consultations prénatales (CPN). Cependant, d'après les données disponibles provenant des pays à revenu faible ou intermédiaire, dont 17 pays d'Afrique subsaharienne, la couverture des services cités ci-dessus demeure insuffisante[642] ». À ne compter que sur le dépistage du VIH lors des consultations prénatales, on s'exposerait au risque d'en faire échapper les femmes qui attendent le terme de la grossesse et le début des contractions pour approcher le milieu hospitalier. Ce qui explique que bon nombre des femmes accouchent sans que leur statut sérologique au VIH n'ait été détecté à temps utile.

Ensuite, une étude menée en RDC a pu établir une plus grande acceptabilité du dépistage du VIH parmi les parturientes en salle de travail. Dès lors, ses auteurs ont été amenés à préconiser le dépistage du VIH en salle de travail au titre de « stratégie de rattrapage dans le cadre de la prévention de la transmission de la mère à l'enfant »[643].

Enfin, après que la femme enceinte ait été dépistée négative lors de sa première consultation prénatale, il s'enregistre parfois de tristes cas de séroconversions intervenues durant la grossesse. Un nouvel examen VIH vers le terme de la grossesse ou, au plus tard, en salle de travail, aura permis de détecter tout changement éventuel de résultat sérologique et de prendre des précautions nécessaires pour préserver, s'il n'est pas trop tard, la santé de l'enfant à naître. À cet égard, il serait aberrant de penser que des contaminations tardives de la femme enceinte, non détectées lors du premier test prénatal, sont peu représentatives au sein de la population générale des femmes enceintes initialement dépistées séronégatives. Si en cette matière, des données propres au contexte congolais ne sont pas encore

---

642 MWEMBO-TAMBWE *et al., op. cit.,* p. 22. Voy. aussi ONUSIDA, UNICEF et OMS, *Vers un accès universel. Étendre les interventions prioritaires liées au VIH/sida dans le secteur de la santé,* Extraits du Rapport de situation 2008 ; KABAMBA MULONGO (L.) *et al.*, « Acceptation du test de dépistage du VIH dans le cadre du programme de prévention de la transmission du VIH de la mère à l'enfant en République démocratique du Congo », *Rev. Epidemiol Santé Publique*, 2010 ; 58 : 313-321.

643 MWEMBO-TAMBWE *et al., op. cit.,* p. 21-27.

documentées, une étude rétrospective[644] menée à Paris a, fort heureusement, le mérite d'indiquer que sur dix-huit cas de transmission mère-enfant (TME), une proportion de cinq concernait des femmes diagnostiquées séronégatives en début de grossesse, soit un ratio de 28% du total.

376. Du point de vue du droit comparé, il convient de mentionner que d'autres pays d'Afrique ont déjà expérimenté, dans le domaine du VIH/sida, la politique législative de dépistage prénatal systématique chez les femmes enceintes. C'est le cas des pays membres de la SADC tels que le Malawi, le Zimbabwe, le Botswana, le Lesotho, le Swaziland et l'Afrique du Sud[645].

377. En fin de compte, on conviendra que la perspective du test de dépistage prénatal obligatoire du VIH n'a nullement pour effet de rendre inopérant le conseil pré-test prévu en droit positif[646]. La précision en vaut la peine, car « à rendre le dépistage obligatoire (comme à le pratiquer à l'insu), le risque est de négliger la pratique de conseil préalable et d'explication par les médecins qui précède la décision de se faire dépister. En conséquence, on pourrait affaiblir la portée préventive de l'acte en en considérant que le recueil des données sérologiques relatives aux personnes concernées, et donc banaliser l'acte de dépistage[647]. »

Bien au contraire, les consultations prénatales devraient continuer à servir de tribune pédagogique de vulgarisation des informations épidémiologiques sur le VIH/sida et de sensibilisation tant sur le risque de transmission mère-enfant que sur les interventions visant à réduire ledit risque. Idéalement, on devrait d'ailleurs élargir l'auditoire aux partenaires conjugaux des femmes enceintes.

B. L'approche de conseil prénatal sur le VIH orienté vers le couple

378. À l'heure actuelle, dans la pratique, le dépistage prénatal et le conseil pré-test, avec lequel il va de pair, sont orientés uniquement vers les femmes enceintes. Cela explique qu'en comparaison avec les femmes, les hommes soient de moins en moins dépistés au VIH et conviés au « *counselling* »[648].

---

644 Voy. DUVAL (M.) *et al.*, « Failure of Pediatric AIDS Prevention Despite Maternal HIV Screening in Paris, France », *Journal of Acquired Immune Deficiency Syndromes and Human Retrovirology*, vol. 20, n°1, janvier 1999, p. 100.

645 Voy. AIDS and human rights protected? Nine Southern African country profiles on HIV, AIDS and the law, cité dans SADC, *Une loi modèle sur le VIH pour l'Afrique australe. Document de position,* p. 32.

646 Voy. l'article 36, alinéa 2 de la loi du 14 juillet 2008 suivant lequel le test de dépistage du VIH est précédé des conseils appropriés.

647 Voy. CONSEIL NATIONAL DU SIDA, *op. cit.*, p. 6.

648 Anglicisme légal traduit par « conseil » et défini par le législateur congolais comme étant le « *développement d'une relation de confiance entre un conseiller et son client, afin d'amener ce dernier à connaître son statut sérologique : à évaluer le risque d'infection à VIH ou de transmission de cette dernière ; à développer un plan de réduction du risque*

Y trouvent également une certaine explication, la réticence à l'égard du test prénatal du VIH observée parmi la population des femmes enceintes et la crainte exprimée par certaines d'entre elles par rapport aux conséquences conjugales éventuelles du résultat VIH positif. Les données statistiques[649] que fournit la littérature au sujet de ces conséquences sont effectivement épouvantables, pour le moins qu'on puisse dire.

Afin de mieux saisir ces réalités sociétales, le droit est invité à s'inspirer de résultats d'une étude[650] qui suggère l'implication des partenaires masculins dans le suivi pré et post-natal et une approche de conseil sur le VIH orienté vers le couple.

379. De même, deux études non randomisées conduites en Zambie[651] et au Kenya[652] ont montré que, par préférence au conseil VIH individuel, le conseil VIH en couple « améliorait l'acceptabilité du dépistage du VIH chez la femme enceinte et la prise de la prophylaxie antirétrovirale ainsi que l'adhésion aux alternatives à l'allaitement maternel prolongé et mixte pour la prévention de la transmission mère-enfant chez les femmes identifiées comme infectées par le VIH. »

En l'orientant vers le couple, le conseil pré-test de dépistage prénatal du VIH interroge la règle communément admise de la confidentialité des informations sérologiques pour le VIH.

---

pour aider le client à assumer les dimensions émotives et interpersonnelles liées à l'infection à VIH ; à orienter, le cas échéant, le client vers les structures de prise en charge ». Voy. l'article 2, point 2, de la loi du 14 juillet 2008.

649 Une étude analysant les conséquences conjugales du dépistage prénatal du VIH à Abidjan en Côte d'Ivoire, montre que les femmes dépistées séropositives se séparent sept fois plus de leur partenaire que celles qui apprennent qu'elles ne sont pas infectées. Voy. DESGRÉES DU LOÛ (A.), « Conséquences conjugales ...*op. cit.*, p. 83.

650 Voy. ORNE-GLIEMANN (J.) *et al.*, « Conseil prénatal pour le VIH orienté vers le couple dans quatre pays à faible et moyenne prévalences : acceptabilité et faisabilité », in DESCLAUX (A.), MSELLATI (P.) et KHOUDIA (S.), dir., *op. cit.*, p. 105-119. Bien avant cette publication, une autre étude avait abouti à une recommandation similaire, voy. PAINTER (T.M.), "Voluntary counseling and testing for couples: a high-leverage intervention for HIV/AIDS prevention in sub-Saharan Africa", in *Soc Sci Med,* n°53 (11), 2001, p.1397-1411. Voy. également ORNE-GLIEMANN (J.), « Quelle place pour les hommes dans les programmes de prévention de la transmission mère-enfant du VIH ? » in *Revue de la littérature et étude de cas dans les pays en développement,* n° 52 (4), Autrepart, 2009, p. 113-130 ; DESGREES DU LOU (A.), « La place des hommes dans la santé sexuelle et reproductive: enjeux et difficultés », in *Revue de la littérature et étude de cas dans les pays en développement,* n°52 (4), Autrepart, 2009, p. 3-12.

651 SEMRAU (K.) *et al., op. cit.*, p. 603-609.

652 FARQUHAR (C.) *et al.,* "Antenatal couple counseling increases uptake of interventions to prevent HIV-1 transmission", in *J Acquir Immune Defic Syndr,* n° 37 (5), 2004, p. 20-26.

CHAPITRE DEUXIÈME :

UN PRINCIPE FLEXIBLE DE CONFIDENTIALITÉ DES INFORMATIONS SÉROLOGIQUES

380. L'information, écrivait Bruno PY, « c'est un peu de moi détenu par un autre[653] ». Quand on ne se montre pas un peu exigeant à sa gestion par l'autre, pouvons-nous renchérir, c'est l'intimité de soi qui est dévoilée. Lorsqu'elle porte sur le statut sérologique au VIH d'une personne, l'information représente actuellement un nouvel enjeu social et éthique. Elle pose au législateur et au juriste de nouveaux questionnements sur la vie privée, notamment en milieu sanitaire.

Afin de protéger toute personne contre des risques d'atteintes à son intimité que le dépistage du VIH laisse courir, la plupart des systèmes juridiques ont élevé les murs de la confidentialité des résultats sérologiques au VIH. En même temps, ils ont songé à aménager soigneusement, à l'intérieur de ces murs de protection de la vie privée, un espace de sauvetage d'autres valeurs en présence telles que la santé publique et les droits d'autrui.

Le corpus législatif congolais du 14 juillet 2008 s'inscrit dans la droite ligne de cette tendance dominante à la relativisation du droit à la vie privée en contexte d'infection à VIH/sida. En ce domaine, l'état actuel de ce corpus (Section 1) est révélateur d'un déficit qui nécessite d'être comblé pour espérer, dans l'avenir, contribuer efficacement à la réduction des risques de transmission du VIH de la mère à l'enfant en gestation (Section 2).

Section 1 : L'état actuel du droit positif

381. L'article 36 de la loi du 14 juillet 2008 pose comme postulat de base le principe de bioéthique selon lequel le test de dépistage du VIH est confidentiel (§1). Sur pied de ses articles 39 à 41, il est plutôt fait état des atteintes admises audit principe (§2). Là, on en a la preuve de sa flexibilité.

[653] Voy. Avant-propos à l'ouvrage de ZORN-MACREZ (C.), *Données de santé et secret partagé. Pour un droit de la personne à la protection de ses données de santé partagées*, Presses universitaires de Nancy, 2010, p. 13.

Paragraphe 1 : Le contenu du principe de bioéthique relatif à la confidentialité des informations sérologiques au VIH

382. Le droit international relatif aux droits de l'homme en général, la Déclaration universelle des droits de l'Homme[654] et le Pacte international relatif aux droits civils et politiques[655] en particulier, proclament le droit de la personne humaine à la vie privée. Le droit à la vie privée inclut diverses obligations concernant le respect de la vie privée sous son aspect physique, notamment l'obligation d'obtenir le consentement éclairé de la personne pour procéder à une recherche de VIH, comme nous l'avons vu, et l'obligation de respecter le caractère confidentiel de toute information sur la situation sérologique d'une personne pour le VIH[656]. En effet, le souci qu'a toute personne de préserver sa vie privée est particulièrement vif dans le contexte du VIH/sida, car la publicité du statut sérologique au VIH avéré ou présumé entraîne souvent des stigmatisations et des discriminations sous leurs formes les plus perverses.

383. À la rigueur sémantique, « vie privée » et « confidentialité » ne couvrent pas la même réalité juridique. « La notion de vie privée renvoie au droit qu'a l'individu de restreindre l'accès des tiers à certaines informations le concernant, en particulier en matière de santé. Le droit à la vie privée est ancré dans les principes éthiques d'autonomie et de dignité de l'individu, alors que la notion de confidentialité est une extension de l'application de ce droit à des relations spéciales, comme celles qu'entretiennent les professionnels de la santé avec leurs patients[657]. »

384. Le débat sur la nature juridique du droit de la personne sur ses données ou informations à caractère confidentiel a longtemps tourmenté la doctrine. De toute évidence, la thèse de « droit de propriété » soutenue par certains auteurs[658] paraît marginalisée. La doctrine dominante lui préfère la qualification de « droit de la personnalité ». Traditionnellement, on a souvent soutenu que les données de santé sont « consubstantielles au corps humain »[659]. Aussi, « si la personne revendique une certaine

---

[654] D'après l'article 12 de cet instrument international: « *Nul ne sera l'objet d'immixtions arbitraires dans sa vie privée* ».

[655] Voy. l'article 17 : « *Nul ne sera l'objet d'immixtions arbitraires ou illégales dans sa vie privée* ».

[656] Voy. ONUSIDA et HCDH, *op.cit.*, p. 54-55.

[657] Voy. GABLE (L.) *et al.*, *op. cit.*, p. 12.

[658] Voy. ZENATI-CASTAING (F.) et REVET (T.), *Manuel de droit des personnes*, Paris, PUF, Coll. « Droit fondamental », 2006, n°369.

[659] CADIET (L.), « La notion d'informations génétiques en droit français », *La génétique humaine : de l'information à l'informatisation*, Litec 1992, p. 52.

maîtrise sur les informations la concernant, ce n'est pas en invoquant leur valeur patrimoniale, mais en faisant valoir un droit de la personnalité »[660].

385. Il est à noter que le législateur congolais du 14 juillet 2008 renforce la protection du droit au respect de la confidentialité des informations sérologiques, en incriminant la révélation du statut sérologique au VIH/sida avéré ou présumé d'une personne[661]. Toutefois, la portée de cette protection pénale n'est pas générale : seules les personnes dépositaires, par état ou par profession, des confidences qu'on leur confie peuvent tomber sous le coup de l'infraction de révélation du statut sérologique au VIH/sida. Parlant des confidences, nous convenons avec NZANGI BATUTU que « sont secrètes par nature, les infections graves auxquelles est attaché un caractère dégradant et répugnant et les maladies de nature à nuire à la considération dont jouit le patient ou à son intérêt[662]. » Dans l'imaginaire collectif, le VIH/sida est bel et bien de l'ordre de ces infections et maladies.

386. En outre, on remarquera qu'en plus d'énoncer à l'article 36 que le test de dépistage du VIH est confidentiel, la loi du 14 juillet 2008 y insère un autre principe éthique : **l'anonymat**. En matière de test de dépistage du VIH, l'anonymat doit être compris comme consistant pour la personne qui se prête au test à ne pas avoir à révéler son identité et, pour le prestataire du test, la structure qui l'a commis à la tâche ou le personnel de celle-ci (médical, paramédical voire administratif), à ne pas la lui exiger.

Dans la pratique du diagnostic de VIH au cours des consultations prénatales, la règle de l'anonymat n'est pas encore effective[663]. À la limite, elle paraît illusoire. Il est en effet difficile d'observer l'anonymat devant

---

660 LUCAS (A.), *Le droit de l'informatique*, Paris, PUF, Coll. « Thémis Droit », 1987, n°304.

661 L'article 43 de cette loi dispose: « *Est passible des peines prévues à l'article précédent, sous réserve des cas autorisés par la présente loi ou par le code pénal ordinaire en matière de secret professionnel, tout dépositaire, par état ou par profession, des secrets qu'on lui confie, qui aura révélé le statut sérologique au VIH/sida avéré ou présumé d'une personne.* » Voy. aussi l'article 73 du Code pénal ordinaire sur la révélation du secret professionnel.

662 NZANGI BATUTU, *Le secret professionnel*, Kinshasa, Collection informations juridiques, 1996, p. 14.

663 Dans la doctrine, la notion d'effectivité a été définie comme « la conformité de la norme aux comportements de ses destinataires et/ou des autorités chargées de la mise en œuvre » (Voy. OST (F.), « Considérations sur la validité des normes et systèmes juridiques », in *Journal des Tribunaux,* n°5277, 1984, p. 64-65.). Il s'agit en réalité d'un « concept évaluatif de la réception et de la mise en œuvre des normes juridiques ». L'effectivité ainsi conçue va toujours de pair avec son contraire, l'ineffectivité ; tous deux se référant à la possibilité des « […] écarts existants entre le droit en vigueur et la réalité sociale qu'il est censé ordonner ». ARNAUD (A.-J.), dir., *Dictionnaire encyclopédique de théorie et de sociologie du droit*, Paris, LGDJ, 1993, voy. Effectivité.

la nécessité ressentie de constituer des fiches individuelles de signalement dans lesquelles des femmes enceintes sont nommément désignées. L'intérêt de cette pratique d'identification nominative tient à la dangerosité du risque réel de confusion des données personnelles lors du suivi anténatal.

387. Généralement, en matière de dépistage du VIH, la règle de l'anonymat présente l'inconvénient de rendre matériellement impossible le conseil post-test en direction des **patients dits « non revus »**. Il s'agit de la catégorie constituée des patients qui ne reviennent jamais chercher leurs résultats après s'être prêtés volontairement à l'examen sérologique pour le VIH. Théoriquement, l'anonymat des tests ne permet pas aux services attitrés de recontacter les personnes dépistées positives non revues.

À ce jour, rares sont les auteurs[664] qui se sont intéressés à la population des patients « non revus ».

La situation des personnes dépistées positives non revues ne trouve par ailleurs aucun écho en droit comparé africain. En revanche, en droit français, des aménagements règlementaires[665] ont été envisagés à une certaine époque pour saisir le danger pour la santé individuelle et publique que représentent les patients non revus. En effet, avant la réforme de 2015[666], les textes de droit français organisaient la levée exceptionnelle de l'anonymat en cas de nécessité thérapeutique et dans l'intérêt du patient non revu[667].

En droit congolais, la règle de l'anonymat du test de dépistage du VIH ne souffre, jusqu'ici, d'aucune dérogation. Il en va autrement de la règle de

---

664 Voy. PLARD (C.) et al., "Anonymous and free screenings: population comparison between those conducted on-site in a testing centre and those done off-site", *Santé Publique* 2007; 19: 355-362.

665 Voy. l'Arrêté du 8 juillet 2010 fixant les conditions de la levée de l'anonymat dans les consultations de dépistage anonyme et gratuit et dans des centres d'information, de dépistage et de diagnostic des infections sexuellement transmissibles (*JORF* n°0166 du 21 juillet 2010, p. 13459).

666 L'Arrêté du 8 juillet 2010 précité a été récemment abrogé par Arrêté du 1er juillet 2015 relatif aux centres gratuits d'information, de dépistage et de diagnostic des infections par le virus de l'immunodéficience humaine et des hépatites virales et des infections sexuellement transmissibles.

667 Le dispositif règlementaire du 8 juillet 2010 prévoyait qu'il y a nécessité thérapeutique lorsque l'état de santé du consultant requiert qu'il bénéficie d'une prise en charge immédiate (administration ou prescription d'un traitement prophylactique ou curatif) et qu'il puisse être orienté rapidement vers une prise en charge médicale (après remise d'un résultat biologique positif). Dans le strict respect de la procédure instituée par l'Arrêté, la levée de l'anonymat ne pouvait intervenir que « ***lorsque le patient présente de symptômes évoquant une infection à VIH ou une IST*** ».

la confidentialité des résultats issus du test VIH qui, elle, connaît quelques exceptions légales.

Paragraphe 2 : Les exceptions légales au principe de bioéthique relatif à la confidentialité des informations sérologiques au VIH

388. Les restrictions susceptibles d'être apportées au droit à la confidentialité des résultats issus du test de dépistage du VIH sont de diverses natures. Leur portée et les conditions de leur licéité varient d'un système juridique à l'autre. En droit congolais, il procède des dispositions combinées des articles 39 à 41 de la loi du 14 juillet 2008 qu'il existe cinq cas dans lesquels il peut être porté atteinte au principe de confidentialité des informations sérologiques au VIH.

Il s'agit, d'abord, des cas où soit la personne dépistée est frappée d'incapacité juridique (A), soit elle a librement consenti, dans son propre intérêt, à la divulgation de son statut sérologique (B), soit les informations sérologiques la concernant ont fait l'objet d'une réquisition des autorités judiciaires (C). Ensuite, lorsque le statut sérologique au VIH de la personne dépistée s'avère positif, la loi lui fait obligation de l'annoncer à son partenaire sexuel (D) ; à défaut de quoi, le médecin informé de son abstention est autorisé à se porter dénonciateur (E).

A. La restriction imposée au secret sérologique pour le VIH en raison de l'incapacité juridique de la personne dépistée

389. D'après l'article 39, alinéa 1er, de la loi du 14 juillet 2008, telle que modifiée et complétée : « Le résultat du test effectué sur un mineur ou sur tout autre incapable est remis, selon le cas, à ses parents, à son tuteur ou à un service approprié, sauf si son intérêt supérieur en exige autrement.[668] » La formulation de cette disposition légale n'est pas non plus heureuse. Les critiques précédemment formulées à l'encontre de l'article 37[669], avec lequel elle partage le même fil conducteur, valent aussi à son égard, mutatis mutandis. Pour l'essentiel, ces critiques avaient pour objet de dénoncer la confusion entretenue autour des régimes de protection légale des incapables, comparativement avec le droit commun porté par le Code de la famille. Nous n'y reviendrons plus.

---

[668] Il faut observer que le texte originel était plus précis en visant clairement « *le résultat du test* ***de dépistage du VIH*** ». On ne peut autrement expliquer l'omission de cette précision que par l'inattention des rédacteurs de la loi modificative du 09 juillet 2018.

[669] « *Le test de dépistage du VIH sur un mineur ou sur tout autre incapable est pratiqué avec le consentement des parents ou du tuteur (…)* ».

À ce stade, ce qu'il convient de mentionner est que, dans l'entendement du législateur, le secret des informations sérologiques concernant un incapable, quel qu'il soit (mineur, majeur interdit ou faible d'esprit, etc.), n'est pas opposable à son représentant légal. Le test de dépistage du VIH sur l'incapable étant supposé avoir été pratiqué avec le consentement de son représentant légal, comme l'exige l'article 37 de la loi précitée, le parallélisme de formes et de compétences avait dicté de prévoir que le résultat soit remis au représentant et non au représenté. C'en est le principe. Cependant, la réforme du 09 juillet 2018 y apporte deux réserves réparties en deux nouveaux alinéas ajoutés à l'article 39 précité. Ces réserves, qui rentrent dans « *les principales innovations apportées au texte* (alors) *en vigueur*[670] », consistent en la « *nécessité d'informer le mineur de son statut sérologique, des actes et examens nécessaires à son état de santé en tenant compte de ses facultés de compréhension*[671] » (alinéa 2), et en l'exigence du bénéfice d'une information appropriée pour le cas du majeur incapable (alinéa 3).

Il demeure que, « *sauf si son intérêt supérieur en exige autrement* », aucune information sérologique le concernant ne doit être donnée au mineur hors le consentement préalable de son représentant légal. Le législateur attache une importance particulière à l'élément « consentement ». Si en amont, cet élément justifie légalement l'acte médical de dépistage du VIH, de lui peut dépendre, en aval, la licéité de l'acte de révélation du résultat obtenu aux tiers.

B. La restriction autorisée au secret sérologique pour le VIH dans l'intérêt et par le consentement exprès de la personne dépistée

390. Les informations sur le test de dépistage du VIH pratiqué sur une personne peuvent être révélées aux tiers avec son consentement exprès et dans son intérêt. C'est ce qui ressort de l'article 40, alinéa 1, de la loi du 14 juillet 2008.

À travers cette flexibilité de la loi, le législateur fait preuve de réalisme. L'option levée est conforme à la doctrine classique[672] qui considère que le secret médical étant institué dans l'intérêt premier du patient, il est raisonnable que celui-ci soit admis à en délier le médecin quand et comme bon lui semble. Ce fondement d'ordre privé souvent donné au principe de

---

670 Termes tirés de l'exposé des motifs de la loi n°18/012 du 09 juillet 2018.

671 *Idem.*

672 Voy. TSITSINOPOULOS (A.), *Le Secret professionnel et la médecine sociale*, Thèse, Nice, 1931 ; LEGENDRI, *Secret médical et monde contemporain*, éd. G.DOIN et Cie, 1955 ; SAVATIER (R.), note sous Aix, 18 janvier 1962 : *JCP* 1962, II, 12892 ; ANZALAC (V.), « Les seules exceptions au principe du secret médical », *Gaz. Pal.*, 1971, p.113.

la confidentialité explique la tendance dans plusieurs systèmes juridiques à subordonner toute poursuite pénale de la violation du secret médical à la plainte de la victime. C'est le cas des législations des pays comme le Portugal[673], l'Allemagne[674], l'Italie[675] et la Suisse[676]. On retrouve cette même philosophie du droit pénal à travers la solution retenue par la législation congolaise en matière d'adultère[677].

391. Le consentement de la personne dépistée visé par la loi doit être exprès, c'est-à-dire qu'il ne se présume point. Dans ce contexte, l'adage « qui ne dit mot, consent » n'est pas d'application. Ce consentement doit être également libre, c'est-à-dire non extorqué par la violence physique ou morale ni par la ruse.

Pour son extériorisation, le consentement requis n'est soumis à aucune forme sacramentelle : l'oralité, l'écrit sous seing privé ou authentique, ou toute autre modalité d'expression sont tolérés. Si c'est à l'oral que le consentement est exprimé, la personne détentrice des informations sur le test de dépistage du VIH pratiqué a tout intérêt à se montrer prévoyante en cas de contestation. À notre avis, elle a, en pareil cas, la faculté d'exiger la présence d'au moins deux témoins majeurs[678].

Par contre, l'écrit est vraisemblablement le mode de preuve le plus rassurant. Néanmoins, si la personne dépistée positive pour le VIH se trouve en phase de maladie du sida, la valeur probante de son écrit n'est pas à l'abri du doute raisonnable, en raison de l'affaiblissement éventuel de ses facultés mentales au moment de la rédaction de l'*instrumentum*. Tel peut être le cas du patient ayant présenté les signes du « neuro-sida »[679].

---

[673] Voy. l'article 290 du Code pénal portugais.

[674] Voy. l'article 300 du Code pénal allemand.

[675] Voy. l'article 622 du Code pénal italien.

[676] Voy. l'article 321 du Code pénal suisse.

[677] Voy. l'article 468, alinéa 1, du Code la famille. Les poursuites pour adultère sont conditionnées par le dépôt de la plainte préalable de l'époux ou épouse offensé(e). En cette matière, le Ministère public n'est pas autorisé à se saisir d'office. La dénonciation n'est pas admise. Le retrait de la plainte éteint automatiquement l'action publique.

[678] Pour suppléer au défaut de l'écrit dans les cas où la loi admet la preuve testimoniale, plusieurs dispositions légales exigent la déposition d'au moins deux témoins majeurs (Voy. notamment les articles 158, 438 et 771 du Code de la famille). De ces dispositions, émerge un principe de droit commun qui, à ce titre, est applicable aux cas particuliers comme celui de la preuve du consentement à la divulgation de résultat sérologique au VIH donné verbalement par la personne dépistée concernée.

[679] Le neuro-sida est une forme compliquée du sida qui se traduit, en plus des signes cliniques récurrents, par une détérioration du système nerveux. Il est difficile à soigner car les médicaments n'ont pas toujours, semble –t-il, la capacité d'atteindre le système nerveux. A ce sujet, voy. TOUZE (V.), « Sida et développement : un enjeu mondial », in *Revue de l'OFCE*, 2002/5 (n°83 bis), p. 1 et 17.

392. Par ailleurs, au sens de la loi, le consentement donné par la personne dépistée, à l'effet de la révélation de son statut sérologique aux tiers, n'oblige pas pour autant le dépositaire du secret à le révéler. Parlant généralement du secret médical, le Professeur VOUIN[680] affirme, dans le même ordre d'idées, que le consentement du patient intéressé permet au médecin de révéler le secret professionnel, mais ne lui impose pas de procéder à cette révélation.

393. Aussi, pour être affranchi de l'obligation de garder la confidentialité des informations sur le test de dépistage du VIH pratiqué sur une personne, il ne suffit pas de justifier de son consentement exprès, encore faut-il prouver que la révélation desdites informations aux tiers va dans son intérêt personnel.

Illustre cette dernière exigence de la loi, le cas typique où les tiers destinataires des informations sérologiques sont, par état ou par profession, chargés de l'accompagnement (médical, psychologique, social, juridique, etc.) des personnes vivant avec le VIH/sida. Il pourrait s'agir des hommes de l'art médical ou paramédical qui participent directement aux soins de santé administrés à la personne concernée, « lorsque la connaissance du diagnostic de l'infection à VIH ou de sida est nécessaire ou pertinente pour permettre de prendre des décisions cliniques dans le meilleur intérêt de cette personne[681]. »

394. Précisons, enfin, que le consentement de la personne dépistée au VIH demeure de rigueur, même si sa sérologie positive est de notoriété publique. L'explication en est la suivante : « Le médecin étant l'homme de l'art, la confirmation émanant de lui, après avoir donné des soins à l'intéressé, donnerait une autorité scientifique à un bruit dont la certitude ne peut pas être autrement établie[682]. »

Hors le consentement du patient intéressé, seul l'ordre de l'autorité judiciaire pourrait décharger le médecin détenteur des confidences sérologiques le concernant de l'obligation de ne point les révéler aux tiers.

C. La restriction imposée au secret sérologique pour le VIH sur réquisition des autorités judiciaires

395. Les informations sur le test de dépistage du VIH pratiqué sur une personne peuvent être révélées aux tiers sur réquisition des autorités judiciaires. Cette règle apparaît à l'article 40, *in fine*, de la loi du 14 juillet 2008. Elle a vocation à trancher des contestations élevées dans le prétoire

---

680 VOUIN (R.), « La notion de secret médical en droit pénal français », *Vè Congrès International de droit comparé*, Bruxelles, Août 1958, p. 33-34.
681 ONUSIDA, *Recommandations ...op. cit.*, p. 12.
682 NZANGI BATUTU, *op. cit.*, p. 15.

ou en voie de l'être. La manifestation de la vérité judiciaire, c'est parfois au prix de la désacralisation du secret médical. Sur cette problématique, il existe une littérature à la fois abondante et passionnante[683].

La réquisition judiciaire tendant à recueillir, par la force de la loi, les informations sérologiques concernant une personne, sera nécessaire à juger des litiges portant sur une variété des matières telles que : la nullité de mariage pour vice de consentement tenant au statut séropositif d'un des époux[684], la responsabilité civile médicale et hospitalière du fait de la contamination du patient par le VIH (lors de la transfusion sanguine[685], à l'occasion d'une intervention chirurgicale, etc.) , les poursuites du chef d'infractions associées au VIH/sida (transmission délibérée du VIH à autrui, discrimination ou stigmatisation à l'endroit d'une personne en raison de son statut séropositif[686]...), etc.

---

683 Voy. notamment PRADEL (J.), « L'incidence du secret médical sur le cours de la justice », *JCP*, 1969, DOC 2234 ; également « La justice face aux fonctions sociales du secret », *La documentation française*, 1981, p. 20 et s.

684 En droit congolais, le statut séropositif avéré ne constitue pas un empêchement légal à la célébration du mariage. Les personnes vivant avec le VIH ont droit au mariage. Cependant, l'article 8 de la loi du 14 juillet 2008 s'interprète comme soumettant leur exercice de ce droit à une double condition : d'abord, informer leurs futurs conjoints de leur statut séropositif avant la conclusion du mariage et de ce fait, induire ensuite de la part de ceux-ci, l'émission libre d'un consentement éclairé. Nous considérons, pour notre part, que le statut sérologique pour le VIH fait partie des qualités physiques essentielles du futur conjoint. Son ignorance de bonne foi par l'autre partenaire est une erreur qui vicie forcément le consentement donné au mariage. Il arrive parfois que par dol, le statut séropositif soit délibérément caché au futur conjoint, ainsi que le révèle une triste affaire jugée successivement par le tribunal de grande instance et la cour d'appel de Kinshasa/Matete (TGI/MATETE, RC 26.058, 22 mai 2013, inédit ; KIN/MATETE, RCA 8853, 10 juillet 2014, inédit.). Dans l'hypothèse de l'erreur, le mariage célébré encourt nullité, conformément à l'article 405, alinéa 1, du Code de la famille, suivant lequel : *« Si le consentement n'a été donné que par suite d'une erreur sur une qualité essentielle, physique, civile ou morale de l'un des époux, ou par suite d'une autre erreur substantielle, la nullité du mariage peut être demandée par l'époux qui a été induit en erreur ».*

685 La célèbre affaire du sang contaminé en France en dit long. Voy. BEAUD (O.), *Le sang contaminé...op. cit.*

686 Conformément à l'article 42 de la même loi, toute personne physique ou morale qui se rend auteure d'acte de stigmatisation ou de discrimination à l'endroit d'une personne vivant avec le VIH/sida ou d'une personne affectée s'expose à une peine de servitude pénale principale de un à six mois et une amende de cinquante à cent mille francs congolais ou de l'une de ces peines seulement. Dans le procès, la charge de la preuve du statut sérologique au VIH avéré ou présumé de la victime incombe à la partie poursuivante. Au cours de la phase préjuridictionnelle, le Ministère public devra se prémunir de la preuve de cet élément matériel pour charger le prévenu. Il recourra, s'il échet, au mécanisme de la réquisition judiciaire sous examen. Faute pour l'Organe de la loi d'avoir fait, à temps utile, pareille diligence judiciaire, le juge de fond est autorisé à requérir les informations sérologiques concernant la victime ou l'un de ses proches auprès de quiconque, personne

Il nous semble que la réquisition judiciaire est aussi envisageable dans le cas où les héritiers justifient en justice d'un intérêt légitime à connaître le statut sérologique au VIH du *de cujus*, sans porter atteinte à sa mémoire. C'est une question sur laquelle, face au silence de la loi, le juge saisi devrait pouvoir statuer *ex aequo et bono*.

396. En interprétation de l'article 40 *in fine* de la loi du 14 juillet 2008, une importante remarque mérite d'être faite : la réquisition des autorités judiciaires n'est pas légalement admise à enjoindre à quiconque, personne physique ou morale, de procéder impérativement au dépistage sérologique d'un justiciable. Dans l'entendement de la loi, l'effet obligatoire de la réquisition des autorités judiciaires se limite à l'accès aux « *informations sur le test de dépistage du VIH **pratiqué*** » à volonté sur une personne. Encore faudrait-il que ce test eut été pratiqué antérieurement à la réquisition...On n'est donc pas dans une situation de test de dépistage du VIH **« à pratiquer »** sur ordre de l'autorité judiciaire.

En effet, le texte de l'article 40 doit être interprété restrictivement, en ayant en vue l'esprit libéral dominant de la loi[687]. Sa rédaction, telle qu'assortie de la tournure phraséologique « [...] ***ne** peuvent être révélées aux tiers **que*** [...] », ne permet pas de l'interpréter comme comportant des cas implicites qui s'ajouteraient aux dérogations explicites à la règle fondamentale selon laquelle « *le test de dépistage du VIH est **volontaire** et confidentiel* ».

397. Aussi pensons-nous que la réquisition visée par le législateur du 14 juillet 2008 est une compétence exclusive des officiers du Ministère public et des juges. Le cas échéant, sur leur propre initiative ou à la demande d'un officier de police judiciaire, les premiers cités y feront recours pour le besoin de l'enquête préjuridictionnelle. Les seconds, quant à eux, peuvent requérir soit d'office dans des procès intéressant l'ordre public, soit sur demande principale ou incidente émanant d'une partie au procès civil.

398. En vertu du principe sacro-saint de contradictoire et de la règle de la loyauté du duel judiciaire[688], les informations sérologiques au VIH recueillies par voie de réquisition judiciaire sont à verser régulièrement

---

physique ou morale, les détiendrait. Une manière pour lui de concourir activement à la manifestation de la vérité sur l'établissement ou non des faits dont il est saisi.

[687] L'esprit libéral de la loi du 14 juillet 2008 se révèle dès l'article 1er qui précise qu'elle « *a pour objet de déterminer les principes fondamentaux relatifs à la protection des droits des personnes vivant avec le VIH/sida et des personnes affectées. Elle vise à :* [...] *3. Garantir et protéger les droits des personnes vivant avec le VIH/sida et ceux des personnes affectées ;* [...] *5. Réaffirmer les droits et libertés fondamentaux de ces catégories des personnes* ». Le droit au respect de leur intégrité physique en est un.

[688] Voy. les articles 15 du Code de procédure civile et 29 de l'Arrêté d'organisation judiciaire n°299/79 du 20 août 1979 portant Règlement intérieur des cours, tribunaux et parquets, in KALONGO MBIKAYI, dir. , *Le code judiciaire zaïrois*, Kinshasa, 1986.

aux débats, de manière à permettre à chaque partie au procès d'en faire usage et éventuellement d'en tirer à profit les conséquences juridiques.

Non prévu par la loi du 14 juillet 2008, le huis clos nous semble être recommandable par souci de préserver la vie privée du justiciable dont la connaissance du statut sérologique au VIH est un élément déterminant du procès. Sur cette question, le droit positif tchadien est un exemple à suivre[689].

Des litiges à caractère matrimonial sont susceptibles de naître lorsqu'une personne se sachant séropositive pour le VIH se garde délibérément de porter son statut sérologique à la connaissance de son conjoint. La législation congolaise prend en compte la mesure du risque de transmission horizontale du VIH que laisse courir un tel comportement.

D. La restriction imposée au secret sérologique pour le VIH dans l'intérêt du partenaire sexuel de la personne dépistée positive

399. D'entrée de propos, paraphrasons Christophe KOUKOUGAN dans son écriture on ne peut plus éloquente : « La réflexion à laquelle notre société est soumise, pouvant parfois prendre la forme d'un conflit juridique, se situe entre le droit des personnes infectées par le VIH et le droit de leurs partenaires d'être avertis du danger de contamination dont le médecin et le juriste sont souvent les porte-parole dans une contradiction saine[690]. »

À l'article 41, alinéa 1er, de la loi du 14 juillet 2008, telle que modifiée et complétée, il est prévu que : « *Toute personne se sachant séropositive est tenue d'en informer, dans un délai raisonnable et avant tout nouveau rapport sexuel, son partenaire sexuel.* » Il en résulte que le législateur congolais ne fait pas interdiction aux personnes séropositives de mener leur vie sexuelle en toute liberté, c'est-à-dire en termes de fréquence voulue, de choix libre de partenaire sexuel et d'utilisation facultative de préservatif. Il se limite à les obliger d'informer leurs partenaires sexuels habituels ou occasionnels de leur statut sérologique au VIH[691].

---

689 Voy. l'article 6 de la loi n°19/PR/2007 du 15 novembre 2007 portant lutte contre le VIH/sida/IST et protection des droits des personnes vivant avec le VIH/sida. Selon cet article, le procès lié au VIH/sida doit se dérouler à huis clos à la demande de l'une des parties ou du Ministère public.

690 KOUKOUGAN JADE GHOSN (C.), « Faut-il réviser le secret médical dans la gestion de l'infection par le VIH au vu des progrès thérapeutiques ? », *Médecine Thérapeutique* 2012, volume 18, numéro 3, p. 203.

691 Ainsi, par comparaison avec d'autres droits africains, le droit congolais est moins contraignant, en même tempsqu'il organise, moins efficacement, la protection pénale des rapports sexuels contre le risque de transmission horizontale du VIH. En effet, une certaine tendance en droit comparé africain est à exiger de personnes se sachant séropositives de prendre, dans leur vie sexuelle, des « *précautions nécessaires et suffisantes* » de non-

400. Une remarque est importante pour devoir être relevée : la réforme du 09 juillet 2018 recèle littéralement deux suppressions. La première vise les poursuites pénales du chef de transmission délibérée du VIH/sida, sous la menace desquelles toute personne se sachant séropositive était initialement astreinte à l'obligation d'informer son partenaire sexuel de son statut sérologique au VIH. Tel que réécrit, l'article 41 actuel de la loi du 14 juillet 2008 ne reprend plus à son actif la formule introductive « *Sous peine de tomber sous le coup des dispositions de l'article 45 de la présente loi* » que l'on retrouve dans sa version antérieure. La deuxième suppression, qui explique la première, découle explicitement des termes de l'article 2 de la loi modificative du 09 juillet 2018 : « *Est supprimé de la loi n°08/011 du 14 juillet 2008 portant protection des droits des personnes vivant avec le VIH/sida et des personnes affectées, l'article 45*[692]. »

A notre avis, cette double suppression, très tape-à-l'œil en la forme, n'est que trompeuse. Si, confronté au lobbying inlassable des organisations nationales et internationales de lutte contre la criminalisation du VIH/sida[693], l'intention cachée du législateur a été de se donner bonne conscience, nul doute qu'il n'y soit parvenu fondamentalement. Il est en effet illusoire de penser que, grâce à la première suppression sus évoquée, la personne se sachant séropositive[694], qui dissimule son statut sérologique au VIH à son partenaire sexuel, est à l'abri des poursuites pénales. De même, c'est un leurre de croire que la suppression de l'article 45 de la loi du 14 juillet 2008 a pour conséquence la dépénalisation de l'acte, consommé ou tenté, de transmission délibérée du VIH/sida. Bien au

---

transmission du VIH. En ce sens, au Burkina Faso, l'article 26 de la loi n°030-2008/AN du 20 mai 2008 portant lutte contre le VIH/sida et protection des droits des personnes vivant avec le VIH/sida est ainsi formulé : « *Tout individu qui a connaissance de son état d'infection au VIH et qui ne prend pas les précautions nécessaires et suffisantes pour la protection de son (ses) partenaire(s), encourt des sanctions pénales. Est puni d'une amende de cent mille (100.000) francs CFA à un million (1. 000. 000) de francs CFA, quiconque se sachant atteint du VIH, ne prend pas les précautions nécessaires et suffisantes pour la protection de son ou ses partenaire (s). S'il en est résulté une contamination, il encourt la peine de tentative d'homicide volontaire conformément aux dispositions du code pénal.* »

[692] L'article 45 supprimé était ainsi libellé : « *Est puni de cinq à six ans de servitude pénale principale et de cinq cent mille francs congolais d'amende, quiconque transmet délibérément le VIH/sida.* »

[693] On sait que depuis plusieurs années, avec l'accompagnement du Bureau-pays de l'ONUSIDA, les deux chambres du Parlement congolais subissaient périodiquement l'assaut des acteurs institutionnels et associatifs locaux (PNMLS, Groupe Droit et VIH, UCOP +, etc.) résolument engagés dans la lutte pour la décriminalisation de la loi du 14 juillet 2008 sur le VIH/sida.

[694] Ce qui exclut clairement du champ de la loi, les personnes séroignorantes, parmi lesquelles figurent des personnes séropositives qui s'ignorent de bonne foi.

contraire, la suppression de cet article 45 aggrave le sort pénal du transmetteur du VIH, en l'exposant à un régime répressif plus sévère prévu par d'autres lois pénales en vigueur.

Ainsi, pour tenter de dissiper la confusion juridique créée par la réécriture de l'article 41 de la loi du 14 juillet 2008 et, par la même occasion, expliciter notre prise de position, il apparaît important, ne serait-ce que dans un intérêt historique, d'étudier minutieusement les éléments constitutifs de l'infraction de transmission délibérée du VIH/sida au sens de l'article 45 supprimé. Cette étude nous aura permis de mettre en évidence les spécificités de l'article 45 supprimé par rapport aux textes de lois actuels sous le coup desquels peut tomber le transmetteur du VIH/sida.

En effet, complètement ignorée de traités et manuels de droit pénal spécial congolais faisant autorité[695], pour n'avoir été légalement cataloguée que dans un passé récent, l'infraction de transmission délibérée du VIH/sida suppose pour son établissement le cumul de trois éléments matériels (1) et un élément moral (2). Avant la réforme du 09 juillet 2018, son régime répressif était l'un des plus équivoques du fait de l'existence, en la même matière, d'un étonnant conflit des lois pénales dans le temps[696]. Nous nous y attarderons dans les prochaines lignes (3), juste avant de susciter quelques interrogations en rapport avec l'action civile en réparation du préjudice sérologique éventuellement subi par la victime (4).

1. Les éléments matériels

401. Sont constitutifs d'éléments matériels de l'infraction de transmission délibérée du VIH/sida : un acte extériorisant la transmission (a), le VIH en tant qu'agent infectieux transmis (b) et le lien de causalité entre l'acte du transmetteur et la contamination par le VIH de la victime (c).

a. Un acte extérieur de transmission

402. Avant la réforme du 09 juillet 2018, il s'agissait de tout acte généralement quelconque par lequel l'auteur extériorise son intention de véhiculer le VIH. Le mode de transmission utilisé importait peu. Il pouvait s'agir de

[695] Nous pensons à LIKULIA BOLONGO, *op. cit.*, MINEUR (G.), *Commentaire du Code pénal congolais*, Bruxelles, Maison F. Larcier S.A., 1953 ; ESIKA MAKOMBO ESO BINA, *Le Code pénal zaïrois annoté. Des infractions et de la répression en général*, Lubumbashi, 1977.

[696] Le problème de conflit des lois pénales dans le temps se pose notamment lorsqu'une loi nouvelle abroge ou modifie une loi ancienne, par exemple, en créant une nouvelle infraction, en supprimant une infraction existante, en modifiant ou créant de nouvelles peines. En ce sens, Voy. NYABIRUNGU mwene SONGA, *Traité de droit pénal général congolais*, Kinshasa, éd. Droit et Société « DES », 2001, p. 100 et s.

la voie sexuelle ou de la voie sanguine qui, quant à elle, se traduit par la transfusion du sang infecté ou l'utilisation des objets tranchants souillés. Autrement dit, l'article 45 supprimé de la loi du 14 juillet 2008 ne visait pas un mode de transmission spécifique. Ainsi se distinguait-il des articles 174 i et 177 des lois respectivement n°06/018 du 20 juillet 2006 relative à la répression des violences sexuelles[697] et n°09/001 du 10 janvier 2009[698] portant protection de l'enfant : ces deux derniers articles en vigueur font de la transmission par voie sexuelle[699] un moyen matériel hors duquel l'infraction ne sera pas établie à charge du transmetteur.

403. En outre, le terme générique « *quiconque* », employé tant à l'article 45 sous étude qu'aux articles 174 i et 177 susvisés, implique que l'auteur de l'infraction ne doit pas être nécessairement une personne séropositive. Un tel terme est susceptible de contenir dans son champ le soignant séronégatif qui aura transfusé le sang infecté à un patient. Pour cette raison, nous désapprouvons l'opinion répandue selon laquelle l'article 45 de la loi du 14 juillet 2008 était un dispositif de mépris à l'égard des personnes vivant avec le VIH/sida et un acharnement du législateur congolais contre cette catégorie des personnes[700].

404. Sur la question de savoir si la victime directe de l'acte de transmission du VIH doit être une personne humaine, l'article 45 supprimé de la loi du 14 juillet 2008 était muet. Par contre, le problème ne se pose pas sous l'angle de l'article 174 i de la loi du 20 juillet 2006 précitée qui parle de « *quiconque aura délibérément contaminé* ***une personne*** [...] ». Le problème ne se pose pas non plus aux termes de l'article 177 de la loi du 10 janvier 2009 portant protection de l'enfant, en ce qu'il vise expressément la contamination d'un enfant, c'est-à-dire une personne qui n'a pas encore atteint l'âge de dix-huit ans accomplis.

---

[697] L'article 174 i de la loi du 20 juillet 2006 dispose que : « *Sera puni de servitude pénale à perpétuité et d'une amende de deux cent mille francs congolais constants, quiconque aura délibérément contaminé une personne d'une infection* ***sexuellement*** *transmissible incurable.* »

[698] Pour sa part, l'article 177 de la loi portant protection de l'enfant édicte que : « *Quiconque contamine délibérément un enfant d'une infection* ***sexuellement*** *transmissible incurable, notamment le VIH/sida, est puni d'une servitude pénale à perpétuité et d'une amende de cinq cents mille à un million de francs congolais.* »

[699] La voie sexuelle est, de toute façon, le mode majeur de transmission du VIH, notamment en Afrique où il représente 80 à 90 % des contaminations.

[700] On peut trouver une insinuation proche de cette perception erronée chez BENDA (F.), *op. cit.*, p. 10. Dans le cadre du dernier plaidoyer en date pour la « *suppression* » de l'article 45 de la loi du 14 juillet 2008, on peut lire, dans l'argumentaire officiel élaboré par le PNMLS et autres intervenants associatifs, ce qui suit: « *La formulation de l'article 45 est ainsi faite que seules les personnes dépistées séropositives pourraient être poursuivies et condamnées sur pied de ladite disposition en cas de présomption de contamination par voie sexuelle.* » (Sic).

405. À la question, cette fois-ci, de savoir si la victime de la transmission du VIH doit nécessairement être une personne séronégative au moment de la transmission, nous préférons avancer une réponse nuancée.

La transmission du VIH à une personne déjà séropositive est une surinfection qui peut aggraver l'état de santé de la victime. Il s'agit là, à en croire MUNTAZINI MUKIMAPA, « d'un état pathologique extrêmement pernicieux dans la mesure où il fait surgir un sous-type du VIH inédit et donc rebelle au traitement antérieurement prodigué en cas de prise en charge médicale[701]. »

Cette surinfection n'est pas punissable sur le fondement légal du droit pénal particulier au VIH/sida, au motif que les différents textes évoqués ci-dessus supposent que la victime a contracté l'infection à l'occasion de la transmission incriminée et pas avant cet instant. Autrement, la transmission délibérée du VIH devient une infraction juridiquement impossible, au même titre que le meurtre est inconcevable sur un cadavre et l'infanticide sur un mort-né. Punissable, la surinfection pourrait plutôt l'être sur le terrain des dispositions répressives de droit commun, dans les liens de l'administration volontaire ou involontaire de substances nuisibles[702], ou de lésions corporelles involontaires[703], selon le cas.

b. Le VIH en tant qu'agent infectieux transmis

406. Pour que l'infraction prévue à l'article 45 supprimé de la loi du 14 juillet 2008 existe, il importait que l'infection transmise ait été causée par le VIH. C'est une infraction de résultat qui exige une contamination effectivement consommée, une séroconversion médicalement établie. Cette rémarque vaut également pour les articles 174 i et 177 précités. Ainsi, c'est à bon droit qu'il a été jugé que « la transmission d'une infection incurable, en l'occurrence le VIH/sida, s'établit par le fait qu'à

---

[701] MUNTAZINI MUKIMAPA, *op. cit.*, p. 206.

[702] Voy. l'article 50 du Code pénal ordinaire : « *Sera puni d'une servitude pénale de un à vingt ans et d'une amende de cent à deux mille francs, quiconque aura administré volontairement des substances qui peuvent donner la mort ou des substances qui, sans être de nature à donner la mort, peuvent cependant gravement altérer la santé.* » Voy. également l'article 55 du même Code : « *Sera puni des mêmes peines –servitude pénale de huit jours à un an et d'une amende de cinquante à cinq cents francs ou de l'une de ces peines seulement-, celui qui aura involontairement causé à autrui une maladie ou une incapacité de travail personnel en lui administrant des substances qui sont de nature à donner la mort ou à altérer gravement la santé.* »

[703] D'après l'article 52 du même Code: « *Est coupable de lésions involontaires celui qui a causé le mal par défaut de prévoyance ou de précaution, mais sans intention d'attenter à la personne d'autrui.* » Voy. également l'article 56 du même Code : « *Sont punissables au maximum d'une servitude pénale de deux jours ou d'une amende de vingt-cinq francs ceux qui, imprudemment, auront jeté sur une personne une chose quelconque pouvant l'incommoder ou la souiller.* »

l'instar du prévenu, la victime est aussi atteinte, l'examen médical l'ayant attesté[704]. »

Avouons-le, dans la pratique, il ne sera pas toujours facile de prouver, au-delà du doute raisonnable, que c'est l'accusé qui a transmis le VIH à la supposée victime. L'analyse phylogénétique[705], qui permet d'établir que le sous-type de VIH présent dans le corps de l'accusé est le même que celui présent dans le corps de la victime, est beaucoup trop coûteuse. De plus, cette analyse ne fournit aucune preuve irréfutable sur le vrai responsable de la contamination par le VIH. Elle se borne à établir un rapport de concordance ou de discordance entre le VIH que porte l'accusé et celui auquel a été contaminée la victime.

407. Outre cela, en principe, l'exposition au risque de contamination par le VIH, si intentionnelle soit-elle, ou une simple mise en danger de contamination, ne sont pas, en tant que telles, punies par la loi. N'empêche qu'à l'encontre du comportement exposant autrui à la contamination par le VIH ou le mettant en danger de cette contamination, les poursuites puissent s'orienter vers la tentative punissable.

Il y a tentative punissable, d'après le Code pénal congolais, « lorsque la résolution de commettre l'infraction a été manifestée par des actes extérieurs qui forment commencement d'exécution de cette infraction et qui n'ont été suspendus ou qui n'ont manqué leur effet que par des circonstances indépendantes de la volonté de l'auteur[706]. » De deux formes de tentative punissable sous-tendues dans cette définition légale, c'est-à-dire « l'infraction tentée » et « l'infraction manquée », cette dernière semble être plus adaptée à l'exposition intentionnelle au risque de contamination par le VIH. Ce qui suppose que tous les actes extérieurs constituant commencement d'exécution de l'infraction projetée ont été commis, mais que le résultat n'a pas été atteint par suite d'une circonstance fortuite.

---

[704] TGI du Nord-Kivu à Goma, RP 19. 488, 07 avril 2009, in *Revue du cadre juridique congolais de la riposte au VIH/sida*, Kinshasa, 2013, p. 83-86.

[705] L'analyse phylogénétique examine les petites différences entre gènes du VIH à l'aide de méthodes computationnelles, pour calculer l'écart génétique entre des souches. Contrairement à l'ADN humain, qui reste stable tout au long de la vie, l'ADN du VIH change très rapidement avec pour résultat une énorme diversité génétique. Cette diversité a pour implication que les scientifiques, par l'analyse phylogénétique, peuvent examiner d'où vient le VIH. Ils peuvent aussi procéder au suivi de diverses souches de VIH qui existent dans le monde. En ce sens, voy. BERNARD (E.J.) et al., "HIV Forensics: The use of phylogenetic analysis as evidence in criminal investigation of HIV transmission" in *http://www.nat.org.uk/Media%20library/Files/PDF%20Documents/HIV-Forensics.pdf* [Consulté le 14 mai 2016].

[706] Article 4.

Ainsi, encourt les poursuites du chef de tentative de transmission délibérée du VIH/sida, quiconque, se sachant infecté par le VIH, se sera abstenu de recourir au préservatif dans ses rapports sexuels, dès lors que, pour des raisons indépendantes de son imprudence, son partenaire sexuel ne s'en est pas sorti contaminé par le VIH.

408. À ce sujet, une affaire inédite, dans laquelle nous avons prêté notre ministère d'avocat *pro deo* à la défense des intérêts de la partie prévenue, mérite une note particulière. Dans cette affaire, Mademoiselle N.G.E. était poursuivie devant le tribunal de grande instance de Kinshasa/Kalamu, sous RP 12. 892, dans les liens d'une citation directe, sous la prévention de tentative de transmission délibérée du VIH/sida.

Sur les faits de la cause, le citant M.A.L., qui soutient avoir eu fréquemment des rapports sexuels non protégés avec la citée durant plus d'une année de leur vie de concubinage, reproche à cette dernière de lui avoir dissimulé son statut séropositif connu d'elle huit ans en arrière. Le citant attribue à la *« providence divine »* le fait qu'il n'ait pas été contaminé, en dépit de cette exposition manifeste au risque d'infection par le VIH. Il induit de ce comportement de la citée l'intention de lui transmettre délibérément le VIH.

Dans sa défense, la citée N.G.E. a fait valoir l'utilisation du préservatif féminin à chaque rapport sexuel, dans le but de se protéger contre le risque de surinfection et d'effet contre-productif sur le traitement antirétroviral auquel elle était astreinte. De ses dires et prétentions, seule cette mesure de précaution expliquerait, à sa grande satisfaction morale, la non-contamination par le VIH du citant.

Acquittant la prévenue, le tribunal de céans avait jugé que « l'argumentaire développé par le citant pour expliquer sa non-contamination, à savoir la providence divine, est irrationnel et partant irrelevant en droit pénal positif[707]. » Dans la motivation de leur décision, les trois juges du tribunal de grande instance de Kinshasa/Kalamu prirent appui sur l'arrêt qui fit dire à la cour d'appel de Léopoldville que « la preuve de la volonté avérée de contamination est difficile à administrer lorsque le prévenu allègue une circonstance qui exclut sa culpabilité, et que cette allégation n'est pas démunie de tout élément permettant de lui accorder crédit[708]. »

409. Nous pensons que la contribution scientifique de ce jugement n'est pas négligeable. Les juristes congolais en auront retenu l'énoncé d'un nouveau principe jurisprudentiel suivant lequel « ***la providence divine est***

[707] TGI/KALAMU, RP 12.892, 05 janvier 2015, inédit.
[708] Léo, 14 août 1952, *RJCB*, p.199.

un moyen irrationnel et irrelevant en droit pénal ». Effectivement, la rationalité caractéristique des règles qui gouvernent le procès ne permet pas au juge de prêter oreilles aux postulats à caractère religieux ou métaphysique, pour accueillir le moyen fondé sur une prétendue « action par laquelle Dieu conduit les événements et les créatures vers la fin qu'il leur a assignée[709]. »

410. En tout état de cause, le rejet par le tribunal du moyen tiré de la providence (divine) n'interdit pas de s'interroger sur ce qui pourrait alors rationnellement expliquer la non-contamination médicalement attestée du citant, nonobstant ses nombreux et incontestés rapports sexuels avec la citée séropositive pour le VIH. En réponse à cette interrogation, deux hypothèses peuvent être avancées. La première l'a été au cours du procès, à savoir le moyen de la défense tiré de l'utilisation du préservatif à chaque rapport sexuel entre les deux parties litigantes. Et s'il n'en était qu'un mensonge judiciaire abusant de l'incapacité des juges à pouvoir sonder les cœurs et les reins des parties au procès ?

Débarrassé de la toge noire de la défense et revêtu, ici, de la tunique d'homme de science[710], rien ne nous interdit, dans la critique du jugement sous RP 12. 892, d'envisager la probabilité d'une duperie judiciaire de bonne guerre. Pour le besoin de la présente étude, permettons-nous de prendre imaginairement pour établi le supposé mensonge judiciaire autour de l'utilisation du préservatif à chaque rapport sexuel advenu entre le citant et la citée. Qu'est-ce qui aurait pu alors justifier, scientifiquement, la non-contamination par le VIH du citant ?

411. C'est le moment d'avancer une seconde hypothèse d'explication scientifique à laquelle n'eut pas pensé le citant M.A.L. Elle est basée sur ***la théorie de la charge virale indétectable***. Quantité de VIH en circulation dans le corps humain, la charge virale se mesure par analyse sanguine, par millilitre de fluide testé permettant de déchiffrer le nombre d'exemplaires présents du VIH. Lorsque le test révèle dans le plasma sanguin une quantité virale aussi faible qu'entre 20 et 50 copies/ml, la charge virale est dite « indétectable ». Ce qui ne signifie pas que le VIH a été éradiqué du corps de son porteur, mais plutôt que sa quantité se situe en dessous du seuil de détection correspondant au test utilisé. Rappelons-le, le traitement antirétroviral administré aux personnes séropositives, qui

---

[709] C'est en ces termes-là que le Dictionnaire LAROUSSE, édition 2018, définit le mot « providence ». Il en découle qu'il y a redondance dans l'expression très répandue de « providence divine ». Tout de même, en droit, peu importe.

[710] La première tenue (toge d'avocat de la défense) prédispose à un raisonnement empreint de subjectivités et légitimement partisan ; tandis que la seconde, quant à elle (tunique d'homme de science), convie le scientifique au doute raisonnable et à la plus grande objectivité intellectuelle.

en sont éligibles, a justement pour effet de faire chuter la charge virale à une proportion indétectable[711].

C'est dans ce cadre qu'une abondante littérature scientifique[712] a pu démontrer, de manière concordante, que lorsque la personne vivant avec le VIH présente une charge virale indétectable, les risques de transmission sexuelle du VIH sont très fortement réduits dans son chef. L'étude pionnière dans ce domaine est incontestablement l'expertise médicale publiée en 2008 par la Commission fédérale suisse sur le VIH/sida, sous l'intitulé séduisant de : « Les personnes séropositives ne souffrant d'aucune autre MST et suivant un traitement antirétroviral efficace ne transmettent pas le VIH par voie sexuelle »[713].

412. L'influence scientifique des études sur la forte corrélation entre la charge virale d'une personne séropositive et le risque potentiel de transmission sexuelle du VIH est très remarquable au Canada. En témoigne sa production jurisprudentielle particulièrement abondante en la matière.

En effet, en 2009, la cour d'appel de la Colombie-Britannique avait jugé que « si la charge virale de l'accusé au moment des relations sexuelles est connue ou peut être estimée, alors elle sera très pertinente pour déterminer s'il y a eu un risque important de préjudice corporel grave[714]. » Au cours de la seule année 2010, précisément en octobre et décembre, deux personnes séropositives se sont vues acquittées respectivement par la cour d'appel du Manitoba[715] et la cour d'appel du Québec[716], au motif que leur charge virale était à l'état indétectable lors des rapports sexuels mis en cause ; et que par conséquent, le risque de transmission du VIH par des

---

[711] En ce sens, voy. MYKHALOVSKIY (E.) *et al.*, *HIV Non-Disclosure and the Criminal Law : Establishing Policy Options for Ontario*, août 2010, p. 32; NAM/aidsmap, "Viral Load", *http:// aidsmap.com/page/1044622/*; CATIE, *VIH-Test de charge virale*, produit en partenariat avec l'Association canadienne des spécialistes cliniques des laboratoires du VIH (CAHCLS), 2006.

[712] Voy. DEL ROMERO (J.) *et al.*, " Combined antiretroviral treatment and heterosexual transmission of HIV-1: cross sectional and prospective cohort study", *British Medical Journal*, 340 (2010) c. 2205; MELO (M.G.) *et al.*, "Sexual transmission of HIV-1 among serodiscordant couples in Porto Alegre, Southern Brazil", *Sexually Transmitted Diseases*, 35 (11), 2008: 912-915; REYNOLDS (S.) *et al.*, " ART reduced the rate of sexual transmission of HIV among HIV discordant couples in rural Rakai, Uganda", *16th Conference on Retroviruses and Opportunistic Infection* (2009); COHEN (M.H.) *et al.*, "Prevention of HIV-1 Infection With Early Antiretroviral Therapy", *The New England Journal of Medicine* 365 (2011): 493-505.

[713] VERNAZZA (P.) *et al.*, « Les personnes séropositives ne souffrant d'aucune autre MST et suivant un traitement antirétroviral efficace ne transmettent pas le VIH par voie sexuelle », *Bulletin des médecins suisses* 2008 ; 89 (5) : 165-169.

[714] Voy. R. V. Wright, 2009 BCCA 514.

[715] Voy. R. V. Mabior (C.L.), 2010 MBCA 93.

[716] Voy. R.C.D.C., 2010 QCCA 2289.

rapports non protégés ne pouvait pas être considéré comme « *important* » au sens du droit criminel canadien en vigueur.

413. En droit congolais, osons espérer qu'un jour sera connue la position des juges sur le lien étroit entre le traitement antirétroviral (TAR), la réduction de la charge virale et l'élimination significative du risque de transmission sexuelle du VIH. Pour l'instant, le plus certain est que, de justesse, le tribunal de grande instance de Kinshasa/Kalamu a loupé, à cet égard, l'occasion d'entrer dans les annales.

Venons-en au dernier élément matériel constitutif de l'infraction de transmission délibérée du VIH/sida.

c. Le lien de causalité entre l'acte du transmetteur et la contamination par le VIH de la victime

414. Pour que l'infraction de transmission délibérée du VIH soit coupablement établie, le lien de causalité doit être prouvé entre l'acte de transmission du VIH imputé au prévenu et la contamination virale subie par la victime.

Ce qui est exigé, c'est l'existence d'un rapport certain, direct et immédiat entre la faute-transmission du VIH et le dommage-contamination. Ce serait une illusion de penser que la preuve de cette relation de cause à effet sera facile à apporter dans la pratique. La preuve de l'élément moral de l'infraction sous étude sera tout aussi difficile à rapporter.

2. L'élément moral

415. L'infraction de transmission délibérée du VIH requiert, en plus de la combinaison des actes matériels, que ceux-ci soient l'œuvre de la volonté délibérée de l'auteur. L'élément moral de cette infraction réside dans la connaissance qu'a l'agent du risque de transmission du VIH, dont est entaché son comportement, doublée de son *animus contamini*, c'est-à-dire l'intention ou la ferme résolution de contaminer sa victime[717]. On pourra se contenter de retenir le dol éventuel qui est en effet réalisé dès que l'auteur envisage le résultat dommageable, mais agit néanmoins ou ne fait pas ce qui est en son pouvoir pour l'éviter ou en atténuer les conséquences, s'accommodant ainsi du résultat pour le cas où il se produirait, même s'il ne le souhaite pas.

---

[717] En exigeant ce type d'élément intentionnel, qui suppose un haut degré de culpabilité morale, le droit pénal congolais spécifique au VIH/sida a le mérite de s'être départi d'une tendance à la criminalisation « sauvage » décriée en droit comparé africain. Cette tendance – sur laquelle nous reviendrons plus loin - consiste à incriminer, en plus de la transmission délibérée du VIH – ce qui semble légitime -, des actes de simple mise en danger de contamination ou d'exposition au VIH et de sa transmission non intentionnelle.

Dans chaque cas d'espèce, il va falloir prouver que l'agent connaissait que son acte emporte nécessairement le danger de transmettre le VIH. Au cas où l'agent poursuivi est porteur du VIH, il sera nécessaire de prouver, au-delà de tout doute raisonnable, qu'il avait connaissance de son statut sérologique au moment des faits[718]. La preuve de l'élément moral de la transmission délibérée du VIH est difficile, écrit Bony CIZUNGU, « si l'agent allègue ne pas savoir qu'il est atteint de la pandémie ou n'avoir jamais passé son test de séropositivité[719]. »

L'ignorance par le prévenu de son statut séropositif implique, lorsque la preuve en est apportée, l'absence d'élément moral exigé pour la réalisation de la transmission délibérée du VIH/sida. Ainsi a-t-il été jugé, *a contrario*, que « les relations sexuelles non protégées postérieures à la connaissance par le prévenu de son état sérologique supposent chez lui la volonté délibérée de contaminer la victime[720]. »

416. La recherche de l'élément moral constitutif de l'infraction de transmission délibérée du VIH donne matière à réflexions éthiques dans certaines situations assez complexes. Délicate est la question de savoir : à partir de quel degré de culpabilité morale est-il socialement légitime de retenir la responsabilité pénale au titre de transmission volontaire du VIH ? Pour illustrer la délicatesse éthique et la complexité juridique de cette interrogation, des cas d'école peuvent être envisagés.

Par exemple, on a vu que, légalement, les personnes vivant avec le VIH/sida ont droit au mariage et à la procréation. Imaginons alors le cas d'une personne séronégative ayant librement consenti au mariage avec un conjoint dont elle avait pré-connaissance du statut séropositif avéré. Les rapports sexuels non protégés entretenus, par consentement mutuel, au sein d'une telle union légalement formée, devraient-ils pouvoir donner lieu aux poursuites pénales?

Prenons un deuxième cas d'école: une personne mariée, aussitôt dépistée séropositive, annonce, conformément à la loi, son nouveau statut sérologique à son conjoint qui, lui, est indemne d'infection par le VIH. D'un commun accord, ce couple désormais sérodiscordant entretient occasionnellement des rapports sexuels non protégés. Le partenaire séropositif encourt-il les poursuites pénales ?

---

[718] Pour établir vraisemblablement la connaissance par le prévenu de son sérostatut positif au moment des faits, la réquisition d'informations, au titre de l'article 40 sus étudié de la loi du 14 juillet 2008, constitue un mécanisme efficace pour la manifestation de la vérité judiciaire.

[719] CIZUNGU M. NYANGEZI (B.), *op. cit.*, p. 574.

[720] TGI du Nord-Kivu à Goma, RP 19. 488, 07 avril 2009, in *Revue du cadre juridique congolais de la riposte au VIH/sida*, Kinshasa, 2013, spécialement p. 85.

417. D'emblée, techniquement, il peut sembler à certains juristes qu'en ces deux cas, tous les éléments nécessaires à la réalisation de l'infraction de transmission délibérée du VIH, ou de sa tentative punissable, sont amplement réunis, de sorte que rien n'empêcherait l'exercice des poursuites. L'adage « *dura lex sed lex* » trouve ici toute sa raison d'être invoqué.

418. Cependant, d'un point de vue éthique, le juriste ne saurait échapper au problème corollaire soulevé par le consentement libre et éclairé donné par le partenaire séronégatif, la victime potentielle. Ignorer un tel consentement, ne serait-ce pas porter atteinte à l'autonomie de la volonté de son auteur ? Le prendre en compte, serait-ce sur quelle base théorique et pour quelle incidence sur la responsabilité pénale encourue ? Ne serait-ce pas, là, consacrer l'impunité ?

419. S'il est vrai qu'un consensus s'annonce difficile à trouver sur la position à adopter autour de tous ces questionnements, il reste évident qu'en droit congolais, aucune obligation d'abstinence de rapports sexuels non protégés n'est faite explicitement aux personnes se sachant séropositives. On l'a vu, le législateur s'est limité à leur imposer d'informer leurs partenaires sexuels de leur statut sérologique. Rien de plus ! Logiquement, lorsque cette condition légale unique est remplie, on devrait considérer que toutes autres questions liées à la sexualité au sein du couple sérodiscordant (rapports sexuels protégés ou non, quand, comment et pourquoi – à visée procréative ou simplement à dessein de satisfaire la libido -) tombent sous le régime juridique de l'autonomie de la volonté.

Ce raisonnement peut être soutenu par la théorie des causes de justification. En ce sens, l'ONUSIDA[721]avait formulé la recommandation qu'aucune responsabilité pénale ne doive être retenue dans les cas où le partenaire sexuel savait que la personne était séropositive pour le VIH et a donné un consentement honnête et volontaire. En fait, cette recommandation internationale consiste en une exhortation faite aux États de faire du consentement libre de la victime de la transmission du VIH, une cause de justification exonératoire de responsabilité pénale[722].

Sur cette base théorique généralement admise en droit pénal moderne, un tribunal avait acquitté le mari catholique séropositif dont l'épouse avait

---

[721] Voy. ONUSIDA, *Recommandations…op. cit,* p. 18.

[722] Sauf à aménager dans la loi des cas exceptionnels en nombre très limité, une telle recommandation de portée générale ne rencontre pas notre assentiment pour une raison simple : elle ne prend pas en compte le sort des victimes non consentantes que sont les enfants pouvant naître de tout rapport sexuel non protégé avec une personne séropositive. La santé publique prénatale ne constitue-t-elle pas une valeur juridiquement protégeable de rang supérieur aux intérêts « charnels » particuliers ?

consenti au risque de transmission du VIH pour éviter d'enfreindre les interdictions religieuses relatives aux rapports sexuels non procréatifs[723].

Après avoir étudié les éléments constitutifs de l'infraction de transmission délibérée du VIH, venons-en au régime des peines auxquelles elle expose quiconque, se sachant séropositif, se serait abstenu d'informer son partenaire sexuel de son statut sérologique.

3. Le régime répressif

420. Avant la promulgation de la loi n°18/012 du 09 juillet 2018 ayant supprimé l'article 45 de la loi du 14 juillet 2008 portant protection des droits des personnes vivant avec le VIH/sida et des personnes affectées, la question de savoir la peine applicable à l'acte de transmission délibérée du VIH/sida se posait avec acuité en droit congolais. Non sans présager de vives controverses dans le prétoire, le décor planté était théoriquement celui d'un réel conflit des lois dans le temps. C'est pourquoi, avant de répondre à la question soulevée (b), il nous paraît important de rappeler le contexte d'avènement de chacune d'entre les lois en conflit (a). Le taux de la peine retenu par chaque texte de loi en présence s'explique, dans une large mesure, par cette considération contextuelle.

a. La variété des contextes législatifs

421. En matière de pénalisation de la transmission volontaire du VIH à autrui, le droit congolais s'est récemment caractérisé par une véritable inflation législative. Sur un même front ouvert contre les actes de propagation criminelle de l'infection à VIH, le dispositif juridique congolais mettait en ligne de bataille trois corpus législatifs pris dans des circonstances conjoncturelles tout à fait différentes.

422. La loi du 20 juillet 2006 s'inscrit dans un contexte de violences sexuelles post-conflit armé en RDC, au cours duquel les viols systématiquement perpétrés dans le but de propager le VIH ont été érigés en stratégie militaire[724]. C'est ce qui a justifié un régime pénal sévère (la servitude pénale à perpétuité) à l'encontre de toute personne qui se livrerait à la transmission délibérée d'une infection sexuellement transmissible incurable.

423. La loi du 14 juillet 2008, quant à elle, surgit dans un contexte où la RDC décide de « focaliser ses efforts sur la recherche des voies et moyens

---

[723] Voy. BURRIS (S.) et WEAIT (M.), *Criminalisation and the moral responsibility for sexual transmission of HIV, 2011,* Document de travail élaboré pour la troisième réunion du Groupe de consultation technique de la Commission mondiale sur le VIH et le droit, 7–9 juillet 2011 ; WEAIT (M.), *Intimacy and Responsibility: The Criminalisation of HIV Transmission,* Abingdon, Routledge-Cavendish, 2007, p. 34 et s.

[724] En ce sens, MUNTAZINI MUKIMAPA, *op. cit.*, p. 202.

tendant à améliorer la jouissance du droit à la santé pour tous[725] », les personnes vivant avec le VIH/sida en particulier. Ce contexte, préoccupé moins par la répression que par la réaffirmation des droits et libertés fondamentaux, s'est prêté à un régime pénal plutôt doux et modéré. D'où le taux de la peine allant de cinq à six ans de servitude pénale principale, tel que prévu à l'article 45 supprimé.

424. Enfin, pour sa part, la loi du 10 janvier 2009 a été revendiquée par un contexte de recrudescence des actes de maltraitance de tout genre des enfants, en raison de leur vulnérabilité, de leur dépendance par rapport au milieu, de leur manque de maturité physique, intellectuelle et émotionnelle[726]. Ce contexte a fait sentir le besoin pressant de renforcer la protection juridique de l'enfant sous l'intimidation de sanctions sévères. Voilà qui justifie l'infliction de la peine de prison à perpétuité à quiconque contamine délibérément un enfant d'une infection sexuellement transmissible incurable, notamment le VIH/sida.

En pareille situation confuse de pluralité des textes applicables, à quel taux de la peine devait-on s'en tenir dans la pratique du droit ?

b. La détermination de la peine applicable

425. Avant toutes choses, il est intéressant de faire un pas en arrière, dans le champ du droit pénal commun, pour remarquer que l'auteur de la transmission délibérée du VIH/sida pourrait, pour le même fait, être poursuivi sous la qualification de lésions corporelles volontaires prévue à l'article 43 du Code pénal congolais.

Dans une espèce, le tribunal fédéral suisse avait jugé que les dispositions de l'article 122 du Code pénal suisse (équivalant à l'article 43 du Code pénal congolais) et de l'article 231 du même Code (équivalant à l'article 45 supprimé de la loi congolaise du 14 juillet 2008 ou des articles 174 i et 177 précités, encore en vigueur) sont applicables en concours idéal à celui qui transmet intentionnellement le VIH, car ces deux dispositions protègent des biens juridiques différents. En effet, avait-il renchéri, l'article 122 du Code pénal suisse protège l'intérêt privé d'une personne, soit la vie, l'intégrité corporelle et la santé individuelle, alors que l'article 231 du même Code réprime une infraction contre la santé publique[727].

Cette solution jurisprudentielle nous paraît transposable en droit congolais. Ainsi, le même fait constituant deux infractions concurrentes, la plus haute expression pénale absorbera les peines de moindre gravité,

---

[725] Exposé des motifs de la loi du 14 juillet 2008.

[726] Exposé des motifs de la loi n°09/001 du 10 janvier 2009 portant protection de l'enfant.

[727] Trib. Féd. Suisse, Arrêt AATF 116 IV 125, 22 février 1990, in GASQUEZ (R.), *Jurisprudence suisse sur la transmission du VIH,* Groupe SIDA, Genève, 2010, p. 1.

conformément au principe de cumul idéal des peines prévu à l'article 20, alinéa 1er[728], du Code pénal congolais.

426. Revenons-en à la détermination de la peine applicable à l'infraction de transmission délibérée du VIH/sida. À cette fin, à notre avis, une distinction préalable était à faire selon que la victime est soit un enfant, soit une personne âgée de plus de dix-huit ans accomplis.

Dans la première hypothèse, l'article 177 de la loi du 10 janvier 2009 portant protection de l'enfant, qui prévoit la peine de servitude pénale à perpétuité, aurait été préféré à l'article 45 supprimé de la loi du 14 juillet 2008. Cette préférence est dictée par la règle « *specialia generalibus derogant* »[729]. Aucun doute ne plane en effet sur le caractère spécial de la loi du 10 janvier 2009, en ce qu'elle protège les victimes-enfants en particulier, là où sa concurrente, la loi du 14 juillet 2008, vise *in globo* les victimes généralement quelconques. Aussi, il est de bon droit, en matière de conflit des lois dans le temps, de préférer la loi postérieure à celle antérieure qui lui est apparemment ou réellement contraire. Ainsi ont-ils le mérite d'avoir bien dit le droit, les juges qui avaient décidé d'infliger au prévenu la peine de prison à perpétuité en application de l'article 177 de la loi du 10 janvier 2009, dès lors que sa victime était à l'âge de minorité, douze ans exactement[730].

Dans la seconde hypothèse, c'est-à-dire lorsque la victime est âgée de dix-huit ans révolus, la peine de cinq à six ans de servitude pénale principale prévue par la loi du 14 juillet 2008, avant sa modification, aurait été plutôt d'application. Les arguments de droit précédemment invoqués justifient, *mutatis mutandis*, la préférence de cette loi à celle du 20 juillet 2006. En effet, l'article 45 de la loi du 14 juillet 2008 s'est particulièrement intéressé à la transmission délibérée du VIH qui, lorsqu'elle s'opère par voie sexuelle, devient une forme de violences sexuelles parmi les nombreuses autres punies, dans un bloc général, par la loi du 20 juillet 2006. À cela s'ajoute le critère de la temporalité à la base de la maxime latine « *lex posterior, lex melior* »[731].

427. En outre, on sait que parallèlement à l'action publique dont la finalité est le prononcé de la sanction pénale, la victime de tout fait infractionnel dispose d'une action en réparation des préjudices subis, conformément au

---

728 « *Lorsque le même fait constitue plusieurs infractions, la peine la plus forte sera seule prononcée.* »

729 Principe général de droit traduit par « les dispositions spéciales dérogent aux dispositions générales. »

730 TGI du Nord-Kivu à Goma, RP 19. 488, 07 avril 2009.

731 Littéralement traduite par « la loi postérieure est la meilleure ».

droit commun. Voyons, de plus près, ce qu'il en est exactement en contexte d'infraction de transmission délibérée du VIH.

4. L'action en réparation du préjudice sérologique éventuellement subi

428. Pour se faire indemniser, la victime de la transmission délibérée du VIH a un droit d'option entre se constituer partie civile au procès pénal conformément aux prescrits de l'article 69[732] du Code de procédure pénale, et se pourvoir devant le juge civil en application des dispositions de l'article 258[733] du Code civil, livre III. Les rares données de la jurisprudence nationale en notre possession permettent de rendre compte de l'effectivité de ce droit d'option.

429. En effet, dans une espèce enrôlée sous RP 19.488 devant le tribunal de grande instance du Nord-Kivu à Goma[734], Monsieur D.M. était poursuivi notamment du chef de l'infraction de transmission délibérée du VIH/sida, dans les liens d'une requête aux fins de fixation de date d'audience libellée comme suit :

« Avoir à Goma, sans préjudice de date plus précise mais au cours d'une période allant du mois de juin à septembre 2008, par le seul fait du rapprochement charnel des sexes, commis un viol à l'aide de violences avec Mademoiselle M.DJ., âgée de 12 ans, avec cette circonstance que le prévenu est père biologique de la victime.

Que se sachant une personne atteinte du VIH/sida, avoir, dans les mêmes circonstances de lieu et de temps que la prévention ci-dessus libellée, délibérément contaminé Mademoiselle M.D.M., âgée de 12 ans, d'une infection sexuellement transmissible incurable, à savoir le VIH/sida ; faits prévus et punis par les articles 170, 171 et 177 de la loi n°09/001 du 10 janvier 2009 portant protection de l'enfant ».

Le jugement rendu dans cette affaire, en date du 07 avril 2009, a reçu la constitution de la partie civile, l'a déclarée fondée et en conséquence, a alloué à la partie lésée les dommages-intérêts postulés pour tous préjudices confondus, soit un montant de cent mille dollars américains (100.000 $ USD).

430. En revanche, dans une autre affaire inscrite sous RC 26.058, Madame C.M.M. avait assigné en responsabilité civile son époux, Monsieur P.K.T., devant le tribunal de grande instance de Kinshasa/Matete. Le

---

[732] *« Lorsque la juridiction de jugement est saisie de l'action publique, la partie lésée peut la saisir de l'action en réparation du dommage en se constituant partie civile* [...] ».

[733] *« Tout fait quelconque de l'homme, qui cause à autrui un dommage, oblige celui par la faute duquel il est arrivé à le réparer.»*

[734] TGI du Nord-Kivu à Goma, RP 19. 488, 07 avril 2009.

caractère insolite de cette affaire et surtout son grand intérêt scientifique pour la présente étude rendent nécessaire la restitution fidèle des faits de la cause. Ceux-ci ont été résumés dans l'assignation introductive d'instance en trois « attendus » que voici:

« Attendu que, se connaissant porteur du virus VIH/sida constaté au centre AMO-CONGO Conseil et dépistage Volontaire (C.D.V.) au n°4244, Avenue MANONO, Commune de KENYA dans la Province du Katanga, en date du 08 avril 2004, Monsieur P.K.T., qui ne révéla pas son état sérologique à Madame C.M.M., sollicitée en mariage, obtint le consentement de celle-ci qui, non informée de l'état sérologique de son futur époux, s'engagea le 17 avril 2004 dans les liens de mariage dont elle fut contaminée par son époux ;

Attendu que c'est avec conscience que Monsieur P.K.T., qui se savait séropositif, contamina Madame C.M.M., mère de Mademoiselle M.P., obtenue dans son précédent mariage, qui est ainsi exposée, face à cette maladie incurable, à la mort qui la privera de s'occuper de sa fille dont elle est seule à assurer ses moyens de subsistance ;

Attendu que cet acte conscient de Monsieur P.K.T. a causé et continue à causer des préjudices énormes à Madame C.M.M. dont la cause précaire lui exigeant des moyens énormes pour son maintien en vie et la subvention des moyens à sa fille, la fonde à solliciter du tribunal de céans la condamnation de Monsieur P.K.T à la somme de 1.500.000 $ USD à titre des dommages et intérêts pour tous préjudices confondus [...] ».

Le jugement rendu[735] dans cette cause dit recevable et fondée l'action mue par la demanderesse C.M.M. et, par conséquent, condamne le défendeur P.K.T. au paiement des dommages et intérêts de l'ordre de vingt mille dollars américains (20.000 $ USD). Attaqué en appel à l'initiative du défendeur P.K.T, ce jugement a été confirmé dans toutes ses dispositions par arrêt de la cour d'appel de Kinshasa/Matete rendu en date du 10 juillet 2014 sous RCA 8853[736].

431. À quelle analyse critique pouvons-nous soumettre les décisions susmentionnées des juges pénal et civil congolais ?

Les deux affaires répertoriées nous questionnent sur les critères jurisprudentiels qui ont prévalu dans la fixation du montant des dommages-intérêts. Tel est l'angle d'analyse choisi. Comme le soulignent Geneviève VINEY et Patrice JOURDAIN, la responsabilité civile de droit étatique est fondée sur « le principe de la réparation intégrale ou de

[735] TGI/MATETE, RC 26.058, 22 mai 2013, inédit.
[736] KIN/MATETE, RCA 8853, 10 juillet 2014, inédit.

l'équivalence entre dommage et indemnisation[737] ». Il importe alors de vérifier l'effectivité de ce principe classique en matière de réparation du préjudice sérologique.

432. Dans la première affaire sous RP 19.488, le tribunal de grande instance du Nord-Kivu à Goma, siégeant en matière répressive, se contente de relever dans un attendu que : « S'agissant du montant de l'équivalant de 100.000 $ US motivé comme suit "la victime est déjà atteinte, contaminée par son propre père, la vie n'ayant pas de prix", le tribunal y fera droit et retiendra le même montant soit 100.000$ US payable en monnaie locale[738]. »

Visiblement, une telle motivation ne contient aucune indication précise sur les éléments qui auraient objectivement déterminé la fixation des dommages-intérêts à l'équivalant en Francs congolais de cent mille dollars américains. Il semble s'être plutôt agi d'une fixation *ex aequo et bono* qui ne dit pas son nom.

433. Quant à l'affaire portée devant le juge civil sous RC 26.058, c'est avec plus de détails qu'il a été relevé que : « En effet, la mort certaine et progressive donnée à la demanderesse à l'âge de 48 ans, par le défendeur, causera à l'orpheline virtuelle M.P. un dommage matériel et moral certain. Elle perdra la contribution matérielle de son parent sur qui elle ne pourra plus compter dans le cadre de la solidarité familiale. Au contraire, dorénavant, elle devra pourvoir aux charges de sa mère malade et d'elle-même. En outre, la demanderesse a été affligée par l'attitude du défendeur qui l'arrache prématurément à l'affection de sa fille, en plus du fait que le coût de l'achat de produits médicaux pour se maintenir en vie sera désormais un besoin pressant et permanent. Au regard de ce qui précède, le tribunal condamnera le défendeur au paiement des dommages et intérêts de 20.000 $ USD payables en francs congolais au profit de la demanderesse [...] ».

Incontestablement, la motivation, qui précède, paraît beaucoup plus alléchante et plus fournie de par la description de l'ampleur du préjudice subi par la victime de la contamination. Cependant, cette motivation n'en est pas moins spécieuse pour deux raisons majeures.

---

[737] VINEY (G.) et JOURDAIN (P.), *Traité de droit civil. Les effets de la responsabilité*, Paris, LGDJ, 2010, p. 154.

[738] Le montant de 100.000 $ USD peut faire impression ; encore faudrait-il que la victime, qui se le voit allouer, en entre en possession effectivement. À cet égard, une thèse de doctorat avait révélé qu'en RDC, le taux d'exécution des condamnations civiles demeure l'un de plus faibles d'Afrique pour multiples raisons. Voy. LUTUMBA wa LUTUMBA, *Apport de voies d'exécution et de sûreté à la sécurité juridique et judiciaire en droit congolais*, Thèse, Université de Kinshasa, 2010.

434. Premièrement, on sait que sur le terrain de la responsabilité civile, seuls les préjudices réellement subis par la victime et qui sont une suite immédiate et directe de la faute commise sont réparables[739]. Or, en l'espèce, pour l'essentiel de sa motivation, le tribunal semble mettre au-devant de la scène de l'indemnisation les dommages indirects et éventuels encourus par la fille de la demanderesse.

435. Deuxièmement, la motivation du tribunal de grande instance de Kinshasa/Matete repose sur des préjugés qui dénotent d'un manque d'informations fiables sur les spécificités épidémiologiques du VIH/sida. En effet, faire valoir au titre de préjudice que « *la mort certaine* » est donnée à la demanderesse et que le défendeur l'a arrachée « *prématurément à l'affection de sa fille* », tend à accréditer le mythe populaire selon lequel il n'y a aucune perspective de longue vie lorsqu'on est contaminé par le VIH.

Cette crainte funeste, longtemps entretenue au sein de l'opinion publique, est de nos jours battue en brèche depuis la découverte des antirétroviraux (ARV). La séropositivité pour le VIH n'est plus synonyme d'une mort imminente. C'est autant dire qu'à conditions d'accès au traitement antirétroviral éventuellement garanties, l'espoir de la partie demanderesse de vivre longtemps aux côtés de sa fille n'était pas aussi illusoire que l'avait insinué le jugement sous critique.

436. Du point de vue de la technique d'évaluation objective du préjudice réparable, le seul mérite à reconnaître à ce jugement se trouverait bien ailleurs. À notre avis, c'est exactement là où le tribunal de grande instance de Kinshasa/Matete invoque le coût d'achat des produits médicaux, une dépense permanente à laquelle se trouve dorénavant exposée la victime du préjudice de contamination par le VIH.

Il reste que ce coût n'ayant pas été évalué, ni la durée approximative de traitement estimée[740], seule l'équité pourrait expliquer le montant fixé en guise de dommages et intérêts. C'est donc à tort que cette source supplétive du droit congolais (l'équité) n'a pas été expressément invoquée

---

[739] En ce sens, voy. KALONGO MBIKAYI, *Droit civil...op. cit,* p.

[740] Sur la durée du traitement antirétroviral, deux précisions sont à apporter : premièrement, toutes les personnes séropositives ne sont pas forcément ni au même moment placées sous ARV. Il existe des tests appropriés permettant d'apprécier si le patient séropositif est éligible ou non au traitement antirétroviral, en considération de la charge virale que présente son organisme. Il est recommandé de débuter le traitement antirétroviral avant que le taux de CD4 ne soit trop abaissé (en-dessous de la barre des 500 CD4/mm3), de manière à éviter les infections opportunistes et à préserver le devenir à long terme du patient séropositif. Deuxièmement, à l'évidence, une fois mis en route, le traitement antirétroviral chez les personnes qui en sont éligibles est prodigué en principe *ad vitam eternam*.

dans le jugement, ni l'ordonnance du 14 mai 1886[741] qui en constitue le fondement légal.

437. Toutes proportions gardées, il y a lieu de retenir qu'à son état actuel, la jurisprudence congolaise n'apporte pas assez d'éclairage sur la question de l'évaluation monétaire du *préjudice sérologique*. Aussi ne permet-elle pas une meilleure compréhension de ce nouveau type de préjudice, lequel présente la particularité d'être à vie et, à la fois, physique, psychologique et matériel.

Pour rappel, l'on donne communément à la notion jurisprudentielle de « *préjudice sérologique* » une origine française, en évoquant le célèbre arrêt Courtellemont rendu par la cour d'appel de Paris le 7 juillet 1989[742]. Cet arrêt de haute portée scientifique et historique a le mérite d'avoir mis en évidence la spécificité du préjudice de contamination par le VIH. Il considère que le préjudice sérologique recouvre « l'ensemble des troubles dans les conditions d'existence entraînés par la séropositivité et la survenance de la maladie déclarée. Ce préjudice spécifique inclut ainsi, dès la phase de séropositivité, tous les troubles psychiques subis du fait de la contamination par le VIH : réduction de l'espérance de vie, incertitude quant à l'avenir, craintes éventuelles de souffrances physiques et morales, isolement, perturbation de la vie familiale et sociale, le préjudice sexuel et, le cas échéant, de procréation. Il inclut en outre les différents préjudices personnels apparus ou qui apparaîtront en phase de maladie avérée, souffrances endurées, préjudice esthétique et l'ensemble des préjudices d'agrément consécutifs[743]. »

438. L'étendue et la spécificité du préjudice sérologique ainsi circonscrit dévoilent le caractère dogmatique du principe de la réparation intégrale du dommage souvent résumé par la formule classique : « Le propre de la responsabilité est de rétablir aussi exactement que possible l'équilibre détruit par le dommage et de replacer la victime dans la situation où elle se serait trouvée si l'acte dommageable n'avait pas eu lieu[744]. » Rien de plus utopique pour une victime de la contamination par le VIH !

---

[741] *B.A.*, 1886, p. 188 et 189. Pour rappel, l'article 1er de cette ordonnance dispose que : « *Quand la matière n'est pas prévue par un décret, un arrêté ou une ordonnance déjà promulgués, les contestations qui sont de la compétence des tribunaux du Congo seront jugées d'après les coutumes locales, les principes généraux du droit et **l'équité.*** »

[742] Paris, 7 juillet 1989, *Gaz. Pal.*, 1989, 2, Juris. p. 752, note Pichot.

[743] Définition approuvée par le Fonds d'indemnisation des victimes de la contamination par le VIH créé par la loi française du 31 décembre 1991, et largement retenue à travers la jurisprudence française. *V*oy. Civ. 2ème, 2 avril 1996, *Bull. Civ.* II, n°88 ; *JCP* G 1996. IV. 1289 ; Civ. 2ème, 1er février 1995, *Bull. Civ.* II, n°42 ; Resp. Civ. Et ass. 1995, Comm. 126.

[744] MAISTRE (G.), *La responsabilité civile à l'épreuve de l'analyse économique du droit*, Paris, LGDJ, 2005. Sur la critique du principe de la réparation intégrale du dommage et la

Avec, à sa remorque, l'obligation de réparer tous préjudices causés à la victime, l'arsenal répressif actuel sur la transmission délibérée du VIH est un instrument de dissuasion contre toute velléité de dissimulation du statut séropositif à son partenaire sexuel. En dépit de sa suppression sur pied de l'article 41 amendé de la loi du 14 juillet 2008, l'incise « *sous peine de tomber sous le coup des dispositions* (répressives en vigueur) » devrait toujours y être tenue pour sous-entendue.

Si, dans le délai imparti, le patient VIH positif s'abstient de faire connaître son statut sérologique à son partenaire sexuel, le médecin, qui en est informé, se voit légalement autorisé à se porter dénonciateur.

E. La restriction imposée au secret sérologique pour le VIH à travers la faculté reconnue au médecin de se porter dénonciateur

439. Suivant l'article 41 de la loi du 14 juillet 2008, la rétention d'informations sérologiques positives par son titulaire n'a pas pour seule conséquence d'exposer ce dernier aux poursuites pour transmission délibérée du VIH. Elle a aussi pour effet de délier du secret professionnel le médecin informé de cette rétention potentiellement préjudiciable aux tiers. C'est ce qui ressort de l'alinéa 2 de cet article, tel que modifié et complété à ce jour comme suit : « *Toutefois si, au regard dudit délai, le concerné s'abstient d'en informer son partenaire sexuel, le médecin peut, à titre exceptionnel, déroger au secret professionnel.* »

Le simple constat fait sur l'abstention d'une personne séropositive de porter son statut sérologique à la connaissance de son partenaire sexuel n'oblige pas pour autant le médecin dépositaire du secret à le divulguer. Au sens de la loi, ce constat permet simplement au médecin de révéler le secret professionnel, mais ne lui impose pas de procéder à cette révélation. C'est là tout le sens intelligible du verbe « pouvoir » employé à bon escient par le législateur (« *le médecin **peut*** »), pour évoquer justement une simple faculté de dénonciation laissée au médecin. L'article 41, alinéa 2, de la loi du 14 juillet 2008 ne saurait donc s'interpréter comme créant une obligation de faire. Sur le terrain de la dénonciation de tout secret médical, la vie sociale et l'éthique professionnelle recommandent la plus grande circonspection[745].

---

nécessité d'une flexibilité des modes de réparation dans le contexte socioéconomique actuel de la RDC, voy. TELOMONO BISANGAMANI (M.), « Repenser la téléologie et les modalités de la réparation en droit civil congolais : de la réparation intégrale du dommage à la réparation adéquate du lien social », in *Annales de la Faculté de Droit*, Ed. Droit et Société « DES », Kinshasa, 2014, p. 380-399.

[745] Cet avis est aussi partagé par VOUIN (R.), *op. cit.*, p. 33-34.

440. D'après les Directives internationales en matière de confidentialité des informations sérologiques[746], la décision d'un professionnel de la santé de notifier ou d'informer les partenaires sexuels d'un patient de la séropositivité de celui-ci, suivant la nature du cas et en fonction de considérations éthiques, est conditionnée par les critères suivants :

- Le porteur du virus a reçu tous les conseils nécessaires ;
- Ces conseils ont été inutiles pour provoquer chez lui le changement de comportement souhaité ;
- Le porteur du virus a refusé d'informer ses partenaires ou n'a pas consenti à ce qu'ils soient informés ;
- Un risque réel de transmission du VIH au(x) partenaire(s) existe ;
- Le porteur du virus a reçu un **préavis suffisant** ;
- Si possible, l'identité du porteur du virus n'est pas révélée au(x) partenaire(s) ;
- Le cas échéant, un suivi est assuré pour aider les intéressés.

441. Une réserve doit cependant être apportée au sens général de retenue et à l'attentisme auxquels les lignes précédentes semblent convier le médecin. Elle tient au risque de se rendre coupable de l'infraction de non-assistance à personne en danger, quand on se soustrait du devoir d'humanité qui commande d'assister le prochain en péril. Conformément au droit pénal commun, lorsque les circonstances de l'espèce dictent de parer au plus pressé pour soustraire le partenaire sexuel du patient séropositif du danger de contamination par le VIH, le médecin qui s'abstient « *volontairement* »[747] de lui porter secours, en lui fournissant l'information nécessaire, est poursuivable pour non-assistance à personne en danger[748]. Qui peut et n'empêche, pèche. C'est pourquoi, nous pensons que la recette de « *préavis suffisant* » prescrite par les directives internationales est une formule vague impropre à la digestion dans l'appareil juridique congolais.

Pour apprécier le caractère coupable du comportement de l'abstentionniste, on le comparera à l'attitude qu'aurait adoptée à sa place le bon père de famille, c'est-à-dire « une personne normalement équilibrée ou moyennement prudente placée dans les mêmes conditions[749] ». Le législateur congolais punit la non-assistance à

[746] Voy. ONUSIDA et HCDH, *op. cit*, p. 34 et s.

[747] Jugé que ne sont pas sanctionnées, les simples négligences, erreurs ou autres fautes, même lourdes, mais uniquement le comportement intentionnel (C.A. Paris, 18 février 1964, *Gaz. Pal.*, 1964, 1, p. 44).

[748] Fait prévu et puni par l'article 66 *ter* ajouté au Code pénal par l'ordonnance-loi n°78-015 du 4 juillet 1978.

[749] LIKULIA BOLONGO, *op. cit.*, p. 144.

personne en danger de trois mois à deux ans de servitude pénale principale et d'amende ou d'une de ces peines. Lorsque le coupable est chargé, par état ou par profession, de porter assistance aux personnes en danger, ce qui vaut pour les praticiens de l'art de guérir, la peine encourue est portée de trois mois à cinq ans de prison, outre l'amende[750].

442. Une autre remarque importante est à faire à propos de l'article 41, alinéa 2, de la loi du 14 juillet 2008. Avant la réforme du 09 juillet 2018, la faculté de déroger au secret professionnel reconnue au médecin ne pouvait profiter qu'au conjoint du patient séropositif. Etaient implicitement exclus tous autres partenaires sexuels qui ne sont pas unis à lui par les liens du mariage.

En effet, si aux termes de l'alinéa 1er de l'article 41 ancien, l'obligation d'informer le statut séropositif visait deux catégories des tiers, en l'occurrence le « conjoint » et les « partenaires sexuels » de la personne se sachant séropositive, à l'alinéa deuxième[751] consacré au régime exceptionnel de dénonciation par le médecin, le législateur n'avait jadis visé que le « conjoint ». Sauf à considérer que la rédaction du texte de cet alinéa deuxième pèchait par omission non intentionnelle[752], le fait est qu'il y avait dans la loi une différence de traitement, clairement exprimée, selon que le tiers à protéger contre le danger de transmission horizontale du VIH est un partenaire conjugal ou non vis-à-vis de la personne séropositive concernée.

---

[750] Sur l'aggravation du sort pénal des personnes chargées par état ou par profession d'assister les autres en danger, voy. l'article 66 *quater* du Code pénal.

[751] *« Toutefois, si le patient s'abstient de faire connaître son statut sérologique à son* ***conjoint****, le médecin peut, à titre exceptionnel, déroger au secret professionnel. »*

[752] Aucune source fiable ne permet de soutenir l'hypothèse de l'erreur de rédaction. Elle supposerait l'existence d'une contradiction établie entre, d'une part, l'intention réelle du législateur transparaissant soit dans l'exposé des motifs de la loi, soit dans ses travaux préparatoires ; et d'autre part, la défectuosité littérale du texte visé. Quoiqu'on soit ici loin de cette hypothèse, il n'est cependant pas rare de la rencontrer dans la production législative de notre pays. L'histoire récente du droit congolais nous en livre un spectacle sévèrement décrié dans la doctrine. Nous pensons à l'illusion d'émancipation professionnelle de la femme mariée alimentée dans les travaux préparatoires et l'exposé des motifs de la loi n°015-2002 du 16 octobre 2002 portant Code du travail (*JORDC*, 43ième année, numéro spécial, 25 octobre 2002). Pourtant, la réalité du texte de la loi s'est avérée aller à contre-courant de la volonté du législateur. En effet, une erreur monumentale de légistique formelle conduisit les rédacteurs de la loi à renforcer la discrimination à l'égard de la femme mariée dans le domaine de l'emploi, sans l'avoir souhaitée. La femme mariée s'est vue basculer du régime relativement favorable de l'opposition maritale prévu par l'ancien Code du travail (Voy. l'ordonnance-loi n°67-310 du 9 août 1967), au régime, plus rétrograde, de l'autorisation maritale alors institué par le Code de la famille. En ce sens, voy. MUKADI BONYI, « Le nouveau Code du travail n'a pas supprimé l'autorisation maritale », in *Le Potentiel*, n°2783 du 27 mars 2003.

D'ailleurs, dans un pays où le mariage monogamique constitue une institution sociale culturellement « vénérée » et la fidélité conjugale, une valeur pénalement protégée[753], on peut concevoir que le conjoint, en tant que partenaire sexuel légitime, mérite une protection juridique privilégiée. D'où, selon notre essai de décryptage de la pensée du législateur du 14 juillet 2008, l'idée originelle de ne point placer le conjoint sur un pied d'égalité avec les partenaires sexuels occasionnels et illégitimes. De ce point de vue, pour avoir remplacé le terme « conjoint » par, indistinctement, celui de « partenaire sexuel » dans les modifications apportées à l'article 41 de la loi du 14 juillet 2008, la loi n°18/012 du 09 juillet 2018 est, sur ce point précis, une dérive du droit congolais de la famille. Son exposé des motifs ne fournit aucune explication du remplacement terminologique ainsi opéré.

443. Ces longs développements sur le droit encadrant la confidentialité des informations sérologiques étaient nécessaires pour baliser le chemin à notre demonstration. Pour rappel, celle-ci a pour objet les limites de ce droit en contexte de dépistage prénatal du VIH, de manière à pouvoir le repenser pour une meilleure prophylaxie des risques de transmission du VIH de la mère à l'enfant.

Section 2 : Les limites du droit positif et les pistes de son amélioration

444. Repenser le droit encadrant la confidentialité des informations sérologiques, en contexte de dépistage prénatal du VIH (§2), suppose un diagnostic préalable des limites inhérentes au droit actuellement en vigueur (§1).

Paragraphe 1 : Les limites du droit positif

445. L'article 41 de la loi du 14 juillet 2008, telle que modifiée et complétée, permet de déduire que la femme enceinte dépistée séropositive, au cours des consultations prénatales, a l'obligation d'informer son conjoint ou concubin de son statut sérologique au VH. La motivation à la base de cette obligation légale est, sans nul doute, la conscience du risque de transmission horizontale du VIH et la nécessité d'en épargner le tiers partenaire sexuel. De prime abord, le lien direct n'apparaît pas entre une telle obligation et la perspective de prévention de la transmission du VIH de la mère à l'enfant. Ce n'est pourtant qu'une première impression.

En réalité, le rapport est étroit entre le mécanisme de dérogation au secret sérologique institué par l'article précité et la protection de l'enfant en

[753] Voy. les articles 459 et 467 du Code de la famille, respectivement sur le devoir réciproque de fidélité des époux et la répression de l'adultère.

gestation contre le risque de transmission verticale du VIH. En effet, informer le futur père de l'enfant à naître du risque sanitaire que celui-ci encourt, est de nature à lui faire prendre conscience de la nécessité de concourir à l'acceptabilité et à la prise de la prophylaxie antirétrovirale par la future mère. Psychologiquement, le soutien du père biologique de l'enfant à naître est quasi irremplaçable. Les études menées en Zambie[754] et au Kenya[755] sur le conseil VIH en couple permettent de se faire une telle conviction.

446. Dans cette perspective de prévention de la transmission mère-enfant du VIH, l'article 41 de la loi du 14 juillet 2008 soulève trois difficultés majeures :

- Il met la femme enceinte dépistée séropositive dans une situation psychologique inconfortable au regard du délai d'informer son partenaire sexuel de son statut sérologique (A) ;
- Il manque de réalisme en méconnaissant la nécessité de l'accompagnement psychosocial dans l'accomplissement d'un devoir aussi délicat que celui de révéler sa séropositivité à son partenaire sexuel (B) ;
- Il limite la possibilité de dérogation au secret professionnel aux seuls médecins, excluant ainsi les paramédicaux (C).

À ces trois critiques, qui seront successivement développées, viendra s'ajouter, *in fine*, une lacune majeure du droit encadrant la confidentialité des résultats sérologiques au VIH : son silence blâmable sur la notion de « secret partagé », c'est-à-dire la pratique hospitalière très répandue qui consiste à partager les données de santé du patient parmi les prestataires des soins intervenant dans sa prise en charge médicale (D).

A. Le caractère tantôt déraisonnable, tantôt indéterminé du délai d'informer le statut séropositif au partenaire sexuel

447. Avant son récent amendement, l'article 41 de la loi du 14 juillet 2008 était tranchant sur le moment à partir duquel naît l'obligation d'informer son conjoint ou partenaire sexuel de son statut sérologique au VIH quand on le sait positif : c'est « *aussitôt* ». Cet adverbe employé par le législateur du 14 juillet 2008 exprime l'idée de l'immédiateté. S'il est vrai que cette exigence rigoureuse traduit la crainte légitime éprouvée par le législateur face au risque potentiel de transmission horizontale du VIH, il n'en reste pas moins que cette crainte semblait avoir voilé sa face sur une éprouvante dimension émotionnelle et psychique liée à l'annonce de la séropositivité.

[754] Voy. SEMRAU (K.) *et al., op. cit.*, p. 603-609.
[755] Voy. FARQUHAR (C.) *et al., op. cit.*, p. 20-26.

Le trouble émotionnel et psychique associé à l'idée de devoir « aussitôt » annoncer sa séropositivité à son partenaire pourrait conduire à des conséquences dramatiques sur la santé de la future mère et la survie de l'enfant qu'elle porte. Sous le coup de ce trouble, le risque d'avortement involontaire est à craindre.

448. Au cours des travaux du Dialogue national sur les lois, les droits humains et le VIH en RDC[756], tenu à Kinshasa, du 26 au 27 novembre 2013, le témoignage d'une personne vivant avec le VIH en disait long : « Il y a des étapes pour arriver à la divulgation [à son partenaire conjugal] : choc, souvenir de circonstances, la réalité que faire…D'où, on ne peut brusquer une personne à divulguer aussitôt, c'est-à-dire en état de choc. Qui, à son retour de mission, peut dire (facilement) à sa femme qu'il a forniqué ? Avec le VIH, c'est pire. Même les médecins sont confrontés à la difficulté d'annoncer aux personnes concernées ou leurs proches. Il faut avoir vécu d'apprendre d'un box de counselling qu'on est séropositif pour comprendre ce que cela signifie[757]. »

449. Interpellé par ce cri de cœur, durant le premier trimestre de l'année 2015, nous avons été amené à diligenter une enquête de clarification. Malgré quelques résistances rencontrées, cette enquête nous a permis d'aller au contact avec le terrain le mieux indiqué et de saisir la réalité du choc psychique et émotionnel lié à l'annonce du statut séropositif d'une personne mariée à son conjoint. Elle nous a aussi permis d'évaluer, tant soit peu, l'ampleur de cette réalité sociale et d'en comprendre les causes profondes.

450. L'échantillon de l'enquête était constitué des personnes séropositives avec, fort heureusement, une prépondérance des mariés représentant un taux d'environ 67%[758]. Parmi les mariés, la proportion des hommes est significativement plus élevée que celle des femmes en raison de 85% contre 15%[759]. La majeure partie des répondants est faite des activistes de la lutte contre le VIH militant au sein des organisations de regroupement et/ou de prise en charge des personnes vivant avec le VIH. Cette dernière caractéristique de l'échantillon est un atout majeur pour la fiabilité des réponses, étant donné que le VIH/sida n'est pas un sujet tabou chez cette

[756] Voy. PNUD, *Rapport du Dialogue National sur les lois, les droits humains et le VIH en RDC*, Kinshasa, 2013, 55 p.

[757] Propos recueillis lors du Dialogue national sur les lois, les droits humains et le VIH en RDC. Voy. *Idem*, p. 24-25.

[758] Soit 20 mariés sur les 30 PVV interrogées.

[759] Soit 17 hommes contre 3 femmes sur un total de 20 mariés. Nous justifions cette faible représentation des femmes mariées dans l'échantillon de l'enquête par le fait que les barrières culturelles de la société congolaise n'ont pas rendu facile le développement d'une relation de confiance entre l'enquêteur et les enquêtées sur un objet d'enquête touchant au domaine intime de la vie privée.

catégorie d'enquêtés. Bien plus, on enregistre à leur actif un niveau très appréciable de connaissances générales sur l'impact socio-psychologique de l'épidémie.

451. Dépouillés, les résultats de cette enquête révèlent que la quasi-totalité des répondants ont affirmé qu'à l'idée de devoir annoncer son statut séropositif à son conjoint, on éprouve la mort dans l'âme. On est pris d'un drôle sentiment de culpabilité irrésistible et d'effroi extrêmement difficile à surmonter. Deux répondants sur cinq ont déclaré avoir présenté des troubles de tension artérielle immédiatement avant, pendant ou juste après l'annonce de leur état sérologique à leur conjoint.

452. En ce qui concerne les causes profondes de ce choc émotionnel, vingt-cinq répondants sur trente ont fait mention de la peur du rejet et de stigmatisations de la part du conjoint et à travers lui, de la part d'autres membres de l'entourage immédiat. La forte prédominance de cette cause de choc émotionnel associé à l'annonce de la séropositivité au conjoint corrobore les résultats de l'enquête « Index stigma » en RDC publiés le 30 novembre 2012[760]. D'après cette enquête, qui est une première en la matière à l'échiquier national, 55,26% des personnes séropositives ont vécu les expériences des commérages malfaisants ; 8,99% ont mentionné que leur statut sérologique avait été communiqué à quelqu'un d'autre sans leur accord ; et 55,12% qui avaient du travail, l'ont perdu les 12 mois précédant l'enquête pour une cause à laquelle le statut sérologique était associé.

D'autres répondants de notre enquête, dont la proportion avoisine les 60%, attribuent le choc émotionnel associé à l'annonce de la séropositivité au conjoint à la peur d'être accusé d'infidélité. À l'appui de l'identification de cette cause, ils invoquent le fait que selon l'opinion communément répandue, être porteur du VIH est synonyme à une vie passée de délinquance sexuelle. Ce qui n'est pourtant pas toujours vrai.

De façon isolée, il a été enfin fait référence à d'autres causes telle la peur de savoir son conjoint également atteint du VIH.

453. L'ensemble de ces données empiriques témoigne du caractère déraisonable du délai d'information sur le statut VIH positif initialement institué par l'article 41 de la loi du 14 juillet 2008. Dès lors, on ne peut que saluer l'innovation apportée par la loi du 09 juillet 2018, en ce qu'elle

---

[760] Voy. UNION CONGOLAISE DES ORGANISATIONS DES PERSONNES VIVANT AVEC LE VIH (UCOP+) *et al.*, *Index de stigmatisation et de discrimination des PVVIH*, Kinshasa, 2012, p. 58.

remplace l'adverbe « *aussitôt* », déjà décrié dans une de nos publications antérieures[761], par l'expression « *dans un délai raisonnable* ».

Il faut toutefois reconnaître que, pour autant, on ne s'est pas tiré du bourbier. Car, il ne suffit pas de qualifier légalement un délai de raisonnable pour qu'il le soit réellement. Aussi, pour être qualifé de raisonnable, le minimum que commande le bon sens est dans la détermination du délai concerné. Or, le « *délai raisonnable* », au sens de l'article 41 actuel de la loi du 14 juillet 2008, est un laps de temps indéterminé. Ce qui plonge les personnes séropositives dans une situation d'insécurité juridique et d'inconfort psychologique. Pour une femme enceinte se sachant séropositive et consciente de son obligation d'information, avec toutes les conséquences juridiques qui s'y attachent, pareille situation pourrait s'avérer gravement préjudiciable à sa santé et à celle de l'enfant à naître.

B. Le besoin ignoré d'un accompagnement psychosocial

454. Il est à constater que la loi du 14 juillet 2008 est silencieuse sur la nécessité de l'accompagnement psychosocial des personnes astreintes à l'obligation d'informer leurs conjoints ou partenaires sexuels de leur statut sérologique pour le VIH. Informer, c'est bien beau et trop facile à imposer, mais comment informer[762] ? C'est là, en gros, le peu de non-dit dont souffre la loi.

Qui plus est, l'exposé des motifs de la loi modificative du 09 juillet 2018 annonce, au titre d'innovations apportées au texte alors en vigueur, « *l'intégration de l'accompagnement psychosocial dans l'intérêt non seulement de la personne vivant avec le VIH, mais aussi de celle à qui l'on doit divulguer les résultats, à travers un temps nécessiare à la préparation psychologique* », alors même que cette déclaration de bonne intention n'a pas été concrétisée dans le corps des articles modifiés et complétés. Il est fort regrettable que pareille inadéquation entre l'exposé des motifs et le dispositif de la loi du 09 juillet 2018 ait échappé à l'attention de deux chambres du Parlement national.

455. Le besoin d'un accompagnement psychosocial en matière d'annonce de la séropositivité au partenaire sexuel est bien pris en compte sous d'autres cieux. En droit nigérien, le principe est que : « *Les services compétents*

---

[761] ANGELESI BAYENGA (F.), *Droit et SIDA. Manuel à l'usage du public,* Éditions Universitaires
Européennes, 2014, p. 90-91.

[762] On peut lire, à ce propos, l'étude de TIJOU-TRAORE (A.), « Pourquoi et comment en parler ? Dialogue autour de l'annonce de la séropositivité dans des couples sérodiscordants à Abidjan (Côte-d'Ivoire) », in *Sciences sociales et santé,* n°24 (2), Ouagadougou, 2006.

apportent une assistance psychosociale adéquate à la personne infectée par le VIH, à son conjoint ou partenaire sexuel lors de l'annonce de la séropositivité[763] ». Les exemples des normes de ce genre foisonnent en droit comparé africain. Nous y reviendrons plus loin.

456. L'accompagnement psychosocial fait appel aux compétences relevant des catégories socioprofessionnelles dont les membres peuvent, par état ou par profession, se voir confier des secrets liés à la sérologie des patients. Ces secrets peuvent s'étendre à l'observation du comportement consistant, chez certaines personnes séropositives, à se soustraire de l'obligation de révéler leur séropositivité à leurs partenaires sexuels. Pour autant, les professionnels en accompagnement psychosocial ne sont pas légalement autorisés à déroger au secret professionnel.

C. *La restriction irréaliste du champ des professionnels de santé autorisés à déroger au secret professionnel*

457. À ce niveau, la critique à faire valoir va au cœur du counselling. Le législateur congolais le définit comme étant « le développement d'une relation de confiance entre un conseiller et son client, afin d'amener ce dernier à connaître son statut sérologique ; à évaluer le risque d'infection à VIH ou de transmission de cette dernière ; à développer un plan de réduction du risque pour aider le client à assumer les dimensions émotives et interpersonnelles liées à l'infection à VIH ; à orienter, le cas échéant, le client vers les structures de prise en charge[764]. »

Dans cette définition manifestement large, aucune distinction n'est faite entre médecins et non médecins. Ce qui mène à considérer que les professionnels de santé étrangers à la corporation médicale peuvent justifier de compétences nécessaires pour intervenir dans le domaine du *counselling*. Explicitement, la loi n'en dit pas plus.

458. Or, comme nous l'avons précédemment étudié, en face du patient séropositif refusant d'informer son conjoint ou partenaire sexuel de son état sérologique, seuls les médecins sont légalement autorisés à se délier du secret professionnel. Pour essayer de comprendre le bien-fondé du traitement privilégié réservé aux médecins, une enquête a été rendue nécessaire. Elle avait pour double objet d'identifier les différentes catégories socioprofessionnelles intervenant habituellement dans le circuit des conseils et tests de routine de dépistage du VIH, et d'estimer la représentativité des médecins.

---

[763] Article 16 de la loi n°2007-08 du 30 avril 2007 relative à la prévention, la prise en charge et le contrôle du VIH.

[764] Article 2, point 2, de la loi du 14 juillet 2008.

459. Notre échantillon était constitué de trois grands Centres de conseil et dépistage volontaire du VIH de la Ville de Kinshasa[765]. Ces trois Centres de référence détiennent le taux le plus élevé de fréquentation des volontaires au dépistage du VIH dans la Ville. À ce titre, l'échantillon choisi est suffisamment représentatif de la réalité recherchée.

460. Les résultats de cette enquête révèlent que, dans la pratique, le test de dépistage du VIH n'est pas l'apanage des médecins. Plusieurs paramédicaux y concourent dans des formations médicales et autres structures spécialisées, avec le professionnalisme et l'éthique recommandés. Les catégories socioprofessionnelles les plus représentatives sont en ordre utile : les techniciens de laboratoire, les infirmiers, les assistants médicaux et les conseillers psychosociaux. Dans leur ensemble, pour les trois Centres de référence enquêtés, la moyenne approximative du personnel actif chargé du *counselling* s'élève à cinq. La proportion approximative des non-médecins est de quatre sur cinq, soit un taux de surreprésentation estimé à 80%.

461. Or, lorsqu'une personne se sachant séropositive s'abstient de faire connaître son statut sérologique à son partenaire sexuel, seuls les médecins sont légalement autorisés à se délier du secret professionnel. Dès lors, criante est l'inadéquation entre le monopole de dérogation au secret professionnel au profit des médecins et la sous-représentation du personnel médical dans les services chargés du *counselling*. Cette inadéquation est de nature à compromettre gravement la réalisation de l'objectif de santé publique que s'est assigné la loi. Assurément, la majorité des cas des personnes séropositives réfractaires à l'obligation de révéler leur sérologie à leur partenaire sexuel échapperont à la connaissance directe des médecins.

462. Dans la pratique sociale, il n'est pas rare d'observer des cas de dérobade à l'obligation de révélation de la séropositivité au conjoint ou autre partenaire sexuel. Pour s'en convaincre, il suffit de se rappeler de l'affaire judiciaire étudiée précédemment, celle d'un époux condamné par le tribunal de grande instance de Kinshasa/Matete sous RC 26.058, puis au second degré devant la cour d'appel du ressort, sous RCA 8853, pour avoir caché, des années durant, son statut séropositif avéré à son épouse et lui avoir transmis le VIH. Un cas similaire a été dénoncé lors des assises du Dialogue national sur les lois, les droits humains et le VIH en RDC de novembre 2013. Il concerne un magistrat sous traitement antirétroviral, obstiné à ne pas faire connaître son statut séropositif à « ses femmes ». Celles-ci auraient fini par mourir du sida, le diagnostic tardif de la maladie

---

[765] Il s'agit des Centres de dépistage du VIH de l'Hôpital général de référence de Kinshasa (ex Maman Yembo), de l'Institut national de recherche biomédicale (INRB) et de l'ONG « Médecins sans frontières ».

n'ayant pas donné les chances d'aboutissement heureux au traitement leur administré[766].

Le traitement administré aux personnes séropositives en phase de maladie du sida requiert, le plus souvent, une prise en charge collective et des compétences variées dans l'art médical. C'est pour cette raison qu'en contexte de VIH/sida, la question du secret professionnel en milieu hospitalier a pris une acuité particulière.

D. La méconnaissance du « secret partagé », une pratique hospitalière d'utilité thérapeutique

463. Provenant du mot latin « *secretum* » signifiant « séparé » ou « mis à part », le secret est un ancêtre éthique né de la tradition médicale, adopté par le droit et accueilli avec enthousiasme dans plusieurs disciplines professionnelles, sous l'influence remarquable du serment d'Hippocrate[767]. Sans doute, c'est à cela qu'avait pensé l'auteur qui écrivit: « Le domaine médical est le creuset historique dont a jailli le concept de secret professionnel, puisque les professionnels de santé peuvent s'enorgueillir d'avoir été les précurseurs en matière de protection de l'intimité de leur interlocuteur. Le célèbre serment d'Hippocrate reste une trace précieuse de l'antériorité d'une règle déontologique sur une règle juridique. Les médecins respectaient le secret bien avant que la loi ne l'impose[768]. »

464. On sait que les expressions « secret professionnel », « devoir de réserve » et « obligation de discrétion » ne traduisent pas toujours la même réalité juridique[769]. Par ailleurs, le fait de parler de « secret partagé » peut paraître surprenant car, fondamentalement, le concept de secret et l'idée de partage se repoussent *a priori*. Cependant, dans la pratique des soins de santé, c'est au quotidien que le besoin se fait jour de rechercher un équilibre harmonieux entre le partage des données intimes de la personne du patient

---

766 PNUD, *Rapport du dialogue national ...op. cit.*, p. 22.

767 On peut lire cet extrait de la version dite de Montpellier du serment d'Hippocrate (Médecin grec, 460-370 av. J.-C.) : « *Admis dans l'intérieur des maisons, mes yeux ne verront pas ce qui s'y passe, ma langue taira les secrets qui me seront confiés, et mon état ne servira pas à corrompre les mœurs, ni à favoriser le crime...* ».

768 Voy. Avant-propos à l'ouvrage de ZORN-MACREZ (C.), *op. cit.*, p. 12.

769 À proprement parler, le secret professionnel est une notion strictement pénale qui renvoie à l'éventualité des poursuites répressives. Par « devoir de réserve », on entend le devoir notamment pour un fonctionnaire de rester sur sa réserve quant à ses opinions personnelles ; d'observer une certaine retenue dans l'extériorisation de ses opinions concernant son service employant. L'obligation de discrétion, elle, désigne l'obligation imposée à une personne, de par sa profession ou ses fonctions, de ne rien divulguer qui puisse nuire à son service. En ce sens, voy. LAURENT SELLES, *Le secret professionnel à l'hôpital*, Paris, MB édition, 2003, p. 19-20.

jugé nécessaire à sa prise en charge médicale et le respect de sa vie privée en milieu hospitalier.

Ainsi, dans l'intérêt du soigné, il est communément admis que le secret de son dossier clinique peut être partagé parmi ses soignants, en aussi grand nombre qu'ils peuvent être appelés à intervenir dans sa prise en charge. Habituellement, le système de rotation est de mise pour assurer la continuité des services des soins.

465. Cette pratique hospitalière de déconfidentialisation du secret ne présente pas seulement un intérêt lié au patient. Elle peut se révéler d'un grand secours pour les professionnels de santé confrontés à des situations cliniques nécessitant la prise des mesures de prophylaxie pré et post-exposition[770] pour leur propre sécurité.

En rapport avec l'épidémie du VIH/sida, une source documentaire française[771] rapporte des cas vécus de séroconversion sur le lieu de travail. Tout aussi déplorables qu'interpellants, ces cas se résument comme-suit :

- Ayant engagé ses services dans un orphelinat pour enfants, une femme a été contaminée au VIH par un bébé, par contacts permanents avec les liquides souillés de l'organisme du nourrisson sans port de gants ni lavage des mains.
- Une infirmière d'un service de réanimation cardiologique a dû pratiquer sur un patient en arrêt cardiaque un point de compression pour stopper le saignement au niveau d'un cathéter artériel. Elle ne s'est lavé les mains que vingt minutes plus tard. Elle ne s'est pas souvenue d'avoir été en contact avec d'autres liquides de l'organisme du patient. Elle avait les mains gercées et portait des gants habituellement lors des soins aux patients. L'urgence de la situation ne lui a pas laissé le temps de prendre ces précautions. Le patient était séropositif. Elle était séronégative huit mois avant l'incident et séropositive seize semaines après. Elle ne présentait pas d'autres facteurs de risque pour l'infection VIH.

---

[770] La prophylaxie post-exposition (PPE) se conçoit comme une thérapie antirétrovirale dont l'administration est prodiguée immédiatement après qu'une personne ait été vraisemblablement exposée à un risque réel de contamination par le VIH. Cette intervention d'urgence est destinée à réduire chez la personne exposée le risque de séroconversion. L'accessibilité de la PPE, pas plus que son impact réel sur la séroconversion, sont des préoccupations qui restent encore sur la table des discussions.

[771] Voy. MINISTÈRE DE LA SOLIDARITÉ, DE LA SANTÉ ET DE LA PROTECTION SOCIALE, « l'Infection par le virus de l'immunodéficience humaine », Fascicule spécial, *Bulletin officiel* n°88-28 bis, Paris, 1988, p. 43.

- Une infirmière prélevant un sujet infecté par le VIH a reçu un jet de sang sur le visage et dans la bouche. Elle présentait sur le visage des lésions d'acné. Elle portait des lunettes et des gants. Le sang n'a pas été en contact avec les yeux. Elle s'est nettoyée immédiatement après l'incident. Elle a présenté une sérologie négative le lendemain et une séroconversion neuf mois après l'incident.
- Le dernier cas est celui d'une technicienne de laboratoire qui a reçu un jet de sang sur les mains et les avant-bras. Elle ne présentait aucune lésion cutanée à ce niveau. En revanche, elle présentait une dermatose au niveau de l'oreille qu'elle aurait touchée après l'incident avant de se nettoyer. Le sang était contaminé. La sérologie effectuée était négative cinq jours après l'incident et positive trois mois plus tard. Aucun autre facteur de risque d'infection VIH n'a pu être retrouvé chez cette personne.

466. Sous le jour des interventions médicales visant à réduire le risque de transmission verticale du VIH chez la femme enceinte séropositive, la pratique du secret partagé présente un atout majeur. Elle favorise une meilleure coordination des soins anténataux et la rationalisation des savoirs et compétences entre copartageants des informations sérologiques disponibles. Ainsi que le rappelle Caroline ZORN-MACREZ, « le professionnel n'est ni omniscient, ni omnipotent, et il est régulièrement conduit dans sa pratique à solliciter d'autres professionnels de santé pour un avis ou pour une prestation[772]. »

Il est simplement déplorable de constater que le législateur du 14 juillet 2008 n'a eu aucun égard à la notion de secret partagé. Son silence coupable fait qu'en dépit de toutes ses vertus précédemment rappelées, la pratique du secret partagé demeure *contra legem.* Elle est pourtant très répandue dans les milieux cliniques et hospitaliers congolais de prise en charge des personnes vivant avec le VIH. Le droit positif est, à cet égard, malade de l'ineffectivité. Il est donc grand temps de le repenser.

Paragraphe 2 : Les pistes d'amélioration du droit positif

467. À la lumière des limites avérées du droit positif et des résultats de quelques enquêtes exploratoires menées sur terrain, notre plaidoyer en faveur de la réforme du droit portera, tour à tour, sur : l'institution d'un délai déterminé et raisonnable d'information du statut séropositif d'une personne à son partenaire sexuel (A), la nécessité d'un accompagnement psychosocial en matière d'annonce de la séropositivité au partenaire

[772] ZORN-MACREZ (C.), *op. cit.*, p. 118.

sexuel (B), l'élargissement du champ professionnel des dépositaires de secrets sérologiques au VIH autorisés à se porter dénonciateurs (C) et, enfin, la consécration de la notion de secret partagé (D).

A. Pour l'institution d'un délai déterminé et raisonnable en matière d'annonce de la séropositivité au partenaire sexuel

468. Pour prendre en compte la réalité du choc psychique et émotionnel lié à la révélation du statut séropositif d'une personne à son partenaire sexuel, la prévision légale d'un laps de temps de réarmement psychologique est nécessaire entre le moment de la prise de connaissance de ce statut sérologique par le concerné et celui d'en faire révélation à son partenaire sexuel. En partie, le problème a été résolu par la réforme du 09 juillet 2018. Il ne reste plus qu'à déterminer dans la loi la durée exacte du délai dit raisonnable.

Quant à ce, nous pensons que la RDC pourrait carrément emboîter le pas à bien d'autres pays de l'Afrique subsaharienne, dont les législations spécifiques au VIH/sida se sont inspirées de l'article 26 de la loi type de N'Djamena[773]. Cet article oblige toute personne séropositive à révéler son état à son conjoint ou partenaire *« dans un délai de six semaines au plus »*. Dans la plupart des cas, le besoin d'un tiers accompagnateur se fera sentir.

B. Pour la nécessité d'un accompagnement psychosocial en matière d'annonce de la séropositivité au partenaire sexuel

469. Quelle qu'en soit la durée, à lui seul, le délai raisonnable de réarmement psychologique ne nous semble pas suffire à atténuer sensiblement la forte pression émotionnelle associée à la révélation de la séropositivité à un conjoint ou partenaire sexuel. Le recours à l'accompagnement psychosocial d'un tiers professionnel pourrait être d'un secours considérable en pareille circonstance.

De lege ferenda, quitte à élaguer les empreintes de la polygamie tolérée en droit sénégalais[774], le législateur congolais pourrait s'inspirer de l'article 41 de la loi sénégalaise n°2010-03 du 09 avril 2010 relative au VIH/sida, formulé comme suit : « *Les Services de prise en charge doivent apporter tout l'appui psychosocial nécessaire pour soutenir et aider la personne infectée par le VIH à en faire l'annonce à son/sa ou ses conjoint(e)(s) et partenaire(s) sexuel(s). Le prestataire de santé consulté par la personne ayant subi le test doit assurer sa préparation*

---

[773] C'est-à-dire la loi type sur le VIH pour l'Afrique centrale et occidentale.

[774] En droit congolais, en revanche, la polygamie est interdite sous plusieurs formes : à travers la consécration du mariage monogamique exclusif et par le biais de la pénalisation de la bigamie et de l'adultère. Voy. les articles 330, 408 et 467 du Code de la famille.

psychologique et son encadrement pour l'amener à annoncer son statut sérologique à son/sa ou ses conjoint(e)(s) ou partenaire(s) sexuel(le)(s), dans un délai raisonnable [...] ».

Allant dans le même sens, le droit nigérien[775] offre un modèle de disposition légale qui présente l'avantage de répondre à la triple exigence de concision, de clarté et de précision recommandée par les règles de la technique législative: « *Les services compétents apportent une assistance psychosociale adéquate à la personne infectée par le VIH, à son conjoint ou partenaire sexuel lors de l'annonce de la séropositivité.* »

Si la personne infectée par le VIH s'obstine à ne pas révéler sa sérologie à son partenaire sexuel, à l'état actuel de l'article 41 de la loi du 14 juillet 2008, seul le médecin a la faculté de se porter dénonciateur. Ici également, la réforme est souhaitable.

C. Pour l'élargissement du champ professionnel des dépositaires de secrets sérologiques au VIH autorisés à se porter dénonciateurs

470. Il est évident que le secret sérologique au VIH crée un conflit inévitable entre le droit qu'a la personne dépistée de garder l'intimité de sa vie privée et le droit des tiers à la protection contre le risque de contamination par le VIH[776]. C'est dans le souci de la protection des droits des autres que l'article 41, alinéa 2, de la loi du 14 juillet 2008 autorise une interférence salutaire des médecins, et des médecins seuls, dans la vie privée du couple marié ou de fait, pour le cas où une personne se sachant séropositive s'obstinerait à ne pas informer son partenaire sexuel de son statut séropositif.

L'on se souviendra que de résultats de notre enquête précédemment exposés, il est apparu un contraste entre le privilège d'interférence ou de dénonciation que le droit positif accorde aux médecins et la surreprésentation des non-médecins observée dans les principales structures chargées du *counselling*. Or, « le droit n'est pas seulement ce que disent les juristes mais aussi ce que font les acteurs[777]. » Pour remédier à ce contraste, nous proposons qu'en plus des médecins, la dérogation au secret professionnel prévue à l'article 41, alinéa 2, de la loi du 14 juillet 2008 soit étendue à toute personne chargée, par état ou par profession, du

[775] Article 16 de la loi n°2007-08 du 30 avril 2007 relative à la prévention, la prise en charge et le contrôle du VIH en République du Niger .

[776] ANGELESI BAYENGA (F.) « Les nouvelles frontières de la vie privée vues sous l'angle de la loi
congolaise sur le VIH/sida », *Revue de Droit Privé,* n°01, Kinshasa, 2014, p. 93.

[777] KUYU MWISSA (C.), *Ecrits d'anthropologie...op. cit.*, p. 139.

counselling ou d'un volet quelconque de la prise en charge des personnes vivant avec le VIH/sida (psychosocial, juridique, médical, etc.).

471. La proposition de réforme formulée est conforme à la tendance actuellement dominante en droit comparé africain. Pour s'en persuader, on peut utilement se référer à l'article 6 de la loi béninoise n°2005-31 du 5 avril 2006 portant prévention, prise en charge et contrôle du VIH/sida, suivant lequel : *« Le médecin* ***ou toute personne dépositaire de par sa profession de l'information sur le statut sérologique d'un patient*** *ne peut le divulguer à d'autres sans l'avis préalable du patient, sauf si la personne séropositive a un comportement susceptible de mettre en danger la santé d'autrui. »*

On peut également citer la loi sénégalaise n°2010-03 du 09 avril 2010 relative au VIH/sida, spécialement en son article 13 : *« Lorsque la personne dont le statut sérologique est positif, a reçu tous les conseils et soutiens appropriés, refuse que l'annonce soit faite alors que le risque de transmission du VIH est réel, le médecin* ***ou toute autre personne qualifiée et en ayant le mandat dans la formation sanitaire ou la structure concernée****, peut faire l'annonce à son/sa ou ses conjoint (e)s ou partenaire(s) sexuel(s), dans le respect des règles éthiques, sans violer les dispositions relatives à la confidentialité prévues par les lois en vigueur. »*

Enfin, pour sa part, la loi nigérienne n°2007-08 du 30 avril 2007 relative à la prévention, la prise en charge et le contrôle du VIH dispose : *« En cas de refus d'informer son conjoint ou partenaire sexuel dans le délai prévu ou de la constatation d'un comportement à risque au sein de la communauté, le médecin* ***ou la personne autorisée, dépositaire de l'information****, après avoir informé l'intéressé, peut annoncer la séropositivité au conjoint ou partenaire sexuel. Dans ce cas, il n'y a pas violation des dispositions relatives à la confidentialité*[778]*. »*

Le dernier axe de nos suggestions *de lege ferenda* en rapport avec la problématique de la confidentialité des informations sérologiques au VIH porte sur la notion de secret partagé.

D. Pour la consécration de la notion de secret partagé

472. Le secret visé par l'expression « secret partagé » est différent du « secret médical », ce dernier étant restrictif d'un point de vue corporatif, en tant qu'il vise exclusivement la profession médicale. Le secret partagé en milieu hospitalier couvre un champ professionnel plus vaste. Nous convenons avec LAURENT SELLES de ce « qu'on parle aujourd'hui de secret professionnel en milieu hospitalier pour mieux insister sur le fait

---

[778] Article 17.

que l'ensemble des acteurs de l'hôpital est concerné par cette obligation[779]. »

473. On ne le dira jamais assez, « le travail sanitaire est le plus souvent exercé en équipe ou encore en partenariat entre équipes se complétant dans leurs interventions. Les professionnels sont obligés de partager un certain nombre d'informations, de les confronter et d'en débattre[780]. » Dans la pratique, la prise en charge médicale et psychosociale des femmes enceintes dépistées séropositives se fera forcément de manière collective. La pluralité des intervenants à la prévention de la transmission mère-enfant du VIH rend indispensables des échanges d'informations sérologiques au VIH actuellement scellées du sceau de la confidentialité.

C'est pourquoi, nous pensons que, pour l'avenir, le droit congolais a tout intérêt à déconfidentialiser, à titre exceptionnel, les informations sérologiques au VIH dont le partage en milieu hospitalier est nécessaire à la prise en charge thérapeutique du patient séropositif.

474. Au titre de droit comparé, le constat est qu'en France, la loi du 4 mars 2002 relative aux droits des malades et à la qualité du système de santé a introduit la notion de secret partagé dans le Code de la santé publique, en disposant que : « *Deux ou plusieurs professionnels de santé peuvent toutefois, sauf opposition de la personne dûment avertie, échanger des informations relatives à une même personne prise en charge, afin d'assurer la continuité des soins ou de déterminer la meilleure prise en charge sanitaire possible*[781]. »

À nos yeux, le mérite de cette solution du droit français est double. D'une part, elle aménage un espace de liberté traduit par la faculté reconnue au patient concerné de faire opposition à la divulgation de ses informations confidentielles. D'autre part, elle limite et le champ du secret et celui du partage : le secret concerné ne vise que les informations nécessaires à l'administration ou à la détermination du meilleur type des soins possible. Le partage, quant à lui, se limite à l'intérieur du cercle restreint constitué de ceux des professionnels de santé qui concourent directement auxdits soins.

---

[779] LAURENT SELLES, *op. cit.*, p. 20. Voy. aussi MARCELI (A.), « Relations entre le secret médical et le secret professionnel », *Rapport adopté lors de la session du Conseil national de l'Ordre des médecins de la France*, 29 janvier 2000.

[780] LAURENT SELLES, *op. cit.*, p. 36.

[781] Voy. CSP, article L III 0-4 alinéa 3 nouveau. Reprenant un principe solidement ancré dans la jurisprudence française, ce même article prévoit que lorsque la personne est prise en charge par une équipe de soins dans un établissement de santé, les informations sont réputées confiées par le malade à l'ensemble de l'équipe.

Cette interprétation est approuvée par la doctrine française. Il a été enseigné que : « Le concept de secret partagé concerne principalement les équipes soignantes. En effet, la loi du 4 mars 2002 [n'] autorise le partage d'informations qu'entre les professionnels de santé. Les agents des services administratifs en sont exclus[782]. » Dans sa thèse, Caroline ZORN-MACREZ abonde dans le même sens, lorsqu'elle écrit que : « Le secret partagé est une notion qui ne s'entend que des échanges ou partage d'informations pour la prise en charge sanitaire du patient. S'il ne s'agit pas de son intérêt thérapeutique, il ne s'agit pas de ''secret partagé''. Il s'agira de violation du secret professionnel[783]. »

Pour avoir réussi à concilier de manière équilibrée les intérêts en conflit (vie privée et qualité des soins), le modèle français sur le secret partagé mérite des égards de la part du futur législateur congolais. Il y a lieu d'en faire une application raisonnable en matière de confidentialité des informations sérologiques pour le VIH.

De toute manière, d'un point de vue éthique, il paraît moins tourmentant pour le droit de concilier les intérêts en conflit entre la vie privée de la femme enceinte à l'hôpital et la qualité des soins à lui administrer, que d'arbitrer des conflits susceptibles d'opposer ses libertés au droit à la survie de l'enfant en gestation. En dit long la poblématique du droit de la femme enceinte séropositive à disposer librement de son corps, auquel le fœtus est naturellement attaché. Tel est l'objet d'étude du prochain titre.

---

782 LAURENT SELLES, *op. cit.*, p. 38.

783 ZORN-MACREZ (C.), *op. cit.*, p. 119-120.

TITRE DEUXIÈME :

L'ENCADREMENT JURIDIQUE DE L'AUTONOMIE DE LA FEMME ENCEINTE SÉROPOSITIVE SUR SON CORPS

475. En bioéthique, il est de principe que toute personne jouit de l'autonomie sur son propre corps. Celui-ci ne peut faire l'objet d'aucune intervention médicale ni d'aucune expérimentation sans son consentement libre et éclairé. À considérer le risque de transmission périnatale du VIH que présente la femme enceinte séropositive, on réalise que le principe de l'autonomie ou de l'autodétermination de la personne sur son corps pose un grave dilemme au droit et au législateur.

Tiraillé entre deux extrémités, le choix est à faire, dans toute la mesure compatible avec l'éthique et les droits humains, entre autoriser la femme séropositive à avorter ou à se faire avorter en raison de la crainte de transmettre le VIH à l'enfant en gestation (Chapitre 1er), et la contraindre à mener à terme sa grossesse sous le traumatisme des soins de prévention de la transmission mère-enfant (Chapitre 2).

CHAPITRE PREMIER :

UNE AUTONOMIE MÉCONNUE EN MATIÈRE D'AVORTEMENT

476. On trouve trace de l'avortement « aussi loin que remontent, dans l'histoire, nos connaissances des sociétés humaines[784] ». Au travers des âges et des sociétés, l'avortement a toujours été au centre d'un vif débat éthique qui partage les hommes de l'art de guérir, divise les juristes et émeut profondément l'opinion publique.

Jusqu'à une époque relativement récente, on comptait l'avortement parmi les moyens de régulation des naissances les plus efficaces. Ainsi sa pratique a-t-elle été longtemps tolérée, avant de faire l'objet d'une politique d'interdiction pénale répandue dans le monde à partir du 19e siècle, sous l'influence des philosophies religieuses et singulièrement de la tradition judéo-chrétienne[785].

Cependant, au fil du temps, au gré de changements des mentalités, de mutations sociales et de progrès de la médecine, la plupart des législateurs ont initié des réformes visant à aménager un espace juridique de tolérance de l'avortement dans des circonstances particulières.

477. Dans toutes les sociétés contemporaines, le parcours historique du droit encadrant l'avortement a sans nul doute laissé subsister le tiraillement entre deux conceptions antagonistes de droits de l'homme : le droit à la (sur)vie[786] anténatale et le droit de disposer de soi de la femme enceinte. Ce tiraillement se pose avec acuité dans un contexte où la femme enceinte

---

[784] GUESMI (A.), *La protection pénale de l'enfant avant sa naissance*, 1ère édition, Lyon, L'Hermès, 2003, p. 41.

[785] Par exemple, l'Église catholique romaine a toujours considéré l'avortement comme un crime : « *L'enfant, même avant d'être né, est homme au même degré et au même titre que la mère... Il n'y a aucune indication médicale, eugénique, sociale, économique, morale qui puisse exhiber ou donner un titre juridique valable pour disposer d'une vie humaine innocente* ». Voy. le décret du Saint-Office du 2 décembre 1940 ; MEMETEAU (G.), *Le droit de la vie dans les enseignements pontificaux*, Ed. Tequi, 1985.

[786] La plupart des textes juridiques et d'auteurs traitent du droit à la vie, séparément du droit à la survie qui en constitue le prolongement dans le temps. Cependant, pour plus de commodité et par souci d'éviter des redites, nous optons volontiers pour l'emploie de l'expression générique de « *droit à la (sur)vie* ».

est atteinte d'une affection transmissible de la mère à l'enfant, reconnue incurable et aussi particulièrement grave que le VIH/sida.

C'est, là, l'objet d'étude du présent chapitre. Nous verrons qu'en ce qui concerne spécifiquement le droit congolais, le régime juridique de l'avortement est resté figé depuis 1940[787]. L'arbitrage fait du conflit éthique entre les deux conceptions antagonistes susmentionnées révèle que, de manière quelque peu démesurée, le droit à la (sur)vie de l'enfant *in utero* a pris le dessus sur le droit de sa mère de ne pas faire naître (Section 1).

Au premier abord, la position adoptée par le législateur congolais paraît privilégier l'intérêt supérieur de l'enfant à naître. À y regarder de plus près, il semble pourtant que l'infection incurable, à laquelle est exposé l'enfant en gestation chez la femme séropositive, invite le législateur à penser autrement la notion d'intérêt supérieur de l'enfant. Ainsi apparaît-il, à nos yeux, plus raisonnable de faire prévaloir le « droit de ne pas naître » sur un droit illusoire à la vie sans perspective réelle de survie sur le long terme (Section 2).

Section 1 : Le triomphe démesuré du droit à la (sur)vie de l'enfant in utero sur le droit de la femme enceinte séropositive de ne pas faire naître

478. Dès la conception *in utero* de l'enfant, le droit pénal congolais intervient pour le protéger contre toute atteinte à son intégrité physique visant à interrompre son développement normal. L'avortement est pénalisé avec une rigidité telle qu'aucune considération n'a été jugée digne de justifier ce qui est, sous d'autres cieux, qualifié pudiquement d'« interruption volontaire de grossesse »[788]. Le législateur congolais a ainsi entendu exprimer son adhésion à l'idée que la vie prénatale est un intérêt juridique supérieur aux droits et libertés de la femme enceinte. En témoignent, non

---

[787] Voy. le décret du 30 janvier 1940 portant Code pénal, *B.O.*, 1940, p. 193. Il convient cependant de faire la remarque que si la structure de l'avortement est restée inchangée depuis 1940, les peines encourues au titre de cette incrimination ont, quant à elles, fait l'objet d'une modification *a posteriori.* Voy. à ce sujet l'ordonnance-loi n°70-031 du 30 avril 1970 modifiant et complétant le Code pénal.

[788] En France, depuis la loi du 17 janvier 1975 (loi VEIL), telle que complétée et rendue définitive par la loi du 31 décembre 1979, le mot « avortement » a été subtilement supprimé et remplacé par celui d'« interruption volontaire de grossesse » ou par l'abréviation « I.V.G. », aux fins de « déculpabiliser » ceux qui se livrent à cette pratique. En ce sens, voy. CAYLA (J.-S.), « Chronique La loi du 31 décembre 1979 relative à l'interruption volontaire de grossesse, aspects médicaux et biologiques », *Rev. Trim. de droit sanitaire et social*, juillet-septembre 1980, p. 311.

sans receler des incohérences ni susciter des controverses, le contenu (§1) et les implications (§2) du droit réprimant l'avortement.

Paragraphe 1 : Le contenu du droit réprimant l'avortement

479. En droit congolais, l'avortement est prévu par les articles 165[789] et 166[790] du Code pénal qui correspondent à deux formes d'avortement punies distinctement. En effet, il procède de la loi que le régime punitif de l'avortement dit sur soi-même est moins sévère que celui de l'avortement par autrui : la femme qui volontairement se sera fait avorter sera punie d'une servitude pénale de cinq à dix ans. Par contre, celui qui, par quelque moyen que ce soit, aura fait avorter une femme, sera puni d'une servitude pénale de cinq à quinze ans.

Soulignons que le Code pénal congolais réprime les auteurs de l'avortement sans distinguer parmi eux, comme c'est le cas dans certains droits étrangers[791], les avorteurs de fortune de professionnels de l'art de guérir les plus enclins, dans la pratique, à opérer des avortements à grande échelle.

De cette manière, vient d'être évacuée, sommairement et à dessein, la question du régime répressif de l'avortement, compte tenu de son importance relativement moindre pour notre étude.

À ce stade, nous pensons devoir privilégier la démarche scientifique qui consiste, plus étroitement, à mettre le droit actuel de l'avortement à l'épreuve du risque de transmission anténatale de l'infection à VIH. Pour ce faire, l'approche choisie consistera à étudier ce droit en dissociant nettement la structure extérieure ou matérielle de l'infraction d'avortement (A) de sa structure intérieure ou intentionnelle qui, elle, recèle le vif de la problématique de bioéthique au centre du présent chapitre (B).

---

[789] Article correspondant à l'hypothèse de « l'avortement par autrui ».

[790] Article réprimant ce que l'on qualifie abusivement d'« avortement sur soi-même ». Le Professeur LIKULIA BOLONGO fustige, avec raison, cette terminologie erronée, en rappelant qu'à proprement parler, il ne peut y avoir « avortement sur soi-même », car l'avortement ne victimise pas la mère mais l'enfant simplement conçu. Il est plus juste, affirme-t-il, de parler de « l'avortement commis par la mère ». Voy. LIKULIA BOLONGO, *op. cit.*, p. 297.

[791] Dans les pays qui ont maintenu l'avortement dans leur arsenal infractionnel, la tendance commune est à prévoir des circonstances aggravantes pour le cas où l'avortement est commis par un praticien : médecin, sage-femme, pharmacien, infirmier, etc. Le projet de loi sur l'avortement et la protection de la natalité initié par la Commission permanente de réforme du droit congolais emboîte le pas à cet élan de droit comparé, en aggravant le sort pénal du praticien avorteur et en attribuant au juge pénal la compétence de lui infliger des peines complémentaires de nature à moraliser la fonction médicale sur le respect dû à la vie anténale.

A. *La structure extérieure ou matérielle de l'infraction d'avortement*

480. D'après la Cour suprême de justice[792], l'avortement doit être considéré comme un accouchement avant terme provoqué volontairement ou procuré par un procédé généralement quelconque.

Qu'il soit le fait de la femme enceinte elle-même ou celui d'un tiers quelconque qui, par aliments, breuvages, médicaments, violences ou par tout autre moyen, aura fait avorter une femme, l'avortement suppose pour sa réalisation deux éléments matériels : l'emploi des moyens destinés à une fin répréhensible déterminée (1) et un résultat obtenu ou une tentative pour l'obtenir (2).

1. Les moyens employés

481. Le premier élément matériel constitutif de l'avortement réside dans des manœuvres ou pratiques visant à interrompre artificiellement la grossesse en provoquant l'expulsion avant terme du produit de la conception. Le stade de développement de celui-ci et sa viabilité sont inopérants. On remarquera que cette tendance à ne fixer aucun seuil de vie anténatale en matière de protection pénale de l'enfant à naître est commune à plusieurs pays d'Afrique[793].

Ainsi, d'après l'article 170 du Code pénal malien : « *L'avortement consiste dans l'emploi de moyens ou de substances en vue de provoquer l'expulsion prématurée du fœtus, quel que soit le moment de la grossesse où cette expulsion est pratiquée* ». Va dans le même sens, l'article 268 du Code pénal guinéen qui édicte que : « *L'avortement consiste à employer des moyens ou substances destinés à provoquer l'expulsion prématurée du fœtus, ou, plus généralement, l'interruption artificielle de la grossesse.* »

482. Tout moyen abortif généralement quelconque rentre dans les prévisions des articles 165 et 166 du Code pénal congolais. C'est à titre simplement indicatif que le législateur fait état d'aliments, breuvages, médicaments ou violences.

La cour d'appel de Kinshasa[794] avait jugé qu'en ce qui concerne le mode opératoire de l'avortement, on distingue généralement les moyens chimiques des moyens mécaniques. Elle considère que rentrent dans la catégorie légale des médicaments, « toutes substances solides ou liquides, simples ou composées, auxquelles l'art de guérir attache un effet

[792] C.S.J., R.P 290, 20 décembre 1978, *Bull. Arr.* 1979, p.150.
[793] Voy. KNOPPERS (B.-M.) et BRAULT (I.), *La loi et l'avortement dans les pays francophones*, Québec, Edition THEMIS, 1989, p. 24.
[794] Kin., 13 août 1970, *R.J.Z.* 1971, p. 241.

déterminé sur l'organisme et en matière d'avortement l'effet d'expulser le fœtus ».

Dans la même espèce, la cour avait entériné la décision qui fit dire aux juges de 1ère Instance de Stanleyville[795] qu'il y a tentative punissable quand l'avortement est tenté avec des moyens impropres, c'est-à-dire incapables à procurer à l'agent le résultat recherché. Dans le même ordre d'idées, George MINEUR[796] rapporte le cas où il a été décidé qu'est punissable la tentative d'avortement dans le chef de l'agent qui emploie un moyen objectivement propre à provoquer la destruction et l'expulsion du fœtus, alors même qu'il s'agirait, en l'espèce, d'une grossesse extra-utérine. La position de la cible fœtale est un cas fortuit indépendant de l'intention criminelle clairement extériorisée par l'avorteur.

2. Le résultat obtenu ou une tentative pour l'obtenir

483. À la suite de la commission des pratiques abortives, l'objectif d'expulsion du produit de la conception peut être atteint ou non. Il y a infraction achevée d'avortement lorsque le résultat recherché par l'agent se réalise. À défaut, on parlera plutôt d'infraction inachevée. En ce cas, il y a tentative punissable.

D'après une vieille solution jurisprudentielle[797] largement approuvée par la doctrine congolaise et demeurée constante, la répression de la tentative punissable s'étend à l'infraction impossible. De sorte qu'il y a tentative punissable d'avortement alors même que les manœuvres abortives auront été pratiquées sur une femme faussement crue enceinte par l'avorteur[798].

Dans un commentaire du jugement historique rendu par le tribunal de 1ère instance de Stanleyville, il a été rappelé que « lorsque la loi incrimine la tentative ou l'infraction manquée (art. 4 du Code pénal), elle se place au point de vue subjectif ; elle ne punit pas parce qu'il y a eu préjudice social ou matériel mais parce que l'intention de l'agent, manifestée par des actes extérieurs, proches de l'infraction, démontre et prouve sa culpabilité et sa nature dangereuse[799]. »

---

[795] I ère Inst. Stan., 23 septembre 1952, *R.J.C.B.* 1953, p. 136.

[796] MINEUR (G.), *op. cit.*, p. 350.

[797] Ire Inst. Stan., 23 septembre 1952 précité.

[798] Ce principe de répression de l'avortement matériellement impossible a été légalement consacré en droit pénal burkinabé (Voy. l'article 383 du Code pénal). Cette option, que nous jugeons conforme aux exigences de la règle « *Nullum crimen sine lege* », offre l'avantage d'éviter à la loi pénale des interprétations diffuses à l'origine des controverses jurisprudentielles et de l'insécurité judiciaire.

[799] Voy. LIKULIA BOLONGO, *op. cit.*, p. 300.

B. La structure intérieure ou intentionnelle de l'infraction d'avortement

484. La psychologie de l'agent au moment de l'acte poursuivi est déterminante dans le choix de qualification pénale à prêter aux faits. Pour tomber sous le coup de l'avortement, l'auteur doit avoir agi, dans son intérieur, avec l'intention d'expulser l'enfant conçu. Il suffit que cet élément moral précis fasse défaut pour que la qualification d'avortement soit écartée au profit éventuellement d'une autre. Ainsi en est-il du cas où l'expulsion du produit de la conception serait le résultat des coups portés sciemment sur la personne d'une femme enceinte dans l'unique intention d'attenter à son intégrité physique, sans que son auteur ait recherché l'avortement. En pareil cas, il est de jurisprudence abondante[800] de faire application non pas des textes réprimant l'avortement mais plutôt des articles 46 et suivants du Code pénal[801].

485. Si l'avortement tire sa source d'un défaut de précaution ou de prévoyance, George MINEUR[802] et LIKULIA BOLONGO[803] s'accordent à enseigner qu'on appliquera, selon les cas, les articles 54[804] ou 55[805] du Code pénal. À notre avis, cette opinion doctrinale est dangereusement généreuse. Elle occulte la réalité d'homicide enfouie dans l'acte d'avortement, avec pour conséquence d'amadouer l'agent dont le manque de précaution ou de prévoyance a provoqué l'avortement, en allégeant son sort pénal. Comme nous le démontrerons plus loin, avorter, volontairement ou involontairement, c'est donner la mort à une personne humaine. Pour cette raison, nous préférons aux articles 54 et 55 du Code

---

[800] Voy. 1ière Inst. Elis., 23 avril 1948, *R.J.C.B.*, p. 106 ; 1ière Inst. R.-U., 19 mars 1952, *R.J.C.B.* 1953, p. 78 ; 1ière Inst. Eq., 11 août 1955, *J.T.O.* 1957, p. 89 ; 1ière Inst. Kas., 5 décembre 1956, *R.J.C.B.* 1957, p. 187.

[801] Les articles 46 et suivants du Code pénal congolais répriment essentiellement les coups et blessures aggravés. Y-inclus l'homicide préterintentionnel qui, à notre avis, serait la qualification adéquate en cas de coups et blessures volontaires ayant entraîné l'avortement non intentionnel. Il est certes vrai que, littéralement, l'article 48 du Code pénal, ici concerné, n'est d'application que « *lorsque les coups portés ou les blessures faites volontairement mais sans intention de donner* ***la mort*** *l'ont pourtant causée* [...] ». Toutefois, le fait que l'avortement soit indéniablement considéré comme une mise à mort de l'enfant à naître, autorise une interprétation téléologique de cette disposition légale qui vise, en définitive, la protection pénale de toute vie humaine.

[802] Voy. MINEUR (G.), *op. cit.*, p. 350.

[803] Voy. LIKULIA BOLONGO, *op. cit.*, p. 303.

[804] « *S'il n'est résulté du défaut de prévoyance ou de précaution que des coups ou des blessures, le coupable sera puni d'une servitude pénale de huit jours à un an et d'une amende de cinquante à cinq cents zaïres, ou d'une de ces peines seulement* ».

[805] « *Sera puni de mêmes peines ou de l'une d'elles seulement celui qui aura involontairement causé à autrui une maladie ou une incapacité de travail personnel en lui administrant des substances qui sont de nature à donner la mort ou à altérer gravement la santé.* »

pénal visés par les auteurs précités, l'article 53 du même Code selon lequel : « *Quiconque aura involontairement causé la mort d'une personne sera puni d'une servitude pénale de trois mois à deux ans et d'une amende de cinquante à mille zaïres.* »

486. Par ailleurs, il est particulièrement important d'observer que dans leur appréhension de l'élément moral constitutif de l'avortement, les cours et tribunaux congolais admettent à l'unanimité qu'en toutes circonstances, le consentement de la femme enceinte est inopérant[806]. Il laisse subsister sa responsabilité pénale et celle du tiers qui aura pratiqué l'avortement sur elle avec son assentiment. La doctrine dominante explique cette indifférence du consentement de la femme à l'avortement par ceci qu'il « s'agit moins pour elle de "disposer " de son propre corps, mais de disposer de la vie d'un être humain qui, bien que n'étant pas encore fonctionnellement autonome par rapport à elle, est déjà "ontologiquement " différent d'elle[807]. »

487. Observons également que formellement, le droit pénal congolais ne laisse pas place à l'« avortement thérapeutique », c'est-à-dire celui qui apparaît, d'après les indications médicales, comme le seul moyen de sauvegarder la vie en péril de la mère. Le droit positif ne laisse pas non plus place à l'« avortement eugénique ». Ce second type d'avortement tire théoriquement sa justification de l'existence d'une forte probabilité que l'enfant conçu naisse atteint d'une affection particulièrement grave reconnue incurable au moment du diagnostic prénatal.

488. À la faveur du silence du législateur, on signale timidement[808] chez certains juges congolais la tendance à justifier l'avortement thérapeutique ou eugénique, en arguant qu'en ces deux cas exceptionnels, il ne saurait y avoir d'infraction au sens des articles 165 et 166 du Code pénal, faute d'intention délictueuse. Ces velléités jurisprudentielles se sont aussitôt heurtées à la fougue de la doctrine[809] qui leur a reproché d'entretenir la confusion entre le mobile, par principe inopérant en droit pénal moderne, et l'élément moral visé par la loi. Ainsi que l'enseigne Michel VERON, « l'intention coupable est suffisamment caractérisée dès l'instant où l'agent a cru à la grossesse de la femme et à l'efficacité du moyen. Le mobile qui le pousse à agir reste inopérant[810]. »

Il en découle que, *de lege lata,* aussi légitime que puisse paraître le mobile qui pousse le médecin ou la femme sage à pratiquer *in extremis* l'avortement sur une parturiente, dans le but louable de sauver sa vie en

---

806 Voy. notamment Kin., 13 août 1970, *R.J.Z.* 1971, p. 241.

807 LIKULIA BOLONGO, *op. cit.,* p. 303.

808 *Idem.*

809 *Ibid.,* p. 304.

810 VERON (M.), *Droit pénal spécial,* 2ème édition, Paris, Masson, 1982, p. 243-244.

péril, l'infraction de l'article 165 du Code pénal n'en est pas moins établie dans leur chef. Pareillement, en l'état actuel du droit pénal congolais, l'infraction d'avortement sera coupablement établie dans le chef de quiconque expulserait le fœtus, par quelque moyen que ce soit, au motif qu'il y a forte probabilité de transmission maternofoetale du VIH.

489. Une autre tentative de faire entrer par effraction la notion d'avortement thérapeutique ou eugénique dans la sphère du droit positif aurait consisté à invoquer, non sans ingéniosité, l'état de nécessité, c'est-à-dire l'embarras sous l'emprise duquel une personne n'a d'alternative pour sauvegarder un intérêt juridique supérieur que d'enfreindre la loi pénale.

Ce nouveau terrain du débat juridique interroge ce qui devrait alors être considéré comme valeur supérieure à l'autre entre la vie de la mère en péril et celle de l'enfant à naître guettée par le « diable » de l'avortement. À ce sujet, on note que « le problème ne se poserait pas s'il est acquis que le danger encouru par la mère est tel que si on ne la sauve pas en la faisant avorter, elle mourra certainement et avec elle, le fœtus cessera de vivre. En la faisant avorter, on gagne au moins une vie. Si en revanche, l'enfant était déjà viable, mais que, en sauvant la mère, on le condamnait indubitablement [à la mort], que faut-il décider[811] ? »

Quelques implications de l'état actuel du droit encadrant l'avortement permettent de déceler, tant soit peu, la position adoptée par le législateur congolais face à cette interrogation présentée dans la doctrine comme étant « une question difficile dont la portée dépasse le cadre étroit de l'éthique juridique[812]. »

Paragraphe 2 : Les implications controversées du droit réprimant l'avortement

490. Légiférer sur l'avortement dans le sens de sa répression ou de sa légalisation, c'est nécessairement arbitrer le conflit axiologique entre deux ordres d'intérêts juridiques opposés, à savoir : le droit à la (sur)vie de l'enfant à naître et le droit de ne pas faire naître de sa mère. Chacun de ces deux droits ne va pas sans susciter des controverses tant sur sa légalité que sur sa légitimité.

Pour ce qui est du regard répressif que le législateur congolais porte sur l'avortement, nous verrons qu'il en découle la prééminence de l'intérêt de l'enfant *in utero* sur celui de sa mère (A), et le déni du supposé droit de cette dernière de ne pas faire naître, quand bien même la grossesse mettrait en danger sa santé voire sa propre vie (B).

---

[811] LIKULIA BOLONGO, *op. cit.*, p. 304.
[812] *Idem.*

A. *La prééminence du droit à la (sur)vie de l'enfant in utero*

491. Théoriquement, l'enfant à naître se voit reconnaître un certain nombre des droits patrimoniaux[813] et extrapatrimoniaux[814] dont il ne peut effectivement jouir qu'à partir de sa naissance. En revanche, des droits de la personnalité lui sont reconnus indépendamment de sa naissance, du seul fait de son existence biologique. Le droit fondamental à la vie s'inscrit dans ce dernier registre. FAVOREU le considère comme « l'une des questions les plus délicates que le droit ait à résoudre[815] ».

Chez le juriste, l'intérêt de déterminer le commencement de la vie humaine tient à ceci : à certaines qualifications telles que « personne humaine » ou « être humain », les textes les plus usuels de droit national ou international rattachent diverses conséquences juridiques, telle la capacité de jouissance des droits fondamentaux inhérents à la nature humaine. Il est dès lors important de passer en revue les différentes qualifications que le droit objectif attribue au titulaire du droit subjectif à la vie humaine, de manière à savoir dans quelle mesure l'enfant *in utero* y trouve son compte.

492. Dans les principaux instruments juridiques relatifs au droit individuel à la vie, force est de constater que les termes consacrés les plus en vue sont au nombre de trois: « être humain » ou, indistinctement, « personne humaine » (1), « personne » tout court (2) et « individu » (3). Ces différents termes utilisés par les législateurs ne sont pas le propre du vocabulaire juridique. Le juriste doit à l'honnêteté intellectuelle de reconnaître que la difficile question de savoir quand commence la vie humaine transcende le droit. La recherche des tentatives de réponses fiables à une telle question invite à un dialogue pluridisciplinaire entre, notamment, le droit, l'éthique et la science biomédicale. C'est pourquoi, l'exégèse des textes juridiques auxquels nous aurons égard sera opportunément éclairée par des données scientifiques émanant d'autres horizons disciplinaires.

---

[813] À l'exemple des droits successoraux. C'est ainsi que l'article 840 du Code de la famille admet la possibilité du testament au profit de l'enfant conçu, tout en en conditionnant l'effet à sa naissance viable.

[814] Un bel exemple en est fourni à l'article 7, alinéa 1, de la Convention relative aux droits de l'enfant qui dispose que : « *L'enfant est enregistré aussitôt sa naissance et a dès celle-ci le droit à un nom, le droit d'acquérir une nationalité et, dans la mesure du possible, le droit de connaître ses parents et d'être élevé par eux* ».

[815] Voy. FAVOREU (L.) *et al.*, *Droit des libertés fondamentales*, Paris, Précis Dalloz, 2002, p. 364.

1. Les textes désignant le titulaire du droit à la (sur)vie sous la qualification d'« être humain » ou de « personne humaine »

Les expressions « être humain » et « personne humaine » foisonnent en droit international des droits de l'homme. Le législateur international s'y réfère remarquablement pour désigner le titulaire du droit à la (sur)vie. En témoigne, dans le Pacte international relatif aux droits civils et politiques du 16 décembre 1966, l'article 6 qui dispose que : *« Le droit à la vie est inhérent à la* ***personne humaine****. Ce droit doit être protégé par la loi. Nul ne peut être arbitrairement privé de la vie. »*

De son côté, la Convention internationale des droits de l'enfant du 20 novembre 1989 voit dans l'enfant « ***tout être humain*** *âgé de moins de dix-huit ans* [...][816] » et édicte à l'article 6 que : *« Les États parties reconnaissent que tout enfant a un droit inhérent à la vie. Les États parties assurent dans toute la mesure possible la survie et le développement de l'enfant. »*

493. Sur le plan régional, il y a lieu de faire mention de la Charte africaine des droits de l'homme et des peuples adoptée en juin 1981, à Nairobi au Kenya, par la dix-huitième Conférence des Chefs d'État et de Gouvernement de l'OUA. Il est prévu en son article 4 que : « ***La personne humaine*** *est inviolable. Tout* ***être humain*** *a droit au respect de sa vie et à l'intégrité physique et morale de sa personne. Nul ne peut être privé arbitrairement de ce droit.* »

Signalons, dans ce même registre régional, la Charte africaine des droits et du bien-être de l'enfant adoptée en juillet 1990, à Addis-Abeba en Éthiopie, par la vingt-sixième Conférence des Chefs d'État et de Gouvernement de l'OUA. Cet instrument juridique définit l'enfant comme « *tout* ***être humain*** *âgé de moins de 18 ans* »[817] et lui reconnaît, en tant que tel, le droit « imprescriptible » à la vie[818].

494. Resurgit alors la question restée en suspens, celle de savoir si le droit à la (sur)vie reconnu à la personne humaine ou à l'être humain profite à l'enfant non encore né. En d'autres termes, l'enfant à naître est-il une personne humaine ou un être humain au sens du droit positif ? À défaut d'une position clairement exprimée par le législateur international, cette question déchire la doctrine et divise la jurisprudence dans plusieurs États parties à l'un ou l'autre instrument juridique sus invoqué.

495. Pour les uns, dès la conception *in utero*, il y a une vie humaine cristallisée dans son identité génétique. Cette partie de la doctrine est représentée par

---

816 Voy. l'article 1er.
817 Voy. l'article 2.
818 Voy. l'article 5.

le Professeur Ammar GUESMI[819] qui pense qu'« un minimum d'honnêteté intellectuelle commande de reconnaître que, lorsqu'une grossesse est cliniquement entamée, l'ébauche d'un 'autre' existe bien, qui n'est pas simplement une vague " excroissance " de l'organisme maternel mais une promesse réelle de l'existence d'un nouveau sujet humain. »

Rappelons-le, « le droit d'être un homme est une valeur permanente et antérieure à tout acte politique et [que] les textes internationaux de proclamation ne créent pas les droits de l'homme mais les "reconnaissent" [...]. Partout est perçue cette exigence fondamentale que quelque chose est dû à l'être humain [simplement] parce qu'il est un être humain[820]. » Le droit à la vie, c'est d'ailleurs le plus important des droits de l'homme[821].

496. Pour d'autres penseurs, par contre, une distinction est à faire en considération du stade de développement atteint par le produit de la conception. On sait en effet que le terme « enfant à naître » peut désigner trois réalités biologiques distinctes : le « zygote », c'est-à-dire l'œuf fécondé, produit de l'union des gamètes mâle et femelle ; l'« embryon », produit de la conception pendant les trois premiers mois ; et le « fœtus », produit de la conception après le troisième mois de la vie utérine, c'est-à-dire vers l'époque où il commence à présenter les caractéristiques distinctes de l'espèce humaine[822].

On explique qu'« à partir de la rencontre entre les deux gamètes décrits, va débuter le processus d'élaboration d'une future personne humaine au sens biologique du terme, qui s'établit en trois phases successives au cours des neuf mois qui suivent la fécondation pour aboutir à la naissance : il y a d'abord l'embryogenèse, puis l'organogenèse et enfin, la période fœtale. C'est à partir des instructions codées contenues dans le programme génétique de ses chromosomes que va s'effectuer le processus de développement *in utero* de l'enfant à naître[823]. »

---

819 GUESMI (A.), *op. cit.*, p. 28.

820 SUDRE (F.), « La Déclaration universelle des droits de l'homme », *J.C.P., G.*, 1998, actualité, p. 2249.

821 En ce sens, voy. REGOURD (S.), « Les droits de l'homme devant les manipulations de la vie et de la mort », *RDP* 1981, p. 403 et s. ; SARDA (F.), *Le droit de vivre et de mourir*, Bruxelles, Editions du Seuil, 1975, p. 79 et s.

822 Sur la définition de ces trois concepts et les nuances qu'ils renferment, voy. THERY (R.), « La condition juridique de l'embryon et du fœtus », *Chronique au Recueil Dalloz*, 1982, 33ième cahier, 13 octobre 1982 ; PHILIPPOT (A.), *L'être humain au commencement de sa vie*, Thèse, Université Paris 1 Panthéon-Sorbonne, 2012.

823 PAIN-MASBRENIER (M.-T.), *op. cit.,* p. 529. D'après cette auteure, l'« embryogenèse », c'est l'étape dite de la « segmentation » qui correspond à quatre jours de progression de l'œuf fécondé vers l'utérus afin de s'y implanter. L'« organogenèse » correspond au deuxième mois de grossesse tout au long duquel se construit l'ensemble d'organes de l'embryon. Il semble qu'à la fin du deuxième mois de grossesse, tous les

Qui disent vrai ?

497. En ce qui nous concerne, nous pensons qu'il faudrait d'abord partir d'un postulat qui découle clairement du droit international positif : l'enfant, c'est avant tout un être humain, c'est-à-dire l'un des « **membres de la famille humaine** » pour emprunter l'expression communément consacrée dans le préambule[824] de la Convention des Nations unies du 20 novembre 1989 et celui[825] du Pacte international relatif aux droits civils et politiques.

Ensuite, il convient d'observer que la définition du terme « enfant » fournie par le droit international recèle une ambiguïté indéniable, du moment qu'elle contient des indications assez précises sur le *dies ad quem* de l'enfance (« *tout être humain âgé de moins de dix-huit ans* [...] »), sans en déterminer le *dies a quo* ou le point de départ. Dans ces conditions, rien ne permet d'affirmer avec certitude que l'enfance commence juridiquement à partir de la naissance de l'être humain.

Or, cette ambiguïté est élaguée par le préambule de la Convention des Nations unies relative aux droits de l'enfant, dont le neuvième considérant reprend l'extrait de la Déclaration des droits de l'enfant de 1959 d'après lequel « *l'enfant, en raison de son manque de maturité physique et intellectuelle, a besoin d'une protection spéciale et de soins spéciaux, notamment d'une protection juridique appropriée,* ***avant comme après sa naissance.*** »

Nous admettons, à la suite de Marie-Thérèse PAIN-MASBRENIER, qu'au sens de la Convention relative aux droits de l'enfant, « [...] la naissance n'est qu'une étape dans le développement physique et intellectuel d'un enfant. Si donc cette Convention ne prévoit aucune limite inférieure permettant de savoir à partir de quand on se trouve en présence d'un enfant, il n'en demeure pas moins vrai qu'avant de naître, l'embryon et/ou le fœtus fait ou font partie du monde des enfants, objet d'une

---

éléments vitaux pour l'enfant à naître sont en place : son cœur bat, son cerveau fonctionne, ses quatre membres sont bien constitués. Les organes, la tête, les mains et les pieds sont bien observables à l'échographie. Quant à la « période fœtale », on rapporte qu'au cours du troisième mois, le visage commence à revêtir une véritable forme humaine. Le sexe de l'enfant peut être reconnu, ses cordes vocales se forment, sa foie, son ossification, son intestin se développent. Ses reins apparaissent. Enfin, l'arbre bronchique se divise. C'est à partir de cette époque que le fœtus commence à s'agiter. Voy. *Idem*, p. 531.

[824] « *Considérant que, conformément aux principes proclamés dans la Charte des Nations Unies, la reconnaissance de la dignité inhérente à* ***tous les membres de la famille humaine*** *ainsi que l'égalité et le caractère inaliénable de leurs droits sont le fondement de la liberté, de la justice et de la paix dans le monde* ».

[825] « *Considérant que, conformément aux principes énoncés dans la Charte des Nations Unies, la reconnaissance de la dignité inhérente à* ***tous les membres de la famille humaine*** *et de leurs droits égaux et inaliénables constitue le fondement de la liberté, de la justice et de la paix dans le monde* ».

protection juridique renforcée. Concrètement d'ailleurs, cette protection a pour but avant la naissance de l'enfant, d'assurer son droit à la vie, qui est le seul droit dont il dispose, selon ce texte[826]. »

Etant donné que le recours au préambule constitue une *règle générale d'interprétation* admise par les États parties à la Convention de Vienne sur le droit des traités[827], c'est à bon droit qu'on peut inférer de l'extrait du préambule susmentionné, l'intention du législateur international du 20 novembre 1989 d'étendre le régime de protection juridique de la Convention à l'enfant à naître.

Dès lors, à moins que la législation interne d'un État partie le justifie[828] et que celui-ci ait émis une réserve conséquente au moment de la ratification de la Convention relative aux droits de l'enfant, le juriste n'est pas en principe fondé d'établir la distinction entre « zygote », « embryon » et « fœtus », là où le législateur international lui-même n'y procède nullement.

498. C'est dans cette optique qu'en ratifiant la Convention de New York sur les droits de l'enfant, la France prit la précaution historique de faire une déclaration interprétative selon laquelle l'article 6 de la Convention, spécialement consacré au droit à la (sur)vie de l'enfant, « ne saurait être interprété comme faisant obstacle à l'application des dispositions de la législation française relative à l'interruption volontaire de grossesse[829]. »

On note que dans une affaire, la cour d'appel de Lyon avait intelligemment jugé que la réserve émise par la France lors de la signature de la Convention relative aux droits de l'enfant « démontre, *a contrario*, que ladite Convention était susceptible de concerner le fœtus de moins de

---

[826] PAIN-MASBRENIER (M.-T.), *op. cit.*, p. 351.

[827] Conclue à Vienne le 23 mai 1969, adhérée par la RDC le 25 juillet 1977 et entrée en vigueur le 27 janvier 1980, la Convention sur le droit des traités stipule à son article 31 intitulé « règle générale d'interprétation » que : « *Un traité doit être interprété de bonne foi suivant le sens ordinaire à attribuer aux termes du traité dans leur contexte et à la lumière de son objet et de son but. Aux fins de l'interprétation d'un traité, le contexte comprend, outre le texte,* ***préambule*** *et annexes inclus :* […] ».

[828] En droit français, par exemple, la distinction entre embryon et fœtus a toute sa raison d'être en matière d'avortement, en ce sens qu'au regard du délai légal de pratique de l'IVG, le fœtus n'est pas en principe visé par le régime de l'avortement dépénalisé. Voy. FARAG (M.), *L'infraction contre la vie anténatale, étude comparée des droits pénaux français et égyptien,* Thèse, Université Paris II, 1990. Postérieurement à cette étude citée, la loi du 13 décembre 2000 fixe un « palier » à douze semaines de grossesse à ne pas dépasser pour permettre la pratique de l'IVG. Voy. *J.O.R.F.*, 14 décembre 2000, J.C.P. éd. G. 2001, III, 20403.

[829] Voy. Déclaration interprétative ayant accompagné l'instrument de ratification par la France du 26 janvier 1990.

dix semaines, délai légal en France de l'interruption volontaire de grossesse[830]. »

Approuvant le raisonnement *a contrario* qui a distingué cet arrêt de Lyon[831], les commentateurs précisent que si la réserve a été rendue nécessaire aux yeux du Gouvernement français, c'est justement parce qu'*a priori*, l'article 6 de la Convention concerne l'embryon et qu'à ce titre, en tant que norme supérieure, son texte risquerait de remettre en cause les dispositions relatives à l'interruption volontaire de grossesse[832].

Pour sa part, l'État congolais n'ayant pas formulé de réserve lors de la ratification de la Convention de New York, nous pouvons, en définitive, affirmer qu'en droit congolais, la vie humaine anténatale, valeur pénalement protégée par l'infraction d'avortement, commence dès l'instant de la conception *in utero* de l'enfant. Le stade de développement du produit de la conception y est juridiquement indifférent.

2. Les textes désignant le titulaire du droit à la (sur)vie sous la qualification de « personne »

499. On se serait arrêté aux considérations qui précèdent, si une certaine uniformité caractérisait le droit positif dans la qualification du titulaire du droit à la (sur)vie : « personne humaine » ou, ce qui revient au même, « être humain ». Il n'en est pourtant pas le cas. Dans les textes juridiques, on a parfois désigné le titulaire du droit à la (sur)vie sous l'appellation de « personne » (tout court). En ce sens, à son article 16, la constitution congolaise du 18 février 2006, telle que révisée par la loi n°11/002 du 20 janvier 2011, indique que : « [...] *toute* ***personne*** *a droit à la vie, à l'intégrité physique ainsi qu'au libre développement de sa personnalité dans le respect de la loi, de l'ordre public, du droit d'autrui et des bonnes mœurs* ».

Dans le même élan terminologique, la loi n°09/001 du 10 janvier 2009 portant protection de l'enfant entend par le terme enfant, « *les* ***personnes*** *âgées de moins de dix-huit ans*[833] ». À son article 13, il est édicté que :

---

[830] Lyon, 13 mars 1997, *D.*, 1997.557, note E. SERVERIN ; *J.C.P., G.*, 1997.II.10231, note G. FAURE.

[831] Cet arrêt a été cependant cassé par la Cour de cassation qui lui fit grief d'avoir indûment retenu, en l'espèce, la qualification d'homicide involontaire sur la personne d'un fœtus. Un tel motif de cassation ne remet pas théoriquement en cause la validité scientifique du raisonnement *a contrario* tant vanté de la Cour d'appel de Lyon.

[832] Voy. GRANET (F.), « La Convention de New York sur les droits de l'enfant et sa mise en œuvre en France », in RUBELLIN-DEVICHI (J.) et FRANC (R.), dir., *L'enfant et les conventions internationales,* Presses universitaires de Lyon, 1996, p. 97 ; BYK (C.), « L'embryon jurisprudentiel », *Gaz. Pal.*, 1997.2.1391.

[833] Voy. l'article 2, point 1.

« *Tout enfant a droit à la vie. Le père et la mère ou l'un d'eux ou la personne exerçant l'autorité parentale, ainsi que l'État, ont l'obligation d'assurer sa survie* [...] ».

500. Cette nouvelle qualification que le droit national prête au titulaire du droit à la (sur)vie est manifestement en incohérence avec les formulations retenues en droit international. Le constat n'est pas banal. Ses implications scientifiques ne sont pas simplistes. Question d'enfants certes, pour autant, on n'est pas en face d'un jeu enfantin des mots. La preuve est que cette incohérence formelle inhérente aux textes qui consacrent le droit à la (sur)vie, ouvre grandement la brèche à une nouvelle controverse juridique qu'on aurait pu éviter.

En effet, la question à débattre est de savoir si par « personnes », il faut sous-entendre les « personnes humaines » ou plutôt les « personnes juridiques ». Ces deux qualifications couvrent des réalités distinctes souvent confondues à tort, ainsi que le démontre Aude BERTRAND-MIRKOVIC dans sa thèse qui y est entièrement consacrée[834].

501. Pour faire ressortir la distinction entre « personne humaine » et « personne juridique », il peut suffire de ramener à l'esprit, au temps présent, le statut juridique de l'esclave avant l'abolition de l'esclavage : l'esclave était incontestablement une personne humaine et non une personne juridique, le droit de l'époque ancienne l'ayant privé du privilège d'attribution de la personnalité juridique. « Être humain » et « sujet de droit » ne sont donc pas synonymes.

A contrario, affirmer la synonymie entre les expressions « personne humaine » et « personne juridique » conduirait inévitablement à des hérésies juridiques. Par exemple, ce serait assimiler les personnes juridiques morales (par opposition aux personnes juridiques physiques) aux membres de la famille humaine : les associations dotées de personnalité juridique, les entités territoriales personnalisées, les sociétés commerciales,...seraient alors considérées comme des personnes humaines.

502. En droit civil des personnes, le régime juridique de l'absence et de la disparition offre également une démonstration éloquente de la différence entre personnalité humaine et personnalité juridique. On sait que le jugement déclaratif de décès de l'absent[835], de même que le jugement

---

[834] Voy. BERTRAND-MIRKOVIC (A.), *op. cit.*

[835] Il résulte de la combinaison des articles 191 à 194 du Code de la famille que lorsqu'il s'est écoulé cinq ans de plus sans qu'on n'ait reçu aucune nouvelle certaine de la vie de l'absent, depuis le moment où la présomption de vie a cessé, il y a présomption de mort. Le jugement déclaratif de décès vaut acte de décès et a pour effet d'ouvrir la succession de l'absent donné pour mort.

déclaratif de décès du disparu[836], ont pour effet la cessation d'existence juridique des êtres en chair et en os. Cette présomption légale de leur inexistence juridique n'exclut pourtant pas qu'indépendamment de la fiction juridique, l'absent et le disparu continuent en réalité à exister, biologiquement et physiquement, à un endroit donné[837], quoique nul n'ait reçu aucune nouvelle certaine de leur vie depuis un laps de temps déterminé.

503. De tout ce qui précède, la logique juridique la plus élémentaire suggère de considérer que l'expression « personne », telle qu'employée par le constituant et le législateur congolais, devrait s'interpréter comme sous-entendant exclusivement les personnes humaines. Nous l'avons déjà épinglé, l'enfant à naître rentre bel et bien dans cette dernière catégorie juridique.

Toujours est-il que l'enfant à naître n'en reste pas moins une personne juridique, pour la simple raison qu'en droit congolais, la personnalité juridique s'acquiert non pas à la naissance, mais plutôt dès la conception, à condition de naître vivant[838]. Cette option du droit congolais des personnes marque une nette distinction avec la position ambigüe du législateur français[839] qui a profondément divisé la doctrine. La pomme

---

[836] En vertu de l'article 207 du Code de la famille, les dispositions relatives aux effets du jugement déclaratif de décès de l'absent sont d'application, *mutatis mutandis*, à l'égard des personnes disparues déclarées décédées par jugement.

[837] Le législateur lui-même n'exclut pas cette éventualité en prévoyant dans la loi l'hypothèse de la réapparition de l'absent. En effet, il ressort des articles 195 et 196 du Code de la famille que dans le cas où l'absent dont le décès avait été déclaré réapparaît, les soi-disant héritiers doivent restituer en capital les biens qui leur ont été attribués et encore existants entre leurs mains. Aussi, si, depuis la date où est intervenu le jugement déclaratif de décès et avant la célébration d'un nouveau mariage du conjoint survivant, l'absent réapparaît, la faculté de remariage légalement reconnue à celui-là est réputée non avenue. Avec effets identiques à ceux qui précèdent, la réapparition du disparu est réglée à l'article 210 du Code de la famille.

[838] Voy. l'article 211 du Code de la famille : « *Sauf les exceptions établies par la loi, toute personne jouit des droits civils* ***depuis sa conception****, à condition qu'elle naisse vivante.* » L'enfant avant la naissance est donc, en droit congolais, doté de personnalité juridique. Cette personnification juridique de l'être humain dès le sein maternel est assortie d'une seule condition résolutoire : naître vivant. Ici, la viabilité du nouveau-né n'est pas expressément visée.

[839] En droit français, l'être humain devient un sujet de droit et accède à la personnalité juridique dès l'instant où il naît. Le législateur français fait ainsi coïncider l'existence physique ou extra-utérine et l'existence juridique. Il ne suffit pas de naître pour exister en droit français, encore faut-il être né vivant et viable. Néanmoins, inspiré par les lois dites de bioéthique, l'article 16 du Code civil français dispose que la loi assure le respect de l'être humain dès le commencement de la vie. Il est donc reconnu à l'enfant à naître un droit au respect en tant que personne humaine. Pour autant, cet article ne lui reconnaît nullement la qualité de sujet de droit ou de personne juridique. Là aussi apparaît une preuve

de discorde perche sur l'arbre qui porte l'adage « *infans conceptus ..* »[840], l'un de plus immortels vestiges du droit romain.

504. D'après une partie de la doctrine française[841], l'enfant à naître est une personne humaine à part entière. À ce titre, il est sujet de droits, à l'instar du droit à la vie, dès la conception. L'interruption volontaire de grossesse est ainsi une négation du droit inhérent à la vie anténatale. ATIAS soutient cette théorie dite « personnificatrice » en avançant que la maxime « *infans conceptus* » signifie que l'enfant conçu est comme « *pro nato habetur* », c'est-à-dire « tenu pour né ». Il s'agirait, d'après lui, d'une simple fiction de naissance et non d'une fiction de personnalité ou d'humanité[842].

505. Un autre auteur a significativement contribué à la défense de la théorie personnificatrice, tout en déconstruisant l'argumentaire précédemment bâti sur la fiction. Pour rappel, la fiction, en droit, désigne « un procédé technique qui consiste à placer, par la pensée, un fait, une chose, ou une personne, dans une catégorie juridique que l'on sait impropre, pour le faire bénéficier de telle solution pratique propre à cette catégorie[843]. » Cet auteur explique que : « Toute fiction juridique a pour but de défendre un intérêt juridiquement protégé en favorisant soit son existence, soit son exercice, sa mise en œuvre ou son effectivité. Dans le cas particulier de la règle *infans conceptus,* il s'agit non pas de permettre la naissance d'un droit mais de le protéger de ceux des tiers. En effet, l'adage ne joue que si l'intérêt de l'enfant conçu est menacé. Si effectivement les droits de l'enfant sont menacés, c'est bien parce qu'ils existent déjà. On n'a donc plus besoin d'une fiction pour lui reconnaître ces droits[844]. »

506. Pour d'autres auteurs opposés à la personnification de l'enfant conçu[845], la personnalité juridique est acquise à partir de la conception de façon

---

supplémentaire, si besoin est encore, de la distinction entre « personne humaine » et « personne juridique ».

840 *« Infans conceptus pro nato habetur quoties de commodis ejus agitur »,* traduit par « l'enfant conçu est réputé né toutes les fois où il en va de son intérêt » ou « l'enfant conçu sera considéré comme né chaque fois qu'il pourra en tirer avantage ». Voy. LALOU, (R.), *Étude de la maxime Infans conceptus pro nato habetur en droit français*, Thèse, Université de Paris, 1904 ; LEFEBVRE-TEILLARD (A.), « Infans conceptus. Existence physique et existence juridique », *Revue historique de droit français et étranger*, n°4, oct.-déc. 1994, p. 499.

841 Voy. VIGNEAU (D.), *L'enfant à naître*, Thèse, Toulouse, 1988, p. 72 ; MEMETEAU (G.), « L'expérimentation sur les fœtus », *Rev. Dr. Pén.*, 1983, p. 539 et s.

842 Voy. ATIAS (M.), « La situation juridique de l'enfant conçu », in *La vie prénatale, biologie, morale et droit*, Paris, Tequi, 1986, p. 120.

843 DEKKERS (J.), *La fiction juridique. Etude de droit romain et de droit comparé,* Paris, Sirey, 1935, n°137.

844 DIESSE (F.) cité par PAIN-MASBRENIER (M.-T.), *op. cit*., p. 484.

845 Notamment CORNU (G.), *Droit civil, Introduction, les personnes, les biens*, 9ième édition, DOMAT Droit privé, Paris, Montchrestien, 1999, p. 161.

rétroactive, à la condition d'une naissance de l'enfant vivant et viable. Cette position doctrinale est le reflet de la jurisprudence de la Cour de cassation selon laquelle la règle « *infans conceptus* » est un moyen provenant du droit romain qui permet de faire rétroagir le bénéfice de la personnalité juridique dès la conception, à chaque fois qu'il en va de l'intérêt de l'enfant[846].

507. Un troisième courant doctrinal vit le jour. Il est constitué des auteurs qui ont soutenu que l'enfant à naître revêt un statut composite. Il serait une chose au stade embryonnaire, et deviendrait une personne au stade fœtal[847].

508. Dans une large mesure, cette controverse doctrinale n'est pas transposable sur le terrain du droit congolais qui, comme nous l'avons étudié, consacre une appréhension de la vie intra-utérine et une conception d'acquisition de la personnalité juridique diamétralement opposées à la philosophie du droit français.

Après la désignation du titulaire du droit à la (sur)vie sous la qualification équivoque de « personne », venons-en au terme « individu ».

3. Les textes désignant le titulaire du droit à la (sur)vie sous la qualification d'« individu »

509. « *Tout **individu** a droit à la vie* [...] », proclame l'article 3 de la Déclaration universelle des droits de l'homme. On retrouve également la référence au mot « individu » à l'article 219 du Code de la famille qui définit le mineur, non pas en termes de « personne » ni d'« enfant », mais plutôt d'« ***individu*** *de l'un ou de l'autre sexe qui n'a pas encore l'âge de dix-huit ans accomplis.* »

Pour tenter de répondre à la question de savoir si le terme « individu » est juridiquement applicable à la situation de l'enfant à naître, il convient d'en déterminer la portée. Les dictionnaires nous en offrent une gamme de définitions dont seules deux intéressent notre propos. Par « individu », on entend : « L'être humain ou la personne par opposition au groupe, à la société, à la collectivité, à la masse[848]. » Puisqu'elle renvoie aux termes « être humain » et « personne » déjà étudiés, cette première définition n'appelle pas débat.

De manière plus complexe, le terme « individu » désigne également « tout être formant une unité distincte dans son espèce » ou « spécimen vivant

---

846 Civ., 1ère, 10 décembre 1985, *J.C.P.*, éd. G., 1986, II, 10126.
847 Voy. BAUDOUIN (J.-L.) et LABRUSSE-RIOU (C.), *op. cit.*, p. 206 ; THERY (R.), *op. cit.*, p. 217.
848 Voy. Dictionnaire LAROUSSE, édition 2016.

d'une espèce, être organisé qui ne saurait être divisé sans être détruit[849] ». C'est à ce niveau de compréhension que la mobilisation des connaissances scientifiques devient indispensable au juriste pour situer l'enfant *in utero.*

510. D'après Aude BERTRAND-MIRKOVIC, « un être qui possède en puissance tout l'individu qu'il sera plus tard est un individu [...][850] ». Jean BERNARD partage cette opinion, lorsqu'il écrit que la vie « ne commence pas à la naissance mais à la conception ; l'œuf humain juste formé, l'œuf résultant de la fécondation de l'ovule par le spermatozoïde, contient en puissance tout l'être complet qu'il sera plus tard. Et son cœur, et son foie, et son cerveau[851]. »

Dans un historique témoignage devant les sénateurs américains, LEJEUNE put trouver un langage imagé on ne peut plus persuasif pour défendre l'individualité biologique de l'enfant à naître, en ces termes : « À l'intérieur de sa capsule de vie, le sac amniotique, l'être nouveau est exactement aussi viable qu'un astronaute sur la lune à l'intérieur de son scaphandre ; le ravitaillement en fluides vitaux doit être fourni par le vaisseau-mère. Cette nourriture est indispensable à sa survie mais elle ne 'fait' pas l'enfant ; pas plus que la navette spatiale la plus sophistiquée ne peut produire un astronaute[852]. »

511. Certains auteurs ont tenté de fixer des seuils biologiques à partir desquels émergerait l'individu dans l'embryon humain. Parmi eux, s'est illustrée Madame SEVE, farouchement opposée à l'idée que l'individu existe dès la conception. D'après elle, « si l'on veut bien convenir que les propriétés immunologiques sont les plus typiques de l'individualité sur le plan biologique [...], il faut se rendre à l'évidence : le zygote de notre espèce est humain, mais cela est bien insuffisant à en faire un être humain, ou ne fût-ce même qu'une chair capable de souffrance - donc à prouver qu'il doive être tenu pour une personne[853]. »

Le raisonnement de cette auteure ne nous semble pas convaincant. Il laisse confusément entendre que ce sont les propriétés immunologiques qui confèrent soit à l'humain son statut d'être-individu, soit à l'être, toute son humanité. Ce postulat est erroné, sauf à penser, *a contrario*, que les malades du sida dont le système immunitaire est incurablement altéré jusqu'à la plus faible expression vitale, cessent d'être des individus, pas

---

849 Voy. Dictionnaire de la langue française, éd. Larousse-Bordas, 1999.
850 BERTRAND-MIRKOVIC (A.), *op. cit.*, p. 181.
851 BERNARD (J.), *La bioéthique*, Paris, Dominos Flammarion, 1994, p. 81.
852 LEJEUNE (J.), « Témoignage devant la Commission du Sénat des Etats-Unis sur la séparation des pouvoirs, sur le projet de loi disant que la vie humaine doit être tenue pour existante depuis la conception (séance du 23 avril 1981) », *R.R.J.*, 1982-2, p. 230.
853 SEVE (L.), *Pour une critique de la raison bioéthique,* Paris, Odile Jacob, 1994, p. 35.

plus qu'ils n'appartiendraient au genre humain. C'est tout simplement inadmissible.

512. Tout compte fait, on ne saurait s'empêcher d'affirmer qu'en l'état actuel du droit positif, l'enfant à naître est un sujet de droit à la (sur)vie, dès la conception et sous quelque qualification du titulaire de ce droit que ce soit. La place de choix que le droit à la (sur)vie anténatale occupe dans l'encadrement juridique de l'avortement a pour conséquence le déni du supposé droit de ne pas faire naître de la femme enceinte.

B. Le déni du « droit de ne pas faire naître » de la femme enceinte

513. Existe-t-il un droit de la femme enceinte de ne pas faire naître ? D'emblée, la réponse à cette interrogation a vocation à être négative, pour la simple raison qu'un tel droit subjectif ne figure dans aucun texte de droit positif, du moins pas formellement. Parler de « droit de ne pas faire naître » équivaudrait à affirmer l'existence d'une faculté maternelle d'interruption artificielle de la grossesse par l'expulsion prématurée du produit de la conception, sans tomber sous le coup des articles 165 et 166 du Code pénal. Pourtant, comme nous l'avons précédemment étudié, le dispositif congolais actuel de répression de l'avortement ne laisse aucune place à l'atteinte licite à la vie prénatale[854].

Néanmoins, dans la périphérie de ce dispositif répressif, on observe l'existence des normes de droits humains dont certaines laissent supposer la reconnaissance implicite du droit de ne pas faire naître. Nous tenterons de clarifier cette situation juridique assez paradoxale. Dans la catégorie des droits humains visés, notre réflexion se limitera *au droit à la protection de la santé* (2), tout en sachant que le *droit à la vie privée et familiale*, sciemment laissé en marge de nos développements, aurait pu mériter d'être scruté à la lumière de l'arrêt rendu le 22 janvier 1973 par la Cour suprême de justice des États-Unis en l'affaire ROE contre WADE[855]. Mais avant d'entrer dans le vif de cette réflexion, il y a lieu de vider préalablement le débat récurrent sur un prétendu droit de la femme

---

[854] À l'intérieur du champ de notre étude de droit comparé, il existe au total cinq pays dans lesquels la législation sur l'avortement ne prévoit pas non plus des conditions particulières permettant exceptionnellement à la femme de se faire avorter, à savoir : le Burundi, le Congo-Brazzaville, le Sénégal, la Mauritanie et la Côte d'Ivoire.

[855] Dans cet arrêt, la Cour suprême de justice des U.S.A. avait jugé que la femme a le droit d'avorter pendant les six premiers mois de sa grossesse « au nom du droit à la vie privée ». Dans l'entendement des juges américains, ce droit est « suffisamment large pour inclure le droit d'une femme à décider si elle interrompt ou non sa grossesse ». Sur le contexte factuel de cette affaire et les textes juridiques visés par la Haute Cour américaine, voy. MC CORVEY (N.), *Won by Love*, traduit en français sous le titre *L'affaire Jane Roe*, Editions de l'Homme nouveau, 2008 ; HERMANN (J.) et MARTY (D.), « L'avortement aux Etats-Unis : un crime de moins ? », in *R.I.C.P.T.,* 1973, p. 379 et s.; BLACKMUN (H.A.), « La Cour suprême des Etats-Unis et les droits de l'homme », in *R.I.D.C.*, 1980, p. 303 et s.

enceinte de « disposer » de sa grossesse comme d'une partie de son corps (1).

1. Le supposé droit de ne pas faire naître, expression de la prétendue liberté de la femme enceinte de disposer d'une partie de son corps

514. Pour justifier un supposé droit de ne pas faire naître de la femme enceinte, certains auteurs tentèrent d'invoquer son droit le plus légitime à disposer de son propre corps, en affirmant que l'enfant à naître est une *pars viscerum matris,* c'est-à-dire une partie du corps de sa mère (a). À cette thèse s'oppose celle selon laquelle l'enfant à naître est un individu différent de sa mère (b).

a. L'enfant à naître, une *pars viscerum matris ?*

515. Dans la doctrine classique, on a longtemps porté sur le rapport entre l'homme et son corps un regard dominé par la conception que le droit des biens se fait de la propriété. C'est dans cette optique que PERREAU écrit que « chacun possède sur sa propre personne un droit exclusif et spécial, opposable à tous, comme une sorte de propriété de son être[856]. » Concise mais plus explicite paraît l'affirmation de GARREAUD et LABORDE-LACOSTE selon laquelle : « L'homme est maître de son corps[857]. »

516. Cette doctrine classique n'a pas certes fait l'unanimité[858]. Cependant, c'est probablement sous son influence qu'il est apparu, plus tard, à Xavier LABBEE que « la femme, seule, est titulaire du droit sur le corps de l'enfant qu'elle porte. Ce droit se confond avec le droit à l'intégrité physique dont elle dispose sur son propre corps. L'enfant, élément du corps de la femme, est considéré comme le corps de la femme. [...] La mère peut donc disposer du corps de l'enfant, comme elle dispose de son propre corps. C'est l'expression de sa liberté. En se débarrassant de l'enfant qu'elle porte, elle se débarrasse d'un élément de son corps [...][859] ».

---

[856] Voy. PERREAU, *Eléments de jurisprudence médicale à l'usage des médecins*, Paris, LGDJ, 1908, p. 271.

[857] GARRAUD et LABORDE-LACOSTE, « Le rôle de la volonté du médecin et du patient quant au traitement médical et à l'intervention chirurgicale », *Revue Générale de la Législation et de la Jurisprudence,* 1926, p. 130.

[858] Par exemple, NERSON soutient que techniquement, considérer l'homme comme propriétaire de son corps est une conception qui se heurte à une impossibilité juridique : le droit ne permet pas en effet de concevoir un rapport de droit dans lequel le sujet de droits –c'est-à-dire la personne- serait confondu avec l'objet de droit, c'est-à-dire le corps humain. Voy. NERSON, « L'influence de la biologie et de la médecine moderne sur le droit civil », *R.T.D. Civ.* 1970, p. 370.

[859] LABBEE (X.), *op. cit.*, p. 262. Dans son étude, précisons-le, de droit français, cet auteur reconnaît cependant que l'individu n'est pas autorisé de faire ce qu'il veut de son corps (en témoignent les conséquences juridiques rattachées à l'automutilation pour échapper

Le reproche immédiat que l'on pourrait formuler à l'endroit de cette position doctrinale est sa tendance à la réification de l'enfant à naître. Comme l'explique Gérard MEMETEAU, on ne peut bien évidemment disposer de « droits sur une personne ; on a des droits sur une non personne ou sur une chose, droit d'une part d'utilisation et de destruction, droit d'autre part de fabrication et de commande, ou d'abandon[860]. »

Précisons néanmoins que la position soutenue par Xavier LABBEE trouve sa justification dans un certain nombre de dispositions de droit français. Elle procède d'un raisonnement juridique par analogie. On peut lire dans sa thèse : « Si les parents de la jeune femme veulent la faire avorter, alors qu'elle souhaite garder l'enfant, l'avortement n'est alors pas possible. La loi exige le consentement de la femme, et le fait qu'elle soit mineure ne modifie en rien l'exigence légale. L'atteinte à la personne est trop forte pour qu'on puisse passer outre la volonté de l'intéressée. On trouve une solution identique en matière de prélèvement d'organes sur mineur. Le refus du mineur d'accepter le prélèvement d'organe sera toujours accepté, même si l'autorisation du représentant légal est nécessaire. La similitude des prescriptions légales confirme bien que l'enfant n'est ni plus ni moins qu'un organe, *pars viscerum*[861]. »

517. Si un tel argumentaire a l'avantage d'être pertinent, son champ de validité n'en reste pas moins limité à la sphère du droit français. Il est loin de nous convenir. En effet, en l'absence de faculté maternelle d'avortement licite, l'application de la qualification « *pars viscerum matris* » à l'enfant à naître paraît inadaptée à l'état actuel du droit congolais.

Plus généralement, bien d'autres considérations permettent de remettre en cause la thèse selon laquelle l'enfant dans le sein de sa mère ne serait qu'une partie organique du corps de celle-ci, sur laquelle elle pourrait se prévaloir d'un droit de maître.

b. L'enfant à naître, un individu autonome différent de sa mère

Considérer l'enfant à naître comme un simple morceau du corps de la mère sur lequel elle exercerait le pouvoir de disposition, c'est mettre en doute son individualité et lui contester l'autonomie vitale. Sur l'individualité distincte de l'enfant *in utero*, les connaissances scientifiques modernes opposent un démenti irréfutable à la thèse précédemment exposée. D'une part, elles révèlent, dans le chef de

---

aux obligations militaires), pas plus que le droit de la femme enceinte sur le corps de l'enfant conçu *in utero* connaît des limites fixées par la société (dans la mesure où, sans motif thérapeutique, l'avortement licite n'est possible que dans le délai légalement prévu). En ce sens, Voy. *Idem,* p. 263 et s.

[860] MEMETEAU (G.), « La situation juridique de l'enfant conçu, de la rigueur classique à l'exaltation baroque », *R.T.D. civ.* 1990, p. 617.

[861] LABBEE (X.), *op. cit.*, p. 261.

l'embryon, des traits génétiques différents de ceux de sa mère, de sorte qu'il apparaît irrationnel d'imaginer une *pars viscerum matris* ne portant pas la marque génétique maternelle. D'autre part, il arrive parfois que l'embryon ait des caractéristiques sanguines incompatibles avec celles de sa mère : dans un couple où l'homme et la femme possèdent un rhésus négatif, il arrive parfois que l'enfant soit en lui-même positif.

Cet argument scientifique témoigne de ce que « l'enfant à naître ne peut donc être une partie du corps de sa mère, car il est lui-même un individu et qu'un individu n'est pas une partie d'un autre[862]. »

518. Un autre argument est tiré de l'avis des médecins qui voient dans l'enfant à naître et sa mère, deux patients nettement distincts dont chacun pourrait être atteint et développer des anomalies ou affections qui lui sont propres. On enseigne que « l'origine de la reconnaissance du fœtus comme un patient peut être fixée avec précision au 26 décembre 1821, date de la présentation par Jacques Alexandre LEJUMEAU, Vicomte de Kergaradec, à l'Académie de Médecine, de son mémoire sur l'auscultation des bruits du cœur fœtal. Le fœtus, être non né, accédait ainsi au statut médical d'individu vivant, relativement indépendant de sa mère, susceptible d'être agressé et de manifester sa souffrance, précisément par une perturbation décelable par l'auscultation du fonctionnement du cœur[863]. »

519. On comprend, dès lors, la pertinence de l'article 450 de l'Avant-projet de Code pénal congolais qui distingue nettement, au titre de valeur pénalement protégée, la santé de la mère de celle de l'enfant qu'elle porte, lorsqu'il dispose que : « *Si les coups portés et les blessures faites volontairement, sans détruire l'embryon ou le fœtus, entraînent pourtant une altération grave de la santé de la femme, de l'embryon, du fœtus* ***ou la perte d'un organe****, l'auteur est passible de deux à cinq ans de servitude pénale principale et d'une amende de deux cent mille à trois cent cinquante mille francs congolais* ». Par « *ou la perte d'un organe* », ne faudrait-il pas justement inférer que, dans l'entendement des rédacteurs de ce texte, l'embryon ou le fœtus ont chacun un statut (juridique) distinct de celui des organes du corps de la femme enceinte ?

520. De même, à la faveur des enseignements de la médecine, on discerne le bien-fondé de la jurisprudence qui a consacré, au titre de préjudice spécifique subi par l'enfant à naître, ce qui a été qualifié de « souffrance fœtale », c'est-à-dire le mal enduré par un être *in utero* distinct de celui auquel il est momentanément « greffé ». Ainsi, pour en arriver à la

---

862 BERTRAND-MIRKOVIC (A.), *op. cit.*, p. 181.
863 SUREAU (C.), « Réflexions sur les droits de la femme et de l'enfant en médecine de la procréation », *Droit et économie*, n°88,2000, p. 18.

condamnation d'un médecin pour non-assistance à personnes, la Cour de cassation française avait-elle jugé que « l'enfant, né après avoir subi une souffrance fœtale aiguë pendant des heures précédant l'accouchement, demeure atteint de troubles[864] ».

Dans un autre arrêt, statuant sur un pourvoi formé contre l'arrêt entrepris par une cour d'appel, la même Cour de cassation se fonde sur la considération que le juge d'appel « a relevé que la sage-femme avait administré une médication sans une surveillance monitorisée qui aurait permis de dépister la souffrance fœtale[865]. »

À l'instar de l'indemnisation de l'enfant né du viol de sa mère admise dans la jurisprudence française[866], on a pu penser, à juste raison, que « lorsque l'enfant à naître subit un préjudice *in utero* causé par un médecin accoucheur obstétricien ou par un chirurgien, il peut demander réparation de son préjudice corporel physique ou mental, **à titre personnel**, une fois né[867]. »

521. D'ailleurs, en lui-même, le droit objectif est largement acquis à l'idée de voir en la personne de l'enfant à naître, un individu doté d'une vie autonome. L'interdiction d'exécuter la peine de mort sur une femme enceinte nous en livre une illustration très éloquente[868]. C'est l'occasion d'observer que « l'attitude de la RDC vis-à-vis de la peine de mort est des plus hésitantes. La pratique constitutionnelle reste confuse, la jurisprudence décevante et la doctrine divisée[869]. » Pour la rendre

---

[864] Crim., 2 avril 1992, *Bull. crim.* n°140 ; *Gaz. Pal.*, 1992.2.608.

[865] Civ. 1ère, 7 juillet 1998, *Bull. civ.* I, n°239, p. 165.

[866] Crim., 4 février 1998, *Bull. crim.*, n°43, p. 109 ; C.A. CAEN, 1ère ch. Sect. Civ. ; 7 novembre 2000, *J.C.P.*, 2002, II, 10 001.

[867] Voy. PAIN-MASBRENIER (M.-T.), *op. cit.*, p. 436.

[868] Voy. l'article 6, point 5, du Pacte international relatif aux droits civils et politiques : « ***Une sentence de mort ne peut être [...] exécutée contre des femmes enceintes*** ». Ce principe de droit international trouve sa *ratio legis* dans la nécessité de sauvegarder la vie anténatale, en dissociant très nettement la personne de la mère condamnée à mort de celle de l'enfant qu'elle porte. C'est aussi là une application du principe selon lequel la responsabilité pénale est individuelle. Voy. l'article 17, alinéa 8, de la Constitution : « *La responsabilité pénale est* ***individuelle****. Nul ne peut être poursuivi, arrêté, détenu ou* ***condamné*** *pour fait d'****autrui*** ». L'enfant à naître est donc traité par le droit comme un individu distinct de l'« autrui » dont le fait est passible de la peine de mort, sa mère. Dans la pratique, la peine de mort infligée à la femme enceinte ne s'exécute qu'après son accouchement. En règle générale, la tradition veut qu'il soit sursis à l'exécution de la peine capitale jusqu'à ce qu'il ait été statué sur un éventuel recours en grâce présidentielle. En ce sens, voy. LUZOLO BAMBI LESSA et BAYONA BA MEYA, *Manuel de procédure pénale*, Kinshasa, édition P.U.C., 2011, p. 111 et s.; KILALA PENE-AMUNA (G.), *Attributions du Ministère public et procédure pénale*, Tome 2, Kinshasa, éditions Amuna, 2006, p. 777.

[869] KIFWABALA TEKILAZAYA (J.-P.), FATAKI WA LUHINDI (D.) et WETSH'OKONDA KOSO (M.), *République démocratique du Congo. Le secteur de la*

complète, il convient d'ajouter à cette description que la position des autorités politiques congolaises, en matière de peine capitale[870], est particulièrement fluctuante, au gré des vagues de la vie politique interne et de la conjoncture internationale[871].

Le traitement jurisprudentiel réservé à la question de constitutionnalité de la peine de mort reste dominé par l'arrêt à la suite duquel la cour militaire de Kinshasa/Matete s'est arrogé la compétence de connaître de l'exception

---

justice et l'État de droit : un État de droit en pointillé. Essai d'évaluation des efforts en vue de l'instauration de l'Etat de droit et perspectives d'avenir, Open society foundations, 2013, p. 121.

[870] De nombreuses infractions punies de mort sont prévues dans le Code pénal ordinaire. Il s'agit, globalement, des infractions d'homicide et de celles portant atteinte à la sécurité de l'État, telles que la trahison, l'espionnage et l'attentat contre le chef de l'État. On en trouve bien d'autres dans le Code pénal militaire (Voy. l'ordonnance-loi n°024/2002 du 18 novembre 2002 portant Code pénal militaire, in *J.O.R.D.C.,* 44e année, Numéro spécial, 2003).

[871] En date du 10 décembre 1999, le Gouvernement Laurent Désiré Kabila, issu de la guerre de révolution contre le régime MOBUTU, avait décrété un moratoire sur l'exécution de la peine de mort, en réponse aux nombreuses exécutions sommaires largement critiquées par la communauté internationale. En 2001, peu après son accession à la magistrature suprême en remplacement de son présumé père assassiné, Joseph KABILA KABANGE prit, devant la Commission des droits de l'homme des Nations unies, l'engagement solennel de s'en tenir au moratoire jusqu'à l'aboutissement des travaux parlementaires sur la question de l'abolition de la peine de mort. Une année après, précisément la veille du réquisitoire dans le procès de présumés assassins du Président Laurent Désiré Kabila, le nouveau Président de la RDC se rétracta en levant le moratoire. Il s'en est suivi trente condamnations à mort subtilement influencées par le revirement du magistrat suprême intervenu *in tempore suspecto*, en cours d'instance. À ce jour, en dépit de l'orientation abolitionniste de la peine de mort imprimée à la Constitution en vigueur, telle qu'issue du référendum populaire de décembre 2005, l'Exécutif congolais tarde à ratifier le deuxième Protocole facultatif se rapportant au Pacte international relatif aux droits civils et politiques relatif à l'abolition de la peine de mort du 15 décembre 1989. Au niveau du pouvoir législatif, lors de l'élaboration de la loi relative aux violences sexuelles (actuelle loi n°06/018 du 20 juillet 2006 modifiant et complétant le décret du 30 janvier 1940 portant Code pénal congolais), la Plénière de l'Assemblée nationale avait rejeté un amendement tendant à assortir les violences sexuelles de la peine de mort, le jugeant contraire à la Constitution, spécialement en ses articles 16 sur le caractère sacré de la personne humaine et 61 sur l'intangibilité du droit à la vie. Cinq ans plus tard, le même Organe législatif se rétractera en votant majoritairement en faveur du rejet pur et simple de la proposition de loi portant abolition de la peine de mort initiée, en application du même texte constitutionnel, par le député MBATA BETUKUMESU. Enfin, depuis 2010, sous l'impulsion du Ministère de la Justice et de la Commission permanente de réforme du droit congolais, avec l'appui financier et technique de la Coopération française par l'entremise du Projet Soutien à l'Instauration d'un État de Droit (SIED), une option claire en faveur de l'abolition de la peine de mort a été levée dans l'Avant-projet de Code pénal, spécialement à l'article 132 de son livre 1er. Cet article du nouveau Code pénal en gestation interdit la peine de mort et érige son application en « *incrimination d'injure à la constitution* » et en « *crime contre la nation et l'État* » (sic).

d'inconstitutionnalité soulevée devant elle, en jugeant que la Constitution congolaise du 18 février 2006 n'a pas aboli la peine de mort[872]. Dans une autre espèce, siégeant, à titre transitoire, comme Cour constitutionnelle, la Cour suprême de justice a abondé dans le même sens dans l'arrêt MUKUNKOLE[873]. Pour autant, on ne s'est pas tiré de ce bourbier[874].

522. Par ailleurs, en la personne de l'enfant à naître, le droit objectif voit un centre d'intérêts protégeables tout à fait distinct de celui qu'incarne sa mère. En témoignent les droits successoraux propres reconnus à l'enfant à naître[875], alors que le législateur avait la latitude de les fondre dans un tout patrimonial uniquement constitué des droits de la mère-épouse[876], pour le

---

872 Sur les commentaires de cet arrêt, voy. WETSH'OKONDA KOSO (M.), *République démocratique du Congo: la justice militaire et le respect des droits de l'homme. L'urgence du parachèvement de la réforme*, 2009, Johannesburg, AfriMap et OSISA, 89 p.

873 C.S.J, R. Const.128, 8 janvier 2011, inédit.

874 La solution adoptée par la Cour suprême de justice est vivement critiquée dans la doctrine. On se donne parfois le plaisir de rappeler qu'en Afrique du Sud aussi, la Constitution en vigueur n'a pas aboli expressément la peine de mort. La frilosité du constituant sud-africain n'a pas empêché la Cour constitutionnelle de ce pays de l'Afrique australe de conclure à l'abolition implicite de la peine capitale. La Cour avait fait de la Constitution une interprétation imprégnée des engagements internationaux de l'État sud-africain sur l'interdiction de tout traitement inhumain, cruel et dégradant (Voy. Affaire « *The state versus T. MAKWANYANE and M. MCHUNU* », *Case* N°CCT/3/94, arrêt du 6 juin 1995, in SINDJOUN (L.), *Les grandes décisions de la justice constitutionnelle africaine*, Bruxelles, Bruylant, 2009, p. 381 et s.). En outre, quoique demeurant controversé, le maintien de la peine de mort crée une incohérence déplorable au sein de l'édifice juridique congolais dont fait partie intégrante le Statut de de la Cour pénale internationale du 17 juillet 1998, depuis sa ratification par la RDC en date du 30 mars 2002. On y est dans une situation disproportionnée telle que les auteurs des crimes les plus graves qui puissent exister (crimes de guerre, crimes de génocide, crimes contre l'humanité) échappent à la peine de mort, alors que les justiciables assumant une responsabilité moins grave dans la commission des infractions d'atteinte à l'ordre public interne, y sont exposés. En ce sens, voy. KIFWABALA TEKILAZAYA (J.-P.), FATAKI WA LUHINDI (D.) et WETSH'OKONDA KOSO (M.), *op. cit.*, p.121-122 ; WETSH'OKONDA KOSO (M.), *Les perspectives des droits de l'homme dans la Constitution congolaise du 18 février 2006*, Kinshasa, éditions de la Campagne pour les Droits de l'Homme au Congo « CDHC-ASBL », 2006 ; WETSH'OKONDA KOSO (M.), « Le contentieux constitutionnel congolais des droits de l'homme du 18 février 2006 au 18 février 2011 », *La Constitution en Afrique* , 2011, Montepellier , 34 p.

875 Outre la possibilité de donation ou de testament au profit de l'enfant conçu, prévue à l'article 840 du Code de la famille, le droit successoral congolais admet généralement qu'en cas de décès du père biologique pendant la gestation de l'enfant, celui-ci sera réputé déjà né au moment de l'ouverture de la succession du *de cujus*, car il en va de son intérêt, en application de la maxime « *infans conceptus* ».

876 D'ailleurs, ayant vocation à faire partie des héritiers de la première catégorie, l'enfant à naître jouit d'un traitement successoral plus généreux que celui réservé à sa mère en qualité de conjoint survivant. Conformément aux articles 755, 759 et 760 du Code de la famille, les enfants reçoivent les trois quarts de l'hérédité et se les partagent par égales portions, tandis que le conjoint survivant se contente d'un douzième de l'hérédité, sans préjudice d'autres

cas où le *de cujus* serait père biologique de l'un et conjoint prédécédé à l'égard de l'autre.

À la suite de Jean FOYER[877], il y a lieu de constater qu'aucun intérêt juridique n'étant supérieur à la vie, il serait absurde de reconnaître à un être l'aptitude à recueillir un patrimoine héréditaire et de lui refuser, en même temps, le droit au maintien à la vie.

523. En définitive, avec Aude BERTRAND-MIRKOVIC[878], nous convenons de ce que lorsque Xavier LABBEE soutient que « l'enfant porté par sa mère doit être considéré comme une *pars mulieris*, un morceau du corps humain de celle-ci[879] », il y a inadéquation dans le terme à appeler enfant un « morceau » et dans l'idée d'une femme mère d'« un morceau de son corps ». C'est complètement absurde.

Comme quoi, la théorie juridique selon laquelle l'enfant en gestation est un morceau disponible du corps de sa mère a montré ses limites. Les fondements juridiques du supposé droit de la femme enceinte de ne pas faire naître sont ainsi à rechercher ailleurs. Serait-ce dans le champ de compréhension du droit individuel à la protection de la santé ?

2. Le supposé droit de ne pas faire naître, expression du droit à la protection de la santé de la femme enceinte

524. Le droit à la protection de la santé bénéficie d'une large consécration à travers la quasi-totalité des textes juridiques de protection des droits de la personne humaine, tant sur le plan universel[880] qu'au niveau régional[881].

---

avantages successoraux et du cas de non-représentation d'autres groupes concurrents au sein de la deuxième catégorie d'héritiers. Pour plus amples détails, voy. TSHIBANGU TSHIASU KALALA, *op. cit.*, p. ; NDOMBA KABEYA (E.-L.), « La non-discrimination des enfants dans les normes du droit congolais de la famille : entre mythe et réalité », in *Mouvements et enjeux sociaux,* n°17, mai-juin 2004.

877 Voy. FOYER (J.), « La liberté d'avorter devant la constitution et le droit international », in *Le Monde*, 25 décembre 1974.

878 BERTRAND-MIRKOVIC (A.), *op. cit.*, p. 185.

879 LABBEE (X.), *op. cit.*, p. 351.

880 Voy. l'article 25, §1, de la Déclaration universelle des droits de l'Homme du 10 décembre 1948. Le droit à la protection de la santé est explicitement consacré à l'article 12 du Pacte international relatif aux droits économiques, sociaux et culturels du 16 décembre 1966. Il apparaît également aux articles 5, § e-IV, de la Convention internationale sur l'élimination de toutes les formes de discrimination raciale du 7 mars 1966 (ratifiée par la RDC le 21 avril 1976), et 11, § 1-f ainsi que 12 de la Convention sur l'élimination de toutes les formes de discrimination à l'égard des femmes du 18 décembre 1979. On peut, enfin, faire mention de la Charte constitutive de l'OMS du 26 juillet 1946, d'après laquelle : « *La possession du meilleur état de santé qu'il est capable d'atteindre constitue l'un des droits fondamentaux de tout être humain* ».

881 Au niveau régional africain, voy. la Charte africaine des droits de l'Homme et des peuples de juin 1981 dont l'article 16 affirme l'obligation des États à protéger la santé de

On en trouve également une solide assise dans les textes de droit interne[882].

Imaginons le cas de figure dans lequel la grossesse menace gravement la santé et met ainsi en danger la vie de la mère[883]. Il en serait ainsi notamment lorsque l'avortement volontaire paraît le seul moyen médical de sauvegarder la vie maternelle en péril. Toute la question est alors de chercher à savoir si le droit de la femme enceinte à la protection de la santé constitue une considération juridique suffisante pour rendre licite l'intervention médicale consistant à empêcher la naissance de se réaliser.

525. En première analyse, on ne saurait nier que la question posée soulève le problème connexe de savoir entre la vie de l'enfant à naître et celle de sa mère, laquelle constitue un intérêt juridique de valeur supérieure par rapport à l'autre. D'emblée, deux types de réponse pourraient être avancés à cette question.

D'abord, d'un point de vue ontologique, on conviendra qu'il n'y a pas de vie humaine qui en valle plus qu'une autre. Comme l'avait si bien rappelé l'Église catholique romaine, « sauver la vie d'une mère est une très noble fin, mais la suppression directe de l'enfant comme moyen d'obtenir cette fin n'est pas permise[884]. » Et MERLE et VITU[885] d'enseigner que l'infraction nécessaire n'est justifiée que dans la mesure où elle a permis de sauvegarder un bien ou un intérêt de valeur supérieure ou équivalente à celle du bien ou de l'intérêt sacrifié.

En revanche, sur le plan empirique, un certain réalisme conduit à soutenir que « l'enfant, parce qu'il n'est pas encore né et que sa vie demeure incertaine, ne pourra jamais, de toute façon, être placé sur un même pied d'égalité que sa mère dont la santé ou la vie risque d'être menacée[886]. » Une personne vivante et viable n'est-elle pas socialement de loin

---

leurs populations. Également, l'article 14 du Protocole à la Charte africaine des droits de l'homme et des peuples du 11 juillet 2003, aux termes duquel les Etats parties assurent le respect et la promotion des droits de la femme à la santé, y compris la santé sexuelle et reproductive.

[882] Sans préjudice de lois particulières, on peut se limiter à invoquer le texte générique de l'article 47, alinéa 1er, de la Constitution, selon lequel : « *Le droit à la santé* [...] *est garanti* ».

[883] On conviendra que le droit à la santé est une notion concrètement indissociable du droit à la vie : lorsque la santé de la femme enceinte est mise en péril grave, c'est forcément la sauvegarde de sa vie qui est gravement menacée. En ce sens, le Tribunal constitutionnel de l'Equateur avait jugé dans une affaire que « sans préjuger de son propre statut d'indépendance, le droit à la santé fait partie intégrante du droit à la vie ». Voy. ONUSIDA, *La poursuite des droits...op. cit.,* p. 97 et s.

[884] Voy. le décret du Saint-Office du 2 décembre 1940.

[885] MERLE (R.) et VITU (A.), *Traité de droit criminel*, Paris, Cujas, 1984, p. 330 et s.

[886] PAIN-MASBRENIER (M.-T.), *op. cit.,* p. 486.

préférable à l'être qu'Ammar GUESMI qualifie de « promesse d'homme, car beaucoup d'incidents sont possibles en cours de gestation [...] »[887] ?

La voie du réalisme social nous paraît raisonnable. C'est sur la base de cette rationalité que dans un nombre considérable des pays, l'avortement thérapeutique est autorisé pour sauver la vie en danger de la mère[888].

Cependant, à en arriver à autoriser l'avortement pour cause de viol ou d'inceste[889], c'est, pour le moins qu'on puisse dire, un phénomène juridique et éthique extrêmement déroutant. Car, il est absurde de considérer que la vie humaine anténatale vaut moins que l'honneur et la réputation attachés à la personne de la mère.

526. En dernière analyse, est-ce à dire, pour autant, que dans les systèmes juridiques, qui n'ont pas formellement légalisé l'avortement thérapeutique, son autorisation doit toujours être sous-entendue au visa des textes sur le droit à la protection de la santé maternelle? Rien n'est moins sûr.

En droit pénal et devant le juge, un fait justificatif[890] expressément prévu par la loi est de loin plus avantageux au présumé délinquant poursuivi que

---

[887] GUESMI (A.), *op. cit.*, p. 28.

[888] Sur le continent africain, plusieurs législations nationales sont acquises à l'idée d'un avortement licite dans l'intérêt de la santé de la mère. C'est le dénominateur commun des réformes législatives postcoloniales sur l'avortement intervenues notamment en Côte d'Ivoire en 1962, au Cameroun en 1967, en Afrique du Sud en 1975 et au Burkina Faso en 1996. Dans ce dernier pays, le Code pénal, spécialement en son article 387, alinéa 1er, autorise l'avortement si *« le maintien de la grossesse met en péril la santé de la femme »*. En ce sens, voy. PRADEL (J.), *Droit pénal comparé*, Paris, Dalloz, 1995, p. 169 et s. ; ABEGHENINTOO (J.), *Les droits de la femme en Afrique centrale,* Thèse, Université Paris 1, 1998. En Europe, on peut citer l'exemple de la France où l'avortement thérapeutique peut être pratiqué « *à toute époque* » de la grossesse, si la poursuite de celle-ci met en péril grave la santé de la femme. Pour plus d'amples détails sur l'évolution de l'avortement pour motif thérapeutique en droit français, de la loi VEIL du 17 janvier 1975 à celle du 31 décembre 1979, voy. GUESMI (A.), *op. cit.*, p. 415 et s. Par-delà les lois VEIL, il convient de remarquer que depuis la loi n°2001-588 du 4 juillet 2001, le législateur français a opté pour la terminologie « interruption de grossesse pratiquée pour motif médical », en remplacement de l'expression « avortement thérapeutique » très critiquée en doctrine.

[889] En cas de viol ou d'inceste, l'avortement est toléré notamment en droits burkinabé, béninois, togolais et malien. Par extension, en droit éthiopien, depuis la réforme de 2015, le législateur autorise la femme à se faire avorter si elle n'est pas capable d'élever l'enfant à naître pour cause notamment de minorité d'âge. Voy. CENTER FOR REPRODUCTIVE RIGHTS (CRR), *The World's Abortion Laws 2015,* New York: CRR, 2015.

[890] En droit pénal, les faits justificatifs désignent des circonstances objectives, indépendantes de la psychologie du délinquant, qui enlèvent à l'infraction commise sa criminalité intrinsèque et au texte légal qui la réprime, la légitimité de son application en l'espèce. Sur la notion de fait justificatif, voy. MERLE (R.) et VITU (A.), *op. cit.*, p. 297 et s.; SEVERAC, *Essai d'une théorie générale du fait justificatif*, Thèse, Toulouse, 1953 ;

l'« incantation » hasardeuse des recettes propres à la « magie » du droit international des droits de l'homme. Le droit à la protection de la santé s'insère en effet dans la catégorie des droits sociaux. Cette classification soulève dans la pratique des cours et tribunaux de sérieuses controverses sur la justiciabilité de ce genre des droits de l'homme[891].

Du reste, fermement attaché à la confession de son autonomie, le droit pénal moderne n'a guère égard au mobile de l'infraction. Le motif thérapeutique de l'avortement est, en droit pénal congolais actuel, un mobile, par essence, inopérant. Le médecin avorteur et ses complices ne peuvent en principe en espérer aucune exonération de responsabilité pénale.

527. Toutefois, il demeure que le droit fondamental à la santé tire sa source matricielle de la norme supérieure édictée par les instruments internationaux. Théoriquement, il a pour vocation de faire échec à l'application de la norme nationale susceptible d'entraver sa pleine jouissance. Cette logique du monisme juridique avec supériorité de la norme internationale sur la norme nationale[892] ne permet-elle pas

---

NYABIRUNGU mwene SONGA, *Traité de droit pénal général congolais,*2ième éd., Kinshasa, Droit et Société « DES », 2007, p.

[891] D'après une certaine doctrine classique, les droits économiques, sociaux et culturels ne sont pas des droits, à proprement parler, mais des aspirations politiques, au motif qu'ils sont trop vaguement définis par les textes de droit international pour qu'on puisse en admettre l'invocabilité en droit interne. Cependant, la nature, le contenu et la portée de cette catégorie controversée des droits de l'Homme, ainsi que les obligations des États s'y rapportant, ont été progressivement clarifiés. Les Observations générales du Comité des droits économiques, sociaux et culturels(CDESC), de même que la jurisprudence consolidée aux niveaux régional et international, ont sensiblement concouru à cette avancée et ainsi contribué à réfuter la thèse largement répandue sur l'injusticiabilité « naturelle » des droits de l'homme de la deuxième génération. En ce sens, voy. TEXIER (P.), « L'enjeu de la justiciabilité et le projet de protocole additionnel au Pacte relatif aux droits économiques, sociaux et culturels », in DECAUX (E.), dir., *Les Nations Unies et les Droits de l'Homme, Enjeux et Défis d'une réforme*, Paris, Pédone, 2006, p. 279 et s. ; NGOY LUMBU (R.), *L'instauration du mécanisme de communications individuelles devant le comité des droits économiques, sociaux et culturels : une contribution à l'étude des voies et moyens additionnels pour une mise en œuvre efficiente du pacte international relatif à ces droits*, Thèse, Université Catholique de Louvain, 2007 ; ROMAN (D.), « Les droits sociaux, entre " injusticiabilité " et " conditionnalité ". Eléments pour une comparaison », *Revue internationale de droit comparé,* n°2009/2 ; SLAMA (S.), *«* L'invocabilité directe des droits économiques, sociaux et culturels en droit interne (à propos de Cass., soc., 16 décembre 2008, Eichenlaub c./Axia France*) », Blog Combats pour les droits de l'homme (CPDH)*, 5 avril 2009 ; GRÜNDLER (T.), « Le droit à la protection de la santé », *La Revue des droits de l'homme*, n°1/2012, p. 212-226 ; ROMAN (D.), « La justiciabilité des droits sociaux ou les enjeux de l'édification d'un État de droit social », *La Revue des droits de l'homme* [En ligne], 1/2012, consulté le 29 septembre 2016. URL : http://revdh.revues.org/635.

[892] Voy. l'article 215 de la Constitution.

d'appréhender le droit innommé de ne pas faire naître comme étant un corollaire pur et simple du droit à la protection de la santé de la femme enceinte ?

À notre avis, la réponse à cette question serait positive, avec cette nuance que l'on devrait en principe se retrouver dans un cas de figure tel qu'en l'état de l'art de guérir, l'expulsion provoquée du produit de la conception apparaît l'unique moyen de porter secours à la mère dont le pronostic vital est engagé. Par exemple, il en irait ainsi dans le cas de la femme séropositive arrivée au stade de la maladie du sida, chez qui la poursuite de la grossesse pourrait présenter le risque d'aggravation fatale de la déficience immunitaire[893], particulièrement lorsque son organisme développe, en même temps, la résistance aux antirétroviraux.

528. Il a bien fallu nuancer notre réponse de la manière que voilà, pour ne pas donner à penser qu'il est reconnu à la femme enceinte un « droit à l'avortement », au sens d'un véritable « *jus vitae necisque* » tel qu'il en existait en droit romain. Ce droit de vie et de mort, qui était reconnu au *pater familias* sur ses esclaves, est de nos jours révolu. En droit positif congolais, l'enfant à naître n'est ni un sujet à la merci de sa mère, ni un objet ou une partie de son corps dont elle peut disposer à sa guise.

C'est ce qui explique que la décision de pratiquer l'avortement thérapeutique n'appartient pas en principe à la mère. Elle est l'apanage des hommes de l'art médical, étant eux-seuls techniquement qualifiés à prendre toute la mesure du danger de mort encouru par la mère et de l'impossibilité médicale de mettre sa vie à l'abri sans interruption provoquée de la grossesse.

529. En résumé, notre position est que le droit à la santé de la femme enceinte, c'est aussi son droit de ne pas faire naître, pour le seul cas où sa vie est mise en danger par la gestation de l'enfant.

Le raisonnement juridique ainsi construit fait-il un emploi abusif de la notion du droit à la santé ? Il est difficile d'y répondre par l'affirmative, à en croire la description détaillée assez originale que le Protocole à la Charte africaine des droits de l'homme et des peuples relatif aux droits des femmes apporte au droit à la santé, spécialement en son article 14. Les États parties au Protocole ont doté cet article d'un intitulé particulièrement évocateur, en l'occurrence : ***« Droit à la santé et au contrôle des fonctions de reproduction »***.

---

[893] Sur le risque que présente la grossesse d'aggraver la déficience immunitaire chez une femme infectée par le VIH, voy. CAYLA (J.S.), « L'infection par le virus de l'immunodéficience humaine, fléau social », *R.D.S.S.* 1987, p. 596.

À travers le dispositif de l'article 14 du Protocole à la Charte africaine relatif à la situation de la femme, le législateur africain se fait une conception plurielle et pragmatique de la chose: il préfère à l'expression quelque peu vague de « *droit à la santé* », employée communément en droit international de droits de l'homme, le vocable « *droits de la femme à la santé* », tout en prenant la précaution de préciser que ces droits (au pluriel !) à la santé reconnus aux femmes comprennent, entre autres :

a) Le droit d'exercer un contrôle sur leur fécondité;

b) Le droit de décider de leur maternité, du nombre d'enfants et de l'espacement des naissances ;

c) Le libre choix des méthodes de contraception ;

d) Le droit de se protéger et d'être protégées contre les infections sexuellement transmissibles, y compris le VIH/sida.

Et le même article d'ajouter en son point 2 : « *Les États prennent toutes les mesures appropriées pour :* [...] *c) Protéger les droits reproductifs des femmes, particulièrement* ***en autorisant l'avortement médicalisé****, en cas d'agression sexuelle, de viol, d'inceste et* ***lorsque la grossesse met en danger la santé mentale et physique de la mère ou la vie de la mère*** *ou du fœtus* ».

530. La grossesse, qui met le foetus en danger de contamination par le VIH, questionne le législateur sur le choix de politique de protection de l'enfant *in utero* entre naître pour vite mourir ensuite et mourir de suite pour ne pas naître. Devant ce dilemme éthique, il nous paraît plus convenable à l'intérêt supérieur de l'enfant d'engager le droit de l'avortement sur la voie de la reconnaissance du « droit de ne pas naître ».

Section 2 : Vers la reconnaissance du « droit de ne pas naître » à l'enfant exposé au risque de contamination par le VIH in utero

531. En santé de la reproduction, il existe des embryopathies incurables devant aboutir à la naissance d'enfants atteints d'anomalies d'une particulière gravité. Cette fatalité est à l'origine du débat sur la légitimité d'un prétendu droit de l'enfant à ne pas naître, en raison du risque prévisible de son handicap congénital incurable.

Dans un premier temps, nous nous appesantirons sur ce débat général, en essayant de le rapprocher avec le problème de santé de la reproduction spécifique à notre étude (§1). Ce qui nous amènera, dans un second temps, à tenter de construire, *de lege ferenda*, un régime spécial d'avortement eugénique fondé sur l'idée du droit de l'enfant de ne pas naître avec le VIH (§2).

Paragraphe 1 : Du risque prévisible de handicap congénital incurable à l'émergence du droit de ne pas naître

532. L'histoire du droit nous enseigne que c'est en France que naquit parmi les juristes, puis se répandit très vite sur l'ensemble de la communauté scientifique et de l'opinion publique, le débat autour des conséquences d'« une existence handicapée qui, selon le choix de la mère, n'aurait pas dû être[894] ». C'est en effet à l'occasion de la connaissance par les juges français de l'affaire dite Nicolas PERRUCHE qu'on en est arrivé à s'interroger, plus que jamais, sur la probabilité d'un handicap congénital incurable et la légitimité d'un supposé droit de ne pas naître.

Ainsi, il nous appartient de faire un retour utile sur cette affaire (A), avant d'essayer d'en tirer les leçons possibles à travers le prisme du risque de handicap congénital du système immunitaire dû à l'infection par le VIH (B).

A. L'historique du débat autour de la jurisprudence Nicolas PERRUCHE

533. Nous ferons d'abord état des faits de la cause et de la gamme des recours judiciaires auxquels ils ont donné lieu (1), puis nous évoquerons, ensuite, les vives réactions suscitées dans la doctrine (2).

1. Les faits de la cause et le périple judiciaire

534. Dans sa thèse, Madame Nadia BELRHOMARI résume les faits de la cause dans l'affaire Nicolas PERRUCHE en ces termes : « Mme Perruche, enceinte et craignant d'avoir contracté la rubéole, consulte un médecin car elle connaît les conséquences graves sur le fœtus que cette maladie pourrait entraîner. Elle manifeste sa volonté d'avorter si elle a contracté la maladie. Le médecin conclut à tort à l'absence d'une rubéole. Nicolas Perruche naît lourdement handicapé en raison de la rubéole contractée par sa mère durant la grossesse. Nicolas Perruche et ses parents exercent donc une action en responsabilité contre le médecin et le laboratoire. Ils demandent la réparation du dommage pour Nicolas Perruche et pour eux-mêmes[895]. »

535. Observons, en passant, que pour un embryon humain, l'infection rubéoleuse intra-utérine présente, à la naissance, le risque de devenir un enfant aveugle, sourd, muet, cardiaque et mentalement handicapé. Plus exactement, il est renseigné qu' « une femme enceinte qui contracte la rubéole avant la 11e semaine d'aménorrhée a plus de 90 % de risques

---

[894] Expression empruntée à AUBERT (J.-L.), « Indemnisation d'une existence handicapée qui, selon le choix de la mère, n'aurait pas dû être », *D. 2001, Chron.*, p. 489.
[895] BELRHOMARI (N.), *Génome humain...op. cit.*, p. 313-314.

de la transmettre à l'embryon qu'elle porte. La rubéole, lorsqu'elle est contractée par cet embryon, entraîne nécessairement – le risque est donc alors de 100 % - un handicap physique et mental grave (lésions auditives (surdité), oculaires (allant jusqu'à la cécité), cardiaques et mentales, le syndrome de Gregg)[896]. » C'en est de trop !

536. À notre connaissance, les hostilités judiciaires déclenchées à l'initiative du couple PERRUCHE contre le médecin et le laboratoire d'analyses médicales par les supposées fautes desquelles naquit leur fils Nicolas, atteint de la rubéole, avaient donné lieu, essentiellement, à cinq liens d'instance consécutifs : le tout début de l'affaire devant le tribunal de grande instance d'Evry (a), l'appel du jugement de premier degré interjeté devant la cour d'appel de Paris (b), le pourvoi contre l'arrêt des juges d'appel formé devant la Cour de cassation (c), l'instance en renvoi de la cause après cassation devant la cour d'appel d'Orléans (d) et enfin, le second pourvoi formé devant la Cour de cassation (e).

Passant en revue ces différentes instances judiciaires de grande portée historique, par souci de concision, nous nous limiterons à mettre en relief le droit qui a été dit.

a. Devant le tribunal de grande instance d'Evry[897]

537. Statuant sur la demande introduite par le couple PERRUCHE, parents de Nicolas agissant *qualitate qua*, mais également au nom et pour le compte de leur fils juridiquement incapable d'ester en justice, les juges d'Evry reçoivent la demande des parents et celle de leur enfant et les déclarent fondées. Il leur est reconnu d'avoir subi, pour les parents, un préjudice moral et pour l'enfant né handicapé, un dommage corporel.

Le tribunal de grande instance d'Evry juge en effet le laboratoire et le médecin « *responsables de l'état de santé de Nicolas Perruche et les condamne in solidum avec leurs assureurs* » à l'indemnisation de Nicolas et de ses parents.

Il semblerait que « cette décision revient à considérer la vie de Nicolas Perruche comme un dommage[898] », motif pour lequel elle a été contestée et frappée d'appel à l'initiative du médecin et de son assureur.

b. Devant la cour d'appel de Paris[899]

538. L'arrêt de la cour infirme partiellement le jugement de première instance : les juges d'appel confirment l'indemnisation des parents et censure cependant la réparation allouée à l'enfant, au motif que les graves

---

[896] Voy. *https://fr.wikipedia.org/wiki/Affaire_Perruche*, consulté le 14 janvier 2016.
[897] Décision du 13 janvier 1992.
[898] BELRHOMARI (N.), *Génome humain…op. cit.*, p. 314.
[899] Décision du 17 décembre 1993.

séquelles dont il souffre congénitalement ne tirent pas leur origine de l'erreur commise par le laboratoire, ni du manquement du médecin aux obligations de son état, mais plutôt de la rubéole dont était infectée sa mère.

Autrement dit, la cour d'appel de Paris s'est fait la religion que la vie humaine, handicapée de naissance soit-elle, n'est pas un préjudice réparable[900].

Contre cet arrêt défavorable au couple PERRUCHE, un pourvoi a été formé.

c. Devant la Cour de cassation[901]

539. C'est à ce niveau d'instance que l'affaire PERRUCHE connut son tournent historique le plus décisif.

Saisie du pourvoi formé contre l'arrêt de la cour d'appel de Paris du 17 décembre 1993, la Haute Cour dit pour droit que, pour être né handicapé dans des circonstances prénatales telles qu'on eut pu lui éviter cette naissance préjudiciable, Nicolas PERRUCHE est indemnisable[902]. On peut lire dans l'arrêt de la première chambre civile de la Cour de cassation ce qui suit : « Attendu qu'en se déterminant ainsi, alors qu'il était constaté que les parents avaient marqué leur volonté, en cas de rubéole, de provoquer une interruption de grossesse et que les fautes commises les avaient faussement induits dans la croyance que la mère était immunisée, en sorte que ces fautes étaient génératrices du dommage subi par l'enfant du fait de la rubéole de sa mère, la cour d'appel a violé le texte susvisé. »

De ce chef, l'arrêt attaqué a été cassé avec renvoi devant la cour d'appel d'Orléans.

---

[900] Sur cette question de droit spécifiquement, voy. LABRUSSE-RIOU (C.), MATHIEU (B.) *et al.*, « La vie humaine peut-elle être un préjudice ? », *D.* 14 décembre 2000, n°44, p. 3 ; MEMETEAU (G.), « L'action de vie dommageable », *J.C.P.*, éd. G., 2001, I., p. 279 ; LUCIANA (A.-M.), « La notion de dommage à l'épreuve du handicap congénital », *LPA* 1997, n°77, p. 17-21.

[901] Cass. 1re civ., 26 mars 1996, pourvoi n° 94-11.791 94-14.158, *Bull. civ.* 1996.

[902] Ce qui revient à affirmer, en d'autres termes, que pour échapper à sa « vie dommageable », Nicolas PERRUCHE était en droit de ne pas naître ; sa mère ayant, du reste, exprimé au médecin son désir d'exercer le droit de ne pas faire naître (l'I.V.G.), pour le cas où le diagnostic prénatal viendrait à détecter la rubéole dans l'organisme de l'enfant en gestation.

d. Devant la cour d'appel d'Orléans[903]

540. À ce stade, comme le remarque Caldarone SANDRA[904], « l'affaire semblait être close ». Ce n'était pourtant que le début d'une interminable polémique juridique autour de l'arrêt historique de la Cour de cassation. En effet, siégeant en renvoi de juridiction après cassation, la cour d'appel d'Orléans s'est fait le plaisir, à la fois, d'augurer le rejet de la position de principe de hauts juges, avec un effet de contagion très remarquable dans la majeure partie de l'opinion publique, et d'inaugurer, au sein de la doctrine, le camp majoritaire de ceux que Olivier CAYLA et Yan THOMAS[905] qualifièrent des « antiperruchistes », par opposition à une infime minorité des « perruchistes »[906].

En l'espèce, la cour d'appel d'Orléans se démarque de la solution préconisée par les juges de cassation, en statuant, pour sa part, qu'à défaut de causalité directe entre la faute invoquée et le dommage subi, il y a mal jugé originel dans le fait de considérer la naissance handicapée de Nicolas Perruche comme un dommage réparable. Au vu de son importance scientifique et de la véritable « fronde » judiciaire qui transparaît dans ses allures, la motivation de l'arrêt de la cour d'appel d'Orléans mérite d'être reproduite :

« Attendu que les époux X. font valoir [...] qu'il convient d'indemniser la perte de chance que représente pour un enfant le fait de naître handicapé ; qu'ils se réfèrent à la perte de chance de naître normal ; qu'ils prétendent enfin qu'il a été définitivement jugé par l'arrêt de cassation du 26 mars 1996, que le défaut de prescription a fait perdre à l'enfant une chance d'éviter les conséquences de la rubéole contractée par sa mère en début de grossesse ; qu'ainsi, à suivre les époux X., il appartient à la cour d'établir le lien de causalité entre les fautes constatées et la chance perdue ; qu'il sera toutefois rappelé qu'en la matière, dès lors que le dommage peut avoir une autre cause que la faute constatée, cette faute ne peut être sensée constituer la condition sine qua non de la perte de chance.

« Attendu qu'il est constant que les praticiens sont étrangers à la transmission à la mère de la rubéole ; qu'ils ne sont donc pas intervenus

---

[903] Orléans, 5 février 1999, cité par Jean GUIGUE, note sur l'arrêt du 17 novembre 2000, *Gaz. Pal.* 24-25 janvier 2001, p. 27.

[904] SANDRA (C.), *Naissance et préjudice : une jurisprudence entre éthique et pragmatisme,* Mémoire de D.E.A., Université Panthéon-Assas Paris II, 2001, p. 74.

[905] CAYLA (O.) et THOMAS (Y.), *Du droit de ne pas naître. A propos de l'affaire Perruche*, Paris, Editions Gallimard, 2002, p. 23 et s.

[906] Peu après s'était dessiné un troisième courant doctrinal. Voy. FABRE-MAGNAN (M.), « L'affaire Perruche : pour une troisième voie », *Droits*, n°35, 2002, p. 119 et s.

qu'après le début de la grossesse, de sorte qu'il ne pouvait plus être évité la conception de l'enfant ».

Ainsi jugé, on s'en doutait que le couple PERRUCHE en appelle de nouveau à la juridiction judiciaire suprême, dont la position antérieure lui était largement favorable.

e. Devant la Cour de cassation saisie d'un nouveau pourvoi[907]

541. Comme cela était prévisible, la Cour de cassation, siégeant en Assemblée plénière, confirme la solution antérieurement préconisée par la première chambre civile, en décidant : « Dès lors que les fautes commises par le médecin et le laboratoire dans l'exécution des contrats formés avec Mme P. avaient empêché celle-ci d'exercer son choix d'interrompre sa grossesse afin d'éviter la naissance d'un enfant atteint d'un handicap, ce dernier peut demander la réparation du préjudice résultant de ce handicap et causé par les fautes retenues. »

Ainsi eut droit au chapitre la jurisprudence PERRUCHE. Jurisprudence vivement contestée, comme nous le verrons, la vague des critiques n'a pas empêché la Cour de cassation de la confirmer dans trois autres cas semblables jugés le 13 juillet 2001[908].

---

[907] Cass. Ass. plén., 17 novembre 2000, pourvoi n° 99-13.701, *Bull. civ.* 2000.

[908] Cass. Ass. plén., 13 juillet 2001. Dans le même sens, voy. Cass. Ass. plén., 28 novembre 2001. Dans les deux arrêts du 28 novembre 2001, la censure de la Cour de cassation avait porté sur l'arrêt de la Cour d'appel de Rennes auquel il était fait grief d'avoir limité la réparation accordée à l'enfant à 50% des conséquences de son handicap. Selon la Cour de cassation, « *le préjudice de l'enfant résulte de son handicap et de la perte d'une chance* ». Ni le fait que la grand-mère de l'enfant s'occupe de lui à domicile, ni le fait qu'il devrait être bientôt pris en charge en internat dont les frais seront acquittés par les organismes sociaux, n'ont été jugés de nature à réduire ou supprimer son droit à réparation intégrale. Force est de remarquer que la position de principe consolidée au plus haut niveau de la hiérarchie judiciaire française diverge de celle adoptée par le Conseil d'Etat qui, dans une affaire dite « Quarez », assez proche de l'affaire Perruche, avait jugé qu'il n'y avait pas de lien de causalité entre la faute commise par un Centre hospitalier et le préjudice résultant de la trisomie 21 dont l'enfant Mathieu était atteint. La vie handicapée n'est donc pas considérée comme un préjudice réparable par la haute juridiction administrative. Les faits de la cause se résument comme suit : Madame Quarez, âgée de 42 ans et enceinte de plus de quatre mois, demande à subir une amniocentèse afin de s'assurer que le fœtus qu'elle portait ne présentait pas les signes de la trisomie 21. Le diagnostic prénatal pratiqué dans le Centre hospitalier régional de Nice ne révèle aucune anomalie décelable. Le Centre s'en est tenu au résultat négatif obtenu, alors que les conditions techniques dans lesquelles l'examen a été pratiqué faisaient peser sur ce résultat une marge d'erreur nécessitant, de dires d'experts, un nouvel examen destiné à confirmer l'absence de toute probabilité de donner naissance à un enfant trisomique. Le 28 avril 1982, contre son attente, Madame Quarez met au monde un enfant atteint de trisomie 21. Son époux, elle-même et leur enfant initient ainsi une action en réparation qui débouchera sur un pourvoi en cassation devant le Conseil d'Etat, à la demande du Centre hospitalier.

Là, il est frappant de constater que le jusqu'au-boutisme « perruchiste » de la Haute Cour s'affirme, moins de deux mois seulement, après que sa position de principe ait été farouchement prise d'assaut par le Comité consultatif national d'éthique. Rappelons-le, dans son avis du 29 mai 2001, le Comité[909] se rallie officiellement aux « anti-perruchistes », en qualifiant la jurisprudence PERRUCHE de « hautement discutable sur le plan du droit, inutile pour assurer l'avenir matériel des personnes souffrant de handicaps congénitaux et redoutable sur le plan éthique[910]. »

Fondamentalement, que reproche la doctrine dominante à la jurisprudence PERRUCHE ?

2. Le déferlement des critiques et controverses au sein de la doctrine

542. L'arrêt PERRUCHE aura provoqué un tollé dans l'opinion publique et des commentaires parfois d'un genre virulent dans la doctrine juridique. L'exercice de recension bibliographique des études qui lui ont été consacrées paraît périlleux, tant leur nombre en est péniblement impressionnant[911].

Voy. C.E., 14 février 1997, Centre hospitalier de Nice c/ époux Quarez ; PECRESSE (V.), « Le préjudice résultant de la naissance d'un enfant trisomique », *RFD adm.*, mars-avril 1997, p. 374.

[909] Pour éviter toute confusion possible, il est à préciser qu'en dépit de son envol très remarquable et de son inclinaison grandissante vers la prise des positions juridiques sur de grandes questions de société en France, le Comité consultatif national d'éthique demeure dépourvu de compétence juridictionnelle. N'étant donc pas une « méta-Cour de cassation » (selon l'expression employée par CAYLA (O.) et THOMAS (Y.), *op. cit.*, p.10), il ne peut, juridiquement, se prévaloir du statut d'un troisième degré de juridiction que semblent indûment lui conférer l'opinion publique française, les médias en particulier, et une partie « égarée » de la doctrine juridique ayant tendance à amplifier démesurément ses avis. Toujours est-il qu'on ne saurait nier sa contribution significative à l'émergence d'un véritable droit de l'éthique médicale. Pour plus de détails à ce sujet, voy. MEMENTEAU (G.), *La jurisprudence des comités d'éthique*, Montpellier, 1990, p. 5 et s.; BYK (C.) et MEMENTEAU (G.), *Le droit des comités d'éthique* », Paris, éd. ESKA, 1996.

[910] Voy. l'avis n°68 du 29 mai 2001 sur « Handicaps congénitaux et préjudice », spécialement à la page 7. Disponible en ligne dans *http://www.ccne-ethique.fr /sites /default /files /publications /avis068.pdf,* [Consulté le 11 novembre 2015]. Cet avis a été approuvé par l'ensemble des membres du Comité sous deux réserves dont une abstention argumentée et un avis discordant. Ce qui n'est pas sans témoigner davantage de la divergence d'opinions très en vue autour de l'arrêt PERRUCHE.

[911] À titre indicatif, peuvent s'ajouter à la liste des études précédemment citées : JOURDAIN (P.), « Le préjudice résultant de la naissance d'un enfant atteint d'un handicap congénital », *R.T.D. civ.*, juillet-septembre 1996 ; DELMAS SAINT-HILAIRE (P.), « Le handicap prévu et le droit de ne pas naître », *Rev. Jurid. Personne et famille*, décembre 2000, p. 19 et s. ; DREIFUSS-NETTER (F.), « Observations hétérodoxes sur la question du préjudice de l'enfant victime d'un handicap congénital non décelé pendant la grossesse », *Med. et Dr.* 2001, n°46, p. 1 et s. ; MARKESINIS (B.), « Réflexions d'un

Intéressante est la manière dont Olivier CAYLA et Yan THOMAS décrivent les vives réactions suscitées par la jurisprudence PERRUCHE, lorsqu'ils écrivent : « Nul n'ignore la vivacité du rejet et les passions hostiles qu'elle a suscitées presque unanimement, depuis la classe politique jusqu'aux différentes autorités religieuses ou morales (Comité national d'éthique en tête), en passant par certaines associations d'handicapés et de parents d'handicapés, qui n'ont pas caché qu'elles prenaient cet arrêt comme une preuve d'"handiphobie " caractérisée et comme une marque de mépris à leur endroit[912]. »

543. Deux critiques majeures ont été formulées par la très grande majorité des pourfendeurs de l'arrêt PERRUCHE.

Premièrement, il lui a été fait grief d'avoir méconnu les fondamentaux de la responsabilité civile, en imputant au manquement du médecin à ses devoirs d'information et de soins attentifs et diligents, ainsi qu'à l'erreur de diagnostic du laboratoire d'analyses médicales, « un dommage qui, pour douloureux et cruel qu'il soit, trouverait sa seule cause dans la nature (en l'espèce la rubéole non détectée de la mère)[913]. »

Deuxièmement - et c'est pour l'essentiel -, le débat doctrinal « d'une vigueur inouïe et d'un rare acharnement »[914], qui s'est déroulé autour de l'affaire PERRUCHE, a été l'occasion pour certains juristes et penseurs d'exprimer leurs positions sur les enjeux philosophiques[915] et les conséquences eugénistes du droit de ne pas naître consacré par la Cour de cassation.

On a reproché à la juridiction judiciaire suprême de la République française d'avoir fait offense au principe matriciel de « dignité de la personne humaine », dès lors qu'elle considère comme un préjudice le

---

comparatiste anglais sur et à partir de l'arrêt PERRUCHE », *R.T.D. civ.* 2001, p. 77 et s. ; PAIN-MASBRENIER (M.-T.), « Réflexions à propos de l'affaire PERRUCHE (ou l'enfant qui vient au monde malgré lui), *Rev. gén. dr. médic.* 2001, n°6, p. 161 et s. ; RADE (C.), « Etre ou ne pas naître ? Telle n'est pas la question ! (Premières réflexions après l'arrêt PERRUCHE) », *Resp. civ. et Ass.* Janv. 2001, p. 4 et s. ; VINEY (G.), « Brèves remarques à propos d'un arrêt qui affecte l'image de la justice dans l'opinion », J.C.P. 2001, I., p. 296 et s.

912 CAYLA (O.) et THOMAS (Y.), *op. cit.*, p. 8.

913 *Idem*, p. 9. Cette critique ne nous paraît pas convaincante. À partir du moment où il demeure constant que le choix du couple PERRUCHE eût été l'I.V.G. si le diagnostic prénatal correct avait été pratiqué et porté à sa connaissance, à notre avis, la Cour de cassation n'eut pas tort d'arguer que la naissance handicapée de l'enfant Nicolas est le résultat direct de l'erreur de diagnostic et du manquement du médecin à ses devoirs de soins attentifs et d'information.

914 *Ibid.*

915 Voy. PINCHON (L.), *L'arrêt PERRUCHE : enjeux philosophiques et sociaux*, Mémoire de D.E.A., Université Paris I Panthéon-Sorbonne, 2002, 82 p.

seul fait d'être né. D'où le sentiment général de rejet d'une catégorie sociale éprouvé par des associations de défense des handicapés qui crurent devoir déduire de la position de la Cour de cassation que la vie des handicapés ne méritait pas d'être vécue.

En revanche, deux auteurs, marginaux avouons-le, voient dans cette dernière critique une manière de faire dire, en profanes, à la Cour ce qu'elle n'a pas dit. Ils soutiennent que « la jurisprudence PERRUCHE accorde simplement à l'enfant une fois né (et pas à l'enfant à naître) une indemnisation pour préjudice de handicap, et non pour préjudice du fait d'être né[916]. »

544. Qu'en pensons-nous ? Admettons qu'au sens de l'arrêt PERRUCHE, l'indemnisation vise à réparer le handicap de naissance, comme le suggèrent ces auteurs, et non pas la naissance en soi avec handicap. Il en demeure que le principe indemnitaire opère *post natum* (après la naissance), tandis que le droit de ne pas naître, objet de la vive controverse, ne peut se concevoir qu'*ante natum* (avant la naissance). L'inférence en est que le droit à l'indemnisation appartient à l'enfant handicapé une fois né, tandis que le droit de ne pas naître, que ces auteurs refusent paradoxalement de déduire de l'arrêt PERRUCHE, appartient forcément à l'enfant en gestation exposé à une forte probabilité de handicap congénital.

545. Nous ne saurions en finir avec la jurisprudence PERRUCHE sans relever qu'avec la remorque des critiques et controverses à sa suite, elle a servi de toile de fond à l'évolution de la législation française. En effet, le 3 décembre 2001, le député Jean-François MATTEI avait initié une proposition de loi appelée « loi anti-Perruche », en ce sens qu'elle interdit l'indemnisation du « préjudice d'être né »[917]. L'économie de son texte a été reprise à l'article 1er de la loi n°2002-303 du 4 mars 2002 relative aux droits des malades et à la qualité du système de santé. Le dispositif de cet article fait aujourd'hui l'objet de l'article L. 114-5 du Code de l'action sociale et des familles[918], tel que le fixe l'article 2 de la loi du 11 février 2005 relative aux handicapés et à l'égalité des chances.

---

[916] CAYLA (O.) et THOMAS (Y.), *op. cit.*, p. 15.

[917] D'après son auteur, la loi anti-Perruche avait pour principal objectif de « *répondre aux problèmes juridiques et éthiques posés par l'évolution de la jurisprudence relative à la responsabilité médicale en matière de diagnostic prénatal depuis l'arrêt Perruche de la Cour de cassation (17 novembre 2000, confirmé par un arrêt du 28 novembre 2001)* ».

[918] Cet article dispose que : « *Nul ne peut se prévaloir d'un préjudice du seul fait de sa naissance. La personne née avec un handicap dû à une faute médicale peut obtenir la réparation de son préjudice lorsque l'acte fautif a provoqué directement le handicap ou l'a aggravé, ou n'a pas permis de prendre les mesures susceptibles de l'atténuer. Lorsque la responsabilité d'un professionnel ou d'un établissement de santé est engagée vis-à-vis des parents d'un enfant né avec un handicap non décelé pendant la grossesse à la suite*

Manifestement, l'orientation prise en 2002 par le législateur français est la preuve que, d'un trait de plume, la solution de principe à la confession de laquelle la Cour de cassation était invinciblement attachée, a été désapprouvée en dernière analyse. À ce sujet, dans son discours de présentation du projet de loi « relatif à l'interdiction de poursuivre une action en indemnisation du fait d'un handicap naturellement transmis », Bernard KOUCHNER, Ministre de la Santé de l'époque, avait su manier l'ironie du sort, en laissant entendre ces quelques mots devant la Représentation nationale :

« Mesdames, Messieurs,

Pour la première fois, sans doute l'union s'est faite contre une décision de justice : droite et gauche, croyants et non-croyants, valides et handicapés.

Tous ont dénoncé dans les termes les plus vifs un arrêt de la Cour de cassation du 17 novembre 2000 : eugénisme, discrimination, handiphobie sont les mots utilisés par les plus mesurés des commentateurs qu'ils soient journalistes ou juristes.

Ce projet de loi est né de cette émotion. Il trouve ses racines dans les valeurs de respect et d'égalité qui fondent notre civilisation. Il exprime par un ajout à l'article 16 du code civil notre attachement au respect dû aux personnes handicapées.

Un enfant atteint d'un handicap congénital ou d'ordre génétique peut-il se plaindre d'être né infirme au lieu de n'être pas né, telle est la question qu'il vous est demandé de trancher par la loi[919]. »

Par analogie, qu'est-ce que la jurisprudence Nicolas PERRUCHE peut bien inspirer à notre étude plutôt intéressée par le risque pour l'enfant de naître avec le VIH ?

B. *La jurisprudence Nicolas PERRUCHE à travers le prisme du risque de naître avec le VIH*

546. L'affaire PERRUCHE, c'est, avant tout, « une question d'épidémiologie », comme l'avait si bien épinglé un auteur[920]. On peut vite basculer du cap de la rubéole à celui de l'infection par le VIH sans,

---

d'une faute caractérisée, les parents peuvent demander une indemnité au titre de leur seul préjudice. Ce préjudice ne saurait inclure les charges particulières découlant, tout au long de la vie de l'enfant, de ce handicap. La compensation de ce dernier relève de la solidarité nationale. »

919 Voy. « *Proposition de loi relative à l'interdiction de poursuivre une action en indemnisation du fait d'un handicap naturellement transmis* » [archive], sur *assemblee-nationale.fr* [Consulté le 18 mai 2015].

920 JESTAZ (P.), « Une question d'épidémiologie (à propos de l'affaire PERRUCHE) », *R.T.D. civ.* 2001, p. 547.

pour autant, s'écarter du fond du débat épidémiologique et éthique, caractérisé par les tiraillements entre naître avec un handicap d'une particulière gravité reconnu comme incurable et ne pas naître.

En règle générale, le handicap congénital peut résulter d'une variété de causes, infectieuses, toxiques, médicamenteuses, génétiques, obstétricales, carentielles, etc. Il est évident que du nombre des embryopathies redoutables, l'infection par le VIH/sida est l'une de plus mortelles dans la population infantile. À en croire les statistiques pédiatriques[921], l'infection causée par le virus de la rubéole ne saurait l'égaler.

547. Avant d'aller plus loin, il est pertinent de nous arrêter un moment pour tenter de répondre à une question non encore débattue dans la doctrine juridique, alors qu'elle mérite de l'être: l'infection congénitale par le VIH constitue-t-elle un motif de non-viabilité de la naissance au sens du droit civil des personnes ?

Pour rappel, faute de définition légale[922], la viabilité peut être comprise comme l'aptitude à vivre longtemps, naturellement assurée au nouveau-né par sa « *maturité suffisante* »[923] et la « fonctionnalité normale »[924] de

---

[921] Le nombre de nouveau-nés atteints de rubéole congénitale malformative a été de 6 en 2001, 1 en 2002 et 2 en 2003, ce qui correspond à des taux d'incidence respectifs de 0.78, 0.13 et de 0.26 pour 100.000 naissances vivantes. Au cours des trois dernières années, le nombre total d'infections rubéoleuses survenant chez des femmes enceintes de moins de 20 ans a été de 13. Les taux d'infections observés dans cette tranche d'âge en 2001, 2002 et 2003 ont été respectivement de 50.1, 13.1 et 20.3 pour 100.000 naissances vivantes. D'après les données épidémiologiques les plus récentes fournies par l'OMS, on estime qu'à l'échelle mondiale, environ 100.000 enfants par an naissent avec un syndrome de rubéole congénitale (Voy. OMS/CENTRE DES MEDIAS, *Rubéole, Aide-mémoire* N°367, mars 2016, disponible en ligne sur *http:/ /www.who.int/mediacentre /factsheets/fs367/fr/*, [Consulté le 20 janvier 2017]. Par contre, sur approximativement les 5,9 millions de décès d'enfants de moins de 5 ans en 2015, près de la moitié étaient dus à des maladies infectieuses ayant le sida en tête d'affiche (Voy. UNICEF, *La situation des enfants dans le monde 2016...op. cit.* p. 10).

[922] La notion de viabilité en droit civil des personnes se révèle particulièrement difficile à cerner. On s'aperçoit vite que ce terme, aux alentours sémantiques à cheval entre la biologie, la physiologie et l'anatomie, ne se prête pas facilement à une définition. Ses contours sont flous à tel point que la plupart des législateurs ont renoncé à en proposer une définition. Le législateur congolais, qui la consacre notamment à l'article 840 du Code de la famille (*« La donation ou le testament au profit d'un enfant conçu n'a son effet qu'autant que l'enfant est né* ***viable*** *»*), n'en fait pas exception.

[923] La « maturité suffisante» a été définie comme l'état résultant du développement suffisant d'un être pour lui permettre de vivre. Voy. LABBEE (X.), *op. cit.*, p. 21-22.

[924] L'expression la plus usitée dans la doctrine pour évoquer cette idée de fonctionnalité normale des organes est celle de « bonne conformation ». On considère que l'enfant conforme est celui qui a des organes essentiels à son existence. N'est donc pas viable,

ses organes vitaux à la naissance. Naître viable signifie, d'après Bernard TEYSSIE[925], naître avec tous les organes nécessaires et suffisamment constitués pour être physiologiquement capable de survivre.

En rapport avec les effets de l'infection par le VIH sur l'organisme humain, la notion de viabilité invite à apporter quelques précisions et à relativiser les choses.

548. D'une part, il est admis que le VIH s'attaque au système de défense naturel de l'organisme en infectant les cellules du système immunitaire dites Lymphocytes T4 ou CD4. Ce processus entraîne la destruction des cellules infectées. La défense de l'organisme s'affaiblit à mesure qu'augmentent les cellules infectées et diminuent les cellules restant fonctionnelles. Cela dit, si supposée non-viabilité il y a chez le nouveau-né séropositif, du moins au sens du dysfonctionnement d'un organe essentiel à sa survie (le système immunitaire), sa situation pédiatrique le condamnerait à une mort précoce, certes, mais pas immédiate[926].

549. D'autre part, quoi qu'il en soit, le critère de « fonctionnalité normale » est souvent marginalisé. La plupart d'auteurs voient dans la « maturité suffisante » du nouveau-né le critère essentiel de la notion de viabilité[927]. Ce qui nous paraît juste et raisonnable, dans la mesure où l'enfant parfait n'est qu'un mythe[928]. Chaque être humain peut venir au monde avec telle malformation ou telle affection, sans que ces handicaps congénitaux n'engagent forcément son pronostic vital au moment de la naissance. Aussi inquiétante que puisse paraître l'infection congénitale par le VIH, ce handicap de naissance ne remet pas en cause la capacité de survie du bébé séropositif sur le moyen terme.

550. En tout état de cause, à supposer que le nouveau-né séropositif ne soit pas viable, pour autant, sa non-viabilité ne prête pas à conséquence sur sa personnification juridique. La remarque mérite d'être soulignée: le législateur congolais fait de la question d'acquisition de la personnalité juridique par l'individu un traitement qui n'a pas égard à la condition de viabilité[929]. Il est clairement disposé à l'article 211 du Code de la famille

---

soutiennent certains auteurs, l'enfant né dépourvu d'un organe essentiel à la vie. Voy. *idem,* p. 22-23 ; PHILIPPE (C.), « La viabilité de l'enfant nouveau-né », *D.* 1996, Chr. 29.

[925] TEYSSIE (B.), *Droit civil Les personnes*, 9ième édition, Paris, Litec, 2005, p. 14.

[926] En l'absence de traitement efficace, on estime qu'un tiers des nourrissons infectés par le VIH mourront avant leur premier anniversaire et que la moitié mourra avant d'avoir atteint deux ans d'âge. En ce sens, voy. OMS, *Traitement antirétroviral de l'infection à VIH...op. cit.*, p. 1.

[927] Voy. LABBEE (X.), *op. cit.*, p. 21-22.

[928] Voy. FONTY (B.), « Le mythe de l'enfant parfait », *4è colloque de pédiatrie et psychanalyse*, Paris, 27-28 janvier 2001.

[929] Dans la législation congolaise – on ne le dira jamais assez -, l'unique référence expresse à la viabilité apparaît à l'article 840 du Code de la famille, qui conditionne l'effet de la

que : « *Sauf les exceptions établies par la loi, toute personne jouit des droits civils depuis sa conception, à condition qu'elle naisse vivante*[930]. »

Ajouter la condition de viabilité à celle de vivre au moment de la naissance, c'est faire dire au législateur plus qu'il ne dit. Les enseignements universitaires d'une partie de la doctrine congolaise[931] consistant à invoquer, presque instinctivement, la célèbre expression « vivant et viable », ne peuvent s'expliquer autrement que par la démangeaison du conservatisme[932] voire du mimétisme juridique.

---

donation ou du testament au profit de l'enfant conçu à sa naissance « viable ». On devrait alors se garder de succomber à la tentation de restreindre erronément la portée de la personnalité juridique à la dimension de la capacité juridique de recevoir un bien, ce qui n'en constitue pourtant qu'une manifestation parmi tant d'autres. Pour preuve, on ne saurait refuser à un enfant né vivant mais non viable la jouissance des droits extrapatrimoniaux tels que le droit à la vie, le droit à la filiation, le droit à la nationalité, le droit au nom, etc. Une autre preuve découle d'un raisonnement juridique par analogie : Conformément aux prescrits de l'article 842 du Code de la famille, hors l'assistance de leur curateur, les prodigues et les faibles d'esprit sont dépourvus de capacité de recevoir une libéralité avec charges, un legs universel ou à titre universel. Pour autant, leur personnalité juridique n'est nullement remise en cause. Par ailleurs, il n'est pas anodin de remarquer que l'article 118 du Code de la famille relatif aux mentions obligatoires de l'acte de naissance laisse hors de son champ toute énonciation quelconque en rapport avec la viabilité du nouveau-né. Ceci témoigne, à titre supplémentaire, du peu d'importance que le législateur congolais attache à cette réalité néonatale.

[930] Ainsi, l'article 840 du Code de la famille, invoqué dans la note immédiatement précédente, s'analyse comme établissant une exception à la règle générale qui veut que la personnalité juridique s'acquiert à la naissance vivant. Rien de plus.

[931] Par exemple, il continue à être enseigné que « *l'être humain n'acquiert la personnalité qu'à la condition d'être né vivant et viable* ». Voy. BOMPAKA NKEYI MAKANYI, *op. cit.*, p. 6.

[932] À l'origine du malentendu pédagogique, se trouve la métamorphose historique qu'a connue le droit congolais des personnes et de la famille en 1987. Au cours de cette année, on a en effet assisté à l'abrogation du Code civil, livre 1er, sauf en ce qui concerne son dispositif relatif au droit international privé (Voy. l'article 915 du Code de la famille : « *Sont abrogés le Code civil, livre 1 ainsi que ses mesures d'exécution, à l'exception du titre II* »). D'après ce Code civil abrogé, il fallait pour acquérir l'existence juridique non seulement naître vivant, mais aussi venir au monde viable. A elle seule, la naissance de l'être humain ne suffisait donc pas à sa personnification juridique. Or, c'est sous l'empire de ce vestige juridique de l'époque coloniale que des éminents Professeurs belges eurent dispensé les enseignements de droit civil des personnes aux premières générations d'étudiants congolais. Les meilleurs d'entre ceux-ci héritèrent plus tard la chaire de ceux-là. De sorte qu'à la faveur de la réforme du 1er août 1987, il eut fallu rompre fondamentalement avec les enseignements reçus de « pères belges » pour se conformer impérativement au nouveau contexte juridique. Quoique, dans l'ensemble, le pari ait été gagné, il est cependant regrettable d'observer, chez d'aucuns, un conservatisme déconcertant sur le point précis relatif à la théorie de la personnalité juridique.

551. Revenons-en, plus étroitement, à notre préoccupation sur le risque pour l'enfant de naître avec le VIH. Il n'est pas sans utilité de rappeler deux importantes données socio-épidémiologiques y-afférentes:

- La femme africaine est sous le poids culturel d'une forte pression de procréation, car la fécondité constitue un élément central de son identité.
- Sur le continent africain, il s'observe une tendance à l'augmentation du taux de maternité parmi la population des femmes séropositives, alors que le taux de leur accès au traitement antirétroviral reste très faible.

552. Le risque est « un concept central en santé publique »[933], qu'il s'agisse de décrire l'état de santé d'une population donnée, d'identifier les facteurs de vulnérabilité à tel risque sanitaire en son sein, d'analyser la façon dont les modes de vie des individus s'y accommodent ou la manière dont la société y réagit, ou de s'interroger sur les déterminants culturels et logiques socio-économiques qui président à la gestion dudit risque par les pouvoirs publics.

Pour le juriste et le législateur, en particulier, toute la question est de savoir la place qu'il conviendrait d'accorder au « droit de ne pas naître » dans la perspective de la refonte de la législation sur l'avortement. L'enjeu scientifique majeur de la question, c'est celui de parvenir à assurer un arbitrage adéquat entre les libertés en matière de santé de la reproduction et les impératifs de l'ordre public protecteur de l'intérêt supérieur de l'enfant en gestation.

Au regard justement du principe de l'intérêt supérieur de l'enfant, qu'y a-t-il de plus avantageux pour lui entre naître pour vite mourir ensuite, et mourir de suite pour ne pas naître?

553. À notre avis, tirant les léçons de l'affaire PERRUCHE, la solution de l'avortement eugénique est incontournable, quitte à savoir comment la rationnaliser pour ne pas tomber dans le travers d'un déséquilibre manifeste entre les valeurs et intérêts juridiques en conflit.

En droit positif congolais – ce qui vaut aussi pour la plupart d'autres droits étrangers africains -, le décor de l'avortement eugénique est irréversiblement planté par le Protocole à la Charte africaine des droits de l'homme et des peuples relatif aux droits des femmes[934]. Aux termes de

---

[933] Voy. BAJOS (N.), « Sexualité et prise de risque face au VIH/sida », in DESGREES DU LOÜ (A.) et FERRY (B.), dir., *op. cit.*, p. 19.

[934] Sur les 54 États que compte l'Union africaine, 36 ont signé et ratifié le Protocole à la Charte africaine dont la RDC ; 15 l'ont signé sans le ratifier et 3 seulement ne l'ont ni signé ni ratifié. Voy. Tableau de ratification par pays du Protocole à la Charte africaine

l'article 14, point 2, de cet instrument juridique, les États africains se sont engagés à autoriser l'avortement, notamment lorsque la grossesse met en danger « *la vie du fœtus* ».

Une telle disposition s'appliquerait valablement au cas de la mère séropositive dont la poursuite de la grossesse laisse en principe courir le risque d'infecter l'enfant à naître. Cette disposition de droit communautaire africain ayant un caractère programmatique[935], sa mise en œuvre dans la législation nationale s'impose à l'État congolais en vertu de la règle « *pacta sunt servanda* »[936].

C'est dans cette perspective *de lege ferenda* que s'inscrit notre plaidoyer en faveur d'un régime spécial d'avortement eugénique fondé sur le droit de l'enfant de ne pas naître avec le VIH.

Paragraphe 2 : Pour un régime spécial d'avortement eugénique fondé sur le droit de l'enfant de ne pas naître avec le VIH

554. Le risque avéré que la grossesse chez la femme séropositive aboutisse à la naissance d'enfant contaminé par le VIH apparaît un motif légitime de légalisation de l'avortement.

Il ne s'agit nullement de vouloir introduire en droit la distinction entre les vies humaines prénatales qui méritent d'être préservées et celles dont il vaut mieux éviter qu'elles n'adviennent. Il est simplement question de mettre les auteurs de l'enfant, dont la naissance avec le VIH est à craindre, en face de leur responsabilité première dans l'appréciation de ce qu'il y a

---

des droits de l'Homme et des peuples relatif aux droits des femmes en Afrique, dans *http://www.achpr.org/fr/instruments/women-protocol/,* [Consulté le 15 janvier 2016].

[935] Ce qui revient à dire que la disposition visée n'est pas *self executing* (anglicisme consacré traduit par « de force exécutoire immédiate »). Pour produire des effets dans l'ordre juridique interne, elle nécessite donc l'adoption des mesures législatives nationales permettant de préciser sa portée. Au demeurant, dans l'analyse du discours international des droits de l'homme, il est admis que les termes récurrents tels que « *Les États veilleront à* », « *Les États s'engagent à* », « *Les États s'obligent à* » ou, comme c'est le cas à l'article 14, point 2, du Protocole à la Charte africaine, « *Les États prennent toutes les mesures appropriées pour* », servent à détecter un traité dépourvu d'applicabilité directe, en tout ou en partie. En ce sens, voy. SCIOTTI-LAM (C.), *L'applicabilité directe des traités internationaux relatifs aux droits de l'homme,* Bruxelles, Bruyant, 2004, p. 335-338.

[936] Dans l'ensemble, il a été fait le constat selon lequel l'article 14 du Protocole de Maputo sur les droits sexuels et reproductifs est l'un de ceux dont la mise en œuvre par les Etats parties tarde à connaître un début d'effectivité. En ce sens, voy. KABORE (A.-F.), « Droit des femmes en Afrique : pourquoi le Protocole de Maputo tarde-t-il à se traduire en réalité sur le terrain ? », in *Journal Sidwaya*, numéro du 30 juin 2015.

de plus avantageux pour lui entre naître pour souffrir et vite mourir ensuite, et mourir de suite pour ne pas naître prédestiné à souffrir[937].

Dans notre entendement, il est ici question moins d'une volonté d'interruption de grossesse – la volonté étant fondamentalement un concept égocentrique caractérisé par le repli sur soi - que d'une responsabilité d'interruption de grossesse. En effet, parler de la responsabilité, c'est forcément avoir égard à l'altérité, au rapport à autrui ou aux devoirs du moi envers l'autre moi. C'est pourquoi, s'agissant de l'avortement pour motif eugénique en contexte de notre étude, à l'expression très répandue d' « interruption volontaire de grossesse » (I.V.G.), il nous paraît très évocateur de préférer le concept innovant d'« **interruption responsable de grossesse** » (ci-dessous désigné par l'abrégé « **I.R.G.** »).

555. Il est important de noter que l'expression « avortement (pour motif) eugénique », largement utilisée dans la littérature juridique pour qualifier des cas isolés de décision individuelle d'élimination des fœtus difformes, gravement malades ou dysgéniques, procède d'un abus de langage. Comme le remarque ATTILIO PISANO[938], « bien que motivée par d'éventuelles malformations du fœtus, l'interruption volontaire de grossesse individuelle, qui est privée de tout lien systémique avec d'autres interruptions volontaires de grossesse (nous ne sommes pas devant un projet d'élimination systématique de fœtus), et qui, au contraire, est liée au choix de chaque couple parental, ne peut jamais être considérée comme un acte déterminant une amélioration de l'espèce humaine. »

Entendu strictement en son sens négatif, l'eugénisme éthiquement intolérable, c'est la pratique collective visant systématiquement à favoriser l'élimination des personnes susceptibles de transmettre des caractères dysgéniques. On considère qu'une « pratique qui se limite à faire droit à des demandes individuelles ne relève donc pas de l'eugénisme[939] », à proprement parler.

[937] Par approximation conceptuelle, on semble alors être au cœur de la logique d'une forme d'« euthanasie prénatale », c'est-à-dire l'acte médical qui provoque la mort du patient fœtal incurable pour abréger ses souffrances ou son agonie.

[938] ATTILIO PISANO, « L'espèce humaine est-elle titulaire de droits ? », in *Actes de la journée d'étude « L'espèce humaine est-elle titulaire de droits ?,* Lecce, 2 mars 2006, Editions Publibook, p. 97.

[939] En ces termes, voy. l'avis n°66 du 23 novembre 2000 émis par le Comité consultatif national d'éthique de la France en réponse aux saisines des Présidents du Sénat et de l'Assemblée nationale sur l'allongement du délai d'IVG. Disponible en ligne sur *http://www.ccne-ethique.fr/sites/default/files/publications/avis066.pdf,* [Consulté le 23 décembre 2016].

N'empêche que le qualificatif « eugénique » soit gardé dans le discours de notre plaidoyer pour la réforme du droit encadrant l'avortement, tant on assiste dans ce domaine à l'émergence d'une nouvelle façon de concevoir l'eugénisme[940].

Ces précisions sémantiques ayant été apportées, notre volonté consiste, à présent, à construire le régime *de lege ferenda* de l'I.R.G. pour motif eugénique. Nous y procéderons à partir de deux socles : d'abord, les conditions de fond ou préalables (A), et ensuite les conditions de forme ou d'exécution (B).

A. *Les conditions de fond ou préalables à l'« interruption responsable de grossesse » pour motif eugénique*

556. Deux conditions de fond seraient nécessaires pour donner lieu à une I.R.G. pour motif eugénique : un fait justificatif tenant au statut sérologique au VIH de la femme enceinte concernée (1) et son acceptation de l'option d'interruption de grossesse offerte par la loi (2).

1. La sérologie positive avérée de la femme enceinte

557. Logiquement, il ne saurait y avoir d'I.R.G. pour motif eugénique que dans le cas où le statut séropositif au VIH de la femme enceinte concernée a été établi par des examens biologiques appropriés, au-delà de tout doute raisonnable.

Chez la femme enceinte séropositive, le risque de donner naissance à un enfant infecté par le VIH est inéluctablement lié à chaque initiative de maternité. Dans des conditions maximales de prise en charge prénatale voire préconceptionnelle, les proportions d'un tel risque sont parfois sensiblement réduites grâce aux bienfaits du traitement antirétroviral. Pour autant, on ne cessera de le rappeler, l'état actuel de la médecine ne permet pas d'atteindre le risque zéro.

Initiant en novembre 1998 le colloque sur le thème « Risque et société », l'ancien Ministre français Claude ALLEGRE[941] avait fait une déclaration dont la pertinence résiste à l'usure du temps et au changement de contexte social : « Notre société aspire à une diminution des risques parce que nous devons protéger notre planète, nos enfants, les générations. La meilleure façon de le faire, ce n'est pas de dénoncer les dangers en réclamant le risque zéro, c'est-à-dire la sécurité absolue qui est un leurre et engendre des sociétés figées. C'est au contraire, adopter une attitude responsable et

---

[940] On peut lire utilement BACHELARD-JOBARD (C.), *L'eugénisme, la science et le droit*, Paris, P.U.F., 2001.

[941] Voy. Risque et société, *Actes du Colloque de la Cité des sciences et de l'industrie*, 18-20 novembre 1998, Gif-sur-Yvette, Editions Nucléon.

positive : identifier les risques, les reconnaître, en mesurer l'extension et nous interroger sur la manière dont la science peut les résoudre. »

S'agissant du risque de naître avec l'infection incurable causale du sida, la société peut ainsi compter sur la contribution de la science du droit : théoriquement, rien n'interdit au législateur de reconnaître à la femme séropositive la faculté de se faire avorter, à toute époque de la grossesse, dès lors qu'on a la certitude scientifique que l'enfant qu'elle porte encourt le risque d'être atteint d'un grave handicap congénital.

558. L'on pourrait cependant s'interroger sur la conformité à la Constitution d'une réforme législative tendant à autoriser l'avortement eugénique, ce qui implique nécessairement l'atteinte au droit à la (sur)vie reconnu à l'enfant dès sa conception.

À ce propos, l'on se rappellera que nombreux sont les pays d'Europe dans lesquels les juridictions constitutionnelles avaient, presque unanimement[942], pris position en faveur de la constitutionnalité des textes législatifs autorisant l'avortement dans des conditions particulières et souvent sous certaines réserves[943].

Il était d'un intérêt historique évident de rappeler au souvenir cet état de la question en droit comparé. La raison en est très simple : à l'unisson, la doctrine dominante[944] reconnaît que la Constitution congolaise du 18 février 2006, telle que modifiée à ce jour, est dans une large mesure la copie collée des textes constitutionnels étrangers préexistants.

---

942 À contre-courant de la tendance dominante en Europe, le Tribunal constitutionnel de la République fédérale d'Allemagne avait pris nettement parti contre la législation sur l'IVG, en jugeant, le 25 février 1975, qu'en tous stades de la gestation, la vie prénatale mérite la protection de l'article 2 de la loi fondamentale. Voy. KOENIG (P.), « Le jugement du 25.2.1975 rendu par le Tribunal constitutionnel fédéral et abrogeant le paragraphe 218 a du Code pénal (loi du 18 juin 1974) libéralisant l'avortement », in *Revue d'Allemagne*, janvier-mars 1975, p. 85 et s.

943 Voy. GROSSER (A.), « Cours constitutionnelles et valeurs de référence : à propos de décisions sur l'avortement », in *Revue Pouvoir*, n°13 de 1980, p. 117 et s. ; FAVOREU (L.) et PHILIP (L.), *Les grandes décisions du conseil constitutionnel*, 2ième édition, Sirey, 1979, p. 322.

944 Voy. DJOLI ESENG'EKELI (J.), « Problématique de l'identité du projet constitutionnel », *Congo-Afrique*, numéro 397, septembre, Kinshasa, 2005, p. 17-27 ; DJOLI ESENG'EKELI (J.), *Le constitutionnalisme africain. Entre la gestion des héritages et l'invention du futur*, Paris, Éditions Connaissances et Savoirs, 2006 ; KAMUKUNY MUKINAY (A.), *Contribution à l'étude de la fraude en droit constitutionnel congolais*, Thèse, Université de Kinshasa, 2007 ; ESAMBO KANGASHE (J.-L.), *La constitution congolaise du 18 février 2006 à l'épreuve du constitutionnalisme. Contraintes pratiques et perspectives,* Thèse, Université Paris 1 Panthéon Sorbonne, 2009 ; BOSHAB (E.), *Entre la révision constitutionnelle et l'inanition de la nation*, Bruxelles, Éditions Larcier, 2013.

559. L'on se rappellera également qu'en réponse à sa saisine sur la constitutionnalité de la peine de mort au regard notamment de l'article 61[945] de la Constitution précitée, la Cour suprême de justice, statuant comme Cour constitutionnelle, avait jugé en l'affaire MUKUNKOLE[946] que les dispositions du Code pénal prévoyant la peine capitale ne sont pas contraires à la Constitution en vigueur.

Ainsi donc, faute de position actuellement connue de la juridiction constitutionnelle congolaise sur la conformité à la Constitution d'un éventuel projet de légalisation de l'avortement, nous estimons que l'*animus decidendi* de l'arrêt MUKUNKOLE du 8 janvier 2011 prête à déduction raisonnable, *mutatis mutandis*. Il permet de soutenir qu'*a priori*, il n'est pas contraire à l'article 61 de la Constitution d'assortir la règle fondamentale du respect dû au droit à la vie d'une exception légale d'interruption de grossesse, pour un motif socialement justifié et éthiquement tolérable.

L'éventualité d'une telle exception légale, motivée par le besoin ressenti par la société d'œuvrer pour des générations futures sans sida, ne remet pas en cause la volonté du constituant congolais de faire de la vie un droit intangible pour tout être humain.

Pour être pratiquée sur la femme enceinte séropositive, l'interruption de grossesse pour motif eugénique requiert de sa part un consentement libre et éclairé.

2. Le consentement libre et éclairé de la femme enceinte séropositive

560. Perpétuer l'espèce humaine ou procréer, au sens de donner la vie à sa progéniture, c'est une entreprise biologique qui s'inscrit dans le droit chemin du prolongement naturel de la propre vie des géniteurs. Voilà pourquoi, préalablement à l'expulsion prématurée du produit de la grossesse pour quelque motif légitime que ce soit, le bon sens commande de recueillir, à tout le moins, le consentement de la génitrice.

561. Comme pour toute intervention médicale emportant atteinte à l'intégrité corporelle du patient, le consentement donnant accès à la pratique de l'I.R.G. pour motif eugénique doit revêtir deux qualités intrinsèques : être libre et éclairé. Ce qui suppose qu'aucune contrainte physique ou morale ne doive avoir été exercée sur la femme séropositive enceinte aux fins de renoncer à son projet de maternité. Il est supposé également que des informations en qualité et en quantité suffisantes ont été mises à sa

---

[945] Cet article dispose que : « ***En aucun cas****, et même lorsque l'état de siège ou l'état d'urgence aura été proclamé conformément aux articles 85 et 86 de la présente Constitution, il ne peut être dérogé aux droits et principes fondamentaux énumérés ci-après :*

1. ***Le droit à la vie*** […] ».

[946] Voy. *supra* C.S.J, 8 janvier 2011, R. Const.128, inédit.

disposition, par les moyens et dans la langue qui lui sont accessibles, de manière à l'amener à se prononcer, en connaissance de cause, pour ou contre l'usage de la faculté d'avortement licite. Les informations dues à la femme éligible à l'I.R.G. pour motif eugénique devraient au minimum porter sur des matières telles que : le risque d'infection par le VIH auquel la grossesse expose l'enfant à naître, l'analyse probabiliste de ce risque, les moyens disponibles de sa réduction et leur accessibilité, les conséquences postnatales du VIH/sida chez l'enfant, les contraintes liées à son allaitement[947], le droit à l'acceptation ou au refus de l'avortement autorisé par la loi, les méthodes abortives envisageables[948] et les conséquences généralement associées à l'avortement[949].

---

[947] L'allaitement chez la mère séropositive constitue un problème de santé publique et d'anthropologie culturelle particulièrement complexe. Son examen excède le cadre anténatal de la présente étude, si bien que nous nous limiterons à fournir ici quelques indications bibliographiques précieuses dans la perspective de l'état de la question. Voy. DESCLAUX (A.) et TAVERNE (B.), dir., *Allaitement et VIH en Afrique de l'ouest. De l'anthropologie à la santé publique*, Paris, Karthala, 2000, 569 p., TIJOU TRAORE (A.), « Des couples face à la prévention de la transmission mère-enfant : décisions et pratiques en matière d'alimentation de l'enfant en Côte-d'Ivoire », in DESCLAUX (A.), MSELLATI (P.) et KHOUDIA (S.), dir., *op. cit.*, p. 123-135 ; DESCLAUX (A.), « Le " choix " des femmes sénégalaises dans la prévention de la transmission du VIH par l'allaitement : analyse d'une revendication », in *idem*, p. 149-161 ; DESCLAUX (A.), « Refuser d'allaiter pour protéger son enfant. La marginalité des mères séropositives en Afrique », in BONNET (D.) *et al.*, dir., *Allaitements en marge*, Paris, L'Harmattan, 2002, p. 69-85 ; DESCLAUX (A.), « Transmission par l'allaitement : la prévention par les substituts du lait maternel négligée », *Transcriptases Anrs Informations,* Numéro spécial Bangkok, automne 2004, p. 33-35 ; DESCLAUX (A.), SOIZICK CROCHET *et al.*, « Le "choix informé " des femmes séropositives qui doivent alimenter leur enfant : interprétations locales, limites et nouvelles questions », in DESGRES DU LOU (A.) et FERRY (B.), dir., *op. cit.*, p. 245-262; BECQUET (R.), « Pratiques contraceptives dans le *post-partum* immédiat en relation avec les modalités d'alimentation infantile chez des mères infectées par le VIH. Expérience du projet Ditrame Plus ANRS 1201/1202 à Abidjan en Côte d'Ivoire », in *idem*, p. 137-150 ; THAIRU (L.N.) *et al.*, « Influences socio-culturelles sur les décisions d'alimentation des enfants nés de mère séropositive », in *ibid.*, p. 263-273 ; SYLLA THIOYE (N.), « Le vécu socio-économique des femmes qui allaitent artificiellement dans le cadre de la prévention de la transmission mère-enfant au Sénégal », *5e conférence sur la population africaine*, Arusha, Tanzanie 10-14 décembre 2007.

[948] Voy. GUILLAUME (A.), « Fréquence et conditions du recours à l'avortement », in GUILLAUME (A.) et KHLAT (M.), dir., *Santé de la reproduction au temps du Sida en Afrique*, CEPED, 2004, p. 73-94. Il existe plusieurs méthodes abortives. Elles sont susceptibles d'être regroupées en deux catégories constituées de la méthode chirurgicale, d'une part, et de la méthode médicamenteuse, d'autre part. Il est courant, et devrait être requis, de faire intervenir le pouvoir du choix de la femme concernée, quitte à la prémunir de toutes les informations techniques utiles à l'éclairer.

[949] Les spécialistes se conviennent à admettre que l'avortement parfait n'existe pas. Tout avortement, médicalisé soit-il, comporte nécessairement une part de risque à craindre, sinon au plan somatique, tout au moins au niveau psychique.

562. Dans certains pays, pour valoir ce que de droit, le consentement requis de la femme avant de se faire avorter doit être donné par écrit. C'est le cas en Angola, au Burundi, au Cap Vert, en Érythrée, en Éthiopie, au Ghana, au Kenya et en Libye[950].

Compte tenu des vertus probatoires de l'écrit, nous émettons le vœu qu'à la suite de ses pairs de ces différents pays africains, le législateur congolais érige également l'écrit en mode préférentiel d'expression de consentement à l'I.R.G. pour motif eugénique.

563. En contexte de légalisation de l'avortement, la question du consentement a souvent soulevé deux types d'interrogations liées respectivement au cas particulier des femmes enceintes mineures d'âge (a) et à la participation du père biologique de l'enfant à la décision maternelle de ne pas le faire naître (b). Par ailleurs, la spécificité de notre étude présente l'intérêt de s'attacher à savoir si le choix éventuellement opéré par la mère séropositive de mener à terme sa grossesse, peut faire engager sa responsabilité civile ou pénale à quelque titre que ce soit (c).

a. Le problème du consentement à l'avortement chez les femmes enceintes mineures d'âge

564. En droit, la grossesse ne constitue pas un motif d'émancipation de la mineure. Celle-ci reste, jusqu'à sa majorité ou à son émancipation judiciaire, sous l'autorité conjointe de ses père et mère quant à l'administration de sa personne et à la protection de sa santé[951].

Par voie de conséquence, l'I.R.G pour motif eugénique ne pourrait être pratiquée sur la femme mineure séropositive qu'avec le consentement de ses père et mère. En cas de dissentiment entre ceux-ci, il sera fait recours à l'office du juge pour enfants saisi par le parent le plus diligent[952]. Au cours de cette instance, l'enfant concerné devrait être entendu[953].

En cas de désaccord entre la volonté commune des parents et la position de la fille concernée, nous proposons qu'il ne soit pas automatiquement passé outre ni au vouloir des uns[954] ni à celui de l'autre, mais que soit également requise l'intervention du tribunal pour enfants. La décision

---

[950] Voy. GUILLAUME (A.) et MOLMY (W.), *L'avortement en Afrique : une revue de la littérature des années 1990 à nos jours*, Paris, CEPED, 2003.

[951] Voy. l'article 317, alinéa 1, du Code de la famille.

[952] Voy. l'alinéa 2 de l'article 317 du même Code.

[953] Voy. les articles 7 et 32 de la loi n°09/001 du 10 janvier 2009 portant protection de l'enfant.

[954] Telle est la solution adoptée en droit français : lorsque l'autorisation parentale à l'I.V.G. se heurte irréversiblement au refus d'avorter de la femme mineure, ou inversement, lorsque les parents refusent de consentir à l'I.V.G. tandis que la femme mineure en formule irrévocablement la demande, la volonté de celle-ci l'emporte dans les deux cas.

judiciaire à intervenir devra toujours faire prévaloir l'intérêt supérieur de l'enfant. L'intérêt de l'enfant est une chose, son vouloir, c'en est, bien sûr, une autre.

En l'absence des parents biologiques, le consentement du représentant légal requis sera celui, selon le cas, du père juridique[955], de l'adoptant[956] ou du tuteur[957] de l'enfant mis en cause, conformément au droit commun.

b. Le problème de la participation du père biologique à la décision maternelle d'avorter

565. En situation d'avortement autorisé ou à autoriser par la loi, doit-on se contenter du bon vouloir de la femme enceinte ou, plutôt, prendre également en considération la volonté du partenaire masculin des œuvres duquel elle a conçu ? Pour une meilleure compréhension des contours du problème posé, nous aurons utilement recours à une controverse suscitée en droit français (b.1.), avant de revenir au contexte de notre étude (b.2.).

b.1. La position du problème et sa solution en droit français

566. En matière d'interruption volontaire de grossesse (IVG), il ressort de l'article L. 162-4 du Code de santé publique, spécialement en son dernier alinéa, que : « *Chaque fois que cela est possible, le couple participe à la consultation et à la décision à prendre* ». Texte apparemment clair pour ne pas donner lieu à des interprétations diffuses, une affaire portée devant le Conseil d'État avait pourtant eu pour effet d'éveiller - si ce n'est de réveiller - la doctrine française sur les difficultés à cerner la portée exacte de l'article L. 162-4 C.S.P.

Dans cette affaire[958], Monsieur L. faisait reproche au Centre hospitalier de Dinan de ne l'avoir pas informé de la procédure d'IVG enclenchée par son épouse, Madame L., et d'avoir pratiqué sur elle l'interruption de grossesse dans des conditions qu'il qualifie de contraires à l'article précité.

567. Par jugement du 19 avril 1978, le tribunal administratif de Rennes[959] avait déclaré non fondée la demande de Monsieur L. qui a décidé de l'appeler devant le Conseil d'État. Confirmant le jugement attaqué, le Conseil d'État a jugé que l'article L. 162-4 C.S.P. dont la violation est alléguée par l'appelant constitue une disposition « à caractère purement facultatif »

---

[955] Voy. l'article 649 du Code de la famille.

[956] Voy. les articles 677 et 688, alinéa 1, du même Code, dont il ressort que l'adopté est considéré à tous égards comme étant l'enfant de l'adoptant, et que celui-ci est investi de l'autorité parentale à l'égard de celui-là.

[957] Voy. l'article 222 du même Code.

[958] C.E., 31 octobre 1980, req. n°13028 *Recueil Dalloz Sirey*, 1981, I, p. 38 et s.

[959] Voy. Journal français « Le Monde » du 27 avril 1978, « Divorce et avortement ».

qui « n'a ni pour objet ni pour effet de priver la femme majeure du droit d'apprécier elle-même si sa situation justifie l'interruption de la grossesse ». En clair, pour les juges du Palais-Royal, la disposition légale querellée s'interprète comme laissant à la discrétion de la femme non seulement la décision d'interrompre la grossesse, mais aussi le libre choix de faire ou non participer l'auteur de la grossesse à la consultation ou à la décision qui précède l'intervention médicale de son interruption.

568. Autour de cette décision du Conseil d'État se sont constitués deux courants doctrinaux opposés. Pour les uns, le droit a été bien dit en l'espèce. On invoqua à l'appui de la position adoptée par le Conseil d'État une gamme d'arguments tirés de la *ratio legis* des lois VEIL de 1975 et 1979, en en mobilisant les travaux préparatoires[960]. Pour une autre partie de la doctrine, représentée par WIEDERKHER[961], l'interprétation faite par la Haute Assemblée a le démérite de méconnaître la responsabilité du partenaire masculin dans la procréation, ce qui « aboutit à une négation même de la paternité [...] ».

Après avoir ainsi balisé le chemin par une incursion illustrative en droit français, voyons à présent quelles seraient les perspectives les plus convenables au droit congolais, s'agissant spécifiquement de la participation du père biologique de l'enfant à naître à la décision maternelle de mettre fin à son développement en raison du risque de son infection par le VIH.

b.2. Les perspectives de solution en droit congolais

569. Plus généralement, observons qu'en droit comparé africain, aux fins de l'interruption licite de grossesse, le consentement du mari est exigé dans plusieurs pays, notamment en Égypte, au Kenya, au Malawi et en Guinée Bissau[962].

En matière d'I.R.G., en particulier, il est souhaitable que, pour sa cohérence interne, le droit congolais prenne en considération le consentement du père biologique de l'enfant à naître. En effet, dans la conception philosophique que nous nous faisons de ce type d'avortement eugénique (l'I.R.G.), il s'agit moins d'un pouvoir maternel d'avorter que d'une question de droit de l'enfant conçu de ne pas naître avec le VIH.

---

[960] Voy. notamment DUBOIS (L.), « Interruption volontaire de grossesse. Responsabilité de la puissance publique à l'égard du mari privé de la participation à la décision », *R.D.S.S.*, 1981, p. 247 et s. ; MODERNE (F.) et BON (P.), « Responsabilité de la puissance publique », in *Recueil Dalloz Sirey*, cahier n°15 du 15 avril 1981, p. 167.

[961] WIEDERKHER (G.), « Le 'vir' devant l'avortement », in *Revue des droits de l'homme*, tome VII, 1973, p. 573 et s.

[962] Voy. GUILLAUME (A.) et MOLMY (W.), *op. cit.*

Bien évidemment, il serait complètement absurde d'avoir à rechercher la volonté personnelle de l'enfant conçu devant le choix existentiel à faire entre naître avec le VIH et ne pas naître carrément. Or, dans la situation prénatale, personne n'est plus directement impliqué dans le devenir de l'enfant que ses géniteurs. Ils sont *a priori* mieux placés que quiconque pour apprécier concrètement le plus grand avantage du produit de leurs entrailles, en prenant la mesure du poids d'angoisses, de douleurs et d'incertitudes multiples qui pèsent sur son destin.

Ainsi, à admettre l'existence du droit de ne pas naître avec le VIH, un tel droit de l'enfant *in utero* ne saurait être exercé, en son nom et pour son compte, que par l'intermédiaire conjoint de ses père et mère. Ce serait, en quelque sorte, un exercice anticipé des prérogatives de l'autorité parentale. Ce qui nous amène à soutenir qu'en vertu de la maxime « *infans conceptus*... », les règles de droit positif relatives à l'autorité parentale sont valablement applicables à la situation de l'enfant non encore né, de sorte que sa naissance sera toujours tenue pour acquise, et ses parents admis à le représenter conjointement sur la scène juridique, à chaque fois qu'il en irait de son intérêt. Tel est le raisonnement juridique qui nous fonde à militer en faveur de la participation obligatoire du père biologique à la décision maternelle d'avorter en raison de la forte probabilité de donner naissance à un enfant atteint du VIH/sida.

570. En cas de désaccord entre les parents biologiques sur la décision à prendre en matière d'avortement, et en situation de père biologique inconnu, absent ou se trouvant dans l'impossibilité d'exprimer son consentement, le souci de cohérence dans l'ordonnancement juridique commande de préconiser le renvoi aux solutions de droit commun[963].

Une fois venu au monde, pour le cas où sa contamination par le VIH contractée dans le sein maternel est avérée, l'enfant est-il admis à demander réparation à sa mère devant le juge civil voire pénal ?

c. Le problème de la responsabilité civile ou pénale maternelle du fait de la transmission prénatale du VIH

571. Le droit congolais permet-il à l'enfant né avec le VIH de faire reproche à sa génitrice d'avoir commis une faute civile lui donnant droit à une créance de réparation (c.1.)? Sous quelle qualification pénale pourrait tomber le fait procréatif de la mère séropositive ayant pour conséquence de transmettre le VIH au fruit de ses entrailles (c.2.) ?

---

[963] Pour rappel, en cas de désaccord parental persistant, la solution préconisée est celle du recours à l'arbitrage du juge compétent. En situation de père se trouvant hors d'état d'exprimer son consentement, il est prévu que l'autorité parentale sera entièrement dévolue à la mère, quitte à lui adjoindre, le cas échéant, un membre de la famille paternelle désigné dans les conditions fixées à l'article 198 du Code de la famille.

Nous tenterons d'apporter des éléments de réponse à ces deux préoccupations, en évitant soigneusement toute confusion possible entre la position actuelle du droit (approche *de lege lata)* et nos préconisations personnelles pour le futur du droit (approche *de lege ferenda)*.

c.1. À propos de la responsabilité civile maternelle

572. Nous partirons de la position actuelle du droit de la responsabilité civile (c.1.1.), avant de formuler quelques propositions d'avenir (c.1.2.).

c.1.1. La situation en droit positif

573. Au visa des articles 258[964] et 259[965] du Code civil, Livre III, la faute se trouve être la condition majeure de mise en jeu de la responsabilité civile. Il importe d'en cerner brièvement la notion, puis de la confronter au fait de donner naissance à un enfant en connaissance du risque de son infection congénitale par le VIH.

Bien souvent, on donne en droit civil un triple sens au mot « faute »[966] : il y a faute en cas de violation d'un texte juridique impératif ; il y a faute dans l'hypothèse d'un abus de droit ; il y a enfin faute dans le fait de ne pas agir avec la prudence, l'attention et l'habileté que l'on est en droit d'attendre du bon père de famille.

Soyons plus concret. Imaginons le cas de la femme séropositive qui, ayant été informée de la forte probabilité de donner naissance à un enfant infecté par le VIH, décide, en son âme et conscience, de laisser se poursuivre la grossesse, s'accommodant ainsi de la contamination de son enfant pour le cas où elle se produirait, même si elle ne le souhaite pas. Peut-on considérer que le fait pour la femme séropositive de mener la grossesse à terme est constitutif soit d'une violation de la loi au sens large, soit d'un abus de droit à la procréation, soit enfin d'un acte d'imprudence ou de défaut de précaution qui n'eut été celui de la mère bon père de famille placée dans les mêmes circonstances d'embarras entre faire naître et ne pas faire naître?

574. Nous pensons qu'à l'état actuel de la législation congolaise, il serait difficile de tenir pour fautive la mère séropositive, et cela pour deux raisons de droit.

---

[964] « *Tout fait quelconque de l'homme, qui cause à autrui un dommage, oblige celui par la faute duquel il est arrivé à le réparer.* »

[965] « *Chacun est responsable du dommage qu'il a causé, non seulement par son fait, mais encore par sa négligence ou par son imprudence* ».

[966] Sur la notion de faute civile en droit congolais, voy. KALONGO MBIKAYI, *Droit civil...op. cit.*, p. 159 ; KENGE NGOMBA TSHILOMBAYI (M.-T.), *op. cit.*, p. 184 et s.

Premièrement, le législateur lui reconnaît le droit à la procréation[967] nonobstant son statut sérologique au VIH et le risque inhérent à son entreprise procréative. Si bien qu'en décidant de mener à terme sa grossesse, la femme séropositive est en situation d'exercice normal d'un droit légal. L'abus du droit à la procréation supposerait l'exercice de ce droit dans l'intention de nuire à l'enfant à naître. En fait comme en droit, rien ne permet de présumer une telle mauvaise foi chez la mère séropositive.

Deuxièmement, puisque le droit pénal en vigueur ne reconnaît aucune cause de justification en matière d'avortement, il est objectivement exclu de penser que le comportement de la mère séropositive bon père de famille aurait consisté à violer la loi pénale. Dès lors, par référence au critère « *bonus pater familias* », on ne saurait reprocher à une mère séropositive donnée de s'être abstenue de se faire avorter.

Pour toutes ces raisons, il apparaît que sur le terrain de la responsabilité civile, l'action en réparation du préjudice de naissance avec le VIH, dirigée contre la mère séropositive, est d'avance vouée à l'échec.

Que suggérer pour l'avenir ?

c.1.2. Les projections sur l'avenir du droit civil

575. Inévitablement, la question de la responsabilité civile maternelle débattue aura pris une nouvelle tournure théorique si l'I.R.G. pour motif eugénique devient une réalité en droit congolais. Dans cette perspective *de lege ferenda,* le problème se poserait en ces termes-ci : la renonciation, par la mère séropositive, à la permission légale d'avorter pour motif eugénique pourrait-elle s'analyser comme constituant une faute dommageable? Autrement dit, l'enfant né avec le VIH pourrait-il reprocher à sa mère d'avoir soit méconnu, soit exercé avec une légèreté préjudiciable son « droit de ne pas naître avec le VIH » ? Serait-il fondé de l'accuser devant le juge civil de l'avoir mis au monde, mieux, de n'avoir pas fait ce qui était en son pouvoir (exercice de la faculté d'I.R.G. pour motif eugénique) pour lui éviter une existence handicapée (une vie préjudiciable !) ? Le droit du futur devrait-il permettre à l'enfant né avec le VIH/sida d'arguer en justice qu'il eût mieux valu qu'il ne naquît point ? Autant des manières différentes pour poser indifféremment un même problème de droit à résoudre.

D'un point de vue statistique, cette problématique interpelle plus que jamais le juriste et l'invite à plus d'inventivité. Pour rappel, selon les

[967] Voy. l'article 8 de la loi n°08/011 du 14 juillet 2008 portant protection des droits des personnes vivant avec le VIH/sida et des personnes affectées.

estimations, 430.000 nourrissons[968] et enfants ont été nouvellement infectés par le VIH dans le monde au cours d'une même année, et 90 % de ces cas étaient dus à la transmission mère-enfant. Entre 280.000 et 360.000 cas d'infection se sont produits au moment de l'accouchement. La majorité des autres infections à VIH ont eu lieu au cours de l'allaitement au sein[969].

576. Face au questionnement soulevé, notre pensée est que, pour rester cohérent avec lui-même, le législateur devrait expressément exclure toute possibilité d'action en justice pour handicap congénital dirigée contre la mère. Permettre à un enfant de venir au monde, avec conscience du risque de handicap congénital auquel il est exposé et peut échapper par heureux hasard, ne devrait pas être considéré comme une faute parentale génératrice de responsabilité civile.

Sauf à admettre la contradiction dans la loi sur l'I.R.G., on ne peut pas, d'un côté, reconnaître, *a priori,* à la femme enceinte séropositive la faculté d'accepter ou de refuser l'offre légale d'interruption de grossesse pour motif eugénique, et de l'autre, exposer l'exercice normal de son droit d'option ou de sa liberté de choix à des sanctions civiles *a posteriori.* Il n'est pas indiqué que, sous la menace des sanctions civiles encourues, la loi sur l'I.R.G. exerce une forme de pression morale contre les femmes enceintes séropositives, à dessein de conditionner leur choix et de les incliner aveuglement vers un eugénisme négatif systématique.

À l'idée d'ériger un empêchement légal aux plaintes d'être nés séropositifs au lieu de n'être pas nés, opposant mères et enfants en justice, on gagnerait à sauvegarder l'ordre public familial, avec tout ce qu'il regorge comme valeurs traditionnelles protégeables, à savoir: la concorde et l'harmonie dans les rapports parents-enfants, la sacralisation de toute vie humaine comme don précieux reçu de Dieu ou des ancêtres[970], le respect et l'honneur dus aux parents en toutes circonstances[971], la solidarité familiale dans la douleur comme dans la joie existentielles, etc.

---

[968] Le terme « nourrisson » renvoie précisément à l'enfant âgé de moins de 12 mois.

[969] Voy. OMS, *Traitement antirétroviral de l'infection à VIH...op. cit.*, p. 9.

[970] D'après la conception traditionnelle africaine, peu importe la gravité de son éventuel handicap congénital, « *l'enfant est à la fois don de Dieu, réincarnation des défunts, lien entre l'invisible et le visible, sécurité sociale des parents, valeur du couple, etc.* » Voy. KUYU MWISSA (C.), *Ecrits d'anthropologie...op. cit.*, p. 171.

[971] D'ailleurs, d'après une conception très répandue dans la société congolaise et tirant sa source de la théologie judéo-chrétienne (Voy. dans la Bible, Exode 20 :12 - « *Honore ton père et ta mère afin de vivre longtemps dans le pays que l'Eternel, ton Dieu, te donne* » -, et Ephésiens 6 : 1-3 - « *Enfants, obéissez à vos parents, car cela est juste. Honore ton père et ta mère –c'est le premier commandement accompagné d'une promesse– afin que tu sois heureux et que tu vives longtemps sur la terre* » -), un enfant qui fait l'affront à ses

577. Par contre, le terrain du droit de la protection sociale nous apparaît le cadre de régulation le mieux indiqué aux pouvoirs publics pour venir en aide aux enfants séropositifs de naissance, là où la technique et le contentieux de la responsabilité civile ne sauraient leur offrir les garanties nécessaires de réparation des préjudices sérologiques soufferts et à souffrir.

Entendu au sens objectif, le droit de la protection sociale[972] désigne l'ensemble des règles juridiques destinées à protéger les individus des aléas de la vie, du commencement de l'existence humaine à sa fin. Ces aléas ou risques sociaux sont : la maladie, l'invalidité, la maternité, les charges familiales, la vieillesse, le décès, etc.

Actuellement, la protection sociale de l'enfance est régie par les articles 62 et 63 de la loi du 10 janvier 2009 portant protection de l'enfant[973] : l'article 62 fait une énumération non exhaustive des enfants considérés « *en situation difficile* » (en ce compris implicitement les enfants nés avec le VIH) qui, en tant que tels, sont éligibles à la « *protection spéciale* ». L'article 63, quant à lui, énonce les modalités concrètes de protection sociale des enfants en situation difficile, et fait vaguement allusion aux « *autres mécanismes de prise en charge appropriés* », sans aucune indication supplémentaire.

578. À notre avis, c'est sur fond de ce non-dit de la loi portant protection de l'enfant qu'il est convenable de construire, *de lege ferenda,* un régime spécial de protection sociale en faveur d'enfants séropositifs de naissance.

La gestion de ce régime pourra être confiée à l'actuel Programme national multisectoriel de lutte contre le sida[974]. Les ressources de son financement

---

parents, parfois pour quelque motif légitime que ce soit (accusation de sorcellerie,...), est considéré comme s'attirant la malédiction de Dieu ou des ancêtres et la désapprobation la plus sévère de l'entourage familial ou communautaire. Ce conditionnement culturel explique, dans une large mesure, l'extrême rareté d'affaires judiciaires opposant enfants à leurs géniteurs biologiques, excepté peut-être en matière de recherche de paternité.

972 Voy. MORVAN (P.), *Droit de la protection sociale*, 7ième édition, Paris, LexisNexis, 2015 ; HASSANI (A.) *et al.*, *Protection maternelle et infantile. De la promotion de la santé à la protection de l'enfance*, Paris, Ed. Berger-Levrault, 2009. En droit congolais, la protection sociale est essentiellement l'apanage des salariés. Beaucoup reste à réformer dans la législation en vigueur pour donner à la technique de la protection sociale sa vocation universaliste, en lui permettant de couvrir les risques d'un maximum des personnes sans rapport à l'emploi. En ce sens, voy. MUKADI BONYI, *Droit de la sécurité sociale…op. cit.*

973 Dans la structure de la loi, ces deux articles figurent sous le Titre II intitulé « *De la protection sociale de l'enfant* ».

974 Voy. l'ordonnance n°11/023 du 18 mars 2011 modifiant et complétant le Décret n°04/029 du 17 mars 2004 portant création et organisation du Programme national

devraient émaner du trésor public au titre de la solidarité nationale. Ce qui paraît conforme aux dispositions prescrites par les articles 5 et 6 de la loi du 14 juillet 2008 relative aux droits des personnes vivant avec le VIH/sida. En substance, d'après la combinaison de ces deux articles, l'État est le premier responsable de la lutte contre le VIH/sida. Il élabore un budget conséquent à cet effet et veille à la répartition équitable des fonds alloués à la lutte contre le VIH/sida à travers les provinces.

Aussi, dans sa construction, le régime préconisé de prise en charge des préjudices sérologiques chez l'enfant gagnerait-il à s'inspirer, *mutatis mutandis*, de l'expérience française d'indemnisation des victimes de préjudices résultant de la contamination transfusionnelle par le virus du sida[975].

Venons-en maintenant à la responsabilité maternelle éventuellement encourue, sur le terrain pénal, du fait de la transmission prénatale du VIH à l'enfant.

c.2. À propos de la responsabilité pénale maternelle

579. La transmission du VIH de la mère à l'enfant au cours de la grossesse est-elle actuellement infractionnelle (c.2.1.) ? À la négative, devrait-elle l'être dans l'avenir du droit pénal (c.2.2.) ?

c.2.1. La situation en droit positif

580. En droit pénal actuel, l'article 45 ayant été supprimé de la loi n°08/011 du 14 juillet 2008 portant protection des droits des personnes vivant avec le VIH/sida et des personnes affectées, le réflexe immédiat du juriste serait

---

multisectoriel de lutte contre le sida, en sigle « PNMLS », *J.O.de la RDC*, 52ième année, numéro spécial, Kinshasa, 25 mars 2011.

975 Sur cette expérience du droit français, voy. HOUFFLAIN ROCHEFORT (M.), *Les interventions du législateur en matière de responsabilité de la puissance publique dans le domaine de la santé,* Thèse, Université Paris 2, 1999 ; KNETSCH (J.), *Le droit de la responsabilité et les fonds d'indemnisation. Analyse en droits français et allemand*, Thèse, Université Panthéon-Assas, 2011, p. 288 et s.; PONTIER (J.-M.), « L'indemnisation des victimes contaminées par le virus du sida », *Act. Lég. Dalloz* 1992, p. 35 et s. ; MORANÇAIS-DEMEESTER (M.-L.), « Contamination par transfusion du virus du sida : responsabilités et indemnisation », *D.* 1992, chr. , p. 189–194 ; LAMBERT-FAIVRE (Y.), « Principes d'indemnisation des victimes post-transfusionnelles du sida », *D.* 1993, chr. , p. 67 et s. ; PERRON (X.), « L'indemnisation des malades atteints du sida, le cas des hémophiles et des transfusés – Approche de droit comparé », in FEUILLET-LE MINTIER (B.), dir., *Le sida – Aspects juridiques*, Paris, Economica, 1995, p. 207–216 ; DREIFUSS (M.), « L'indemnisation des victimes du sida à l'épreuve du dualisme juridictionnel », *RFD adm.* 1996, p. 561–574 ; MONIOLLE (C.), « Responsabilité et indemnisation à l'égard des personnes contaminées par le virus du sida lors de transfusions sanguines », *Revue de droit sanitaire et social*, n°1, 1er janvier 1999, p. 91-112 ; REMY (P.), « Sida post-transfusionnel », *Revue générale du droit des assurances*, 1er janvier 1999, n° 1, p. 201-203.

de porter toute son attention sur les prescrits de l'article 177 de la loi n°09/001 du 10 janvier 2009 portant protection de l'enfant. Nous avons déjà étudié, avec force détails, les éléments constitutifs légaux de l'infraction de transmission délibérée du VIH. Il convient de se rapporter à nos développements antérieurs[976]. Ici, nous nous limiterons à scruter les aspects intéressant plus étroitement le cas particulier de la transmission mère-enfant du VIH.

581. Sous le bénéfice de cette précision, la première remarque à faire est que trois considérations majeures permettent d'établir le rapprochement pénal entre la transmission mère-enfant du VIH et l'infraction de transmission délibérée du VIH:

- Le terme « quiconque », employé par le législateur pour désigner l'auteur de l'infraction, paraît suffisamment générique pour faire entrer la mère séropositive dans sa compréhension *ratione personae.*
- L'activité procréative constitue, de la part de la femme séropositive, un acte extérieur susceptible de véhiculer le VIH. En tant que telle, elle rentre dans le champ *ratione materiae* des *modus operandi* implicites incriminés par l'article 45 supprimé de la loi du 14 juillet 2008. En revanche, l'activité procréative échappe à l'emprise de l'article 177 de la loi portant protection de l'enfant, pour la simple raison que ce dernier article se limite à la voie sexuelle comme mode opératoire de transmission punissable du VIH à l'enfant.
- Le terme « enfant », employé par l'article 177 de la loi portant protection de l'enfant pour désigner la victime pénalement protégée, pourrait valablement s'appliquer à la situation anténatale (situation de l'enfant avant sa naissance), pour des raisons de sémantique juridique déjà évoquées.

582. Autre remarque : pour être coupablement établie, l'infraction de transmission délibérée du VIH requiert un élément moral, en plus des éléments matériels dont certains viennent d'être rappelés. Cet élément moral réside dans la connaissance qu'a l'agent du risque de transmission du VIH, dont est entaché son comportement, doublée de son *animus contamini*, c'est-à-dire l'intention ou la ferme résolution de contaminer sa victime. Or, en l'espèce qui nous préoccupe, il est raisonnablement exclu de penser que la mère séropositive eut l'intention délibérée de transmettre le VIH à son enfant. On ne peut inférer de son désir d'enfanter, en dépit de la conscience qu'elle a du risque de transmission verticale du VIH, sa ferme résolution de contaminer l'enfant à naître.

[976] Voy. *supra*, n°405 et s.

583. Qu'en est-il alors du dol éventuel ? Pour rappel, en tant qu'élément moral spécial, le dol éventuel est établi en droit pénal dès que l'auteur envisage le résultat dommageable, mais agit néanmoins, s'accommodant ainsi du résultat pour le cas où il se produirait, même s'il ne le souhaite pas. Nous pensons que dans le cas particulier de la mère séropositive, on ne peut retenir le dol éventuel qu'à la condition de prouver qu'elle n'a pas fait ce qui était en son pouvoir pour éviter, en bon père de famille, le résultat dommageable ou en atténuer les conséquences. Théoriquement, l'on serait en parfait état de dol éventuel punissable notamment dans l'hypothèse d'une mère séropositive réfractaire au traitement antirétroviral médicalement prescrit dans l'intérêt de la prévention de la transmission du VIH à l'enfant à naître.

En dehors de cette hypothèse assez problématique – ce sur quoi nous reviendrons dans le prochain chapitre -, il nous apparaît qu'à l'état actuel du droit pénal particulier au VIH/sida, la transmission du VIH de la mère à l'enfant n'est pas infractionnelle. On ne peut cependant s'empêcher de réfléchir sur l'avenir de la riposte du droit pénal contre le phénomène de la recrudescence des cas de naissances avec le VIH.

c.2.2. Les projections sur l'avenir du droit pénal

584. Autour du statut pénal de la transmission du VIH de la mère à l'enfant, la position actuelle du droit congolais manque de clarté. En la matière, il est illusoire d'espérer à une interprétation unanime des textes susceptibles d'être appliqués, faute d'option législative clairement définie. Afin de remédier à cette lacune, deux indicateurs majeurs sont de nature à frayer le chemin au législateur congolais vers une solution adéquate: d'une part, les controverses scientifiques sur la pertinence de la criminalisation en contexte de VIH/sida ; et d'autre part, la revue comparée des législations étrangères tiraillées, sur le continent africain, entre le modèle punitif et le choix pour l'immunité des poursuites.

- **Les controverses autour de la pertinence de la criminalisation de l'exposition au VIH ou de sa transmission**

585. Le droit pénal constitue « le mécanisme le plus puissant dont dispose la société pour exprimer sa désapprobation collective face au comportement d'une personne, et aboutit généralement à l'imposition d'un châtiment, que ce soit sous la forme d'une pénalité monétaire ou d'une peine de prison[977]. »

---

[977] Matthew WEAIT cité par FÉDÉRATION INTERNATIONALE POUR LE PLANNING FAMILIAL (IPPF) *et al.*, « VIH, verdict sur un virus. Santé publique, droits humains et droit pénal », p. 11, disponible en ligne sur *http://www.stigmaindex.org/sites/default/files/newsattachments/ippf_criminalization%5BFrench%5D_web_commentableab5e.pdf,* [Consulté le 21 janvier 2017]; RÉSEAU

Depuis plusieurs années de lutte effrénée, l'approche du recours aux lois et poursuites pénales contre la transmission du VIH ou l'exposition au risque de le contracter, fait recette dans toutes les régions du monde[978]. Cette tendance n'a pas émergé sans susciter de vives controverses. Elle pose de graves questions en matière des droits de l'homme articulés à la santé publique.

586. D'après les défenseurs du rôle punitif du droit dans la lutte contre la propagation du VIH/sida[979], la criminalisation procède d'une bonne politique législative de santé publique, grâce aux meilleurs efforts et pratiques de prévention auxquels elle inciterait psychologiquement les personnes séropositives. Il est, à cet égard, déplorable de constater que les travaux de sociologie ou d'anthropologie juridique sur l'effectivité de la fonction dissuasive du droit pénal et l'efficacité de l'impact des lois pénales sur la santé publique, sont d'une extrême rareté dans la littérature scientifique[980].

587. D'après d'autres auteurs[981], la criminalisation a des effets contre-productifs en contexte de lutte contre le VIH/sida. Elle marginalise les personnes séropositives et les groupes les plus vulnérables au VIH (les professionnels de sexe, les toxicomanes, les LGTB, etc.), en même temps qu'elle véhicule, à leur endroit, de pires formes de stigmatisation de nature à exacerber la propagation du VIH plutôt que de l'enrayer. Selon eux, si

---

MONDIAL DES PERSONNES VIVANT AVEC LE VIH, « Criminalisation of HIV transmission in Europe », 2005, disponible in *http://www.gnpplus.net/criminalisation/index.shtml,* [Consulté le 7 janvier 2017] ; ARASA/OSISA, « Rapport de ARASA/OSISA sur la réunion de consultation de la société civile portant sur la criminalisation de la transmission intentionnelle du VIH », 2007, disponible in *http://www.arasa.info/files/pub_Meeting%20report%20final.doc*, [Consulté le 7 janvier 2017].

978 Sur quelques exemples des lois de criminalisation en matière de VIH/sida, réparties par régions du monde, voy. ONUSIDA (2008), « Politique générale : Criminalisation de la transmission du VIH », disponible in *http://data.unaids.org/pub/BaseDocument/2008/20080731_jc1513_policy_criminalization_en.pdf*, [Consulté le 6 octobre 2016]; BERNARD (E.), « Criminal HIV transmission: A collection of published news stories and opinions about so-called « HIV crimes »», disponible in *http://criminalhivtransmission.blogspot.com/*, [Consulté le 24 octobre 2015].

979 Su ce courant, voy. HAMBLIN (J.), *op. cit.*

980 Mérite une mention spéciale, la recherche menée par LAZZARINI (Z.) *et al.*, « Evaluating the Impact of Criminal Laws on HIV Risk Behaviours: A state of the art assessment of law and policy », *Journal of Law, Medicine and Ethics*, Vol. 30, 2002, p. 224-238.

981 Voy. AIDS AND RIGHTS ALLIANCE OF SOUTHERN AFRICA ET OPEN SOCIETY INITIATIVE FOR SOUTHERN AFRICA, « Rapport sur la réunion consultative de la société civile ARASA / OSISA sur la criminalisation de la transmission volontaire du VIH », 11 et 12 juin 2007, Windhoek, 2007, disponible in *http://www.arasa.info/publications.php,* [Consulté le 30 décembre 2016].

l'on envisage le cas extrême pour réprimer des actes souvent isolés de transmission délibérée du VIH, le recours aux lois pénales générales préexistantes devrait suffire à la réaction sociale, sans qu'il ne soit justifié de promulguer des lois pénales spécifiques au VIH/sida[982].

À ce propos, le traitement judiciaire des cas de transmission du VIH dans plusieurs pays montre que les cours et tribunaux ont le plus souvent fait référence aux qualifications pénales classiques telles que l'administration de substances nuisibles[983], la tentative de meurtre[984], les voies de fait[985], les

[982] En fait, par leur effet d'indexation des personnes vivant avec le VIH, les lois pénales spécifiques à la transmission du VIH donnent l'impression générale que dans son verdict, la société s'en prend à un virus et à ses porteurs et non pas, comme cela devrait pourtant l'être dans la philosophie du droit pénal moderne, à un acte antisocial et à ses auteurs. Dans le même ordre d'idées, voy. CAMERON (E.) *et al.*, « Le VIH est un virus et non un crime », *Revue VIH/sida, droit et politiques* , 2/3, 2008, p. 13 et s.

[983] En France, avant comme après la très médiatisée affaire du récidiviste Christophe MORAT, condamné le 2 octobre 2014 par la Cour d'assises des Bouches-du-Rhône, au total plus d'une quinzaine des personnes séropositives ont été également condamnées sur la base de l'article 222-15 du Code pénal qui vise « *l'administration de substances nuisibles ayant porté atteinte à l'intégrité physique ou psychique d'autrui* », c'est-à-dire l'inoculation d'une maladie quelle qu'elle soit. La vague des décisions de condamnation des actes de transmission intentionnelle du VIH par voie sexuelle sur le fondement de l'article 222-15 du Code pénal français, vit le jour en 2005 avec l'arrêt de la cour d'appel de Colmar (Colmar, 4 janv. 2005, *RDSS* 2005. 415, obs. P. MISTRETTA). Il s'agit de l'affaire du prévenu qui, se sachant porteur du VIH, avait multiplié les relations sexuelles non protégées avec plusieurs jeunes femmes, auxquelles il dissimulait volontairement son état sérologique, et avait ainsi contaminé par la voie sexuelle les deux plaignantes, jugées « désormais porteuses d'une affection virale constituant une infirmité permanente ». La chambre criminelle de la Cour de cassation, dans une décision du 10 janvier 2006, avait confirmé l'arrêt historique de la Cour d'appel de Colmar, ce qui justifie l'alignement jurisprudentiel des juridictions inférieures confrontées au même phénomène criminel. En outre, il importe de rappeler que loin dans le passé, précisément en 1991, le Sénat avait initié une proposition d'amendement en faveur de la criminalisation de la transmission du VIH qui n'a pas pu aboutir. Dans la doctrine française, certains auteurs continuent à se montrer plutôt favorables à une telle perspective. Voy. PROTHAIS (A.), « Le sida par complaisance rattrapé par le droit pénal », *Recueil Dalloz* 2006, p. 1068.

[984] Au Canada, en 2008, un Sans-abri séropositif a été condamné à 35 ans d'emprisonnement du chef de « harcèlement contre un fonctionnaire » à l'aide d'« une arme meurtrière », pour avoir craché sur l'agent de police venu l'arrêter. Les juges considèrent singulièrement la salive du prévenu séropositif comme « arme meurtrière ». Voy. KOVACH (G.C.), "Prison for man with H.I.V. who spit on a police officer", *New York Times*, 16 mai 2008.

[985] Également au Canada, l'on pourrait invoquer l'affaire *THISSEN* en Ontario, en 1996. Elle concerne une professionnelle de sexe, séropositive de son état, condamnée à deux ans moins un jour de prison du chef de « voies de fait graves », pour avoir mordu un agent de police au moment de son arrestation. Une condamnation dont l'aggravation repose sur la seule base erronée que la salive constitue une voie de transmission du VIH et que la morsure, qui l'emporte nécessairement, se ramène à un acte de mise en danger de la vie du policier par son exposition au VIH. *Voy. R v. Thissen* [1996], O.J. N° 2074; également

lésions corporelles volontaires[986] ou involontaires. En droit congolais, avant la promulgation des dispositions spécifiques à la transmission du VIH, en l'absence de jurisprudence connue en la matière, deux auteurs s'étaient prononcés, l'un[987] en faveur de la qualification d'empoisonnement, et l'autre[988] pour celle d'administration de substances nuisibles.

588. Le courant doctrinal anti-criminalisation, soutenu par de nombreux travaux dont ceux de Matthew WEAIT[989] de l'Université de Londres, jouit d'une large approbation des Agences spécialisées de l'ONU[990], en dépit

---

ELLIOTT (R.), « Prostituée condamnée à deux ans de prison pour avoir mordu un policier », *Revue VIH/sida, droit et politiques* 3(1), 1996.

[986] Sur la qualification de lésions corporelles volontaires au regard de l'article 122 du Code pénal suisse, voy. Trib. Féd. Suisse, Arrêt AATF 116 IV 125, 22 février 1990, in GASQUEZ (R.), *op. cit.*, p. 1.

[987] Voy. LUZOLANU MASEKELE, *Le sida au regard des qualifications d'atteinte à la vie et à la santé*, Mémoire de licence, Université de Kinshasa, 1996, p. 52. Pour notre part, nous ne pensons pas que la qualification d'empoisonnement eut pu être adéquate en matière de transmission intentionnelle du VIH. En effet, pour tomber sous le coup de l'article 49 du Code pénal congolais, la substance nocive administrée doit l'avoir été dans l'intention d'entraîner la mort de la victime de façon plus ou moins prompte. Or, il n'en est nullement ainsi en ce qui concerne la substance virale causale du sida. En ce sens, dans un arrêt de 1998, la Cour de cassation de la France avait rejeté la qualification d'empoisonnement en l'affaire de la contamination d'un individu, se sachant séropositif, à sa compagne car, d'une part, il n'existait pas une réelle intention de tuer (*animus necandi*) et, d'autre part, les sécrétions sexuelles contaminantes ne constituent pas, dans l'entendement de Hauts juges judiciaires, une substance de nature à entraîner nécessairement la mort. Voy. Crim. 2 juill. 1998, *Bull. crim.* n° 211, D. 1998.J. 457, note J. PRADEL.

[988] KASONGO MUIDINGE, « Le droit face au Sida : approche du criminologue », in *Annales de la Faculté de Droit*, vol. XI- XXVII, Kinshasa, Presses universitaires du Zaïre, 2004, p. 24 et s. A la suite du Professeur KASONGO MUIDINGE, nous sommes aussi d'avis que la qualification d'administration de substances nuisibles fut préférable à celle d'empoisonnement. On enseigne que « le simple fait d'administrer les substances capables de donner la mort sans que celle-ci s'ensuive ou d'altérer gravement la santé suffit » (Voy. LIKULIA BOLONGO, *op. cit.*, p. 84) pour tomber sous le coup de l'infraction formelle prévue par l'article 50 du Code pénal congolais. On eut pu alors juger que l'acte d'administration visé par la loi englobe le procédé de relations sexuelles non protégées, et que les secrétions humaines infectées par le VIH (sperme ou liquide vaginal) rentrent valablement dans le champ de compréhension du concept légal de « substances nuisibles ».

[989] Voy. WEAIT (M.), « Intimacy and Responsibility: the Criminalization of HIV Transmission », *Abingdon: Routledge-Cavendish*, 2007; WEAIT (M.), « Knowledge, Autonomy and Consent: R. v/ Konzani », *Criminal Law Review*, octobre 2005, p. 763-772; WEAIT (M.), « Criminal Law and the Sexual Transmission of HIV: R. v/ Dica », *Modern Law Review* 68(1), 2005, p. 121-134; WEAIT (M.), « Taking the Blame: Criminal Law, Social Responsibility and the Sexual Transmission of HIV », *Journal of Social Welfare and Family Law*, 23(1), 2001, p. 441-457.

[990] Voy. ONUSIDA, *Droit pénal, santé publique et transmission du VIH : Étude des politiques possibles*, Genève, 2002; ONUSIDA et PNUD, *Criminalization of HIV*

du fait que sa réception effective en droit interne reste problématique dans plusieurs États membres des Nations unies[991].

Les travaux dédiés au plaidoyer contre l'épidémie des lois de criminalisation en contexte de VIH/sida ont abouti à un argumentaire de compromis présenté dans un instrument déclaratoire international dénommé « *Dix raisons de s'opposer à la criminalisation de l'exposition au VIH ou de sa transmission* »[992]. Sans commentaires, en voici la teneur :

- « Criminaliser la transmission du VIH n'est justifié que si un individu a transmis volontairement ou malicieusement le VIH dans l'intention de porter préjudice. Dans ces rares cas, le recours aux lois pénales existantes est possible et recommandé, plutôt que l'adoption de lois spécifiques au VIH.
- Le recours au droit pénal en réponse à l'exposition au VIH ou à sa transmission ne contribue pas à réduire la propagation du VIH.
- Le recours au droit pénal comme réponse à l'exposition au VIH, ou à sa transmission, nuit aux efforts de prévention du VIH.
- Le recours au droit pénal en réponse à l'exposition au VIH et à sa transmission engendre la peur et la stigmatisation.
- Plutôt que d'apporter la justice aux femmes, le recours au droit pénal en réponse à l'exposition au VIH ou à sa transmission les rend vulnérables et les opprime davantage.
- Les lois qui criminalisent l'exposition au VIH et sa transmission sont rédigées et appliquées de manière trop large et punissent souvent des comportements qui ne sont pas répréhensibles.

Transmission, Genève, 2008; ONUSIDA et PNUD, *Summary of main issues and conclusions. International Consultation on the Criminalization of HIV Transmission*, 31 octobre - 2 novembre 2007, Genève, 2008; UNIP et PNUD, *Agir contre le VIH et le sida. Guide pratique à l'intention des parlementaires*, 2007. Voy. spécialement le Chapitre 13 intitulé « *Objet de controverse : le délit de transmission et/ou d'exposition au risque de transmission du VIH* », p.207 et s.

991 Pour preuve, tous les pays d'Afrique subsaharienne retenus dans le champ de notre étude de droit comparé disposent des lois de criminalisation sur la transmission du VIH/sida. Tels que cartographiés par nous, parmi eux, cinq pays limitent la criminalisation aux actes de transmission volontaire ou intentionnelle du VIH. D'une manière générale, l'imaginaire collectif considère que les actes relevant de cette catégorie pénale sont d'un haut degré de culpabilité morale. Ces pays sont : la Mauritanie, le Congo-Brazzaville, le Togo, le Sénégal, le Mali et le Burundi. Par contre, les cinq autres pays élargissent le champ de la criminalisation aux actes, moralement moins répréhensibles que les précédents, de transmission involontaire du VIH et/ou de simple exposition au VIH. Il en est ainsi en Côte d'Ivoire, au Burkina Faso, au Tchad, au Niger et au Benin.

992 Voy. OPEN SOCIETY INSTITUTE, *Dix raisons de s'opposer à la criminalisation de l'exposition au VIH ou de sa transmission*, 2008.

- Les lois criminalisant l'exposition au VIH et sa transmission sont souvent appliquées de manière injuste, sélective et inefficace
- Les lois qui criminalisent l'exposition au VIH et sa transmission passent outre aux vrais défis de la prévention du VIH.
- Plutôt que d'adopter des lois criminalisant l'exposition au VIH et sa transmission, les législateurs devraient réformer les lois qui nuisent à la prévention et au traitement du VIH.
- Les réponses au VIH fondées sur les droits humains sont les plus efficaces ».

Ce condensé des controverses suscitées par la tendance à la criminalisation de l'exposition au VIH ou de sa transmission permet ainsi de catalyser la position future du droit congolais, particulièrement sur la question du statut pénal de la transmission du VIH de la mère à l'enfant. Y concourt également l'état controversé de cette question en droit comparé africain.

❖ **Les tiraillements du statut pénal de la transmission du VIH de la mère à l'enfant en Afrique entre criminaliser et immuniser**

589. La comparaison des droits de la plupart des pays africains ayant légiféré sur le VIH/sida dévoile différentes manières pour les législateurs africains d'appréhender le risque des poursuites pénales contre la mère séropositive en cas de transmission du VIH à son enfant. Sur cette question, plusieurs paramètres éthiques et pesanteurs socioculturelles entrent bien évidemment en ligne de compte.

À la lecture croisée des législations étudiées, il nous est apparu que les options levées sur le statut pénal de la transmission mère-enfant du VIH se tiraillent entre deux logiques juridiques diamétralement opposées : laisser courir la menace des poursuites pénales à l'encontre de la mère séropositive, sous quelque incrimination que ce soit (modèle punitif), ou la soustraire de toute poursuite éventuelle, en lui accordant le bénéfice de l'immunité judiciaire (modèle immunitaire).

590. On retrouve les traces du modèle punitif notamment en droit nigérien. En témoignent ces deux dispositions tirées de la loi n°2007-08 du 30 avril 2007 relative à la prévention, la prise en charge et le contrôle du Virus de l'Immunodéficience Humaine :

➢ « Quiconque aura sciemment exposé autrui à un risque de contamination par le virus du sida sera puni conformément à l'article

230-1, alinéa 2, du Code pénal. Dans ce cas, la juridiction de jugement n'accordera ni circonstances atténuantes ni sursis[993]. »

- « Toute personne qui, par négligence, imprudence, maladresse, inattention et l'inobservation des mesures de sécurité médicale, aura administré à autrui le VIH, sera punie d'une peine de deux (2) ans à cinq (5) ans et d'une amende de deux cent mille (200.000) à un million (1.000.000) de francs CFA[994]. »

591. En revanche, le choix législatif pour l'immunité des poursuites en faveur de la mère séropositive prédomine dans les systèmes juridiques comparés étudiés, ainsi que le révèle l'échantillon ci-après:

- **En droit sénégalais**[995] : « Personne ne pourra être poursuivi ni jugé aux termes de cette loi pour transmission du VIH, ou pour exposition au VIH, lorsque ladite transmission ou exposition se produit dans l'un des cas suivants :- la transmission du VIH de la mère à l'enfant avant la naissance de celui-ci, pendant l'accouchement ou au cours de l'allaitement [...] ».

- **En droit ivoirien**[996] **:** « Nul ne pourra être poursuivi ni jugé aux termes de cette loi ou de toute autre loi pour transmission du VIH, ou pour exposition au VIH, lorsque ladite transmission ou exposition résulte de l'un des cas suivants :- de la transmission du VIH de la mère à l'enfant avant la naissance de celui-ci, pendant l'accouchement ou au cours de l'allaitement [...] ».

- **En droit congolais (Congo-Brazzaville)**[997] **:** « Nul ne peut être poursuivi ni jugé aux termes de cette loi ou de toute autre loi pour transmission du VIH, ou pour exposition au VIH lorsque ladite transmission ou exposition résulte des cas suivants: - la transmission du VIH de la mère à l'enfant avant la naissance de celui-ci, pendant l'accouchement ou au cours de l'allaitement [...] ».

Tout bien considéré, que pouvons-nous recommander au législateur congolais à la lumière de cette revue sommaire de droit comparé africain ?

---

[993] Article 39.

[994] Article 40.

[995] Article 36 de la loi n°2010-03 du 09 avril 2010 relative au VIH/sida.

[996] Article 51 de la loi du 11 juillet 2014 portant régime de prévention, de protection et de répression en matière de lutte contre le VIH et le sida.

[997] Article 42 de la loi n°30-2011 du 03 juin 2011 portant lutte contre le VIH et le sida et protection des droits des personnes vivant avec le VIH/sida.

❖ **Pour un régime d'immunité pénale en faveur de la mère séropositive**

592. D'emblée, il apparaît que la perspective de criminalisation de la transmission du VIH de la mère à l'enfant est inconciliable avec la liberté de choix, précédemment préconisée, entre la poursuite de la grossesse et son interruption pour motif eugénique. Cela ne revient pas à recommander au législateur l'adoption pure et simple du modèle d'immunité des poursuites commun aux droits sénégalais, ivoirien et congolais (Congo-Brazzaville) comparés. Nous irons bien au-délà.

En effet, si ce modèle prédominant a le mérite d'avoir à son actif les « *dix raisons de s'opposer à la criminalisation de l'exposition au VIH ou de sa transmission* », il ne se caractérise pas moins par une certaine tiédeur. C'est l'occasion d'apporter la nuance juridique entre la notion *d'immunité des poursuites* et celle *d'immunité pénale*. L'immunité des poursuites fait temporairement obstacle à ce qu'une personne pénalement responsable soit poursuivie ou jugée[998]. Une fois cette immunité levée, la responsabilité pénale encourue pourrait alors être engagée. Par contre, l'immunité pénale est élusive de responsabilité pénale. Elle empêche définitivement toute action publique. À ce titre, l'immunité pénale paraît à la fois plus ferme et plus étendue que l'immunité des poursuites qu'elle implique par la force des choses : quand on est pénalement immunisé pour quelque fait que ce soit, il va de soi qu'on ne puisse être poursuivi ni jugé de son chef.

C'est pourquoi, nous inscrivant dans la perspective théorique de l'immunité pénale, nous formulons au législateur la recommandation **qu'aucune responsabilité pénale ne doive être retenue, sous quelque incrimination que ce soit, à charge de la mère séropositive du chef de la transmission du VIH à l'enfant avant la naissance de celui-ci, pendant l'accouchement ou au cours de l'allaitement**[999].

Comme nous l'avons annoncé plus haut, le deuxième socle sur lequel est bâti le régime *de lege ferenda* de l' « interruption responsable de

---

998 Voy. *supra* la formulation « Personne (*Nul) ne pourra être poursuivi ni jugé* » utilisée par les législateurs sénégalais et ivoirien notamment.

999 La recommandation formulée est conforme à la conception des « *immunités familiales* » qui émerge dans les droits africains contemporains pour répondre aux nécessités de la sauvegarde des valeurs culturelles auxquelles s'identifient traditionnellement les populations locales destinataires de la norme juridique. En ce sens, au nom de la solidarité familiale, l'article 122 de l'Avant-projet de Code pénal congolais reconnaît l'immunité pénale, sous certaines conditions, aux parents et alliés en ligne directe jusqu'au 4e degré et leurs conjoints, aux frères et sœurs et leurs conjoints, dans les cas d'infractions suivantes : abus de confiance, chantage, escroquerie, extorsion, non-dénonciation d'infraction, non-témoignage en justice, recel de malfaiteur et vol. Sur l'état des immunités familiales en droit positif congolais, voy. SITA-AKELE MUILA, *La protection pénale de la famille et de ses membres*, Kinshasa, ODF, 2001, p. 88, 96, 98 et 102.

grossesse » (I.R.G.) pour motif eugénique, est fait de conditions de forme. Il nous appartient, à présent, d'en spécifier les contours.

B. Les conditions de forme ou d'exécution de l'« interruption responsable de grossesse » pour motif eugénique

593. Aux fins d'I.R.G. pour motif eugénique, nous préconisons quatre conditions de forme : les examens sérologiques appropriés (1), l'attestation concertée de deux médecins (2), le recours à l'avortement médicalisé (3) et le suivi post-abortum (4).

1. Les examens sérologiques appropriés

594. Les examens médicaux à pratiquer sur la femme enceinte candidate à l'I.R.G. pour motif eugénique sont destinés non seulement à dissiper tout moindre doute raisonnable sur son statut sérologique, mais aussi à estimer la probabilité que l'enfant à naître soit atteint d'infection à VIH.

Dans ce cadre, il va le plus souvent s'avérer important de mesurer la charge virale de la mère séropositive. Comme l'ont révélé nos développements antérieurs, il a été démontré qu'à charge virage indétectable, les personnes séropositives sont moins enclines à transmettre le VIH. Nous avons aussi vu qu'aucune certitude scientifique de non-transmission verticale du VIH n'est actuellement acquise. Il demeure encore impossible de dire, sans risque de se tromper, que tel enfant conçu ne sera pas infecté par le VIH d'ici sa naissance. Le droit se contentera donc de saisir simplement la « probabilité »[1000] que l'enfant à naître soit atteint de VIH. La crainte que l'on passe de la « probabilité au probabilisme »[1001], telle qu'exprimée par Gérard MEMETEAU à propos de l'avortement eugénique, reste réelle. Peut-être faudra-t-il compter sur la concertation entre deux hommes de l'art de guérir pour espérer minimiser le risque de dérive eugénique systématique.

2. L'attestation concertée de deux médecins

595. Une fois les résultats des examens sérologiques recueillis, il est nécessaire de conditionner la mise en exécution de l'avortement

---

[1000] C'est le terme finalement retenu par le législateur français après avoir renoncé à l'expression « un risque élevé » employée dans le projet de loi de 1974. Actuellement, on peut lire à l'article L.162-12 du Code de la santé publique, issu des lois VEIL : « *L'interruption volontaire d'une grossesse peut, à toute époque, être pratiquée* […] *si* […] *il existe une **forte probabilité** que l'enfant à naître soit atteint d'une affection d'une particulière gravité reconnue comme incurable au moment du diagnostic.*»

[1001] MEMETEAU (G.), « Le refus de soins à enfant conçu », *Revue Trimestrielle de droit sanitaire et social*, Juillet-Septembre 1979, p. 317.

eugénique par la concertation entre au moins deux médecins[1002]. À l'issue de leur concertation, ces médecins auront, le cas échéant, attesté l'existence d'une forte probabilité que l'enfant à naître soit contaminé par le VIH.

Il ressort de la comparaison des droits africains effectuée que l'avortement eugénique pour cause de « malformation fœtale »[1003] est autorisé au Burkina Faso, au Togo, au Tchad, au Niger et au Bénin. Dans les corpus législatifs de tous ces États, des autorisations des membres du corps médical ont été jugées nécessaires pour faire admettre la femme à l'avortement. Au Bénin en particulier, la loi exige, en cette matière, que l'autorisation requise soit l'œuvre d'un médecin assermenté par la justice[1004].

3. Le recours à l'avortement médicalisé

596. D'après une certaine littérature[1005], en Afrique, en 2014, au moins 9% des décès maternels (16.000) ont été le résultat d'un avortement non médicalisé. Par « avortement non médicalisé », autrement désigné par l'expression « avortement clandestin », l'OMS suggère d'entendre « toute procédure destinée à interrompre une grossesse non planifiée, pratiquée par une personne qui ne possède pas les compétences nécessaires et/ou dans un cadre ne répondant pas aux normes médicales minimales[1006]. »

On rapporte que parmi les 6,4 millions cas d'avortements enregistrés en 2008, 3% seulement l'ont été dans des conditions médicalisées[1007]. Aussi, une étude menée auprès de femmes vivant avec le VIH/sida en Côte d'Ivoire a-t-elle montré que chez la moitié des femmes, la dernière

[1002] Il importe peu que l'établissement hospitalier auquel l'un ou l'autre médecin est rattaché soit public ou privé. Seul son agrément compterait aux yeux de la loi.

[1003] À l'expression très répandue en droit comparé africain de « malformation fœtale », on peut faire le reproche d'être très évasive, au risque manifeste de s'appliquer à des anomalies morphologiques congénitales bénignes pour constituer des indications sérieuses justifiant l'avortement. Il aurait été préférable de viser précisément, sans les nommer toutes, celles des malformations ou affections fœtales « d'une particulière gravité » ou, mieux, « reconnues comme incurables ».

[1004] La même exigence d'assermentation est prévue en matière d'avortement thérapeutique dans d'autres pays africains comme le Sénégal et la Côte d'Ivoire.

[1005] Voy. SINGH (S.) *et al.*, *Adding It Up: The Costs and Benefits of Investing in Sexual and Reproductive Health 2014,* New York: Guttmacher Institute, 2014, p. 2.

[1006] Voy. SEDGH (G.), SINGH (S.) *et al.*, "Induced abortion: incidence and trends worldwide from 1995 to 2008", *The Lancet,* 2012, 379(9816):625–632; SEDGH (G.), WULF (D.) *et al.*, "Abortion Worldwide: A Decade of Uneven Progress", *New York: Guttmacher Institute*, 2009.

[1007] SINGH (S.) *et al.*, *op. cit.*, p. 2.

grossesse en date n'avait pas été désirée et un tiers l'a interrompue par un avortement non médicalisé[1008].

597. L'ampleur du phénomène d'avortements non médicalisés en Afrique pourrait s'expliquer par le fait qu'en tendance générale, le contexte juridique demeure hostile à la conception libérale que la plupart des pays occidentaux se font de l'I.V.G. C'est pourquoi en 2015, selon les estimations[1009], 93% des africaines en âge de procréer avaient été localisées dans des pays régis par des législations très restrictives en matière d'avortement.

À l'inverse, en Afrique du Sud, grâce à la politique législative de libéralisation de l'avortement mise en œuvre depuis 1997, il s'est observé que le nombre annuel de décès liés aux avortements non médicalisés s'est réduit de 91% entre 1994 et 1998–2001[1010].

598. Pour toutes ces raisons statistiques, il conviendrait de préciser dans la loi que l'I.R.G. pour motif eugénique ne peut être pratiquée que dans les établissements sanitaires publics et privés intégrés dans la stratégie de soins de santé primaires, où il est fait obligation à l'Etat d'assurer « *gratuitement l'accès aux soins de prévention, aux traitements et à la prise en charge des personnes vivant avec le VIH/sida*[1011] ».

Compte tenu des conséquences psychosomatiques et des risques médicaux associés à l'avortement, il est toujours de bon aloi de le faire accompagner d'un suivi approprié.

4. Le suivi post-abortum

599. *De lege ferenda*, la dernière condition d'exécution de l'I.R.G. pour motif eugénique serait le suivi post-abortum, c'est-à-dire un accompagnement professionnel de la femme ayant subi l'avortement dans le but de l'aider à :

- Assumer les dimensions émotives et interpersonnelles liées à l'I.R.G. pratiquée (*counselling* post-abortum) ;
- Se faire prendre en charge médicalement par rapport aux conséquences sanitaires éventuelles auxquelles elle y a été exposée (prise en charge médicale post-abortum) ;

[1008] Voy. DESGRESS DU LOU et al. cités par GUILLAUME (A.) et MOLMY (W.), *op. cit.*

[1009] Voy. SINGH (S.) *et al.*, *op. cit.*, p. 2.

[1010] Voy. *Idem.*

[1011] Voy. l'article 11 de la loi n°08/011 du 14 juillet 2008 portant protection des droits des personnes vivant avec le VIH/sida et des personnes affectées.

- Le cas échéant, choisir une méthode contraceptive appropriée pour éviter le risque de grossesse non désirée (contraception post-abortum).

600. Pour conclure ce chapitre, en résumé du régime juridique d'I.R.G. pour motif eugénique construit dans les lignes précédentes, nous préconisons que le texte de la réforme du droit encadrant l'avortement soit formulé en ces quatre alinéas d'un même article :

« L'interruption responsable de grossesse pour motif eugénique peut, à toute époque, être pratiquée sur la femme séropositive, qui y émet par écrit un consentement libre et éclairé et, le cas échéant, avec l'assentiment préalable du partenaire des œuvres duquel elle a conçu, si deux médecins attestent, après examens sérologiques appropriés et concertation, que la poursuite de la grossesse laisse courir une forte probabilité d'aboutir à la naissance d'un enfant atteint du VIH/sida.

Dans ce cas, il est procédé à l'interruption médicale de la grossesse au sein d'un établissement sanitaire public ou privé dûment agréé, à charge de l'État.

L'interruption de grossesse prévue par le présent article est accompagnée d'un suivi post-abortum.

Aucune mère séropositive ne peut faire l'objet d'incrimination, sous quelque qualification que ce soit, pour avoir mené la grossesse à terme et donné naissance à un enfant infecté par le VIH. »

601. En attendant que cette perspective de réforme devienne une réalité, l'avortement reste sous le coup de l'interdiction pénale en droit positif congolais. Dans ces conditions, pour espérer réduire le risque des naissances avec le VIH chez les femmes enceintes séropositives, la solution ultime demeure l'administration des soins de prévention de la transmission mère-enfant aux patientes concernées. Actuellement, la société dispose-t-elle de moyens juridiques de les y contraindre ? Pourraient-elles faire valoir le droit au refus des soins au nom de l'autonomie de soi sur le corps humain ? C'est à l'examen de cette nouvelle problématique juridique et éthique que va s'atteler le dernier chapitre de notre étude.

CHAPITRE DEUXIÈME :

UNE AUTONOMIE RECONNUE EN MATIÈRE D'ADMINISTRATION DES SOINS DE PRÉVENTION DE LA TRANSMISSION MÈRE-ENFANT DU VIH

602. D'après Alain de BROCA, « à l'origine, le terme de soin renvoie surtout au souci, au fait que la personne s'inquiète pour autrui. Le mot rappelle ainsi l'occupation et la charge de celui qui soigne[1012]. »

603. Les enjeux liés au refus maternel des soins de prévention de la transmission du VIH à l'enfant à naître paraissent singulièrement délaissés par les législations spécifiques au VIH/sida, alors que l'importance des questions posées est largement soulignée dans le vécu social.

Des situations dans lesquelles la femme enceinte séropositive refuse de se soumettre au traitement antirétroviral médicalement prescrit dans l'intérêt de l'enfant à naître sont réelles, même si elles sont peu documentées et supposées minoritaires. Une illustration assez éloquente nous en vient du Canada[1013]. Elle révèle qu'une mère séropositive a été poursuivie en justice du chef de « *négligence criminelle provoquant des lésions corporelles et de voie de fait aggravée* »[1014], pour s'être délibérément soustraite de soins de prévention de la transmission du VIH de la mère à enfant (PTME).

[1012] DE BROCA (A.), *Le soin est une éthique. Les enjeux du consentement ou du refus de soins et de l'obstination déraisonnable*, Paris, Editions Seli Arslan, 2014, p. 15.

[1013] Voy. GLOBE AND MAIL, "Mother convicted of hiding HIV status for son's birth", in *http://www.theglobeandmail.com/servlet/story/RTGAM.20060807.waidsborn07/BNStory/National/hoe,* [Consulté le 15 juin 2015].

[1014] Aux termes de l'article 215(2)(a)(ii) du Code criminel canadien : « *Toute personne est légalement tenue en qualité de père ou mère, de parent nourricier, de tuteur ou de chef de famille, de fournir les choses nécessaires à l'existence d'un enfant de moins de seize ans* ». Le manquement à cette obligation, sans excuse légitime, est constitutif d'infraction si « *l'omission de remplir l'obligation met en danger la vie de la personne envers laquelle cette obligation doit être remplie, ou expose, ou est de nature à exposer à un péril permanent la santé de cette personne.* »

En l'espèce, il ressort des faits de la cause que la prévenue avait un premier enfant né en 2003 exempt d'infection à VIH. Redevenue grosse en 2004, elle a changé de cabinet médical et a volontairement dissimulé son statut séropositif à ses nouveaux médecins, dans le seul dessein de ne pas subir le traitement antirétroviral pour des raisons de convenance personnelle. Dans ces conditions de privation des soins de PTME, son deuxième enfant naquit contaminé par le VIH. Elle fut condamnée à une peine conditionnelle de six mois suivie d'un sursis de trois ans.

604. En RDC, il est courant que certaines femmes enceintes se sachant séropositives et parfaitement conscientes du risque de transmission du VIH à l'enfant à naître, se montrent hostiles aux soins de PTME. Elles invoquent le plus souvent, au nom de la foi en Dieu[1015], la possibilité miraculeuse de faire naître un enfant non atteint du VIH, sans le concours d'aucun médicament fait de mains d'hommes faillibles.

Devant une telle croyance religieuse mettant en danger la santé de l'enfant à naître, les professionnels de l'art de guérir, astreints à une déontologie strictement respectueuse des droits du patient, se retrouvent dans un profond désarroi. Cela d'autant plus que la législation en vigueur ne fait aucunement obligation aux mères séropositives de se soumettre aux soins de PTME. Faut-il inférer de cet état de la législation l'existence d'un droit de la mère séropositive au refus des soins de PTME (Section 1) ? Quoi qu'il en soit, l'intérêt supérieur de l'enfant à naître invite à repenser le droit en vigueur, de manière à le mettre en parfait état de riposte contre toute éventualité d'abus de la mère séropositive dans son rapport aux soins de PTME (Section 2).

Section 1 : L'absence d'obligation des soins de PTME, une reconnaissance implicite du droit de la mère séropositive au refus des soins ?

605. Dans les pays africains ayant spécifiquement légiféré sur le VIH/sida, nous n'avons pas connaissance d'une consécration expresse de l'obligation des soins de PTME opposable aux mères séropositives. Cette grave insuffisance dans la protection de l'enfant à naître est illustrée par le droit positif congolais, en ce qu'en matière d'accès aux soins de PTME, il est simplement incitatif et non pas coercitif (§1). La timidité du législateur congolais en cette matière est telle qu'on peut valablement lui attribuer l'affirmation implicite du droit de la femme enceinte séropositive au refus des soins de PTME (§2).

[1015] Nous y reviendrons plus loin.

Paragraphe 1 : Un droit objectif simplement incitatif aux soins de PTME

606. En droit congolais, on retrouve la seule référence relativement claire aux soins de PTME à l'article 9 de la loi n°08/011 du 14 juillet 2008 portant protection des droits des personnes vivant avec le VIH/sida et des personnes affectées, suivant lequel : « *La femme séropositive bénéficie de toutes les dispositions mises en place par l'État dans le cadre de la politique nationale de santé de la reproduction*[1016]. » Cet article comporte deux éléments essentiels qu'il importe de décrypter. Le premier se cache derrière le verbe « bénéficier » (B), tandis que le second tient au « *cadre de la politique nationale de santé de la reproduction* » (A). Pour la cohérence de notre propos explicatif, nous inverserons utilement l'ordre dans lequel ces deux éléments figurent dans la loi.

A. Les soins de PTME, une partie intégrante des services de santé de la reproduction

607. D'après les standards universels[1017], les services de santé de la reproduction intègrent les soins de santé maternelle, néonatale et infantile. Ils comprennent notamment l'accès à la contraception, les soins prénataux, l'assistance qualifiée à la naissance et les soins postnataux, y-compris le soutien nutritionnel ; la prévention et le traitement approprié de la sous-fertilité et de l'infertilité ; la prévention et le traitement des affections de l'appareil génital et des infections sexuellement transmissibles; et la gestion des complications et urgences obstétriques et néonatales.

De manière générale, les services de santé de la reproduction importants dans le cadre du VIH adoptent l'approche globale préconisée par les Nations unies[1018] pour la prévention de l'infection à VIH chez les fœtus, les nourrissons et les jeunes enfants. Dans ce cadre précis, le Programme national de santé de la reproduction en cours d'exécution en RDC comporte, théoriquement, une large gamme des services de prévention, de soins, de traitement et de soutien en direction de la femme enceinte

---

[1016] On retrouve une formulation similaire en droit sénégalais. Voy. l'article 15 de la loi n°2010-03 du 09 avril 2010 relative au VIH/sida, qui dispose que: « [...] *Toutes les femmes enceintes bénéficient des dispositions mises en œuvre par l'Etat dans le cadre du programme de prévention de la transmission du VIH de la mère à l'enfant et dans le cadre de la politique de santé de la reproduction.* »

[1017] Voy. OMS et UNICEF, *Guide pour la mise à l'échelle au plan mondial de la prévention de la transmission mère-enfant du VIH : vers un accès universel pour les femmes, les nourrissons et les jeunes enfants et pour l'élimination du VIH et du sida*, Genève, Bibliothèque de l'OMS, 2007, p. 15.

[1018] Voy. *idem*.

séropositive pour « une prise en charge intégrée de la grossesse, de l'accouchement et du nouveau-né[1019] ».

608. Le grand défi auquel se butent les instances chargées de la mise en œuvre de la politique de santé de la reproduction au niveau national est celui de l'accès universel des soins de PTME. En 2016, sur le nombre de 563.200 personnes vivant avec le VIH/sida en RDC, seules 157.072 étaient sous traitement ARV (soit 36% de la population VIH estimée), dont 15.413 femmes enceintes[1020]. Ce défi est commun à tous les pays africains concernés par la présente étude[1021].

Qui pis est, le pourcentage de femmes enceintes séropositives, qui reçoivent des antirétroviraux pour réduire le risque de transmission du VIH à leur enfant, a fortement diminué en RDC, passant de 22,2% (6855/23535 femmes ayant accouché) en 2014 à 14,1% (3338/23355 femmes ayant accouché) en 2015[1022].

Le juriste devrait alors se poser la question de savoir si le droit objectif impose à l'État de disponibiliser les médicaments antirétroviraux nécessaires à la PTME. En d'autres termes, l'État est-il débiteur de l'obligation de fournir les médicaments antirétroviraux nécessaires à la PTME aux femmes enceintes éligibles?

En réponse à cette question incidente, il convient préalablement d'observer, dans un cadre plus général, que l'accès aux médicaments de traitement du VIH/sida dans les pays en développement est une problématique très complexe. S'y invitent de nombreux enjeux juridiques et conflits d'intérêts économiques liés aux brevets pharmaceutiques[1023]. Là n'est pas notre propos.

[1019] MINISTÈRE DE LA SANTÉ PUBLIQUE, *Politique nationale de santé de la reproduction…op. cit.*, p. 16.

[1020] Données fournies par le PNLS et logées dans le site de monitoring de l'ONUSIDA. Voy. www.aidsreportingtool.org, (consulté le 13 mars 2017).

[1021] Dans ces pays à faible revenu, en dépit de l'élargissement à un rythme croissant de l'accès au traitement antirétroviral préventif de l'infection à VIH chez l'enfant à naître, la couverture de ce traitement demeure extrêmement faible. Sur ce constat, les études et rapports internationaux sont unanimes. Voy. ONUSIDA, UNICEF et OMS, *op. cit.*, p. 3 et s. ; OMS, *Traitement antirétroviral de l'infection à VIH …op. cit.*, p. 1 et s.

[1022] Voy. Programme National Multisectoriel de Lutte contre le VIH/sida (PNMLS), *Plan Stratégique National de la riposte au VIH/sida 2018-2021, Draft pré-validé du 16 mars 2017*, inédit, p. 13.

[1023] Pour en savoir davantage, voy. LOUM-NEESER (N.F.), *Les pays en développement et la brevetabilité des médicaments en matière de lutte contre le VIH/sida. (Étude de droit comparé sur les controverses actuelles concernant le rôle des brevets pharmaceutiques dans l'accès aux médicaments de traitement du VIH/sida dans les pays en voie de développement)*, Thèse, Université de Strasbourg, 2012.

Dans ces pays réputés à faible revenu, la pauvreté des populations et l'accès aux ARV se repoussent mutuellement. Là, plus qu'ailleurs, l'État est, de par ses missions traditionnelles, le dernier rempart auquel les femmes séropositives auront naturellement recours pour espérer obtenir les secours nécessaires à la PTME. De ce point de vue, le devoir d'intervention de la puissance publique dans le domaine de santé de la reproduction, en proie à l'épidémie du VIH/sida, paraît inhérent à la nature même de l'État.

On trouve trace de cette conception de l'État pourvoyeur de premier rang des moyens d'accès à la santé individuelle tant dans les instruments de droit international (1) que dans les textes de droit interne (2).

1. En droit international

609. Le droit international reconnaît à toute personne, sans distinction aucune, le droit au meilleur état de santé possible opposable à l'État. L'article 12 du Pacte international relatif aux droits économiques, sociaux et culturels précise à cet égard que les dispositions qui s'imposent aux États parties « *devront comprendre les mesures nécessaires pour assurer* [...] *la création de conditions propres à assurer à tous des services médicaux et une aide médicale en cas de maladie* ».

Dans son Observation générale n°14, le Comité des droits économiques, sociaux et culturels de l'ONU clarifie la portée exacte de l'article 12 dudit Pacte, en expliquant que « les établissements de santé, les biens et services doivent être accessibles à tous, en particulier aux sections de la population les plus vulnérables ou les plus marginalisées [...][1024] ».

610. En rapport avec le VIH/sida, dans une Résolution adoptée le 11 mai 2000[1025], la Commission des droits de l'homme avait indiqué que le droit qu'a chacun de jouir du meilleur état de santé susceptible d'être atteint couvre également l'accès aux médicaments antirétroviraux.

Ainsi, dans les Objectifs du Millénaire pour le Développement (OMD)[1026], il a été plaidé notamment en faveur d'un accès universel à la

[1024] COMITÉ DES DROITS ÉCONOMIQUES, SOCIAUX ET CULTURELS DE L'ONU, *Le droit de jouir du meilleur état de santé physique et mentale susceptible d'être atteint.* (Observation générale n°14), Doc. E/C.12/2000/4 (2000), para. 12(b).

[1025] Voy. *idem.*

[1026] Les Objectifs du Millénaire pour le Développement (OMD) ont été adoptes en 2000 à New York, avec la Déclaration du millénaire de l'ONU, par 193 Etats et une vingtaine d'organisations internationales résolus de les atteindre à l'horizon 2015. Pour la période 2015-2030, le nouveau référentiel adopté par la communauté internationale a été dénommé les « Objectifs de développement durable » (ODD). Voy. spécialement l'OMD 6 « *Combattre le VIH/sida, le paludisme et les autres maladies* » et l'ODD 3 intitulé « Accès à la santé », avec pour cibles, entre autres, « *d'ici à 2030, mettre fin à l'épidémie de VIH/sida*» et «*faire en sorte que chacun bénéficie d'une couverture sanitaire universelle,*

prise en charge du VIH, dont les services destinés à prévenir la transmission du VIH de la mère à l'enfant.

Bien d'autres instruments internationaux abondent dans le même sens. C'est le cas de la Déclaration d'engagement sur le VIH/sida du 27 juillet 2001[1027], par laquelle tous les États membres de l'Assemblée générale des Nations unies se sont engagés à « garantir l'accès pour tous aux traitements ».

611. De différents textes juridiques pré rappelés, découle l'obligation de chaque État de prendre, à l'interne, les mesures administratives, budgétaires, économiques, sociales, législatives, règlementaires et autres favorables à l'accès de tous aux soins de santé. Tout manquement à cette obligation est susceptible d'engager la responsabilité internationale de l'État défaillant devant les organes compétents.

D'après l'OMS, « pour que l'objectif d'un accès universel au traitement pour les femmes enceintes vivant avec le VIH soit atteint, il faudra consentir à des efforts et requérir des ressources supplémentaires pour rendre opérationnels les liens entre la PTME et le traitement antirétroviral[1028]. »

612. En ce qui concerne les obstacles d'ordre économique ou financier parfois invoqués par les États pour justifier leurs défaillances dans la mise en œuvre des droits sociaux, on a souvent rappelé que les dispositions qu'il leur appartient de prendre, au sens du droit international positif, doivent l'être dans toute la mesure du possible de leurs ressources disponibles[1029]. Comme le remarque Jean DHOMMEAUX, c'est à tort que cette notion

---

comprenant une protection contre les risques financiers et donnant accès à des services de santé essentiels de qualité et à des médicaments et vaccins essentiels sûrs, efficaces, de qualité et d'un coût abordable ».

[1027] Voy. Résolution n°A/RES/S-26/2 adoptée au cours de la session extraordinaire de l'Assemblée Générale des Nations Unies tenue du 25 au 27 juin 2001.

[1028] OMS, *Traitement antirétroviral de l'infection à VIH…op. cit.*, p. 15.

[1029] En ce sens, l'article 4 de la Convention relative aux droits de l'enfant dispose que : « *Les Etats parties s'engagent à prendre toutes les mesures législatives, administratives et autres qui sont nécessaires pour mettre en œuvre les droits reconnus dans la présente Convention. Dans le cas des droits économiques, sociaux et culturels, ils prennent ces mesures* ***dans toutes les limites des ressources dont ils disposent*** *et, s'il y a lieu, dans le cadre de la coopération internationale.* » Voy. aussi l'article 2, point 1, du Pacte international relatif aux droits économiques, sociaux et culturels, suivant lequel : « *Chacun des Etats parties au présent Pacte s'engage à agir, tant par son effort propre que par l'assistance et la coopération internationales, notamment sur les plans économique et technique,* ***au maximum de ses ressources disponibles****, en vue d'assurer progressivement le plein exercice des droits reconnus dans le présent Pacte par tous les moyens appropriés, y compris en particulier l'adoption de mesures législatives.* »

de « ressources disponibles » a fait croire à certains États que « leurs obligations se limitent à peu s'ils sont pécuniairement démunis[1030] ».

Ainsi, dans le contexte de notre étude, on peut affirmer que la présomption d'absence générale des ressources financières dans un État à faible revenu ne saurait justifier que rien ne soit fait pour mettre en place des filets de protection sociale en faveur des groupes les plus vulnérables sur le plan sanitaire. L'État a donc une obligation de moyen. Lorsque sa responsabilité internationale est mise en cause, il lui appartient, au cas par cas, de faire la preuve de ses diligences et meilleurs efforts dans la mise en œuvre maximale du droit individuel lésé.

Très souvent, c'est à ce niveau de mobilisation des moyens économiques ou financiers conséquents que la plupart d'États à faible revenu peinent à traduire en actes leurs engagements internationaux en matière de droit à la santé. Par contre, en droit interne, la réception du droit à la santé, tel que garanti par les textes de droit international, ne leur semble pas théoriquement poser problème.

2. En droit interne

613. Il procède de la Constitution congolaise en vigueur que le droit à la santé est garanti. La loi fixe les principes fondamentaux et les règles d'organisation de la santé publique[1031]. L'État est tenu de veiller à la santé des populations[1032]. Conformément au cadre tracé par le constituant, la loi du 14 juillet 2008 circonscrit clairement les obligations de l'État dans la lutte contre la propagation du VIH/sida, en édictant que :

- « L'État est le premier responsable de la lutte contre le VIH/sida. Il définit la politique, trace les grandes orientations et élabore les programmes en matière de prévention, de prise en charge, d'atténuation de l'impact négatif et de la recherche. Il élabore un **budget conséquent** à cet effet[1033]. »
- « [...] Il veille à la répartition équitable des **fonds alloués** à la lutte contre le VIH/sida à travers les provinces[1034]. »
- « L'État assure **gratuitement** l'accès aux soins de prévention, aux traitements et à la prise en charge des personnes vivant avec le VIH/sida dans les établissements sanitaires publics et privés intégrés dans la stratégie de soins de santé primaires. À cet effet, il met en place et organise les structures nécessaires à la prévention, à la prise en charge

---

[1030] DHOMMEAUX (J.), *op. cit.*, p. 574.
[1031] Voy. l'article 47 de la Constitution.
[1032] Voy. l'article 53 de la Constitution.
[1033] Article 5 de la loi.
[1034] Article 6, alinéa 3, de la loi.

et à l'accompagnement psychologique, social, économique et juridique des personnes vivant avec le VIH/sida ainsi que des personnes affectées. Il pourvoit à l'**équipement approprié** de ces structures[1035]. »

- « L'État rend accessibles **économiquement**, socialement et géographiquement, **les antirétroviraux** et les médicaments contre les infections opportunistes et les cancers associés au VIH[1036]. »

614. Dans leur économie générale, à des termes quasi identiques, ces dispositions de droit congolais ont leurs correspondantes dans les législations spécifiques au VIH/sida des pays africains étudiées[1037]. Elles mènent à considérer que, juridiquement, l'État est tenu pour garant de l'accès universel aux soins de PTME.

615. En cas de défaillance dans le domaine de la fourniture des médicaments antirétroviraux nécessaires à la PTME, la responsabilité de l'État devrait pouvoir être engagée devant les instances judiciaires compétentes. Si en la matière, la carence de la jurisprudence nationale est réelle, force est de remarquer qu'à l'étranger, plus d'un État se sont vus condamner en justice pour manquement à un aspect quelconque de leur obligation générale de protection du droit à la santé en contexte de VIH/sida.

L'exemple typique est celui de l'Afrique du Sud où l'Association « *Treatment Access Compaign* » (Campagne d'accès au traitement) avait intenté avec succès un procès dans lequel elle exigeait du Gouvernement de fournir des antirétroviraux destinés à la prévention de la transmission du VIH de la mère à l'enfant. Dans sa décision, la Cour constitutionnelle sud-africaine avait jugé que les pouvoirs publics avaient l'obligation constitutionnelle de mettre en œuvre un programme concrétisant le droit des femmes enceintes et des nourrissons de bénéficier d'un accès à des services de santé pour la prévention de la transmission. Ce considérant avait amené la juridiction constitutionnelle sud-africaine à imposer à l'État d'instituer et de mettre en œuvre un programme global de réduction du risque de transmission mère-enfant du VIH[1038].

Au Venezuela, dans plusieurs affaires, la Cour suprême de justice avait statué que le Gouvernement avait enfreint le droit à la santé protégé par la

---

[1035] Article 11 de la loi.

[1036] Article 12 de la loi.

[1037] À titre indicatif : Tchad (articles 21, 23 et 24) ; Congo-Brazzaville (article 10) ; Togo (article 38) ; Niger (article 18) ; Mali (article 20), etc.

[1038] Minister of Health and Others v. Treatment Action Campaign and Others, SA 721 (CC) (2002). Disponible sur : *http://41.208.61.234/uhtbin/cgisirsi/20120306222629/SIRSI/0/520/JCCT8-02A* [Consulté le 6 mars 2012].

constitution, en s'abstenant de garantir l'accès aux ARV à toutes les personnes vivant avec le VIH/sida[1039].

616. Très souvent, ce sont des associations engagées dans la lutte contre le VIH/sida et pour la défense des droits des personnes infectées qui sont à l'origine de la production jurisprudentielle sur des questions liées au VIH/sida. Dans la majeure partie des pays concernés, il est légalement reconnu auxdites associations le pouvoir d'agir en justice au nom et pour le compte de leurs membres lésés à titre personnel. Ainsi, en droit malgache, la loi y va assez loin jusqu'à prévoir qu'*« il est reconnu un intérêt et un droit à agir à toute association représentant les personnes vivant avec le VIH/sida en lieu et place de celles-ci ou de leurs partenaires ou d'un des membres de leur famille proche, même si la personne vivant avec le VIH/sida avérée ou présumée n'est pas membre de la dite association*[1040] ».

Cela explique, dans une large mesure, la carence jurisprudentielle décriée en RDC, non par manque d'efficacité du mouvement associatif local, mais plutôt en raison de l'environnement juridique peu favorable à l'accès en justice des associations de lutte contre le VIH/sida. Le principe « nul ne plaide par procureur » y est strictement de mise. Le monopole en matière de représentation en justice est réservé aux seuls avocats et défenseurs judiciaires[1041] qui, pour autant, devraient avoir été constitués conseils et mandatés par les titulaires des droits lésés.

Revenons aux prescrits de l'article 9, sous examen, de la loi n°08/011 du 14 juillet 2008. Il indique que : « *La femme séropositive* ***bénéficie*** [...] ». Qu'est-ce à dire ?

B. Le bénéfice légal accordé à la femme séropositive interprété comme un simple droit d'accès et non un assujettissement aux soins de PTME

617. D'après le dictionnaire LAROUSSE, le verbe « bénéficier » signifie « tirer avantage de quelque chose, en jouir, en profiter ». En ce sens, en

---

[1039] CRUZ BERMUDEZ et al. v. Ministerio de Sanidad et Asistencia Social, Corte Suprema de Justicia, Republica de Venezuela, Expediente Numero: 15.789, Sentencia Numero 196, 1999. Voy. aussi ONUSIDA, *La poursuite des droits... op. cit.*, p. 64 et s.

[1040] Voy. l'article 33, alinéa 2, de la loi n°2005-040 du 20 février 2006 sur la lutte contre le VIH/sida et la protection des droits des personnes vivant avec le VIH/sida, *Journal officiel* n°3029, Antananarivo, 15 mai 2006.

[1041] C'est ce qui ressort de l'article 6 de l'ordonnance-loi n°79-028 du 28 septembre 1979 portant organisation du barreau, du corps des défenseurs judiciaires et du corps des mandataires de l'État (*J.O.Z.*, n°19 du 1er octobre 1979) : « *Sans préjudice des dispositions relatives aux défenseurs judiciaires et aux mandataires de l'État, nul ne peut, s'il n'est avocat, assister ou représenter les parties, postuler, conclure et plaider pour autrui devant les juridictions, sauf dans les cas et selon les modes prévus par la loi.* »

édictant à l'article 9 que « *la femme séropositive* ***bénéficie*** *de toutes les dispositions mises en place par l'État dans le cadre de la politique nationale de santé de la reproduction* », l'intention du législateur du 14 juillet 2008 était celle de faire profiter à la femme vivant avec le VIH, concernée par un projet de maternité, de tout le dispositif nécessaire à la préservation de sa propre santé et de celle de l'enfant à naître.

Sur ce point, le législateur du Congo-Brazzaville est plus explicite, lorsqu'il édicte que : *« Les femmes vivant avec le VIH, qui sont enceintes ou qui planifient une grossesse,* ***bénéficient*** *de conseils, d'informations et de services suffisants leur permettant de prendre des décisions éclairées et* ***volontaires*** *sur toutes questions relatives à leur santé et à leur grossesse, y compris :*

- [...] *des options pour protéger leur santé compte tenu de leur séropositivité, et des options pour prévenir la transmission du VIH à leur enfant avant, pendant et après la naissance*[1042] *».*

618. Dès lors, sur pied de l'article 9 précité, rien ne permet d'inférer la volonté du législateur de rendre obligatoire le recours par la femme enceinte séropositive aux services de PTME. En fait d'interprétation, l'on ne doit surtout pas perdre de vue qu'au moment de son élaboration, la loi du 14 juillet 2008, comme l'indique le « parti pris » de son intitulé[1043], s'inscrivait dans un contexte moins acquis à la lutte acharnée contre le

---

[1042] Voy. l'article 16 de la loi n°30-2011 du 03 juin 2011 portant lutte contre le VIH et le sida et protection des droits des personnes vivant avec le VIH/sida.

[1043] En l'occurrence : Loi portant « *protection des droits des personnes vivant avec le VIH/sida et des personnes affectées* ». En effet, les intitulés des lois sur le VIH/sida ne sont jamais innocents. Ils sont parfois le reflet de la philosophie dominante de la loi ou du penchant délibéré du législateur entre deux impératifs difficilement conciliables : protéger les personnes infectées au VIH, d'une part ; et prévenir les nouvelles infections au VIH, d'autre part. Le plus souvent, ces intitulés traduisent carrément l'embarras de choix et le dilemme sémantique auxquels sont confrontés les législateurs. Le droit comparé africain est, à cet égard, révélateur d'un large éventail d'intitulés de lois spécifiques au VIH/sida : Côte d'Ivoire (loi portant « *régime de prévention, de protection et de répression en matière de lutte contre le VIH et le sida »)* ; Togo (loi portant « *protection des personnes en matière du VIH/sida ») ; Sénégal (loi « relative au VIH/sida* ») ; Niger, Bénin et Mauritanie (loi « *relative à la prévention, la prise en charge et le contrôle du VIH »)* ; Mali (loi « *fixant les règles relatives à la prévention, à la prise en charge et au contrôle du VIH/sida* ») ; Madagascar (loi « *sur la lutte contre le VIH/sida et la protection des droits des personnes vivant avec le VIH/sida »)* ; Congo-Brazzaville (loi portant « *lutte contre le VIH et le sida et protection des droits des personnes vivant avec le VIH/sida »)* ; Tchad (loi portant « *lutte contre VIH/sida/IST et protection des droits des personnes vivant avec le VIH/sida »)* ; Burkina-Faso (loi portant « *lutte contre VIH/sida et protection des droits des personnes vivant avec le VIH/sida* ») ; Burundi (loi portant « *protection juridique des personnes infectées par le virus de l'immunodéficience humaine et des personnes atteintes du syndrome de l'immunodéficience acquise »).*

VIH – « *volet de la maladie caractérisé par une approche offensive* » [1044], qu'à la cause libérale de la protection efficiente des droits des personnes vivant avec le VIH – « *volet du malade caractérisé par une approche plutôt défensive* »[1045]. Dans un tel élan philosophique général de la loi, toute idée de coercition était *a priori* perçue comme un cheveu dans la soupe qui n'y avait pas sa place.

619. Dans la pratique, la très faible proportion de femmes enceintes séropositives ayant bénéficié de la prophylaxie antirétrovirale n'a pas pour seule explication le défi de l'accès universel aux soins. Elle s'explique aussi par le fait qu'à conditions d'accès parfois réunies, certaines femmes éligibles ne cachent pas leur opposition farouche à la thérapie visant à réduire le risque de transmission mère-enfant du VIH pendant la grossesse. Ce phénomène social interroge le juriste sur le point de savoir si le refus des soins de PTME est un droit subjectif reconnu à la mère séropositive.

Paragraphe 2 : Un droit subjectif implicite au refus des soins de PTME

620. Pour se convaincre de l'existence ou non d'un droit maternel au refus de traitement de PTME, il est important de partir de ce qui venait d'être démontré, à savoir que le droit objectif ne fait aucunement obligation à la femme enceinte séropositive d'avoir recours aux soins et services de PTME. Rien dans la législation actuelle n'autorise l'administration forcée de la thérapie antirétrovirale à la mère séropositive pour cause de protection de la santé de l'enfant à naître.

En règle générale, aucune intervention médicale sur le corps du patient n'est légalement admise sans qu'il n'y ait donné librement son consentement. Il en va de l'inviolabilité du corps humain[1046] et du droit qu'a chacun au respect de son intégrité physique.

[1044] BABACAR KANTE, *Droit et VIH en Afrique*, en ligne in *http://www.rag.sn/sites/rds.refer.sn/IMG/pdf/2KANTEDROITVIHAFRIQUE.pdf*, [Consulté le 26 mars 2015]

[1045] *Idem.*

[1046] Le principe de l'inviolabilité du corps humain n'est pas formellement consacré en droit congolais, c'est-à-dire à la manière de l'article 16-1 du Code civil français, tel qu'inspiré par la loi « bioéthique » du 29 juillet 1994 relative au respect du corps humain (loi n°94-653 du 29 juillet 1994 relative au respect du corps humain, *J.O.* du 30 juillet 1994, p. 11056-11059), qui dispose que : « *Chacun a droit au respect de son corps. Le corps humain est inviolable* ». Cependant, sous l'influence remarquable de ce principe de portée universelle, le législateur congolais exige que toute expérimentation ou intervention en matière de VIH/sida portant sur (le corps de) la personne humaine soit effectuée « *conformément à l'éthique biomédicale, à la dignité humaine ainsi qu'aux normes nationales et internationales* ». En ces termes, voy. l'article 14 de la loi du 14 juillet 2008 relative aux droits des personnes vivant avec le VIH/sida et des personnes affectées.

On en arrive logiquement à la conclusion que, faute d'injonction légale, le droit positif reconnaît, du moins implicitement, à la mère séropositive la faculté de refuser les soins de PTME.

621. La question du refus des soins par le patient n'a pas, jusqu'ici, été étudiée en droit congolais. Sous d'autres cieux, par contre, elle a été, depuis bien longtemps, discutée dans la doctrine juridique et prise en charge par de nombreux législateurs. Il avait en effet semblé à un auteur qu'« il serait purement spéculatif et théorique de retenir la notion clé de consentement si le droit ne garantissait pas simultanément la jouissance d'un droit au refus des soins[1047]. » C'est dire que consentir à un traitement et, éventuellement, le refuser se conçoivent comme l'avers et le revers d'une même monnaie. En ce sens, il a été enseigné que « le refus de soins, parce qu'il exprime la volonté du patient, peut s'analyser comme un droit du malade[1048]. » On retrouve le même raisonnement favorable à la faculté du patient de refuser les soins chez les auteurs spécialistes des libertés publiques, de l'avis desquels il existe un « droit de disposer librement de son corps[1049] » au profit de l'individu. Ce droit reposerait sur ce qui a été qualifié de « liberté corporelle »[1050] par les uns et de « liberté physique »[1051] par les autres.

Au niveau des textes juridiques, explicitement, le droit au refus des soins du patient est fortement ancré dans les instruments européens[1052]. Le droit français l'énonce sur pied de l'article L.1111-4 du Code de santé publique comme suit : « *Aucun acte médical ni aucun traitement ne peut être pratiqué sans le consentement libre et éclairé de la personne et ce consentement peut être retiré à tout moment. Toute personne prend avec*

1047 GARAY (A.), « Consentement aux actes médicaux et droits des patients », *G.P.*, 1999.1, *doctr.*, p. 32.

1048 PEDROT (P.), *op. cit.*, p. 92.

1049 THOUVENIN (D.), « La disponibilité du corps humain : corps sujet ou corps objet ? », *Actes* n°49/50, 1985, p. 35 et s.

1050 RIVERO (J.), *Les libertés publiques*, Tome 2, *Le régime des principales libertés*, 6ième édition, Paris, P.U.F., 1997, p. 90 et s.

1051 ROBERT (J.) et DUFFAR (J.), *op. cit.*, p. 227 et s.

1052 Voy. Résolution du 19 janvier 1984 du Parlement européen sur une charte européenne des droits du patient (*J.O.C.E.*, c 46, 20 février 1984, p. 104-105) : « *Une telle charte devra englober* [...] *le droit pour le patient de consentir ou non au traitement proposé* » ; Déclaration sur la promotion des droits des patients en Europe issue de la consultation européenne sur les droits des patients (Amsterdam, 28-30 mars 1994, in *Recueil International de Législation sanitaire*, 1995, 46, p. 110-119) : « *Un patient a le droit de refuser un acte médical ou de l'interrompre* » ; Convention européenne sur les droits de l'homme et la biomédecine (adoptée par le Conseil de l'Europe le 4 avril 1997), spécialement en son article 5: « *Une intervention dans le domaine de la santé ne peut être effectuée qu'après que la personne concernée y a donné son consentement libre et éclairé* [...]. *La personne concernée peut, à tout moment, librement retirer son consentement.*»

le professionnel de santé et compte tenu des informations et des préconisations qu'il lui fournit les décisions concernant sa santé. »

622. Dans bien de systèmes juridiques ayant formellement reconnu au patient le droit au refus des soins, des modulations ont été rendues nécessaires soit par la loi, soit par les cours et tribunaux, dans le but d'en éviter tout exercice déraisonnable voire abusif. Une des illustrations les plus historiques du danger de faire du refus des soins un droit absolu, concerne la question récurrente du refus de transfusion sanguine de la part des patients témoins de Jéhovah de religion.

À l'origine du débat d'une ardeur opiniâtre, se trouve une portion de la Bible par laquelle, après qu'ils eurent survécu au déluge, lui et toute sa famille, Dieu dit à Noé : « *Tout animal qui se meut et qui est vivant pourra vous servir de nourriture. Comme pour la végétation verte, je vous donne tout cela. Seulement vous ne mangerez pas la chair avec son âme, c'est-à-dire le sang*[1053]. » L'interprétation doctrinale que les témoins de Jéhovah font de ce passage biblique est que transfuser, c'est une autre manière, non moins prohibée, de manger du sang. D'après eux, quiconque pèche contre ce commandement divin perd irrémédiablement la vie éternelle, ainsi qu'il est, par ailleurs, écrit dans la Bible : « *Je tournerai assurément ma face contre l'âme qui mange le sang et je la retrancherai vraiment du milieu de son peuple*[1054]. »

623. Dans un cas de conscience tel que le patient en situation de refus de transfusion sanguine met sa propre vie en danger au nom du droit de chacun à la liberté de pensée et de religion, le grave dilemme pourrait se résumer en ces quelques mots utilisés par le Professeur Philippe PEDROT : « Transfuser ou laisser mourir ? Respect de la liberté du patient ou abandon de celui-ci[1055] ?»

En France, saisi d'un si délicat conflit éthique, le Conseil d'État[1056] avait fait de la loi du 4 mars 2002 relative aux droits des malades une interprétation innovante. En ceci qu'il avait reconnu aux médecins la légitimité de pratiquer une transfusion sanguine, contre la volonté des patients qui s'y opposent pour un motif lié à leurs convictions religieuses,

---

[1053] Voy. le livre de Genèse, chapitre 9, versets 3 à 4.

[1054] Voy. le livre de Lévitique, chapitre 17, verset 10.

[1055] PEDROT (P.), *op. cit.*, p. 89.

[1056] Voy. Arrêt SENANAYAKE, 26 octobre 2001, *RFDA*, 2002, conclusions D. CHAUVAUX ; Ordonnance FEUILLATEY, 16 août 2002, *JCP* 2002, II, 10184, note P. MISTRETTA. On peut lire dans cette dernière ordonnance rendue par le Conseil d'État que « *la situation extrême dans laquelle se trouvait l'intéressé* » nécessitait « *un acte indispensable à sa survie et proportionné à son état* ». Par ces motifs, la transfusion contestée, parce que pratiquée à l'insu du malade et contre son refus, n'a pas été tenue pour fautive.

dès lors que cet acte médical paraît indispensable à sauver leur vie en danger.

624. Force est de constater que dans les pays où le droit au refus des soins du patient est explicitement consacré, aucun texte juridique n'appréhende ce refus à l'aune du besoin de prévention de la transmission du VIH de la mère à l'enfant. Sous cet angle qui intéresse notre étude, le vide juridique est quasi généralisé en droit comparé. De même, en Afrique, aucune législation nationale spécifique au VIH/sida ne prend clairement position sur la problématique du refus des soins de PTME. Cette lacune commune aux droits africains actuels place les enfants à naître de mères séropositives dans une situation de grave insécurité juridique.

625. Il faut avouer que, fut-il implicite, le droit de la femme enceinte séropositive au refus du traitement antirétroviral est enclin à vider de tout son sens le principe de la primauté de l'intérêt supérieur de l'enfant. D'où l'opinion, à laquelle nous exprimons notre entière improbation, selon laquelle « un adulte compétent ne peut pas être contraint à se soumettre à un traitement pour le bénéfice d'un tiers, même si ce tiers est son propre enfant[1057]. »

626. De toute manière, le conflit de bioéthique est réel entre l'autonomie corporelle de la femme enceinte séropositive et le bien-être de l'enfant conçu dans son sein maternel. Le législateur est sommé de le trancher avec tact et mesure.

À ce niveau de la réflexion *de lege ferenda*, notre modeste contribution consistera à préconiser un régime d'administration des soins de PTME fondé sur la recherche d'une conciliation, qui ne soit pas manifestement déséquilibrée, entre l'autonomie de la mère séropositive sur son corps et la santé en péril de l'enfant à naître.

Section 2 : Pour un régime juridique de compromis en matière de soins de PTME

627. Pour trouver un compromis entre le droit à l'autodétermination de la mère séropositive en matière d'administration des soins de PTME et le droit à la santé de l'enfant à naître, toute la délicatesse de la démarche réside dans la recherche d'un point d'intersection entre libéralisme et humanisme. Il en va de fondements philosophiques de la réforme envisagée (§1). Ce n'est qu'après avoir discuté de ces fondements que nous nous attacherons à esquisser l'économie générale du régime juridique préconisé (§2).

[1057] GABLE (L.) *et al.*, *op. cit.*, p. 9.

Paragraphe 1 : Les fondements philosophiques de la réforme du droit encadrant l'administration des soins de PTME : entre libéralisme et humanisme

628. Les mots sont faits pour conceptualiser le réel. « Libéralisme » et « humanisme » répondent à cette fin, même si, dans leur emploi, les auteurs y attachent des représentations du réel variant d'une époque à une autre[1058], d'un contexte scientifique à un autre[1059]. Cependant, il existe dans la compréhension de chacun de ces deux mots-clés des idées-forces auxquelles s'en tiendra notre réflexion juridique.

629. Provenant du latin « *liberalis* », signifiant généreux ou digne d'une personne libre, le mot « libéralisme » désigne un mouvement philosophique suscité par les Lumières aux XVIIe et XVIIIe siècles. Il repose sur le principe du libre arbitre de chaque être humain considéré comme doté naturellement de droits opposables à la société et à l'État. Comme l'affirme Jean Philippe BOCQUENET, « l'éthique libérale laisse chacun libre de choisir ses propres fins, ses propres moyens et sa propre morale, dans la mesure où il n'empêche pas les autres d'en faire autant. [...] Le fondement de la pensée libérale est une théorie du droit selon laquelle chaque être humain est seul maître de lui-même et possède des droits fondamentaux et inaliénables qui découlent de sa simple existence et sont inhérents à la nature humaine, indépendamment des structures sociales dans lesquelles il est (ou n'est pas) inséré[1060]. »

630. Sous l'impulsion des travaux et recommandations de l'ONUSIDA, la théorie libérale du droit est au cœur des législations actuelles sur le VIH/sida. Dans un document de référence intitulé « *Prévention de la transmission du VIH de la mère à l'enfant. Options stratégiques* », l'ONUSIDA affirme que : « Le principe qui guide l'introduction de toute mesure de réduction de la transmission mère-enfant est le **droit absolu** pour une femme enceinte de choisir d'en profiter ou non, une fois qu'elle a été dûment informée. Une attitude coercitive n'est justifiée en aucune circonstance même si l'intervention semble être dans le meilleur intérêt de la femme et de l'enfant et son choix doit **toujours** être accepté et

---

[1058] Voy. MANENT (P.), *Histoire intellectuelle du libéralisme*, Hanchette Littérature, 1987 ; NEMO (P.) et PETITOT (J.), dir., *Histoire du libéralisme en Europe*, Paris, P.U.F., 2006 ; LOSURDO (D.), *Contre-histoire du libéralisme*, La Découverte, 2013 ; MOUCHILI NJIMOM (I.), *Qu'est-ce que l'humanisme aujourd'hui ? Vers une tentative « bio-centrique »* ?, Douala, L'Harmattan, 2015.

[1059] Voy. BURDEAU (G.), *Le libéralisme*, Paris, Seuil, 1979 ; AUDARD (C.), Qu'est-ce que le libéralisme ?, Folioessais, 2009 ; HAMIDOU TALIBI (M.), *Perspectives africaines d'un nouvel humanisme. Convergence vers des rationalités et émancipation humaine*, Douala, L'Harmattan, 2015.

[1060] BOCQUENET (J.P.), « Libéralisme, humanisme… Incompatibilité ? », disponible en ligne in *http://post.sapiens.free.fr/?p=582*, [Consulté le 4 février 2017].

respecté[1061]. » Une telle application de la théorie libérale du droit nous paraît excessive et très peu soucieuse de la santé de l'enfant à naître. Que peut-on alors tirer de l'humanisme[1062] ?

631. À la suite de son étymologie latine « *humanitas* », c'est-à-dire nature humaine, le réel auquel fait référence le mot « humanisme » peut se ramener à une conception philosophique qui place l'homme et les valeurs humaines au-dessus de tout. Dans la perspective de l'éthique humaniste, l'accent est mis sur l'homme dès le commencement de la vie humaine. Cette éthique est une disposition de l'esprit qui permet à la mère séropositive et à l'enfant qu'elle porte de se reconnaître et d'être reconnus par la société comme appartenant à une même humanité.

À ce titre, sans lui être entièrement opposée, la philosophie humaniste diffère de la conception libérale en ce que celle-ci est peu favorable à l'expression des droits rattachés à la vie humaine anténatale. Il apparaît contraire au libéralisme de prétendre à la limitation du champ des libertés de la mère séropositive au profit d'une personne « simplement potentielle ». Par contre, dans une certaine mesure, la théorie humaniste du droit permet de penser autrement et de moduler les libertés individuelles dans le domaine des soins de PTME.

632. À l'analyse, autant reconnaître à la mère séropositive un « *droit absolu* » au refus des soins de PTME est une option juridique extrême, autant l'est la perspective qui consisterait à faire prévaloir, sans concession aucune, la supériorité absolue de l'intérêt de l'enfant à naître sur l'autonomie corporelle de sa mère séropositive.

Face à ces deux extrémités, il est vivement recommandé au législateur de privilégier une option de conciliation entre l'autonomie de soi de la mère séropositive et le droit aux soins de l'enfant à naître. À cet effet, nous tenterons, dans le paragraphe suivant, de formuler quelques propositions concrètes de réforme législative.

Paragraphe 2 : Les aménagements législatifs nécessaires à l'équilibre entre autonomie de soi de la mère séropositive et droit aux soins de l'enfant à naître

633. La liberté est indissociable de la responsabilité. À la liberté de procréer, s'attache l'obligation morale de veiller à ce que l'enfant désiré naisse dans le meilleur état de santé susceptible d'être atteint. À la liberté d'accepter ou de refuser un quelconque traitement médical sur son propre corps,

---

[1061] ONUSIDA, *Prévention de la transmission du VIH de la mère à l'enfant...op. cit.*, p. 11.

[1062] Voy. KAHN (A.), *Et l'homme dans tout ça ? Plaidoyer pour un humanisme moderne*, Paris, Nils éditions, 2000.

correspond l'obligation morale de veiller à ce que le choix opéré ne constitue pas un danger pour la vie ou la santé d'autrui. En fin de compte, « la liberté consiste à pouvoir faire tout ce qui ne nuit pas à autrui[1063] ».

Pour concilier les libertés de la mère séropositive sur son corps et le droit au meilleur état de santé possible de l'enfant qu'elle porte, nous préconisons deux solutions juridiques complémentaires : d'un côté, la présomption légale d'acceptation des soins de PTME (A) ; et de l'autre, la possibilité de renverser cette présomption par un refus exprès desdits soins dans les cas limitativement prévus par la loi (B).

A. Le principe de la présomption légale d'acceptation des soins de PTME

634. Ces dernières années, le paysage prophylactique de la transmission mère-enfant du VIH a été profondément remodelé grâce aux bienfaits du traitement antirétroviral recommandé à la femme enceinte séropositive. Dans bien de pays, ainsi que le démontre un rapport de l'UNICEF[1064], moins de bébés naissent aujourd'hui avec le VIH grâce à un accroissement de programmes visant à prévenir la transmission verticale, et à l'adhésion massive des femmes à ce type de programmes.

Il serait ainsi de bonne politique législative de tout mettre en œuvre pour dissuader les femmes séropositives de refuser qu'il leur soit administré, durant la grossesse, le traitement nécessaire à éviter la contamination de l'enfant à naître. L'idée de présomption légale d'acceptation des soins de PTME participe subtilement à cette fin légitime. Concrètement, il s'agit, pour nous, de suggérer l'ajout, dans le corpus législatif spécifique au VIH/sida, de la règle selon laquelle :

« ***En situation de grossesse, la femme séropositive est présumée avoir consenti à ce qu'il lui soit administré, à chaque fois que de besoin, tout traitement antirétroviral ou autre nécessaire à prévenir la transmission du VIH à l'enfant à naître.*** »

Plusieurs considérations théoriques et empiriques peuvent être mobilisées pour justifier une telle option juridique. Elles sont, respectivement, du ressort de l'éthique des soins (1), de la psychologie médicale (2), de l'anthropologie culturelle et sociale (3) et de la légistique formelle (4).

[1063] Voy. l'article 4 de la Déclaration des droits de l'homme et du citoyen de 1789 de la France.

[1064] Voy. UNICEF, "Opportunity in Crisis: Preventing HIV from Early Adolescence to Young Adulthood", 2011. *Disponible dans http://www.who.int/hiv/pub/oic_report_en.pdf* [Consulté le 7 mars 2015].

1. Du point de vue de l'éthique des soins

635. *A priori*, le refus des soins de PTME est assez problématique du point de vue de l'éthique des soins de santé prénatale. En renonçant au traitement antirétroviral prescrit au cours de la grossesse, la femme vivant avec le VIH engage le devenir d'une vie qui n'est pas la sienne, celle d'une personne vulnérable dont il est du devoir de la société de veiller au bien-être, le cas échéant, avec la plus grande intransigeance.

C'est ainsi qu'on tend à considérer qu'« un médicament antirétroviral utilisé dans le cadre de la réduction de la transmission mère-enfant n'est pas vraiment un traitement [pour la mère] mais plutôt une sorte de ''vaccin'' pour le bébé [en gestation]. On peut le comparer à la vaccination contre la rubéole administrée à la mère pour protéger ses enfants des effets tératogènes du virus[1065]. » La logique à laquelle obéissent les soins de PTME est donc celle d'une sorte de « traitement pour autrui ». Il est fait indispensable « emprunt » du corps de la mère pour atteindre la cible du traitement, c'est-à-dire l'enfant qu'elle porte. Dès lors, on ne peut légitimement renoncer qu'à un traitement pour soi et non pour autrui.

636. En pareille occurrence, on peut se poser la question de savoir si la logique du « traitement antirétroviral pour autrui », contre la volonté de la mère séropositive qui le subit, ne constitue pas un « acharnement thérapeutique » répréhensible du point de vue de l'éthique de la santé maternelle. En d'autres termes, y a-t-il « acharnement thérapeutique » dans le fait de soumettre la mère séropositive aux soins de PTME contre son gré ?

Il convient alors de se fixer sur la notion d'« acharnement thérapeutique », avant de vérifier si cette qualification juridique correspond à notre cas de figure. D'après Alain de BROCA, « l'expression d'acharnement thérapeutique est apparue dans le langage courant il y a une quarantaine d'années pour signifier que les soignants ne parvenaient pas à cesser les thérapeutiques auprès d'un malade considéré comme en fin de vie. [...] La notion qui prévalait durant ces années était qu'il fallait fournir tous les soins les plus appropriés et adaptés au patient. Le médecin se devait de proposer toutes les dernières mesures thérapeutiques pour octroyer une certaine quantité de jours supplémentaires à la vie biologique[1066]. » Les

---

[1065] ONUSIDA, *Prévention de la transmission du VIH de la mère à l'enfant...op. cit.*, p. 11-12.

[1066] DE BROCA (A.), *op. cit.*, p. 98. Voy. aussi VERSPIEREN (P.), *Face à celui qui meurt: Euthanasie, Acharnement thérapeutique, Accompagnement*, Paris, Desclée de Brouwer, 1984 ; CONSEIL CONSULTATIF NATIONAL D'ÉTHIQUE (France), Avis n°63 du 27 janvier 2000, « Fin de vie, arrêt de vie, euthanasie », disponible dans *http://www.ccne-ethique.fr*, [Consulté le 3 février 2017].

cas de coma végétatif prolongé illustrent bien cette situation problématique.

637. Le terme « acharnement thérapeutique » n'est consacré par aucun texte de droit congolais. Cependant, puisqu'il prohibe l'euthanasie en la punissant pénalement sous la qualification légale de meurtre[1067], le droit congolais n'est pas moins favorable aux pratiques médicales assimilables à l'acharnement thérapeutique.

Voilà pourquoi dans la pratique des soins, quoiqu'aucun espoir de guérir de sa maladie atroce ne soit permis à un patient, les médecins s'interdisent obstinément l'arrêt des soins palliatifs, même lorsque cet arrêt est l'expression de la volonté du patient concerné. En matière de soins palliatifs, l'acharnement ou l'obstination[1068], implicitement encouragée en droit congolais, s'explique par la peur légitime éprouvée par les soignants d'être exposés aux poursuites soit pour meurtre, soit pour non-assistance à personne en danger, selon que le résultat homicide provoqué aura été la conséquence de leur action (cas de l'administration d'une substance mortifère par compassion) ou inaction coupable (hypothèse de l'arrêt des soins).

638. De ce qui précède, il apparaît difficile d'admettre que le traitement antirétroviral à administrer à la mère séropositive, contre son gré mais au profit de l'enfant à naître, procède d'un acharnement ou d'une obstination thérapeutique. Trois raisons peuvent justifier cette prise de position. En premier lieu, ce cas de figure ne correspond pas à une situation de fin de vie, c'est-à-dire l'hypothèse d'un malade mourant. En deuxième lieu, comme nous l'avons précisé précédemment, les soins de PTME se conçoivent moins comme un traitement dirigé vers la mère patiente que comme une intervention thérapeutique orientée vers l'enfant qu'elle porte. En dernier lieu, la patiente dont il est question dans le cas sous étude n'est pas forcément une personne malade du sida. Très souvent, le désir d'enfant en contexte de VIH/sida est le fait des femmes séropositives asymptomatiques de la maladie du sida, c'est-à-dire des femmes vivant avec le VIH/sida qui n'ont pas encore atteint le dernier stade de développement du VIH dans leur organisme.

639. En tout état de lieu, on peut tirer de la tendance dominante en droit comparé la leçon qu'en soi, l'obstination thérapeutique n'est pas

---

[1067] Voy. *supra*, n° 91 et 230.

[1068] Littéralement, le terme d'acharnement résonne comme un acte de maltraitance. Au fil du temps, on a fini par le remplacer, dans plusieurs systèmes juridiques, par l'expression d'obstination jugée moins deshumanisante. Cette expression (précisément le concept d'obstination déraisonnable) a été consacrée par le législateur français depuis la loi n°05-370 du 22 avril 2005 relative aux droits des malades et à la fin de vie (*J.C.* n°95 du 23 avril 2005).

absolument inacceptable en éthique des soins. N'est-ce pas, d'ailleurs, du devoir moral du médecin de tout tenter pour éviter, le plus longtemps possible, la mort au patient pris en charge[1069] ?

En fait, ce qui est prohibé dans la grande majorité des pays ayant légiféré sur la notion d'obstination thérapeutique, c'est ce que l'on a qualifié d'« obstination déraisonnable ». En ce sens, l'article R. 4127-37 du Code de la santé publique français dispose : « *En toutes circonstances, le médecin doit s'efforcer de soulager les souffrances du malade par des moyens appropriés à son état et l'assister moralement. Il doit s'abstenir de toute obstination déraisonnable dans les investigations ou la thérapeutique et peut renoncer à entreprendre ou poursuivre des traitements qui apparaissent inutiles, disproportionnés ou qui n'ont d'autre objet ou effet que le maintien artificiel de la vie.* »

640. Toutes ces différentes considérations en rapport avec l'éthique des soins justifient la solution préconisée de présomption légale d'acceptation des soins de PTME. Cette solution juridique aura permis aux soignants d'administrer le traitement antirétroviral à la femme enceinte séropositive, sans qu'il ne leur soit fait obligation d'y recueillir préalablement son consentement. Celui-ci étant réputé donné par la fiction du droit.

La solution préconisée est aussi justifiée par l'état psychologique de la femme enceinte séropositive.

2. Du point de vue de la psychologie médicale

641. Le seul fait de se savoir porteur du VIH suffit à déstabiliser profondément l'état psychologique du patient. D'où le besoin de l'accompagnement psychosocial nettement appréhendé par le législateur congolais, lorsqu'il exige du test de dépistage du VIH d'être « suivi des conseils appropriés »[1070], et de l'État de mettre en place et d'organiser les structures nécessaires à ce type d'accompagnement en faveur des personnes séropositives[1071].

642. Raisonnablement, l'état de grossesse est de nature à aggraver la vulnérabilité psychologique de la femme séropositive, particulièrement à l'idée de savoir qu'à son propre statut sérologique déjà éprouvant, vient s'ajouter la forte probabilité de donner naissance à un enfant infecté par

---

[1069] Sur les rapports éthiques entre la profession médicale et la fatalité de la mort du patient, voy. CONTRAFATTO (M.), *Le médecin et la mort*, Thèse, Université d'Artois, 2007. L'auteure présente le rôle traditionnel du médecin comme celui de *« lutter contre la mort »*. Elle démontre que le médecin est doté d'un important pouvoir d'intervention face à la mort, quand bien même son pouvoir décisionnel devant la réalité de la mort connaît certaines limitations.

[1070] Voy. l'article 36, alinéa 2, de la loi du 14 juillet 2008.

[1071] Voy. l'article 11, alinéa 2, de la même loi.

le VIH. De là, toute la question est de savoir si, en face de la perspective des soins de PTME qui lui sont médicalement recommandés, la femme enceinte séropositive est en situation de donner un consentement ou un refus éclairé. Sa lucidité n'est-elle pas, en ce cas, quelque peu entamée ?

Sur cette question, notre position est que dans l'appréciation de l'utilité et de l'opportunité des soins de PTME, le jugement de la femme enceinte séropositive est, à tout le moins, partiellement affaibli. Si bien que, puisqu'il met objectivement en danger la santé de l'enfant à naître, le refus maternel éventuel des soins de PTME ne peut être considéré comme l'expression d'une totale et consciente liberté opposable aux soignants et à la société. En situation de vulnérabilité psychologique et de détresse, la conscience humaine est forcément altérée.

643. Dans une certaine mesure, notre prise de position rejoint l'avis émis par le Comité consultatif national d'éthique pour les sciences de la vie et de la santé (CCNE) de la France concernant le refus exprimé par certaines femmes, au moment ultime du travail, d'accoucher par césarienne. La pratique sociale alors décriée faisait état de ce que « certaines femmes refusent, en effet, pour des raisons religieuses ou anthropoethnologiques, d'accoucher par voie de césarienne. Elles ne veulent accoucher que par voie basse pour respecter un certain rituel de la naissance associé à la souffrance, et parce que la cicatrice qui en résulterait sur leur corps, ne ferait plus d'elles des femmes conformes à l'image que véhiculent leurs croyances religieuses[1072]. »

Dans son avis du 14 avril 2005, le CCNE avait estimé que « cette situation, dramatique en urgence, peut avoir pour conséquence évidente, plus que la mort de la mère, la mort de l'enfant[1073]. » La liberté de la mère qui revendique la possibilité de refuser la césarienne « est soumise au regard de la société qui peut considérer que ce refus la met en cause toute entière et ne se résume pas au simple choix de la mère seule[1074]. »

Dans le même avis, le CCNE a timidement envisagé l'hypothèse du refus de traitement de l'infection VIH chez une femme enceinte, en indiquant, avec une apparente contradiction, qu'un tel traitement « semble s'imposer dans la mesure où ce traitement a quasiment fait disparaître la transmission de l'infection au nouveau-né, mais il ne peut évidemment

[1072] FOUQUET (P.), *Liberté religieuse et indisponibilité du corps humain en droit français*, Mémoire de Master 2 Recherche droit public approfondi, Universite Panthéon-Assas, 2005-2006, p. 25.

[1073] CCNE, Avis n°87 du 14 avril 2005, « Refus de traitement et autonomie de la personne », p. 8, disponible dans : *http://www.ccne-ethique.fr/sites/default/files/publications/avis087.pdf,* [Consulté le 6 février 2017].

[1074] *Idem,* p. 13.

faire l'objet d'une contrainte légale[1075]... »(sic). À notre sens, il y a justement contradiction dans le fait d'accepter, qu'en pareille hypothèse, le traitement semble « s'imposer », et, en même temps, de refuser l'idée de la « contrainte » qui, pourtant, devrait aller de soi.

644. Sur le plan de l'anthropologie culturelle et sociale, la coïncidence est frappante entre les raisons de nature religieuse, dont il est fait état dans l'illustration française autour de l'accouchement par césarienne, et les motifs, de la même nature, invoqués, semble-t-il, par la majeure partie des femmes enceintes séropositives hostiles aux soins de PTME en RDC.

3. Du point de vue de l'anthropologie culturelle et sociale

645. Le congolais d'aujourd'hui est hanté par une religiosité souvent émouvante et parfois déroutante. Comme le décrit Camille KUYU, « [...] l'efflorescence des églises et groupes de prière est telle qu'il n'est pas exagéré d'affirmer aujourd'hui que chaque rue de Kinshasa a son (ses) église(s) et/ou son (ses) groupe(s) de prière. [...] L'ambiance sociale donne l'impression que tout le monde prie, que partout on prie, en ville comme à la campagne[1076]. » Dans un tel environnement, les enseignements doctrinaux les plus divers et pervers prennent leur envol, sans que personne ne soit à même d'en mesurer l'impact exact sur l'imaginaire collectif et le système de pensées de l'ensemble de la population. Aussi s'observe-t-il la tendance généralisée à une forte féminisation de l'espace religieux national.

646. Ce constat n'est pas sans susciter des craintes sérieuses d'abus et de manipulations de tout genre, étant donné que, pour des raisons d'ordre culturel, les taux d'illettrisme et d'analphabétisme sont de loin plus élevés chez les femmes que parmi la population masculine[1077]. Ces craintes sont davantage perceptibles dans la population des personnes vivant avec le VIH/sida, du reste, constituée majoritairement des femmes.

On comprend, dès lors, les motivations profondes de l'article 34 de la loi n°08/011 du 14 juillet 2008 interdisant, « en milieu religieux », « toute forme d'exploitation du statut sérologique au VIH, notamment par des témoignages, à des fins de propagande ou de marketing ». De même, la loi proscrit « toute forme de torture morale ou physique, notamment les jeûnes forcés, les sévices corporels, l'administration forcée de certaines

[1075] *Ibid.*

[1076] KUYU MWISSA (C.), *Écrits d'anthropologie...op. cit.*, p. 55-56.

[1077] Cette réalité est commune à la plupart des Etats africains où, culturellement, les femmes sont réduites aux activités du foyer. En ce sens, Voy. BITOTA MUAMBA (J.), *Recherches sur le statut juridique des femmes en Afrique*, Thèse, Université des Sciences Sociales de Toulouse, 2003, p. 196 et 381.

substances pour des raisons de pratiques religieuses à des fins de guérison[1078] ».

Le fait précédant la règle, la ferme volonté du législateur congolais de protéger les personnes vivant avec le VIH/sida contre de nombreux abus enregistrés en milieu religieux se révèle clairement à l'article 44 de la loi pré citée. Cet article punit d'une peine de servitude pénale principale d'un à six mois et d'une amende de cinquante à cent mille francs congolais ou de l'une de ces peines seulement, « ***toute personne*** *qui exploite les personnes vivant avec le VIH/sida à des fins de propagande, de marketing, d'enrichissement ou qui les soumet à toute forme de torture morale ou physique pour des raisons de pratiques religieuses à des fins de guérison* ».

Suivant notre compréhension, l'expression légale « *toute personne* » doit être entendue comme incluant aussi bien les personnes physiques que les personnes morales telles que les associations religieuses ou confessionnelles[1079].

647. En pareil contexte socioculturel, il ne nous est pas apparu étonnant, outre mesure, d'apprendre, grâce aux témoignages recueillis[1080], que nombre de femmes enceintes séropositives connues pour leur refus des soins de PTME justifieraient leur position radicale par des considérations de nature religieuse.

En effet, dans le vécu quotidien, sous l'influence remarquable du christianisme, tel que déchiré de nos jours entre plusieurs sensibilités doctrinales, on assiste à l'émergence de véritables théologies des maladies

---

[1078] Voy. l'alinéa 2 de l'article 34 précité.

[1079] Cette interprétation est conforme au droit commun des associations à caractère religieux. En effet, suivant l'article 52 de la loi n°004/2001 du 20 juillet 2001 portant dispositions générales applicables aux associations sans but lucratif et aux établissements d'utilité publique (*J.O. de la RDC*, 42ième année, numéro spécial du 15 août 2001), pour acquérir la personnalité juridique (et donc devenir une personne), l'association sans but lucratif confessionnelle doit *« s'interdire des pratiques et règles pouvant porter atteinte à la vie ou à la santé de ses membres ».* Aussi convient-il de remarquer que l'Avant-projet de Code pénal consacre le principe de la responsabilité pénale des personnes morales. Cette perspective a le mérite de trancher avec les hésitations traditionnelles de la législation et de la jurisprudence congolaises en cette matière. Voy. l'article 86, alinéa 1, du livre 1er de l'Avant-projet de Code pénal, en ces termes : « *Les personnes morales, à l'exclusion de l'Etat, sont responsables pénalement, selon l'un des modes de participation criminelle prévue par le présent code, des infractions commises, pour leur compte, par leurs organes ou leurs représentants* ».

[1080] Ces témoignages ont été recueillis lors de notre enquête auprès du personnel médical et paramédical intervenant dans les soins prénatals aux Cliniques Universitaires de Kinshasa et au Centre Hospitalier du Mont-Amba qui en est le prolongement. Voy. *supra*, n°377.

incurables. Ce phénomène social est encore très peu étudié et documenté. L'exemple de l'engagement spirituel de l'Église catholique en faveur des personnes vivant avec le VIH/sida en RDC sort néanmoins du lot, pour avoir, très récemment, donné lieu à une étude doctorale[1081].

En théorie, singulièrement dans la Bible, les illustrations et promesses de guérison divine foisonnent[1082]. Tous les espoirs de guérir du sida, voire de donner naissance à un enfant non atteint de l'infection à VIH, sans le moindre concours de la science et de la médecine, semblent alors être permis à qui y croit de tout son cœur, voire à ses risques et périls.

648. Certes, la liberté de religion est garantie par la Constitution congolaise, spécialement en son article 22[1083]. Cependant, c'est sans équivoque que sur pied du même article, le constituant autorise le législateur de fixer des bornes à l'exercice de la liberté de religion, en y ajoutant la formule classique « *sous réserve du respect de la loi, de l'ordre public, de bonnes mœurs et des droits d'autrui. La loi fixe les modalités d'exercice de ces libertés.* »

Dans le cas sous étude, la liberté de religion susceptible d'être invoquée par les mères séropositives opposées aux soins de PTME ne rentre bien évidemment pas dans les conditions de licéité circonscrites par la constitution. Elle constitue, en l'espèce, une menace réelle pour l'ordre public protecteur de la santé publique et une sérieuse entrave à la jouissance du droit aux soins de l'enfant à naître.

D'une manière générale, les convictions religieuses personnelles n'obéissent à aucune rationalité scientifique. Leur fondement échappe

---

[1081] Voy. YUMBA (F.), *Accompagnement spirituel de la personne vivant avec le VIH/sida en milieu hospitalier catholique de Kinshasa. Enjeux de l'articulation santé - souffrance – salut*, Thèse, Université catholique de Louvain, 2015.

[1082] Du livre de Genèse (le tout premier) à celui d'Apocalypse (le tout dernier), les auteurs (l'auteur pour certains, en l'occurrence le Saint-Esprit) de la Bible présentent Dieu comme l' « Éternel qui guérit » (JEHOVAH-RAPHA). D'après la religion chrétienne, la guérison divine est le résultat de l'addition entre la foi de l'Homme et la parole écrite (*logos*) ou révélée (*rhema*) de Dieu. Il est écrit dans l'Épître de Paul aux Romains, chapitre 10, verset 17, que : « [...] *la foi vient de ce qu'on entend et ce qu'on entend vient de la parole de Christ* ». En relation avec la guérison divine, sur les « supposées » vertus de la foi, entendue, selon l'Épitre de Paul aux Hébreux, chapitre 11, verset 1, comme « *une ferme assurance des choses qu'on espère et une démonstration de celles qu'on ne voit pas* », on peut se référer à : Exode 15 : 26, Psaumes 37 : 4, Matthieu 4 : 23, Marc 5 : 27-30 et 11 : 23-24, ainsi que 1 Jean 5 : 14-15. Sur les promesses de guérison divine en tant que parole écrite génératrice de foi, voy. Esaïe 53: 4-5, Jérémie 33 : 6, Proverbes 4 : 20-23, Malachie 3 : 20 et 4: 2, Marc 16 :18, Romains 8 :11, Jacques 5 : 14-15 et 1 Pierre 2 : 24.

[1083] Les deux premiers alinéas de cet article disposent que : « *Toute personne a droit à la liberté de pensée, de conscience et de religion. Toute personne a le droit de manifester sa religion ou ses convictions, seule ou en groupe, tant en public qu'en privé, par le culte, l'enseignement, les pratiques, l'accomplissement des rites et l'état de vie religieuse* [...] ».

objectivement à l'emprise de la raison, tant il relève du domaine on ne peut plus subjectif de la foi. Ceci explique cela.

649. En contexte constitutionnel similaire, la Cour suprême américaine[1084] avait jugé que : « Quand bien même on pourrait considérer la croyance d'un patient déraisonnable, stupide ou ridicule, en l'absence d'un danger inacceptable pour la société, nous ne pouvons pas permettre qu'on interfère dans le choix de ce qui doit être fait, dans le seul but de le contraindre à accepter un traitement médical que le patient a préalablement refusé en toute connaissance des conséquences probables ». En revanche, si l'État démontre qu'il y va d'intérêts ou d'obligations supérieurs, les hauts juges américains ont considéré que le patient peut être contraint à accepter des soins.

Dans une affaire plus proche du cas de figure de notre étude, la Cour suprême du Canada[1085] avait décidé que le droit à la liberté de conscience et de religion n'autorise pas les parents témoins de Jéhovah à refuser la transfusion sanguine de leur fille Sheena, âgée d'un mois, dont la chute du taux d'hémoglobine représentait, d'après les médecins, une crainte sérieuse pour sa vie.

Ces solutions jurisprudentielles nous confortent dans la préconisation de l'insertion dans la loi d'une présomption d'acceptation des soins de PTME. Le refus maternel de ce type de soins devrait être, en règle générale, tenu pour socialement inacceptable.

La préconisation faite se justifie, en dernière analyse, par une certaine exigence de la légistique formelle.

4. Du point de vue de la légistique formelle

650. La légistique formelle a été définie comme « la recherche de procédés, de règles et de formules, destinés à une rédaction correcte et à une meilleure appréhension des textes normatifs, et s'efforçant de parvenir à cette fin par l'harmonie, la clarté, et le rejet de différences non fondées[1086]. »

Entendue comme l'art de la rédaction des textes juridiques, la légistique commande au juriste de veiller à ce qu'en fait de lois, la cohérence interne du corpus juridique soit constamment préservée. Lors de l'élaboration des normes destinées à régir une matière donnée, il est recommandé de se rassurer que, dans leur énoncé, ces normes n'entrent pas en contradiction

---

[1084] Voy. l'affaire in reBreaks Estate.
[1085] Voy. l'affaire R. B. c. Children's Aid Society of Metropolitain Toronto.
[1086] LAMBOTTE (C.), *op. cit.*, p. 10.

avec d'autres articulations normatives du même système juridique dans lequel elles s'insèrent.

651. Ainsi, dans l'optique générale du système juridique de protection de l'enfant à naître contre le risque de contamination par le VIH, du moins tel que nous l'avons jusqu'ici envisagé *de lege ferenda,* la symétrie s'avère nécessaire entre le régime juridique des soins de PTME et celui de l'interruption responsable de grossesse (I.R.G.) pour motif eugénique.

Pour rappel, tel qu'il a été imaginé dans nos développements antérieurs, le régime juridique applicable à l'I.R.G. pour motif eugénique repose essentiellement sur la liberté de choix laissée à la discrétion de la mère séropositive entre se faire avorter et poursuivre la grossesse. Dans cette seconde alternative, la société n'aura d'autre moyen de prévenir le risque de transmission mère-enfant que de compter sur le placement de la mère séropositive sous traitement antirétroviral.

D'où la nécessité qu'il y a, dans le cadre du régime juridique des soins de PTME, de mettre en place les conditions légales de sauvegarde du droit aux soins de l'enfant à naître, pour le cas où la femme enceinte séropositive renoncerait au bénéfice de la permission légale de se faire avorter. Logiquement, de cette renonciation et, partant, de son choix de mener la grossesse à terme, devrait être inféré son consentement libre et éclairé aux soins de PTME.

En considération de ce raisonnement, il apparaît que le principe préconisé de la présomption légale d'acceptation des soins de PTME est complémentaire au droit prospectif applicable à l'I.R.G. pour motif eugénique. Il forme, avec lui, un ensemble juridique harmonieux et cohérent.

652. Précisons que notre pensée juridique ne consiste nullement à proposer au législateur la consécration d'une présomption irréfragable d'acceptation des soins de PTME. Autrement, c'est tout l'équilibre éthique recherché entre l'autonomie de soi de la mère séropositive sur son corps et le droit aux soins de l'enfant à naître qui risquerait de voler en éclats. Bien au contraire, à titre exceptionnel, il conviendrait de reconnaître à la mère séropositive le droit au refus des soins de PTME dans des cas raisonnables à déterminer dans la loi.

B. Les cas exceptionnels de tolérance du refus maternel des soins de PTME

653. *De lege ferenda*, nous plaidons pour la reconnaissance exceptionnelle d'un droit explicite au refus des soins de PTME, uniquement dans deux cas précis : en cas de charge virale indétectable depuis un laps de temps déterminé (1) et en cas d'allergie au médicament antirétroviral reconnue comme gravement nuisible à la santé de la mère (2). Toutefois, il devrait être reconnu aux tiers justifiant d'un intérêt légitime la possibilité de contester en justice la validité de tout refus maternel des soins de PTME (3).

1. En cas de charge virale indétectable depuis un laps de temps déterminé

654. On a déjà vu que la charge virale est dite indétectable lorsque le test révèle dans le plasma sanguin une quantité de VIH aussi faible qu'entre 20 et 50 copies/ml. Dans les limites de ce seuil de détection, le risque de transmission du VIH à autrui est fortement réduit.

À charge virale se situant en dessous du seuil de détection « depuis au moins six mois »[1087], puisqu'il y a très peu à craindre que l'enfant soit contaminé *in utero,* nous pensons que le législateur pourrait se permettre de reconnaître à la femme enceinte séropositive concernée la faculté de refuser expressément le traitement antirétroviral prescrit. L'écrit doit en être exigé *ad validitatem*, de sorte que tout refus non consigné par écrit doit être réputé non avenu.

655. Le refus des soins de PTME par la mère doit être éclairé. À cet effet, les informations médicales nécessaires doivent préalablement être mises à sa disposition, dans la langue dont elle a la meilleure compréhension. Sont particulièrement visées les informations concernant les proportions, minimes soient-elles, du risque de transmission mère-enfant du VIH, avec ou sans l'accompagnement d'ARV.

Le devoir d'information incombe aux soignants auxquels la loi devrait laisser la latitude, ce faisant, de tout mettre objectivement en œuvre pour convaincre la femme séropositive enceinte concernée de la prudence maximale qu'il y a à accepter les soins de PTME nonobstant la possibilité légale d'y renoncer.

656. Qu'adviendra-t-il alors en cas de progression *a posteriori* du taux de la charge virale au cours de la gestation ? Quelle devrait être la position du droit en prévision de cette éventualité ?

Rappelons que sur la durée de la grossesse, l'OMS recommande au moins quatre visites prénatales à intervalles réguliers. Cette fréquence a toute son

---

[1087] Cette durée minimum a été retenue dans une étude spécialisée qui fait autorité scientifique. Ayant porté sur la non transmission du VIH par la voie sexuelle, elle considère que « *la virémie doit être supprimée depuis au moins six mois* » pour être certain de la suppression du risque de contamination d'autrui. Voy. VERNAZZA (P.) *et al., op. cit.*, p. 165-169.

importance pour le suivi de la charge virale chez la femme enceinte séropositive.

Les résultats de l'Enquête démographique et sanitaire récemment menée en RDC révèlent que, « parmi les femmes ayant eu une naissance vivante au cours des cinq années ayant précédé l'enquête, 48 % ont effectué, au moins, les quatre visites recommandées et cette proportion est plus élevée en milieu urbain (61 %) qu'en milieu rural (42 %). Dans 38 % des cas, les femmes ont effectué 2 à 3 visites et une faible proportion (4 %) n'en a effectué qu'une seule. Une femme sur dix n'a effectué aucune visite prénatale[1088]. »

Nous sommes d'avis qu'au cours de la grossesse, l'augmentation de la charge virale au-delà du seuil de détection devrait être considérée par le droit comme une condition résolutoire toujours sous-entendue. Par conséquent, une fois advenue, cette augmentation aura éteint, *ab initio,* le droit acquis au refus des soins de PTME. Grâce à cette fiction de son extinction avec effet rétroactif, le droit acquis de la mère séropositive sera réputé comme n'ayant jamais existé. Ce qui, d'office, l'astreint à l'obligation de subir le traitement prescrit dans l'intérêt de l'enfant à naître.

657. D'après les études, la réduction de la charge virale à un niveau indétectable est généralement l'effet produit par un traitement antirétroviral efficace antérieur, étendu sur une certaine durée[1089]. C'est la raison pour laquelle l'interruption de ce traitement pourrait, à moyen terme, inverser la tendance de la charge virale. C'est aussi pour cette raison que dans le cadre d'une prise en charge médicale préconceptionnelle des femmes séropositives concernées par le projet de maternité, il leur est recommandé de débuter précocement le traitement sous ARV, c'est-à-dire, idéalement, avant de concevoir effectivement l'enfant[1090]. Mais il est parfois inquiétant d'observer des cas d'allergie à ce type de traitement.

2. En cas d'allergie au médicament antirétroviral reconnue comme gravement nuisible à la santé de la mère

658. En droit congolais, la notion de médicament n'est pas définie par le législateur. Il était apparu aux juges de la cour d'appel de Kinshasa que par « médicament », il faut entendre « toutes substances solides ou

---

[1088] MINISTÈRE DU PLAN ET SUIVI DE LA MISE EN ŒUVRE DE LA RÉVOLUTION DE LA MODERNITÉ (MPSMRM) *et al.*, *op. cit.*, p.126.

[1089] Voy. MYKHALOVSKIY (E.) *et al.*, *op. cit.*, p. 32 et s.; CATIE, *op. cit.*.

[1090] Voy. MANDELBROT (L.) *et al.*, *op. cit.*, p. 544.

liquides, simples ou composées, auxquelles l'art de guérir attache un effet déterminé sur l'organisme[1091]. »

D'après BOSLY et HAUSMAN, « le médicament désigne communément une substance ou une composition destinée à restaurer ou à promouvoir la santé, voire à établir un diagnostic médical. Cependant, il présente généralement pour le patient, de manière consubstantielle, des risques et des effets indésirables […][1092] ». Les spécialistes en soins pharmaceutiques s'accordent, en effet, à admettre qu'à tout médicament est attachée une dose de risque d'allergie pouvant s'avérer gravement préjudiciable chez certains patients. L'allergie se conçoit couramment comme « une réaction anormale et spécifique de l'organisme au contact d'une substance étrangère (allergène) qui n'entraîne pas de trouble chez la plupart des sujets[1093]. »

659. Le cas de figure, qui intéresse notre réflexion prospective, est lié à la toxicité des ARV. Il existe plusieurs types d'ARV auxquels sont associés des effets indésirables distincts[1094]. Certains médicaments ARV ont même

---

1091 Kin., 13 août 1970, *R.J.Z.* 1971, p. 241.

1092 BOSLY (H.) et HAUSMAN (J.-M.), « L'affaire SERVIER-MEDIATOR », in DANTI-JUAN (M.), dir., *Les orientations actuelles de la responsabilité pénale en matière médicale*, Paris, Editions Cujas, 2013, p. 243-244. Voy. aussi COGAS-BERNARD (C.), « La responsabilité du fait des médicaments défectueux : du préjudice corporel au préjudice d'angoisse », *RGDM,* 2012, n° spécial « La responsabilité du fait des médicaments dangereux », p. 63-65. En droit français, l'article L. 5111-1 du Code de la santé publique livre une définition particulièrement très détaillée du médicament en indiquant qu'il désigne « *toute substance ou composition présentée comme possédant des propriétés curatives ou préventives à l'égard des maladies humaines ou animales, ainsi que toute substance ou composition pouvant être utilisée chez l'homme ou chez l'animal ou pouvant leur être administrée, en vue d'établir un diagnostic médical ou de restaurer, corriger ou modifier leurs fonctions physiologiques en exerçant une action pharmacologique, immunologique ou métabolique.* »

1093 Voy. le dictionnaire LAROUSSE, édition 2016.

1094 Un peu d'histoire de la pharmacologie des ARV : le tout premier médicament antirétroviral approuvé, le 19 mars 1987, par la Food and Drug Administration (FDA), est l'Azidothymidine, mieux connu par son sigle « AZT », commercialisé sous les noms de Retrovir et Retrovis. Ses principaux effets indésirables vont de manifestations digestives parfois sévères (nausées, vomissements, diarrhées, atteintes hépatiques, …) à la toxicité hématologique (leucopénies, neutropénies, anémies, etc.). Après l'AZT, la deuxième substance antirétrovirale, approuvée en date du 9 octobre 1991, est la Didanosine (ddI). Son administration peut causer des pancréatites chez le patient. Le 13 mars 1996, un troisième antirétroviral a été approuvé sous le nom d'Indinavir. D'après une enquête, ce dernier médicament est à l'origine de troubles rénaux (toxicité rénale). À ce sujet, voy. ACT UP PARIS, « Dossier Rein ne va plus, Effets secondaires rénaux », disponible en ligne dans *http://www.actupparis.org/spip.php?article3191,* [Consulté le 7 décembre 2016].

été jugés impropres à la population des femmes enceintes[1095]. En règle générale, d'après l'OMS, « les ARV peuvent être responsables d'une large gamme de toxicités, allant de l'intolérance modérée de résolution spontanée aux effets secondaires qui peuvent mettre le pronostic vital en jeu. Il est parfois difficile de faire la différence entre les complications de l'infection à VIH et celles des toxicités liées au TAR (appelées aussi réactions indésirables)[1096]. »

660. Concrètement, l'hypothèse d'allergie que nous imaginons volontiers est celle d'une femme séropositive chez qui le traitement antirétroviral (TAR), en état de grossesse, crée anormalement des dysfonctionnements physiologiques et complications cliniques d'une certaine gravité pour sa propre santé. Faudrait-il lui admettre la faculté d'interruption des soins de PTME pour éviter le péril à sa santé, ou la contraindre à poursuivre, à ses risques et périls, le traitement prescrit pour le bien-être de l'enfant qu'elle porte ?

Devant ce dilemme éthique, la solution de la raison nous semble être la primauté de la santé de la mère sur celle de l'être en gestation. Il serait de bonne politique législative d'exempter la mère séropositive du traitement attesté gravement préjudiciable à sa santé[1097] par deux médecins, en l'autorisant à y renoncer. En pareille hypothèse, la meilleure façon de contourner la forte probabilité de donner naissance à un enfant infecté par le VIH serait l'interruption de la grossesse. Ainsi, l'I.R.G. pour motif eugénique devrait être vivement recommandée à la mère concernée, sans que la loi ni les soignants l'y contraignent.

661. Dans chacun des deux cas exceptionnels sus épinglés, un tiers à la relation de soin peut justifier d'un intérêt légitime à s'opposer en justice à l'exercice éventuel du droit maternel au refus des soins de PTME. Partant, il nous revient de proposer au législateur l'économie des règles spéciales adaptées à un tel contentieux *sui generis*.

[1095] Voy. FOOD AND DRUG ADMINISTRATION (FDA), *Guidance for Industry-Fixed Dose Combinations, Co-Packaged Drug Products, and Single-Entity Versions of Previously Approved Antiretrovirals for the Treatment of HIV*, U.S. Department of Health and Human Services, Center for Drug Evaluation and Research (CDER), Procedural, October 2006, p. 3.

[1096] OMS, *Traitement antirétroviral de l'infection à VIH...op. cit.*, p. 52.

[1097] Ce qui rejoint la recommandation experte de l'OMS selon laquelle « *une toxicité sévère mettant le pronostic vital en jeu exige l'arrêt de tous les ARV et la mise en place d'un traitement symptomatique approprié jusqu'à ce que le patient soit stabilisé et que les symptômes de toxicité aient disparu* ». Voy. *idem.*

3. À propos du contentieux en contestation de la validité du refus maternel des soins de PTME

662. D'abord, quelques règles de forme. S'agissant d'une matière dans laquelle se trouve impliquer l'enfant, la compétence de connaître du litige en contestation de la validité du refus maternel des soins de PTME devrait revenir au tribunal pour enfants[1098].

Une telle matière requiert célérité, ainsi qu'il serait souhaitable qu'elle soit jugée toutes affaires cessantes. Le huis clos doit être la règle pour préserver la vie privée et la confidentialité des informations sérologiques des parties au procès.

La qualité à ester en cette matière devrait être réservée uniquement à trois catégories des justiciables, à savoir:

- Le père biologique de l'enfant à naître ou, en cas de prédécès, ses héritiers survivants ;
- Les père et mère de la femme séropositive enceinte ainsi que ses frères et sœurs consanguins, germains ou utérins ;
- Les frères et sœurs consanguins, germains ou utérins de l'enfant à naître.

Seule la mère séropositive, dont le droit au refus des soins de PTME est contesté, devrait se voir reconnaître la qualité pour recevoir assignation, à peine d'irrecevabilité de l'action pour mauvaise direction.

663. Viennent ensuite les règles de fond. En effet, quant à la solution du litige, nous préconisons que lorsque l'action lui paraît recevable et fondée, le juge pour enfants se voie spécialement reconnaître par le législateur le pouvoir d'enjoindre à la mère défenderesse de subir le traitement prescrit. C'est ce que nous appelons l'***injonction thérapeutique à des fins de PTME***. Ce qui équivaudrait, purement et simplement, à une obligation de soin.

Il convient d'observer que l'injonction judiciaire des soins est une solution déjà consacrée par certains législateurs étrangers dans des domaines variés du droit. En droit français, par exemple, l'obligation de soin a été, à l'origine, instituée par la loi n°54-439 du 15 avril 1954 relative au traitement des personnes alcooliques dangereuses[1099]. La dernière réforme

---

[1098] À l'heure actuelle, sur le plan civil, la compétence dévolue au tribunal pour enfants se limite aux « *matières se rapportant à l'identité, la capacité, la filiation, l'adoption et la parenté telles que prévues par la loi* ». Voy. l'article 99, alinéa 2, de la loi n°09/001 du 10 janvier 2009 portant protection de l'enfant.

[1099] Sur les commentaires de cette loi, voy. BEYNIER (D.), « L'obligation de soin comme alternative à la peine », *Revue Internationale de Droit Médical*, décembre 2010, p. 193-203.

législative dans ce domaine s'identifie à la loi n°2007-297 du 5 mars 2007 relative à la prévention de la délinquance[1100], combinée à la loi n°2012-409 du 27 mars 2012 relative à l'exécution des peines[1101].

De façon concrète, le législateur français donne au juge le pouvoir d'imposer à un justiciable condamné à l'emprisonnement ou mis en examen de se soumettre à des soins médicaux appropriés à son état de santé. Il s'agit en fait d'une alternative à l'incarcération. La proposition du traitement médical, à prendre ou à laisser, est adressée au condamné ou au justiciable mis en examen, en échange de purger la peine privative de liberté prononcée ou encourue.

Le droit français envisage également « l'injonction thérapeutique » en matière de lutte contre la toxicomanie et de répression du trafic et de l'usage illicite des substances vénéneuses[1102]. L'autorité judiciaire peut, en guise d'alternative aux poursuites ou au titre d'exécution des peines, enjoindre au prévenu toxicomane de suivre une cure de désintoxication et/ou de se placer sous surveillance médicale[1103].

De ce qui précède, il s'observe qu'au sens de notre proposition de réforme, la spécificité de l'*injonction thérapeutique à des fins de PTME* tient à ce que, d'une part, elle n'entretient aucun lien avec les poursuites pénales; et d'autre part, elle constitue, d'après notre pensée juridique, l'aboutissement d'une action judiciaire ayant pour seul objet de faire échec à une prétention maternelle au refus des soins de PTME. On est donc très loin d'un simple exercice de transposition du droit français.

[1100] *J.O.* n° 56 du 7 mars 2007.

[1101] *J.O.* n° 0075 du 28 mars 2012.

[1102] Voy. la loi n°70-1320 du 31 décembre 1970 relative aux mesures de lutte contre la toxicomanie et à la répression du trafic et de l'usage illicite des substances vénéneuses. Cette loi a été modifiée par la loi n°2007-297 du 5 mars 2007 relative à la prévention de la délinquance et le décret n° 2008-364.

[1103] Voy. l'article L. 3423-1 du Code de la santé publique.

CONCLUSION DE LA DEUXIÈME PARTIE

664. Il sied d'observer que durant la période de la grossesse, la problématique de la prévention de la transmission du VIH de la mère à l'enfant (PTME) se ramène à deux enjeux principaux: d'une part, la pratique indispensable du dépistage prénatal du VIH parmi la population des femmes enceintes ; et d'autre part, le sort réservé à l'autonomie de la femme enceinte séropositive sur son corps.

665. Deux conceptions radicalement opposées peuvent guider la normativité face à ces enjeux. L'une consisterait à faire dire à la femme concernée, dans son for intérieur : « *C'est mon corps, j'en fais ce que je veux* ! » L'autre serait plutôt acquise à l'idée que son autonomie sur son corps n'est juridiquement que pure illusion. Sur son corps, la femme enceinte n'aurait qu'un droit à l'intégrité physique limité à l'usage et à une jouissance, du reste, relative. La nue-propriété sur le corps de chaque membre de la société reviendrait à celle-ci qui, seule, pourrait en disposer lorsque des intérêts juridiques supérieurs l'exigent.

De deux conceptions de normativité pré rappelées, l'insertion du droit positif congolais dans l'une ou l'autre paraît très ambiguë. Il demeure cependant que, tendanciellement, l'idée qui le domine est celle de créer les conditions nécessaires à l'expression et à la protection des droits et libertés de la femme enceinte (séropositive) sur son corps, au sacrifice, dans certains cas, du bien-être de l'enfant à naître.

666. Voilà pourquoi, par exemple, le droit positif se satisfait de sacraliser la liberté individuelle de consentir ou de refuser de consentir au test de dépistage du VIH, alors même que ce test s'avère indispensable à l'identification des femmes enceintes séropositives pour leur prise en charge médicale appropriée dans l'intérêt de l'enfant à naître.

Ainsi, dans sa configuration actuelle, le droit se voit complètement désarmé face aux situations, récurrentes dans les sociétés africaines, de refus déraisonnable de certaines femmes de se prêter volontairement au test de dépistage prénatal du VIH. Aussi, leur refus d'en informer le résultat, lorsqu'il s'avère positif, au père biologique de l'enfant à naître – celui-ci pouvant concourir efficacement aux efforts de PTME, avant et après la naissance de l'enfant – n'est-il pas appréhendé par le droit de manière satisfaisante. À cela s'ajoute la méconnaissance du « secret partagé », une pratique hospitalière qui pourrait s'avérer d'une grande utilité thérapeutique dans le cadre de la PTME.

667. Dans le même ordre d'idées d'inspiration libérale, on a observé qu'en matière d'administration des soins de PTME, la tendance générale des droits africains, tels qu'illustrés par le droit congolais, est à reconnaître généreusement à la femme enceinte séropositive un droit subjectif implicite au refus des soins. Ce qui revient à remarquer que l'autonomie de soi de la mère séropositive sur son corps l'emporte, en matière de prise d'ARV, sur le droit de l'enfant à naître au meilleur état de santé susceptible d'être atteint. La mère séropositive peut librement renoncer au traitement antirétroviral et exposer à risque de contamination *in utero* l'enfant qu'elle porte. Le droit objectif en a décidé ainsi. L'intérêt supérieur de l'enfant à naître est alors mis à mort. Vive les libertés maternelles !

668. En l'une ou l'autre matière, partout où les insuffisantes et incohérences du droit positif ont été mises en relief, des pistes de son amélioration ont été envisagées, en explorant un large éventail des droits étrangers confrontés aux situations-problèmes identiques. Y participent, entre autres solutions préconisées, la théorie du *consentement présumé au test de dépistage prénatal du VIH* et celle de l'*injonction thérapeutique à des fins de PTME.*

669. Par ailleurs, en ce qui concerne spécifiquement les liens de bioéthique entre l'avortement et le risque de donner naissance à un enfant atteint du VIH/sida, paradoxalement, les droits africains sont globalement en proie à la conception « corps humain-propriété de l'État ou de la société ». Le « titulaire » du corps humain, en l'occurrence la femme enceinte, simple usufruitière, ne saurait en faire ce qu'elle veut. Autant elle ne peut décider du devenir d'une vie qui n'est pas la sienne. On comprend dès lors pourquoi l'IVG, telle que conçue dans les pays occidentaux, éprouve de sérieuses difficultés pour sa réception en terre juridique africaine.

670. Là-dessus, il nous est plutôt apparu que dans une certaine mesure, il peut aller de l'intérêt supérieur de l'enfant conçu de ne pas naître, devant la réalité d'une forte probabilité qu'il advienne au monde gravement affecté par un handicap incurable du système immunitaire. C'est là que s'insère, pour l'avenir du droit, la préconisation d'un régime juridique dit d'*interruption responsable de grossesse* (IRG) *à visée de PTME.* Ce qui n'est rien d'autre qu'une perspective innovante de légalisation de l'avortement eugénique en raison de la forte probabilité de donner naissance à un enfant atteint de VIH.

CONCLUSION GÉNÉRALE

671. Au terme de ce travail, on aura constaté qu'il met en lumière un phénomène encore très peu étudié par les juristes comparatistes, celui de la *juridicisation de la lutte contre l'épidémie du VIH/sida*. Les origines du phénomène observé remontent à la fin des années 80 et traversent les quatre coins du monde. Au cours de cette dernière décennie, ce phénomène a connu, sur le continent africain, une expansion rapide aux résultats très mitigés. On a souvent utilisé dans la littérature des expressions ironiques telles que « *la contagion législative en contexte de VIH/sida* » et « *l'épidémie des lois* » pour évoquer le bilan controversé des lois spécifiques au VIH/sida qui pullulent en Afrique.

672. À cet égard, l'étude porte un regard croisé sur un nombre considérable de textes législatifs des pays africains investis, potentiellement, de la mission d'encadrer la procréation humaine et d'offrir aux futurs enfants la protection juridique face au risque de naître avec le VIH. Fondamentalement, elle questionne les législateurs africains sur la manière de saisir le risque biologique de transmission maternelle du VIH, sans rompre avec l'équilibre éthique nécessaire entre les droits et libertés reproductifs de la femme ou mère séropositive et l'intérêt de l'enfant à concevoir ou à naître.

L'analyse approfondie du cas typique du droit congolais, telle qu'illustrée abondamment par des sources juridiques étrangères, permet de faire une induction raisonnable : en Afrique subsaharienne, le droit est en proie à un modèle de normativité moins enclin à protéger adéquatement l'enfant contre le risque de contamination par le VIH avant sa naissance.

Ce modèle de normativité est sans cesse tiraillé entre la pression d'importation, en terre africaine, des recommandations et directives internationales sur le VIH/sida, et le besoin légitime des normes adaptées aux contraintes socioculturelles et économiques locales. Il est fondé, philosophiquement, sur un paradigme libéral, d'inspiration occidentale, qui prône la primauté quasi absolue des droits et libertés de la femme ou mère séropositive en matière de santé de la reproduction. Ainsi, face au risque d'infection congénitale par le VIH, la protection juridique apportée à l'enfant africain s'est révélée insuffisante et, à certains égards, incohérente. En préjugeait, d'entrée d'étude, le contraste entre, d'un côté, le record battu par l'Afrique, au cours de ces dernières années, en matière de taux de production législative sur le VIH/sida ; et de l'autre, le taux le plus élevé au monde d'enfants vivant avec le VIH/sida que le continent africain continue pourtant à détenir.

673. Cette hypothèse de départ de notre recherche s'est vérifiée tout au long de nos travaux. En effet, sur la majeure partie des questions concrètes de bioéthique mettant en conflit axiologique les intérêts de la mère séropositive et ceux de l'enfant, avant sa conception comme pendant sa gestation, il est apparu qu'à l'état actuel du droit, ceux-là l'emportent démesurément sur ceux-ci. Dans un monde de plus en plus hostile à toutes formes de discrimination sociale, la tendance est à la sacralisation des droits et libertés de la femme ou mère séropositive en contexte de VIH/sida. Ce qui, dans une large mesure, nuit profondément à la cohésion interne des systèmes juridiques actuels, dans lesquels est paradoxalement ancré le principe de l'intérêt supérieur de l'enfant, « *avant comme après sa naissance* », suivant la formule consacrée par le préambule de la Convention internationale relative aux droits de l'enfant.

Dès lors le droit nous a-t-il semblé être dans l'impasse face au risque biologique de transmission mère-enfant du VIH. L'examen d'une masse des questionnements de bioéthique, pour certains encore inédits, autour des thématiques très variées[1104], a fait émerger une idée centrale : sauf à renoncer à sa vocation première d'instrument de régulation sociale, le droit en Afrique en général, et en RDC en particulier, a besoin d'être repensé.

674. Sur ce terrain de la prospective du droit, pour mieux protéger l'enfant à concevoir ou à naître contre le risque d'abus des droits reproductifs maternels en contexte de VIH/sida, nous avons préconisé au législateur la recherche d'une conciliation, qui ne soit pas manifestement disproportionnée, entre l'autonomie de soi de la femme ou mère séropositive sur son corps et la responsabilité morale de ses choix en matière de procréation. Dans toute sa complexité, la thèse défendue se ramène à cette proposition simple: il est nécessaire d'établir, en matière de prévention de la transmission prénatale du VIH de la mère à l'enfant, des normes juridiques qui concilient adéquatement des exigences éthiques contradictoires : les droits et libertés reproductifs de la femme ou mère séropositive peuvent s'exercer dans le respect de l'intérêt supérieur de

[1104] À savoir : la sexualité procréative chez les personnes vivant avec le VIH/sida, le rapport à la contraception de la femme séropositive, l'assistance médicale à la procréation (AMP) en contexte de couple sérodiscordant, le dépistage prénatal du VIH chez les femmes enceintes et le rapport à la confidentialité de leurs résultats sérologiques tant à l'égard de leurs conjoints ou partenaires sexuels qu'en milieu hospitalier, l'interruption de la grossesse pour motif thérapeutique ou eugénique et l'administration du traitement antirétroviral destiné à prévenir la transmission mère-enfant.

l'enfant à concevoir ou à naître. Autant le principe qui promeut l'intérêt supérieur de l'enfant, avant sa naissance, peut fonctionner sans mordre outre mesure sur les droits et libertés de la femme ou mère séropositive.

Cette façon de penser autrement la normativité juridique en matière de prévention de la transmission du VIH de la mère à l'enfant (PTME) n'est pas restée au stade théorique d'une construction de pure philosophie. Par-delà son degré d'abstraction, l'étude en a fait, très largement, des applications concrètes à chaque situation-problème devant laquelle le droit positif s'est révélé soit insuffisant, soit incohérent. Autrement dit, la philosophie de la recherche constante d'un équilibre éthique adéquat entre les droits de la femme ou mère séropositive et le bien-être de l'enfant à concevoir ou à naître, est à l'intersection de l'ensemble de nos préconisations de réforme du droit. En un mot, elle en constitue le fil directeur.

675. On finira en admettant que le souci de protéger la vie humaine anténatale contre le risque de transmission mère-enfant n'est certes pas étranger aux législations spécifiques au VIH/sida dont se sont dotés généreusement les pays africains. Cependant, globalement, les régimes juridiques de protection actuelle restent à parfaire. Ainsi conviendrait-il de « révolutionner » l'ensemble des lois existantes en envisageant leur profonde refonte au point de vue philosophique. On devra, pour ce faire, prendre nécessairement en compte la diversité des situations-problèmes de droit et de bioéthique rencontrées en matière de prévention de la transmission mère-enfant du VIH, spécialement en contexte socioéconomique et culturel propre aux pays d'Afrique subsaharienne.

Peut-être devrait-on alors reconnaître à la présente étude le mérite de préexister à cette révolution des lois en y concourant significativement ; ou, à tout le moins, le mérite d'exister : celui d'avoir systématiquement défriché ces situations-problèmes, en tentant d'en dresser un recensement exhaustif et en contribuant, fondamentalement, à la recherche d'outils théoriques nécessaires à l'émergence de nouveaux droits africains en ordre de bataille pour des générations futures sans sida.

676. Pour parvenir à ce « nouvel ordre juridique », n'est-il pas pertinent de donner, du haut de l'Union africaine, l'impulsion à l'élaboration d'une *charte africaine de lutte contre le VIH/sida*[1105], investie du rôle,

---

[1105] De nos jours, en matière de VIH/sida, le droit communautaire africain reste dominé par le Protocole additionnel à la Charte africaine relatif aux droits de la femme, dont seul l'article 14 fait allusion expresse au VIH/sida en relation avec les droits liés à la santé sexuelle et reproductive. La Commission Africaine des Droits de l'Homme et des Peuples y a dejà consacré deux Observations générales. Ce corpus pourrait être le moteur d'un droit africain de protection de l'enfance contre le risque de contamination par le VIH. A ce titre, par-dessus l'étude des législations nationales comparées sur le VIH en Afrique,

notamment, de prévenir de nouvelles contaminations d'enfants par le VIH? Un tel cadre juridique régional serait-il à même de créer la synergie des États africains autour des défis économiques et des enjeux juridiques du marché mondial des brevets pharmaceutiques en matière d'antirétroviraux (ARV)? Autant des questions qui restent à explorer.

Assurément, même après la découverte éventuelle d'un vaccin préventif ou curatif, de quoi en être immunisé ou en guérir, l'épidémie du VIH/sida interrogera encore pour longtemps le législateur et le juriste, en Afrique comme dans le reste du monde.

---

objet de notre contribution, des travaux de recherche pourraient ultérieurement s'orienter vers la dimension continentale de l'édifice normatif anti VIH/sida.

BIBLIOGRAPHIE

I. TEXTES JURIDIQUES

A. TEXTES INTERNATIONAUX

- Déclaration universelle des droits de l'homme du 10 décembre 1948, in *J.O. de la RDC*, 40ème année, numéro spécial, Kinshasa, avril 1999.
- Pacte international relatif aux droits civils et politiques, New York, 16 décembre 1966, ratifié par la RDC le 1er novembre 1976, in *J.O. de la RDC*, 43ème numéro, Kinshasa, décembre 2002.
- Convention internationale sur l'élimination de toutes les formes de discrimination raciale du 7 mars 1966, ratifiée par la RDC le 21 avril 1976.
- Pacte international relatif aux droits économiques, sociaux et culturels, New York, 16 décembre 1966, ratifié par la RDC le 1er novembre 1976, in *J.O. de la RDC*, 43ème numéro, Kinshasa, décembre 2002.
- Convention sur l'élimination de toutes les formes de discrimination à l'égard des femmes, New York, 18 décembre 1979, ratifiée par la RDC le 17 octobre 1986, in *J.O. de la RDC*, 43ème numéro, Kinshasa, décembre 2002.
- Convention contre la torture et autres peines ou traitements cruels, inhumains ou dégradants, New York, 10 décembre 1984, ratifiée par la RDC le 17 juillet 1980, in *J.O. de la RDC*, 43ème numéro, Kinshasa, décembre 2002.
- Convention relative aux droits de l'enfant, New York, 20 novembre 1989, ratifiée par la RDC le 27 septembre 1990, in *J.O. de la RDC*, 43ème numéro, Kinshasa, décembre 2002.
- Convention relative aux droits des personnes handicapées, New York, 13 décembre 2006, ratifiée par la RDC le 7 juillet 2013.

B. TEXTES RÉGIONAUX

- Charte africaine des droits de l'homme et des peuples, Nairobi, 27 juin 1981, ratifiée par la RDC le 20 juillet 1987, in *J.O. de la RDC*, 43ème numéro, Kinshasa, décembre 2002.
- Charte africaine des droits et du bien-être de l'enfant, Addis Abéba, 11 juillet 1990, ratifiée par la RDC le 28 mars 2001, in *J.O. de la RDC*, 43ème numéro, Kinshasa, décembre 2002.
- Protocole à la Charte africaine des droits de l'homme et des peuples relatif aux droits des femmes, Maputo, 11 juillet 2003, ratifié par le RDC le 9 juin 2008.

C. TEXTES NATIONAUX

- Constitution du 18 février 2006, telle que modifiée par la loi n°11/002 du 20 janvier 2011 portant révision de certains articles de la constitution de la RDC du 18 février 2006, in *J.O. de la RDC*, 52e année, numéro spécial, Kinshasa, 5 février 2011.
- Ordonnance du 14 mai 1886 sur les principes à suivre dans les décisions de justice en cas de silence de la loi, in *B.A.*, Léopoldville, 1886.
- Décret du 30 juillet 1888 portant des contrats ou des obligations conventionnelles, in *B.O.*, Léopoldville, 1888.
- Décret du 30 janvier 1940 portant Code pénal, in *B.O.*, Léopoldville, 1940.
- Décret du 6 août 1959 portant Code de procédure pénale, in *B.O.*, Léopoldville, 1959.
- Décret-loi du 29 juin 1961 organique de la sécurité sociale, in *Moniteur congolais*, 1961.
- Ordonnance-loi n°68/70 du 1er mars 1968 créant l'Ordre des médecins, in *Moniteur congolais* n°20 du 15 octobre 1970.
- Loi n°087-010 du 1er août 1987 portant Code de la famille, telle que modifiée et complétée par la loi n°16/008 du 15 juillet 2016 modifiant et complétant le Code de la famille, in *J.O.R.D.C*, numéro spécial, Kinshasa, octobre 2016.
- Loi n°06/018 du 20 juillet 2006 modifiant et complétant le Code pénal congolais (loi dite relative aux violences sexuelles), in *J.O. de la RDC*, numéro spécial, Kinshasa, août 2008.

- Loi n°08/11 du 14 juillet 2008 portant protection des droits des personnes vivant avec le VIH/sida et des personnes affectées en RDC, *in J.O. de la RDC*, 49ième année, numéro spécial, Kinshasa, 15 juillet 2008.
- Loi n°09/001 du 10 janvier 2009 portant protection de l'enfant en RDC, in *J.O. de la RDC*, 50ème année, numéro spécial, Kinshasa, 25 mai 2009.
- Loi organique n°13/011 du 21 mars 2013 portant institution, organisation et fonctionnement de la Commission Nationale des Droits de l'Homme, in *J.O.de la RDC*, 54ième année, numéro spécial, Kinshasa, 1er avril 2013.
- Loi organique n°13/011-B du 11 avril 2013 portant organisation, fonctionnement et compétences des juridictions de l'ordre judiciaire, in *J.O.de la RDC*, 54ième année, numéro spécial, Kinshasa, 4 mai 2013.
- Loi n°18/012 du 09 juillet 2018 modifiant et complétant la loi n°08/011 du 14 juillet 2008 portant protection des droits des personnes vivant avec le VIH/sida et des personnes affectées, *in J.O. de la RDC*, 59e année, numéro spécial, Kinshasa, 23 juillet 2018.
- Ordonnance n°70-158 du 30 avril 1970 déterminant les règles de déontologie médicale, in *Moniteur congolais* n°20 du 15 octobre 1970.
- Ordonnance n°11/023 du 18 mars 2011 modifiant et complétant le Décret n°04/029 du 17 mars 2004 portant création et organisation du Programme national multisectoriel de lutte contre le sida, en sigle « PNMLS », in *J.O.de la RDC*, 52ième année, numéro spécial, Kinshasa, 25 mars 2011.
- Arrêté Ministériel n°MIN.CONDIFA/CAB.MIN/ CSH/BL/001/ 2005 du 03 janvier 2005 portant création et organisation de la Cellule Ministérielle de lutte contre le VIH/sida au sein du Ministère de la Condition Féminine et Famille, in *J.O. de la RDC*, 46ième année, numéro spécial, Kinshasa,15 avril 2005.
- Arrêté ministériel n°12/CAB.MIN/ETPS/RM/42/2009 du 11 avril 2009 portant création, organisation et fonctionnement de l'Unité d'Exécution du Programme de Lutte contre le VIH/sida dans le monde du travail, in *J.O. de la RDC*, 50ième année, numéro spécial, Kinshasa, 1er juillet 2009.

D. TEXTES ÉTRANGERS

1. EN AFRIQUE (uniquement les *corpus* législatifs spécifiques au VIH/sida)

- Loi n°1/018 du 12 mai 2005 portant protection juridique des personnes infectées par le virus de l'immunodéficience humaine et des personnes atteintes du Syndrome de l'Immunodéficience Acquise au **Burundi**, in *http://www.ilo.org/aids/legislation/lang--en/index.htm*.
- Loi n°2005-040 du 20 février 2006 sur la lutte contre le VIH/sida et la protection des droits des personnes vivant avec le VIH/sida au **Madagascar**, *J.O.*, n°3029, Antananarivo, 15 mai 2006.
- Loi n°2005-31 du 5 avril 2006 portant prévention, prise en charge et contrôle du VIH/sida en République de **Bénin**, in *http://www.plateforme-elsa.org/loi-portant-prevention-prise-en-charge-et-controle-du-vihsida-en-republique-du-benin/?ref=search*.
- Loi n°06-028 du 29 juin 2006 fixant les règles relatives à la prévention, à la prise en charge et au contrôle du VIH/sida au **Mali**, in *http://www.ilo.org/aids/legislation/lang--en/index.htm*.
- Loi n°2007-08 du 30 avril 2007 relative à la prévention, la prise en charge et le contrôle du Virus de l'Immunodéficience Humaine (VIH) en République du **Niger**, *J.O.*, n°TX/RX 9881, Niamey, 23 janvier 2008.
- Loi n°2007-042 du 03 septembre 2007 relative à la prévention, la prise en charge et le contrôle du VIH/sida, *Journal officiel de la République Islamique de **Mauritanie***, 49ième année, n°1155, 15 novembre 2007.
- Loi n°019/PR/2007 du 15 novembre 2007 portant lutte contre le VIH/sida et protection des droits des personnes au **Tchad**, in *http. : //www.cefod.org/spip.php ?page=imprimir_articulo&id_article =1826*.
- Loi n°030-2008/AN du 20 mai 2008 portant lutte contre le VIH/sida et protection des droits des personnes vivant avec le VIH/SIDA au **Burkina Faso**, *J.O.*, Ouagadougou, 2008.
- Loi n°2010-03 du 09 avril 2010 relative au VIH/SIDA au Sénégal, *J.O. de la République du **Sénégal***, n°6535, Dakar, 10 juillet 2010.

- Loi n°2010-018 du 31 décembre 2010 modifiant la loi n°2005-012 du 14 décembre 2005 portant protection des personnes en matière de VIH/sida au **Togo**, *J.O. de la République togolaise*, Lomé, 31 décembre 2010.
- Loi n°30-2011 du 03 juin 2011 portant lutte contre le VIH et le sida et protection des droits des personnes vivant avec le VIH/sida en République du Congo, *J.O. de la République du **Congo***, 53ième année, numéro 24, Brazzaville,16 juin 2011.
- Loi du 11 juillet 2014 portant régime de prévention, de protection et de répression en matière de lutte contre le VIH et le sida en Côte d'ivoire, *J.O. de la République de **Côte d'ivoire***, 56ième année, numéro 11, Abidjan,15 juillet 2014.

2. EN FRANCE (textes publiés in www.legifrance.gouv.fr)

- Loi n° 79-1204 du 31 décembre 1979 relative à l'interruption volontaire de la grossesse.
- Loi n° 94-548 du 1 juillet 1994 relative au traitement de données nominatives ayant pour fin la recherche dans le domaine de la santé et modifiant la loi n° 78-17 du 6 janvier 1978 relative à l'informatique, aux fichiers et aux libertés.
- Loi n° 94-654 du 29 juillet 1994 relative au don et à l'utilisation des éléments et produits du corps humain, à l'assistance médicale à la procréation et au diagnostic prénatal.
- Loi n° 98-468 du 17 juin 1998 relative à la prévention et à la répression des infractions sexuelles ainsi qu'à la protection des mineurs.
- Loi n°2002-303 du 4 mars 2002 relative aux droits des malades et à la qualité du système de santé.
- Loi n° 2004-800 du 6 août 2004 relative à la bioéthique.
- Loi n°2005-102 du 11 février 2005 pour l'égalité des droits et des chances, la participation et la citoyenneté des personnes handicapées.
- Loi n° 2005-370 du 22 avril 2005 relative aux droits des malades et à la fin de vie.
- Loi n° 2011-814 du 7 juillet 2011 relative à la bioéthique.
- Loi n° 2016-41 du 26 janvier 2016 de modernisation de notre système de santé.

- Loi n° 2016-87 du 2 février 2016 créant de nouveaux droits en faveur des malades et des personnes en fin de vie.

II. JURISPRUDENCE

A. JURISPRUDENCE NATIONALE

- C.G. App., 25 janvier 1900, *Jur. Etat*, I, p. 83.
- Boma, 25 janvier 1902, *Jur. Etat*, I, p. 186.
- Boma, 10 mai 1904, *Jur. Etat*, I, p. 344.
- Boma, 2 mai 1911, *Jur. Congo* 1912, p. 149.
- Léo. 31 mars 1936, *R.J.C.B.,* p. 173.
- Léo., 26 octobre 1937, *R.J.C.B.,* p. 111.
- Elis., 19 mars 1940, *R.J.C.B.*, 1940, p. 131.
- 1ère Inst. Elis., 23 avril 1948, *R.J.C.B.*, p. 106.
- 1ère Inst. R.-U., 19 mars 1952, *R.J.C.B.* 1953, p. 78.
- Léo, 14 août 1952, *RJCB*, p.199.
- 1ère Inst. Stan., 23 septembre 1952, *R.J.C.B.* 1953, p. 136.
- 1ère Inst. Eq., 11 août 1955, *J.T.O.* 1957, p. 89.
- 1ère Inst. Kas., 5 décembre 1956, *R.J.C.B.* 1957, p. 187.
- CSJ, 8 août 1969, *R.J.C.*, 1970, p. 4.
- L'shi, 17 septembre 1969, *R.J.C.*, 1970, p. 42.
- Kin., 13 août 1970, *R.J.Z.* 1971, p. 241.
- 1ère Inst. Kis., 23 juillet 1972, *R.J.Z.*, 1973, p. 194.
- C.SJ., R.P. 17/C.R, 5 avril 1978, *Bull. Arr.* 1979, p.57.
- C.S.J., R.P 290, 20 décembre 1978, *Bull. Arr.* 1979, p.150.
- CSJ, 8 septembre 1979, inédit.
- Tripaix/Lemba, RC 2/4152/II, 15 décembre 1992, inédit.
- Tripaix/Lemba, RC 2/5037/II, 18 décembre 1992, inédit.
- HCM, RP 00I/2004, 5 octobre 2004, inédit.

- TGI du Nord-Kivu à Goma, RP 19. 488, 7 avril 2009, *Revue du cadre juridique congolais de la riposte au VIH/sida*, Kinshasa, 2013, p. 83-86.
- C.S.J, R. Const.128, 8 janvier 2011, inédit.
- TGI/MATETE, RC 26.058, 22 mai 2013, inédit.
- KIN/MATETE, RCA 8853, 10 juillet 2014, inédit.
- TGI/KALAMU, RP 12.892, 05 janvier 2015, inédit.

B. JURISPRUDENCE ÉTRANGÈRE (uniquement pour la France)

- Crim., 20 septembre 1838, *S.*, 1838.909.
- Crim., 2 septembre 1843, *S.*, 1843.801.
- Douai, 16 mai 1882, *S.*, 1883.II.153.
- Crim., 1er juillet 1937, *S.* 1938.1.193, note R. TORTAT.
- Cass., 28 novembre 1949, *Rev. Dr. Pen.*, p. 455.
- Cass. Civ., 1ère, 8 novembre 1955, *JCP* 1955. II. 9014, note R. SAVATIER ; D. 1956. 3 ; *Gaz. Pal.* 1956. 1. 37, confirmant Lyon, 17 novembre 1952, D. 1953. 253, note P. GERVESIE.
- Aix, 18 janvier 1962 : JCP 1962, II, 12892.
- CA Paris, 18 février 1964, *Gaz. Pal.*, 1964, 1, p. 44.
- T.G.I. Paris, 6 novembre 1973, *Gaz. Pal.* 1974. 1. 299, note P. BARBIER.
- T.G.I. Nîmes, 10 juin 1980 et arrêt confirmatif de Nîmes, 15 octobre 1981, inédits.
- C.E., 23 juillet 1982, *Dalloz*, 1984.425.
- Civ. 1ère, 9 mai 1983, *D.* 1984.121, note J. PENNEAU.
- Douai, 14 octobre 1983, *RTDC*, 1985.455.
- T.G.I. Lille, 16 novembre 1983, *RTDC*, 1985.455.
- T.G.I. du Mans, 22 novembre 1983, *Gaz. Pal.* 1984.
- Civ., 1ère, 10 décembre 1985, *J.C.P.*, éd. G., 1986, II, 10126.
- T.A. Strasbourg, 17 juin 1986, *A.J.D.A.*, 1986, 710.
- Crim., 9 décembre 1986, pourvoi n°86-81.124 contre cour d'appel de Reims, chambre correctionnelle, 30 janvier 1986, inédit.

- Crim., 18 mars 1987, pourvoi n°86-91.421 (sur Paris, 7 janvier 1986).
- Paris, 7 juillet 1989, *Gaz. Pal.,* 1989, 2, *Juris.* p. 752, note PICHOT.
- Cass. 1ère Civ. 13 décembre 1989, *Bull.*, p. 260, n°387 ; DS 1990-J-273, Rapport J. MASSIP ; *JCP* 1990-II-21526.
- Cass. Ass. Pl. 31 mai 1991, *DS* 1991-J-417, Rapport Y. CHARTIER et note D. THOUVENIN concl. M. le Premier Avocat Général DONTENWILLE.
- Crim., 2 avril 1992, *Bull. crim.* n°140 ; *Gaz. Pal.*, 1992.2.608.
- Civ. 2ème, 1er février 1995, Bull. civ. II, n°42 ; Resp. Civ. Et ass. 1995, Comm. 126.
- T.G.I. Roanne, 27 juin 1995, *Gaz. Pal.*, 1998.1.2.
- T.G.I. Valenciennes, 15 janvier 1996, *Dictionnaire permanent bioéthique et biotechnologies*, p. 9294.
- Cass. 1re civ., 26 mars 1996, pourvoi n° 94-11.791 94-14.158, *Bull. civ.* 1996.
- Civ. 2ème, 2 avril 1996, *Bull. civ.* II, n°88 ; JCP G 1996. IV. 1289.
- TGI Lille, 6 mai 1996, *D.*, 1997.543, note X. LABBEE.
- Crim., 27 novembre 1996, *Gaz. Pal.*, 1996.1.chron.crim. , p. 128.
- C.E., 14 février 1997, Centre hospitalier de Nice c/ époux Quarez, *RDSS* 1997. 255, obs. J.S. CAYLA.
- Lyon, 13 mars 1997, *D.*, 1997.557, note E. SERVERIN ; *J.C.P., G.*, 1997.II.10231, note G. FAURE.
- Crim., 4 février 1998, *Bull. crim.*, n°43, p. 109.
- Crim. 2 juill. 1998, *Bull. crim.* n° 211, D. 1998.J. 457, note J. PRADEL.
- Civ. 1ère, 7 juillet 1998, *Bull. civ.* I, n°239, p. 165.
- Orléans, 5 février 1999, cité par Jean GUIGUE, note sur l'arrêt du 17 novembre 2000, *Gaz. Pal.* 24-25 janvier 2001, p. 27.
- Civ., 7 novembre 2000, J.C.P., 2002, II, 10 001.
- Cass. Ass. plén., 17 novembre 2000, pourvoi n° 99-13.701, *Bull. civ.* 2000.
- Cass. Ass. plén., 13 juillet 2001, *D.*2001. Jur. 2325.
- C.E., 26 octobre 2001 (Arrêt SENANAYAKE), *RFDA*, 2002, conclusions D. CHAUVAUX.
- Cass. Ass. plén., 28 novembre 2001, *D.* 2001. IR. 3588.

- Cass., 14 décembre 2001, *TBBR/RGDC*, 2002, p. 328.
- Colmar, 4 janvier 2005, *RDSS* 2005. 415, obs. P. MISTRETTA.

III. OUVRAGES

A. OUVRAGES INDIVIDUELS

- **ANGELESI BAYENGA (F.),**
  - Les réponses à vos questions les plus fréquemment posées sur les aspects juridiques du VIH/sida, Kinshasa, Maison d'éditions Sirius, 2011, 30 p.
  - *Droit et SIDA. Manuel à l'usage du public,* Éditions Universitaires Européennes, 2014, 284 p.
- **ATLAN (H.)**, *L'Utérus artificiel*, Paris, Seuil, Coll. « La Librairie du XXIe siècle », 2005.
- **AUBENQUE (P.)**, *La prudence chez Aristote*, Paris, P.U.F., 1976.
- **AUBRY (J.M.)**, *Le sang humain et le droit*, Paris, P.U.F., 1997, 128 p.
- **AZOUX-BACRIE (L.)**, *Vocabulaire de bioéthique*, Paris, PUF, 2000, 128 p.
- **BATTEUR (A.)**, Droit des personnes, des familles et des majeurs protégés, 7ème, Coll. Manuel, Paris, LGDJ, 2013.
- **BAUZON (S.)**, *La personne biojuridique*, Paris, P.U.F., 2006, 184 p.
- **BEAUD (M.),** L'art de la thèse. Comment préparer et rédiger un mémoire de master, une thèse de doctorat ou tout autre travail universitaire à l'ère du Net, Nouvelle édition, Paris, La Découverte, 2006, 202 p.
- **BEAUD (O.)**, *Le sang contaminé*, Paris, P.U.F., 1999.
- **BENABENT (A.),** *Droit de la famille,* 2ième édition, Paris, Montchrestien, 2012, 550 p.
- **BENDA (F.)**, Les droits et devoirs des personnes vivant avec le VIH/sida… « Ce que j'en pense». Le témoignage d'un activiste P.V.V., Kinshasa, 2009.
- **BERNARD (J.)**, *La bioéthique*, Paris, Dominos Flammarion, 1994.

- **BERTRAND-MIRKOVIC (A.)**, *Droit de la famille et des personnes*, 4ème éd., Nanterre, Studyrama, 2014.
- **BESCH (M.)**, *Traité de légistique formelle*, Publication du Conseil d'État du Grand-Duché de Luxembourg, Luxembourg, 2005, 152 p.
- **BINET (J.-R.)**, Droit et progrès scientifique. Science du droit, valeurs et biomédecine, Paris, PUF, 2002, 300 p.
- **BONGANGO (J.)**, L'organisation sociale chez les Mongo de Basankusu et sa transformation, Paris, Éditions Publibook, 2008, 247 p.
- **BOSHAB (E.)**,
    - *La trajectoire constitutionnelle de la RDC*, Kinshasa, Parlement, 2004.
    - Entre la révision constitutionnelle et l'inanition de la nation, Bruxelles, Éditions Larcier, 2013.
- **BOULOC (B.)**, *Droit pénal général,* 25e édition, Paris, Dalloz, 2017, 780 p.
- **BOUTEILLE-BRIGANT (M.)**, *Les indispensables du droit médical*, Ellipses, 2016, 250 p.
- **BROEKMAN (J.)**, *Droit et anthropologie*, Paris, LGDJ, Coll. «La pensée juridique moderne», 1993.
- **BRUSORIO-AILLAUD (M.)**, *Droit des personnes et de la famille*, 7ème éd., Bruxelles, Larcier, 2016, 356 p.
- **BUFFELAN-LANORE (Y.)**, *Droit civil*, Première partie, 14e édition, Paris, Arman Colin, 2005.
- **BURDEAU (G.)**, *Le libéralisme*, Paris, Seuil, 1979.
- **CABALLERO (F.)**, *Droit du sexe*, Paris, LGDJ, 2010, 748 p.
- **CALDERARO (N.)**, Le principe de précaution. Au carrefour de la philosophie, du droit et des sciences, Paris, L'Harmattan, 2015, 174 p.
- **CALVEZ (M.)**, La prévention du sida. Les sciences sociales et la définition des risques, Presses universitaires de Rennes, 2004.
- **CARBONNIER (J.)**,
    - Droit civil, t.1, - Les personnes : personnalité, incapacités, personnes morales, 21ème éd. Refondue pour « Les personnes », Paris, PUF, 2000.

➢ Droit civil, Introduction, Les personnes, la famille, l'enfant, le couple, t.1, 1ère éd. Quadrige, PUF, 2004.

➢ Flexible droit. Pour une sociologie du droit sans rigueur, Paris, LGDJ, 2014, 494 p.

- **CARLIER (J.-Y.)**, *La libre circulation des personnes vivant avec le VIH/sida,* Bruxelles, Office des publications officielles des communautés européennes, 1999, 320 p.

- **CASSUTO (T.)**, La santé publique en procès. Questions judiciaires, Paris, PUF, 2008, 240 p.

- **CHAMPEIL-DESPLATS,** *Méthodologies du droit et des sciences du droit*, Paris, Dalloz, 2014, 432 p.

- **CHILAND (C.),**

➢ *Le Transsexualisme*, Paris, PUF, Collections Que sais-je?, 2003.

➢ *Changer de sexe. Illusion et réalité*, Paris, Editions Odile Jacob, 2011.

- **CIZUNGU M. NYANGEZI (B.)**, *Les infractions de A à Z,* Kinshasa, éd. Laurent NYANGEZI, 2011, 688 p.

- **CONSTANTINESCO (L.J.)**, *Traité de droit comparé*, Tome II, *La Méthode comparative,* Paris, LGDJ, 1974.

- **CONTE (P.)**, *Droit pénal spécial,* 5ième édition, Paris, LexisNexis, 2016, 530 p.

- **CORNU (G.),**

➢ *Droit civil, La famille*, Paris, Montchrestien, Coll. Précit Domat droit privé, 9ème éd., Paris, 2006.

➢ *Droit civil, Les personnes,* Paris, Montchrestien, Coll. Précit Domat droit privé, 13ème éd., Paris, 2007.

➢ *Droit civil, introduction, les personnes, les biens,* Paris, Montchrestien, Coll. Domat, 10ème éd., Paris, 2011.

➢ *Vocabulaire juridique*, 10 è édition mise à jour, Paris, PUF, 2014, 1100 p.

- **DABIN (J.)**, *Le droit subjectif,* Paris, Dalloz, 1952.

- **DAVID (G.)**, *Histoire de l'insémination artificielle*, Échanges, 1974.

- **DE BROCA (A.)**, *Le soin est une éthique. Les enjeux du consentement ou du refus de soins et de l'obstination déraisonnable*, Paris, Éditions Seli Arslan, 2014.
- **DEKKERS (J.)**, *La fiction juridique. Étude de droit romain et de droit comparé,* Paris, Sirey, 1935.
- **DEPADT-SEBAG (V.)**, *Droit et bioéthique*, 2ième édition, Bruxelles, éditions Larcier, 2012, 276 p.
- **DESCAMPS (P.)**,
  - Un crime contre l'espèce humaine, Enfants clonés, enfants damnés, Paris, Les empêcheurs du tourner en rond, 2004.
  - L'Utérus, la Technique ou l'Amour : l'enfant de l'ectogenèse, Paris, PUF, 2008.
- **DE VECCHIO (G.)**, *Philosophie du droit*, Paris, Dalloz, 2004.
- **DHONJE-ISNARD**, *L'embryon humain in vitro et le droit*, Paris, L'Harmattan, 2004, 206 p.
- **DIBUNDA KABUINJI,** Répertoire général de la jurisprudence de la Cour suprême de justice (1969-1985), Kinshasa, éd. CPDJ, 1990.
- **DREYER (E.),** *Droit pénal général,* 3ième édition, Paris, LexisNexis, 2014, 1326 p.
- **DURAND (G.)**, *La bioéthique : nature, principes, enjeux*, Paris, Cerf, 1989.
- **EDELMAN (B.)**, *La personne en danger*, Coll. Doctrine juridique, Paris, PUF, 1999.
- **ESIKA MAKOMBO ESO BINA**, Le Code pénal zaïrois annoté. Des infractions et de la répression en général, Lubumbashi, 1977.
- **FABRE-MAGNAN (M.)**, *La Gestation pour autrui. Fictions et réalités*, Paris, Éditions Fayard, 2013.
- **FENOUILLET (D.)**, *Droit de la famille*, 3ème éd., Paris, Dalloz, 2013.
- **FERRAUD-CIANDET (N.)**, Protection de la santé et sécurité alimentaire en droit international, Bruxelles, Larcier, 2009, 326 p.
- **FOUCHER (K.)**, Principe de précaution et risque sanitaire. Recherche sur l'encadrement juridique de l'incertitude scientifique, Paris, L'Harmattan, 2002, 560 p.
- **GASQUEZ (R.)**, Jurisprudence suisse sur la transmission du VIH, Ed. Groupe SIDA, Genève, 2010.

- **GENICOT (G.),** *Droit médical et biomédical*, Bruxelles, Larcier, 2010, 858 p.
- **GENNEP (A.V.),** *Les rites de passage. Étude systématique de rites de la porte et du seuil, de l'hospitalité, de l'adoption, de la grossesse et de l'accouchement, de la naissance, de l'enfance, de la puberté, de l'initiation, de l'ordination, du couronnement des fiançailles et du mariage, des funérailles, des saisons, etc.*, Paris, Mouton & Co, 1969, 288 p.
- **GIBERT (S.),** Guide de responsabilité médicale et hospitalière. Quelle indemnisation du risque médical aujourd'hui ?, Paris, Berger-Levrault, 2011, 612 p.
- **GIMENO-CABRERA (V.),** Le traitement jurisprudentiel du principe de dignité de la personne humaine dans la jurisprudence du Conseil constitutionnel français et du Tribunal constitutionnel espagnol, Paris, LGDJ, 2004.
- **GOFFIN (L.),** Droit civil du Congo belge. 3. La personnalité juridique, Bruxelles, Larcier, 1956.
- **GOYARD-FABRE (S.),** Les grandes questions de la philosophie du droit, Paris, PUF, 1993.
- **GUTTERIDGE (H. C.),** Comparative Law. An Introduction to the Comparative Method of Legal Study and Research, oct.1946.
- **HAMIDOU TALIBI (M.),** Perspectives africaines d'un nouvel humanisme. Convergence vers des rationalités et émancipation humaine, Douala, L'Harmattan, 2015.
- **HAUSSAIRE-NIQUET (C.),** *L'enfant interrompu*, 2ième éd., Flammarion, 2002.
- **IDZUMBUIR ASSOP (J.),**
  - *La place de la Convention relative aux droits de l enfant en droit zaïrois. Les enfants d'abord*, Kinshasa, UNICEF/Zaïre, 1994.
  - *La loi de protection de l'enfant en R.D. CONGO. Analyse critique et perspectives*, Kinshasa, Editions CEDESURK, 2013, 318 p.
- **KAHN (A.),** *Et l'homme dans tout ça ? Plaidoyer pour un humanisme moderne*, Paris, Nils éditions, 2000.
- **KALALA MBUAMBUA (A.),** *Le droit congolais de la famille et la procréation médicalement assistée,* Paris, L'Harmattan, 2016.

- **KALONGO MBIKAYI**, *Droit civil, tome I, Les obligations,* Kinshasa, Editions Universitaires Africaines, 2012.
- **KANGULUMBA MBAMBI (V.)**, *Réparation des dommages causés par les troubles en droit congolais. Responsabilité civile des pouvoirs publics et assurances des risques sociaux (émeutes, pillages, grèves et attroupements),* Bruxelles, RDJA, 2002.
- **KATUALA KABA,** *Jurisprudence des cours et tribunaux (1965-1974),* Kinshasa, 1982.
- **KENGE NGOMBA TSHILOMBAYI (M.-T.)**, *Droit civil : Les obligations*, Paris, L'Harmattan, 2017, 444 p.
- **KIFWABALA TEKILAZALA (J.P.)**, *Droit civil congolais : Les Personnes, les Incapacités, la Famille*, Lubumbashi, Presses universitaires de Lubumbashi, 2008, 445 p.
- **KILALA PENE-AMUNA (G.)**, *Attributions du Ministère public et procédure pénale*, Tome 2, Kinshasa, éditions Amuna, 2006.
- **KIMPIANGA MAHANIAH,** *La maladie et la guérison en milieu Kongo*, Kinshasa, CVA, 1982.
- **KUYU MWISSA (C.)**,
    - Pauvreté, jeunes de la rue et sida-Les cas d'Abidjan et d'Accra, Paris, Karthala, 2002, 128 p.
    - *Parenté et famille dans les cultures africaines. Points de vue de l'anthropologie juridique*, Paris, Karthala, 2005, 176 p.
    - *Ecrits d'anthropologie juridique et politique*, Louvain-la-Neuve, Editions Academia, 2008, 310 p.
- **LAITHIER (Y.-M.)**, *Droit comparé*, Paris, Dalloz, 2009, 256 p.
- **LAMBOTTE (C.)**, *Technique législative et codification*, Bruxelles, Story-Scientia, 1988.
- **LAMY (E.)**, Introduction à l'étude du droit écrit et du droit coutumier zaïrois, Kinshasa, PUZ, 1975, 294 p.
- **LAURENT SELLES**, *Le secret professionnel à l'hôpital*, Paris, MB édition, 2003.
- **LE BRETON (D.)**, *Sociologie du risque*, Paris, PUF, 1995.
- **LEBRETON (G.)**, *Libertés publiques et droits de l'Homme,* 8ième édition, Paris, Sirey, 2008, 570 p.
- **LEGEAIS (R.)**, Grands systèmes de droit contemporains. Approche comparative, 2ième éd., Paris, LexisNexis, 2008, 494 p.

- **LE ROY (E.)**, *La face cachée du complexe normatif en Afrique noire francophone. Normes, normes juridiques, normes pénales*, Tome I, Paris, L'Harmattan, 1997.
- **LEROY (J.)**, *Droit pénal général,* 5ième édition, Paris, LGDJ, 2014, 486 p.
- **LETTERON (R.)**, *Le droit de la procréation*, Paris, Coll. Que sais-je ?, 1997.
- **LEVY (G.)**, *Éthique, religion, droit de la reproduction*, Paris, 1997.
- **LIKULIA BOLONGO**, *Droit pénal spécial zaïrois,* T.1, 2è éd, Paris, LGDJ, 1985.
- **LUBAMBA BIKOKI (J.)**, *Les proverbes juridiques Kongo,* Kinshasa, Médiaspaul, 2009.
- **MABIKA KALANDA**, *Le Code de la famille à l'épreuve de l'authenticité,* Kinshasa, Laboratoire d'analyses sociales de Kinshasa (LASK), 1990.
- **MAISTRE (G.)**, La responsabilité civile à l'épreuve de l'analyse économique du droit, Paris, LGDJ, 2005.
- **MALLET (E.)**, *Enfant handicapé et protection juridique,* 2ième éd., Paris, LexisNexis, 2011, 722 p.
- **MARAIN (G.)**, Méthodologie et aspects formels de la recherche. Petit manuel à l'usage des juristes, Paris, L'Harmattan, 2015. 172 p.
- **MASSAGER (N.)**, *Les droits de l'enfant à naître*, Bruxelles, éd. Bruylant, 1997.
- **MATOKOT (O.F.)**, *Droit civil congolais*, Evry, Cesbc Presses, 2011.
- **MEEUS (C.)**, Éducation civique : les droits et les devoirs des enfants de 0 à 18 ans, Kinshasa, Loyala, 1995.
- **MEMETEAU (G.)**,
  - *Le droit de la vie dans les enseignements pontificaux*, Ed. Tequi, 1985.
  - *La jurisprudence des comités d'éthique*, Montpellier, 1990.
- **MEMMI (D.)**, Faire vivre et laisser mourir : le gouvernement contemporain de la naissance et la mort, Paris, éd. La découverte, 2003, 309 p.
- **MIKALEF-TOUDIC (V.)**, *Droit des personnes et de la famille,* 2ème éd., Bruxelles, Larcier, 2015, 476 p.

- **MINEUR (G.)**, *Commentaire du Code pénal congolais*, Bruxelles, Maison F. Larcier S.A., 1953.
- **MISTRETTA (P.)**, *Droit pénal médical*, Paris, Cujas, 2013, 454 p.
- **MOQUET-ANGER (M.-L.)**, *Droit hospitalier,* 4ième édition, Paris, LGDJ, 2016, 528 p.
- **MORVAN (P.)**, *Droit de la protection sociale*, 7ième édition, Paris, LexisNexis, 2015.
- **MOUCHILI NJIMOM (I.)**, Qu'est-ce que l'humanisme aujourd'hui ? Vers une tentative « bio-centrique » ?, Douala, L'Harmattan, 2015.
- **MOULINIER (M.-C.)**, *Au risque de naître. Maternité et sida,* Le monde, Paris, 1998.
- **MUKADI BONYI,**
  - *Droit de la sécurité sociale*, Kinshasa, Ed. Ntobo, 1995.
  - *Projet de constitution de la République démocratique du Congo. Plaidoyer pour une relecture,* Kinshasa, CRDS, 2005.
- **MUNDAY MULOPO (F.)**, Philosophie et prévention du VIH/sida en Afrique : la pauvreté éthique comme justification de la persistance des comportements à risque d'infection par le VIH, Éditions universitaires européennes, 2011.
- **NAOURI (A.)**, *L'enfant porté*, Paris, Ed. du seuil, 2002, 272 p.
- **NGONDANKOY NKOY-ea-LOONGYA (G.)**, *Droit congolais des droits de l'homme*, Bruxelles, Academia-Bruylant, 2004, 489 p.
- **NICOLAS (J.)**, Enfants, VIH et sida : quelle qualité de vie ?, Saint Etienne, Espaces 34, 1999.
- **NYABIRUNGU mwene SONGA**,
  - *Responsabilité civile et pénale du médecin en droit zaïrois,* Kinshasa, Droit et Société « DES », 1995.
  - *Traité de droit pénal général congolais,* 2ième éd., Kinshasa, Droit et Société « DES », 2007.
- **NZANGI BATUTU**, *Le secret professionnel*, Kinshasa, Collection informations juridiques, 1996.

- **OROBON (F.)**, Santé publique et libertés individuelles. L'exemple des conduites par lesquelles on peut se nuire à soi-même, Institut universitaire Varenne, 2013, 396 p.
- **PEDROT (P.)**, *Les seuils de la vie. Biomédecine et droit du vivant*, Paris, Odile Jacob, 2010, 190 p.
- **PERREAU**, *Éléments de jurisprudence médicale à l'usage des médecins*, Paris, LGDJ, 1908.
- **PRADEL (J.)**,
  - *Droit pénal comparé*, Paris, Dalloz, 1995, 733 p.
  - *Droit pénal général,* 20ième édition, Paris, Cujas, 2014, 778 p.
- **PY (B.***), Le sexe et le droit,* Paris, PUF, Coll. « Que sais-je ? », 1999.
- **RACHIDATOU ILLA MAIKASSOUNA**, La Commission africaine des droits de l'homme et des peuples. Un organe de contrôle au service de la charte africaine, Paris, Karthala, 2013, 512 p.
- **RAMBAUD (T.)**, Introduction au droit comparé. Les grandes traditions juridiques dans le monde, Paris, PUF, 2014, 296 p
- **RASSAT (M.-L.)**, *Procédure pénale*, 3e édition, Ellipses, 2017, 808 p.
- **RELIER (J.-P.)**, *Adrien ou la colère des bébés,* Robert Laffont, 2002.
- **REMY (D.)**, *Légistique. L'art de faire des lois*, Paris, Editions Romillot, 1994.
- **RODOLFO SACCO**, Le droit africain. Anthropologie et droit positif, Paris, Dalloz, 2009, 566 p.
- **ROY (O.),** *Droit de la famille,* 4e éd., Archétype 82, 2017, 442 p.
- **RUSS (J.)**, *Philosophie, Les auteurs, les œuvres,* Paris, Bordas, Mémo, 2003.
- **SARDA (F.)**, *Le droit de vivre et de mourir*, Bruxelles, Editions du Seuil, 1975.
- **SCIOTTI-LAM (C.)**, *L'applicabilité directe des traités internationaux relatifs aux droits de l'homme,* Bruxelles, Bruyant, 2004.
- **SEROUSSI (R.),** *Introduction au droit comparé,* 3ième édition, Paris, DUNOD, 2008, 222 p.

- **SEVE (L.),**
  - *Pour une critique de la raison bioéthique,* Paris, Odile Jacob, 1994.
  - *Qu'est-ce que la personne humaine ? Bioéthique et démocratie*, Paris, Ed. La dispute, 2006.
- **SHOMBA KINYAMBA (S.)**, *Méthodologie et épistémologie de la recherche scientifique,* Kinshasa, PUK, 2013.
- **SIEGHART (P.)**, *AIDS and Human Rights: A UK Perspective*, Londres, éd. British Medical Association Foundation for AIDS, 1989.
- **SINDJOUN (L.)**, Les grandes décisions de la justice constitutionnelle africaine, Bruxelles, Bruylant, 2009, 598 p.
- **SIROL (F.)**, *La décision en médecine fœtale*, Ramonville saint-Agne, Ed. Erès, 2002, 144 p.
- **SIRONI (F.)**, Psychologie(s) des transsexuels et des transgenres, Paris, Éditions Odile Jacob, 2011.
- **SITA-AKELE MUILA**, La protection pénale de la famille et de ses membres, Kinshasa, ODF, 2001.
- SOHIER (A.),
  - Le mariage en droit coutumier congolais, Institut royal colonial belge, 1942.
  - Traité élémentaire de droit coutumier du Congo belge, Bruxelles, Larciers, 1949.
  - *Les personnes et la famille*, Bruxelles, Larcier, 1956.
- **SUPIOT (A.)**, *Homo juridicus. Essai sur la fonction anthropologique du droit*, Seuil, « La couleur des idées », 2005.
- **SZEJER (M.),** *Si les bébés pouvaient parler. La cause des bébés*, Bayard, 2009.
- **TCHIKAYA (B.)**, *Le droit de l'Union africaine. Principes, institutions et jurisprudence*, Berger-Levrault, 2014, 248 p.
- **TEMPELS (P.),** *La philosophie bantoue,* Paris, Présence africaine, 1965.
- **TESTART (J.)**, *La procréation médicalisée*, Coll. Dominos, Paris, Flammarion, 1993.

- **TEYSSIE (B.)**, *Droit civil Les personnes*, 18ième éd., Paris, LexisNexis, 2016, 644 p.
- **TRUCHET (D.)**, *Droit de la santé publique*, Paris, Dalloz, 2012, 270 p.
- **TSHIBANGU TSHIASU KALALA**, *Droit civil. Régimes matrimoniaux, successions et libéralités*, Kinshasa, CADICEC, 2002.
- **VALLANCON (F.)**, Philosophie juridique. 20 leçons d'histoire de la philosophie du droit : les principaux auteurs et les grands courants, Studyrama, 2012, 396 p.
- **VANSWEEVELT (T.)**, Le sida et le droit, une étude de droit de la responsabilité et droit des assurances, Bruylant, Bruxelles, 1990.
- **VERSPIEREN (P.)**, *Face à celui qui meurt: Euthanasie, Acharnement thérapeutique, Accompagnement*, Paris, Desclée de Brouwer, 1984.
- **VIDAL (L.)**, Femmes en temps de sida : Expériences d'Afrique, Paris, PUF, 2000, 195 p.
- **VILLEY (M.)**, Philosophie du droit, définitions et fins du droit, les moyens du droit, Paris, Dalloz, 2001.
- **VOGEL (G.)**, *Les grands principes du droit médical et hospitalier*, 2ième édition, Promoculture, 2001, 211 p.
- **WEAIT (M.)**, Intimacy and Responsibility: The Criminalisation of HIV Transmission, Abingdon, Routledge-Cavendish, 2007.
- **WETSH'OKONDA KOSO (M.)**, *Les perspectives des droits de l'homme dans la Constitution congolaise du 18 février 2006*, Kinshasa, éditions de la Campagne pour les Droits de l'Homme au Congo « CDHC-ASBL », 2006.

YOUF (D.), *Penser les droits de l'enfant*, Paris, PUF, 2002, 192 p.

B. OUVRAGES COLLECTIFS (ne figurant pas dans la rubrique « Articles de doctrine et contributions »)

- **ARNAUD (A.-J.)**, dir., Dictionnaire encyclopédique de théorie et de sociologie du droit, Paris, LGDJ, 1993.
- **AUGST-MERELLE (A.) et NICOT (S.)**, *Changer de sexe: identités transsexuelles*, Le Cavalier Bleu, 2006.
- **AUMONIER (N.) *et al.***, *L'Euthanasie*, Col. Que sais-je ?, Paris, PUF, 2001.

- **AZOUX-BACRIE (L.)**, dir., *Bioéthique, bioéthiques*, Bruxelles, Bruylant, 2003, 354 p.
- **BARDEM (I.) et al.**, Maux d'amour, vies de femmes : sexualité et prévention du sida en milieu urbain africain, Paris, L'Harmattan, 1995.
- **BATTEUR (A.)**, dir., Les *grandes décisions du droit des personnes et de la famille*, 2ième édition, Paris, LGDJ, 2016, 714 p.
- **BAUDOUIN (J.-L.) et LABRUSSE-RIOU (C.)**, *Produire l'homme, de quel droit ? Étude juridique et éthique des procréations artificielles*, Paris, PUF, 1987.
- **BEIGNIER (B.) et BINET (J.-R.)**, *Droit des personnes et de la famille,* Paris, LGDJ, 2015, 536 p.
- **BELLIVIER (F.) et NOIVILLE (C.)**, dir., *Les nouvelles frontières du droit à la santé, nouveaux rôles et responsabilités du médecin*, Paris, Dalloz, Coll. Thèmes et commentaires, Actes, 2006.
- **BERGOIGNAN-ESPER (C.) et SARGOS (P.)**, *Les grands arrêts du droit de la santé*, 2ième édition, Paris, Dalloz, 2016.
- **BOUAL (J.C.) *et al.***, dir., *Santé et principe de précaution*, Paris, L'Harmattan, 2003, 126 p.
- **BOURG (D.) et SCHLEGEL (J.-L.)**, *Parer aux risques de demain. Le principe de précaution*, Paris, Seuil, 2001.
- **BRISSY (S.) *et al.,*** dir., *Refus de soins et actualités sur les droits des malades,* Rennes, Presses de l'École des Hautes Études en santé publique, 2012, 140 p.
- **BURRIS (S.) et WEAIT (M.)**, Criminalisation and the moral responsibility for sexual transmission of HIV, New York, 2011.
- **BYK (C.) et MEMENTEAU (G.)**, *Le droit des comités d'éthique*, Paris, éd. ESKA, 1996.
- **CAYLA (O.) et THOMAS (Y.)**, *Du droit de ne pas naître. A propos de l'affaire Perruche*, Paris, Éditions Gallimard, 2002.
- **COOK (R.J.) *et al.***, *Santé de la reproduction et droits humains. Intégrer la médecine, l'éthique et le droit,* Paris, Masson, 2005.
- **COURBE (P.) et GOUTTENOIRE (A.)**, *Droit de la famille*, 7e éd., Dalloz, 2017, 586 p.
- **COURTEJOIE et PFUTI MBODO**, *Le sida et la famille,* Kinshasa, B.E.R.P., 1995.

- **DELMAS (G.) et al.**, dir., *Le traitement juridique du sexe*, Paris, L'Harmattan, 2010, 186 p.
- **DUBOS (O.) et MARGUENAUD (J.-P.)**, dir., Sexe, sexualité et droits européens, enjeux politiques et scientifiques des libertés individuelles, Paris, Pedone, 2007.
- **FAURE (G.)**, dir., La loi du 4 mars 2002 : continuité ou nouveauté en droit médical ?, Paris, PUF, 2002.
- **FAVOREU (L.) et PHILIP (L.)**, *Les grandes décisions du conseil constitutionnel*, 2ième édition, Sirey, 1979.
- **FAVOREU (L.), GAÏA (P.) *et al.***, *Droit des libertés fondamentales*, 6ième édition, Paris, Dalloz, 2012.
- **FEUILLET-LE MINTIER (B.)**, dir,
    - L'embryon humain. Approche multidisciplinaire, Paris, Economica, 1996, 340 p.
    - Normativité et biomédecine, Paris, Economica, 2003.
- **FOYER (J.) et KHAÏAT (L.)**, dir., *Droit et Sida. Comparaison internationale*, Paris, CNRS DROIT, 1994.
- **FRUCTUS (I.)**, dir., *Méthodologie de la recherche documentaire juridique*, Bruxelles, Larcier, 2014, 315 p.
- **GABLE (L.) *et al.***, *Considérations juridiques sur le VIH/sida. Guide de réforme des politiques publiques et du cadre juridique*, Washington, éd. Banque mondiale, 2007.
- **GAMELIN-LAVOIS (S.) et al.**, *Les droits des mères. La grossesse et l'accouchement*, Paris, L'Harmattan, 2003, 128 p.
- **GERTI HESSELING *et al.***, *Le droit en Afrique. Expériences locales et droit étatique au Mali,* Paris, Karthala, 2005.
- **GILBERT (C.)**, dir., Risques collectifs et situations de crise. Apports de la recherche en sciences humaines et sociales, Paris, L'Harmattan, 2002, 340 p.
- **GIUDICELLI-DELAGE (G.)**, dir., *Les transformations de l'administration de la preuve pénale. Perspectives comparées*, Paris, Société de législation comparée, 2006, 374 p.
- **GOBERT (M.)**, dir., *Médecine, bioéthique et droit. Questions choisies*, Paris, Economica, 1999, 388 p.

- **GROS ESPIELL (H.), MICHAUD (J.) et TEBOUL (G.)**, dir., *Convention sur les droits de l'homme et la Biomédecine : Analyses et commentaires*, Paris, éditions Economia, 2009.
- **GUILLAUME (A.) et MOLMY (W.)**, *L'avortement en Afrique : une revue de la littérature des années 1990 à nos jours*, Paris, CEPED, 2003.
- **GUINCHARD (S.) et BUISSON (J.)**, *Procédure pénale,* 10ième édition, Paris, LexisNexis, 2014, 1510 p.
- **GUINCHARD (S) et DEBARD (T.)**, s. dir., *Lexique des termes juridiques*, 25e éd., Paris, Dalloz, 2018, 2158 p.
- **HASSANI (A.) et al.**, Protection maternelle et infantile. De la promotion de la santé à la protection de l'enfance, Paris, Ed. Berger-Levrault, 2009, 502 p.
- **HERVE (C.), STANTON-JEAN (M.) et al.**, dir., Le droit aux soins en médecine prénatale. Actualités scientifiques, éthiques et juridiques, Paris, Dalloz, 2011, 148 p.
- **HERVE (C.), KNOPPERS (B.M.) et al.**, dir., Systèmes de santé et circulation de l'information. Encadrement éthique et juridique, Paris, Dalloz, 2007, 196 p.
- **HOURQUEBIE (F.)**, dir., *La doctrine dans l'espace africain francophone*, Bruxelles, Bruyant, 2014, 412 p.
- **IYELEZA MOJU-MBEY *et al.***, *Recueil des textes constitutionnels de la République du Zaïre du 19 mai 1960 au 28 avril 1991*, Kinshasa, ISE-CONSULT, 1991.
- **KALONGO MBIKAYI**, dir. , *Le code judiciaire zaïrois*, Kinshasa, 1986.
- **KEBA MBAYE,** dir., *Le droit de la famille en Afrique noire et à Madagascar*, Paris, G.P. Maisonneuve et Larose, 1968.
- **KIENGE-KIENGE INTUDI (R.)**, dir., *Famille, droit et société. Enjeux de l'activité législative*, Kinshasa, Ed. KAZI, 2009.
- **KNOPPERS (B.-M.) et BRAULT (I.)**, *La loi et l'avortement dans les pays francophones*, Québec, Edition THEMIS, 1989.
- **KUYU MWISSA (C.)**, dir., *Repenser les droits africains pour le XXIe siècle*, Yaoundé, Editions Menaibuc, 2001, 220 p.
- **LABRUSSE-RIOU (C.)**, dir., Le droit saisi par la biologie. Des juristes au laboratoire, Paris, LGDJ, 1996, 442 p.

- **LACOMBE (P.) et al.**, Enfants cobayes : cancer de l'enfant : enquête sur les dérives d'un système, MICHALON, 2002.

- **LARCENEUX (A.) et BOUTELET (M.)**, dir., *Le principe de précaution. Débats et enjeux*, Dijon, E.U.D, 2005, 126 p.

- **LAUDE (A.), MATHIEU (B.) et TABUTEAU (D.)**, *Droit de la santé*, 3ième édition mise à jour, Paris, PUF, 2007, 728 p.

- **LAUDE (A.) et TABUTEAU (D.)**, *Les droits des malades*, Paris, PUF, Coll. Que sais-je ?, 2016, 128 p.

- **LUZOLO BAMBI LESSA et BAYONA BA MEYA**, *Manuel de procédure pénale*, Kinshasa, PUC, 2011.

- **LYCOPS (A.) et TOUCHARD (G.)**, *Recueil usuel de la législation de l'Etat Indépendant du Congo*, Bruxelles, éd. Weissenbruch, 1903.

- **MALAURIE (P.) et AYNES (L.)**, *Droit des personnes, La protection des mineurs et des majeurs,* 8ième éd., Paris, LGDJ, 2016, 406 p.

- **MARKUS (JP)**, dir., Quelle responsabilité juridique envers les générations futures ?, Paris, Dalloz, 2012, 320 p.

- **MERLE (R.) et VITU (A.)**, *Traité de droit criminel*, tome 1 : *problèmes généraux de la science criminelle. Droit pénal général*, 7ième édition, Paris, Cujas, 1997.

- **MERVIEL (P.)**, dir., *Assistance médicale à la procréation*, Paris, Editions Eska, 2006.

- **MEULDERS-KLEIN (M.T.)**, dir., Liber amicorum Marie Thérèse Meulders-Klein : droit comparé des personnes et de la famille, Bruxelles, Bruylant, 1998, 700 p.

- **MEYSTRE-AGUSTON (G.) *et al.***, *La sexualité des personnes vivant avec le VIH/sida,* Institut universitaire de médecine sociale et préventive, Lausanne, Raisons de santé 17, 1998.

- **MORAND (C.-A.)**, dir., *Légistique formelle et matérielle*. Formal and Material Legistic, Aix-en-Provence, Presses universitaires d'Aix-Marseille, 1999, 334 p.

- **MURAT (P.)**, dir., *Droit de la famille*, 7ième édition, Paris, Dalloz, 2016, 2130 p.

- **MUKADI BONYI *et al.***, *Cinquante ans de législation postcoloniale au Congo–Zaïre : quel bilan* ?, Kinshasa, éd. C.R.D.S., 2010.

- **OLIVENNES (F.) *et al.***, *Assistance médicale à la procréation*, 3 èd., Paris, Masson, 2006.
- **PAROT (F.) et al.**, *Des enfants sans toi et moi*, Bayard, 2002.
- **PEDROT (P.)**, dir., *Éthique, droit et dignité de la personne*, mélanges offerts à Christian Bolze, Paris, Economia, 1999.
- **REGIS (C.), KHOURY (L.) et KOURI (R.-P.)**, dir, *Les grands conflits en droit de la santé*, Première édition des rencontres en droit de la santé, Cowansville, Editions Yvons Blais/Thomson Reuters, 2016.
- **RIVERO (J.) et MOUTOUCH (H.)**, *Libertés publiques*, Tome II, 7ième édition mise à jour, Paris, PUF, 2003.
- **ROBERT (J.) et DUFFAR (J.)**, *Droits de l'homme et libertés fondamentales,* 8ième éd., Paris, Montchrestien, 2009, 907 p.
- **SANITAS (J.) et LIMOUSIN (M.)**, Le sang et le sida – une enquête critique sur l'affaire du sang, Paris, L'Harmattan, 1994.
- **SCHAMPS (G.),** dir., Évolution des droits du patient, indemnisation sans faute des dommages liés aux soins de santé : le droit médical en mouvement, Bruxelles, Bruylant, 2008, 600 p.
- **SERIAUX (A.)**, dir., Le droit, la médecine et l'être humain : propos hétérodoxes sur quelques enjeux vitaux du XXème siècle, Presses universitaires d'Aix-Marseille, 1996.
- **SUDRE (F.), MARGUENAUD (J.-P.) *et al.***, *Les grands arrêts de la cour européenne des droits de l'homme*, Paris, PUF, Coll. Thémis droit, 5ième éd., 2009.
- **TEBOUL (G.)**, dir., *Procréation et droits de l'enfant*, Bruxelles, Bruylant, 2004, 298 p.
- **TEN HAVE (H.) et JEAN (M.),** dir., UNESCO : la Déclaration universelle sur la bioéthique et les droits de l'homme. Histoire, principes et application, Paris, Editions UNESCO, 2009, 404 p.
- **TERRE (F.) et FENOUILLET (D.),**
  - *Droit civil La famille*, 8ième éd., Paris, Dalloz, Coll. Précis Droit privé, 2011, 1109 p.
  - Droit civil Les personnes, 8ième éd. : Personnalité, Incapacité, Protection, Paris, Dalloz, Coll. Précis Droit privé, 2012, 1118 p.
- **VINEY (G.) et JOURDAIN (P.)**, *Traité de droit civil. Les effets de la responsabilité*, Paris, LGDJ, 2010.

- **VOGEL (L.)**, dir., *Droit global. Les introuvables du droit comparé (1993-2003)*, Paris, Editions Panthéon Assas, 2004, 654 p.
- **ZENATI-CASTAING (F.) et REVET (T.)**, *Manuel de droit des personnes*, Paris, PUF, Coll. « Droit fondamental », 2006.

IV. THESES, MEMOIRES ET COURS

A. THESES

- **ABEGHENINTOO (J.)**, *Les droits de la femme en Afrique centrale,* Thèse, Université Paris 1, 1998.
- **ABEN (J.)**, *Les aspects juridiques du SIDA*, Thèse, Université de Montpellier 1, 1995.
- **ANDORNO (R.)**, *La distinction juridique entre les personnes et les choses à l'épreuve des procréations artificielles*, Thèse, Université Paris XII, LGDJ, 1996.
- **ARNOUX (I.)**, *Les droits de l'être humain sur son corps*, Presses universitaires de Bordeaux, 2003.
- **BACHELARD-JOBARD (C.)**, *L'eugénisme, la science et le droit*, Paris, PUF, 2001.
- **BELRHOMARI (N.)**, *Génome humain, espèce humaine et droit*, Paris, L'Harmattan, 2013, 450 p.
- **BERTRAND-MIRKOVIC (A.)**, *La personne humaine (Etude visant à clarifier la situation de l'enfant à naître)*, Thèse, Université Panthéon-Assas (Paris II), 2001, 512 p.
- **BIAOU (M.-T.)**, La réception de la convention internationale des droits de l'enfant au Bénin, Thèse, Université Paris 1 Panthéon-Sorbonne, 2012, 480 p.
- **BIOY (X.)**, Le concept de la personne humaine en droit public. Recherche sur le sujet des droits fondamentaux, Paris, Dalloz, Coll. Nouvelle bibliothèque de thèses, 2003.
- **BITOTA MUAMBA (J.)**, *Recherches sur le statut juridique des femmes en Afrique*, Thèse, Université des Sciences Sociales de Toulouse, 2003.
- **BONNEMAN (C.)**, Gène et droit : contribution à la protection juridique de l'être humain, Thèse, Rennes I, 1999.

- **BOUTIN (C.)**, Le sida et le droit (Étude critique d'une approche comparative), Thèse, Université de Nice, 1998.
- **BRUNET (F.)**, *La normativité en droit*, Paris, Editions mare & martin, 2011, 678 p.
- **CADET (F.),** L'ordre public en droit international de la famille. Etude comparée France/Espagne, Paris, L'Harmattan, 2005, 376 p.
- **CONTRAFATTO (M.)**, *Le médecin et la mort*, thèse, Université d'Artois, 2007.
- **DAGO-CAILLARD (A.)**, La lutte contre le sida en Côte d'Ivoire: pratiques et problèmes juridiques, Thèse, Université Paris 8, 1997.
- **DESCHAMPS (C.)**, Bisexualité et bisexuels. De l'invisibilité à l'idéologie de la diversité : histoire d'un rapport ambivalent à la domination, Thèse, Université Paris IV, 1999.
- **DJOLI ESENG'EKELI (J.)**, *Le constitutionnalisme africain. Entre la gestion des héritages et l'invention du futur*, Paris, Éditions Connaissances et Savoirs, 2006.
- **ESAMBO KANGASHE (J.-L.)**, La constitution congolaise du 18 février 2006 à l'épreuve du constitutionnalisme. Contraintes pratiques et perspectives, Thèse, Université Paris 1 Panthéon Sorbonne, 2009.
- **FARAG (M.)**, *L'infraction contre la vie anténatale, étude comparée des droits pénaux français et égyptien,* Thèse, Université Paris II, 1990.
- **FAURE (G.-M.)**, Le désir d'enfant à l'épreuve du droit, (Essai sur le droit de la procréation médicalement assistée), Thèse, Montpellier I, 1991.
- **GUESMI (A.)**, *La protection pénale de l'enfant avant sa naissance*, 1ère édition, Lyon, L'Hermès, 2003, 720 p.
- **GUEYE (I.)**, *Les normes de la bioéthique et l'Afrique*, Paris, L'Harmattan, 2012, 424 p.
- **HENETTE (S.),** *Les droits de la personne sur son corps autour du moment de la mort. Contribution à l'étude théorique de la validité juridique des droits,* Thèse, Université Paris I Panthéon-Sorbonne, 2000, 554 p.
- **HOUFFLAIN ROCHEFORT (M.)**, *Les interventions du législateur en matière de responsabilité de la puissance publique dans le domaine de la santé,* Thèse, Université Paris 2, 1999.

- **HUBERT-DIAS (G.)**, *L'intérêt supérieur de l'enfant dans l'exercice de l'autorité parentale. Etude de droit européen comparé*, Thèse, Université de Reims Champagne-Ardenne, 2014.
- **IBULA TSHATSHILA (A.)**, Le droit au mariage à l'épreuve de la loi n°08/11 du 14 juillet 2008 portant protection des droits des personnes vivant avec le VIH/sida et des personnes affectées, Thèse, Université de Kinshasa, 2013.
- **KABWA KABWE (G.)**, La protection du patrimoine de l'enfant en droits français et congolais comparés, Thèse, Paris 1 Panthéon-Sorbonne, 2012.
- **KALONGO MBIKAYI**, *Responsabilité civile et socialisation des risques en droit zaïrois. Étude comparative du droit zaïrois et des systèmes juridiques belge et français*, Kinshasa, PUZ, 1977.
- **KAMUKUNY MUKINAY (A.)**, Contribution à l'étude de la fraude en droit constitutionnel congolais, Thèse, Université de Kinshasa, 2007.
- **KAZADI MPIANA (J.)**, *La position du droit international dans l'ordre juridique congolais et l'application de ses normes*, Editions Publibook Université, 2013.
- **KNETSCH (J.)**, *Le droit de la responsabilité et les fonds d'indemnisation. Analyse en droits français et allemand*, Thèse, Université Panthéon-Assas, 2011.
- **KOUASSIGAN (G.)**, *Quelle est ma loi ? Tradition et Modernisme dans le droit privé de la famille en Afrique noire francophone*, Paris, Pedone, 1974.
- **LABBEE (X.)**, Condition juridique du corps humain avant la naissance et après la mort, Presses universitaires de Septentrion, 2012, 448 p.
- **LAFAYE (J.)**, La dimension juridique du VIH/SIDA ou aspects juridiques nationaux, étrangers et internationaux du syndrome d'immunodéficience acquise, Thèse, Université de Bordeaux 1, 1991.
- **LALOU, (R.)**, Étude de la maxime Infans conceptus pro nato habetur en droit français, Thèse, Université de Paris, 1904.
- **LOUM-NEESER (N. F.)**, *Les pays en développement et la brevetabilité des médicaments en matière de lutte contre le VIH/sida. (Étude de droit comparé sur les controverses actuelles concernant le rôle des brevets pharmaceutiques dans l'accès aux médicaments de traitement du VIH/sida dans les pays en voie de développement)*, Thèse, Université de Strasbourg, 2012.

- **LUNDA BULULU**, La conclusion des traités en droit constitutionnel zaïrois. Etude de droit international et de droit interne, Bruxelles, Bruylant, 1984.
- **LUTUMBA wa LUTUMBA**, *Apport de voies d'exécution et de sûreté à la sécurité juridique et judiciaire en droit congolais*, Thèse, Université de Kinshasa, 2010.
- **MABILAT (J.)**, Les droits fondamentaux face au VIH/sida : étude comparative de l'Afrique du Sud, du Canada et de la France, Thèse, Université d'Aix-Marseille, 2016.
- **MARAIS (A.)**, *La prédisposition génétique*, Thèse, Université Panthéon-Assas (Paris II), 2000, 550 p.
- **MATADI NENGA GAMANDA**, La question du pouvoir judiciaire en République démocratique du Congo : contribution à une théorie de réforme, Kinshasa, Droit et idées nouvelles, 2001.
- **MUPILA NDJIKE KAWENDE (H.F.)**, La mise en œuvre des obligations alimentaires en droit congolais de la famille au regard des valeurs culturelles congolaises, Thèse, Université de Kinshasa, 2013.
- **MVAKA NGUMBU (I.)**, La lutte contre la néocriminalité procréatique en République démocratique du Congo. Esquisse de politique criminelle en bioéthique, Kinshasa, L'Harmattan RDC, 2018, 460 p.
- **MWANZO Idin'AMINYE (E.)**, *L'égalité des époux en droit congolais de la famille,* Thèse, Université Catholique de Louvain, 2010.
- **NDOMBA KABEYA (E.L)**, *De l'égalité des enfants en droit civil congolais,* Thèse, Université Catholique de Louvain, 2005.
- **NEIRINCK (C.),** La protection de la personne de l'enfant contre ses parents, Paris, LGDJ, 1984, 453 p.
- **NGOY LUMBU (R.)**, L'instauration du mécanisme de communications individuelles devant le comité des droits économiques, sociaux et culturels : une contribution à l'étude des voies et moyens additionnels pour une mise en œuvre efficiente du pacte international relatif à ces droits, Thèse, Université Catholique de Louvain, 2007.
- **NGWABIKA FUNGA (J.)**, *La protection du sportif en droit congolais*, Thèse, Université de Kinshasa, 2013.
- **OGNIMBA (A.),** *Les infractions contre les personnes en droit traditionnel congolais,* Thèse, Université de Paris II, 1989.

- **PAIN-MASBRENIER (M.-T.)**, *Les libertés et les droits en matière de procréation humaine,* Thèse, Université Paris II Panthéon-Assas, 2004, 629 p.

- **PEIS HITIER (M.-P.)**, La protection de l'identité de l'être humain, contribution à l'étude des biodroits de l'homme, Thèse, Limoges, 8 décembre 2004.

- **PHILIPPOT (A.)**, *L'être humain au commencement de sa vie*, Thèse, Université Paris 1 Panthéon-Sorbonne, 2012.

- **PRIEUR (S.)**, *La disposition par l'individu de son corps*, Thèse, Université de DIJON, 1998, 442 p.

- **SITA MUILA AKELE (A.)**, Le droit pénal et la famille. Essai d'analyse systématique et axiologique, tome I : la quête définitionnelle de la famille, Thèse, Université de Droit, d'Economie et des Sciences d'Aix- Marseille, 2001.

- **TCHENDJOU TANKAM (P.)**, *Conseil prénatal du VIH orienté vers le couple : faisabilité et effets sur la prévention du VIH au Cameroun*, Thèse, Université de Bordeaux, 2014, 222 p.

- **TELOMONO BISANGAMANI (M.)**, *La responsabilité civile du fait de l'enfant en République démocratique du Congo. De la romanogermanisation à la transculturalité juridique pour la paix sociale*, Thèse, Université Paris 1 Panthéon-Sorbonne, 2012, 505 p.

- **TISSIER (D.)**, *La protection du corps humain,* Paris, L'Harmattan, 2013, 500 p.

- **TUSSEAU (S.)**, La prévention du VIH/sida au Mali : le travail des acteurs de terrain, l'expérience des facteurs de transmission du virus, et la construction de territoires sanitaires et sociaux, Thèse, Université d'Angers, 2013, 385 p.

- **YUMBA (F.)**, Accompagnement spirituel de la personne vivant avec le VIH/sida en milieu hospitalier catholique de Kinshasa. Enjeux de l'articulation santé - souffrance – salut, Thèse, Université Catholique de Louvain, 2015.

- **ZORN-MACREZ (C.)**, *Données de santé et secret partagé. Pour un droit de la personne à la protection de ses données de santé partagées*, Presses universitaires de Nancy, 2010, 502 p.

B. MÉMOIRES

- **ANGELESI BAYENGA (F.)**,
  - *Contribution du droit congolais à l'approche de prévention du VIH/sida dans le domaine du mariage et sur le lieu de travail. Etude de lege lata et de lege ferenda,* Mémoire de licence, Université de Kinshasa, 2004.
  - *La protection des époux et de leurs enfants contre le risque de transmission du VIH/sida en droit congolais de la famille,* Mémoire de D.E.S., Université de Kinshasa, 2015.
- **FOUQUET (P.)**, *Liberté religieuse et indisponibilité du corps humain en droit français*, Mémoire de Master 2 Recherche droit public approfondi, Université Panthéon-Assas, 2006.
- **LUZOLANU MASEKELE**, *Le sida au regard des qualifications d'atteinte à la vie et à la santé*, Mémoire de licence, Université de Kinshasa, 1996.
- **MWEMBO-TAMBWE (A.N.)**, *Acceptabilité du dépistage volontaire du VIH chez les femmes enceintes de l'hôpital général de référence de Kenya à Lubumbashi en République démocratique du Congo* (Dissertation MDC), Antwerpen : Prince Leopold Institute of Tropical Medicine, 2007.
- **OBOTELA N'SARHAZA (Y.-G.),** *La protection des personnes vivant avec le VIH et des personnes affectées. Problématique des moyens de réduction de la discrimination et de la stigmatisation en République démocratique du Congo,* Mémoire de Master professionnel, CRIDHAC, Université de Kinshasa, 2016, 99 p.
- **PINCHON (L.)**, *L'arrêt PERRUCHE : enjeux philosophiques et sociaux*, Mémoire de D.E.A., Université Paris I Panthéon-Sorbonne, 2002.
- **SANDRA (C.)**, *Naissance et préjudice : une jurisprudence entre éthique et pragmatisme,* Mémoire de D.E.A., Université Panthéon-Assas Paris II, 2001.

C. COURS

- **BERGOIGNAN-ESPER (C.) et DUPONT (M.),** *Droit hospitalier,* 9ième édition, M2, Cours Dalloz, 2014, 986 p.

- **BERNARD-XEMARD (C.)**, *Cours de droit des personnes et de la famille*, 2ième édition 2016-2017, Paris, Gualino, 2016, 534 p.
- **BOISTEL (E.)**, *Cours de philosophie du droit*, Tome I, Paris, 1899.
- **BOMPAKA NKEYI MAKANYI**, *Cours de Droit Civil les personnes*, Université de Kinshasa, Faculté de Droit, 2012.
- **MARIE (C.) et CATHELINEAU-ROULAUD (A.)**, *Droit de la famille. Cours, exercices corrigés,* Bréal, 2016, 716 p.
- **MEMETEAU (G.)**, *Cours de droit médical*, 4ième édition, Bordeaux, Les Etudes Hospitalières Edition, 2010.
- **NDOMBA KABEYA (E.-L.)**,
    - *Droit (civil) de la famille, 1ère partie : La personne*, Kinshasa, Ed. VmPress, 2016, 157 p.
    - *Droit (civil) de la famille, 2ième partie : La famille et les relations familiales,* Kinshasa, Ed. VmrPress, 2016.
- **ROMI (R.)**, Méthodologie de la recherche en droit. Master et doctorat, 2ième éd., Paris, LexisNexis, 2011, 142 p.

V. ARTICLES DE DOCTRINE ET CONTRIBUTIONS

A. PUBLICATIONS SUR SUPPORT PAPIER

- **AKELE ADAU (P.),** « Pluralisme juridique et réforme du code pénal en République démocratique du Congo », in AKELE ADAU (P.), dir., *Réforme du code pénal congolais. À la recherche des options fondamentales du code pénal congolais*, tome II, Kinshasa, CEPAS, 2008.
- **ANDORNO (R.)**, « La notion de la dignité humaine est-elle superflue en bioéthique ? », in *Revue Générale de Droit Médical*, n°16, 2005, p. 95-102.
- **ANGELESI BAYENGA (F.)**,
    - « Le VIH/sida, une épreuve pour la science juridique. Illustrations en droit congolais et perspectives », *in Revue du Barreau de Kinshasa/Gombe,* n°04, Kinshasa, 2011, p.
    - « Les nouvelles frontières de la vie privée vues sous l'angle de la loi congolaise sur le VIH/sida », in *Revue de Droit Privé,* n°01, Kinshasa, 2014, p. 87-94.

- **ANZALAC (V.)**, « Les seules exceptions au principe du secret médical », *Gaz. Pal.*, 1971.
- **ATIAS (M.)**, « La situation juridique de l'enfant conçu », in *La vie prénatale, biologie, morale et droit*, Paris, Tequi, 1986, p. 120.
- **ATLAN (H.)**, « Personne, espèce, humanité », in GROS (F.) et HUBERT (G.), *Vers un anti-destin ? Patrimoine génétique et droits de l'humanité*, Paris, Odile Jacob, 1992, p. 52.
- **ATTANE (A.) et al.**, « Lutter au quotidien : effets de genre et de génération sur l'entraide intrafamiliale en contexte de VIH au Burkina Faso », in DESCLAUX (A.) et al., dir, *Les femmes à l'épreuve du VIH…op. cit.*, p. 208.
- **ATTANE (A.) et OUEDRAOGO (R.)**, « Le caractère électif de l'entraide intrafamiliale dans le contexte de l'infection à VIH », in *Sciences et technique, Sciences de la santé,* n°100-6, Ouagadougou, 2008, p. 101-106.
- **ATTIAS (C.)**, « Le contrat de substitution de mère », *D. 1986, chron.*, p. 67.
- **ATTILIO PISANO**, « L'espèce humaine est-elle titulaire de droits ? », in *Actes de la journée d'étude « L'espèce humaine est-elle titulaire de droits ?,* Lecce, 2 mars 2006, Editions Publibook, p. 97.
- **AUBERT (J.-L.)**, « Indemnisation d'une existence handicapée qui, selon le choix de la mère, n'aurait pas dû être », *D. 2001, Chron.*, p. 489.
- **AUMOND (F.)**, « L'humanité dans l'œuvre de René-Jean Dupuy », in *Revue Droits fondamentaux*, janvier-décembre 2005.
- **BADINTER (E.),** « L'homme enceint, c'est pour demain », *Elle*, 21 avril 1986.
- **BAJOS (N.)**, « Sexualité et prise de risque face au VIH/sida », in DESGRES DU LOU (A.) et FERRY (B.), dir., *Sexualité et procréation confrontées au sida dans les pays du sud*, CEPED, Paris, 2006, p. 19-26.
- **BAUNI (E.) et al.**, « Family planning and sexual behavior in the era of HIV/AIDS: The case of Nakuru district, Kenya », *Studies in Family Planning*, n°31(1), Nairobi, 2013.
- **BAYONA BA MEYA,** « Le recours à l'authenticité dans la réforme du droit au Zaïre », in CONAC (G.), dir., *Dynamiques et finalités dans les droits africains*, Paris, Economica, 1980, p. 10.

- **BECQUET (R.)**, « Pratiques contraceptives dans le *post-partum* immédiat en relation avec les modalités d'alimentation infantile chez des mères infectées par le VIH. Expérience du projet Ditrame Plus ANRS 1201/1202 à Abidjan en Côte d'Ivoire », in DESGRES DU LOU (A.) et FERRY (B.), dir., *Sexualité et procréation confrontées au sida dans les pays du sud*, CEPED, Paris, 2006, p. 137-150.
- **BEHANZIN (L.)**, « Disparités géographique, populationnelle, sociodémographique et épidémique dans l'évolution de la pandémie du VIH : quels enjeux éthiques? », *in Actes du colloque international sur la bioéthique et réalités africaines,* Cotonou, 2013, p. 220.
- **BELLIVIER (F.) et LABRUSSE-RIOU (C.)**, « Les droits de l'embryon et du fœtus en droit privé », in *Contributions françaises au 16e congrès international de droit comparé,* Brisbane, 14-20 juillet 2002, 2002, p. 579-601.
- **BELRHOMARI (N.)**, « L'affaire Vincent Lambert, un cas de conscience pour le juge », *RGDM,* n°53, 2014, p. 131-152.
- **BENCHIKH (M.)**, « La dignité de la personne humaine en droit international », in PAVIA (M.-L.) et REVET (T.), dir., *La dignité de la personne humaine*, Paris, Economia, 1999, p. 37-52.
- **BEN HAMIDA et EL MEKKI NASSIRI (M.)**, « La position de l'Islam concernant la fécondation artificielle », in *Problèmes éthiques engendrés par les nouvelles maîtrises de la procréation humaine*, Colloque de Rabat 1986, Académie du Royaume de Maroc, Rabat, 1987, p. 26.
- **BENILLOUCHE (M.)**, « Les crimes contre l'espèce humaine et la loi du 6 août 2004 relative à la bioéthique », *Les petites affiches*, 18 février 2005, n°35, p. 82-87.
- **BERGSJO (P.)**, « Est-ce que les soins prénatals aident à réduire la morbidité et la mortalité maternelle ? », In DE BROUWERE (V.) et VAN LERGERGHE (W.), dir., *Réduire les risques de la maternité : stratégies et évidence scientifique*, Anvers, 2001.
- **BEVIERE-BOYER (B.)**, « L'obligation vaccinale », in *Revue générale de droit médical*, Numéro spécial « La protection de la santé publique », Les Études Hospitalières, septembre 2005, p. 53-74.
- **BEYNIER (D.)**, « L'obligation de soin comme alternative à la peine », *Revue Internationale de Droit Médical*, décembre 2010, p. 193-203.
- **BIOY (X.)**, « Les crimes contre l'espèce humaine ou de la réintroduction en droit d'une espèce de référent naturel », in

HENNETTE-VAUCHEZ (S.), dir., *Bioéthique, biodroit, biopolitique, réflexions à l'occasion du vote de la loi du 4 août 2004*, Paris, LGDJ, 2006, p. 101-119.

- **BLACKMUN (H.A.)**, « La Cour suprême des États-Unis et les droits de l'homme », in *R.I.D.C.*, 1980, p. 303.
- **BLUMBERG-MOKRI (M.)**, « La protection des générations futures et les sciences de la vie » (1ère partie), *Biofutur*, n°234, juin 2003, p. 41-44 et (2ième partie), *Biofutur*, n°236, septembre 2003, p. 46-49.
- **BOISSON DE CHAZOURNES (L.)**, « Le principe de précaution : nature, contenu et limites », in LEBEN (C.) et VERHOEVEN (J.), dir., *Le principe de précaution. Aspects de droit international et communautaire*, Actes du Colloque organisé par l'Institut des hautes études internationales en coopération avec le Centre de droit européen de l'Université Panthéon-Assas (Paris II), le 5 mars 2001, Ed. Panthéon-Assas, Paris, 2002, p. 65-94.
- **BOSLY (H.) et HAUSMAN (J.-M.)**, « L'affaire SERVIER-MEDIATOR », in DANTI-JUAN (M.), dir., *Les orientations actuelles de la responsabilité pénale en matière médicale*, Paris, Editions Cujas, 2013, p. 243-244.
- **BOUCAUD (P.)**, « Peut-on parler d'un "noyau intangible" des droits de l'enfant ? », in MEYER-BISCH (P.), dir., *Le noyau intangible des droits de l'homme*, Editions universitaires Fribourg, Suisse, 1991, p. 81-96.
- **BRAITSTEIN (P.) *et al.***, « Gender and the Use of Antiretroviral Treatment in Resource-Constrained Settings : Findings from a Multicenter Collaboration", in *Journal of Women's Health,* n°17 (1), 2008.
- **BRIAND (M.-L.)**, « Le risque génétique », *Journal international de la bioéthique*, 2000, vol. 11, n°1, p. 19-25.
- **BROU (H.) *et al.***, « Le dépistage du VIH en prénatal : impact chez des femmes VIH négatif à Abidjan (Côte d'Ivoire). Approche quantitative et qualitative », *Cahiers Santé*, vol. 15, n°2, avril-mai-juin 2005, p. 81-91.
- **BRUNETTI-PONS (C.)**, « L'intérêt supérieur de l'enfant, une définition possible ? », *RLDC*, n°87, 2011, p. 27.
- **BUJAN (L.) *et al.***, « Safety and efficacy of sperm washing in HIV-I-serodiscordant couples where the male is infected : results from the European Creathe network », *AIDS* 2007 ; 21 (14) : 1909-1914.

- **BULA-BULA (S.)**, « L'agression permanente en tant que mode de domination étrangère du Congo », in *La guerre d'agression contre la République démocratique du Congo et l'interpellation du droit international*, Actes des journées de réflexion des 5 et 6 octobre 1998 du Département de droit international de la Faculté de droit, Université de Kinshasa, PUK, 1998, p. 20.
- **BUNNEL (R.) *et al.***, « Living with discordance : knowledge, challenges and prevention strategies of HIV-discordant couples in Uganda », *AIDS* 17 (8), 2005, p. 999-1012;
- **BYK (C.)**,
  - « L'embryon jurisprudentiel », *Gaz. Pal.*, 1997.2.1391.
  - « De la protection des personnes à la règlementation des recherches », *JCPG*, 2012.
- **CADIET (L.)**, « La notion d'informations génétiques en droit français », *La génétique humaine : de l'information à l'informatisation*, Litec 1992, p. 52.
- **CAMERON (E.) *et al.***, « Le VIH est un virus et non un crime », *Revue VIH/sida, droit et politiques* , 2/3, 2008, p. 13.
- **CARBONNIER (J.)**, « Les non-sujets de droit », *Archives de la philosophie*, tome 34,1989.
- **CARPENTER (L.M.) *et al.***, « Transmission with in marriage in rural Uganda in relation to the HIV sero-status of the partners", *in AIDS*, n° 13, 1999.
- **CATES (W.) *et al.***, "Family planning, sexually transmitted diseases and contraceptive choice: a literature update--Part II." *Fam Plann Perspect* 24(3), 1992, p. 122-128.
- **CAYLA (J.-S.)**,
  - « Chronique La loi du 31 décembre 1979 relative à l'interruption volontaire de grossesse, aspects médicaux et biologiques », *Rev. Trim. de droit sanitaire et social*, juillet-septembre 1980, p. 311.
  - « L'infection par le virus de l'immunodéficience humaine, fléau social », *R.D.S.S.* 1987, p. 596.
- **CHIMBIRI (A.M.)**, "The condom is an "intruder" in marriage: evidence from rural Malawi", in *Soc. Sci. Med.*, n°64 (5), 2007.
- **COGAS-BERNARD (C.)**, « La responsabilité du fait des médicaments défectueux : du préjudice corporel au préjudice

d'angoisse », *RGDM,* 2012, n° spécial « La responsabilité du fait des médicaments dangereux », p. 63-65.

- **COHEN (M.H.) *et al.***, "Prevention of HIV-1 Infection With Early Antiretroviral Therapy", *The New England Journal of Medicine* 365 (2011): 493-505.
- **COLLIGNON (R.) *et al.***, « L'annonce de la séropositivité au VIH en Afrique », in *Psychopathologie africaine, n° 2,* Dakar, 1994.
- **COLLIN-DEMUMIEUX (M.)**, « Le système français d'indemnisation des victimes contaminées par le virus VIH saisi par le droit européen », in *Recueil Dalloz* 1996, p. 357.
- **CONFAVREUX (J.)**, « L'utérus artificiel engendrera-t-il un bouleversement social ? » [*archive*], *France Culture*, 4 février 2011.
- **COPPENS (P.)**, « Du préjudice d'être né », in SCHIFFINO (N.) et VARONE (F.), dir, *Procréation médicalement assistée : régulation publique et enjeux bioéthiques,* Bruxelles, Bruylant, 2003, p. 69-96.
- **DA CONCEIÇAO COURPOTIN (D.)**, « Accompagnement des patients. L'exemple des personnes infectées ou affectées par le VIH/sida en Afrique », in *Actes du colloque international sur la bioéthique et réalités africaines,* Cotonou, 2013, p. 338-340.
- **DAFFOS (F.)**, « Droits et devoirs du fœtus ? », in SOULE (M.) et GOLSE (B.), dir., *C'est pas juste* ! Paris, ESF, p. 23-31.
- **DE BRUYN (M.)**, "Women and AIDS in Developing Countries", in *Soc. Sci. Med.,* n° 34 (3), 1992.
- **DELFRAISSY (J.-F.) *et al.***, « Désir d'enfant et assistance médicale à la procréation », in *Prise en charge thérapeutique des personnes infectées par le VIH. Rapport Médecine-Sciences*, Flammarion, 2004, p. 207-222.
- **DELMAS-MARTY (M.)**, « L'homme des droits de l'homme n'est pas celui du biologiste », *Esprit*, novembre 1989, p. 21.
- **DELMAS SAINT-HILAIRE (P.)**, « Le handicap prévu et le droit de ne pas naître », *Rev. Jurid. Personne et famille*, décembre 2000, p. 19.
- **DELOR (F.)**, « Vie sexuelle des personnes atteintes, sérodiscordance et risque du sida », in *Séropositivité, vie sexuelle et risque de transmission du VIH*, Paris, Collection sciences sociales et sida, ANRS, 1999, p. 84-100.
- **DEL ROMERO (J.) *et al.***, "Combined antiretroviral treatment and heterosexual transmission of HIV-1: cross sectional and prospective cohort study", *British Medical Journal*, 340 (2010) c. 2205.

- **DEMICHEL (A.)**, « Médecine et droit : bilan provisoire d'une cohabitation problématique », *Études offertes à Jean-Marie AUBY*, Paris, Dalloz, 1992, p. 705-725.
- **DESCLAUX (A.)**,
  - « Une étrange absence de crise... L'adaptation des systèmes de santé du Sud au VIH/sida », in HOURS (B.), *dir., Anthropologie des systèmes et politiques de santé*, Paris, Karthala, 2001, p. 87-101.
  - « Refuser d'allaiter pour protéger son enfant. La marginalité des mères séropositives en Afrique », in BONNET (D.) *et al.*, dir., *Allaitements en marge*, Paris, l'Harmattan, 2002, p. 69-85.
  - « Transmission par l'allaitement : la prévention par les substituts du lait maternel négligée », *Transcriptases Anrs Informations,* Numéro spécial Bangkok, automne 2004, p. 33-35.
  - « Le 'choix' des femmes sénégalaises dans la prévention de la transmission du VIH par l'allaitement : analyse d'une revendication », in DESCLAUX (A.), MSELLATI (P.) et KHOUDIA (S.), dir., *Les femmes à l'épreuve du VIH dans les pays du Sud. Genre et accès universel à la prise en charge*, Collection sciences sociales et sida, Paris, 2011, p. 149-161.
- **DESCLAUX (A.) et CADART (M.L.)**, « Avoir un enfant dans le contexte de l'infection à VIH, discours médicaux et liens sociaux », in *Med. Sci.*, n°24 (HS2), Paris, 2008, p. 53-61.
- **DESCLAUX (A.) et DESGREES DU LOÛ (A.)**, « Les femmes africaines face à l'épidémie de sida », *Population et société*, n°428, novembre 2006, p. 1-4.
- **DESCLAUX (A.), MSELLATI (P.) et KHOUDIA (S.)**, « Introduction : l'expérience des femmes à l'épreuve du VIH dans les pays du Sud », in DESCLAUX (A.), MSELLATI (P.) et KHOUDIA (S.), dir., *Les femmes à l'épreuve du VIH dans les pays du sud. Genre et accès universel à la prise en charge*, Collection sciences sociales et sida, Paris, 2011, p. XIII.
- **DESCLAUX (A.), SOIZICK CROCHET *et al.***, « Le 'choix informé' des femmes séropositives qui doivent alimenter leur enfant : interprétations locales, limites et nouvelles questions », in DESGRES DU LOU (A.) et FERRY (B.), dir., *Sexualité et procréation confrontées au sida dans les pays du Sud*, CEPED, Paris, 2006, p. 245-62.

- **DESGREES DU LOU (A.),**
  - « Procréation et allaitement : quels choix pour une femme séropositive à Abidjan ? », in DESCLAUX (A.) et Taverne (B.), dir., *Allaitement et VIH en Afrique de l'Ouest. De l'anthropologie à la santé publique*, Paris, Karthala, 2000, p. 385-407.
  - « Le sida, révélateur des disparités de genre en Afrique », *GRESEA Echos* 2002, n°32, p. 16-23.
  - « Le couple face au VIH/sida en Afrique sub-saharienne », in *Population, n°* 3, Vol. 60, Paris, 2005, p. 221-242.
  - « Sexualité et procréation face aux risques du sida : permanences et adaptations dans les pays fortement touchés par l'épidémie », *La Chronique du CEPED*, n°49, 2005, p. 1-4.
  - « La place des hommes dans la santé sexuelle et reproductive: enjeux et difficultés », *in Revue de la littérature et étude de cas dans les pays en développement,* n°52 (4), Autrepart, 2009, p. 3-12.
  - « Conséquences conjugales du dépistage prénatal du VIH à Abidjan », in DESCLAUX (A.), MSELLATI (P.) et KHOUDIA (S.), dir., *Les femmes à l'épreuve du VIH dans les pays du Sud. Genre et accès universel à la prise en charge*, Collection sciences sociales et sida, Paris, 2011, p. 73-88.
- **DESGREES DU LOÛ (A.) et FERRY (B.),** « Sexualité et procréation confrontées au Sida : Permanences et adaptations dans les pays fortement touchés par l'épidémie », in DESGRES DU LOU (A.) et FERRY (B.), dir., *Sexualité et procréation confrontées au sida dans les pays du Sud*, Paris, CEPED, 2006, p. 1-18.
- **DESGREES DU LOU (A.), MSELLATI (P.), VIHO (I.) *et al.***, « Le recours à l'avortement provoqué à Abidjan : une cause de la baisse de la fécondité? », *Population*, 54 (3), 1999, p. 427-446.
- **DESGREES DU LOU (A.), TIJOU TRAORE (A.) *et al.***, « Changements des comportements reproductifs et sexuels face au VIH : vers une prise en compte du couple ? », in ADJAMAGBO (A.), MSELLATI (P.), VIMARD (P.), dir., *Santé de la reproduction et fécondité dans les pays du Sud* : *nouveaux contextes et nouveaux comportements*, Louvain-la-Neuve, Academia Bruyland, 2007, p. 401-432.

- **DESGREES DU LOÛ (A.)** ***et al.***, “Couple-centred testing and counseling for HIV serodiscordant heterosexual couples in sub-Saharan Africa”, *Reprod Health Matters* 16 (32), 2008, p. 151-161.
- **DE VISSCHER (P.)**, « Les tendances internationales des constitutions modernes », *R.C.A.D.I.*, 1952-II, p. 558.
- **DHOMMEAUX (J.)**, « Le rôle du Comité des droits de l'enfant dans le contrôle, l'interprétation et l'évolution de la convention relative aux droits de l'enfant », in *Les droits de l'homme à l'aune du XXème siècle, Karel Vasak Amicorum Liber*, Bruxelles, Bruylant, 1999, p. 553-580.
- **DJOLI ESENG'EKELI (J.)**, « Problématique de l'identité du projet constitutionnel », *Congo-Afrique*, numéro 397, septembre, Kinshasa, 2005, p. 17-27.
- **DOLARD-ROCHE (E.)**, « L'enfant né d'un viol », *Journal de Médecine Légale Droit médical*, 2002, vol. 45, n°7-8, p. 355-359.
- **DOLLFUS (C.) et al.**, « Prise en charge de l'enfant infecté par le virus de l'immunodéficience humaine (VIH) en France », in *Journal de pédiatrie et de puériculture, n°* 19, 2006, p. 249-255.
- **DOSSOU-GBÉTÉ (L.)**, « L'éthique dans les soins aux personnes infectées par le VIH », in *Actes du colloque international sur la bioéthique et réalités africaines, 10-14 juin 2013*, Cotonou, 2013, p. 192-205.
- **DREIFUSS (M.)**, « L'indemnisation des victimes du sida à l'épreuve du dualisme juridictionnel », *RFD adm.* 1996, p. 561–574.
- **DREIFUSS-NETTER (F.)**, « Observations hétérodoxes sur la question du préjudice de l'enfant victime d'un handicap congénital non décelé pendant la grossesse », *Med. et Dr.* 2001, n°46, p. 1.
- **DREYER (E.)**, « Les mutations juridiques du concept de dignité », *R.R.J.*, Droit prospectif, 2005, n°1, p. 19-44.
- **DUBOIS (L.)**, « Interruption volontaire de grossesse. Responsabilité de la puissance publique à l'égard du mari privé de la participation à la décision », *R.D.S.S.*, 1981, p. 247.
- **DUNKLE (K.)** ***et al.***, « New heterosexually transmitted HIV infections in married or cohabiting couples in urban Zambia and Rwanda: an analysis of survey and clinical data”, *Lancet* 371 (9631), 2008, p. 2183-2191.
- **DUVAL (M.) et al.**, « Failure of Pediatric AIDS Prevention Despite Maternal HIV Screening in Paris, France », *Journal of Acquired*

Immune Deficiency Syndromes and Human Retrovirology, vol. 20, n°1, janvier 1999, p. 100.

- **DWYER (J.)**, "Legislating AIDS Away: The Limited Role of Legal Persuasion in Minimizing the Spread of HIV", in *Journal of Contemporary Health Law and Policy,* n°9, 1993.
- **EBERHADT (A.),** « La morale et le droit dans la pensée kantienne », *R.R.J.*, Droit prospectif, 2002, n°3, p. 1475-1491.
- EDELMAN (B.),
  - « Le concept juridique d'humanité », in SERIAUX (A.) *et al.*, dir., *Le droit, la médecine et l'être humain*, Aix-en-Provence, Presse universitaire d'Aix-Marseille, 1996, p. 245-269.
  - « La dignité de la personne humaine, un concept nouveau », *Recueil Dalloz* 1997, 23ème cahier, p. 187.
- **EGOUNLETY-TOUDONOU (G.)**, « Ouverture à la vie et responsabilité des époux », in *Actes du colloque international sur la bioéthique et réalités africaines,* Cotonou, 2013, p. 238-246.
- **EKEU (J.-P.)**, « Consensualisme et poursuites en droit pénal comparé », *Travaux de l'Institut de Sciences Criminelles de Poitiers*, vol. XIII, Paris, éd. Cujas, 1993, p. 10.
- **ELLIOTT (R.)**, « Prostituée condamnée à deux ans de prison pour avoir mordu un policier », *Revue VIH/sida, droit et politiques* 3(1), 1996.
- **EVANS (W.)** ***et al.***, "Brand equity and willingness to pay for condoms in Zimbabwe", *Reprod Health Matters* 2011; p. 8-29.
- **FABRE-MAGNAN (M.)**,
  - « Avortement et responsabilité médicale », RTD civ, 2001, n°2, p. 285-318.
  - « L'affaire Perruche : pour une troisième voie », *Droits*, n°35, 2002, p. 119-133.
- **FAGNART (J.-L.)**, « Stérilisation et consentement éclairé », *T. Gez/Rev. dr. santé,* 2001-2002, p. 242-245.
- **FARQUHAR (C.)** ***et al.***, "Antenatal couple counseling increases uptake of interventions to prevent HIV-1 transmission", *in J Acquir Immune Defic Syndr,* n° 37 (5), 2004, p. 20-26.
- **FINEL (L.),** « La responsabilité du médecin en matière de diagnostic des anomalies fœtales », *R.D.S.S.*, 1997, p. 223.

- **FLORENCE (E.)** ***et al.***, "Prevalence and factors associated with sexual dysfunction among HIV-positive women in Europe." *AIDS Care* 16(5), 2004, p. 550-557.
- **FONTY (B.)**, « Le mythe de l'enfant parfait », *4è colloque de pédiatrie et psychanalyse*, Paris, 27-28 janvier 2001.
- **FOYER (J.)**, « La liberté d'avorter devant la constitution et le droit international », in *Le Monde*, 25 décembre 1974.
- **FRAISSEIX (P.)**, « La protection de la dignité de la personne et de l'espèce humaine dans le domaine de la biomédecine : l'exemple de la convention d'oviedo », *R.I.D.C.*, n°2, avril/juin, 2000, p. 371-413.
- **GAILLARD (P.)** ***et al.***, "Vulnerability of women in an African setting: lessons for mother-to-child HIV transmission prevention programmes", *in JAIDS,* n°16, 2002, p. 937.
- **GALLOUX (J.-C.)**, « La protection juridique de la matière biologique en droit français », in *Revue internationale de droit comparé*, vol. 50, n°2, Avril-juin 1998, Etude de droit contemporain, p. 491-512.
- **GARAY (A.)**, « Consentement aux actes médicaux et droits des patients », *G.P.*, 1999.1, *doctr.*, p. 32.
- **GARRAUD et LABORDE-LACOSTE**, « Le rôle de la volonté du médecin et du patient quant au traitement médical et à l'intervention chirurgicale », *Revue Générale de la Législation et de la Jurisprudence,* 1926, p. 130.
- **GASTINEAU (B.)**, « Légalisation de l'avortement et planification familiale : l'expérience tunisienne », in GUILLAUME (A.) *et al.*, dir., *Santé de la reproduction en Afrique*, Abidjan, 2002, p. 243-265.
- **GHACHEM (A.)**, « Santé et qualité de la vie à l'heure de la mondialisation », in *Qu'est-ce que la vie ?, Rencontres internationales de Carthage,* 2-6 mai 2000, éditions Beït al-Hikma, 2001, p. 217-232.
- **GISSER (F.)**, « Réflexion en vue d'une réforme de la capacité des incapables mineurs. Une institution en cours de formation : la prémajorité », *JCP*, 1984. I. 3142.
- **GRANET (F.)**, « La Convention de New York sur les droits de l'enfant et sa mise en œuvre en France », in RUBELLIN-DEVICHI (J.) et FRANC (R.), dir., *L'enfant et les conventions internationales,* Presses universitaires de Lyon, 1996, p. 97.

- **GRINSTEAD (O.) *et al.***, "Positive and negative life events after counseling and testing: the Voluntary HIV-1 Counseling and Testing Efficacy study", *in J AIDS,* n°15, 2001, p. 1045-1052.

- **GROSSER (A.)**, « Cours constitutionnelles et valeurs de référence : à propos de décisions sur l'avortement », in *Revue Pouvoir*, n°13 de 1980, p. 117.

- **GROSSMAN (C.-J.)**, « Regulation of the immune system by sex steroids », *Endocr Rev* 5(3), 1994, p. 435-455.

- **GRÜNDLER (T.)**, « Le droit à la protection de la santé », *La Revue des droits de l'homme*, n°1/2012, p. 212-226.

- **GUILLAUME (A.)**, « Fréquence et conditions du recours à l'avortement », in GUILLAUME (A.) et KHLAT (M.), dir., *Santé de la reproduction au temps du Sida en Afrique*, CEPED, 2004, p. 73-94.

- **GUILLEMAUT (F.)**, « Genre, sexe et sida », in IGNASSE (G.) et WELZER-LANG (D.), dir., *Genre et sexualités*, Paris, L'Harmattan, 2003, p. 93.

- **GUIRA (O.) *et al.***, « Sexualité et risque de transmission du VIH chez les couples séropositifs suivis à l'hôpital de jour du CHU de Ouagadougou (Burkina Faso) », in *Bull. Soc. Pathol. Exot.* (2013) 106, p. 43-47.

- **GUTHRIE (B.) *et al.***, "HIV-1 discordant couples in sub-Saharan Africa: explorations and implications for high rates of discordancy", *Current HIV Res* 5 (4), 2007, p. 416-429.

- **HAMBLIN (J.)**, « Rôle de la loi dans les politiques en matière de VIH et de sida, *in AIDS,* n°5 (suppl. 2), 1991.

- **HAMON (F.)**, « Le « droit de ne pas naître » devant le conseil constitutionnel », *Les petites affiches*, 29 juillet 2010, n°150, p. 4-9.

- **HAUSSER (J.)**, « La vie humaine est-elle hors commerce ? », in *La vie humaine mise sur le marché, LPA,* n° spécial, 243, décembre 2002.

- **HEJOAKA (F.)**, « La solitude des femmes dans le traitement et l'accompagnement des enfants vivant avec le VIH au Burkina Faso », in DESCLAUX (A.), MSELLATI (P.) et KHOUDIA (S.), dir., *Les femmes à l'épreuve du VIH dans les pays du Sud. Genre et accès universel à la prise en charge*, Collection sciences sociales et sida, Paris, 2011, p. 193-205.

- **HERMANN (J.) et MARTY (D.)**, « L'avortement aux États-Unis : un crime de moins ? », in *R.I.C.P.T.,* 1973, p. 379.

- **HERMITTE (M.-A.),**

  - « Le contentieux de la naissance d'enfants handicapés », *Gaz. Pal.*, 25 octobre 1997, p. 1403.
  - « Pouvoirs sur la vie, pouvoirs sur la mort, les rôles du droit », in *Qu'est-ce que l'humanité ?, Université de tous les savoirs*, Odile Jacob, 2000, p. 539.

- **HUBER (G.)**, « Réflexions philosophiques sur la prudence et la précaution en biomédecine », in GODARD (O.), dir., *Le principe de précaution dans la conduite des affaires humaines*, Éd. de la maison des sciences de l'homme et édition de l'INRA, 1997, p. 85-97.
- **HUGONNET (S.)** ***et al.***, "Incidence of HIV infection in stable sexual partnerships : a retrospective cohort study of 1.802 couples in Mwanza Region, Tanzania", *J Acquir Immune Defic Syndr.*, 2002 May 1, 30(1), p. 73-80.
- **HUSSAIN (A.)** ***et al.***, "Pregnant women's access to PMTCT and ART services in South Africa and implications for universal antiretroviral treatment", *PLoS One* 2011; 6 (12).
- **IDZUMBUIR ASSOP (J.)**, « La protection pénale des personnes vulnérables : cas des enfants », *Rev. Trim. Du CDDE*, n°001/Mai/2010.
- **JALUZOT (B.)**, « Méthodologie du droit comparé », *Revue internationale de droit comparé*, n°1, 2005.
- **JESTAZ (P.)**, « Une question d'épidémiologie (à propos de l'affaire PERRUCHE) », *R.T.D. civ.* 2001, p. 547.
- **JOURDAIN (P.)**, « Le préjudice résultant de la naissance d'un enfant atteint d'un handicap congénital », *R.T.D. civ.*, juillet-septembre 1996.
- **JURGENSEN (M.)** ***et al.***, "The burden of knowing: balancing benefits and barriers in HIV testing decisions. A qualitative study from Zambia", *BMC Health Serv Res* 2012;12(1), p. 2.
- **KABAMBA MULONGO (L.)** ***et al.***, « Acceptation du test de dépistage du VIH dans le cadre du programme de prévention de la transmission du VIH de la mère à l'enfant en République démocratique du Congo », *Rev. Epidemiol Santé Publique*, 2010 ; 58, p. 313-321.
- **KABORE (A.-F.)**, « Droit des femmes en Afrique : pourquoi le Protocole de Maputo tarde-t-il à se traduire en réalité sur le terrain ? », in *Journal Sidwaya*, numéro du 30 juin 2015.

- **KALONGO MBIKAYI,** « Le Code de la famille, 17 ans après : réception et résistances », in *Revue de droit congolais*, 4e année, n°007 et 008/2002 et 2003, Kinshasa, CRDJ.
- **KALONGO MBIKAYI et NDESHYO RURIHOSE,** « Le recours à l'authenticité et le droit zaïrois », in *RJZ*, n°3, 1976, p. 39-45.
- **KAPINGA (M.-L.)**, « L'article 178 du Code pénal à l'épreuve du VIH et de la démographie galopante », in *Journal Le Phare*, numéro du 7 janvier 2013, Kinshasa.
- **KASONGO MUIDINGE**, « Le droit face au sida : approche du criminologue », in *Annales de la Faculté de Droit*, vol. XI- XXVII, Kinshasa, Presses universitaires du Zaïre, 2004, p. 24.
- **KENGO wa DONDO**, « Considérations sur le projet du nouveau Code de la famille, Mercuriale prononcée à l'audience solennelle de rentrée de la Cour suprême de justice du 16 octobre 1976 », *Bull.* 1977, p. 267.
- **KERNALEGUEN (F.)**, « Les principes de protection du corps humain en droit français : l'influence déterminante de la biomédecine », in FEUILLET-LIGER (B.) et SCHAMPS (G.), dir., *Principes de protection du corps et biomédecine. Approche internationale*, Bruylant, Bruxelles, 2015, p. 145-163.
- **KHOUDIA SOW et DESCLAUX (A.)**, « Stratégies féminines face au risque de transmission sexuelle du VIH au temps des antirétroviraux », in DESCLAUX (A.), MSELLATI (P.) et KHOUDIA (S.), dir., *Les femmes à l'épreuve du VIH dans les pays du Sud. Genre et accès universel à la prise en charge*, Collection sciences sociales et sida, Paris, 2011, p. 165-177.
- **KILEWO (C.) *et al.***, "HIV counseling and testing of pregnant women in sub-Saharan Africa. Experiences from a study on prevention of mother-to-child HIV-1 transmission in Dar Es Salaam Tanzania", *in JAIDS Journal of Acquired Immune Deficiency Syndromes,* n°28, 2001, p. 458-462.
- **KIM (A.) et al.**, "HIV infection among internally displaced women and women residing in river populations along the Congo River", in DRC.AIDS Behav., n°13, Kinshasa, 2009.
- **KIRBY (M.)**, « AIDS and Law », *in Daedalus,* n°118 (3), 1989.
- **KISS (A-C.)**, « Droit et risque », *A. Ph. D, Droit et science,* 1991, t. 36, p. 49-53.
- **KOENIG (P.)**, « Le jugement du 25.2.1975 rendu par le Tribunal constitutionnel fédéral et abrogeant le paragraphe 218 a du Code pénal

(loi du 18 juin 1974) libéralisant l'avortement », in *Revue d'Allemagne*, janvier-mars 1975, p. 85.

- **KOUKOUGAN JADE GHOSN (C.)**, « Faut-il réviser le secret médical dans la gestion de l'infection par le VIH au vu des progrès thérapeutiques ? », *Médecine Thérapeutique* 2012, volume 18, numéro 3, p. 203.
- **KOVACH (G.C.)**, "Prison for man with H.I.V. who spit on a police officer", *New York Times*, 16 mai 2008.
- **KUYU MWISSA (C.)**, « Les réformes des droits africains de la famille: un projet juridique visant une hégémonie culturelle », in *A la recherche du droit africain du XXIème siècle*, Paris, Editions Connaissances et Savoirs, 2005.
- **KYABOBA KASOBWA (L.) et ANGELESI BAYENGA (F.)**, « Le VIH/sida et les droits de l'Homme en République démocratique du Congo : la consécration du droit à la confidentialité des informations sérologiques, atout ou menace pour la santé publique ? », in *Cahiers Africains des Droits de l'Homme et de la Démocratie, n°030 vol. I -Liber Amicorum en l'honneur du Professeur Bonaventure BIBOMBE MUAMBA-*, Kinshasa, 2010, p.
- **LABBEE (X.)**, « Esquisse d'une définition civiliste de l'espèce humaine », *D., 1999, chron.*, p. 438.
- **LABRUSSE-RIOU (C.)**, « L'indemnisation du handicap de naissance et la question de l'eugénisme », in *Droit, économie de l'assurance et de la santé*, Mélanges Lambert, Paris, Dalloz, 2002, p. 255-279.
- **LABRUSSE-RIOU (C.), MATHIEU (B.) *et al.***, « La vie humaine peut-elle être un préjudice ? », *D.* 14 décembre 2000, n°44, p. 3.
- **LAMBERT-FAIVRE (Y.)**, « Principes d'indemnisation des victimes post-transfusionnelles du sida », *D.* 1993, chr. , p. 67.
- **LAZZARINI (Z.) *et al.***, « Evaluating the Impact of Criminal Laws on HIV Risk Behaviours: A state of the art assessment of law and policy », *Journal of Law, Medicine and Ethics*, Vol. 30, 2002, p. 224-238.
- **LE BRETON (D.)**, « Corps et personne : quelle(s) anthropologie(s) pour le droit ? », in FEUILLET-LIGER (B.) et SCHAMPS (G.), dir., *Principes de protection du corps et biomédecine. Approche internationale*, Bruylant, Bruxelles, 2015, p. 11-22.

- **LEFEBVRE-TEILLARD (A.)**, « Infans conceptus. Existence physique et existence juridique », *Revue historique de droit français et étranger*, n°4, oct.-déc. 1994, p. 499.
- **LEMENNICIER (B.)**, « Le corps humain : propriété de l'État ou propriété de soi ? », *Droits*, 1991, n°13, p. 111-119.
- **LEROY (V.)**,
  - « Inégalité des sexes et VIH/sida en Afrique : un cercle vicieux anthropologique, sociologique, épidémiologique et clinique ; facteurs d'entretien de l'épidémie », in *Sciences sociales et santé,* n°22 (3), 2004.
  - « La contraception face au VIH/sida dans les pays du Sud : enjeux médicaux, sociaux et comportementaux », in DESGRES DU LOU (A.) et FERRY (B.), dir., *Sexualité et procréation confrontées au sida dans les pays du Sud*, CEPED, Paris, 2006, p. 93-107.
- **LERT (F.)** ***et al.***, « Genre et vie de couple au cours de la maladie à VIH », in *Méd Sci,* n°24 (HS2), 2008.
- **LEVI (A.)**, « L'apport du droit comparé à la recherche juridique prospective », in *L'entreprise et le droit comparé*, 1995, p. 217-225.
- **LOCHAK (D.)**, « Le droit à l'épreuve des bonnes mœurs, puissance et impuissance de la norme juridique », in *Les bonnes mœurs*, C.U.R.A.P.P., PUF, 1994, Paris, p. 35.
- **LOUBIÈRE (S.)** ***et al.***, « Révélation de leur séropositivité et sexualité à risque chez les femmes infectées par le VIH au Cameroun : résultats de l'étude Anrs-EVAL », in DESCLAUX (A.), MSELLATI (P.) et KHOUDIA (S.), dir., *Les femmes à l'épreuve du VIH dans les pays du Sud. Genre et accès universel à la prise en charge*, Collection sciences sociales et sida, Paris, 2011, p. 89-103.
- **LUCIANA (A.-M.)**, « La notion de dommage à l'épreuve du handicap congénital », *LPA* 1997, n°77, p. 17-21.
- **LURIE (M.)** ***et al.***, "Who infects whom? HIV-1 concordance and discordance among migrant and non-migrant couples in South Africa", in *AIDS,* n°17, Pretoria, 2003.
- **LWAMBA KATANSI**, "La marche anti-vent du juriste contre le sida", in *Conférence sur le sida et les droits de l'homme,* Brazzaville, 1990.
- **MAKHLOUF OBERMEYER (C.)** ***et al.***, « Genre et expérience du dépistage du VIH au Burkina Faso » in DESCLAUX (A.),

MSELLATI (P.) et KHOUDIA (S.), dir., *Les femmes à l'épreuve du VIH dans les pays du Sud. Genre et accès universel à la prise en charge*, Collection sciences sociales et sida, Paris, 2011, p. 17-29.

- **MALAMBA (S.) *et al.***, "Couples at risk. HIV-1 concordance and discordance among sexual partners receiving voluntary counseling and testing in Uganda", *in J Acquir Immune Defic Syndr,* n° 39, 2005.
- **MALAURIE (P.**), « Le handicap de l'enfant: un droit désemparé », *JCP*, 2003, n°7-8, p. 286.
- **MAMAN (S.) *et al.***, "HIV and partner violence: implications for HIV voluntary counseling and testing programs in Dar es Salaam, Tanzania", in *Research report,* Dar es Salaam, 2001.
- **MANDELBROT (L.) et al.**, « Désir d'enfant chez les personnes vivant avec le VIH : nouvelles recommandations 2013 du groupe d'experts français », in *Gynécologie obstétrique et fertilité* 42 (2014), p. 544.
- **MARGUENAUD (J.-P.), et REMY-CORLAY (P.)**, « Vers un statut juridique d'un enfant mort-né », *Revue trimestrielle de droit civil*, 2005, p. 737.
- **MARINA (S.) *et al.***, « Human immunodeficiency virus type I serodiscordant couples can bear healthy children after undergoing intrauterine insemination », *Fertil Steril* 1998 ; 70 : 35-39.
- **MARKESINIS (B.)**, « Réflexions d'un comparatiste anglais sur et à partir de l'arrêt PERRUCHE », *R.T.D. civ.* 2001, p. 77.
- **MASMOUDI (T.) *et al.***, « La recherche biomédicale en Tunisie : aspects règlementaires », in DUGUET (A.-M.), dir., *Séminaire d'actualité de Droit Médical : Droit et Ethique de la Recherche Médicale. Originalités de la législation française, limites et questions éthiques,* Bordeaux, Les Études Hospitalières, 2004, p. 233-239.
- **MATHIEU (B.)**,
  - « La dignité de la personne humaine : quel droit ? Quel titulaire ? », *Recueil Dalloz Sirey,* 1996, 33e cahier, chronique, p. 282-286.
  - « Le préjudice résultant de la naissance d'un enfant trisomique, à propos de CE, Section, 14 février 1997 : Centre hospitalier régional de Nice c/ époux Quarez », *RFDA mars-avril 1997*, p. 382-388.

- **MELO (M.G.)** ***et al.***, "Sexual transmission of HIV-1 among serodiscordant couples in Porto Alegre, Southern Brazil", *Sexually Transmitted Diseases*, 35 (11), 2008: 912-915.
- **MEMETEAU (G.)**,
  - « Prothèse et responsabilité du médecin », *Dalloz,* 1976, *Chronique III*, p. 9.
  - « Le refus de soins à enfant conçu », *Revue Trimestrielle de droit sanitaire et social*, Juillet-Septembre 1979, p. 317.
  - « La situation juridique de l'enfant conçu, de la rigueur classique à l'exaltation baroque », *R.T.D. civ.* 1990, p. 617.
  - « Vie biologique et personnalité juridique », in *La personne humaine, sujet de droit, Quatrièmes Poitiers*, mars 1993, Paris, PUF, 1994, p. 21-56.
  - « L'action de vie dommageable », *J.C.P.*, éd. G., 2001, I., p. 279.
- **MEULDERS-KLEIN (M.-T.)**, « Les droits de l'enfant. À la recherche d'un équilibre entre parents et enfants », in RUBELLIN-DE VICHI (J.) et FRANK (R.), dir., *L'enfant et les conventions internationales*, P.U.L., 1996, p. 133-147.
- **MINGA (A.)** ***et al.***, « Évolution des comportements sexuels à risque de patients infectés par le VIH-1 à date de séroconversion estimée », in DESGRES DU LOU (A.) et FERRY (B.), dir., *Sexualité et procréation confrontées au sida dans les pays du Sud*, CEPED, Paris, 2006, p. 79-86.
- **MIRLESSE (V.)** ***et al.***, « L'alternative, ne pas interrompre…ou…décider de poursuivre la grossesse alors que l'enfant à naître est porteur d'une affection d'une particulière gravité reconnue incurable au moment du diagnostic », in *Médecine fœtale et échographie en gynécologie*, n°41, p. 26-28.
- **MODERNE (F.) et BON (P.)**, « Responsabilité de la puissance publique », in *Recueil Dalloz Sirey*, cahier n°15 du 15 avril 1981, p. 167.
- **MONIOLLE (C.)**, « Responsabilité et indemnisation à l'égard des personnes contaminées par le virus du sida lors de transfusions sanguines », *Revue de droit sanitaire et social*, n°1, 1er janvier 1999, p. 91-112.

- **MORANÇAIS-DEMEESTER (M.-L.)**, « Contamination par transfusion du virus du sida : responsabilités et indemnisation », *D.* 1992, chr. , p. 189–194.

- **MOURGEON (J.)**, « Les droits de l'être humain destructeurs de sa liberté », in *Territoires et liberté, Mélanges en l'honneur du doyen Yves Madiot,* Bruxelles, Bruylant, 2000, p. 391-407.

- **MOYSE (D.)**, « Naissances coupables ? À propos de l'affaire Nicolas Perruche et d'autres de même genre », *Esprit*, janvier 2001, p. 159-196.

- **MUKADI BONYI**, « Le nouveau Code du travail n'a pas supprimé l'autorisation maritale », in *Le Potentiel*, n°2783, 27 mars 2003.

- **MULUMBA KATSHI**, « De l'absence et de la déclaration judiciaire de décès », in *R.J.Z.*, n°3, 1971, p. 218.

- **MUNTAZINI MUKIMAPA**, « La problématique de la lutte contre les violences sexuelles en droit congolais », in *Actes du séminaire de la justice militaire avec les Forces armées de la RDC,* RCN, Kinshasa, 2009.

- **MURAT (P.)**, « Réflexions sur la distinction être humain/personne juridique », *Droit de la famille*, septembre 1997, p. 4.

- **MWEMBO-TAMBWE (A.N.) *et al.***, « Dépistage du VIH en salle de travail à Lubumbashi, République démocratique du Congo. Une stratégie de rattrapage dans le cadre de la prévention de la transmission de la mère à l'enfant », *Revue d'Épidémiologie et de Santé publique*, 61 (2013), p. 22.

- **MYER (L.) *et al.***, « Impact of Antiretroviral Therapy on Incidence of Pregnancy among HIV-Infected Women in Sub-Saharan Africa : A Cohort Study", in *PLoS Med,* n°7, 2010.

- **MYRON (S.) *et al.***, « Prevention of HIV-1 Infection with Early Antiretroviral Therapy », in *The New England Journal of Medicine,* n° 365, Londres, 2011.

- **NDALA MUSUAMBA (M.L.)**, « Genre et VIH, être femme à l'heure du sida en Afrique », *12e Conférence internationale sur le sida et les MST 2001*, Kinshasa, REDS, 2002.

- **NDOMBA KABEYA (E.L.)**,
  - « La non-discrimination des enfants dans les normes du droit congolais de la famille : entre mythe et réalité », in *Mouvements et enjeux sociaux,* n°17, mai-juin 2004.

➢ « Planification familiale en République démocratique du Congo : bonnes ou mauvaises mœurs ? », In *Cahiers Africains des Droits de l'Homme et de la Démocratie, n°031, vol.* I, Kinshasa, 2011.

- **NEIRINCK (C.)**, « Le droit de la filiation et la procréation médicalement assistée », *L.P.A.*, 14.12.1994, p. 54-62.
- **NERSON**, « L'influence de la biologie et de la médecine moderne sur le droit civil », *R.T.D. Civ.* 1970, p. 370.
- **ORNE-GLIEMANN (J.)**, « Quelle place pour les hommes dans les programmes de prévention de la transmission mère-enfant du VIH ? » in *Revue de la littérature et étude de cas dans les pays en développement,* n° 52 (4), Autrepart, 2009, p. 113-30.
- **ORNE-GLIEMANN (J.) *et al.***, « Conseil prénatal pour le VIH orienté vers le couple dans quatre pays à faible et moyenne prévalences : acceptabilité et faisabilité », in DESCLAUX (A.), MSELLATI (P.) et KHOUDIA (S.), dir., *Les femmes à l'épreuve du VIH dans les pays du Sud. Genre et accès universel à la prise en charge*, Collection sciences sociales et sida, Paris, 2011, p. 105-119.
- **OST (F.)**, « Considérations sur la validité des normes et systèmes juridiques », in *Journal des Tribunaux,* n°5277, 1984, p. 64.
- **OUATTARA (F.) *et al.***, « Organiser l'activité de prévention de la transmission du VIH de la mère à l'enfant dans les structures périphériques : l'exemple du Burkina Faso », in DESCLAUX (A.), MSELLATI (P.) et KHOUDIA (S.), dir., *Les femmes à l'épreuve du VIH dans les pays du Sud. Genre et accès universel à la prise en charge*, Collection sciences sociales et sida, Paris, 2011, p. 137-148.
- **OUVRIER (A.)**, « Genre, VIH, antirétroviraux », in *Transcriptase,* n°130 (12), 2006.
- **PAIN-MASBRENIER (M.-T.)**, « Réflexions à propos de l'affaire PERRUCHE (ou l'enfant qui vient au monde malgré lui) », *Rev. gén. dr. médic.* 2001, n°6, p. 161.
- **PAINTER (T.M.)**, "Voluntary counseling and testing for couples: a high-leverage intervention for HIV/AIDS prevention in sub-Saharan Africa", *in Soc Sci Med,* n°53 (11), 2001, p. 1397-1411.
- **PAVIA (M.)**, « La dignité de la personne humaine », in *Libertés et Droits Fondamentaux,* 12ème édition, Paris, Dalloz, 2006, p. 143-162.
- **PECRESSE (V.)**, « Le préjudice résultant de la naissance d'un enfant trisomique », *RFD adm.*, mars-avril 1997, p. 374.

- **PERRON (X.)**, « L'indemnisation des malades atteints du sida, le cas des hémophiles et des transfusés – Approche de droit comparé », in FEUILLET-LE MINTIER (B.), dir., *Le sida – Aspects juridiques*, Paris, Economica, 1995, p. 207–216.
- **PFERSMANN (O.)**, « Le droit comparé comme interprétation et comme théorie du droit », in *Variations autour d'un droit commun : travaux préparatoires*, 2000, p. 121-134.
- **PHILIPPE (C.)**, « La viabilité de l'enfant nouveau-né », *D.* 1996, Chr. 29.
- **PONTIER (J.-M.)**, « L'indemnisation des victimes contaminées par le virus du sida », *Act. Lég. Dalloz* 1992, p. 35.
- **POURETTE (D.)**, « Couple et sexualité des femmes d'Afrique sub-saharienne vivant avec le VIH/sida en France », *in Med. Sci*, n°24 (HS2), Paris, 2008.
- **PRADEL (J.)**,
  - « L'incidence du secret médical sur le cours de la justice », *JCP*, 1969, DOC 2234.
  - « La justice face aux fonctions sociales du secret », *La documentation française*, 1981, p. 20.
- **PROTHAIS (A.)**, « Le sida par complaisance rattrapé par le droit pénal », *Recueil Dalloz* 2006, p. 1068.
- **RADE (C.)**, « Être ou ne pas naître ? Telle n'est pas la question ! (Premières réflexions après l'arrêt PERRUCHE) », *Resp. civ. et Ass.* Janv. 2001, p. 4.
- **REGOURD (S.)**,
  - « Les droits de l'homme devant les manipulations de la vie et de la mort », *RDP* 1981, p. 403.
  - « Sexualité et libertés publiques », *Annales de l'Université des Sciences Sociales de Toulouse*, Tome XXXIII, 1985, p. 52.
- **REMY (P.)**, « Sida post-transfusionnel », *Revue générale du droit des assurances*, 1er janvier 1999, n° 1, p. 201-203.
- **REYNOLDS (S.) *et al.***, "ART reduced the rate of sexual transmission of HIV among HIV discordant couples in rural Rakai, Uganda", *16th Conference on Retroviruses and Opportunistic Infection*, 2009.

- **RIDDE (V.) et BLANCHET (K.)**, « Débats et défis autour de la gratuité des soins en Afrique : « retour vers le futur ? », *in Cahiers Santé,* n°2, 2009.

- **ROEGIERS (L.)**, « L'énigmatique embryon *in vitro* », in SCHIFFINO (N.) et VARONE (F.), dir, *Procréation médicalement assistée : régulation publique et enjeux bioéthiques,* Bruxelles, Bruylant, 2003, p. 135-165.

- **ROMAN (D.)**,
  - « À corps défendant. La protection de l'individu contre lui-même », *D.2007,* p. 1284.
  - « Les droits sociaux, entre « injusticiabilité » et « conditionnalité». Eléments pour une comparaison », *Revue internationale de droit comparé,* n°2009/2.

- **ROULAND (N.)**, « La tradition juridique africaine et la réception des déclarations occidentales des droits de l'homme », *Droit et Cultures*, n°26, 1994, p. 197-217.

- **SANDOR (J.)**, « Piliers fondamentaux de la protection du corps dans le droit médical hongrois : dignité, autodétermination et non-réification », in FEUILLET-LIGER (B.) et SCHAMPS (G.), dir., *Principes de protection du corps et biomédecine. Approche internationale*, Bruylant, Bruxelles, 2015, p. 165-180.

- **SARGOS (P.)**, « Deux arrêts historiques en matière de responsabilité médicale générale et de responsabilité particulière liée au manquement d'un médecin à son devoir d'information », *Recueil Dalloz* 2010, p. 1522.

- **SCOTT (M.) *et al.***, « Antiretroviral Treatment as Prevention », *in The New England Journal of Medicine,* n°365, 2011.

- **SEDGH (G.), SINGH (S.) *et al.***, "Induced abortion: incidence and trends worldwide from 1995 to 2008", *The Lancet,* 2012, 379(9816): 625–632.

- **SEDGH (G.), WULF (D.) et al.**, "Abortion Worldwide: A Decade of Uneven Progress*", New York: Guttmacher Institute*, 2009.

- **SEMPRINI (A.E.)**, "Insemination of HIV-negative women with processed semen of HIV-positive partners", *Lancet* 1993; 341, p. 1343.

- **SEMPRINI (A.E) *et al.***, « Safe conception for HIV-discordant couples : insemination with processed semen from the HIV-infected partner", *Am J obstet Gynecol* 2013; 208 (5): el-9 (402).

- **SEMRAU (K.)** *et al.*, « Women in couples antenatal HIV counseling and testing are not more likely to report adverse social events", *in JAIDS,* n°19 (6), 2005, p. 603-609.

- **SHAHBAZI (M.N.)** *et al.*, « Self-organization of the human embryo in the absence of maternal tissues », *Nature Cell Biology*, n° 18, 4 mai 2016, p. 700–708.

- **SHENFIELD (F.)**, « Droit comparé en santé de la reproduction : un droit à se reproduire ? Une vision européenne », *Bull. Acad. Natle Méd.*, 2013, 197, n°3, p. 619-630.

- **SIROL (F.)**, « Le refus maternel d'interrompre la grossesse : éthique médicale, éthique maternelle, la part du psychiatre », in *Médecine fœtale et échographie en gynécologie*, n°41, p. 29-35.

- **SITA MUILA AKELE (A.)**, « Observer et protéger la famille, Quelques pistes de recherches appliquées en droit de la famille », in *Annales de la Faculté de Droit*, Kinshasa, PUC, 2004.

- **SOMBIE (I.)** ***et al.,*** « Living with HIV: women's experience in Burkina Faso, west Africa », *AIDS Care* 2001, 13 (1), p. 123-128.

- **SUAUDEAU (J.)**, « Choisir sa mort: ultime liberté ? La doctrine de l'église sur le "droit à mourir" », in *Actes du colloque international sur la bioéthique et réalités africaines,* Cotonou, 2013, p. 275-311.

- **SUPIOT (A.)**, « Les fonctions anthropologiques du droit », *Esprit*, février 2001, p. 151.

- **SUREAU (C.)**, « Réflexions sur les droits de la femme et de l'enfant en médecine de la procréation », *Droit et économie*, n°88, 2000, p. 18.

- **SYLLA THIOYE (N.)**, « Le vécu socio-économique des femmes qui allaitent artificiellement dans le cadre de la prévention de la transmission mère-enfant au Sénégal », *5e conférence sur la population africaine*, Arusha, Tanzanie 10-14 décembre 2007.

- **TALOM (J.M.)**, « Contribution du droit à la lutte contre le VIH/sida au Cameroun », in *Revue critique de l'actualité scientifique internationale sur le sida,* n°108, 2003/05, p. 25-28.

- **TELOMONO BISANGAMANI (M.)**, « Repenser la téléologie et les modalités de la réparation en droit civil congolais : de la réparation intégrale du dommage à la réparation adéquate du lien social », in *Annales de la Faculté de Droit*, Kinshasa, Éd. Droit et Société « DES », 2014, p. 380-399.

- **TEXIER (P.)**, « L'enjeu de la justiciabilité et le projet de protocole additionnel au Pacte relatif aux droits économiques, sociaux et culturels », in DECAUX (E.), dir., *Les Nations unies et les Droits de l'Homme, Enjeux et Défis d'une réforme*, Paris, Pédone, 2006, p. 279.
- **THAIRU (L.N.) *et al.***, « Influences socio-culturelles sur les décisions d'alimentation des enfants nés de mère séropositive », in DESGRES DU LOU (A.) et FERRY (B.), dir., *Sexualité et procréation confrontées au sida dans les pays du Sud*, CEPED, Paris, 2006, p. 263-273.
- **THERY (I.)**, « Une femme comme les autres. Séropositivité, sexualité et féminité », in *Séropositivité, vie sexuelle et risque de transmission du VIH*, Paris, Anrs, 1999, p. 113-136.
- **THERY (R.)**, « La condition juridique de l'embryon et du fœtus », *Chronique au Recueil Dalloz*, 1982, 33e cahier, 13 octobre 1982.
- **THOUVENIN (D.)**, « La disponibilité du corps humain : corps sujet ou corps objet ? », *Actes* n°49/50, 1985, p. 35.
- **TIJOU TRAORE (A.)**,
  - « Dialogue et gestion du sida au sein de couples sérodifférents résidant à Abidjan, Côte d'Ivoire », in *Colloque sur la santé de la reproduction confrontée au sida*, Centre français sur la population et le développement (Ceped), Paris, 22-23 novembre 2004.
  - « Pourquoi et comment en parler ? Dialogue autour de l'annonce de la séropositivité dans des couples sérodiscordants à Abidjan (Côte d'Ivoire) », in *Sciences sociales et santé,* n°24 (2), Ouagadougou, 2006, p. 43-67.
  - « Des couples face à la prévention de la transmission mère-enfant : décisions et pratiques en matière d'alimentation de l'enfant en Côte d'Ivoire », in DESCLAUX (A.), MSELLATI (P.) et KHOUDIA (S.), dir., *Les femmes à l'épreuve du VIH dans les pays du Sud. Genre et accès universel à la prise en charge*, Collection sciences sociales et sida, Paris, 2011, p. 123-135.
- **TOURE (A.),** « L'évolution des relations mère-enfant en Afrique rurale », *Revue internationale en Sciences Sociales*, volume XXXL, n°3, 1979, p. 528-533.
- **TOUZE (V.)**, « Sida et développement : un enjeu mondial », in *Revue de l'OFCE*, 2002/5 (n°83 bis), p. 153-174.

- **VALAPPIL (T.)** ***et al.***, "Female condom and male condom failure among women at high risk of sexually transmitted diseases", *Sex Transm Dis* 32(1), 2005, p. 35-43.
- **VARONE (F.)**, « Les enjeux de la procréation médicalement assistée : Questions éthiques et anthropologiques, choix politiques et normes juridiques », in SCHIFFINO (N.) et VARONE (F.), dir, *Procréation médicalement assistée : régulation publique et enjeux bioéthiques,* Bruxelles, Bruylant, 2003, p. 1-21.
- **VERNAZZA (P.)** ***et al.***, « Les personnes séropositives ne souffrant d'aucune autre MST et suivant un traitement antirétroviral efficace ne transmettent pas le VIH par voie sexuelle », *Bulletin des médecins suisses* 2008 ; 89 (5) : p. 165-169.
- **VINEY (G.)**, « Brèves remarques à propos d'un arrêt qui affecte l'image de la justice dans l'opinion », *J.C.P.* 2001, I., p. 296.
- **WEAIT (M.)**,
  - « Taking the Blame: Criminal Law, Social Responsibility and the Sexual Transmission of HIV », *Journal of Social Welfare and Family Law*, 23(1), 2001, p. 441-457.
  - « Criminal Law and the Sexual Transmission of HIV: R. v/ Dica », *Modern Law Review* 68(1), 2005, p. 121-134.
  - « Knowledge, Autonomy and Consent: R. v/ Konzani », *Criminal Law Review*, octobre 2005, p. 763-772.
- **WETSH'OKONDA KOSO (M.)**, « Le contentieux constitutionnel congolais des droits de l'homme du 18 février 2006 au 18 février 2011 », *La Constitution en Afrique* , Montepellier, 2011.
- **YAMAGUCHI (T.)**, « Comparabilité des droits dans les cultures juridiques différentes. A propos de la pluralité d'origines d'inspiration dans les règles juridiques du droit du travail », in *L'avenir du droit comparé : un défi pour les juristes du nouveau millénaire,* 2000, p. 267-278.

B. PUBLICATIONS SUR SUPPORT ÉLECTRONIQUE (URL valides au moment de la publication)

- **BABACAR KANTE,** « Droit et VIH en Afrique », in *http://www.rag.sn/sites/rds.refer.sn/IMG/pdf/2KANTEDROITVIHAFRIQUE.pdf.*

- **BERNARD (E.)**,
    - « Criminal HIV transmission: A collection of published news stories and opinions about so-called 'HIV crimes'», in *http://criminalhivtransmission.blogspot.com/.*
    - « Groundbreaking New Zealand rulingfinds condom use eliminates HIV disclosure requirement », in *http: //www.aidsmap.com /en/news /99FCF282-21EF-4ED5 99FCB3A9E2E1A110.asp.*
- **BERNARD (E.) et al.**, "HIV Forensics: The use of phylogenetic analysis as evidence in criminal investigation of HIV transmission" in *http://www.nat.org.uk/Media%20library/Files/PDF%20Documents/HIV-Forensics.pdf.*
- **BOCQUENET (J.P.)**, « Libéralisme, humanisme… Incompatibilité ? », in http://post.sapiens.free.fr/?p=582.
- **CRITON (C.) et FENER (P.)**,
    - « La sexualité et la grossesse de la femme confrontée au VIH/sida », in *http://sidasciences.inist.fr/IMG/pdf/vih_femme_sexualite_grossesse_version_finale.pdf.*
    - « Facteurs de risque de l'infection à VIH/sida chez la femme » in *http://sidasciences.inist.fr/IMG/pdf/Facteurs_de_risquedefversionfinale.pdf.*
    - « Dépistage du VIH/sida chez la femme à risque », in *http://www.inist.fr/article188.html.*
- **CHIRWISA CHIRHAMOLEKWA (F.) et MALONGA MIATUDILA**, « Histoire de la planification familiale en RDC », in *http://planificationfamiliale-rdc.net/historie-de-la-planification-familiale-en-rdc.php.*
- **ROMAN (D.)**, « La justiciabilité des droits sociaux ou les enjeux de l'édification d'un État de droit social », in *http://revdh.revues.org/635.*
- **SLAMA (S.)**, « L'invocabilité directe des droits économiques, sociaux et culturels en droit interne (à propos de Cass., soc., 16 décembre 2008, *Eichenlaub c./Axia France)* », in *http:// combatsdroitshomme.blog.lemonde.fr/2009/04/05/linvocabilite-directe-des-droits-economiques-sociaux-et-culturels-en-droit-*

interne-a-propos-de-cass-soc-16-decembre-2008-eichenlaub-caxia-france/.

- **SOW SIDIBE (A.)**, "Le secret médical aujourd'hui", in *http://afrilex.u-bordeaux4.fr/sites/afrilex/IMG/pdf/2doc6sidibe.pdf.*

VI. AUTRES TRAVAUX ET DOCUMENTS (Études, rapports, avis, recommandations, déclarations, etc.)

A. SUR LE PLAN INTERNATIONAL

- **AMNISTIE INTERNATIONALE**, « République démocratique du Congo, après le viol : témoignages recueillis dans l'Est du pays », Octobre 2004, in *http:// www.amnesty.org/fr/report/info /AFR62/019/2004.*
- **ARASA/OSISA**, « Rapport de ARASA/OSISA sur la réunion de consultation de la société civile portant sur la criminalisation de la transmission intentionnelle du VIH », 2007, in *http://www.arasa.info/files /pub_Meeting%20report%20final.doc.*

- **ASSEMBLÉE GÉNÉRALE DES NATIONS UNIES,**
  - *Déclaration d'engagement sur le VIH/sida*, Résolution n°A/RES/S-26/2, 27 juillet 2001.
  - Déclaration politique sur le VIH/sida, Résolution n°60/262, 2 juin 2006.
  - Déclaration politique sur le VIH et le sida : intensifier nos efforts pour éliminer le VIH et le sida, Résolution n°A/RES/65/277, 8 juillet 2011.
- **CENTER FOR REPRODUCTIVE RIGHTS (CRR)**, *The World's Abortion Laws 2015,* New York: CRR, 2015.
- **COMMISSION MONDIALE SUR LE VIH ET LE DROIT**, *Risques, droit et santé*, New York, 2012.
- **EUROPEAN STUDY GROUP ON HETEROSEXUAL TRANSMISSION OF HIV**, "Comparison of female to male and male to female transmission of HIV in 563 stable couples", *BMJ,* 1992.
- **FÉDÉRATION INTERNATIONALE POUR LE PLANNING FAMILIAL (IPPF) *et al.***, « VIH, verdict sur un virus Santé publique, droits humains et droit pénal », in

http://www.stigmaindex.org/sites/default/files /newsattachments /ippf_criminalization_%5BFrench%5D_web_commentableab5e.pdf.

- **HAUT-COMMISSARIAT DES NATIONS UNIES AUX DROITS DE L'HOMME (HCDH),** *Nés libres et égaux. Orientation sexuelle et identité de genre en droit international des droits de l'homme*, New York et Genève, 2012.
- **OMS**,
  - Guide du conseil et du dépistage du VIH à l'initiative du soignant dans les établissements de santé, Genève, 2007.
  - Recommandations rapides. Médicaments antirétroviraux pour traiter la femme enceinte et prévenir l'infection à VIH chez l'enfant, Genève, 2009.
  - Traitement antirétroviral de l'infection à VIH chez le nourrisson et l'enfant : vers un accès universel. Recommandations pour une approche de santé publique, Genève, 2010.
  - Traitement antirétroviral de l'infection à VIH chez le nourrisson et l'enfant : vers un accès universel. Recommandations pour une approche de santé publique-Mise à jour 2010, Genève, 2011.
  - Utilisation des antirétroviraux pour traiter la femme enceinte et prévenir l'infection à VIH chez le nourrisson, Genève, 2012.
  - Statistiques sanitaires mondiales 2016, Genève, 2016.
- **OMS et UNICEF**, Guide pour la mise à l'échelle au plan mondial de la prévention de la transmission mère-enfant du VIH : vers un accès universel pour les femmes, les nourrissons et les jeunes enfants et pour l'élimination du VIH et du sida, Genève, Bibliothèque de l'OMS, 2007.
- **ONU**, Rapport du Projet MAPPING concernant les violations les plus graves des droits de l'homme et du droit international humanitaire commises entre mars 1993 et juin 2003 sur le territoire de la République démocratique du Congo, 2010.
- **ONUSIDA**,
  - Prévention de la transmission du VIH de la mère à l'enfant. Options stratégiques, Genève, 1999.
  - Droit pénal, santé publique et transmission du VIH : Étude des politiques possibles, Genève, 2002.

➢ Recommandations de l'ONUSIDA concernant la modification de certains articles problématiques de la loi de N'Djamena sur le VIH (2004).

➢ Rapport sur les femmes et le sida, décembre 2004.

➢ Rapport sur l'épidémie mondiale de sida 2006.

➢ La poursuite des droits : Etudes de cas sur le traitement judiciaire des droits fondamentaux des personnes vivant avec le VIH, Genève, Collection Meilleures Pratiques de l'ONUSIDA, 2006.

➢ Guide de terminologie de l'ONUSIDA, 2007.

➢ Politique générale : Criminalisation de la transmission du VIH, 2008.

- **ONUSIDA et HCDH**, Le VIH/sida et les droits de l'homme. Directives internationales. Version consolidée, Genève, 2006.

- **ONUSIDA et OMS**,

➢ Le point sur l'épidémie de sida, décembre 2007.

➢ Guide du conseil et du dépistage du VIH à l'initiative du soignant dans les établissements de santé, 2007.

➢ Rapport d'activité 2015 sur la riposte au sida dans le monde, Genève, Bibliothèque de l'OMS, 236 p.

- **ONUSIDA et PNUD**,

➢ Agir contre le VIH et le sida. Guide à l'usage du législateur, New York, 2007.

➢ Criminalization of HIV Transmission, Genève, 2008.

➢ Summary of main issues and conclusions. International Consultation on the Criminalization of HIV Transmission, 31 octobre - 2 novembre 2007, Genève, 2008.

➢ Note à l'usage du législateur sur le VIH et le sida. Mettre le droit au service de la riposte au VIH, New York, 2011.

- **ONUSIDA, UNICEF et OMS**, Vers un accès universel. Étendre les interventions prioritaires liées au VIH/sida dans le secteur de la santé, Extraits du Rapport de situation 2008.

- **OPEN SOCIETY INSTITUTE**, Dix raisons de s'opposer à la criminalisation de l'exposition au VIH ou de sa transmission, 2008.

- **RÉSEAU EUROPEEN MÉDECINE ET DROITS DE L'HOMME**, La santé face aux droits de l'homme, à l'éthique et aux morales : 120 cas pratiques, Conseil de l'Europe, 1996.
- **RÉSEAU MONDIAL DES PERSONNES VIVANT AVEC LE VIH**, « Criminalisation of HIV transmission in Europe », 2005, in *http://www.gnpplus.net/criminalisation/index.shtml.*
- **UNESCO**, "Sida et culture", in *http://portal.unesco.org/fr/ev.php-URL_ID=2932&URL_DO=DO_TOPIC&URL_SECTION=201.html.*
- **UNICEF**, La situation des enfants dans le monde 2016. L'égalité des chances pour chaque enfant, New York, 2016.
- **UNIP et PNUD**, *Agir contre le VIH et le sida. Guide pratique à l'intention des parlementaires*, 2007.

B. SUR LE PLAN RÉGIONAL

- **COMMUNAUTÉ DE DÉVELOPPEMENT D'AFRIQUE AUSTRALE (SADC),** Déclaration de MASERU des Chefs d'Etat et de Gouvernement de la SADC sur le VIH/sida, Maseru, 4 juillet 2003.
- **COMMUNAUTÉ DES ÉTATS DE L'AFRIQUE CENTRALE (CEEAC),** *Déclaration de BRAZZAVILLE sur le VIH/sida,* Brazzaville, 27 janvier 2004.
- **COMMUNAUTÉ ÉCONOMIQUE DES ÉTATS D'AFRIQUE DE L'OUEST (CEDEAO),** Déclaration de DAKAR sur la prise en compte des populations clés dans la riposte au VIH et au sida dans l'espace CEDEAO, Dakar, 10 avril 2015.
- **UNION AFRICAINE (UA),** Déclaration d'ABUJA sur le VIH/sida, la tuberculose et les autres maladies infectieuses, Abuja, 27 avril 2001.

C. SUR LE PLAN NATIONAL

- **ANGELESI BAYENGA (F.)**, *Document de stratégie d'intervention de lutte contre le VIH/sida en milieu carcéral à Kinshasa.* Consultance offerte au Ministère de la Justice dans le cadre de l'initiative « Projet d'appui à l'environnement juridique favorable en RDC et renforcement des capacités des acteurs du pouvoir judiciaire, les agents et cadres du Ministère de la Justice et des O.S.C. », octobre 2014, 32 p.

- **COMMISSION PERMANENTE DE RÉFORME DU DROIT CONGOLAIS,** *Avant-projet de Code pénal*, Août 2010.

- **GLOBAL RIGHTS**, *S.O.S. Justice : Quelle justice pour les populations vulnérables à l'Est de la RDC ?*, Rapport d'évaluation du secteur de la justice au Nord et Sud Kivu, Maniema et Nord Katanga, Kinshasa, 2005.

- **KIFWABALA TEKILAZAYA (J.-P.), FATAKI WA LUHINDI (D.) et WETSH'OKONDA KOSO (M.),** *République démocratique du Congo. Le secteur de la justice et l'État de droit : un État de droit en pointillé. Essai d'évaluation des efforts en vue de l'instaurction de l'État de droit et perspectives d'avenir,* Open society foundations, 2013.

- **MINISTÈRE DE LA SANTÉ PUBLIQUE,**

  - *État des lieux du Secteur de la Santé en RDC (ELS)*, Kinshasa, 1998.

  - *Rapport d'Enquête démographique et de santé en République démocratique du Congo* (EDS-RDC I), Kinshasa, 2007.

  - Politique nationale de santé de la reproduction, Kinshasa, 2008.

  - *Planification familiale. Plan stratégique national à vision multisectorielle (2014-2020)*, Kinshasa, 2014.

- **MINISTÈRE DES DROITS HUMAINS,** *Livre blanc sur les violations massives des droits de l'homme et des règles de base du droit international humanitaire par les pays agresseurs (Ouganda, Rwanda, Burundi) à l'Est de la RDC*, Kinshasa, 1998.

- **MINISTÈRE DU GENRE, DE LA FAMILLE ET ENFANT,** *Travaux préparatoires de révision de quelques dispositions du Code de la famille*, Kinshasa, 2010.

- **MINISTÈRE DU PLAN ET SUIVI DE LA MISE EN ŒUVRE DE LA RÉVOLUTION DE LA MODERNITÉ (MPSMRM), *et al.***, *Enquête Démographique et de Santé en République démocratique du Congo 2013-2014 (EDS-RDC II)*, Kinshasa, 2014.

- **ONUSIDA et PNUD**, Le VIH/sida et les droits de l'homme en République démocratique du Congo, Manuel de formation, 2e éd., Kinshasa, 2017.

- **PROGRAMME NATIONAL DE LUTTE CONTRE LE SIDA (PNLS),**
  - *Module de formation des techniciens de laboratoire en techniques simples de dépistage/diagnostic de l'infection à VIH et de suivi biologique des personnes vivant avec le VIH,* Kinshasa, 2006.
  - *Rapport épidémiologique de surveillance du VIH chez les femmes enceintes fréquentant les structures de CPN en 2009,* Kinshasa.
- **PROGRAMME NATIONAL MULTISECTORIEL DE LUTTE CONTRE LE VIH/SIDA (PNMLS),**
  - Plan stratégique national de lutte contre le sida 2010-2014, Kinshasa, 2009.
  - Rapport sur l'état d'avancement de la réponse à l'épidémie du VIH/sida, Kinshasa, 2010.
  - Rapport sur l'état d'avancement de la réponse à l'épidémie du VIH/sida, Kinshasa, 2011.
  - Rapport sur l'état d'avancement de la réponse à l'épidémie du VIH/sida, Kinshasa, 2012.
  - Rapport sur l'état d'avancement de la réponse à l'épidémie du VIH/sida, Kinshasa, 2013.
  - Rapport sur l'état d'avancement de la réponse à l'épidémie du VIH/sida, Kinshasa, 2014.
  - Plan stratégique national de lutte contre le VIH et le sida 2014-2017, Kinshasa, 2014.
  - Rapport sur l'état d'avancement de la réponse à l'épidémie du VIH/sida, Kinshasa, 2015.
  - Rapport sur l'état d'avancement de la réponse à l'épidémie du VIH/sida, Kinshasa, 2016.
  - Plan stratégique national de la riposte au VIH/sida 2018-2021, Draft pré-validé du 16 mars 2017, Kinshasa, 2017.
- **PNUD,**
  - Revue du cadre juridique congolais de la riposte au VIH/sida, Kinshasa, 2013.
  - Rapport du Dialogue National sur les lois, les droits humains et le VIH en RDC, Kinshasa, novembre 2013.

- **RÉSEAU DES FEMMES POUR UN DÉVELOPPEMENT ASSOCIATIF ET AL.** , « Le corps des femmes comme champ de bataille durant la guerre en République démocratique du Congo : violences sexuelles contre les femmes et les filles au Sud-Kivu » (1996-2003), 2004, in *http: //www.grandslacs.net /doc/4051.pdf.*
- **UNICEF**, *Enquête à Indicateurs Multiples (MICS 2), Enquête nationale sur la situation des enfants et des femmes en RDC*, 2001.
- UNION CONGOLAISE DES ORGANISATIONS DES PERSONNES VIVANT AVEC LE VIH (UCOP+) et al., *Index de stigmatisation et de discrimination des PVVIH,* Kinshasa, 2012.

D. À L'ÉTRANGER

1. DANS LES PAYS D'AFRIQUE SUBSAHARIENNE

- **CONSEIL NATIONAL DE LUTTE CONTRE LE SIDA,** *Rapport d'activités de la riposte au VIH/sida en République du Congo,* Brazzaville, 2013, 65 p.
- **CONSEIL NATIONAL DE LUTTE CONTRE LE SIDA,** *Rapport d'activités sur la riposte au sida au Tchad 2012-2013,* mars 2014, N'Djamena, 45 p.
- **CONSEIL NATIONAL DE LUTTE CONTRE LE SIDA,** *Rapport d'activités 2014 sur la riposte au sida au Niger,* Niamey, 22 p.
- **CONSEIL NATIONAL DE LUTTE CONTRE LE SIDA,** *Rapport d'activités sur la réponse au sida en Mauritanie,* Nouakchott, 2014, 30 p.
- **CONSEIL NATIONAL DE LUTTE CONTRE LE SIDA,** *Rapport national GARP de la Côte d'Ivoire,* Yamoussoukro, 2014, 40 p.
- **CONSEIL NATIONAL DE LUTTE CONTRE LE SIDA,** *Rapport de situation sur la riposte nationale à l'épidémie de VIH/sida au Sénégal : 2012-2013,* Dakar, mars 2014, 104 p.
- **CONSEIL NATIONAL DE LUTTE CONTRE LE SIDA ET LES INFECTIONS SEXUELLEMMENT TRANSMISSIBLES,** *Rapport de progrès sur la riposte au VIH et au sida au Togo (GARP 2014),* Lomé, 35 p.
- **ONUSIDA,**
  - ➢ Rapport d'activités sur la riposte au sida au Burkina Faso (GARP 2014), Ouagadougou, 72 p.

- Rapport d'activités sur la lutte contre le sida et rapport sur les progrès enregistrés vers un accès universel (Burundi) 2015, Bujumbura, 44 p.

2. EN FRANCE

- **COMITÉ CONSULTATIF NATIONAL D'ÉTHIQUE POUR LES SCIENCES DE LA VIE ET DE LA SANTÉ (CCNE),**
  - **Avis n°1**, 22 mai 1984, « Les prélèvements de tissus d'embryons et de fœtus humains morts, à des fins thérapeutiques, diagnostiques et scientifiques ».
  - **Avis n°3,** 23 octobre 1984, « Les problèmes éthiques nés des techniques de reproduction artificielle ».
  - **Avis n°5,** 13 mai 1985, « Les problèmes posés par le diagnostic prénatal et périnatal ».
  - **Avis n°8,** 15 décembre 1986, « Les recherches et l'utilisation des embryons humains *in vitro* à des fins médicales et scientifiques ».
  - **Avis n°12,** 7 novembre 1988, « L'expérimentation médicale et scientifique sur des sujets en état de mort cérébrale ».
  - **Avis n°18,** 15 décembre 1989, « État des études conduites par le CCNE concernant les dons de gamètes et d'embryon ».
  - **Avis n° 21**, 13 décembre 1990, « La non-commercialisation du corps humain ».
  - Avis **n° 22**, 13 décembre 1990, « La thérapie génique ».
  - **Avis n°23,** 13 décembre 1990, « Les greffes intercérébrales de tissus mésencéphaliques d'embryons humains chez 5 malades parkinsoniens dans le but thérapeutique »
  - **Avis n°24,** 24 juin 1991, « Les réductions embryonnaires et fœtales ».
  - **Avis n°40,** 12 décembre 1993, « Le transfert d'embryons après décès du conjoint (ou du concubin) ».
  - **Avis n°42,** 30 mars 1994, « L'évolution des pratiques d'assistance médicale à la procréation ».
  - **Avis n°46,** 30 octobre 1995, Avis et recommandations sur « Génétique et médecine : de la prédiction à la prévention».

- ➢ **Avis n°52,** 11 mars 1997, « La constitution de collections de tissus et organes embryonnaires humains et leurs utilisations à des fins scientifiques ».
- ➢ **Avis n°63**, 27 janvier 2000, « Fin de vie, arrêt de vie, euthanasie ».
- ➢ **Avis n°66**, 23 novembre 2000, « Réponses aux saisines du Président du Sénat et du Président de l'Assemblée nationale sur l'allongement du délai d'IVG ».
- ➢ **Avis n°68**, 29 mai 2001, « Handicaps congénitaux et préjudice ».
- ➢ **Avis n°72,** 4 juillet 2002, « Réflexions sur l'extension du diagnostic préimplantatoire ».
- ➢ **Avis n° 78,** 18 septembre 2003, « Inégalités d'accès aux soins et dans la participation à la recherche à l'échelle mondiale ».
- ➢ **Avis n°87**, 14 avril 2005, « Refus de traitement et autonomie de la personne ».

- **CONSEIL D'ÉTAT**, Légistique formelle. Recommandations et formules, Paris, 2001.
- **CONSEIL NATIONAL DE SIDA (CNS)**, « Avis sur le dépistage de l'infection par le VIH au cours de la grossesse et prévention périnatale de la contamination de l'enfant », 14 mars 2002, in *http://cns.sante.fr/wp-content/uploads/2015/2002-03-14_avi_fr_depistage.pdf.*
- **HAUT CONSEIL À L'ÉGALITÉ ENTRE LES FEMMES ET LES HOMMES**, Avis n°2015-07-01-SAN-17, 26 mai 2015, « Contribution au débat sur l'accès à la PMA ».
- **MINISTÈRE DE LA SOLIDARITÉ, DE LA SANTÉ ET DE LA PROTECTION SOCIALE**, « l'Infection par le virus de l'immunodéficience humaine », Fascicule spécial, *Bulletin officiel* n°88-28 bis, Paris, 1988.
- **SÉNAT**, *Les documents de travail du Sénat. Série législation comparée : La gestation pour autrui*, n°LC 182, janvier 2008, 42 p.

3. DANS D'AUTRES PAYS

- **AGENCE DE LA SANTÉ PUBLIQUE DU CANADA**, *Risque de transmission du VIH : sommaire des données scientifiques*, 2012.

- **CYFER-DIDERICH (G.)**, Le statut juridique de la femme indigène au Congo belge : rapport présenté à la commission des lois du Conseil national de Femmes belges, Bruxelles, 1950.
- **DANISH CENTRE ON HUMAN RIGHTS**, *AIDS and Human Rights*, éd. Akademisk Forlag, Copenhague, 1988.
- **FOOD AND DRUG ADMINISTRATION (FDA)**, Guidance for Industry-Fixed Dose Combinations, Co-Packaged Drug Products, and Single-Entity Versions of Previously Approved Antiretrovirals for the Treatment of HIV, U.S. Department of Health and Human Services, Center for Drug Evaluation and Research (CDER), Procedural, October 2006.
- **GLOBE AND MAIL**, "Mother convicted of hiding HIV status for son's birth", in *http://www.theglobeandmail.com/servlet/story/RTGAM.20060807.waidsborn07/BNStory/National/hoe*.
- **MYKHALOVSKIY (E.) et al.**, HIV Non-Disclosure and the Criminal Law : Establishing Policy Options for Ontario, August 2010, in *http://www.catie.ca/pdf/Brochures/HIV-non-disclosure-criminal-law.pdf*.
- **RÉSEAU JURIDIQUE CANADIEN VIH/SIDA**, « Contagion législative: propagation de nouvelles lois problématiques sur le VIH en Afrique occidentale », in *Revue Droit, VIH et Politiques*, Volume 12, n° 2/3, Montréal, 2007.
- **SOCIÉTÉ CANADIENNE DU SIDA**, *La transmission du VIH : « les facteurs qui affectent le risque biologique »,* Ottawa, 2006.

INDEX ALPHABÉTIQUE

(Les numéros renvoient aux paragraphes)

Structures éditoriales du groupe L'Harmattan

L'Harmattan Italie
Via degli Artisti, 15
10124 Torino
harmattan.italia@gmail.com

L'Harmattan Hongrie
Kossuth l. u. 14-16.
1053 Budapest
harmattan@harmattan.hu

L'Harmattan Sénégal
10 VDN en face Mermoz
BP 45034 Dakar-Fann
senharmattan@gmail.com

L'Harmattan Cameroun
TSINGA/FECAFOOT
BP 11486 Yaoundé
inkoukam@gmail.com

L'Harmattan Burkina Faso
Achille Somé – tengnule@hotmail.fr

L'Harmattan Guinée
Almamya, rue KA 028 OKB Agency
BP 3470 Conakry
harmattanguinee@yahoo.fr

L'Harmattan RDC
185, avenue Nyangwe
Commune de Lingwala – Kinshasa
matangilamusadila@yahoo.fr

L'Harmattan Congo
67, boulevard Denis-Sassou-N'Guesso
BP 2874 Brazzaville
harmattan.congo@yahoo.fr

L'Harmattan Mali
ACI 2000 - Immeuble Mgr Jean Marie Cisse
Bureau 10
BP 145 Bamako-Mali
mali@harmattan.fr

L'Harmattan Togo
Djidjole – Lomé
Maison Amela
face EPP BATOME
ddamela@aol.com

L'Harmattan Côte d'Ivoire
Résidence Karl – Cité des Arts
Abidjan-Cocody
03 BP 1588 Abidjan
espace_harmattan.ci@hotmail.fr

Nos librairies en France

Librairie internationale
16, rue des Écoles
75005 Paris
librairie.internationale@harmattan.fr
01 40 46 79 11
www.librairieharmattan.com

Librairie des savoirs
21, rue des Écoles
75005 Paris
librairie.sh@harmattan.fr
01 46 34 13 71
www.librairieharmattansh.com

Librairie Le Lucernaire
53, rue Notre-Dame-des-Champs
75006 Paris
librairie@lucernaire.fr
01 42 22 67 13

www.ingramcontent.com/pod-product-compliance
Lightning Source LLC
LaVergne TN
LVHW021138061026
849535LV00002B/287
* 9 7 8 2 3 4 3 2 2 5 3 3 3 *

AF741840

வடகிழக்கு போராளிகளுடன்

ரகசிய சந்திப்பு

ராஜீவ் பட்டாச்சார்யா

'லென்ஸ் அண்ட் கெரில்லா - இன்சர்ஜென்ஸி இன் நார்த் ஈஸ்ட் இந்தியா' நூலின் ஆசிரியர். இந்தியாவில் பிரிவினைவாத இயக்கம் பற்றிய புகைப்படங்களாலான முதல் புத்தகம். நிறுவனம் சாரா பத்திரிகையாளரான ராஜீவ் குவஹாத்தியில் இருந்து செயல்படுகிறார். இதற்கு முன் டைம்ஸ் ஆஃப் இந்தியா, தி டெலிகிராஃப், தி இந்தியன் எக்ஸ்பிரஸ், டைம்ஸ் நெள நிறுவனங்களில் பணிபுரிந்திருக்கிறார். 2004-ல் பிரிட்டனில் செவ்னிங் ஃபெல்லோஷிப் படிப்புக்குத் தேர்வு செய்யப்பட்டார். அங்கு அயர்லாந்து குடியரசுப் படைக்கும் பிரிட்டிஷ் அரசுக்கும் இடையில் நடந்த அமைதி முயற்சிகள் பற்றிய படிப்பை முடித்தார். 'செவன் சிஸ்டர்ஸ் போஸ்ட்' பத்திரிகையின் நிறுவனர் மற்றும் நிர்வாக எடிட்டராக இருந்தார். பல்வேறு கல்வித்துறை இதழ்களில் வடகிழக்குப் பகுதிகளில் நடக்கும் மோதல்கள், இயற்கைச் சூழல் சீர்கேடுகள் பற்றி எழுதிவரும் ராஜீவ் பட்டாச்சார்யா முக்கிய இன்ஸ்டிட்யூட்களில் உரை நிகழ்த்தியும் வருகிறார்.

வடகிழக்கு போராளிகளுடன்

ரகசிய சந்திப்பு

ராஜீவ் பட்டாச்சார்யா

தமிழில்: வெற்றிவேல்

கிழக்கு

வடகிழக்கு போராளிகளுடன் ரகசிய சந்திப்பு
Vadakizhakku Poraligaludan Ragasiya Sandhippu
Rajeev Bhattacharyya ©
Tamil Translation by *Vetrivel*

Authorised Tamil translation of *"Rendezvous with Rebels: Journey to Meet India's Most Wanted Men"* by *New Horizon Media Private Limited* ©

First Edition: July 2018
344 Pages
Printed in India.

ISBN: 978-93-86737-49-6
Kizhakku - 1098

Kizhakku Pathippagam
177/103, First Floor, Ambal's Building,
Lloyds Road, Royapettah, Chennai 600 014.
Ph: +91-44-4200-9603
Email : support@nhm.in | Website : www.nhm.in

kizhakkupathippagam kizhakku_nhm

Author's Email: rajkrbhat@gmail.com

Kizhakku Pathippagam is an imprint of New Horizon Media Private Limited

The views and opinions expressed in this book are the author's own and the facts are as reported by the author, and the publishers are not in any way liable for the same.

All rights reserved. No part of this publication may be reproduced, stored in a retrieval system, or transmitted, in any form or by any means, electronic, mechanical, photocopying, recording or otherwise, without the prior permission of the publishers.

உள்ளே...

ஆசிரியர் உரை

கிழக்கு நாகலாந்துக்கு (இந்திய - மேற்கு மியான்மர் எல்லையில் நாகா இனத்தினர் வசிக்கும் பகுதி) நான் புறப்படத் தீர்மானித்தபோது, என் பத்திரிகைத்துறை வாழ்க்கையில் மிகவும் கடினமான ஒருவேலையைச் செய்யப்போகிறேன் என்பது நன்கு தெரிந்துதான் இருந்தது. உஃல்பா இயக்கத்தின் சீஃப் ஆஃப் ஸ்டாஃப் பரேஷ் பருவா அந்தப் பயணம் பெரிதும் அபாயகரமானதாகவும் இருக்கும் என்று பலமுறை என்னிடம் சொல்லியிருந்தார். ஆனால், அந்தப் பயணத்தை முடிக்க மூன்று மாதம் இருபது நாட்கள் ஆகும் என்பதையோ அரசாங்கத்தின் உயர் அதிகாரிகள் தலையிடும் அளவுக்கு என் பயண விஷயம் பெரிய விவகாரம் ஆகும் என்பதையோ நினைத்திருக்கவில்லை. எங்கோ, எப்படியோ தவறு நடந்துவிட்டது. போதிய எச்சரிக்கை உணர்வுடன் செயல்படவில்லை என்று என்னை நானே கடிந்துகொண்டேன். ஆனால், அந்தப் பிரச்னையானது சாதகமான விளைவுகளையே ஏற்படுத்தியது; இந்தப் புத்தகத்துக்கு கூடுதல் சுவையையும் தந்துள்ளது. அந்தவகையில் எனக்கு மிகவும் மகிழ்ச்சியே.

ஒரு பேட்டிக்காக என்று ஆரம்பித்த இந்தப் பயணம் சாகசம், அபாயம், அதி சுவாரசியம் என எல்லா தளங்களிலும் என் எதிர்ப்பார்ப்பைவிட பல மடங்கு அதிகமாக நடந்து முடிந்தது. பயணம் முடித்துத் திரும்பியதும் இந்த அனுபவங்களை ஒரு புத்தகமாக எழுதியே ஆகவேண்டும் என்ற உந்துதல் ஏற்பட்டது. அதன் விளைவே உங்கள் கைகளில் தற்போது இருக்கும் இந்தப் புத்தகம்.

இந்தப் புத்தகத்தில் சொல்லப்பட்டிருக்கும் அனைத்துமே மியான்மரின் சகெய்ங் டிவிஷனோடு ஒட்டியிருக்கும் கிழக்கு நாகாலாந்து பகுதியில் நான் நேரில் பார்த்த, புரிந்துகொண்ட

விஷயங்களே. எளிதில் யாரும் சென்று சேர முடியாத வனாந்தரம், யாரும் எளிதில் சந்திக்க முடியாத மக்கள், யாரும் எளிதில் பார்க்க முடியாத ரகசியச் செயல்பாடுகள் ஆகியவற்றை நேரில் பார்த்த அனுபவத்தை சுவை குன்றாமல் சொல்ல முயன்றிருக்கிறேன்.

ஒரு இடத்துக்கு நாம் முதல் முறையாகப் போகிறோம் என்றாலோ கரடுமுரடான பகுதியாக போக்குவரத்து வசதிகள் அற்றதாக அது இருந்தாலோ சிரமங்கள் நேர்வது இயல்புதான். ஆனால், நான் போய்வந்த இந்த இடம் இவை எல்லாவற்றையும்விட பலவித நெருக்கடிகளைக் கொண்டது. நான் பயணம் செய்த பகுதிகளின் மீது யாருக்குக் கட்டுப்பாடு இருக்கிறதோ அவர்களுடைய அனுமதிக்கும் உத்தரவுக்கும் ஏற்பவே என்னால் பயணம் செய்ய முடியும். எனக்கு அங்கு கிடைத்த வரவேற்பு, உதவிகள் ஆகியவற்றில் இந்த அம்சங்களின் பங்கு மிக மிக அதிகம். அதோடு இந்த வித்தியாசமான அம்சம் அதிகம் அறியப்பட்டிராததும் இந்தியாவின் மிக முக்கிய மானதுமான அந்தப் பகுதி பற்றிய பல புதிய உண்மைகளைத் தெரிந்து கொள்ளவும் உதவியது.

இந்தியாவின் வட கிழக்கு எல்லையாக கிழக்கு நாகாலந்து இருக்கிறது. அதன் பொருளாதார சமூக பரிமாற்றங்கள் முந்தைய காலங்களைப் போலவே, ‘சுதந்தர எல்லைப் பகுதி’ என்ற பெயரில் அரசாங்கங்களால் ஊக்குவிக்கப்பட்டுவந்திருக்கின்றன. ஒரு பகுதியில் ஏற்பட்டிருக்கும் வளர்ச்சியானது இன்னொரு பகுதியின் மீது நேர்மறையாகவோ எதிர்மறையாகவோ தாக்கத்தைச் செலுத்தி வருகிறது.

நாகாலாந்தின் பிரிவினை இயக்கங்களின் வெற்றியானது கிழக்கு நாகாலாந்து இப்படியே இருக்குமா அங்கு மாற்றங்கள் ஏற்படுமா என்பதைப் பொறுத்தே அமையும். இந்தப் பகுதி புற உலகுடனான தொடர்புகளுக்குத் திறந்துவிடப்படுமா புது தில்லியின் ‘கிழக்கே பார்’ (ஆசிய கிழக்கு நாடுகளுடனான நட்புறவு) என்ற கொள்கை முடிவுகளுக்குள் உள்ளிழுக்கப்படுமா என்பதையும் அந்த மாற்றங்களே தீர்மானிக்கும். இப்போதே எதையும் உறுதியாகச் சொல்லிவிட முடியாதுதான். பல்வேறு நுட்பமான ஊடுபாவுகள் இதனுள் ஓடுகின்றன. அவற்றைக் கணிப்பது மிகவும் கடினம். ஆங்காங்கே இருக்கும் புள்ளிகளை இணைத்தால் அந்தப் பகுதி தொடர்பாக நடக்கும் அதிகாரப் போட்டி குறித்து ஒரு சித்திரம் உருவாகும். இந்தப் புத்தகத்தில் இவற்றின் சில கண்ணிகளை மேலோட்டமாகவும் அதே நேரம் அவற்றின் ஆன்மாவைத் தொட்டுக் காட்டும்விதமாகவும் கோடிகாட்டியிருக்கிறேன்.

இந்தப் புத்தகம் ஒவ்வொரு நாளும் என்ன நடந்தது என்பதை விவரிக்கும் வழக்கமான பயண அனுபவ நூல் அல்ல. அதே நேரம் முழுக்கவும் அரசியல் மட்டுமே பேசும் புத்தகமும் அல்ல. ஒரு பயணத்தை ஆதி முதல் அந்தம் வரை விவரிக்கிறது. வாசகர்களுக்குத் தெளிவான சித்திரம் கிடைக்கவேண்டும் என்பதற்காக தேவையான இடங்களில் தேவையான அரசியல் விஷயங்களை விரிவாகவும் மற்றவற்றைப் போகிற போக்கிலும் சொல்லிச் செல்கிறது.

உல்ஃபா இயக்கம் இதுவரை என்னென்ன தவறுகளைச் செய்திருக்கிறது... இன்று அது நிற்கும் இடத்துக்கு எப்படி வந்து சேர்ந்தது என்பதுபற்றிய சுருக்கமான விவரணை தருவது மிகவும் அவசியம் என்று கருதிச் சேர்த்திருக்கிறேன். அதுபோலவே, சுதந்தரம் கிடைத்த 1948லிருந்து கிழக்கு நாகாலாந்தின் அரசியல் நிகழ்வுகளைப் பற்றியும் சுருக்கமாக அறியத் தந்திருக்கிறேன். அது பற்றி இதற்கு முன் எங்கும் இதுவரை பேசப்பட்டிருக்கவே இல்லை. அப்படியாக வரலாறாக நான் தொகுத்துச் சொல்லியிருப்பவை இப்போதைய நிகழ்வுகள் தொடர்பாக நான் சொல்பவற்றுக்கு மிகவும் அவசியமான அடிப்படைகளை உருவாக்கித் தந்திருக்கின்றன. இந்தப் பகுதி பற்றிய தரவுகள் மிகவும் சொற்பமே. எனவே, அதன் வரலாறு பற்றிப் பேசிய இடங்களில் பொதுவாகவும், அரசியல் சார்பு நிலை இல்லாததாகவும் உள்ள தகவல்களை விரிவாகவே குறிப்பிட்டிருக்கிறேன். உதாரணமாக, புகழ்பெற்ற நாகா கிளர்ச்சித் தலைவர் கோல் கொன்யாக் பற்றி விரிவாகவே குறிப்பிட்டிருக்கிறேன். அதுபோல் சில உரையாடல்களை அது நிகழ்ந்த சூழலை அப்படியே பதிவு செய்யும் நோக்கில் விரிவாகக் குறிப்பிட்டிருக்கிறேன்.

நாங்கள் (நானும் என் பத்திரிகையுலக நண்பர் ப்ரதீப் கோகோயும்) சில விஷயங்கள் தொடர்பாக ரகசியம் காப்போம் என்று உறுதியளித்ததைத் தொடர்ந்தே கிழக்கு நாகாலாந்துக்கு அழைத்துச் செல்லப்பட்டோம். இப்படியான பேட்டிகள், பயணங்களில் இதுமாதிரியான வழிமுறைகள் பின்பற்றப்படுவது இயல்புதான். எங்களை அழைத்துச் சென்று திரும்பக் கொண்டுவந்துவிட்ட அவர்கள் முன்வைத்த நிபந்தனைகள், விதிமுறைகள் ஆகியவற்றை நாங்கள் முழுமையாகக் கடைப்பிடித்து ரகசியம் காத்தோம். இனியும் அவ்விதமே காப்போம். எனவே கிராமங்கள், வழித்தடங்களின் பெயர்கள் வேண்டுமென்றே குறிப்பிடப்படவில்லை. சில கிராமத்தினர், கிராமங்களுக்குப் புனை பெயர் பயன்படுத்தியிருக்கிறேன்.

வரைபடத்தில் கிழக்கு நாகாலாந்து குறிப்பிடப்பட்டிருக்கிறது. ஆனால், நான் எந்த வழியில் அழைத்துச் செல்லப்பட்டேன்

என்பதைச் சொல்லவில்லை. அதுபோல் என்னை அழைத்துச் சென்ற உல்ஃபா உறுப்பினர்களுடைய பெயரையும் சில நிகழ்வுகள் நடந்த கால வரிசை பற்றியும் எதுவும் சொல்லியிருக்கவில்லை. நாங்கள் உல்ஃபா தலைவர் பரேஷ் பரூவாவை கிழக்கு நாகாலாந்தில் சந்தித்துப் பேட்டி எடுத்ததாகச் சொல்லச் சொன்னார். அதன்படியே நான் பணி புரிந்த நிறுவனத்துக்கும் பிற தினசரிகளுக்கும் அளித்த பேட்டியில் அதைக் குறிப்பிட்டேன். எனினும் என்.எஸ்.சி.என். (கே) அமைப்பின் தலைவர் காப்லாங்குக்கு அவரை மியான்மரில் சந்தித்ததாகச் சொல்வதில் எந்தத் தயக்கமும் இருந்திருக்கவில்லை. நாங்கள் மியான்மருக்குச் சென்றது இப்போது வெளியே தெரிந்து விட்டிருப்பதால், அதைச் சொல்லாமல் இருப்பது வாசகர்களைக் குழப்பும்.

உஃல்பா நீங்கலாக நாங்கள் அருகில் நெருங்கிப் பார்க்க முடிந்த இன்னொரு அமைப்பு என்.எஸ்.சி.என். (கே). இந்தியாவின் வட கிழக்குப் பிரிவினைவாத இயக்கங்கள் தாக்குப் பிடித்து நிற்பதில் இந்த அமைப்பின் பங்கு கணிசமானது. நான் இந்த அமைப்பு பற்றிய தரவுகளை நேரடியாகப் பார்த்துத் தெரிந்துகொண்டிருக்காவிட்டாலோ காப்லாங்கைச் சந்தித்துப் பேசியிருக்காவிட்டாலோ இந்தப் பயணம் முழுமை அடைந்திருக்காது. அவர் உல்ஃபா அமைப்புடனும் பிற பிரிவினைவாத அமைப்புகளுடனும் முப்பதாண்டுகளாக நெருங்கிய தொடர்பில் இருப்பவர். மணிப்பூரின் பிரிவினைக் குழுக்களுடனும் கூடுதல் நேரத்தைச் செலவிட நினைத்திருந்தேன். ஆனால், முடியாமல் போய்விட்டது. நாங்கள் மூட்டை முடிச்சுகளைக் கட்டிக்கொண்டு திரும்பி வரத் தயாராக இருந்த நேரத்தில்தான் அவர்களைச் சந்திக்க முடிந்தது. அதனால் விரிவாகப் பேச முடிந்திருக்கவில்லை. எனினும் கிடைத்த தகவல்கள் மிகவும் சுவாரசியமானவையாக இருந்தன என்பதை மறுப்பதற்கில்லை. மியான்மரின் சர்வாதிகார அரசுக்கு எதிராகப் போராடும் என்.எஸ்.சி.என் (கே) அமைப்பையும் அந்தப் பகுதி மக்களையும் பற்றி உலகுக்குத் தெரியவந்திராத பல உண்மை களைத் தெரிந்துகொள்ள முடிந்தது. அவை ஏற்கெனவே நம்பப்பட்ட பல விஷயங்களை மறுதலித்து முழுமையான உண்மைகளைத் தெரிந்துகொள்ளப் பெரிதும் உதவின.

2012-ல் நான் இந்தப் பயணத்தை முடித்துவிட்டுத் திரும்பிய பின்னர், உல்ஃபா அமைப்பில் எல்லைக்கு இரு புறங்களிலும் பல்வேறு மாற்றங்கள் ஏற்பட்டுவிட்டன. அரவிந்த ராஜ்கோவாவின் குழு தற்போது 'பேச்சுவார்த்தைக்குத் தயாராக இருக்கும்' உல்ஃபா அமைப்பு என்றும் பரூவாவின் குழு 'சுதந்தரமான' அமைப்பு என்றும்

அழைக்கப்படுகிறது. இரண்டு அமைப்புகளுமே தாங்கள்தான் உண்மையான உல்ஃபா என்றும் தங்களுடைய செயல்பாடுகள் அனைத்துமே சரி என்றும் சொல்லிக்கொள்கின்றன.

இந்தப் புத்தகத்தின் மூலம் குழப்பம் மிகுந்த வட கிழக்குப் பகுதி களையும், மக்களையும் எண்ணற்ற பிரிவினைவாத இயக்கங்களையும் பற்றித் தெளிவான ஒரு சித்திரம் உங்களுக்குக் கிடைத்திருக்கு மென்றால், அமைதியைக் கொண்டுவரும்படியான கொள்கை வடிவமைப்புக்கு வழிவகுக்குமென்றால் நான் விரும்பி மேற்கொண்ட இந்தக் கடின முயற்சிக்குப் பலன் கிடைத்ததாக மகிழ்வேன்.

- ராஜீவ் பட்டாச்சார்யா

முக்கிய பிரமுகர்கள்

பரேஷ் பரூவா : அஸ்ஸாம் மற்றும் வடகிழக்கின் சுதந்தரத்துக்காகப் போராடும் உல்ஃபா பிரிவின் சீஃப் ஆஃப் ஸ்டாஃப்.

அரவிந்த ராஜ்கோவா : இந்திய அரசுடன் பேச்சுவார்த்தையில் ஈடுபட்டு அமைதித் தீர்வு காண முயலும் உல்ஃபா பிரிவின் தலைவர்.

ஜிபோன் மொரன் : அஸ்ஸாம் மற்றும் வடகிழக்கின் சுதந்தரத்துக்காகப் போராடும் உல்ஃபா பிரிவின் இரண்டாம் கட்டத் தலைவர், மூத்த உறுப்பினர்.

மைக்கேல் தேகா புகான் : கிழக்கு நாகாலாந்தில் நாங்கள் தங்கிய உல்ஃபா முகாமின் பொறுப்பாளர்.

ஐ.கே.சாங்பிஜித் : வட கிழக்கு மற்றும் அஸ்ஸாமில் போடோ மக்கள் வசிக்கும் பகுதிகளுக்கு சுதந்தரம் கேட்டுப் போராடும் என்.டி.எஃப்.பி. அமைப்பின் தலைவர்.

எஸ்.எஸ்.காப்லாங் : என்.எஸ்.சி.என் (கே) அமைப்பின் தலைவர். உல்ஃபா, என்.டி.எஃப்.பி., மணிப்புரி பிரிவினைவாத அமைப்புகள் சிலவற்றின் கூட்டாளி.

ஜோசஃப் : எஸ்.எஸ்.காப்லாங்கின் செயலர்.

இக்பால் : எல்லையில் இருந்து பிரிவினைவாதிகள் தங்கியிருந்த முகாமுக்கு எங்களைப் பாதுகாப்பாக அழைத்துச் சென்ற உல்ஃபா படைவீரர்.

ப்ரனாப் : திரும்பி வரும் பயணத்தின்போது எங்களுக்கு பாதுகாப்பாக உடன் வந்த உல்ஃபா படைவீரர்.

பிஜோய் சைனீஸ் : முகாமுக்கு சற்று முன்னதாக எங்களை சந்தித்து வரவேற்ற மூத்த உல்ஃபா வீரர்.

முன்னுரை

5 டிசம்பர் 2009. குவஹாத்தி வானம் சலனமற்று உறைந்துகிடந்தது. ஒரு கைதியைப் பார்க்க இவ்வளவு பெரிய கூட்டம் எங்குமே எப்போதுமே கூடியது கிடையாது. அந்தக் கைதி முப்பதாண்டு காலம் அஸ்ஸாம் மாநிலத்தின் சமூக அரசியல் போக்கைத் தீர்மானித்தவர்களில் ஒருவர். அரசாங்கம், சமூகம் இரண்டிலும் புரையோடிப் போயிருந்த அனைத்து வகை நோய்களையும் தீர்க்கும் ஒரே மருந்தாகக் கருதப்பட்ட ஓர் இயக்கத்தின் தலைவர். அந்த இயக்கத்தின் உயர்மட்டப் போராளிகள் அனைவரும் தலைமறைவு வாழ்க்கை வாழ்ந்தனர். அவர்களைப்போல இவரும் கிட்டத்தட்ட இருபது வருடம் ஊடகம், உளவுத் துறை அமைப்புகளின் கழுகுக் கண்களில் மண்ணைத் தூவிவிட்டு மறைந்து வாழ்ந்து வந்தார். இறுதியாக, அவருடைய நல்ல நேரம் முடிவுக்கு வந்து அவர் பிடிபட்டார்.

இருள் கவியும் நேரம். மாலை 5.30 மணிக்கு, பிரம்மபுத்திரா நதிக்கரையில் இருந்த தலைமைக் குற்றவியல் நீதிமன்றவளாகத்தில் அதிதீவிரப் பாதுகாப்புடன் அந்த வாகனம் மெள்ள நுழைந்தது. தடை செய்யப்பட்ட அஸ்ஸாம் ஐக்கிய விடுதலை முன்னணியின் (உல்ஃபா) தலைவர் அரவிந்த ராஜ்கோவா, வெள்ளைச் சட்டையும், கறுப்பு பேண்ட்டும் அணிந்து வேனில் இருந்து இறங்க, உடன் வந்தார் அவரது நண்பனும் ராணுவச் செய்தித் தொடர்பாளருமான ராஜு பரூவா.

இருவரும் அந்தக் கட்டடத்தின் மங்கலான வெளிச்சம் கொண்ட காரிடார்களின் வழியாக அழைத்துச் செல்லப்பட்டனர். ஒளிப்படக்காரர்கள் அவர்களைப் படம்பிடிக்க முண்டியடித்தபோது பார்வையாளர்களில் இருந்த ஒரு சிறு குழுவினர் 'உல்ஃபா இயக்கம் வாழ்க' எனக் கோஷமிட்டனர். அரை மணி நேரத்துக்குப் பிறகு திரும்பி வந்த ராஜ்கோவா உரத்த குரலில் முழங்கினார்: 'நாங்கள் சரண்

அடையவில்லை. எப்போதும் சரண் அடையப்போவதும் இல்லை. விலங்குகள் பூட்டப்பட்ட கைகளுடன் பேச்சுவார்த்தை நடத்த முடியாது.' இந்த இரட்டையர்கள் பின்னர் ஒரு தடுப்புப் பலகை வழியே கொண்டு செல்லப்பட்டு வாகனம் ஒன்றில் ஏற்றப்பட்டு அழைத்துச் செல்லப்பட்டனர்.

அவர் சொன்னதன் பொருள் என்ன என்று கும்பலில் சிலர் யோசித்தார்கள். அவர் சரணடையவில்லை என்றால், அவரது தலைவிதி என்னவாகும். அரசாங்கத்துடன் நடத்தப்படும் பேச்சு வார்த்தைகள் என்னாகும்? இனியும் அவர் உல்ஃபாவின் தலைமைத் தளபதி பரேஷ் பரூவாவை ஆதரிப்பாரா? ஆயுதப் புரட்சியைத் தொடருவதை ஆதரிப்பாரா? ராஜ்கோவா பேச்சு வார்த்தை மூலம் தீர்வை எட்ட முடிவு செய்தால் அதற்கு ராஜு பரூவா ஆதரவு தருவாரா? கூடுதல் பரபரப்புச் செய்திகளை எதிர்பார்த்து தொலைகாட்சிக் குழு அவர்களை நெருங்கியது. காவலர்கள் அவர்களையும் உல்ஃபாவுக்கு ஆதரவாகக் கோஷம் எழுப்பிய கும்பலையும் விரட்டினார்கள். கூட்டம் மெல்லக் கலைந்தது. சிலர் ஓரமாக ஒதுங்கி நின்று அந்தச் சம்பவத்தின் விளைவுகள் பற்றி விவாதிக்க ஆரம்பித்தனர்.

உல்ஃபா இயக்கத்தின் தலைமையகம் வங்க தேசத்தில் இருந்தது என்பது ஊருக்கே தெரிந்த ரகசியம். ராஜ்கோவாவும் அவரது தோழர்களும் தாங்கள் வங்கதேசத்தில் கைது செய்யப்படவும், பின் இந்தியாவிடம் ஒப்படைக்கப்படவும் விரும்பியே பிடிபட்டார்கள் என்று சொல்லப்படுகிறது. ராஜ்கோவாவும் சில மூத்த தலைவர்களும் அரசிடம் பேச்சுவார்த்தை நடத்துவதை ஆதரித்தார்கள். ஆனால், பரேஷ் பரூவா இந்தத் திட்டத்துக்கு எதிராக இருந்தார். மேலும், பல விஷயங்களில் அந்த இயக்கத்துக்கு உள்ளே பல கருத்து வேறுபாடுகள் இருந்தன. உல்ஃபா அமைப்பு பல ஆண்டுகளாகவே செயற்குழுக் கூட்டத்தை நடத்த முடியாமல் இருந்ததால் இந்தப் பிரச்னை மேலும் பெரிதாகியது. இந்தக் கைது நடவடிக்கைகளுக்கு முன்பே, சில காலமாகவே பரேஷ் பரூவாவும் ராஜ்கோவாவும் சந்தித்துக் கொள்ளவில்லை.

உண்மையில் ராஜ்கோவாவுக்கும் பரூவாவுக்கும் இடையிலான மோதல், 1980-களில் இறுதி ஆண்டுகளில் முதல் கட்ட உல்ஃபா போராளிகள் கச்சினில் பயிற்சி முடித்து அஸ்ஸாமுக்குத் திரும்பிய காலத்தில் இருந்தே தொடங்கிவிட்டது. இயக்கத்தில் புதிதாகச் சேர்பவர்களைப் பயிற்றுவிப்பதற்காக மாநிலமெங்கிலும் முகாம்கள் அமைக்கப்பட்டன. அமைப்பின் நிர்வாகம் சீரமைக்கப்பட்டது.

அரசியல் பிரிவுக்குத் தலைமை தாங்கினார் ராஜ்கோவா. ராணுவப் பிரிவுக்குப் பரூவா தலைமை வகித்தார். அந்த நாட்களில் இருந்தே இயக்கத்தில் இரண்டு தனித்தனியான அணிகள் உண்டு. இருந்த போதிலும், இரண்டு பிரிவுகளும் தலைமையின் எல்லா ஆணைகளையும் கொள்கைகளையும் நிறைவேற்றுவதில் பரிபூரண ஒத்துழைப்புடன் பணிபுரிந்தன.

1990களின் மத்தியில் உல்ஃபாவின் நிர்வாகக் கட்டமைப்பு மாற்றிய மைக்கப்பட்டது. குறிப்பாக பட்டாலியன்கள், சரகங்கள் (ஜோன்கள்) போன்றவை உருவாக்கப்பட்டன. அதற்குப் பிறகு, இரு தலைவர் களுக்கும் இடையிலான இடைவெளி அதிகரித்தது. குழப்பம் நிலவியது. முந்தைய நிர்வாக அமைப்புக்குத் திரும்பிச் செல்ல வேண்டும் என்று மூத்த நிர்வாகிகளிடம் இருந்து குற்றச்சாட்டுகள் வந்தவண்ணம் இருந்தன. அந்த வேண்டுகோள்கள் நிராகரிக்கப் பட்டன. அந்த நேரத்தில் அமைப்பின் மீதான பரூவாவின் பிடி வேறு இறுகிக் கொண்டிருந்தது.

1995-ல் வங்க தேசத்தில் மிகப் பெரிய அளவில் ஆயுதங்கள் வந்திறங்கி, அதன் பின்னர் அவை பூட்டானில் உள்ள உல்ஃபா முகாம்களுக்கும் கொண்டு வரப்பட்ட பிறகு பரூவாவின் வலு அதிகரித்தது.

2003ஆம் ஆண்டு டிசம்பரில் ராயல் பூட்டான் ராணுவம் நடத்திய 'ஆபரேஷன் ஆல் கிளியர்' நடவடிக்கையில் உல்ஃபா, காமத்பூர் விடுதலை அமைப்பு, போடோலாந்து தேசிய ஜனநாயக முன்னணியின் போர் முகாம்கள் ஆகியவை நாசமாக்கப்பட்டன. உல்ஃபா அமைப்பு சில விஷயங்கள், தீர்மானங்கள் ஆகியவற்றில் ஒருமித்துச் செயல் பட்டிருந்தால், மேற்படி தாக்குதலைச் சமாளித்திருக்கலாம் என்று ராஜ்கோவாவும் பல உயர்மட்டத் தலைவர்களும் நினைத்தார்கள். இந்த நேரத்தில், பரூவா இதர உயர் மட்டத் தலைவர்களுடன் கொண்டிருந்த கருத்து வேறுபாடுகள் அதிகரித்தன. 2008ஆம் ஆண்டு இறுதியில் இந்தியாவுக்கு ஆதரவான அவாமிலீக் கட்சி வங்க தேசத்தில் ஆட்சிக்கு வந்ததும், இந்த நிலைமை மோசமானது. சில மாதங்களுக்குப் பின் வங்க தேச அரசுக்குப் புது தில்லியில் இருந்து போராளித் தளபதிகளைக் கைது செய்ய அழுத்தம் கொடுக்கப்பட்ட நிலையில் தலைமை ராணுவத் தளபதி பரூவா அமைதியாக நாட்டை விட்டு வெளியேறினார்.

உல்ஃபா செயல்பாட்டாளர்களில் மற்றவர்கள் எதிர்கால நடவடிக்கை குறித்துத் தீர்மானிக்க இயலாதவர்களாகக் குழம்பிப்போய் இருந்தனர். கைதாகாமல் இருக்க ஒரே வழி மியான்மரில் உள்ள முகாம்களுக்குப்

போவது. ஆனால், அது எளிதல்ல. அதாவது, வங்க தேசத்தில் இருந்து மியான்மரில் உள்ள அரகான் பகுதிக்கு, சின் மாநிலம்வரை சென்று அங்கிருந்து சகெயிங் டிவிஷன் வழியாகச் செல்லலாம். ஒரு மாத காலமாவது எடுக்கும் பயணம். பல நூறு கிலோ மீட்டர்களுக்குக் கரடுமுரடான சாலை. மற்றோர் வழி சீனத்தில் உள்ள யுன்னானுக்கு விமானத்தில் பறந்து பின்னர் கச்சின் வழியே நாகா குடிகள் வசிக்கும் பகுதியில் உள்ள உல்ஃபா முகாம்களுக்குத் தப்பிச் செல்வது. அதற்குப் பலருடைய தொடர்புகள் தேவை. மிக முக்கியமாக அடர்ந்த காடு, மலைகளினூடான ஆபத்தான பயணம் செய்தாகவேண்டியிருக்கும். ஆனால், இயக்கம் தங்களது கட்டுப்பாட்டை மீறிப்போய்விட்டதை உணர்ந்தனர். அவர்களது எதிர்பார்ப்புகளில் இருந்து முற்றிலும் வேறான திசையில் நகரத் தொடங்கியிருந்தது. அதன் தலைவர், வெளியுறவுச் செயலாளர் விஷாதர் சௌத்ரி, நிதிச் செயலாளர் சித்ராபோன் ஹசாரிக்கா, ராணுவச் செய்தித் தொடர்பாளர் ராஜு பரூவா மற்றுமுள்ள இதர போராளிகள் விரைவில் வங்க தேசத்தின் பல்வேறு இடங்களில் கைதாகி இந்தியாவிடம் ஒப்படைக்கப் பட்டனர்.

எதிர்பார்த்தபடியே, அரசியல் பிரிவின் தலைவரும் சக போராளிகளும் இந்தியா வந்த ஒரு வருஷத்துக்குப் பிறகு அரசுடன் நிபந்தனையற்ற பேச்சு வார்த்தைகள் நடத்த ஒப்புக்கொண்டனர். அதைத் தொடர்ந்து சிறையில் இருந்து விடுவிக்கப்பட்டனர். அவர்களைப் பொறுத்த வரையில், பேச்சுவார்த்தைக்கு முன்வருவதென்பது அஸ்ஸாமின் இறையாண்மையை விட்டுக்கொடுப்பதாக ஆகாது. எட்ட முடியாத ஒரு இலக்கைத் துரத்திச் செல்வதைவிட அரசாங்கத்திடம் பேசி எதையாவது பெறுவது நல்லது என்று அவர்கள் நினைத்தனர். முழுமையான கோரிக்கைப் பட்டியலை அரசாங்கத்தின் முன் சமர்ப்பித்தனர். மியான்மர் மற்றும் வங்க தேசத்தில் உள்ள முகாம்களில் இருந்து திரும்பி வந்த முன்னாள் உல்ஃபா போராளிகள் இந்தக் கோரிக்கைகளுக்கு ஆதரவு அளித்தனர். அதன் பின்னர் நிகழ்வுகள் துரிதகதியில் நடந்தேறின. 2011-ன் தொடக்கத்தில் கூட்டப்பட்ட பொதுக்குழு, அரசுடன் நடத்தப்பட்ட அமைதிப் பேச்சுவார்த்தை களை அங்கீகரிக்க வேண்டுமென ஏகமனதாக முடிவெடுத்தது. ஒரு வாரத்துக்கு முன்பாக இந்த நிகழ்ச்சி பற்றி பரேஷ் பரூவாவுக்கு அறிவிக்கப்பட்டது. அவர் வர வேண்டுமென்று அழைப்பும்விடுக்கப் பட்டது. அவர் கூட்டத்துக்கு வரவில்லை.

வங்க தேச அரசாங்கத்தில் இருந்த தனது நண்பர்கள் அளித்த எச்சரிக்கைக்குப் பிறகு பரூவா ரகசியமாகவும் விரைவாகவும் வெளியேறினார். அமைதிப் பேச்சை அங்கீகரித்த தீர்மானத்தை பெயர்

சொல்லப்படாத ஓர் இடத்தில் இருந்து கண்டித்தார். கூட்டப்பட்ட பொதுக்குழுக்கு எந்த அதிகாரபூர்வ அங்கீகாரமும் கிடையாது என்றும் எதிரியின் (எதிரி அரசாங்கத்தின்) செல்வாக்கின் கீழ் செயல் படுவதாகவும் குற்றஞ்சாட்டினார். பரேஷ் பரூவா, 'விசுவாசமான மூத்த செயல்வீரர்களையும் உள்ளடக்கிய ஒரு அர்ப்பண உணர்வு மிகுந்த அணியை மீண்டும் கட்டமைக்கப்போகிறேன்; 1980ஆம் ஆண்டுகளின் மத்தியில் எடுக்கப்பட்டதைப் போன்ற நடவடிக்கை களை மீண்டும் எடுத்து இயக்கத்தை மீள் வடிவமைக்கப்போகிறேன். கைவசம் இருக்கும் நிதியாதாரங்களை அதற்கே செலவிடப்போகிறேன்' என்று சொன்னார். இருந்தும் இம்முறை உல்ஃபா செங்குத்தாகப் பிளவு பட்டது. இந்தப் பிளவுடன், மற்ற தவிர்க்க இயலாத பின்விளைவுகளும் ஏற்பட்டன. அதன் பயணம் முடிவுக்கு வந்தது.

சுதந்தரம் (தனி நாடு) கேட்டு நாகாலாந்து, மிஸோரம், மணிப்பூர் போன்ற மாநிலங்களில் பிரிவினைவாதத் தீ மூட்டப்பட்ட வெகு காலத்துக்குப் பின்னரே அஸ்ஸாமைப் பிரிவினைவாதப் புகை சூழ்ந்தது. திரிபுராவில் போராளிகள், தாங்கள் தனிமைப்படுத்தப்பட்டு விடுவோமோ என்ற அச்சத்தில் வங்காள குடியேறிகளுக்கு எதிராகவும் களத்தில் குதித்தனர். நிலைமை அஸ்ஸாமைப்போல அவ்வளவு மோசமாக இல்லையென்றாலும் தனிமைப்படுத்தப்படுதல் மற்றும் வெறுப்பின் வலுவான உணர்வலைகள் உள்ளுக்குள் ஓடிக்கொண்டிருந்தன. சிறிது காலமாகவே, உண்மையில், பிரிட்டிஷ் ஆட்சிக்காலத்தின்போதே அஸ்ஸாமின் பூர்வகுடி மக்கள் அமைதியிழந்திருக்கின்றனர். இருபதாம் நூற்றாண்டு பிறக்கையில் வங்கதேசத்தில் (அப்போதைய கிழக்கு வங்காளம்) இருந்து உணவு உற்பத்தியை அதிகரிக்க இஸ்லாமிய விவசாயிகள் சாரிசாரியாக அஸ்ஸாமில் குடியேறினர். மேலும், அந்த மாநிலத்தின் சொற்ப மக்கள் தொகையும் அஸ்ஸாமில் சதுல்லா (1937-46) தலைமையில் அமைந்த ஐந்து அரசுகளின் பாரபட்சமான கொள்கைகளும் இந்தக் குடியேறிகள் நிலங்களை ஆக்கிரமிப்பு செய்ய ஊக்கமளித்தது. மக்கள்தொகையில் இவ்வாறு சமநிலை மாறியதுடன், தேசப் பிரிவினைக்குப் பிறகு வங்க தேச அகதிகளும் அஸ்ஸாமில் குடியேறினர். இந்த வந்தேறிகளில் ஒரு பகுதியினரை இதர மாநிலங்களுக்கு மாற்றுமாறு அஸ்ஸாம் அரசு மீண்டும் மீண்டும் வேண்டுகோள் விடுத்தும் அவை மத்திய அரசால் நிராகரிக்கப்பட்டன.

ஜவஹர்லால் நேருவைவிடவும் இந்த எல்லைப்புறப்பிரதேசத்தின் உள்ளத் துடிப்பையும் உள்ளூர் நிலவரத்தையும் தவறாகப் புரிந்து கொண்ட பிரதமர் வேறு யாரும் கிடையாது. சீனப் படையெடுப்பின் போது, படையெடுத்து வரும் ராணுவம் விரைவில் வடகிழக்குப்

பிராந்தியம் முழுவதையும் பிடித்துவிடும் என்று யூகித்து, அகில இந்திய வானொலியில், 'அஸ்ஸாமிய மக்களின் நிலைமை (நேரப்போகும் நிலைமை) குறித்து மிகவும் பரிதவிக்கிறேன்' என்று உரையாற்றியதாகக் கேள்வி. நேரு உண்மையில் அவ்வாறு அந்த அர்த்தத்தில்தான் சொன்னாரா என்பது உறுதிப்படுத்தப்படவில்லை என்றாலும் நேர்ந்த சேதம் உண்மையானது. இந்த வார்த்தைகள் அஸ்ஸாமைக் கலவரப்படுத்தின. சிலிகுரிக்கு அப்பால் இருக்கும் பகுதிகள் இந்தியாவினுடையது இல்லை என்றே புது தில்லி நினைப்பதாகச் சொல்லப்படும் குற்றச்சாட்டை உறுதிப்படுத்துவதாகவே அது அமைந்தது. குறுகிய காலகட்டத்தில் வெளிப்படையாகவே அரசு எடுத்த பாரபட்சமான முடிவுகள் நிலைமையை இன்னும் சிக்கலாக்கின. தமது மனக்குறைகளுக்குத் தீர்வு காணக் கோரி தீவிரமான போராட்டங்கள் நடந்து வந்தநிலையிலும் 1964-ல் அஸ்ஸாமில் இருந்து எடுக்கப்படும் கச்சா எண்ணெய்க்கு பரூணியில் எண்ணெய் சுத்திகரிப்பு ஆலை அமைக்கப் பட்டது. ஐந்து ஆண்டுகளுக்குப் பிறகு குவஹாத்தியில் தேசியக் கொடி எரிக்கப்பட்டது.

1971-ல் மீண்டும் வங்க தேசத்தை உருவாக்கிய வெற்றியின் வெளிச்சத்தில் தேசத்தின் இதர பகுதிகள் மிதந்தபோது, பாகிஸ்தானிய ராணுவத்தின் கொடுமைகளில் இருந்து தப்பிக்க வேண்டியிருந்த குறைந்தபட்சம் பத்து லட்சம் அகதிகளை அஸ்ஸாம் ஏற்றுக்கொள்ள வேண்டியிருந்தது. இந்திய அரசின் கருத்துப்படி, பலர் வந்து குடியேற போதுமான நிலம் அஸ்ஸாமில் இருந்தது. மேய்ச்சல் நிலங்களும் காட்டு நிலங்களும்கூட ஊடுருவப்பட்டுக் குடியேற்றம் கண்டன. மேலும் அந்த அகதிகளுக்கு ரேஷன் கார்டு போன்ற முக்கிய ஆவணங்கள் கிடைத்ததோடு வாக்காளர் பட்டியலிலும் இடம் கிடைத்தன. ஜனதா கட்சித் தலைமையிலான கூட்டணி இந்த நிலைமையின் பரிமாணத்தைப் புரிந்துகொண்டது. உடனடியாக எடுக்கவேண்டிய நடவடிக்கைகள் குறித்து பிரதமர் மொரார்ஜி தேசாய், முதல்வர் கோலப் பார்போரா, மூத்த அதிகாரிகள் ஆகியோருடன் ஆலோசனை நடத்தினார். எனினும், விரைவில் அவரது அரசு கவிழ்க்கப்பட்டது. அதற்கு சில மாதங்களுக்குப் பிறகு, வரலாற்றுப் புகழ் மிக்க ஆறு ஆண்டு போராட்டம், இடம் பெயர்ந்து வந்தவர் களுக்கு எதிராகத் தொடங்கியது.

இந்தச் சம்பவங்கள் எல்லாமுமாகச் சேர்ந்து சுதந்தரத்துக்கு முன்பிருந்தே அஸ்ஸாமில் செழித்து வளர்ந்த பிரிவினைவாதத்தை வலுப்படுத்தின. வன்முறைதான் புது தில்லி உணரும் ஒரே மொழி என்றும் தங்களது குறைகளெல்லாம் ஆயுதப் போராட்டத்தின் மூலம் மட்டும் தீர்க்கப்படும் என்றும் பலர் நம்பினார்கள். 1960களிலும்

1970களிலும் இவற்றை முன்னெடுத்துச் செல்வதற்காகப் பல பிரிவினைவாதக் குழுக்கள் அமைக்கப்பட்டன. லச்சிட் சேனை, அஸ்ஸாம் மக்கள் விடுதலைப் படை, ஐக்கிய சுதந்தர முன்னணி போன்றவை அவற்றுள் சில. 'அந்நியருக்கு' எதிரான போராட்டத்தின் போது மணிப்பூரில் இருந்தும் நாகாலாந்தில் இருந்தும் சிறிய அளவில் ஆயுதங்கள் பெறப்பட்டன. ஒரு சில குண்டு வெடிப்புகள் நடந்தன. சில ரயில் பாதைகள் தகர்க்கப்பட்டன. ஆனால், இவற்றில் எதுவும் நிலைத்து நிற்கவில்லை. நாகா மற்றும் மணிப்பூரி போராளிகள் போலன்றி இவர்கள் காடுகளுக்குச் சென்று கடுமையாகப் போராடத் தயாராக இருந்திருக்கவில்லை.

இந்தப் பின்னணியில், எண்பதுகளின் தொடக்கத்தில், அஸ்ஸாமில் இரண்டு அணிகள் தோன்றின. இரண்டும் தங்கள் முந்தைய அமைப்புகளில் இருந்து மாறுபட்டு இருப்பதாக நம்ப வைத்தன. ஒன்று சிவசாகரில் இருந்தது. மற்றொன்று திப்ருகரில் இருந்தது. தலைவர் ராஜ்கோவா இதில் முதலாவது அணியைச் சேர்ந்தவர் என்றால், பரேஷ் பருவாவும் அவரது மைத்துனன் அனூப் சேத்தியாவும் (பின்னர் உல்ஃபாவின் பொதுச் செயலாளர் ஆகப் பொறுப்பு ஏற்றுக் கொண்டவர்) இரண்டாவது அணியைச் சேர்ந்தவர்கள். இவ்விரண்டு அணிகளும் இணைந்து உல்ஃபா பிறந்தது. கொள்கைப்பிடிப்புள்ள தலைவர்களிடம் பணியாற்றத் துடித்த அஸ்ஸாம் மக்கள் விடுதலைப் படையில் உறுப்பினர்களாக இருந்த சிலரையும் உள்ளடக்கியதுதான் உல்ஃபா.

முதல் சில மாதங்களுக்கு பயிற்சிக்காகவும், ஆயுதங்களைச் சேகரிப்பதற்காகவும் நாகா பிரிவினைவாதத் தலைவர்களுடன் தொடர்புகளை ஏற்படுத்துவதுதான் முழு நேரப் பணியாக இருந்தது. இது நடந்த பிறகு, வடக்கு மியான்மரில் உள்ள கச்சினில் கூடுதல் பயிற்சிக்காகப் படையணிகள் அனுப்பிவைக்கப்பட்டன. அங்கே கச்சின் விடுதலைப் படைக்கும் மியான்மர் ராணுவத்துக்கும் இடையே போர் நடந்து கொண்டிருந்தது. பலர் வழியிலேயே அழிந்து போனார்கள். சிலர் நோய்கள் காரணமாகவும் எஞ்சியவர்கள் ராணுவத்துடனான தாக்குதலிலும் இறந்தனர்.

இந்திய ராணுவம் அஸ்ஸாமில் நடத்திய தாக்குதல்களில் கிளர்ச்சி யாளர்களின் முகாம்கள் அழித்தொழிக்கப்பட்டு, இடைநிலைப் போராளிகள் கொல்லப்பட்டனர். எனினும் அந்தச் செயல்பாடுகள் ஆரம்பகட்டத்தில் விரும்பிய முடிவுகளை அளிக்கவில்லை. 1990களின் ஆரம்பத்தில் வங்க தேசத்திலும் பூட்டானிலும் போராளிகள்

தளங்கள் உருவாயின. நாகா மற்றும் மணிப்பூர் குழுக்களுடன் ஒரு கூட்டணி ஏற்படுத்தப்பட்டிருந்தது. பாகிஸ்தானிய உளவுப் படை (ஐ.எஸ்.ஐ.) கீழ் பயிற்சி பெற சில போராளிகள் ஆஃப்கானிஸ்தான்-பாகிஸ்தான் எல்லைக்கு அனுப்பி வைக்கப்பட்டனர்.

1990கள் முழுவதுமே உல்ஃபா ஒரு பலமான சக்தியாக விளங்கியது. நிதியும் ஆயுதங்களும் தடையின்றிக் கிடைத்தன. சுதந்தரப் போராட்டம் சர்வதேசத் தளத்துக்கு எடுத்துச்செல்லப்பட்டது. ஆனால், 2003-ன் முற்பகுதியில் ஆபரேஷன் ஆல் க்ளியரைத் தொடர்ந்து உல்ஃபா பூட்டானை விட்டு வெளியேற நேர்ந்தது. வங்கதேசத்தையே அனைத்துக்கும் சார்ந்திருக்க வேண்டியநிலை வந்தது. இதனால் பல மோசமான விளைவுகள் ஏற்பட்டன. உல்ஃபாவை ஐ.எஸ்.ஐ.யும் டி.ஜி.எப்.ஐ.யின் ஒரு பிரிவும் வழி நடத்த ஆரம்பித்தன. உல்ஃபா மூர்க்கத்தனமான கொலைகள், குண்டு வெடிப்புகள் ஆகியவற்றில் ஈடுபடக் கட்டாயப்படுத்தப்பட்டது. தொடர்ச்சியாக, இந்த அமைப்பு தனது வியூகத்தை மாற்றிக்கொள்ளவேண்டிவந்தது. பரூவா இவ்வாறு வியூகத்தை மாற்றிக்கொள்வது அஸ்ஸாமில் இயக்கம் ஜீவித்திருக்கவும் தொடரவும் தேவை என்று கருதினார். டாக்காவில் இருந்த இதர உயர்மட்டத் தலைவர்கள் அதை ஏற்கவில்லை என்றாலும் பரூவா அதுபற்றிக் கவலைப்படவில்லை.

இதற்கிடையில் 2005ஆம் ஆண்டு மத்தியில், இந்திய அரசுடன் பேச்சுவார்த்தைகள் நடத்துவதற்கு முயற்சிகள் எடுக்கப்பட்டன. ஞான பீட விருது பெற்ற இந்திரா கோஸ்வாமி தலைமையில் மக்கள் ஆலோசனைக் குழு (PCG) என்ற சமரசப் பேச்சுவார்த்தைக் குழு அமைக்கப்பட்டது. சுமுகமான சூழ்நிலையை உருவாக்குவதற்காக ஒரு மாத காலப் போர் நிறுத்தம் அறிவிக்கப்பட்டது. எனினும் உல்ஃபா, அஸ்ஸாமின் இறையாண்மை குறித்து விவாதிக்க விரும்பியது. ஆனால், புது தில்லி அது பற்றி விவாதிக்க விரும்பவில்லை. அரசு இந்த விஷயத்தில் வளைந்துகொடுக்கத் தயாராக இல்லை என்பதால் பேச்சுவார்த்தைகளில் முன்னேற்றம் ஏற்படவில்லை. வங்க தேசத்தில் ஆட்சிக்கு எதிராக வீசிய அலை இந்தியாவுக்கு ஆதரவான அவாமி லீக்கை ஆட்சியில் அமர்த்தியது. அந்த அண்டை நாட்டில் உல்ஃபாவின் வாழ்க்கை முடிவுக்கு வந்துவிடும் என்பது தெரிந்தது.

வங்க தேசத்தில் வரிசையான கைது நடவடிக்கைகள் தொடங்கிய போது பரேஷ் பரூவாவின் ரகசிய இருப்பிடத்தைப் பற்றிய தகவல்கள் யாருக்கும் தெரியவில்லை. உறுதிப்படுத்தப்படாத ஊடக யூகங்களைத் தவிர, அவரது இருப்பிடம் பற்றி யாருக்கும் தெரியவில்லை. உறுதியாகத் தெரிந்த விஷயம் ஒன்றே ஒன்றுதான்: அவர் இயக்க

நடவடிக்கைகளைத் தொடர்வார். அவரை எதிர்த்து நிற்க யாரும் இல்லாததால், தனக்குப் பிடித்த வகையில் இயக்கத்தை மறு சீரமைப்பு செய்வார். மூத்த உறுப்பினரான ஜிபோன் மோரன் மியான்மரில் எங்கோ இருப்பதாக நம்பப்பட்டது. அவர் தலைவருக்கு ஆதரவளித்திருந்தார். பொதுச் செயலாளர் அனூப் சேத்தியா டாக்காவில் ஒரு சிறையில் இருந்தார். எனவே, தற்போதைக்கு அவரது கருத்துகளைப் பொருட்படுத்த வேண்டிய அவசியம் இல்லை. கேள்வி என்னவென்றால், தனது முதுமையையும் மீறி மீண்டும் சாதிப்பாரா பரூவா? உல்ஃபாவின் பலம் கால ஓட்டத்தில் கரைந்து போய் விடவில்லையா? இயக்கம் பொருளாதார நெருக்கடியிலும் மாட்டி யிருப்பதாகச் சொல்லப்பட்டது. புதிய போராளிகளைப் பயிற்று விப்பது எங்கே? பாகிஸ்தானுக்குப் போகும் வாய்ப்பும் இனி கிடையாது. ஏனெனில், அவாமி லீக் கட்சி ஆட்சியில் இருக்கும்வரை டாக்காவைவிட்டு வெளியே பறக்க அனுமதிக்கமாட்டார்கள். மேலும், அவர்களது மியான்மர் முகாம்கள் அடிக்கடி ராணுவத்தால் குண்டுவீச்சுக்கு ஆளாவதாக அவ்வப்போது அறிக்கைகள் வந்த வண்ணம் இருந்தன. உல்ஃபா இன்னொரு நாட்டில் தனது தளத்தை அமைக்கத் திட்டமிட்டுள்ளதா?

இந்தக் கேள்விகளுக்கு பதில்களைத் தேடும் ஒரு முயற்சிதான் இந்தப் பயணம்.

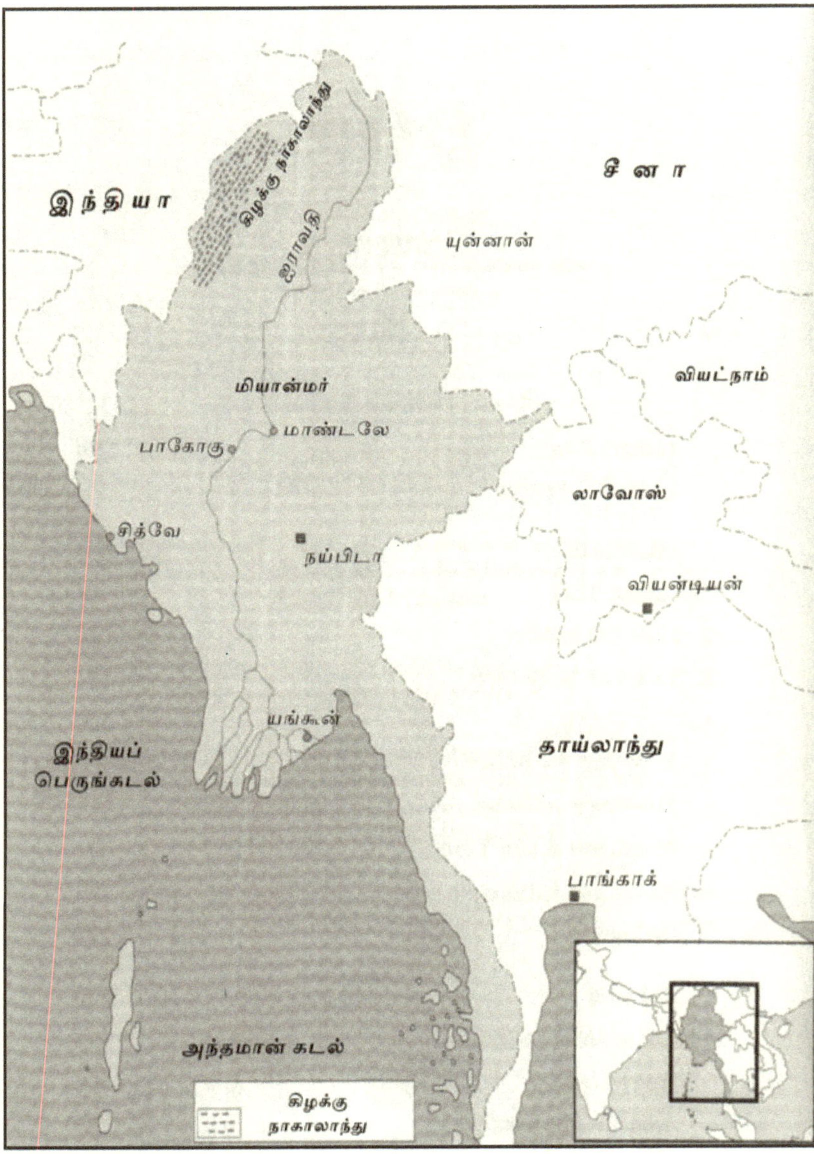

இந்தியா
கிழக்கு நாகாலாந்து
ஐராவதி
சீனா
யுன்னான்
வியட்நாம்
மியான்மர்
மாண்டலே
பாகோகு
லாவோஸ்
சித்வே
நய்பிடா
வியன்டியன்
யங்கூன்
இந்தியப் பெருங்கடல்
தாய்லாந்து
பாங்காக்
அந்தமான் கடல்
கிழக்கு நாகாலாந்து

1

மலைக்காடுகளினூடே

கண்ணில் பட்ட முரண்பாடு அதீதமானது. எங்கள் இடதுபுறத்தில் பச்சைப் பசேலென ஆகாயத்தைத் தொடும் அளவுக்கு மரங்களின் பசுமை. வலதுபுறத்தில் அடித்தளமே இல்லை என்று அஞ்சும் அளவுக்கு ஓர் அதலபாதாளமான சரிவு. நாங்கள் நடந்துபோன பாதை மலையின் பக்கவாட்டில் திறமையாக அமைக்கப்பட்டிருக்க அது எங்களை ஒரு சாய்வான பாதை மூலம் கொஞ்சம் கொஞ்சமாக மேலே கொண்டு சென்றது. என்றாலும், நாங்கள் எச்சரிக்கையுடன், ஆழ்ந்த அவநம்பிக்கையுடன் முன்னேறிக் கொண்டிருந்தோம். ஏனெனில், அது மேலே உள்ள காட்டின் மத்தியில் உள்ள ஒரு பெயரற்ற இடத்துக்கு அழைத்துச் செல்கிறது. இந்தியா வலைவீசித் தேடும் மனிதர்கள் அந்த வட கிழக்குப் பகுதியில் கூடாரமிட்டிருக்கிறார்கள். அந்தப் பயணத்தில் போகும் இடம் பற்றி, வழி பற்றி அல்லது பயண நேரம் பற்றி எங்கள் நண்பர்களிடம் நாங்கள் எதுவும் கேட்கக்கூடாது. எங்கள் வேலை நிதானமாக நடப்பது; கேப்டனின் அறிவுரைகளுக்குக் கீழ்ப்படிவது. எங்களுக்குப் பிரச்னை என்று எதுவும் வந்தால் மட்டுமே அவரிடம் தெரிவிக்கலாம்.

அரை மணி நேரத்துக்குப் பிறகு எங்களது மலையேற்றம் செங்குத்தாகவும் பாதை குறுகலாகவும் ஆனது. நான் இலைச் சருகுகளும் காய்ந்த சுள்ளிகளும் இறைந்து கிடந்த பாதையை அடிக்கடிக் கவனித்தவாறு ஜாக்கிரதையாக ஏறத் தொடங்கினேன். அந்தக் குழுவினரின் வேகத்துக்கு ஈடுகொடுக்க முடியாமல் திணறிக்

கொண்டிருந்தேன். என் சக பத்திரிகையாளர் பிரதீப்பும் அவ்வாறே நடந்து வந்தார். ஒரு மணி நேரத்துக்குப் பின் நாங்கள் உச்சியை அடைந்தோம். அப்போதுதான் நாங்கள் ஓய்வு எடுத்துக்கொள்ள, கொஞ்சம் உட்கார அனுமதிக்கப்பட்டோம். எங்கள் முன்பு, அலை அலையாக, சிறிதும் பெரிதுமாக மலைகள், மெல்லிய பனியாடை போர்த்திக்கொண்டு சங்கிலித் தொடராகத் தெரிந்தன. கண்ணுக்கெட்டிய தூரம்வரை அந்த மலைத்தொடர் பரந்து விரிந்திருந்தது. சூரியனின் மங்கலான பொன்கிரணங்கள், அந்த நிலப்பரப்பின் எழிலைக் கூட்டி, அதற்கு ஓர் அபூர்வமான வர்ணத்தைச் சேர்த்திருந்தன.

வடகிழக்கில், அதிலும் குறிப்பாக அருணாச்சலப் பிரதேசத்தில் உள்ள இது போன்ற இடங்கள் என் ஞாபகத்துக்கு வந்தன. இந்த மலை, விழிப்புடன், ரகசியங்களைப் பாதுகாப்பதாகத் தோன்றியது. என் மனத்தில் ஏகப்பட்ட கேள்விகள் இருந்தன. இந்த எல்லா மலைகளை யும் நாங்கள் கடந்து செல்லவேண்டுமா? அதற்கு எவ்வளவு காலம் பிடிக்கும்? சில வாரங்களா மாதங்களா? சிறிது நேரம் அங்கு அமர்ந்து அந்தப் பிரமாதமான காட்சியைக் காண விரும்பினேன். ஆனால், ஓய்வெடுத்தது போதும் என்று சொல்லி கேப்டன் பயணத்தைத் தொடரச் சொன்னார். இந்தச் சாகசப் பயணத்தின் விதிகள் அனுமதிக்கவில்லை என்றாலும் இன்னும் ஒரு ஐந்து நிமிடம் ஓய்வு கிடைக்குமா என்று மெள்ளக் கேட்டேன்.

அந்தக் குழுவின் டாக்டர் என் காலணிகளை வெறித்துப் பார்த்தார். அவரைப் பொறுத்தவரை அந்தக் காலணிகள், அந்தக் கரடுமுரடான பகுதிக்கு ஏற்ற அளவு திடமாக இல்லை அல்லது குறைந்த பிடிமானம் கொண்டிருந்தன. எனவே, நான் அந்தக் காலணிகளை மாற்ற வேண்டும் என்று சொன்னார். அந்தக் குழு உறுப்பினர்கள் கூடுதலாக ஒரு ஜோடி வேட்டைக்காரர்கள் அணியும் காலணிகளை எடுத்து வந்திருந்தனர். அவை நன்கு பரிசோதித்துப் பார்க்கப்பட்டவை என்று கூறினார்கள். டாக்டர் சொன்னதைக் கேட்டு நான் தலையை ஆட்டி வைத்தேன். ஆனால், அவர் சொன்னதை ஏற்கவில்லை. என்னுடையவை மலையேற்றத்துக்கென பிரத்யேகமாக வடிவமைக்கப்பட்ட ஒரு பிரபல அமெரிக்க பிராண்டு காலணிகள்! நான் அவற்றை இதுபோன்ற பயணங்களுக்காகவே அமெரிக்காவில் இருந்து பிரத்யேகமாக வரவழைத்திருந்தேன். அவை, சௌகரியமானவை. நீர் புக முடியாத தொழில்நுட்பம் பொருந்தியவை. கடினமான அடிப்பாகம் கொண்டவை. அந்த டாக்டர் தன் வாழ்நாள் முழுவதும் எத்தனைவிதமான ‘பிராண்டு’ காலணிகளைப் பார்த்திருக்கக்கூடும்... இந்தக் காலணியைத் தயாரிப்பதில் பயன்படுத்தப்பட்ட தொழில்நுட்பத்தைப் பற்றி, ஆராய்ச்சியைப் பற்றி அவருக்கு என்ன தெரியும் என்று இறுமாந்திருந்தேன்.

உச்சியில் இருந்து அந்தப் பாதை, பாறைகளும் கூழாங்கற்களும் சிதறிக் கொண்டிருந்த ஒரு படிக்கட்டுபோல இறங்கியது. நான் இறங்கத் தொடங்கினேன். தெரியாத்தனமாக ஒரு பாசி பிடித்த பாறையில் காலை வைக்க அது வழுக்கிவிட்டது. சரியான நேரத்தில் நான் ஒரு மரக்கிளையைப் பற்றினேன். நான் விழுந்திருந்தால் நூற்றுக்கணக் கான மீட்டர்கள் கீழே உருண்டிருப்பேன். அந்த நொடியிலிருந்து ஒவ்வொரு அடியும் கவனத்துடன் வைக்கத் தொடங்கினேன். சில நேரங்களில் புதர்களைப் பிடிக்க வேண்டியிருந்தது. எதுவரை இறங்குவது? கிட்டத்தட்ட ஆபத்தான சரிவாக ஆகும்வரை.

நான் சற்று நிதானித்து, கேப்டன் சொன்னபடி உட்கார்ந்து வழுக்கிச் செல்வதுதான் ஒரே வழி எனத் தீர்மானித்தேன். நான் மெல்லக் கீழிறங்கினேன். ஒரு குறைந்த தூரம் நடந்த நான் மீண்டும் வழுக்கிச் செல்ல வேண்டியிருந்தது. எனக்கு நேர் பின்னால் இருந்த கேப்டன், எனக்கு எப்போதெல்லாம் உதவி தேவைப்படுகிறதோ அப்போ தெல்லாம் அவரது கையைப் பிடித்துக்கொள்ளவேண்டும் என்று கூறினார். நான் அடிக்கடி அவரது கையைப் பற்றினேன். ஆனால், இந்த மலைகளில் ஆபத்துகள் முன்னறிவிப்பு கொடுத்துவிட்டு வருவதில்லையே.

பாதையில் சற்று வலது புறம் திரும்பிய வளைவைக் கடந்தபோது நான் உதிரிக்கற்களின் மீது காலை வைத்தேன். அவ்வளவுதான். அது சட்டென்று வழுக்கிவிட்டது. மீண்டும் நான் சமநிலை தவறி, விழுவதைத் தவிர்க்க எதையாவது பற்றவேண்டுமே என்று தவித்தேன். ஒரு சில வினாடிகளில் இரு முறை உருண்டு கீழே கிடந்த செடி கொடிகளின் மீது சத்தத்துடன் விழுந்தேன். தடுமாறி எழுந்து ஒரு சிறு மரத்தின் மேல் அழுத்தமாக மோதிக்கொண்டேன். ஒரு சில வினாடிகளுக்குக் கண்கள் இருண்டு போயின. என் வலது கண்ணுக்குக் கீழான சிராய்ப்புக் காயம் உடலில் பல வெட்டுக் காயங்கள். சிராய்ப்புகளின் ரத்தம் வழிந்தது. கேப்டனும் டாக்டரும் வந்து என் கைகளைப் பிடிக்கும்வரை அங்கேயே இருந்தேன்.

நான் இருந்த நிலையை எண்ணி முழுக்க வெட்கப்பட்டு, ‘இல்லை இல்லை, நான் நன்றாகத்தான் இருக்கிறேன்: என்னைத் தூக்கிச் செல்ல வேண்டியிராது’ என்றேன்.

‘மனம் தளரவேண்டாம். புதிதாக வரும் ஆட்களுக்கெல்லாம் நடக்கிற விஷயம்தான்’ என்று ஊக்கமளிக்கும் தொனியில் சொன்ன கேப்டன், அதே சமயம் டாக்டர் முதல் உதவிப் பெட்டியைத் திறக்க உதவி செய்தார்.

'சின்னக் காயங்கள் மட்டும்தான், சார். கவலைப்பட வேண்டியதில்லை' டாக்டர் சொன்னார்.

என் மெரூன் கலர் சட்டை ரத்தத்தில் நனைந்தது. என் கையில் ஒன்றிரண்டு தையல் போடவேண்டும் என்று நான் நினைக்க, டாக்டர் மிகச் சாதாரணமாகக் காயங்களில் ஒரு களிம்பைத் தடவி, அதன் மேல் பிளாஸ்திரியை ஒட்டி மூடினார். அங்கே, கொஞ்ச நேரம் நாங்கள் அமர்ந்திருக்கையில் பிரதீப் உள்ளிட்ட குழு இதர மூன்று உறுப்பினர்கள் கண்களை அகல விரித்து ஆயாசத்துடன் எங்களைப் பார்ப்பதைக் கண்டேன். நான் விழுந்த இடம் கிட்டத்தட்ட ஒரு இரண்டு மாடிக் கட்டட உயரமுடையது. இன்னும் படபடப்பாக இருந்தது. என் அதிர்ஷ்டத்தை நம்ப முடியாமல் இருந்தேன். இந்தப் பள்ளத்தாக்கில் என்னைக் கொல்லக்கூடிய பாறைகளோ பெரிய மரங்களோ இல்லை. ஆனால், என்னைக் கிட்டத்தட்ட கொன்றது அமெரிக்காவில் தயாரான எனது உயர் தொழில்நுட்பக் காலணி!

இப்போது கேள்வி என்னவென்றால், நான் எப்படி மேலே ஏறுவது? அங்கே கயிறு இல்லை. கேப்டன் முதலில் மேலே ஏறிவிட்டு, எனக்குக் கை கொடுப்பதாகக் கூறினார். நான் மீண்டும் வழுக்கிச் செல்லாமல் தடுக்க டாக்டர் எனக்குப் பின்பக்கமாகக் கீழே நின்றார். மேலே ஏறும் போது, நான் ஒரு முறை சறுக்கினாலும், என் பிடியை வலுவாக்கினேன். படிப்படியாக, மேலிருந்து இழுக்கப்பட்டு, கீழிருந்து தள்ளப்பட்டு மேலே ஏறினேன். கூடுதல் பலத்துக்கு எங்கெங்கே மரம் செடி கொடிகளைப் பற்ற முடியுமோ, அங்கங்கே அவற்றைப் பற்றிக் கொண்டேன். கேப்டன் எங்கெங்கே காலடி வைத்தாரோ அங்கே மிகச் சரியாக நான் காலடி பதித்தேன். அந்த இடங்கள் சமமற்ற தளங்களாகவோ உறுதியான தாவரங்களின் தண்டுகளுக்கு மேலோ இருந்தன. ஆனால், அப்படிச் செய்ய எனக்குப் பயிற்சி தேவையாக இருந்தது. கேப்டனைப்போல் விரைவாகச் செல்ல முடியவில்லை. பாதைக்குத் திரும்ப வருவதற்கு எனப் பத்து நிமிடங்கள், அதுவரையிலான என் வாழ்க்கையின் மிகவும் பதற்றமானவை. நான் பிறருடைய உதவியின்றிப் பயணத்தைத் தொடரத் தயாராகும்வரை குழு ஓய்வெடுத்தது.

ஒரு மணி நேரத்துக்குப் பின், கேப்டன் தன் கையை உயர்த்தினார். நான் திடீரென நின்றேன். என்ன இப்போது? அவர் நாங்கள் ஒரு 'ஆபத்தான பகுதி'க்குள் நுழையவிருப்பதாகச் சொன்னார். அஸ்ஸாம் ரைஃபில்ஸ் படைப் பிரிவின் முகாமுக்குச் சரியாக மிகக் கீழே, ஒரு பாதை இருந்தது. நாங்கள் கடக்க வேண்டியது அந்தப் பாதையில்தான். காட்டுக்குள் இருந்த போராளிகள் தமது ரகசிய முகாம்களுக்குப்

போகவும் வரவும் அந்தப் பாதையையே பயன்படுத்துவதால் இந்திய ராணுவ வீரர்கள் பெரும்பாலும் தங்கள் துப்பாக்கிகளை அந்தப் பாதையையே நோக்கிக் குறிபார்த்து அமர்ந்திருப்பார்கள். அசம்பா விதத்தைத் தவிர்க்க, இந்தப் பாதையில் பயணம் என்பது பொதுவாக இரவிலோ படை வீரர்கள் தங்களது மதிய உணவுக்குச் செல்லும் நேரங்களிலோதான் நடத்தப்படும் என்று தெரிவித்தார் கேப்டன்.

நான் கேப்டனிடம், 'இப்போது அவர்கள் விருந்து உண்டு கொண்டிருப்பார்கள் என்று யூகிக்கலாமா? ஏனெனில், இப்போது மதிய நேரம்தான்' என்றேன்.

'இருக்கலாம்' கேப்டன் பதிலளித்தார்: 'ஆனால், யாரோ ஒருவர் பைனாகுலர்களோடு மேலே ஒளிந்திருக்கலாம். மணிப்பூரிக் குழு ஒன்று கடந்த வருடம் மயிரிழையில் உயிர் பிழைத்தது என்று கேள்விப் பட்டோம்.'

'அப்படியென்றால், நாம் இப்போது என்ன செய்வது? காத்திருப்பதா?'

'வேண்டாம்! நாம் பாதுகாப்பாகச் செல்லலாம். ஆனால், அறிவுரை களைக் கவனமாகப் பின்பற்றுங்கள்.'

முழுக்கவும் பாதுகாப்பற்ற அந்த 500 மீட்டர்களுக்கு மேலான பாதையில் நாங்கள் வேகமாக நடக்கவேண்டும். நிற்பதை, பேசுவதைத் தவிர்க்கவேண்டும். தேவையெனில் தரையில் சட்டென்று படுக்க வேண்டும். எங்கள் வரிசைகள் மாற்றியமைக்கப்பட்டன. பிரதீப்பும் நானும் நடுவில் விடப்பட்டு எங்களுக்கு முன்னால் இரண்டு பேரும், பின்னால் இரண்டும் பேரும் நிறுத்தப்பட்டார்கள். ஒவ்வொரு நபருக்கும் இடையில், அதிகபட்ச சேதத்தைத் தடுக்கப் பத்து மீட்டர் இடைவெளி விடப்பட்டது. ஒரு ஸ்னைப்பர் ரைஃபிலை வைத்துக் குறி பார்த்தால்கூட, எல்லாரையும் நோக்கிக் குறிவைக்க முடியாது. ஒருவர் தாக்கப்பட்டல் அதைப் பார்த்து மற்றவர்கள் தப்பிக்கவோ பாதுகாப்புக்காக ஓடி ஒளியவோ அதிகமான வாய்ப்பு கிட்டும். இன்னொரு விஷயம்: இந்தப் பகுதி செங்குத்தான பள்ளத்தாக்கு அல்ல; சமமான தளத்தில் பாம்பு போன்று வளைந்து வளைந்து சென்றது அந்தத் தடம்.

கேப்டன் சொன்னதை மனதில் ஆழமாகப் பதியவைத்துக்கொண்டு எச்சரிக்கையுடன் நடந்து சென்றோம். அந்த ராணுவக் காவல் முகாமின் கிழக்குப் பகுதி அடர்ந்த பசுமையினூடாகத் தெரிந்தது. துணை ராணுவப் படையின் ஒரு பிளாட்டூனைக் கொண்ட கோட்டையின் ஒரு பகுதியைப் போல் தோன்றியது. நான் பின்னால் திரும்பினேன். டாக்டர் என்னை வேகமாக நடக்கச் சொல்லி சைகை காட்டினார்.

வேகமாக நடந்தபடியே மீண்டும் ஒரு முறை அந்த முகாம் தெரிகிறதா என்று மேலே பார்த்தேன். ஆனால், அது பார்வையிலிருந்து மறைந்து போயிருந்தது.

அந்தப் பாதை திடீரென்று மேலே ஏற ஆரம்பித்ததால், மற்றவர்களின் வேகத்துக்கு ஈடு கொடுத்து நடப்பது எனக்குக் கடினமாக இருந்தது. பிரதீப்பின் முழங்கால்கள் வலி கண்டு, அவரும் பின்தங்கியிருந்தார். நாங்கள் இருவரும் மூச்சு விடத் திணறி, ஒரு சில வினாடிகள் உட்கார விரும்பினோம். அப்படிச் செய்வது எங்களது குழுவையே சிக்கலில் மாட்டிவிடும். ஒரு பாதுகாப்பான இடத்துக்குச் சென்று சேரும்வரை தொடர்ந்து நடக்க வேண்டியதுதான். கிட்டத்தட்ட இருபது நிமிடங்களுக்குப் பிறகு, நாங்கள் அடுத்த மலைக்கு வந்து சேர்ந்தோம். அது அஸ்ஸாம் ரைஃபில்ஸ் படையின் பார்வையில் இருந்து விலகி இருந்தது. ஒரு மரத்தின் கீழே சுகமாக அமர்ந்தேன். என் தோள் பட்டை பையில் இருந்து கொஞ்சம் தண்ணீரையும் குளூக்கோஸையும் வெளியில் எடுத்தேன்.

கேப்டன் சொன்னார்: 'நாம் இப்போது ஓய்வெடுத்துக்கொள்ளலாம். ஒரு மணி நேரத்தில் ஒரு கிராமத்தை அடைந்துவிடுவோம். அங்கு சாப்பிடுவோம். அங்கிருந்து மற்றொரு கிராமத்துக்குச் சென்று, அங்கே இரவுக்குத் தங்குவோம்.'

'ஏற்கனவே மிகவும் சோர்ந்து போயிருக்கிறேன். நாம் இரண்டாவது கிராமத்துக்கு எப்போது செல்வோம்' என்று ஆவலோடு கேட்டேன்.

'நாம் தொடர்ந்து நடந்தால், மூன்று மணி நேரத்துக்குள்... எல்லாம் உங்கள் கையில்தான் உள்ளது.'

முழுப் பயணமும் நாங்கள் இதுவரை எதிர்கொண்ட அபாயங்களைக் கொண்டதாகவே இருக்குமோ என்று அஞ்சினேன். உயிர் பிழைப்பது அதிர்ஷ்டத்தைப் பொறுத்தது என்றால் அது வேண்டாத சாகசம் என்றே அந்த நிமிடம் தோன்றியது.

கேப்டன் 'இப்போதைக்கு' கவலைப்படும்படி ஒன்றும் இல்லை என உறுதியளித்தார். நான் விளக்கமாகச் சொல்லுமாறு கேட்டபோது, நாங்கள் 24 × 7 மணி நேரமும் ஜாக்கிரதையாக இருக்கவேண்டும் என்பதைத் தவிர ஒன்றும் சொல்வதற்கு இல்லை என்றார்.

கூடுதல் பலத்துக்கு ஒரு மூங்கில் கழியை எடுத்துக்கொண்டேன். இன்னும் நாட்கள் செல்லச் செல்ல செங்குத்தான உயரங்களும் அதல பாதாளங்களும் இருக்கும் என்று உறுதியாகத் தெரிந்தது. மியான்மர் ராணுவத்தின் அதிரடியைத் தவிர்க்க நாங்கள் இருளில் பயணிக்க

வேண்டுமென்று யாரோ சொன்னார்கள். அதி எச்சரிக்கையுடனும் நல்லதே நடக்கும் என்ற நம்பிக்கையுடனும் இருப்பதைத் தவிர நாங்கள் செய்ய வேண்டியது எதுவும் இல்லை. பல மாதங்களுக்கு முன்பு இந்தப் பயணத்தின் பாதகங்கள் பற்றியும் முடிவு எடுப்பதற்கு முன்னால் திட்டத்தை மறுபரிசீலனை செய்யும்படி எனக்கு ஆலோசனை வழங்கப்பட்டது. என்னைப் பொறுத்தவரை, இது போன்ற வாய்ப்புகள் வாழ்க்கையில் ஒரு முறையே கிடைக்கும். நான் முடிவெடுத்துவிட்டேன். இப்போது பின்வாங்கப் போவதில்லை.

நல்வரவு... கிழக்கு நாகாலாந்து உங்களை வரவேற்கிறது.

•

குவஹாத்தியில் இருந்து நான் பயணத்தைத் தொடங்கிய இரண்டு நாட்களுக்குப் பிறகு 2011, அக்டோபர் 13 அன்று கிழக்கு நாகாலாந்தில் கால் வைத்தேன். இந்தப் பிரதேசம் என் சிறு வயதில் இருந்தே ஒரு மர்ம தேசமாக என்னை வசீகரித்திருக்கிறது — கானகவாசிகளும் கலகக்காரர்களும் வாழும் ஒரு தேசம்; எந்த அரசும் தன் அதிகாரத்தை நிறுவ இயலாத தேசம். பிரிட்டிஷ் காலனியாட்சியாளர்களே இந்தப் பகுதியையும் மியான்மரில் உள்ள மற்ற சில பகுதிகளையும் 'ஆட்சி நிர்வாகத்துக்கு உட்படாதவை' என்றே வரையறை செய்ய வேண்டியிருந்தது. நான் இங்கே வருவேன் என்றும் தடை செய்யப் பட்ட அஸ்ஸாம் ஐக்கிய விடுதலை முன்னணியின் அழைப்பின் பேரில் அதன் ராணுவத் தளபதி பரேஷ் பரூவாவைப் பேட்டி காண வருவேன் என்றும் கனவுகூடக் கண்டதில்லை.

புது தில்லியில் நான் இதழியல் துறையில் தொண்ணூறுகளின் மத்தியில் சேர்ந்தேன். உல்ஃபா தலைவரான அரவிந்தா ராஜ்கோவா உள்ளிட்ட உல்ஃபா தலைவர்களைப் பேட்டி காணவேண்டும் என்ற என் லட்சியம் அப்போது உருவானது. பிரிவினைவாதக் குழுக்களின் தலைவர்களை யாராலும் சந்திக்க முடியாது. எனவேதான் மற்றவர் களால் முடியாத ஒன்றைச் சாதிக்க வேண்டுமென்ற வெறிவந்தது. நான் இதர பல வேலைகளில் ஈடுபட்டு இருந்தால் இந்தத் திட்டம், நீண்ட காலமாகக் கிடப்பில் போடப்பட்டிருந்தது.

2001-ல் எனது குவஹாத்திப் பயணத்தின்போது ஒரு உல்ஃபா நிர்வாகியைச் சந்தித்தேன். அவரிடம், தலைவர்களைச் சந்திப்பதற்காக பூட்டானில் உள்ள ஒரு முகாமுக்கு அழைத்துச் செல்லும்படிக் கேட்டுக்கொண்டேன். அவர், உல்ஃபா தோற்றுவிக்கப்பட்ட தினத்தில் (ஏப்ரல் 7) பெரும்பாலான தலைவர்கள் டாக்காவில் இருந்து

வருவார்கள் என்பதால் அப்போதுதான் அது சாத்தியமாகும் என்று தெரிவித்து, சந்திப்புக்கு ஏற்பாடு செய்வதாக உறுதி அளித்தார்.

ஜூலை மாத வாக்கில் ஒரு தகவல் அனுப்பினார்: தலைவர்கள் யாரும் இந்த நேரத்தில் நேர்காணல் அளிக்க விரும்பவில்லையென்றும் இருந்தும் அவர் தெற்கு பூட்டானில் உள்ள இயக்கத்தின் பொதுத் தலைமையகத்துக்கு அழைத்துச் செல்வதாகவும் தெரிவித்திருந்தார்.

அங்கு சென்று சந்திப்பது பாதுகாப்பானதா? நான் எந்தவொரு போராளி முகாமுக்கும் இதற்குமுன் சென்றது கிடையாது.

அவர் சொன்னார், நிச்சயம் பாதுகாப்பானதே. ஏனெனில், அவர்களின் ரகசிய வழிகளில் பாதுகாப்புப் படையினர் இருந்ததில்லை.

நான் இந்தத் திட்டத்தை ஏற்றுக்கொண்டேன். மூன்று மாதங்களுக்குப் பிறகு அஸ்ஸாமுக்கும் பூட்டானுக்கும் இடையில் எல்லையில் இருந்த தரங்க மேளாவில் இறங்கினேன். முகாம், எல்லையில் இருந்து கிட்டத்தட்ட ஒரு நாள் நடைப்பயணத்தில் இருந்தது. ஆனால், என்னுடன் தொடர்பில் இருந்தவர் அங்கே இல்லை. எனவே, நான் பக்கத்துக் கிராமத்துக்குச் சென்று, அங்கே இருந்த ஒரு நண்பரின் வீட்டில் இரவு தங்கினேன். அடுத்த நாள், என் தொடர்பாளரைச் சந்தித்தாலும் நிலைமை மோசமாக இருந்ததால், என்னை அழைத்துப் போக மறுத்துவிட்டார். நான் கனத்த மனத்தோடு வீடு திரும்பினேன். ஆனால், அந்த நேர்காணலை நிகழ்த்தியே ஆகவேண்டும் என்று முன்பைவிட மனதில் உறுதி கூடியது.

புது தில்லியில் என் லட்சியங்களை நோக்கி நகர எவ்வித வாய்ப்பும் இல்லாமல் இருந்தது. அங்கே நான் செய்து வந்த வழக்கமான செய்தி சேகரிப்பு போரடிக்கத் தொடங்கியிருந்தது. இதற்கிடையில் ராயல் பூட்டான் ராணுவம் 2003-ல் நடத்திய நடவடிக்கையைத் தொடர்ந்து பூட்டானில் இருந்த முகாம்கள் அழிக்கப்பட்டன. இருந்தபோதிலும், என்னால் பரேஷ் பருவாவைத் தொலைபேசி மூலம் தொடர்புகொள்ள முடிந்தது. அவர் அரசுக்கும் உல்ஃபாவுக்கும் இடையிலான ஒரு மாத கால போர் நிறுத்த ஒப்பந்தம் முறிந்தது பற்றி மின்னஞ்சல் மூலம் அனுப்பப்பட்ட கேள்விகளுக்குப் பதில் அளித்தார். அந்தப் பேட்டி நான் பணி புரிந்த தேசிய நாளிதழில் 2006-ல் செப்டம்பர் 25 அன்று வெளியிடப்பட்டது. ஒரு தொலைக்காட்சியின் நியூஸ் சேனலின் தலைமை அதிகாரியாக 2007-ல் குவஹாத்திக்குத் திரும்பி வந்தேன். அது, அவருடன் அவ்வப்போது உரையாடலைத் தொடர உதவியது. ராஜ்கோவா வங்கதேசத்தில் இருந்தது எனக்குத் தெரியும். ஆனால்,

அவரைப் பேட்டி எடுப்பதற்கான எனது முயற்சிகள் தோல்வியில் முடிந்தன.

2009-ன் கடைசியில் ஒரு நம்பிக்கை ரேகை பளீரிட்டது. பரூவா என்னை அழைத்தார். அப்போதைய நிலவரம் குறித்து சில கேள்விகள் கேட்டேன். அவரது அனுமதியுடன் அவற்றை எனது செல்போனில் பதிவு செய்தேன். அதன் பின் அதனை நான் பணிபுரிந்த செய்தி சேனலில் ஒளிபரப்பினேன். நான் அவருடன் நேருக்கு நேர் பேட்டி காணவேண்டும் என்ற ஆவலையும் தெரிவித்தேன். அவர் என்னைச் சந்திக்கச் சம்மதித்தார். ஆனால், நான் உகந்த காலம் வரும்வரை காத்திருக்கவேண்டும் என்றார். அந்தப் பேட்டி வங்கதேசத்தில் வைத்து நடக்காது என்பது நிச்சயமாகத் தெரிந்தது. ஏனெனில், இந்தியாவுக்கு ஆதரவான அவாமி லீக் ஆட்சிக்கு வந்திருக்கிறது. வடகிழக்குத் தீவிரவாதிகளுக்கு எதிரான நடவடிக்கைகள் ஏற்கனவே தொடங்கியிருந்தன.

வங்கதேசம் இல்லாவிட்டால் வேறு எங்கே? ஏதாவது அயல்நாட்டு தலைநகரிலா, உல்ஃபா முகாம் பரவியிருக்கும் ஏதாவதொரு மூலையிலா? பரூவா இந்தியாவில் மிகவும் தேடப்படும் நபர்களில் ஒருவராக இருந்தார். அவரை இருபதாண்டுகளுக்கும் மேலாக அரசு விடாமல் தேடிக் கொண்டிருக்கிறது. சர்வதேச போலீஸும்கூட அவருக்கு எதிரான ரெட்கார்னர் நோட்டீஸ் வெளியிட்டு இருக்கிறது. அவரது நடமாட்டங்கள் அனைத்தும் கண்காணிப்பு வளையத்துக்குள் கொண்டு வரப்பட்டிருக்கின்றன. மியான்மர் அரசின் ஆளுகைக்கு அப்பால் உள்ள சீன-மியான்மர் எல்லையில் எங்கேயோ உள்ள காடுகளில் பரூவா இறங்கியிருப்பதாக ஊடகங்களில் செய்திகள் உலா வந்தன.

நான் இந்த வேலையில் இறங்கத்தான் வேண்டுமா? அதற்காகத் தூண்டில் போட்டு வைப்பதில் தப்பில்லை. வேண்டுமானால் இறுதியில் தள்ளிப்போட்டுக்கொள்ளலாம்.

தலைவர் மீண்டும் என்னுடன் பேசி, மறு வருஷம் அவர் என்னைச் சந்திப்பதாக உறுதியளித்தார். வாரங்கள், மாதங்களானதேயன்றி எவ்வித முன்னேற்றமும் இல்லை. ரகசியத்தைக் காப்பாற்றுவதாக வாக்களித்துவிட்டு, நான் அழைக்கப்படும் இடத்தைப் பற்றிய தகவல்களைச் சேகரிக்க யாரிடமும் இது பற்றி விவாதிக்க முடியாது. இறுதியாக, 2001-ல் ஏப்ரல் 16 அன்று இந்தப் புதிர் உடைந்தது. இப்போது பரூவாவின் குரல் எனக்குப் பழக்கமாகிவிட்டது. ஒரு அதிகாலை நேரத்தில் என் செல்போனில் அந்தக் குரலைக் கேட்டதுமே அடையாளம் கண்டுகொண்டேன். நாங்கள் கிட்டத்தட்ட அரை மணி நேரம் பேசினோம். அஸ்ஸாமில் நிலவும் தற்போதைய

நிலைமை முதல் உலக விவகாரங்களில் அதிகரித்து வரும் சீனாவின் பங்குவரை பல விஷயங்களை விவாதித்தோம்.

என் லட்சியப் பேட்டியை எடுக்க அதுவே சரியான தருணம் என்று நன்கு புரிந்தது. 'கொடுத்த வாக்கை ஞாபகம் வைத்திருப்பீர்கள் என்று நம்புகிறேன்.

'ஞாபகம் இருக்கிறது'.

'அதன்படி தயாரிப்பு வேலைகளைத் தொடங்கக் காத்துக் கொண்டிருக்கிறேன்.'

'ஆனால், நீங்கள் உண்மையில் சீரியஸாகத்தான் கேட்கிறீர்களா. அது மிகவும் கடினமான ஆபத்தான பயணமாக இருக்குமே' என்றார்.

'நான் சவால்களைச் சந்திக்க விரும்புகிறேன். குளிர்பதன அறைகளில் இருந்து செய்திக் கட்டுரைகளைத் தருவது வெறுப்பாக இருக்கிறது.'

'ஓ.கே. அப்படியா? நல்லது. இப்போது உகந்த தட்பவெப்பமில்லை. அக்டோபரில் ஏதாவது ஒரு நாளில் பருவ மழைக்குப் பின் பார்க்கலாம்' என்று அவரது இயல்புக்கு மாறாக வேகமாகச் சொன்னவர், மேலும் தொடர்ந்து கூறினார். 'நீங்கள் இதைப்பற்றி வேறு யாருடனும் பேசக்கூடாது என்பதைத் தயவு செய்து ஞாபகம் வைத்துக்கொள்ளுங்கள்; உங்கள் பாதுகாப்புக்கு நெருக்கடிகள் ஏற்பட்டுவிடும். நான் உரிய காலத்தில் உங்களுடன் தொடர்பு கொள்வேன். இதற்கிடையில், இப்போது உங்கள் உடற்பயிற்சியை உடனே தொடங்கலாம். தினம் ஓடுங்கள். மலைகளில் நடக்க முயற்சி செய்யுங்கள். நான் முன்பு சொன்னதைத் திரும்பவும் சொல்கிறேன்: இப்பயணம் உங்களுக்கு ஆபத்தானதாக, கடினமாக இருக்கும்'. அத்துடன் போனை வைத்துவிட்டார்.

நான் முழுமூச்சாக ஒவ்வொரு நாள் காலையும் உடற் பயிற்சியிலும், தொலைதூரம் நடப்பதிலும் யோகாசனங்கள் செய்வதிலும் ஈடுபட்டேன் (அவர்கள் ரொம்பவே உதவி செய்தார்கள். இருந்தாலும், நான் மலைப்பகுதியில் நடப்பதற்குப் போதிய பயிற்சி எடுத்திருந்தால் இன்னும் நன்றாக இருந்திருக்கும்). அடுத்து, என் பயணத்தைப் பற்றி உள்ளூர் தொலைக்காட்சி சேனல் ஒன்றில் வேலை பார்த்த என் சக பத்திரிகையாளர் பிரதீப் கொகோயிடம் தெரிவித்தேன். வெகு காலத்துக்கு முன்பு நாங்கள் இருவரும் அஸ்ஸாம் முகாமுக்கு ஒன்றாகச் செல்வதாக உறுதி எடுத்திருந்தோம். உல்ஃபா அமைப்பு இன்னொரு பத்திரிகையாளர் உடன் வர அனுமதிக்குமா என்று

தெரியவில்லை. ஆனால், நான் மின்னஞ்சலில் பரூவாவுக்குத் தெரிவிக்க அவர் ஒத்துக்கொண்டார். பின்னர், பிரதீப்பும் நானும் எங்கள் பயணத்தில் தேவைப்படும் அனைத்தையும் உள்ளடக்கிய ஒரு பட்டியலைத் தயாரிப்பதற்காக குவஹாத்தியில் சந்தித்து ரகசியமாக அனைத்தையும் செய்து முடித்தோம்.

ஜூலையில், பரூவாவிடம் இருந்து ஒரு நீண்ட மின்னஞ்சல் வந்தது. அதில் இந்தப் பயணத்தின்போது செய்ய வேண்டியது பற்றியும் செய்யக்கூடாததைப் பற்றியும் தெளிவாகக் குறிப்பிட்டிருந்தார். 'ரோமில் இருக்கும்போது ரோமானியராக இருக்கவேண்டும். குறைந்தபட்சம் இரண்டு மாத கால நீண்ட பயணத்துக்குத் தயாராக இருக்கவும்' என்று கூறப்பட்டு இருந்தது.

'இந்தப் பயணத்தின்போது உங்கள் கேமிராவை ஒருபோதும் வெளியில் எடுத்துவிடாதீர்கள்; அதுபோல் நீங்கள் பத்திரிகையாளர் என்பதையும் யாரிடமும் சொல்லவேண்டாம். அப்படிச் செய்வது உங்களை மட்டுமல்லாமல் உங்களுக்குப் பாதுகாப்பாக வருபவரையும் ஆபத்துக்கு உள்ளாக்கும். பாதுகாப்புக் காரணங்களை முன்னிட்டு, குழுப் பொறுப்பில் உள்ள மூத்த அலுவலரின் அனுமதியின்றி எதையும் செய்யவோ எங்கும் போகவோ கூடாது. தாங்கள் கடந்து செல்லும் எந்தப் பகுதி அல்லது கிராமத்தின் பெயரையும் கேட்கக் கூடாது. எந்தக் கிராமத்தாரிடம் அநாகரிகமாக அல்லது கரடுமுரடாக நடந்துகொள்ள வேண்டாம். எங்கள் போராளிகள் உங்களுக்கு எந்தப் பிரச்னையும் ஏற்படாமல் பார்த்துக் கொள்வார்கள் என்றாலும் உங்களுக்கு என்ன கொடுத்தாலும் சாப்பிட வேண்டியதிருக்கும்.'

அந்த அறிவுரைகள் கடினமாகத் தோன்றவில்லை. ஒரு சில நிமிடங்களில் பதில் அனுப்பினேன். அதில், 'மலைப்பயணத்தில் கடினமான தோள் பைகளைத் தூக்கி வருவது எங்களுக்கு மிகவும் சிரமமாக இருக்கும்; நான்கைந்து ஆட்களைக் கொண்ட ஒரு குழுவை அனுப்புங்கள்' என்று கேட்டுக்கொண்டேன்; செப்டம்பர் இறுதிக்குள் தேவையான அனைத்துச் சாமான்களும் சேகரிக்கப்பட்டன. தோளில் மாட்டிச் செல்லும் பைகள் இரண்டு, சாதாரண நோய்கள் மற்றும் மலேரியாவுக்கான மருந்துகள், குளூக்கோஸ், நீர் வறட்சியை எதிர்கொள்ளும் எலக்ட்ரால் பவுடர், இரண்டு சட்டை பேண்ட்டுகள், உள்ளாடைகள், இன்னொரு ஜோடி மூக்குக் கண்ணாடி, நடைப் பயிற்சிக்கான காலணிகள், கொசு வலை, தூங்குவதற்கான பை, செருப்பு, சோப்பு மற்றும் சில பரிசுப் பொருட்கள் போன்றவை அவற்றில் அடங்கும்.

நானே சுமக்க இருந்த சிறிய மூன்றாவது பையில் 20,000 பணமும் (பாலிதீன் பையில் சுற்றி) ஒரு ஒலிப்பதிவு கருவியும் ஒரு மரப் பெட்டியில் வைத்துக்கொண்டேன். மேலும், ஒரு கேமரா, அதன் துணைக் கருவிகள், ஒரு சிறு கத்தி (கூர்க்காக்கள் உபயோகப் படுத்துவார்களே அது), தண்ணீர் பாட்டில், மழைக் கோட்டு, டார்ச், லைட்டர்கள், பிஸ்கட்டுகள், பேனாக்கள், இரண்டு நோட்டுப் புத்தகங்கள் ஆகியவற்றை அந்தப் பையில் நுழைத்தேன். கடைசியாக, நாங்கள் டெட்டனஸ் மற்றும் டைபாய்டு காய்ச்சலுக்கான தடுப்பு ஊசிகள் போட்டுக்கொண்டோம். நான் இவ்வளவு ஜாக்கிரதையாகப் பயணத் தயாரிப்புகளைக் கவனித்திருந்தாலும், முழங்கால் காப்புப் பட்டிகளும் பூச்சிக்கடித் தடுப்பு ஸ்பிரேயும் எடுத்து வைக்க மறந்து போனதால் மிகுந்த சிரமத்துக்கு உள்ளாக வேண்டியிருந்தது.

செப்டம்பர் கடைசி வாரம், பரூவாவிடம் இருந்து ஒரு மின்னஞ்சல். பயணத்திட்டம் இரண்டு வாரம் முன்னதாக வருமாறு மாற்றப் பட்டுள்ளதாகக் கூறி, அதனால் அடுத்த மாதம் இரண்டாவது வாரத்தில் எங்கள் பயணத்தைத் தொடங்கவேண்டும் என்று அதில் சொல்லப் பட்டிருந்தது. ஒரு வாரம் கழித்து மற்றொரு தகவல் வந்தது. அது அக்டோபர் 12ந் தேதியன்று ஒரு இடத்துக்கு வருமாறு கேட்டுக் கொண்டது. அப்புறம் நாங்கள் ஜான் என்ற முதியவரைத் தொடர்பு கொள்ளவேண்டும். அவர் எங்களை அடுத்த இடத்துக்கு அழைத்துச் செல்வார். உல்ஃபா படை அணி ஒன்று தெரிவிக்கப்படாத ஒரு இடத்தில் எங்களை வரவேற்கும். நாங்கள் மியான்மருக்குச் செல்கிறோம் என்று இப்போது நிச்சயமாகப் புரிந்தது. அந்த நாட்டில், நாகா, மணிப்பூரி போராளிக் குழுக்களுடன் உல்ஃபாவும் முகாமிட்டிருப்பதாகத் தொடர்ந்து அறிக்கைகள் வந்து கொண்டிருந்தன. ஆனால், எங்கே? நாங்கள் சீன-மியான்மர் எல்லைக்கு நடந்தே செல்லப்போகிறோம் என்றால், எங்கள் திட்டத்தை இரண்டு மாதங்களுக்குள் எப்படி முடிப்பது? 1960களின் இறுதியில் நாகா கொரில்லாப் போராளிகள் நாகாலாந்திலிருந்து சீனாவின் யுன்னான் மாகாணத்துக்குச் செல்ல மூன்று மாதங்களுக்கு மேல் எடுத்துக் கொள்ள, மிஸோ கிளர்ச்சியாளர்கள் இன்னும் அதிகமான காலம் எடுத்துக்கொண்டனர். இந்தக் காலத்தில் சாலைகள் இருக்கின்றன. நாங்கள் வாகனங்களில் கொண்டு செல்லப்படலாம்.

நான் வீட்டைவிட்டு ஒரு நாள் முன்னதாகவே கிளம்பி மேற்கு அஸ்ஸாமில் உள்ள ஒரு நகரில் இரவில் தங்கினேன். அங்கே ஒரே ஒரு தோள் பையுடன் வந்த பிரதீப் என்னுடன் இணைந்தார். அடுத்த நாள், நாங்கள் ஜானை அழைத்துக்கொண்டு இந்தியாவுக்கும் மியான்மருக்கும்

இடையிலான எல்லையில் உள்ள ஒரு கிராமத்தை நோக்கிப் புறப்பட்டோம். கிட்டத்தட்ட ஒரு மணி நேரத்துக்குப் பிறகு, ஜானின் செல்போன் ஒலித்தது. பேசி முடித்தவர் டிரைவரைப் பார்த்து, ஜீப்பை நிறுத்தச் சொன்னார். அவரது முகம் குழப்பத்தில் ஆழ்ந்தது.

'அஸ்ஸாம் ரைஃபில்ஸ் படை அந்தக் கிராமத்துக்கு வந்துவிட்டது. நீங்கள் ரிஸ்க் எடுக்கத் தயாரா?' என்று கேட்டார் ஜான்.

முன்வைத்த காலைப் பின்வைப்பதில்லை என்று முடிவெடுத்தேன். மேலும், ஊடகத்தினருக்கு எல்லா இடத்துக் கதவுகளும் திறந்து கொடுக்கும், இந்தக் கிராமத்தில்கூட. 'யெஸ்! நாம் பயணத்தைத் தொடரலாம். நாங்கள் பத்திரிகையாளர்கள் என்று சொல்லுவோம்.'

'ஓ.கே. நாம் அந்தப் படையை எதிர்கொள்ள நேரிட்டால், நீங்கள் ஒரு அஸைன்மெண்ட் விஷயமாக வந்திருப்பதாக நிரூபிக்க வேண்டியதிருக்கும். மேலும், நீங்கள் உல்ஃபா செயல்பாட்டாளர்கள் இல்லை என்றும், எல்லையைத் தாண்டும் எண்ணம் இல்லை என்றும் நிரூபிக்க வேண்டும்.'

நாங்கள் சம்மதித்தோம். ஆனால், நாங்கள் ஊடகத்தினர் என்று நிரூபிக்க எங்களிடம் அடையாள அட்டைகளோ ஆவணங்களோ அப்போது கைவசம் இல்லை. அதனால் நாங்கள் ராணுவத்தால் விசாரிக்கப்பட்டால், எங்கள் பயணம் நிச்சயம் தாமதப்படும். அல்லது இரண்டு பத்திரிகையாளர்கள் உரிய ஆவணங்கள் இன்றி, எல்லையைத் தாண்ட முயற்சி செய்கையில் பிடிபட்டார்கள் என்றுகூட ஊடகங்களில் செய்தி ஒளிபரப்பப்படலாம். அப்படி நேர்ந்தால், நாங்கள் புறப்பட்ட இடத்துக்கே திரும்பி வந்து மீண்டும் ஆதியில் இருந்து அனைத்தையும் ஆரம்பிக்கவேண்டும். அதுவும் பல வாரங்களுக்குப் பிறகுதான் ஆரம்பிக்கமுடியும். மற்றொரு மாநிலத்தில் நூற்றுக் கணக்கான கிலோமீட்டர்களுக்கு அப்பால் இருக்கும் முற்றிலும் புதிய பாதையைப் பயன்படுத்த வேண்டும். ஜான் யாருடனோ செல்போனில் பேசிக்கொண்டிருக்கும்போது, வாகனம் மீண்டும் அந்தக் கிராமத்துக்கு ஒரு கிலோமீட்டர் முன்பாக நிறுத்தப்பட்டது. அவரது முகம் பிரகாசமானதைப் பார்க்க நாங்கள் மகிழ்ச்சியானோம். அந்த கிராமத்தில் ரோந்துப் பணியில் ஈடுபட்டிருக்கும் பதினைந்து ராணுவ வீரர்கள் கிராமத் தலைவர் வீட்டில் இப்போது சந்தோஷமாக மது அருந்திக் கொண்டிருப்பதாகத் தெரிவித்தார்.

இரவு 9.30 மணிக்கு நாங்கள் நெடுஞ்சாலையில் இருந்து பிரிந்து மேலே ஏறிச் சென்ற ஒரு பாதையில் செல்ல, அந்தப் பாதை நேராக எங்களை

அந்தக் கிராமத்துக்குக் கொண்டு சேர்த்தது. வயதான ஒருவர் எங்களுக்காக ஜீப்புடன் காத்துக் கொண்டிருந்தார். ஜான் அந்த முதியவருடன் சில நிமிடங்கள் உள்ளூர் மொழியில் உரையாடி விட்டு, பின் எங்களை நோக்கித் திரும்பினார்.

வயதானவரின் தோள் மீது தன் கைகளைப் போட்டிருந்த ஜான் 'என் வேலை முடிந்தது. இங்கே இருந்து இவர் உங்களை நாளைக்கு இன்னொரு இடத்துக்கு அழைத்துச் செல்வார்' என்று மெல்லச் சொன்னார்.

டிரைவர் ஜீப்பிலிருந்து எங்கள் பைகளை இறக்கிவைத்தார்.

'நன்றி. விடியும்வரை என் டிரைவரை ஒரு பாதுகாப்பான இடத்தில் தங்கவைக்க முடியுமா?' என்று கேட்டேன். எங்கள் ஜீப்பிலேயே எங்கள் டிரைவருடன் பயணத்தில் பங்கெடுக்கலாமா என்று கேட்டிருந்தோம். ஆனால், அது அபாயகரமான விஷயமாக இருக்கும். ஏனெனில், ஜீப் எல்லார் கண்ணிலும்பட்டு சந்தேகத்தை எழுப்பும் என்று சொல்லிவிட்டார்கள்.

ஜான் எங்கள் கைகளைப் பற்றிக் குலுக்கியவாறே சொன்னார்: 'நான் இவரை என்னுடன் வைத்துக் கொள்கிறேன். குட் லக். வீட்டுக்காரரின் அனுமதியின்றிக் குடிசையை விட்டு வெளியே வரவேண்டாம். அப்புறம் திரும்பி வரும்போது என் வீட்டுக்கு வாருங்கள். உங்கள் தொப்பியைப் பரிசாகத் தாருங்கள்.'

'நிச்சயமாக' என்றேன் நான்.

அந்த ஜீப், ரகசியமாக அதிக சத்தமும் இன்றி வந்ததுபோலவே, பார்வையிலிருந்தும் மறைந்து போனதைப் பார்த்தோம்.

அந்தக் கிராமம் மீண்டும் அமைதியில் ஆழ்ந்தது. அந்த இருளில் நான் பார்க்க முடிந்ததெல்லாம், குண்டும் குழியுமான தரையில் அங்கங்கே இருந்த சிறியதும் பெரியதுமான குடிசைகள், தூரத்தில் இருந்த மலைகளின் மங்கலான வெளிப்புற வடிவங்களும்தான். அவை மலைகளின் தெற்கு மற்றும் கிழக்குப் பகுதிகளாக இருக்கலாம். எங்களை அழைத்துச் சென்றவர் எங்களுடன் நாகா மொழியில் உரையாடியதோடு தன் குடிசைக்குள் வரும்படி அழைத்தார். அந்தக் குடிசையில் இருந்த அறையின் மத்தியில் இருந்த கணப்பு அடுப்பின் உதவியால் மங்கலான வெளிச்சம் இருந்தது. அங்கு இருவர் அமர்ந்திருந்தனர். அந்த வீட்டுக்கு வந்த விருந்தினராக இருக்கக்கூடும். நாங்கள் எங்களது லக்கேஜுடன் பக்கத்து அறைக்குச் சென்றபோது, எங்களை வெறித்துப் பார்த்தார்கள். இரண்டு பிரம்புப் படுக்கைகள், ஒவ்வொரு போர்வையுடன் தயாராக வைக்கப்பட்டிருந்தன.

எங்கள் பொறுப்பாளர், 'அதிகாலை 3 மணிக்கெல்லாம் உங்களை எழுப்புவேன். ஒரு மணி நேரத்தில் காலைக்கடன்களை முடித்துவிட்டு விடிவதற்கு முன்பே நாம் இருட்டிலேயே புறப்படுவோம்' என்று சொன்னார்.

'ஏன் இருட்டிலேயே புறப்படச்சொல்கிறீர்கள்?'

அவர் நேராக என் கண்களைப் பார்த்தார். அவர் என்ன நினைக்கிறார் என்பது எனக்குப் புரியவில்லை. ஆனால், நாங்கள் கொஞ்சம் கவலைப்பட்டோம். 'நாம் அஸ்ஸாம் ரைஃபில்ஸ் படையின் இரண்டு அடுக்கு ஊர்க்காவல் பாதுகாப்பை ஏமாற்றியாக வேண்டும்.'

'இரண்டு அடுக்கு ஊர்க் காவல் பாதுகாப்பா? நம்மைப் பிடித்து விட்டார்களானால், என்ன நடக்கும்?'

'எனக்குத் தெரியாது. நல்லதே நடக்குமென்று நம்புவோம்.'

அவர் ஊர்க் காவல் படையினரின் நடமாட்ட விதம் பற்றி அறிந்தவர் என்றும் அதனால்தான் எங்களைவிடத் தெம்பாக இருக்கிறார் என்றும் யூகித்தேன். அவர் சொன்னார்: 'கிராமத்துக்கு வந்திருக்கும் படையினர் காலை 5 மணிக்கு முன்பாக ஊருக்குத் திரும்பிச் செல்ல வாய்ப்பில்லை. சவால் என்பது எல்லையில்தான் இருக்கிறது. அங்கே மற்றொரு அணி பாதுகாப்பை மேற்கொண்டு வருகிறது. அந்தப் படை யூகிக்க முடியாத வேலை இடைவேளை நேரங்கள் கொண்டது. அதனை நாம் எச்சரிக்கையுடன் பயன்படுத்திக் கொள்ளவேண்டும்.'

அரிசி, சாதம், மிளகாய், அவித்த கீரைகள் கொண்ட இரவு உணவுக்குப் பின் நாங்கள் படுக்கைக்குச் சென்றோம். எங்களுக்கு அடைக்கலம் தந்தவரும் அவரது விருந்தாளிகளும் நீண்ட மூங்கில் குழாய்களில் இருந்து கானி (அபின்) புகையை உறிஞ்சிக் கொண்டிருந்தார்கள்.

•

அடுத்த நாள் அதிகாலையில், இரண்டு பேர் வந்து என்னை எழுப்பினார்கள். அவர்கள் ரகசியமாகக் கிசுகிசுத்துக் கொண்டனர். அவர்களது கையில் வெட்டுக் கத்திகள் இருந்தன. எங்களது தோள் பைகளை எடுத்தனர். என் குறுங்கத்தியைப் பற்றிக் கொண்டு, படுக்கையை விட்டுத் துள்ளி எழுந்தபோதுதான், அவர்கள் எங்கள் பைகளைச் சுமந்து செல்ல கிராமத்திலிருந்து வரவழைக்கப்பட்ட சுமைக் கூலிகள் என்று புரிந்தது. அப்போது அதிகாலை 3.30 மணி. எங்கள் வீட்டுக்காரர் கிரீன் டீயும், வறுத்த சோளமும் கொடுத்தார்.

அதைச் சாப்பிட்டுவிட்டு, அதிகாலை 4.15 மணிக்கு நாங்கள் நடக்கத் தொடங்கினோம். அப்போது இன்னும் இருட்டாகவே இருந்தது. நாங்கள் நடந்த கரடு முரடான கான்கிரீட் ரோடு நேராக கிராமத்திலிருந்து நான்கு கிலோ மீட்டர் தள்ளி இருந்த எல்லைவரை சென்றது. பாதுகாப்புக் காரணங்களுக்காக நான் டார்ச் லைட்டை அடிக்கவில்லை. வெளிச்சமும் தேவையில்லை. ஏனெனில், மங்கலான வெள்ளை நிறத்தில் இருக்கும் கான்கிரீட் சாலை ஒரு வாகனம் கடந்து செல்லும் அளவுக்கு அகலமாக இருந்தது. உடன் வந்த மூவரும் எங்களை முந்திச் சென்று எங்களை விரைவாக நடக்கச் சொன்னார்கள்.

அரை மணி நேரத்துக்குப் பிறகு, தொடுவானத்தில் மெல்லிய வெளிச்சக் கீற்றுகள் தென்பட்டன. நான், ஒரு சில வினாடிகள் நின்று சுற்றுப்புறங்களைக் கவனித்தேன். என் இடது, வலது, முன் பக்கங்களில் ஒரு மலைத் தொடர் தென்பட்டது. அவற்றில் சில மரங்கள் அடர்ந்தும், மற்றவை பாதியளவு வெட்டப்பட்டிருந்ததாக வும் தோன்றியது. கொஞ்சம் தூரத்திலிருந்து புகை வந்து கொண்டிருந்தது. காட்டை அழித்து விவசாயம் செய்யும் ஜூம் விவசாயத்துக்காகக் கொளுத்தப்படும் காட்டுப் பகுதியிலிருந்து புகை வந்திருக்கலாம். நாங்கள் இப்போது எந்தக் கிராமத்தை விட்டு வந்தோமோ, அது, நாங்கள் தற்போது சென்று சேர்ந்த கிராமத்தில் இருந்து பார்த்தபோது சின்னதாகத் தெரிந்த மலையின் மத்தியில் தொற்றி அமர்ந்திருந்தது. நாங்கள் பயணித்த சாலை சுற்றிச் சுற்றிப் படிப்படியாக மேலேறிப் பக்கத்து மலைக்குள் சென்று மறைந்து போனது. ஆண்டுக்கணக்கில் மராமத்து செய்யப்படாமல் காங்கிரீட் கொஞ்சம் கொஞ்சமாகச் சிதைவுற்று, கற்குவியலாக மிஞ்சியிருந்தது. நாங்கள் 'ஆபத்தான பகுதி'யிலேயே இன்னும் இருப்பதாகவும், முன்னால் சென்ற அந்த மூன்று பேருடனும் சீக்கிரம் சென்று சேரவேண்டும் என்று நினைவுபடுத்தினான் பிரதீப்.

எங்களால் நடை வேகத்தை ஓரளவே அதிகரிக்க முடிந்தது.

காலை 8 மணியாகி வெகு சில நிமிடங்களில், சாலைத் திருப்பத்தில் நாங்கள் தங்கிய வீட்டுக்காரர் காத்துக் கொண்டிருப்பதைப் பார்த்தோம். அவர் எங்களை வேகமாக வரும்படி சைகை காட்டினார். எங்களை நாங்கள் போக வேண்டி இடத்தில் கொண்டு சேர்த்த பின், தங்கள் வீட்டு வேலைகளைக் கவனிக்க வீட்டுக்குத் திரும்பவேண்டும் என்று சொன்னார். எனவேதான், எங்களுக்காகக் காத்திருக்காமல் அவர்கள் முன்னே சென்றிருந்தார்கள்.

அவர் தொடர்ந்து சொன்னார்: 'இங்கிருந்து நாம் சாலையை விட்டு இறங்குகிறோம். காட்டு வழியே செல்கிறோம். நாம் மிக ஜாக்கிரதை யாக இருக்கவேண்டும். நான் உங்களுடனே நடப்பேன்.' ஒரு

குறிப்பிட்ட ஆபத்தான பகுதியில் அவர் எங்களை விரைவாக நடக்கச் சொன்னார். அங்கே அஸ்ஸாம் ரைஃபில்ஸ் படையின் பிளாட்டூன் ஒன்றின் முகாம் அருகில் இருந்தது. அது காலை 9 மணி வாக்கில் அந்தப் பகுதிக்கு ரெகுலராக ஊர்க் காவல் அணியை அனுப்பும்.

நாங்கள் மரங்களும் கொடிகளும் அடர்ந்த ஒரு தோப்பில் நுழைந்து கடைசியாக ஒரு குறுகிய மலைப் பாதையை வந்தடைந்தோம். நாங்கள் மலையேறும்போது இருந்ததுபோலவே இப்போது காட்டில் இருளாக இருந்தது. மேல் வானமளவு வளைந்திருந்த கிளைகளின் இடைவெளிகளின் ஊடாக சூரியக் கதிர்கள் உள்ளே வந்தன. ஆனால், அவை தரையைத் தொடமுடிந்திருக்கவில்லை.

காலை 9.30 மணி இருக்கும். எனக்கு மேல் மூச்சு, கீழ் மூச்சு வாங்கியது. கட்டாயமாக ஓர் இடைவேளை தேவையாயிருந்தது. கொஞ்ச நேரம் நின்று மூச்சு வாங்கிக்கொண்டே, அஸ்ஸாம் ரைஃபில்ஸ் படையினரின் கண்காணிப்பு எல்லையைத் தாண்டிவிட்டோமா என்று கேட்டேன்.

'ஆம். நாம் அந்தப் பகுதியைக் கடந்துவிட்டோம். இப்போது பிரச்னை இல்லை' என்றார்.

'ஓ.கே. அப்படியென்றால் நாம் கொஞ்சம் உட்காரலாமே?'

'நிச்சயமாக. என்றாலும் ரொம்பவும் தாமதிக்க வேண்டாம். நானும் சாயந்திரமே என் பஸ்திக்குத் திரும்பிச் செல்ல வேண்டியிருக்கிறது.'

எனவே, முதல் தடையைக் கடந்தாயிற்று. யாரும் நம்மைக் கவனிக்க முடியாமல் கடந்துவிட்டோம். இப்படித்தான், இத்தனை பத்தாண்டு களில் போராளிகள், பலமான பாதுகாப்புப் படையினரின் கண்காணிப்பையும் மீறித் தொடர்ந்து செயல்பட்டுக் கொண்டிருக் கிறார்கள். எல்லையின் ஒவ்வொரு அங்குலத்தையும் பாதுகாப்பது முடியாத காரணம். இத்தகைய நிலப்பரப்பில் வேலி என்பது சாத்தியமே இல்லை. நாங்கள் இருக்கும் குறிப்பிட்ட இடத்தைப் பற்றி அறிய விரும்பினேன்.

நான் மீண்டும் கேட்டேன்: 'ஆனால், நாம் இன்னும் இந்தியாவில்தான் இருக்கிறோமா?'

ரசித்து பீடி குடித்துக் கொண்டிருந்தவர், இனம் புரியாமல் என்னை நோக்கினார். ஏனெனில், அவரிடம் அதற்கான பதில் இல்லை. இந்தியாவையும் மியான்மரையும் பிரிக்கும் கோடு இங்கே வரையறுக்கப் படவில்லை. உள்ளூர்வாசிகள் அதைப் பொருட்படுத்தவும் இல்லை.

அவர்கள், 'சுதந்தரமான எல்லை முறை' என்ற ஒரு திட்டத்தின் கீழ் தத்தமது அரசுகளால் ஒரு பதினாறு கிலோ மீட்டர் தூரம்வரை மறுபக்கம் சென்ற வர அனுமதிக்கப்பட்டார்கள்.

நாங்கள் நடப்பதற்காக எழுந்தபோது நாங்கள் 'செக்யூர்ட் (Secured) பகுதி'யில் இருப்பதாகச் சொன்னார்.

செக்யூர்ட் பகுதியா... அப்படியென்றால் என்ன? நான் அவரைக் கேட்டேன். பதில் இல்லை. 'யாருக்கும் சொந்தமில்லாத நிலம்' என்று முன்பு அழைக்கப்பட்ட பிராந்தியத்தில் நாங்கள் நுழைந்திருக்கிறோம் என்பது புரிந்தது.

பதினைந்து நிமிடங்களுக்குப் பிறகு, எங்கிருந்தோ இரண்டு பதின்ம வயதுச் சிறுவர்கள், கானக உடைகளில் தோன்றி எங்களை நிற்குமாறு சொன்னார்கள். மற்ற மூன்று பேர் விழிகளை அகல விரித்து எங்களை வெறிக்க, அடர்ந்த காட்டுக்கொடிகளின் வழியாகத் துருத்திக் கொண்டிருந்த அவர்களது ஏ.கே.47 ரைஃபில்களின் கருஞ்சாம்பல் நிற பேரல்கள் துருத்திக் கொண்டிருந்தன. எங்களது வழிகாட்டி அவர்களது காதில் ஏதோ கிசுகிசுக்க அவர்கள் நாங்கள் தொடர்ந்து செல்ல அனுமதித்தார்கள். அடுத்த இரண்டு மணி நேரமும், அதிகக் கஷ்டம் இல்லாமல், மேலும் கீழும் ஏறி இறங்கினோம். அதே உடையில், அதேபோன்ற ஆயுதங்களுடன் இருந்த இளம் போராளிகள் பணியில் இருந்த ஒரு செக்போஸ்டில் நாங்கள் மீண்டும் தடுத்து நிறுத்தப்பட்டோம். அந்தக் குழுவின் தலைவர் தனது ரேடியோ டிரான்ஸ்மீட்டர் கருவியை எடுத்து, சங்கேத மொழியில் ஏதோ முணுமுணுத்தார். நாங்கள் போய்க்கொண்டிருக்கிற முகாம் தலைவனிடம் அனுமதிபெற்ற பிறகே நாங்கள் செல்ல அனுமதிக்கப்படுவோம் என்று நாகா மொழியில் எங்களிடம் தெரிவித்தார்.

அவரது பேச்சுத்தொனி அஸ்ஸாமின் போடோ இனத்தவரைப்போலக் காட்டியது. நான் என்னை குவஹாத்தியில் இருந்து வரும் ஒரு உல்ஃபா செயல்பாட்டாளர் என்று அறிமுகம் செய்துகொண்டபோது, தலைவனின் முகம் பிரகாசமடைந்தது. நான் என்னை ஒரு பத்திரிகையாளனாக அறிமுகப்படுத்திக்கொள்ள முடியாது. ஏனெனில், அதனைப் பரூவா கண்டிப்புடன் தடை செய்திருந்தார். அவர் போடோவேதான். இந்தப் பகுதியிலும் முகாம்கள் அமைத்திருந்த போடோலாந்து தேசிய ஜனநாயக முன்னணியுடன் (NDFB) தொடர்புடையவர். மூன்று ஆண்டுகளுக்கு முன்பு அந்த இயக்கத்தில் இணைந்ததாகவும், பல்வேறு முகாம்களுடன் தொடர்பில் இருப்பதாகவும் கிழக்கு நாகாலாந்தை மையமாகக் கொண்டு செயல் படுவதாகவும் தெரிவித்தார். எங்கள் பயணத்தைத் தொடர்வதற்கான அனுமதி அரை மணி நேரத்துக்குப் பிறகு வந்து சேர்ந்தது.

மதியம் 12.15 மணிக்கு நான் இதுவரை பார்த்தவற்றிலேயே மிகப் பெரிய போராளி முகாம் என்று தோன்றிய முகாமின் வாசலுக்குள் நுழைந்தோம். அது குடிசைகள், அலுவலகங்கள், பாசறைகள் மற்றும்

அணிவகுப்பு மைதானங்கள் கொண்டதாக இருந்தது. அவற்றின் கட்டுமானம், பெரும்பாலும் முழுமையாகவே மூங்கிலால் கட்டப்பட்டு, கூரைப் புற்களால் வேயப்பட்டிருந்தது. அல்லது தார்ப்பாலின் ஷீட்டால் போர்த்தப்பட்டிருந்தது. போராளிகள் ஆங்காங்கே ஓடியாடி, விறகுகளைக் கொண்டு வர, தண்ணீர் பிடிக்க, சிலர் தலைவனின் ஆணையின் பேரில் அணிவகுப்பு செய்ய, சிலர் சமையல் செய்ய என ஒவ்வொரு வேலையில் இருந்தார்கள். 200 மீட்டருக்கும் மேல் விரிந்திருந்த அந்தக் குடியிருப்பு முழுவதும் உயர்ந்த மரங்கள் மற்றும் புதர்களால் நிறைந்திருந்தன. அந்த முகாமுக்கு எதிரே இருந்த பசுமை போர்த்த மலையில் இருந்த இடைவெளிகள் வழியே வளைந்து வளைந்து சென்ற நீரோடை தெற்கு நோக்கிச் செல்வதாக யூகித்தேன்.

எங்களது பைகள் ஒரே குடிசையினுள் வைக்கப்பட்டன. அந்தக் குடிசையில் மூன்று படுக்கைகள், விரிப்புகள், போர்வைகள் இருந்தன. துணிமணிகள், பழைய நாட்காட்டிகள், கையால் எழுதப்பட்ட சில காகிதங்கள் சுவர்களில் தொங்கின. மத்தியில் கணப்பு இருந்தது. எங்கள் இரண்டு பாதுகாவலர்களும் எங்களுக்கு முன்பே முகாமை அடைந்திருந்தனர். இப்போது அவர்கள் வீட்டுக்குத் திரும்பும் பயணத்துக்குத் தயாராக இருந்தனர். எங்களுடனான பயணம் அவர்களது அன்றாடச் செயல்களைப் பாதித்துவிட்டது. அவர்கள் திரும்பிச் செல்லும் சமயத்தில் நிச்சயம் அவர்கள் கிட்டத்தட்ட ஒரு முழு நாளையே இழந்திருப்பார்கள்.

பிரதீப்பும் நானும் உடைந்து போன இரண்டு பிளாஸ்டிக் நாற்காலிகளில் அமர்ந்தோம். என்ன நடக்கிறதென்று அமைதியாகப் பார்வையிட்டோம். யாரும் எங்களிடம் எதுவும் கேட்கவோ எங்களுடன் பேசவோ தயாராக இல்லை. இரண்டு போராளிகளின் பச்சை வர்ண அட்டைகளின் பாக்கெட்டில் 'UPPK' என்ற எழுத்துகள் பொறிக்கப்பட்டிருந்தன. எங்கள் குடிசையை விட்டு வேகமாக வெளியேறினார்கள். அவர்கள் மணிப்பூரில் உள்ள ஒரு போராளிக் குழுவைச் சேர்ந்தவர்கள். நீண்ட நெடிய மலைப்பயணத்தினால் களைத்துப் போயிருந்த எங்களுக்கு அந்த முகாம் செயல்பாடுகள் புத்துணர்ச்சியை அளித்தன.

ஒரு பத்து வருடங்களாக, பல்வேறு பிரிவினைவாதக் குழுக்களின் செயல்பாட்டாளர்களிடம் இருந்து இந்த முகாமைப் பற்றி நான் கேள்விப்பட்டிருக்கிறேன். அது நாகாலாந்து தேசிய சோசலிஸ்டு கவுன்சிலின் கப்லாங் பிரிவுக்கு (NSCN(K)) சொந்தமானது. அந்த வகையில், அந்த அமைப்பு இந்தியா மற்றும் மியான்மரில் உள்ள நாகா இனத்தினர் வசிக்கும் பகுதிகளில் அமைந்திருப்பதாகக் கூறப்படும் நாகாலாந்து மக்கள் குடியரசு அரசாங்கம் என்ற அமைப்புக்குச் சொந்தமானது (GRPN). இந்த அமைப்பு இந்தியாவின் வடகிழக்குப்

பகுதியில் உள்ள உல்ஃபா, என்.டி.எஃப்.பி மற்றும் மணிப்பூர் பள்ளத்தாக்கில் உள்ள பல அமைப்புகளை உள்ளிட்ட பல கிளர்ச்சிக் குழுக்களின் நம்பிக்கைக்குரிய, பழைய தோழமை அமைப்பு. அவர்கள் அனைவரும் பச்சை வர்ணச் சீருடைகளையே அணிந்தாலும், அந்தப் பச்சை வர்ணத்தினுள் பல்வேறு வித்தியாசம் இருக்கும். அவை ஒவ்வொரு தனிப்பட்ட பிரிவினைவாதக் குழுவைக் குறிக்கும்.

இந்தப் பகுதியில் நுழைவதும் நடமாடுவதும் என்.எஸ்.சி.என்.(கே) அமைப்பின் தலைவர் எஸ்.எஸ்.கப்லாங்கின் அனுமதிக்குப் பின்பே நடக்க முடியும். நாங்கள் முழுமையான நம்பிக்கையோடு இல்லை யென்றாலும், அவரையும், இதர புரட்சிக் குழுத் தலைவர்களையும் உல்ஃபா முகாம்களுக்கு நெருக்கமாக இருப்பதாகக் கூறப்படும் முகாம்களின் தலைவர்களையும் நேர்காணல் செய்யலாம் என்று நம்பினோம்.

'நாம் கடைசியாகக் கிழக்கு நாகாலாந்தில் காலடி வைத்துவிட்டதாக நினைக்கிறேன். நீ என்ன நினைக்கிறாய்?' கொஞ்சம் குழம்பியது போலிருந்த பிரதீப்பிடம் கேட்டேன்.

அவரது பதில்: 'அப்படியா? ஆனால், இது நிச்சயமாக இந்தியப் பாதுகாப்புப் படையினரின் பிடிக்கு அப்பால் உள்ள பல தீவிரவாதக் குழுக்களின் ஒருங்கிணைந்த முகாம் ஒன்றைப்போல்தான் இருக்கிறது.'

'இருக்கலாம். அஸ்ஸாம் ரைஃபில்ஸ் படையினர் வெகு தூரத்தில் இல்லை. ஆனால், இந்த முகாம் அவர்களது எல்லைக்கு வெளியில் இருக்கவேண்டும். இல்லையென்றால், பக்கத்திலேயே இத்தனை கிளர்ச்சியாளர்களை வைத்துக்கொண்டு அவர்கள் சோம்பி உட்கார்ந்து விரல்களை நெட்டி முறித்துக்கொண்டிருப்பார்கள் என்றா நினைக்கிறாய்?'

'ஆனால், இங்கிருந்து நாம் எவ்வளவு தூரம் போகவேண்டியிருக்கும் என்பது பற்றி யாரும் எதுவும் சொல்வார்களா...?'

நான் பயந்து போய்ச் சொன்னேன்: 'நோ, நாம் யாரிடமும் எதுவும் கேட்க முடியாது. இன்றிலிருந்து நாம் நடக்கத் தொடங்கினால், இம்மாத இறுதியில் முகாமை அடைவோம் என்று நினைக்கிறேன்.'

'ஆனால், நம்மை வரவேற்க வேண்டிய உல்ஃபா இயக்கத்தைச் சேர்ந்தவர்கள் எங்கே போனார்கள்?' அதற்கு எங்களிடம் பதில் இல்லை. ஒரு குறிப்பிட்ட பகுதிவரை நாங்கள் தன்னந்தனியே பயணம் செய்யவேண்டுமா? எந்தத் திசையில் நாங்கள் புறப்படுவது? நாங்கள் யாரையும் கேட்கவும் முடியாது. கேட்டால் எங்கள் அடையாளம் வெளியே தெரிந்துவிடும்.

அடுத்த நாள்வரை காத்திருந்து அப்புறம் முடிவு எடுக்கலாம் என்று தீர்மானித்தோம். இப்போதைக்கு, நாங்கள் கொலைப்பசியில்

இருந்தோம். அந்தப் பாசறையின் ஒரு மூலையில், ஒரு கணப்பு, பானைகள், சட்டிகள் இருந்தன. இது இரவு உணவுக்கான நேரம் இல்லையா? நான் பார்த்த பெரும்பாலான கிளர்ச்சிக் குழு முகாம்களில் இரண்டு வேளை உணவு மட்டுமே பரிமாறப்படும். காலை 7 மணிக்கு ஒன்று; அடுத்தது மதியம் 2 மணியை ஒட்டி. அவர்களது நாள் சூரிய உதயத்துக்கு வெகு முன்பாகத் தொடங்கிவிடும். எனவே அவர்கள் முன்னிரவில் வெகு சீக்கிரமே படுக்கைக்குச் செல்வார்கள். நான் கொஞ்ச நேரம் படுக்கையில் கிடந்தேன். அப்போது ஒரு பதினேழு முதல் பத்தொன்பதுவரை மதிக்கத்தக்க ஒரு நாகா இளைஞன் உள்ளே வந்தான்.

'ஆக, கடைசியில் நீங்கள் வந்துவிட்டீர்கள். நான் இரண்டு விருந்தினர்களைச் சேர்த்துத் தங்க வைத்துக்கொள்ளவேண்டும் என்று காலையில் என்னிடம் சொன்னார்கள். நீங்கள் உல்ஃபாவைச் சேர்ந்தவர்கள் இல்லையா?' என்று நாகா மொழியில் கேட்டான்.

'ஆமாம்.'

'எவ்வளவு காலம் இங்கு இருப்பீர்கள்?'

'எல்லாமும் திட்டப்படி நடந்தால், நாளை நாங்கள் அடுத்த இடத்துக்குப் புறப்படுவோம்.'

'நீங்கள் இப்போது பசியாக இருப்பீர்கள். நான் அரை மணி நேரத்தில் ஏதாவது சமைக்கிறேன்' என்று சொன்னவன் தன் M-16 ரைஃபிலைச் சுவரில் தொங்கவிட்டதோடு மூன்று தோட்டாக்களைத் தாங்கிய தனது பெல்ட்டை அவிழ்த்தான்.

புன்னகைத்த நான் அவனுடன் கை குலுக்கினேன். வெறுஞ்சோறு கிடைத்திருந்தால்கூட நான் மிகுந்த மகிழ்ச்சி அடைந்திருப்பேன். வந்த சாப்பாடு அதற்கும் மேல்தான். அவன் சோற்றையும் தண்ணீரையும் ஒரு பெரிய கிண்ணத்தில் ஊற்றி ஊறுகாய், உப்பு போன்றவற்றை இன்னொரு கிண்ணத்தில் வைத்து விறகு கொண்டு வர வெளியே சென்றான். நான் வழக்கத்தைவிட அதிகம் சாப்பிட்டேன். அடுத்த நாள் காலைவரை இன்னொரு சாப்பாடு கிடைக்காது என்று நன்கு தெரியும் எனக்கு. நான் அந்த இளைஞனுடன் உரையாடிய போது அவன் நாகாலாந்தில் உள்ள சோன்யாக் இனத்தைச் சார்ந்தவன் என்பது தெரிய வந்தது. ஐந்து வருடங்கள் மட்டுமே பள்ளிக்குச் சென்ற அவன், ஒரு வருடத்துக்கு முன்பு NSCN(K)-ல் சேர முடிவு செய்திருக்கிறான். இந்த முகாமில் ஐந்து வெவ்வேறு கிளர்ச்சிக் குழுக்களைச் சார்ந்த போராளிகள் இருப்பதாகவும், மணிப்பூரில் இருந்து ஒரு சிலரும் இதில் அடக்கம் என்றும் தெரிவித்தான். ஐந்து கிலோ மீட்டர் சுற்றளவுக்கு உள்ளேயே, பக்கத்தில் இதர முகாம்களும் இருந்தன.

சூரியன் மறைகையில் வெப்ப நிலையும் திடீரெனக் குறைந்தது. முகாமைச் சுற்றி நடந்த நான் பாசறைகள், அலுவலர் அறைகளைத் தாண்டிக் கீழேயுள்ள நீரோடைக்குப் போனேன். அந்த இளைஞன் ஏற்கெனவே அங்கே வந்து துணி அலசிக் கொண்டிருந்தான். நாங்கள் எந்த இடத்துக்குப் போகிறோம் என்று அவன் கேட்க, தொலைவில் உள்ள ஓர் இடத்தில் உள்ள முகாமுக்கு அழைத்துச் செல்லப்பட உள்ளதாகக் கூறவே வெடிச் சிரிப்புச் சிரித்தான்.

சிறிது நேரம் பேசிவிட்டு என் குடிசையை அடைந்து வெளியே உள்ள நாற்காலியில் அமர்ந்தேன். செய்வதற்கு வேலை எதுவும் இல்லாததால், இருட்டியதும் நான் படுக்கைக்குச் செல்லத் தயாரானேன். தூங்குவதற்கான பையை எடுத்தேன். நாகா பையனிடம் ஒரு தந்திரம் செய்ய விரும்பினேன். நீ இந்தப் பையில் படுத்துக்கொள்கிறாயா... நன்றாக இருக்கும். நான் உன் மெத்தையில் படுத்துக்கொள்கிறேன் என்று வலைவிரித்தேன். உற்சாகமாக சரி என்றான். சீக்கிரமே குறட்டைவிட்டபடியே தூக்கத்தில் ஆழ்ந்தான். நான் ஜம்மென்று அவனுடைய மெத்தையில் படுத்துக்கொண்டேன். ஆனால், வலையில் சிக்கியது நான்தான் என்பது பின்னர்தான் புரிந்தது. அந்தக் குடிசையின் மெல்லிய மூங்கில் சுவர்களின் வழியே பனிக்காற்று ஊடுருவி வந்தது. அந்தக்காற்று இரவு முழுவதும் என்னைத்தூங்கவிடாமல் வாட்டியது. கதகதப்பைப் பெறும் முயற்சியில் உடலை முறுக்கி, வளைத்து என்னவெல்லாமோ செய்து பார்த்தேன். பிரயோஜனமில்லை. அதிகாலை நேரத்தில்தான் கண்ணசந்தேன். ஆனால் சில மணி நேரத்துக்குள் யாரோ என்னை எழுப்பினார்கள். ஒரு நாகா இனத்தானைப்போலத் தோன்றிய ஒரு போராளி விழிகளை அகல விரித்து என்னைப் பார்த்து வெறித்தான்.

‘நான்கு உல்ஃபா ஆட்கள் உங்களைச் சந்திக்க வந்திருக்கிறார்கள்.’

‘எங்கே அவர்கள்?’.

‘அவர்கள் சாப்பிட்டுக் கொண்டிருக்கிறார்கள். சீக்கிரம் இங்கே உங்களைச் சந்திக்க வருவார்கள் ஆகவே, தயவு செய்து எழுந்திருந்து தயாராகுங்கள்’ என்று சொன்னவன், தான் வந்தது போலவே துரிதமாக வெளியேறினான்.

நான் அவரது வார்த்தைகளை மீண்டும் அசைபோட்டேன். பிரதீப் விழித்திருந்தான். என்னைப் பார்த்துக் கொண்டிருந்தான். இனி கவலைப்படத் தேவையில்லை. பயணத் திட்டம் எதிர்பார்த்தபடியே நடக்கிறது என்பது புரிந்தது. மீண்டும் தூங்கத் தொடங்கினேன். இன்னும் சில மணி நேரத்தில் ஒரு பரபரப்பான பயணம் ஆரம்பிக்கப் போகிறது என்பது புரிந்தது.

2

உயிர்த்தெழுந்த மலைகள்

கிட்டத்தட்ட ஒரு மணி நேரத்துக்குப் பின், வன உடை அணிந்து, ஆயுதம் தாங்கிய நான்கு போராளிகள் குடிசைக்கு வந்தார்கள். அக்குழுவுக்குத் தலைமை தாங்கியவனுக்கு நாற்பது நாற்பத்தைந்து வயது இருக்கும். தாடி வைத்திருந்தார். உயரமாக இருந்தார். மற்றவர்கள் அவனைவிட வயதில் குறைந்தவர்கள். முப்பது முப்பத்திரண்டு வயதிருக்கும்.

'காலை வணக்கம். நாங்கள் உங்களை அழைத்துப் போக வந்திருக்கிறோம். நாங்கள் நேற்று வர முடியவில்லை என்பதற்காக வருந்துகிறோம்' சொன்னபடியே எங்களுடன் கை குலுக்கினார். தன்னைக் கேப்டன் இக்பால் என்று அறிமுகம் செய்துகொண்டு, தனது வீரர்களை எங்களுக்கு அறிமுகப்படுத்தினார். 'டாக்டர்' போரா, ரத்தின் மற்றும் பிஜித்.

'நான் ராஜீவ். இது என் நண்பன் பிரதீப். உங்களுக்கு எங்களைப் பற்றி ஏற்கெனவே சொல்லப்பட்டிருக்கும் என்று நினைக்கிறேன்.'

'யெஸ். ஆனால், அதிகம் சொல்லவில்லை. உங்களைப் பத்திரமாக முகாமுக்குக் கொண்டு சேர்க்கும்படி எங்களுக்கு உத்தரவு.'

'ஓ.கே. நேற்று நாங்கள் ரொம்பவே குழம்பிப்போய்விட்டோம். ஏனெனில், நாங்கள் வந்தபோது உங்களை இங்கே காணவில்லை. உண்மையைச் சொன்னால், எங்கள் பயணத்தைப் பற்றிப் பேசுவதற்காக

இன்று இந்த முகாமின் கமாண்டரைப் பார்க்கத் திட்டமிட்டுக் கொண்டிருந்தோம்.'

'அவருக்கு நீங்கள் இங்கே இருப்பது தெரியும். ஆனால், அவர் கொஞ்சம் முன் ஜாக்கிரதையானவர். நீங்கள் அஸ்ஸாம் ரைஃபில்ஸ் படையினரை ஏமாற்றினீர்கள் என்பதையும் இந்த இடத்துக்கு எவ்வித பிரச்னையுமின்றி வந்து சேர்ந்தீர்கள் என்பதையும் அவரால் நம்ப முடியவில்லை' என்று சிரித்துக் கொண்டே சொன்னார் இக்பால்: 'அவர் நம்மை வழியனுப்ப வருவார்.'

மௌனமாகக் கேட்டுக்கொண்டிருந்த 'டாக்டர்' குறுக்கிட்டு அவருடைய பையில் தேவையான ஊசி மருந்துகள், உள்ளிட்ட மருந்துகள் உள்ளன என்று தெரிவித்தார். அவரது வேலை அந்தக் குழுவிலேயே கஷ்டமானதாகத் தெரிந்தது. பயணம் முழுவதிலும் எங்களை நோய்நொடிகளின்றிப் பார்த்துக்கொள்வது அவர் வேலை. நாங்கள் இருவரும் சந்தோஷமானோம்.

நான் அவரைப்பற்றிக் கூடுதல் விவரம் தெரிந்துகொள்ள ஆசைப் பட்டேன். நீங்கள் எம்.பி.பி.எஸ். பட்டம் பெற்றவரா என்று கேட்டேன். அப்படி எதுவும் படித்ததில்லை என்றும், ஆனால், தனக்குப் பொதுவான எல்லா வியாதிகளைப் பற்றியும் அவற்றைக் குணப்படுத்துவது பற்றியும் தெரியும் என்றும் சொன்னார். உல்ஃபா இயக்க ஆதரவாளர்களாக இருந்த சில அஸ்ஸாமிய டாக்டர்கள், பல வருடங்களுக்கு முன்பு அவருக்குப் பயிற்சி அளித்திருக்கிறார்கள். சுருக்கமாகச் சொல்வதென்றால், எல்லா பெரிய தீவிரவாத முகாம்களிலும் போராளிகளைக் குணப்படுத்த வழக்கமாகக் காணப்படும் டாக்டர்களைப் போன்றவர்தான் அவர். ஆனால், உண்மையில் அவருக்குத் தோட்டாவால் துளைக்கப்பட்ட காயங்களையும் பொதுவான காயங்களையும் குணப்படுத்துவதற்கு மேலே ஏதேனும் தெரியுமா? நாங்கள் மாரடைப்பு போன்ற ஏதாவது சில தீவிரமான நோயால் பாதிக்கப்பட்டால் என்ன நடக்கும்?

'தயவுசெய்து உண்மையைப் பேசு. இந்தப் பயணத்தை வெற்றிகர மாகச் செய்துமுடிப்போம் என்று நினைக்கிறாயா? இந்த இடம்பற்றி எதிர்மறையானதையே கேட்டு வருகிறோம்' பயமுறுத்தினார் பிரதீப்.

இக்பால், இந்த நடைபயணம் வெளியே சொல்லப்படுவதுபோல் அவ்வளவு கடினமானதல்ல என்று நம்பிக்கையூட்டினார். நமக்கு வேண்டியது எல்லாம், நாம் அதைச் செய்து முடிப்போம் என்ற மன உறுதிதான் என்று கூறிய அவர், உடல் தகுதியற்ற நூற்றுக்கணக்கான போராளிகள் அவ்வழியாகக் கடந்துசெல்வதாகவும் கூறினார்.

ஒருமுறை சரியாக நடக்கக்கூட முடியாத ‘சூப்பர் ஹெவி வெயிட்’ நபர் இந்தப் பாதையைக் கடந்திருக்கிறார் என்றும் ஆனால், வழியில் ஒவ்வொரு அடிக்கும் மூச்சுவாங்கினார் என்றும் பழைய சம்பவத்தை நினைவுகூர்ந்தார் இக்பால்.

நாங்கள் குழுவோடு நன்றாக ஒட்டிக்கொண்டதோடு ஜோக்குகள் சொல்லும் அளவுக்கு மனம் லகுவாகியிருந்தது. ஐந்து வருடத்துக்கு முன்பு, படைத்தளபதி பரூவாவின் நெருங்கிய வீரர்களில் ஒருவர் என்று இக்பாலைப் பற்றிக் கேள்விப்பட்டிருக்கிறேன். அவர் தனது பள்ளிப் படிப்பை முடித்த பின் இருபது ஆண்டுகளுக்கு முன்பு உல்ஃபாவில் இணைந்தார். அவர் தளபதியுடன் முக்கிய பணிகளின் போது துணையாகச் சென்றவர்; சில ஐரோப்பிய நாடுகளுக்குச் சேர்ந்து பயணம் கூடச் செய்திருக்கிறார். அவர் போன்ற ஒரு சீனியரை எங்களை வரவேற்க அனுப்பி வைத்திருந்ததைக் கண்டு நான் மகிழ்ச்சியில் அதிர்ந்து போனேன். இந்த நிகழ்வே, எங்களது பயணத்துக்கு அளிக்கப் பட்ட முக்கியத்துவம் பற்றித் தெரிவித்தது. இக்பால் ஒரு தகவல் களஞ்சியமாக இருந்தாலும், தான் சொன்ன எல்லாவற்றையும் கொஞ்சம் சுருக்கமாகவே சொன்னார்.

சிறிது நேரத்தில் உணவு கொண்டுவரப்பட்டது. கொஞ்சம் ஆறிய சோற்றையும் வேக வைத்த காய்கறிகளையும் நாகா வீரர் ஒருவர் எங்களுக்குப் பரிமாறினார். அதை நாங்கள் சாப்பிடும்போது பயணத்தின்போது செய்ய வேண்டியவை குறித்தும், செய்யக் கூடாதவை குறித்தும் இக்பால் சொன்னார். மேலும், பரூவா சொன்னதுபோல் நாங்கள் எங்கள் சொந்த அடையாளங்களை எங்கேயும் வெளிப்படுத்தக்கூடாது என்பதை மீண்டும் வலியுறுத்தினர். அந்த நொடியிலிருந்து, நாங்கள் ஒரு முகாமுக்குச் சென்று கொண்டிருக்கும் மூத்த உல்ஃபா செயல்பாட்டாளர்கள் ஆக இருக்க வேண்டும். இதைத் தவிர கொஞ்ச காலத்துக்கு முன்பு எனக்கு அனுப்பி வைக்கப்பட்ட பரூவாவின் மின்னஞ்சல் அறிவுரைகளையம் நாங்கள் மனதில்கொள்ளவேண்டும்.

உல்ஃபாவில் இருபது ஆண்டுகளுக்கு மேல் இருந்து வந்த கேப்டன் நிபண்தாஸ் என்று நான் பெயர் சூட்டிக் கொண்டேன். நாங்கள் பொருட்களை பேக்கிங் செய்து விட்டு அரை மணி நேரத்துக்குள்ளாகப் புறப்படத் தயாரானோம். இக்பால், இன்றைய திட்டம் மலையில் ஒரு ஒரு கிராமத்துக்கு முதலில் சென்று சேரவேண்டும். அங்கு எளிமையான உணவை உண்டுவிட்டு அதன்பின் இரவு கவிழும் வேளையில் மற்றொரு குடியிருப்பை அடையவேண்டும். அந்தக் குடியிருப்பில் இரண்டு இரவுகள் தங்க வேண்டியிருக்கும். எல்லாப்

பைகளையும் பிரித்து, பொருட்களைத் திரும்ப அடுக்கி வைத்து, அந்தக் கிராமத்தில் சேகரித்த உணவுப் பொருட்களை எடுத்துக் கொண்டு பயணத்தைத் தொடரவேண்டும். நாங்களே சுமக்கும் எங்களது பையில் ஒரு கத்தி, லைட்டர், மழைக்கோட்டு, மருந்துகள், தண்ணீர் மற்றும் 500 கிராம் அரிசி இருக்கவேண்டும்.

அரிசியா... எதற்கு?

எப்படியிருந்தாலும் பெரிய மூட்டைகளில் கூடுதலான அரிசி எடுத்து வரப்படும்.

'இந்தப் பகுதியில் நீங்கள் செல்லும்போது, ஒரு ஆபத்து என்று வந்து விட்டால், அவசரத்திட்டம் ஒன்று, உங்களிடம் இருந்தே ஆக வேண்டும்' என்றான் போரா.

'இப்போது புரிந்துகொண்டீர்களா சார்?'

எனக்குப் புரிந்தது. எக்குத் தப்பாக ஏதேனும் நடந்துவிட்டால், நாங்கள் பாதுகாப்புக்காக அடர்ந்த காட்டுக்குள் சென்று அங்கே நாட்கணக்கில் மறைந்திருக்கவேண்டும். மியான்மர் ராணுவம் ஒரு கிராமத்தைச் சுற்றி வளைத்தது அல்லது இந்தப் பாதை செல்லும் ஒரு பகுதியில் தங்கியிருப்பது போன்ற சில சமயங்களில் அப்படியான நிர்பந்தங்கள் வந்தன.

ஆனால், எவ்வளவு காலம்? இது போன்ற சம்பவங்கள் இங்கே அடிக்கடி நடக்குமா என்று கேட்டேன்.

'உண்மையில் அப்படியில்லை. எங்களது ஒற்றர் அமைப்பு மிகவும் ஆற்றல் மிக்கது. நமக்கு வெகுமுன்னதாகவே எச்சரிக்கை தரப்படும். இவ்வாறான எச்சரிக்கை நாம் பாதுகாப்பான இடங்களுக்கு நகர்வதற்கு உதவும்' என்றார்.

'தயவு செய்து நான் ஒரு வேண்டுகோளை வைக்கலாமா? எப்போது மியான்மர் ராணுவம் நம்மைப் பிடித்துவிடும் என்று நீங்கள் கருதுகிறீர்களோ, அது நடப்பதற்கு முன்பே தயவு செய்து என்னைச் சுட்டுவிடுங்கள். ஏனென்றால், ராணுவத்தால் பிடிக்கப்பட்டுக் கொல்லப்படுவதற்கு முன் இரண்டு வாரம் சித்ரவதைக்கு ஆளாக்கப் படுவதைவிட நான் உடனடியாக இறந்து போவதையே விரும்புகிறேன்' என்றேன். என் குரல் எல்லாருடைய கவனத்தையும் ஈர்த்தது. நான் எதுவும் தவறாகச் சொல்லிவிட்டேனா? அப்படி நடக்காது என்று தெரியும். என்றாலும் அப்படி நடந்துவிட்டால்...

‘கவலையேபடவேண்டாம் சார். நாம் பாதுகாப்பாகச் சென்று சேர்வோம்’ இக்பால் பதில் சொன்னார்.

எனக்குக் குடிதண்ணீரைப் பற்றியும் அதேயளவு கவலை இருந்தது. பல வருடங்களுக்கு முன்பு எனக்கு இரு முறை மஞ்சள் காமாலை நோய் வந்து படுத்தியெடுத்துவிட்டிருந்தது. அதிலிருந்து திரவ வடிவில் எதைக் குடித்தாலும் கூடுதல் கவனத்துடன் இருந்து வருகிறேன். கச்சன் பிரதேசத்தில் உள்ள பயிற்சி முகாம்களுக்குச் செல்லும் வழியில் போராளிகள் இறந்துபோவது பற்றிய திகில் கதைகளும் இருந்தன. இந்த விஷயத்தில் நான் அலட்சியமாக இருக்க விரும்பவில்லை. அப்படியிருந்தால் சாவு நிச்சயம். சாவு இல்லையென்றாலும் எடுத்த வேலையை முடிக்கத் தடையாக நோய் ஏற்படலாம். அல்லது தாமதம் நேரலாம். காயச்சிய தண்ணீரே தரப்படும் என்று சொல்லப்பட்ட போது என் பயம் விலகியது.

மற்ற உதவிகள் தவிர்க்க இயலாத நெருக்கடி சூழ்நிலைகளில் தானாகக் கிடைத்தன. கொஞ்ச நேரத்தில் போரா எங்கள் பாட்டில் களை எடுத்துச்சென்று, பக்கத்திலிருந்த பாசறைகளில் இருந்து சுடு தண்ணீரை நிரப்பிவந்தார். நான் கிளம்ப முயன்றபோது அந்த முகாமின் கமாண்டர் ஆயுதம் தாங்கிய போராளிகள் இருவருடன் எங்கள் குடிசைக்கு வந்தார். இந்தக் குழு அவருக்கு சல்யூட் அடித்தது. ஒரு சில நிமிடங்கள் அவர் எங்களுடன் பேசினார். எங்களது பயணத்துக்கு வாழ்த்து சொன்னார். நாங்கள் இந்தப் பகுதியைக் கடந்து செல்ல NSCN(K) இடமிருந்து அனுமதி பெற்றிருப்பதாக ஒரு தட்டச்சு செய்யப்பட்ட குறிப்பு இக்பாலிடம் தரப்பட்டது. எங்களுக்கு நாகா போராளிகளிடம் இருந்து உதவி எதுவும் தேவைப்பட்டால் அந்தக் குறிப்பு உதவிகரமாக இருக்கும்.

முகாமிலிருந்து கிளம்பி நாங்கள் வழக்கமான வழித்தடத்திலிருந்து விலகிய சுற்றுப்பாதைக்குள் நுழைந்தோம். அந்தப் பாதை மலைவரை சென்றது. எங்களது மூன்று தோள் பைகளையும் போராவைத் தவிர்த்து மூன்று பேர் சுமந்து வந்தனர். போரா மருந்துகளும் முதல் உதவிப் பெட்டியும் அடங்கிய தனது கனமான பையைச் சுமந்து வந்தார். அவர்களது சொந்தப் பைகளும், ஆயுதங்களுமாகச் சேர்ந்து அவர்கள் அதிகமான சுமையை எடுத்து வந்தார்கள். இக்பாலும் போராவும் ஆளுக்கு ஒரு 9 மி.மீ. பிஸ்டலை வைத்திருக்கும் இளைஞர்கள். இருவரும் ஏ.கே. 81 சால்ட் ரைஃபில் துப்பாக்கிகளைத் தங்கள் தோளில் தொங்கவிட்டவாறே தோட்டாக்களைத் தங்களது இடுப்பைச் சுற்றிக் கட்டியிருந்தனர். நாங்கள் நடக்கும் ஒவ்வொரு முப்பது நிமிடத்துக்கும் ஒரு முறை ஓய்வு எடுத்துக்கொண்டோம்.

நான் தடுமாறி விழுந்தது எனக்கு நிறையவே கற்றுக்கொடுத்தது. ஒரு மணி நேரத்துக்குப் பிறகு ஒரு கிராமத்தைச் சென்று சேர்ந்தோம். அங்கு அரிசிச் சாதமும் கருவாடும் சாப்பிட்டோம். எனது அமெரிக்கன் காலணிகளைத் தியாகம் செய்தேன். ஹண்டர் ஷூக்களை அணிந்து கொண்டேன். நான் வெறுங்காலில் நடப்பதுபோல் உணர்ந்தேன். ஆனால், இப்போது இன்னும் உறுதியாகக் கால் ஊன்றி நடந்தேன். வேறென்ன, அதுதானே அங்கு மிகவும் அவசியமாக இருந்தது.

அந்தக் கிராமத்திலிருந்து அந்தப் பாதை அகலமாக இருந்தது. எளிதில் கடக்க முடிந்தது. எனினும் அந்தப் பாதை பல இடங்களில் திடீரெனக் கீழிறங்கியது. அந்தப் பாதை கீழே சென்ற ஒரு நீரோடைக்கு இட்டுச் சென்றது. எங்கள் பாதையின் அடுத்த பகுதிக்குச் செல்ல அந்த நீரோடையைத் தாண்டவேண்டும். அதிலிருந்து அந்தப் பாதை அடுத்த கிராமம்வரை மேலே ஏறிச்சென்றது. நாங்கள் கீழிறங்கி நடந்தபோது எங்கள் அடுத்த இலக்கைக் கண்டோம். அது எதிர்த்திசையில் இருந்த மலையின் உச்சியில் இருந்த ஒரு கிராமம். அது வெறும் ஒரு அரை கிலோமீட்டர் தூரத்தில் இருப்பதாகத் தோன்றியது. ஆனால், காகம்போல் பறப்பதாக இருந்தால் அப்படி எளிதில் சென்று சேர்ந்துவிடமுடியும். கரடு முரடான பாதையில் நடந்து செல்வதென்றால் அது வேறு விஷயம். மாலை 4 மணியளவில் வெளிச்சம் இறங்கியபோது, ஆறுபோல் வேகமாகச் சுழித்து ஓடிய நீரோடை மீதான மூங்கில் பாலத்தில் கால்வைத்தோம்.

‘நீங்கள் தவறாக எடுத்துக் கொள்ளவில்லையெனில் தயவு செய்து கொஞ்சம் ரெஸ்ட் எடுத்துக்கொண்டு செல்லலாம்’ என்று நான் உரத்த குரலில் சொன்னேன்.

‘யெஸ். தட்ஸ் ஃபைன். எப்போது நீங்கள் ஓய்வெடுக்க விரும்புகிறீர்களோ அப்போது நாம் நின்று செல்லத் தடையில்லை. ஒரே கண்டிஷன். பாதுகாப்புக்கு அச்சுறுத்தல் இருக்கக்கூடாது’ என்றார் இக்பால்.

கொஞ்ச தூரம் சென்றதும் நான் அப்படியே பேச்சு மூச்சற்று உறைந்தேன்: ஒரு செங்குத்தான மலை முகடு!

அந்த செங்குத்தான மலை முகடில் சில கரடு முரடான பாறைகள் தலையை நீட்டிக் கொண்டிருந்தன. அவை எங்களுக்குக் கால் வைத்து ஏற ஏதுவாக இருந்தன. ஆனால், உச்சி வெகு உயரத்தில் இருந்தது. நான் முன்பு சறுக்கி விழுந்ததைவிட இங்கே விழுந்தால் ரொம்பவே ஆபத்தானது. நான் பிரதீப்பைப் பார்த்துத் திரும்ப, அவர் என்னைவிட அச்சத்தில் உறைந்திருந்தார். எங்கள் குழுவின் மற்ற உறுப்பினர்கள்

கொஞ்சமும் கவலைப்படாதவர்களாகத் தெரிந்தார்கள். அவர்களது வெளிப்படையான அலட்சியம் என்னைக் குலைத்தது. நாங்கள் கொரில்லாக்கள் அல்ல. இத்தகைய ஏற்றங்களுக்கு அவர்கள் ஒரு கயிறையாவது கொண்டு வந்திருக்கலாம்.

என் அச்சத்தைப் புரிந்துகொண்டு இக்பால் என் கையைப் பற்றினார். மழை பெய்யவில்லை. அதனால் வழுக்கவில்லை 'இதற்கு முன் புதிதாக வந்தவர்கள் ஏறியது போலவே நீங்களும் சாதிப்பீர்கள். கவலை வேண்டாம். சில மாதங்களுக்கு முன்பு வந்த ஆசாமிகளை விட நீங்கள் ரொம்பவே வலுவானவர்கள். அவர்கள் அனைவரும் வெற்றிகரமாகப் பயணத்தை முடித்தார்கள்' என்று எனக்கு மீண்டும் நம்பிக்கையளித்தார். 'ஒரே இடத்தில் நீண்ட நேரம் காலை வைத்திருக்காதீர்கள். நீங்கள் ஏறும்போது உங்கள் குதிகால்களுக்கு அதிக அழுத்தம் தராதீர்கள்' என்று ஆலோசனை சொன்னார். அவர் முதலில் ஏறி நான் பற்றுவதற்காக அவரின் கையை நீட்டினார். பிஜித், பிரதீப், போரா ரத்தின் என்று எல்லாரும் பின்தொடர்ந்து வரவேண்டும்.

அடுத்த அரை மணி நேரத்தில் நாங்கள் ஊர்ந்து ஊர்ந்து மேலேறினோம். இரண்டு முறை வழுக்கினாலும், கீழே விழவில்லை. அதனால்தான் நான் இந்தக் கதையை உங்களுக்குச் சொல்ல உயிரோடு இருக்கிறேன். பிரதீப் என்னைவிடக் கொஞ்சம் திறமையாக மேலேறினார்.

உல்ஃபா தோழர்களுடன் இணைந்து நடப்பது முடியாத காரியம். ஏனெனில், அவர்கள் அந்த நிலப்பரப்புக்கு நன்கு பழகியவர்கள். போராவும் பிஜித்தும் தங்களது முதுகில் பளுவான சுமையுடன் எங்களுடன் மெதுவாக நடக்கவேண்டியதில் இருந்த சிரமத்தை என்னால் உணர முடிந்தது. ஆனால், எங்களால் செய்யக்கூடியது ஒன்றுமில்லை.

இருள் சூழத் தொடங்கியது. அப்போதுதான் தூரத்தில் மெலிதாக பேச்சுச் சத்தம் கேட்டது. ஏதோ ஒரு குடியிருப்பை நெருங்கி விட்டிருக்கிறோம் என்பது புரிந்தது. இதற்கு முன்பு நான் இந்த அளவுக்குக் களைத்துப்போனதாக உணர்ந்திருக்கவே இல்லை. 'நாம் இரவுக்கு இந்தக் கிராமத்திலேயே படுத்துக்கொள்ளலாமா? என்னை மன்னிக்கவேண்டும். இதற்கு மேல் என்னால் நடக்கமுடியாது' என்று இக்பாலிடம் கூறியபடியே ஒரு மரத்தின் கீழே அமர்ந்தேன்.

'சார், நாம் வர வேண்டிய இடத்துக்கு வந்துவிட்டோம். இங்கிருந்து பதினைந்து நிமிடம்கூட ஆகாது. நாம் மிகவும் மெதுவாகச் செல்வோம்.' அவர் என் பையைத் தூக்கிக்கொள்ள முன்வந்தார். அவர் ஏற்கெனவே அதிகமான சுமையை வைத்திருந்ததால் நான் மறுத்துவிட்டேன்.

நான் எழுந்து எனது டார்ச் லைட்டின் வெளிச்சத்தைப் பின்பற்றி முன்னேறத் தொடங்கினேன். அந்தக் கிராமத்திலிருந்து மூன்று உல்ஃபா தொண்டர்கள் எங்களை வரவேற்க விரைந்து வந்தனர். என் 'பேக்'கை ஒருவர் அன்புடன் வாங்கிக் கொண்டார். மனம் நிறைந்து நன்றி தெரிவித்தேன். 'பேக்' இல்லாவிட்டால் என்னால் வேகத்தைக் கூட்ட முடியும் என்று நம்பினேன். அது நடக்கவில்லை. மாலை 7 மணிக்கு மேல் ஆகியிருந்தது. இறுதியாக நாங்கள் மரத்தால் செய்யப் பட்ட கிராமத்து வாயில் வழிநுழைந்து ஒரு சமவெளிக்குத் தாழ்வாக இறங்கிச் சென்ற பாதையில் கால் பதித்தோம். இருளில், எல்லைக்கு அப்பால் இருந்த கிராமத்திலிருந்த வீடுகளைவிட மிகவும் சின்னதாய் இருந்த கூரை வேயப்பட்ட வீடுகளின் நீள் வரிசை மங்கலாகக் கண்ணில்பட்டது. ஆனால், அந்தக் கிராமம் ஏன் அமைதியாக இருந்தது? அனைவரும் தூங்கப் போயிருக்கலாம்.

அந்தக் குடியிருப்பின் மத்தியில் இருந்த ஒரு குடிசைக்குச் சென்றோம். அங்கேதான் நாற்பது வயதுகளின் இறுதியில் இருந்த ஞானேஷ் பரளி தன்னை அறிமுகப்படுத்திக்கொண்ட ஒரு உல்ஃபா போராளி எங்களை வரவேற்றார்.

இரவுச் சாப்பாட்டுக்குப் பிறகு, அந்தக் குடிலின் உள்ளறையில் இருந்த மிகவும் கடினமான ஆனால், வசதியாக இருந்த மரத் தரையில் தூங்குவதற்கான பையை வைத்து அதனுள் என்னை நுழைத்துக் கொண்டேன். இந்த அறையில் மூங்கிலால் கட்டப்பட்ட ஒரு திறப்பு இருந்தது. அதற்கு தோள் கொடுத்து நின்றன பூமியில் புதைக்கப்பட்ட மரத் தூண்கள். பிரதீப், இக்பால், போரா தரையில் என் அருகில் படுத்துக்கொண்டார்கள். மற்ற இருவர் பக்கத்துக் குடிலில் தங்க வைக்கப்பட்டனர். குளிர் முந்தைய இரவைப்போல் மோசமாகவே இருந்தது. ஆனால், பக்கத்தில் வசித்த குடும்பங்கள் எனக்குக் கூடுதல் போர்வைகளை அனுப்பிவைத்திருந்தார்கள். நான் மெள்ளக் கண்களை மூடினேன்.

அடுத்த நாள் அதிகாலையில், எங்கள் குழு உணவுப் பொருட்களை ஏற்பாடு செய்ததோடு நாங்கள் செல்ல வேண்டிய பாதையையும் திட்டமிட்டது. நாங்கள் சாப்பிட்டு முடித்தபோது பரளி எங்களுடன் வருவர் என்றும் நாளை ஒரு பகுதியைக் கடந்து செல்ல நாங்கள் ஒரு சிறு சாகசம் செய்ய வேண்டியதிருக்கும் என்றும் சிரித்தபடியே சொன்னார் இக்பால்.

'அஸ்ஸாம் ரைஃபில்ஸ்காரர்கள் கண்ணில் மண்ணைத் தூவ வேண்டியிருக்குமா'? என்றேன்.

'அவர்கள் நமக்குப் பின்னால் வெகு தூரத்தில் இருக்கிறார்கள். இப்போது, இங்கிருந்து இரு வழிகள் இருக்கின்றன. ஒன்று குறுக்கு வழி. மற்றொன்று அந்த அளவு குறுக்கு வழி அல்ல.'

இக்பால் விவரித்தார். நாம் நீண்ட வழியைத் தேர்வு செய்வதில் பிரச்னை ஒன்றுமில்லை. குறுக்கு வழியைத் தேர்வு செய்தால், நீங்கள் எங்கள் சீருடைகளைப் போட்டுக்கொள்ளவேண்டும்.

'ஏன்? நாங்கள் எங்கள் அடையாளத்தை நிரூபிக்கவேண்டிவருமா?'

'ஆமாம். பக்கத்தில் எங்கள் சோதனைச் சாவடி இருக்கிறது. நீங்கள் பத்திரிகையாளர்கள் என்று யாரும் தெரிந்துகொள்ள நாங்கள் விரும்பவில்லை' என்று பதில் சொன்ன அவர் மாலையில் நாம் ஒரு இறுதி முடிவு எடுக்கலாம் என்றும் சொன்னார்.

என்னிடம் இருந்தன பல கேள்விகள். ஆனால், அவற்றுக்குப் பதில்கள் இருக்காது. காரணம் உள்ளூர்க்காரர்களிடம் நான் பேசுவதற்கு வெளிப்படையாகத் தடைபோடப்பட்டிருந்தது. நான் ரத்தினிடம் பேசினேன். அவர் அந்தக் கிராமத்தைப் பற்றிப் பேசுவதில் ஆர்வமாக இருந்தார். அந்தக் கிராமம் நாகாப் பழங்குடிகளின் மிகப் பெரிய குழுவான கோன்யாக் பழங்குடியினருடையது. அவர்கள் இந்தியா மியான்மர் என இரண்டு தேசங்களிலும் வாழ்ந்தார்கள். எல்லைகளுக்கு அப்பால் அவர்களுக்கு உறவுக்காரர்கள் உண்டு. இந்தக் கிராமத்து மனிதர்கள் வியாபார விஷயமாக அல்லது குடும்ப விசேஷங்களுக்காக அடிக்கடி எல்லைகளைத் தாண்டிச் செல்வார்கள்.

நாகாலாந்தில் உள்ள ஒரு சில கடைகளில் இருந்து உப்பு, பருப்பு போன்ற பொருட்கள், உணவுப் பொருட்கள் தட்டுப்பாட்டின்போது அரிசி, காய்கறிகள்கூடக்கொண்டுவரப்பட்டன. சூரிய சக்தியைப் பயன்படுத்துவதற்காகச் சில குடில்களில் தட்டையான பளபளப்பான கறுப்புப் பலகைகள் இருந்தன. இந்திய எல்லையோரக் கிராமங்களிலும் இவை காணப்படுகின்றன. ஆனால், ஏன் ஒரு சில வீடுகளில் மட்டும் இவை அமைக்கப்பட்டிருக்கின்றன.

ரத்தின் சொன்னார்: 'வீட்டில் ஒரு எலக்ட்ரிக் பல்பு வைத்திருப்பது, இங்கு ஆடம்பரமான விஷயம்!'. ஆக, அவர்களிடம் வர்க்கப் பிரிவினை இருப்பது தெளிவாகத் தெரிகிறது. வரலாற்று ரீதியில் வர்க்க பேதமற்ற சமதர்ம சமுதாயமாகக் கருதப்பட்ட பல பழங்குடிச் சமூகங்களில், சமீப காலங்களில் இத்தகைய மாற்றம் ஏற்பட்டு வருகிறது. அவர்களது உபரி வருவாய்க்குக் காரணமாக இருப்பது எது?

ரத்தினுக்குத் தெரியவில்லை. விரிவான பதில்களுக்கு நான் இன்னும் சில நாட்கள் காத்திருக்கவேண்டும்.

இதைவிட என்னை அதிர வைத்தது ரத்தின் கூறிய இன்னொரு விஷயம். இந்தக் கிராமத்திலும் மற்றும் இதர கிராமங்களிலும் உள்ள சிலர் நாகாலாந்து மாநில வாக்காளர் பட்டியல்களில் இடம் பெற்றிருக்கிறார்களாம். வாக்காளர் பட்டியல் திருத்தப்படும் போதெல்லாம், வாக்காளர் பட்டியல்களில் இடம் பெற்ற பலரது பெயர்களும் அப்டேட் செய்யப்பட்டுவிடுகின்றன. அப்படி வாக்காளர் பட்டியல் திருத்தப்பட்ட பின்பு அவர்கள் அரசியல்வாதிகளிடம் இருந்து பரிசுகளைப் பெற்றுவந்தார்கள். ஆச்சரியமாக இருந்திருக்க வில்லை. அவர் சொன்னதை உடனடியாக சரி பார்க்க எந்த வழியும் இல்லை. ஆனால், அது நடக்கக்கூடிய விஷயமே என்று பட்டது.

இந்தக் குடியிருப்புவாசிகளுக்கு எல்லை தாண்டுவதற்குக் கட்டுப் பாடுகள் எதுவும் இல்லை. தேர்தல் காலங்களில், மாநிலங்களுக்கு இடையில் உள்ள எல்லைப் பகுதிகளில் வசிக்கும் இரண்டு மாநிலங்களில் வாக்களிக்க வினோத உரிமையைப் பெற்றிருப்பதாகச் செய்திக் கட்டுரைகள் ஊடகங்களில் வெளிவந்திருக்கின்றன. நானே குவஹாத்திக்கு அருகிலுள்ள ஒரு சில நேபாளிக் குடும்பங்கள் அஸ்ஸாமிலும் மேகாலயாவிலும் வாக்களித்த நிகழ்வுகளை நேரிடையாகக் கண்டிருக்கிறேன்.

எங்கள் குடிலுக்குத் திரும்பவந்து, நாளைய பயணத்துக்குத் தயாரானோம். நாங்கள் நீண்ட - ஆனால் பாதுகாப்பான பாதையைத் தேர்ந்தெடுக்கிறோம். இருந்தும், எங்களை இலை தழை கொடி டிசைன் கொண்ட கால் சட்டைகளை அணியச் சொன்னார்கள். இந்த அணிவகுப்பு, இரண்டு நபர்களுக்கு இடையில் ஒரு 15 அடி இடைவெளி விட்டு ஒரே வரிசையில் செல்லவேண்டும். பரளி எங்களுக்கு முன்பாக நடப்பார். பிஜித் எனக்கும் பிரதீப்புக்கும் பின்னால் வர வேண்டும். உல்ஃபா படையினரும் இதர போராளிகளும், மலைகளில் அவர்கள் நடமாட நேரும்போது, ஒரு முகாமில் இருந்து இன்னொரு முகாமுக்குச் செல்லும்போது அல்லது எல்லைகளுக்கு அப்பால் நடவடிக்கைகளுக்குச் செல்லும்போது இதே போன்ற அணிவகுப்பு முறையையே எப்போதும் பின்பற்றுகிறார்கள்.

நாங்கள் செய்ததுபோல், அவர்கள் கிராமங்களிலும் மறைவிடங் களிலும் உணவுக்கும் உறைவிடத்துக்கும் தங்கி ஆனால், நாங்கள் இதுவரை நடந்ததைப்போல இரு மடங்கு வேகத்தில் செல்வார்கள்.

இரண்டு வாரங்களுக்கு உணவுப் பொருட்கள் — அரிசி, உப்பு, கருவாடு, மிளகாய் மற்றும் சர்க்கரை சேகரிக்கப்பட்டன. எங்கள் தோள் பைகளில் புதிய பொருட்கள் அடுக்கப்பட்டன. பயணத்தின்போது அடிக்கடித் தேவைப்படும் மிக முக்கியமான பொருட்கள் ஒரு பையிலும் மற்றவை இன்னொரு பையிலும் அடுக்கப்பட்டன. இவ்வாறு மூட்டை கட்டிக் கொண்டிருந்தபோது ரேடியோ திப்ரூகர் பிரதமர் மன்மோகன்சிங் நம் நாட்டுக்கு வந்திருக்கும் மியான்மர் ஜனாதிபதி தெயின்சீன் அவர்களிடம் அண்டை நாடான மியான்மரில் உள்ள போராளி முகாம்களை அழிக்குமாறு மீண்டும் ஒரு முறை வேண்டுகோள் விடுத்ததாக செய்தி வாசித்தது. ஜனாதிபதி அவ்வாறு செய்ய அனைத்து முயற்சிகளும் எடுக்கப்படும் என்று உறுதியளித்தார். தோழர்கள் சற்று நேரம் வேலையை நிறுத்தி வெடிச் சிரிப்பு சிரித்து விட்டுப் பின்னர் தங்கள் வேலையைத் தொடர்ந்தார்கள். உறுதியான மூங்கில் கட்டைகளில் பெரியதும் சிறியதுமாக மொத்தம் பதினாறு பைகள். ஒன்றில் டி.என்.டி. வெடி மருந்துகளும் கையெறி குண்டுகளும் இருந்தன. மற்றொன்றில் பிளாங்கெட்டுகள் இருந்தன.

‘டி.என்.டி.யா? கையெறி குண்டுகளும் துப்பாக்கிகளும் இருந்தும் வெடி மருந்து எதற்கு? குண்டு தயாரிப்பது அவசியமா?’

‘இல்லை. இது வேறொரு நோக்கத்துக்காக. சற்றுப் பொறுத்திருங்கள். நீங்களே பார்ப்பீர்கள்’ போரா சொன்னார்.

‘இது நிச்சயம் மர்மமானது. ஆனால், யார் இவற்றையெல்லாம் சுமந்து செல்வார்கள்? நமது குழுவில் ஏழு உறுப்பினர்கள் மட்டுமே உண்டு.’

அவர் விளக்கினார்: ‘இங்கே ‘ஷகான்’ என்றொரு முறை உண்டு. இந்தப் பைகளை அடுத்த கிராமம் அல்லது அடுத்த இலக்குக்குக் கொண்டு செல்லும் ஆசாமிகள் அவர்கள். இங்குள்ள நாகா அலுவலகத்தினரின் வேலை இதற்கு ஏற்பாடு செய்வதுதான். ஆனால், ஒவ்வொரு பையின் எடையும் 15 கிலோவுக்கு மிகாமல் இருக்க வேண்டும்.’

நான் கேட்டேன்: ‘அவர்கள் எவ்வளவு சம்பளம் கேட்பார்கள்?’

‘இதற்குக் கூலி கிடையாது. இது நாகாலாந்து மக்கள் குடியரசு அரசாங்கத்தால் இந்தக் கிராமங்களுக்கு விதிக்கப்பட்ட கட்டாயப் பணியாகும். அவர்கள் இந்தக் கிராமத்துக்கு வரும் அனைத்துப் புரட்சிக்கரக் குழுக்களின் உடைமைகளைச் சுமந்து செல்ல வேண்டும். நான் ஏன் அவர்களிடம் இரக்கத்துடன் நடந்து கொள்கிறேன் என்பது புரிகிறதா? இந்த மக்கள் தாங்கும் கஷ்டத்தை நீங்களே பார்த்துத் தெரிந்து கொள்ளுங்கள்.’

போரா சொன்னதைவிட மிகச் சரியாக வேறு யாரும் சொல்லிவிட முடியாது. 12 அல்லது 13 வயதுகூட ஆகாத இள வயது சிறுமிகள், பதினாறு நபர்கள் கொண்ட ஒரு குழுவாகக் கூடைகளைச் சுமந்து சென்றார்கள். இத்தகைய ஒரு குழுவில் கிட்டத்தட்ட எழுபது வயதுக் கிழவியும் உண்டு. அவர்கள் எங்களைப்போல அதே நேரத்தில் அதாவது விடிந்து சில நிமிடங்களுக்குப் பின்னரே எங்கள் பொருட்களை எடுத்துக்கொண்டு புறப்பட்டார்கள். நாங்கள் வெட்கித் தலைகுனியும்படியாக நாங்கள் சென்று சேர வேண்டிய இடத்துக்கான தொலைவில் பாதியை மட்டுமே கடந்து முடித்திருந்தபோது, அவர்கள் எங்கள் பொருட்களை உரிய இடத்தில் கொடுத்துவிட்டுத் திரும்பி விட்டார்கள்! தூரத்தைக் கணிப்பது கஷ்டமாக இருந்தாலும், அது இருபது கிலோ மீட்டர்கள் இருக்கும். அவர்களது வேகத்தையும் வலிமையையும் பார்த்து வியந்தேன். அவர்களது புகைப்படங்களை எடுக்க முடியவில்லையே என்று வருந்தினேன். ஏனெனில், நாங்கள் செய்யக்கூடாதவற்றில் புகைப்படம் எடுக்கக்கூடாது என்பதும் அடக்கம். என்.எஸ்.சி.என்.(கே) அமைப்புக்காக இது போன்ற சின்னச் சின்ன வேலைகளில் ஈடுபடுவதும் அவர்களது தினசரி வாழ்க்கையின் ஒரு பகுதியாகும். வீட்டுக்குச் சென்றபின், அவர்கள் தங்களது கடுமையான அன்றாட வேலைகளுக்குச் செல்லவேண்டியும் இருக்கும்.

போராளிகளுக்கு உதவி செய்வதற்காக இந்தப் பகுதி பூராவும் GRPN, ஒரு பயன் அளிக்கக் கூடிய 'சுற்றுமுறை' ஒன்றை நடைமுறைப்படுத்தி வந்தது. ஒவ்வொரு குடும்பமும் சுழற்சி முறையில் புரட்சிக் குழு உறுப்பினர்களுக்கு உறைவிடம் அளிக்க வேண்டும். அவர்களது சுமைகளை அடுத்த இடம்வரை சுமந்து செல்லவேண்டும். அந்த அடுத்த இடம் ஒரு முகாம், கிராமம் அல்லது ஆறாக இருக்கலாம். அனைத்துக் குழுக்களின் படை வீரர்களும் கிராமத்தினரோடு எந்த வம்பு தும்பிலும் ஈடுபடக்கூடாதென்று கண்டிப்புடன் அறிவுறுத்தப் பட்டிருந்தனர். ஆனால், சில சிறு குழுக்கள் முரட்டுத் தனமாக நடந்துகொண்டபோது, GRPN எச்சரிக்கை விடுத்திருந்தது. இருந்தும் உல்ஃபா எப்போதும் கிராமத்தினர்களின் தொடர்பை நல்ல முறையில் பராமரிப்பதுடன் மிகவும் கூடுதலான எச்சரிக்கையுடன் நடந்து கொண்டது. ஷகான்கள் எங்களது அடுத்த இலக்குவரை ரத்தின் உடன் சென்றார்கள். அதற்குக் காரணத்தைக் கண்டுபிடிக்க வேண்டுமென்று பின்னர் எனக்குத் தோன்றியது.

'நோ... நோ. ஷகான்களுக்குப் பாதுகாப்பு தேவை என்பதற்காக அல்ல' பரளி விளக்கம் தந்தான். ஏதாவது காணாமல் போய்விட்டாலோ தொலைந்துவிட்டாலோ, நாங்கள் யாரையும் குற்றஞ்சாட்ட முடியாது.

அதிகபட்சம் நாம் அந்தக் கிராமத்து அலுவலரிடம் குற்றச்சாட்டு அளிக்கலாம். அவர் அந்தக் குழு முழுமைக்கும் அபராதம் விதிப்பார். இதனை நாம் தவிர்க்கவே ஒருவரை உடன் அனுப்புகிறோம்.

நாங்கள் கிழக்கு நாகாலாந்தில் கால்வைத்துப் பயணிக்கத் தொடங்கி இன்று நான்காவது நாள். இந்தப் பாதையானது முந்தைய பாதையை விட இன்னும் மோசமாக இருந்தது. அது மலையைச் சுற்றிச் சுற்றி வந்தது. சமயத்தில் அதன் அகலம் நான்கு அங்குலமே இருந்தது. நான்கு மணி நேரத்துக்குப் பின், இக்பால் எங்களை நிற்கச் சொன்னார். அவர் தனது வாக்கி டாக்கியில் பேசி முடித்த நேரத்தில் அவரது முகம் மாறியது.

அவர் சுருக்கமாகச் சொன்னார்: ‘நம்மை இதற்கு மேல் செல்ல வேண்டாமென்று சொல்லயிருக்கிறார்கள்.’

‘ஏன்?’

‘மீண்டும் அறிவுரைகள் தரப்படும்வரை உங்களை ஒரு பாதுகாப்பான இடத்தில் வைத்திருக்குமாறு எங்களிடம் கூறப்பட்டுள்ளது. நேற்று இரவு நாம் தங்கிய கிராமம் பாதுகாப்பானது. நாம் அங்கே திரும்பவும் போக வேண்டியதிருக்கும்.’

‘என்ன நடந்தது? தயவு செய்து நீங்கள் அவர்களிடம் நாம் அடுத்த கிராமத்தில் தங்கலாமா என்று கேட்க முடியுமா? ஏனெனில், பின்னோக்கிச் செல்வது அவநம்பிக்கை தரும் விஷயம்.’

‘ஓ.கே. நான் முயற்சி செய்து பார்க்கிறேன்.’ சில நிமிடங்களில் அவரது செய்தி தொலைதூரங்களுக்கு எடுத்துச் செல்லப்பட்டது. அரை மணி நேரத்துக்குப் பின் வந்த பதில் எங்களை அடுத்த கிராமத்துக்குப் புறப்பட்ட அனுமதித்தது. மாலை நேரத்தில் அந்தக் கிராமத்தில் சென்று இறங்கினோம். நான் தற்போது தங்கிய இடம் முந்தைய வீட்டைவிடப் பெரிதாக இருந்தது. ஆனால், அதே வடிவமைப்பில் இருந்தது.

எல்லோர் முகத்திலும் குழப்பம். மாலையில் இக்பாலும் பரளியும் ரகசிய உரையாடல் நடத்தினார்கள். இதேவிதமான மரண அமைதி மறுநாள் காலைவரை நீடித்தது. இந்தப் பயணம் இத்தோடு முடிந்து விடுமா? காலைச் சிற்றுண்டிக்குப் பிறகு, ஏன் பயணம் திடீரென்று தடைப்பட்டது என்ற விசாரித்தேன். மியான்மர் ராணுவம், எங்கேயோ ஒரு முகாமை எரித்துவிட்டார்கள் என்பதைத் தவிர வேறொன்று மில்லை என்று ரத்தின் சொன்னார். உல்ஃபாவின் உயர்மட்டத் தலைவர் எங்களது பாதுகாப்புக்கு ஊறுவிளைவிக்கக்கூடிய எதையும்

செய்ய விரும்பவில்லை என்றும், நிலைமை மேம்பட்டுவிட்டது என்றும் அவர்கள் நம்பினால் மட்டுமே எங்களை மேலே பயணிக்க அனுமதிப்பார்கள் என்றும் யூகித்தோம். இரண்டு நாட்கள் கடந்தன. நாங்கள் சாப்பிட்டோம். தூங்கினோம். சில சமயம் வெளியில் உட்கார்ந்திருந்தோம். ஒவ்வொரு நாள் காலையிலும் மாலையிலும் இக்பாலிடம் நிலைமையில் முன்னேற்றம் ஏதும் உண்டாவென்று விசாரிப்போம். அவர் தலையை ஆட்டி ஒன்றும் ஆகவில்லை என்பார். நான் கொண்டு வந்திருந்த புத்தகத்தைப் படித்து முடித்தேன். செய்வதற்கு வேறு ஒன்றும் இல்லை. என் சோம்பலைக் கொல்ல ஒரே வழிதான் இருந்தது. எனவே, இக்பாலின் காதைக் கடித்தேன்.

'உங்களுக்குத் தெரியும், எங்கள் வேலை என்பது திரும்பிப் போன பிறகு இந்தப் பயணம் பற்றி எழுதுவதுதான். எங்கள் கட்டுரைகளில் தவறான அல்லது போதுமான அளவு ஆதாரம் இல்லாத செய்திகளைத் தர முடியாது. எனவே, இங்குள்ள மக்களிடம் கலந்துரையாடித் தகவல் சேகரிக்க விடுங்கள்' என்று கேட்டேன்.

இக்பால் சற்று நேரம் யோசித்தார்: 'அவர்களிடம் நான் யாரென்பதைச் சொல்லமாட்டேன். எனது எழுத்துகளில் அவர்களைக் காட்டிக் கொடுக்கவும் மாட்டேன்' என்று உறுதி சொன்னேன்.

'நான் கிராமவாசிகளிடம் பேசினேன் என்பதை உங்கள் சாரிடம் (தலைமைப் படைத்தளபதியான பரூவா) நானே சொல்கிறேன். கவலைப்படாதீர்கள்.'

நான் தனியாக வீட்டை விட்டு வெளியே செல்லக்கூடாது என்ற நிபந்தனையின் பேரில் ஒத்துக் கொண்டார். நான் அவரிடம் நாங்கள் எங்கே செல்கிறோம், பயணம் எவ்வளவு காலம் எடுத்துக் கொள்ளும் என்ற விபரங்களைக் கேட்டதோடு நாங்கள் அவற்றை அறிந்து கொள்வதால் தவறு ஒன்றும் நிகழாது என்று புரியவைத்தேன். இக்பால் எங்களை எந்த இடத்துக்கு அழைத்துச் செல்ல வேண்டுமென்று பணிக்கப்பட்டிருந்தாரோ அந்த இடத்தின் பெயரைக் குறிப்பிட்டார். அந்த இடத்தைப்பற்றி வெகு காலத்துக்கு முன்பே கேள்விப் பட்டிருக்கிறேன். 'ஆனால், எங்களை இன்னும் கொஞ்சம் பாதுகாப் பான இடத்துக்கு அழைத்துச் சென்றிருக்கலாம்' என்றும் சொன்னார் இக்பால். ஆனால், இங்கிருந்து எங்களது பயணம் எத்தனை நாள் தொடரும்? அவர் பதில் சொன்னார்: 'ஏறக்குறைய மூன்று வாரங்கள், தடையேதும் இல்லாமல் பயணம் நடந்தால்.'

•

ஒவ்வொரு நாள் மாலையிலும் நான் பிஜித் அல்லது ரத்தினுடன், அந்த வாழிடம், அதன் வாழ்க்கை முறை மற்றும் பழக்க வழக்கங்கள்

பற்றி உற்றுக் கவனித்து எவ்வளவுக்கு எவ்வளவு அதிகமான தகவல் சேகரிக்க முடியுமோ, அவ்வளவு தகவலைச் சேகரிப்பதற்காக கிராமத்தில் அங்கும் இங்கும் நடந்தேன். இது ஒரு கோன்யாக் கிராமமே. முந்தைய கிராமம் அளவு பரப்பளவு கொண்டது. ஒரே வித்தியாசம், இக்கிராமம் ஒரு நீண்ட அரை வட்ட வடிவில் மலையில் உருவாக்கப்பட்டிருந்தது. மக்கள் நான் ஒரு மூத்த உல்ஃபா செயல்பாட்டாளர் என்று நினைத்திருந்தார்கள். ஆகவே, மனப்பூர்வமாகப் பாதுகாப்பு தந்தார்கள். என்னிடம் தங்கள் நெஞ்சில் உள்ளதையெல்லாம் கொட்டினார்கள். மிகச் சிலரே உல்ஃபா இயக்கம் பற்றிக் கேள்விப்பட்டிருந்தாலும், நாங்கள் எங்கள் தேசத்தின் விடுதலைக்காகப் போராடும் புரட்சியாளர்கள் என்று நினைத்தார்கள். எங்களது மண் அவர்களது மண்ணில் இருந்து வெகு தூரத்தில் இல்லை. மேலும் நாங்கள் அடக்குமுறை அரசாங்கத்தை எதிர்கொள்ள என்.எஸ்.சி.என்.(கே)யுடன் சேர்ந்து ஒரு கூட்டு நடவடிக்கையில் இணைந்திருக்கிறோம். இன்னும் இந்த மக்கள் இவ்வளவு நம்பிக்கைக்குரியவர்களாக இருப்பதைப் பார்த்து வியந்தேன். என்னுடைய எந்தக் கேள்விக்கும் தயங்காமல் பதில் சொன்னார்கள்.

வழியில் பார்க்கும் ஒவ்வொருவருக்கும் வணக்கம் தெரிவித்தேன். ‘பிரதர். நல்லா இருக்கீங்களா. நீங்க வயலில் இருந்து வருகிறீர்கள் என்று நினைக்கிறேன்’ என்று நான் கேட்பேன்.

தவறாமல் புன்னகையோடு பதில் வரும். ‘ஆமாம். நாங்க நல்லாருக்கோம். நீங்கள் இங்கு தங்கியிருப்பதை அனுபவித்து ரசிப்பீர்கள் என்று நம்புறோம்.’

இந்த மக்கள் ஒரு காலத்தில் தங்கள் பக்கத்து வீட்டுக்காரர்களோடு, வெளியாட்களோடு விரோதம் பாராட்டினார்கள் என்று நம்புவதற்குக் கடினமாக இருந்தது.

தினமும் அவர்கள் ஏதா ஒரு தொலைதூரத்து மலையில் இருந்த தங்கள் வயல்களுக்குப் பல மணி நேரம் மலையேறி செல்வார்கள். ஒவ்வொரு காலையிலும் குழுக்களாகக் கிளம்புவார்கள். சூரியன் மறைந்த பிறகு, காய்கறிகள், கீரைகள் எனச் சுமந்து கொண்டு திரும்புவார்கள். ஒரு சராசரி நாகா இனத்தவர்கள் ஒரு நாளைக்கு இரண்டு முறை சாப்பிட்டாலும்கூடத் திடமாக ஆரோக்கியமாக இருப்பது ஆச்சரியமில்லை. அவர்களது எளிய உணவின் சிறப்பு என்னவென்றால் ஒவ்வொன்றும் வெந்ததாக அல்லது காயவைத்ததாகவே இருக்கும். எண்ணையும் சர்க்கரையும் இன்றி தயாரிக்கப்பட்டதாகவே இருக்கும். எண்ணையும் சர்க்கரையுமே பற்பல வியாதிகளுக்குக் காரணமாக இருக்கின்றன. மழைக்காலங்களில் அரிசியை விட்டு

விட்டு சோள மாவு, பழச்சாறு, பூசணி மற்றும் இதர காய்கறிகள் சாப்பிடுகிறார்கள். அசைவ உணவுப் பட்டியலில் பன்றி இறைச்சி, கருவாடு, கோழி, நாய்க் கறி எல்லாமும் இருந்தன. அந்தப் பட்டியல் அதைவிட நீண்டது என்பது பின்னர் தெரியவந்தது.

அந்தக் கிராமத்தின் ஒவ்வொரு பரிமாணத்தைக் குறித்தும் சுவாரஸ்ய மான உண்மைகள் இருந்தன. நான் அந்தப் பகுதி குறித்துக் கேள்விப் பட்டிருந்த அல்லது படித்திருந்த துண்டு துண்டான கதைகளுடன் அவை ஒத்துப் போகவில்லை. காலப்போக்கில் முக்கியமான மாறுதல்கள் ஏற்பட்டிருக்க வாய்ப்புண்டு. உதாரணத்துக்கு, நாங்கள் போயிருந்த இரண்டு கிராமங்களிலும் எந்தப் பெண்ணும் ஜாக்கெட் அணியாமல் இல்லை. எந்த ஆணும் தலைப் பாகையும் கோவணமும் மட்டும் அணிந்தவராக இருக்கவும் இல்லை.

சில பெண்கள் சூரியனிடம் இருந்து தங்களைப் பாதுகாக்க முகத்தில் கிரீம் ஒயிட் கலர் பேஸ்டைப் பூசி இருந்தனர். உல்ஃபா இயக்கத்துப் பையன்கள் அந்த பேஸ்ட் மலைகளின் உச்சியில் காணப்படும் சந்தன மரத்தில் இருந்து எடுக்கப்பட்டது என்றார்கள். எப்போதாவது, லெவீஸ் ஜீன்ஸ் அல்லது சாயம் போன பழுப்பு நிறத்தில் அழுக்கேறிப் போன ஒரு இறுக்கமான ஜாக்கெட் அணிந்த ஒரு மனிதன் காணப் படலாம். ஆடைகள் அபூர்வப் பொருட்களாக இருந்தன. அவற்றைத் தொடர்ந்து சலவை செய்வது அந்த ஆடைகளின் ஆயுளைக் குறைக்கும் என்று நம்பப்பட்டது.

நான் மேலும் இந்தக் கிராமம் பல பத்தாண்டுகளுக்கு முன்பு நாகாலாந்தில் இருந்து வந்த மதப் பிரசாரகர்களால் கிறிஸ்தவ மதத்துக்கு மாறியது என்றும் இந்தப் பகுதியிலேயே இந்த மதத்தைத் தழுவிய முதல் கிராமங்களில் ஒன்று என்றும் கேள்விப்பட்டேன். வடக்குப் பக்கத்தில் இருந்து பளிச்சென்று கண்ணில் படும் பாப்டிஸ்டு சர்ச்சின் கதவில் உள்ள போர்டு அந்த தேவாலயம் 1978-ல் நிறுவப் பட்டதாகக் குறிப்பிட்டது. நடுத்தர வயதுடைய பாதிரியார் அந்தக் கிராமத்திலேயே மிகவும் மதிக்கப்பட்டவராக இருந்தார். வருடம் முழுவதும் அவருக்குக் காய்கறிகளும் இதர தின்பண்டங்களும் பரிசாகத் தரப்பட்டன.

அந்தத் தேவாலயத்துக்கு அருகில் கை விடப்பட்ட ஒரு விளக்குத் தூண் இருந்தது. கடந்தகாலத்தில், கீழே உள்ள நீரோடையில் இருந்து நீர் மின்சாரம் தயாரிக்க எடுக்கப்பட்டிருந்த முயற்சிகளுக்கு நினைவுச் சின்னமாக நின்றது. நான் அந்தக் கம்பத்தைத் தொட்டேன். அதை அசைக்க முயற்சித்தேன். அது கொஞ்சமாக அசைந்தது. அந்தக் கம்பம் எதைச் சொல்கிறது? அரசு இந்தக் கிராமங்களை மேம்படுத்தக் கடந்த

காலத்தில் ஏதோ முயற்சிகளை எடுத்திருக்கிறது என்று அர்த்தமா? நான் எல்லா ஆட்களிடமும் கேட்டேன். ஆனால், அவர்களுக்கு இது பற்றித் தெரியவில்லை. அவர்கள் அந்த விளக்குத் தூண் ஏன் அந்த நிலைமையில் உள்ளதென்று அறியவில்லை. நிச்சயமாக, தற்போது அவிழ்க்கப்பட முடியாத ஒரு சுவாரசியமான கதை இருக்கவேண்டும்.

இதற்கு முன் பார்த்த கிராமத்தில் குடிசைகள் ஒரே அளவில் இருந்தன. இங்கேயோ, சில அளவில் பெரியதாக இருந்தன. புழக்கடையில் காய்கறி சாகுபடி செய்தார்கள். குடும்பங்கள் பெரியதாக இருந்தன. ஒரே கூரையின் கீழ் இன்னும் அதிகமான நபர்கள் வசித்தார்கள். அது ஒரு கூட்டுக் குடும்பமாக இருந்தது. பொதுவாக, மகன்களில் ஒருவர் தனது குடும்பத்தினருடனும் தன் பெற்றோருடனும் சேர்ந்து வசித்தார். சில நேரங்களில், இன்னொரு மகனும் அந்தக் குழுவில் சேர்ந்துகொள்வார். அதே அடுப்பைப் பகிர்ந்து கொள்வார்.

நாங்கள் தங்கியிருந்த வீடு அச்சு அசலான கோன்யாக் பாணியில் கட்டப்பட்ட கொஞ்சம் பெரிய வீடு. எல்லா முக்கிய பணிகளும் வீட்டின் மைய அறையில் நிகழ்ந்தன. அங்கே குடும்பம் சாப்பிட்டது; வசித்தது. நாங்கள் அடுத்த அறையில் தங்கினோம். அந்த அறையைப் பார்த்தவாறு பால்கணி இருந்தது. மூங்கிலால், கீழிருந்து கட்டை களால் முட்டுக் கொடுக்கப்பட்ட பால்கணி. அந்த வீட்டுக்கு இரண்டு நுழை வாயில்கள் இருந்தன. முன் பக்கத்தில் இருந்து ஒன்று இடது புறத்தில் இருந்து இன்னொன்று.

நான் இந்தக் கிராமத்தில் பார்த்த மற்றொரு முக்கியமான விஷயம் தட்டுப்பாடு இல்லாத தண்ணீர் வசதி. இத்தகைய கிராமங்களில் இத்தகைய தண்ணீர் வசதி அரிதான விஷயம். இரண்டாகப் பிளந்த மூங்கில் குழாய்களில் இருந்து இரண்டு இடங்களில் தண்ணீர் வழிந்தது. அந்த இரண்டு இடங்களிலும் பெண்களும் சிறுவர்களும் நீண்ட மூங்கில் குடுவைகளில் தண்ணீர் நிரப்புவதைக் காண முடிந்தது.

நாகா இனத்தைப் பற்றி நான் வாசிக்கத் தொடங்கியதில் இருந்தே என்னைக் குடைந்துகொண்டிருந்த ஒரு விஷயம் 'தலையை வெட்டுதல்'. இந்தப் பழக்கத்தின்படி ஒரு மனிதனின் தலையை வெட்டியபின் அதனைப் 'பாடம் செய்து'வைக்கவேண்டும். பெரும் பாலும், இப்படித் தலையை வெட்டுவது இரு கிராமங்களுக் கிடையிலான போருக்கு/சண்டைக்குக் காரணமாக இருந்தது. கடந்த பல பத்தாண்டுகளாக, நாகாலாந்தில் இந்தப் பழக்கம் நடைமுறையில் இல்லை. சுதந்தரத்துக்கு முன்னதாக இது நடந்திருக்கலாம். ஆனால், உல்ஃபா செயல்பாட்டாளர்கள் என்னிடம் கடைசித் தலை, கிழக்கு

நாகாலாந்தில் 80களின் ஆரம்பத்தில் வெட்டப்பட்டது என்று தெரிவித்தார்கள்.

பொது புத்தியில் இந்த சம்பவம் இன்னும் உயிர்ப்புடன் இருந்தது. அப்படியானால் கிராமத் தலைவரான கே.வங்கநவ் நினைவு வைத்திருக்க மாட்டாரா என்ன? அவர் தனது கழுத்தில் தொங்கிக் கொண்டிருந்த ஐந்து பித்தளை மனிதத் தலைகளுடன் பெருமிதமாக நடந்தார். அதாவது அவர் பல வருடங்களுக்கு முன்பு ஐந்து மனிதர்களின் தலைகளைக் கொய்திருக்கிறார் என்பதன் அடையாளம் அது. அந்தக் கிராமம் தனது பக்கத்துக் கிராமங்களின் மேல் வெற்றிகர மாக படையெடுப்பு நடத்திய வீரம் செறிந்த கடந்த காலத்தின் எச்சங்கள் அவை. வங்கநவ் அந்தக் கிராமத்தில் சிறந்த ‘தலைவெட்டி’ என்ற பெயரைச் சம்பாதித்ததோடு தன் தந்தையின் ‘ஆங்’ (கிராமத் தலைவர்) பதவிக்குத் தகுதியுள்ள வாரிசானார்.

ஒரு நாள் பிற்பகலில், நான் வங்கநவ்வைப் பேட்டி காணும் உத்தேசத் தோடு அவரை மொரங்க் என்ற இடத்தில் தேடிக் கண்டுபிடித்தேன். இது ஒரு அரிதான நிகழ்வு. இக்பால்கூட, சிறப்பு விதிவிலக்காக அவரைப் புகைப்படம் எடுக்க அனுமதித்தார்.

அவர் தன் தோழர்களுடன் சேர்ந்து அபின் புகைத்தபடி போதையில் இருந்தார். எங்களுடன் பேசும் மன நிலையில் இல்லை. ஒரு மூங்கில் குழாயில் இருந்து புகையை நீண்ட நேரம் உள்ளிழுத்தவாறே தனது கிராமத்தினருடன் உள்ளூர் மொழியில் உரையாடிக்கொண்டிருந்தார். என்னை அழைத்துக்கொண்டு போன NSCN அதிகாரி அவர்களுடன் உட்கார்ந்து பேசுமாறு அறிவுரை சொன்னார்.

தலைவரின் கவனத்தைக் கவரும் நம்பிக்கையில், ‘பிரதர்! உங்கள் கிராமத்தில் எல்லாம் நல்லபடியாக இருக்கிறது என்று நினைக்கிறேன்’ என்று ஆரம்பித்தேன்.

‘ஆமாம். எல்லாமே நல்லாத்தான் இருக்கு’ என்று ‘வெடுக்’கென்று பதில் சொன்னார். நான் இன்னும் எதிர்பார்த்தேன்.

‘நான் உங்களிடம் கொஞ்ச நேரம் பேச விரும்புகிறேன்.’

‘சரி’ ஒரு தடவை என்னைப் பார்த்த அவர் தன் கிராமத்தினர் கிளம்பும்வரை அவர்களுடன் தொடர்ந்து பேசிக்கொண்டிருந்தார். நான் மீண்டும் முயற்சி செய்தேன்.

‘பிரதர். இந்தத் தலை போட்ட மாலை உங்களுக்கு நன்றாக இருக்கிறது. இந்தக் கிராமத்தில் நீங்கள் மிகவும் மதிக்கப்படும் மனிதர். நீங்கள் இந்தத் தலைகளை எப்படிச் சேகரித்தீர்கள்?’

மௌனமாகச் சில கணங்கள் அவர் என்னையே உற்றுப் பார்த்தார். பின் அவர் மனது மாறியது வெளிப்படையாகத் தெரிந்தது. கொஞ்சங் கொஞ்சமாகத் தனது கடந்த காலத்தை என்னிடம் மனம் திறந்தார். புகைப்படம் எடுத்துக்கொள்ளவும் வசதியாக வீட்டுக்கு வெளியே வந்தார்.

'என் முதல் தலை வெட்டு ஐம்பது வருடத்துக்கு முன்பு நடந்தது. அப்போது நான் படைக் குழுவுக்குத் தலைமை தாங்கினேன். எதிர்த்தரப்புக் கிராமம் எங்கள் கிராமத்திலிருந்து ஒருவருடைய தலையை அப்போதுதான் வெட்டிக்கொண்டு போயிருந்தது. எனவே, நாங்கள் பதிலடி கொடுக்கத் திட்டமிட்டோம். ஆனால், எங்கள் எதிரிகளும்கூட நன்கு தயாராக இருந்தார்கள். நாங்கள் பழி தீர்ப்பதற்கு ஒரு வருடம் காத்திருக்க வேண்டியிருந்தது' என்று, ஒரு அசத்தலான கோப்பையிலிருந்த டீயைக் குடித்துக்கொண்டே சொன்னார். இரண்டாவது, மூன்றாவது தலைகள் விரைவிலேயே கிடைத்தன. அவனால், கடைசி இரண்டு தலைகளைப் பறிக்க அவர் பல்லாண்டு காத்திருந்து பல முயற்சிகள் எடுக்க வேண்டி வந்ததாம். அந்த நாட்களில் இருந்த சம்பிரதாயப்படி, அவர் துண்டிக்கப்பட்ட தலைகளை வீட்டுக்குக் கொண்டு வந்து அவற்றைத் தன் குடிலுக்கு வெளியில் இருந்த ஒரு கம்பத்தில் மாட்டித் தொங்க விட்டிருக்கிறார்.

இந்தப் பழக்கம் எப்படித் தொடங்கியது? தலைவரிடம் அதற்கான பதில் இல்லை. ஆனால், அண்டைக் கிராமத்தாரின் தலைகள் ஒரு கிராமத்தின் வளத்தை அதிகரித்ததாக உள்ள பழைய நம்பிக்கையை நினைவுகூர்ந்தார் தலைவர். அந்த நம்பிக்கை என்னவென்றால், மனித வாழ்க்கையின் மிக அடிப்படையான 'அம்சமானது' மனிதர்களின் தலைக்குள்தான் இருக்கிறது என்பதாகும். ஒவ்வொரு முறை ஒரு புதிய தலை வந்து சேரும் போதும் வளம் பொங்கும்; அதிகமான அறுவடை கிடைக்கும் என்று நம்பினர். எதிரிகளின் தலையை வெட்டியவர்களுக்குச் சிறப்பு ஆடை அணிகலன்களும் பதக்கங்களும் கிடைத்தன. தனது கணக்கில் ஒரு தலைகூட இல்லாதவனுக்குப் பெண் கிடைப்பது சிரமமாக இருந்தது. அவன் பெண்களுக்கிடையில் கேலிப் பொருள் ஆனான்.

பெண்கள், குழந்தைகளின் தலையைக்கூட விட்டுவைத்ததில்லை. உண்மையில், ஒரு பெண்ணின் தலையை வெட்டிக்கொண்டு வருபவன் மாவீரனாக மதிக்கப்பட்டான். ஏனெனில், பெண்களுக்கு அதிகமான பாதுகாப்பு அளித்தன அனைத்து கிராமங்களும். அவளது தலையை வெட்டிக்கொண்டு வருவது என்பது எதிரிகளின் பாதுகாப்பு

அரணைத் தகர்த்தால் மட்டுமே சாத்தியம். பெண்களைக் கொல்வதன் மூலம் எதிரிகளின் மக்கள் தொகையைக் குறைக்க விரும்பியதும் ஒரு காரணமாக இருக்கலாம். பெண்களின் கூந்தல் முடியை அலங்காரத்துக்கும் பயன்படுத்தலாம்.

எப்படி இந்த வழக்கம் முடிவுக்கு வந்தது? நாகாலாந்து மக்கள் குடியரசு அரசாங்கம் 1980-ல் நிறுவப்படும்வரை தலை வேட்டை யாடும் பழக்கம் ஒட்டுமொத்தமாகத் தடை செய்யப்பட்டிருக்க வில்லை. ஆனால், அறுபதுகளில் இருந்து இந்தப் பழக்கத்தை முடிவுக்குக் கொண்டு வர முயற்சிகள் எடுக்கப்பட்டன என்று சொன்னார். நாகாலாந்து மக்கள் குடியரசு அரசாங்கம் முழுமையான தடை விதிக்க வேண்டியிருந்தது. தவறுபவர்களுக்கு அது அசாதாரண மான தண்டனை விதிக்க வேண்டியிருந்தது. அவர் இன்னும் அதிகமான தலைகளைச் சேர்க்க முடியவில்லையே என்று வருந்தவில்லை. தலைவரை அப்போதுதான் பார்க்க வந்த ஒரு முதியவர் இந்தப் பழக்கம் அவர்களை ஒருவருக்கு எதிராக மற்றவரை நிறுத்துவதோடு, கிராமங்களுக்கிடையில் பகைமையைத் தூண்டுவதால், தற்சமயம் தேவைப்படுவது நாகா மக்களிடையேயான ஒற்றுமையே என்று ஐயத்துக்கு இடமின்றி வலியுறுத்தினார்.

அந்தப் பேட்டி முடியும் தருவாயில் வாங்கனவ் ஒரு சிறிய அதிர்ச்சி கொடுத்தார்.

‘நீ என்னை ஃபோட்டோ எடுத்தாய். அபின் வாங்கக் கொஞ்சம் காசு கொடுத்து விட்டுப் போ’ என்று கேட்டார்.

நான் அச்சத்தில் உறைந்தேன்: ‘நான் அதிகம் பணம் வைத்திருக்க வில்லை.’

ஆனால், அவர் தொடர்ந்த வலியுறுத்தினார். நான் வாசல் கதவை ஓரக்கண்ணால் பார்த்தேன். ஓடிவிடுவது பாதுகாப்பான செயல் அல்ல. அவரது கைக்கெட்டும் தூரத்தில் ஒரு கத்தி கிடந்தது. நான் அவரைச் சமாதானப்படுத்த முயற்சி எடுக்கும்போதே என்னைக் கூட்டி வந்து, எனக்காக வெளியே காத்திருந்த என்.எஸ்.சி.என்.(கே) அதிகாரி குடிலுக்குள் நுழைந்து என்னை விரைந்து அழைத்துக்கொண்டு வெளியேறினார். வாங்கனவ் அதிருப்தியுற்றதோடு, சினத்துடன் என்னைப் பார்த்தார். பின்னர் நான் அவருக்கு, மாலையில் ஒரு நூறு ரூபாய் அனுப்பி வைத்தேன்.

•

நாங்கள் பதினொன்றாம் நாள் மாலை பயணத்தைத் தொடர்ந்தோம். பொழுது விடிந்த ஒரு சில நிமிடங்களுக்குப் பிறகு, சாப்பிட்டுவிட்டுப் பயணத்தை ஆரம்பித்தோம். கால நிலையானது, நேற்றைய இரவில் பொழிந்த மழை காரணமாகப் பனி படர்ந்து ஈரப்பதத்துடன் இருந்தது. எங்களை நடுக்கத்தில் ஆழ்த்திய இரண்டு முக்கிய இடங்கள் குறுக்கிட்டன. முதலாவது, கிட்டத்தட்ட நூறு மீட்டர் தூரத்துக்கு நீண்ட ஒரு மலைச் சரிவு. அது ஒரு நீரோடைக்கு இட்டுச் சென்றது. இரவு முழுதும் மழை தூறியதில், வழுக்கத் தொடங்கியிருந்த மேடு பள்ளமான கூழாங்கல் பரப்பில் ஆபத்தான இறக்கம் அது. எங்களை முந்திச் சென்ற பரளி, பாதை நடுவில் இருந்த ஒரு பாறையில் ஒரு காலை வைத்து மறு காலை ஓரத்தில் கவனமாகத் தேர்ந்தெடுக்கப்பட்ட ஒரு இடத்தில் வைத்து லாவகமாகக் கீழே சென்றார்.

ஏறத்தாழ இருபது மீட்டர் இறங்கிய பிறகு, நாங்கள் பின்தொடர்ந்து வருவதற்காகக் காத்திருந்தான். நான் அவரது பாணியைப் பின்பற்ற முயற்சி செய்யவில்லை; அதற்குப் பதில், நான் கீழே உட்கார்ந்து கேவலமான முறையில் சறுக்கிச் சென்றேன். எனக்கு உதவுவதற்காக, குறுகலான பாதைக்கு அப்பால் உள்ள பரப்பின் மத்தியில் தன்னை நிறுத்திக்கொண்டார். நாங்கள் ஒவ்வொருவராகக் கீழே இறங்கினோம். அது வலி தருவதாக இருந்தாலும் நாங்கள் தடையின்றிக் கீழே போனோம்.

பின்னர், படிப்படியாகக் கீழே இறங்குவதில் தடை ஏற்பட்டது. பெரிய கற்கள் இறைந்து கிடந்த ஒரு நீரோடை கண்ணில் பட்டது. ஆனால், எங்கள் பாதை கீழே போவதாயில்லை. அது அபாயகரமாகத் தென்பட்ட ஒரு தொங்கு பாலத்தை நோக்கிச் செங்குத்தான உயரத்துக்கு இட்டுச் சென்றது. அது போன்ற ஆபத்தான பாலத்தை என் வாழ்க்கையில் நான் கண்டதே கிடையாது. இரண்டு நீண்ட மூங்கில் கழிகள் அந்த நீரோடை மேல் வளைந்து அவற்றின் அடிப் பாகங்கள் செடி, கொடிகள் மற்றும் புல் பூண்டுகளால் சூழப்பட்டிருந்தது. கீழே இருந்த தண்ணீர் அவ்வளவு ஆழமாக இல்லாவிட்டாலும் தவறி விழுந்தால், அந்தப் பாறைகள் உயிரைப் பறித்துவிடும்.

போரா முதலில் பாலத்தைக் கடந்து சென்றார். அவரைத் தொடர்ந்தார் ரத்தின். நாங்கள் அவர்களை உன்னிப்பாகக் கவனித்தோம். அந்தச் சாகசம் பார்ப்பதற்கு மிகவும் எளிமையாகத் தெரிந்தது. அவர்கள் தலைக்கு மேல் இருந்த தடித்த கொடியைப் பற்றி ஓரத்தில் நடக்கையில் அந்தப் பாலம் ஆடாமல் இருப்பதைத் தடுப்பதற்காக ஒரே சீரான வேகத்தில் நடந்தார்கள். நான் அதில் கால் வைத்ததும்,

நான் கொடியை நன்றாகப் பற்றியிருக்கிறேனா என்பதை உறுதி செய்து கொண்டு நடந்தேன். ஏனெனில், எனக்குக் கீழே உள்ள பாலம் சரிந்து விழுந்தாலும் நான் உயிர் பிழைக்க ஒரு வாய்ப்பு இருக்க வேண்டுமல்லவா? ஆனால், அந்தப் பாலம், நான் நினைத்ததை விடப் பலமாக இருந்தது. நான் நடையை நீட்டிப் போட்டபோது, அந்தப் பாலம் கொஞ்சம் தடதடவென்று ஆடியது. அதனால் என் இதயம் சில விநாடிகள் நின்று பின் துடித்தது. மறு கரையில் இருந்த இரண்டு பேரும் என்னை ஊக்கப்படுத்தும் முறையில் பார்த்ததோடு நான் அவர்களிடம் சென்று சேர்ந்தபோது சந்தோஷக் கூச்சல் போட்டார்கள். ஒரு சில நிமிடங்களுக்குள்ளாகவே மற்றவர்களும் பாலத்தைக் கடந்தார்கள்.

நாங்கள் வாழை இலையில் கட்டிக்கொண்டு வந்திருந்த கட்டுச் சோற்றைச் சாப்பிட உட்கார்ந்தபோது நண்பகல் ஆகியிருந்தது. நான் கட்டுச்சோற்றில், குளூக்கோஸ் பவுடரைக் கொட்டி அதை ருசியாக்கினேன். அந்தச் சாப்பாடு எப்படி என்னைப் புத்துணர்ச்சி பெற வைத்தது என்று வியப்பாக இருந்தது. அந்த இடம் வரும்வரை எங்களது பயணம் மந்தகதியில் சென்றது. அடுத்த இடம், ஓர் அருவியின் அருகில் இருந்த காட்டுக்குள் இருந்த மறைவிடம் ஆகும். நாங்கள் அங்கே சூரியன் மறைந்ததற்குப் பின் போய்ச் சேர்ந்தோம். பிஜித் முன்னதாக ஷாகான்கள் சகிதம் வந்து சேர்ந்திருந்தார். அவர்கள் நீல வண்ண பாலீத்தின் ஷீட்டுகளால் மூடப்பட்ட இரண்டு மூங்கில் கூடாரங்கள் ஏற்படுத்தியிருந்தார்கள். குழுவுக்காக அரிசி, காய்கறி களைக் கொண்டு சாப்பாடும் சமைத்து வைத்திருந்தார்கள். நான் அங்கே சென்று சேர்ந்த உடனேயே அந்தச் சாப்பாடு, கொளுந்துவிட்டு எரிந்து கொண்டிருந்த கணப்பு முன்பாக எங்களுக்குப் பரிமாறப்பட்டது.

அடுத்த நாள், எனக்குக் கடுமையான மூட்டு வலி ஏற்பட்டது. இந்தப் பயணத்துக்கு முன்பு பல மாதங்கள் பயிற்சி எடுத்தது, நடந்தது எல்லாம் வேலைக்கு ஆகவில்லை என்று தோன்றியது. அதன் பிறகு பயணம் முழுதும் நொண்டிக் கொண்டே நடந்தேன். இதனால் எங்கள் வேகம் பெரிய அளவு பாதிக்கப்பட்டது. போரா ஒரு மணி நேரத்துக்கு ஒரு முறை வலியைக் குறைக்கும் தைலம் ஒன்றை என் முட்டிக் காலில் 'ஸ்பிரே' செய்தாலும், நாங்கள் நடக்கத் தொடங்கும்போது வலி திரும்பவும் வந்து சேர்ந்தது. இரவு உணவுக்குப் பின்னர், இக்பாலின் ஆலோசனையின் பேரில் என் காலில் வலிக்கும் இடத்தில் சுடச் சுட வெந்நீர் ஊற்றப்பட்டது. இதுபோல் கால் வலியால் பாதிக்கப் பட்டவர்களுக்கு இந்த வைத்தியம் நன்றாக வேலை செய்ததாகச் சொன்னார் இக்பால். இருந்தாலும், இந்த வைத்தியம் எனக்குப் பெரிய அளவில் உதவவில்லை. நான் அந்த நாள் முடிவுக்கு வந்தபோது நடப்பதை நிறுத்தியபோது மட்டுமே வலி நின்றது. காலையில்

நடக்கத் தொடங்கி ஏறத்தாழ ஒரு மணிநேரம் ஆனபோது மீண்டும் வலி தொடங்கியது.

தவிர்க்க இயலாமல், போரா, எல்லைக்கு அப்பால் இருந்து கொண்டு வந்திருந்த ஊசி மருந்துகளைப் பயன்படுத்திப் பார்க்க முடிவு செய்தான். எனக்கு அவை பலன் தருமா என்ற சந்தேகம் இருந்தது. ஆனால், மறுக்க மனது வரவில்லை. ஊசி மருந்துகள் வலியைக் கொல்லுமென்றால் தைரியமாகப் போட்டுக்கொள்ளலாம் என்று சொன்னேன். என் பயணத்தின்போது ஏழு டைகுளோபெனாக் மருந்துக் குப்பிகள் ஏழு நாட்களில் காலி செய்யப்பட்டன. நான் இதற்கு முன்பு எப்போதும் வலியே தெரியாமல் இத்தனை ஊசிகள் போட்டுக் கொண்டதில்லை என்பதை ஒத்துக்கொண்டாக வேண்டும். போரா என் வலியிலிருந்து நிவாரணம் கிடைத்துவிடும் என்று நம்பிக்கை ஊட்டிக் கொண்டிருந்தார். ஆனால், முதல் சில 'டோஸ்'களுக்கு எவ்வித பலனும் ஏற்படவில்லை.

இரண்டு நாட்களுக்குப் பிறகு என் கைகளை இரண்டு நண்பர்களின் தோள் மேல் போட்டவாறே குறைந்த தூரங்களுக்கு இழுத்துச் செல்லப்பட்டேன். அடுத்த ஐந்து நாட்களுக்கு வலி கொஞ்சம் கொஞ்சமாகக் குறைந்து வருவதாகத் தோன்றியது. ஒரு வாரம் பத்து நாளுக்குப் பிறகு மொத்தமாக வலியே காணாமல் போனது. என் உடல் அந்த நிலப்பரப்புக்கும் தட்பவெப்பத்துக்கும் ஒத்துக் கொண்டிருக் கலாம். நான் ஒரு பெரிய நிம்மதிப் பெருமூச்சுவிட்டேன்.

செல்போன் சிக்னல் கிடைக்கும் ஒரு இடத்துக்கு நாங்கள் வந்து சேர்ந்தபோது நானும் பிரதீப்பும் எங்கள் உறவினர்களுக்கும் நண்பர்களுக்கும் குறுஞ்செய்தி அனுப்பினோம். நாங்கள் நன்றாக இருப்பதாகவும் எங்கள் பயணம் எதிர்பார்த்தபடி நடப்பதாகவும் தெரிவித்தோம்.

ஒரு நாள் மாலை வேளையில், பிஜித்தும் நானும் பிளவுபடாத என்.எஸ்.சி.என். இயக்கத்துடன் தொடர்பு கொண்டிருந்த ஒரு கிராமத்துப் பெரியவரின் வீட்டுக்குச் சென்றோம். அவரது அனுபவங் களைக் கேட்க விரும்பினேன். கணப்பின் உதவியால் கதகதப்பாக ஆக்கப்பட்டிருந்த ஒரு பெரிய இருளடைந்த வீட்டில் தனியாளாக இருந்த அவர் தனது இரவு உணவைத் தயாரித்துக் கொண்டிருந்தார். அவரைக் குசலம் விசாரித்த நான், அவர் பக்கத்திலேயே ஒரு சிறிய ஸ்டூலில் அமர்ந்தேன். அவர் பேசும் மன நிலையில் இல்லை. ஆனால், மௌனமாக அவர் எனக்கு டீ கொடுத்தார். பின்னர், கணப்புக்கு நேர் மேலே கட்டப்பட்ட மூங்கில் - ட்ரே போன்ற ஒன்றின் மேல் தன் கைகளை நுழைத்தார். கூரையில் இருந்து தொங்கிய காட்டுக்

கொடிகளால் அந்த டிரே கட்டித் தொங்கவிடப்பட்டிருந்தது. அடுத்த சில நிமிடங்கள் என் வாழ்க்கையின் மிகப் பயங்கரமான கணங்களாக இருந்தன.

பல மாதங்களுக்கு முன்பு கொல்லப்பட்ட ஒரு அடி நீள காய்ந்த எலி ஒன்றை எடுத்து ஒரு கிண்ணத்தில் வைத்தார். பின்னர், அவர் ஏதோ ஒரு மூலிகையின் வெட்டப்பட்ட துண்டுகளை அதன் மேல் தூவி, ஒரு மொண்ணையான மரத்துண்டால் அந்த எலியை அரைக்கத் தொடங்கினார். பின் தன் மௌனம் கலைத்த அவர், இயல்பாக உரையாடியதோடு, அரைப்பதைத் தொடர்ந்தவாறே எங்கள் பயணத்தைப் பற்றி விசாரித்தார்.

பேசியபடியே அவர் தயாரித்தது பச்சையும் கருப்பும் கலந்த ஒருவகை சட்னி என்பது மங்கலான ஒளியில் தெரிந்தது. சில நிமிடங்களுக்குப் பின் அவர் அரைப்பதை நிறுத்தி அந்தச் சட்னியை ஒரு சின்னத் தட்டில் கொட்டினார். அவர் அதனை எனக்குத் தருவாரோ? ஆம் தந்தார். ஒரு பெரிய சிரிப்புடன். நான் தட்டை எடுத்துக்கொண்டேன். கூழாகிப் போன எலியை ஆர்வத்துடன், அடுத்து என்ன செய்வது என்ற கேள்வியோடு நோக்கினேன். இந்தப் பயணத்தில் குதிப்பதற்கு முன்னால், நிலைமைக்கு ஏற்றவாறு பாம்பு, நாய் உட்பட எல்லா வற்றையும் சாப்பிடுவதாக உறுதி எடுத்துக் கொண்டிருந்தேன். ஆனால், சாப்பிடுவதற்கு எலியை அதுவும் கண் முன்னே தயாரித்துக் கொடுப்பார்கள் என்று கனவிலும் நினைத்ததில்லை.

ஒரு கணம் மூச்சைப் பிடித்துக்கொண்டு முழுங்கிவிடலாமா என்று கூடச் சபலப்பட்டேன். சட்னியின் அளவு அதிகமாக இருந்தது. ஒரே வழி, ஏதேனும் நியாயமான காரணத்தைக் கூறி நாகரிகமாக மறுப்பது தான். இரவு உணவை ஏற்கனவே சாப்பிட்டுவிட்டதால், இன்னொரு சமயம் அந்த உணவை ருசி பார்ப்பதாகக் கூறினேன். அவர் எனக்களித்த டீயின் சுவையைப் பாராட்டிவிட்டு என் நன்றியைத் தெரிவித்துவிட்டு அந்த இடத்தைக் காலி செய்தேன். என்ன பேசவேண்டும் என்று நினைத்தேனோ அது மறந்துபோய்விட்டது.

அடுத்து வந்த நாட்களில் நாங்கள் காடுகள், மலைகளுக்குள் ஊடுருவிச் சென்றபோது, கிராமங்களிலும் மறைவிடங்களிலும் இரவு நேரத்தில் எலிகள் கூட்டம் கூட்டமாக வெளியே வருவதைப் பார்த்தோம். அவற்றின் வேலை நடு ராத்திரியில் ஆரம்பித்து ஒரு சில மணி நேரம் மட்டுமே நீடித்தது. அவை தங்கள் வழியில் குறுக்கிட்ட எல்லாவற்றையும் கடித்துக் குதறின. கணப்புக்கு மேல் தொங்கிய 'ட்ரே' மட்டுமே தப்பியது. இந்த எலிகள் வீட்டுக்குள்ளே வருவதைத்

தடுக்கமுடியாது என்பதால் அவற்றின் வருகை ஏற்றுக் கொள்ளப் பட்டதாக எனக்கு விருந்தளித்த ஒருவர் என்னிடம் சொன்னார். ஆனால், ஏன் அவற்றைச் சாப்பிடுவதில்லை? சட்னிக்குப் பயன்படுத்தப்படும் எலி வேறு இனத்தைச் சேர்ந்தவை; அவற்றில் கொழுப்பு அதிக அளவில் இருக்கும். அந்த எலிகள் காட்டில் உள்ள வளைகளைத் தோண்டி எடுத்தும், சில சமயம் கண்ணி வைத்தும் பிடிக்கப்பட்டன. ஒரு மிகப் பெரிய எலியை இரண்டு இளைஞர்கள் சேர்ந்து பிடித்ததைப் பார்த்தேன். அது ஒரு கீரி அளவுக்குப் பெரிசு.

வழியில் குறுக்கிடும் இரண்டு மலைகளுக்கு இடையில் நிச்சயமாக ஒரு நீரோடை ஓடும். அங்கு நாங்கள் ஓய்வு எடுத்து, உணவருந்தி எங்களைப் புத்துணர்ச்சியூட்டிக்கொள்வோம். நாங்கள் கொஞ்ச காலம் தங்கும் வாய்ப்பு கிடைத்த போதெல்லாம் கிராம மக்களிடம் பேசி, அவர்களுடைய வாழ்க்கை, தற்கால நிலைமை போன்றவை குறித்து அவர்களது கருத்தை அறிய முயற்சி செய்தேன்.

மலைகளின் மர்மம், எங்களைச் சூழ்ந்து நின்ற எழில், அந்த இடத்தின் உயிர்ப்பு ஆகியவை மிகுந்த சந்தோஷத்தைத் தந்தன. அவையே எதிர்ப்பட்ட சிரமங்களையெல்லாம் போக்கி எங்களை ஊக்கமூட்டின.

•

கிழக்கு நாகாலாந்தில், மிக மெதுவாகவே என்றாலும் மாற்றத்தின் காற்று வீசத் தொடங்கியிருக்கிறது; அவை பாரம்பரிய அம்சங்களுடன் தொடர்பை உருவாக்கியபடி நிலைபெறுகின்றன. நாங்கள் நடந்து சென்ற இந்தப் பகுதியில், இது சிறிய அளவிலோ பெரிய அளவிலோ வெளிப்படையாகத் தெரிந்தது. நூற்றாண்டுகளாக நிலவிய கிராமங்களின் வரலாற்று ரீதியிலான தனிமை குலைந்தது அதற்கு முக்கிய காரணமாகும்.

நூற்றுக்கணக்கான ஆண்டுகளுக்கு முன்பு மத்திய சீனாவில் இருந்து நாகாலாந்தினர்கள் இடம் பெயர்ந்த காலத்தில் இருந்து இந்தத் தனிமை தொடங்கியது. நாகாலாந்தில் (மேற்குப் பகுதி), பிரிட்டிஷ் காரர்கள் மற்றும் கிறிஸ்தவ மதப் பிரசாரகர்களின் வருகையால் அவர்களது தனிமை ஓரளவு மாற்றப்பட்டது. கிழக்குப்பகுதி நாகா மலைகளில் நேச நாட்டுப் படைகள் ஜப்பானியர்களோடு போரிட்ட இரண்டாம் உலகப்போர் வரையில் முன்பிருந்த நிலையையே நீடித்து வந்தது. அவர்களில் எல்லைப் பகுதியில் வசித்த சிலர், அவர்களது பகுதி இரண்டாகப் பிரிக்கப்பட்டு இந்தியா, மியான்மர் என்ற இரு

நாடுகளுக்கு இடையில் பகிர்ந்து கொள்ளப்பட்டபோதுதான் இந்தியா பற்றியும் மியான்மர் பற்றியும் கேள்விப்பட்டார்கள்.

அதற்கு முன் கிராமங்கள் எல்லாம், 'ஆங்' ஒருவரால் ஆளப்பட்ட 'குட்டிக் குடியரசு'களாகவே இருந்தன. இந்தப் பாரம்பரியம் இது நாள்வரை தொடர்கிறது. அனைத்து இனத்தாரைப் பிரதிநிதித்துவம் செய்யும் பெரியவர்களைக் கொண்ட ஒரு குழு 'ஆங்'குக்கு உதவி செய்யும். இந்தத் தந்தை வழிச் சமூகங்களில் இந்தப் பதவிகள் பரம்பரையாக வருபவை. பெரும்பாலான நிகழ்வுகளில் அதிகாரம் தந்தையிடம் இருந்து மகனுக்குச் செல்லும். முழுமையான தனிமை என்பது நெடுங்காலத்துக்கு முன்பே முடிந்து போனாலும், இன்னும் அவர்கள் தங்களுக்கான உலகிலேயே வசிக்கிறார்கள்.

அண்டைக் குலத்தினருடனான பழங்காலப் பகைமை தொடர்ந்தது. வாய்ப்பு கிடைத்த போதெல்லாம் தலையை வேட்டையாடிக் கொண்டு போனார்கள். கிழக்கு நாகாலாந்தில் இந்த நிலைமை மெள்ள மாறத் தொடங்கியது. *1980*-ல் என்.எஸ்.சி.என். எழுச்சி பெற்றது. இந்த அமைப்பு பல்வேறு பழங்குடியினரை ஒன்றுபடுத்த முயற்சிகள் மேற்கொண்டது. தலை வேட்டை தடை செய்யப்பட்டது. இந்த அமைப்பை ஓர் மக்கள் இயக்கமாக மலரச் செய்வதற்கு, கவனமான யுக்திகள் கையாளப்பட்டன. அவர்களது முயற்சிகளை மீறி, பல பழங்குடியினர் பகைமையைத் தொடர்ந்தார்கள். இந்த அமைப்பு அவர்களது ஆதரவைப் பெறுவதற்குப் பல ஆண்டுகள் ஆனது.

அதே நேரம் கிறிஸ்தவ மதம் ஒற்றுமை என்ற தாரக மந்திரத்தை ஊரெல்லாம் பரப்பும் என்பதாலும், நாகா மக்களிடையே ஒரு பொது அடையாளத்தை உண்டாக்கும் என்பதாலும் என்.எஸ்.சி.என். பாப்டிஸ்டு திருச்சபையை கிராமங்களுக்குச் செல்ல அனுமதித்தது. பல பத்தாண்டுகளுக்கு முன்பே, இந்தத் திருச்சபை சில பகுதிகளில் அறிமுகமாகி இருந்தாலும் புதிய பகுதிகளுக்குச் செல்ல ஆர்வம் காட்டியது. என்.எஸ்.சி.என். மத மாற்றத்தை அங்கீகரித்தது. அதே நேரம், யாரையும் வற்புறுத்தவேண்டாம் என போதகர்களிடம் தெரிவித்தது. ஏனெனில், அவர்கள் பல ஆண்டுகளுக்கு முன்பு சில பாரம்பரியப் பழக்க வழக்கங்களைத் தடுக்க முயற்சி செய்தபோது எதிர்ப்பு வந்தது. இந்த மதப் போதகர்கள் படிப்படியாகப் பெரும் பாலான கிராமங்களில் தேவாலயங்களை நிறுவினார்கள். இப்போது ஒவ்வொரு ஞாயிற்றுக் கிழமை காலை நேரத்திலும் மக்கள் தேவாலயத்துக்கு விரைகின்றனர். போதனைகளைக் கேட்கிறார்கள். இளைஞன்களும் இளம் பெண்களும் தேவாலயப் பாடல்கள் குழுவில் இடம்பெற முண்டியடிக்கிறார்கள்.

நாங்கள், கோன்யாக் பகுதியில் உள்ள ஒரு கிராமத்தில் கடந்த ஐந்து ஆண்டுகளாகப் போதகர் ஆக இருந்த நாகாலாந்தைச் சேர்ந்த போதகர் பீட்டரைச் சந்தித்தோம். அவர், தன் சகா ஒருவர், சின்னஞ்சிறு கிராமமொன்றில் சிறிய ஷெட்டில் கரும்பலகையுடன் தனது மத போதகப் பணியைத் தொடங்கியதுபோல தானும் ஒரு சிறிய கிராமத்தில் குழந்தைகளுக்குக் கற்பிக்க விரும்புவதாகச் சொன்னார். இருந்தாலும், தனது இப்போதைய கிராமத்தில், அடிப்படைக் கல்விக்கான விதைகளைத் தூவமுடியும் என்று நம்பிக்கை தெரிவித்தார். தனக்கு முன்பாக இருந்த சவாலான பணியைப் பார்த்து மலைத்துப் போகவில்லை அவர். பள்ளிக் கல்வி என்பது மக்களிடையே அதற்கு முன் இருந்ததில்லை; அதன் முக்கியத்துவம் படிப்படியாகப் புரிந்து கொள்ளப்பட்டது என்று விளக்கினர்.

சில குடும்பங்கள் ஹ்கமாதி அல்லது இன்னும் தொலைவில் உள்ள திமாப்பூர் போன்ற ராணுவ நகரங்களில் உருவான பள்ளிகளுக்குத் தங்கள் குழந்தைகளை அனுப்பத் தொடங்கினார்கள். படிப்பு முடிந்த பின்பு, சிலர் இந்தியாவின் எல்லையோர நகரங்களில் கடைநிலை வேலைகளில் அமர்ந்தார்கள். மற்றவர்கள் தேவாலயம் மற்றும் நாகாலாந்து மக்கள் குடியரச அமைப்பில் சேர்ந்துகொண்டார்கள். இருந்த போதிலும், பீட்டருக்குப் பணத் தட்டுப்பாடு ஏற்பட்டது. இந்தத் தொலைதூரப் பிராந்தியத்தில் சர்வதேச அமைப்புகளிடம் இருந்து நன்கொடைகள் பெறுவது எளிதான காரியமாக இருக்கவில்லை. இந்தியாவின் வடகிழக்குப் பகுதி மற்றும் இதர பழங்குடி இனப் பிரதேசங்களில் கிறிஸ்தவ அமைப்புகள் மற்றும் நாடுகளால் தேவாலயங்களுக்குத் தொடர்ந்து பணம் கிடைத்து வந்தன. அவை கல்வி மற்றும் சுகாதாரச் சேவை அளிப்பதில் வெற்றி பெற்றிருக்கின்றன. ஆனால், கிழக்கு நாகாலாந்தில் பிற பகுதிகளில் காணப்படுவதுபோல் மக்கள் இன்னும் தேவாலயத்தைச் சார்ந்தவர் களாக ஆகவில்லை. இயல்பாகவே கிறிஸ்தவ மதப் போதகர்கள் தங்கள் மதத்தின் அனைத்துக் கொள்கைகளையும் மக்கள் ஏற்றுக் கொள்ளுமாறு செய்ய முடியவில்லை. எனவே, ‘மூடப் பழக்க வழக்கங்கள்’ என்று கூறப்பட்டவற்றையும் உள்ளடக்கிய கடந்த கால வழக்குகளும், நடைமுறைகளும் தொடர்ந்து பழக்கத்தில் இருந்து வருகின்றன.

நான்கு மாதங்கள் படுத்த படுக்கையாக இருந்த ஒரு நோயாளி ஒருவனைக் குணப்படுத்த முயற்சி செய்ததைப் பயணம் தொடங்கி இரண்டு வாரங்கள் ஆகியிருந்த நிலையில் பார்த்தேன். குடிலின் உள்ளே ஒரு மனிதன் தன் உறவினர்கள் சூழ்ந்திருக்கக் கணப்பின்

அருகில் தரையில் கிடந்தார். அவரது மகன் போன்ற ஒரு இளம் வயதுப் பையன் அவரது மார்பில் லாகவமாக மசாஜ் செய்து கொண்டு இருந்தார். அவருக்கு என்ன நோய் என்பதைக் கண்டறிவது கஷ்டமாக இருந்தது. அவர் வலியில் இருப்பதாகத் தோன்றியது. அவர் முனகினார், தும்மினார். சில சமயம் வலியை ஓட்டுவதுபோலத் தனது கைகளை வெளியே நீட்டினார். நான் ஒரு பாதுகாப்பான தொலைவில் ஒரு ஸ்டூலில் உட்கார்ந்தேன்.

கொஞ்ச நேரங் கழித்துக் குடிலின் தாழ்வாரத்தில், திடீரென்று பரபரப்பு அதிகரிப்பதைப் பார்த்தேன். நோயைக் குணப்படுத்த பலி கொடுக்க ஆயத்தங்கள் செய்யப்பட்டன. நான் ஸ்டூலில் இருந்து குதித்து இறங்கி நேராகக் களத்துக்குச் சென்றேன். அங்கே கையில் கத்தி வைத்திருந்த ஒருவரிடம் ஒரு கருப்பு நிறக் கோழி தரப்பட்டது. அதன் தலை அறுக்கப்பட்டு, ரத்தம் ஒரு சிறிய மூங்கில் கலனில் சேகரிக்கப்பட்டது. நான் இதற்கு முன்பு கேள்விப்பட்டதற்கு மாறாக எல்லாம் நடந்தன. அங்கு எந்த ஒரு சடங்கும் நடத்தப்படவில்லை. மந்திரம் ஜெபிக்கப் படவில்லை. அதற்குப் பதில் அந்த ரத்தம் நோயாளியிடம் கொண்டு வரப்பட்டது. அந்த மனிதன் அதனைச் சாவகாசமாகக் குடித்தார். நான் இடி விழுந்தவன்போல் அதிர்ச்சியில் உறைந்து நின்றேன்.

இப்படிச் செய்வது உண்மையில் மனிதர்களை நோயில் இருந்து குணப்படுத்துமா? இது போன்ற நிகழ்ச்சிகள் அடிக்கடி நடக்குமா? என் பக்கத்தில் அமர்ந்திருந்த இக்பாலிடம் இதுபோல் பல கேள்விக்கணைகளைத் தொடுத்தேன். இதுபோல் குணமாக்கப்பட்ட யாரோ ஒருவரிடம் என்னை அழைத்துச் செல்லுமாறு அவரிடம் கேட்டேன்.

'இது மூடப் பழக்கமேயன்றி வேறில்லை. அவர் இன்னும் சில நாட்கள் உயிர் பிழைத்திருந்தால் இன்னும் அதிகமான பலிகள் தரப்படும். ஆனால், அவர் குணமாகமாட்டார்' என்று அவர் பதில் அளித்தார்.

இன்னும் பலிகளா? வேறு என்ன? கிராமத்தில் என்ன கிடைத்ததோ, அதைப் பொறுத்தே மற்றதெல்லாம் என்றார் இக்பால். அவர் வேறெங்காவது இது போன்ற சம்பவங்கள் நடக்குமென்றால் அவற்றைக் கண்டுபிடித்துச் சொல்வதாக உறுதி சொன்னார். அவர் கடந்த சில ஆண்டுகளில் தான் பார்த்த சில சுவாரசியமான சம்பவங்களை விவரித்தார். ஐந்து ஆண்டுகளுக்கு முன்பு, ஒருவன் நான்கு மாதம் நோயில் வாடினான். அந்தக் கிராமம் பலவகை பலிகளில் ஈடுபட்டது. ஒரு நாயைக் கொன்று அதன் ரத்தத்தை நோயாளியைக் குடிக்க வைத்தார்கள். காட்டில் இருந்து கொண்டு வரப்பட்ட மூலிகைகளும்

அவனுக்கு அளிக்கப்பட்டன. ஆனால், அந்த மனிதனின் நிலைமை மோசமாகிக் கொண்டே வந்தது. என்.எஸ்.சி.என்.(கே) தோழர்கள் அளித்த மருந்துகளும் குணம் அளிக்கவில்லை. இறுதியில் இறந்தே போனான்.

நோயாளிகள் நாகாலாந்தில் உள்ள மருத்துவ நிலையங்களுக்குக் கொண்டு செல்லப்பட்ட சம்பவங்கள் பற்றியும் இக்பால் சொன்னார். சிலர் குணமானார்கள். வேறு சிலர் வழியிலேயே இறந்தார்கள். காரணம், அவர்கள் நீண்ட தூரங்களுக்கு மூங்கில் படுக்கைகளில் தூக்கிச் செல்லப்பட்டதுதான்.

இங்கேயுள்ள முரண்பாட்டையும் கவனியுங்கள். மக்கள் வெகுகாலம் வாழ்ந்த கிராமங்கள் பக்கத்தில் இருந்தன. அங்கே ஒரு கிராமத்தில் ஒரு கல்லறை இருந்தது. அங்கே செவ்வக வடிவில் செதுக்கப்பட்ட பெரிய மற்றும் சிறிய கற்களால் ஆன கல்லறைத் தூண்கள், இறந்தவர் பயன்படுத்திய பொருட்களை வைத்திருந்த குடில் போன்ற சிறிய கட்டுமானங்களுக்கு அருகே வைக்கப்பட்டிருந்தன. அந்தக் கல்லறைத் தூண்களில் கல்லறை வாசகங்கள் பொறிக்கப்பட்டிருந்தன. அவற்றைப் படித்தேன். பெரும்பாலானவர் தொண்ணூறு வயதைக் கடந்தவர்கள். சிலர் நூறு வயதைக்கூடக் கடந்தவர்கள். ஒருவர் 115 வயதில் இறந்திருந்தார். ஆச்சரியப்பட்டேன். படிப்பறிவு இல்லாதவர்களாக இருந்ததால், அவர்கள் எப்படித் தங்கள் வயதைக் கணக்கிட்டார்கள். சிலர், தேதிகளில் தவறு இருக்கலாம் என்றார்கள். ஆனால், பல மனிதர்கள் யாதொரு வியாதியும் இன்றி தள்ளாத வயதுவரை தாக்குப் பிடித்திருக்கிறார்கள் என்பதில் எந்த சந்தேகம் இல்லை. 130 வயதுவரை வாழ்ந்த, எல்லைக்கருகில் உள்ள ஒரு கிராமத்தானைப் பற்றி இக்பால் கேள்விப்பட்டிருக்கிறார்.

போரா எங்களைப் பார்ப்பதற்காகக் குடிலுக்கு வந்தார். அவர் நோயாளியைப் பார்த்தார். ஆனால், வியாதி பற்றி எதுவும் தெரியவில்லை. 'இது எலும்புருக்கி நோயாக இருக்கலாம். ஆனால், எனக்கு நிச்சயமாகத் தெரியாது. நான் இவருக்கு ஏதாவது மருந்து அளிக்கலாம் என்று விரும்புகிறேன். ஆனால், இத்தகைய வியாதிகளுக்கு என்னிடம் மருந்து இல்லை' என்று நோயாளியின் சொந்தக்காரனிடம் கூறினார். அவரோ நாகாலாந்தில் வைத்தியம் பார்க்கக் காசு கேட்டார். அந்தக் காரியத்துக்குச் சில ஆயிரம் ரூபாய்கள் தேவைப்படும். உல்ஃபா போராளிகளிடம் உபரிப் பணம் எதுவும் இல்லை. போராவின் கருத்துடன் ஒத்துப்போன இக்பால், கிராமத்தில் உள்ள அனைத்துக் குடும்பங்களில் இருந்து நன்கொடை பெறலாம் என்று ஆலோசனை கூறினார். இந்த உரையாடலைக் கேட்டுக்

கொண்டிருந்த ஒரு பெரியவர், பொருளாக நன்கொடை கொடுக்கலாம் என்றால் மக்கள் சுலபமாகக் கொடுப்பார்கள். ஆனால், ரொக்கமாகக் கொடுப்பது கடினம். ஏனெனில், காசு என்பது 'அரிதான, எல்லோராலும் விரும்பப்படும்' பண்டமாக இருந்தது.

முற்றிலும் உண்மை. இன்னொரு நாள், நான் பிஸ்கட்டுக்காக ஆசைப்பட்ட சிறுவர்களிடம் 50 ரூபாய் கொடுத்தேன். கிழக்கு நாகாலாந்தில், பணம் ஒரு முக்கிய பண்டமாக மாறிக்கொண்டு வருகிறது. பொருளாதாரம் பணமயமாவது ஆரம்பித்திருக்கிறது. இது இனி வரும் ஆண்டுகளில் சமூக அரசியல் தளங்களில் மாற்ற முடியாத மாறுபாடுகளை உண்டாக்கப் போவது நிச்சயம். முற்காலத்தில் வேறு இடங்களைப் போலவே, பணம் அறிமுகப்படும்வரை பண்ட மாற்றே செலாவணி முறையாக இருந்தது. ஆனால் நாகா மலையில், ஒவ்வொரு கிராமமும் தனக்குள் ஒடுங்கியதாகவே இருந்தது. தலை வேட்டையின் காரணமாகவும், பழங்குடி பேச்சு வழக்குகளில் உள்ள வேற்றுமைகள் காரணமாகவும், பக்கத்துக் கிராமங்களுடன் தொடர்பு கொள்வதற்கான வாய்ப்பு குறைவாகவே இருந்தது. அப்படியே தொடர்புகள் இருந்தாதலும், அது சமூக உறவுப் பின்னலால் ஒன்றுடன் ஒன்று பிணைக்கப்பட்டுச் சில கிராமங்களுக்குள்ளேயே முடிந்தது.

விற்பனை செய்வதற்கு உற்பத்திப் பொருள் உபரியாக இருந்த கிராமத்தில் வியாபாரத்துக்கான வழிமுறையாகப் பணம் கையாளப் பட்டு இருக்கலாம். இந்தப் புதிய முறை இந்திய அரசு எல்லை வர்த்தகத்தில் கவனம் செலுத்தத் தொடங்கியபோதும் பல இயக்கங்களின் போராளிகள் கிராமங்களில் அடைக்கலமாக ஆரம்பித்தபோதும் முக்கியத்துவத்தைப் பெற்றது. அவர்களது அடிப்படைத் தேவைகளான உணவுப் பொருள்கள் உள்ளிட்டவை பணத்துக்கு மாற்றாகப் பெறப்பட்டன. உண்மையில், இன்றைய நாட்களில் ஏதோ ஒன்றை விற்கும் நாகா இனத்தவன் - அது ஒரு பன்றி என்றே வைத்துக் கொள்ளுங்கள் - அதற்கு நினைத்துப் பார்க்க முடியாத அதிக விலை வைக்கிறான். எங்களிடம் ஒரு நடுத்தர அளவு பன்றி 14,000 ரூபாய் விலைக்கு வந்தபோது கடுமையாகப் பேரம் பேச வேண்டி இருந்தது. பேரம் படிந்து 9,000 ரூபாய்க்கு வாங்கப்பட்ட அந்தப் பன்றி கொல்லப்பட்டு விருந்து நடந்தது.

காசின் அருமை என்.எஸ்.சி.என்.(கே) அமைப்பு வசூலிக்கும் வரி மற்றும் அபராதத் தொகையாலும் உணரப்பட்டுள்ளது. இவை, குற்றம் புரிந்தமைக்காகத் தனி நபர்கள், குடும்பங்கள் அல்லது கிராமங்களின் பேரில் விதிக்கப்படுகின்றன. உதாரணமாக, ஒரு கிராமத்தைச் சேர்ந்தவர் இன்னொரு கிராமத்தைச் சேர்ந்த நீரோடையில் மீன்

பிடித்தால் அபராதமாக 2,000 ரூபாயும், மூன்று எருமைகளும் தர வேண்டும். இந்த அபராதம் அதிகமாக இருப்பதற்குக் காரணம், அதன் மூலம் குற்றங்கள் குறையவேண்டும் என்பதற்குத்தான். இத்தகைய செயல்கள் எளிதில் இரண்டு கிராமங்களுக்கிடையிலான சண்டையைத் தூண்டிவிடும்.

நான் என் மணி பர்ஸை வெளியில் எடுத்தபோது, எங்கள் பாதுகாவலர்களில் ஒருவர் அதை வெடுக்கென்று பிடுங்கி உள்ளே வைத்தார். காசைக் கண்ணில் காட்டுவது பிரச்னையைக் கூவி அழைப்பதற்குச் சமம் ஆகும். 5,000 ரூபாய் ரொக்கமாகக் கையில் வைத்திருந்த நண்பனைக் கொன்ற ஒருவனைப் பற்றிய ஒரு கதை சொன்னார்கள். அந்தக் கொலைகாரன் கைது செய்யப்பட்டான். பெரிய தொகையை அபராதமாகச் செலுத்துவது அல்லது மரண தண்டனை இவற்றில் ஒன்றைத் தேர்வு செய்து கொள்ளலாம். அவனிடம் சொன்னபோது, அவன் அந்தத் தொகையை ஏற்கெனவே நாகாலாந்தில் செலவு செய்துவிட்டதால், வேறு வழியின்றி தோட்டாவை எதிர்கொள்ள வேண்டியதாயிற்று.

என்.எஸ்.சி.என். (கே) இயக்கத்தில் சேர விரும்பாத ஒரு இளைஞன், அந்த அமைப்பைச் சேர்ந்த போராளிக்கு லஞ்சம் கொடுத்துத் தப்பித்த கதையும் உண்டு. கிளர்ச்சிக்காரர்கள் விதிக்கும் வரிச் சுமையைக் குறைப்பதற்காக உறவினர்கள் ஒரே கூரையின் கீழ் சேர்ந்து வசித்தனர். முப்பத்தி நாலு பேர் வசித்த ஒரு குடிலை நாங்கள் பார்த்தோம். ஒரு சாதாரண வீட்டைப்போல இரு மடங்கு பெரியதாக, கூடுதல் அறைகளுடன் இருந்தது. கூடுதல் செலவுகளை எதிர்கொள்ளக் காசுக்கான புதிய வழிகள் கண்டறியப்பட்டு பயன்படுத்தப்பட்டன. எல்லைக்கு அருகில் உள்ள ஒரு சில கிராமங்களில், அரி.சி, கடுகு, எண்ணெய், பேட்டரிகள், டின்னில் அடைக்கப்பட்ட மீன் போன்ற அதிக விலை வைக்கப்பட்ட பொருட்களை விற்கும் கடைகள் காணப்பட்டன. விவசாயப் பொருட்களும், முடைந்த கூடைகளும், எல்லைக்கப்பால் அல்லது லஹே, ஹ்கம்தி போன்ற நகரங்களில் விற்க வாய்ப்பு இருந்ததால் தற்போது விவசாயத்தில் உபரிப் பொருட்களை உற்பத்தி செய்யவும் இன்னும் அதிகமான கூடைகள் முடையவும் மக்கள் அதிக ஆர்வம் காட்டுவதாக நாகாலாந்து மக்கள் குடியரசு அமைப்பினர் சுட்டிக்காட்டினார்கள்.

எந்தவிதத் திட்டமிடலும் இன்றி ஒரு சிக்கலான வழிமுறை வேர் கொள்வதாகத் தெரிகிறது. இதன் பின்விளைவுகள் பல பத்தாண்டு களுக்குப் பின்பே வெளியே தெரியும். ஆனால், இன்றைப் பொறுத்தவரை கிழக்கு நாகாலாந்து தனிதான். அது ஒரு தனி உலகம்.

இன்னும் அணுக முடியாதது. சாலைகள் அற்றது. பக்கத்து நகரத்துக்கு நடந்து செல்ல நாட்கணக்கில் ஆகிறது. எல்லை அருகில் வசிக்கும் மக்கள் இதற்கு விதிவிலக்கு. உள் பகுதி மக்கள் தன்னிறைவுடன், தங்கள் சுய பலத்தையே நம்பி வாழ்ந்தனர்.

இயற்கைப் பேரழிவுகள் நேர்கையில் அவர்கள் தங்களுக்குள் உதவிக் கொண்டார்கள். நாகாலாந்து மக்கள் குடியரசு அமைப்பு, உரிய சந்தர்ப்பங்களில் உதவியளிப்பது அதிகரித்து வருகிறது; என்றாலும் சமூகப் பொருளாதார அம்சங்கள் நூற்றாண்டுகளுக்கு முன்னால் எப்படி இருந்ததோ அப்படியே இருக்கின்றன. விவசாயம் செய்யக் காடுகளை அழிப்பதிலாகட்டும், ஒரு மனிதனுக்கு ஆபத்தில் உதவுவதிலாகட்டும், திருமணம் போன்ற நிகழ்வுகளாகட்டும், கிராமம் ஒட்டுமொத்தமாக உதவிக்கு வரும் வழக்கமே தொடர்கிறது.

காம்கா என்ற பெயர் கொண்ட ஒரு கிராமத் தலைவர், மிகக் குறைந்த வயதில் இருந்து தோழமையின் அருமை பற்றிக் கற்பிக்கும் இளைஞர் குடிலான 'மோரங்'கின் பங்கு பற்றி விளக்கினார். ஒரு பையன் கிட்டத் தட்ட தன் ஆறாவது வயதில் இதன் உறுப்பினர் ஆகிறான். தனக்குக் கல்யாணம் ஆகி, தனக்கென சுதந்தரமாக ஒரு குடித்தனத்தை அமைக்கும்வரை அங்கேயே இருக்கிறான். இது 'கிளப் ஹவுஸ்' போன்றது. அங்கே முக்கிய முடிவுகள் எடுக்கப்படுகின்றன; திட்டங்கள் வரையப்படுகின்றன; அடையாளப் பொருள்களும் போரில் கைப்பற்றப் பட்ட பொருட்களும் காட்சிப்படுத்தப்படும் அருங்காட்சியகம் போன்று இது செயல்படுகிறது.

சில நேரங்களில் தெளிவான திட்டம் கொண்ட பல 'மோரங்கு'கள் இருக்கும். அவை சிலவற்றில் பெரியவர்கள் கூடிப்பேசுவார்கள். மற்ற 'மோரங்கு'கள் திருவிழா, கொண்டாட்டங்களை நடத்துவதில் கவனம் செலுத்துகின்றன. இன்னும் சில, கிராமப்புற நீதிமன்றங்களைப் போன்றவை. அவை குற்றங்கள், கெட்ட பழக்க வழக்கங்கள் குறித்த வழக்குகளையும் விசாரணைகளையும் கையாளுகின்றன. சுருக்கமாக, இது ஓர் இன அடையாளமாக இருக்கிறது. தனது பிரத்யேக விதிமுறை களின் அடிப்படையில் செயல்படும் நாகா கிராமத்தின் உணர்ச்சியை, உயிர்த் துடிப்பைப் பிரதிபலிக்கும் ஒரு அடையாளமாகத் திகழ்கிறது.

மோரங்குக்கு வெளியே குச்சிகளுடன் விளையாடிக்கொண்டு, பொய்யான சண்டையில் ஈடுபட்டிருந்த சில குழந்தைகள், விளையாட்டை நிறுத்திவிட்டு, என்னை வெறித்துப் பார்த்தன. தலை வேட்டையாடுதல் நின்று போயிருக்கலாம். ஆனால், அதன் தாக்கம் இன்னும் தங்கியிருக்கிறது. ஒரு குழந்தை நான் பேட்டி எடுத்தேனே,

அந்தத் தலைவர் அணிந்திருந்தது போலவே மனித மண்டையோடு மாதிரியான ஒரு சிறிய பித்தளை பொம்மையைத் தன் கழுத்தில் சேர்த்துக் கட்டியிருந்தான். நான் அந்த அடையாள பொம்மைகளில் ஒன்றைத் தொட முயற்சி செய்தபோது, அவன் ஓடிப் போனான். நான் அந்தப் பொம்மை பற்றிய அவரது எண்ணவோட்டங்களை அறிய விரும்பினேன். அவை இந்தப் பழக்கவழக்கம் பற்றி நிறைய விஷயங்களை வெளிப்படுத்தும் என்று நம்பினேன். குழந்தையின் இந்தப் புகைப்படம், அதுவும் அந்த மண்டையோட்டுப் பொம்மையுடன் கூடிய புகைப்படம் மதிப்பிட முடியாததாக இருந்திருக்கும். எனது பயணம் முடிந்து திரும்பும்போது நான் அதுபோல் ஒன்றை எடுத்துச் செல்வேன். முடிந்தால், கிழக்கு நாகாலாந்தில் இருந்து வீட்டுக்கு நினைவுப் பொருளாகக் கொண்டு செல்ல ஒரு பித்தளை மண்டையோடு பொம்மை கிடைத்தால் நல்லது.

நான் மோரங்கை விட்டு வெளியேறியபோது, அந்தக் குழந்தைகள் விளையாட்டை மீண்டும் தொடர்ந்தன. அவர்களில் ஒருவன் அவரது எதிராளி தனது குச்சியை அவரது மார்பில் வைத்தபோது கீழே விழுந்தேவிட்டான். மற்றவர்கள் கை கொட்டிக் குதூகலித்தார்கள். அந்த விளையாட்டு நான் வந்ததால் தடைப்பட்டது. ஆட்டத்தின் கடைசி ரவுண்டாக இருக்கலாம். நான் மோரங்குக்கு வெளியே கொஞ்ச தூரத்தில் நின்றுகொண்டு அந்த விளையாட்டைப் பார்க்கத் தொடங்கினேன். எனக்குப் பாதுகாப்பாக வந்த இளைஞன் ஒரு நாள் முழுக்க விளையாடுவார்கள். என்றும் சில சமயம் நாகாலாந்தில் இருந்து எப்போதாவது கொண்டுவரப்படும் பிளாஸ்டிக் பந்துகளை வைத்தும் விளையாடுவார்கள் என்றும் விளக்கினான்.

விவசாயத்துக்குச் சென்ற பெற்றோர், குழந்தைகளைப் பராமரிக்கப் பிரத்யேகமாக அமர்த்தப்பட்ட ஒருவர் கவனிப்பில் தங்கள் குழந்தைகளை விட்டுச் சென்றார்கள். வயல் வேலை கடினமானது; களைப்பூட்டுவதும் கூட. அது குழந்தைகளுக்கு ஆகாது. அறுவடை போன்ற முக்கிய நேரத்தில் ஆண்கள், சில சமயம் வயலில் உள்ள கூடாரத்தில் தங்குவார்கள். பெண்கள் மட்டும் இதர வீட்டு வேலைகளைப் பார்த்துக் கொள்வதற்காக வீடு திரும்புவார்கள். அனைத்து ஆதிகால சமூகங்களிலும் உள்ளது போலவே, ஆணுக்கும் பெண்ணுக்கும் தெளிவான ஒரு வேலைப் பகிர்வு இருந்தது.

நாகாலாந்துக்காரர்கள் இடையே பெண்கள் உயர்ந்த சமூக அந்தஸ்தைப் பெற்றிருக்கிறார்கள். குடும்ப விவகாரங்களில் அவர்களுக்கு முக்கியப் பங்கு இருக்கிறது. வரதட்சிணை என்பது கிடையவே கிடையாது. பாலியல் வன்முறைச் சம்பவங்களும் பெண்களுக்கு எதிரான இதர அநீதிகளும் மிகவும் அரிது. அது போன்ற

சம்பவங்கள் நிகழும் போதெல்லாம், குற்றம் சாட்டப்பட்டவன், அந்தப் பெண்ணைக் கல்யாணம் செய்து கொள்ளுமாறோ அந்தக் குற்றத்துக்கு அபராதமாக ஒரு பெரிய தொகையைத் தருமாறோ சொல்வார்கள்.

கல்யாணத்துக்கு முன்பு பாலுறவு வைத்துக் கொள்வது தடை செய்யப்பட்ட விஷயமாகவோ பாவமாகவோ கருதப்படுவதில்லை. சில பழங்குடிகள் இடையே, பையனும் பெண்ணும் ஒன்றாகத் தங்கிக் கல்யாணம் செய்து கொள்வதா வேண்டாமா என்பது பற்றி முடிவெடுக்கவேண்டும் என்று எதிர்பார்க்கிறார்கள். பெண்கள், இனம் அல்லது கிராமத்தின் முடிவு எடுக்கும் நடைமுறைகளில் சேர்த்துக் கொள்ளப்படாவிட்டாலும், அவர்கள் பெரிய அளவு சுதந்தரத்தை அனுபவிக்கிறார்கள். அவர்களுக்கு சலிப்பூட்டும் விஷயம் எதுவென்றால், அவர்களது அன்றாடச் செயல்கள்தான். ஆண்களுக்கு விவசாயம் தவிர கிராம விவகாரங்கள், அரசாங்க விவகாரங்கள் என வேறு பல இருக்கும். பெண்களுக்கு வீட்டு வேலைகள் நீங்கலாக எதுவும் கிடையாது. ஒரு நாகா இனத்துப் பெண், கீழ்ப்படிதல், எளிமை போன்ற நற்குணங்கள் கொண்டவளாகவும் மனைவி, தாய், குழந்தையைப் பெறுபவர், உணவைத் தயாரிப்பவர், வீட்டு வேலையைக் கவனிப்பவர் என்ற வேடங்களைத் தாங்குபவராகவும் மட்டுமே இருக்கவேண்டும் என்றே நாகா சமூகம் எதிர்பார்க்கிறது.

எந்தக் கிராமத்திலும் நான், ஆண்களைப் போல் சோம்பேறியாக சும்மா உட்கார்ந்த நிலையிலோ, வேடிக்கை விளையாட்டில் ஈடுபடும் நிலையிலோ ஒரு பெண்ணைப் பார்க்கவே இல்லை. நான் ஒரு சின்னக் கிராமத்தில் இருக்கும்போது, ஒரு நாள், குடிலின் சுவர்களை ஒரு சுத்தியல் வைத்து அடிப்பதுபோலத் தொடர்ச்சியான தாள லயத்துடன் கூடிய இடிக்கும் ஓசையைக் கேட்டு அதிகாலை மூன்று மணிக்குத் தூக்கத்தில் இருந்து எழுந்தேன். படுக்கையில் இருந்து எழுந்து நான் வீட்டுக்காரியும் அவளது இரண்டு மகள்களும், ஒரு மரத் தண்டின் துளைகளில் சோளத்தை வைத்து இடித்துக் கொண்டிருந்ததைப் பார்த்தேன். அதிகாலையில், அவர் நீர்ச்சுனையில் இருந்து தண்ணீர் கொண்டு வந்தார்கள். வயலுக்குச் செல்வதற்கு முன்பாக சாப்பாடு சமைத்தார்கள். மாலையில் குழந்தைகளைப் பார்த்துக் கொள்ளவும் சமைப்பதற்கும் வீடு திரும்பினார்கள். இதே நடைமுறை ஒவ்வொரு நாளும், ஒவ்வொரு வாரமும் வருடமும் எனத் தொடர்ந்தன. பெண்களுக்கு ஏதேனும் பொழுதுபோக்கு உண்டா? இந்த வேலைகள் அவர்களுக்கு அலுக்கவே செய்யாதா?

ஒரு முறை, நாங்கள் இரவு தங்குவதற்கு ஏற்பாடு செய்யப்பட்டிருந்த ஒரு வீட்டின் இல்லத்தரசியிடம் இது தொடர்பாகப் பேசிப் பார்த்தேன்.

என் கேள்வியை அவர் புரிந்து கொள்ளவில்லை. அவருக்கு நாகா மொழி கொஞ்சமாகவே புரிந்தது. நான் சைகைகள் மற்றும் அடையாளங்கள் மூலம் விவரிக்க முயற்சி செய்தேன். ஆனால், அவர் ஒரு ஏமாற்றமான சிரிப்போடு என் முகத்தையே வெறித்துப் பார்த்தார். அந்தப் பெண்களுக்கு அவர் இனத்து ஆண்களைப் போல் அல்லாமல் பொழுதுபோக்குக்கு என்று எந்த வசதியும் இல்லை என்று யூகித்தேன். ஆண்கள் சில சமயங்களில் பல சின்னச் சின்ன வேலைகளுக்காக நாகாலாந்துக்குச் செல்வதுண்டு. அல்லது அவர் என்.எஸ்.சி.என்.(கே) செயல்பாட்டாளர்களாக இருந்தால் ஒரு கிராமத்தில் இருந்து மற்றொரு கிராமத்துக்குச் செல்வார்கள்.

நான் மீண்டும் வேறொரு பெண்ணிடம் இதே கேள்வியைக் கேட்டுப் பார்த்தேன். நான் அபின் பற்றி விசாரிப்பதாக நினைத்துவிட்டார். நான் வேறு வழியின்றித் தலையை ஆட்டி வைத்தேன். அவர், இதர பல ஆண்களைப்போலத் தன் கணவனும் ஒரு 'கானி (அபின்) அடிமை' என்று தெரிவித்தார். அவர்கள் தினசரி காலையில் அபின் புகைப்பார்கள். சில சமயம் ஒரு தடவைக்கு மேலும் புகைப்பார்கள். அவளது கணவன் வயல் வேலையை விட்டுவிடாமல் செய்து வந்தாலும் மிகவும் பொறுப்பற்றவனாகிவிட்டான் என்று குற்றஞ்சாட்டினார். விவசாய நிலத்தின் ஒரு பகுதியை அபின் சாகுபடிக்காக ஒவ்வொரு வருடமும் விட்டுவைப்பதால் சோளம் மற்றும் இதர காய்கறிகளின் உற்பத்தி குறைந்துபோய்விட்டதாகவும் குறை சொன்னார்.

அவர் சொன்னது இந்தப் பகுதியைப் பொறுத்தவரையில் பல குடும்பங்களில் நடப்பதுதான். நாங்கள் சென்றபோது, மலைகளின் உச்சியில் பயிர் சாகுபடிக்காகத் தயார்செய்யப்பட்ட நிலங்களில் கஞ்சா விதைகளை விவசாயிகள் தூவியதைப் பார்த்தோம். விளையும் கஞ்சாவில் ஒரு பகுதி நாகாலாந்து மற்றும் அருணாச்சலப் பிரதேசத்தில் விற்கப்படுகிறது. ஆனால், பெரிய அளவிலான வணிகப் பரிவர்த்தனை நடப்பதில்லை. இந்தப் பகுதியில் தயாரிக்கப்படும் கஞ்சா மியான்மரின் பிற பகுதிகளில் காளான்களைப்போல முளைத்துள்ள ஹெராயின் தயாரிப்பு மையங்களுக்குக் கொண்டு செல்லப்படுவதில்லை.

அபின் ஒருவனைச் சோம்பேறியாக்குவதாகச் சொல்லப்படுகிறது. ஆனால், நாங்கள் இந்தப் பகுதியில் அதற்கு நேர் எதிரான நிகழ்வையே கண்டோம். ஒரு நாள் காலையில், நாங்கள் அடுத்த இடத்துக்குப் புறப்பட்டுச் செல்லத் தயாரானபோது, ஷகான் எங்களது பைகளைச் சுமக்க மறுத்துவிட்டார். போதை குறைவாக இருப்பதாகவும், அது இல்லாமல் உயரமான மலைகளில் ஏறுவது கடினமாக இருக்கும்

என்றார். அவர் சொன்னதை என்னால் புரிந்துகொள்ள முடியவில்லை. பிஜித் அதன் அர்த்தத்தைத் தெளிவுபடுத்தினார். பைகளை எடுத்துக் கொண்டு புறப்படுவதற்கு முன்னால் தனக்கு அபின் வேண்டும் என்று சொன்னார். அவரது நண்பன் அவரிடம் அபின் அடங்கிய ஒரு சிறிய பழுப்பு நிறப் பொதியை அளித்தபோதே நிம்மதிப் பெருமூச்சு விட்டார். விரைவில் அவர் எங்களை முந்திச் சென்று நாங்கள் தங்கும் இடத்தில் பொருட்களை வைத்துவிட்டு திரும்பியபோது நாங்கள் பாதி தூரத்தைக்கூட கடந்து முடித்திருக்கவில்லை! அபினுக்கு அடிமை யானவர்களில் இவர்கள் ஒரு புதிய ரகம்.

நாங்கள் கடந்து சென்ற கிராமங்களில் ஒரே ஒரு கிராமத்தில் மட்டும்தான் அபின் புகைப்பதற்குத் தடை இருந்தது. ஒருவரும் அபின் விவசாயம் செய்ய அனுமதிக்கப்படவில்லை. அபினுடன் பிடிபடும் நபர்களுக்கு அதிகமான அபராதம் விதிக்கப்பட்டது. ஆனால், அருணாச்சலப் பிரதேச மாநிலத்தின் கிழக்கு மாவட்டங்களான திராப், சாங்லாங் அல்லது நாகாலாந்தின் மாண் மற்றும் டூவன்சாங் போன்றே இந்தக் கிராமங்களில் பெரும்பாலானவற்றில் போதைக்கு அடிமை யாவது மிக அதிக அளவில் இருந்தது.

இந்தியாவின் வடகிழக்குப் பிராந்தியத்தில் இந்திய அரசு அமைப்புகள் தொடர்ந்து கஞ்சா செடிகளை அழிப்பதில் ஈடுபட்டு வந்தாலும், அவற்றால் எந்த ஒரு தாக்கத்தையும் ஏற்படுத்த முடியவில்லை. அபின் எந்தத் தீமையையும் உண்டாக்காது. அதற்கு மாறாக நோய்களைத் தடுத்து உடம்பு வலியைக் குறைக்கும் என்று நம்பப்படுகிறது. அபினுக்கு அடிமையான சிலர் நான்கு முதல் ஐந்து மணி நேர இடைவெளியில் புகைப்பதுண்டு; மற்றவர்கள் அந்த நாளில் பகல் வேலை முடித்த பிறகு மாலையில் ஒரு முறை மட்டுமே புகைப்பார்கள்.

பல ஆண்டுகளாக நான் என்ன கேள்விப்பட்டேனோ, கடந்த சில வாரங்களாக எதை நான் பார்த்தேனோ அதனை அனுபவிக்க விரும்பினேன். நாங்கள் ஒரு நாள் மாலையில் சென்று சேர்ந்த வீட்டில் 'கானி போதை' நடந்து கொண்டிருந்ததை நேரில் பார்த்தேன். எனக்கு அடுத்த நாள் தலை வலி ஏற்பட்டால் படுக்கையில் சாய்ந்து விட முடியும். ஏனெனில், பயணத்துக்கு ஒரு நாள் விடுமுறை அளிக்க முடிவு செய்திருந்தோம். இருந்தாலும், நான் இதை உல்ஃபா போராளிகளுக்குத் தெரியாத வகையில் புகைக்க வேண்டும்.

என்னை உஷ்ணமேற்றிக் கொள்ளும் சாக்கில், நான் கணப்பின் அருகில் அமர்ந்தேன். அங்கிருந்த ஆண்களிடம் நான் ஒரு கொஞ்சம் புகைக்க விரும்புவதாகச் சொன்னேன். அவர்களுக்குத் தூக்கிவாரிப்போட்டது.

ஏனெனில், உல்ஃபா மற்றும் பிற புரட்சிக் குழுக்கள் எல்லாவிதமான போதைப்பழக்கங்களில் இருந்தும் விலகி இருப்பதாகவே அறியப் பட்டிருந்தன. வீட்டுக்காரரும் அந்தக் குழுவுக்குத் தலைவனாகவும் இருந்த நபரின் பாக்கெட்டில் ஒரு நூறு ரூபாய் நோட்டை வைத்தேன். அவர் கண்கள் சுடர்விட்டன. உறிஞ்சு குழாயில் புதிதாக அபினைத் திணிக்கத் தன் பையில் இருந்து எடுத்தான்.

இந்த நடைமுறைகள் சிரமமானவைதான். ஆனால், பார்ப்பதற்கு சுவாரசியமாக இருந்தன. கஞ்சாச் செடியின் மொட்டினை வெட்டி, அந்தக் காயத்தில் இருந்து வரும் கருமையான பிசினானது துணி ரிப்பன்களில் சேகரிக்கப்படுகிறது. நனைந்த துணி பின் உலர வைக்கப்பட்டு சின்னச் சின்னத் துண்டுகளாகக் கத்தரிக்கப்படுகிறது. எங்கள் நண்பர் இதுபோல் ஒரு ரிப்பன் துண்டைச் சுடு தண்ணீரில் நனைத்து அந்தத் துணியில் இருந்து கஞ்சாப் பால் இறங்கும்வரை வைத்திருந்தார். இந்தக் கலவை நீண்ட அகலம் குறைவான துண்டுகளாக வெட்டப்பட்ட உலர்ந்த டோக்கோ இலை ஒன்றில் பூசப்பட்டது. அந்த இலைத் துண்டுகள் ஒரு நீண்ட மூங்கில் குழாயின் ஒரு துளை வழியாக உள்ளே செலுத்தப்பட்டன. தீ வைக்கப்பட்டு, புகை உள்ளிழுக்கப்பட்டது. என் முறை வந்தது. நான் பச்சை மூங்கில் குழாயைப் பற்றினேன். நான் விரைவாக முடிக்க வேண்டியிருந்தது. அதாவது, வெளியே போயிருந்த கிளர்ச்சியாளர்கள் ராத்திரி உணவுக்குத் திரும்பி வருவதற்கு முன்பாக.

கொஞ்சமாகக் கசந்த புகையை மூன்று முதல் நான்கு நிமிடங்கள் உள்ளிழுத்து வெளியேவிட்டேன். ஒவ்வொருமுறை புகையை வெளியேவிட்டதும் ஒரு உடைந்த கப்பில் இருந்து ஒரு மிடறு பசுந் தேநீரை அருந்தினேன். நான் அங்கே இருபது நிமிடங்கள் தங்கியிருந்தேன். அப்புறம் விருந்தளித்தவருக்கு நன்றி சொல்லிவிட்டு அங்கிருந்து வெளியேறினேன். மனப்பிரமையில் ஆழ்ந்து போவேனோ என்று நினைத்தேன். நேராகத் தூங்குவதற்கான பையில் நுழைந்துகொண்டு தூங்கிவிட்டேன். ஓரளவு நெஞ்செரிச்சல், வயிற்று வலி தவிர்த்து அடுத்த நாள் காலையில் வேறு எதுவும் நிகழவில்லை. அபினுக்கு அந்த அளவு சக்தி இல்லையென்றால் ஏன் நாகா இனத்தவர்கள் அதற்கு இந்த அளவு அடிமையாக இருக்கிறார்கள். அபினைப் போதுமான அளவு எடுத்துக்கொண்டால் மட்டுமே ஒருத்தனுக்குப் போதை வருமோ? எனக்கு உறுதியாகத் தெரியவில்லை. அதை அத்துடன் விட்டு விட்டதில் மகிழ்ச்சியே அடைந்தேன்.

•

அது எங்கள் பயணத்தின் இருபத்து இரண்டாவது நாள்; நவம்பர் 1, 2011. நாங்கள் இன்னும் பள்ளத்தாக்கில் கால் பதிக்கவில்லை. நாங்கள் போகவேண்டிய இடத்துக்கு எப்போது செல்வோம் என்பது தெரிந்திருக்கவில்லை. எங்கள் நண்பர்களில் பயண நேரம் குறித்து ஒவ்வொருவரும் ஒவ்வொரு மதிப்பீடு வைத்திருந்தார்கள். 'இது முழுக்க முழுக்க உன்னைச் சார்ந்த விஷயம். நீ விரைவாக நடந்தால், துரிதமாகச் சென்று சேரமுடியும்' என்பதே அவர்கள் எப்போதும் சொல்லும் பதில்.

பழங்குடிகள் கோவணம் மட்டுமே அணிந்திருப்பார்கள் என்று அதிகமாகக் கேள்விப்பட்டிருந்தபோதிலும் முதல் முறையாக அவ்வாறான ஒரு சில நாகா இனத்துப் பெரியவர்களைப் பார்த்தேன். மற்றவர்கள் எளிய உடைகளை அணிந்திருந்தார்கள். நாங்கள் கடந்து வந்த கிராமங்களைவிட அதிகமான அரை நிர்வாணக் குழந்தைகள் இருந்தனர். அங்கே வியாபாரத்துக்கு உகந்தவகையில் உபரி கொஞ்சமாக இருந்ததால் துணிகள் வாங்குவதற்குக் குறைந்த அளவே பணம் மிஞ்சியிருக்கலாம். காய்கறிகளில் பறங்கிக் காய் மட்டுமே கிடைத்தது. அதனுடன் புளிக்க வைக்கப்பட்ட சோயா பீன்ஸ் பானமான அகுனி கிடைத்தது. எனவே, நாங்கள் நடைபயணத்தில் சில இடங்களில் நின்று கீரைகளைப் பறிப்போம். அவற்றில் மிகவும் அதிகமாகக் கிடைத்த மசுந்தரி கீரை வடகிழக்குப் பிரதேசத்தில் சகட்டு மேனிக்குக் கிடைக்கிறது. வயிற்று வலிக்குக் கைகண்ட மருந்து என்று சொல்கிறார்கள்.

சூரிய உதயத்துக்கு முன்பு புறப்பட்டு ஆறு மணி நேரம் நீடித்த ஒரு குறுகிய மலைப் பயணத்தில் முதல் பாங்க்மி (அல்லது பாங்மெய்) நாகா கிராமத்துக்கு வந்து சேர்ந்தோம். வீடுகள், மரம் மற்றும் மூங்கிலால் ஆன சுவற்றின் மீது கட்டப்பட்டன. அவை சுத்தமாக, அளவில் பெரிதாக இருந்தன. அந்தக் குடியிருப்பில் அதிகமான பேர் வசித்ததால், ஆள் நடமாட்டம் அதிகமாக இருந்தது. ஆனால், நாங்கள் குழப்பத்தில் இருந்தோம். நாங்கள் இரவு தங்க வீடுகள் எதுவும் அளிக்கப்படவில்லை. எங்களுக்கு முன்பு வந்திறங்கிய மூன்று மணிப்பூரி இயக்கங்களைச் சேர்ந்த போராளிகளுக்கு ஏற்கெனவே தங்குவதற்கு இடம் அளிக்கப்பட்டிருந்தது. அடுத்த இடம் தூரத்தில்தான் இருந்தது. அந்தப் பாதையில் இருட்டிய பிறகு நடப்பது பாதுகாப்பற்றதாக இருந்தது. காரணம், அங்கே கரடிகள் இருந்தன.

சில மணி நேரத்துக்குப் பின், ஒரு என்.எஸ்.சி.என்.(கே) வீரர் எங்களை போதகர் வீட்டுக்கு அழைத்துச் சென்றார். அந்த வீடு இன்னும் கட்டி முடிக்கப்படாமல் இருந்தது. வீடு காலியாக இருந்தது. போதகர் ஒரு

கூட்டத்தில் கலந்து கொள்வதற்காக நாகாலாந்து சென்றிருந்தார். நாங்கள் பைகளை உள்ளே வைத்தோம். ஜன்னல் வழியாகப் பார்த்தோம். மோரங்குக்குப் பின்னால், ஒரு மூங்கில் தடத்தில் இருந்து தண்ணீர் பாய்ந்ததைப் பார்த்தேன். குளிர் மிகுந்த நாளாக இருந்தாலும் என் உடம்பின் மேல் தண்ணீரை ஊற்றிக்கொள்ளும் ஆசையை அடக்க முடியவில்லை. மற்றவர்களைப் போலவே, நான் மூன்று வாரங்களாகக் குளிக்கவில்லை. தொடர்ந்து குளிப்பதற்கு வாய்ப்பே இல்லாத அளவுக்குத் தினசரி பயணம் அமைந்திருந்தது. நாங்கள் பொதுவாக கிராமங்கள் அல்லது மறைவிடங்களுக்குத் தாமதமாகவே வந்து சேர்ந்தோம். நீரோடைகளில் நீண்ட நேரம் செலவிட முடிந்ததில்லை.

நான் அந்த இடத்துக்குச் சென்று என் உள்ளாடைகளைத் துவைத்து நானும் சோப்பில் குளித்தேன். அழுக்கு அடுக்குகள் என் தோலில் இருந்து உரித்துக்கொண்டு வந்தன. பூச்சிக்கடிகளால் உடல் முழுவதும் இருந்த எண்ணற்ற புண்களில் இருந்து ரத்தம் வடிவதைப் பார்த்துக் கொஞ்சம் பயந்து போனேன். அலர்ஜி மாத்திரைகளோ நான் கொண்டு வந்த தோலுக்குப் போடப் பயன்படும் ஆயின்மெண்டோ பயன்படவில்லை.

ரத்தம் குடிக்கும் பூச்சிகளில் மிகவும் பயங்கரமானது டிம்-டிம். இது வடகிழக்கில் உள்ள மலை மாநிலங்களிலும் காணப்படுகிறது. இது மிகச் சிறியது. பொன் வண்ணம் கொண்டது. அசப்பில் அந்துப் பூச்சி போல் இருக்கும். இது ஒருத்தனின் சட்டைக்குள் மூக்கு, காதுகளுக்குள் நுழைந்து உங்கள் ரத்தத்தை உறிஞ்சிய பின் தோலில் பெரிய ஓட்டைகளை விட்டுச் செல்லும். ஒரு கொசுவைப்போல் அல்லாமல், இந்தப் பூச்சி கடித்ததே அது பாதுகாப்பாகப் பறந்துபோய் சில நிமிடங்களுக்குப் பிறகே உங்களுக்குத் தெரியும். இந்தக் கடியில் இருந்து ஆரம்பிக்கும் அரிப்பு பொதுவாக இரவில் தொடங்கி, காலையில் நாம் நடக்கும்போது மட்டும் ஒழியும். ஒவ்வொரு நாள் காலை, மாலை இரு வேளையும் நாங்கள் ஒரு அரை மணி நேரமாவது சொரிவதற்கென்றே ஒதுக்கினோம். பிரதீப்பும் இதுபோல் கஷ்டப் பட்டார். இந்தப் பூச்சித் தொல்லை குறைவதற்கான அறிகுறியே இல்லை. நாங்கள் இருவரும் ரொம்பவே கவலைப்பட்டோம். புண்களில் இருந்து கசிந்த ரத்தம் எங்கள் பனியன்களைக் கறைபடுத்தி இருந்தது.

நான் குடிலில் இருந்த போது வெளியில் போய்விட்டு வந்த பிரதீப் எதையோ ஆர்வமாக என் காதுகளில் கிசுகிசுத்தார்.

‘ஒரு நல்ல செய்தி. மெக்டவெல் பிராந்தியையும் ஹீரோ என்ற மியான்மர் நாட்டு விஸ்கியையும் பார்த்தேன். ஆனால், அவை விலை அதிகமாக இருக்கின்றன. நீ என்ன நினைக்கிறாய்?’’.

‘நாம் நினைப்பதற்கு என்ன இருக்கிறது. இந்தியப் பொருட்களைக் கொண்டு வா.’ இது என் பதில். அவரிடம் இரண்டு 500 ரூபாய் நோட்டுக்களைத் தந்தேன்.

பிரதீப் 900 ரூபாய்க்கு மூன்று பாட்டில்களை வாங்கி வந்தார். நான் அவை போலியானதா என்று பார்ப்பதற்காக ஒரு பாட்டிலின் மூடியைத் திறந்தேன். இல்லை, நல்ல சரக்குதான். இங்கே உள்ள மக்களுக்குக் கள்ளச் சாராயம் காய்ச்சும் தொழில்நுட்பம் தெரியாதோ என்னவோ? பிராந்திக் கடைக்காரன் பிராந்தி அருணாச்சலப் பிரதேசத்தில் இருந்தும் விஸ்கி கீழே உள்ள பள்ளத்தாக்கில் இருந்தும் வந்தது என்றும் தெரிவித்தார். இது போன்ற சரக்குகளுக்கு அதிகமான தேவை இல்லாததால் கொஞ்சமாகத்தான் கிடைத்தது. கல்யாணம், காட்சி போன்ற விசேஷ நிகழ்ச்சிகளில் மட்டுமே அயல் நாட்டு மதுவை உபயோகித்தார்கள். போராளிகள் சாராயத்தைத் தொடாதவர்கள்; பீடி, சிகரெட் புகைக்காதவர்கள் என்று கிராமத்தினர் மத்தியில் ஒரு பெயர் இருக்கிறது. எனவே, தனியறையில் போதை தலைக்கேறாத அளவுக்குக் கொஞ்சமாகக் குடித்துக்கொள்ளும்படி ஆலோசனை சொன்னார் இக்பால்.

நாங்கள் இந்தப் பகுதியில் கால்வைத்ததில் இருந்து மதுவே அருந்தாததால் ரொம்பவே சந்தோஷப்பட்டோம். குழுவில் உள்ள மற்றவர்கள் ஏதாவது நினைத்துக்கொள்வார்களோ என்ற பயத்தில் வெளிப்படையாக மதுவைத் தேடியதும் இல்லை. எங்கள் ஆசையைச் சொன்னதும் இல்லை. மூன்று நாட்களில் மூன்று பாட்டில்களைக் குடித்துத் தீர்த்தோம். ஏனெனில், ஒவ்வொரு நாள் பகல் வேலை முடிந்த பின் மாலையில் போதைக்குள் அமிழும் ஆசையை எங்களால் அடக்க முடியாது.

இன்னும் கொஞ்சம் மது பாட்டில்களை வாங்கலாம் என்று விரும்பினாலும், நாங்கள் மேலும் ஆள் அரவமற்ற காட்டுப் பகுதியில் நுழைந்துவிட்டதால், அவை கிடைக்கவில்லை. நாங்கள் உள்ளூர்ச் சரக்கை நாட வேண்டியதாயிற்று. அது போன்ற நாட்டுச் சாராயத்தை எந்தக் குடிசையில் காய்ச்சுகிறார்கள் என்று கண்டுபிடிக்கும் பொறுப்பை ஓர் இளைஞனிடம் ஒப்படைத்தோம். இரவு உணவுக்குப் பிறகு நாங்கள் அங்கே இருப்போம். வீட்டுக்காரனிடம் நியாயமான ஒரு தொகையைக் கொடுப்போம். வெள்ளை நிறத்தில் பழச்சாறு போன்ற திரவம் ஒன்றை வேக வேகமாகக் குடிப்போம். மூலிகை களுடன் சோளம் சேர்க்கப்பட்ட ஒரு மூங்கில் ஜாடியில் புளிக்க வைக்கப்பட்டு, அதைச் சுடுதண்ணீரில் கலக்கிக் குடித்தார்கள். அது எங்களை, மிக மிக மிதமான போதையில் கிட்டத்தட்ட மூன்று மணி நேரம் வைத்திருந்தது.

நடப்பதற்குக் கடினமான பாதைகள் அல்லது மலைகளைக் கடக்கும் போது நாகா மக்கள் சொன்னபடி மௌனத்தைக் கடைப்பிடித்தோம். நீங்கள் உரக்கப் பேசினாலோ சத்தம் போட்டுச் சிரித்தாலோ, அவை காற்றில் உலவும் ஆவிகளை எரிச்சல் படுத்துவதால் பனியும் மேகங்களும் உங்களைச் சூழ்ந்து கொள்ளும். அத்துடன் எதிர்பாராத இன்னல்களுக்கு இட்டுச் செல்லும் என்று நாகா மக்கள் நம்புகிறார்கள். ஒரு நாள் நான் கொஞ்சம் அதிகம் பேசியிருக்க வேண்டும். அதனால் தானோ என்னவோ, அதற்கு அடுத்த நாள், நான் மயிரிழையில் மீண்ட விபத்து நடந்தது. இந்த நேரத்தில் மட்டும்தான், அது தண்ணீரில் நடந்தது.

2011, நவம்பர் 11 அன்று நாங்கள் ஒரு பெரிய நீரோடைக் கரைக்கு வந்து சேர்ந்தோம். நாங்கள் இதுவரையில் நடந்தே கடந்து வந்த நீரோடைகளை விட மிகவும் ஆழமாக இருந்தது. துடுப்பே இல்லாத ஒரு மூங்கில் பரிசலில் அடுத்த கரைக்குச் செல்ல வேண்டியிருந்தது. அந்தப் பரிசல் இரு கரைகளிலும் வலிமையான செடி கொடிகளால் சேர்த்துப் பிணைக்கப்பட்டிருந்தது. நான் சற்று நேரம் குழம்பிப் போனேன். அந்தப் பரிசலை மறு கரையில் இருந்து இழுப்பார்கள் என்று அப்புறம்தான் புரிந்துகொண்டேன். முந்தைய நாள் மாலையில் நாங்கள் அங்கே வரப் போவது பற்றிய தகவல் 'ரேடியோ' மூலம் அளிக்கப்பட்டு, அடுத்த கிராமத்தைச் சேர்ந்த இரண்டு நடுத்தர வயது உள்ளூர்க்காரர்கள் மறு கரையில் ஆயத்தமாக இருந்தார்கள்.

முதல் முறை சென்ற நால்வரும் பாதுகாப்பாக மறுகரைக்குச் சென்று விட்டார்கள். இரண்டாவது முறை செல்ல வேண்டியவர்களுக்காக ரத்தின் அந்தப் பரிசலை எங்கள் கரைக்கு அனுப்பிவைத்திருந்தார். இரண்டாவது பரிசலில் போகவேண்டிய அணியில்தான் இருந்தேன். உள்ளூர்க்காரர்கள் இருவரும் மறுகரையில் இருந்து நாங்கள் ஆற்றின் மத்திய பகுதிக்கு வரும்வரை இழுத்தார்கள். அப்போது பிஜித் கயிறு அறுந்துவிட்டது என்று கத்தினார். உள்ளூர்க்காரர்களில் ஒருவர் அந்தக் காட்டுக் கொடியை மீண்டும் சேர்த்துப் பிணைப்பதற்காக ஆற்றில் நீந்தி வந்தார். அவரால் முடியவில்லை. சில வினாடிகளுக்கு அந்தப் பரிசல் ஆற்றின் வேகத்தில் தறி கெட்டு அலைந்தவாறே 20 மீட்டர்களுக்கு அப்பால் இருந்த ஒரு நீர்ச் சுழி போன்ற ஒன்றை நோக்கி நகர ஆரம்பித்தது. நாங்கள் எப்படியும் விழத்தான் போகிறோம் என்ற பயத்தில் நான் தண்ணீருக்குள் குதிக்கத் தயாரானேன் (எனக்கு எப்படி நீந்துவது என்று தெரியும். ஆனால், கேமராவையும் ரெக்கார்டரையும் பற்றிக் கவலைப்பட்டேன். அவை வாட்டர் ப்ரூப் உறைகளில் வைக்கப்பட்டிருக்கவில்லை.

என்ன செய்வது என்று யோசித்துக் கொண்டிருக்கும்போது இக்பால் தனது பிஸ்டலை ரத்தினிடம் கொடுத்துவிட்டு ஆற்றில் குதித்து அந்தக் காட்டுக் கொடியைப் பற்றினார். பரிசல் இன்னும் நீரோட்டத்தின் போக்கில் அடித்துச் சென்று கொண்டிருந்தது. ஒரு கணம், இக்பால் அதனைத் தடுத்து நிறுத்த முடியாது என்றே தோன்றியது. ஆனால், அவர் பரிசலைத் திருப்பி பழைய நிலைக்குக் கொண்டு வந்ததோடு, அதன் வேகத்தைக் குறைக்கவும் செய்தார். பின்னர் அவர் கரைக்குத் திரும்பி அந்தக் காட்டுக்கொடியை ஒரு பாறையைச் சுற்றிப் பிணைத்தார். நாங்கள் பாதுகாப்பாக இறங்கிக் கரையில் அமர்ந்தோம்.

தொப்பலாக நனைந்த இக்பால் தன்னுடைய உடைகள் உலரும்வரை கமுசா உடைக்கு மாறியிருந்தார். அவரது தைரியம், எங்களைப் பாதுகாப்பாகக் கொண்டு சேர்க்கவேண்டும் என்ற உத்தரவுக்குக் கொடுத்த மரியாதை எல்லாவற்றையும் பார்த்துப் பிரமித்தேன். அவரும் பரளியும், தலைமறைவாக இருந்து வரும் உல்ஃபா படைப் பிரிவைச் சேர்ந்தவர்கள். அவர்களது வாழ்க்கை முழுவதும் காட்டில் கழிந்திருக்கிறது. பெரும்பாலான சமயம் பயணத்தில் கழிந்தது. காட்டில் அவர்கள் படைப் பிரிவின் பொருட்கள் நடமாட்டம் மற்றும் போர்ச் செயல்பாடுகளைக் கண்காணித்தார். உல்ஃபாவுக்கு நிலைமை சரியில்லாத காலங்களில், அந்த இயக்கத்தை உயிரோடு வைத்திருக்க அவர்கள் செய்த தியாகம் சிறியதல்ல. ஆனால், இப்போது இக்பாலின் சாதனையை நாங்கள் கொண்டாடியாகவேண்டும். மரக் கிளைகளைப் போட்டுத் தீ ஏற்படுத்தப்பட்டது. ஒரு சின்ன அலுமினியச் சட்டியில் தேயிலைகள் சடுதியில் காய்ச்சப்பட்டன. மூன்றே கோப்பைகள்தாம் இருந்தன. அந்தக் கோப்பைகளை மாற்றி மாற்றிப் பயன்படுத்தி டீ போட்டு சியர்ஸ் சொல்லிக் குடித்தோம்.

நாங்கள் மீண்டும் நடக்கத் தொடங்கி ஆற்றங்கரையை ஒட்டிய மண் மேட்டில் ஏறி ஒரு வாழைத்தோப்புக்குள் சென்றோம். வாழை மரங்கள் ஒன்று மற்றொன்றைத் தொட்டபடி முடிவில்லாமல் நீண்டிருந்தன. நான் கண்ட காட்சியை உள் வாங்குவதற்காக நின்றேன். அந்த நிலப் பகுதி நாங்கள் நின்று கொண்டிருந்த பகுதியைவிடக் கொஞ்சம் தாழ்ந்து, பின் மலையடிவாரம்வரை உயர்ந்து சென்றது. அந்த வாழை மரத் தோப்பு இரண்டு கிலோ மீட்டருக்கும் மேற்பட்ட பகுதியை ஆக்கிரமித்திருந்தது. நடை பாதை அந்தத் தோப்பின் நடுவில் சென்றது. நாங்கள் வாழையிலைச் சருகுகளை மிதித்துக் கொண்டே நடந்தோம். அப்போது அங்கே வாழைப் பழங்கள் இல்லாவிட்டாலும் வாழைப் பழ வாசனை அந்தப் பகுதியில் நீக்கமற நிறைந்து இருந்தது.

எனக்குப் பின்னால் இருந்த இக்பால் சொன்னார்: ‘மழைக் காலத்தில் அங்கு விஷப் பாம்புகள் நிறைய இருக்கும்’ என்று. நான் ஃபோட்டோ

எடுப்பதற்கும் ஏதோ ஒன்று இங்கே இருக்கிறது. எனவே, நான் திரும்பும் வழியில் ஃபோட்டோ எடுப்பதாக முடிவெடுத்தேன். மாலை மங்கிய சிறிது நேரத்தில், நாங்கள் அடுத்த கிராமத்தை அடைந்தோம்.

ஆனால், அடுத்து காத்திருந்தது ஆபத்து — நாளை நாங்கள் மியான்மர் ராணுவத்தினரால் தொடர்ந்து கண்காணிக்கப்படும், மண்ணும் ஜல்லியும் கலந்த புதிதாகப் போடப்பட்ட சாலையில் நாங்கள் அணிவகுத்துச் செல்ல வேண்டியிருந்தது. இரண்டு மலைகளை யடுத்து ஒரு ராணுவக் குழு முகாமிட்டிருந்தது. நாங்கள் மிகவும் வேகமாக நடக்க வேண்டியிருக்கும். தேவைப்பட்டால் ஓடவும் வேண்டியிருக்கும். ஆனால், இந்தப் பாதை எவ்வளவு தூரம் செல்கிறது? இந்தத் தடத்தில் முன்பு பயணம் மேற்கொண்டிருந்த போரா, பதினைந்து கிலோ மீட்டர் இருக்கும் என்றார்.

கிராமத் தலைவரிடம் பேசி விட்டுத் திரும்பினார் பரளி. தேவையான ஏற்பாடுகள் செய்யப்பட்டதாக விளக்கமளித்தார். அதிகாலை நான்கு மணிக்கு, இன்னமும் இருள் விலகாதபோதே நாங்கள் நடை பயணத்தைத் தொடங்கி ராணுவத்தினர் தங்களது தினசரி கண்காணிப்புப் பயணத்துக்குப் பாசறையை விட்டுக் கிளம்புவதற்கு முன்பாக சாலையைக் கடந்துவிடவேண்டும். இதற்கு என்ன அர்த்தம் என்றால், நாங்கள் அந்தப் பகுதியை மூன்று மணி நேரத்தில் கடந்து விட வேண்டும். ரோடு மிக நன்றாக இருந்தது என்றும், ராணுவம், சில சமயங்களில் இந்த ரோட்டில் மோட்டார் சைக்கிள்கூட ஓட்டியதுண்டு என்றும் சொன்னார்கள்.

உண்மைதான். நாங்கள் மோட்டார் பைக்குகள் ஓடித் தேய்ந்த டயர்த் தடங்களைப் பார்த்தோம். நாங்கள் நம்ப முடியாத வேகத்தில் நடந்தோம். இவ்வளவு வேகமாக எப்போதாவது நடந்திருப்பேனா என்று எனக்கு நினைவில்லை. இரண்டு என்.எஸ்.சி.என்.(கே) அதிகாரிகள் எங்களுக்கு முன்பே வாக்கி - டாக்கி சகிதம் அங்கே நிலை கொண்டிருந்தார்கள். அதே இடத்தில் இருந்து அவர்கள் ராணுவ முகாம்களைப் பார்க்க முடியும். ராணுவ முகாமிலிருந்து வண்டிகள் வெளியே போகின்றனவா என்று எங்களுக்குச் செய்தி தருவதே அவர்களது வேலை. முதல் இரண்டு மணி நேரத்துக்கு, அவர்களுடன் தொடர்பில் இருந்தோம். அனைத்தும் திட்டப்படியே நடந்தது.

அப்போது எங்கள் குழுவின் முன்பாகச் சென்ற பரளி தன் கையை உயர்த்தி எங்களை நிற்கச் சொல்லி சைகை செய்தார். அவர் அதிகாரி களிடம் இருந்து ரேடியோவில் ஒரு செய்தியைப் பெற்றிருக்கிறார். நாங்கள் பாதையில் அசைவற்று நின்றோம். ராணுவ முகாமில்

நடமாட்டம் தென்பட்டது என்றும், நாங்கள் பயணத்தைத் தொடர்வது பாதுகாப்பாக இருக்கும் என்ற நிலை வரும்வரை காட்டில் ஒரு பாதுகாப்பான இடத்தில் ஒளிய வேண்டியதிருக்கும் என்றும் சொன்னார் பரளி. ஒரு மரத்தின் கீழ் அமர்ந்து கொஞ்சம் குளூக்கோஸ் பவுடரை விழுங்க இந்த வாய்ப்பைப் பயன்படுத்திக்கொண்டேன்.

ஆனால், முகாமின் கதவுகள் சாதாரணமாகத் திறக்கப்பட்டு, கொஞ்ச நேரத்துக்குப் பின் அடைக்கப்பட்டதாகத் தெரிந்தது. நாங்கள் பயணத்தைத் தொடரலாம் என்று செய்தி வந்தது. மிகச் சரியாக நான்கு மணி நேரத்துக்குப் பிறகு, நாங்கள் சாலையில் இருந்து ஒரு குறுகிய சறுக்குப் பாதையில் பிரிந்து சென்றோம். அந்தப் பாதை மேலே உயர்ந்து பின் ஒரு காட்டு மறைவிடத்துக்குள், ராணுவத்தின் பார்வைக்கு வெகு அப்பால், தாழ்வாக இறங்கிச் சென்றது. எங்களுக்கு முன்னதாக அந்த இடத்தை அடைந்த ரத்தினும் பிஜித்தும் இரவு உணவைத் தயாரிக்கத் தொடங்கினர்.

அடுத்த இரண்டு நாட்கள் எங்கள் பயணத்தை வெகு சாவதானமாக, போட்டிருந்த திட்டப்படிக் கடந்தோம். நாங்கள் கடைசிக் கிராமத்தை அடைந்தபோது மீண்டும் குழப்பம் நேரிட்டது. அங்கே எங்களை வரவேற்க வேண்டிய பத்து உல்ஃபா போராளிப் பையன்களைக் கொண்ட குழுவினர் அங்கே ஆஜராகத் தவறியிருந்தனர். எங்கள் வருகையைப் பற்றிய தகவலை ஏதாவதொரு மையத்துக்கு அளிப்பதற்கு ரேடியோ தொடர்பை ஏற்படுத்த இயலவில்லை. ரேடியோ அலைவரிசை ஒரு குறிப்பிட்ட தொலைவு மட்டுமே தகவல் தொடர்பை அனுமதித்தது.

பள்ளத்தாக்கு வழியே பயணிப்பது கூடுதலாகப் போராளிகள் இன்றி கிட்டத்தட்ட முடியாத காரியமாக இருந்தது. ஏனெனில், ஷகான்கள் அந்தப் பகுதிக்குள் போகத் தயங்கினார்கள். அப்படி அவர்கள் உள்ளே போனால், அவர்கள் தங்கள் வீடுகளில் இருந்து குறைந்தது எட்டு நாட்கள் வெளியில் தங்க வேண்டிவரும். நூறு கிலோ மீட்டர் தூரத்துக்குக் கிராமமே இல்லாமல் இருந்தது. இதற்கு என்ன அர்த்தம் என்றால், எங்கள் அரிசி, பருப்பு, சமையல் பொருட்களை நாங்களே சுமந்து செல்ல வேண்டும். மேலும், நாங்கள் கரடிகள், யானைகள், காட்டு நாய்களை எதிர்கொள்கிற ஆபத்தும் இருந்தது.

நீண்ட விவாதத்துக்குப் பிறகு, கடைசியில் நாங்கள் காத்திருக்கவும், ரேடியோ தொடர்புக்கு முயற்சி செய்யவும் முடிவெடுத்தோம்; கூடவே, பள்ளத்தாக்கில் உள்ள நிலைமையைக் குறித்துத் தகவல் சேகரிக்கவும், முந்தைய கிராமத்தில் எங்களுடன் வருவதற்கு ஒத்துக்கொள்ளும்

ஷகான்களைத் தேட பிஜித்தை அனுப்பவும் முடிவெடுத்தோம். அடுத்த இரண்டு நாட்களுக்கு அதற்கு மேல் முன்னேற்றம் எதுவும் இல்லை. எனவே, இந்தப் புதிய கிராமத்தை ஆராயலாம் என்று புறப்பட்டேன். நாங்கள் இதற்கு முன் பார்த்த கிராமங்களைவிட இந்தக் கிராமம் மிகவும் வித்தியாசமாக இருந்தது. இந்த இடம் ஏதோ திகிலை உண்டாக்கக்கூடியதாக இருந்தது. ஒரு குடியிருப்பின் எல்லாத் திசைகளிலும் ஒரு கோட்டையைப்போல் சூழ்ந்து நின்றன. நடுத்தர அளவிலான கரிய குன்றுகள். இந்த கிராமம் சரித்திர ரீதியில் முக்கியத்துவம் பெற்ற இடமாக இருந்தது.

1988-ல் நாகாலாந்து தேசிய சோசலிஸ்டு கவுன்சில் போராளிகளுக்கிடையில் மாபெரும் உள் குத்துச் சண்டைகள் நடைபெற்ற இடம் இந்தக் கிராமத்துக்கு வெகு அருகில் இருந்தது. துணைத் தலைவர் கப்லாங்குக்கு விசுவாசமான ஆதரவாளர்கள் பொதுச் செயலாளர் துயிப்காலெங் முய்வாவை எதிர்த்து ஒரு அதிரடித் தாக்குதல் நடத்தினர். அவர் மயிரிழையில் உயிர் தப்பினார்.

இதற்கடையில் பிஜித், மூன்று நாட்களுக்குப் பிறகு ஷகான் யாருமின்றித் திரும்பி வந்தார். அவர், எங்கள் லக்கேஜையும் உணவுப் பொருட்களையும் சுமந்து செல்ல ஆட்களைத் தேடி இதர இரண்டு கிராமங்களுக்கும் கூடப் போயிருக்கிறார். யாரும் கிடைக்கவில்லை. நாங்கள் சிக்கலில் மாட்டிக்கொண்டதுபோல் தெரிந்தது. நாங்கள் அரிசியையும் மற்றவற்றையும் எடுத்துக்கொண்டு போனாலும்கூட, ஏழு நாட்களுக்குக் கூடுதலாக மூன்று கூடைகள் இருக்கும். நாங்கள் இந்தச் சிக்கலைப்பற்றி யோசித்துக் கொண்டிருந்தபோது, ‘போரா’ என்று யாரோ வெளியில் இருந்து கத்தினார்கள். ஐந்து உல்ஃபா போராளிகள் எங்கள் குடிலுக்குள் நுழைந்தனர். இரண்டு மூத்த அதிகாரிகளுக்கும் ‘சல்யூட்’ வைத்தனர். அந்த அணியில் இருந்த உயரமான மனிதர் அனில் என்று தன்னை அறிமுகப்படுத்திக்கொண்டார். அவர்கள், இன்னும் ஐந்து பையன்கள் காட்டுக்குள், இங்கிருந்து ஒருநாள் நடக்கும் தூரத்தில் கூடாரம் அடித்திருப்பதாகச் சொன்னார்கள். அவர்கள் ஏன் நேரத்தில் வந்து சேரவில்லை. கேள்வி மேல் கேள்வி கேட்டான் பரளி. அனில் தந்த பதில் கவலை அளிப்பதாக இருந்தது.

‘பத்து நாட்களுக்கு முன் நாங்கள் இங்கே வந்தோம். ஆனால், பக்கத்தில் ராணுவ நடமாட்டம் பற்றிக் கேள்விப்பட்டோம். ஆகவே பாதுகாப்பான இடத்துக்குச் சென்று விடத் தீர்மானித்தோம். அங்கேயே சுற்றிக் கொண்டிருந்து விட்டு, கொஞ்ச காலத்துக்குப் பின் திரும்பலாம் என்று தீர்மானித்தோம்’ அவர் விளக்கினார்.

ஆனால், 'நிலைமை எப்படி இருக்கிறது? நீங்கள் தலைமையகத்துடன் தொடர்புகொண்டீர்களா?' என்று விசாரித்தார் இக்பால்.

நாங்கள் யோசித்துக்கொண்டு இருக்கிறோம். இப்போது எந்தப் பிரச்னையும் இருக்காது. ஒரு வாரத்துக்கு முன் வரும் வழியில் சில நாகா அதிகாரிகளைச் சந்தித்தோம். அவர்கள் மூலம் தலைமையகத்துக்குத் தகவல் தந்தோம். நாம் நாளை அதிகாலையில் புறப்படலாம் என ஆலோசனை தந்தார் அனில்.

மாலையில், உணவுப் பொருட்கள் சேகரிக்கப்பட்டன. ஐந்து கூடைகளில் வைத்துக் கட்டப்பட்டன. அரிசி குறைந்து கொண்டு வந்தது. நன்கு நாட்கள் வரும் அளவுக்கே அரிசி இருந்தது. நாங்கள் செல்ல வேண்டிய சாலை ஏதோ காரணத்துக்காக அடைபட்டு விட்டாலோ நாங்கள் பள்ளத்தாக்கைக் கடப்பது தாமதம் ஆனாலோ, நாங்கள் சிக்கலில் மாட்டிக்கொள்வோம். இரவு உணவில் வழக்கமான பொருட்களே இருந்தன. ஆனால், எங்களை உபசரித்தவர் ஒரு கிண்ணத்தில் வைத்து ஏதோ 'ஸ்பெஷல்' உணவு தந்தார். நான் அது காட்டுப் பன்றியாக இருக்கவேண்டும் என்று நினைத்தேன். அது அல்ல. அது கரடி மாமிசம்! காலையில், யாரோ கிராமவாசி சுட்டு வேட்டையாடி இருக்கிறார். நான் ஒரு துண்டை எடுத்து மெல்லத் தொடங்கினேன். அது வித்தியாசமான ருசியில், அழுத்தமாய், கொஞ்சம் புளிப்புச் சுவையுடன் இருந்தது. அது என் நாக்குக்குப் பொருந்தவில்லை.

3

திரும்பி வர முடியாத பள்ளத்தாக்கு

அதிசயமாக, மற்றவர்களுக்கு முன்பே விழித்தெழுந்தேன். எனது பேக்கிங்கை முடித்து அதிகாலை நான்கு மணிக்கெல்லாம் தயார் நிலையில் இருந்தேன். ஆர்வம்தான், ஆர்வம் மட்டும்தான் காரணம். நாங்கள் போக வேண்டிய இடம் நெருங்கி வந்தது. எங்கள் நடைபயணம் இனி சந்தோஷமாக இருக்கவேண்டும். நெட்டுக்குத்தான மலையேற்றம், தலைகீழான இறக்கங்கள் எல்லாம் கடந்தாகிவிட்டது. நாங்கள் அவை குறித்துத் திரும்பும்போது கவலைப்பட்டால் போதும். இந்தப் பள்ளத்தாக்கு தாவரங்கள், விலங்குகள் ஆகியவற்றின் பொக்கிஷமாகத் திகழ்ந்தது. மாபெரும் வரலாற்று முக்கியத்துவம் உடையதாகவும் இருந்தது.

1942ம் வருடத்தின் முதற் பாதியில் ஜப்பானியர்கள் பிரிட்டிஷாரை மியான்மரை விட்டு வெளியேற்றினார்கள். இந்தப் பகுதி வழியாகத்தான் பல்லாயிரக்கணக்கான பிரிட்டிஷ் ராணுவ வீரர்கள், வியாபாரிகள், அவர்களது இந்தியச் சிப்பந்திகள், வேலைக்காரர்கள் அஸ்ஸாமுக்குப் பாதுகாப்பாகச் சென்றார்கள். இந்த வனாந்தரத்தின் வழியே நடக்கையில் ஆயிரக்கணக்கானவர்கள் மடிந்து போனதாகச் சொல்வதுண்டு. எனவே, ஒவ்வொரு மூலையில் இருந்தும் எமன் எட்டி பார்க்கும் பகுதி என்று இதற்கு அவப்பெயர் உண்டு. இதே இரண்டாவது உலகப் போரின் போதுதான், ஜப்பானியர்களை எதிர்த்து வந்த துருப்புகளுக்கு உதவிப் பொருட்களைக் கொண்டு செல்வதற்காக இந்தப் பள்ளத்தாக்கின் வடபகுதி மற்றும் கச்சின் வழியாக அஸ்ஸாமின் 'லீடோ' நகரத்தில் இருந்து தென்மேற்கு

சீனாவின் கும்மிங் வரையிலான பிரசித்தி பெற்ற 'ஸ்டில்வெல் சாலை' உருவாக்கப்பட்டது.

எந்த ஷானும் உதவிக்கு இல்லாததால் பிரதீப்பையும் என்னையும் தவிர்த்து ஒவ்வொருவரும் அதிகமான சுமையுடன் இருந்தார்கள். மிகப் பளுவான சுமைகளைத் தூக்கிச் செல்லும் அவர்களது பலத்தைப் பார்த்து நான் வாய் பிளந்த அதேவேளையில், எனது பங்கையே சுமக்க முடியாமல் போன எனது நிலைமை குறித்து வருந்தவும் செய்தேன். சாப்பாட்டுக்குப் பிறகு, ஒரே வரிசையில், படிப்படியாக இறங்கத் தொடங்கினோம். மற்ற மூவரும் அனிலுக்கு முன்பு நடந்தார்கள். அந்தப் பாதை மலை நடுவில், பாறைகள், சருகுகள், மரங்களில் இருந்து கீழே விழுந்த கிளைகளின் மீதேறிச் சென்றது. இரண்டு மணி நேரத்துக்குப் பிறகு எங்களது அணி நின்றது. நாங்கள் வழி மாற வேண்டும். எங்கள் பைகளில் இருந்து 'குக்ரி' என்ற சிறு கத்தியை வெளியில் எடுத்துக் கொள்ளவேண்டும் என்று சொல்லப்பட்டது.

'நாம் இப்போது போராளிக் குழுக்களால் மட்டுமே பயன்படுத்தப் படும் ஒரு பாதாள வழியில் போவோம். இது மிகவும் குறுக்கு வழி' என்று சொன்ன இக்பால், தன் தோள் மாட்டிப் பையை அட்ஜஸ்ட் செய்து கொண்டார். அனில் வலது புறம் இருந்த காட்டுப் பகுதிக்குள் இறங்கினான். எங்கள் பாதையில் இருந்த புதர்களை வெட்டி வீழ்த்த ஆரம்பித்தார். இது ஒன்றும் அபாயகரமான இறக்கமாகவெல்லாம் இல்லை. அதிக சிரமமின்றி அவர்களைப் பின்தொடர்ந்தேன்.

ஆற்றில் இருந்து விலகிச்சென்ற ஒரு தடத்தில், காட்டுக்குள் பதினைந்து நிமிடங்களுக்குப் பிறகு, ஒரு சின்ன மேட்டில், நீல நிறத்திலும், மஞ்சள் நிறத்திலும் வண்ணமயமாகக் காட்சியளித்த இரண்டு நைலான் கூடாரங்கள் பார்வையில் பட்டன. அனில் குறிப்பிட்ட அந்த ஐந்து போராளிகள் எங்களை வரவேற்கக் காத்துக் கொண்டிருந்தனர். எங்களுக்காக அவர்கள் தயாரித்திருந்த தேநீரைப் பருக நாங்கள் எங்கள் பைகளை அவிழ்த்து சாவகாசமாக அமர்ந்தோம்.

அவர்களில் தாடி வைத்த, நாற்பது வயது மதிக்கத் தகுந்த ஒருவர், இந்தப் பகுதியில் கச்சின் சுதந்தரப் படை (KIA) முகாம் அமைத்திருக்கிறதா என சோதித்துப் பார்ப்பதற்காக ராணுவம் தேடுதல் வேட்டையில் ஈடுபட்டு வருவதாகச் சொன்னார். பல வருடச் சண்டை நிறுத்தத்துக்குப் பிறகு, ஆறு மாதத்துக்கு முன்பு கச்சினுக்கும் மியான்மர் அரசாங்கத்துக்கும் இடையே போர் தொடங்கி இருந்தது. இருந்தாலும், இப்போது கவலைப்படக் காரணம் இல்லை என்று எங்களுக்கு உறுதியளித்தனர். இன்னும் மூன்று கூடாரங்கள் மூங்கிலால் அமைக்கப்பட்டு பாலிதீன் ஷீட்டால் மூடப்பட்டிருந்தன. இன்னொரு

குழு எங்களுக்கான இரவு உணவைத் தயாரித்துக் கொண்டிருந்தது. நான் நனைந்து போயிருந்த என் காலணிகளைக் கழற்றிவிட்டு கூடாரத்துக்கு வெளியே வீசத் தொடங்கிய குளிர்ந்த தென்றலை அனுபவித்தபடி அமர்ந்திருந்தேன். மறுநாள் காலையில், பதினேழு நபர்களுக்கு உணவு தயாரிக்க வேண்டி இருந்ததால் எங்கள் பயணம் தொடங்குவது தாமதமானது. சில நிமிடங்களில் எங்களுக்கு முன் சென்றவர் அசையாமல் நின்றார்.

'என்ன விஷயம்?' என்று பிரதீப் பதறினார்.

'மீண்டும் ராணுவம் வந்துவிட்டதா?' இது நான்.

போரா எங்களை மௌனமாக இருக்கும்படி சைகை காட்டினார். எங்கள் அச்சத்தை உறுதிப்படுத்துவதுபோல் துப்பாக்கி வெடித்த சத்தம், தொடர்ந்து மூன்று முறை கேட்டது. சத்தம் குறைவாக இருந்தது. கொஞ்சம் தொலைவில் இருந்து அந்தச் சத்தம் கேட்டிருக்கலாம். ஆகவே, 'நாங்கள் தப்பித்து ஓட வேண்டியதிருக்கும். ஆனால், யாரிடம் இருந்து தப்ப வேண்டியிருக்கும்?' இப்படி ஓடியது என் யோசனை.

இக்பால், தனது 9 மி.மீ. பிஸ்டலைத் தயார்ப்படுத்திக் கொண்டே, கொஞ்சம் கவலைப்பட்டவராகச் சொன்னார்: 'நாம் வேறொரு பாதையில் செல்ல வேண்டிவரலாம். கவனமாக என்னைப் பின்பற்றி வரவும்.'

நாங்கள் வேறு வழியில் செல்வது உறுதி என்ற நிலையில் பிரதீப்பும் நானும் ஏற்கனவே பாதையில் இருந்து தள்ளி காட்டுக்குள் சில அடி எடுத்து வைத்திருந்தோம். ஆனால், அனில் எங்களை நோக்கிச் சிரித்துக் கொண்டே வந்தார். 'ராணுவம் இல்லை. பன்றிதான்' எங்கள் குழுவின் முன்பாகச் சென்ற இரண்டு போராளிகளும் பன்றியை நோக்கித் துப்பாக்கியால் சுட, அது தப்பித்து ஓடி விட்டது என்றார். 'அடுத்த தடவை குறி தப்பாமல் இருக்க என் வாழ்த்துகள்' என்று அவர்களுக்கு ஆறுதல் அளித்த நான் பின் பயணத்தைத் தொடர்ந்தேன். அவர் சொன்னார்: 'இனி வரும் நாட்களில் இன்னும் இரண்டு வேட்டையாடும் பகுதிகளைக் கடந்து போவோம்.' இன்னும் கீழே, எங்களைப் பார்த்து மின்னலைப்போல வெட்டிக் கொண்டு ஓடும் ஒரு மானைப் பார்த்தோம். யானைகளால், சிதைக்கப்பட்ட, பிடுங்கப்பட்ட மரங்களைப் பார்த்தோம். காட்டுப் பன்றிகளால் தோண்டப்பட்ட நிலங்களையும் பார்த்தோம்.

இரவுக்கு, ஓர் அருவியின் பக்கத்தில் தங்கினோம். அடுத்த நாள் காலையில், வேட்டைக் குழு தாமதமாக, வெறுங்கையுடன் திரும்பி வந்தது. எனவே, நாங்கள் வெடி வைத்து மீன் பிடிக்க முடிவு செய்தோம். இது பற்றி ஏராளமாகக் கேள்விப்பட்டிருக்கிறேன்.

ஆச்சரியமான வகையில் அது அவ்வளவு எளிமையானது. 50 கிராம் அளவிலான TNT (டிரை நைட்ரோ டொலுவீன்) வெடி மருந்தை ஒரு பாலித்தீன் பையில், அதன் 'திரி' வெளியில் இருக்குமாறு சேர்த்துக் கட்டவேண்டும். அந்தத் திரி பற்ற வைக்கப்பட்டு ஆற்றுத் தண்ணீருக்குள் தூக்கி வீசப்படும். ஆறு, கிட்டத்தட்ட நான்கு முதல் ஐந்து அடி ஆழம் கொண்டதாக இருந்தது. மூன்று பேர் பதினைந்து மீட்டர் தூரத்துக்கு ஒரு கொசு வலையுடன் நீரில் அளைந்தார்கள். ஒரு மெதுவான 'தட்' என்ற வெடிச்சத்தம். சில கணங்களுக்குப் பின், பல மீன்கள் தண்ணீரின் மேல் இறந்தோ இறக்கும் அளவு மயங்கியோ மிதந்தன.

எக்கச்சக்கமான மீன்கள் கிடைத்தன. சாப்பிடுவதற்கும் கொண்டு செல்வதற்கும் போதுமான அளவைவிட மிக அதிகம். அந்த மீன்களில் மிகப் பெரியதாக இருந்தது, மஹ்சீர் மீனின் உள்ளூர் ரகம். கிட்டத்தட்ட மூன்று கிலோ எடை. பன்றியைப் போல் அதை அவித்து, ஆற்றின்கரையில் இருந்த ஒரு தாவரத்தின் சின்னச் சின்ன இலைகள் மற்றும் உப்பைத் தூவினார்கள். மஞ்சளோ மீன் மசாலாப் பொருட்களோ இன்றி, அந்தக் கறி ஒருவித புளிப்புச் சுவையுடன் இருந்தது. இன்னும் அதிகமான மீன்கள் அடுத்து வந்த நீரோடையில் கிடைத்தன. எங்கள் அரிசிக் கையிருப்பு வேகமாகக் குறைந்து கொண்டே வந்தது.

'அரிசி கையிருப்பு தீர்ந்துபோனால் எதைச் சாப்பிட?' என்று இக்பாலிடம் கேட்டேன்.

'போதுமான அளவு உள்ளதென்று நினைக்கிறேன். நாளை நாம் குறுக்கிடும் ஆற்றை ஒரு படகில் கடக்கவிருக்கிறோம்.'

'தூரத்தைப்பற்றி ஒரு தெளிவான பதிலைச் சொல்லாததால் உங்களிடம் எங்களுக்குக் கொஞ்சம் வருத்தம்தான்.'

'எங்களுக்கே அது பற்றி நிச்சயமாக எதுவும் தெரியாது. என்ன நடக்குமென்று யூகிப்பது கடினம். போக வேண்டிய இடத்தை அடைய நீண்ட காலம் எடுத்துக் கொள்ளலாம்.'

மறுநாள் காலையில் நான் கண் விழித்தபோது இன்னும் இருளாகவே இருந்தது. நான் தயாராகி, பொழுது விடிந்தபோது கூடாரத்தை விட்டு வெளியில் சென்றேன். அங்கே என்னை வரவேற்ற காட்சியை அந்த நாளின் எஞ்சிய நேரம் முழுதும் என் மனதில் ஆணி அடித்தது போலத் தங்கி இருந்தது. அன்றைய தினத்துக்கான என் டைரிக் குறிப்பு:

> நான் பல் துலக்கத் தொடங்கியிருந்தபோது நாங்கள் போகவிருந்த திசையில் இரு நபர்கள் நடந்து சென்றதைப் பார்த்தேன். நான்

அவர்கள் அருகே சென்று பார்த்தபோது கிட்டத்தட்ட எண்பது வயது மதிக்கத் தக்க, கண் பார்வையிழந்த மூதாட்டி, ஒரு சிறுவனைக் கையில் பிடித்துக்கொண்டு, மறு கையில் மூங்கில் கழி ஒன்றைப் பற்றியவாறு சென்று கொண்டிருந்தார். அவருக்கு அந்தப் பாதை ரொம்பவே பரிச்சயமானதாகத் தோன்றியது. அந்தப் பாதையின் விநோதங்களை படு லாகவமாகச் சமாளித்துச் சென்றார். அவர்கள் நாகாலாந்தினர்களின் மொழி போன்ற ஒன்றைப் பேசினர். நான் அவர்களுடன் பேசத் துவங்கினேன். அவர்கள் மலையில் உள்ள அவர்களது கிராமத்தில் இருந்து சமவெளியில் உள்ள ஒரு புதிய குடியிருப்புக்கு இடம் பெயர்ந்து கொண்டிருந்தார்கள். அவர்கள் பதினான்கு பேர் கொண்ட ஒரு குழுவைச் சேர்ந்தவர்கள் என்றும் மற்றவர்கள் பின்னாலேயே வருவதாகவும் சொன்னார்கள்.

அந்தப் பாட்டியின் பெயர் நிமாய். அந்தப் பையன் அவளது பேரன். பெயர் ஜைபா. நாங்கள் தொடர்ச்சியாக நான்கு ராத்திரிகள் தங்க நேர்ந்த கிராமத்துக்குப் பக்கத்துக் கிராமத்தில் இருந்து வந்திருக்கிறார்கள். காட்டில் அவர்கள் நடந்து கொண்டிருந்த காட்சி என்னை நிம்மதியிழக்க வைத்தாலும் அவர் திடமாக, பயமில்லாமல் நடந்தார். மேலும், அவர் பிறவியிலேயே பார்வை இழந்தவர் என்றும், ஆனால் அந்த ஊனம் அவரது அனுதின வாழ்க்கைக்கு ஒருபோதும் தடையாக இருந்ததில்லை என்றும் சொன்னார். மிகவும் இளம் வயதிலேயே திருமணமாகி ஐந்து குழந்தைகளைப் பெற்றெடுத்தவர் என்றும், எந்தப் பிரச்னையும் இல்லாமல் கிராமத்தை வளைய வந்ததாகவும் தெரிவித்தார்.

போகும் வழியில் நான் படமெடுக்கக்கூடாது என்பது தெரியும் என்றாலும், தவறவிடக்கூடாத நல்ல சந்தர்ப்பமாக இருந்தது அது. நான் கேமராவை வெளியில் எடுக்கும்வரை காத்திருக்குமாறு அவர்களிடம் கூறினேன். முகாமுக்குச் சென்று சேர்ந்த உடனே உல்ஃபா தலைவர்களிடம் எனது விதி மீறல் பற்றி ஒப்புதல் வாக்குமூலம் அளித்துவிடுவது என்று தீர்மானித்துகொண்டேன்.

நாகாலாந்தினர்களின் மன உறுதிக்கும் அவர்கள் சமாளிக்கும் கஷ்டங்களுக்கும் நிமாய் சிறந்ததொரு உதாரணமாக இருந்தார். மலைகளில் உள்ள தங்களது வசிப்பிடத்தில் இருந்து குறைந்தது நூறு கிலோ மீட்டர் தொலைவிலாவது இருக்கும் சமவெளிகளுக்கு இடம் பெயர அவர்கள் தீர்மானித்ததன் நோக்கம் வாழ்க்கையைக் கொஞ்சம் எளிதாக்கிக்கொள்வதாகவே இருக்கும். நிமாயும் ஜைபாவும் சற்று நேரத்தில் என்னை விட்டுவிட்டு என்னுடைய

நடை வேகத்துக்கு இணையான வேகத்தில் தங்கள் வழியில் நடந்து சென்றார்கள்.

விரைவில் எங்கள் பயணமும் தொடங்கியது. ஆனால், கச்சின் விடுதலைப் படை (KIA)யின் ஆலிவ் சீருடை அணிந்த பாகன்களால் நடத்தப்பட்ட ஐந்து யானைகள் கொண்ட குழுவுக்கு வழி கொடுக்கும் படி ஆனது. அந்த ஆண்கள், அவர் மெல்ல முன்னேறியபடி தங்களது குக்ரி கத்திகளால் மரக் கிளைகளை வெட்டி வீழ்த்தி வழி அமைத்தார் கள். இந்த நடுத்தர அளவு யானைகள் குறுகிய மலைத் தடங்களுக்கு ஏற்றவையாகத் தோன்றின.

'ஆனால், KIAவா? அவர்கள் இங்கே வரக் கூடாதவர்களாயிற்றே. இது அவர்களது பகுதியில்லையே?' கச்சின் இனத்தினர் நாகாலாந்தினர் இனத்தினரோடு நட்பு பாராட்டாதவர்கள் அல்லவா?

'ஆமாம். ஆனால், மழைக் காலம் நின்ற பிறகு அவர்கள் இங்கே யானைகளைப் பிடிக்க வருவார்கள். அவர்கள் இரண்டு யானைகளைப் பிடித்தால், ஒன்றை நாகாலாந்து தேசிய சோஷலிஸ்டு கவுனசிலு (NSCN)க்குக் கொடுக்க வேண்டியதிருக்கும்' இக்பால் பதிலளித்தார்.

'ஆனால், நாகாலாந்தினர்களின் நிலங்களை KIA பிடுங்கிக் கொண்டு விடவில்லையா? இதுதானே நாங்கள் கேள்விப்பட்டது.'

'முன்பு அப்படி நடந்திருக்கக்கூடும். இப்போது அப்படியான பகைமை எதுவும். என்ன இருந்தாலும் இருவரும் அக்கம் பக்கத்து குலங்கள் அல்லவா. ஒற்றுமையாக இருந்தால் பல நன்மைகள் கிடைக்கும்.'

அங்கு மேலும் நான்கு KIA போராளிகளைப் பார்த்தோம். நாங்கள் இரவு தங்கிய இடத்துக்கு அருகில் தங்கள் கூடாரங்களை அமைத்திருந்தார்கள். இரவு உணவுக்குப் பின், கணப்பு அடுப்புக்கு அருகில் அமர்ந்திருந்த ஓர் போராளியை அணுகினேன். பின்னர் அவர் பெயர் சாம் என்று அறிந்து கொண்டேன்.

'இப்போது கச்சினில் நிலைமை எப்படி இருக்கிறது?' என்று கேட்டேன்.

'அவர்கள் (மியான்மர் ராணுவம்) இப்போது மிகுந்த நெருக்கடியில் மாட்டிக்கொண்டுள்ளனர். மோசமாக அடிவாங்கியிருக்கிறார்கள்' உள்ளூர் சுருட்டின் புகையை ஆழமாக இழுத்தபடியே அவர் உடைந்த ஆங்கிலத்தில் பதில் அளித்ததார்.

'போர் எப்படி நின்றது அல்லது இன்னும் தொடர்கிறதா?'

‘இல்லை. இப்பவும் தொடர்கிறது. நாங்கள் போரிடுவதைத் தொடர்கிறோம்.’

‘விரைவில் அந்தப் போர் முடிய ஏதாவது வாய்ப்பு உண்டா?’

இது பற்றி உறுதியாகச் சொல்ல முடியாது. ஆனால், அவர்கள் நியாயமாகவே களைத்துப் போவார்கள். விரைவில் எங்கள் நிபந்தனைகளை ஏற்றுக்கொண்டாக வேண்டியிருக்கும்.’

ஆக, சண்டை நடந்துவந்தது. நாங்கள் எங்கள் பயணத்தில் ஈடுபடுவதற்கு ஒரு சில வாரங்களுக்கு முன்பு, KIAவுக்கும் மியான்மர் ராணுவத்துக்கும் போர் நிறுத்தம் ஏற்பட முயற்சிகள் எடுக்கப்பட்டு வந்தன. ஒரு கட்டத்தில், இந்தப் பயணத்தைத் தொடர்ந்து மேற்கொள்வது பாதுகாப்பானதாக இருக்குமா என்ற சந்தேகம் எழுந்தது. உல்ஃபா, சீனாவுடனான கச்சின் எல்லை நெடுகிலும் முகாம்களை அமைத்து வருவதாக எப்போதும்போல், ஊடக அறிக்கைகள், உளவுத் துறைச் செய்திகளின் அடிப்படையில் அரசுகள் தெரிவித்தன.

நாங்கள் சர்ச்சைக்குரிய பிரதேசம் வழியே கொண்டு செல்லப் படுவோம் என்று நம்பினோம். பின்னர், நாங்கள் எடுக்கும் அபாயத்துக்கு நல்ல பலன் கிடைக்கும் எனத் தீர்மானித்தேன். KIA முகாமுக்குச் சென்று போரைப் பற்றி எழுதுவது மற்றொரு மாபெரும் அனுபவமாகக்கூட இருக்கலாம். உல்ஃபா தலைமைத் தளபதி மற்றும் பிற போராளிக் குழுத் தலைவர்களின் பேட்டிகளுக்குப் பிறகு அதைச் செய்யலாம். அது தனது கட்டுப்பாட்டில் உள்ள பகுதிகளில் ஒரு அரசாங்கம், பள்ளிக்கடங்கள், மருத்துவமனைகள் போன்றவற்றை அமைத்து, இந்தப் பூமியிலேயே மிக மிக அராஜகமான ஆட்சிகளில் ஒன்றுடன் போரிட்டு வரும், உண்மையிலேயே புரட்சிகரமான இயக்கம் ஒன்றைப் பக்கத்தில் இருந்து பார்க்கும் வாய்ப்பாக அமையும்.

வடகிழக்குப் பகுதி கிளர்ச்சியாளர்களுடன் KIA கொண்ட தொடர்புக்கு நெடிய வரலாறு இருந்தது. 1960களின் பிற்பகுதியிலும் 1970களிலும், KIA தனது பிராந்தியத்தின் வழியாக பயிற்சிக்காக சீனாவுக்கு குழுக்களை அனுப்புவதற்கு நாகா தேசிய கவுன்சில் (NNC), மிஸோ தேசிய முன்னணி போன்ற இயக்கங்களை அனுமதித்திருக்கிறது. 1980களில் KIA, மணிப்பூரின் மக்கள் விடுதலைப் படை (PLA) மற்றும் உல்ஃபாவைச் சார்ந்த நூற்றுக்கணக்கான போராளிகளுக்குப் பயிற்சி யளித்திருக்கிறது. இந்தப் பயிற்சிக்கூடங்கள், KIAக்கும் இந்தியாவில் அயல்நாட்டு உளவுப்பிரிவான ‘ரா’வுக்கும் இடையில் ஏற்பட்ட ஓர் உடன்படிக்கையைத் தொடர்ந்து மூடப்பட்டன.

இதற்குப் பதிலாக, அருணாச்சலப் பிரதேசத்தின் விஜயநகர் வழியே கச்சினுக்கு ஆயுதங்கள் அனுப்பிவைக்கப்பட்டன. அதிலிருந்து இந்த இரண்டு நிறுவனங்களுக்கும் இடையில் நெருங்கிய உறவு தொடர்ந்து வருகிறது. KIAவுக்குப் புது டில்லியில் முகாமிட்டிருக்கும் ஒரு அதிகாரியும் உண்டு.

வடகிழக்கு கிளர்ச்சியாளர்களுக்கு இது ஒரு பேரிழப்பாக இருந்தது. எனவே, உல்ஃபா பாகிஸ்தானின் உளவுப் பிரிவான இன்டர் சர்வீஸஸ் இண்டெலிஜென்ஸ் உடன் தொடர்பு கொண்டது. ஆப்கானிஸ்தானும் பாகிஸ்தானும் இணையும் பகுதியில் போராளிகள் பயிற்சி பெற ஏற்பாடுகள் செய்யப்பட்டன. அது மிகவும் நவீனமான பயிற்சியாக இருந்தது. ஆனால், குறுகிய காலப் பயிற்சியாக சின்னக் குழுக்களுக்கு அளிக்கப்பட்டது. ஆயுதங்களுக்கோ தளவாடங்களுக்கோ பஞ்சம் ஏற்படவில்லை. வியாதிகள் வராது. காடுகள் இல்லை. எதிரி சக்திகள் ஒற்றறிந்து விடுவார்களோ என்ற பயம் கிடையாது. ஆயுதப் பயிற்சி முடிந்த பிறகு, அந்தப் 'பேட்ச்', உளவறிதல், வெடிகுண்டுத் தயாரிப்பு, ரேடியோ தகவல் தொடர்பு போன்ற சிறப்புப் பயிற்சிகளுக்காக இன்னும் சிறிய குழுக்களாகப் பிரிக்கப்படும்.

பல தருணங்களில், போராளிகள், ராவல் பிண்டியில் உள்ள பாகிஸ்தானின் ராணுவ தலைமை அலுவலகத்தில் பயிற்சியளிக்கப் பட்டனர். இருந்தாலும், கச்சினில் மியான்மர் ராணுவத்துக்கு எதிரான நடவடிக்கைகளில் பல உல்ஃபா போராளிகள் பெற்ற நேரடி அனுபவமும், கொரில்லா யுத்தம் தொடர்பான கள அனுபவமும் இந்தப் பயிற்சியில் கிடைக்க வழியில்லை. நான் சாமை கேள்விகளால் துளைத்தெடுத்தேன். குறிப்பாக, வடகிழக்கைச் சார்ந்த கிளர்ச்சியாளர் உண்மையில் அதற்கும் வடக்கில் முகாம்கள் அமைத்துள்ளனரா என்று கேட்டேன். ஒரு சில சந்தர்ப்பங்களில் நான் அவர்களிடம் சாதாரணமாகக் கேள்விகள் கேட்டபோது என்னுடன் வந்தவர்கள் எதையும் சொல்லவில்லை. அந்த உரையாடல் அந்த இரவின் பின்பகுதிவரை நீண்டது. நான் அவரிடம் இருந்து ஆச்சரியப்படுத்தும் தகவல் எதையும் பெறவில்லை என்றாலும், அவரது போர் பற்றிய தகவல், ஆர்வத்தைத் தூண்டுவதாக, மனதில் கலவரத்தை உண்டாக்கு வதாக இருந்தது. இந்தியா உள்ளிட்ட பல நாடுகள் நிலைமை மாறி வருவதை உன்னிப்பாகக் கவனித்து வருகின்றன.

•

ஜூன் 9, 2011 அன்று KIA கட்டுப்பாட்டில் உள்ள மோமக் நகரம் மீது மியான்மர் ராணுவம் மேற்கொண்ட தாக்குதல் காரணமாக கச்சின் பிரதேசத்தில் பகைமை எழுந்தது. ராணுவமானது சீனத்து கம்பெனிகளால் நிதி பெற்ற நீர் மின்திட்டங்கள், அந்தப் பகுதி வழியே செல்லும் எண்ணெய் மற்றும் எரிவாயுக் குழாய் வழிகளைக் கட்டுப் படுத்த விரும்பியது. இந்தத் தாக்குதல், சீனாவால் தனது நலனைப் பாதுகாத்துக்கொள்ளத் தூண்டப்பட்டதாகச் சில அரசியல் நோக்கர்கள் சொல்கிறார்கள்.

கச்சின் பகுதியில் உள்ள பல பில்லியன் முதலீடு கொண்ட மயிசோன் அணைக்கான முதலீட்டை விலக்கிக் கொள்ளுமாறு KIAவின் அரசியல் பிரிவான கச்சின் சுதந்தர இயக்கம் (KIO) சீன அரசுக்கு ஒரு கடிதம் எழுதியிருந்தது. சீன மின்சக்தி முதலீட்டு நிறுவனத்தால் நிதியளிக்கப்பட்டு, புதிதாக கட்டப்பட உள்ள 152 மீட்டர் உயர அணை ஆயிரக்கணக்கான மக்களை வெளியேற்றுவதோடு, உள்ளூர் மக்களுக்குப் பல்வேறு இடையூறுகளை உருவாக்கும் என்று அவர்களை (சீன அரசை) அந்தக் கடிதம் எச்சரித்தது. இந்த அணைத் திட்டம், ஐராவதி ஆற்றின் மேல் பகுதியில் உத்தேசிக்கப்பட்டுள்ள ஏழு திட்டங்களைக் கொண்ட தொகுப்பில் முதலாவது ஆகும். சூழலியலாளர்கள் கருத்துப்படி இந்த ஏழு அணைத் திட்டங்களும், ஐராவதி ஆற்றுப் பாசனப் பகுதியில் வாழும் பல லட்சம் மக்களின் வாழ்க்கையை மீள முடியாத அளவு மாற்றும்.

மியான்மர் நாட்டு அரிசி உற்பத்தியில் பெரும் பகுதியை வழங்கக் கூடிய ஐராவதி ஆற்று (டெல்டா) வடிநிலம் எதிர்மறைப் பாதிப்புக்கு உள்ளாகும். இந்தத் திட்டங்களைச் செயல்படுத்தும் சீனத்து நிறுவனங்கள் மியான்மரின் மிக முக்கிய ஆற்றின் நீர் மட்டங்களைக் கட்டப்படுத்தும். இங்கே பல நூற்றாண்டு காலமாக இருக்கும் போக்குவரத்து, மீன் பிடித்தல் மற்றும் வேளாண்மை பாணிகளை மாற்றிவிடும். இந்தத் திட்டங்களின் பயன்கள் என்பவை, மியான்மர் அரசுக்கு அளிக்கப்படும் ராயல்டி தொகை மட்டுமே எனத் தெரிகிறது.

ஊடக அறிக்கைகளின்படி, தயாரிக்கப்படும் மின் சக்தியில் மிகப் பெரும் பகுதி சீனாவுக்கே போகும். எது எப்படியிருந்தாலும், இரு தரப்புக்கும் இடையிலான கருத்து வேறுபாடுகள் இந்தச் சம்பவத்துக்கு முன்பு கடந்த சில மாதங்களில் அதிகரித்தே வந்திருக்கிறது. முன்னதாக செப்டம்பர் 2010-ல் கச்சின் சுதந்தர இயக்கம் (KOI), KIAவை மியான்மர் ராணுவத் தலைமையின் கீழ் கொண்டு வந்திருக்கக் கூடிய மியான்மர் ராணுவ ஆட்சியின் எல்லைக் காவல் படை (BGF) திட்டத்தை நிராகரித்தது. KIA அமைப்பு ஒரு

உண்மையான கூட்டாட்சிக்கான கோரிக்கையை முன் வைத்தது. ஆனால், கச்சினில் உள்ள தனது தொடர்பு அலுவலகங்களை மூடவும் செய்தது. எரிகின்ற தீயில் எண்ணெய் ஊற்றுவதுபோல, மியான்மரில், இருபது ஆண்டுகளில் நடக்கும் முதல் தேசம் தழுவிய தேர்தலில், மூன்று கச்சின் அரசியல் கட்சிகள் போட்டியிடுவதற்கான உரிமையை மியான்மர் தேர்தல் ஆணையம் நிராகரித்தது. காரணம், அந்தக் கட்சித் தலைவர்கள் KIAவுடன் தொடர்புடையவர்கள் என்பதுதான்.

1961-ல் சுதந்தரத்துக்காகப் போராடுவதற்காக KIA அமைப்பு தோற்றுவிக்கப்படது. ஆனால், பின்னர் இந்த அமைப்பு அந்தக் கோரிக்கையைக் கைவிட்டு விட்டது. தற்போது சுயாட்சிக் கோரிக்கையை முன்வைத்து செயலாற்றுகிறது. 1994ல் KIAவுக்கும் ராணுவ அரசுக்கும் கையெழுத்தான போர் நிறுத்த ஒப்பந்தத்துக்குப் பின், இந்தப் பிரச்னை தீர்ந்துவிடுமென்ற நம்பிக்கை பிறந்தது. முப்பது ஆண்டுகளுக்குப் பின் முதல்முறையாக, துப்பாக்கிகள் மௌனமாகின. ஆனால், கச்சின் பிரதேசத்தின் பேச்சுவார்த்தை அடிப்படையிலான தீர்வை எட்டுவதில் அரசுக்கு ஆர்வம் இல்லாதது போல் தோன்றியது. போர் நிறுத்தத்துக்குப் பிறகு, வெளி உலகுக்கு வந்த அந்த நாட்டின் இதர பகுதிகளில் இருந்த தீவிரவாதக் குழுக்களும் இதே நிலையையே சந்தித்தன.

இந்தப் போர், மலை மக்கள் பேரிலான அரசின் அலட்சியப் போக்கினால் விளைந்த ஒன்று என்றார் சாம். ஜெனரல் ஆங் சான் இன்னும் சில ஆட்கள் வாழ்ந்திருந்தால் என்ன நடந்திருக்கும் என்று சொல்வது கடினம். பல்லாண்டுகளாக இரு தரப்புக்கும் இடையில் உருவான அவநம்பிக்கையைச் சுட்டிக்காட்டி, 'இவ்வளவு நீண்ட காலம் போர் தொடர்ந்து நடந்திருக்காது என்றபோதிலும் நிச்சயமாக எதுவும் சொல்ல முடியாது' என்று சொன்னார். எனவே, அடுத்ததாக என்ன நடக்கும் என்று யூகிக்க முடியாத நிலையே உள்ளது. அரசு கச்சினைத் தனது காலனி போலவே பாவித்து வந்து தற்போது அந்தப் பகுதியின் வளங்களைச் சுரண்டுவதற்காக அனைத்துவிதமான திட்டங்களையும் கொண்டு வந்து பயன்களை அறுவடை செய்யத் திட்டமிடுகிறார்கள்!

மியான்மர் தொடர்பான பல நடுநிலை நோக்கர்கள் சாமின் கருத்தையே பிரதிபலிக்கிறார்கள். ஜெனரல் ஆங் சான் அவர்களால் உருவாக்கப்பட்ட 1947ம் ஆண்டு பங்க்லாங்க் உடன்படிக்கை, கச்சின், ஷான், சின் போன்ற பிரதேசங்களுக்கு சுயாட்சி அளிப்பதன் மூலம் மத்திய நீரோட்டத்துக்குக் கொண்டுவந்து கொள்கை வகுக்கும் நடைமுறையில் அவர்களின் பங்கேற்பை உறுதி செய்வதை இலக்காகக்

கொண்டிருந்தது. அடுத்த ஆண்டு ஜெனரல் ஆங் சான் படுகொலை செய்யப்பட்ட பிறகு நிலைமை மாறியது. அந்த உடன்படிக்கை கிடப்பில் போடப்பட்டது. போர் நிறுத்தம் சரிவரப் பராமரிக்கப்படா விட்டாலும், KIO அரசியல் அமைப்புச் சட்டம் ஒன்றை உருவாக்கு வதற்கான தேசிய மாநாட்டில் 2008ல் கலந்து கொண்டது. எனினும், பாங்க்லாங்க் உடன்படிக்கை அடிப்படையில், ஒரு கூட்டாட்சி அமைப்பை உருவாக்கக் கோரிய அதன் திட்டத்தை ராணுவ ஆட்சி நிராகரித்தது.

தற்போதைய சிக்கலை முடிவுக்குக் கொண்டு வர இரு தரப்பினருக்கும் இடையில் பல சுற்றுப் பேச்சுவார்த்தைகள் நடத்தப்பட்டன. ஆனால், எத்தரப்பும் தனது நிலையில் இருந்து இறங்கி வருவதாகக் காணோம். சாமின் கருத்துப்படி, KIAவை விட அரசே மிக அதிகமான பாதிப்புக்குள்ளாகியிருக்கிறது. KIA தனது தலைமையின் கீழ் 20,000 படை வீரர்களுக்கு மேல் வைத்திருந்தது. அவர்கள் ராணுவத்தின் பரவலைத் தடை செய்வதற்காக ஐந்து பிரிகேடுகளாக இந்தப் பிரதேசம் முழுதும் பரவியுள்ளார்கள். என்றாலும் ஊடக அறிக்கைகள் போரில் இரு தரப்பும் பாதிப்புக்குள்ளானதாகக் கூறுகின்றன. ஒரு மதிப்பீட்டின் படி, வாழிடத்தில் இருந்து வெளியேற்றப்பட்ட 80,000க்கும் மேற்பட்ட மக்களைத் தவிர சுமார் 100 KIA படை வீரர்களும் தோராயமாக 60 சாதாரண மக்களும் உயிரிழந்தார்கள்.

KIA அடிக்கடி நிகழ்த்திய தாக்குதல்களின் விளைவாக ராணுவத்துக்கு உரிய பொருட்களைக்கொண்டு செல்வதில் மியான்மர் ராணுவம் தடைகளைச் சந்தித்தது. அதன் விளைவாக, ராணுவ நடவடிக்கை பலவீனமடைந்தது. சிக்கல் மேலும் தீவிரமடைவதைத் தடுப்பதற்காக ஜனாதிபதி தெயின் செயின், பாதுகாப்புக் காரணங்களையன்றி அனைத்துத் தாக்குதல்களையும் நிறுத்துமாறு ராணுவத்துக்கு ஆணையிட்டார். மியிட்சோன் திட்டம் தற்காலிகமாக நிறுத்தி வைக்கப் பட்டது. எல்லைக் காவல் படைத் திட்டம் இனி ஒரு பிரச்னையாக இல்லை. KIAவின் கட்டுப்பாட்டில் உள்ள பகுதிகளில் உள்ள அகதி முகாம்களுக்குச் செல்ல ஐ.நா. அமைப்புகள் அனுமதிக்கப்பட்டன. இந்தப் பிரச்னை முடிவுக்கு வருவதற்கான அடையாளம் எதுவும் தென்படவில்லை. ராணுவம், இன்னும் அதிகமான துருப்புக்களை ஈடுபடுத்தியது. மனித உரிமை மீறல்கள் தடையின்றித் தொடர்ந்தன.

இரவு 10 மணி ஆகியிருந்தது. உண்மையில் நான் தூங்கச் சென்றிருக்க வேண்டும். ஆனால், சாமிடம் கேட்பதற்கு என்னிடம் பல கேள்விகள் இருந்தன. 'உங்கள் ஆயுதங்களை, வெடி மருந்துகளை எங்கிருந்து வாங்குகிறீர்கள்?'

‘அது ஒரு பிரச்னையே இல்லை. நாங்கள் பல இடங்களில் இருந்து ஆயுதங்களை வாங்குகிறோம். சில ஆயுதங்களை நாங்களே சொந்தமாகத் தயாரிக்கிறோம்.’

‘தயாரிக்கிறீர்களா? கச்சினில் அசால்ட் ரைஃபில்ஸ் துப்பாக்கிகள் தயாரிப்பது பற்றி நான் கேள்விப்பட்டிருக்கவில்லை. கச்சாப் பொருட்களை எங்கிருந்து வாங்குகிறீர்கள்?’

‘பல இடங்களில் இருந்து. இதுவும் பிரச்னையில்லை.’

அவர் அதற்கு மேல் சொல்ல விரும்பவில்லை. அதற்கு மேல் அவருக்குத் தெரியாமலும் இருக்கலாம். தொழிற்சாலைக்குச் சென்று எப்படித் தயாரிக்கிறார்கள் என்பதைப் பார்ப்பது அற்புதமாக இருந்திருக்கும். ஆனால், அத்தகைய தொழிற்சாலைகள், அணுகுவதற்குப் பல மாதங்கள் பயணம் செய்ய வேண்டிய பாதுகாப்பான இடங்களில் அமைக்கப்பட்டிருக்கும். கடைசியாக நான் அவரிடம் சில சமயங்களில் இந்தப் பிரச்னைகளைப் பற்றி, ஒரு புனைபெயரின் கீழ், செய்தி ஏடுகளிலும், பத்திரிகைகளிலும் எழுதியதுண்டு என்று சொல்லி, நான் ஒரு பத்திரிகையாளராக இருந்தவன் என்பதைக் காட்டிக் கொள்ளாமல் நிறுத்திவிட்டேன்.

‘சொல்லுங்கள் சாம். நாங்கள் போர் முனைக்குப் போவது பாதுகாப்பாக இருக்குமா?’

‘முழுமையான போராக இருந்தால், அப்போது அங்கே போவது நல்லதல்ல. ஆனால், சில மாதங்களுக்கு முன்பு கேமராக்களுடன் போர் முனைக்குச் சென்ற சில வெளிநாட்டு பத்திரிகையாளர்களைப் பற்றிக் கேள்விப்பட்டிருக்கிறேன்.’

‘அவர்கள் திரும்பிப் போய்விட்டார்களா? அல்லது இன்னும் அங்கே மாட்டிக்கொண்டு தவிக்கிறார்களா?’

‘எனக்குத் தெரியாது. அவர்கள் வெளியேறியிருக்கலாம்’. சாம் தூக்கக் கலக்கத்தில் இருப்பதாகத் தெரிந்தது.

‘யானை வேட்டையில் நீங்கள் ஏதாவது பயிற்சி எடுத்துக் கொண்டிருக்கிறீர்களா?’ என்று அவரைத் தூக்கக் கலக்கத்திலிருந்து உலுக்கும் நம்பிக்கையுடன் கேட்டேன்.

‘நான் பயிற்சிக்குப் போனதில்லை. எனது நண்பர்கள் பயிற்சி பெற்றவர்கள். இங்கேயுள்ள அரசாங்கத்துடன் நாங்கள் செய்து கொண்ட ஒப்பந்தப்படி இத்தகைய வேலைகளின்போது ஒரு அதிகாரி உடன் இருந்தாகவேண்டும்.’

‘அரசாங்கம் என்றால் அது நாகாலாந்து மக்கள் குடியரசு அரசாங்கம் அல்லது நாகாலாந்து தேசிய சோசலிஸ்டு கவுன்சில் (கப்லாங்)ஐக் குறிக்கும். சரியா? யானைகளைப் பிடிப்பதில் எப்போதும் வெற்றி உங்களுக்குத்தானே?’

‘உண்மை அதுவல்ல. சில சமயங்களில் தோற்றுப் போயிருக்கிறோம். அது பல விஷயங்களைப் பொறுத்தது. ஆனால், இந்த இடம் யானைகள் சூழ்ந்த இடம்.’

அவர் எழுந்து நின்று, கை கால்களை நீட்டிக் கொட்டாவிவிட்டார். திரும்பிப் போகத் தயாரானார்.

‘உங்களுக்குப் போக்குவரத்துக்கு யானைகள் தேவைப்படும் என்பது என் யூகம், சரியா?’

‘ஆமாம். எங்கள் பகுதியில் வேறு எந்த வழியும் கிடையாது. குறிப்பாகக் குளிர்காலத்தில்.’

நான் அவருடன் கை குலுக்கினேன். குட்லக் சொன்னேன். ‘உங்கள் போராளிகள் வீரமானவர்கள். வெற்றி உங்கள் பக்கம் என்றும் நம்புகிறேன்.’

‘நன்றி.’

•

அடுத்து வரும் மாலைப்பொழுதில் நாம் முகாமில் இருப்போம் என்றார் இக்பால். அந்த நாள் மாலையில்தான் நாங்கள் ஆற்றை அடைவோம் என்றும், இரவில் மோட்டார் படகுகளில் பயணிக்க முடியாது என்றும் கூறினார். எங்கள் குழு எங்களை மற்றொரு குழுவினரிடம் ஒப்படைத்துவிட்டு இன்னொரு முகாமுக்குச் சென்றுவிடுவார்களாம். அடுத்து அவர்களை நாங்கள் திரும்பி வரும்போதே சந்திப்போம் என்றார்கள்.

கடந்த ஐந்து நாட்களாக எங்களுக்குப் பழகிப்போன அழகிய மலைக் குன்றுகள் அதற்கப்புறம் இல்லை. இப்போது வெயில் கொஞ்சம் கூடியிருந்தது. பசும் புற்கள் அடர்த்தியாக மாறியிருந்தன. பாதையை வெட்டிச் செல்லும் நீரோடைகளைக் காணோம். அதற்குப் பதிலாக, காய்ந்த மரக் கிளைகள், சில சமயம் வீழ்ந்து கிடந்த மரங்கள் மொத்தமாய் எங்களைப் பாதை மறித்தன. அப்புறம், நாங்கள் கடந்த சில நாட்களுக்கு முன் சந்தித்த வாழைத்தோப்பு போல் அல்லாமல்

இருந்த ஒரு மூங்கில் காட்டுக்குள் பிரவேசித்தோம். மூங்கிலைத் தவிர அங்கே வேறொன்றும் இல்லை. அவற்றில் சில பச்சையாக, சில காய்ந்து போய், ஒன்றையொன்று குறுக்கும் நெடுக்குமாக மறித்து ஒரு மாய வலைபோல இருந்தது. அது ஒரே சமயத்தில் பார்ப்பதற்கு அழகாகவும் ஆபத்தானதாகவும் இருந்தது. வழி ஒன்று இருந்தாலும்கூட அதன், தடயங்கள் அழிக்கப்பட்டிருந்தன. சில நேரங்களில், எங்கள் உடல் எடை தாங்காமல், வேர்ப் பகுதி உடைந்து நொறுங்கி, சத்தம் எழுப்பிக்கொண்டே அமிழ்ந்து போனது. நாங்கள் நத்தை வேகத்தில் நடந்தோம். மூங்கில் முள்ளை வளைத்து, திருப்பி, அவை எங்கள் காலணிகளின் மெல்லிய ரப்பர் அடிப் பகுதியைத் துளைத்து விடாமல் பார்த்து நடந்தோம். இரண்டு கிலோ மீட்டர் பாதையைக் கடக்க எங்களுக்கு ஒரு மணி நேரத்துக்கு மேல் ஆனது.

மதியம் ஆனது. ஓய்வுக்கான ஒரு தருணம். அந்தக் குழு ஒரு மரத்துக்குக் கீழே சுத்தம் செய்யப்பட்டிருந்த இடத்தில் கூடியது. போரா எங்களுக்குக் கொடுக்க, ஏதோ வைத்திருந்தார். அது எங்களை மீண்டும் கவலைக்குள்ளாக்கியது. அவர் என்னிடமும் பிரதீப்பிடமும் மாத்திரைப் பட்டைகளை நீட்டினார்.

‘இது மலேரியா மாத்திரை சார். இந்த இடத்தை விட்டு நீங்கள் கிளம்பும்வரை தினசரி ஒரு மாத்திரை போடவேண்டும்’ என்று சொன்னார் போரா.

‘ஓகே. ஆகவே, இந்த மாத்திரை எங்களுக்கு மலேரியா வராது என்பதற்கான உத்தரவாதம்’ என்றேன்.

‘கூடவே சில விஷயங்களை நீங்கள் மனதில் வைத்துக்கொண்டால், எதுவும் நடக்காது.’

‘எவை போன்ற விஷயங்கள்?’

‘காட்டிலோ முகாமிலோ ஒரே இடத்தில் நீண்ட நேரம் உட்கார வேண்டாம். நீங்கள் கணப்பைச் சுற்றி அமர்ந்திருந்தால் இந்த விதி பொருந்தாது. எப்போதும், முழுக்கால் சட்டையும், ஜாக்கெட்டும் அணிந்து கொள்ளுங்கள். கொசு வலை இல்லாமல் தூங்கவே வேண்டாம். அந்தி நேரத்தில் படுத்துக் கிடக்கவேண்டாம்...’

இந்தப் பட்டியல் முடிவில்லாததாக இருந்தது. நாங்கள் அவரது அறிவுரைகளுக்குக் கீழ்ப்படிவதாக உறுதியளித்தோம். மலேரியாவின் உள்ளூர் பெயர் ‘மோக்லாங்’ (Mokhlong). ஆனால், வெயில் காலத்தில், உப்பு அல்லது எலுமிச்சம் பழம் போன்ற புளிப்பான பொருட்களை

அதிகமாகச் சாப்பிடுவது மலேரியா நோய் போன்ற அறிகுறிகளை உண்டாக்கும் என்று குறிப்பிட்டார் போரா. கொசுக்கடி இல்லாமல் மலேரியா எப்படி வரும்?

நம்புவதற்குக் கடினமாக இருந்தாலும், உல்ஃபா தலைவர் அரவிந்தா ராஜ்கோவா வெகு காலத்துக்கு முன்பு, சில பகுதிகளில் உள்ள நீரோடைகளில் உள்ள நீரைக் குடித்தால் மோக்லாங் தொற்றிக் கொள்ளும் என்று என்னிடம் கூறியது நினைவுக்கு வந்தது

மலேரியா அறிகுறிகள் என்பவை பலவீனம், உடல் வலி, மரணத்துக்கிட்டுச் செல்லும் வலிப்பு. இரண்டே வாரங்களுக்கு இது தொடரும், அதாவது மருத்துவம் செய்யப்படாவிட்டால். உண்மையில், எல்லாத் தீவிரவாதக் குழுக்களும் இந்தப் பகுதியில் மோக்லாங் வியாதிக்குத் தங்கள் வீரர்களைப் பலி கொடுத்திருக்கின்றன. இந்த வியாதியைத் தடுக்கும் ஆச்சரியமான சக்தி வாய்ந்த உள்ளூர் மருந்து உண்டென்று போரா சொன்னார். இருந்தாலும், அது மிகவும் வலி தரக்கூடியது. ஒரு சொரசொரப்பான பொருளால் தொடர்ச்சியாகத் தேய்த்து எடுப்பார்கள். அந்தச் சொரசொரப்பான பொருள் பெரும் பாலும், ஒரு சின்ன தகரக் குவளையின் துளையிடப்பட்ட அடிப்பகுதி (பதப்படுத்தப்பட்ட மீனுக்கான தகர டின்) அல்லது ஒரு பாட்டில். குரல் வளையில் உள்ள ரத்த நரம்புகளும் மசாஜ் செய்யப்படும். இந்த வைத்தியம், ஒரு சில நாட்களுக்கு இடைவெளியின்றிச் செய்யப்படும். நோய்வாய்ப்பட்டவன் ஒரு வாரத்துக்குப் பின் நடக்கத் தொடங்குவான். தனது சராசரி வேலைகளை மீண்டும் பார்க்க ஆரம்பிப்பான். எங்களைப் பயமுறுத்த இது போதுமானதாக இருந்தது. நாங்கள் இந்த மாத்திரைகளைத் தவறாமல் உட்கொள்கிறோம் என்று சொன்னோம்.

பின்னர், எழுந்து நின்றேன். என் வலது பக்கம் தொலைதூரத்தில் இருந்த ஒரு மலை என் கவனத்தைக் கவர்ந்தது. ஏன் என்று தெரியவில்லை. அந்த மலை உயரம் அதிகமாக இருந்ததால் தனித்துத் தெரிந்தது. பக்கத்தில் இருந்த மற்ற மலைகளைப் போல் அல்லாமல், அது கொஞ்சம், நீள்வட்ட வடிவத்தில், அதன் உச்சி கூர்மையாக இருந்ததும் ஒரு காரணமாக இருக்கலாம். நான் யதார்த்தமாக இக்பாலைக் கேட்டேன்: 'நீங்கள் அந்த மலைக்குப் போனதுண்டா?'

'ஓ. நீங்கள் கேட்டது நல்ல கேள்வி. அது ராணு பஹார்(ட்)' என்று பதிலளித்தார். எனது கேள்விக்குப் பதிலளிக்கக் காத்திருந்தது போலத் தோன்றியது.

'அந்த மலைக்குச் சிறப்பு எதுவுமுண்டா? என்னை அறியாமலேயே அந்த மலையை உற்றுப் பார்க்கிறேன். ஏன் என்று எனக்கே தெரியவில்லை.'

'பல கதைகள் அந்த மலையுடன் சம்பந்தப்பட்டதாக உள்ளன. நாகாலாந்தினர்களேகூட அந்த மலையில் நடக்க அஞ்சுகிறார்கள். அதில் ஏறிய பலர் இறந்து போனதாகவும் சொல்லப்படுகிறது.'

'ஏன்? என்ன காரணம்?' நான் ஆர்வத்தில் கேட்டேன். 'நான் அந்தக் கதையை உங்களிடம் கேட்க விரும்புவதால் இன்னும் ஐந்து நிமிடங்கள் ஓய்வெடுப்போம்' என்றேன்.

என் தந்திரம் அவரிடம் பலிக்கவில்லை. நடந்தபடியே அந்தக் கதையைக் கேட்கலாம் என்று சொல்லியபடியே புறப்பட்டார்.

'முதலாவதாக, 2-3 அங்குல அகலமே கொண்ட பாதைகள் அந்த மலை உச்சியில் இருக்கின்றன. பலமுறை, மக்கள் வழுக்கி கீழே விழுந்திருக்கிறார்கள். மீண்டும் அவர்களைப் பார்த்தது கிடையாது. பள்ளத்தாக்கில் நாம் தாண்டி வந்த ஆறுகள் மழைக் காலத்தில் நிரம்பி வழிந்து, கடப்பதற்கு முடியாததாக ஆகும்போது, இந்தப் பாதை பயன்படுத்தப்படுகிறது. ஏன் நீங்கள் எப்போதும் மழைக் காலத்தில் இங்கே அழைத்து வரப்படமாட்டீர்கள் என்பதற்கான காரணங்களில் இந்த மலையும் ஒன்று. உண்மையில், நான் ஒரு வேலையாக இரு வருடங்களுக்கு முன்பு அந்த மலை வழியாகச் சென்றபோது இனம் புரியாத அசௌகரிய உணர்வு என்னைச் சூழ்ந்ததை உணர்ந்தேன். நாகாலாந்து இனத்து இளம் பெண்கள் இருவர் சர்வ சாதாரணமாக நடந்து வந்து கொண்டிருந்ததைப் பார்த்த பிறகே எனக்குத் தைரியம் வந்து பின்னர் நானும் உற்சாகமாக நடந்தேன்.

மேலும் அங்கே ஆவிகள் சுற்றி வருவதாக நாகாலாந்தினரிடத்திலே ஒரு நம்பிக்கை உலவுகிறது. எனவே, மலையில் நடக்கும்போது யாரும் பேசுவதில்லை. நாங்களும் அதையே பின்பற்றினோம். இவை எல்லாவற்றையும்விட அந்த மலையில் சில குறிப்பிட்ட இடங்களில் நெருப்புப் பந்துகள் காணப்படும் என நாங்கள் கேள்விப் பட்டிருக்கிறோம். இரண்டாம் உலகப் போர் சமயத்தில் வெடி மருந்துகளைப் போட்டு வைத்த இடமாக இருக்கலாம்.

'நாங்கள் அந்த மலைப்பக்கம் அழைத்துச் செல்லப்படுவதற்கு வாய்ப்பே இல்லை. அப்படித்தானே? நான் சும்மா அந்த மலை அருகில் போக விரும்புகிறேன்' என்று சொன்னேன்.

‘நீங்கள் தங்க வைக்கப்படப்போகிற இடத்தில் இருந்து அங்கே செல்ல மூன்று நாட்கள் ஆகும். உயர் மட்டத்தில் இருந்து ஆணை வந்தால் மட்டுமே நாங்கள் உங்களை அழைத்துச் செல்வோம். ஆகவே, ஏன் நீங்கள் உங்கள் கோரிக்கையை இன்னும் சில நாட்கள் கழித்து வைக்கக் கூடாது?’

‘ஓ.கே. நான் அப்படியே செய்கிறேன்.’

நாங்கள் நடக்கத் தொடங்கிய அதே நேரம், காட்டுச் சீருடை அணிந்த ஆயுதம் தாங்கிய போராளிகள் குழு ஒன்று எங்கள் பார்வையில் பட்டதோடு எங்களை நோக்கியும் வந்தது. பிரதீப்பும் நானும் பயந்து போனாலும், எங்கள் நண்பர்கள் புதிதாக வந்தவர்களை உற்சாகத்துடன் வரவேற்றார்கள். சற்று நேரத்தில், அவர்கள் கை குலுக்கிக்கொண்டு நாகா மொழியில் பேசிக்கொண்டார்கள். நாகாலாந்தினர் பேசும் மொழியிலிருந்து அது கொஞ்சம் வேறுபட்டதாக இருந்தது. அவர்கள் அனைவரும் மணிப்பூரில் இருந்து வந்தவர்கள். என்.எஸ்.சி.என்.(கே) குழுவின் கூட்டாளிகள்.

அந்தக் குழுவில் இருந்த பதினைந்து பேரில் அறுவர் மக்கள் விடுதலைப் படையைச் சேர்ந்தவர்களாக இருந்தார்கள். அவர்களது சட்டைப் பைகளுக்கு மேல் இருந்த ‘இணைக்கப்பட்டிருந்த P L Army என்ற பெயரை வைத்து என்னால் அவர்களை அடையாளம் காண முடிந்தது. மற்றவர்கள் கங்க் லெய்பாக் மக்கள் குடியரசுக் கட்சி (PREPAK) மற்றும் கங்க்லெய் யவால் கன்னா லுப்(KYKL)ஐச் சேர்ந்தவர்கள் என இக்பால் பிறகு எங்களிடம் சொன்னார். அவர்களில் ஒவ்வொருவரும், அளவுக்கதிகமாக பொருட்கள் அடைக்கப்பட்ட ஒரு முதுகுப் பையையும், A 81 அல்லது M 16 வகையைச் சார்ந்த அசால்ட் ரைஃபில் துப்பாக்கி ஒன்றையும் வைத்திருந்தனர்.

அவர்கள் மணிப்பூருக்குச் சென்று கொண்டிருப்பதாகவும் நாகாலாந்து சென்று அங்கிருந்து மணிப்பூருக்குச் செல்லலாம் அல்லது நேரடியாக மியான்மரின் சோம்ரா பகுதி வழியாக மணிப்பூருக்குச் செல்லலாம் என்றும் தெரிவித்தனர். நாங்கள் அவர்களுக்கு ‘குட் பை’ சொல்லி விட்டு ஆற்றை நோக்கி, பள்ளத்தாக்கில் இருந்த கடைசிப் பகுதியில் நடக்கத் தொடங்கினோம்.

மணிப்பூரில் இருக்கும் போராளிக் குழுக்களைப் பற்றி மேலும் தகவல்களை அளிக்குமாறு இக்பாலிடம் கேட்டேன். அவர், கிழக்கு நாகாலாந்தில் இருக்கும் இன்னும் நான்கு இயக்கங்களின் பெயரைச் சொன்னார். கங்க்லெய்பாக் பொதுவுடைமைக் கட்சியில் இருந்து

பிரிந்த ஒரு குழுவான ஐக்கிய தேசிய விடுதலை முன்னணி (UNLP), கங்க்லெய்பாக் மக்கள் குடியரசுக் கட்சியின் (PREPAK Progressive) இரு பிரிவுகள் மற்றும் கங்க்லெய்பாக் ஐக்கிய மக்கள் கட்சி (UPPK) போன்றைவயே அவை. இந்தப் பகுதியில் அவர்களது முகாம்கள் எங்கெங்கு அமைக்கப்பட்டிருக்கின்றனவோ, அங்கெல்லாம் அவை அருகருகே அமைந்திருந்தன. சிக்கலான நேரங்களில் - அதிலும் குறிப்பாக, ராணுவம் தாக்குதல் தொடுக்கும்போது அவர்கள் ஒருவருக் கொருவர் உதவிக்கொள்வதற்காக அவர்கள் முகாம்கள் யுத்த தந்திரத்தோடு அமைக்கப்பட்டிருந்தன. அவர்களது பொதுவான குறிக்கோள் மணிப்பூரின் சுதந்தரத்தை அடைவதுதான்.

UNLF இயக்கம், அந்த இயக்கங்களிடையே மிகப் பழமையானது; மிகப் பெரியது. அதில் இருந்த போராளிகளின் எண்ணிக்கை 2,500 முதல் 3,000 வரை. இது 1964-ல் தோற்றுவிக்கப்பட்டது. 1994-ல் நமாய்ஜாம் ஓகன் என்பவர் தலைமையில் ஒரு குழு KYKL என்ற அமைப்பைத் தோற்றுவிப்பதற்காகப் பிரிந்து சென்றது. அந்தப் பிளவுக்குப் பிறகு இதன் படை பலம் ஓரளவு குறைந்தது. போராளிகளின் எண்ணிக்கை அடிப்படையில் இரண்டாவது இடத்தைப் பிடித்திருக்கும் PLA அமைப்பு, இதன் முதன் படை அணி சீனாவில் பயிற்சியை முடித்துவிட்டுத் திரும்பிய பிறகு 1978-ல் தோற்றுவிக்கப்பட்டது. 1980-களின் தொடக்க ஆண்டுகளில் பிளவுபடாத என்.எஸ்.சி.என். அமைப்புடன் கூட்டுவைத்து கிழக்கு நாகாலாந்தில் முகாம்களை அமைத்த முதல் அமைப்பு இது. இதன் உயர் மட்டத் தலைவர்கள் சீனாவில் தங்கியுள்ளனர். அவர்களுக்கு சீன ராணுவப் படைகளின் உளவுப்பிரிவான 'செகண்ட் டிபார்ட்மெண்டு'டன் நெருங்கிய தொடர்பு உண்டு.

நாங்கள் ஒரு சிறிய நீரோடையை நடந்தே கடந்து, இரண்டு பெரிய மலைக் குன்றுகளையும் கடந்து, மிக மிக அழகான ஒரு இடத்துக்கு வந்து சேர்ந்தோம். ஒவ்வொருவரும் அன்றைய இலக்கான ஆற்றைச் சீக்கிரமாகவே அடைவது என்று தீர்மானித்திருந்தோம்.

மாலை 3.30 மணிக்கு நாங்கள் ஆற்றின் சத்தத்தைக் கேட்டோம். சற்று நேரத்தில் கரையை அடைந்தோம். எங்களை வரவேற்பதற்காக ஒரு குழு காத்திருப்பதைக் கண்டோம். அந்த அணிக்குத் தலைமை தாங்கியவர், நாற்பது வயதுகளின் மத்தியில் இருந்தார். குள்ளமாகவும் பருமனாகவும் இருந்த அவர் படைத் தளபதியின் நம்பிக்கைக்குரிய பிஜோய் 'சைனீஸ்' தாஸ் என்று நினைத்தேன். அவரேதான். 2007-ல் ஒரு சில பத்திரிகையாளர்கள் இந்த இயக்கம் தொடங்கப்பட்ட நாளில் (ஏப்ரல் 7) அது குறித்து ஊடகங்களில் செய்தி வெளியிடுவதற்காக

அழைத்துச் செல்லப்பட்டபோது, பிரதீப் அவரை, அருணாச்சலப் பிரதேசத்தில் உள்ள ஒரு முகாமில் சந்தித்திருக்கிறார்.

அவருடன் கை குலுக்கிக் கொண்டே, 'நான் ராஜீவ். நீங்கள் பிஜோய் சைனீஸ்தானே?' என்றேன்.

'ஆம். நான்தான்... நல்வரவு.'

'நாங்கள் உங்களைப் பற்றி நிறையக் கேள்விப்பட்டிருக்கிறோம். ஆனால், நீங்கள் சைனீஸ் போலவே தெரியவில்லை.'

'நீங்கள் மாறவே இல்லை நண்பா' என்று சொல்லியபடியே பிரதீப் அவரைத் தழுவிக்கொண்டார்.

'நாங்கள் நேற்றிலிருந்து உங்களுக்காகக் காத்திருக்கிறோம். நீங்கள் ஏன் இவ்வளவு நேரம் எடுத்துக்கொண்டீர்கள்' என்றார் பிஜோய், நாங்கள் ஒரு பெரிய மரத்தின் கீழ் உட்கார்ந்தபோது.

'நாங்கள் உங்களைப்போல இந்த மண்ணில் நடக்கப் பயிற்சி பெற்றவர்கள் அல்ல; ஆனால், என்னிடம் சொல்லுங்கள். ஏன் உங்களை 'சைனீஸ்' என்று சொல்கிறார்கள்?'

'இந்தப் பெயர், பல ஆண்டுகளுக்கு முன்பு, 28வது பட்டாலியனின் முன்னாள் தளபதியாக இருந்த தபன் பரூவாவினால் கொடுக்கப் பட்டது. அது ஒட்டிக்கொண்டது.'

பத்துப் போராளிகளைக் கொண்ட அந்தக் குழுவில் மூன்று பெண்கள் இருந்தார்கள். அவர்கள் தங்களின் இருபது வயதுகளின் மத்தியில் இருந்தார்கள். அனைவரும் காட்டுச் சீருடையில் 9 எம்.எம். பிஸ்டல் களுடனோ AK 81 அசால்ட் ரைஃபில்ஸ் துப்பாக்கிகளுடனோ இருந்தார்கள். அவர்கள் டீயும் பிஸ்கெட்டும் தந்தார்கள். மற்றவர்கள் முகாம் கூடாரங்கள் அமைப்பதற்காக மூங்கிலையும் மர மட்டை களையும் ஒழுங்கு செய்யத் தொடங்கினார்கள். மொத்தம் ஆறு கூடாரங்கள் எழுப்பப்பட்டன. அவற்றில் பெண்களுக்கான தனிக்கூட்டம் ஒன்றும் அடக்கம். முகாம் இருப்பிடம் ஆற்றங்கரையில் ஒரு பெரும் பகுதியில் அமைந்திருந்தது. கிழக்கு நாகாலாந்தில் ஏதோவொரு இடத்தில் ஒரு புதிய போராளியைப் பற்றிய பிம்பத்தை செயற்கைக் கோள் நிச்சயம் ஒளிபரப்பியிருக்கும். இது ஊடகங்களின் தலைப்புச் செய்தியில் இடம் பிடித்திருக்கும் என்று பிஜோயிடம் சொன்னேன். கொன்போ எஞ்ஜின்கள் பொருத்தப்பட்ட மோட்டார் படகுகள் ஆற்றங்கரையில் இருந்த பெரிய பாறைகளுடன் பிணைக்கப் பட்டிருந்தன.

அடுத்த நாளுக்கான படகுச்சவாரியை ஆவலுடன் எதிர்பார்த்தேன். என் கேமராவைப் பயன்படுத்த ஆவலுடன் இருந்தேன். திரும்பும் பயணத்தில் அனுமதிக்கப்பட்டால் — நான்கு பேட்டரிகளும் அனுமதிக்கும் அளவு கேமராவைப் பயன்படுத்தலாம். முடிந்தால், நான் மலைகளின் மீது இருந்த சில வீடுகளில் நான் பார்த்த சோலார் பேனல்கள் மூலம் ரீசார்ஜ் செய்ய முயற்சி செய்வேன்.

பிரிவு சோகமாக இருந்தது. எங்களுடன் படகில் வரவிருக்கும் டாக்டரைத் தவிர, இதுவரை எங்களுடன் பயணித்த குழுவின் மற்றவர்களும், பிஜோயின் குழுவைச் சார்ந்த சிலரும், வேறொரு முகாமுக்கு இன்னொரு திசையில் கால்நடையாகத் தொடர்ந்து நடந்து போனார்கள். சாப்பாட்டுக்குப் பின், அனைத்துப் போராளிகளும் இரண்டு வரிசைகளில் வரிசையாக நின்று எங்களுக்குப் பிரியாவிடை அளித்தார்கள். பிரதீப்பும் நானும் அவர்களில் ஒவ்வொருவரையும் கட்டியணைத்துக்கொண்ட பின், நாங்கள் இருவரும் படகின் மரப் பலகையில் தொற்றிக்கொண்டோம்.

தாஸ் படகை ஓட்ட தனது முப்பது வயதுகளின் தொடக்கத்தில் இருந்த இளம் போராளி ஒருவர் பின்னால் சுக்கானைப் பிடித்தார். எஞ்ஜின் உயிர் பெற்று படகை நீருக்குள் இழுத்துச் சென்றது. பின்னால் நெருக்கமாகத் தொடர்ந்த மற்றொரு படகு எங்களது பைகளையும் மூன்று போராளிகளையும் சுமந்து வந்தது. தண்ணீர் நான் நினைத்ததை விடவும் ஆழமில்லாமல் இருந்தது. சில பகுதிகளில், ஆற்றின் அடிப்பாகம் தெளிவாகத் தெரிந்தது. ஆனால், எஞ்ஜின்கள் மணிக்கு 15 கிலோமீட்டர்கள் என்ற மிதமான வேகத்தில் படகை உந்தித் தள்ளின.

காலை 8 மணி ஆகியும் பனி மறையவில்லை. ஆயிரக்கணக்கான ஆண்டுகளாக மாசுபடுத்தப்படாமல் இருப்பது போலத் தோன்றிய அந்த நிலப்பரப்பில் குளிர் தென்றல் வீசியது. குறுக்கிட்ட சின்ன மலை முகடுகளைக் கடந்து போனோம். அவற்றின் அடிப்பாகத்தில் எண்ணற்ற பாறைப் பிளவுகள் இருந்தன. அவற்றில் இருந்து மரகதப் பச்சை நிறத் தண்ணீர் தளும்பி வழிந்தது. சூழலியல் ரீதியில் ஆபத்துக்குள்ளாக்கப்பட்ட பகுதி என்பதே மறந்து போகும் அளவுக்கு ரம்யமாக இருந்தது.

மதிய நேரம் ஓரிடத்தில் படகை நிறுத்தினோம். ஆறிய உணவு, தேநீர் என சாப்பிட உட்கார்ந்தோம். விறகு சேகரிக்கப்பட்டு கரையோரம் தீ மூட்டப்பட்டது. படகுகள் இரவு வருவதற்கு முன் நிறுத்தப்பட்டு விடும் என்றான் பிஜோய். அங்கிருந்து சுமார் சில மணி நேர நடைப்

பயணத்தில் இருக்கும் இடத்துக்குச் சென்று கொஞ்ச நேரம் ஓய்வெடுக்கப்போகிறோம். அங்கிருந்து முகாமுக்கு 'சில மணி நேரங்களில்' போய்விடலாம் என்று என்று நிஜமாகவே நம்பினேன்.

களைத்துப் போயிருந்ததோடு, குளித்து ஆடைகளைத் துவைத்துவிட வேண்டுமென்பதில் குறியாக இருந்தோம். பிரதீப்பும் நானும் நாங்கள் ஆற்றுப் பயணத்தை மீண்டும் தொடர்ந்தபோது இருக்கைகளை மாற்றிக்கொண்டோம். வலது கரையில் வெட்டப்பட்ட காட்டு நிலங்கள் கண்ணுக்குப் புலப்பட்டன. மனிதர்கள் வசிக்கும் இடம் அருகில்தான் இருக்கிறது என்பதன் அடையாளம் அது.

'இவற்றையெல்லாம் பயிர் செய்வது யார்?' என்று பிஜோயிடம் கேட்டேன்.

'கிராமவாசிகள்தான். வேறு யார்? அருகில்தான் அவர்களுடைய குடியிருப்புகள் உள்ளன.'

'அவர்கள் மலைகளில் இருந்து இடம் பெயர்ந்தவர்களா? ஆனால், நாம் இதுவரை ஒரு மனிதரைக் கூடப் பார்க்கவில்லை.'

'யெஸ். அந்த இடப்பெயர்ச்சி பல காலத்துக்கு முன்பு தொடங்கி இன்னும் தொடர்கிறது. நாம் எரிபொருளுக்காக ஒரு கிராமத்தில் நிற்கப்போகிறோம். அங்கு பலரைப் பார்ப்பீர்கள்.'

பிற்பகல் 2 மணிக்கு இடது கரையில், ஒரு குடில்களின் கூட்டம் கண்ணில்பட்டது. நாங்கள் அருகே சென்று எஞ்ஜினை அணைத்தோம். இரண்டு ஆண்கள், டீசல் பிடிப்பதற்காக ஜெர்ரி - கேன்களோடு கீழே குதித்தார்கள். சின்னக் குடியிருப்பு மத்தியில் இருந்த ஒரு வீட்டுக்கான குறுகிய பாதையில் நடந்தார்கள். எரிபொருளோடு திரும்பி வந்த அவர்கள் படகுகளின் டேங்கை நிரப்பினார்கள். ஆனால், அந்த எரிபொருள் எங்கிருந்து வந்தது? நான் பிஜோயைக் கேட்க நினைத்தேன். ஆனால், கேட்கவில்லை. அவர் விபரங்களைத் தர விரும்பமாட்டார். வெளிச்சம் மறையத் தொடங்கியிருந்தது. நாங்கள் செல்லவேண்டிய இடம் 15 கிலோ மீட்டர்களுக்கு அப்பால்தான் உள்ளது என்று எங்களிடம் சொன்னார்கள்.

இருட்டுவதற்குள் நாங்கள் நடுத்தர உயரமுடைய செங்குத்து மலையின் அடிவாரத்தில் நின்றோம். பாறை இடைவெளிகள் வழியே சமவெளிக்கு நடந்தோம். ஆனால், நாங்கள் ஒரு சிறிய கிராமத்தை எட்டுவதற்கு முன்பு டார்ச் லைட்டுகளோடு இரண்டு கிலோ மீட்டர் நடக்க வேண்டி வந்தது. பைகளைக் களைந்தவாறே ஒரு குடிலின் தாழ்வாரத்தில் அமர்ந்தோம். பிஜோய் ரேடியோ மூலம் எங்களது

இருப்பிடம் பற்றி உல்ஃபா தலைமையகத்துக்குத் தகவல் தெரிவித்தார். அந்தக் கிராமத்தில் வெகு நேரம் தங்கவேண்டாம் என்று பதில் கிடைத்தது.

'இங்கிருந்து முகாம் எவ்வளவு தூரத்தில் உள்ளது?' என்றேன்.

'நடந்தால், இரண்டரை மணி நேரம் ஆகும். ஆனால், நீங்கள் இரண்டு பேருமே மோட்டார் சைக்கிள்களில் அழைத்துச் செல்லப்படுவீர்கள். உங்களது பேக்குகள் எங்கள் பையன்களால் முகாமுக்குக் கொண்டு செல்லப்படும்' பிஜோய் பதிலளித்தார்.

'அப்படியென்றால் இங்கே சாலைகள் இருக்கவேண்டும்.'

'ஆம். புதிதாகப் போடப்பட்ட சாலை.'

அதே இரவில், நான் ஒரு நாகா இளைஞனுடன் வண்டியில் பயணித்தேன். பிஜோயின் மோட்டார் பைக்கில் பிரதீப் உட்கார்ந்தான். விநாடிகளுக்குள், 'புதிதாகப் போடப்பட்ட' சாலை என்பது மலைகளின் பிற பாதைகளைப் போலவே படுமோசமானது என்பதைப் புரிந்துகொண்டேன். அந்த வழி முழுவதும் முதுகெலும்பைப் பதம் பார்க்கும் பயணமாக இருந்தது. கிட்டத்தட்ட ஒவ்வொரு ஐந்து நிமிடங்களுக்கும் ஒரு முறை மேடு பள்ளமான பகுதிகளைச் சமாளிப்பதற்காக இறங்கினோம். ஒரு கட்டத்தில், ஒரு மலைக்குன்றின் ஏற்றத்தில் பைக்கை ஏற்றினோம். அடுத்து வந்தது ஒரு குறுகிய மூங்கில் பாலம். அதன் மேல் பைக்கில் போனபோது அபாயகரமாக வளைந்தது. அந்தப் பாலம் உடைந்து விழவில்லை என்பதே ஆச்சரியமான விஷயம்தான்.

இறுதியாக நாங்கள் நவம்பர் 22 அன்று இரவு 8 மணிவாக்கில் முகாமுக்குள் கால் பதித்தோம். அது எங்கள் பயணத்தின் நாற்பத்தி மூன்றாவது நாள் ஆகும். இருட்டாக இருந்தது. என்னால் பார்க்க முடிந்ததெல்லாம் அந்த வளாகத்தில் இருந்த சில குடில்கள். சீருடையில் இருந்த வீரர்கள் எங்களை வரவேற்பதற்காக இரு வரிசைகளில் அணிவகுத்து நின்றார்கள். மைக்கேல் கோ புக்கன் என்று தம்மை அறிமுகம் செய்து கொண்ட முகாமின் கமாண்டர் எங்களுடன் கை குலுக்கினார். சிறிது நேரம் சம்பிரதாயமாகப் பேசிவிட்டு தங்கவிருக்கும் இடத்துக்கு அழைத்துச் சென்றனர். எங்கள் அறைக்குப் பின்னால், ஒரு பெரிய வாளியில் சுடு தண்ணீர் இருந்தது. நான் புத்துணர்ச்சியூட்டும் குளியலை முடித்தேன். அதன் பின் சாப்பிட்டு விட்டு எங்களுக்கான படுக்கையில் படுத்தோம். கனவுகள் அற்ற, எண்ணங்களற்ற தூக்கத்துக்குப் போனேன்.

•

நான் காலை 8 மணிக்குத் தாமதமாக எழுந்தேன். என் சுற்றுப்புறத்தைப் பார்வையிட்டேன். சமவெளிகளும் குன்றுகளும் கலந்த பகுதியில் முகாம் இருந்தது. எங்கள் குடில் ஏறத்தாழ அந்தப் பகுதியின் மையத்தில் இருந்தது. எனக்கு அந்தப் பிரதேசம் முழுவதையும் அங்கிருந்து பார்க்க முடிந்தது. காடுகள் வடக்கிலும் மேற்கிலும் இருக்க, மற்றத் திசைகள் முழுவதும் சமதளமாக இருந்தது. கிழக்கில் இருந்த மலைத் தொடர், ஒரு சுவரில் மாட்டப் பட்ட ஓவியம் போலத் தோன்றியது. அந்த நிலப்பகுதி யாராவது அந்த இடத்தைத் தாக்கினால் நேர் நின்று எதிர்க்கவும் பின்னால் இருந்து தாக்குதல் நடத்தவும் தோதான இடத்தில் இருப்பதாகத் தோன்றியது.

தலைமைப் படைத் தளபதி பரூவா, கடந்த செப்டம்பரில் நடந்த ஷெல் தாக்குதலில் காயம் பட்டு இருப்பதாக வதந்திகள் உலவின. அது இங்கே நிகழ்ந்ததா? மீண்டும் அப்படி ஒரு தாக்குதல் நடந்தால், நாங்கள் எப்படித் தப்பிப்பது?

அப்போது பிரதீப் வந்தார். ஆகவே, அவரிடம் இந்தக் கேள்வியைக் கேட்டேன்.

‘அது பற்றிச் சொல்லுவது கஷ்டம். ஏதேனும் ஆபத்து வந்தால் முதலில் நம்மைப் பாதுகாப்பான இடங்களுக்குக் கொண்டு சென்று விடுவார்கள் என்று நம்புகிறேன்.’

‘இருக்கலாம். நாம் அடுத்த இரண்டு நாட்களுக்கு வெறுமனே ஓய்வு மட்டும் எடுக்கிறோம், சாப்பிடுகிறோம், தூங்குகிறோம். பின்னர் நாம் ஊரைச் சுற்றிப் பார்க்க ஆரம்பிப்போம்.’

‘நீண்ட நெடு நாட்களாக நாம் கேள்விப்பட்டுக் கொண்டிருக்கிற, ஊடகம் அவ்வளவு அதிகமாக ஊகித்திருக்கும் இடம் இதே இடம்தானா?’

‘அப்படித்தான் நினைக்கிறேன். இதை உறுதிப்படுத்தும் செய்திகளை விரைவில் பெறுவோம்.’

சாப்பிடுவதற்காக அழைத்தார்கள். இளம் போராளி அந்த முகாமின் தினப்படி வேலைப் பட்டியலை வாசித்தான். இதர போராளி முகாம்களைப் போலவே முதல் சாப்பாடு காலை 7 மணிக்கும் அடுத்த சாப்பாடு மதியம் 2 மணிக்கும் தரப்படும். மாலையில் நாங்கள் ஆசைப் பட்டால், போராளிகளுடன் விளையாட்டுத் திடலில் வாலிபால் விளையாடலாம். எனினும், சீனியர்கள் வரும்வரை நாங்கள் முகாமை விட்டு வெளியேறக்கூடாது. எங்களுக்கான சாப்பாட்டு வேளையை காலை 10 மணிக்கும், மாலை 6 மணிக்கும் மாற்றியமைத்துக் கொண்டோம். எங்கள் குடிலுக்கு அருகில் இருந்த தொலைக்காட்சி

உடனடியாக எங்களை ஆக்கிரமித்தது. நெடு நாட்களுக்குப் பிறகு நாங்கள் அஸ்ஸாமில் இருந்து வரும் செய்திகளைப் பார்த்துக் கொண்டிருந்தோம். இந்தி சேனல்கள் தடை செய்யப்பட்டிருந்தன. அந்தக் கட்டுப்பாட்டை உடைப்பதில் எங்களுக்கு விதி விலக்கு இல்லை.

அந்த முகாம் நாள் முழுதும் அமைதியாக இருந்தது. ஆனால், மாலையில் விளையாட்டுக்கு நேரம் ஒதுக்கப்பட்டது. அந்த இடத்தில் நாற்பத்துச் சொச்சம் போராளிகளே தங்க வைக்கப்பட்டிருந்தனர். அவர்களில் இருவர், மூத்த செயல்பாட்டாளர்களின் மனைவிகளும் கூட. நாங்கள் வந்து சேர்ந்த இரண்டாவது நாள், ஒரு பெண் அழுது கொண்டிருந்ததைப் பார்த்து காரணத்தை விசாரித்தோம். அவர் கணவனுக்கு சிவ்சாகரில் உள்ள ரயில் தண்டவாளத்தைத் தகர்க்கும்படி உத்தரவு வந்ததாம். அவனுக்கு RDX வெடி மருந்தும் பேரழிவை ஏற்படுத்தித் தீரும் என நம்பப்படும் ஒரு புதிய தொழில் நுட்பமும் வழங்கப்பட்டிருந்தது. அவற்றைக் கவனமாகக் கையாள வேண்டும். மூலப் பொருகளை உரிய விகிதத்தில் கலப்பதும், உரிய அழுத்தத்தை அளிப்பதும் இதில் அடங்கும். ஏதோ தவறாகப் போய்விட்டது. தயாரித்த இடத்திலேயே அவர் துண்டு துண்டாகச் சிதறிப் போயிருந்தான்.

அடுத்த நாள், இரவு உணவுக்குப் பின் அந்தப் பெண்ணை சமையலறையில் சந்தித்தேன். என்னைக் 'கேப்டன் நிபுண் தாஸ்' என்று அறிமுகப்படுத்திக்கொண்டு என் அனுதாபங்களைத் தெரிவித்தேன். ஆனால், அதற்கப்பால் வேறு என்ன சொல்வது என்று தெரியவில்லை. அவர் நடந்ததை மறந்துவிட்டுத் தனது தினசரி வேலைகளை உற்சாகத்துடன் செய்தவிதம் பாராட்டத் தக்கதாக இருந்தது.

அவர் சொன்னார்: 'தியாகங்களின்றி எந்தப் புரட்சியும் வெல்லாது. பலர் தங்கள் உயிரை ஈந்திருக்கிறார்கள். இன்னும் பலர் அதே பாதையைப் பின்பற்றுவார்கள். என் கணவர் மற்றவர்கள் பின்பற்றுவதற்கான முன் உதாரணமாக இருந்துகாட்டியிருக்கிறார்.'

அந்தக் கட்டத்தில் சட்டென்று உடைந்து அழுதார். அதற்கு மேல் எதுவும் சொல்ல முடியாமல் போனது. நான் வார்த்தைகளற்ற வறுமையில் மனம் சூன்யமாகி குடிலுக்குத் திரும்பினேன். அந்தப் பெண் இப்போது சரண் அடைவாரா? அல்லது அதே முகாமில் தொடர்வாரா? சில ஆண்டுகளுக்கு முன்பு அஸ்ஸாமின் கர்பி அங்லாங் மாவட்டத்தில் ஐக்கிய மக்கள் ஜனநாயகக் கூட்டமைப்பின் முகாம் ஒன்றில் நடந்த இது போன்ற ஒரு சம்பவம் ஞாபகத்துக்கு வந்தது. அந்த நேரத்தில் ஒரு பதின்ம வயதுப் பெண் தன் பெற்றோரும் தம்பியும் எதிராளித் தீவிரவாதக் குழுவால் கொல்லப்பட்டதை நேரில்

பார்த்திருக்கிறார். ஒரு படுக்கைக்குக் கீழே ஒளிந்து கொண்டதன் மூலம் கொலைகாரர்களிடம் இருந்து தப்பியவர் பின்னர் அந்தக் குழுவால் முகாமுக்குக் கொண்டு வரப்பட்டு பயிற்சி அளிக்கப்பட்டிருந்தார். பழிக்குப் பழி வாங்க உறுதிமொழி எடுத்துக்கொண்டார். அவரிடம் பேசினால் ஒரு சுவாரசியமான கதை கிடைக்கும் என்று நினைத்தேன். ஆனால் நான் கேள்விக்கணைகளைத் தொடுத்தபோது அவரது கன்னங்களில் கண்ணீர் திரண்டு வழிந்தது.

இந்தியாவின் வடகிழக்கில் உள்ள பெரும்பாலான போராளிக் குழுக்களில் பெண்கள் இடம் பெற்றிருக்கிறார்கள். அவர்களின் பணியும் தெளிவாக வரையறுக்கப்பட்டதாக இருக்கிறது. ஆனால், உயர் மட்டப் பதவிகளுக்கு பெண்கள் வந்தது மிக மிகக் குறைவுதான். சில இயக்கங்களில் காணப்படும் குழந்தை வீரர்களைப் போலவே, பொதுவாக மகளிரும் திடீர்த் தாக்குதல் அல்லது ஆபத்தான எந்த நடவடிக்கையிலும் பங்குகொள்ள அனுமதிக்கப்படுவதில்லை.

சில நேரங்களில் அவர்கள் உளவாளிகளாகப் பயன்படுத்தப் படுகிறார்கள். முகாம்களுக்கு அருகில் குழுவாகப் பாதுகாப்புப் பணிக்குச் செல்லவும் அனுமதிக்கப்படலாம். அவர்கள் நன்றாகக் கவனித்துக் கொள்ளப்படுகிறார்கள். அவர்கள் ஓரிடத்தில் இருந்து மற்றொரு இடத்துக்கு மாற்றப்படும்போது அவர்களுக்கு நல்ல பாதுகாவல் அளிக்கப்படுவதுண்டு. முகாம்களில் அவர்களது தினசரி நடவடிக்கைகள், அவர்களது சக ஆண் போராளிகளைப் போலவே கடினமானதாகவே இருக்கிறது. அவர்களும் உடற்பயிற்சிக்காக அதிகாலையில் தூக்கத்தில் இருந்து விழிக்கவேண்டும். ஒரு நாளைக்கு இருவேளை உணவுதான். அன்றாடச் சிறிய வேலைகளையும் செய்ய வேண்டும். வடகிழக்கு அல்லது நாகாலாந்தில் இருந்து எந்தப் பெண்ணுக்கும் மரண தண்டனை விதிக்கப்பட்டதாக எந்தச் செய்தியும் இதுவரை வெளிச்சத்துக்கு வரவில்லை.

தொலைக்காட்சியில் மாலை நேரச் செய்திகளைப் பார்ப்பதற்கு அமர்ந்தேன். அதில் வந்த செய்தி என்னைத் திகைக்கவைத்தது. உல்ஃபா இயக்கம் பதினாறு உறுப்பினர்களைக் கொண்ட புதிய மத்திய செயற்குழுவை அமைத்திருந்தது. அமைதிப் பேச்சுவார்த்தைக்கு ஆதரவான தலைவர் ராஜ்கோவாவின் குழுவுக்கும் அமைதிப் பேச்சு வார்த்தைக்கு எதிரான பரூவா தலைமையிலான குழுவுக்கும் இடையிலான பிளவு தற்போது நிரந்தரமாகிவிட்டதாகத் தெரிந்தது.

நிகழ்ச்சித் தொகுப்பாளர் செயற்குழுவில் இடம் பெற்றோரின் பெயர்களை வாசித்தார். அவையெல்லாம் உண்மையில் பொய்யான பெயர்களே.

காரணம் அந்த இயக்கத்தில் சேர்ந்த ஒவ்வொருவரும் தமது உண்மைப் பெயரை மறைத்துக்கொண்டு ஒரு புதிய பெயரையே சூட்டிக் கொண்டார்கள். புதிதாக அமைக்கப்பட்ட இந்த கமிட்டி பற்றி முகாமில் உள்ளவர்களிடம் இருந்து எந்த எதிர்வினையும் வரவில்லை. பிஜோயும் தேகாபுக்கனும் அதில் சேர்க்கப்பட்டிருந்தார்கள். ஆனால், செய்திகளைப் பார்க்கையில் அவர்களும் ஆர்வம் காட்டியதாகத் தெரியவில்லை.

பிஜோய் கிழக்குப் பிராந்திய கமாண்டராக நியமிக்கப்பட்டிருந்தார். கிழக்குப் பிராந்தியம் என்பது நாகாலாந்து மற்றும் அருணாச்சலப் பிரதேசத்தை எல்லையாகக் கொண்ட மேல் அஸ்ஸாம் மாவட்டங்களை உள்ளடக்கியது. புதிய செயல் தலைவராக நியமிக்கப்பட்டிருந்தவர் அவிஜித ரப்மன். 1990லிருந்து உல்ஃபா இயக்கத்துடன் தொடர்புடைய இங்கிலாந்தைச் சேர்ந்த டாக்டரான இவரைச் சந்திப்பதே இப்போது என் பிரத்தியேக ஆர்வமாக இருந்தது. அவர் பரூவாவுடன் முகாமுக்கு வரக்கூடும் என்று எங்களிடம் சொல்லப்பட்டது.

அரசுடன் பேச்சுவார்த்தை நடத்தவேண்டும் என்று கோரி வந்த தலைவர் ராஜ்கோவாவின் தரப்புக்கு வலு சேர்த்த மூத்த செயல் பாட்டாளர்களைப் போலன்றி ராஜ்கோவா உல்ஃபா இயக்கத்தில் இருந்து நீக்கப்படவில்லை என்பது சுவாரசியமான விஷயம். இன்னும் அவர் இயக்கத்துக்குத் திரும்பிவருவார் என்று பரூவா நம்பியிருக்க வாய்ப்புண்டு. இல்லையென்றால், இயக்கத்தின் ஒற்றுமைக்காகத் தனிப்பட்ட விரோதங்களை ஒதுக்கிவைக்கத் தயார் என்ற கருத்தைத் தெரிவிக்க விரும்பியிருக்கலாம். பட்டியலில் இடம் பெற்ற பல பெயர்கள் இதுவரை சரணடைய மறுத்து, இதுவரை வெளியுலகத்துக்கு முகம் காட்டாத மூத்த உறுப்பினர்களது பெயர்களாக இருந்தன.

உல்ஃபா இயக்கத்தின் நம்பர் 2 தலைவரும், இயக்கத்திலேயே மூத்த நபருமான ஜிபோன் மோரான் மறுநாள் வந்தார். நாங்கள் அவருடன் அமர்ந்து பயணத்தைப்பற்றி, இதுவரை நடந்த முக்கிய நிகழ்வுகள் குறித்துப் பேசிக்கொண்டிருந்தபோது, பிரதீப் அவரிடம், நாங்கள் காத்திருப்பது பற்றித் தலைமை தளபதியிடம் தெரிவிக்கவேண்டும் என்று சொன்னார். ஆனால், நான் பிரதீப்பை அமைதியாக இருக்கும் படி அறிவுறுத்தினேன். இவ்வளவு தூரம் வந்த பிறகு நாம் வெறுங்கை யோடு திரும்பப் போவதில்லை — வேறு வழி இல்லை.

முகாமுக்குத் திரும்பி வரும் வழியில் நாங்கள் அவரிடம் பரூவா முகாமுக்கு வரும் உத்தேசமான தேதியைக் கேட்டோம். அவருக்குத் தெரியவில்லை. அவருக்கேகூட, தலைவரின் நிகழ்ச்சி நிரல், சில நாட்கள் முன்பாக மட்டுமே தெரியப்படுத்தப்படுமாம்.

ஆகவே, நாங்கள் அந்த வழியில் மோரான் உடனோ யாரோ ஒரு மூத்த போராளியுடனோ, அந்த வழியில் மாலையில் வழக்கமாக நடைப் பயற்சி மேற்கொள்வது, டி.வி. பார்ப்பது மற்றும் அரிதாக வரும் சில செய்தித் தாள்களை வாசிப்பது என்று ஒரு வழியாக செட்டில் ஆனோம். அந்த வழியில், சிகரெட்டுகள், காய்கறிகள், சாக்லேட்டுகள் மற்றும் இதர தின்பண்டங்களை விற்றுக் கொண்டிருந்த ஒரு சிறு கடையும் இருந்தது. சில சமயங்களில் அங்கே ஒரு சில பொருள்களை வாங்குவதற்காகச் செல்வதுண்டு. என்னுடைய உடை நைந்து வந்தது. டாம்டிம் கடியினால் ஏற்பட்ட புண்கள் காய்ந்து வந்தன. செய்தி சேகரிப்பதற்காக, எப்போதெல்லாம் வாய்ப்பு கிடைக்கிறதோ நாங்கள் போராளிகளுடன் பேசினோம். ஆனால், அவர்கள் பெரும்பாலும் அதிகம் பேசாதவர்களாகவே இருந்தார்கள்.

ஒரு நாள் கழித்து, அதிகாலையில், ஓர் இளம் போராளி தனது சகாக்களிடம் சீக்கிரம் அணிவகுப்பு மைதானத்துக்கு வந்து சேரும்படி உரத்த குரலில் சொல்லிக் கொண்டிருப்பதை கேட்டேன். படுக்கையில் இருந்து துள்ளி எழுந்தேன். கிட்டத்தட்ட பத்துப் போராளிகள் தங்கள் அசல் சீருடையில் — அதாவது வனச் சீருடை, இடுப்புப் பெல்ட்டில் பவுச், ரைஃபில், குண்டுகள் சகிதம் அமைதியாக இரண்டு வரிசையாக நின்றதைப் பார்த்தேன். அவர்களிடம் ஒருவித பரபரப்பு தெரிந்தது. தமது முப்பது வயதுகளின் இறுதியில் இருந்த ஒல்லியான மனிதனான நரேன் பரூவா, அந்த அணிக்குத் தலைமை தாங்கினார். அவர்களது வேலை, முகாமுக்கு வந்து கொண்டிருக்கும் தலைமை தளபதிக்கு அசைக்க முடியாத பாதுகாப்பை அளிப்பதாகும். பிஜோயும் மோரனும் அவர்களுக்கு உத்தரவுகள் அளித்தபின் அந்த அணி முகாமை விட்டு வெளியேறினர்.

தலைமைத் தளபதி முகாமுக்கு வந்திறங்கிய பிறகு பல நாட்கள் கழித்து, அந்தப் போராளிகளிடம் இருந்து நாங்கள் ஆர்வமூட்டக் கூடிய தகவல் துணுக்குகளைப் பெறுவதில் வெற்றி கண்டோம். ஆர்வம் கூடிய, தன்னம்பிக்கை மிகுந்த அந்த அணி, முகாமின் வடமேற்குத் திசையில் எழுபது கிலோ மீட்டர் தொலைவில் இருந்த ஒரு இடத்துக்குச் சென்றது. அங்கே நிர்ணயிக்கப்பட்ட ஓரிடத்தில் அவர்கள் தலைமை தளபதிக்காகக் காத்திருந்தார்கள். தளபதி வசிக்கும் இடத்தைப் போலவே அவர் செல்லும் வழிகளும் ரகசியமாக வைக்கப் பட்டிருந்தன. அவர் நிர்ணயிக்கப்பட்ட நேரத்துக்கு முன்போ அல்லது பல நாட்கள் கழித்து எங்கிருந்தோ திடுமென வந்து குதிப்பதில் கை தேர்ந்தவர். இம்முறை அவர் கூடுதல் கவனத்துடன் இருந்தார். இந்திய உளவுத் துறை அமைப்புகள் அவரைப் பிடிப்பதில் தீவிரம் காட்டி வந்தன. 2009ம் ஆண்டில் இருந்து பரூவா இந்தப் பிராந்தியத்துக்கு அடிக்கடி வருவது அவர்களுக்குத் தெரியும்.

நாங்கள் அவரைச் சந்திப்பதற்காகக் காத்திருந்தபோது, தளபதி தலைமை தாங்க வேண்டிய கூட்டங்கள் வரிசை கட்டி நின்றன. புதிய செயற் குழுவின் வழிகாட்டு முறையும், யுக்தியும் விவாதிக்கப்பட்டு, செம்மைப்படுத்தப்படும். நிதியாதாரங்கள் முறைப்படுத்தப்படும். வருவாய்க்கான புதிய வழிகள் பயன்படுத்தப்படும். அவர் பயிற்சி பெற்று வரும் போராளிகளிடையே பேசி அவர்களது உத்வேகத்தை உயர்த்த வேண்டியிருக்கும். இதுதான் முகாமில் பத்திரிகையாளர்களுக்கு முதல் விரிவான நேர்காணலாக இருந்தது. அவர் இங்கே வருகை தந்து, வேலையை முடித்துக்கொண்டு, பாதுகாப்பாக ரகசியமாக வெளியேற வேண்டும்.

ஆரம்பத்தில் பரூவா அக்டோபர் முற்பகுதியில் முகாமை அடையத் திட்டமிட்டார் என்றும், ஆனால், அதை ரத்து செய்ய வேண்டியிருந்தது என்றும் சொன்னார் பிஜோய். அவர் கடந்து செல்லத் திட்டமிட்டிருந்த சில பகுதிகளில் திடீரென்று போர் அதிகமானால் பாதுகாப்பை உறுதிப்படுத்த வேறு வழி இல்லாமல் போனது. பயணம் தொடங்கி இரண்டு நாட்கள் ஆனபோது, அவர் பயணத்தை நிறுத்தி, தனது வீட்டுக்குத் திரும்ப வேண்டியதாயிற்று.

இரண்டு வாரம் கழித்து, அவருக்கு விசுவாசமான உதவியாளர்கள் ‘கிரீன் சிக்னல்’ தரவே அவர் மீண்டும் புறப்பட்டார். ஆனால், ஒரு வாரங்கழித்து, மீண்டும் சிக்கல் வந்தது. பாதைகள் மறிக்கப்பட்டன. பாதுகாப்பான பகுதிகளுக்குத் திரும்பிச் செல்வதற்கு எந்த வழியும் இல்லாமல் போனது. அதிருஷ்டவசமாக, அவர் தங்கியிருந்த முகாம்கள் வழக்கமாகத் தாக்குதல்கள் நடக்கும் களத்தில் இருந்து விலகி இருந்தன. மூன்று நாட்களுக்குப் பின் ஒரு வழி திறக்கப் பட்டது. அதன் வழியாக, உரிய காலத்தில் புதிய சண்டை மூள்வதற்கு முன்பாக அவர்கள் வந்து சேர்ந்துவிட்டார்கள்.

இதற்கிடையில், எங்கள் முகாமில் இருந்து நரேன் தலைமையில் சென்ற குழு அந்தத் தொலைவை இரண்டு நாட்களுக்குள் கடந்து, தளபதியின் வருகைக்காகக் காத்திருப்பதற்கு உரிய இடத்தை அடைய முடிவு செய்திருந்தனர். அந்தப் பகுதி பாதுகாப்பானதென்றும் எதிரிகள் இல்லாத பகுதி என்றும் நம்பப்பட்டது. அவர் ரேடியோ மூலம் அறிவுரைகள் பெற்ற பின்பே அவர்கள் மேலும் பயணத்தைத் தொடர வேண்டும். அடுத்த நாள் பின்மாலைப் பொழுதில் வந்தடைந்த ஒரு செய்தி, தலைமைத் தளபதியின் வருகை ஒரு சில மணி நேரங்கள் தாமதமாகலாம் என்று தெரிவித்தது.

வாக்கி டாக்கி அதிகாலை 2 மணிக்கு மீண்டும் அலற ஆரம்பித்தது. நரேன் தூக்கத்தில் இருந்து விழித்து வாக்கி டாக்கியைக் காதுக்குக்

கொண்டு சென்று அந்த அழைப்புக்குப் பதில் சொன்னார். ஒரு சிறு மௌனத்தைத் தொடர்ந்து வந்த ஒரு நீண்ட சங்கேதக் குறியீட்டுத் தகவல் பரூவா அவர்களது முகாமுக்கு இன்னும் ஒரு சில மணி நேரத்தில் வந்து சேருவார் என்று தெரிவித்தது. 'இதற்கு மேல் முன்னேற வேண்டிய தேவை இல்லை. தயவு செய்து பாதுகாப்பை உறுதிப்படுத்துங்கள். அந்தப் பகுதியைக் கண்காணிப்புக்கு உட்படுத்தவும். ஓவர்!' என்பது தகவல்.

இன்னும் இருட்டாக இருந்தது. விடியும்போது, அந்தப் பையன்கள் அந்தப் பகுதியின் ஒவ்வொரு மூலையிலும் நின்று கொண்டார்கள். கிட்டத்தட்ட அரை கிலோ மீட்டர் சுற்றளவு கண்காணிப்புக்குள்ளானது. தளபதியை வரவேற்கத் தேவையான ஏற்பாடுகள் செய்யப்பட்டன.

எங்கள் முகாமுக்கு எந்த நேரத்திலும் பரூவா வரலாம் என்று எதிர்பார்ப்பதாக ஒரு போராளி எங்களுக்கு ரகசியத் தகவல் அளித்தார். ஆகவே, நாங்கள் எங்கள் கவனத்தை நுழைவுப் பகுதி மற்றும் வெளியேறும் பகுதியை நோக்கிச் செலுத்தினோம். இரவு 10 மணி வாக்கில் ரகசியமாக அவர் வருவார் என்று முன்பு எதிர்பார்த்தோம். ஆனால், அடுத்த நாள் காலையிலும் அவர் வந்திருக்கவில்லை. இறுதியாக மறுநாள் இரவு 9 மணிக்கு, தென்கிழக்குத் திசையில் இருந்து பளீரிடும் வெளிச்சம் முகாமை நோக்கி வந்தது. எங்கள் குடில் அமைந்திருந்த சிறு குன்றுக்குக் கீழே இருந்த பரூவாவின் அறையை அந்தக் குழு நெருங்கியபோது பூட்ஸ் கால்களின் ஒலி பெருஞ் சத்தமாக ஒலித்தது. ஒரு நியான் பல்பு ஒளிர்ந்தது. பேக்குகள் குடிலுக்குள் கொண்டு செல்லப்பட்டன. அதிகமான போராளிகள் கூடினர். பரூவா வந்து விட்டார் என்று நிச்சயித்துக் கொண்ட நான் அவரைப் பார்க்க முயன்றேன். ஆனால், மரங்கள் என் பார்வையை மறைத்தன. அவர் நீண்ட நடைபயணத்தால் களைத்திருக்க வாய்ப்புள்ளதால், நாளை எங்களைச் சந்திக்கலாம். நான் தூங்கத் தயாராகிக் கொண்டிருந்தபோது கதவைத் தட்டும் சத்தம் கேட்டது. அது பிஜோய். அவர் சந்தோஷமாக இருப்பதாகத் தெரிந்தது.

'நீ தூங்குகிறாயா?' அவர் கதவுக்கு அப்பால் இருந்து கேட்டார்.

'இல்லை. உள்ளே வா!' நான் சூரிய சக்தியில் இயங்கும் நியான் விளக்கைப் போட்டேன்.

'சார் வந்துவிட்டார். உன்னால் இப்போது அவரைச் சந்திக்க இயலுமா என்று தெரிந்துகொள்ள விரும்புகிறார்.'

காத்திருந்த நாட்கள் கடைசியாக முடிவுக்கு வந்தன. ஆர்வத்துடன் நான் அவருக்காகக் கொண்டு வந்திருந்த பரிசை எடுத்தேன். பிரதீப்பும்

தயாராக இருந்தார். நாங்கள் வேகவேகமாக மாடிப்படிகளிலும் நீரோடைக்குக் குறுக்காக இருந்த மரத்தாலான சின்ன நடைபாலத்தின் குறுக்காகவும் கீழே ஓடி அவரது அறையை அடைந்தோம். Ak 81 ரைஃபிள் துப்பாக்கி சகிதம் இருந்த நான்கு மெய்க் காவலர்களால் சூழப்பட்டு, கணப்பின் அருகில், காலைக் குறுக்காகப் போட்டபடி மாநிற மேனியுடையவர் அமர்ந்திருந்தார்.

நான் ஓட்டத்தைக் குறைத்து நடைக்கு மாறினேன். ஒரு குறிப்பிட்ட தூரத்தில் இருந்து பரூவாவைப் பார்த்தேன். கறுப்பு நிற மேல் சட்டையும், வனச் சீருடை கால் சட்டைகளும் அணிந்து, அவர் அமைதியாக நெருப்பைப் பார்த்துக் கொண்டிருந்தார். இவர்தான் உண்மையில் பரேஷ் பரூவாவா? இவர்தான் தன்னைப் பிடிக்கவோ தீர்த்துக் கட்டவோ எடுக்கப்பட்ட எல்லா முயற்சிகளையும் தடுத்த கிளர்ச்சித் தலைவரா? நான் பார்த்திருந்த புகைப்படங்களிலிருந்து மாறுபட்டுத் தோன்றினார். அவர் இப்போது மழுங்க 'ஷேவ்' செய்து, கொஞ்சம் உடல் கனத்திருந்தார். அறுபது வயதை நெருங்கிக் கொண்டிருக்கும் ஒரு மனிதனிடம் எதிர்பார்க்கக்கூடிய அதிகமான வரிகள் முகத்தில் தென்பட்டன. ஆனால், ஒரு கஷ்டமான பயணத்துக்குப் பிறகும் துளியும் களைப்பில்லாமல் இருந்தார்.

நாங்கள் அவரை நெருங்கியபோது புன்னகையுடன் எழுந்து நின்று கை குலுக்கி, எங்களை அமரச் சொன்னார். அந்தக் குரல்... நான் ஆண்டுக் கணக்கில் தொலைபேசியில் கேட்டு வந்த அதே மென்மையான, இளமை துள்ளும் குரல். அவர்தான் நாங்கள் சந்திக்க வந்த மனிதர்.

'ஆக, உங்களுக்கு எல்லாம் நல்லபடியாக அமைந்ததா?' மென்மை யாக விசாரித்தார்.

'ஆமாம், நாங்கள் நன்றாக இருக்கிறோம். இந்த இடம் மிக அழகாக இருக்கிறது.' பிரதீப்பும் நானும் பதில் சொன்னோம்.

நீங்கள் இங்கே தங்கியிருப்பதை ரசிக்கிறீர்கள் என்பது எனக்கு மகிழ்ச்சியான விஷயம்தான். காத்திருக்க நேர்ந்ததில் உங்களுக்கு ஆட்சேபணை இருந்திருக்காது என்று நம்புகிறேன். தவிர்க்க இயலாத சூழ்நிலைகளால், நான் வருவது தாமதமாகிவிட்டது.'

'பரவாயில்லை. நாங்கள் மலைப் பயணத்தை மிகவும் ரசித்தோம். அது ஆபத்தானதாகவும், சில சமயங்களில் களைப்பை ஏற்படுத்துவதாக இருந்தாலும்கூட எங்களுக்கு மிகவும் பிடித்திருந்தது. இந்த இடம் முழுக்கவும் பச்சைப் பசேல் என்று நகரத்திலிருந்து ரொம்பவே வேறுபட்டு இருக்கிறது. எல்லாவற்றுக்கும் மேல் சலிப்பூட்டும்

அலுவலகப் பணிகள் இல்லை. ஆனால், உள்ளதைச் சொன்னால், இப்போது எங்களுக்குக் கொஞ்சம் வீட்டு நினைப்பு வந்து விட்டது.'

'நீங்கள் இங்கு வர ஏன் இவ்வளவு காலம் எடுத்துக்கொண்டீர்கள் என்பதை நினைக்கும் எனக்கு ஆச்சர்யமாக இருக்கிறது. எங்கள் பையன்கள் இதில் பாதி நேரத்தில் வந்துவிடுவார்கள்.'

'மலைகளில் நீண்ட காலம் பயணிக்கும் பணிகள் எங்களுக்கு அடிக்கடி வரக்கூடியதல்லவே.'

அவர் சிரித்தார். 'ஆனால், நீங்கள் உடற்பயிற்சிகளைத் தொடர்ந்து செய்து வந்திருக்கவேண்டுமே.'

'ஆமாம். இந்தப் பயணத்துக்குத் தயாராவதற்காக பயிற்சி செய்தேன். ஆனால், சமவெளிகளில் நடப்பதற்கும், மலைகளின் வழியே நடப்பதற்கும் மிகுந்த வேறுபாடுகள் உள்ளன.'

அடுத்த பத்து நிமிடங்களுக்குள் நாங்கள் எங்கள் பயணத்தைப் பற்றிக் கலந்துரையாடினோம். நான் உங்களுக்கு ஒரு சின்னப் பரிசு கொண்டு வந்திருக்கிறேன் என்று சொன்ன அவர் அவரது நாற்காலிக்கு அருகில் இருந்த ஒரு பேக்கில் இருந்து பிரதீப்புக்கும் எனக்குமாக இரண்டு கருப்பு ஜாக்கெட்டுகளை வெளியே எடுத்தார்.

அவருக்குச் சதுரங்க விளையாட்டின் பேரில் உள்ள விருப்பத்தை அறிந்து, நான் கொண்டுவந்திருந்த ஒரு காந்தம் பொருத்தப்பட்ட செஸ் போர்டை அவருக்குப் பரிசளித்தேன்.

சுமார் அரை மணி நேரம் பேசிவிட்டு நாங்கள் எங்கள் அறைக்குத் திரும்பினோம். நான் படுக்கையில் படுத்துக்கொண்டே அவருடன் நாங்கள் நடத்திய சுருக்கமான கலந்துரையாடலை நினைத்துப் பார்த்தேன். அவர் நாகரிகமாக, மெல்லப் பேசுபவராக, டிப்ளமேட்டிக்காக இருந்தார். ஆனால், ஆரம்பகட்ட மனப்பதிவுகள் ஏமாற்றக் கூடியதாக இருக்கலாம். அவரது சர்வாதிகார அணுகுமுறையைக் குறித்து, சரணடைந்த போராளிகளில் ஒரு பிரிவினர் வைக்கும் விமர்சனங்களைப் புறந்தள்ள முடியாது. வங்க தேசத்தில் அவருடன் நெருக்கமாக இருந்த அவர்களில் சிலர், அவர் விமர்சிக்கப் படுவதையோ ஆட்சேபிக்கப்படுவதையோ மிகவும் வெறுத்தார் என்ற கருத்தைக் கொண்டிருந்தனர். எங்கள் குடும்பத்தாரும் நண்பர்களும் இப்போது எங்கள் பாதுகாப்பு பற்றி, நாங்கள் எங்கே இருக்கிறோம் என்பது குறித்து மிகுந்த கவலையுடன் இருப்பார்கள். நாங்கள் கிட்டத்தட்ட இரண்டு மாதங்கள் அவர்களுடன் பேசவில்லை.

மீண்டும் கதவு தட்டப்பட்டது. இம்முறை, ஒரு இளம் போராளி நின்றான். தளபதி எங்களை மீண்டும் மறுநாள் காலை 9 மணிக்குச் சந்திக்கவிருப்பதாகச் சொன்னார். நான் தூக்கத்தில் இருந்து சீக்கிரமே விழித்தெழுந்தேன். பரூவா அங்கு ஏற்கனவே, பிரதீப், பிஜோயுடன் இருக்கையில் அமர்ந்திருக்கக் கண்டேன். நாங்கள் ஏறத்தாழ ஒரு மணி நேரம் பேசினோம். அதில் பிரதானமாக இடம் பெற்றது நகர்ப்புற விஷயங்கள்தாம். தளபதி எங்களுடன் சகஜமாக உணரத் தொடங்கியது போல் தெரிந்தது. நாங்கள் நேர்காணலுக்கான தேதிகளை, முடிந்த அளவு சீக்கிம் நிச்சயிக்கமுடியும் என்று நம்ப ஆரம்பித்திருந்தோம். கேட்கப் பல கேள்விகள் கைவசம் இருந்தன. புதிதாக ஏற்பட்ட மாற்றங்கள் எங்கள் வருகையை மிகச் சரியான நேரத்தில் நிகழ்ந்ததாக ஆக்கியிருந்தன.

4

தளபதியும் நானும்

பரேஷ் சாதாரண மக்களுக்கு எப்படி ஒரு புரியாத புதிராக இருந்தாரோ, அந்த இயக்கத்தின் நிர்வாகிகளுக்கும் அப்படியே இருந்தார். தங்கள் தலைமைத் தளபதியை ஒருபோதும் சந்திக்காமலேயே உல்ஃபாவில் பலர் சேர்ந்தனர், போராடினர், உயிரைவிட்டனர். உயர் மட்ட உல்ஃபா தலைவர்கள்கூட அவரது நடமாட்டங்களைக் குறித்து எல்லா நேரத்திலும் அறிந்திருக்கவில்லை. கிட்டத்தட்ட இருபது வருடங்களாகவே, அவரது மூன்று புகைப்படங்கள் மட்டுமே ஊடக நிறுவனங்களில் வலம் வருகின்றன. அந்தப் புகைப்படங்களில் மிகவும் பிரசித்தி பெற்றது பூட்டானில் உள்ள ஒரு முகாமில் எடுக்கப்பட்டது. அந்தப் புகைப்படம் வன போராளி உடை அணிந்த அவர், ஒரு பெஞ்சில் கால் மேல் கால் போட்டவாறு தனது அதிகாரி ராபின் நியோக்குடன் அமர்ந்திருப்பதைக் காட்டுகிறது.

நேர்காணலின்போது தொலைக்காட்சிகளில் அல்லது அவர் நண்பர்கள் மற்றும் தேர்ந்தெடுக்கப்பட்ட ஒரு சில பத்திரிகையாசிரியர்களிடம் தொலைபேசியில் பேசுவதன் மூலம் மட்டுமே உலகம் அவரது குரலை அறிந்திருந்தது. இதுவரை அவர், தாய்லாந்தைத் தளமாகக் கொண்ட நன்கறியப்பட்ட ஸ்வீடிஷ் பத்திரிகையாளான பெர்டில் லிண்ட்னருக்கு, தென்கிழக்கு ஆசியத் தலைநகரம் ஒன்றில் 1992-ல் ஒரே ஒரு முறை மட்டுமே நேரடிப் பேட்டி அளித்திருக்கிறார். இந்தச் சந்திப்பு அஸ்ஸாமின் பல மாவட்டங்களைச் சேர்ந்த உல்ஃபா போராளிகளும்,

கமாண்டர்களும் தீவிரவாதத்தைவிட்டு மைய நீரோட்ட வாழ்வுக்கு வந்தபோது நடந்த சரணாகதிப் படலத்தை ஒட்டி நிகழ்ந்தது.

மேலும் பூட்டானில் இயக்கத்தின் தொடக்க நாள் நிகழ்வில் ஒரு சில இதரப் பத்திரிகையாளர்களிடம் சுருக்கமான கலந்துரையாடலையும் நடத்தியிருக்கிறார். அப்போது அவர் டாக்காவில் இருந்து பாரோவுக்கு விமானத்தில் சென்று அங்கிருந்து சாலை மூலம் சம்த்ரூப் ஜோங்கரில் உள்ள முகாமுக்குச் சென்றார்.

பரூவா அஸ்ஸாமில் இருந்தார். 1991-ம் வருடம் இறுதிவரை இடம் மாறிக்கொண்டிருந்தார். எப்போதாவது வங்க தேசம், மியான்மர் மற்றும் இதர நாடுகளுக்கு விமானத்தில் பறந்து செல்வார். 1991-ல் உல்ஃபா இயக்கத்துக்கு எதிராக அஸ்ஸாமில் 'ஆபரேஷன் ரினோ' என்ற தாக்குதல் தொடங்கப்பட்டபோது அவர் பார்வையில் இருந்து மறைந்துபோனார். அந்த நேரத்தில், அந்த இயக்கத்தில் குழப்பங்கள் இருந்தன. அரசு இடைநிலை கமாண்டர்களில் பெரும் பகுதியினரை ஒழிப்பதில் வெற்றி கண்டது. அடித்தட்டுப் போராளிகளிடம் இருந்து தலைமை துண்டிக்கப்பட்டது. சரண் அடைவது ஊக்குவிக்கப்பட்டது.

ராஜ்கோவா ஒரு சில ஆண்டுகள் மியான்மரில் தொடர்ந்து தங்கியிருக்கவும், இயக்கத்தைப் பலப்படுத்தவும் முடிவெடுத்தார். பரூவாவும் அவரது ஒன்று விட்ட சகோதரரான பொதுச்செயலளர் அனூப் சேத்தியாவும் வங்க தேசத்துக்குத் தப்பிச் சென்றனர். அங்கே பாகிஸ்தானுக்கு ஆதரவான வங்க தேச தேசியவாதக் கட்சி ஆட்சியில் இருந்தது. மேல் தட்டைச் சார்ந்த பிற போராளிகளும் அவர்களைப் பின்பற்றினர். அவர்களது வலைப் பின்னல் தொடர்பு உயர் அரசியல் வட்டாரங்களை எட்டியது. இந்திய அரசு அவர்களது செயல்பாடுகள், மறைவிடங்கள் பற்றிய தகவல்களைச் சேகரித்தது. வங்க தேச அரசிடம் அவர்களைக் கைது செய்யுமாறு திரும்பத் திரும்ப வலியுறுத்தியது. ஆனால், கோரிக்கைகள் உதாசீனப்படுத்தப்பட்டன.

இந்திய உளவுப்பிரிவு பரூவாவைப் படுகொலை செய்யவும், இயக்கத்தைப் பலவீனப்படுத்தவும் திட்டம் தீட்டியது. உல்ஃபாவில் சேர்ந்து, இயக்கத்தின் மேல் பதவிகளுக்கு உயர்ந்த பின்னர் 'ஆபரேஷனுக்காக' வங்க தேசத்துக்கு எல்லைத் தாண்டிச் சென்ற ஓர் உளவுப் படை வீரர் மூலம் செயல்படுத்தத் திட்டமிடப்பட்டது.

அவர் துலியாஜானைச் சேர்ந்த இந்தி மொழி பேசும் ஒரு சமூகத்தைச் சேர்ந்தவர். தகவல்களைச் சேகரிக்கவும், நகர்ப்புறங்களில் ஸ்பெஷல் ஆபரேஷன்களை மேற்கொள்ளவும் அமைக்கப்பட்ட ஒரு அணியான 'எனிக்மா குரூப்'பின் கருத்தை முன்னெடுத்துச் சென்றும், அதை

அமல்படுத்தியும் தலைமையைக் கவர்ந்திருந்தார். அவர் பூட்டானில் உள்ள முகாம்களில் போராளிகளுக்குப் பயிற்சி அளித்து ஆபரேஷன்ஸ் கமாண்டர் ராஜு பரூவாவின் நம்பிக்கையைப் பெற்றார். உண்மையில், அந்த உளவாளி தாக்குவதற்கு ஒரு வாய்ப்பை எதிர்பார்த்துக் காத்திருந்தார்.

பரேஷ் பரூவா வங்க தேசம் செல்லப்போகும் தகவலை எப்படியோ தெரிந்துகொண்டு ஒரு வேலையை முடிக்கும் சாக்கில், அந்த உளவாளி பூட்டானில் உள்ள மலைகளில் இருந்து கீழிறங்கி நேராக இந்திய வங்க தேச எல்லைக்குச் சென்றார். அவர் எல்லை தாண்டுகையில், வங்க தேச ரைஃபிள்ஸ் படை அதிகாரி ஒருவரின் கண்களில்பட்டுவிட்டார். அந்த அதிகாரி பரூவாவின் நண்பன். அவர் அதுபற்றி பரூவாவுக்குத் தகவல் தெரிவித்திருக்கிறார். தலைமைத் தளபதி ஏதோ தவறு நடப்பதை உணர்ந்தார். ஏனெனில், வங்க தேசத்துக்குச் செல்லும் தனது திட்டம் குறித்து யாரிடமும் தெரிவித்திருக்கவில்லை.

சந்தேகம் வந்த பரூவா, ராஜுவிடம் அந்த உளவாளி பற்றி விசாரித்தார். வங்க தேசத்துக்கு அவரை நான் அனுப்பவில்லையே என்று ராஜு சொல்லவே, பரூவா ஏதோ தப்பு நடக்கிறது என்பதை உறுதி செய்து கொண்டார். அவர் அது பற்றிய யூகித்துக் கொண்டிருக்கையில், டாக்காவில் இருந்த அவரது 'லேண்ட் லைன்' தொலைபேசிக்கு உளவாளியிடமிருந்து அழைப்பு வந்தது. தான் சற்று நேரத்துக்கு முன் வங்க தேச எல்லைக்குள் நுழைந்திருப்பதாகவும் பரூவாவைச் சந்திக்க விரும்புவதாகவும் அவர் தெரிவித்தார். இயக்கத்தைப் பணக் கஷ்டத்தில் இருந்து மீட்க, பணம் ஏற்பாடு செய்திருப்பதாகவும் சொன்னபோது தலைமைத் தளபதி சதித்திட்டம் பற்றித் தெளிவாக உணர்ந்துகொண்டார்.

பரூவா அவரது திட்டத்தை ஏற்று டாக்காவுக்கு வரவேற்றார். எனினும், தளபதிக்குத் தன் திட்டம் தெரிந்துவிட்டதென்பது உளவாளிக்கும் புரிந்துவிட்டது. ஆபத்தை உணர்ந்து திரும்பிச் சென்றார். அதன் பிறகு அவர் எந்த உல்ஃபா முகாமிலும் காணப்படவில்லை. ஒரு சில மாதங்கள் ஷில்லாங்கில் இருந்து போலீஸ்காரர்கள் போராளிகளைப் பிடிக்க உதவிய அவர் பின் ஒரு உளவுத் துறை அமைப்புக்குப் பணிபுரிவதற்காக புது தில்லிக்கு இடம் பெயர்ந்தார்.

அந்தச் சதித் திட்டம் தோற்றபின், தன்னைப் பிடிப்பதற்கு உளவுத்துறை அமைப்புகள் கூடுதல் முயற்சிகளை எடுக்கும் என்பதை பரூவா புரிந்துகொண்டுவிட்டார். அவரைச் சுட்டுக் கொல்ல நடந்த ஒரு தாக்குதல் அவர் நினைத்தது சரிதான் என்பதை நிரூபித்தது. டாக்காவில் உள்ள நிழல் உலகத்தின் ஒரு பிரிவினருக்கு அவரைக்

கொல்வதற்கான காண்ட்ராக்ட் ஒப்படைக்கப்பட்டதாகத் தெரிகிறது. விவரங்கள் தெளிவாகக் கிடைக்கவில்லை. தவிர, ஒரு சில மாதங்களுக்குத் தளபதி காணாமல் போனதைத் தொடர்ந்து உளவு அமைப்புகளும் அஸ்ஸாம் காவல் துறையும் குழப்பத்தில் ஆழ்ந்தன. அவர் கடைசியில் கொல்லப்பட்டுவிட்டாரா? நிழல் உலக தாதாக்கள் தாங்கள் வெற்றிகரமாக வேலையை முடித்துவிட்டதாகச் சொல்லி, அதற்காக ஒரு பெரிய தொகையை வாங்கிக்கொண்டார்கள்.

இந்தச் சம்பவம் நடந்ததை உறுதிப்படுத்த காவல்துறை ஒரு திட்டம் வகுத்தது. அஸ்ஸாமில் உள்ள ஜோரைகாவின் பகுதியில் உள்ள பரூவாவின் இல்லத்தில் இந்தச் செய்தியைச் சொன்னது. இந்த யோசனை நன்கு வேலை செய்தது. தளபதியின் நெருங்கிய உறவினர் ஒருவர் செய்தி கேட்டதும் டாக்காவுக்கு விமானத்தில் ஏறினார். ஒரு உளவாளி அவரைப் பின்தொடர்ந்தார். இப்படித்தான் இந்த முயற்சியும் தோற்றுப்போனது என்பதும், பரூவா நல்ல உடல் நலத்துடன் இருந்தார் என்பதும் வெளிச்சத்துக்கு வந்தது.

பரூவா முன்பை விடவும் மிகவும் ஜாக்கிரதையுடன் இருந்தார். அவர் ஒரே இடத்தில் நீண்ட காலம் தங்கமாட்டார். அவர் வங்க தேசத்தில் இருந்தபோது அடிக்கடித் தன் இருப்பிடங்களை மாற்றிக் கொண்டிருந்தார். 1990-களின் இறுதியில் உளவுத்துறை அமைப்புகள் தனது இயக்கத்தின் மேல் மட்டத்தில் ஊடுருவி இருப்பதாகச் சந்தேகிக்கத் தொடங்கினார். கொஞ்ச காலமாகவே பரூவாவுக்கும் தலைவர் ராஜ்கோவாவுக்கும் இடையில் இருந்து வந்த உரசல்கள் பூட்டானில் இருந்த தளம், ராயல் பூட்டான் ராணுவத்தினரால் 2003-ல் அழித்தொழிக்கப்பட்ட பிறகு மோசமான நிலைக்குச் சென்றன.

ராஜ்கோவாவும் இதர மூத்த இயக்க நிர்வாகிகளும், பாகிஸ்தானின் உளவு அமைப்பான இண்டர் சர்வீசஸ் இண்டெலிஜென்ஸ் அல்லது ஐ.எஸ்.ஐ. அமைப்புடன் நெருங்க, தலைமைத் தளபதி எடுத்த முயற்சிகளை அங்கீகரிக்கவில்லை. மத்திய செயற்குழுக் கூட்டம், இந்த விஷயங்கள் அனைத்தையும் விவாதிப்பதற்காகப் பல ஆண்டுகளாக கூடவே இல்லை. 2008-ன் இறுதியில் இந்தியாவுக்கு ஆதரவான அவாமி லீக் கட்சி பெரும்பான்மைப் பலத்துடன் ஆட்சிக்கு வந்த சில மாதங்களுக்குள்ளாகவே, பரூவா யாருக்கும் தெரியாமல் வங்க தேசத்தை விட்டு நழுவி, உல்ஃபா இயக்கத்தைச் சீரமைக்க கிழக்கு நாகாலாந்து காடுகளுக்குள் தஞ்சம் புகுந்தார்.

பரூவாவின் சொகுசான குடில் ஓர் நீரோடையின் ஓரமாக இருந்தது. ஒரு வராண்டாவும் கணப்பும் அந்தக் குடிலை இரண்டு சம பகுதிகளாக்கியிருந்தன. பொதுவாக அந்த முகாமின் அணிவகுப்பு

மைதானத்துக்கும் இதர பாசறைகளுக்கும் செல்லும் வழியின் இரு மருங்கிலும் உள்ள பூக்களைப் பார்த்தபடி அமர்வது வழக்கம். முதல் சில நாட்கள் நடந்த பேச்சு சுருக்கமாக இருந்தது. சாப்பாட்டுக்காக மாலையில் நாங்கள் கீழே இறங்கி வரும்போது அவர் மாலை நேரச் செய்திகளைத் தொலைக்காட்சியில் பார்க்கையில் சில சமயங்களில் நாங்கள் அவரோடு அமர்ந்தோம். அவர் செய்திகளைப் பார்க்கத் தவறியிருந்தால் தனது மூத்த சகாவான ஜிபான் மோரான் அல்லது எங்களிடம் தலைப்புச் செய்திகளைப் பற்றிக் கேட்பார். செய்தித் தொகுப்பில் சர்ச்சைக்குரிய அல்லது சுவாரசியமான விஷயங்கள் எதுவும் இருந்தால் அவர் எங்களிடம் அது பற்றிக் கேள்விகள் கேட்பார் அல்லது எங்களது கருத்துகளைக் கேட்பார்.

நாங்கள் அஸ்ஸாமில் வடகிழக்கில் உள்ள பல முக்கிய விஷயங்கள் மற்றும் அண்டை நாடுகளுடன் இந்தியாவின் உறவுகள் பற்றி விவாதித்தோம். அவரது கருத்துகள் பத்திரிகையில் பிரசுரிக்கப்படக்கூடிய ஒன்றா அல்லது பதிவுக்கு அப்பாலான கருத்துகளா என்று எனக்கு உறுதியாகத் தெரியாததால் நான் அவற்றைக் கேட்கவும் குறிப்பெடுக்கவும் மட்டுமே செய்தேன்.

ஆனால் என்னையும் பிரதீப்பையும் சந்தித்துப் பேட்டி கொடுக்க பரூவா தீர்மானித்ததற்குக் காரணம் என்ன? பல காரணிகள் இருந்திருக்கலாம். முதலாவதாக, நான் பேட்டிக்காக விடாமல் முயற்சி செய்தேன். ஆபத்துகளைப் பற்றிக் கவலைப்படாமல் பயணம் மேற்கொள்வதற்கான எனது கடமையுணர்ச்சி பற்றி பரூவா புரிந்துகொண்டிருக்க வேண்டும். மூத்த தலைவர்கள் எல்லோரும் அரசுடன் நடத்தும் பேச்சுவார்த்தைகளுக்கு ஆதரவாக இருந்த நிலையில் அந்த இக்கட்டான நெருக்கடியில் தலைமை தளபதிக்கு விளம்பரத்தின் தேவை இருந்திருக்க வேண்டும். இயக்கம் இற்றுப் போய்விடவில்லை; புதிய போராட்டத்துக்காகத் தன்னை மாற்றிக்கொண்டிருக்கிறது என்று சொல்ல விரும்பினார்.

மூன்றாவதாக, எனது பின்புலத்தை ஆராய்ந்தபோது இந்த நிகழ்ச்சியை ரத்து செய்வதற்கு முகாந்திரங்கள் எதுவும் தென்படவில்லையாம். இது எங்களுக்கு ரொம்ப நாள் கழித்தே தெரிய வந்தது. தீவிரவாத அமைப்புகள் எப்போதும் உளவு அமைப்புகளுடன் நெருங்கிய தொடர்பில் இருக்கும் பத்திரிகையாளர்களை முகாமுக்கு வரவிடுவதில்லை. நான் அந்தப் பரீட்சையில் தேர்ச்சி அடைந்தேன். அதற்காக நான் உளவுத்துறை அலுவல்களிடம் பேசுவதும், அவர்கள் என்னிடம் பேசுவதும் கிடையாது என்று சொன்னால் அது தவறான விஷயம். இரண்டு தொழில்களும் செய்திகளைச் சேகரித்து அவற்றைக்

கருத்தாய்வு செய்யக்கூடியவை என்பதால் தகவல் பரிமாற்றம் நிச்சயமாக நிகழக்கூடியதுதான். எங்கே எல்லைக் கோடுகளைப் போடுவது என்பதிலும் அந்த லட்சுமண ரேகையைத் தாண்டாமல் பார்த்துக் கொள்வதிலும்தான் சவால் அடங்கியிருக்கிறது.

ஒவ்வொரு நாளும் பரூவா செயற்குழு உறுப்பினர்களுடன் கூட்டம் நடத்தினார். முகாமில் உள்ள வெவ்வேறு இடங்களில் காலையில் தொடங்கி, மாலைவரை நீண்ட நிகழ்ச்சிகள் நடக்கத் தொடங்கின. சில சமயங்களில் அவர், தனது குடிலில் உள்ள கணப்பைச் சுற்றி தனிப்பட்ட உறுப்பினர்களுடன் மணிக்கணக்காகத் தனிமையில் பேசுவார். இந்தப் பேச்சுவார்த்தைகள் எங்களுக்கு எட்டாதவகையில் நடந்தன. அவை எதைப்பற்றியும் பரூவா வெளியே சொல்லமாட்டார்.

ஒரு மூத்த நிர்வாகி பொதுப்படையாகச் சில விஷயங்கள் சொன்னார். அஸ்ஸாம் மற்றும் அதன் சுற்றுப்புறத்தில் நிகழும் நிலைமையை ஆராய்ந்து, அந்தக் கூட்டங்களில் நீண்ட கால, குறுகிய காலத்திய திட்டம் கோடிட்டுக் காட்டப்பட்டன; உறுப்பினர்களின் கடமைகள் வரையறை செய்யப்பட்டன; அவர்கள் முந்தைய குழுவில் தங்கள் முன்னவர்கள் செய்த தவறுகளைத் தவிர்க்கும்படி கேட்டுக் கொள்ளப்பட்டார்கள் என்று மூத்த இயக்க நிர்வாகி கூறினார். அவர் மேலும் கூறுகையில், நிதியாதாரம் தங்கு தடையின்றித் தொடர்ந்து வரத் தேவையான வழிமுறைகள் விவாதிக்கப்பட்டன என்றும் கூறினார். தலைமை தளபதி உறுப்பினர்களின் ஆலோசனைகளைக் கேட்டு தனது நாட்குறிப்பில் குறிப்புகள் எடுத்துக்கொண்டாராம்.

பேட்டியைப் பற்றி அவர்கள் எதுவும் சொல்லவே இல்லை என்பதால் ஒரு நாள் பிற்பகலில் பரூவாவிடம் விரைவில் பேட்டியைத் தொடங்கலாமா என்று நாங்களே கேட்டோம். அவரது பதில்:

‘நாம் இதுபோல தொடர்ந்து பேசிவிட்டுப் பிரிவோம். நான் பேட்டி என்ற முறையில் யாரிடமும் பேசுவதில்லை. எனது பேட்டிகள் பிரசுரமானால் நான் விளம்பரத்துக்கு அலைபவன் போன்ற பிம்பத்தைக் கொடுக்கும். அத்துடன், அமைப்பைவிட என்னை அதிக முக்கியத்துவம் கொண்டவனாகக் கருதுவது போன்ற தோற்றத்தையும் உண்டாக்கும் என்று சர்வ சாதாரணமாகச் சொன்னார். எனக்குத் தூக்கிவாரிப் போட்டது. அப்படியானால், இத்தனை சிரமங்கள் எடுத்து இங்கே வந்தது முழுவதும் வீணா?

நான் தைரியத்தை வரவழைத்துக்கொண்டு அவருக்குப் பதில் அளித்தேன்: ‘ஆனால், நீங்கள் பேட்டி கொடுக்கவில்லையென்றால், பல கெட்ட விஷயங்கள் நடக்கும். முதலாவதாக, பத்திரிகையாளர்கள்

மத்தியில் நாங்கள் கேலிப்பொருள் ஆவோம். நாங்கள் இதற்குப் பிறகு பத்திரிகையாளர்களாக இருக்கமுடியாது. சர்க்கஸ் வேலைக்குத்தான் போகவேண்டியிருக்கும். இரண்டாவதாக, நீங்களே பேட்டி கொடுக்க விரும்பினாலும்கூட, பத்திரிகையாளர்கள் உங்களைச் சந்திப்பதற்கு முன் ஒரு முறைக்கு இரு முறை யோசிப்பார்கள்.

பிரதீப் நான் சொன்னதை ஆமோதித்தார்.

சற்று நேரம் பரூவா மௌனமானார். உண்மையில் அவர் எங்களைச் சோதித்துப் பார்ப்பதாக எனக்குத் தோன்றியது. ஏனெனில், நாங்கள் வெறுங்கையோடு திரும்பப் போகக்கூடாது என்பது அவருக்கு நன்கு தெரிந்திருக்கும். எங்கள் பயணம், பல மாதங்களுக்கு முன்பிருந்தே திட்டமிடப்பட்டது. அவருக்கும் அவரைப் போன்று பேச்சு வார்த்தைக்கு இணங்காமல் உள்ளவர்களுக்கும் தங்கள் வாதங்களை எடுத்துவைக்க, தங்கள் பலத்தை எடுத்துக்காட்ட இதுவே சிறந்த வழி. அவர்கள் தங்கள் திறமையெல்லாம் செலவழித்துவிட்டு ஒன்று மில்லாமல் காலிப் பெருங்காய டப்பாவாகப் போய் விட்டார்கள் என்று அஸ்ஸாமில் அவர்களைப் பற்றி உலவும் தப்பான கருத்துகளைத் தகர்த்தெறிய இது ஒரு நல்ல வாய்ப்பு.

மாலையில், எங்கள் குடிலுக்கும் தொலைக்காட்சி அறைக்கும் அருகில் உள்ள ஒரு ஷெட்டில் இரண்டு நாட்கள் கழித்து நேர்காணல் தொடங்கும் என்று மோரான் தெரிவித்தார். அடுத்த நாள் அந்த இடம் சுத்தம் செய்யப்பட்டது. பாரம்பரிய அஸ்ஸாமிய கமுசாக்களைக் கொண்டு அலங்கரிக்கப்பட்டது.

தளபதியின் வருகையைத் தொடர்ந்து தட்பவெப்ப நிலையும் மாறியது. தொடர்ந்து இரண்டு இரவுகள் கொஞ்ச நேரம் மழை பெய்ததால், திடீரென்று வெப்பம் குறைந்தது. பின் காலைப் பொழுதில் இருந்து மதியம் வரை, அந்த இடத்தில் அடர் பனி கவிழ்ந்தது. ஒரு நாளின் பெரும்பாலான நேரத்தில் சூரியன் தலைமறை வாகவே இருந்தான். புகைப்படங்களுக்குத் தோதான வெளிச்சம் கிடைக்காது என்பதால் இந்த விஷயம் எங்களைக் கவலைக் குள்ளாக்கியது. இருந்தாலும், வேறு வழியில்லாத நிலையில், நான் நேர்காணலைத் தொடங்கினேன்.

நேர்காணலை மூன்று பகுதிகளாகப் பிரிக்கத் திட்டமிட்டிருந்தேன். முதல் பகுதி பொதுவெளியில் அதிகம் பேசப்படும் விஷயங்கள் குறித்த கேள்விகள். அது ஒரு நாளில் முடிந்துவிடும் என்று எதிர்பார்க்கப் பட்டது. இரண்டாவது பகுதி, அந்த இயக்க வரலாறு, எப்படி, ஏன் அது உருவானது, அதன் பல்வேறு காலகட்டங்கள் பற்றி பரூவா

சொல்லும் வரலாறு, பல்வேறு நிகழ்வுகள் குறித்து அவர் கருத்துகள் பற்றியது. மூன்றாவது, இந்த இரண்டு பகுதிகளும் முடிந்தபின் நிறைவு செய்யப்பட வேண்டிய இடைவெளிகள். நாங்கள் புறப்படுவதற்கு முன் மீண்டும் அவருடன் பேசவேண்டும். இரவில், நான் ஒலிப்பதிவுக் கருவியையும் அடுத்த நாளுக்கான கேள்விகளின் பட்டியலையும் தயார் செய்தேன்.

காலை 10 மணிக்கு, வனச் சீருடையில், பரூவா நான்கு பேர் பாதுகாப்புடன் குன்றுவரை வந்தார். நான் விரைவாக ஒரு சில புகைப்படங்களை எடுத்தேன். வெளிச்சம் சரியில்லாததால் அவை நன்றாக அமையவில்லை.

'என் நேரம் முழுவதும் உங்களுக்கு' என்று சொல்லிக்கொண்டே, அவர் நாற்காலியில் அமர்ந்தார். அவர் என் நேர்காணல் திட்டத்தை ஏற்றுக்கொண்டார். ஆனால், தம்மால் எல்லா நேரத்திலும் விளக்கமான நுண்ணிய தகவல்களை வெளியில் சொல்ல இயலாது என்றும் கூறினார். 'உங்களுக்குத் தெரியும். இந்த இயக்கம் இன்னும் செயல் பட்டுக்கொண்டிருக்கிறது. சில உண்மைகளையும் தகவல்களையும் வெளிப்படுத்துவது, இந்த இயக்கத்துக்குப் பாதகமாக இருக்கும். ஆகவே, தயவுசெய்து, நான் எந்த விஷயங்களைப் பற்றி என் கருத்து களைப் பகிர்ந்துகொள்ள விரும்பவில்லையோ, அவை குறித்து அதிகமாக வலியுறுத்த வேண்டாம்' சொல்லியபடியே, அவர் தனது ஆஸ்திரியத் தயாரிப்பான 9 மி.மி. பிஸ்டலை மேஜை மீதுவைத்தார்.

'ஒன்றும் பிரச்னையில்லை. முடியுமானால், இந்த நேர்காணல்கள் முடிந்த பிறகு, நேர்காணலுக்கு அப்பால், தனிப்பட்ட முறையில், எனக்கு எழும் சந்தேகங்களைத் தீர்த்து வையுங்கள் அது போதும். நேர்காணலில் பேசுவதற்கு நிறைய விஷயங்கள் இருக்கின்றன' என்று சொன்னபடியே ஒலிப்பதிவுக் கருவியை ஓடவிட்டேன்.

'என்னைத் தவறாகக் கருதவில்லை என்றால் நான் ஒன்று கேட்கிறேன். நீங்கள் இதற்கு முன்பு, அஸ்ஸாமைச் சேர்ந்த சில பத்திரிகையாளர்களையும் வங்க தேசத்தில் இருந்து வந்த ஒரு சில பத்திரிகையாளர்களையும் பல நாடுகளில் சந்தித்திருக்கிறீர்கள். ஆனால், பெர்டில் லிண்ட்னருக்கு மட்டும்தான் இதுவரை தனிப்பட்ட நேர்காணல் தந்திருக்கிறீர்கள். வடகிழக்கில் உள்ள இதர தீவிரவாத இயக்கத் தலைவர்களைப் போலன்றி நீங்கள் ஊடக வெளியில் இருந்து ஒதுங்கி வாழும் பிம்பத்தைக் கட்டமைத்திருக்கிறீர்கள். பத்திரிகை யாளர்களுடன் ஒரே முகாமில் இவ்வளவு நேரம் செலவிடவும், ஏன், சேர்ந்து தங்கவும் நீங்கள் ஒத்துக்கொண்டது இதுதான் முதல் முறை. ஆகவே, எங்களுடன் இருப்பது எப்படி இருக்கிறது?' என்று கேட்டேன்.

எங்களுக்கு இந்த சந்திப்பு மகிழ்ச்சியையே தருகிறது. உங்களைச் சந்திக்கும் நாளை ஆவலுடன் எதிர்பார்த்திருந்தோம். நீண்டகாலமாக, எங்களைப் பார்க்க நீங்கள் காத்திருக்கிறீர்கள். ஆனால், நிச்சயமற்ற சூழ்நிலைகளால், இதற்கு முன்பாக உங்களை அழைக்க முடியாமல் போய்விட்டது. உங்கள் இருவருக்கும் நாங்கள் நன்றிக்கடன் பட்டிருக்கிறோம். உங்கள் ஆர்வம், இவ்வளவு தூரம் பயணம் செய்து எங்களைச் சந்திக்க நீங்கள் ஏற்றுக்கொண்ட கஷ்டம், ஆபத்துகள் எல்லாம் உங்கள் மேல் ஒரு மரியாதையை ஏற்படுத்தியுள்ளன. உங்களை அதற்காக நாங்கள் பாராட்டுகிறோம். தற்போது, உண்மையில் என்ன நடக்கிறது என்பதை உங்களுக்கு எடுத்துச் சொல்லவும் பல வகைப்பட்ட காரணங்களால், ஒரு குறிப்பிட்ட காலத்துக்குப் பிறகு பொய்யாக மாறிப் போன உண்மைகளைப் பற்றி உங்களிடம் சொல்லவும் எங்களுக்கு ஒரு வாய்ப்பு கிடைத்திருக்கிறது.

'ஆம்... எங்களுக்கு நீங்கள் சொல்வது புரிகிறது.'

'பத்திரிகையாளர்களை முகாம்களுக்குக் கூப்பிடத் தீர்மானிப்பதற்கு முன்பு பல விஷயங்களைக் கணக்கில் எடுத்துக்கொள்ள வேண்டியிருக்கிறது. அதில் மிக முக்கியமான விஷயம் உங்களுடைய பாதுகாப்பு. அதை எந்தவிதத்திலும் கோட்டை விட்டுவிட முடியாது. நான் ஏன் உங்களிடம் திரும்பத் திரும்ப இந்த விஷயத்தை ரகசியமாக வைத்துக்கொள்ளவேண்டும் என்று கூறினேன் என்பதற்கு இதுவே காரணம். ஏனெனில், என் நேர்காணல்கள் பிரசுரிக்கப்படுவதையோ அல்லது ஒளிபரப்பப்படுவதையோ பார்க்க விரும்பாத ஆட்களும் சக்திகளும் இருக்கிறார்கள்.'

'எங்கள் வருகையை எதிர்பார்த்து இருந்தீர்கள் என்பதை அறியும்போது சந்தோஷமாக இருக்கிறது. இருந்தாலும், காலம் செல்லச் செல்ல நீங்கள் ஒரு வகையான புதிர்போல மாறிக் கொண்டு வருகிறீர்கள்' என்று சொன்ன நான், உண்மையான நேர்காணலைத் தொடங்குவதற்கு முன்பு மற்றொரு அசட்டுத்தனமான கேள்வியைத் தொடுக்கத் தீர்மானித்தேன். 'நீங்கள் இறந்துவிட்டதாக எண்ணற்ற வதந்திகள் உலவுகின்றன. இதில் மிக அண்மையில் வந்த வதந்தி எங்கள் பயணத்தைத் துவங்குவதற்குச் சற்று முன்பு செப்டம்பரில் புறப்பட்டது. ஏதோ ஒரு முகாமில் நடந்த ஒரு தாக்குதலின்போது ராணுவத்தின் தாக்குதலில் நீங்கள் காயம்பட்டதாகச் சொல்லப்பட்டது. அப்பறம், 'பரேஷ் பரூவா' என்ற பெயர் நெஞ்சில் ஈரமில்லாத, பயங்கரமான பிம்பத்தை உருவாக்குகிறது. அப்படியில்லை என்று எங்களால் நிச்சயமாகச் சொல்ல முடியாது. ஆனால், கடந்த சில நாட்களில் உங்களுடன் பழகியதிலிருந்து வேறொரு பிம்பமே கிடைத்திருக்கிறது.'

'இங்கே பாருங்கள், ஒரு தவறான பிம்பம் வேண்டுமென்றே உருவாக்கப்படுகிறது. எதிரி இவ்வாறு செய்வது இயல்பானதுதான். அவர்கள் நிலையில் இருந்தால் நானும் அதே விஷயத்தைத்தான் செய்திருப்பேன்' என்று சொல்லிச் சிரித்தார். ஒவ்வோர் தடவையும் அவர்கள் இவ்வாறு செய்யக் காரணம் நிர்வாகிகளிடையே குழப்பத்தையும் அவநம்பிக்கையையும் ஏற்படுத்துவதுதான். எப்படி யிருந்தாலும் அவர்கள் வெற்றி பெறவில்லை. இந்த விளையாட்டு தொடரும். ஆம். எனது கொள்கைகளைப் பொறுத்தவரையில் நான் பயங்கரமானவன். நான் எப்போதும் அவற்றில் இருந்து விலகப் போவதில்லை. என் கொள்கைகளின் காரணமாகவே 32 ஆண்டு களுக்கு நான் இந்த அமைப்பிலே காலத்தை ஓட்ட முடிந்திருக்கிறது. நான் என் கொள்கைகளுக்கு மோசமாக அடிமைப்பட்டவன்.

'ஆனால், அதுதான் உங்களுக்கும் மற்றவர்களுக்கும் இடையிலான உரசலுக்குக் காரணம் இல்லையா?' என்று இடைமறித்தேன். பின்னர் அதைவிட்டுவிட்டு 'நோ. நாம் பின்னர் அதற்கு வருவோம். முதலில் இயக்கத்தைத் திரும்பிப் பார்க்கையில் உங்களிடம் எழும் உணர்வுகளைப் பற்றிச் சொல்லுங்கள். இப்போது உல்ஃபா இயக்கம் தோன்றி முப்பது ஆண்டுகளுக்கும் மேலாகிறது. இந்த இயக்கம் பல ஏற்ற இறக்கங்களுக்கடையே பயணித்திருக்கிறது. இல்லையா?'

'ஆம். எங்கள் அனுபவங்கள் பலதரப்பட்டவை. நாங்கள் எங்கள் கடந்தகாலத் தவறுகளில் இருந்து நிறையக் கற்றுக் கொண்டிருக் கிறோம். இந்த அனுபவங்கள் எங்களை இன்னும் அதிகமாக நேர்மறைச் சிந்தனை கொண்டவர்களாக, மன முதிர்ச்சி கொண்டவர்களாக, பொறுப்புள்ளவர்களாக ஆக்கியிருக்கிறது. மேலும் அவை எங்கள் இலக்குகளை நிறைவேற்ற உதவுகின்றன. கடந்த காலத்தை மறக்கக் கூடாது. ஆனால், சில நிகழ்வுகளை மீண்டும் நடக்காமல் பார்த்துக் கொள்ளவேண்டும்.'

'ஆனால், இமாலயத் தவறுகளுக்குக் கொஞ்சமும் குறைவில்லாத தவறுகள் இருக்கின்றன. உல்ஃபாவின் புகழ் கடுமையாக அடி வாங்கியிருக்கிறது. நீங்கள் தவிர்த்திருக்கவேண்டும் என்று விரும்பும் சில நிகழ்வுகளைப் பற்றிச் சொல்லுங்கள்' என்றேன்.

சில நிமிடங்கள் அவர் மௌனமாக இருந்தார். பசுந் தேநீர் அருந்தி பின் சொன்னார்: 'நடவடிக்கைகள் முழுவதுமே சோதனை அடிப்படை யிலானதுதான். இயக்கம் நடந்த வழியில் இல்லாமையும் போதாமை யும் இருந்தன என்பதில் சந்தேகமில்லை. ஆனால், அவை வேண்டு மென்றே செய்யப்பட்டவை அல்ல; நாங்களும் தவறுகளில் இருந்து பாடம் கற்றுக் கொண்டிருக்கிறோம்.'

‘ஆனால், உல்ஃபா கடந்த பல வருடங்களில் தலைகீழான வீழ்ச்சி கண்டுவருகிறது. ஒத்துக்கொள்கிறீர்களா?’

பரூவா தனது பாணியில் தனது கைகளை உயர்த்தியவாறே பதிலளித்தார்: ‘இருக்கலாம். ஆனால், இந்த உலகத்திலேயே தவறுகளே செய்யாத புரட்சிகர இயக்கமும் இல்லை. திட்டங்களும் யுக்திகளும் சூழ்நிலைகளுக்கு ஏற்ப மாற்றப்படவேண்டும். அவை எப்போதும் மதிப்பிடவியலாத பாடங்களைக் கற்பிக்கின்றன. இந்தப் பாடங்களை ஒருவர் பார்த்து அதற்கு அர்த்தம் கற்பிப்பது என்பது முற்றிலும் தனிநபரைச் சார்ந்ததாக இருக்கிறது.’

இயக்கத்தைப் பலவீனப்படுத்திய சம்பவங்களைக் குறித்து அவரிடம் இன்னும் அதிக விளக்கங்களுடன் கூடிய ஒரு பதிலை எதிர்பார்த்திருந்தேன். அவர் அதனை வேண்டுமென்றே தவிர்ப்பதாகத் தோன்றியது; அது அவரது தலைமையில் உள்ள மோசமான தவறுகளை அம்பலமாக்கும் என்று அவர் கருதியிருக்கலாம். அதற்குப் பதிலாக அவர் மற்ற இயக்கங்களில் இருந்து அதற்கு இணையான சம்பவங்களைச் சுட்டிக்காட்டி நியாயப்படுத்தினார். தற்போதைய கணத்தில் நான் அத்துடன் திருப்தி அடைய வேண்டியதிருக்கும் என்று அறிந்திருந்தேன். இந்த விஷயத்தை மீண்டும் பின்னர் தொடலாம் என்று தீர்மானித்தேன். இயக்கத்தின் பேரில் அழியாத தழும்புகளை விட்டுச் சென்ற சில குறிப்பிட்ட நிகழ்வுகள் பற்றிய முழுமையான பார்வையைப் பெறுவதற்கு அந்த நிகழ்வுகளைப் பற்றிய அவரது கருத்தைப் பெறுவது மிகவும் முக்கியமானதாக இருக்கும்.

நான் எனது அடுத்த கேள்விக்கு நகர்ந்தேன். ‘இது கிழக்கு நாகாலாந்து. இது உல்ஃபாவின் முகாம்கள் இருந்த வங்க தேசம் மற்றும் பூட்டானை விட மிகவும் மாறுபட்டது. இந்தப் பகுதி மிகவும் ஒதுங்கிய பகுதி. நிலவியல் சாதகங்கள் எதுவும் இல்லாத இடம். ஆக, இந்திய அரசுக்கு எதிராக சுதந்தரப் போராட்டம் ஒன்றை வெற்றிகரமாக நடத்த நீங்கள் பூகோளரீதியில் உதவியற்ற நிலையில் இருக்கிறீர்களா?’

அவர் யோசித்தபின், ‘முறையான திட்டமிடலும்’ ‘தொலைநோக்குப் பார்வையும்’ எல்லாத் தடைகளையும் தாண்ட உதவும். அவை இல்லாது போனால் மிகப் பாதுகாப்பான தளம்கூட அழிவுக்கே வழிவகுக்கும். வங்க தேசத்திலும் பூட்டானிலும் எங்களுக்குத் தளங்கள் இருந்தன. ராஜ தந்திரக் காரணங்களுக்காக அவை இதற்கு முன்பு அறிவிக்கப்படவில்லை. பூட்டானில், நாங்கள் அழிவைச் சந்தித்தோம். காரணம், பல விஷயங்களில் நாங்கள் முடிவெடுக்கத் தடுமாறினோம். நாங்கள் உடனடியாக முடிவுகளை எடுத்திருந்தால் நிலைமை வேறு மாதிரி இருந்திருக்கும். பல்வேறுபட்ட காரணங்

களுக்காக அது நடக்கவில்லை. வங்க தேசத்தில் எங்கள் திட்டங்களை அமல்படுத்துவதற்கு விரும்பாத நபர்களால் நாங்கள் கீழ்நிலைக்குத் தள்ளப்பட்டோம்.'

'சரி. ஆனால், தற்போது பொது வாழ்க்கைக்குத் திரும்பிய உங்கள் இயக்கத்தினர் உங்களைக் குற்றம் சுமத்துகிறார்களே? முகாம்களை அழிக்க ராயல் பூட்டான் ராணுவம் நடவடிக்கையைத் தொடங்கிய பிறகும் நீங்கள் பூட்டானில் முடிவெடுக்க முடியாமல் இருந்ததாகச் சொன்னார்கள். இந்த சம்பவம் நடைபெற்றபோது பொதுத் தலைமையகத்தில் இருந்த, கடந்த ஆண்டு நான் பேட்டி கண்ட ஒரு போராளி மூத்த நிர்வாகிகள் உங்கள் உத்தரவுகளுக்காகக் காத்து நின்றதாகவும், ஆனால், நீங்கள் தடுமாற்றத்தில் இருந்ததாகவும் சொன்னார். பூட்டான் அரசு உல்ஃபாவுக்கு எதிராக தாக்குதலில் ஈடுபடாது என்று நினைத்தீர்களா?'

'அப்படித்தான். என்னையும், அரசுடன் எப்போதும் கை குலுக்கியிராத என்னுடன் இருந்தவர்களையும் அவர்கள் தூற்றுவது இயல்பானதே. கொள்கைகளை விடாமல் பிடித்திருக்கும் தைரியம் அவர்களிடம் இல்லை. ஒரு பாதுகாப்பான தொலைவில் இருந்துகொண்டு ஒரு குறிப்பிட்ட விஷயத்தைக் கண்டிப்பது மிகவும் எளிது.'

'அது புரிந்துகொள்ளத்தக்கதே. பூட்டானில் மீண்டும் உங்களால் தளங்களை உருவாக்க முடியாது என எண்ணுகிறோம். கிழக்கு நாகாலாந்தும் பூட்டான் வழியில் போனால் அப்புறம் உல்ஃபா எங்கே போகும்? இந்திய அரசு இங்குள்ள தளத்தையும் அழித்துவிட 'ஆபரேஷன் கிளியர்' வகை நடவடிக்கைக்காகக் கடுமையாக முயற்சி செய்துவருகிறது. எங்களுக்குக் கிடைத்த தகவல்கள் உண்மை யென்றால், இங்கிருக்கும் உங்கள் முகாம்கள்மீதும் கடந்த சில வருடங்களாக தாக்குதல்கள் தொடங்கிவிட்டிருக்கின்றன அல்லவா.'

பருவா விளக்கம் சொன்னார்: 'இதில் கவனிக்க வேண்டிய அடிப்படை விஷயம் என்னவென்றால், புது தில்லி ஒரு குறிப்பிட்ட இலக்குவரை மட்டும் எப்போதும் செல்லும். அதன் திட்டம் எங்களுக்கு நன்கு தெரியும். எதிரி அப்படிச் செய்வது இயல்பானதே. உண்மையிலேயே பூட்டான் வகை நடவடிக்கையை இங்கும் தொடங்க முயற்சித்து வருகிறது அது. எதிரியின் வியூகத்தை முன் யூகிக்கும் வகையில் நாங்கள் அதற்கு ஒரு படி மேலே இருப்போம். ராஜாங்க மட்டத்திலான நடவடிக்கைகள் மூலம் அதனைச் சமாளித்துவருகிறோம். எங்களை அகற்றவும் ஒழிக்கவும் மேற்கொள்ளப்படும் அத்தனை முயற்சிகளை யும் ஒரு திட்டவட்டமான நன்கு வரையறுக்கப்பட்ட எங்கள் வியூகம் தடுத்துவிடும்.'

‘ஓ.கே. இந்த முகாமுக்கு அதே கதி நேராது என்று நீங்கள் அபாரமான நம்பிக்கை வைத்திருக்கிறீர்கள்’ என்று விடாக்கண்டனாகத் தொடர்ந்தேன். தலைப்புச் செய்திகளில் இடம் பெறக்கூடிய தடாலடியான ஏதோ ஒன்றை அவர் கூறுவார் என்று நம்பியிருந்தேன். அவர் என் மனத் திரையில் ஓடியதைப் படித்துப் பார்த்ததுபோல அவரும் விட்டுக் கொடுக்கவில்லை: ‘நாங்கள் இப்போது கூடுதல் ஜாக்கிரதையுடன் முதிர்ச்சியுடன் இருக்கிறோம்’ என்று சுருக்கமாகப் பதில் அளித்தார்.

சிறு இடைவேளை எடுத்துக்கொண்டோம். இளம் பெண் போராளி அவித்த காட்டு உருளைக் கிழங்கு, பசுந் தேநீர், பிஸ்கட்டுகள் பரிமாறினார்.

கொரில்லா முகாம்களின் உணவுப் பழக்கம் குறித்தும் முகாம்கள் அடிக்கடி சந்திக்கும் உணவுத் தட்டுப்பாட்டுக் காலங்கள் குறித்தும் சாதாரணமான முறையிலான பேச்சு தொடங்கியது. பொதுவாக அனைத்துத் தலைமறைவு இயக்கங்களுக்கும் இந்தப் பிரச்னை ஒரேவிதமாக இருந்தது. அரிசியே பிரதான உணவு. உல்ஃபா முகாமில் அசைவ உணவுப் பொருட்கள் ஒரு வாரத்துக்கு ஒன்று அல்லது இரண்டு முறை மட்டுமே பரிமாறப்பட்டது. ஒரு கொரில்லா குறைவாகவே உண்ணவேண்டும் என்றும், எந்த உணவையும் ஒதுக்கவோ ஒரு வாய் உணவைக்கூட வீணாக்கவோ கூடாது என்றும் எதிர்பார்க்கப்பட்டன.

‘மா சே துங் உணவை வீணாக்குவதை ஒருபோதும் சகித்துக் கொண்டது கிடையாது. அதையே நாங்கள் எங்கள் போராளிகளுக்கும் கூறுகிறோம். ஒரு சாப்பாடை சாப்பிட்டு முடித்த பிறகு தட்டு துடைக்கப்பட்டது போல சுத்தமாக இருக்கவேண்டும் என்று எதிர்பார்க்கிறோம்’ என்று சொன்ன தலைமை தளபதி அதன் பின்னர், சீனாவின் ‘லாங் மார்ச்’ நடந்த காலகட்டத்து உதாரணங்களைச் சுட்டிக் காட்டினார். அப்போது கம்யூனிஸ்டு தோழர்கள் பல நாட்கள் உணவின்றிக் கழிக்க வேண்டியிருந்ததாம்.

பரூவா நேர்காணலைத் தொடரும்படிக் கூறினார்.

‘கடந்த காலத் தவறுகளில் இருந்து நீங்கள் பாடம் கற்றுக் கொண்டதாக முன்பு சொல்லியிருந்தீர்கள். அதற்கு, உல்ஃபா இயக்கம் 1990களில் பெற்றிருந்த பலத்தை மீண்டும் அடையமுடியும் என்று அர்த்தமா?’

அவர் தலையை ஆட்டி பதில் சொன்னார்: ‘உல்ஃபாவின் வரலாற்றைப் பார்த்தீர்கள் என்றால் இந்த இயக்கம் அனைத்து வகையான எதிர்ப்புகளைச் சமாளிக்க முடிந்திருக்கிறது என்பதையும், எப்போதும் கடுமையான பின்னடைவுகளுக்குப் பிறகு மீண்டும் துள்ளி எழ முடிந்திருக்கிறது என்பதையும் நீங்கள் பார்க்க முடியும். ஒவ்வொரு

முறையும் சூழ்நிலைகள் மாறுபட்டதாக இருந்திருக்கின்றன. நாங்கள் இவற்றைச் சமாளிக்க முடிந்திருக்கிறது. உல்ஃபாவை ஒடுக்க முடியாது. இந்த இயக்கம் இதன் நோக்கம் நிறைவேறும்வரை இன்னும் அதிக பலத்தோடு வீறு கொண்டு முன்னேறும். எனினும், இதர இயக்கங்களைப் போல, ஏற்ற இறக்கங்கள் நிச்சயமாக இருக்கத்தான் செய்யும். நாங்கள் ஒவ்வொரு சம்பவத்தில் இருந்தும் கற்றுக்கொள்கிறோம்.'

நான் இத்தகைய பதிலை எதிர்பார்த்திருந்தேன். அப்படி எதிர்பார்த்ததை அவரிடம் அப்படியே சொன்னேன். அவர் தீர்க்கமாகவும் மௌனமாகவும் என்னைப் பார்த்தார்.

'இந்த இயக்கம் இன்னும் அதிகமான பலத்துடன் வீறு கொண்டு முன்னேறும் என்று சொன்னீர்கள். நல்லது. நான் உல்ஃபாவுடன் தொடர்பில் இருந்த ஏராளமான நபர்களிடம் பேசியிருக்கிறேன். அதில் இருந்து எனக்குக் கிடைத்த கருத்தை உங்களிடம் வெளிப்படையாகச் சொல்லலாமா?'

'தாராளமாகச் சொல்லுங்கள்' என்று என்னை உற்சாகப்படுத்தினார்.

உண்மையைச் சொல்வதென்றால், அஸ்ஸாமில் 1980களின் இறுதியிலும் 1990களின் தொடக்கத்திலும் காணப்பட்ட உல்ஃபாவுக்கான ஆதரவு இப்போது இல்லை என்றே தோன்றுகிறது. உல்ஃபாவுக்கு அப்போது ஒரு ராபின்ஹுட்தனமான பிம்பம் இருந்தது. மக்கள் உல்ஃபாவை அஸ்ஸாம் கண பரிஷத்துக்கு மாற்றாகப் பார்த்தார்கள். உல்ஃபா சமூக சேவையில் ஈடுபட்டு, சில குறிப்பிட்ட தீமைகளை அகற்றப் பாடுபட்டது. முன்னாள் உல்ஃபா தலைவர்களும் ஊடகங்களும் அரசாங்கமும் தற்போது இந்த இயக்கத்தின் ஆதரவுத் தளம் மேல் அஸ்ஸாமில் ஒரு சில சமூகங்கள் மற்றும் மாவட்டங்களில் மட்டுமே இருப்பதாகக் கூறி வருகிறார்கள். என் சொந்தக் கருத்தும் கிட்டத்தட்ட அதுவே.'

'நீங்கள் மிகவும் தவறாகப் புரிந்து கொண்டிருக்கிறீர்கள்' என்று பதிலளித்த அவர் ஒரு சில வினாடிகளுக்கு மௌனத்தில் ஆழ்ந்தார். உல்ஃபாவுக்கு ஆட்களைச் சேர்ப்பதில் எப்போதுமே பிரச்னை இருந்தது கிடையாது. இப்போது ஆயிரம் பேருக்குக் குறையாத இளைஞர் கூட்டம் எங்கள் அமைப்பில் சேர விரும்புகிறார்கள். ஒவ்வொரு நாளும் அஸ்ஸாமின் பல்வேறு பகுதிகளில் இருந்து அமைப்பில் சேரத் துடித்துக் கொண்டிருக்கிறார்கள்.

இப்போதும்கூட, நூற்றுக்கணக்கான போராளிகள் பல்வேறு மையங்களில் பயிற்சி பெற்றுவருகிறார்கள். இந்த நிலைக்குக்

காரணம், உல்ஃபா தனது இருப்புக்கான நியாயத்தை உடையது. மக்கள், முன் எப்போதையும் விடத் தற்போது உல்ஃபா தேவை என்று கருதுகிறார்கள். உல்ஃபாவின் வீழ்ந்து வரும் ஆதரவு தளம் பற்றிய அவதூறு பரப்புதல், இந்த இயக்கத்தை அழிப்பதற்கு இந்திய அரசு எடுக்கும் வியூகத்தின் ஒரு பகுதியே. எனினும், இது முடியாத காரியம். இப்போது கொஞ்ச காலம் நீங்கள் இங்கே இருந்திருக்கிறீர்கள். நிலைமையை நீங்களே நேரில் கண்டீர்கள். அரசும் உளவுத்துறை அமைப்புகளும் அளிக்கும் சித்திரத்துடன் இது ஒத்துப்போகிறதா என்ன? நீங்கள் என்ன எழுதினாலும் அதில் நேர்மை இருக்கவேண்டும்; பார்ப்பதை அப்படியே எழுதவேண்டும் என்று உங்களிடம் எதிர்பார்க்கிறோம்.

சூடானில் நடந்ததுபோல ஐ.நா. கண்காணிப்பின் கீழ் ஒரு கருத்துக் கணிப்பு நடத்தட்டும். சுதந்தரத்துக்கு ஆதரவாக மகத்தான ஆதரவு கிடைக்கும் என்று நாங்கள் கருதுகிறோம். 1951ல் நாகாலாந்தில் கருத்துக் கணிப்பு நடத்தப்பட்டபோது பெறப்பட்ட முடிவுகள் பற்றி உங்களுக்குத் தெரியும். காலனியாதிக்க அரசின் கொள்கைகளால், அஸ்ஸாமின் சில பகுதிகளில் மக்கள் தாங்கள் உல்ஃபாவை ஆதரிக்கிறோம் என்று வெளிப்படையாகச் சொல்ல அஞ்சுகிறார்கள். அஸ்ஸாம் அதன் அபரிமிதமான இயற்கை வளங்களின் காரணமாக இந்தியாவுக்கு முக்கியமான மாநிலமாக இருக்கிறது. சுதந்தரத்தை நோக்கமாகக் கொண்ட இயக்கங்களை நசுக்க எல்லாவிதமான முயற்சிகளும் கையாளப்படுகின்றன.

'நல்லது... அப்படியானால் உல்ஃபா போராளிகள் ஏன் இத்தனை பேர் சரணடைந்திருக்கிறார்கள். நீங்கள் இது பற்றிச் சிந்தித்து இருப்பீர்கள்.'

மீண்டும் தலையை ஆட்டியபடி பதிலளித்தார்: 'இங்கே பாருங்கள், போராளிகளும் மேல் மட்ட செயல்பாட்டாளர்களும் சரண் அடையாத புரட்சிகர இயக்கம் இல்லை. முதன்மையான குறிக்கோளை எய்தும்வரை போராடவேண்டிய ஒரு நடைமுறை இது. கடமை வீரர்கள் தங்கள் பாதையிலிருந்து எப்போதும் நழுவுவதில்லை. நான் முன்பே சொன்னதுபோல, ஒவ்வொரு இயக்கமும் ஏற்ற இறக்கங்களைச் சந்திக்கிறது. அது போலத்தான் இந்தப் பகுதியில் உல்ஃபாவும் இதர புரட்சிகர இயக்கங்களும் சந்தித்து வருகின்றன.

இந்த விஷயத்தில் அவர் நழுவிச் சென்று கொண்டிருப்பதாகப் பட்டது. நான் இதை மேலும் துருவத் தீர்மானித்தேன். 'முன்னாள் உல்ஃபா நிர்வாகிகள் சொன்ன மிகவும் சுவாரசியமான சம்பவங் களைப்பற்றி கேள்விப்பட்டிருக்கிறேன். நீங்கள் மிகவும் நம்பிக்கை

வைத்திருந்த சில மூத்த நிர்வாகிகள் காவல் துறையினருடனும் ராணுவத்தினருடனும் சேர்ந்து கொண்டு இயக்கத்துக்குக் கஷ்டம் கொடுத்திருக்கிறார்கள். இது பற்றி உங்கள் கருத்து என்ன?'

சற்று நேரம் பேச்சை நிறுத்தியவர் சொன்னார்: 'எதிரியைவிட துரோகிகளால்தான் அதிகம் கஷ்டப்பட்டிருக்கிறேன் என்பது உண்மை. தளபதிகளை நாங்கள் தேர்வு செய்ததில் தவறு இருந்தது. உலகத்தில் உள்ள ஒவ்வொரு புரட்சிகர இயக்கத்திலும் தங்கள் பாதைகளை மாற்றிக் கொண்டு புதிய பாதைகளில் புறப்படுகிறவர்கள் உண்டு. நாங்கள் இதற்காக யாரையும் குறை சொல்ல முடியாது. எங்களைத் தவிர.'

'ஆனால், ஏன் இந்தப் பின்னடைவு? இதைச் சரி செய்ய எந்த நடவடிக்கையும் எடுக்கவே இல்லையா?'

'சில நபர்கள் அனுபவ அடிப்படையிலும், இதர காரணங்களுக்காகவும் முக்கியத்துவம் அளிக்கப்பட வேண்டுமென்று விரும்பினார்கள். எங்கள் தேர்வு நடைமுறையில் தவறுகள் இருந்தன. நாங்கள் கீழ்மட்டப் போராளிகளை ஒழுங்குபடுத்தினோமே தவிர மேல் மட்டத்தில் அவ்வாறு செய்ய முடியவில்லை. பலர் உணர்வூக்கத்தில் கொள்கைப் பிடிப்பு இல்லாமல் சேர்ந்தார்களென்பது உண்மை.'

'அப்படியென்றால் ஆள் எடுப்புக் கொள்கை இத்தனை ஆண்டுகளில் மாற்றப்பட்டுள்ளதா?' என்றேன். இருந்தாலும் அவர் இதற்குப் பதில் அளிப்பாரா என்று சந்தேகத்தில் இருந்தேன். ஆனால், அவர் பதில் அளித்தார்.

'சிலநேரம் ஆள் எடுப்புக் கொள்கை மாறுகிறது. 16 வயதுக்குக் குறைந்த யாரையும் நாங்கள் படையில் சேர்ப்பதில்லை. அவர்களது பின்னணி பற்றி நாங்கள் ஆய்வு செய்கிறோம். குற்றப் பின்னணி கொண்ட கற்பழிப்பு வழக்குகள் கொண்ட நபர்களையும்கூட நாங்கள் படையில் சேர்ப்பதில்லை. ஆனால், படிப்பு ஒரு தகுதியல்ல. நாங்கள் ஆள் சேர்க்கும்போது தகவல்களைச் சேகரிக்கிறோம். ஆரம்ப காலத்தில் அவர்கள் அரசியல், ராணுவப் பிரிவுகளென்று இருவகை யாகப் பிரிக்கப்படுகிறார்கள். ஒவ்வொருவரும் கட்டாயமான ராணுவப் பயிற்சியை முடித்தாகவேண்டும். ஒரு புரட்சிகர இயக்கத்தில் ஒழுங்கைக் கட்டிக் காக்க இது அவசியம். உலகில் உள்ள இது போன்ற எல்லா அமைப்புகளிலும் நீங்கள் இதைக் காணமுடியும். 1990களின் மத்தியில் அமைப்புரீதியில் என்னென்ன மாற்றங்கள் கொண்டு வரப்பட்டனவோ அவையெல்லாம் முக்கியமாக ஒழுக்கத்தைப் பெரிய அளவில் நிலைநாட்டுவதற்கே கொண்டு வரப்பட்டன.'

‘ஆக இப்போது புதிய அணி தயார் நிலையில் இருக்கிறதா?’

‘நாங்கள் எல்லாவற்றையும் மறுகட்டமைப்பும் மறுசீரமைப்பும் செய்து கொண்டிருக்கிறோம். நான் முன்பே சொன்னதுபோல், உல்ஃபா எப்போதையும்விட மிகப் பலம் பொருந்தியதாக ஆகி இருக்கிறது. எங்களுடன் உள்ள அனைவரும் கொள்கையில் பிடிப்புள்ளவர்களாக இருக்கிறார்கள்.’

அது ஒரு பொத்தாம் பொதுவான பதிலாக இருந்தது, அவரது முந்தைய பல பதில்களைப் போலவே. எனவே, நான் விஷயத்தை மாற்றினேன். ‘அஸ்ஸாமிலும், இந்தியாவிலும் நிலவும் சூழ்நிலைகளைப் பற்றி என்ன நினைக்கிறீர்கள்? மக்கள் கடந்த இருபதாண்டுகளில் ரொம்பவே மாறியிருக்கிறார்கள். உல்ஃபா தனது போராட்டத்தில் பெரிய அளவிலான ஆரதவையும் பலத்தையும் சேகரிக்க அவை சாதகமாக இருக்கின்றனவா?’

‘அஸ்ஸாமை இந்தியமயமாக்கும் செயல்பாடு தொடர்வதைப் பார்த்துவருகிறீர்கள். இந்தக் காலகட்டத்தில், இந்தியா தனது நோக்கத்தை நிறைவேற்ற பெரிய அளவிலான வளத்தைக் கொண்டிருக்கலாம். பணம் சம்பாதிப்பதற்கும், பெரிய பதவிகளில் அமர்வதற்கும் அப்பால், பார்க்க இயலாத உள்ளூர் மக்களின் ஒரு பிரிவினரால், இந்த நோக்கத்தை நிறைவேற்றுவதற்குப் பெரிய அளவிலான உதவி தரப்படுகிறது. இருந்தாலும், இதுவெல்லாம், குறைந்த காலமே நீடிக்கும். வெகு விரைவில் மாறுபட்ட ஒரு நிலைமை உதயமாகும். பிரிட்டிஷாரின் ஆட்சியின் போதும், அமெரிக்கச் சுதந்தரப் போரின் போதும் இதே போன்ற சூழ்நிலைகள் காணப்பட்டன. வெல்ல முடியாதது என்று இந்த உலகில் எதுவுமே இல்லை. ஆனால் ஒருவர் எதைச் செய்தாலும் தன் இலக்கிலேயே கவனத்தை வைத்திருக்கவேண்டும்.’

‘ஆனால், உல்ஃபா பலமுறை பிளவுபட்டுவிட்டது. இந்த இயக்கத்துடன் தொடர்பு கொண்டவர்கள், மேல் அஸ்ஸாமுக்கும் கீழ் அஸ்ஸாமுக்கும் இடையில் இணைக்கப்பட முடியாத இடைவெளி இருந்ததாக எண்ணினார்கள். அமைப்பு தொடங்கப்பட்ட காலத்தில் இருந்தே அவர்களிடம் இந்த எண்ணம் இருக்கிறது. இது போன்ற கருத்துகளில் சமீபத்திய ஒன்று தலைவர் ராஜ்கோவாவிடம் இருந்தும், அரசுடன் பேச்சுவார்த்தைகளைத் துவக்கிய இதர ஒரு சில தலைவர்களிடம் இருந்தும் வந்தது. இந்தக் கருத்து அமைப்பின் மீது ஒரு எதிர்மறைத் தாக்கத்தை ஏற்படுத்தியிருக்கிறதே. நீங்கள் என்ன நினைக்கிறீர்கள்?’

தான் இந்தக் கேள்வியை என்னிடம் இருந்து எதிர்பார்த்திருந்ததாக பரூவா கூறினார். ‘உல்ஃபா பழைய நிலைக்குத் திரும்ப இயலாது என்ற ஒரு எண்ணம் சில பிரிவினரிடையே இருக்கிறது. முதலாவதாக, நாங்கள் இந்த நிகழ்வுகளை இந்த இயக்கத்தில் உள்ள ஒரு பிளவாகக் கருதவில்லை என்பதைத்தான் உங்களிடம் சொல்லவேண்டும்.’

‘ஆனால், அது உங்கள் மற்றும் உங்கள் அணியின் கருத்தாக மட்டுமே இருக்கிறது’ நான் இடைமறித்தேன்.

ஒரு தீர்வை நாடி, பொதுவெளிக்கு வந்து அரசுடன் பேச்சுவார்த்தை நடத்த ராஜ்கோவா எடுத்த முடிவை நாங்கள் அமைப்பில் ஏற்பட்ட பிளவாகக் கருதவில்லை. எங்களது கருத்து மாறுபட்டு இருக்கிறது. ஆளுக்கு ஆள் விளக்கம் மாறுபடக்கூடும். உண்மையில் உல்ஃபா வலுப் பெற்றிருக்கிறது. இந்தத் தலைவர்கள் வெளியேறியதன் மூலம் நாங்கள் பலம் பெற்றிருக்கிறோம். தற்போது உண்மையிலேயே கொள்கைப் பிடிப்புள்ளவர்கள் யார் யார் என்று எங்களுக்குத் தெரிந்திருக்கிறது. அரசுடன் பேச்சுவார்த்தை நடத்த எடுக்கப்பட்ட முடிவு, அமைப்பின் கொள்கைகளின் பேரில் எப்போதுமே எந்த விதமான பிடிப்பும் இல்லாதவர்களால் எடுக்கப்பட்டு வருகிறது. தற்போது எண்ணெயிலிருந்து தண்ணீர் பிரிக்கப்பட்டிருக்கிறது.

இந்த நபர்கள், இந்த இயக்கத்தின் வளர்ச்சியை தடைசெய்யும் சக்தியாக இருந்தார்கள். அவர்களைப் பராமரிக்கும் கடமை இப்போது முழுமையாக அரசிடம் போய்விட்டது. எனவே, எந்தவிதத்திலும் எங்களுக்கு இழப்பு இல்லை. இப்போது எங்களுடன் இருக்கும் நபர்கள், கொள்கைகளில் ஊசலாட்டம் இல்லாதவர்கள். இதை மக்கள் மிக நன்றாகப் புரிந்துகொண்டிருக்கிறார்கள்.

முக்கியமாக, சுதந்தரத்துக்கான எங்களது கோரிக்கை நியாயமானது. யண்டாபூ உடன்படிக்கை அஸ்ஸாமை பிரிட்டிஷ் பேரரசிடமும் அதன் பின்னர் இந்தியக் கூட்டாட்சியிடமும் கொண்டு வந்து சேர்த்தது. ஆனால், எந்த ஒரு அஸ்ஸாமியராவது இந்த உடன்படிக்கையில் கையெழுத்திட்டாரா? இல்லையே. அது பிரிட்டிஷாருக்கும் பர்மியர் களுக்கும் இடையே நடந்த ஒப்பந்தம். எப்படி இந்த உடன்படிக்கை அஸ்ஸாமை இந்தியாவிடம் கையளிக்க முடியும்? எந்தக் காலகட்டத்திலும், அஸ்ஸாம் இந்தியாவுடனான எந்த உடன் படிக்கையிலும் கையெழுத்திடவில்லை. அஸ்ஸாம் மோசடியால் இணைக்கப்பட்டது. மகாத்மா காந்தியேகூட அஸ்ஸாம் தனக்கான வழியில் செல்லலாம் என்று கோடிகாட்டியிருக்கிறார். கோபிநாத்

பர்த்தோலாயும் தனது தீர்மானங்களொன்றில் அது போன்றே பேசியிருக்கிறார். அனைத்தையும் நாசம் செய்து அஸ்ஸாமை இந்தியாவுக்குள் ஒரு பிரிவினர் கொண்டு சேர்த்துவிட்டனர்.'

'அஸ்ஸாமின் முதலாவது முதலமைச்சர் கோபிநாத் பர்த்தோலாய், சுதந்தரத்துக்கு முன்பு, கேபினட் தூதுக் குழு அனுப்பி வைத்த திட்டப்படி இந்த மாநிலமும் வடகிழக்கும் கிழக்கு பாகிஸ்தானுடன் இணைக்கப்படுவதைத் தடுக்க எவ்வாறு போராட வேண்டி இருந்தது என்பதை நினைவுகூர்ந்தவாறே ஒத்துக்கொண்டேன். தேசப் பிரிவினைக்குப் பிந்தைய நாட்களில் கோபிநாத் பர்த்தோலாய் அளவுக்கதிகமான வங்காள அகதிகளைக் குடியமர்த்துவதற்கு எதிர்ப்பு தெரிவித்தபோது அவருடன் பிரதமர் ஜவாஹர்லால் நேரு கொண்ட கருத்து வேறுபாட்டையும் நினைவுகூர்ந்தேன்.

சம்மதத்தின் அறிகுறியாக அவர் தலையை அசைத்தார். 'ஆமாம். இது எல்லாம் உண்மையே. ஆனால் சிலர் அவற்றையெல்லாம் இப்போது நினைத்துப் பார்ப்பதில்லை.'

இதனிடையில் பிஜோய் எங்களை இடைமறித்தான். பரூவா அவனிடம் ஒரு சில வினாடிகள் மெலிதாகப் பேசினார். தளபதி தனது கடிகாரத்தைப் பார்த்தார். மீண்டும் கிசுகிசுத்தார். அந்த நாளுக்கான நேர்காணல் முடிந்துவிட்டது என்று அறிந்தேன்.

பரூவா, அந்த இடத்தை விட்டுப் புறப்படுவதற்காக எழுந்தவாறே, 'நான் நாளைக்குச் சில முக்கிய வேலைகளை முடிக்க வேண்டியதிருக்கிறது. நாளை முழு நாளும் நான் அந்த வேலையில் மூழ்கிப் போவேன். நாளை மறுநாள் மீண்டும் சந்திப்போம்' என்றார்.

'ஒரு மாறுதலுக்காக, உல்ஃபாவின் வரலாற்றுடன் ஆரம்பிப்போம். ஏன், எப்படி அது தொடங்கப்பட்டது என்பதை அறிய நான் மிகவும் ஆவலாக இருக்கிறேன்' என்றேன்.

'நான் பல விஷயங்களை மறந்தேபோய் விட்டேன். சம்பவ தேதிகள் நினைவில்லை இல்லை.'

'நீங்கள் எதையெதை நினைவில் வைத்திருக்கிறீர்களோ அவற்றை மட்டுமாவது ஆதியில் இருந்து சொல்லுங்கள். இந்த இயக்கத்தின் தோற்றம் சர்ச்சைகளால் மறைந்திருக்கிறது. தேதிகளை நான் சேகரித்துக் கொள்கிறேன். நான் உங்களிடம் வேண்டுவது எல்லாம் சரித்திரத்தின் விருப்பு வெறுப்பில்லாத வர்ணனை, இது எப்படித் தொடங்கியது? அதன் பல்வேறு கட்டங்கள்.' நான் ஒலிப் பதிவுக் கருவியை நிறுத்தியபடியே சொன்னேன்.

இரவில், நான் ஒலிப்பதிவுக் கருவியை இயக்கிக் கேட்டேன். பரூவா சொன்னதில் பெரும்பாலானவை அவரது முந்தைய வாதங்களின் மறு ஒலிபரப்பு என்பதைக் கண்டேன். மீதியுள்ள கேள்விகளைப் பார்த்தேன். அவரிடம் இருந்து இன்னும் கொஞ்சம் சுவாரஸியமான தகவல்களைக் கறக்கும் எண்ணத்தில் இன்னும் கொஞ்சம் கேள்வி களைச் சேர்த்தேன். மறுநாள் அவரை எங்கேயும் காண முடியவில்லை. முகாமுக்குப் பின்புறக் காடுகளில் எங்கோ ஓரிடத்தில் அவர் ஒரு கூட்டத்துக்குத் தலைமை தாங்குவதாக எங்களுக்குச் சொல்லப் பட்டது. ரேடியோ தகவல் தொடர்பு மற்றும் புதிதாக புழக்கத்துக்குக் கொண்டு வரப்பட்ட புதிய சங்கேதக் குறியீடுகள் போன்ற சீரியஸான விஷயங்களை அவர்கள் விவாதித்துக் கொண்டிருந்தனர். உளவு அமைப்புகள் எல்லை நெடுகிலும் அதி நவீன ஒட்டுக் கேட்கும் கருவிகளை வைத்திருப்பதாக ஒரு மூத்த நிர்வாகி சொன்னார். உயர் அலை வரிசைத் தகவல் தொடர்பேகூட பாதுகாப்பற்றதாக இருந்தது. ஒரே வழி, சங்கேதமான தகவல்களைப் பயன்படுத்துவதுதான்.

பல்வேறு நிலைகளில் பயன்படுத்தப்படுவதற்காகக் குறியீடுகள் உருவாக்கப்பட்டன. அவை அடிக்கடி மாற்றப்பட்டன. அதுவும் குறிப்பாக, ரேடியோ தகவல் தொடர்பில் ஈடுபட்ட செயல் பாட்டாளர்கள் சரண் அடைந்த பிறகு, உல்ஃபாவும் இதர போராளிக் குழுக்களும் பாதுகாப்புப் படையினரைக் குழப்புவதற்காக சங்கேதக் குறியீடுகளைப் பயன்படுத்தின.

அடுத்த இரண்டு நாட்களில் நடந்த சுருக்கமான கூட்டங்களில், பரூவா, உல்ஃபா வரலாற்றின் மேலோட்டமான சித்திரத்தை வழங்கினார். இந்த வர்ணனை, இடையிடையே நகைச்சுவையான கதைகளுடன் வழங்கப்பட்ட, ஆரம்ப வருடங்களின் முழுமையான தொகுப்பாக இருந்தது. நாங்கள் 1990-களின் தொடக்க ஆண்டுகளை எட்டியபோது அது மந்த கதியை அடைந்தது. அவர் பல விஷயங்களை ரகசியமாக வைத்திருக்க விரும்பியது தெளிவாகத் தெரிந்தது. 1992க்குப் பிறகு எந்தத் தகவலையும் வெளியிட மறுத்துவிட்டார். அந்த ஆண்டு அவர் இதர மூத்த நிர்வாகிகளுடன் வங்க தேசத்தில் அடைக்கலம் புகுந்தார்.

நான் விடாக்கண்டன் ஆனபோது அவரது பதில் இப்படி இருந்தது: 'தயவு செய்து இந்தக் கேள்வியை, அந்தச் சமயத்தில் எங்களுடன் இருந்து தற்போது பொதுவெளிக்கு வந்திருக்கிறவர்களிடம் கேளுங்கள். இதற்கு மேல் எந்தத் தகவலையும் சொல்வது இயக்கத்துக்கு உகந்ததாக இருக்காது என்பதால் நான் இதற்கு மேல் சொல்ல முடியாது என்று நினைக்கிறேன். என்னைப் பொறுத்தவரை, வேறு எதனை விட இயக்கமே முக்கியமானது.'

மேலும் அவரை நான் வற்புறுத்தவில்லை. அவருக்குத் தொடர்பு இருக்கலாம் எனச் சந்தேகிக்கப்படும் குறிப்பிட்ட நிகழ்வுகள் குறித்துப் பேசுவதையும்தவிர்த்தார். இருந்தாலும் 1980களின் தொடக்கத்தில் அவர் தீன்சுகியாவில் தொழிலதிபர் ஒருவரைச் சுட்டதாகக் கூறப்படும் நிகழ்ச்சியின் உண்மை என்ன என்று சொல்லுங்கள் என்று வலியுறுத்தினேன்.

பரூவா சொல்ல ஆரம்பித்தார்: 'அவர் அஸ்ஸாமியருக்கு எதிராக வெளிப்படையாகக் கொடிதூக்கினார். சில சமயங்களில் இளைஞர் களையும் குழந்தைகளையும்கூட அடித்துத் துவைப்பதுண்டு. நான் அவரைப் பல முறை எச்சரித்தேன். ஆனால், அவர் தனது போக்கைத் திருத்திக் கொள்ளவில்லை. ஆகவே, ஒரு நாள் நான் அவருக்குப் பாடம் கற்பிக்கத் தீர்மானித்தேன். ஒரு ஆளிடம் இருந்த இரட்டைக் குழல் துப்பாக்கி ஒன்றை இரவல் வாங்கினேன். அந்தத் துப்பாக்கியில் ஒற்றை கார்ட்ரிட்ஜ் மட்டுமே உண்டு. அவரைக் காலில் சுட முடிவு செய்தேன். ட்ரிக்கரை இழுக்கும்போது அந்தத் துப்பாக்கி மிகுந்த அழுத்ததுடன் பின் பக்கமாகத் தள்ளும் என்பது எனக்குத் தெரியாது. எனவே காலில் வைத்த குறி மாறிப்போய் புல்லட் அவரது மார்பில் பாய்ந்தது. அவர் இறந்துபோனார்.'

'உங்கள் பெயர் அந்தச் சம்பவத்துக்கு பிறகு பிரபலமானது. இன்றும் பல போலீஸ் அதிகாரிகளால் நினைவுகூரப்படுகிறது இல்லியா'.

எங்கள் பேட்டிக்குத் துணைக்கேள்விகள் உண்டு என்பதை நான் பரூவாவுக்கு நினைவூட்டினேன். அவர் ஏற்றுக்கொண்டார்.

'அப்படியென்றால், நாம் கொஞ்சம் இடைவெளி விட்டுப் பேச்சைத் தொடரலாம். ஏனெனில், சில காலமாகவே தேங்கியிருக்கும் அவசர வேலை சிலவற்றை நான் முடிக்கவேண்டும். உங்கள் கேள்விகள் அனைத்தையும் தயாராக வைத்திருங்கள்' என்றார் பரூவா.

நாங்கள் பேச்சை முடித்தபோது மாலையாகியிருந்தது. அவர் மூத்த நிர்வாகிகளுடனான கூட்டத்துக்குப் புறப்பட்டுப் போனார். இரவு உணவு முடிந்த பிறகு, கொஞ்ச நேரம் ஒலிப் பதிவு செய்யப்பட்டவை களைத் திரும்பக் கேட்டேன். அனைத்துப் போராளிக் குழுக்களிலும் உள்ளது போலவே, நிதியாதாரமும் ஆயுதங்களுமே ஆரம்பகட்டத் தடைகளாக இருந்தன. அது ஒன்றை ஒன்று சார்ந்திருந்த விபரீதச் சுழலாக இருந்தது. நிதியை நன்கொடையாகத் தர மக்களை வலியுறுத்தவேண்டும் என்றால், ஆயதங்கள் வேண்டும். ஆயுதங்கள் வேண்டுமென்றால் நிதி வேண்டும். இது இன்றி அது இல்லை. அது இன்றி இது இல்லை.

1980-களின் தொடக்கத்தில் வங்கிகள் மற்றும் வணிக நிறுனங்களைக் கொள்ளையடிக்க நடத்தப்பட்ட முயற்சிகள், பொது மக்களின் கவனத்தை ஈர்த்ததோடு, அவை வெற்றியும் பெற்றன. இயக்கத்தின் ஆரம்பக் கட்டம் பற்றிய அவரது கருத்து ஊடகத்திலும், கல்வித் துறையிலும் சொல்லப்படுவதினின்று வேறுபட்டதாக இருந்தது. செய்தித்தாள்களின் தலைப்புச் செய்திகளில் இடம் பிடித்த சில சம்பவங்களை அவர் திட்டவட்டமாக மறுத்தார். எதிரியின் தவறான தகவல் பரப்பும் முயற்சியே அவற்றுக்கெல்லாம் காரணம் என்றார். அந்தச் சம்பவங்களில் ஒன்று, டாக்காவில் உள்ள ஒரு சொகுசு ஓட்டலில் கூலிப் படை கொலைகாரர்களால் அவர் மேல் நிகழ்த்தப்பட்ட படுகொலை முயற்சி. அங்கே அவரது நிதி ஆலோசகர் ரூமிகான் சுட்டுக் கொல்லப்பட்டதாகக் கூறப்பட்டது. கட்டடத்தின் முதல் மாடியில் இருந்து தாவிக் குதித்ததால் அவர் மயிரிழையில் உயிர் தப்பி வந்ததாகக் கருதப்பட்டது. மற்றொரு சம்பவம் 2004ம் ஆண்டு மத்தியில் வங்க தேசத்தில் இருந்த உல்ஃபா மறைவிடங்களில் நிகழ்ந்த ஒரு தொடர் குண்டு வெடிப்பு குறித்தது. அப்போது நான் வேலை பார்த்த செய்தி ஏட்டுக்காக அந்த நிகழ்ச்சியைப் பற்றியும் எழுதியிருந்தேன்.

பரூவாவின் குழந்தைப் பருவம் பற்றி நான் கேட்டபோது அவரது கண்கள் பளீரிட்டன. தனது பள்ளி பற்றியும்தான் எவ்வாறு கால் பந்து விளையாட்டுக்கு அடிமையாக இருந்தார் என்பது பற்றியும் பேசினார். அவர் மோட்டோக் இனத்தைச் சேர்ந்தவர். திப்ரூகரில் உள்ள ஜெராய்கானில் இருந்த ஒரு கீழ் நடுத்தர வர்க்கத்தில் பிறந்தார். தனது குடும்பத்தில் இருந்த ஆறு குழந்தைகளில் மூன்றாவது குழந்தையாகப் பிறந்தார். பக்கத்து தேயிலைத் தோட்டத்தில் அவரது தகப்பனார் கொஞ்ச காலம் வேலை செய்தார்.

பரூவா தனது படிப்பில் எப்போதும் சிறந்து விளங்கியதால், அவரது தகப்பனாருக்குத் தன் மகன் ஒரு பெரிய அரசாங்க வேலையில் சேர்ந்துவிடுவான் என்ற நம்பிக்கை இருந்தது. ஆறாம் வகுப்பு வரையில், பரூவா வகுப்பில் சிறந்த மாணவனாக இருந்து வந்தார். கணித பாடத்தில் எப்போதுமே நூற்றுக்கு நூறு மதிப் பெண் பெற்று வந்தார். தொடர்ச்சியான மூன்று ஆண்டுகளுக்கு ஸ்காலர்ஷிப் வாங்கினார். இருந்தாலும், மாவட்ட அளவிலான போட்டயில் உள்ளூர் கிளப் ஒன்றுக்காக அவர் கால் பந்து ஆடத் தொடங்கியதில் இருந்த அவருக்குக் கல்வி இரண்டாம் பட்சமானது. அவர் கோல் கீப்பிங் திறமை மிகுந்தவராக இருந்தார். விரைவில் அவர் மாவட்ட ஜூனியர் அணியில் விளையாடலானார். இத்தனைக்கும் மத்தியில் 1974ல் தனது பத்தாம் வகுப்பின் இறுதித் தேர்வில் தேர்ச்சி பெற்றார்.

தீன்சுகியா கல்லூரியில் ப்ரீ யுனிவர்சிட்டி வகுப்புக்காக (பதினொன்று பனிரெண்டாம் வகுப்புக்கள்) சேர்ந்தாலும், இறுதித் தேர்வு எழுதத் தவறிவிட்டார். அவர் மாநில கால்பந்து அணிக்குத் தேர்வ செய்யப் பட்டார். போட்டிகளுக்காக, மாநிலத்துக்கு வெளியில் உள்ள இடங்களுக்கு அவர் தொடர்ந்து பயணிக்க வேண்டி வந்தது.

பரூவா மாநில அணிக்காக விளையாடி வந்தாலும், வடகிழக்கு எல்லைப்புற ரயில்வே அவரை ஓர் உதவியாளராகப் பணியமர்த்தி, தனது அணியில் சேர்த்துக்கொண்டது. அதையும்விட லாபகரமான வாய்ப்புகள் இந்தியன் ஆயில் நிறுவனம் மற்றும் எண்ணெய் மற்றம் எரிவாயு நிறுவனத்திடம் இருந்து வந்தன. அவை அஸ்ஸாமில் பெரிய அளவிலான செயல்பாடுகள் கொண்டவை. எனினும், அவர் ஒரு சில போட்டிகளில் மட்டுமே இந்த அரசுக்குச் சொந்தமான நிறுவனங்களுக்காக விளையாடினார். தன் சொந்த ஊருக்கு அருகில் இருக்கவேண்டும் என்பதற்காக விரைவில் ரயில்வே துறைக்குத் திரும்பினார்.

அஸ்ஸாமின் விடுதலைக்காகப் போராட ஒரு புரட்சிகர அமைப்பைத் தொடங்குவது குறித்த திட்டங்களை ஏற்கனவே அவர் தீர்மானித்திருந்தார். தன்னையொத்த நபர்களைக் கொண்ட ஓர் குழுவைத் திரட்டியிருந்தார். அவரது பங்காளியான அனூப் சேத்தியா பின்னாளில் அந்த இயக்கத்தின் பொதுச் செயலாளராக ஆனார். அவர் ஒரு மத்தியக் குழுவை அமைக்கவும், தொடர்புகளை ஏற்படுத்தவும் மாநில அளவில் கூட்டங்களை நடத்தத் தொடங்கினார். 1982ம் ஆண்டு இறுதியில், பரூவாவால் மியான்மரில் இருந்த என்.என்.சி.என். அமைப்புடன் தொடர்பு ஏற்படுத்திக்கொள்ளமுடிந்தது. விரைவில் ஆயுதப் பயிற்சிக்காக அண்டை நாட்டுக்குச் செல்ல ஒரு போராளிக் குழுவைத் தயார்செய்யவும் முடிந்தது.

என் எதிர்பார்ப்புக்களுக்கு மாறாக, தளபதி தன் குடும்பத்தைக் குறித்து விரிவாகப் பேசினார். உல்ஃபா இயக்கத்தில் முன்னாள் போராளியாக இருந்த அவரது மனைவி ரிங்கு (பாபி) பூயனும், அவர்களது இரு மகன்களும் அண்டை நாடு ஒன்றின் தலைநகரத்தில் வசித்தார்கள். மற்றொரு டீன்-ஏஜ் பையனும் அவர்களுடன் வசித்து வந்தார். அவரது பெற்றோர்கள், அஸ்ஸாமில் அடையாளம் காணப்படாத எதிரிகளால் சுட்டுக் கொல்லப்பட்டார்கள். மேலும் அந்தப் பையன் உல்ஃபா இயக்கத்திலிருந்து தற்போது பொதுவெளிக்கு வந்திருக்கும் மூத்த செயல்பாட்டாளரின் உடன்பிறப்பின் மகன். அவர்கள் அனைவரும் படிப்பில் கெட்டிக்காரர்களாக இருந்தவர்கள் என்று குறிப்பிட்டார் தளபதி. ஆனால், அவர்களும் இயக்கத்தில் சேருவர்களா என்பது

குறித்து எதுவும் சொல்லாமல் நிறுத்திக் கொண்டார். அதற்குப் பதிலாக, அவர், இலங்கையில் விடுதலைப் புலிகளின் அமைப்பு வீழ்ச்சியுறுவதற்கு முக்கிய காரணம், அதன் தலைவர் பிரபாகரன் தனது மகனுக்கு அளித்த உயர்ந்த இடமே என்று குறிப்பிட்டார். சொந்தக்காரர்களுக்குப் பரிவு காட்டுவதில் முதலில் பலியாவது தகுதிதான். அது, மோசமான பின்விளைவை உண்டாக்கியது.

பரூவாவை மிக அதிகத் தகவல்களை வெளிப்படுத்துமாறு அழுத்தம் கொடுத்தால் அவர் வாயைத் திறக்கவேமாட்டார் என்று உணர்ந்தேன். எனவே, வாய்ப்பு கிட்டும் போதெல்லாம் அவருடன் அமர்ந்து, விஷயங்களை சாதாரணமான முறையில் விவாதித்தேன். பரூவா தனது மனதில் உள்ளதைப் பேச வாய்ப்பளித்தேன். உரையாடல்கள் முடிந்த உடனேயே, நான் என் அறைக்கு விரைந்து சென்று குறிப்புகளை 'அப்டேட்' செய்வேன். அவர் பேசிய விஷயங்கள் சந்தேகமே இல்லாமல் செய்தித் தாள்களின் தலைப்புச் செய்தியைப் பிடிப்பதுடன் இந்தப் புத்தகத்துக்கு இன்னும் சுவாரசியம் சேர்க்கும். ஆனால், இந்த பதில்களை அவர் அவை பிரசுரிக்கப்படக் கூடாது என்ற நிபந்தனையுடன் முன்வைத்தவை. அவர் சுவாரஸியமான விஷயம் ஒன்றைச் சொல்லும் ஒவ்வொரு முறையும், 'இதை நீங்கள் வெளியிட்டால், அதற்கு அடுத்த நாளே நான் அது பொய்யானது என்று ஒரு பத்திரிகைக் குறிப்பு அளிப்பேன். பத்திரிகையாளர் என்ற உங்கள் நம்பகத் தன்மை முடிந்து போய்விடும்' என்று எங்களை எச்சரிப்பார். ஆகவே, அவை என்னுடனே மண்ணுக்குச் செல்லட்டும்.

பெரும்பாலான கிளர்ச்சித் தலைவர்களைப்போல தளபதியும் கூண்டுக் கிளியாகவே இருந்தார். தனது நடவடிக்கைகளும், தொடர்புகளும் ஊருக்குத் தெரிந்தால், அது இந்திய அரசாங்கம் உள்ளிட்ட தனது எதிரிகள், அவருக்கும் அவரது அணியினருக்கு எதிராகவும் சதி செய்வதை எளிதாக்கிவிடும் என்று பயந்ததால், அவை பொது மக்களின் அறிவுக்கு எட்டுவதை விரும்பவில்லை. வங்க தேசத்திலும், பாகிஸ்தானிலும் உல்ஃபாவின் செயல்பாடுகள் என்னவென்றோ அல்லது பாகிஸ்தான் உளவு அமைப்பான ஐ.எஸ்.ஐ.யுடன் உல்ஃபாவின் நெருங்கிய தொடர்புகள் குறித்தோ, அவர் ஒரு வார்த்தைகூடச் சொல்லமாட்டார். தனிப்பட்ட முறையில்கூட அவ்வாறு செய்ய மாட்டார். 1990ம் ஆண்டில் பாகிஸ்தானுக்குத்தான் மேற்கொண்ட முதல் பயணம் குறித்து, ஒரே ஒரு முறை மட்டும் அவர் யதார்த்தமாகச் சொன்னதுண்டு.

இரவு உணவுக்குப் பிந்தைய ஒரு பின் மாலைப்பொழுதில் பாகிஸ்தான் தொடர்பு பற்றி பரூவா பகிர்ந்துகொண்டார். எங்களிடம்

நிறைவேற்றத்தக்கனவாக சில குறிப்பிட்ட நோக்கங்கள் இருந்தன. ஆனால், அவர்களது (ஐ.எஸ்.ஐ.) வாதங்களின் தொனியும் அணுகுமுறையும் எனக்குப் பிடிக்கவில்லை என்றார் பரூவா. முன்னாள் மக்கள் தொடர்பு செயலாளர் சுனில் நாத்துடன், உல்ஃபா போராளிகளுக்கான பயிற்சி வகுப்புகளை இறுதி செய்வதற்காக பாகிஸ்தான் சென்றிருக்கிறார்கள். ஆனால், ஐ.எஸ்.ஐ.யோ நியாயமற்ற கோரிக்கைகளை முன்வைத்தது என்றார். அந்த உளவு நிறுவனம், அதற்காகப் பிரதிபலனாக என்ன கேட்டது என்பதை விவரிக்கவில்லை. ஆனால், அதன் பிறகு அதன் அலுவலர்களிடம் பேசுவதில்லை என முடிவெடுத்தாகத் தெரிவித்தார். கூட்டத்தில் இருந்து வெளிநடப்பு செய்த அவர், இரண்டு நாட்களுக்கு பிறகு அந்த நாட்டை விட்டு வெளியேறினார். ஐ.எஸ்.ஐ. நிறுவனம் பயிற்சியும் பணமும் அளிக்க ஒத்துக்கொண்டாலும், சில ஆண்டுகளுக்கு, பரூவா பாகிஸ்தானுக்குப் போவதைத் தவிர்த்தார்.

அஸ்ஸாமில் இருந்து வெளியே நீண்ட காலம் தங்கியிருந்தது, அவரைப் பழைய நினைவுகளை எண்ணி ஏங்குபவராக ஆக்கியிருந்தது. தான் நெருக்கமாக இருந்த தீன்சுகியா, திப்ரூகர் மற்றும் குவஹாத்தி போன்ற இடங்களில் இருந்த தனது நண்பர்களைப் பற்றி விசாரித்தார். காவல் துறையினரின் ஒரு பிரிவினர் மற்றும் ராணுவத்தினரால் நடத்தப்பட்டதாகக் கூறப்படும் அஸ்ஸாமின் 'ரகசியக் கொலை' ஒன்றில் 1993-ம் ஆண்டில் தனது தம்பி தினேஷ் எவ்வாறு சித்திரவதைக்கு உள்ளாக்கப்பட்டுக் கொல்லப்பட்டார் என்று விவரித்தார். பரூவா, தனது பூர்விகக் கிராமமான ஜெராய்கானில் வசிக்கும் தனது தாயிடம் அவரது புகைப்படத்தை அளிக்குமாறு எங்களைக் கேட்டுக் கொண்டார்.

சமூகத்தில் நிகழ்ந்து வரும் மாற்றங்கள் பற்றி அறிய அவர் தனி ஆர்வம் கொண்டிருந்தார். கஷ்டமே படாமல் காசு பார்க்கும் ஆர்வம், லஞ்சம், புதுப் பணக்காரர்கள் முகஞ்சுளிக்க வைக்கும் விதத்தில் தங்கள் பணக்காரத்தனத்தைக் காட்சிப்படுத்துவது போன்றவை பற்றி நாங்கள் அளித்த தகவல்கள் அவரை ஆச்சரியப்படுத்தின. அஸ்ஸாமில் உள்ள ஒரு பிரிவு மக்களிடையே தொலைபேசி மூலம் தொடர்ந்து தொடர்பு வைத்திருந்தாலும், அவர் யதார்த்த நிலையில் இருந்து கொஞ்சம் துண்டிக்கப்பட்டிருக்கிறார் என்ற பிம்பம் என் மனதில் பதிந்தது. அஸ்ஸாம் நிலை குறித்துத் தெரிந்துகொள்ள அவர் நம்பியிருக்கும் நபர்கள் அவரிடம் தவறாகச் சித்திரிப்பதுடன் ஏதோ ஒரு காரணத்துக்காக அவரை இருட்டில் இருத்தி வைத்திருப்பதாக எனக்குத் தோன்றியது. அவரைப் பொறுத்தமட்டில், மக்களின் ஆசைகளை விடவும், இயக்கத்தை உயிர்ப்புடன் நடத்தி வருவதும் பிரசாரத்தைத் தொடர்வதும் மிகவும் முக்கியமானது.

அவர் தலை மறைவு வாழ்க்கையில் நுழைவதற்கு முன்பான நாட்களில் நடந்த சம்பவங்களைப்பற்றி நாங்கள் பேசினோம். பல பத்தாண்டுகளுக்கு முன்பு தனது நண்பர்கள் சரியான சமயத்தில் வந்து காப்பாற்றி இருக்காவிட்டால் தீன்சுகியாவில் இருந்த பிஹாரைச் சேர்ந்த கை ரிக்ஷாக்காரர்கள் தன்னை அடித்து விளாசியிருப்பார்கள் என்பதை நினைவுகூர்ந்தார். துப்பாக்கிக் குண்டுகள் இல்லாத ஒரு ரிவால்வரை எடுத்துக்காட்டி அவர்களை மிரட்டியவர் தவறுதலாக டிரிக்கரை அழுத்திவிட்டார். அதில் குண்டு இல்லை என்பது தெரிந்ததும் பிஹாரைச் சேர்ந்தவர்கள் அவர் மேல் பாயத் தயாரான போது, நண்பர்கள் வந்து அவரை அழைத்துச் சென்றிருக்கிறார்கள்.

இன்னொரு முறை அதுவும் தீன்சுகியாவில் நடந்ததுதான். ஒரு டீக்கடையில் நடந்த சண்டைக்குப் பிறகு, வங்காளிகள் அவரை விரட்டினார்கள். ஒரு கிலோ மீட்டர் தூரம் ஓடிய பிறகு, நாற்றமடிக்கும் ஒரு பொதுக் கழிப்பறைக்குள் புகுந்தார். பத்திரமான இடத்துக்குத் தப்பிப் போவதற்கு முன்பு நள்ளிரவுவரை அங்கேயே மறைந்திருந்தார்.

அவரது டீன்-ஏஜ் காலத்தில் நடந்த இத்தகைய சம்பவங்கள் மாநிலத்தில், அதிலும் குறிப்பாக, வணிகத் துறையில் அஸ்ஸாமைச் சேராதவர்களின் ஆதிக்கத்துக்கு முற்றுப்புள்ளி வைக்க வேண்டுமென்ற அவரது ஆசையை தூண்டிவிட்டதில் பெரும் பங்கு வகிக்கின்றன. தீன்சுகியாவில் பிஹாரிகளும், வங்காளிகளும் பெரிய எண்ணிக்கையில் வாழ்ந்தார்கள். அஸ்ஸாமியர்கள் அவர்களின் ஆதிக்கத்தை வெறுத்தார்கள். அஸ்ஸாமின் இதர பகுதிகளில் நிகழ்ந்தது போலவே, 1970-களிலும், 1980-களிலும், அதிலும் குறிப்பாக அந்நியர்களுக்கு எதிரான போராட்டம் (1979-85) நடைபெற்றிருந்த காலத்தில் அஸ்ஸாமியர்களுக்கும் இதர இனத்தவர்களுக்கும் இடையில் வன்முறைச் சம்பவங்கள் நிகழ்ந்திருந்தன. இந்தி பேசும் மக்களுக்கு எதிரான உல்ஃபாவின் தாக்குதலை இந்தச் சம்பவங்கள் அனைத்துடனும் தொடர்புபடுத்தலாம்.

பரூவாவின் ஆளுமை குறித்த சுவாரசியமான குணாதிசயங்கள் இந்த நேர்காணல்களில் இருந்து வெளிப்படத் தொடங்கின. அவருடன் நெருக்கமாக இருந்து சரண் அடைந்த போராளிகள் அவர் எப்போதும் மக்களிடம் பேசி தம் பக்கம் இழுப்பதில் வல்லவர் என்று சிலாகித்தார்கள். மிகச் சரியான இடங்களில் உள்ள நபர்களை இனம் கண்டு அவர்களது நம்பிக்கையைப் பெறுவதில் படு கில்லாடியாக இருந்தார். இந்தக் கில்லாடித்தனம் வங்க தேசத்தில் வெகுவாக வெளிப்பட்டது. அவரிடம் இருந்த ஒரு சுறுசுறுப்புத்தனம் தானே

காந்தமாக மாறி ஈர்க்கும் தன்மை இருந்தாலும், முன்னாள் செயற்பாட்டாளர்களை விரட்டும் பண்புகளும் இருந்தன. அவர் பழி வாங்குபவராக, பிடிவாதக்காரராக, சில சமயம் கணிக்க முடியாதவராக இருந்தாகச் சொல்லப்பட்டது. மொத்தமாகப் பார்த்தால், அவர் புதிராகவும் ஆபத்தானராகவும் இருந்த அதே சமயம் அதே அளவு எளிமையாகவும் சரளமாகப் பழகக் கூடியவராகவும் இருந்தார்.

•

நாங்கள் தங்கியிருந்த முகாம் அது போன்ற மற்ற முகாம்களைப் போல் இல்லை. அது அமைதியாக இருந்தது. போராளிகள் அதிகமாகக் காணப்படவில்லை. குளிர்காலம் தொடங்கிவிட்ட நிலையில், இரவுகள் நீண்டு கொண்டே செல்ல, அந்தி நேரங்களில் திகிலடைய வைக்கும் பனி படர்ந்தது. ஜெனரேட்டர் இரவு 10 மணிக்குத் தன் சத்தத்தை நிறுத்திக்கொண்டது. கருத்த மழை மேகங்கள் சூரிய சக்தி செல்கள் சார்ஜ் ஆவதைத் தடை செய்தன. அது நாங்கள் பின் இரவில் தொலைக்காட்சி பார்ப்பதற்கு முற்றுப் புள்ளி வைத்தது. சீக்கிரமே தூங்கி, சீக்கிரமே எழுவதைத் தவிர வேறு வழியில்லை என்றானது.

சில நேரங்களில், பக்கத்தில் உள்ள காட்டில் உள்ள மான்களின் குரைப்பு, இரவின் அமைதியைக் குலைத்தது. ஆரம்பத்தில் நான் அவற்றைக் காட்டு நாய் குரைக்கிறதென்று நினைத்தேன். அப்பறம், நீரோடைகளில் தண்ணீர் குடிக்க மான் கூட்டம் மலையில் இருந்து இறங்கி வந்திருப்பதாக யாரோ சொன்னார்கள். சில சமயங்களில், தொலைதூரத்தில் யானைகள் பயங்கரமாகப் பிளிறுவதைக் கேட்பதுண்டு. அவை தாக்குதல் நடத்தினால் என்ன செய்வது? முகாமைச் சுற்றிலும் சுவரோ அல்லது முள் கம்பி வேலியோ இல்லை. தீ வளர்ப்பது வன விலங்குகளைத் தடுத்து நிறுத்தும் என்பது எல்லாருக்கும் தெரிந்த விஷயம்தான். ஆனால், அதுபோல் தீ எதுவும் கொளுத்தபடவில்லை. இங்கே மலைகளிலும், சமவெளிப் பகுதிகளிலும் கரடிகளும், சிறுத்தைகளும் எப்போதும் ஆபத்தை விளைவிக்கத் தயாராக இருந்தன. இதனையும் மீறி, வெளியில் உள்ள சிறுநீர் கழிக்கும் இடத்துக்கு எப்போதாவது இரவில் வெளியில் செல்வோம்.

எங்கள் பயம் அர்த்தம் இல்லாதது என்று ஒரு மூத்த போராளி ஒரு நாள் காலையில் விளக்கம் தந்தார். முகாமில் 24 மணி நேரமும் பாதுகாப்பு உள்ளது. பாதுகாப்பு அடுக்குகள் பராமரிக்கப்படுகின்றன. ஏதாவது ஏடாகூடமாக நடந்து விட்டால் உடனடியாக அது கவனிக்கப்பட்டு, விரைவில் நடவடிக்கை எடுக்கப்படும் என்று ஆறுதல் சொன்னவர்

உண்மையான பெரிய ஆபத்து என்பது முகாம்களை அழித்துவிட விரும்பும் எதிரிகளிடம் இருந்துதான் வரும் என்றும் சொன்னார்.

'அப்படி ஒரு நிலை வந்தால்? அல்லது இந்த முகாமை எதிரிகள் சூழ்ந்து விட்டால்?' என்று கேட்டேன். அவர்கள் இதற்கு ஏதாவது அவசரத் திட்டம் வைத்திருக்கிறார்களா என்பதைத் தெரிந்து கொள்ளும் ஆர்வம் இருந்தது.

'அப்படி ஒரு சூழ்நிலை வந்தால், நாங்கள் உங்களைப் பாதுகாப்பான இடத்துக்கு அழைத்துச் செல்வோம். ஆகவே, கொஞ்சமும் பயப்பட வேண்டாம். இங்கே, முழு அளவிலான ஒரு தாக்குதல் நடத்தப்பட முடியும் என்று நீங்கள் உண்மையிலேயே நினைக்கிறீர்களா? இங்குள்ள குடியிருப்புகள் மீது முழுமையான தாக்குதல் நடத்த பெரிய அளவிலான படை பலத்தைக் கொண்டுவரவேண்டும். நாங்கள் முழுமையாக அதை எதிர்கொள்ளத் தயாராக இருக்கிறோம்.' இது அவரது பதில்.

'கிழக்கு நாகாலாந்தில் உள்ள நிலைமை பூட்டானில் உள்ள நிலைமையை விட முற்றிலும் மாறுபட்டது. பூட்டான் புது தில்லி கொடுத்த அழுத்தத்தில் மடங்கி 2003ல் போராளி முகாம்களின் மேல் நடவடிக்கை எடுத்தது' என்று கூறி என்னைச் சமாதானப்படுத்த முயற்சித்தார் அவர்.

ஆனால் நான் என்ன நினைத்தேன் என்றால், இந்த முகாம் மலைகளில் அமைந்திருக்கவில்லை. ஆகவே எதிரிகள் தாக்குதல் தொடுப்பது எளிதாக இருக்கும் என்று. நான் எப்போதும், உடனடியாக வெளியேற வேண்டும் என்ற சூழ்நிலை வந்தால் எடுத்துச் செல்வதற்காக ஒரு சில பொருட்களையும் ஒரு பையையும் படுக்கைக்கு அருகில் தயாராக வைத்திருந்தேன். இந்த முகாம் அமைந்திருக்கும் இடம் குறித்த ஒரே சாதகமான அம்சம் என்னவென்றால், மற்ற போராளிக் குழுக்களில் இருந்து கணிசமான எண்ணிக்கையிலான போராளிகள், செய்தி தெரிந்த குறுகிய கால அவகாசத்திலேயே பாதுகாப்புக்காக குழுமி விடுவார்கள் என்பதுதான்.

மோட்டார் படகுகள் நங்கூரமிட்டு வைக்கப்பட்டிருக்கும் ஆறுகள் வழியாக, எளிதாக தப்பித்துச் செல்லும் வழிகள் இருந்தன. இந்த முகாம், வடக்குத் திசையில் காட்டின் மையப்பகுதிவரை நீண்டு இருந்தது. மறைக்கப்பட்டிருந்த மலைமுகடுகளில் முக்கிய இடங்களில் பதுங்கு குழிகள் இருந்தன. பாதுகாப்பு ஒவ்வொரு நாளும் ஆய்வுக்கு உட்படுத்தப்பட்டது. அதற்குப் பொறுப்பாக இருந்த மைக்கேல் தேகா புக்கான் புதிய செயற்குழுவுக்கு நியமிக்கப்பட்ட அனுபவம் மிக்க மூத்த போராளி. முகாம் முழுவதும், குறைந்த அலை வரிசை கொண்ட ரேடியோ தொலைபேசிகள் மூலம் தகவல் தொடர்பு ஏற்பாடுகள்

செய்யப்பட்டிருந்தது. போராளிகள் மாறி மாறிக் காவல் காத்தனர். எங்களது குடிசைக்கு அருகில் இரவில் ஒரு பாதுகாவலர் நிறுத்தப் பட்டிருந்தார்.

இந்த முகாம் வாழ்க்கை மலை முகாம் வாழ்க்கையைப் போன்றே அவ்வளவு கடினமானதாக இருந்தது. கண்காணிப்பு அதைவிட அதிகமாக இருந்தது. ஏனெனில், முக்கிய கூட்டங்கள் நடக்கையில் உயர்மட்டத் தலைவர்கள் அடிக்கடி வரக்கூடிய இடமாக இந்த இடம் இருந்தது. அதிகாலை 4 மணிக்கு ஒலிக்கும் ஒரு விசில் சத்தம் அனைவரையும் தூக்கத்தில் இருந்து எழுப்பி, இனி வரப் பேகும் பரபரப்பான பகல் வேளைக்குத் தயார்ப்படுத்தும். போராளிகள், அணிவகுப்பு மைதானத்தில் கூடுவார்கள். மூன்று வரிசைகளில் நின்று, முன்னும் பின்னும் அணிவகுத்துச் செல்வார்கள். அதன் பின்னர் உடற்பயிற்சிகள். காலை 7 மணிக்கு அளிக்கப்படும் உணவுக்குப் பின் இரண்டு மணி நேர இடைவேளை அளிக்கப்படும். பின் அங்குள்ளவர்கள் குழுக்களாகப் பிரிக்கப்பட்டு, அரிசி வாங்கிக் கொண்டு வருவது விறகு, தண்ணீர் கொண்டு வருவது என்று வேலைகள் ஒதுக்கப்படும். சில சமயம் காட்டைச் சுத்தப்படுத்தும் வேலையும் அளிக்கப்படுவதுண்டு.

இந்த நிகழ்வுகளைக் கூர்ந்து கவனித்துக்கொண்டிருந்தவள் பிரினா. நான்கு வயதுப் பெண் குழந்தையான அவள் அந்த முகாமில் பிறந்தவள். எப்போதும் அவள் யார் வழியிலும் குறுக்கிட்டதில்லை. முகாம்வாசிகளின் கட்டுப்பாடான வாழ்க்கை முறையைத் தடை செய்தது இல்லை. அவளது தாயும் தந்தையும் உல்ஃபா இயக்கத்தில் பல ஆண்டுகளாகப் பணியாற்றி வருகிறார்கள். நாள் முழுவதும் அவள் முகாம் முழுதும் அலைவதுண்டு. அவளது தாய் குழந்தையைக் கண்டுபிடித்து வீட்டுக்கு அழைத்துச் செல்வாள்.

இரண்டு நாட்கள் கழித்து காலையில் பெய்த சிறு மழை அந்தப் பகுதியை மேலும் குளிரில் ஆழ்த்தியது. சமையலறையில் ஏதோ வொரு மாற்றம் தெரிந்தது. அங்கு சமையல் வேலைகளைக் கவனித்த குஷால் ஒரு முக்கிய வேலைக்காகப் புறப்படவிருந்தான். எங்களுக்கு தன் கையால் கடைசி உணவு தயாரித்துக் கொடுத்தான். அங்கிருந்த நாட்களில் எங்களுடன் நெருங்கி வந்திருந்தான். அங்கிருந்த பெரும் பாலானவர்களைப்போல நடவடிக்கைகளுக்கு அல்லது ஒரு முகாமில் இருந்து இன்னொரு முகாமுக்கு என்று தொடர்ந்து பயணத்தில் இருந்துவந்தார். தற்போது, எங்கள் முகாமுக்கு வடக்கில் இருந்த ஒரு இடத்துக்கு ஒரு சிறு குழுவுடன் செல்லவிருந்தான். அப்படிச் செல்லும்போது கிட்டத்தட்ட 15 கிலோ எடை கொண்ட பொருளைச் சுமந்துகொண்டு ஏறத்தாழ ஒரு வாரத்துக்குத் தொடர்ந்து நடக்க வேண்டும். நாங்கள் அவனை மீண்டும் பார்க்க வாய்ப்பில்லை. அவர் தயாரிக்கும் சுவையான உணவுகளைக் குறிப்பாக அவித்த பன்றி

இறைச்சியையும் கருவாட்டுச் சட்னியையும் சாப்பிடுவதற்கு வாய்ப்பில்லை.

எப்போது திரும்பி வருவாய் என்று கேட்டேன்.

'எனக்குத் தெரியாது. ஆனால், அப்போது நீங்கள் திரும்பிச் சென்றிருப்பீர்கள். தயவு செய்து மீண்டும் வாருங்கள்' என்றான் குஷால்.

எங்களால் முடிந்த அளவு சீக்கிரம் வருவதாக அவனிடம் சொன்னேன்.

'உங்களுக்குத் தெரியும். எங்கள் வாழ்க்கை நிலையில்லாதது. எங்கள் தாய்நாட்டுக்கு எல்லாவற்றையும் நாங்கள் தியாகம் செய்கிறோம்' என்று சொன்ன குஷால், தனது தொப்பியைப் பொருத்திக் கொண்டு தனது 'பேக்'கில் உள்ள பொருட்களைச் சரி பார்த்தான். கொஞ்சம் அரிசி, படுப்பதற்கு ஒரு பாலித்தீன் ஷீட், ஒரு வெட்டுக் கத்தி, ஒரு தண்ணீர் பாட்டில், சதுர வடிவிலான ஒரு அடுப்புச் சட்டி, சோப், டூத் பேஸ்ட் மற்றும் அவரது தோளில் இருந்து தொங்கிய ஏ.கே. 81 ரைஃபிளுக்கான நான்கு குண்டுகள் போன்றவற்றைச் சுமந்தான். கடந்த சில மாதங்களாக அஸ்ஸாமில் பணியாற்ற அனுப்பப்பட்ட போராளிகளை விடுவிப்பதற்காக, தான் அங்கே விரைவிலேயே அனுப்படலாம் என்று தெரிவித்தான். ஒரே இடத்தில் நீண்ட காலம் தங்கியிருக்கவும் ஒரே வேலையை நீண்ட காலம் செய்யவும் யாரும் அனுமதிக்கப்படவில்லை. என்ன வேலை செய்யவேண்டும் என்பது அவர்கள் புறப்படுவதற்கு சில மணி நேரங்களுக்கு முன்பே தொடர்புடைய போராளிகளுக்குத் தெரிவிக்கப்பட்டது.

எங்களிடம் போய் வருவதாகச் சொன்ன குஷால் அணிவகுப்பு மைதானத்தில் குழுமியிருந்த தனது சகாக்களுக்குக் கையாட்டினான். தோழர்கள் பிஜோய் பேச்சைக் கேட்பதற்காக அங்கே கூடியிருந்தனர். பத்து நிமிடங்கள் கழித்து, ஒரு பெரிய உல்ஃபா முகாமை நோக்கிய நீண்ட நடைபயணத்தை அவர்கள் தொடங்கினார்கள்.

குஷாலைப் போன்றே பெரும்பாலான போராளிகள் பல ஆண்டுகளுக்கு முன்பு உல்ஃபாவில் சேர்ந்திருந்தார்கள். கிழக்கு நாகாலாந்தில் பயிற்சி பெற்றிருந்தார்கள். அவர்களது ஆர்வமும் பொறுப்புணர்வும் எவ்வளவு காலம் நீடிக்கும் என்பதை யோசித்துப் பார்த்தேன். உல்ஃபா இயக்கத்தவர்களைப் பொறுத்தவரை, சரண் அடைவது அடிக்கடி நிகழந்து வந்தது. இருந்தபோதிலும், அடுத்த நாள் இரண்டு மூத்த நிர்வாகிகளால் நாங்கள் அழைத்துச் செல்லப்பட்ட, பக்கத்தில் உள்ள முகாமில் பயிற்சி பெற்று வந்த புதிய போராளிகள் தீவிர ஆர்வத்தை வெளிப்படுத்தினார்கள்.

பயிற்சி மையத்தில் இருந்த பெரும்பாலான போராளிகள் மேல் அஸ்ஸாமில் உள்ள கிராமப்புறம் அல்லது பகுதி நகர்ப்புறமாக உள்ள

இடங்களில் இருந்து வந்தவர்களாக இருந்தார்கள். பலரும் பெரும் பாலும் சிவ சாகர், திப்ரூகர், தீன்சுகியா மாவட்டங்களில் வசிக்கும் மோரான், மோட்டோக் இனங்களைச் சேர்ந்தவர்களாக இருந்தார்கள். இயக்கம் தொடங்கப்பட்டதற்கான காரணம், உல்ஃபாவின் பின்புலம், முன்னாள் போராளிகள் செய்த தியாங்கள், எதிர்காலத்தில் அஸ்ஸாம் இந்தியக் கூட்டாட்சியில் இருந்து சுதந்தரம் அடையும் சாத்தியக் கூறுகள் இருப்பதற்கான காரணங்கள் போன்றவை அவர்களுக்கு நன்கு விளக்கப்பட்டன. பயிற்சியாளர்கள் கேள்விகள் எழுப்பவும், தங்களிடம் இருக்கும் சந்தேகங்களைத் தீர்த்துக் கொள்ளவும் ஊக்கம் தரப்பட்டது.

அவர்களில் ஒருவரிடம் பேசினேன். தனது இருபது வயதுகளின் மத்தியில் இருந்த அவரது பெயர் ஜனித்தேன் சைக்கியா. பயற்சி பெற்று வந்த இருநூற்றி சொச்சம் நபர்களில் இவரும் ஒருவர். அவர்களில் ஐந்து பெண்களும் இருந்தனர். பயிற்சிகளிலேயே தடை தாண்டும் பயிற்சிதான் கடினம் என்றார். இந்தப் பயிற்சியில் ஒரு குறிப்பிட்ட உயரத்தில் இருந்து குதிக்கவேண்டும். சுரங்கப் பாதைகளில் தவழ்ந்து செல்லவேண்டும். கனத்த இருளில் மலையில் ஏறுவது போன்ற ஆபத்தான விஷயங்களும் உண்டு. உடல், நெகிழ்வாக இருக்க வேண்டும் என்றார். எதிர்பார்த்தபடி ஒவ்வொருவரும் இதற்குத் தங்களை மாற்றிக்கொண்டு வெற்றிகரமாக பயிற்சியை முடிக்கிறார்கள். தோல்விகள் மிகவும் அரிதே.

அவரது சகா, லக்கிம்பூரில் இருந்து வந்திருக்கும் மோண்டு நியோக். ஒரு தாட்டியான இளைஞன். துப்பாக்கி சுடுதல் பயிற்சிகளில் மிகவும் ஆர்வம் கொண்டிருந்தான். ஒரு குறிப்பிட்ட காலத்திலேயே எந்தவகைத் துப்பாக்கியாகக இருந்தாலும் குறி தவறாமல் சுடக் கூடியவனாகத் தன்னைத் தயார்படுத்திக் கொண்டிருந்தான்.

எப்போதாவது ஒரு முறை, பயிற்சியாளர்கள் காட்டின் உட்பகுதிக்கு அழைத்துச் செல்லப்படுவார்கள். தப்பிப்பது பற்றியும், கண்ணி வெடிகளைப் புதைப்பது பற்றியும் கற்றுக் கொள்வதற்கு இந்த ஏற்பாடு. பயிற்சி நிறைவடையும் தருணத்தில் அவர்கள் ஏதாவதொரு பிரிவுக்கு நியமிக்கப்படுவார்கள். அது பெரும்பாலும் ஆயுதப் பிரிவாகவே இருக்கும். அவர்கள் தேர்ச்சி பெற்ற பின் கிழக்கு நாகாலாந்தில் உள்ள பல்வேறு உல்ஃபா முகாம்களுக்கு அனுப்பப் பட்டனர். பின்னர் அவர்கள் நிலப் பரப்புக்குத் தக்கவாறு மாற்றிக் கொள்வதற்கும் இந்தப் பகுதியின் அமைப்பைப் பற்றித் தெரிந்து கொள்ளவும் ஒரு முகாமில் இருந்து இன்னொரு முகாமுக்குத் தொடர்ந்து அனுப்பப்பட்டு வந்தனர். ஏறத்தாழ ஒரு வருடத்துக்குப் பின்னால், இலக்குகள், பதுங்கும் இடங்கள், முக்கியத் தொடர்புகள்

மற்றும் பாதைகள் பற்றிச் சொல்லிக் கொடுக்கப்பட்ட பின்பு அஸ்ஸாமில் தாக்குதல் நடத்துவதற்காக அனுப்பப்படுவார்கள்.

தாக்குதல் நடவடிக்கையை நடத்த சில நேரங்களில் நாட்கணக்கில் ஆகலாம். ஒரு வெடிகுண்டைப் புதைப்பதாகட்டும், ஒரு எறிகுண்டை வீசுவதாக இருக்கட்டும், துப்பாக்கியின் டிரிக்கரை அழுத்துவதாகட்டும், போராளிகள் தெளிவாக வரையறுக்கப்பட்ட இடத்தை, நேரத்தைத் தேர்வு செய்தல், நடவடிக்கை முடிவடைந்த பின் தப்பிக்கும் வழியை, பொதுவாக, பக்கத்து மாநிலத்துக்கான வழியை அடையாளம் காணுதல் போன்றவற்றுடன் தயாரிப்பு தொடங்கும். படிப்படியான வழிமுறைகளைப் பின்பற்றினார்கள். எனவே, புதிய குழுக்கள், அதற்கு பல நாட்கள் முன்னதாக கிழக்கு நாகாலாந்து அல்லது அருணாச்சலப் பிரதேசத்திலிருந்து உள்ளே நுழைவார்கள். அல்லது அஸ்ஸாமில் ஏற்கனவே மறைவிடங்களில் இருப்பவர்கள் செயல்பாட்டுக்குக் கொண்டு வரப்படுவார்கள்.

பல நிகழ்வுகளில் போராளிகள் தாக்குதல் நடத்தி முடிக்கப்பட்ட பகுதியில் இருந்து உடனடியாக வெளியேறவேண்டும் என்ற கடைசிக் கட்டத்தை உதாசீனம் செய்த காரணத்தால் அவர்கள் பாதுகாப்பு படையினரால் கைது செய்யப்பட்டார்கள். அல்லது சுட்டு வீழ்த்தப் பட்டார்கள் என்பதை மூத்த நிர்வாகிகள் ஒத்துக் கொள்கிறார்கள். தகவலாளிகள் மூலம் அல்லது தொலைபேசி உரையாடல்களை ஒட்டுக் கேட்பதன் மூலம் முன்னதாகக் காவல் துறைக்குத் தகவல் கிடைக்கும் பட்சத்தில் தாக்குதல் நடவடிக்கைகள் சில சமயங்களில் தோற்றுப் போவதுண்டு.

கிழக்கு நாகாலாந்துக்குத் தக்கவாறு சிலர் வேகமாக மாறிவிடு கிறார்கள். வேறு சிலரை அவ்வாறு மாறக் கட்டாயப்படுத்த வேண்டி யுள்ளது. அவர்களுக்கு வேறு வழியில்லை. ஏனெனில், வீட்டுக்குத் திரும்பிச் செல்வது எளிதான வழி அல்ல. முகாமில் இருந்து தப்பிப்பது முடியாத காரியம். முன்னரே முடிவு செய்யப்பட்ட பாதைகளே இருந்தன. தப்பித்தவர்கள் உணவுக்காக கிராமங்களில் முடங்கிப்போக வேண்டியதிருக்கும். ஒரு நாள், மற்றொரு இயக்கத்தைச் சேர்ந்த மூன்று போராளிகள் ஆயுதங்களோடு தப்பித்தார்கள். மலைகளில் உள்ள ஒரு கிராமத்தின் அருகில் அவர்கள் கண்டுபிடிக்கப்பட்டு, அவர்களது மணிக்கட்டுகளை முதுகுப்புறம் சேர்த்து கட்டி வைத்தவாறு திருப்பிக்கொண்டு வரப்பட்டு மரண தண்டனை அளிக்கப்பட்டது.

போராளிகளைத் தப்பிக்க அனுமதிப்பதில் உள்ள பின்விளைவுகள் மிக அதிகம். அவர்கள், பாதைகள் பற்றிய தகவல்கள் மற்றும் முகாம்கள் அமைந்துள்ள இடங்களைப் பற்றிய செய்தியை அம்பலப்படுத்தக் கூடும். ஆயுதங்களுடன் தப்பித்து ஓடுதல், உளவு பார்த்தல், கற்பழிப்பு

போன்ற குற்றங்களுக்குக் கருணை காட்டப்பட்டதில்லை. அனைத்துப் போராளி இயக்கங்களிலும் இது போன்ற எண்ணற்ற நிகழ்வுகள் நடந்தேறியுள்ளன. படுக்கையில் இருந்து எழுவதற்குத் தாமதம் ஆவது அல்லது ஒரு சின்ன வேலையை நேரத்தில் செய்து முடிக்கத் தவறுதல் போன்றவற்றுக்கு மைதானத்தில் ஒரு சில ரவுண்டுகள் ஓடவிடுவது போன்ற எளிதான தண்டனைகளும் இருக்கும். புகை பிடித்துக் கொண்டிருக்கும்போது அல்லது பொய் சொல்லிப் பிடிபட்டாலோ கொஞ்சம் கடிமான தண்டனை உண்டு. முப்பது கசையடிகள் என்பது போல.

பயிற்சியாளர்கள், நான் ஏதோ வெளிநாட்டில், குறிப்பாக வங்க தேசத்தில் இருந்த ஒரு மூத்த நிர்வாகி என்று நினைத்தார்கள். நான் பயிற்சியாளருடன் முகாமைச் சுற்றி வலம் வந்து சின்ன மைதானத்தில் அணிவகுத்துச் சென்ற அந்த அணியைச் சில புகைப்படங்கள் எடுத்தேன். துப்பாக்கிச் சுடும் பயிற்சி நடத்தப்பட்ட ஒரு சின்னக் குன்றை அடைந்தோம். பயிற்சியாளர்களுக்கு முதல் இரண்டு வாரங்களுக்கு 'டம்மி' ரைஃபிள் துப்பாக்கிகளை வைத்துக் கொண்டு அடிப்படைகள் கற்றுக் கொடுக்கப்படும்; பின்னர் அவர்கள் 9 மி.மி. பிஸ்டலும் ஏ.கே. 81 அசால்ட் ரைஃபிளும் கொண்டு இலக்குகளைச் சுட அனுமதிக்கப்படுவார்கள் என்று தெரிவித்தார். பிந்தைய கட்டத்தில் கையெறி குண்டுகளை வீசுவது குறித்தும் ஆர்.டி.எக்ஸ். மருந்தை வைத்து வெடிகுண்டு தயாரிப்பது குறித்தும் பாடங்கள், பயிற்சிகள் அளிக்கப்படும்.

ஒரு மரத்தின் அடிப்பகுதிக்கு அருகில் இருந்த ஒரு கலாஷ்னிக்கோவ் துப்பாக்கியை எடுத்த நான் அதைப் பயிற்சியாளரிடம் காண்பித்தேன். அவர் முன்பு பூட்டானில் இருந்து செயல்பட்டவர்.

'இந்த ரைஃபில் எப்படிப்பட்டது?' என்று கேட்டேன்.

'உலகிலேயே மிகச் சிறந்தவற்றில் ஒன்று. மிகத் துல்லியமானது' என்றார்.

'நான் கொஞ்சம் சுவாரசியமான விஷயத்தைக் கவனித்திருக்கிறேன். மணிப்பூர் ஆட்களிடம் அமெரிக்கத் தயாரிப்பான எம்.16. துப்பாக்கிகள் அளவுக்கதிகமாக காணப்படுகின்றன. ஆனால், உல்ஃபாவில் அப்படி இல்லை. என்ன காரணம்?'

'எது மலிவான விலையில் கிடைக்கிறது என்பதைப் பொறுத்தது. எம்.16 துப்பாக்கிகள் கம்போடியாவில் இருந்தும் வியட்நாமில் இருந்தும் வந்தன. அவற்றுக்கான வெடிகுண்டுகள் எளிதாக கிடைப்பதால் அவற்றை விரும்புகிறார்கள்.'

'ஓ.கே. பிஸ்டலைப் பற்றிச் சொல்லுங்கள். நீங்கள் வைத்திருக்கும் பிஸ்டல் என்ன வகை?'

பயிற்சியாளர் துப்பாக்கி உறையைக் கழற்றி ஒரு மெல்லிய 9 மி.மீ. பிஸ்டலை உருவி அதன் வெடிகுண்டுப் பகுதியை அகற்றியபின் என் கையில் வைத்தார். 'இந்தப் பிஸ்டல் செக்கோஸ்லாவாகியில் இருந்து வருகிறது. உண்மையில் அனைத்து ஐரோப்பிய நாடுகளில் இருந்து வரும் பிஸ்டல்களும் நல்லவையே. ஆனால், அவற்றின் விலை அதிகமாகி வருகிறது' என்றார் பயிற்சியாளர்.

பயிற்சியாளர் அனைத்து அமைப்புகளுக்கும் கிட்டத்தட்ட ஒரே விதமான பயிற்சி, பாடத் திட்டம்தான் உண்டென்று விளக்கினார். இந்த பயிற்சிப் பாடத் திட்டம், முன்பு உல்ஃபா போராளிகள் பயிற்சி பெற்ற குழுக்களின் பாடத் திட்டங்களில் இருந்து முக்கியமான வற்றைச் சேர்த்து தொகுக்கப்பட்டிருக்கிறது. உல்ஃபா போராளிகள் தொடக்கத்தில் பயிற்சி பெற்ற அமைப்புகளில் என்.என்.சி.என்., கே.ஐ.ஏ., ஆப்கன்-பாகிஸ்தான் பகுதியில் உள்ள அமைப்புகளும் அடங்கும். சில அம்சங்களுக்குக் கூடுதல் முக்கியத்துவம் அளிக்கப் பட்டன. சில அம்சங்கள் நீக்கப்பட்டன. மற்றும் சில குறிப்பிட்ட தேவைகளை ஒட்டி மாற்றியமைக்கப்பட்டன.

'ஆட்சேர்ப்பு குறித்துச் சொல்லுங்கள்? அது எப்படி நடத்தப்படுகிறது' என்றேன்.

''ஆதாயத்தைத் தேடிவருபவர்கள்' நுழைவதைத் தடுப்பதற்காக இறுதித்தேர்வுக்கு முன்பு வடிகட்டல் நடத்தப்படுகிறது. எனவே, இனி சரணடையும் நிகழ்வுகள் குறையும். ஏனெனில், புதிய அணியினர், முந்தைய அணியினரை விடவும் மிகவும் ஒழுக்கமுள்ளவர்களாக, கடமைப் பொறுப்புள்ளவர்களாக இருக்கிறார்கள்' என்றார்.

'இந்த வடிகட்டலைச் செய்வது யார்?'

'எங்களுக்கான ஆட்கள் இருக்கிறார்கள்.'

நாங்கள் பிற்பகல் 12.30க்குத் திரும்பி வந்தபோது வகுப்புகள் முடிந்திருந்தன. அது சமைப்பதற்கும் வேடிக்கை விளையாட்டுக் களுக்குமான நேரமாக இருந்தது. பக்கத்தில் அமைந்திருந்த மூன்று சமையல் அறைகளில் இருந்து புகை மூட்டமாக வந்தது. குழுக்கள் விறகு பொறுக்கிக் கொண்டிருந்தன. தண்ணீர் கொண்டு வந்தனர். மற்ற வேலைகளை முடித்துக்கொண்டிருந்தனர். இது மதிய உணவுக்குப் பின்னரும் தொடரலாம். அதாவது பிற்பகல் 2 மணி முதல் 3 மணி வரை. இதர முகாம்கள் அனைத்தையும் போன்றே ஒவ்வொரு நாளும் இரண்டு முறை உணவு அளிக்கப்பட்டது. ஒரு வாரத்தில் ஒரு முறை அல்லது இரண்டு முறை பன்றி இறைச்சி, கோழி மற்றும் மீன் கறி முதலான அசைவ உணவுகள் அளிக்கப்பட்டன.

யாரோ ஒருவன் தனது செல்போனில் நவீன அஸ்ஸாமிய மொழிப் பாடல் ஒன்றை இசைக்கவிட்டான். சிலர், ஐந்து மாதங்களுக்கு முன்பு வெளியான ஒரு புதிய திரைப்படத்தைப் பற்றி விவாதித்தார்கள். ஒரு மூலையில் திப்ரூகர் வானொலியில் செய்திகள் ஒலிபரப்பானது. மாலையில், தொலைக்காட்சி அறையில், மாலைச் செய்திகளை அறிவதற்காக ஒரு பெரிய கூட்டமே கூடியது. மெழுகுவர்த்திகள் இரவு 9 மணிக்கு அணைக்கப்பட்டன.

அந்த இரவில் நாங்கள் பயிற்சி முகாமில் தங்கினோம். அடித் தளத்துக்கு வந்தோம். அங்கே பரூவா எங்களுக்காகக் காத்துக் கொண்டிருப்பதைக் கண்டோம். தளபதி அடுத்த நாள் எங்களுக்காக மூத்த நிர்வாகிகளைக் கொண்ட ஒரு குழுவுடன் ஃபோட்டோ எடுக்கும் நிகழ்ச்சிக்கு ஏற்பாடு செய்திருப்பதாகத் தெரிவித்தார். அதற்கு முந்தைய நாள் தான், பிரதீப்பும், நானும் இத்தகைய ஒரு நிகழ்ச்சிக்கு ஏற்பாடு செய்யுமாறு அவரைக் கேட்டுக்கொள்வதென்று தீர்மானித்திருந்தோம்.

அந்தக் குழு முகாமுக்கு வருவதற்கு முன்பே நாங்கள் எங்கள் கேமராக்களுடன் தயாராக இருந்தோம். பனிப்புகை விலகும்வரை நாங்கள் புகைப்படம் எடுக்க விரும்பவில்லை. மலையில் இருந்து, நாங்கள் மோரனும் பிஜோயும் மேடையில் இருந்து அணியினரிடம் பேசுவதைப் பார்த்தோம். இருபதுக்கும் மேற்பட்ட போராளிகளின் குழுவொன்று தரையில் அமர்ந்து, அதனைக் கவனித்துக் கொண்டிருந்தது. அப்புறம் தளபதி பேசவேண்டிய நேரம் வந்தது. என்ன பேசுகிறார்கள் என்பதை எங்களால் கேட்க முடியவில்லை. ஆனால், அது நம்பிக்கை யூட்டும் பேச்சாகத்தான் இருக்கமுடியும் என்பதை அறிந்தோம். சமீபத்திய மாற்றங்கள் குறித்தும் அவர் பேச விரும்பினார். அரை மணி நேரத்துக்குப் பின், எங்கள் கேமராக்களுடன் கீழே வருமாறு கேட்டுக் கொள்ளப்பட்டோம். தலைவர்கள் நாற்காலிகளில் அமர்ந்தார்கள். போராளிப் பயிற்சியாளர்கள் அவர்களுக்குப் பின் பேட்டோ எடுப்பதற்காக நின்றார்கள்.

அதற்குப் பின் அந்தக் குழுவுடன் நாங்கள் மதிய உணவு சாப்பிட்டோம். நான் அந்தப் பையன்களுடன் கலந்து பழகி இந்த இயக்கம் பற்றி, அவர்களது தலைவர்கள் குறித்து அவர்களது கருத்துகளை அறிய விரும்பினேன். எனவே, நான் சமையல் அறைக்கு வெளியில் உள்ள ஒரு மூலையில் அவர்களில் மூன்று பேருடன் தரையில் அமர்ந்தேன். ஆனால், அவர்கள் நான் பேசத் தொடங்குவதற்கு முன்பு பேச ஆரம்பித்தார்கள்.

'சார், உங்களை நாங்கள் இதற்கு முன் சந்தித்ததில்லை. தயவு செய்து உங்கள் பெயரைச் சொல்லுங்கள்' என்றான் இருபது வயதுகளின் தொடக்கத்தில் இருந்த ஒருவன்.

'நான் கேப்டன் நிபெண் தாஸ். உங்கள் மத்தியில் இருப்பதை உற்சாகமாக உணர்கிறேன். உன் வாழ்க்கை எப்படிப் போகிறது?' என்றேன்.

'நன்றாக இருக்கிறது. நாங்கள் இந்த இடத்தை விரும்ப ஆரம்பித்திருக் கிறோம்' என்றான் மற்றொரு போராளி.

ஏராளமான மாற்றங்கள் ஏற்பட்ட வேளையில், புதிதாக ஒரு மத்தியக் குழு அமைக்கப்பட்டிருக்கும் நேரத்தில் நீங்கள் உல்ஃபா இயக்கத்தில் இணைந்திருக்கிறீர்கள்.'

'ஆம். எங்களுக்கு அது தெரியும். நாங்கள் தியாகம் செய்யத் தயாராகவும் விருப்பமுடனும் இருக்கிறோம்.'

'அப்படியென்றால தற்போதைய தலைமை குறித்து என்ன நினைக்கிறீர்கள்?'

அவர்கள் சாப்பிடுவதை நிறுத்திவிட்டு என்னையே உற்றுப் பார்த்தார்கள். 'கமான், அவ்வளவு சீரியஸ் ஆகப் பார்க்காதீர்கள். உங்கள் கருத்துகளை அறிந்துகொள்வது பெரிய உதவியாக இருக்கும். அனைத்தையும் என்னிடமே வைத்துக்கொள்வேன்.' திடீர் இறுக்கத்தைக் குறைக்கும் நம்பிக்கையில் சிரித்தேன்.

அவர்களில் ஒருவன் பதிலளித்தான்: 'சார் (பரூவா) ஓர் உண்மையான போர்வீரர். எந்நிலையிலும் பின்வாங்காதே என்று சொல்லும் புரட்சியாளர். அவர் மற்றவர்களைப்போல இயக்கத்தை விட்டுவிட்டு எளிதாக ஓடத் தோதான நேரங்களில்கூட ஓடிப்போய் விடவில்லை. அதற்குப் பதிலாக இங்குள்ள காடுகளில் எங்களுடன் இருக்க முடிவு செய்தார்...'

'ஆமாம். நீ சொல்வது உண்மை.'

அவன் தொடர்ந்தான்: 'ஒவ்வொருவரும் அவரை மதிக்கிறார்கள். அவர் ஆடம்பர வாழ்க்கையை விரும்பவில்லை. அவர் இந்த இயக்கத்துக்காக அதிகபட்ச தியாகம் செய்திருக்கிறார்.'

நீண்ட நேரம் அமர்ந்து அவர்களிடமிருந்து இன்னும் அதிகமான தகவல்களைப் பெறும் நம்பிக்கையில் மெதுவாகச் சாப்பிட்டேன். கிழக்கு நாகாலாந்தில் உள்ள இந்தப் போராளிகள் அஸ்ஸாமின் கிளர்ச்சி விளக்கை அணையாமல் பார்த்துக்கொண்டுவருகிறார்கள். அவர்கள் தங்கள் வீடுகளில் இருந்து நூற்றுக்கணக்கான கிலோ மீட்டர்கள் அஸ்ஸாமின் விடுதலைக்காக நடந்துவந்தார்கள். அவர்கள் வடகிழக்குப் பகுதியின் பிற மாநிலங்களைப்போல அஸ்ஸாமும்

இந்தியாவின் ஒரு காலனி என்றும் அஸ்ஸாமின் இயற்கை வளங்களுக்காக அது சுரண்டப்பட்டு வருவதாகவும் எண்ணினார்கள். அவர்களுக்கு, அஸ்ஸாமின் பலதரப்பட்ட பிரச்னைகளுக்கு உல்ஃபா பதிலாக இருந்தது. பரூவாவின் தலைமையின் கீழ் அந்த அமைப்பு தழைத்து தனது குறிக்கோளுக்கு நெருங்கி வந்தது. தளபதி புதிய தாக்குதலுக்காக ஆயுதப் பிரிவை மாற்றியமைத்து, இன்னும் பொறுப்புணர்வு மிகுந்த நபர்களைக்கொண்ட மத்தியக் குழுவை அமைத்திருக்காவிட்டால் என்னவாகியிருக்கும்? அந்த இயக்கம் பற்றி, இந்திய தேசத்துடன் அதன் எதிர்காலம் பற்றிய பரூவாவின் கணிப்பை அவர்கள் ஏற்றுக்கொண்டிருந்தார்கள்.

போரின் தீவிரம் அதிகமானாலும், உல்ஃபாவில் தொடர்ச்சியாகப் புதிய போராளிகள் இணைவது பற்றி உல்ஃபாவுக்கு இனி எப்போதும் கஷ்டம் இல்லை என்ற முடிவுக்கு வந்தேன். உண்மையில், பரூவாவுடன் 150 நபர்களுக்கு மேல் இல்லவே இல்லை என்று உளவுத் துறை அமைப்புகள் திரும்பத் திரும்பச் சொல்லும் அறிக்கைகள் நாங்கள் இந்த முகாம்களில் கண்ட போராளிகளின் எண்ணிக்கையுடன் ஒப்பிடும்போது பொய் என்று தெரிந்தன. கிழக்கு நாகாலாந்தில் உல்ஃபாவுக்கு இரண்டு பெரிய முகாம்களையும் சேர்த்துப் பல முகாம்கள் உண்டு. அந்த இருவரும் முகாம்களின் போராளிகளின் எண்ணிக்கை இன்னும் அதிகமாக இருக்கக்கூடும். இவ்வனைத்து உளவு அமைப்புக்களிலும், ரா மட்டுமே பரூவாவுடன் உள்ள போராளிகளின் எண்ணிக்கை குறித்து கொஞ்சம் அதிகமான மதிப்பீட்டை அளித்திருப்பதாகத் தெரிகிறது.

இளைஞர்கள் பரூவாவின் சமரசமற்ற போக்கு மற்றும் வாழ்க்கை முறையால் கவரப்பட்டார்கள். சிறுநீரகம் தொடர்பான நோய்கள், சைனஸ் போன்ற பல்வேறு நோய்களால் பரூவா அவதிப்பட்டு வருவதாகப் பல அறிக்கைகள் வந்தன. ஆனால், முகாமில் அவர் போருக்குச் செல்லும் தகுதியில் இருப்பதாகவே தோன்றினார். அவருடைய தினப்படி நடவடிக்கைகள் அதிகாலை 5 மணிக்கு, கிட்டத் தட்ட ஒரு மணி நேரம் உடற்பயற்சி செய்வதுடன் தொடங்கியது. பின்னர், அவர், இன்டர்நெட்டில் உலவி, காலை உணவுக்கு முன்வரை தனக்கு வரும் மின்னஞ்சல்களுக்குப் பதில் அளிப்பார். அவர் ஒரு நாளைக்கு இரண்டு முறை சாப்பிட்டார். ஆல்கஹாலைத் தவிர்ப்பது உள்ளிட்ட முகாம் வாழ்க்கையின் நடைமுறைக்கு உட்பட்டார்.

கால்பந்து வெறியரான அவர், அடிக்கடி காலையில், கால் பந்தை உதைத்து விளையாடுவார். தனது நிகழ்ச்சிகள் அவ்வளவாகப் பரபரப்பாக இல்லாவிட்டால் அவ்வாறு பந்தை உதைத்துத் தனது திறமைகளைச் சோதித்துக்கொண்டார். அவர் இவற்றில் எதனையும்

செய்யாதபோது, போர் ஆயுதங்கள், புரட்சிகள் போன்றவை பற்றிய நூல்கள், மா சேதுங், ஷேக் முஜிபூர் ரஹ்மான் பற்றிய நூல்களை வாசித்தார். இந்த இரண்டு தலைவர்களும் அவரை மிகவும் பாதித்தவர்கள்.

ஒரு முறை அவர் சொன்னார்: 'நாம் மாவோவிடம் இருந்து பொறுமையும் தியாகமும் ஒரு புரட்சியை வெற்றியடைச் செய்யத் தேவையான உட்பொருட்கள் என்று அறிகிறோம்' என்றார். 'ராஜ தந்திரத்தை ரஹ்மானிடம் இருந்து கற்றுக்கொள்ள வேண்டும். எப்படி அவர் இரண்டு நாடுகளைச் சண்டைபோடவைத்து வங்க தேசத்தை விடுவித்தார் பாருங்கள்.'

'சூழ்நிலைகள் மிகவும் வேறுபட்டு இருப்பதால், அதே கொள்கைகளும் அதே வியூகமும் அஸ்ஸாமுக்குப் பொருந்தும் என்று உண்மையிலேயே எண்ணுகிறீர்களா?' என்றேன்.

'நிலைமைகள் வேறாக இருக்கின்றன. ஆனால், கருத்துகள் ஒன்று தான். ஒவ்வொன்றும் மாறும் சூழ்நிலைகளால் மாறிக்கொண்டு வருகின்றன.'

பரூவாவும்கூட இத்தனை ஆண்டுகளில் மாறிபோய்த்தானிருக்கிறார். இதற்கான சிறந்த அறிகுறி ஒரு நாள் மாலையில் நடந்த சதுரங்க விளையாட்டில் இருந்து தெரிந்தது. அவர் விளையாட்டில் தோற்றுப் போனார். உடனே தன் அறைக்குத் திரும்பிவிட்டார். அவர் களைப்படையவும் இல்லை, அவர் தலைமை தாங்க வேண்டிய கூட்டம் எதுவும் இல்லை என்பதால் அதற்குள் அறைக்குத் திரும்பியது ஆச்சரியமாக இருந்தது. சதுரங்கம் அவருக்கு மிகவும் பிடித்த விளையாட்டாக இருந்தது. அவர் வெற்றி பெறும்வரை தொடர்ந்து விளையாடக் கூடியவர் என்ற அறியப்பட்டவர். அவரது எதிராளி அதற்காக வேண்டுமென்றே விட்டுக்கொடுப்பதும் உண்டு. அந்த பரூவா இப்போது இல்லை. அவர் பிடிவாதம் குறைந்தவராக ஆகியிருக்கிறார். எல்லா நேரங்களிலும் எல்லா இடங்களிலும் தனது வல்லமையை வெளிக்காட்டுவது வெட்டி வேலை என்று நினைத்திருக்கலாம்.

நாகாலாந்தின் லைனாங் பகுதியிலிருக்கும் மலைகள்

'திரும்ப முடியாத பள்ளத்தாக்கு' - குன்றின் மேலிருந்து ஒரு பார்வை

பங்மி பகுதியில் ஆழம் குறைவான நீரோடையைக் கடக்கையில்...

கொன்யாக் நாகா பகுதியில்
செங்குத்தான மலை மீது
ஏறுகையில்...

காலைப் பயணத்துக்கு முன்பான உணவு

பக்கத்து மலை மீதிருந்து பார்க்கையில்
பங்மி கிராமத்தின் ஒரு பகுதி

விறகு சேகரித்தபடி மாலையில் வீடு திரும்பும்
கொன்யாக் கிராமச் சிறுமிகள்

நூலாசிரியரும் உல்ஃபா படையினரும் முகாமுக்குச் செல்லும் வழியில்

லைனாங் நாகா பகுதி கிராமவாசி ஓபியம் புகைத்தபடி

கொன்யாக் நாகா பகுதியின் ஒரு கிராமத் தலைவர், ஐந்து பேரின் தலையை வெட்டியதை நினைவுகூரும் வகையில் அணிந்திருக்கும் 'மண்டையோட்டு மாலை'யுடன்

பார்வையிழந்த
மூதாட்டியும் அவருக்கு
உதவியாகப் பேரனும்
மலையிலிருந்து
பள்ளத்தாக்கு
நோக்கிய பயணத்தில்

கிழக்கு நாகாலாந்தில்
நூலாசிரியர்
(இடதுபக்கம்),
உல்ஃபா சீஃப் ஆஃப்
ஸ்டாஃப் பரேஷ்
பருவாவைப் பேட்டி
எடுக்கிறார்

நேஷனல் டெமாக்ரடிக்
ஃப்ரண்ட் ஆஃப்
போடோலாந்து
தலைவர்
ஐ.கே.சாங்பிஜித்

என்.எஸ்.சி.என். (கே) தலைவர் எஸ்.எஸ்.காப்லாங்
கிழக்கு நாகாலாந்தில் உல்ஃபா முகாமில் பிஹு கொண்டாட்டத்தில்

மியான்மரின் தாகா பகுதியில் கூட்டு அணி வகுப்புக்கு முன்னால்
மணிப்புரி வீரர்களின் அணி வரிசை

பத்து பிரிவினைவாத இயக்கங்களின் கூட்டணியைக் கொண்டாடும் முகமாக
30, டிச, 2011 அன்று நடந்த கால்பந்துப் போட்டி.
உல்ஃபா, என்.எஸ்.சி.என். (கே) என்.டி.எஃப்.பி கூட்டணியை
ஏழு மணிப்புரி பிரிவினை இயக்கங்களின் கூட்டணி
4-2 என்ற கணக்கில் தோற்கடித்தது.

கிழக்கு நாகாலாந்தில் இருக்கும்
உல்ஃபா முகமுக்கு வந்து சேர்ந்த
ஆயுதங்களில் சில...

கிழக்கு நாகாலாந்தில் இரண்டு பெண்
வீரர்கள் அன்றாடப் பயிற்சியில்...

அங்கமி ஸாபு பிசோ
நாகா நேஷனல் கவுன்சில் தலைவர்

நாகா கிராமத்து பிரமுகர்
நாட்டுத் துப்பாகியுடன்...
மியான்மரின் சகெயிங்
டிவிஷனில் இருக்கும்
கொன்யாக் நாகா பகுதியில்.

புதிய கூட்டணியின் உதயம்

படை வீரர்கள் பயிற்சியின் போது

ஆற்றைக் கடந்து முகாம் நோக்கி

மியான்மர் பகுதி - பங்காமி நாகா கிராமத்து தேவாலயம்...

கரடுமுரடான பாதை... கை கொடுக்கும் தோழன்.

மியான்மரின் சகெயிங் டிவிஷனில் தாகா பகுதியில் இருக்கும் உல்ஃபா முகாம் நோக்கிய படகு பயணம்

மியாமரின் லைனாங் நாகா பகுதியைச் சேர்ந்த நாகா முதியவர் புகைப்படத்துக்கு போஸ் கொடுத்தபடி

மியான்மரின் சகெயிங் டிவிஷனில் 12 ஜனவரி 2012-ல்
பிஹு விருந்துக்கு பிடித்த மீன்கள்

மியான்மரின் லைனாங் நாகா பகுதி-வீடு திரும்பும் நாகாக்கள்

மியான்மரின் லைனாங் நாகா பகுதியைச் சேர்ந்த சிறுவர்கள்

மியான்மரின் ஹாக்வாங் பள்ளத்தாக்கில் விளையாடும் சிறுவர்கள்

ஒரு கிராமத்திலிருந்து இன்னொரு கிராமத்துக்கு போராளிகளின் சுமைகளை எடுத்துச் செல்லும் 'ஷாகான்கள்' - உடல் ஆரோக்கியம் உள்ள ஆண், பெண் அனைவருக்கும் நாகா கவுன்சில் விதித்திருக்கும் கட்டாய வேலை.

மியான்மரின் சகெயிங் டிவிஷனில் பன்றிக்கு உணவிட வாழைத்தண்டை நறுக்கும் நாகா சிறுவன்

மியான்மரின் லைனாங் நாகா பகுதியில் இருக்கும் நாகா குடிசையின் உட்புறம்

மியான்மரின் ஹாக்வாங் பள்ளத்தாக்கில் ஒபியம் வயல்

5

ஆயுதங்களும் போராளிகளும்

அடுத்த நாள் எனக்கு ஒரு ஆச்சரியம் காத்திருந்தது. நள்ளிரவில் நான் அணிவகுப்பு போன்ற ரிதம் கொடுத்த சத்தத்தால் எழுப்பப்பட்டேன். ஆனால், அதிகாலை ஒரு மணிதான் ஆகியிருந்தது. ஏதாவது எமர்ஜென்சியோ? நான் வெளியில் வந்தேன். மறைந்து வந்த நிலவொளியில், போராளிக் குழுவொன்று எங்களது குடிலை ஒட்டிய குடில்களுக்குரிய மாடிப்படிக்கட்டுகளில் நடந்து வந்தது. அவர்கள் கனமான பொருள் எதையோ சுமந்து கொண்டு வந்ததாகத் தெரிந்தது. அவர்கள் போன பின், மற்றொரு குழு வெளிப்பட்டு, படிக்கட்டுக் களில் இறங்கிப் போனது. அது போலவே மூன்றாவது குழு ஒன்று அதைப் போன்ற ஒரு சுமையை எடுத்துக்கொண்டு போனது. நான் அந்தக் குடில்கள் ஒன்றின் அருகில் சென்று பிஜோய் ஆயுதங்களைக் கணக்கெடுத்துக் கொண்டிருந்ததைக் கண்டேன்.

'என்ன விஷயம்? எல்லாம் நல்லபடியாக இருக்கிறது என்று நம்புகிறேன்.'

அவர் என்னைப் பார்த்து சிரித்தார். 'பொறுங்கள்' என்று பதிலளித்த அவர் குடிலுக்குள் சென்று கலாஷ்னிக்கோவ், எம். 16 போன்ற துப்பாக்கிகளிலிருந்து வேறுபட்டிருந் ஒரு மெல்லிய அசால்ட் ரைஃபிள் ஒன்றை எடுத்து வந்தார்.

இவை ஹெக்லர் அண்ட் கோச்.

ஹெக்லர் அண்ட் கோச்? ஏன் இப்போது? கலாஷ்னிக்கோவ் அசால்ட் ரைஃபில் சப்ளை போதும் போதும் என இருக்கும் நிலையில்? பிஜோய்க்குத் தெரியவில்லை. நான் ஒரு ரைஃபிலைத் தொட்டுத் தூக்கினேன். அது மற்றவற்றைவிடக் கனம் குறைந்தாக, அதன் குண்டுகள் வைக்கும் பகுதி நீண்டதாக இருந்தது.

‘பிஸ்டலும் நிறைய வந்திருக்கின்றன. சார் (பரூவா) இவை அனைத்தையும் காலையில் உங்களுக்குக் காட்டுவார் என்றே நினைக்கிறேன்’ என்று கூறியவாறே உள்ளே திணித்துக் கொண்டிருந்த ரைஃபில்களை எண்ணிக்கொண்டே சொன்னார் பிஜோய்.

சுமார் ஒரு மணி நேரத்துக்கு அதிகமான நேரம் கழிந்தது. ரைஃபில் களை அடுத்து துப்பாக்கிக் குண்டு பெட்டிகளும் பிஸ்டல்களும் கணக்கெடுக்கப்பட்டன. நான் கேமராவை வெளியில் எடுக்க நினைத்து அந்த எண்ணத்தைக் கை விட்டேன். மற்றொரு சமயம் இந்த விஷயம் பற்றிச் சொல்லி ஃபோட்டோ எடுக்க வேண்டுகோள் வைக்கலாம்.

அதே காலை நேரத்தில் கொஞ்ச நேரங்கழித்து, தொடர்ச்சியான துப்பாக்கி சுடும் சத்தத்தால் மீண்டும் தூக்கத்தில் இருந்து எழுப்பப் பட்டேன். போராளிகள் முகாமுக்கு வெளியில் உள்ள ஒரு இடத்தைக் குறிவைத்துத் துப்பாக்கிகளால் சுடுவதைக் குடிலில் இருந்து பார்த் தேன். அவர்களின் சீருடை, அவர்கள் உல்ஃபா போராளிகள் அல்ல வென்று நிரூபித்தது. அவர்களுக்கு ஆயுதம் நீங்கலாக இன்னொரு ஆட்கள் படையும் கிடைத்திருக்கின்றதா?

அதற்குக் கொஞ்ச நேரத்திலேயே, கீழே இறங்கி வருமாறு பரூவா எங்களை அழைத்தார். அங்கே அவர் ஆஸ்திரியாவில் இருந்தும் செக் நாட்டில் இருந்தும் வந்த 9 மி.மி. பிஸ்டல்களைச் சோதித்துக் கொண்டிருந்தார்.

புகைப்படங்கள் எடுக்க அனுமதிக்கமாட்டார்கள் என்று உறுதியாக நம்பினேன். ஆனால், என் நம்பிக்கை பொய்த்துப் போனது. பரூவா எங்களது கேமராக்களைக் கொண்டு வரச் சொன்னார். பிஸ்டல் பார்சலின் வருகை, நாங்கள் முகாமில் தங்கியிருக்கையில் நிகழுமாறு ஏற்பாடு செய்யப்பட்டிருக்க வேண்டுமென்று அப்புறம் எனக்குத் தோன்றியது. பரூவாவின் குழுவுக்கு துப்பாக்கிகளுக்கும் வெடி மருந்துகளுக்கும் தட்டுப்பாடு நிலவுவதாக வதந்திகள் உலவி வந்தன. எனவே, இன்னொரு மாறுதலான சித்திரத்தை வெளிப்படுத்த வேண்டியிருக்கலாம். நான் புகைப்படம் எடுக்கத் தொடங்கியபோது,

முகாமுக்கு வெளியே துப்பாக்கிகள் மீண்டும் முழங்கின. நான் பார்க்க முடியுமா என்று விசாரித்தேன். ஆம். ஆனால், கேமரா இல்லாமல் என்று பதில் கிடைத்தது.

என்.என்.சி.என்.(கே) அமைப்பைச் சேர்ந்த 10 போராளிகள் கொண்ட ஒரு சிறிய குழு புதிய ஆயுதங்களைச் சோதித்துப் பார்த்துக் கொண்டிருந்தது. அவை, பிஜோய் என்னிடம் ஏற்கனவே காண்பித்த அதே ரகத் துப்பாக்கிகள்தாம். அவர்களில் மூவர், ரைஃபில்களில் குண்டு பொருத்தி ஒரு சில ரவுண்டுகள் சுட்டார்கள். பின் சுத்தப்படுத்தி மரப் பெட்டிகளில் வைக்கப்படுவதற்காக மற்றவர்களிடம் தந்தார்கள். பக்கத்தில் போனபோது, அவர்களில் இருவரை என்னால் இனங்காண முடிந்தது. அவர்களில் ஒருவர் சில நாட்கள் முன் எனக்கு அறிமுகம் செய்துவைக்கப்பட்டவர்.

நாங்கள் கை குலுக்கினோம். அவர்கள் எங்களைப் பார்த்து புதிய ஆயுதங்களைச் சோதித்துப் பார்க்க விருப்பமா என்று கேட்டார்கள்.

எனக்கு விருப்பம் இருந்தது. ஆனால், நான் செய்ய வேண்டுமா? ஒரு பத்திரிகையாளன் இவ்வாறு செய்வது சரியா? அவ்வாறு செய்தால் நான் இந்தச் செயல்பாடுகளுக்கு உடந்தையாக இருப்பதாகாதா? என்றாலும், நோக்கமே முக்கியம். என்னுடைய நோக்கம் அவர்களை ஊக்குவிப்பதல்ல என்று எனக்கு நானே சமாதானம் செய்து கொண்டேன். எனக்கு எல்லாவிதமான துப்பாக்கிகளின் பேரிலும் பெரிய ஆர்வம் உண்டு. மேலும், நான் 'யெஸ்' என்று சொல்வதால், இந்தப் பகுதியில் எந்தச் சட்டமும் மீறப்படப் போவதில்லை.

நான் ரைஃபில்களில் ஒன்றை எடுத்து, 'பேரல்' பகுதி வானத்தைக் குறி பார்க்கும் விதத்தில் வைத்து டிரிக்கரை இழுத்தேன். குறுகிய இடைவெளியில் மூன்று முறை சுட்டேன். மற்றொரு ரவுண்டுக்கு மீண்டும் டிரிக்கரை இழுத்தேன். அதன் பின் அந்த ரைஃபிலை நுணுக்கமாக ஆராய்ந்தேன். அவை பழையதாக இருந்தாலும் நன்கு இயங்கின. அங்கங்கே சிராய்ப்புக் கோடுகள் இருந்தன. அவை எங்கே தயாரிக்கப்பட்டன என்பதற்கான தடங்களை அழிப்பதற்காகச் செய்திருக்கலாம். அது ஹெச்.கே. 33 ரகத் துப்பாக்கி என்றும் ஒரு குறிப்பிட்ட தென் கிழக்காசிய நாட்டில் தயாரிக்கப்பட்டிருப்பதாகவும் சொன்னார்.

'ஆனால், இப்போது ஹெக்லர் அண்ட் கோச் எதற்கு?' என்றேன்.

'ஏனென்றால், நாம் நல்ல விலைக்கு இதைப் பெற்றிருக்கிறோம்' என்று பதிலளித்த அவர் மேலும் சென்னார்: 'எச்.கே. 33 தேர்ந்தெடுக்க

முக்கிய காரணம் பொருளாதாரமே. இது ஏ.கே. 81ஐ விட மலிவானது. இதற்குப் பயன்படுத்தப்படும் குண்டுகளும் குறைந்த விலை கொண்டவை. அதாவது அமெரிக்கத் தயாரிப்பான எம். 16 மற்றும் இந்தியத் தயாரிப்பான சின்சாஸ்-க்கு ஆகும் செலவே ஆகும். அவை எளிதில் கிடைக்கக்கூடியவை. எதிர்காலத்தில் இந்த வகைத் துப்பாக்கிகள் இன்னும் அதிகமாக நமக்குக் கிடைக்கக் கூடும்.'

இந்த பார்சல், வரி கட்டாததற்காகப் பறிமுதல் செய்யப்படாதிருந்தால் மிகவும் முன்னதாகவே முகாமை வந்தடைந்திருக்கும் என்று அந்த போராளி தெரிவித்தார். ஆனால், பறிமுதல் செய்தது யார்? அவர் சொல்லவில்லை. பல நபர்களுக்குத் தொடர்பு உண்டு என்பதும் கமிஷன் அளிக்கப்பட வேண்டியதிருக்கும் என்பதும் தெரிந்த விஷயம் தான். மற்றொரு நிர்வாகி, இந்த ஆயுதங்கள் சீனாவின் யுன்னான் மாநிலம் வழியாகக் கொண்டுவரப்பட்டதாகத் தெரிவித்தார். சுவாரசிய மான விஷயம். நான் வழிகள் பற்றியும் முக்கியமான கேந்திரங்கள் பற்றியும் தகவல் அறிய விஷயத்தைக் கிளற விரும்பினேன். பிஜோய் அங்கே வரவும் அந்த போராளி நிறுத்திக்கொண்டார். கேட்பதற்குப் பல கேள்விகள் இருந்தன. ஆனால், பதில்கள் இருக்காது.

அந்த மாலை நேரத்தின் பிற்பகுதியில், நான் சாதாரணமாக அந்தப் பார்சல் விஷயம் பற்றி பரூவாவிடம் கேட்டேன். ஆயுதங்கள் வரும் இடத்தைப் பற்றி அறிய எனக்கு விருப்பம் இருந்தது. யுன்னானில் இருந்து வந்தனவா அல்லது அந்த இடம் இந்தப் பார்சல் டெலிவரி ஆனதில் பங்கு கொண்டதா?

அவர் சிரித்தார். பின் பதிலளித்தார்: 'இது அவ்வளவு எளிதானதல்ல. சீனர்கள் எல்லாரையும்விட ஸ்மார்ட்டானவர்கள்.'

அவர் அதற்கு மேல் சொல்லமாட்டார். நான் இன்னும் அதிகமாகக் குழம்பிப் போனேன். இந்தப் பகுதியில் துப்பாக்கிகள் பல்கிப் பெருகக் காரணம் மலிவான விலையில் கிடைக்கும் ஐரோப்பிய பிராண்டுகள் என்பதில் எந்தச் சந்தேகமும் இல்லை. இந்தக் கள்ளச் சந்தையில் முதல் இடத்தைத் தக்கவைத்துக்கொள்வதில் சீனா கடுமையான போட்டியைச் சந்திக்க நேரலாம்.

சீனாவின் தென்மேற்குப் பகுதியில் உள்ள யுன்னான் மாநிலம் 1990களின் மத்தியில் ஆயுதங்களுக்கான கேந்திரமாக மாறியது. மியான்மர் மற்றும் இந்தியாவின் வடகிழக்குப் பிராந்தியத்தில் தீவிரவாதத்தைத் தக்கவைப்பதில் சீனத் துப்பாக்கிகளும் கையெறி குண்டுகளும் எளிதாகவும் விரைவாகவும் கிடைப்பது முக்கியக் காரணமாக உள்ளது. நாகா மற்றும் மிஸோ கொரில்லாக்கள் ஒரு சில

ரைஃபில்கள் மற்றும் சில தாக்குதல்களுக்குப் பின் தீர்ந்து போகும் குண்டுகளுக்காக ஆயிரக்கணக்கான கிலோ மீட்டர்கள் தூரத்தில் சீனாவுக்கு அணிவகுத்துச் சென்ற நாட்கள் போயே போய்விட்டன. இப்போது, முகத்துக்கு நேர் முகம் பார்த்து பேசும் தேவையின்றி எந்தப் பகுதியில் இருந்தும் எவ்வளவு வேண்டுமானாலும் ஆர்டர்களைச் செய்யலாம். பலவிதமான வகைகளில் இருந்து பிடித்ததைத் தேர்ந்தெடுக்கலாம்; விரும்பிய இடத்துக்குப் பார்சலை டெலிவரி செய்ய வைக்கலாம்.

வங்க தேசத்தின் சிட்டகாங்கில் 2004ம் ஆண்டு ஏப்ரல் 2 அன்று நடந்த பரபரப்பான ஆயுதப் பறிமுதல் சீனாவில் விற்பனைக்கு உள்ள ஆயுதங்களின் எண்ணிக்கையைக் காட்டும் தெளிவான சாட்சியம்.

4.5 முதல் 7 மில்லியன் அமெரிக்கன் டாலர்வரை மதிப்பிடப்பட்ட இந்த பார்சலில் அசால்ட் ரைஃபில்கள், சப்-மெஷின் கன்கள் ராக்கெட்டால் இயக்கப்படும் கையெறி குண்டு லாஞ்சர்கள், கையெறி குண்டுகள், தோட்டாக்கள், வாக்கி-டாக்கிகள் போன்றவையும் அடங்கும். இவற்றில் பெரும்பாலானவை சீனத் தயாரிப்புகள். குறைந்த சதவீதமே மற்ற நாடுகளில் இருந்து பெறப்பட்டவை. இந்தப் பார்சல் ஹாங்காங்கில் இருந்து மியான்மரின் அரகான் கடற்கரையில் உள்ள சிட்வேக்கு அனுப்பப்பட்டு அங்கிருந்து மீன்பிடிக் கப்பல்களில் சிட்டகாங்குக்கு அனுப்பப்பட்டது. உல்ஃபா வட்டாரங்கள் அந்தப் பார்சலில் மூன்றில் இரு மடங்கு அவர்களுக்கு வந்தவை என்றும், மீதம் உள்ளவை என்.எஸ்.சி.என்.(ஐ.எம்.)க்கு வந்தவை என்றும் தெரிவித்தன.

ஆனால், சீனா ஏன் புரட்சிக்காரர்களுக்கு ஆயுதம் விற்கிறது. இவை, அரசுக்குச் சொந்தமான நோரின்கோவின் கீழ் உள்ள சீன ஆயுதத் தொழிற்சாலைகளில் இருந்து திருட்டுத்தனமாக விற்கப்பட்டவை அல்லது ராணுவத்தால் ஒரு சில ஆண்டுகள் பயன்படுத்தப்பட்ட பொருட்கள் ஏலத்துக்கு விடப்படும்போது வாங்கப்பட்டிருக்கும் என்று இந்திய அரசு அலுவலர்கள் நினைத்தார்கள். அவர்கள், மலிவு விலையிலான இந்த ஆயுதங்கள், போராளிக் குழுக்கள் என்றில்லாமல் அவற்றை வாங்க விரும்பும் எவருக்கும் விற்கப்பட்டன என்றார்கள். இந்தக் கருத்து, கடந்த பல ஆண்டுகளாக அடையாளம் குறிப்பிடாமல் பேசிய தீவிரவாதிகள் மற்றும் துப்பாக்கி சுடும் வீரர்களின் கருத்துகளுடன் ஒத்துப்போனது. மணிப்பூரின் குக்கி தீவிரவாதக் குழுவின் மூத்தப் போராளி ஒருவர் சீனாவில் உள்ள மக்கள் விடுதலைப் படையின் ஓய்வு பெற்ற அதிகாரிகள் இந்தத் தொழிலில் தரகர்களாக உள்ளனர் என்றும், ஏஜெண்டுகள், பாங்காங், சிங்கப்பூர், ஹாங்காங் போன்ற நகரங்களில் இருப்பதாகவும் தெரிவித்தார்.

சீனாவின் எல்லைப் பிரதேசங்களில் உள்ள சட்டம் இல்லா நிலையும் துப்பாக்கி கடத்துதல், போதை மருந்து கடத்தல் போன்ற செயல்பாடுகளுக்குச் சாதகமாக உள்ளது. 1995ல் யுன்னானில் நிலவும் சூழ்நிலையை விவரித்து ஒரு முன்னணி ஆசியப் பத்திரிகை சொன்னது: கடந்த வருட கள்ளத்தனமான ஆயுதங்களின் பறிமுதல் 1993ம் ஆண்டின் அளவைவிட 30% அதிகம். இது துப்பாக்கிகள் கிடைப்பது அதிகரித்திருப்பதையும், அரசுகளின் எச்சரிக்கை உணர்வு உயர்ந்திருப்பதையும் வெளிக்காட்டுகிறது. செப்டம்பரில் (1995), ஒரு மாதம் நீடித்த ஆயுதச் சோதனையில், 1,20,000 கள்ள ஆயுதங்கள் கிடைத்தன. ராணுவ கைத் துப்பாக்கிகள் இதில் முக்கியமான பொருள் என்றாலும், துப்பாக்கி விற்பனையில் ஈடுபடும் குழுக்கள் கையெறி குண்டுகளையும் சப்-மெஷின்களையும் விற்று வருகின்றன. மே மாதம் (1995) குவாங்டாங் காவல் துறை ஆண்டி-ராக்கெட் லாஞ்சர்களைக் கைப்பற்றியது. ஒரு காலத்தில் பியூனிங்கால் வியட்நாமிய, பர்மியக் கம்யூனிஸ்டுகளுக்கு விற்கப்பட்ட ஆயுதங்கள் யுன்னான் மாநிலத்துக்குத் திரும்பவந்து அமைப்புரீதியாகச் செயல்படும் குற்றக் குழுக்களின் கையில் சேருவது எப்படி என்பதை இது விளக்குகிறது.

இந்தச் செயல்பாடுகளின் தோற்றம் அதிபர் டெங் ஜியோபிங்கின் கொள்கையுடன் தொடர்புடையது. அவர்தான் இன்றைய உயிரோட்டமுள்ள சீனப் பொருளாதாரத்தின் சிற்பி. அவர் ஆயுதப் படைகள் தங்களது பொருளாதாரத் தேவைகளைத் தாங்களே உற்பத்தி செய்துகொள்ள வேண்டுமென்று உத்தரவிட்டார். மக்கள் விடுதலைப் படை (PLA) தன்னைக் காப்பாற்றிக்கொள்ள இரவு விடுதிகளை நடத்தியதாகக் கூறப்படுகிறது. பல ஆண்டுகளுக்குப் பிறகு, நோரின்கோ பல்வேறு நாடுகளைச் சேர்ந்த போராளிகளுக்கு ஆயுதம் விற்கத் தொடங்கியது. இதன் காரணமாகத்தான் மத்திய மற்றும் தெற்கு ஆசியாவில் பிரச்சினைக்குரிய பகுதிகளில் சீன ஆயுதங்கள் பரவலாகக் கிடைக்கத் தொடங்கின. தாலிபன் அவற்றைப் பயன்படுத்தியது. நேபாள மக்கள் விடுதலைப்படை அவற்றைப் பெற்றிருந்தது. பின்னர் 1990களின் இறுதியில் (பிளாக் ஹவுஸ் போன்ற) மாஃபியா குழுக்கள் யுன்னானில் உருவாகி, இந்தியாவின் வடகிழக்கில் உள்ள கிளர்ச்சியாளர்களுக்குத் துப்பாக்கித் தொழிற்சாலைகளில் இருந்து ஆயுதங்களைச் சப்ளை செய்ததாகக் கூறப்படுகிறது. கிளர்ச்சிக் குழுக்களின் போராளிகள் இவை தாய்லாந்து அல்லது கம்போடியாவில் இருந்து வரும் துப்பாக்கிகளை விட மலிவானதாக இருந்ததென்றும், பேரமும் நம்பிக்கைக்குரியதாக இருந்தது என்றும் சொன்னார்கள்.

பல பத்தாண்டுகளுக்கு முன்பு ஆயுதங்களை ஏற்றிய கப்பல்கள் தாய்லாந்தில் இருந்து வங்க தேசத்தின் காக்ஸ் பஜாருக்குச் சென்று

பின்னர் அந்த ஆயுதங்கள் மிஸோரம், திரிபுரா, மேகாலயா வழியாகக் கொண்டு வரப்பட்டன. 1995-ல் மிஸோரமில் நடந்த ஆபரேஷன் கோல்டன் பேர்டு (தங்கப் பறவை) நடவடிக்கை உள்ளிட்ட தொடர்ச்சியான நிகழ்வுகளுக்குப் பிறகு மியான்மர் தடம் முக்கியத்துவம் பெற ஆரம்பித்தது. 'தங்கப் பறவை' நடவடிக்கை யானது, உல்ஃபா, ஏ.டி.டி.எஃப்., பி.எல்.ஏ. போன்ற அமைப்புகளால் ஆயுத பார்சல் ஒன்று கப்பலில் அனுப்பப்படுவதைத் தடுக்க இந்திய, மியான்மர் ராணுவங்கள் நடத்திய ஒரு கூட்டு நடவடிக்கை என்று கூறப்படுகிறது.

இதற்குப் பிறகு, 2008-ல் வங்க தேசத்தில் அவாமி லீக் ஆட்சிக்கு வந்த பிறகு தீவிரவாதிகளின் மீது நடத்திய தாக்குதல்கள் மியான்மர் வழியாக ஆயுதங்களைக் கடத்தும் நடவடிக்கைகளைத் துரிதப் படுத்தியது. மியான்மரில், இந்த வழிப் பாதைகளில் சில தீவிரவாதக் குழுக்களின் கட்டுப்பாட்டில் உள்ள பகுதிகளில் அமைந்துள்ளன. இந்தத் தீவிரவாதக் குழுக்கள் அரசுடன் நடத்திய போர் நிறுத்த ஒப்பந்தங்களுக்குப் பிறகு தலைமறைவு வாழ்க்கையிலிருந்து வெளிவந்தவை. மணிப்பூரிலும் அஸ்ஸாமிலும் நடப்பதுபோலவே, இந்தக் கிளர்ச்சிக் குழுக்களும் வரி போடுவது அல்லது ஆயுத பார்சலின் ஒரு பகுதியைத் தாங்களே வைத்துக் கொள்வது என இரண்டில் ஒன்றைத் தேர்வு செய்தன. எளிதாகப் பணம் பண்ணும் ஆசை மியான்மர் ராணுவ அதிகாரிகளில் ஒரு பகுதியினரையும் துப்பாக்கிக் கடத்தல் மற்றும் இது போன்ற செயல்பாடுகளில் கொண்டுவந்துவிட்டது.

இந்தியாவின் வடகிழக்குப்பகுதிக்கு வந்து சேரும் ஆயுதப் பார்சல்கள் தேசிய நெடுஞ்சாலைகள், கிராமங்கள், மலைப் பிராந்தியம் மற்றும் நகரங்களின் வழியே கொண்டுவரப்படுகின்றன. இந்தத் தொழில் தீவிரவாதக் குழுக்கள், தரகர்கள் மற்றும் சில சமயங்களில் அரசு அதிகாரிகளுக்கு இடையேயான புரிதல் மூலம் நடந்துவருகிறது. தற்போது மோரே - இம்பால் - கோஹிமா - திமாப்பூர் நெடுஞ்சாலையில் பாதுகாப்புப் படையினர் பலமாக காவல் பணியில் ஈடுபடுவதால் மிஸோரத்தில் உள்ள சாம்பாயில் தொடங்கி சில்ச்சார், கார்பி அங்லாங் வழியாக திமாப்பூர் செல்லும் மற்றொரு சாலை மேலும் பரபரப்பாகி விட்டது. இந்தப் பகுதியில் தேர்ந்தெடுக்கப்பட்ட இடங்களில் தங்கியள்ள தரகர்கள் மோரே அல்லது தமிப்பூரில் ஆர்டர் கொடுப்பார்கள். வடகிழக்குப் பகுதியில் இவ்விடங்கள்தான் ஆயுதங்கள் வாங்குவதற்கான 'ஹாட் ஸ்பாட்டுகள்' ஆகும்.

பார்சல்கள் வடகிழக்குப் பகுதியின் உள்பகுதிக்குள் செல்லச் செல்ல விலைகள் உயர்ந்தன. பார்சல் பிடிபடுவதைத் தவிர்க்க வேண்டி,

அவ்வளவாக சுமுகமானதாக இல்லாத பாதைகள் மூலம் நூற்றுக்கணக்கான கிலோ மீட்டர்கள் பார்சலைக் கடத்தி வர தரகர்கள் கமிஷன் கேட்டார்கள். மோரே-தாமுவில் (மியான்மர்) 3.5 லட்சம் ரூபாய் மதிப்புள்ள ஒரு ஏ.கே.47 அசால்ட் ரைஃபில். அது அஸ்ஸாமில் உள்ள திமா ஹஸ்ஸாவ்வை அடையும் நேரம் கிட்டத்தட்ட 4 லட்சம் ரூபாய் அல்லது அதற்கும் அதிகமாக விற்கப்படும். எல்லா ஐட்டங்களிலும் 9 மி.மீ. பிஸ்டல்கள் விற்கப்படும் விலையில் பெரிய அளவிலான மாற்றங்கள் இருக்கும். ஒரிஜினல் சீனத் தயாரிப்பு ஒன்றின் விலை 2 லட்சம் ரூபாய் என்றால், உதிரிப் பாகங்களைப் பெற்று பொருத்தி விற்கப்படுபவை 30,000 ரூபாய்க்கே கிடைக்கும். இவை எல்லை மாநிலங்களின் உள்பகுதிகளில் சில நேரங்களில் விற்கப்படுவ துண்டு.

இந்தக் கள்ள வியாபாரம் இந்திய அரசு இதனைத் தடுக்க எடுத்துவரும் முயற்சிகளையும் மீறி அமைப்புரீதியாக வளர்ந்துவருகிறது. மியான்மர் தனது எல்லைப்பகுதிகளில் நடந்த ஆயுதக் கடத்தல் நடவடிக்கை களைக் கண்டும் காணாமல் இருக்கிறது. அதுபோலவே சீனா தனது ஆயுதங்கள் தீவிரவாதக் குழுக்களின் கைகளில் சென்று சேர்வதை ஏற்றுக்கொள்ள மறுக்கிறது.

துப்பாக்கிகளையும் கையெறி குண்டுகளையும் கட்டுப்படுத்தும் சர்வதேச அமைப்பு முறை இல்லை. இதுவரை ஐ.நா. சாதிக்க முடிந்தது மூன்று சர்வதேச ஒப்பந்தங்கள் மட்டுமே. அவை: (அ) ஜூலை 2001ல் நிறைவேற்றப்பட்ட செயல் திட்டம்; (ஆ) ஜூலை 3, 2005 அன்று அமலுக்கு வந்த துப்பாக்கிகள், அவற்றின் பாகங்கள், உட்பொருட்கள் மற்றும் வெடி மருந்தை கள்ளத்தனமாக தயாரித்தல் மற்றும் கடத்துதலைச் சட்டப்படியாகக் கட்டுப்படுத்தும் ஒப்பந்தம்; (இ) டிசம்பர் 2005ல் ஐ.நா. பொதுச் சபையால் ஏற்றுக் கொள்ளப்பட்ட கள்ளத் துப்பாக்கிகள் மற்றும் இலகு ரக ஆயுதங்களை ஒரு காலக் கெடுவுக்குள் நம்பகமான முறையில் அடையாளம் கண்டு தேடிக் கண்டுபிடிக்க நாடுகளுக்கு உதவும் சர்வதேச ஆவணம்.

இந்த சர்வதேச ஒப்பந்தங்கள் அளவு வகையிலும் உள்ளடக்கத்திலும் போதாமை மிகுந்தவை; தேச அளவிலான முறையான துப்பாக்கித் தயாரிப்பு, அடையாளம் இடுதல் மற்றும் போக்குவரத்து நடைமுறை களுக்கு மட்டுமே இவை கட்டுப்பாடுகளை நிர்ணயித்திருக்கின்றன.

•

புதிய ஆயுதங்களின் வருகைக்குப் பிறகு மிகுந்த தன்னம்பிக்கையுடன் தோன்றினார் பரூவா. நேர்காணலைச் சீக்கிரமே முடித்துக்கொள்ள வேண்டும் என்றும், ஏனெனில், ஒரு சில நாட்களுக்குப் பிறகு அவர் வேலையில் மூழ்கிவிடுவார் என்றும் தெரிவித்தார்கள். எனவே, ஒத்துக்கொண்டபடி, கடைசி நேர்காணல் பகுதிக்காக எங்களது குடிலுக்கு வந்தார். சூரியன் பிரகாசித்த காலை நேரம் அது. நான் மிக அழகான புகைப்படங்கள் சிலவற்றை எடுத்தேன்.

அமர்வதற்கு முன் அவர் எங்களுடன் புகைப்படம் எடுத்துக்கொள்ள விரும்புகிறாரா என்று கேட்டேன். 'நோ பிராப்ளம்' என்றார். நான் ஏன் அவரிடம் கேட்டேன் என்பது அவருக்குத் தெரிந்திருந்தது. 'நீங்கள் எங்களைச் சந்தித்தது மற்றும் எங்கள் முகாமில் தங்கியதற்கான சாட்சியம் வேண்டும், இல்லையா?' என்றார் சிரித்தபடியே.

நேர்காணல் தொடங்கியபோது இயக்கத்தில் ஏற்பட்ட பிளவுடன் தொடங்கினேன். 'நாம் தலைவர் ராஜ்கோவா பிரச்னைக்குத் தீர்வு காண அரசுடன் பேச்சுவார்த்தை நடத்த முடிவெடுத்தது குறித்து விவாதித்துக் கொண்டிருந்தோம். அது ஒரு பிளவு என்பதை மறுத்த நீங்கள் இத்தலைவர்கள் வெளியேறிய பிறகு உல்ஃபா இன்னும் பலமுள்ளதாக மாறும் என்று கருத்து தெரிவித்திருந்தீர்கள். ஆக, நீங்கள் அரசுடன் பேச்சுவார்த்தை நடத்துவதற்கு நீங்கள் வைத்த இறையாண்மை என்ற முன்நிபந்தனையை இன்னும் தளர்த்தாமல் இருக்கிறீர்கள். ஆனால், அழிக்கப்பட்ட அல்லது பின்னணிக்குத் தள்ளப்பட்ட இலங்கையின் விடுதலைப் புலிகள், நேபாளத்தின் மாவோயிஸ்டுகள், ஆப்கானிஸ்தானின் தாலிபன் அல்லது வடக்கு அயர்லாந்தின் ஐரிஷ் ரிபப்ளிக்கன் ஆர்மி போன்ற பளிச்சிடும் எடுத்துக்காட்டுகள் நம்முன் உள்ளன. அரசே வலிமை மிகுந்தது.'

அவர் தன் தலையை அசைத்தார். அவரைப் பொறுத்தவரை அது அசாதாரணமான செயல். அவர் மேலும் 'இந்த இயக்கங்களெல்லாம் தனித்தன்மை கொண்டவை என்பதோடு அந்தந்தப் பகுதிகளில் நிலவி வரும் தனிப்பட்ட சூழ்நிலைகளில் இருந்து தோன்றியவை. அது போல, உல்ஃபாவுக்கென்று சில குணாதிசயங்கள் உண்டு. மற்ற அமைப்புக்களுடன் கொஞ்சம் ஒற்றுமைகள் இருந்தாலும் தாலிபனுக்கு மதரீதியான நோக்கங்கள் இருக்கின்றன. மாவோயிஸ்டுகள் வர்க்கப் போராட்டத்தைப் பரப்புவதையும் நீங்கள் பார்க்கலாம். அவர்கள் சுதந்தரம் கோரவில்லை. அவர்களது இயக்கங்களில், நாங்கள் பின்னர் இரவல் வாங்கக்கூடிய விஷயங்கள் இருக்கலாம். சுதந்தரத்துக்குப் பின், அஸ்ஸாமில் மாவோயிஸத் தத்துவத்தைப் பின்பற்றமுடியுமா

என்பதை மதிப்பிடுவோம், மாவோயிஸ்டுகளுக்கும் எங்களுக்கும் பொதுவான எதிரிகள் இருக்கிறார்கள். ஆனால், எங்களுக்கும் அவர்களுக்கும் தத்துவ ரீதியில் மாறுபாடு உண்டு. மற்றொரு பக்கம் நாங்கள் இதோ நோக்கங்களும் கருத்துகளும் கொண்ட, இந்தப் பகுதியில் உள்ள நாகா மற்றும் மணிப்பூரி புரட்சிகர அமைப்புகளுடன் கூட்டணி அமைத்திருக்கிறோம். நாங்கள் வன்முறையற்ற முறையில் பேச்சு வார்த்தைகள் மூலமான தீர்வை விரும்புகிறோம்.'

'ஓ.கே. உல்ஃபா இந்தப் பகுதியில் உள்ள என்.என்.சி.என்.(கே), யூ.என்.எல்.எப்., ஏன் பி.எல்.ஏ. போன்ற அமைப்புகளுடன்கூட உறவுகளைப் பராமரித்து வருகிறது என்பதை நாங்கள் அறிவோம். வடகிழக்கிலும் தென்னாசியாவிலும் பிற இடங்களில் உள்ள அமைப்புகளைப் பற்றி என்ன நினைக்கிறீர்கள்? அவற்றுடன் எவ்விதமான உறவு வைத்திருக்கிறீர்கள்?'

'நான் முன்பே சொன்னதுபோல, எங்கள் நிலைப்பாடு வெகு தெளிவாக இருக்கிறது' என்று சொன்ன பரூவா, தனது 'கிரீன் டீ'யைக் குடிக்கப் பேச்சை நிறுத்தினார். 'பல அமைப்புகளுக்குப் பொதுவான ஒரு எதிரி இருந்தால், அவை கூட்டணி அமைப்பதில் தவறு இல்லை. இந்தியா எங்கள் எதிரி. நாங்கள் இந்தியாவைப் பலவீனப்படுத்த விரும்புகிறோம். நீங்கள் என்னிடத்தில் இருந்தால் நீங்களும் இதையேதான் செய்திருப்பீர்கள். மாவோயிஸ்டுக்கள் இந்தியாவுக்கு எதிராக ஒரு பலமான போராட்டத்தை முன்னெடுக்க முடிந்தால் உல்ஃபாவுக்கு அதனால் பலன் ஏற்படும். பொது எதிரியைப் பொறுத்த வரை எங்களுக்கு மாவோயிஸ்டுக்களுடன் ஒரு செயல்பாட்டுப் புரிதல் இருக்கிறது. இதுவே, இந்தப் பகுதியிலும், ஆசியாவிலும் உள்ள எல்லாப் புரட்சிகர அமைப்புகளுக்கும் பொருந்தும். வடகிழக்கில் உள்ள ஒத்த கருத்துடைய குழுக்களுடன் நாங்கள் கொண்டிருக்கும் ஒத்துழைப்பு வலுவடைந்திருக்கிறது.'

'மாவோயிஸ்டுகளுடன் செயல்பாட்டுப் புரிதல்.... இது சுவாரஸிய மாக இருக்கிறதே. இதன் மூலம் என்ன சொல்ல வருகிறீர்கள்?'

'இந்திய காலனியாதிக்க அரசை மாவோயிஸ்டுகள் தமது எதிரியாகக் கருதுகிறார்கள். அதுவே எங்கள் எதிரியாகவும் இருப்பதால், அவர்களுடன் ஓர் உறவு உள்ளது. அவர்களுடன் நாங்கள் கொண்டிருக்கிற உறவு புதிதானதல்ல. பூட்டானில் நடந்த உல்ஃபா உருவான தினக் கொண்டாட்டங்களில் பல முன்னணி மாவோயிஸ்டு தலைவர்கள் கலந்துகொண்டனர். பின்னர், அவர்களுடன் சந்திப்புகள் நிகழ்ந்தன. அவர்களுக்குப் போக்குவரத்து வசதிகளிலும் தார்மிகரீதியாகவும்

உதவி அளித்துள்ளோம். தற்போது நிலவும் ஒத்துழைப்பு எதிர்காலத்திலும் தொடரும். கிழக்கு நாகாலாந்தில் இருந்து செயல்படும் வடகிழக்கின் இதர புரட்சிக் குழுக்களுக்கும் இது பொருந்தும். நாங்கள் அதே நோக்கங்களைக் கொண்டுள்ளதால், நாங்கள் அவர்களுடன் நெருக்கமாக உள்ளோம்.'

மாவோயிஸ்டுகளுடனான உல்ஃபாவின் தொடர்பு குறித்து இன்னும் அதிகமான தகவல்களை எதிர்பார்த்திருந்தேன். அவர் சொன்னதெல்லாம், சில மாதங்களுக்கு முன்பு அஸ்ஸாமில் முன்னாள் உல்ஃபா போராளிகள் எனக்களித்த நேர்காணல்களில் சொன்னவற்றையே ஊர்ஜிதப்படுத்தின. வங்கத்தில் சுட்டுக் கொல்லப்பட்ட இந்திய கம்யூனிஸ்டு கட்சியின் (மாவோயிஸ்டு) முதன்மை ராணுவ நெறியாளர் கிஷன்ஜி என்பவர் ஆயுதங்களுக்கான ஓர் ஒப்பந்தத்தை முடிக்க பரூவாவுடன் தொடர்பில் இருந்தார். இந்த ஒப்பந்தம் முடிந்து, அதற்குச் சில மாதங்களுக்குப் பிறகு, ஒரு சின்ன பார்சல் பெறப்பட்டது. ஆனால், அஸ்ஸாமின் உள் விவகாரங்களில் குறுக்கிட மாவோயிஸ்டுகள் ஆர்வம் காட்டியதால் உல்ஃபா இயக்கம் மனம் உடைந்தது. இது குறித்து சுவாரஸியமான தகவல் ஏதும் தருமாறு நான் பரூவாவிடம் கேட்டேன்.

'சி.பி.ஐ. (மாவோயிஸ்டு) அஸ்ஸாமில் ஆழமாக வேரூன்றினால் அது உல்ஃபாவுக்கு இடைஞ்சலாக முடியும் என்று நீங்கள் நினைக்கவில்லையா? இது பற்றி ஏற்கனவே செய்தி அறிக்கைகள் வந்துள்ளன.'

'நான் அதனை ஒத்துக் கொள்ளவில்லை. உங்கள் கணிப்பு தவறு.'

'இல்லை. சி.பி.ஐ. (மாவோயிஸ்டு) எப்போதும், நன்றாக வரையப்பட்ட நீண்ட கால வியூகத்தின் பேரில் பணி புரிவதோடு, அதன் நிர்வாகத்தில் நன்கு படித்த கடமைப் பொறுப்புள்ள நபர்கள் உள்ளனரென்று உங்களுக்குத் தெரியாதா?' என்றேன்.

'மாவோயிஸ்டுகள் அஸ்ஸாமில் உல்ஃபாவின் ஆதரவுத் தளத்தைக் கைப்பற்றி வளர முயற்சி செய்கிறது என்பது காலனியாதிக்க அரசு மக்களைக் குழப்புவதற்காகச் சொல்லும் தவறான தகவல். ஆம், ஒரு பிரிவினர் மாவோயிஸத்தின் பேரில் ஈர்க்கப்படும் வாய்ப்பு இருப்பதை மறுக்கவில்லை. ஆனால், எங்களைப் பொறுத்தவரை பாதகமான காரணம் அல்ல. உல்ஃபா 13,000 பேர்களுக்கு மேலான உயிர்களைத் தியாகம் செய்துள்ளது. எளிதாக இந்த இயக்கத்தை அழித்து விட முடியாது. மாவோயிஸத்தைத் தழுவி அதனை அஸ்ஸாமில் பரப்ப முயலும் மக்களை நாங்கள் அறிவோம். அவர்களில் பலர் உள்ளொடுங்கத் தொடங்கியிருக்கிறார்கள். நாங்கள் திட்டவட்டமான செயல்திட்டம்

ஒன்றை வைத்திருக்கிறோம். மாவோயிஸம் அஸ்ஸாமில் வேரூன்ற முடியும் என்று நாங்கள் நினைக்கவில்லை. அஸ்ஸாமில் வேறு எவரையும் விட உல்ஃபாவே எப்போதும் தலை நிமிர்ந்து நிற்க முடியும்.'

அவர்களில் பலர் உள்ளொடுங்கத் தொடங்கியிருக்கிறார்கள்... இந்த வாக்கியம் மாவோயிஸ்டுகளின் முயற்சிகளை அவர் அங்கீகரிக்காததைத் தெளிவாகக் கோடிட்டுக் காட்டியது. ஆனால், அவர்களுடன் அதிருப்தி உண்டென்றால் ஏன் அவர்களுடன் ராஜ தந்திரப் புரிந்துணர்வைச் செய்து கொண்டார்? அவர் இது குறித்து மேலும் எதுவும் சொல்வதற்கு வாய்ப்பில்லை.

'ஓ.கே. இப்போது பொதுச் செயலாளர் அனூப் சேத்தியா பற்றிப் பேசுவோம். அவர் கடந்த பத்தாண்டுகளாக டாக்காவில் சிறையில் இருக்கிறார். தலைவர் ராஜ்கோவா தொடங்கியுள்ள அமைதி நடவடிக்கைகளுக்கு அவர் ஆதரவு கொடுப்பார் என்று எண்ணுகிறீர்களா?'

நான் அந்த வினாவை முடிக்கையில், தளபதி புன்முறுவல் பூத்தார். 'மனிதர் பலர், மனங்கள் பல. உங்கள் கேள்விக்குத் திட்டவட்டமான ஒரு பதிலளிப்பது கஷ்டம். ஆனால், இதுவரை அவர் புரட்சியைப் பற்றிக் கொண்டிருக்கும் நிலைப்பாடு பாராட்டுக்குரியது. அவர் தனது கருத்துகளைக் கொண்டிருக்கிறார். அவர் சிறையில் இருந்து விடுதலையானதும் எப்படி எதிர்வினை புரிவார் என்று நம்மால் கூற முடியாது.'

'சேத்தியா, பருவாவின் பங்காளி முறைச் சகோதரனும், நெருங்கிய நண்பனும் ஆனவர் என்பதால் நான் ஒரு மாறுபட்ட பதிலை எதிர்பார்த்திருந்தேன். சிறைப்பட்டிருக்கும் அந்தத் தலைவர் இதுவரை இந்தியாவுக்குக் கொண்டு வரப்படுவதற்குத் தயங்குகிறார். இந்தியாவில் நிச்சயமாக அவர் மேல் குற்ற வழக்கு தொடரப்படும். இருந்தபோதிலும், தளபதி சொன்னது சேத்தியா பற்றி அவர் கொண்டிருக்கும் சந்தேகங்களை வெளிப்படுத்துவதாக இருந்தது. அவர் வங்க தேசத்தில் பல தடை செய்யப்பட்ட பொருட்களுடன் ஒரு சாட்டிலைட் போனும் அந்நிய நாட்டுப் பணமும் வைத்திருந்ததற் காகக் கைது செய்யப்பட்டார்.'

எனது அடுத்த கேள்வி: 'இரண்டு விஷயங்கள் தொடர்ச்சியான இடைவேளைகளில் செய்தித்தாள்களின் தலைப்புச் செய்திகளில் இடம் பெறுகின்றன. ஒன்று உல்ஃபா வங்க தேசத்தில் செய்துள்ள பெரிய முதலீடுகள். மற்றொன்று ஆயுதக் கடத்தலில் உங்கள் பங்கு. இந்த விஷயங்கள் பற்றி உங்கள் கருத்து என்ன?'

கொஞ்ச நேரம் மௌனமாக இருந்தார் பரூவா. எங்களுக்காகக் கொண்டு வரப்பட்ட அவித்த உருளைக் கிழங்குகளை மென்று கொண்டிருந்தார். சாப்பிட்டு முடித்தவர் மூச்சுவிடாமல் பதில் சொன்னார்: 'வங்க தேசத்தில் உள்ள முதலீடுகள் பற்றி இந்தியக் காலனியாதிக்க அரசுக்கு அவ்வளவு நிச்சயமாகத் தெரியுமானால், அவை ஏன் பறிமுதல் செய்யப்படவில்லை?' என்று கேட்டார். டாக்காவில் தற்போது ஆட்சியில் உள்ள கட்சி (அவாமி லீக்) புது தில்லியுடன் நல்ல சுமுக உறவில் உள்ளது. இந்திய அரசு, உல்ஃபா இந்த முதலீடுகளைச் செய்ய உதவிய நபர் என்ற வகையில் சமீபத்தில் பேசப்படும் அரபிந்தா ராய் பற்றி உண்மைகளை எளிதில் சரி பார்க்கலாம். இந்த விஷயங்கள் பற்றி ஊடகம் கேள்வி எழுப்ப வேண்டும். பொய்யான வதந்திகளைப் பரப்புவதைத் தவிர்க்க வேண்டும். அவை அனைத்தும் முழுமையான பொய்யாகும்.

ஆயுதங்களை வாங்குவதைப் பொறுத்தவரை, ஒரு புரட்சிகர இயக்கத்துக்கு இது இயல்பான விஷயம். ஏனெனில், நீங்கள் பொம்மைத் துப்பாக்கிகளை வைத்துக்கொண்டு போரிட முடியாது. இந்தியாவில் சுதந்தரப் போராட்டம் நடந்தபோதுகூட பிரிட்டிஷாரால் ஆயுதப் பார்சல் பறிமுதல் செய்யப்பட்ட சம்பவங்கள் இருந்தன. சுபாஷ் சந்திர போஸ் மற்றும் இதர புரட்சியாளர்கள் இது போன்ற முயற்சிகளில் ஈடுபட்டார்கள். உல்ஃபாவின் தலைமைத் தளபதி என்ற முறையில், போராளிகளின் தற்காப்புக்கு ஆயுதங்கள் அளிக்க வேண்டிய கடமை எனக்குண்டு. ஆகவேதான், நாங்கள் ஆயுதங்களை பல்வேறு வழிகளில் வாங்குகிறோம். சில வழிகளில் நாங்கள் ஜெயித்துக் கொண்டு வருகிறோம். சில சமயங்களில் தோல்வி அடைந்திருக் கிறோம். இது ஒரு குற்றமல்ல. புரட்சிகர இயக்கங்களைக் கண்டிருக்கும் அனைத்து நாடுகளிலும் நினைவுக்கெட்டாத காலத்தில் இருந்து இது நடந்துவருகிறது. ஆயுதங்களைப் பெற எடுக்கப்படும் முயற்சி காலகாலமாக நடக்கும் நடைமுறையே.'

'ஆயுதங்களை வாங்கும் இடம் பற்றி இன்னும் அதிகமாகச் சொல்ல முடியுமா? 2004-ல் சிட்டகாங்கில் ஆயுதங்கள் கைப்பற்றப்பட்டது பற்றி?'

'இங்கே பாருங்கள். இயக்கம் இன்னும் உயிருடன் இருக்கிறது. அதன் நலன்களுக்கு ஊறுவிளைவிக்கும் எதையும் நாங்கள் வெளியில் சொல்லமுடியாது' என்று பதிலளித்தார் பரூவா. இந்த 'டாபிக்' பற்றி இன்னும் அதிகமாகக் கேட்கப்படுவதை அவர் விரும்பவில்லை என்று அவர் கைகளால் சைகைகளின் மூலம் தெரிவித்தார்.

எனது அடுத்த கேள்விக்கு நகரும்விதமாக, இந்திய ராணுவப் படைகளுக்குக் குறைந்தபட்ச சேதம் ஏற்படுத்துவதற்குக்கூட விமானப்படை தேவை என்று நீங்கள் நினைக்கவில்லையா?'

'ஆம். அது தேவைதான். நாங்கள் அதைப் பெறுவோம்.'

'ஆனால், எப்படிப் பெறுவீர்கள்?'

'விமானப் படை நடவடிக்கைகளை சில ஏஜென்சிகளை வைத்துச் செய்வோம்.'

நான் கொஞ்சம் அதிர்ச்சி அடைந்தேன். 'இந்தப் பகுதியில் இயங்கும் ஒரு ஏஜென்சி உங்களுக்குக் கிடைக்கும் என்று நம்புகிறீர்களா?'

'யெஸ். எங்களால் முடியும்.'

'ஓர் இறையாண்மை பெற்ற சுதந்தர அஸ்ஸாமுக்கான உல்ஃபாவின் திட்டம் என்ன? எந்தவிதமான பொருளாதார அரசியல் மாதிரிகளை நீங்கள் பின்பற்றுவீர்கள்?'

'குறுகிய நேரத்தில் இத்தகைய விரிவான ஒரு விஷயம் பற்றி விவரிப்பது கடினம்.' ஒரு கணம் யோசித்தபின் பதிலளித்தார். 'எங்கள் அரசியலமைப்புச் சட்டம் அறிவியல் பூர்வமான சோஷலிஸம் பற்றிக் குறிப்பிடுகிறது. ஐரோப்பா உள்ளிட்ட பல நாடுகளிலும் இதர சோஷலிஸ நாடுகளிலும் இந்தக் கொள்கை ஏற்கனவே நடைமுறையில் இருக்கிறது. அஸ்ஸாமை முன்னெடுத்துச் செல்லக் கூடியதும் இருப்பவருக்கும் இல்லாதவருக்கும் உள்ள இடைவெளியை இணைக்கக்கூடியதுமான ஒரு முன்மாதிரிக் கொள்கை பின்பற்றப்படும். சர்வதேச உறவுகளைப் பொறுத்தவரை, எங்களுக்குப் பயன் தருவதாக இருக்கக்கூடிய நாடுகளுடன் நாங்கள் உறவு வைத்துக் கொள்வோம். உலகில் உள்ள எந்த நாடும் தனிமைப்பட்டு இருக்கக்கூடாது.'

'அப்படியென்றால், நீங்கள் உங்கள் தேர்வுகளை நோக்கித் திறந்த மனத்துடன் இருக்கிறீர்கள் என்று பொருள். மக்கள் மற்ற விஷயங்களைப் பற்றி அதிகமாக அறிந்துகொள்ள விரும்புகிறார்கள் என்பது உங்களுக்குத் தெரியும்தானே. நீங்கள் மக்களின் விருப்பங் களுக்கு மாறாக எதையும் செய்ய முடியாது என்ற காலகட்டம் வந்திருக்கிறது. முஸ்லிம் நாடுகளில் நிகழ்ந்து வரும் மாற்றங்களை நீங்கள் பார்த்திருப்பீர்கள். உல்ஃபா இலக்குகளின்றி குண்டு வெடிப்புகளை நிகழ்த்திவருகிறது. அதிலும் குறிப்பாக 2003க்குப் பிறகு, அப்பாவி மக்கள் தங்கள் உயிரை இழந்தார்கள். அதன் விளைவாக, அஸ்ஸாமின் பூர்வ குடி மக்கள் இந்த இயக்கத்துக்குத்

தங்கள் ஆதரவை வாபஸ் பெற்றுக்கொண்டிருக்கிறார்கள். உங்கள் மீது தவறு இருப்பதாக நீங்கள் நினைப்பதில்லையா?'

நான் 2005ல் சுதந்தர தினத்தன்று தேமாஜி என்ற இடத்தில் பள்ளிக் குழந்தைகள் சிதறடிக்கப்பட்ட சம்பவத்தையும் குவஹாத்தியில் நடந்த எண்ணற்ற குண்டு வெடிப்புச் சம்பவங்களையும் சுட்டிக்காட்டினேன்.

'இனி அஸ்ஸாமிலோ பூர்வகுடி மக்கள் வசிக்கும் எந்த இடத்திலுமோ குண்டு வெடிப்புக்கள் நிகழாது என்றார் பரூவா. உல்ஃபா, முற்பகுதியில் சில முறை தவறு செய்திருக்கிறது எனபதை ஒத்துக் கெள்கிறோம். இவை முக்கியமாக கமாண்டர்களிடத்தில் தொலைநோக்குப் பார்வையும் திட்டமிடலும் இல்லாததால் நிகழ்ந்தவை. இந்திய உளவு அமைப்புகளாலும்கூட அப்பாவி மக்களைக் கொல்லும் வகையில் குண்டுகள் வெடிக்கப்படுகின்றன. இந்தப் பழி உல்ஃபாவுக்குப் போய்ச் சேரவேண்டும் என்ற நோக்கத்தில் அவ்வாறு செய்யப்படுகிறது. பாதுகாப்புப் படைகளுக்கு எதிராக அல்லது கச்சா எண்ணெயைக் கொண்டு செல்லும் பைப் லைன்கள் போன்றவற்றுக்கு எதிராக உல்ஃபா நடத்தும் தாக்குதல்களுக்கு எதிர்வினையாக இத்தகைய சம்பவங்கள் நடக்கின்றன. இந்த இயக்க நலன்களுக்கு எதிராகச் செயல்பட்ட கமண்டர்கள் முன்பு இருந்தார்கள். அப்பாவி மக்களின் சாவில், காயத்தில் முடிந்த இந்த நடவடிக்கைகளுக்காக நாங்கள் மிக மிக வருந்துகிறோம். எதிர்காலத்தில் இத்கையச் சம்பவங்களைத் தடுப்பதாக எங்கள் முயற்சிகள் இருக்கும்.'

'பரக் தாஸ் உள்ளிட்டோரை ரகசியப் படுகொலை செய்தது யாராக இருக்கும் என்று நினைக்கிறீர்கள்?'

'அதை யார் செய்தது என்று உங்களுக்கே தெரியும். அதில் ரகசியம் ஒன்றும் இல்லை. எவ்விதமான தடயங்களும் கிட்டாதவாறு அரசு இந்தக் கொலைகளை நிகழ்த்தியது. இது பற்றி அறிந்தவர்கள் இது பற்றிப் பேசப் பயப்படுகிறார்கள். அதுவே பரக் தாஸ் விஷயத்திலும் நடந்தது. அவரைத் திட்டமிட்டுக் கொன்றதில் ஒரு ஐ.பி.எஸ். அதிகாரி நேரிடையாகத் தொடர்புடையவராக இருந்தார். ஆகஸ்டு 12, 1998 அன்று நிகழ்ந்த சம்பவத்தைப் பற்றிக் குறிப்பிடத் தொடங்கிய பரூவா அன்றைய தினம் உல்ஃபாவின் மக்கள் தொடர்புச் செயலாளர், மித்திங்கா தைமாரியின் நான்கு உறவினர்கள் நல்பாரி என்ற இடத்தில் அடையாளம் காணப்படாத நபர்களால் சுட்டுக் கொல்லப்பட்டார்கள் என்றார்.

ரகசியக் கொலையாளிகளால் வீழ்ந்த நபர்களின் எண்ணிக்கையை அறுதியிட்டுச் சொல்வது கடினம் என்று சுட்டிக்காட்டினேன். 'இந்த

யோசனை பஞ்சாபில் இருந்து கடன் வாங்கப்பட்டதாகத் தெரிகிறது. அங்கே இது போன்ற சூழ்நிலைகளில் கொல்லப்பட்ட நபர்களின் எண்ணிக்கை இதைவிட அதிகம். நான் டெல்லியில் இருந்த போது, இத்தகைய கொலைகளில் தொடர்புபடுத்தப்பட்ட பஞ்சாபில் உள்ள ஒரு சீனியர் சூப்பிரண்டு ஆஃப் போலீஸ் தற்கொலை செய்து கொண்டதைப் பற்றிக் கேள்விப்பட்டது ஞாபகம் இருக்கிறது. ஆனால், உல்ஃபா இயக்கத்துக்கு இந்தி பேசும் சமூகத்தினரை — அதிலும் குறிப்பாக பிஹார் மாநிலத்தவரைக் கொன்றதில் பங்கு உண்டு அல்லவா?'

'உல்ஃபா இயக்கமானது அஸ்ஸாமில் வசிக்கும் அனைத்து மக்களுக்குமானது என்று ஏற்கனவே சொல்லியிருக்கிறோம். இருந்தாலும், நீண்ட காலமாக, அஸ்ஸாமில் வசித்து வரும் சில சமூகத்தினர் அஸ்ஸாமியருக்கு எதிராகக் காலனியாதிக்கச் சக்திகளுடன் சேர்ந்து கொண்டிருக்கிறார்கள். அதோடு, அவர்கள் எப்போதுமே அந்தச் சுரண்டலுக்கு எதிராகக் குரல் எழுப்பியதில்லை. இந்த மக்கள் பூர்வ குடி மக்களின் பேரில் அராஜகம் நிகழ்த்தியது தொடர்பாகப் பல சம்பவங்கள் உண்டு. தீன்சுகியாவில் இருந்தும், என் கிராமத்துக்கு அருகிலும் பிஹாரிகளும் மார்வாரிகளும் வங்காளிகளும் அஸ்ஸாமியர்களைத் தவறாக நடத்தியதற்கு எடுத்துக்காட்டுகள் உண்டு. பூர்வகுடிச் சமூகத்தினரிடமிருந்து தீவிரமான எதிர்வினை வந்து கொண்டிருப்பதால் இயல்பாகவே இந்தப் பிளவு அதிகரித்துக் கொண்டே செல்கிறது.

'அப்படியென்றால், இறையாண்மை பெற்ற அஸ்ஸாமில் அவர்களுக்கும் இதர அஸ்ஸாமியரைச் சாராத குழுக்களுக்கும் என்ன விதமான பங்கு அளிக்கலாம் என்று நினைத்திருக்கிறீர்கள்?'

'இந்தக் குழுக்கள் அஸ்ஸாமியமயமாவதோடு தங்களை அஸ்ஸாமியரின் நலன்களுடன் அடையாளப்படுத்திக்கொண்டால் எந்தப் பிரச்னையும் வராது. ஆனால், எதிர்காலத்தில், சுதந்தரமான ஒரு அஸ்ஸாமில், அவர்கள் இதே உணர்வைக் கெட்டியாகப் பிடித்துக் கொண்டிருந்தால், இந்த வன்முறை அடங்காது.'

'பூர்வகுடி மக்கள் ஒதுக்கப்பட்டிருக்கிறார்கள் என்பது உண்மை. ஆனால், இந்தத் தவறு பூர்வகுடி மக்களிடத்திலேயே இருக்கிறது என்று நினைக்கிறேன். மக்கள் தங்கள் தகுதிக்கு உரிய அரசையும் தலைவர்களையும் பெறுகிறார்கள் என்று சொல்லப்படுகிறது. அறிவுலகம் இது பற்றி என்ன நினைக்கிறது என்பதுபற்றி நான் உங்களிடம் சொல்ல அனுமதிக்க வேண்டும். பிஹாரிகள் கொல்லப்

படுவதற்குரிய காரணம் என்னவென்றால் அவர்களால் ஏற்படும் வெற்றிடத்தை வங்க தேச வந்தேறிகளைக்கொண்டு நிரப்புவதற்குத் தான் என்று அறிவுலகம் கருதுகிறது' என்றேன் .

'இந்தப் பிரச்னை எங்கள் மூதாதையர்களால், அறிவு ஜீவிகளால் அரசியல்வாதிகளால் உருவாக்கப்பட்டிருக்கிறது. இந்தக் கேள்வி இந்திய காலனியாதிக்க அரசை நோக்கிக் கேட்கப்பட வேண்டிய கேள்வி. எங்களை நோக்கியல்ல....'

விவாதத்தை முடிவுக்குக் கொண்டுவர பரூவா விரும்பியதாகத் தெரிந்தது. ஆனால், நான் விடாமல் தொடர்ந்தேன்.

ஆனால், நிலைமை கட்டுப்பாட்டில் இருந்து வேகமாக நழுவிக் கொண்டு வருகிறது. உங்களுக்குத் தெரியும், பூர்வ குடி மக்களில் கணிசமான பகுதியினர், வங்க தேசத்தில் இருந்து வகை தொகையற்ற வந்தேறிகளின் படையெடுப்புக்கு முன்னால் தங்கள் அடையாளம் கேள்விக்குறியாக இருக்கிறது என்று கருதுகிறார்கள். அஸ்ஸாம் ஒப்பந்தம் ஒரு 'ஜோக்' ஆகிவிட்டது. அரசு தடுப்பு நடவடிக்கை களைப் பற்றிக் கவலைப்படவில்லை. இந்தப் பிரச்னையைச் சமாளிக்க நீங்கள் எவ்வாறு திட்டமிடுகிறீர்கள்?'

'அஸ்ஸாமில் இந்தப் பிரச்னை இந்திய அரசியல் நலன்களுக்கு உதவுவதற்காக உருவாக்கப்பட்டிருக்கிறது. இதற்கு முன்பேகூட அஸ்ஸாமுக்குள் சட்ட விரோதக் குடியேற்றத்துக்கு உதவியவர்கள் பிரிட்டிஷ்காரர்கள். ஆகவே, தீர்வானது இந்திய அரசால் அளிக்கப்பட வேண்டும். உல்ஃபா இந்தப் பிரச்னையைத் தீர்க்கும் நிலையில் இல்லை. காரணம் அதற்கு அரசியல் பலம் கிடையாது. சுதந்தரத்துக்குப் பிறகு, நாங்கள் ஒரு திட்டவட்டமான வியூகத்தை ஏற்படுத்துவோம். அதை இப்போது வெளியில் சொல்ல நாங்கள் விரும்பவில்லை. சட்ட விரோதமான குடியேற்றத்தைக் கட்டப்படுத்த முழுமையான ஒரு திட்டம் தேவை. நீங்கள் நேர்மறையான கொள்கைகளைக் கொண்டு வந்தால் முடிவும் நேர்மறையானதாக இருக்கும். எதிர்மறைக் கொள்கை எதிர்மறையான முடிவையே தரும் என்பதைச் சொல்லத் தேவையில்லை. இந்தப் பிரச்னை உல்ஃபாவால் உருவாக்கப் பட்டதல்ல. எனவே, இந்தக் கேள்வி எங்களை நோக்கி தொடுக்கப் படக்கூடாது. உல்ஃபா சுதந்தரத்தை மட்டுமே கோரி வருகிறது. இது நியாயமான உரிமை.'

இது எதிர்பார்க்கப்பட்ட ஒரு பதிலாக இருந்தது. உல்ஃபாவுக்கு வங்க தேசத்தில் சார்புத்தன்மை கொண்ட நலன்கள் உண்டு. பரூவாவின்

பதில் இந்த விஷயத்தில் ஏற்கெனவே சொல்லப்பட்ட கருத்துகளின் மறு வடிவமாக இருந்தது.

'இன்றிலிருந்து ஒரு நூறு ஆண்டுகள் அல்லது இதற்கு மேற்பட்ட காலத்தில் அஸ்ஸாமின் பூர்வ குடியினர், திரிபுராவில் உள்ள பழங்குடியினரைப்போல அல்லது சிக்கிமில் உள்ள பூட்டியா - லெப்சாக்களைப்போல சிறுபான்மையினராக ஆகிவிட்டால் என்ன செய்வது? இயற்கை வளங்கள் மொத்தமாக முடிந்து போகா விட்டாலும் நிச்சயமாகக் குறைந்து போகும். அப்போதும் உல்ஃபா அஸ்ஸாமின் சுதந்தரத்தை வென்றெடுக்கவில்லை என்றால் என்ன நடக்கும்?'

'ஒரு இனத்தைச் சுத்தமாக ஒழித்து விட முடியாது; உலகில் எங்கேயும் இத்தகைய எடுத்துக்காட்டு இல்லை'யென்று உறுதியாகச் சொன்னார். அவர் யூதர்கள் மற்றும் அமெரிக்க இந்தியர்களின் உதாரணங்களைச் சுட்டிக் காட்டி, அவர்கள் பேரில் செய்யப்பட்ட அக்கிரமங்களையும் அவர்களது இருப்பை ஒழிக்க எடுக்கப்பட்ட முயற்சிகளையும் பற்றிச் சொன்னார். அதுபோல, அஸ்ஸாமிய இனத்தை அழிக்க முடியாது. அஸ்ஸாமின் வளங்கள் வெளியில் எடுத்துச் செல்லப்படும் என்பது உண்மையானாலும், வளம் சேர்ந்த படிவுகளை முற்றிலும் தீர்த்து விடுவது முடியாத காரியம். தற்போதைய சுரண்டல் தடுத்து நிறுத்தப் படுமானால் எங்கள் எதிர்காலத் தலைமுறையினர் பாதுகாப்பாக இருப்பார்கள். இப்போதைய தேவை என்னவென்றால், சமூகத்தின் பல பிரிவினரிடையே ஒற்றுமையை உண்டாக்குவதும் காலனியாதிக்கக் கொள்கைகளுக்கு எதிராக ஒரே குரலில் முழங்குவதும்தான். இந்தத் தீப்பிடித்து எரியும் விஷயங்களுக்குத் தீர்வு அளிப்பது உல்ஃபாவின் கடமை மட்டுமேயல்ல; சுரண்டலைத் தடுத்து நிறுத்த சமூக அமைப்புக்கள் அனைத்தும் முன் கை எடுக்க வேண்டும்.

'அஸ்ஸாமில் உள்ள நிலைமையை யூதர்கள் அல்லது வட அமெரிக்க இந்தியர்களுக்கு நிகழ்ந்தவற்றுடன் ஒப்பிட முடியாது. நீங்கள் சொன்னவற்றுடன் எனக்குச் சம்மதம் இல்லை. வருந்துகிறேன்' என்றேன். மேலும், சூழ்நிலைகள் வேறுபட்டு இருந்தனவென்றும், அமெரிக்காவிலோ மத்தியக் கிழக்கிலோ, வங்க தேசத்தில் இருந்து வருவதைப் போன்ற அகதிகளும் நில வெறி பிடித்த உழவர்களும் இல்லை என்றும் சொன்னேன். சட்ட விரோதக் குடியேற்றம் பற்றி அவர் மேலும் எதுவும் சொல்லமாட்டாரென்று எனக்குத் தெரிந்திருந்தது.

உல்ஃபாவின் வியூகத்தில் சமூக அமைப்புகளின் பங்கு குறித்த எனது அடுத்த கேள்விக்கு மாறினேன். இந்தக் கிளர்ச்சிக் குழுவுடன்

நெருங்கியத் தொடர்புடைய குழுக்கள் இருந்தன. அவை, இந்தக் கிளர்ச்சிக் குழுவின் நோக்கத்தை மேலும் தீவிரமாகச் செயல்படுத்தப் பயன்படுத்தப்பட்டன. முன்னதாக, உல்ஃபா இயக்கம் மாணப் அதிகார் சங்க்ராம் சமிதி (மாஸ்) என்ற அமைப்புக்கு ஆதரவளித்தது. இந்த அமைப்பு, காவல் துறையினர் மற்றும் ராணுவத்தினர் நடத்தும் மனித உரிமை மீறல்களை வெளிக்கொண்டு வந்ததுடன் அவர்களுக்கு எதிராக வெகுவாக போராட்டங்களைத் தூண்டிவிட்டது. மாஸ் இப்போது தனது உத்வேகத்தை இழந்து நிற்கிறது. ஆனால், நீங்கள் அகில் கோகய் பற்றியும் அவரது கிரிஷக் முக்தி சங்க்ராம் சமிதி குறித்தும் ஆதரவாகப் பேசினீர்கள். இத்தகைய அமைப்புக்களுக்கு அளிக்கப்பட்டு வரும் ஆதரவுப் போக்கைத் தொடருவீர்களா?'

தலையாட்டிய பரூவா, பின்னர், உல்ஃபாவின் செயல்பாட்டில் மக்களை அடிப்படையாகக்கொண்ட இயக்கங்களுக்கான முக்கியத்து வத்தைப் பற்றி விளக்கியதோடு அவர்கள் எப்படிப் பயன்படுத்திக் கொள்ளப்படுவார்கள் என்பதற்கான திட்டத்தை வெளியில் சொல்ல மாட்டார் என்பதையும் குறிப்பிட்டார். அவரைப் பொறுத்தவரை, இந்த அமைப்பின் பகிரங்கச் செயல்பாடுகள், இத்தகைய குழுக்களின் ஆதரவினால் மிகவும் எளிதாகிவிட்டது என்று சொன்ன அதே வேளையில், அங்கே கடமைப் பொறுப்புள்ள தலைவர்களுக்கும் பஞ்சம் என்பதையும் ஏற்றுக்கொண்டார். ஒரு மக்கள் தலைவனின் கடமைப் பொறுப்பு என்பது காட்டுக்குள் இருக்கும் ஒரு கொரில்லா போர் வீரனின் கடமைப் பொறுப்பைவிட அதிகமானது. ஏனெனில், மக்கள் தலைவன், முன்னணியில், எல்லோருடைய பார்வையில் படும்படியாக இருப்பான். அவரது எடுத்துக்காட்டான வாழ்க்கை மற்றவர்களால் பார்க்கப்பட்டு பின்பற்றப்படும். எனவே, அவர்களுக்குக் கூடுதல் பொறுப்பு உண்டு.

நான் திருப்தியுடன் என் குறிப்பேடை நோக்கினேன். ஒரு சில கேள்விகள் மட்டுமே கேட்கப்பட வேண்டியிருந்தன.

அடுத்த கேள்வி 1996-ல் உல்ஃபா இயக்கத்தால் சுட்டுக் கொல்லப் பட்டதாகக் கூறப்பட்ட சமூகச் செயற்பாட்டாளர் சஞ்சய் கோஷ் பற்றியது. உல்ஃபாவை மோசமான இயக்கமாகத் தோன்றச் செய்த அந்தச் சம்பவம் பற்றிய இந்தக் கேள்விக்கு பரூவா தன்னுடைய இயக்கத்துக்கும் அந்தக் கொலைக்கும் எந்த சம்பந்தமும் இல்லை என்று கை கழுவிவிடுவார் என்றே நினைத்தேன்.

ஆனால், அவர் (பரூவா) நேர்மையாக, அந்தச் செயல் கீழ்மட்டப் போராளிகளால் நடத்தப்பட்டதென்றும், அவர்கள் செய்த

காரியத்துக்கு அவர்களுக்கு அதிகாரம் அளிக்கப்படவில்லை என்றும் வெளிப்படையாகப் பதிலளித்தார்.

'உண்மையில், அவரைக் கொல்ல உத்தரவு அளிக்கப்படவில்லை. நாங்கள் மோசமாக பாதிப்புக்குள்ளனோம். என்னை நம்புங்கள். அவர் இறந்துவிட்டார் என்று தொலைக்காட்சியில் செய்தி வந்தபோது நாங்கள் ஐரோப்பாவில் இருந்தோம். இருபது நாடுகளின் தூதர்கள் எங்களது இயக்கம் குறித்தும் அதன் நோக்கங்கள் குறித்தும் அறிந்து கொள்ள விரும்பியதால் அவர்களுடன் ஒரு கூட்டத்தில் கலந்து கொள்ள இருந்தோம். எங்கள் சுதந்தரப் போராட்டத்தில் அடுத்த கட்டம் மிக முக்கியமானதாக இருக்கும் என்று நம்பினோம். ஆனால், அந்த நிகழ்ச்சி ரத்து செய்யப்பட வேண்டி இருந்ததோடு, நாங்கள் பாதுகாப்புக்காக ஓடி ஒளியவும் வேண்டியிருந்தது. சஞ்சயின் அத்தை அருந்ததி கோஷ் இந்தியத் தூதராக இருந்தார். அவர் எங்களை எல்லா வகையிலும் அவமானப்படுத்த முயற்சியெடுத்தார். விரைவிலேயே நாங்கள் ரகசிய இடங்களுக்குச் செல்லும்படியானது.

ஒரு சில வருடங்கள் ஆயுதப் போராட்டம் நடத்தியபின் அரசுடன் பேச்சுவார்த்தைகளில் ஈடுபட்ட, போடோக்கள், கர்பிக்கள் மற்றும் டிமாஸாக் போன்ற பல்வேறு இனத்தாரிடையே உள்ள பல தீவிரவாதக் குழுக்கள் குறித்து அவரது கருத்துகளைக் கேட்டேன்.

'ஆம். பல குழுக்கள் வந்துவிட்டன' என்று வெகு சீக்கிரமாகப் பதிலளித்தார். இவை அரசால் ஆதரிக்கப்பட்டு வரும், பல பத்தாண்டுகள் காலமாக இருந்து வரும் குறைபாடுகளால் எழுந்தவை. அவற்றில் பல தற்போது ஒற்றுமை மற்றும் ஒத்துழைப்பின் முக்கியத்துவத்தை உணர்ந்திருக்கின்றன.'

'ஆனால், அவை அஸ்ஸாமிய மேலாதிக்கம் பற்றிக் குற்றஞ்சாட்டு கின்றனவே. நீங்கள் ஒத்துக் கொள்கிறீர்களா இல்லையா?' என்றேன்.

ஒத்துக்கொண்ட அவர் அஸ்ஸாமிய மைய நீரோட்டத்தில் இருந்து எப்படிப் பழங்குடிக் குழுக்கள் தனிமைப்பட்டு வருகின்றனர் என்பது குறித்து, சுருக்கமாகப் பேசினார். மேலாதிக்கத்தைத் தவிரவும் மத ரீதியிலான அடிப்படை வாதத்தையும் குறை சொல்ல வேண்டும். திமா ஹலாம் தெளகா மற்றும் ஐக்கிய மக்கள் ஜனநாயக ஒன்றிப்பு போன்ற அமைப்புகள் தனியாகப் போர் புரிந்தால் சாதிக்க முடியாது என்பதைப் புரிந்துகொண்டுவிட்டன. மற்றவர்களைப் பார்த்தாலும் இதுதான் நிலைமை. இந்தக் குழுக்கள் சாதித்தவை எதுவும் போதுமானதாக இல்லை. அவை வெகு விரைவில் இவற்றை உணரும். சில அமைப்பு கள் கிடைத்ததை வைத்து தற்காலிகமாகத் திருப்திப்படலாம். ஆனால்,

எதிர்காலச் சந்ததியினரிடையே வெறுப்புணர்வு மீண்டும் தொடங்கும். பெரிய இலக்குகளை வென்றெடுப்பதில் அவர்கள் எங்களுடன் இணைவார்கள்.'

'நீங்கள் மத அடிப்படைவாதம் பற்றிக் குறிப்பிட்டீர்கள். ஆனால், அஸ்ஸாமியச் சமூகத்தில் இது ஒரு விதி விலக்கு தானே தவிர, விதி அல்ல. மேலும், அது சமீபத்திய நிகழ்வாக இருக்கிறது. எப்படி யிருந்தாலும் நீங்கள் அவர்களது ஆதரவு குறித்தும் நம்பிக்கையுடன் இருக்கிறீர்கள். உல்ஃபா இயக்கம் அவர்களால் ஏற்றுக் கொள்ளப்பட வேண்டும். இதற்கு என்ன பொருள் என்றால், அமைப்பின் உள் ஓட்டைகள் சரி செய்யப்பட வேண்டும். உல்ஃபா முழுக்க முழுக்கவே ஒரு ராணுவ அமைப்பு என்றும் அரசியல் பிரிவுக்கு அதில் இடம் கிடையாது என்றும் சொல்லப்படுகிறது. பல தரப்பினர், கட்சி துப்பாக்கிக்கு உத்தரவு அளிக்கவேண்டும். துப்பாக்கியானது கட்சியை வழிநடத்தக்கூடாது என்று நினைக்கிறார்கள்.

பரூவா சொன்னார்: 'இதை நான் ஒத்துக்கொள்ளமாட்டேன். உங்களுக்கு என் கருத்தைச் சொல்கிறேன். ஆனால், முதலில் உங்கள் தேநீரை அருந்துங்கள். இது சூடு ஆறிப்போய்விடும்.' என்றார். தேநீர் அருந்தி முடித்தோம்.

நான் அரசியல் பிரிவை முடக்குவதற்காக அமைப்பில் செய்யப் பட்டுள்ள மாற்றங்களைப் பற்றி அவருக்கு நினைவூட்டினேன். உல்ஃபா இயக்கத்தை நுணுக்கமாக ஆய்வு செய்த சில கல்வியாளர்களும் இதே கருத்தைக் கொண்டிருப்பதாகக் கூறி ஒரு புத்தகத்தின் பெயரைச் சுட்டிக்காட்டினேன். எடுத்துக்காட்டாக, 1996 தொடக்கத்தில் நடந்த மாற்றங்கள் நிர்வாக அடுக்கில் குழப்பத்தை விளைவித்ததோடன்றி அரசியல் பிரிவுக்கும் சாவு மணி அடித்தது. புதிதாக அமைக்கப்பட்ட மத்தியக் குழுவில்கூடப் பெரும்பாலான உறுப்பினர்கள் படைப்பிரிவில் இருந்து வந்தவர்கள். உல்ஃபாவினர் எந்த அமைப்பின் கீழ் பயிற்சி பெற்றார்களோ, அந்தக் கச்சின் அமைப்பைத் தவிர உலகத்தில் பிரபலமான புரட்சிகர இயக்கம் எதுவும் ராணுவ அம்சத்துக்கு இந்த அளவு முக்கியத்துவம் அளித்ததாகத் தெரியவில்லை. உல்ஃபா, கச்சின் சுதந்தரப்படையால் வெகுவாக ஈர்க்கப்பட்டுள்ளதாகத் தெரிகிறது.

பரூவா எனது பேச்சை மறுத்து, 'நோ, அது உண்மையல்ல. அரசியல் பிரிவு கடமையில் தள்ளாடியபோதுதான் ராணுவப் பிரிவு தலையிட்டது.'

அவர், 'ஒரு புரட்சிகர இயக்கத்தில் உள்ள உறுப்பினர்கள் யாவரும், எந்தப் பிரிவில் இருந்தாலும், ராணுவக் கலாசாரத்துடனும்,

இயக்கத்தின் இலக்குகள் மற்றும் நோக்கங்களுடன் ஒன்றியிருக்க வேண்டும். சில தலைவர்கள் இலக்கு குறித்த தெளிவின்றி நடந்து கொண்டதால்தான் வெவ்வேறு பிரிவுகளுக்கிடையில் உரசல் வந்தது. ராணுவப் பிரிவு தங்களது தலைவர்களின் ஆணைகளை மட்டுமே செயல்படுத்தியது' என்றார்.

'நீங்கள் எங்கள் கருத்துடன் ஒத்துப்போகாவிட்டாலும் எங்கள் பார்வை வேறுபட்டதாக உள்ளது. ராணுவத்தின் முதன்மை இடம் எதிர்காலத்தில் நீங்கள் ஒரு ராணுவ எதேச்சதிகாரத்துக்கு ஆதரவு அளிப்பீர்கள் என்றும் ஆப்பிரிக்காவில் காணப்படும் கொடுங்கோல் ஆட்சிகளைப் போன்றதாக அது இருக்கும் என்ற கருத்தையும் அளிக்கிறது.'

'இங்கே பாருங்கள், ஒரு தலைவர் தனது கடமையில் இருந்து தவறிவிட்டு, மற்றவர்களைக் குறிப்பிட்ட நெறிகளையும் கொள்கை களையும் பின்பற்றும்படி சொன்னால், அதற்கு யாரும் அடிபணிய மாட்டார்கள். ஒரு தலைவர் சமரசத்தை வலியுறுத்துகிறார் அல்லது இயக்கத்தின் நோக்கங்களை மாற்றுகிறார் என்றால், அப்புறம் நாங்கள் எப்போதும் அது போன்ற உத்தரவுக்குக் கீழ்ப்படிய மாட்டோம். உல்ஃபாவில் யாரும் தலைர்களைப் பார்த்துச் சேருவதில்லை. இதன் இலக்குகளையும் நோக்கங்களையும் பார்த்தே சேருகிறார்கள். இவை அமைப்புச் சட்டத்தில் தெளிவாகச் சொல்லப்பட்டுள்ளன. தலைமை முக்கியமான விஷயங்களில் தவறு செய்யும்போது பிளவு ஏற்பட்டே தீரும். அரசியல் பிரிவின் மேல் ராணுவப் பிரிவு மேலாதிக்கம் செய்வது பற்றிய கேள்வியே கிடையாது. சேர்மேன் (தலைவர்), முக்கிய விஷயமான இறையாண்மையைப் பற்றிய தீர்வு ஏற்படுவதற்கு முன்பு அவர் புது தில்லியுடன் சமாதானமாகப் போவதை வலியுறுத்து வாரானால், அவர் தனது பதவியை விட்டு விலக வேண்டியதிருக்கும்.

என் கேள்விகள் கிட்டத்தட்ட தீர்ந்துபோயின. 'நோக்கங்களை அடைவதற்கு ஒரு காலக்கெடு என்று எதுவும் நிர்ணயித்திருக் கிறீர்களா? இந்திய அரசு திரும்பத் திரும்ப தான் இறையாண்மை பற்றிப் பேசாது என்று சொல்கிறது. நீங்கள் மாற்றுத் திட்டம் எதுவும் வைத்திருக்கிறீர்களா?'

அவர், உள்நாட்டு மற்றும் வெளிநாட்டு நிலைமைகளைப் பொறுத்து வியூகங்கள் வகுக்கப்படும் என்றும் நிலைமை சாதகமாக இருக்கும் போதுதான் நோக்கங்களைச் சாதிக்க முடியும் என்றும் சொன்னார்.

'ஆக, இது கணிக்க முடியாத விஷயம். நோக்கங்களை அடைய எவ்வளவு காலம் எடுக்கும் என்று நினைக்கிறீர்கள்?'

பரூவா, அவ்வளவு சீக்கிரம் சுதந்தரம் கிடைக்கும் என்று எதிர்பார்க்க வில்லை. 'சுதந்தரம் பெறுவது தள்ளிப்போகும் என்று சிலர் கூறுகிறார்கள். ஆனால், இது ஒரு அடைய முடியாத இலக்கு என்று கூறுவது தவறாகும். எது நடந்தாலும் அதற்கு நாங்கள் முழுமையாகத் தயாராக இருக்கிறோம். பல புரட்சிகள் தங்களது இலக்குகளை அடைய நீண்ட காலத்தை எடுத்துக் கொண்டிருக்கின்றன. எங்கள் இயக்கத்தின் உண்மைத்தன்மை குறித்து சர்வதேச சமூகத்தை நம்பவைக்க பலமான முயற்சிகள் எடுத்து வருகிறோம். நல்ல முடிவு கிடைக்கும் என்று நம்புகிறோம்.'

'நீங்கள் இந்த இயக்கத்தின் முன்னணி செயல் வீரராகத் தொடர்ந்து இருப்பீர்கள். சதுரங்க விளையாட்டைப்போல், நீங்கள் கவனமாக நகர்வுகளைச் செய்யவேண்டும். உங்களுக்கு எதிராக 'ரெட் கார்னர்' அறிவிப்பு வெளியிடப்பட்டுள்ளது. இந்திய அரசு உங்களைக் கைது செய்ய அனைத்துவிதமான முயற்சிகளையும் எடுத்துவருகிறது. இதுவரை கைதாவதில் இருந்து எப்படித் தப்பித்து வந்தீர்கள்?'

அதற்கு ஒரு புன்னகையே பதிலானது. 'இது நான் பெருமைப்படும் விஷயம் அல்ல. இந்திய அரசு என்னைக் கைது செய்வதில் தோல்வியுற்றாலும் நான் ஒரு நாள் இறக்கத்தான் வேண்டும். நான் உயிரைக் கொடுக்க வேண்டியிருந்தாலும்கூட, நான் எந்த நிலையில் இருந்தாலும், என் கொள்கைகளை விட்டுக் கொடுக்க மாட்டேன்.'

'ஆனால், தங்கள் கைது செய்யப்படுவதில் இருந்து மயிரிழையில் தப்பியோடிய சம்பவங்கள் உண்டுதானே.' இந்தக் கேள்வி என்னிடமிருந்து வரவில்லை. உரையாடலைக் கேட்டுக் கொண்டிருந்த பிரதீப் இந்தக் கேள்வியைக் கேட்டார்.

பதில் சொல்வதற்கு முன் பரூவா சிரித்துவிட்டார். 'ஆம். சில சம்பவங்கள் உண்டு. எனது புத்திசாலித்தனமே என்னைக் காப்பாற்றியது.'

அதனைத் தொடர்ந்து இயக்கத்தின் தொடக்க நாட்களில், பல வருடங்களுக்கு முன்பு, மயிரிழையில் உயிர் தப்பிய சம்பவங்களை விரிவாக விளக்கினார்.

முதல் சம்பவம் 1988-ல் அவர் கச்சினில் இருந்து திரும்பிய பிறகு அம்கூரி என்ற இடத்தில் நடந்தது. அப்போது அவர் தனது நண்பர் ஒருவருடன் ஒரு மோட்டார்சைக்கிளில் பயணித்துக் கொண்டிருந்தார். ஒரு சாலைத் தடுப்பில் அவர்கள் காவல் துறையினரால் மடக்கப்பட்டு காவல் நிலையத்துக்கு அழைத்துச் செல்லப்பட்டனர். அந்தக் காவல் நிலையத்தில், ஒரு மூலையில், சுவற்றில் தனது புகைப்படத்தைக்

கண்டார். அவரது இதயம் ஒரு கணம் துடிக்க மறந்தது. கம்பீரமாக, இருவரும் தங்கள் ஆயில் இந்தியா லிமிடெட் நிறுவன அடையாள அட்டைகளை எடுத்துக்காட்டி கடைநிலை அலுவலர்கள் என்று சொன்னார்கள். ஒரு சப்-இன்ஸ்பெக்டரால், அரை மணி நேரம் விசாரிக்கப்பட்ட பிறகு அவர்கள் விடுவிக்கப்பட்டார்கள்.

மற்றொரு சம்பவத்தில், ஷில்லாங்கில், மூத்த போராளிகளுடனான ஒரு சந்திப்புக்காக அந்த நகரத்தை அடைந்தபோது காவல்துறை அவரைப் பிடித்தது. 1990களின் பிற்பகுதியில், உல்ஃபாவுக்கு எதிராக ராணுவம் தாக்குதல் நடவடிக்கையைத் தொடங்கியிருந்தது. உளவுத் துறை அஸ்ஸாமில் இருந்து தீவிரவாதிகள் வருவது பற்றி மேகாலயா காவல் துறைக்கு எச்சரிக்கை விடுத்திருந்தது. பரூவா ஒரு வீட்டுக்கு அழைத்துச் செல்லப்பட்டு குறுக்கு விசாரணை செய்யப்பட்டார். அவர், தம் குவாஹாத்தியில் இருந்து வந்திருக்கும் ஒரு தொழிலதிபர் என்று மேகாலயாவில் ஒரு வியாபாரத்தை முடிப்பதற்கு வந்திருப்பதாக அவர்களை நம்ப வைக்க முடிந்தது. அவர் விடுக்கப்பட்டு மறுநாள் எல்லையைத் தாண்டி வங்க தேசத்துக்குப் போய்சேர்ந்தார்.

‘கடைசியாக எப்போது இந்தியா வந்தீர்கள்?’

‘ஓ, நான் மணிப்பூருக்கும் சங்லாங்குக்கும் (அருணாச்சலப் பிரதேசம்) வருவதை வாடிக்கையாக வைத்திருக்கிறேன்.’

நாங்கள் வெடிச் சிரிப்பில் விழுந்தோம். ‘அப்படியென்றால், நீங்கள் எங்களை இந்தியாவில் சந்தித்திருக்கலாம்’ என்று நான் எடுத்துக் கொடுத்தேன்.

‘நோ. அப்படி நேரும்போது, உங்களுடன் அவ்வளவு நேரம் கழிக்க இயலாது. இந்த சஸ்பென்ஸ் எதுவுமே இருக்காது. அதையும் விட இப்போது நீங்கள் எழுதுவதற்கு எவ்வளவு அதிகமான விஷயங்கள் கிடைத்திருக்கின்றன’ என்று பரூவா பதிலளித்தார்.

‘அது உண்மை. கிழக்கு நாகாலாந்தில் உள்ள அழகான நிலத் தோற்றங்களை நாங்கள் பார்த்திருக்க முடியாது. பலப்பல புதிய விஷயங்களைக் கண்டோம், கற்றோம். ஆனால், மீண்டும் வடகிழக்குப் பகுதிக்கு நீங்கள் வருவதாகத் திட்டமிடும்போது எனக்குத் தகவல் கொடுங்கள்’ என்றேன்.

‘ஆம். இந்த இடம் அழகாக உள்ளது. இங்குள்ள நிலைமை எங்கள் வடகிழக்கில் உள்ள அதே நிலைமைதான். இங்கும் மக்கள் இந்திய அரசின் காலனியாதிக்கக் கொள்கைகளுக்கு எதிராகப் போராடி வருகிறார்கள்.’

'ஆனால், இந்த நேர்காணல் பிரசுரிக்கப்பட்டபின், உங்கள் வருகை குறித்து மணிப்பூர், அருணாச்சலப் பிரதேச அரசுகளுக்கு எச்சரிக்கை அனுப்பப்படும். நீங்கள் ஜாக்கிரதையாக இருக்கவேண்டும்' என்று சொன்னேன்.

அவர் புறப்படுவதற்காக எழுந்தபோது சிரித்தார். நான் பிடிபட நேர்ந்தால், மற்றொரு சூரிய உதயத்தைக் காண நிச்சயம் உயிருடன் இருக்கமாட்டேன். அரசு உல்ஃபாவைப் பார்த்துப் பயப்படுகிறது. ஏனெனில், அவர்கள் அஸ்ஸாமை எதிர்ப்பில்லாத காலனியாக மாற்றுவதற்கு ஒரே தடையாக உள்ளது உல்ஃபாதான்.'

ஆபத்தை அறியும் அவரது உள்ளுணர்வு பிரசித்தி பெற்றது என்றும், அவர் எப்போதும் பாதுகாப்பான இடத்துக்குத் தப்பிவிடுவார் என்றும் அவரிடம் நினைவுபடுத்தினேன். அவர் ஒருவருடைய குணநலத்தைக் கணிப்பதில் பெரிய ஆள் என்றும் சொல்லப்பட்டது.

பதிலளிப்பதற்கு முன்பு பரூவா, சிந்தனை வயப்பட்டார் 'நான் மக்களிடம் சொல்வது எதையும் கவனமாகச் சொல்கிறேன். நீங்கள் ஒரு நபருடன் கலந்துரையாடலைத் தொடங்குவதற்கு முன்பு, அவரை ஆராய்வது முக்கியமானது. இதனை நான் எனது கால்பந்து நாட்களில் இருந்து கற்றுக்கொண்டேன். ஏனெனில், ஆட்டம் துவங்குவதற்கு முன்பு, எதிரியின் அணியை நீங்கள் மதிப்பிட்டு அதன்படி வியூகத்தை முடிவு செய்துகொள்ளவேண்டும். ஆனால், நம்பிக்கையுடன் இருப்பதும் முக்கியம். நான் இந்தப் பதவியில் அமர்வேன் என்றோ, இந்த அளவு கடமைப் பொறுப்புகள் என் பேரில் சுமத்தப்படும் என்றோ நான் எப்போதும் நினைத்துப் பார்த்ததில்லை.'

'இப்போது உங்களிடம் இவ்வளவு பெரிய பொறுப்பு சுமத்தப் பட்டிருக்கிறது. பலம் வாய்ந்த முகலாயர்களைத் தோற்கடித்த தளபதி லச்சித் பர்புக்கானின் வேடத்தை ஏற்று நடிப்பதாக நீங்கள் நினைப்பதுண்டா?'

மனிதர்கள் பலவிதமானவர்கள். சூழல்களும் பலவிதமானவை. பீர் லச்சித் தாங்கிய வேடத்தை என்னுடையதுடன் ஒப்பிட முடியாது.

எங்கள் நேரம் குறைந்துகொண்டே வந்தது. நாங்கள் மீண்டும் அவரைச் சந்திப்பது எப்போது என்று அவரிடம் கேட்டேன்.

பரூவா தனது பிஸ்டலை அதன் உறையிலிட்டார். எங்களை அமைதியாகப் பார்த்தார். எல்லாம் உங்களைப் பொறுத்தது. நீங்கள் விரும்பினால், பாதுகாப்பு நன்றாக உள்ளது என்று நாங்கள் கருதும் பட்சத்தில் உங்களை மீண்டும் அழைப்போம். ஆனால், ஃபிட் ஆக

எப்போதும் உங்களது உடற்பயிற்சிகளைச் செய்யுங்கள். இந்த மலைகளில் தேவைப்படும் சக்தியின் அளவு உங்களுக்குத் தெரியும். ஒவ்வொரு நாளும் குறைந்தபட்ச தூரம் ஓடுவது என்று முடிவு செய்து கொள்ளுங்கள். அத்தகைய ஓட்டம் காலையிலோ மாலையிலோ இருக்கலாம்.'

அறிவுரைகளை விட்டுவிட்டால், பரூவா கடைசித் தருணத்துக்காகக் கொஞ்சம் பெரிய செய்தியாக விட்டு வைத்திருந்தார். என்.என்.சி.என்.(கே) தலைவர் எஸ்.எஸ்.கப்லாங், ஒரு நேர்காணலுக்காக எங்களைச் சந்திக்க ஆவலாக இருப்பதாகத் தமக்கு தகவல் வந்திருக்கிறதென்று சொன்னார் பரூவா.

நான் மிகுந்த சந்தோஷம் அடைந்தேன். இந்த முகாமை நெருங்க நாங்கள் செய்த எல்லாக் கடின உழைப்புகளுக்கும் நாகாலாந்து தலைவருடன் கலந்துரையாடுவது ஒரு பெரும் போனஸ் ஆக இருக்கும்.

ஆனால், உல்ஃபாவைப் பற்றிய கடைசிக் கேள்வியைக் கேட்க வேண்டும். 'புதிய தற்காலிகத் தலைவர் யார்?' நான் பரூவாவிடம் கேட்டேன். 'அவரைப் பற்றி அஸ்ஸாமில் பெருமளவிலான யூகம் இருந்து வருவதாகத் தோன்றுகிறது.'

'அவர் இங்கு வந்திருக்கவேண்டும். அந்தப் பயணம் கடைசி நிமிடத்தில் ரத்து செய்யப்பட்டது. அவர் நன்கு படித்த மனிதர். சர்வதேச விவகாரங்களில் நல்ல பாண்டித்தியம் கொண்டவர். இந்த அமைப்பின் குறிக்கோள்களுக்குத் தன்னை முழுமையாக அர்ப்பணித்தவர்' என்று தளபதி நிம்மதிப் பெருமூச்சுடன் தெரிவித்தார்.

ஐக்கிய அரசை மையமாகக்கொண்டு வாழ்ந்து வரும் டாக்டர் அவிஜித் பர்மனின் அடையாளம் குறித்து நான் மூன்று யூகங்கள் வைத்திருந்தேன். ஆனால், பரூவா என்னைக் கேலிசெய்யமாட்டார் என்று எனக்குத் தெரியும். 'அவருக்கு ஒரு சில கேள்விகளை அனுப்ப முடியுமா?' என்று கேட்டேன். 'என்னால் உங்களிடம் ஒரு சில கேள்விகளைத் தரமுடியும். முடிந்தால் கேள்விகளை நீங்கள் அவருக்கு மின்னஞ்சல் அனுப்பலாம். நான் வீட்டுக்குச் சென்று சேர்வதற்குள் அவரால் தனது பதில்களை எனக்கு அனுப்ப முடிந்தால் சந்தோஷம்.'

அவர் ஒத்துக்கொண்டார். பின்னர் அவர் நடக்க ஆரம்பித்தார்.

பின்னர், மோரன், கப்லாங்குடனான நேர்காணலுக்குப் பின் நாங்கள் என்.டி.எஃப்.பி., யூ.பி.பி.கே. மற்றும் முடிந்தால் வேறு சில அமைப்புகளின் முகாம்களுக்கு அழைத்துச் செல்லப்பட உள்ளதாகத் தெரிவித்தார். பரபரப்பான ஒரு வாரம். இதற்கும் கூடுதலாக டிசம்பர்

30ம் தேதி ஒரு முக்கிய நிகழ்ச்சி இருக்கிறதென்றும் அது எங்களுக்கு ஒரு பிரத்தியேகக் கட்டுரையை அளிக்கும் என்றும் தெரிவித்தார்.

'விபரங்களைச் சொல்லுமாறு கேட்டேன். விரைவிலேயே இது பற்றி அறிந்துகொள்வீர்கள் என்றும், அதை நீங்கள் ரசிப்பீர்கள் என்றும் உறுதியாகச் சொல்கிறேன்' என்றார் மோரன், எங்களிடம் விடைபெற்றுச் செல்வதற்கு முன்பாக.

முதல் வேலையை முடித்தாகிவிட்டது. இப்போது, அடுத்தது.

கிழக்கு நாகாலாந்தின் கதை கப்லாங் இல்லாமல் முழுமைபற்றதாக இருந்தது. அவரை விரைவில் சந்திக்கப் போகிறேன். இரவில், நான் இன்றைய நடவடிக்கைகள் குறித்து, பரூவா என்ன சொன்னார் என்பது பற்றி சிந்தித்து அவரது கருத்துகளை அஸ்ஸாமில் உள்ள தற்கால நிலைமையின் பின்னணியில் பொருத்திப் பார்த்தேன். நான் பி.எல்.ஏ., யூ.என்.எல்.எஃப். மற்றும் என்.என்.சி.என்.(ஐ.எம்.) போன்ற வடகிழக்குப் பகுதியின் பெரிய கிளர்ச்சிக் குழுக்களைப் பற்றியும் அவை இதுவரை நடந்துவந்த பாதை போன்றவற்றையும் எண்ணிப் பார்த்து, அவற்றை உல்ஃபாவுடன் ஒப்பிட்டேன். வேறுபாடுகள் பளிச்சென்று தென்பட்டன. உல்ஃபாவின் ஆதரவுத் தளமும் அதன் செயல்பாடுகளும் ஐயத்துக்கிடமின்றிக் குறைந்துவிட்டன. அதன் தாக்குதல் நடத்தும் சக்தி வேண்டுமானால் குறையாமல் இருக்கலாம். அது தப்பிப் பிழைத்திருக்கிறது. ஆனால், அவ்வாறு பிழைத்திருப்பது மற்ற எல்லாவற்றையும் பின்னுக்குத் தள்ளியே நடந்துள்ளது. சில முக்கிய விஷயங்கள் நிராகரிக்கப்பட்டன. அது இந்த அமைப்பை மைய நீரோட்டத்தில் இருந்து தனிமைப்படுத்தும்போக்கைத் தொடங்கி வைத்தது. இந்தக் கருத்து கடந்த பல ஆண்டுகளில், நான் கலந்துரையாடிய சரணடைந்த மற்றும் தலைமறைவாக உள்ள பெரும்பாலான கிளர்ச்சியாளர்களால் அங்கீகரிக்கப்பட்டது. இருந்த போதிலும் நல்ல நேரம் நெருங்கி வருகிறதென்றும், உல்ஃபா வெகு விரைவில் முக்கியமான இடத்தை மீண்டும் அடையும் என்றும் உறுதியாக நம்பினார்.

ஆனால், கீழ்முகப் பயணத்துக்குக் காரணம் எது என்பதை அறிந்து கொள்வது முக்கியமானதாக இருந்தது.

•

1980களின் தொடக்க ஆண்டுகளில் உல்ஃபா எழுச்சி பெற்றது; மாநிலம் முழுவதிலும் பரவியது. இந்தப் பகுதியைப் பற்றி அரசுக்குப்

போதிய புரிதல் இருந்திருக்கவில்லை. தவறான கொள்கைகளையே அமல்படுத்தியது. இந்த மாநில மக்களின் நீண்ட கால மனக் குறைகள் மற்றும் தனிமைப்படுத்தப்பட்ட உணர்வின் இறுதி விளைவாக உல்ஃபா உருவாகி எழுச்சி பெற்றது. அது மழலை அடி எடுத்து வைத்து வருகையில், சட்ட விரோதமான குடியேறிகளுக்கு எதிரான வரலாற்று நிகழ்வான அஸ்ஸாம் போராட்டம் (1979-85) அஸ்ஸாமை மூழ்கடித்தது. இந்த இயக்கத்தின் தீவிரவாத முகங்கள், பெரும் பாலானோர் 'அஸ்ஸாம் ஜாதியதபடி ஜீபா சத்ர பரிஷத் (ஏ.ஐ.ஒய்.சி.பி.) அமைப்பிலிருந்தும் மற்றும் சிலர் அனைத்து அஸ்ஸாம் மாணவர் சங்கம் (ஏ.ஏ.எஸ்.யூ) என்ற அமைப்பிலிருந்தும் இந்த இயக்கத்தின் அனுதாபிகளாகவும் தீவிர உறுப்பினர்களாகவும் மாறினார்கள். சுதந்தரத்துக்குப் பிந்தைய காலகட்டத்தில் உணரப்பட்ட அநீதியைக் களையும் நோக்கில் புது தில்லியின் கவனத்தை ஈர்க்க வன்முறை மட்டுமே ஒரே வழி என்ற கருத்தைக் கொண்டிருந்தனர். ஆகவே உல்ஃபா அனைத்து நோய்களுக்கும் மருந்தாக இருந்தது. இதன் கரங்கள் ஒரு குறுகிய காலத்துக்கு அகன்று விரிந்து இருந்ததோடு, போராளிகள் பெரிய எண்ணிக்கையில் அதில் சேரத் தொடங்கினார்கள்.

உல்ஃபா அந்தப் போராட்டத்தில் இருந்து பல பயன்களைப் பெற்றது. ஆறு ஆண்டு கால வரலாற்றுச் சிறப்பு மிக்க இயக்கத்தை முடிவுக்குக் கொண்டு வந்த அஸ்ஸாம் உடன்படிக்கை (1985) கணிசமான ஒரு பிரிவினரை அதிருப்தியில் ஆழ்த்தியதால் அவர்கள் கிளர்ச்சிக் குழுவில் இணைந்தார்கள்.

போராட்டத்தை நடத்திய ஏ.ஏ.எஸ்.யூ. மற்றும் இதர அமைப்புகளின் உறுப்பினர்களை உள்ளடக்கிய அஸ்ஸாம் கண பரிஷத் அடுத்து வந்த சட்டமன்றத் தேர்தல்களில் அந்நியருக்கு எதிரான மக்கள் தீர்ப்பினால் அதிகாரத்துக்கு வந்தது. ஆனால், அஸ்ஸாம் உடன்படிக்கையை அமல்படுத்துவதில் பரிதாபகரமாகத் தோற்றுப் போனது. சட்ட விரோதக் குடியேறிகளை விரட்டியடிக்கும் எந்த உறுதிமொழியையும் நிறைவேற்றவில்லை. ஆனால், அமைச்சர்கள் ஊழல்களில் ஈடுபட்டார்கள். தங்களால் முடிந்த அளவு செல்வத்தைக் குவிப்பதில் ஒருவரோடு ஒருவர் போட்டி போட்டனர். கட்சிக்குள் இருந்த அமைச்சர்களும் சட்டமன்ற உறுப்பினர்களும் உல்ஃபாவை ஆதரித்தார்கள். அதே நேரம் ஊழல்வாதிகளான அமைச்சர்களும் பயத்தின் காரணமாக ஆதரவு அளித்தார்கள்.

உல்ஃபா, எல்லைக்கு அப்பால் இருந்து வரும் வந்தேறி வெள்ளத்தில் இருந்து அஸ்ஸாமைக் காப்பாற்றும் ஒரு மாற்றுச் சக்தியாக

அடையாளம் காணப்படத் தொடங்கியது. ஒருவழியாக, அற்ப அரசியல் நலன்களுக்கும் ஒரு தலைபட்சமான ஆதாயங்களுக்கும் அப்பாற்பட்ட ஒரு மக்கள் குழு ஒன்று உருவானது அல்லது மக்கள் அப்படி நினைத்தார்கள். துப்பாக்கி ஏந்திய இளைஞர் காரியத்தில் கண்ணாக இருந்தார்கள்; ஏ.ஜி.பி. தலைவர்களைப்போல் வாய்ச்சொல் வீரர்கள் அல்ல.

துப்பாக்கியிலிருந்து அதிகாரம் கிடைத்தது. கிராமங்களில் உல்ஃபா செய்த களப்பணிகள் மூலம் புகழ் கிடைத்தது. அரசு அலுவலர்கள், போலீஸ்கள் மற்றும் தேயிலைத் தோட்ட மேலாளர்கள் எல்லாரும் அணைகள் கட்டுதல், சமூகக் கட்டடங்களைச் சுத்தம் செய்தல், குளங்கள் வெட்டுதல் போன்ற வேலைகளைச் செய்யக் கட்டாயப் படுத்தப்பட்டார்கள். இவையனைத்தும் ஜாதிய உண்ணயான் பரிஷத் என்ற அமைப்பின் மூலம் நிகழ்த்தப்பட்டன. இந்த அமைப்பு உல்ஃபாவுடன் அதிகாரபூர்வமான தொடர்பு கொண்ட அமைப்பல்ல. லக்கிம்பூரில் மாதிரிப் பண்ணைகள் உருவாக்கப்பட்டன. விரைவிலேயே அந்த மாவட்டத்தின் ஒரு பகுதி முக்தாஞ்சல் (விடுதலை செய்யப்பட்ட பகுதி) என்று அழைக்கப்பட்டது. குற்றவாளிகளும், ஊழலில் ஈடுபடும் அதிகாரிகளும் தண்டிக்கப்பட்டபோது காவலர்கள் உல்ஃபாவை கண்டும் காணாமல் இருந்தார்கள். கல்வி முறையைச் சீரமைக்கும் முயற்சியும் எடுக்கப்பட்டது.

இதன் பலனாக, 1987 வாக்கில், உல்ஃபா அஸ்ஸாமில் ஒரு இணை அரசாங்கத்தை உருவாக்கியிருந்தது. மாநிலம் முழுவதும் காடுகளில் பயிற்சி முகாம்கள் அமைக்கப்பட்டன. கே.ஐ.ஏ.வின் கீழ் பணியாற்றிய பின் மியான்மரிலிருந்து திரும்பி வந்த போராளிகளைக் கொண்டு புதிய போராளி அணிகளுக்குப் பயிற்சியளிக்கப்பட்டது. ஆயுதங்களுக்காக, வணிக நிறுவனங்களிலிருந்து கோடிக்கணக்கான ரூபாய் வசூலிக்கப்பட்டது. இந்திய அரசை எதிர்ப்பதற்குப் போர்ப் படையை உருவாக்கவும் இந்தப் பணம் தேவைப்பட்டது. இந்தக் காலகட்டத்தில் நூற்றுக்கும் அதிகமான நபர்கள் சுட்டுக் கொல்லப் பட்டனர். இவர்களின் அரசியல் எதிரிகளும் நன்கொடை தர மறுத்து அல்லது உல்ஃபாவின் கொள்கைகளை எதிர்த்த வணிக நிர்வாகிகளும் அடங்குவர். புது தில்லிக்கு இவற்றைப் பொறுத்துக் கொள்வது கடினமாக இருந்தது.

27, நவம்பர், 1990 அன்று ஏ.ஜி.பி. அரசு டிஸ்மிஸ் செய்யப்பட்டு மத்திய ஆட்சி அமல் செய்யப்பட்டு, உல்ஃபாவுக்கு எதிரான முழுமையான ஒரு தாக்குதல் நடவடிக்கைக்காக ராணுவம் ஈடுபடுத்தப்பட்டது. இருந்தபோதிலும், ராணுவம் தனது நிலைகளில் பொறுப்பேற்பதற்கு

முன்பே, பெரிய முகாம்கள் அனைத்தும் காலி செய்யப்பட்டு, முன்னணித் தலைவர்கள் அனைவரும் கைது நடவடிக்கையில் இருந்து தப்பிச் சென்றிருந்தார்கள். ஏ.ஜி.பி. அரசில் அமைச்சராக இருந்த ஒருவர் இந்த நடவடிக்கை குறித்து உல்ஃபாவுக்குத் தகவல் அளித்திருந்தார்.

ஆனால், அமைப்பின் கட்டமைப்பில் கடுமையான பின்னடைவுகள் இருந்தன. இதைத் தலைமையால் மதிப்பிடவும் முடியவில்லை; தடுக்கவும் இயலவில்லை. இந்தப் பிரச்னைகளில் பல 1980களின் பிற்பகுதியில் இந்த அமைப்பின் வளர்ச்சியை ஊக்குவித்த அதே காரணிகளில் இருந்து கிளைத்தவையே. அவ்வாண்டுகளில், ஏ.ஜி.பி. அரசு உல்ஃபாவின் நடவடிக்கைகளைக் கண்டும் காணாமல் இருந்து வந்தது. அதை எதிர்த்த சில அதிகாரிகள் மௌனமாக்கப்பட்டனர் அல்லது தீர்த்துக் கட்டப்பட்டனர். போராளிகள் சவால்கள் ஏதுமின்றி மந்தமான அமைதியான சூழலிலேயே இருக்க நேர்ந்தது. கிழக்கு நாகாலாந்து மற்றும் கச்சினில் இருந்து திரும்பியவர்களும்கூட சோம்பல்தனத்துடனும் ஊழல் வாழ்க்கையிலும் ஈடுபட்டார்கள். கைகளில் வந்து குவிந்த கோடிக்கணக்கான ரூபாய்களை அவர்கள் அதற்கு முன் பார்த்ததே இல்லை.

போலீஸ்காரர்கள் போராளிகளைப் பார்த்து சல்யூட் அடிப்பது, உயர் பதவியில் இருக்கும் அரசு அதிகாரிகள் தலை வணங்கி நடப்பது போன்றவையெல்லாம் அவர்களுக்கு இனம் புரியாத போலிப் பெருமிதத்தைத் தந்தன. வீழ்ச்சி விரைவாக நிகழ்ந்தது. அவர்களில் பலர் சரண் அடைவதற்காகவென்றே ஒரு வாய்ப்பை நோக்கிக் காத்திருந்த காலமொன்று வந்தது. ராணுவத் தாக்குதல் தொடங்கிய சில மாதங்களுக்குள்ளாகவே, சில மூத்த தலைவர்கள் அரசுடன் பேச்சுவார்த்தை நடத்துவதற்கான வழிகளைத் தேடத் தொடங்கினார்கள். சிலர் பிரதமர் பி.வி.நரசிம்மராவைச் சந்திக்க, புது தில்லி சென்று இந்த இயக்கத்தைத் தொடர்வது வீண் என்ற முடிவுடன் திரும்பிவந்தார்கள். 1992-வாக்கில், நூற்றுக்கணக்கான போராளிகள் மைய நீரோட்டத்தில் இணைந்தனர்.

போராளிகள் தொடர்ந்து வெளியேறியபோதிலும் புதிய ஆட்சேர்ப்பின் மூலம் உல்ஃபா சமாளித்து வந்தது. ஆனால், சரணடைதல் தொடர்ந்தவண்ணமிருந்தது. அரசிடம் சரணடைய பூட்டான் மற்றும் வங்கதேசத்தில் உள்ள முகாம்களைப் போராளிகள் விட்டோடினார்கள்; சில நேரங்களில் ஆயுதங்களுடன் சரணடைந்தார்கள். தலைமையகம் முகாம்களில் இருந்தும், போராளிகளிடமிருந்தும் தொலைதூரத்தில் டாக்கா போன்ற பாதுகாப்பான செல்வச் செழிப்பான பகுதியில் நிலைபெற்றிருந்தது. பொது வாழ்வுக்குத் திரும்பிய போராளிகளின்

எண்ணிக்கை இந்த இயக்கத்தின் வீழ்ச்சிக் கதையைக் கூறும். இப்படிப் பொது வாழ்க்கைக்குத் திரும்பியவர்களின் எண்ணிக்கை இந்திய தீவிரவாதக் குழுக்களிலேயே இதுதான் அதிகமாக இருக்கக்கூடும்.

ஏ.ஜி.பி.யின் இரண்டாவது ஆட்சிக் காலத்தின்போது மட்டும் *(1996-2001)*, சில அறிக்கைகளின்படி 2,128 கிளர்ச்சியாளர்கள் சரண் அடைந்தனர். இவர்களில், கிராமங்களில் இருந்து பிடிக்கப்பட்டு சரண் அடையக் கட்டாயப்படுத்தப்பட்ட பல போலிப் போராளிகளும் அடங்குவார்கள். காவல் துறையினரும், ராணுவத்தினரும் சரண் அடைந்த இயக்கத்தவரில் ஒரு பிரிவினரைக்கொண்டு ரகசியக் கொலைகள் என்று பின்னால் அழைக்கப்படும் கொலைகளைச் செய்ய வைக்கவும் முடிந்தது. கறுப்புத் துணி தங்கள் முகங்களை மூடியிருக்க, கொலையாளிகள், தாக்குதலை எதிர்பார்த்திராத நபர்களின் இல்லங்களுக்குள் புகுந்து அவர்களைச் சுட்டு வீழ்த்தினார்கள். பலியானவர்கள் பெரும்பாலும், தலைமறைவு வாழ்க்கையில் ஈடுபட்டிருந்த போராளிகள் அல்லது அவர்களது அனுதாபிகளின் அப்பாவி உறவினர்களாக இருந்தனர்.

இந்த ரகசியக் கொலைகள் சரண் அடைந்த போராளிகளால் நடத்தப்பட்ட அராஜகங்களில் ஒரே ஒரு அத்தியாயமாக மட்டுமே இருந்தது. பிற அக்கிரமங்கள் அதிர்ச்சியூட்டக்கூடியவையாகவும் மிகுதியானதாகவும் இருந்தன. அவர்கள் கோலோச்சிய காலகட்டத்தில் *(1996-2001)* இந்தப் போராளிகளுக்கு அரசு ஒப்பந்தங்கள் வழங்கப்பட்டன. மாநிலத்தில் இருந்து வெளியில் செல்லும் அல்லது வெளியில் இருந்து மாநிலத்துக்குள் வரும் பொருட்களுக்கு சட்ட விரோதமாக வரி வசூலிப்பதற்கு அனுமதிக்கப்பட்டார்கள். இந்தப் பணத்தில் ஒரு சதவீதத்தை அதிகாரிகளும் அரசியல்வாதிகளும் பெற்றுக் கொண்டதாகக் கூறப்படுகிறது.

இத்தகைய நடவடிக்கைகளில் இருந்து விலகி இருந்த தீவிரவாதிகளும் இருந்தார்கள் என்பது உண்மையே. அவர்கள் தாங்கள் எப்படி ரகசியமாக உல்ஃபாவில் இணைந்தார்களோ, அப்படியே விலகினார்கள். ஆனால், கெட்டவர்களால் மிகுதியான சேதம் ஏற்பட்டுவிட்டது. சுதந்தரம் என்று சூளுரைத்த இளைஞர்களின் தரம் தாழ்ந்த வாழ்க்கை வெளியில் வந்தது. இவர்கள் உல்ஃபாவின் ராணுவப் பிரிவை நிரப்பியிருந்த கொரில்லாக்களாக இருந்தார்கள். உல்ஃபாவில் சேர்வதற்கு எந்தக் கொள்கையும் நடைமுறையும் இல்லாததால் அவர்கள் உல்ஃபாவில் சேர்ந்தார்கள். அது 'அனைவரும் நுழையலாம்' என்று இருந்ததோடு எந்தவிதமான பரிசோதனைகளும் கிடையாது.

உல்ஃபாவின் முன்னாள் மக்கள் தொடர்புச் செயலாளர்களில் ஒருவராக இருந்த சுனில் நாத்தின் கருத்துப்படி கிட்டத்தட்ட தொண்ணூறு சதவீதப் போராளிகள், கிராமப்புறப் பின்னணி கொண்டவர்களாகவும் பள்ளிப் படிப்பைப் பாதியில் விட்டவர் களாகவும் இருந்தார்கள். முதலில் அஸ்ஸாமியச் சமூகத்தின் அனைத்துப் பொருளாதாரப் பிரிவுகளில் இருந்தும், நன்கு படித்த பையன்களும், பெண்களும், 'லட்சிய வேகம் மிகுந்த கிளர்ச்சியாளர்' ஆகும் உத்வேகத்தில் இயக்கத்தில் சேர்ந்தனர். அந்த மிகை உணர்ச்சியால் கவரப்பட்ட நாட்கள் இப்போது இல்லை. உல்ஃபா போராளியாக இருப்பது என்பது உயிரையே பணயம் வைக்கும் செயல் என்ற உண்மை முந்தைய கவர்ச்சியை காலி செய்துவிட்டது. இவர்களில் உண்மையிலேயே வேறு வழியில்லாதவர்கள் மட்டுமே இப்போது உல்ஃபாவில் சேர்ந்தார்கள்.

துரதிருஷ்டவசமாக, தேங்கிப் போன பொருளாதாரம் மற்றும் வாழ்வாதாரத்தை சம்பாதிக்க வாய்ப்பில்லா நிலையில், ஒரு மாற்று வேலையை ஏற்றுக்கொள்ளவும் வழியில்லாத இளைஞர்களின் எண்ணிக்கையும் அதிகமாகவே இருந்தது. அஸ்ஸாமிலும் வடகிழக்குப் பகுதி முழுவதிலும் முளைத்து வரும் பல்வேறு இன ரீதியான தீவிரவாதக் குழுக்கள், உண்மையில் வேலை வாய்ப்புக்கு ஒரு புகலிடமாக இருந்தன என்று கூறுவது மிகையானதல்ல.

புதிதாகச் சேர்ந்தவர்களை, தீவிரச் செயல்பாட்டாளர்களாக மாற்றுவது இருக்கட்டும்; கொள்கையை விளக்கிச் சொல்வதில்கூட உல்ஃபா தோற்றுப் போனது. உல்ஃபாவின் பயிற்சிக் கையேட்டில் இந்த விஷயங்கள் எதுவுமே இல்லை. பல ஆண்டுகளுக்கு முன்பு பயிற்சியாளர்களுக்கு ஒரு கடுமையான பயிற்சியைப் பரிந்துரைத்திருந்தது. ஆனால், அது காகிதத்தில் மட்டுமே எஞ்சியிருக்கிறது.

அரசியல் என்பது ஒரு பாடமாக, ஒரு சில வாரங்களுக்கு மட்டுமே பயிற்சிக்கூடங்களில் கற்றுக் கொடுக்கப்பட்டது. அதுவும்கூட இந்திய அரசியல் அமைப்பு குறித்தும் அஸ்ஸாமில் அதன் 'காலனியாதிக்கக் கொள்கைகள்' குறித்து மட்டுமே விளக்கியது. அதன் விளைவாக, மிகக் குறைந்த சதவீதத்தினரே சுதந்தரம் என்ற கருத்தைப் புரிந்து கொண்டார்கள். ஒரு முன்னாள் உயர்மட்டச் செயற்பாட்டாளர் கூறியதுபோல, சாகிறவரை தாக்குதல் நடவடிக்கைகளில் ஈடுபட்டுக் கொண்டே இருப்பதுதான் இயக்கச் செயல்பாடு என்பதாக மட்டுமே பெரும்பாலானவர்கள் புரிந்துகொண்டனர். இதுவே அவர்கள் இயக்கத்தில் இருந்து விலகச் செய்வதற்குப் போதுமான காரணமாக அமைந்துவிட்டது.

வடகிழக்கில் மற்றும்பிற இடங்களில் நிலைத்து நிற்கும் பெரிய குழுக்களைப் பொறுத்தவரை, ஆட்சேர்க்கை என்பது நிதி, ஆயுதக் கொள்முதல் போன்றவைபோல அவ்வளவு முக்கியமான விஷயமாக இருந்தது. வடகிழக்கில் தற்போது செயல்படும் தலைமறைவு இயக்கங்களிலேயே மிகப் பெரிய இயக்கமான மணிப்பூரின் ஐக்கிய தேசிய விடுதலை முன்னணி (யூ.என்.எல்.எஃப்) ஆட்சேர்க்கை என்று வரும்போது அதி ஜாக்கிரதையுடன் செயல்பட்டது. பதினெட்டு வயதுக்கு முன்பாகவும், பெற்றோரின் சம்மதம் இன்றியும் இயக்கத்தில் சேர யாரும் அனுமதிக்கப்பட்டதில்லை. சேர்ப்பதற்கு முன்பு, போராளியின் பொது வாழ்க்கைபற்றி ஆய்வு நடத்தப்பட்டது. இது விமர்சனத்துக்கு அப்பாற்பட்டதாக இருக்கவேண்டும். சில நேரங்களில் இயக்கத்தில் சேர விரும்பும் குழந்தைகள், முதலில் தங்கள் படிப்பை முடிக்குமாறு கேட்டுக் கொள்ளப்பட்டார்கள்.

மணிப்பூரில் உள்ள யூ.என்.எல்.எஃப். மற்றும் பி.எல்.ஏ. மற்றும் நாகாலாந்தின் என்.என்.சி.என்.(கே) போன்ற இயக்கங்களில் இருந்து சரணடைந்தவர்கள் மிகக் குறைவே; இதற்கு இந்தக் கொள்கைகளும் காரணமாக இருக்கலாம். தமிழீழ விடுதலைப் புலிகள் இயக்கத் தலவர் வே.பிரபாகரனும்கூட 'தலைமறைவுப் பணி'க்கான திறமை கொண்ட நபர்களை மட்டுமே சேர்க்குமாறு உதவியாளர்களுக்கு அறிவுரை சொன்னார். அனைத்துப் போராளிகளும், இயக்கத்தில் சேர்க்கப் படுவதற்கு முன்பு கடுமையான தேர்வு மற்றும் தகுதிகாண் பருவத்துக்கு உட்படுத்தப்பட்டனர்.

பொதுவாக, முக்கியமான பல்வேறு விஷயங்கள் குறித்து ஓர் இயக்கத்தின் நிலைப்பாடு என்ன என்பதைத் தெளிவாகத் தீர்மானித்தாகவேண்டும். அப்போதுதான் எந்தவொரு இயக்கமும் நிலைத்து நிற்கவும் விரிவடையவும் வழிபிறக்கும். இந்தக் கொள்கைகள் எல்லாம் விவாதங்கள் மற்றும் கலந்துரையாடல்களைக் கடந்து வருகின்றன. அவர்கள் இதற்காக அரசியல் சாசனம் போன்ற சட்ட விதிகளை உருவாக்குகிறார்கள். அதுதான் ஒரு இயக்கத்துக்கு செல்ல வேண்டிய திசையையும் கொள்கை சார்ந்த அடிப்படையையும் வழங்குகிறது.

உல்ஃபாவின் சட்டதிட்டங்கள், 1986-87ம் ஆண்டுகளில், பொதுச் செயலாளர் அனூப் சேத்தியாவும், மக்கள் தொடர்புச் செயலாளர் சுனில் நாத்தும் குவஹாத்தி சிறையில் இருந்தபோது, அவர்களால் வடிவமைக்கப்பட்டது. இது விவாதிக்கப்பட்டு, பல நீண்ட கூட்டங்களுக்குப் பிறகு வங்க தேசத்தில் 1992ல் நடந்த ஒரு கூட்டத்தில் ஏற்றுக் கொள்ளப்பட்டது.

அசண்டா பாக் புக்கன் தலைமையிலான மார்க்ஸிய லெனினியக் கருத்தாளர்களுக்கும் இந்தக் கொள்கைகளை அறவே எதிர்ப்பவராக இருந்த பரூவாவுக்கும் இடையிலான வாதப் பிரதிவாதங்கள் பல நாட்கள் இழுத்துக் கொண்டு சென்றது. விஞ்ஞான சோஷலிஸம் ஒரு குறிக்கோளாக ஏற்றுக் கொள்ளப்பட்டது. ஆனால், இந்தக் கொள்கையை உல்ஃபா மிக எளிமையாக அர்த்தம் செய்துகொண்டது. 1826ல் அஸ்ஸாமை பிரிட்டிஷ் மேலாதிக்கத்தின் கீழ் கொண்டு வருவதை ரத்து செய்த யண்டாபூ உடன்படிக்கையைப்போல இதைப் புரிந்துகொண்டது. தலைவர்களுக்குள் ஏற்பட்ட கருத்து வேறுபாடு, தத்துவங்களைத் தெளிவாக விளக்கி, அதன் முதல் நிலை அறிவு ஜீவிகள் மற்றும் நடுத்த வர்க்கத்தினருக்கு நெருக்கமாக்கியிருக்கும் வாய்ப்பைப் பறித்துவிட்டது.

இந்தக் குழப்பத்துக்கு அப்பால், புது தில்லியால், அஸ்ஸாமின் வளங்கள் சுரண்டப்படுகின்றன என்ற காலனியாதிக்கக் கொள்கையை உல்ஃபாவினால் கட்டமைக்க முடிந்தது. அரசின் கண்டு கொள்ளாத போக்கு, எப்படி இந்த நிலை காலம் செல்லச் செல்ல மோசமாகிக் கொண்டே வந்தது என்பது போன்ற நம்பக்கூடிய உதாரணங்கள் சுட்டிக்காட்டப்பட்டன. ஆனால், அதற்கப்பால், எதுவுமில்லை. அவ்வப்போது எழுப்பப்படும் ஏராளமான கேள்விகளுக்குப் பதில்கள் இல்லை. அனைத்தையும் சுதந்தரத்துக்குப் பின்பு முடிவு செய்து கொள்ளலாம்; நடைமுறையில் உள்ள சிறந்த முறைகள் பின்பற்றப்படும் என்று கூறப்பட்டதற்கு அப்பால் இறையாண்மை பெற்ற ஒரு அஸ்ஸாம் எப்படி இயங்கும் என்ற கருத்தை யாரும் விளக்கவேயில்லை.

இயற்கை வளங்கள், அதிர்ச்சியூட்டும் வகையில் தீர்ந்து வருகின்றன. இன்னும் அதிகமான பகுதிகள் சட்ட விரோதக் குடியேறிகளின் ஆக்கிரமிப்புக்கு உள்ளாகிவருகின்றன; ஒவ்வொரு ஆண்டும் பெரும் நிலப் பரப்பு பிரம்மபுத்திரா நதியால் அரிக்கப்பட்டு வருகிறது. இந்த நிலையில் இயற்கை வளங்களை யாராலும் அழித்துவிடமுடியாது என்ற பரூவாவின் கருத்து புதிதாக இருந்தது. அது போலவே, அஸ்ஸாமின் சட்ட விரோதக் குடியேற்றப் பிரச்னையை சுதந்தரத்துக்குப் பிறகு பார்த்துக்கொள்ளலாம் என்று பரூவா கூறியதும் புதிரானதே.

இப்போதே தீர்க்காமல் விட்டால் இந்தப் பிரச்னைகள் பெரிதாகி விடாதா? சுதந்தரம் பெறும்வரை இந்தப் பிரச்னை இப்படியே சிறிதாகவே இருக்குமா? சுதந்தரம் பெற்ற பிறகு வந்தேறிகளை அவர்கள் எங்கே அனுப்பி வைப்பார்கள்? வங்க தேசம் தொடர்ந்து தனது குடிமக்கள் அஸ்ஸாம் மற்றும் இந்தியாவின் இதர பகுதிகளுக்குக் குடியேறவே இல்லை என்று மறுத்துவருகிறது. அஸ்ஸாமின்

இனக்குழுப் பிரச்னையைக் கையாளுவதற்கான அதன் திட்டங்கள் என்ன? இந்தக் கேள்விகளுக்கு உல்ஃபா சாதித்த மௌனம் அசாதாரணமானது.

இதற்கு மகுடம் வைப்பதுபோல், 1992ல் இருந்து உயர்மட்டத் தலைவர்கள் டாக்காவில் தஞ்சம் புகத் தொடங்கியதில் இருந்து சட்ட விரோதக் குடியேற்றம் குறித்த தனது கருத்தைத் தலைகீழாக மாற்றிக் கொண்டது. இதுவரையில் உல்ஃபாவின் பிம்பத்துக்கு நேர்ந்த மிகப் பெரிய அடி இதுதான். உல்ஃபா எந்தக் காரணத்துக்காகத் தொடங்கப் பட்டதாகக் கூறியதோ, அதே கருத்தை மறுதலித்தது. 'கிழக்கு வங்கத்தைப் பூர்விகமாகக்கொண்ட அஸ்ஸாமிய மக்களுக்கு' அனுப்பப் பட்ட ஒரு பதினைந்து பக்க புத்தகத்தில் உல்ஃபா, அஸ்ஸாமியர்கள் என்ற கருத்தின் அர்த்தத்தை அஸ்ஸாமின் பூர்வ குடி மக்களே மட்டும் அல்லாது அந்த மாநிலத்தில் வசித்ததோடு அதன் நன்மைக்காக உழைத்த அனைத்துச் சமூகத்தினரையும் உள்ளடக்கியதாக விரிவாக்கியது.

'கிழக்கு வங்கத்தில் இருந்து வந்த குடியேறியவர்களை நாங்கள் அஸ்ஸாம் மக்களின் தேசிய வாழ்வின் ஒரு பெரும் பகுதியாகக் கருதுகிறோம்... இந்த மாநிலத்தின் பொருளாதார வளத்தை அதிகரிக்க அஸ்ஸாமில் கிழக்கு வங்கத்தைப் பூர்விகமாகக் கொண்ட மக்களின் பங்களிப்பு குறிப்பிடத்தக்கதாகும். இந்தச் சமூகம்தான் இந்த மாநிலத்தின் காய்கறிகள், எள் மற்றும் மொத்த சணல் உற்பத்தியில் 82%ஐ அளிக்கிறது.' இந்த அறிக்கை அந்நியர்களுக்கு எதிரான வரலாற்றுப் புகழ் மிக்க ஆறு ஆண்டு போராட்டத்தை 'உணர்ச்சிவசப் பட்ட' நிலையில் மேற்கொள்ளப்பட்டதாகக் குறிப்பிட்டு முடித்தது.

உல்ஃபாவின் இலக்கு, தப்பிப் பிழைத்திருப்பதே. அதற்குத் தனது ஆரம்ப இலக்குகளிலிருந்து விலகிப் போவதாயிருந்தாலும் பரவாயில்லை என்பதுதான் அதன் நோக்கம். தலைமையின் கருத்துப்படி, பிழைத்திருப்பதன் மூலமே விடுதலைப் போரைத் தொடர முடியும் என்பதோடு எதிரியுடன் நட்பு பாராட்டுவது, பெரிய இலக்கை அடைய எடுக்கப்படும் ஒரு ராஜதந்திர நடவடிக்கை மட்டுமே.

இந்தச் செயல்பாடுகளும் யுக்திகளும் மக்களைக் கவரவில்லை. உல்ஃபாவுக்கு எதிரான பொது மக்களின் கோபம் கார்கில் போரின் போது உச்சத்தை எட்டியது. அப்போது பாகிஸ்தானிய ஊடுருவல் காரர்கள் காஷ்மீர் விடுதலை வீரர்கள் என்று உல்ஃபாவால் அறிவிக்கப் பட்டார்கள். இந்திய ராணுவத்தில் உள்ள அஸ்ஸாமியப் படை வீரர்கள் யாரும் அவர்களுடன் போரில் ஈடுபட வேண்டாம் என்று கேட்டுக் கொள்ளப்பட்டார்கள். இந்த வேண்டுகோள் விடுக்கப்பட்ட வேளையில் கார்கில் போரில் கொல்லப்பட்ட கேப்டன் ஜிண்டு

கொகோயின் சடலம் அஸ்ஸாமுக்குக் கொண்டு வரப்பட்டது. உல்ஃபா இயக்கம் பகிரங்கமாகக் கண்டிக்கப்பட்டதோடு, அதன் போராளிகள் பகிரங்கமாகத் தண்டிக்கப்பட்டதாகவும் செய்திகள் வந்தன.

இந்தியாவுக்கு எதிராக, அதுவும் குறிப்பாக, இந்திய ஆயுதப் படைகளில், அந்த மாநிலத்தில் இருந்து ஆயிரக்கணக்கானோர் சேர்ந்துள்ள நிலையில் அஸ்ஸாமில் வெகு சிலரே பாகிஸ்தானை ஆதரிக்க முடிவெடுத்தனர். உல்ஃபா தலைமையானது மக்களின் மன நிலையைக் கணிக்கவோ அஸ்ஸாமுக்கும் இந்தியாவுக்கும் இடையே யான கலாசாரப் பிணைப்பு, வரலாற்றுக் காலங்களில் இருந்தே எல்லாக்காலத்திலும் இருந்துவந்தது என்ற உண்மையை ஏற்றுக் கொள்ளவோ தவறிவிட்டிருந்தது.

இதர விசித்திரமான சம்பவங்களும் நடந்தன. 1997ல் சமூக செயற்பாட்டாளர் சஞ்சய் கோஷ் ஆற்றுத் தீவான மஜீலியில் இருந்து உல்ஃபா இயக்கத்தவரால் கடத்தப்பட்டார். அதன் பிறகு அவரை யாருமே பார்க்கவில்லை. கோஷ், பெரும் நிலப் பகுதிகளை விழுங்கி வந்த மண் அரிப்பைத் தடுக்கும் நோக்குடன் அந்தத் தீவுக்குச் சென்றிருந்தார். அந்தத் திட்டத்தில் பங்குபெற உள்ளூர்வாசிகளை ஒன்று திரட்டினார். ஆனால், அவர் அங்கிருந்து வெளியேற்றப்பட வேண்டிய இந்திய உளவு அமைப்புக்களின் ஒரு ஏஜெண்டு என்று உல்ஃபா நம்பியது.

அவர் காணாமல் போனது சர்வதேசக் கவனத்தைக் கவர்ந்தது. மேலும், அது உல்ஃபாவை ஒரு பயங்கரவாதக் குழுவாகச் சித்திரித்தது. அஸ்ஸாமில் இந்திய அரசின் 'காலனியாதிக்கக் கொள்கை'களை வெளிப்படுத்த உதவும் சர்வதேச தொடர்புகளுக்கும், முயற்சிகளுக்கும் பலத்த பின்னடைவு ஏற்பட்டது. நுண்ணறிவு மிக்க தலைவர்கள் மஜீலியில் கோஷ் செய்த வேலையின் மதிப்பைப் புரிந்து கொண்டிருப்பார்கள். அரசு மண் அரிப்பைத் தடுக்கத் தவறிய நிலையில், அவர் தன் பணியைத் தொடர அனுமதிக்கப்பட்டிருப்பார். கோஷ் அந்தத் தீவில் ஒரு தலைவராக எழுச்சி பெறுவார் என்றும் அது இயக்கத்தின் ஆதரவுத் தளத்தைக் குறைக்கும் என்றும் அஞ்சியது உல்ஃபா. அறிவார்ந்த கொள்கைகளை உருவாக்கி அமல்படுத்தும் திறமை தலைமைப் பொறுப்பில் இருந்தவர்களிடம் இருந்திருக்கவில்லை என்பது தெளிவு.

உல்ஃபாவின் தொடக்க நாட்களில் நடந்த மற்றொரு பிழையான சம்பவத்தையும் இங்கு சுட்டிக்காட்ட விரும்புகிறேன். இது நிலைமையை உத்தேசித்து முடிவுகள் எடுக்க முடியாத தலைமையின் கையாலாகாத்தனத்தை அடிக்கோடிட்டுக் காட்டுவதாக இருந்தது. அப்போது மியான்மர் நாட்டு கச்சின் பகுதியில் உல்ஃபாவின்

முதலாவது அணி பயிற்சியில் ஈடுபட்டிருந்தது. அபனி தத்தா என்ற பெயருடைய போராளி இந்திய உளவு அமைப்புகளுக்கு 'முக்கியத் தகவல்களை' அளித்தபோது 'பிடிபட்டதாகக்' கூறப்படுகிறது. அவர், தனது சகாக்களால் வெட்டிக் கொலை செய்யப்பட உத்தரவிடப்பட்டது.

தத்தா, உல்ஃபாவின் துணைத் தலைமைத் தளபதி ரத்துல் கோட்டோக்கியின் பரிந்துரையின் பேரில் உல்ஃபாவில் சேர்க்கப் பட்டிருந்தார். எனவே, கோட்டோக்கியும் அரசுடன் பேச்சுவார்த்தை நடத்த முயற்சிகள் எடுத்தாகச் சந்தேகிக்கப்பட்டார். மற்றொரு போராளியின் வழியாக கோட்டோக்கிக்கு தத்தா எழுதிய கடிதம் கைப்பற்றப்பட்டு, விரைவில் விசாரணை நடத்தப்பட்டது. இந்தக் கடிதம் கச்சினில் உள்ள பாதைகள் மற்றும் முகாம்களைப் பற்றிய தகவல்களைக் கொண்டிருந்தது என்று தெரிகிறது. பின் வந்த நாட்களில் ஸ்டாஃப் ஆபீஸர் பதவிக்கு உயர்ந்த பெசித் தியூரி என்பவர் தத்தா உடனடி மரணம் அடையும் வகையில் துப்பாக்கியால் சுட்டுக் கொல்லப்படவேண்டும் என்று கேட்டுக் கொண்டதாகத் தெரிகிறது. இல்லை, அஸ்ஸாம் பாரம்பரியப்படி வெட்டித்தான் கொல்லப்பட வேண்டும் என்று தலைமை முடிவு செய்தது. தத்தா கண்டந்துண்டமாக வெட்டிக் கொல்லப்பட்டான்.

தத்தாவுடன் நெருக்கமாக இருந்த முன்னாள் உல்ஃபா நிர்வாகிகள் அவரது மரண தண்டனை அவர் கோட்டோக்கியுடன் நெருக்கமாக இருந்ததற்குக் கொடுத்த விலை என்று சொன்னார்கள். கோட்டோக்கி, ஒரு வருடத்துக்குப் பிறகு, அரசுடன் பேச்சுவார்த்தைகளைத் தொடங்கினார் என்ற குற்றச்சாட்டின் போரில் சுட்டுக் கொல்லப்பட்டார்.

கொல்லப்பட்ட அப்பாவி மக்களின் பட்டியல் நீளமாக இருந்தது. அவர்களில் பெரும்பாலானோர் அந்த இயக்கம் யாருக்காகப் போரிட்டு வந்ததாகச் சொல்லிக்கொண்டதோ, அதே அஸ்ஸாமியர்களே. எந்தக் காரணமும் இல்லாமல் காங்கிரஸ் தலைவர் மணபேந்திர சர்மா சுட்டுக் கொல்லப்பட்டர். ரஷ்மி போரா என்ற பெயர் கொண்ட ஒரு பதின்பருவத்து இளைஞர், ஜோடிக்கப்பட்ட குற்றச்சாட்டுகளின் பேரில் கடத்திச்செல்லப்பட்டுக் கொல்லப்பட்டார். உல்ஃபா இயக்கத்தினர் பலருக்கு மரண தண்டனை என்பது கடைசி தண்டனையாக இருப்பதற்குப் பதில் முதல் தண்டனையாகவே இருந்தது.

பல நிகழ்வுகளில், மாவட்டத் தளபதிகள் தங்களது கோபத்துக்கு இலக்கானவர்களைத் தீர்த்துக்கட்ட, தங்களது தீர்மானங்களுக்கு விரைவான அனுமதி பெறுவதற்குத் தவறான தகவல்களை அளித்தனர். குற்றங்களைப் பற்றி சரியான முறையில் விசாரிக்காமல், கொடுந்தண்டனைகள் அளிக்கப்பட்டன. உல்ஃபாவுக்கு நிதியளிக்க

மறுத்த அல்லது அதற்கு உதவ மறுத்த பல உள்ளூர் தொழிலதிபர்கள் தீர்த்துக் கட்டப்பட்டார்கள். அவர்களில் பலர் இந்தக் குழுவின் ஆரம்ப கட்டத்தில் உதவியளித்த அனுதாபிகளாக இருந்தார்கள். தலைமை யானது கீழ் மட்டத்திலும் நடுத்தர அந்தஸ்திலும் உள்ள போராளிகளை நல்ல முறையில் கண்காணிக்கக்கூடிய ஒரு அமைப்பை உருவாக்கிக் கொள்வதில் கவனம் செலுத்தவே இல்லை.

பொது மக்கள் கருத்தை அறிய யாதொரு முயற்சியும் எப்போதும் எடுக்கப்பட்டதில்லை. இதற்கு உதவும் வகையில் ஒரு அமைப்பை உருவாக்கவும் எந்த முயற்சியும் எடுக்கப்படவில்லை. பாடம் கற்றுக்கொள்ள பல வாய்ப்புகள் இருந்தன. பரிசீலித்துப் பார்க்கவும் சரி செய்யவும் வாய்ப்புக்கள் குறைவாக இருந்தததென்றால் அதற்குத் தலைவரும் தலைமைத் தளபதியும் சுமுக உறவில் இல்லாததோ காரணமாக இருந்தது. தவறுகள் தடையின்றித் தொடர்ந்தன. பின்னர் ஒருவர் மற்றவரின் முதுக்குப் பின்னால் குற்றஞ்சாட்டிக்கொண்டார்கள். இந்த நிகழ்வுகள் இயக்கத்துக்குள்ளேயே வெறுப்பைத் தோற்று வித்தன. அவை சமாளிக்கப்பட்டாலும், பிரிந்து சிதறுவதற்கும், சச்சரவு ஏற்படுவதற்குமான விதைகள் அந்த வெறுப்பில் புதைந்திருந்தன.

இந்தச் சம்பவங்கள் ஆரோக்கியமான விமர்சனத்தைத் தடை செய்தன. கருத்துகளை எடுத்துக் கூறவோ மாற்று வழிகளை முன்வைக்கவோ எந்த வாய்ப்பும் இருந்திருக்கவில்லை. 1992ம் ஆண்டுடன் உல்ஃபாவில் ஜனநாயகம் இல்லை என்று எதிர்ப்பு தெரிவித்து ஏ.ஏ.எஸ்.யூ. செயல்பாட்டாளர்கள், நிர்வாகிகள் வெளியேறினார்கள். இந்தச் சம்பவங்கள், உல்ஃபா என்பது, அதன் மேல்மட்டத் தலைமையின் பிறப்பிடமான மேல் அஸ்ஸாமில் உள்ள தீன்சுகியா - திப்ரூகர் - சிவசாகர் பிரதேசத்துக்குச் சொந்தமான அஹோம் - மோடோக குழுவின் அமைப்புமட்டுமே என்ற ஒரு பிம்பத்தை உருவாக்கிவிட்டது. சரண் அடைந்த போராளிகளில் சிலரும்கூட, கீழ் மற்றும் மேல் அஸ்ஸாமுக்கு இடையிலான பிளவு என்பது உல்ஃபா உருவான காலத்தில் இருந்தே இருந்து வந்ததாகவும், அதனை இணைக்க இயலாது என்றுமே சொன்னார்கள். இந்த மேலாதிக்கம், அஸ்ஸாமின் உண்மை நிலைமை குறித்த தெளிவான புரிதலை மறைத்ததோடு, பழங்குடியினர் மற்றும் பூர்வகுடி இஸ்லாமியர் இடையே உல்ஃபாவின் ஆதரவுத் தளம் விரிவடைவதைத் தடுத்தது.

இந்த இயக்கத்தின் கொடூரச் செயல்கள் கச்சினோடு நிற்கவில்லை. அணிகள் அஸ்ஸாமுக்குத் திரும்பி முகாம்கள் அமைத்த பின் அவை இங்கேயும் அரங்கேறின. மரண தண்டனைகள் மிகவும் கோரமான முறையில் நிறைவேற்றப்பட்டன. இவை ராணுவ நடவடிக்கை

களுக்குப் பிறகே வெளிச்சத்துக்கு வந்தன. லக்கிபத்தரில் உள்ள பொதுத் தலைமையகத்தில் உளவாளிகள், வன விலங்குகளை வேட்டையாடுபவர்கள், விபச்சார விடுதி நடத்தியவர்கள், வழிப்பறிக் கொள்ளையர்கள் என பலர் கைது செய்யப்பட்டனர். விசாரணை செய்யப்பட்டனர். சிலர் எச்சரிக்கப்பட்டு விடுதலை செய்யப் பட்டனர்; சிலர் அபராதத்தோடு விடுவிக்கப்பட்டனர்; மற்வர்கள் மரண தண்டைன விதிக்கப்பட்டார்கள். சிலர் பட்டினி கிடந்து சாகும்படி அல்லது பல நாட்களுக்கு மரத்தில் தொங்கும்படி உத்தர விடப்பட்டது. மிகவும் துரதிருஷ்டம் கொண்டவர்கள், உயிருடன் புதைக்கப்படுவார்கள். அல்லது நாலைந்து பேரை வரிசையாக நிற்க வைத்து எதிரில் இருந்து முதல் நபரின் வயிற்றில் துப்பாக்கியால் சுடுவார்கள். அத்தனை பேரும் அதே இடத்தில் தங்கள் வயிறு கிழிந்து இறந்து போவார்கள்.

உல்ஃபாவின் தொடக்க நாட்களில் இருந்தே தொடர்ந்துவரும் ராணுவ வன்முறை மேலாதிக்கமே இதற்குப் பெருமளவு காரணம். இயக்கம் துப்பாக்கியைப் பின்தொடர்ந்தது; துப்பாக்கி இயக்கத்தைப் பின்தொடரவில்லை. துப்பாக்கி இயக்கத்தைப் பின்தொடர்வது உலகெங்கிலும் உள்ள புரட்சிகர அமைப்புக்களிடையே வழக்கம். நாகாலாந்தினர்களுடனும் மியான்மரில் உள்ள கச்சின்களுடன் இணைந்து செயல்பட்டனர். இதன் விளைவாக ஆரம்ப ஆண்டுகளில் உல்ஃபா பெற்ற அனுபவங்கள் தலைவர்களின் மனதில் ஆழப்பதிந்து விட்டதாகவும், அவையே அஸ்ஸாமில் மீண்டும் நிகழ்த்தப் படுவதாகவும் தோன்றுகிறது. கிழக்கு நாகாலாந்திலும் கச்சினிலும் உள்ள நிலைமை என்னவென்றால் இவ்விரண்டு இயக்கங்களிலும் ராணுவ மனோபாவமே மிகுதியாக இருக்கிறது. நாகாலாந்தினர் களிடையே ஒரு சில ஆண்டுகள் கட்டாயமாக ராணுவத்தில் பணியாற்ற வேண்டுமென்று விதிக்கப்பட்டிருந்தது. கச்சினில் கே.ஐ.ஏ.தான் அனைவருக்கும் ஆணையிடும் அமைப்பாக இருந்தது. இத்தகையதோர் அணுகுமுறையும் வியூகமும் மியான்மரில் உள்ள நிலைமைக்குப் பொருந்துவதாக இருக்கலாம். ஆனால், அஸ்ஸாமில் எதிர்மறை விளைவையே உண்டாக்கியது.

1980களின் பிற்பகுதிகளில் ராணுவப் பிரிவு உல்ஃபாவின் அரசியல் பிரிவைவிட வெகுவாக வளர்ந்திருந்தது. ராணுவப் பிரிவால் நிகழ்த்தப்பட்ட பல அத்துமீறல்களுக்குக் கணக்கே இல்லை. அரசியல் பிரிவு தந்த அறிவுரைகள் உதாசீனப்படுத்தப்பட்டன. 1990ல் நடந்த ராணுவத் தாக்குதலுக்குச் சில வாரங்களுக்கு முன்பு காம்ரூப் அரசியல் பிரிவு உல்ஃபா தலைமைக்குத் தந்த அறிவுரை என்னவென்றால்,

அனைத்து ஆயுதங்களும் பூட்டி வைக்கப்பட வேண்டும்; உரிய அனுமதிக்குப் பிறகே பயன்படுத்துவதற்கு அளிக்கப்படவேண்டும் என்பதுதான். இந்த வேண்டுகோள் உதாசீனப்படுத்தப்பட்டது. ஆரம்பத்திலிருந்தே இருந்த அரசியல் பிரிவின் தனிமைப்படுத்துதல் 1996ல் பட்டாலியன்கள் உருவாக்கப்பட்டு, சில வருடங்களுக்குப் பிறகு அரசியல் பிரிவுடன் இணைக்கப்பட்டபோது முழுமை பெற்றது. சில பதவிகளுக்குக் குறிப்பிட்ட பணிகள் ஒதுக்கப்பட்டபோது தெளிவில்லாமல் இருந்ததால் குழப்பம் உண்டானது. அமைப்பின் பேரிலான பரூவாவின் பிடி இறுகியது. இது தலைவருக்கும் மேல் மட்டங்களில் இருந்த மற்றவர்களுக்கும் பிடிக்கவில்லை.

2003ம் ஆண்டு இறுதியில் பூட்டானில் இருந்த தளம் நிர்மூலமாக்கப் பட்டபின் தலைவர்களுக்கிடையிலான இடைவெளி அதிகரித்தது. உல்ஃபா தப்பிப் பிழைத்திருப்பதற்கு வங்க தேசத்தின் ஆதரவு முக்கியமென்று ஆனது. வங்க தேச தேசியவாதக் கட்சித் தலைமை யிலான அரசு சுதந்தரத்துக்காகப் போராடும் இந்தியாவில் உள்ள தீவிரவாதக் குழுவை ஆதரிக்க மிகவும் சந்தோஷத்துடன் முன்வந்தது. ஆனால், அவர்களது ஆதரவுக்குக் கேட்ட விலை அதிகமாக இருந்தது. உல்ஃபா, வங்க தேச வெளிநாட்டு உளவு ஏஜென்சியான டி.ஜி.எஃப்.ஐ.யின் ஒரு பிரிவு மற்றும் பாகிஸ்தானின் ஐ.எஸ்.ஐ.யால் ஆட்டி வைக்கப்படத் தொடங்கியது. அவர்களது செயல்திட்டம் என்பது வடகிழக்குப் பகுதியில் நிழல் யுத்தத்தை நடத்துவது, பிரச்னைகளை உருவாக்குவது, அதன் மூலம் அங்கு கூடுதல் ராணுவப் படைகளை அனுப்பும் கட்டாயத்தை ஏற்படுத்தி, வடக்குப் பகுதியில் இருந்து துருப்புகளை வெளியேற்றுவதாகும்.

இவ்வாறாக, பெரும் அப்பாவி மக்களைப் பலி கொண்ட வெடிகுண்டுத் தாக்குதல்கள் தொடங்கின. இவற்றில் மிகவும் கோரமானது 2005-ம் ஆண்டுக்கணக்கான சுதந்தர தினக் கொண்டாட்டங்களின்போது நடத்தப்பட்டது. தேமாஜி என்ற இடத்தில் ஒரு சக்தி வாய்ந்த வெடிகுண்டின் மூலம் பத்து பள்ளிக் குழந்தைகள் உள்ளிட்ட பதினான்கு பேர் இறந்து போனார்கள். இந்த நடவடிக்கைகளுக்கு முன்பு பிஹாரிகளும் அஸ்ஸாமில் பல தலைமுறைகளாக வசித்த மக்களும் தீன்சுகியா மற்றும் திப்ருகரில் படுகொலை செய்யப்பட்டனர்.

உல்ஃபாவின் வரலாற்றில் சேதங்களும் தவறான முடிவுகளும் விரவிக் கிடக்கின்றன. இதில் மாபெரும் தவறு பூடானில் நிகழ்ந்தது. அப்போது தனக்கு எதிராகத் தாக்குதல் தொடுக்க திம்புவுக்கு வலிமை போதாது என்று தப்புக் கணக்கு போட்டது உல்ஃபா. அந்நாட்டு அரசர்

முகாம்களுக்கு அடிக்கடி வருபவர் அல்லவா? உல்ஃபாவைச் சேர்ந்த இளைஞர்கள் அஸ்ஸாமில் மாற்றத்தைக் கொண்டு வரும் ஆர்வத்தில் இருந்ததைப் பாராட்டியவரல்லவா? ஆகவே, உல்ஃபா மீது தாக்குதல் நடக்காது என்று தலைமை நினைத்திருந்தது.

ராயல் பூட்டான் ராணுவம் பலவீனமாகவே இருந்தது. ஒரு முழுமையான தாக்குதல் நடவடிக்கையை முன்னெடுக்கப் போதுமான அனுபவமும் ஆயுதங்களும் கொண்டிருக்கவில்லை. ஆனால், அப்போது தீட்டப்பட்டு வந்த ஒரு சாவு மணித் திட்டத்தைப் பற்றி உல்ஃபாவுக்குச் செய்தி எட்டியிருக்கவில்லை. திம்புவின் தயக்கமும் அச்சமும் புது தில்லியால் துடைத்து எறியப்பட்டன. ராணுவப் பிரிவுகளுக்கு இந்தியப் பயிற்சியாளர்கள் கற்றுக் கொடுத்தார்கள். கிளர்ச்சிக் குழு முகாம்களுக்கு எதிரான தாக்குதலுக்கு அதிநவீன ஆயுதங்கள் வழங்கப்பட்டன.

பூட்டான் மன்னர் இப்போது முழுமையான தாக்குதலை நடத்த முன்வராமல் இருந்தார். இந்தக் கிளர்ச்சியாளர்களைப் படை பலத்தால் அகற்றிவிட்டால், அஸ்ஸாம் எல்லையில் உள்ள தெற்கு மாவட்டங்களின் பாதுகாப்பு கேள்விக்குறியாகும் என்று கவலைப் பட்டார். 2001ல் திம்புவில் உல்ஃபா பிரதிநிதிகளுடன் நடந்த ஒரு கூட்டத்தில் மன்னர் அந்த இயக்கத்துக்கு 200 கோடி ரூபாய் பணமும், அனைத்துப் போராளிகளையும் மியான்மருக்குக் கொண்டு செல்ல உதவியும் அளிப்பதாகக் கூறினார். தாக்குதலுக்கு இரண்டு மாதங்களுக்கு முன்பு நடந்த இன்னொரு கூட்டத்திலும் இதே வாக்குறுதியை வலியுறுத்தினார். அப்போது வெளியுறவுச் செயலர் சஷாதர் சௌதரி மற்றும் மூத்த செயல்பாட்டாளர்களான பமி கண்டா புரசேஹைன் மற்றும் அசண்டா பாக்புக்கன் போன்றவர்களை உள்ளடக்கிய தூதுக்குழு மன்னரைச் சந்தித்தது. மன்னரின் திட்டங் களைச் செயல்படுத்தி இருக்கலாம் என்பதுடன் தாக்குதலையும் தடுத்திருக்கலாம் என்று கூறுகிறார் சௌத்ரி.

உல்ஃபாவிடமிருந்து பதில் எதுவும் வரவில்லை. இது போன்ற நினைவூட்டல்கள் பல ஆண்டுகளாக வந்துகொண்டிருந்ததால், பயப்படத் தேவையில்லை என்று உல்ஃபா தலைமை நினைத்தது. ஆனால், 15.12.2003 அன்று காலையில், அனைத்துத் திசைகளில் இருந்தும் பீரங்கிகள் முழங்கத் தொடங்கின. சில பீரங்கிக் குண்டுகள் பெரிய முகாம்களின் உள் பகுதியில் விழுந்து வெடித்துச் சிதறின. திடீர் தாக்குதல் தொடங்கியிருந்தது. பதிலடி கொடுப்பதா சரண் அடைவதா என்று உல்ஃபா தலைமையால் தீர்மானிக்க முடியவில்லை. ஒரு வாரத்துக்குள், என்.டி.எஃப்.பி., கே.எல்.ஓ. போன்ற அமைப்புகளின்

முகாம்கள் உட்பட அனைத்து முகாம்களும் அழிக்கப்பட்டன. உல்ஃபாவின் ஆவணங்களின்படி பதினேழு போராளிகள் இறந்து போயிருக்கவோ காணாமல் போயிருக்கவோ கூடும். அவர்களில் உயர்மட்டச் செயற்பாட்டாளர்கள் ஆறு பேரும் இரண்டு ஸ்டாஃப் ஆபீஸர்களும் அடங்குவர். இந்த இரு ஸ்டாஃப் ஆபீஸர்களான பெனிங் ரப்பா, ராபின் நியோக்கன் ஆகியோரின் இருப்பிடம் இன்னும் தெரியாமலேயே உள்ளது. ராணுவத்திடம் சரண் அடைந்த பெண்களும் குழந்தைகளும் பின்னர் இந்தியாவிடம் ஒப்படைக்கப்பட்டனர். தப்பியோட முடிந்தவர்கள் அஸ்ஸாம், மேகாலயா மற்றும் வங்க தேசத்துக்குச் சென்றார்கள்.

எப்படியிருந்தாலும் பூட்டானில் உல்ஃபாவின் நாட்கள் எண்ணப் படுகின்றன என்பது உறுதியானது. ராயல் பூட்டான் நாடாளுமன்றம் தனது எழுபத்தி எட்டாவது கூட்டத் தொடரில் உல்ஃபா மற்றும் இதர போராளிக் குழுக்கள் பூட்டானை விட்டு வெளியேற வேண்டுமென்று தீர்மானம் நிறைவேற்றியது. மேலும், அரசு ஓர் எச்சரிக்கை அறிவிப்பு வெளியிட்டது. அதன்படி தீவரவாதிகள் பூட்டானை விட்டு அமைதி யாக வெளியேறவேண்டும்; இல்லாவிட்டால் ராணுவ நடவடிக்கை எடுக்கப்படும் என்று எச்சரித்தது. அரசு அதிகாரிகளுடன் நெருக்கமாக இருந்த உல்ஃபா செயற்பாட்டாளர்கள் இந்தியா மற்றும் பூட்டான் ராணுவங்களுக்கிடையே அடிக்கடி நடந்து வரும் சந்திப்புகள் பற்றியும் இரண்டு தலைநகரங்களுக்கு இடையே நடந்து வந்த பரபரப்பான தூதரகச் செயல்பாடுகள் குறித்தும் பல மாதங்கள் முன்பே எச்சரிக்கை அளித்ததாகக் கூறப்படுகிறது. இந்தத் தாக்குதல்களுக்குப் பிறகு தாக்குதல் நடக்கப்போவதாக உல்ஃபாவுக்குத் தவகல் அளித்த ஒரு பூட்டான் ராணுவ அதிகாரி கடுமையாகத் தண்டிக்கப்பட்டது குறித்து ஒரு வதந்தியும் உலா வந்தது.

தேசிய மற்றும் சர்வதேச நிலவரம் பற்றி உல்ஃபா கொண்டிருந்த அரைகுறையான புரிதல் உண்மை நிலையைப் புரிந்துகொள்ள விடாமல் தடுத்திருந்தன. இந்தியா பூட்டானைத் தனது பாதுகாப்பு வளையத்துக்குள் உள்ள நாடாகக் கருதி வந்தது. திம்பு புது தில்லியின் விருப்பங்களை நீண்ட காலத்துக்குப் புறக்கணித்துவிட முடியாது. இந்தத் தாக்குதல் முன்னதாக அல்லது வெகு காலத்துக்குப் பிறகு நடந்தே ஆக வேண்டியதாக இருந்தது. உல்ஃபாவும் அதன் தோழமை அமைப்புகளும் (என்.டி.எஃப். பி. மற்றும் கே.எல்.ஓ) எப்படிப் பத்தாண்டுகளுக்கும் மேலாக இத்தனை அதிக எண்ணிக்கையிலான முகாம்களைத் தக்க வைக்க முடிந்து என்பதே உண்மையில் ஆச்சரியமான விஷயம்தான்.

வங்க தேசத்திலும்கூட 2008ம் ஆண்டின் இறுதியில் அவாமி லீக் பதவிக்கு வந்த பிறகு எச்சரிக்கை மணி ஒலிக்கத் தொடங்கியது. அந்தக் கட்சி 1996-ல் நடந்த தேர்தல்களில் வென்றபோது, தீவிரவாதிகளைத் தேடுவதில் அக்கறை காட்டாமல் இருந்து வந்தது. எனினும் பத்தாண்டுகளுக்குப் பிறகு நிலைமை மாறிவிட்டிருந்தது. டாக்கா இந்தியாவிடம் வைத்த கோரிக்கைகள் நிலுவையில் இருந்தன. அது அடைக்கலம் புகுந்திருக்கும் கிளர்ச்சியாளர்களின் மேல் சாட்டையைச் சொடுக்கினால் ஒழிய சலுகைகளைப் பெற வழியில்லை. விரைவில் வங்க தேசம் சாட்டையைச் சொடுக்கியது. உயர்மட்டச் செயற் பாட்டாளர்கள் அனைவரையும் சிறைப்பிடித்து இந்தியாவிடம் ஒப்படைத்தது.

இந்தியாவுக்கும் சீனாவுக்கும் இடையிலான போர் என்பது தவிர்க்க முடியாத விஷயம் என்றும் அது 2016-17ம் ஆண்டுகளில் நடக்கக்கூடும் என்றும் பரூவா திடமாக நம்பினார். அவரின் கருத்துப்படி, அமெரிக்கா சீண்டிவிடும்; சீனா பதிலடி கொடுக்கும் கட்டாயத்துக்குத் தள்ளப்படும். மேலும் 1962ம் ஆண்டு சீனப் படையெடுப்பின்போது அஸ்ஸாமிய மக்கள் செய்த தவறு மீண்டும் நடக்கக்கூடாது என்றும் சொன்னார். உல்ஃபா, இந்தப் பகுதியின் விடுதலைக்கு சீன ஆதரவை எதிர்பார்த்திருந்தது என்பதற்கு அதிகபட்சமான சாத்தியக்கூறுகள் உண்டு. ஆனால் சீனா இந்தியாவுடன் மோதல் போக்கைப் பின்பற்றுமா? 1962-ல் அதன் நோக்கம் இந்தியாவுக்கு ஒரு பாடம் கற்பிப்பதாக இருந்தது. அதன் ராணுவம் படையெடுத்து இரண்டு மாத காலத்துக்குள் வாபஸ் ஆனது. சீன ராணுவம் வந்து அஸ்ஸாமை விடுவித்து, பின்னர் அதனை உல்ஃபா கையில் ஒப்படைக்கும் என்பது சிறுபிள்ளைத் தனமான கற்பனை அல்லவா? வினாக்கள் பல இருந்தன. விடைகள் வெகு சிலவே இருந்தன.

வசூல் செய்யப்பட்ட பணத்துக்கு எந்தவிதக் கணக்கு வழக்கும் இருந்திருக்கவில்லை. மொத்த நிதியும் தலைமையிடம் சென்று சேர எந்த வழிமுறையும் உருவாக்கப்பட்டிருக்கவில்லை. அடிமட்டத்தில் இருந்த போராளிகளும் இடைநிலையில் இருந்த போராளிகளும் மிகப் பெரிய தொகையை மோசடி செய்தனர். தங்களது சகாக்களைக் கொன்று போட்டுவிட்டு போராளிகள் முகாமை விட்டு ஓடிப் போனதாகக்கூட செய்திகள் வந்தன. பல நிர்வாகிகள், பொது வாழ்க்கைக்கு வந்தவுடன் வணிகத்தில் இறங்கியதில் ஆச்சரியப்பட எதுவுமில்லை.

நியாயமாகச் சொல்வதென்றால் நிதியாதாரங்களைச் சுலபமாக அனுப்புவதற்குத் திறன் வாய்ந்த அமைப்பு ஒன்று பல வருடங்களாக இருக்கத்தான் செய்தது.

1980களில் கரன்சி நோட்டுகளால் நிரப்பப்பட்ட சாக்குப் பைகளை மூத்த போராளிகள் ரயிலில் கொண்டுவந்து கொல்கத்தாவின் புராபஜாரில் இருக்கும் கடை முதலாளியிடம் கொடுப்பது வழக்கம். அதன் பின்னர், வங்காளத்தின் பிற இடங்கிலும் பூட்டானிலும்கூடப் பணம் செலுத்தப்பட்டு டாக்கா, பாங்காக் மற்றும் இதர இடங்களில் டாலர்களாக அளிக்கப்பட்டன. வங்க தேசத்தில் முதலீடுகள் செய்யப் பட்டன. சம்பாதிக்க புதிய வழிகள் பயன்படுத்தப்பட்டன. ஆனால், அந்த வழிமுறையில் சில எதிர்மறை விளைவுகளும் இணைந்தே வந்தன.

நிதியைக் கையாள தனியாக ஒரு செயலாளர் நியமிக்கப்பட்டிருந்தார். எனினும் பரூவா அந்த அதிகாரத்தைத் தன் கையில் எடுக்க முயற்சி செய்ததாக அவருடைய எதிரிகள் குற்றம் சுமத்தினார்கள். இந்தப் பிரச்னைகளைத் தீர்க்க செயற்குழுக் கூட்டத்தைக் கூட்டுமாறு ராஜ்கோவா வேண்டுகோள் விட்டும் எந்தப் பலனும் இல்லை. இந்த இடைவெளி இணைக்க முடியாததாக மாறியது. கடைசியில் பரூவா, அஸ்ஸாம் 'விடுதலைப் போராட்டத்துக்குப்' புதியதோர் அணியைத் தயாரிக்கத் தீர்மானித்தார். இந்தப் பிரிவினைவாத இயக்கங்கள் எந்தப் பக்கம் சாயும் என்று கூறுவதற்கு இன்னும் காலம் இருக்கிறது. ஆனால், அவர்ளைத் துடைத்தெறிந்துவிடுவது அவ்வளவு எளிதல்ல.

அரசு, வடகிழக்குப் பிராந்தியத்தில் தீவிரவாதத்தை முடக்கியதில் தான் அடைந்த வெற்றியைத் தம்பட்டம் அடித்துவருகிறது. கடந்த சில ஆண்டுகளாக, இந்தப் பிராந்தியத்தில் வன்முறை இறங்குமுகமாக இருந்துவருவது உண்மை. இன்னும் சில கிளர்ச்சிக் குழுக்களுடன் உடன்படிக்கைகள் செய்யப்பட்டு வருகின்றன. இன்னும் பல அமைப்புகளுடன் பேச்சுவார்த்தைகள் நடந்து வருகின்றன. இருந்த போதிலும், தீவிரவாதம் பிறப்பெடுக்கக் காரணமான சூழ்நிலைகள் இந்தப் பிராந்தியத்தில் இன்னும் அப்படியே இருக்கின்றன.

தற்போது எழுபதுக்கும் அதிகமான அமைப்புகள் செயல்பட்டு வருகின்றன. இவற்றில் அதிக எண்ணிக்கையிலான அமைப்புகள் மணிப்பூரில் உள்ளன. உலகத்தின் எந்தப் பகுதியும் இத்தனை அதிகமான தீவிரவாதக் குழுக்கள் பிறப்பெடுக்க இடங்கொடுத்த தில்லை. இதிலிருந்து இந்தப் பகுதியில் ஏதோ மோசமான தவறு இருக்கிறது என்பதை உணரலாம். இந்தச் செயல்பாட்டை வெறும் ஒரு சட்ட ஒழுங்குப் பிரச்னையாக ஒதுக்கிவிட முடியாது.

அரசு எப்போதும் குறுகிய காலத் திட்டங்களியே கவனம் செலுத்தி வருகிறது. அதாவது, இந்தக் குழுக்களிடம் இருந்து ஆயுதங்களைக்

களைவது எப்படி, அவர்களது முகாம்களை எப்படித் தகர்ப்பது மற்றும் உடன்பாட்டுக்கு கொண்டுவருவது எப்படி என்று மட்டுமே யோசிக்கிறது. எனவே, அந்நியமாதல் தொடர்ந்தது. எந்த அரசும் உண்மையான பிரச்னைகளைத் தீர்த்ததில்லை. இந்தப் பகுதியிலிருந்து இளைஞர்களும் இளைஞிகளும் வேலை தேட ஒவ்வொரு ஆண்டும் அதிக எண்ணிக்கையில் பிற மாநகரங்களுக்குச் சென்று கொண்டிருக் கிறார்கள் என்ற நிதர்சனமான உண்மை.

பாதுகாப்புப் படைகளால், கையாளப்பட்ட மனிதாபிமானம் அற்ற முறைகள், சட்டத்துக்குப் புறமான கொலைகள் மற்றும் 1950ம் ஆண்டு ஆயுதப் படைகள் (சிறப்பு அதிகாரங்கள்) சட்டம் போன்ற கடுமையான சட்டங்களின் தொடர்ச்சி போன்றவை நிலைமையை மேலும் மோசமாக்கின. ஜுலை 2013ல் மணிப்பூரில் நடந்த ஆறு என்கௌண்டர் கொலை வழக்குகளை விசாரிக்க உச்ச நீதிமன்றத்தால் அமைக்கப்பட்ட சுயேச்சைக் குழு ஒன்று பாதுகாப்புப் படைகளால் செய்யப்பட்ட அனைத்துமே சட்டத்துக்கு அப்பால் நடந்த கொலைகள் என்று கண்டறிந்தது.

உல்ஃபா எழுப்பும் சில குறிப்பிட்ட பிரச்னைகள் உண்மையானவை என்பதையும் அவை மக்கள் ஆதரவு பெற்றவை என்பதையும் மறுக்க முடியாது. பொருளாதார ரீதியாக அஸ்ஸாம் சுரண்டப்படுகிறது என்ற வாதத்துக்கு வலுச்சேர்க்கும் வகையில் சில ஆதாரங்கள் காட்டப் படுகின்றன. எடுத்துக்காட்டாக, இந்த மாநிலத்தில் இருந்து எடுக்கப்படும் கச்சா எண்ணெயின் ராயல்டி தொகை டன்னுக்கு ரூ. 2,500/- என்ற அளவில் இருந்தது. 2012ல்தான் ரூ. 4,500/- ஆக உயர்த்தப்பட்டது. மேலும் ராயல்டி தொகையைக் கணக்கிடுவதில் வெளிப்படையான தவறு இருந்து, அது இன்னும் சரி செய்யப்படாமலேயே உள்ளது.

எண்ணெய் நிறுவனங்கள் இந்த மாநில அரசுக்கு ராயல்டி தொகை குறைவாக அளித்ததன் காரணமாக 2009-10ம் ஆண்டுகளில் அரசுக்கு ரூ.850 கோடி நஷ்டம் ஏற்பட்டது. விற்பனை விலையில் ராயல்டி தொகையைக் கணக்கிடுவதற்குப் பதிலாக, சர்வதேசச் சந்தையில் கச்சா எண்ணெய்க்கு அளிக்கப்படும் உண்மையான விலையின் அடிப்படையில் எண்ணெய்க் கிணறு அருகிலேயே ராயல்டி தொகையைத் தீர்மானித்து, ராயல்டி தொகை கணக்கீட்டை திருத்தி அமைக்க வேண்டுமென்று மாநில அரசு கோரி வருகிறது.

இந்தக் கோரிக்கை, மாநில அரசால் திரும்பத் திரும்ப வைக்கப் பட்டாலும் இன்னும் ஏற்றுக் கொள்ளப்படவில்லை.

இந்தப் பகுதிக்குரிய பிரச்னைகளை மதிப்பிடுவதில் மத்திய அரசு காட்டும் விநோதமான தயக்கத்தை உணர்த்தும் இன்னும் பிற நிகழ்வுகளும் இருந்தன. வங்க தேசத்தில் வரும் சட்ட விரோதக் குடியேற்றம் தடையற்று தொடர்ந்து கொண்டிருந்தது. மக்கள் தொகைக் கணக்கெடுப்பு அறிக்கைகளில் இன ரீதியிலான சமமின்மை தெளிவாகத் தெரிந்தது. அந்நியக் குடிமக்களை இனம் கண்டு வெளியேற்றும் வேலை கடினமானது என்பதும் உண்மையே. ஆனால், தீவிரத் தடுப்பு நடவடிக்கைகள் இன்னும் எடுக்கப்படவில்லை.

அஸ்ஸாமில் குடியேறி, தேவையான ஆவணங்களைச் சேகரிப்பது ஒரு வந்தேறிக்கு எளிமையான காரியமாக இருக்கிறது. இந்திய ஜமுனாமுக் சட்டமன்றத் தொகுதியில் வங்க தேசத்து முகம்மது கமாலுதீன் என்பவர் 1996-ல் போட்டியிட்டார் என்றால் பாருங்களேன். அவர் இந்தியக் குடிமகன் இல்லை என்ற சாட்சியம் கிடைத்தபின் அவர் நாடு கடத்தப்பட்டார். அஸ்ஸாமின் லட்சக்கணக்கான ஹெக்டேர் நிலங்கள் வெள்ளத்தால், மண் அரிப்பால் அழிவுக்குள்ளாவது வருடா வருடம் நடந்து வருகிறது. இந்த ஆபத்தை எதிர்கொள்ள அரசிடம் திட்டம் எதுவும் இல்லை. இந்தப் பேரழிவுகள் தேசியப் பிரச்னையாக அறிவிக்கப்படவேண்டும் என்ற கோரிக்கையும் ஏற்கப்படவேயில்லை.

இதுவரை, உல்ஃபா மீதான கரிசனம், முற்றிலும் மறைந்து விடவில்லை என்பதற்குப் பெரிய அளவிலான அடையாளங்கள் இருக்கின்றன. உல்ஃபா 'பந்த்'துக்கான அழைப்பு விடுக்கும்போது வாழ்க்கை ஸ்தம்பித்துவிடுகிறது. பெரும்பாலானோர், பிரச்னைகளுக்குத் தீர்வு காண உல்ஃபாவுடன் அர்த்தமுள்ள பேச்சுவார்த்தை நடத்தவேண்டுமென பலமாக ஆதரிக்கிறார்கள். சுருக்கமாகச் சொன்னால், உல்ஃபாவின் புகழ் தேய்ந்து வருகிறது என்றால், அதற்காக அரசாங்கம் மக்களால் ஏற்றுக் கொள்ளப்பட்டு அவர்களின் நம்பிக்கையைப் பெற்றிருக்கிறது என்று பொருளல்ல.

அது போன்றே, பரூவாவின் தலைமையின் கீழ் செயல்படும் பேச்சு வார்த்தைக்கு எதிரான அணி புதிய ஆட்களைப் போராளிகளாகச் சேர்க்கமுடியாது என்று யூகிப்பதும் தவறாகும். தீவிரவாத அணுகு முறையை ஆதரிக்கவும், ஆயுத நடவடிக்கையை ஊக்குவிக்கவும் எப்போதும் ஒரு பிரிவு இருக்கத்தான் செய்யும். தற்போது ஆயுதங்களைச் சேகரிப்பது முன்பைவிட எளிதாகிவிட்டதோடு, சீனாவிலும் மற்ற இடங்களிலும் புதிதாக ஆயுதங்கள் கிடைக்கும் இடங்கள் உருவாகியுள்ளன.

உல்ஃபா இயக்கம், ரகசியத் தொடர்புகளை உருவாக்குவதில் - சில சமயங்களில் அரசின் உச்ச மட்டத்தில்கூட அவர்கள் இருக்கிறார்கள் - தனது திறமையை நிரூபித்திருக்கிறது. இந்த ரகசியத் தொடர்புகள் இதன் செயல்பாட்டாளர்களின் தடையற்ற பயணத்துக்கும் ஆயுதங்களுக்கும் பணப் புழக்கத்துக்கும் உதவி அளிக்கின்றன. இந்த விஷயத்தில், வடகிழக்குப் பிராந்தியத்தில் இதர தீவிரவாத இயக்கங்களை விடவும் உல்ஃபாவே முன்னணியில் இருக்கிறது.

1990களின் இறுதியில பூட்டானில் நடந்த ஒரு சுவாரசியமான சம்பவம், நம்பகமான தொடர்புகளை வளர்த்தெடுப்பதில் உல்ஃபாவுக்கு உள்ள திறமையை வெளிப்படுத்துகிறது. உல்ஃபா ஒரு ஆயுதப் பார்சலை, அதிலும் முக்கியமாக அசால்ட் ரைஃபில்கள், பிஸ்டல்கள், கையெறி குண்டுகள் மற்றும் வெடிமருந்துகள் அடங்கிய பார்சலை சப்ளை செய்வதற்கு சீனாவுடன் ஒரு வர்த்தக நடவடிக்கையை இறுதி செய்தது. ஆயுத பர்சலை சீன-பூட்டான் எல்லையில் உள்ள ரகசியமான ஒரு இடத்தில் இறக்கி வைத்து, பின்னர் தென் மாவட்டங்களில் உள்ள முகாம்களுக்கு எடுத்துச் செல்வது என்று திட்டமிடப்பட்டது.

அந்த ஆயுதங்களை எடுக்கச் சென்ற தீவிரவாதிகள் குழுவை இந்திய உளவு அமைப்புகள் பார்த்துவிட்டன. புது தில்லி திம்புவை எச்சரித்தது. பூட்டானின் மூத்த அதிகாரிகள் இந்தத் திட்டத்தைக் கை விட்டுவிட்டு ஒரு சில மாதங்கள் பொறுத்திருக்கும்படி உல்ஃபாவிடம் சொன்னார்கள். உல்ஃபா அதன்படி திட்டத்தைக் கைவிட்டால் ஆயுதங்கள், மீட்க முடியாதபடிக்குப் பனியில் புதைந்து போய்விடும். அந்த அமைப்பு ஏற்கனவே ஆயுதத் தட்டுப்பாட்டை எதிர்கொண்டு வரும் நிலையில் அது பெரிய சிக்கலாகியிருக்கும். ஆனால், ஒரு தந்திரமான திட்டம், ஒரு சில மாதங்களுக்குப் பிறகு வகுக்கப்பட்டது. பெருமளவிலான ஆயுதங்கள், பூட்டானின் ராணுவ டிரக்குகளின் மூலம் ஒரு நாள் இரவு நேரத்தில் உல்ஃபா முகாம்களில் இறக்கப் பட்டன. மூத்த நிர்வாகிகள், முன்பு எல்லையில் இறக்கி வைக்கப் பட்ட ஆயுதங்கள்தான் அவை என்று சொன்னார்கள்.

வங்க தேசத்திலும் இதே கதைதான். அங்கு உல்ஃபா இயக்கத்தால் கிட்டத்தட்ட இருபது ஆண்டுகள் சுமுகமாக செயல்பட முடிந்தது. 1988ல் உல்ஃபாவின் வெளியுறவுச் செயலாளர் முனின் நபீஸின் தலைமையிலான ஒரு சிறு குழு அந்நாட்டில் இறங்கிய இரண்டு வருடங்களுக்குள்ளாகவே, வலுவான வலைப் பின்னல் தொடர்பு உருவானது. நபீஸ், ‘இக்பால் பாய்’ ஆகி டாக்கா மாநகராட்சியால் நடத்தப்பட்ட ஒரு தேர்தலில்கூட வென்றிருக்கிறார். சிறிய அளவிலான தொழில்களைத் தொடங்கிய பிறகு ஐ.எஸ்.ஐ. முன்பாக உல்ஃபாவின்

நியாயத்தைச் சொல்வதற்காக, பாகிஸ்தான் நாட்டுக்கு ஒரு வணிக மேலாளராகப் புறப்பட்டுச் சென்றார். ஐ.எஸ்.ஐ. அமைப்பானது கதவுகளைத் திறந்துவிட மிகுந்த ஆவலுடன்தான் இருந்தது.

உல்ஃபா தலைமை டாக்காவுக்கு இடம் பெயர்வதற்கு அடிப்படையான வேலைகள் செய்யப்பட்டன. போராளி அணிகள் பயிற்சிக்காக ஆப்கானிஸ்தான்-பாகிஸ்தான் எல்லைப் பகுதிக்கு அனுப்பி வைக்கப்பட்டன. நபீஸின் தோழன் ஒருவனும் அந்த நாட்டுக்கு அனுப்பி வைக்கப்பட்டான். அவர் அங்கிருந்து தலைமையகத்துக்கு ஒரு விரிவான அறிக்கையை அனுப்பிவைத்தான். அந்த அறிக்கையில், பின்பற்ற வேண்டிய செயல்திட்டமும், ஒரு தளத்தை உருவாக்கு வதற்குச் செய்யக் கூடியன மற்றும் செய்யக் கூடாதவைகளின் தெளிவான ஒரு பட்டியலும் இருந்தன. சுருக்கமாக அவர் சொல்வது என்னவென்றால் உங்களிடம் பணமும் சரியான ரகசியத் தொடர்புகளும் இருந்தால் வங்க தேசத்தில் அனைத்தும் சாத்தியமே.

குழப்பமான காலங்களில் அல்லது எப்போதெல்லாம் பாதுகாப்புப் படைகளால் நெருக்கடிக்கு ஏற்படுகிறதோ, அப்போதெல்லாம் உல்ஃபா ஊடகங்களையும், வெகுஜன மக்கள் இயக்கங்களையும் புத்திசாலித்தனமாகக் கையாளுவதன் மூலம் அந்தச் சிக்கலிலிருந்து வெளிவர முடிந்திருக்கிறது. ராணுவம் அல்லது காவல் துறையின் செயல்பாடுகளுக்கு எதிராக மக்கள் போராட்டங்கள் நடந்து ஊடகங்களில் எதிர்மறையான விளம்பரம் கிடைக்கும்போது ராணுவத்தினர் தங்கள் நடவடிக்கைகளைக் கைவிட வேண்டி வந்தது. எனவே, தீவிரவாத எதிர்ப்பு நடவடிக்கைகள் அப்பகுதிகளில் தற்காலிகமாக வாபஸ் பெறப்படும். அது, போராளிகள் பாதுகாப்பான இடங்களுக்குத் தப்பித்துச் செல்லப் போதுமான கால அவகாசத்தை அளித்தது.

2005ல், ராணுவம், திப்ரூகரில் உள்ள திப்ரூ சாய்கோவா தேசியப் பூங்காவில் ஒரு பதுங்குமிடத்தைத் தகர்க்க இருந்தது. உல்ஃபாவின் பயங்கரமான 28வது பட்டாலியன் சுற்றி வளைக்கப்பட்டது. அவர்கள் தாக்குதலில் இருந்து தப்பிப் பிழைப்போம் என்ற நம்பிக்கையை இழந்திருந்தனர். பரூவா, அந்தப் பூங்காவில் நிறுத்தப்பட்டுள்ள ராணுவத்தினர் திரும்ப அழைக்கப்பட நடவடிக்கைகள் எடுக்கப்படும் என்ற உறுதிமொழி அளித்து இன்னும் சில நாட்கள் தாக்குப்பிடித்து இருக்கவேண்டும் என்று அவர்களுக்கு அறிவுரை சொன்னார். ஆனால், எப்படி?

உல்ஃபா இயக்கம் அரசுடன் சமாதான நடவடிக்கைகளை விரைவு படுத்த விரும்புகிறது என்று மறுநாள் ஊடகங்கள் தலைப்புச் செய்தி வெளியிட்டன. உல்ஃபா பீப்பிள்ஸ் கன்சர்வேடிவ் குரூப் (பிசிஜி) என்ற குழுவை அமைத்தது. அவர்களுக்குத் தரப்பட்ட வேலை அமைதிப் பேச்சுவார்த்தையை விரைவுபடுத்துவதுதான். இந்தக் குழுவின் உருவாக்கத்துக்கான உண்மையான காரணங்கள் பற்றி கருத்து வேறுபாடு இருக்கிறது. ஆனால், 28ம் பட்டாலியனைச் சேர்ந்த போராளிகள் மீது ராணுவத்தால் நடத்தப்படவிருந்த தாக்குதலுக்கு முற்றுப்புள்ளி வைக்கவே இந்தக் குழு அமைக்கப்பட்டதாகப் பலர் நம்புகிறார்கள்.

பேச்சுவார்த்தைகள் என்பவை தங்களது கோரிக்கைகள் தொடர்பாக இந்திய அரசால் எடுக்கப்படவிருக்கும் நிலையைக் குறித்து மதிப்பீடு செய்வதற்கே தொடங்கப்பட்டதாக பரூவாவும் ஒப்புக்கொண்டார். எதிர்பார்த்தபடியே ராணுவம் வாபஸ் ஆனது. போராளிகள் பத்திரமாக அருணாச்சலப் பிரதேசத்துக்குள் சென்றார்கள். கிட்டத்தட்ட ஒரு வருடத்துக்குப் பிறகு அமைதிப் பேச்சுவார்த்தையும் தோல்வியுற்றது. இந்த நடவடிக்கையில் பிசிஜிக்கும் அரசுக்கும் இடையில் பல கட்டமாகப் பேச்சுவார்த்தைகள் நிகழ்ந்தன. அப்போது அரசு உல்ஃபா வைத்த முன் நிபந்தனைகளை ஏற்றுக் கொள்ளவில்லை. மூன்று வருடங்களுக்குப் பிறகு, அந்தப் பட்டாலியனின் மூத்த கமாண்டர்களும், பெரும்பாலான போராளிகளும் தலைமறைவு வாழ்க்கையில் இருந்து வெளியில் வந்துவிட்டனர். தலைமையானது அஸ்ஸாமில் உள்ள உண்மை நிலவரத்தைக் கவனத்தில் கொள்ளவில்லை என்று குற்றம்சாட்டினர்.

இருந்தாலும், தலைமைத் தளபதி இந்தக் குற்றச்சாட்டுகளை மறுத்தார். தில்லியுடன் இறுக்கமான நிலைப்பாட்டைக் கையாண்டது சரிதான் என்று வாதிட்டார். அஸ்ஸாமின் இறையாண்மை குறித்து அரசு விவாதிக்க முன் வருமானால் மட்டுமே அரசுடன் பேச்சுவார்த்தை சாத்தியமாகும் என்று வலியுறுத்தினார். அதுவரை தாக்குதல் நடவடிக்கைகள் இன்னும் அதிகமான தீவிரத்துடன் தொடரும். ஏனெனில், உல்ஃபா வெகுவாக மாற்றியமைக்கப்பட்டுள்ளது. பிரபலமான ஒரு தலைவர் அஸ்ஸாமின் இறையாண்மையை ஒத்துக்கொள்ளாத ஓர் அரசு ஒப்பந்தத்தில் தனது கையொப்பத்தைப் பதிப்பாரானால், அஸ்ஸாமுக்கு மன்னிக்க முடியாத அநீதி இழைக்கப்பட்டுவிடும். ‘நாங்கள் எப்போதும் அந்தத் தவறைச் செய்ய மாட்டோம் என்றார்.

6

காப்லாங் பாபாவின் ராஜ்ஜியம்

காலை நேர நிலம் பனித்துளிகளால் மினுமினுத்தது. இது போன்ற நாட்களில் மலையில் இருந்து கீழே இறங்குவது அபாயகரமானது. பாதையில் கால்களுக்குப் பிடிப்பு கிடைக்காமல் வழுக்கிவிடும். அதிருஷ்டவசமாக, முகாமின் வடக்குப் புறமாக உள்ள சமவெளிகளில் கவலையின்றி நாங்கள் சுற்றி வந்தபோது தரை நன்றாகவே இருந்தது. எங்களது கால்சட்டைகளின் அடிப்பகுதியை காலுறைக்குள் டக்-இன் செய்துகொண்டோம். இல்லையெனில், ரத்தம் உறிஞ்சும் அட்டைப் பூச்சிகள் எங்களை ஒருவழியாக்கிவிடும்.. அதோடு பாம்புக்கடிக்குப் பலியாவதை நிச்சயமாக விரும்பவில்லை. இருந்தபோதிலும் விரைவில் சின்னச் சின்ன அட்டைப் பூச்சிகள் எங்கள் காலணிகள் மற்றும் ஆடைகளில் மேய ஆரம்பித்தன.

நாங்கள் செல்ல வேண்டிய இடம் தடை செய்யப்பட்ட இயக்கமான போடோலாந்து தேசிய ஜனநாயக முன்னணியின் ஒரு முகாம். அஸ்ஸாமில் உள்ள போடோ இனத்தவர்களிடையே வலுவான அடித்தளம் கொண்ட அமைப்பு அது. எங்களுடன் மோரனும் முகாமில் இருந்து வந்த இரு மூத்தப் போராளிகளும் இருந்தனர்.

இந்த இடம் பாபாவின் ராஜ்ஜியத்துக்கும் இந்தியா மற்றும் மியான்மர் நாடுகளில் நாகாலாந்தினர் மக்கள் வசிக்கும் இடங்களின் ஒரு

பகுதியில் அவர் அமைத்திருந்த அரசான நாகாலாந்து மக்கள் குடியரசின் அரசாங்கத்துக்கும் (ஜி.பி.ஆர்.என்.) தலைமையகமாக இருந்தது. அந்த இடம் ஒரு மிகப் பெரிய பகுதி. மக்கள் நெருக்கம் குறைந்தது. நம்ப முடியாத இயற்கையெழில் கொஞ்சும் இடம். மியான்மர் ராணுவம், தொடர்ந்து இங்கே சூறையாடி வருகிறது என்று ஊடக அறிக்கைகள் கூறுகையில் எப்படி இந்த இடம் இவ்வளவு அமைதியாகத் தோன்றுகிறது.

வெளிப்படையாகத் தோன்றுவது என்னவென்றால் ராணுவமானது ஜி.பி.ஆர்.என்.னைச் சுதந்தரம் கோருவதற்காகவும், கூடவே இந்தப் பகுதியில் வடகிழக்குப் பிராந்தியத்தில் உள்ள கிளர்ச்சிக் குழுக்கள் முகாம்கள் அமைக்க உதவுவதற்காகவும் எதிர்ப்பு தெரிவித்து வருகிறது.

முகாம்வாசிகள் இங்கே தட்பவெப்பநிலை மிக மோசமாக இருந்தது என்றும், குளிர்காலத்தில் உறைநிலைக்கு அருகிலும், கோடைக் காலத்தில் உலைக் களம் போலவும் இருக்கும் என்றும் சொன்னார்கள். அதற்கு அருகில் தங்கச் சுரங்கங்கள் இருந்தன. சிலர் இந்தப் பகுதி முழுவதுமே தங்கத்தில் மிதப்பதாக எண்ணுகிறார்கள். அதனால்தான் இந்த அளவு வெப்பம் நிலவுவதாகக் கூறினார்கள். பூமியின் அடியில் வெப்ப வாயுக்கள் இருந்து, அவை கோடைக்காலத்தில் வெளியில் வருகின்றன என்றொரு யூகமும் உண்டு.

அந்தச் சாலையில் செல்லச் செல்ல, மேலும் சில வீடுகளும் கடைகளும்கூட இருந்தன. நான் கடையொன்றினுள்ளே நுழைகையில் ஒரு கிழவி உடைந்த நாகாலாந்தினர் மொழியில் சொன்னார்: 'தயவு செய்து உங்கள் ஷூக்களைக் கழற்றிவிட்டு வாருங்கள்' என்று. நான் தாய்லாந்தில் தயாரிக்கப்பட்ட கோக்கோ கோலா கேன்கள், சாக்லேட்டுகள், ஒரு துரயா மாடல் சாட்டிலைட் போனை அலமாரியில் இருந்து எடுத்தேன். அந்தப் பெண்மணிக்குப் போனின் விலை தெரியவில்லை. அவரது கணவர் வெளியில் போயிருந்தார். நான் சில ஜோடி வெட்டுக் கத்திகளை வங்க நினைத்தேன். ஆனால், அங்கே இருந்தவை உயரம் குறைந்ததாகவும், மலிவான தரத்திலும் இருந்தன. அழகான ஆலிவ் பச்சை நிற ஜாக்கெட் ஒன்று சுவற்றில் தொங்கியது. நான் உடனடியாக அதனை வாங்க விரும்பியபோது, அது யாரோ ஒருவருக்காக முன்பதிவு செய்யப்பட்டு விட்டதாகச் சொன்னார்கள். அந்தப் பெண்மணி இரண்டு நாட்களுக்குப் பிறகு கடைக்கு வருமாறு கேட்டுக் கொண்டார்.

மோரன் இத்தகைய கடைகளில் அரிசியில் இருந்து பெட்ரோல், மோட்டார் சைக்கிள்கள்வரை விற்றார்கள் என்றார். மோட்டார் சைக்கிள்கள் சீனா, தாய்லாந்து மற்றும் மியான்மர் நாடுகளில் இருந்து

தரை வழியாகவும் ஆற்று வழிகளிலும் கடத்திக்கொண்டு வரப்பட்டன. இந்தப் பகுதியில் உள்ள எண்ணற்ற முகாம்களில் இருந்த கிளர்ச்சிக்காரர்களே பெரும்பாலும் இவற்றின் வாடிக்கையாளர்கள். சில சமயம் இந்தப் பகுதி விவசாயிகளும் இந்தப் பொருட்களை வாங்கினார்கள்.

‘ஒவ்வொரு நாளும் எவ்வளவு விற்பனை செய்வார்கள் என்று உங்களால் யூகிக்க முடியுமா?’ என்று கேட்டார் மோரன்.

‘தெரியவில்லையே. இங்கே இவ்வளவு போராளிகளும் முகாம்களும் இருப்பதால் விற்பனை நன்றாகத்தான் இருக்கும் என்று நினைக்கிறேன்.’

‘அது சரிதான். இங்கே கிடைக்காத பொருள் என்று எதுவுமே இல்லை. இருந்தாலும், சில சமயங்களில், சில குறிப்பிட்ட பொருட்களுக்காக, ஒருவர் முன் பதிவு செய்து காத்திருக்கவேண்டும்.’

‘இங்கே ஒரு கடை திறக்க விரும்புகிறேன்.’

‘நடக்கும். நீங்கள் இங்கே வர வேண்டியதிருக்கும். அத்துடன் நீங்கள் நிரந்தரமாக இங்கேயே தங்கவும் வேண்டியிருக்கும்.’

என்.டி.எஃப்.பி. முகாமில், கமாண்டர்-இன்-சீப் ஐ.கே. சாங்பிஜித், ஒரு சிறிய, ஆனால், தூய்மையான கூரை வேய்ந்த குடிலின் வராந்தாவில் எங்களுக்காகக் காத்துக் கொண்டிருந்தார். பாரம்பரியமான கமுசாவாவால் எங்களுக்கு மாலை மரியாதை செய்யப்பட்டது ‘கிரீன் டீ’ அருந்தினோம்.

மோரனின் அறிவுரைப்படி, தலைவருடன் உரையாடலை ஆரம்பித்த நான் என்.டி.எஃப்.பி. பற்றி அதிகமாகக் கேட்காமல் கவனமாகத் தவிர்த்தேன்.

‘ஆக, மிஸ்டர் சாங்பிஜித், இங்கே வாழ்க்கை எப்படி இருக்கிறது?’

‘நாங்கள் நன்றாக இருக்கிறோம்.’

‘ஆனால், இங்கே செலவு மிக அதிகம் இல்லையா.’

‘யெஸ். எல்லா இடங்களிலும் விலைவாசி தொடர்ந்து ஏறிக் கொண்டிருக்கிறதே’ என்றார் புன்னகைத்தவாறே. ‘நீங்களே பார்க்கிறீர்களே. இந்த இடம் மிக ஒதுக்குப்புறமாக, கிட்டத்தட்ட அணுக முடியாததாகவே இருக்கிறது இல்லையா.’

‘அது உண்மைதான். உண்மையைச் சொன்னால் இங்கே தப்பிப் பிழைத்திருக்க வேண்டுமென்றால், ஒருவர் திடகாத்திரமானவராக இருந்தாகவேண்டும்.

எப்போதுமே ராணுவச் சீருடையிலேயே இருந்த சாங்பிஜித் எதுவும் பேசாதவராக இருந்தார். அவர் ஒரே நேரத்தில் நம்பிக்கையும் குழப்பமும் கொண்டிருந்தவர்போல் எனக்குத் தோன்றியது. அவர், இந்த அமைப்பில் மூன்றாவது பிரிவுக்குத் தலைமை தாங்கினார். இந்தப் பிரிவு வடகிழக்குப் பிராந்திய விடுதலைக்காகப் போராடி வரும் பிற போராளிக் குழுக்களுடன் கை கோர்த்து ஒரு மாறுபட்ட பாதையில் செல்லத் தீர்மானித்தார். அவரிடம் போராளிகளுக்கான பற்றாக்குறை இருந்தது. நிதியாதாரத்தைப் பெருக்கவும் முயன்று வந்தார்.

இதர குழுக்களைப் போன்றே என்.பி.எப்.பி.யும் அஸ்ஸாமில் உள்ள சோனிட்பூர், உடல்குரி, தாரங்க மற்றும் பக்ஸா போன்ற கிறிஸ்தவப் பகுதி போடோ இனத்தவரிடையே பெருகி வந்த அதிருப்தியின் மூலம் பலம் பெற்றுவந்தது. ஆண்டுகள் செல்லச் செல்ல, பல போராளிகளும் நிர்வாகிகளும் தாக்குதல் நடவடிக்கைகளில் கொல்லப்பட்டனர். இந்த அமைப்பு செயல்படும் பகுதிகள் கொஞ்சம்தான். அது போலவே தளவாடங்களும் குறைவே. எண்ணற்ற முகாம்கள் பூட்டானில் அமைக்கப்பட்டன. வங்க தேசத்தில் போராளிகள் பயிற்றுவிக்கப் பட்டு தொடர்பு வலையும் உருவாக்கப்பட்டது. சில அணிகள் ஆப்கானிஸ்தான்-பாகிஸ்தான் பகுதியிலும் பயிற்சி பெற்றன. அவர்கள், சாதாரண மக்களை முட்டாள்தனமாகக் கொன்று குவித்ததால் அவர்களை எல்லோரும் பயத்தோடுதான் பார்த்தார்கள்.

2008ஆம் ஆண்டு அக்டோபர் 30 அன்று நிகழ்ந்த இது போன்ற ஒரு சம்பவத்தில் குவஹாத்தியில் நடந்த நான்கு குண்டு வெடிப்புகளையும் சேர்த்து அஸ்ஸாமில் மொத்தம் எட்டு இடங்களில் குண்டு வெடிப்பு நடந்து எண்பத்து ஒன்பது நபர்கள் இறந்தனர். இந்தச் சம்பவங்கள் தான், வடகிழக்குப் பிராந்தியத்தில் ஒரு தீவிரவாத இயக்கத்தால் நிகழ்த்தப்பட்ட மிகப் பெரிய குண்டு வெடிப்பு. இந்தக் குண்டு வெடிப்புக்கு ஆணைகள் பிறப்பித்த தலைவர் ரஞ்சன் தைமாரி உள்ளிட்ட முக்கிய சதிக் குற்றவாளிகள் கைது செய்யப்பட்டனர். இந்திய ராணுவப் படைகளுக்கும் வங்க தேசப் படைகளுக்கும் இடையே வளர்ந்து வரும் நல்லுறவைப் பொறுத்துக்கொள்ள முடியாத ஐ.எஸ்.ஐ. உளவு அமைப்பு மற்றும் டி.ஜி.எப்.ஐ.யின் கூட்டுச் சதியில் இந்தச் சம்பவம் நடத்தப்பட்டதாகத் தெரிகிறது. இந்த ரத்தக் களரியை விரும்பாத கோவிந்தா பாசுமதாரி தலைமையிலான பிரிவு (அதன் பல போராளிகள் பொதுவாழ்வுக்குத் திரும்பியிருந்தனர்) ரஞ்சன் தைமாரியை அமைப்பை விட்டு நீக்கியது. அவர் பின்னர் வங்க தேசத்தில் கைது செய்யப்பட்டு இந்தியாவிடம் ஒப்படைக்கப் பட்டான்.

அரசுடன் நடந்த போர் நிறுத்த ஒப்பந்தங்களின் விளைவாகப் பொது வாழ்வுக்குத் திரும்பிய தீவிரவாதக் குழுக்களுக்கு ஏற்பட்ட அதே குழப்பம் என்.டி.எஃப்.பி.க்கும் ஏற்பட்டது. தாய் அமைப்பில் இருந்து அடிக்கடி மதவாத இயக்கங்களும் முளைத்து வந்தன. போடோலாண்ட் விடுதலைப் புலிகள் (பி.எல்.டி.) அமைப்பு 2003-ல் அரசாங்கத்துடனான ஒப்பந்தத்தில் கையெழுத்திட்ட பிறகு அரசியல் அமைப்புச் சட்டத்தின் ஆறாவது அட்டவணையின் கீழ் அஸ்ஸாமின் போடோ பகுதிகளுக்கு ஏற்கனவே தன்னாட்சி வழங்கியிருந்தது. அரசாங்கம், வடகிழக்குப் பிராந்தியத்தில் உள்ள இப்போது நடைமுறையில் உள்ள மாநிலங்களின் நிலப்பரப்பு எல்லைகளில் மாறுதல்கள் எதனையும் அனுமதிக்கமுடியாது என்று திட்டவட்ட மாகத் தெரிவித்தது. அதனால், போடோலாந்து என்ற ஒரு தனி மாநிலத்துக்கான கோரிக்கை என்.டி.எஃப்.பி.யின் ஒரு பிரிவு உள்ளிட்ட பல்வேறு அமைப்புகளால் அவ்வப்போது எழுப்பப் படுகிறது. தனி நாடு கோரிக்கையை நிராகரிப்பது போலவே இந்தக் கோரிக்கையையும் அரசாங்கம் நிராகரித்துவிட்டது.

நாங்கள் மதிய உணவை முடித்து, கொஞ்ச நேரம் பேசிக் கொண்டிருந் தோம். சாங்பிஜித் அஸ்ஸாமில் இருக்கும் நிலைமையைப் பற்றிக் கேட்டதோடு, ஒரு சில விஷயங்களில் எங்களிடம் தகவல்களை விசாரித்தார். அதன் பிறகு சீக்கிரமே நாங்கள் அங்கிருந்து புறப்பட்டோம்.

காலையில், ரொம்ப நேரம் கழித்து, அடுத்த நாள் எங்களை இன்னொரு முகாமுக்கு அழைத்துக் கொண்டு செல்வதாகச் சொன்னார் மோரன். காலையில், அதே குழுவுடன் நாங்கள் நடக்கத் தொடங்கினோம். ஆனால், வேறு ஒரு திசையில். எல்லாரும் தண்ணீர் பாட்டில்களும், குளுக்கோஸும் இருந்த பைகளைச் சுமந்திருந்தோம். நாங்கள் காங்க் லெப்பாக்கிய மக்கள் கட்சி (யூ.பி.பி.கே.) என்ற மணிப்பூரைச் சேர்ந்த, அவ்வளவாக வெளியில் அறியப்படாத ஒரு குழுவின் முகாமுக்குச் சென்று கொண்டிருந்தோம். நாங்கள் பத்திரிகையாட்கள் என்பது சாங்பிஜித்துக்குத் தெரிந்திருந்தது. ஆனால், புதிய முகாமில் நாங்கள் எங்களை உல்ஃபா அமைப்பின் நிர்வாகிகள் என்று அறிமுகப்படுத்திக் கொள்ள வேண்டுமென்று எங்களுக்கு நினைவூட்டினார் மோரன்.

தலைமையுடன் ஏற்பட்ட கருத்து வேறுபாடுகளைத் தொடர்ந்து, சிங்லெம்பா மங்காய் தலைமையிலான ஒரு குழு காங்லெய்பாக் மக்கள் புரட்சிகரக் கட்சியில் இருந்து வெளியேறிய பிறகு 2006-ல் யூ.பி.பி.கே. உருவானது. தனது பெயரில் 'முன்னேற்றம்' என்ற வார்த்தையைச் சேர்த்துக்கொண்ட மற்றொரு குழு தனக்குச்

சொந்தமாக முகாம்களை அமைத்துக் கொள்வதற்காகப் பிரிந்து சென்றபோது 2011-ல் பிரிபாக் மற்றொரு அதிர்ச்சியைச் சந்தித்தது. ஒற்றுமையின்மை என்பது மணிப்பூரி கொரில்லா இயக்கங்களின் சாபக்கேடாக இருந்தது. இந்த மாநிலத்தில் பிளவுபடாத அமைப்பு எதுவும் இருந்ததில்லை. பி.எல்.ஏ. இதுவரை குறைந்த அளவே பிளவுபட்டிருக்கிறது என்றால், கங்க்லெய் பாக் கம்யூனிஸ்டு கட்சி (கே.சி.பி.) தாய் அமைப்பில் இருந்து பத்துக்கும் மேற்பட்ட குழுக்கள் பிரிந்ததால் மோசமான பிளவுகளைச் சந்தித்திருந்தது. என்றாலும், வெவ்வேறு அடையாளங்களில் பிரிந்து இருந்தாலும், கிழக்கு நாகாலாந்தில் உள்ள இத்தகைய பிரிவுகள் தங்கள் இலக்கில் தெளிவாகவே இருக்கின்றன. இந்த அமைப்புகள் அனைத்துமே இம்பால் பள்ளத்தாக்கைத் தளமாகக் கொண்டிருந்தாலும், அவர் களிடையேயான பூசல்கள் வெகு குறைவாகவே நிகழ்ந்திருக்கின்றன. அஸ்ஸாமிலும், நாகாலாந்திலும் இருக்கும் அவற்றின் சக அமைப்புகள் அவர்களிடம் இருந்து பாடம் கற்றுக் கொள்ளவேண்டும். பொது மக்களிடையே அவர்களது ஆதரவுத் தளம் கரைந்து போகக் காரணமான சகோதரக் கொலைகளைத் தடுக்க வேண்டும்.

நாங்கள் முகாமை நெருங்குகையில், ஒரு பெரும் பாசறையின் நீல நிற தார்ப்பாய் ஷீட்டுகள் தொலைவிலேயே தெரிந்தன. அந்தப் பாசறை என்.டி.எஃப்.பி.யினுடையதைப் போன்று சிறியதாக, படு சத்தமாக, காட்டைப் பின்னணியாகக் கொண்டு அமைக்கப்பட்டிருந்தது. முகாம் வாயிலில் நாங்கள் ஒரு இளம் காவலனால் தடுத்து நிறுத்தப்பட்டோம். காவல் கூடாரத்தின் உள்ளே மண் மூட்டைகளின் மேல் நிறுத்தி வைக்கப்பட்ட ஒரு எம். 16 ரைஃபிள்களுடன் நின்றிருந்தான். சில நிமிடங்களுக்குப் பின், ஒரு நடுத்தர வயதுக்காரர் எங்களை வரவேற்றார். மோரனுக்குச் சல்யூட் வைத்த அவர், எங்களுடன் கை குலுக்கிவிட்டு, தன்னை முகாமின் தலைவர் கேப்டன் இந்திரா என்று அறிமுகப்படுத்திக்கொண்டார். நாகாலாந்தினர்களின் மொழியில் நாங்கள் ஏதோ சில வேலைகளுக்குச் சென்று திரும்பி வருவதாகவும், இங்கே தங்குவதற்கு முடிவெடுத்துள்ளதாகவும் மோரன் சொன்னார். இந்திராவின் இல்லத்தின் முன்னறையில் அமர்ந்தோம்.

பின்புறத்தில் துப்பாக்கி சுடும் பயிற்சி நடந்துவந்தது. மூன்று பயிற்சி யாளர்கள் குறிபார்த்துச் சுடப் பயிற்சி எடுத்துக் கொண்டிருந்தனர். அவர்கள் வைத்திருந்த ரைஃபிள் இதுவரை நான் முந்தைய முகாம்களில் கண்டவற்றில் இருந்து மாறுபட்டிருந்தது. அது ஒரு ஏ.கே. ரைஃபிள். இந்தப் பகுதியில் சின்னச் சின்ன வேட்டைகளில் ஈடுபடுவதற்கு எல்லாரும் தேடும் துப்பாக்கி. நான் சில வெற்று கார்ட்ரிஜ்களை நினைவுப்பொருளாகச் சேகரித்தேன். பின் பெல்ஜியம்

நாட்டில் தயாரிக்கப்பட்ட அளவில் சிறிய ரைஃபிலைக் கையில் எடுத்தேன். நான் முன்பு பார்த்திருந்த மாடல்களைவிட மிகவும் எடை குறைந்ததாக இருந்தது. என் துப்பாக்கிச் சுடும் திறமையைச் சோதித்துப் பார்க்க விரும்பினேன். என் அதிருஷ்டத்தைச் சோதிக்கவா? என்று கமாண்டரிடம் கேட்டேன்.

'ஏன் கூடாது?' மெய்ட்டய் மொழியில் பயிற்சியாளர்களிடம் இன்னும் கொஞ்சம் கார்ட்ரிட்ஜ்களைக் கொண்டு வருமாறு உத்தரவிட்டார் கமாண்டர்.

'முதல் முறையிலேயே இலக்கை அடித்துவிட்டால், இந்த ரைஃபிலை நானே எடுத்துக்கொள்வேன்.'

'சம்மதம். நானே ரைஃபிலை 'லோட்' செய்து தருகிறேன்' என்று சிரித்துக்கொண்டே சொன்னார்.

சுமார் 30 மீட்டர்கள் தள்ளியிருந்த ஒரு மூங்கில் குச்சியில் தொற்றியிருந்த ஒரு வட்ட வடிவ காகிதத் துண்டுதான் இலக்காக வைக்கப்பட்டிருந்தது. நான் குறி பார்த்தேன்; சுட்டேன்; தவற விட்டேன் இலக்கை. நான் மீண்டும் மீண்டும் டிரிக்கரை இழுத்தேன். ஆனால், ஒவ்வொரு ஷாட்டும் அதற்கு முந்தைய ஷாட்டை விடக் கொஞ்சம் பெட்டராக இருந்ததே தவிர, இலக்கை நெருங்கவே முடியவில்லை. நான் ரைஃபிலை ஒரு இளைஞனிடம் கொடுக்க, அவர் லாகவமாக துப்பாக்கியை 'ரீலோட்' செய்து, குறிபார்த்து, ஒரே தடவையில் இலக்கின் ஓரத்தில் அடித்தான்.

'ஜெயித்துவிட்டாய்; நான் தோற்றுப் போனேன்', நான் ஒப்புக் கொண்டேன்.

'இது ஒரு மிக நல்ல ரைஃபில். எவ்வளவு காலம் இங்கே இருப்பீர்கள் சார்?'

'கொஞ்ச காலம் இங்கே இருப்போம்.'

நாங்கள் டீ குடித்த பின் புறப்பட்டோம். பின்னர், இரண்டு நாட்களுக்குப் பிறகு பாபா எங்களைச் சந்திப்பார் என்று சொன்னார்கள்.

இரவு உணவுக்குப் பின், கடைசியாக, எனது ஒலிப் பதிவுக் கருவியைத் தயார் செய்ததோடு பாபாவுடன் நடக்கவிருந்த என் நேர்காணலுக்கான வடிவத்தைத் தயாரித்தேன். அடுத்த நாள் பிற்பகலில், பக்கத்தில் இருந்த ஒரு சில கடைகளுக்கு என்னைத் தன் மோட்டார் சைக்கிளில் அழைத்துப்போவதாகச் சொன்னார் மோரன். அந்தப் பாதை கரடுமுரடாக இருந்தது. பலமுறை நான் பைக்கில் இருந்து தூக்கி

வீசப்பட இருந்தேன். நாங்கள் ஏற்கனவே பார்த்த கடைகள் போல் அங்கே நான்கு கடைகள் இருந்தன. ஒரு கடைக்குள் நுழைந்தேன். நான் முன்னொரு நாள் பார்த்த அதே ஜாக்கெட்டைக் கண்டு அதை எடுத்துக்கொண்டேன். கடைக்காரர் என்னிடம் பணம் வாங்க மறுத்து விட்டார். அதைப் பரிசாக ஏற்கத் தயங்கினேன். மோரன் என்னிடம் அதை எடுத்துக்கொள்ள வற்புறுத்தினார்.

‘நீங்கள் எங்கள் விருந்தினர்கள் என்பதால் நீங்கள் செலவு செய்வதை நாங்கள் அனுமதிக்கமாட்டோம். இது உங்களுக்கு மிக நன்றாக இருக்கும்’ என்று சொன்ன அவர், அந்த ஜாக்கெட்டை எடுத்து மோட்டார் பைக்கில் இருந்த பையில் வைத்தார். அங்கே பாருங்கள். உங்களுக்குப் பயன்படும் இன்னொரு பொருள்கூட இருக்கிறது. இது கச்சின் ரத்த டானிக்.’

‘இது எதற்குப் பயன்படும்? இது பாம்புகள் டிராகன்களின் ரத்தத்தில் இருந்து தயாரிக்கப்பட்டதல்ல என்று நம்புகிறேன்.’

சிரித்துவிட்டார் மோரன். ‘நோ. இது ஒரு மூலிகை டானிக். நெடும்பயணம் மேற்கொள்பவர்களுக்கு நல்லது. சில பாட்டில்களை எடுத்துக் கொள்ளுங்கள்.’

‘ஏன் இதற்கு ரத்த டானிக் என்று பெயர் வைத்திருக்கிறார்கள்? தெரியவில்லை. நான் நான்கு பாட்டில்களை எடுததுக்கொண்டேன். பிற்பாடு அவை அஜீரணக் கோளாறுக்கு நல்ல பலன் தரக் கூடியது என்பதைத் தெரிந்துகொண்டேன். மோரன் வண்டியை வீடுகள் நிறைந்திருந்த ஒரு பகுதியின் மத்தியில் நிறுத்தினார். காங்கிரீட்டும் மரமும் சேர்ந்து கட்டுமானம் நடந்து வந்த ஒரு இடத்துக்குச் சென்றோம். பள்ளிக்கூடமா அது என்றேன். ‘இல்லையில்லை, நாகலாந்து அரசின் முதல் பெரிய மருத்துவமனை’ என்று விளக்கமளித்தார். பல கிராமங்களுக்கு உதவியாக இருக்கும். ஆனாலும், அப்போதும், பெரிய நோய் ஏதேனும் வந்துவிட்டால், மலைவாசிகள் குறைந்த ஐந்து நாட்களாவது பள்ளத்தாக்கு வழியாக நடந்தே வரவேண்டும். இன்னும் தெற்கே இருப்பவர்களுக்கு, ராணுவ கண்டோன்மெண்டுகளைச் சுற்றி முளைத்திருக்கும் நகர்ப்புறங்களில் உள்ள மருத்துவமனைகளை நாடிச் செல்வதுதான் ஒரே வழி.

நாங்கள் ஒரு கதவின் வழியாக நடந்து பெரிய ஹாலுக்குள் சென்றபோது இரண்டு வரிசைகளில் அமைக்கப்பட்ட நல்ல தரமான மரக் கட்டில்களைப் பார்த்தோம். டாக்டர்கள், நர்ஸ்கள் இங்கேயே இருப்பார்கள். வயிறு மற்றும் கல்லீரல் தொடர்பான சில பொதுவான நோய்களுக்குச் சிகிச்சைகளுக்கான வசதிகள் இருக்கும் என்று

சொன்னார் மோரன். மருந்துகள் எளிதில் கிடைக்கும். ஏனெனில், அண்டை நாடுகளில் இருந்துவந்தன. ஹாலின் ஒரு முனையில் படிக்கட்டு இருந்தது. அந்தப் படிக்கட்டில் ஏறி முதல் தளத்துக்குச் சென்றால், அங்கே மருந்துகளுக்கான ஸ்டோர் ரூம்களுடன் இன்னும் அதிகமான படுக்கைகள் போடப்படும். நான் பல ஆண்டுகளுக்கு முன்பு ஒரு பத்திரிகையில் வாசித்த கட்டுரையை நினைவுகூர்ந்தேன். எண்ணங்கள் சிறகடித்தன. அந்தக் கட்டுரை அமெரிக்காவில் ஒரு நேயாளிக்கு ரோபோக்கள் அறுவை சிகிச்சை செய்தது பற்றியது. ஆனால், இங்கே கிழக்கு நாகாலாந்தில், ஒரு சாதா ஆஸ்பத்திரியேகூட புது விஷயமாக இருந்தது. அவர்கள் தங்கள் வாழ்வில் டாக்டர் என்று ஒருவரைப் பார்க்காமலேயே வாழ்கிறார்கள். வாழ்ந்து மரித்துப் போகிறார்கள். தீவிரமான நோய்களுக்கும் உள்ளூர் மருந்துகளையே பயன்படுத்துகிறார்கள். இந்த மருத்துவமனை ஒரு நம்பிக்கை விளக்கை ஏற்றி வைத்தது.

ஒரு சில மீட்டர்கள் தூரத்தில் ஒரு கிறிஸ்தவ தேவாலயம் இருந்தது. அதுவும் புதிதாகக் கட்டப்பட்டதே. அதன் கதவுக்குப் பக்கத்தில் செங்குத்தாகத் தொங்கிய நான்கு மீட்டர் உயரமுள்ள வெற்று ஷெல் குண்டைத் தொட்டேன். மலைகளில் உள்ள ஒரு சில கிராமங்களில் இது போன்ற ஷெல்களின் சிறிய வடிவத்தைப் பார்த்திருக்கிறேன். ஆனால், இது அவற்றைவிட மிகப் பெரியதாகவும் கனமானதாகவும் இருந்தது. இந்த குண்டுகள், போரின்போது ஜப்பானியத் துருப்புக்கள் பின்வாங்கிச் சென்றபோது நேசநாடுகளால் விட்டுச் செல்லப் பட்டவை. இப்போது மக்களை அழைக்கும் மணியாகப் பயன்பட்டு வருகிறது. மலைகளிலும் பள்ளத்தாக்குகளிலும், பல இடங்களில் மலைகளில் மோதிக் கீழே விழுந்து நொறுங்கிய விமானங்களின் சிதைந்த பகுதிகள் காணப்பட்டன. ஆனால், பெருமளவு விமானப் பகுதிகள் மலைகளில் இன்றும் புதைந்துகிடக்கின்றன என்று அவர் சொன்னது ஆச்சரியத்தைத் தந்தது.

எப்போதெல்லாம் இதுபோல் ஷெல்கள் கண்டெடுக்கப்படு கின்றனவோ, அப்போதெல்லாம் அதிலிருக்கும் வெடி மருந்து வெளியில் எடுக்கப்பட்டு ஆறுகளில் வெடி வைத்து மீன் பிடிக்கும் தொழிலுக்குப் பயன்படுத்துவதற்காக விற்பனை செய்யப்படுகிறது. இன்னும் சில இடங்களில் அந்த குண்டுகள் தானாகத் தீப்பிடித்து எரிவதும், தீக்கோளங்கள் தென்படுவதும் அடிக்கடி நடக்கின்றன.

நாங்கள் முகாமுக்குத் திரும்பி வந்து பரூவாவுடன் அமர்ந்தோம். அவர் கப்லாங்குடனான நேர்காணலின்போது செய்யக்கூடியவை பற்றியும் செய்யக்கூடாதன பற்றியும் மீண்டும் நினைவுபடுத்தினார். நாங்கள்

அவரது அனைத்து நிபந்தனைகளுக்கும் சம்மதம் தெரிவித்துவிட்டு எங்கள் அறைகளுக்குத் திரும்பினோம். எங்களது திட்டம் என்னவென்றால், அடுத்த நாள் அதிகாலையில் கிளம்பிப் போய் இரண்டு இரவுகள் அங்கே தங்கியிருந்துவிட்டு, ஒவ்வொரு ஆண்டும் கிறிஸ்துமஸ் - நாளுக்காக தலைமைத் தளபதி அளிக்கும் மாபெரும் விருந்துக் கொண்டாட்டத்துக்காக உல்ஃபா முகாமுக்குத் திரும்பி வருவது.

•

காலை 9 மணிக்கு நாங்கள் கப்லாங்கின் முகாமில் இருந்தோம். ஜோசப் என்னும் யோங்காங் என்று தங்களை அறிமுகம் செய்து கொண்ட இரு செயலாளர்கள் எங்களை வரவேற்றனர். அந்த இடம் நான் கற்பனை செய்து வைத்திருந்த அமைப்பில் இருந்து மாறுபட்டிருந்தது. குறைந்தபட்சம் நூறு போராளிகள் தங்கள் வனச் சீருடைகளில் அசால்ட் ரைஃபில்களைத் தூக்கிக்கொண்டு காவல் காக்கும் ஒரு பரந்து விரிந்த இடமாக நான் ஜி.பி.ஆர்.என்.இன் தலைமையகத்தைக் கற்பனை செய்து வைத்திருந்தேன். அல்லது உல்ஃபா மற்றும் இதர இயக்க முகாம்களைப்போல் குறைந்தபட்சம் ஐம்பது பேர்களாவது இருக்கக்கூடும் என்று நினைத்திருந்தேன். ஆனால், இங்கே இன்னும் சிறியதாக இருந்தது. அங்கே இருந்த தெல்லாம் மூங்கிலும் வைக்கோலும் வைத்துக் கட்டப்பட்ட ஆறு கட்டடங்களே. ஒரு சின்னக் குடிலும் அதில் அடக்கம். அதுதான் தலைவரின் குடில் என்று யூகித்தேன். அங்கே இருந்தவர்கள் கிட்டத் தட்ட இருபது போராளிகளே. அது ஒரு சமவெளிப் பகுதியில் மூன்று பக்கங்களிலும் காடால் சூழப்பட்டிருந்தது.

நாங்கள் வசதியாக இருந்த ஒரு பகோடா போன்ற குடிலின், சுவர்கள் அற்ற அறையில் அமர்ந்தோம். அது விருந்தினர்களுக்கும், மூத்த அதிகாரிகளுக்குமானது. நாற்காலிகளுடன் கூடிய மேஜை ஒன்று போடப்பட்டு பிரதீப்புக்கும் எனக்கும் ஆளுக்கு ஒரு கோப்பு அளிக்கப் பட்டது. இந்தக் கோப்பில், மியான்மர் ராணுவத்துக்கு சிம்ம சொப்பன மாக விளங்கிய புகழ் பெற்ற ராணுவத் தளபதி கரங்கைப் பற்றிய இரண்டு பக்கக் கட்டுரை ஒன்று இருந்தது. அவர் ஜி.பி.ஆர்.என். அதிகாரிகளாலும், இந்தப் பகுதியைத் தளமாகக் கொண்ட கிளர்ச்சிக் குழுக்களாலும் மரியாதையின் பேரில் பாபா கரங் என்று அழைக்கப் பட்டார். புகழ் பெற்ற கப்லாங், தளபதி கோலே கொன்யாக் இருவரும் அதுபோல் வீரம் நிறைந்தவர்களே. கொன்யாக் தற்போது நாகாலாந்தில் தங்கியுள்ளார். நாங்கள் நடை பயணம் சென்றபோது உல்ஃபா

போராளிகளிடம் இருந்து கரங் பற்றிக் கேள்விப்பட்டிருந்தேன். ஆகவே அவரைப் பற்றிய தகவல்களைச் சேகரிக்கத் தீர்மானித்தேன். அவர் கடந்த வருடம் நோயின் காரணமாக தனது அறுபத்தி இரண்டு வயதில் இறந்து போனார். அவர் நான் விரைவில் நேர்காணல் நிகழ்த்தவுள்ள கப்லாங்குக்கு தொடர்ச்சியான ஆதரவு தந்தவர்.

பக்கத்தில் உள்ள ஒரு குடிலில் தலைவரைச் சந்தித்தேன். வெளிர் பழுப்பு வண்ணச் சட்டையும், லுங்கியும் ஒரு கறுப்பு நிற ஜாக்கெட்டும் அணிந்திருந்த அவர் பக்கத்துக் கிராமங்களில் இருந்து வந்திருக்கக் கூடிய தனது மூத்த சகாக்களுடன் பேசிக்கொண்டிருந்தார். பாபா, ஒரு பத்து ஆண்டுகளுக்கு முன்பு புகைப்படங்களில் நான் பார்த்திருந்த தோற்றத்தில் இருந்து மாறாமல் இருந்ததாகத் தோன்றியது. அவர் தனது எழுபதுகளின் தொடக்கத்தில், ஒரு நாகாலாந்து இனத்தார் எப்படியிருப்பாரோ அப்படி ஒல்லியான தேகத்துடன் தனது வயதுக்கும் அதிகமான முதிய தோற்றத்துடன் இருப்பார் என்று யாரோ சொல்லியிருந்தார்கள். என் மனதில் பதிந்திருந்த அந்த பிம்பத்தைப் போலன்றி, அவர் ஒரு துடிப்பான, இனிமையாக பழகக்கூடியவராக இருந்தார். அவரது வலது காதில் 'காது கேட்பான்' கருவி தொங்கிக் கொண்டு இருந்தது. மற்றவர்கள் அவரிடம் உரத்துப் பேசினார்கள். அவ்வப்போது தாங்கள் சொன்னதைத் திரும்பவும் சொல்ல வேண்டியிருந்தது. அந்த முதியவரைக் காண வந்த சில விருந்தினர்கள் அடுத்த வாரத்தில் வருமாறு கேட்டுக் கொள்ளப்பட்டார்கள்.

நாங்கள் தேநீரை உறிஞ்சிக் குடித்தபோது, பரூவாவுடன் நடத்தியது போன்ற ஒரு நேர்காணல் அங்கே சாத்தியமில்லை என்பதை உணர்ந்தேன். ஒரு நாள் முழுவதும் எங்களுடன் அமர்ந்து எங்கள் கேள்விகளுக்குப் பதில் சொல்வதை நாங்கள் பாபாவிடம் எதிர்பார்க்க முடியாது. வேகமும் குறைவாக இருக்கும். ஏனெனில், கேள்விகள் திரும்பவும் கேட்கப்பட்டாகவேண்டும் என்பதோடு, அவரது தாய் மொழியான பங்க்மியில் மொழிபெயர்க்கப்படக்கூட வேண்டியதிருக்கும். அவர் நாகாலாந்தினர்களின் மொழியில் உரையாடுவதையும் கேட்க முடிந்தது. ஆனால் அந்த உச்சரிப்பு நாகாலாந்திலும் கோன்யாக் பிரதேசத்திலும் பேசப்படும் மொழியின் ஒலியிலிருந்து வேறுபட்ட தாக இருந்தது. மொழிபெயர்ப்புகள் மிகவும் தேவை. ஆகவே, நான் நேர்காணலின்போது ஜோசப்பை உடன் இருக்குமாறு கேட்டுக் கொண்டேன். தற்கால நிலைமை குறித்து சுருக்கமான கேள்விகள் கேட்கவும் அடுத்த நாள் முடிந்தால் நாகாலாந்தினர் இயக்கத்தின் வரலாறு குறித்துப் பேசவும் தீர்மானித்தேன்.

தலைவர் வரும்போது பிரதீப்பும் நானும் எழுந்து நின்று வணங்கினோம். நாங்கள் கை குலுக்கினோம். நான் அவருக்கு ஒரு நீல

வண்ணச் சட்டையைப் பரிசளித்தேன். 'பாபா, இந்த இடத்தைப் பார்க்க எங்களை அனுமதித்தற்கு நன்றி. கிராமங்களில் உள்ள உங்கள் அதிகாரிகள் எங்களுக்கு மிகவும் உதவியாக இருந்து வருகிறார்கள்' என்று சொன்ன பிரதீப் அதையே உரத்த குரலில் திரும்பவும் சொன்னார்.

'நாங்களும் உங்களுக்கு நன்றிக்கடன்பட்டிருக்கிறோம். நீங்களாகவே நிலைமையைப் பார்த்து அனைத்தையும் மதிப்பிட இப்படி வந்து பார்ப்பது அவசியம். எங்கள் இடத்துக்கு வந்து சேர நீங்கள் நீண்ட தூரம் நடந்து வந்திருக்கிறீர்கள். அதனால், களைத்துப் போயிருப்பீர் கள். ஆகவே, தயவுசெய்து ஓய்வெடுத்துக் கொள்ளுங்கள். ஒரு சில மாதங்கள் தங்கியிருங்கள். அப்புறம் எப்போது புறப்படலாம் என்பதைத் தீர்மானித்துக் கொள்ளுங்கள்' என்றார் பாபா.

நான் நாற்காலியை அவர் பக்கம் இழுத்துப்போட்டேன். பாபா எங்களுக்கு நீண்ட காலம் இங்கு தங்கியிருக்க விருப்பம்தான். ஆனால், எங்கள் வேலையையும் பார்க்க வேண்டியதிருக்கிறது. உண்மையில் நாங்கள் எங்கள் முதலாளிகளிடம் நாற்பத்தி ஐந்து நாட்களில் திரும்பி விடுவோம் என்று கூறினோம். ஆனால், நாங்கள் இந்த வேலையை முடிக்க கிட்டத்தட்ட நான்கு மாதங்கள் ஆகிவிடும் என்று தோன்றுகிறது' என்றேன்.

'அதை என்னால் புரிந்துகொள்ள முடிகிறது. ஓகே. ஆனால், நீங்கள் இங்கே இருக்கும்வரை சந்தோஷமாக இருக்கவேண்டும். நான் உங்களுக்கு எந்தவிதத்தில் உதவவேண்டும் என்று எனக்குச் சொல்லி விடுங்கள்.'

ஜோசப்பிடம் நேர்காணலை ஆரம்பிக்கச் சொன்னார் பிரதீப். விரைவில் அந்த முதியவர் காமிராவைப் பார்த்து கேள்விகளுக்குப் பதில் சொல்ல ஆரம்பித்தார். அரை மணி நேரம். இதுதான் எனக்கான நேரம்.

'பாபா, உங்கள் பிறப்பு பற்றி, பள்ளிக்கூட வாழ்க்கை பற்றி எங்களுக்கு ஏதாவது கூற முடியமா?' என்று ஆரம்பித்தேன்.

'நான் 1940-ல் ஏப்ரல் மாதத்தில் வக்தாமில் பிறந்தேன். என் வயது நாகாக் கிழவர்கள் எல்லோரையும்போல என்னாலும் தேதியை நினைவுபடுத்திச் சொல்ல முடியாது' என்ற பதிலில் சிரிப்பு இருந்தது. 'பத்துக் குழந்தைகளில் நான் கடைக்குட்டி. ஆறு ஆண் குழந்தைகள். நான்கு பெண் குழந்தைகள். அஸ்ஸாமில் உள்ள மார்கரிட்டாவில் உள்ள ஒரு பள்ளிக்கூடத்தில் ஒரு வருடம் படித்தேன். அப்புறம், பர்மாவில் உள்ள பல்வேறு பள்ளிகளுக்குச் சென்றேன். நான்காம் வகுப்புவரை கச்சினில் உள்ள மியிட்சியினாவில் படித்தேன். அப்புறம்

கலேமியோவுக்குப் போனேன். இந்த இயக்கத்தில் சேர்வதற்கு முன்பு, நம்லிப்பில் (மியான்மரில்) ஒரு பள்ளிக்கூட வாத்தியாராகவும் இருந்தேன்.'

'உங்கள் குடும்பம்....'

'எனக்கு நான்கு மகன்களும் ஒரு மகளும் உண்டு. பிறந்த சில ஆண்டுகளிலேயே ஒரு மகன் இறந்து போய்விட்டான். அவர்கள் அனைவரும் பல்வேறு இடங்களில், இந்த இடத்திலிருந்து தூரத்தில் வசதியாகக் குடியேறி இருக்கிறார்கள்.'

'அவர்கள் உங்களுடன் இங்கே சேர்ந்து வாழ விரும்பவில்லையா?'

'நோ. அவர்கள் இங்கு வரத் தயங்குகிறார்கள். இங்கே வாழ்க்கை ஆபத்தானதாக இருக்கிறது' என்று சொன்ன பாபா சிரித்தார்.

'பாபா, நீங்கள் எப்போது கிறிஸ்தவ மதத்துக்கு மாறினீர்கள்? ஏன்?'

'நான் 1957-ல் இதர பதினோரு நாகாலாந்தினர்களுடன் கிறிஸ்தவத்துக்கு மாறினேன். நாகாலாந்தினர்களை ஒற்றுமைப்படுத்த கிறிஸ்தவ மதம் துணை செய்யும் என்றும், மூட நம்பிக்கைகளுக்கும், கிராமங்களுக் கிடையிலான மோதல்களுக்கும் ஒரு முற்றுப் புள்ளி வைக்குமென்றும் எனக்குத் தெரியும். நான் நினைத்தது சரிதான். இன்றைய நிலைமை என்பது முப்பதாண்டுகளுக்கு முன் இருந்த நிலைமையிலிருந்து முற்றிலும் வேறுபட்டது.'

நான் அவரிடம் 'மறுநாள், அது பற்றியும், மியான்மர் அரசுடனான மோதலின் ஆதிப்புள்ளி பற்றியும், இதர விஷயங்கள் பற்றியும் விளக்கமாகப் பேசலாம்' என்றேன்.

அப்போது, அவர் மியான்மர் ராணுவ அரசுடன் போர் நிறுத்த உடன் படிக்கை எதுவும் செய்து கொண்டுள்ளாரா என்று அறிந்துகொள்ள விரும்பினேன்.

பதில் சொல்வதற்கு முன்பு பாபா ஒரு சில கணங்கள் சிந்தனையிலே ஆழ்ந்தார். 'மோதல் தொடங்கிப் பல பத்தாண்டுக்குப் பிறகு, ராணுவ அரசு போர் நிறுத்தத்துக்காக எங்களை அணுகியது. நாங்கள் அவர்களிடம், எங்களைப் பொறுத்தவரை இது மிகவும் எளிதான விஷயம் — நீ கொன்றால் நானும் கொல்வேன்; நீ கொல்லாமல் விட்டால் நானும் கொல்லாமல்விடுவேன்' என்று சொன்னேன்.

'ஆக, அவர்களுடன் ஒருவிதமான புரிதல் உள்ளது அல்லவா' என்று கேட்டேன்.

நிச்சயம் அந்தக் கேள்விக்கு பதில் சொல்லாமல் மழுப்புவார். ரகசிய உடன்படிக்கை ஏதேனும் இருந்தாலும் அதை மறுப்பார் என்று நிச்சயமாக நம்பினேன். ஏனெனில், அப்படி ஒப்புக்கொண்டால் புது தில்லியில் இருந்து மியான்மர் அரசுக்கு அழுத்தம் கொடுக்கப்படக் காரணமாகிவிடும்.

அவரது பதில் ஆச்சர்யமூட்டுவதாக இருந்தது. 'யெஸ், நீங்கள் விரும்பினால் அப்படியே வைத்துக்கொள்ளுங்கள். கடந்த பல ஆண்டுகளாக இவ்வாறுதான் இருந்துவருகிறது. முதல் முயற்சி அவர்களிடம் இருந்து வந்தது. ஆனால், அவர்கள் தங்கள் வாக்குறுதியை மீறி, 2000-ல் நம்ஜங்கில் உள்ள எங்கள் முகாம்களில் ஒன்றைத் தாக்கினார்கள். நாங்கள் அவர்களை எச்சரித்தோம். மீண்டும், ஒரு வருடத்துக்குப் பிறகு, அவர்கள் எங்களிடம் வந்தார்கள். அதிலிருந்து எங்களுக்கிடையே பகைமை என்று எதுவும் இல்லை.'

இந்த விஷயம் பற்றிப் பல காலமாக சந்தேகம் இருந்து வருகிறது. அவர் ஒத்துக்கொண்டது பலருக்கும் ஆர்வமூட்டக்கூடியதாக இருக்கும். கடைசியாக, இந்திய அரசால் அதன் மியான்மர் சகாவுக்குத் திரும்பத் திரும்ப வைக்கப்பட்ட வேண்டுகோள்கள் ஏன் உதாசீனப் படுத்தப்பட்டன என்பதற்கான காரணத்தைக் கூறினார். இதன் அர்த்தம் என்னவென்றால், மியான்மர் ராணுவத்துக்கும் கிழக்கு நாகா கிளர்ச்சி யாளர்களுக்கும் இடையிலான மோதல்கள் குறித்து செய்தி ஏடுகளில் எழுதப்படும் எல்லாமும் மொத்தமாகக் குப்பைதான்.

ஆனால், ராணுவ அரசுடன் நீங்கள் எழுத்து மூலமான ஒப்பந்தம் ஒன்றைச் செய்து கொள்ளவில்லை.

அவர் சிரித்தார்: 'எந்தத் தரப்பும் இதில் ஆர்வம் காட்டுவதில்லை. எங்களைப் பொறுத்தவரை, எழுத்து மூலமான ஒப்பந்தம் என்பது பிரச்னை தரக்கூடியது. நாங்கள் எங்கள் கையெழுத்தைப் போட்டு விட்டால், அப்புறம் அவர்கள் வடகிழக்குப் பகுதியில் இருந்து குழுக்களை வெளியேற்றக் கோருவார்கள். நாங்கள் அதை ஏற்றுக் கொள்ளமாட்டோம். அது எங்களுக்கு மிகப் பெரிய நஷ்டமாக இருக்கும். மேலும், அது மியான்மரின் அரசுக்கு அழுத்தம் தருவதற்குப் புது தில்லிக்கு வாய்ப்பளிக்கும். இந்திய அரசு இங்குள்ள அரசுக்கு எங்கள் முகாம்களை சூறையாடி சிதைக்க வேண்டுமென்று அழுத்தம் தந்து வருவது பற்றி உங்களுக்குத் தெரிந்திருக்கும்.'

'யெஸ் பாபா, அது எங்களுக்குத் தெரிந்ததுதான். இந்தப் புரிதலில் இருந்து உங்களுக்கு என்ன பலன் கிடைத்து வருகிறது?'

'இது பொது மக்களுக்கும், கிராமங்களுக்கும் பெரிய நிவாரணமாக வந்திருக்கிறது. இப்போது அவர்கள் வாழலாம்; தூங்கலாம். இதற்கு முன் ராணுவம் பதிலடி கொடுக்கும் என்று கிராமங்கள் அனைத்துமே எப்போது வேண்டுமானாலும் ஊரைக் காலிச் செய்தாக வேண்டிய பயத்தில் இருந்தன. இப்போது, இந்தப் பகுதியில் மாமூல் வாழ்க்கை நடக்கிறது. இன்னும் நாங்கள் அவர்களுக்கு (ராணுவத்துக்கு) வரி கொடுப்பதில்லை. மிக முக்கியமாக, இந்தப் புரிதல், கிழக்கு நாகாலாந்திலும், இந்தியாவின் வடகிழக்கிலும் உள்ள ஒத்த கருத்துடைய புரட்சிகர இயக்கங்கள் ஒருங்கிணைந்து செயல்பட உதவி செய்திருக்கிறது.'

இதுவும், பல்லாண்டுகளாக ஊரறிந்த ரகசியமாக இருந்த ஒரு விஷயம் பற்றிய வெளிப்படையான ஓர் ஒப்புதலாக இருந்தது.

'ஆக, நீங்கள் இந்தியாவின் வடகிழக்கில் உள்ள புரட்சிகர இயக்கங் களையும் அவற்றின் திட்டங்களையும் முழுக்க ஆதரிக்கிறீர்கள் இல்லையா?' என்றேன்.

'இங்கே பாருங்கள். வடகிழக்குப் பகுதி என்பது, வரலாற்று ரீதியில், அரசியல் ரீதியில் அல்லது புவியியல் ரீதியில் இந்தியாவின் ஒரு பகுதி அல்ல; அது இந்தியாவுடன் பலாத்காரமாகச் சேர்க்கப்பட்டது. அந்தப் பகுதியும் அதன் மக்களும், இந்தியாவைவிட எங்களுடன் மிக நெருக்கமானவர்கள். அதனால்தான் நாங்கள் ஒன்றாக அமர்ந்துள்ளோம். நாங்கள் இறையாண்மை மற்றும் விடுதலைக்காக ஒன்றாகப் போராடுவோம்.'

'வடகிழக்குப் பகுதியில் உள்ள புரட்சிக் குழுக்களுடன் எத்தகைய ஒத்துழைப்பைப் பெற்றிருக்கிறீர்கள்? இந்த இயக்கத்தின் தற்போதைய நிலை என்ன?'

'தற்போது, அனைத்து இயக்கங்களையும் ஒருங்கிணைக்க எங்களால் முடிந்திருக்கிறது. மணிப்பூரில் இருந்து மட்டும் ஏழு குழுக்கள் இருக்கின்றன. இவற்றைத் தவிர, உல்ஃபா, என்.டி.எஃப்.பி.யும் உள்ளன. திரிபுரா மற்றும் மேகாலயாவில் இருந்த குழுக்கள் இருக்கின்றன.'

'நாங்கள் இங்கு வரும்போது இந்திய ராணுவம் அடிக்கடி திருட்டுத் தனமாக, பல ஆண்டுகளுக்கு முன்பு கிழக்கு நாகாலாந்தில் நடவடிக்கைகள் எடுத்தது என்று கேள்விப்பட்டேன். மியான்மரின் ராணுவ ஆட்சி புது தில்லிக்கு எதிராகக் காட்டி வரும் தொடர்ந்த நம்பிக்கையின்மைக்கு இதுதான் காரணமாக இருக்கும் என்று நினைக்கிறேன்' என்றேன்.

'யெஸ். யெஸ். நீங்கள் சரியாகச் சொல்கிறீர்கள்.'

ஜோசப் நான் சொன்னதை ஒன்றுக்கு இரண்டு தடவை மீண்டும் திருப்பிச் சொன்னதற்குப் பிறகு (அவ்வாறு பல தடவை சொல்ல வேண்டியிருந்தது) அவர் பதில் சொன்னார்.

இந்திய ராணுவம், 1978க்கும் 1982க்கும் இடையிலான காலத்தில் எல்லைக்கு அருகில் உள்ள கிராமங்களில் தாக்குதல் நடவடிக்கை களில் ஈடுபட்டது. இந்தியப் பாதுகாப்புப் படையினர் என்.எஸ்.சி.என். அமைக்கப்பட்டது பற்றிக் கேள்விப்பட்டதும் மிகவும் கவலை யுற்றார்கள். அதற்கு முன்பு 1975-ல் என்.என்.சி.யின் ஒரு பிரிவுக்கும் அரசுக்கும் இடையிலான ஒப்பந்தத்தை (ஷில்லாங் ஒப்பந்தம்) எதிர்த்தவர்களைக் குறிவைத்து அடித்துக் கொண்டிருந்தார்கள். எனினும், அவர்களது வெற்றி சாதாரணமானதாக இருந்தது. ஏனெனில், நிலப்பரப்பின் இயல்பை அறியாமல் நீங்கள் இங்கே போரிட முடியாது. என்.எல்.சி.என்.னுக்கு எதிராக இந்திய-மியான்மர் ராணுவங்கள் நிகழ்த்தும் கூட்டு நடவடிக்கைகளும் நிகழ்ந்து வருகின்றன. அதிருஷ்டவசமாக, நாங்கள் இவ்வனைத்து முயற்சிகளில் இருந்தும் தப்பிப் பிழைத்திருக்கிறோம். தேவைப்பட்ட நேரத்தில்தான் நாங்கள் பதிலடி கொடுத்திருக்கிறோம்.'

'அப்படியென்றால், கொஞ்ச காலமாக இந்த இரண்டு ராணுவங்களும் கூட்டாகச் செயல்படுகின்றன என்று அர்த்தம். இந்திய அரசு, மியான்மரின் ஜனநாயகப் போராட்டக்குழுவுக்கு ஆதரவு அளிக்கத் தொடங்கியதும் நிலைமை மாறியது. இதை மியான்மரின் ராணுவ ஆட்சி விரும்பவில்லை. இயல்பாக, இது உங்களுக்குச் சாதகமானதாக மாறியது இல்லையா.'

பாபா தலையை மட்டும் ஆட்டி விட்டு மௌனத்தில் ஆழ்ந்தார். அவர் ஏதாவது சொல்வார் என்று எதிர்பார்த்தேன். ஆனால், அவர் எதுவும் சொல்லவில்லை. எனவே, அடுத்த கேள்விக்குத் தாவினேன்.

'நீங்கள் இப்போது கிழக்கு நாகாலாந்தில், உங்கள் கட்டுப்பாட்டில் வைத்திருக்கும் பகுதிகள் எவை எவை?'

'இந்தக் கிழக்கு நாகாலாந்து முழுவதுமே. கிழக்கு கியாம்நியங்கன் பகுதியில் நாகா தேசியக் கவுன்சில் இன்னும் வலுவாக உள்ளது. ஆனால், எங்கள் அமைப்பு அங்கேயும் உள்ளது.'

'நீங்கள் பிஸோவின் என்.என்.சி.யையா குறிப்பிடுகிறீர்கள்' என்று வியந்தேன். அந்த அமைப்பு கிட்டத்தட்ட தீர்த்துக் கட்டப்பட்டு விட்டதாக நான் நம்பியதால் இது எனக்குத் திடுக்கிடும் தகவலாக

இருந்தது. நாகாலாந்தில், அது செல்வாக்கு எதுவும் இல்லாத, உள்ளவற்றிலே மிகச் சிறிய கிளர்ச்சிக் குழு. அதையே நானும் பாபாவிடம் சொன்னேன்.

'யெஸ். பிஸோவின் என்.என்.சி.தான். எல்லையின் இருபுறமும் உள்ள கியாம்நிலங்கன் பழங்குடியினரிடையே அவருக்கு ஆதரவு உண்டு.'

'ஆனால், சாலைகளோ உள் கட்டமைப்பு வசதிகளோ இல்லாமல் எப்படி இவ்வளவு பரந்த பகுதியை நிர்வாகம் செய்கிறீர்கள். தொலைதூரத்தில் உள்ள பகுதிகளுடன் புதிய ஒயர்லஸ் கருவிகள் மூலமான தொடர்பு மட்டும்தானே சாத்தியம்.' நான் பாபாவின் கருத்துகளைக் கேட்டேன்.

தனது செயலாளர்கள், கட்சி மற்றும் அரசு நிர்வகிகளுடன் தினசரி தொடர்பில் இருந்ததால் அந்தக் கேள்விக்கு அவர்கள் பதில் அளிக்க முடியும் என்றார். ஜோசப் இடைமறித்து கடந்த ஐந்து ஆண்டுகளில் முன்னேறி இருப்பதாகவும், ஆனால், அந்த ஒயர்லஸ் கருவி விலை அதிகமாக உள்ளதாகவும் விளக்கம் தந்தார். ஒயர்லஸ் கருவிகளை, அயல் நாடுகளில் உள்ள டீலர்களுடன் தொடர்புகள் வைத்துள்ள ஏஜெண்டுகள் மூலம் பல மாதங்களுக்கு முன்பு ஆர்டர் கொடுக்க வேண்டியுள்ளது.

நான் மீண்டும் பாபா பக்கம் திரும்பினேன். 'அபினுக்கு அடிமையாவது பற்றி ஏதாவது சொல்லுங்களேன்' என்றேன். ஒரே கிராமத்தைத் தவிர உங்கள் பகுதியெங்கும் நான் கவனித்த ஒரு விஷயம் இது. இந்தப் பழக்கத்துக்கு முற்றுப்புள்ளி வைக்க ஏதேனும் முயற்சி எடுத்திருக்கிறீர்களா?'

'அபின் புகை பிடிப்பதில் இருந்து விலகி இருக்கும்படி முடிந்த மட்டும் மக்களிடம் விளக்கிச் சொல்கிறோம். இருந்தாலும் விவசாயிகள் எப்போதும் ஒரே விஷயத்தைத்தான் கேட்கிறார்கள். அதற்கு மாற்றாக எங்களுக்கு என்ன தருவீர்கள்? அவர்களுக்கு ஒரு பதில் அளிப்பது கஷ்டமானதாக இருக்கிறது. ஏனென்றால், அது ஒரு போதை வஸ்து மட்டுமே அல்ல. அது மருந்தாகவும் பயன்படுத்தப்படுகிறது. நாங்கள் எப்படி சரியான மருந்துகளைக் கிடைக்கச் செய்வது? எப்படி நாங்கள் விவசாயிக்கு உபரி வருவாய் ஆதாரத்தை அளிப்பது? நீங்களே இந்தப் பகுதியை நேரில் பார்த்தீர்கள். இது அமெரிக்காவின் பழங்கால மேற்குப் பகுதிபோல இருப்பதாக நீங்கள் நினைக்கவில்லையா? விரைவிலேயே மருத்துவ சிகிச்சை சாத்தியமாகிவிடும். அருகில் கட்டப்பட்டு வரும் புதிய மருத்துவமனையைப் பார்த்திருப்பீர்கள். இன்னும் அதிகமான வசதிகள் விரைவில் தொடங்கவுள்ளன.'

மலைகளில் உடல் வலிகளில் இருந்து நிவாரணம் பெறுவதற்கு சில சமயங்களில் அபின் சாப்பிடப்படுகிறதுதான். இருந்தபோதிலும் ஒரு போதைப் பொருளாகத்தான் பெரிதும் பயன்படுத்தப்படுகிறது என்பதைச் சொல்லத் தேவையில்லை.

தேநீர் வழங்கப்பட்டது. நாங்கள் சிறிது இடைவெளி எடுத்துக் கொண்டோம். அடுத்த நாள் மதியத்தில் இருந்து பாபாவுக்குப் பரபரப்பான வேலைத் திட்டம் இருப்பதாகவும் நாங்கள் அதற்கு முன்பு அனைத்தையும் முடிக்க வேண்டியதிருக்கும் என்றும் எங்களுக்கு நினைவூட்டினார் ஜோசப். 'யெஸ். எனக்கு அது பரவாயில்லை. இருந்தாலும் பத்து வருஷங்களுக்கு முன் அவரைச் சந்தித்திருக்க வேண்டும் என்று நினைக்கிறேன்' என்று பதிலளித்து நான் மூன்று சீனத்து பேன்கேக்குகளைச் சாப்பிட்டு, டீயும் குடித்து முடித்தேன்.

'பாபா, நாகாலாந்துக்கும் கிழக்கு நாகாலாந்துக்கும் இடையே உள்ள ஒரு பெரிய வித்தியாசத்தைச் சொல்லுங்கள்.'

'இந்தப் பகுதிகளை ஆளுவதாகக் கூறும் அரசாங்கங்களின் போக்கு' என்றார் அவர். கிழக்கு நாகாலாந்தில் மக்களுக்கு ஜி.பி.ஆர்.என்.னைப் பற்றி மட்டுமே தெரியும். இதர அரசு என்று எதுவுமில்லை. நான் சொல்வது சரியில்லையா? நீங்கள் இந்தப் பிராந்தியத்தின் வழியே நடந்துவந்தபோது, வெகு சில அரசு அடையாளங்களைத்தான் பார்த்திருப்பீர்கள். கடந்த சில வருடங்களுக்கு முன்பு வரை, மியான்மர் ராணுவத்தின் ஒரே வேலை என்பது அடிக்கடி கிராமங்களைச் சூறையாடி, இறப்பையும் இழப்பையும் எச்சமாக விட்டுச் செல்வது தான். நாகாலாந்திலும்கூட இந்தியப் பாதுகாப்புப் படையினர் கிராமங்களை எரித்து அழித்தனர். ஆனால், அங்கேயுள்ள இந்திய அரசு சாலைகள், பள்ளிக்கூடங்கள் மற்றும் மருத்துவமனைகளையும்கூட அமைத்திருக்கிறது.'

'அது உண்மைதான். இந்தப் பகுதியில் பள்ளிகள் தொடங்குவது குறித்து உங்களிடம் ஏதேனும் திட்டங்கள் உண்டா?'

'ஆமாம். நாங்கள் திட்டம் வைத்திருக்கிறோம். கிராமங்களில் உள்ள வகுப்பறைகளை நீங்கள் பார்த்திருக்கவேண்டும். நாங்கள் இந்தப் பகுதியில் ஒரு பள்ளிக்கூடத்தையும் கட்டி வருகிறோம்.'

'இந்திய அரசு மியான்மரின் உட்கட்டமைப்பில் முதலீடு செய்யத் தொடங்கியுள்ளது உங்களுக்குத் தெரியும். இதரத் திட்டங்களை தவிர கூடுதலாக கோலேடைன் திட்டமும் உள்ளது. உங்கள் பிராந்தியத்தில் மேற்கொள்ளப்படும் முதலீடுகளை வரவேற்பீர்களா?'

‘ஏன் கூடாது? யாரும் எங்களுக்கு எதுவும் செய்வது பற்றிக் கவலைப் பட்டதில்லை. வளர்ச்சித் திட்டங்களுக்குப் பெரிய முதலீடுகள் தேவை. எங்கள் நோக்கங்கள் தடை செய்யப்படாவிட்டால், நாங்கள் இந்திய அரசு இங்கே முதலீடு செய்வதை அனுமதிப்போம். அப்புறம், அதற்கு (இந்திய அரசாங்கத்துக்கு) யாதொரு அரசியல்ரீதியான நோக்கங்களோ மறைமுகத் திட்டமோ இருக்கக்கூடாது.’

‘இந்தப் பிராந்தியம் விடுதலை பெற்றதற்குப் பின் என்னவிதமான அரச அமைப்பைப் பின்பற்றலாம் என்று முடிவு செய்திருக்கிறீர்கள்?’

‘நாம் ஒற்றுமையாக இருந்தால், அங்கீகாரம் எளிதாகக் கிடைக்கும். நாங்கள் ஒரே தேசமாவோம். அனைத்து ஏற்பாடுகளும் பொதுக் கருத்து அடிப்படையில் முடிவு செய்யப்படும். அமெரிக்க ஐக்கிய நாடுகள் போன்ற ஒரு கூட்டாட்சிதான் தேவை. ஏனெனில், இந்தப் பிராந்தியம் பன்மொழிகளை, பல இனங்களைக் கொண்டது.’

‘உங்கள் இயக்கம் பிளவுபட்டது. உங்களின் மிகவும் நம்பிக்கைக்குரிய உதவியாளர்களில் கமாண்டர்-இன்-சீப் கோலே கோன்யாக் மற்றும் பிரதமர் என் கிடோவி ஜிமோமி போன்ற சிலர் வெளியேறி தற்போது தங்களுக்கான பாதையை அமைத்துக் கொண்டுவிட்டார்கள். இந்த நிகழ்வுகள் உங்கள் இயக்கத்தைப் பாதிக்காதா?’

‘கிடோவியிடமும் கோலேவிடம் எந்தத் திட்டம் கிடையாது. ரொம்பவே குழம்பிப்போய் அவர்கள் இருட்டில் தடுமாறிக் கொண்டிருக்கிறார்கள். கோலே சிகிச்சைக்காக புது தில்லிக்குச் சென்றிருந்தபோது, ‘ரா’ அமைப்பினால் மூளைச்சலவை செய்யப் பட்டார். எங்கள் அமைப்பின் நிர்வாகிகள் அனைவரையும் கோலேயால் தன் பக்கம் இழுக்க இயலவில்லை. அவர்கள் செல்வாக்குக் கொண்டிருந்த சில பகுதிகள் மட்டுமே அவர்களுடன் சென்றிருக் கின்றன. அவர்களது முடிவை நாங்கள் கண்டிக்கிறோம். அவர்களுக்கு என்ன பேசுவது என்பது தெரியாது என்பதால் தற்போது அவர்கள் முன் இருக்கும் ஒரே வழி இந்திய அரசிடம் சரண் அடைவதுதான்.’

‘இந்தக் கருத்து வேற்றுமைக்கு என்ன காரணம்?’

‘இது அதிகாரப் போட்டியின் விளைவு அல்ல. அடிப்படைக் கொள்கைகள் தொடர்பான பல்வேறு மாற்றுக் கருத்துகளின் விளைவு போன்றது இது.’

‘இந்திய அரசுடன் முறையானதோர் போர் நிறுத்தத்துக்கு நீங்கள் ஒத்துக்கொள்வீர்களா? இப்போது பிளவுபட்டிருப்பதால் புது தில்லி இரு பிரிவுகளுடனும் தனித்தனி ஒப்பந்தங்களைச் செய்துகொள்ள விரும்பலாம்.’

'ஏற்கனவே மணிப்பூரில் அதிகாரபூர்வமற்ற ஒப்பந்தம் ஒன்றைச் செய்துகொண்டிருக்கிறோம். நாங்கள் எங்கள் நிலையைத் தெளிவு படுத்தியிருக்கிறோம். நீங்கள் எங்களுக்கு எதிராகச் செயல்படாம லிருந்தால் நாங்கள் நடுநிலை வகிப்போம். நீங்கள் எங்களிடம் எதிரி மனப்பான்மையுடன் நடந்து கொண்டால் நாங்கள் பதிலடி கொடுப்போம். இதே நிலைமைதான் அருணாச்சலப் பிரதேசத்திலும் நிலவுகிறது. நாகாலாந்தில் மட்டுமே போர் நிறுத்தம் உள்ளது. இது ராஜ தந்திரக் காரணங்களுக்காகச் செய்யப்பட்டது. நாங்கள் நாகாலாந்தில் ஆள் எடுக்கவும், பணம் சேகரிக்கவும் வேண்டும். போர் நிறுத்தம் இல்லையென்றால் இவ்வனைத்தும் கடினமாக இருக்கும்.'

'எப்போதாவது இந்திய அரசு உங்களிடம் பேச்சுவார்த்தை நடத்தலாம் என்று கூறியிருக்கிறதா?'

'நாங்கள் இதுபற்றிக் கவலைப்பட்டதில்லை. பேச்சுவார்த்தையின் முக்கிய அம்சம் நாகாலாந்துக்கு விடுதலை அளிப்பது பற்றியதாகவே இருக்கும். அரசிடம் இருந்து அந்த வாக்குறுதி இருந்தாலொழிய நாங்கள் பேச்சுவார்த்தைக்குச் செல்லமாட்டோம். ஆக, வேறு விஷயங்கள்பற்றிப் பேச அரசே முன் வந்தாலும்கூட, நாங்கள் நிராகரிக்கவே செய்வோம்.'

'இந்தியாவில் மாவோயிஸத்தின் பரவல் அதிகரித்து வருவது பற்றி நீங்கள் கேள்விப்பட்டிருக்கக்கூடும். அவர்கள் வடகிழக்குப் பகுதியிலும் கூட ஒரு தளத்தை உருவாக்க முயன்று வருகிறார்கள். உங்கள் கருத்து என்ன?'

'அவர்களுடன் எங்களுக்குப் புரிந்துணர்வு கிடையாது. அவர்கள் முக்கியமாக மத்திய இந்தியாவில் இருக்கிறார்கள். அவர்கள் யாதொரு குறிப்பிட்ட பிராந்தியத்தின் விடுதலைக்காகவும் போராடவில்லை. ஆனால், அவர்களுடனான ஒரு ராஜ தந்திர ரீதியிலான புரிந்துணர்வுக்கு எங்கள் கதவுகளைச் சுத்தமாக சாத்தியும்விடவில்லை.'

'என்.என்.சி.என்.இன் ஐசக்-கய்வா பிரிவு அரசுடன் பேச்சு வார்த்தையில் ஈடுபட்டிருக்கிறது. விரைவில் ஓர் ஒப்பந்தம் கையெழுத்தாகிவிடும். நீங்கள் என்ன நினைக்கிறீர்கள்?

'ஆம். அவர்கள் வடகிழக்குப் பகுதியில் நாகாலாந்தினர்கள் வசித்து வரும் இடங்களை எல்லாம், ஒற்றை நிர்வாக அமைப்பின் கீழ் கொண்டு வருவது பற்றிப் பேசிவருகிறார்கள். ஏற்கெனவே அரசு இந்தக் கோரிக்கையை நிராகரித்துவிட்டது. நாகாலாந்து மாநிலம் உருவாக்கப்பட்ட 1960-களின் தொடக்கத்தில் இந்த ஒருங்கிணைப்பு செய்யப்பட்டிருக்கவேண்டும். இப்போது, அது நடக்காத காரியம்.

தற்போது, அண்டை மாநிலங்களான அஸ்ஸாம், மணிப்பூர் மற்றும் அருணாச்சலப் பிரதேசம் போன்றவை அனைத்தும் இதனை எதிர்க்கும். உண்மையில் அவை ஏற்கனவே எதிர்த்துவிட்டன.

நாகாலாந்தினர்கள் வசிக்கும் பகுதிகளை ஒருங்கிணைத்தால் மணிப்பூரில் உள்நாட்டுப் போர் நடக்கும். எதையும் சாதிக்க முடியாது. இந்த இயக்கமும் வலுவிழந்து போகும். உண்மையில் முய்வா தனது சக தோழர்களைக் காட்டிக் கொடுப்பதற்குப் பெயர் போனவர். பல ஆண்டுகளுக்கு முன்பு அவர் வடகிழக்குப் பகுதியில் உள்ள புரட்சிகர இயக்கங்களின் ஐக்கிய முன்னணி ஒன்றை அமைத்தார். ஆனால், அவர் எல்லாரையும் கை கழுவிவிட்டு 1997-ல் அரசுடன் பேச்சு வார்த்தை நடத்தச் சென்றார். அது உங்களுக்குத் தெரியுமா?'

'நெடுங்காலத்துக்கு முன்பு இது பற்றிக் கேள்விப்பட்டிருக்கிறேன்.'

'ஒரு சில ஆண்டுகளுக்குப் பின்னோக்கிச் செல்வோம்' என்று தொடர்ந்தேன்: 'என்.என்.சி.என்.-ல் நிகழ்ந்த பிளவுக்குக் காரணம் என்ன?'

'என்.என்.சி.என்.ன் இலக்கு இந்திய மற்றும் மியான்மரில் உள்ள நாகாலாந்து பிராந்தியத்தின் விடுதலை. பொதுச் செயலாளராக இருந்தவரும் மணிப்பூரைச் சேர்ந்த ஒரு நாகலாந்தினருமான முய்வா இந்திய அரசுடன் பேச்சுவார்த்தை நடத்தலாம் என்று யோசனை கொடுத்தார். அது பரவாயில்லை. ஏனெனில், ஒருவர் மாறுபட்ட கருத்துகளைக் கொண்டிருப்பது சகஜம்தான். ஆனால், எங்களுக்குத் தகவல் தெரிவிக்காமல் 1988-ல் ஒரு அவசரக் கூட்டத்தைக் கூட்ட அவர் முடிவுசெய்தார். இதனால் நாங்கள் வருத்தமடைந்தோம். கோன்யாக், பங்க்மி மற்றும் இதர பழங்குடியினத்தாருக்கு அதில் பிரதிநிதித்துவம் இல்லை. எனவே, இந்தப் புதிய செயல்பாட்டை எதிர்த்தோம் என்பதோடு, மீண்டும் சேரவும் முடியாது என்ற நிலை உருவானது. ஆனால், மோதலானது அவர்களால், கிழக்கு நாகாலாந்தில் உள்ள ஹான்செங் என்ற இடத்தில் தொடங்கப்பட்டது.'

அதன் பிறகு என்ன நடந்தது என்பது பற்றி நான் கொஞ்சம் கேள்விப் பட்டிருந்தேன். முய்வாவும் அவர் மனைவியும் அஸ்ஸாமுக்குச் சென்று அங்கே மார்கெரிட்டாவில் மாதக்கணக்கில் தங்கினர்.

அதற்கு அடுத்ததாக பாபாவிடம், 'என்.என்.சி.என். (ஐ.எம்.) பிரிவு வடகிழக்கில் அமைப்புரீதியாக சிறந்த வலுவான கிளர்ச்சிக் குழுக்களில் ஒன்று. அவர்கள் உங்களுடன் இல்லையே என்று வருந்துகிறீர்களா?' என்று கேட்டேன்.

'அவர்கள் ஒரு பெருந்தவறு செய்துவிட்டார்கள். அவர்கள் ஒருபோதும் இறையாண்மை பெறப் போவதில்லை. 'பெரிய நாகாலிசம்' என்பது நடக்காது என்பது நிச்சயமான விஷயம். ஆக, எஞ்சியிருப்பது என்ன? ஒன்றும் இல்லை. அரசாகப் பார்த்துக் கொடுக்கும் துண்டு துக்கடாக் களோடு அவர்கள் திருப்தியடைய வேண்டியதிருக்கும்.'

'ஆனால், முய்வா குறிக்கோள்களைப் படிப்படியாக அடைவது பற்றியும் பேசியிருக்கிறார். அப்படியென்றால், அவர் மனதில் வேறெதாவது இருக்கவேண்டும். அரசுடன் செய்து கொள்ளப்பட விருக்கும் ஒப்பந்தம், மேற்கு சரகத்தில் உள்ள நாகாலாந்தினர்களுக்கு, சந்தேகத்துக்கிடமின்றி பல விஷயங்களைத் தரும். நாகா ஹோாகோ, ஒரு தனிக் கொடி, ஜம்மு காஷ்மீரைப்போல ஒரு தனி அரசியலமைப்புச் சட்டம் போன்றவை பற்றியும் பேச்சு இருக்கிறது.'

மீண்டும் பாபா நான் சொல்வதைப் புரிந்துகொள்ளாததால் எனது கேள்வியைத் திரும்பச் சொல்லுமாறு ஜோசப்புக்குச் சைகை செய்தேன். பாபா, 'ஓகே, ஓகே' என்று பதிலளித்தார். நான் சொன்னது போல, அவர்கள் இறங்கி வரவேண்டியதிருக்கும். அரசு ஒத்துக் கொள்ளும் அனைத்தும் மிகவும் சொற்பமாகவும் முக்கியத்துவம் இல்லததாகவும் இருக்கும்.'

'திரும்பிப் பார்க்கையில், கடந்த அறுபது ஆண்டுகளாக நீங்கள் ஈடுபட்டுவரும் இந்தப் போராட்ட இயக்கத்தை எப்படிப் பார்க்கிறீர்கள்?'

'நாகாலாந்தினர்கள் ஏன் ஒன்றிணையவேண்டும்... ஏன் விடுதலைக் காகப் போராடவேண்டும் என்பதற்கான காரணங்களை விளக்கி நாங்கள் கிராமம் கிராமமாகச் சென்ற அந்த ஆரம்பகாலத்தில் இருந்து வெகு தூரம் வந்துவிட்டோம். தொடக்க ஆண்டுகள் மிகவும் கடுமை யாக இருந்தன. ஏனெனில், நாகாலாந்தினர்கள் வசிக்கும் கிராமங் களிடையே பகைமையும் போட்டியும் இருந்தது உங்களுக்குத் தெரிந்ததுதான். மற்றவர்களைப்போல் எங்களுக்கும் ஏற்ற இறக்கங்கள் இருந்தன.'

'உங்கள் இயக்கத்தின் எதிர்காலம் என்ன?'

'சேர்ந்து இருந்தால் வெல்வோம், பிரிந்திருந்தால் வீழ்வோம். நாங்கள் மிகுந்த நம்பிக்கையுடன் இருக்கிறோம். எங்கள் கோரிக்கைகள் நியாயமானவை. மேலும் மேலும் மக்கள் இதை உணரும்போது, இன்னும் அதிகமாக எங்களை ஆதரிக்கும்போது, எங்கள் கூட்டு நடவடிக்கையில் பங்கு கொள்வார்கள்' சொன்ன பாபா, பெருமூச்சு விட்டபடியே தன் கடிகாரத்தைப் பார்த்தார்.

நேரம் முடிந்துவிட்டது எனக்குத் தெரிந்தது. ஜோசப்பும் அதனைச் சுட்டிக்காட்டினார். தலைவர், அந்த இடத்தைவிட்டுப் புறப்படும் முன், 'நேர்காணலை அடுத்த நாள் காலையில் தொடர்வோம்' என்றார்.

நான் எழுந்திருக்கையில், அவருக்கான என் கடைசிக் கேள்வியைத் தொடுத்தேன். 'பாபா, உங்கள் அரசு வன விலங்கு பாதுகாப்புக்காக கடுமையான நடவடிக்கைகளை எடுத்திருப்பதாக என்னிடம் சொன்னார்கள். அது உண்மையா?'

'ஆமாம். புலிகளையும் யானைகளையும் சுடுவதற்கு முழுமையான தடை உள்ளது. நாங்கள் அனைத்துக் கிராமங்களுக்கும் வனப் பாதுகாப்பின் முக்கியத்துவம் பற்றி விளக்கிச் சொல்யிருக்கிறோம். அவர் புரிந்துகொண்டிருப்பதாகத் தெரிகிறது.'

இரவு உணவு எங்களுக்காகக் காத்திருந்த குடிலை நோக்கி நாங்கள் செல்லுகையில், நான் அவரிடம் சொன்னேன்: 'எங்கள் அரசும் இந்த விஷயதில் அதே அளவு சிரத்தை காட்டவேண்டுமென்று விரும்புகிறேன்.'

வழக்கமான அவித்த உணவுப் பொருள்களுக்குப் பதிலாக, பன்றி இறைச்சி, காய்கறிகள், சோறு என பரிமாறப்பட்டது. நாங்கள் சாப்பிட்டு முடித்தபின், ஜோசப், பாசறை அருகில் இருந்த ஒரு குடிலில் இருந்த எங்கள் படுக்கைகளைக் காண்பித்தார். மாலையில் ஒரு கூட்டு அணிவகுப்புக்குத் தயாராக இருக்கும்படி கேட்டுக்கொண்டார்.

'கூட்டு அணிவகுப்பா?'

'யெஸ். இந்த அணிவகுப்பு, என்.என்.சி.என்.(கே) மற்றும் சில மணிப்பூரி குழுக்களின் கூட்டு அணியில் நடத்தப்படுகிறது. பாபா அவர்களிடம் பேசுவார். இது உங்களுக்காகப் பிரத்யேகமாக ஏற்பாடு செய்யப்பட்டிருக்கிறது.'

'வாவ்! ஒத்த கருத்துடைய குழுக்கள் கைகோர்த்துக் கொள்வது பற்றி பாபா என்னவெல்லாம் குறிப்பிட்டாரோ, அவையெல்லாம் நிஜமானதாக இருக்கிறது. இது எங்களூரில் பெரிய செய்தியாக இருக்கும். ஒரு மணி நேரத்துக்குப் பின், ஒரு மணிப்பூரிக் குழுவில் இருந்த மூத்த போராளி ஒருவருடன் தலைவர் சதுரங்கம் விளையாடிக் கொண்டிருப்பதைக் கண்டேன். அருகில் சென்றேன். தலைவர் காய் நகர்த்துவதைக் காணக் கண் கோடி வேண்டும். அவர் தோற்றுப் போவதை விரும்பவில்லை. அவருடன் விளையாடிய அனைவருக்கும் அது தெரிந்திருந்தது.

அணிவகுப்பு முகாம் பாசறைக்கு அருகில் அமைந்திருந்தது. எப்போதெல்லாம் பாபா அவர்களிடையே பேச விரும்புகிறாரோ, அப்போது இங்கேதான் அந்த இயக்கத்தினர் கூடுவார்கள். இன்று அது அவசர அவசரமாகக் கூட்டப்பட்டிருந்தது. பிரெபாக் (புரோகிரஸிவ்) மற்றும் கங்க்லெய்யாவோல் கன்னா லுப் (கே.ஒய்.கே.எல்.) எனும் இரு மணிப்பூரிக் குழுக்கள் நாகாலாந்தினர் சேனையுடன் சேரும். பிரதீப்பும் நானும் வசதியானதோர் இடத்தில் எங்கள் கேமராக்களுடன் நின்றுகொண்டோம். விரைவில், ஆயுதப் போராளிகள், வனச் சீருடையின் வெவ்வேறு வண்ணச் சாயல்களில் தோன்றினார்கள். கிட்டத்தட்ட 200 போராளிகளின் வார்ம்-அப்புக்காக மைதானத்தைச் சுற்றி ஓடி வந்தனர். மேடையில் இருந்து, பாபா சுருக்கமாக, இயக்கத்தின் கொள்கை பற்றியும் அனைத்து அமைப்புக்களுடன் சேர்ந்த கூட்டு நடவடிக்கையை எடுக்க வேண்டியதற்கான காரணங்கள் குறித்தும் பேசினார். வரலாற்றுப் பக்கங்களுக்குள் புகுந்த அவர் தனக்கும் பிற நாகாலாந்தினர் தலைவர்களுக்கும் இடையிலான வேறுபாடுகளைக் குறிப்பிட்டதோடு, முழுமையான அர்ப்பண உணர்வுடன் செயல்படும்படி அனைவரையும் கேட்டுக்கொண்டார். நாங்கள் விலை மதிக்க முடியாத புகைப்படங்களையும் நம்ப முடியாத வீடியோ படங்களையும் எடுத்தோம்.

அணிவகுப்புக்குப் பின் எனக்குத் தெரிந்த கே.ஒய்.கே.எல். இயக்கத்தின் மூத்த போராளி ஒருவருடன் ஒரு சில நிமிடங்கள் பேசினேன். போராளிக் குழுக்களின் ஐக்கிய முன்னணி ஏற்கெனவே அமைக்கப்பட்டிருக்கிறது என்றும் டிசம்பர் 30 அன்று மூத்த நிர்வாகிகள் கூட்டமொன்று நடைபெறும் என்றும் சொன்னார். இது உண்மையாக இருந்தால் உல்ஃபா இதை ஏன் எங்களிடம் சொல்ல வில்லை? ஒருவேளை அதை ரகசியமாக வைத்திருக்கத் திட்ட மிட்டிருக்கலாம். இருந்தாலும், பரேஷ் பரூவாவிடம் எங்களை அந்த இடத்துக்கு அழைத்துச் செல்லமாறு வேண்டுவதில் எந்தத் தப்பும் இல்லை. மலையில் நான் நாகாலாந்து நிர்வாகிகளுடன் பேசியபோது அவர்கள் இந்தப் புதிய நிகழ்வு நடப்பதை உறுதி செய்தார்களே தவிர, அதற்கு மேல் எதுவும் கூறவில்லை.

இந்திய அரசுக்கு இந்த விஷயம் தெரியும் என்றும் தொலைக்காட்சியில் பார்த்த ஒரு செய்தியாளர்கள் கூட்டத்தில் அஸ்ஸாம் முதல்வர் தருண் கோகய், சில நாட்களுக்கு முன் பத்திரிகையாளர்களிடம் இது பற்றித் தெரிவித்ததாகவும் சுட்டிக்காட்டினார் பிரதீப்.

‘ஆனால், இதில் வேடிக்கையான விஷயம் பற்றி உங்களுக்குத் தெரியுமா?’ என்று கேட்டார் பிரதீப்.

இந்தப் பெரிய செய்தி முதல்வரால் ஒற்றை வரியில் தெரிவிக்கப் பட்டது. இது எவ்வளவு முக்கியமானது என்பதைக் கணிக்க இயலாதவாறு பல்வேறு முக்கியத்துவம் குறைந்த விஷயங்களுக்கு மத்தியில் சொல்லப்பட்டது.

நான் உற்சாகமடைந்தேன். அது நமக்கு நல்ல செய்தி. இந்தப் புகைப்படங்களுடன், நாம் சிறப்பாக அந்தச் செய்தியை வெளியிடு வோம். முதன் முதலில் உலகுக்குத் தெரியப்படுத்திய பெருமை நமக்குக் கிடைக்கும். ஒருவகையில், அது உண்மையும் கூட. ஏனெனில், நாங்கள் இத்தகைய நிகழ்வுகளை கண்ணால் கண்டு நேரடியாகப் பதிவு செய்கிறோம்.

'நாம் பரூவாவிடம் கூடுதல் விபரங்கள் கேட்க வேண்டும். முதல்வர் இதனைக் குறிப்பிட்டார் என்றும் அவரிடம் சொல்லவேண்டும்.'

ஒத்துக்கொண்ட நான் பிரதீப்பிடம் இது இந்தப் பகுதியில் ஒற்றர்களின் நடமாட்டம் இருப்பதை ஐயத்துக்கு இடமின்றி நிரூபிப்பதைச் சொன்னேன்.

•

அடுத்த நாள் காலையில் 8 மணிக்கு நான் நேர்காணலை மீண்டும் தொடர்ந்தேன். அவருடன் உரையாட எனக்கு சுமார் நான்கு மணி நேரமே இருந்தது. என் தேவைகள் குறித்து அவரிடமும் ஜோசப் பிடமும் கூறினேன். நாகாலாந்து இயக்கத்தின் முக்கிய நிகழ்வுகள் குறித்த தகவல்களைக் கேட்டேன். அது சுமுகமாக இல்லை. பாபா மெதுவாகத் தொடங்கினார். மணிக்கு ஒரு தரம் இடைவேளை எடுத்துக்கொண்டோம். அடிக்கடி நான் பாபாவின் கடந்தகால நினைவுகளைத் தூண்டிவிட வேண்டியிருந்தது. ஆனால், பேட்டியை முடித்தபோது தெளிவான சித்திரம் கிடைத்திருந்தது. பொது மக்களுக்குத் தெரியாத சுவாரசியமான தகவல்களும் பார்வைகளும் இருந்தன. அதில் ஆச்சரியப்பட என்ன இருக்கிறது? கிழக்கு நாகாலாந்து நடவடிக்கைகள் குறித்து விரிவான ஆய்வு அதுவரை யாராலும் நடத்தப்பட்டதில்லை. இந்தப் பகுதிக்கு வெகு சில பத்திரிகையாளர்களும், ஆய்வாளர்களுமே வந்திருக்கிறார்கள். கிழக்கு நாகாலாந்துக்கும், நாகாலாந்துக்கும் உள்ளார்ந்த தொடர்புகள் உண்டென்றாலும், நாகாலாந்தினர்களைப் பற்றி இதுவரை வெளியே தெரிந்ததெல்லாம் முழுக்கவும் நாகாலாந்தை மையமாகக் கொண்டவையே. இதற்குரிய காரணங்கள் தெரிந்தவைதாம்.

பாபா வெந்நீர் குடித்துவிட்டு கண்களை மூடி ஒரு சில வினாடிகள் ஓய்வெடுத்தார். அது ஐந்து மணி நேரத்துக்கு மேல் நீடித்த மரத்தான்

நேர்காணலாக இருந்ததால் நானும் கூடக் களைத்துப் போயிருந்தேன். எப்படியிருந்தாலும், கொஞ்ச நேரத்திலேயே கிராமம் ஒன்றில் நடக்கவிருந்த கூட்டத்துக்குப் பாபாவை அழைத்துச் செல்ல ஒரு மோட்டார் சைக்கிள் வந்தது.

மாலையில் அவர் திரும்பிவந்தபோது, மறுநாள் நிகழவிருந்த கிறிஸ்துமஸ் பார்ட்டிக்காக முகாமில் ஆயத்த வேலைகள் மும்முரமாக நடந்து கொண்டிருந்தன. நள்ளிரவில், பக்கத்து தேவாலயத்தில் இயேசு பிரானின் 2011ஆவது பிறந்த நாளை அறிவிக்கும் விதமாக மணி அடித்தது. ஒரு சில துப்பாக்கி வெடிச் சத்தங்களும் முழங்கின. மக்கள் கூச்சலிட்டுக் கொண்டாடினார்கள். ஆனால், அதன் பின் விஷயங்கள் அமைதியாக நடந்தன. நான் மதப் பிரசாரத்துக்காக நூறாண்டுகளுக்கு முன்பு இந்தக் காடுகளில் துணிந்து புகுந்த பாப்டிஸ்டு போதகர்களை நினைத்துக்கொண்டே தூங்கப் போனேன்.

அடுத்த நாள் காலையில், கிறிஸ்துமஸ் விழாவுக்காக எழுப்பப் பட்டிருந்த தற்காலிகக் கூடாரத்தில் கொஞ்ச நேரம் பரூவாவுக்கும் மோரனுக்கும் அருகில் அமர்ந்திருந்தேன். விழா இறையிசையுடன் தொடங்கி, பாபாவின் சுருக்கமான உரையுடன் முடிவுக்கு வந்தது. அனைத்து அமைப்புக்களின் உயர்மட்ட நிர்வாகிகளும் வந்திருந்தனர். கிடைத்த சந்தர்ப்பத்தில், நான் ஐக்கிய முன்னணி பற்றி எனக்குத் தெரிந்த எல்லாவற்றையும் சொல்லி, பரூவாவிடம் விபரங்கள் கேட்டேன்.

பரூவா தந்த பதில் ஒரே நேரத்தில் என்னை சந்தோஷத்திலும் துக்கத்திலும் ஆழ்த்தியது. கூட்டணியைக் கொண்டாடி ஒரு கால்பந்து போட்டி அக்டோபர் 30 ஆம் தேதியன்று ஏற்பாடு செய்யப் பட்டிருந்தது. இது பற்றி மோரன் என்னிடம் கோடிகாட்டியிருந்தார். ஏழு குழுக்கள் அதில் பங்கு பெற இருந்தன. உல்ஃபா முகாமுக்கு அருகில் இருந்த ஆடுகளத்தில் பரூவாவும் கூடக் களமிறங்கவிருந்தார். இந்தப் போட்டிக்கு முன்பு, உயர்மட்ட நிர்வாகிகளின் கூட்டம் ஒன்று நடப்பதாக இருந்தது. ஆனால், பாதுகாப்புக் காரணங்களுக்காக அந்தக் கூட்டம் தள்ளி வைக்கப்பட்டு அடுத்த வருடம் ஏதோ ஒரு சமயம் நடத்தப்படும்.

‘புதிய முயற்சி பற்றி கொஞ்சம் அதிகமாகக் கூறுங்கள்’ என்று பரூவாவிடம் கேட்டேன்.

இப்போது எங்களுக்குள்ள உயர்ந்த பட்ச முன்னுரிமை என்ன வென்றால், இந்தியாவுக்கு எதிராகப் போராடும் இந்தப் பகுதியைச் சேர்ந்த எல்லாப் புரட்சிக் குழுக்களையும், பொதுவான குடையின் கீழ்கொண்டு வருவதுதான். எங்களுடன் மொத்தம் பதினான்கு இயக்கங்கள் உள்ளன. நேபாளம், இலங்கை மற்றும் இதர நாடுகளில் உள்ள குழுக்களை நாங்கள் கொண்டு வந்து சேர்க்கப் போவதில்லை.

ஏனெனில், எங்கள் போராட்டம் அந்த அரசுகளை எதிர்த்தல்ல என்று சொன்ன பரூவா, பாபாவுடன் உணவருந்தப் புறப்பட்டார்.

'ஆனால், ஏன் இப்போது இந்தக் கூட்டணி?'

'கடந்த காலத்தில் என்ன நடந்தது என்பதை நாங்கள் கண்டிருக்கிறோம். நாகாலாந்தினர்களைப் பாருங்கள். அவர்கள் எவ்வளவு நீண்ட நெடுங்காலமாக இந்தியாவுக்கு எதிராகப் போராடி வருகிறார்கள். ஆனால், இதுவரை எதையும் சாதிக்கவில்லை. மணிப்பூரில் உள்ள இயக்கமும் வெகு முன்பே தொடங்கப்பட்டதே. ஆனால், இதுவரை கிடைத்த பயன்கள் ஊக்கமூட்டுவதாக இல்லை. இதற்கு மறுபுறத்தில், நாகாலாந்திலும் மணிப்பூரிலும் பிரிவுகள் இருக்கின்றன. ஒற்றுமையின்றி இந்தியாவைத் தோற்கடிப்பது எளிதானதல்ல என்பதை நாங்கள் இப்போது உணர்ந்திருக்கிறோம்.'

'குழுக்களிடையே எந்தவிதமான ஒத்துழைப்பை நீங்கள் எதிர்பார்க்கிறீர்கள்?'

'சகல விதத்திலும்... அரசியல் ரீதியாக, ராணுவ ரீதியாக மற்றும் இதர பிறவற்றில் எங்கள் நோக்கத்தை முன்னெடுத்துச் செல்லும் எந்த உதவியையும். விரைவில் நாடு கடந்த ஒரு அரசு அமையவிருக்கிறது. ஒரு அரசியல் அமைப்புச் சட்டமும், கூட்டு ராணுவத் தலைமையும் உருவாகும்.'

'ஆனால், இத்தகைய ஒரு கூட்டணி, உருவாகி தேவையான முடிவுகளைத் தரும் என்று உண்மையிலேயே எண்ணுகிறீர்களா?'

'நாம் நம்பிக்கையுடன் இருக்கிறோம். அதனால்தான் இந்த முயற்சிக்கு இவ்வளவு காலம் எடுத்துக்கொண்டோம். ஏன்? உங்களுக்கு ஏதேனும் சந்தேகங்கள் இருக்கிறதா?'

'ஏனென்றால், இந்தப் பதினான்கு குழுக்களில் வர்க்கப் போராட்டத்திலும் நம்பிக்கை கொண்டவையாக சில குழுக்கள் இருக்கின்றன. நான் குறிப்பிடும் குழுக்கள் பற்றி உங்களுக்குத் தெரியும். குறிப்பாக, அவற்றில் ஒன்று மிக நன்றாக அமைப்பு ரீதியான பலத்துடன் உள்ளது. அஸ்ஸாமில் வர்க்கப் போராட்டத்துடன், நீங்கள் தேசிய விடுதலை இயக்கம் என்று கூறுகிறீர்களே அதனையும் ஒரே சமயத்தில் பரப்ப உல்ஃபா நிச்சயம் விரும்பாது.'

அவர் பாபாவுடன் மதிய உணவைச் சேர்ந்த சாப்பிடுவதற்காக எழுந்த நிலையில், 'நான் ஏற்கனவே சொன்னதுபோல, எங்களுக்குப் பொதுவான எதிரிகள் உண்டு. இது ஒரு பிணைப்பை உண்டாக்கவும், போராட்டத்தைத் தொடரவும் உதவும். இதுவரை எந்த அமைப்பும் இந்த யோசனையை எதிர்க்கவில்லை' என்றார்.

'நல்லது கிழக்கு நாகாலாந்தில் உள்ள குழுக்களிடையே எப்போதுமே ஒருவிதமான கூட்டணி இருந்து வந்தது என்று நினைக்கிறேன். ஒரு அமைப்பு இன்னொரு அமைப்புடன் நெருக்கமான தொடர்பிலிருப்பது முக்கியம் என்பதுடன், அதுவே முகாம்கள் ஏன் மிக நெருக்கமாக அமைந்துள்ளன என்பதற்குரிய விளக்கமாகவும் அமைந்துள்ளது. ஆனால் கூட்டு நம்பிக்கையொன்று உண்மையில் வடகிழக்குப் பிராந்தியத்தில் சாத்தியமா என்பதைப் பொறுத்திருந்துதான் பார்க்க வேண்டும்' என்றேன்.

'ஆம். தற்போது வலுப்படுத்தப்பட்டு இன்னொரு உயர்ந்த தளத்துக்குக் கொண்டு செல்லப்படும். பொறுத்திருந்து பாருங்கள். முடிவுகளை நீங்களே பார்க்கலாம்.'

மணிப்பூரைச் சேர்ந்த சில போராளிகள், அந்த நிகழ்வைப் படமெடுக்கத் தொடங்கினர். படமெடுக்கப்படுவதைத் தவிர்க்கும் முயற்சியில், நான் வேறெங்கே பார்த்தேன். ஆனாலும், பின்னர் அது வீண் முயற்சி என்பதை உணர்ந்தேன். என்னுடன் இருந்த பிரதீப், அந்தப் புகைப்படப் பிரதி விரைவில் உளவுத்துறை அமைப்புக்களின் கையில் சேரும் என்று நினைவூட்டினார். இருவரும் வனச் சீருடை உடுத்தியிருந்தோம். உளவு அமைப்புகள் எங்களுக்கெதிராக ஒரு வழக்கே புனைந்து நாங்கள் பத்திரிகையாளர்களாக நடிக்கும் உல்ஃபா செயற்பாட்டாளர்கள் என்றுகூடக் குற்றஞ்சாட்டக்கூடும்.

தங்களது முறை வரும்வரை ஒரு கும்பல் வெளியில் காத்துக் கொண்டிருந்தது; ஒரு கிராமம் ஒட்டுமொத்தமாக விழாவில் கலந்து கொள்வதற்காகக் கூடியிருந்தது. பாபாவால் அழைக்கப்பட்டது அவர்களுக்கு ஒரு மரியாதையாக இருந்தது. பலர் அவரிடம் பேச ஆர்வமுடன் இருந்தார்கள். அவர் இதர சில மூத்த நபர்களுடன் திரும்பி வந்தபோது, அவரைச் சூழ்ந்தார்கள். மக்கள் அவரது கரங்களைப் பற்றிப் பிடித்தார்கள். அவர்கள் அவரிடம் பேசினார்கள். அதற்குப் பதிலாக அவர் ஏதோ சொன்னபோது அவர்கள் வாய்விட்டுச் சிரித்தார்கள்.

வயதில் மூத்தவர்கள் பாபாவின் தீவிர ஆதரவாளர்களாக இருந்தார்கள். அவர்கள் எளிமையாக இருந்தார்கள். எதையும் அறிந்தவர்களில்லை, சில கேள்விகளே கேட்டார்கள்; கோரிக்கை எதையும் கேட்கவுமில்லை. அவர்களுக்குத் தெரிந்தது எல்லாம் விடுதலைக்காகப் பங்களிப்பதும் தியாகம் செய்வதும்தான்.

அவர்களில் பெரும்பாலானவர்களுக்கு, விடுதலை என்பது வருடக் கணக்கான போராட்டத்துக்கும், ரத்தம் சிந்தலுக்கும் பிறகு வரும் ஒரு பொருள். அதற்கு மியான்மர் ராணுவத்திலிருந்தது முழுமையாக விலகி இருக்கும் நிலை என்பதுடன் இயேசுவின் மனம் அதிகமான

கருணையுடனும் சிரத்தையுடனும் இருக்கும் ஒரு யுகத்தின் தொடக்கம் என்பதும் அர்த்தம். என்ன நடந்து கொண்டிருக்கிறதென்பது பற்றிக் கொஞ்சம் புரிந்தவர்களுக்கு, அது இந்தியாவின் வடகிழக்கு மாநிலங்கள் கூட்டு சேர்ந்த ஒரு சுதந்தர தேசமாகத் தோன்றியது. என்றாலும், பெரும்பாலானவர்களுக்கு, சுதந்தரம் என்பது அமைதி செழிப்பு, வலுவாகக் காலூன்றிய ஜி.பி.ஆர்.என். ஆட்சி.

பரூவா ரகசியமானவராகவும், அதிகம் பேசாதவராகவும் இருந்தார்; பாபா அதற்கு நேர்மாறானவராக இருந்தார். அவர் ஒரு கேள்வி கேட்டால் வார்த்தைகளை விழுங்காதவராக பதில் சொல்லத் தயங்காதவராக இருந்தார். இதற்கு ஒரே விதிவிலக்கு, கடந்த காலத்தில் நிகழ்ந்த நிகழ்ச்சிகளை மீண்டும் நினைத்துப் பார்க்க வேண்டிய நேரங்கள். மற்ற நேரங்களில் நான் கேட்ட அனைத்துக்கும் அவர் உடனடியாக எதிர்வினையாற்றினார். அவரை எல்லோரும் சந்திக்க முடிந்தது. அவரது தொண்டர்கள் தங்கள் தலைவருடன் தங்களை எளிதாக அடையாளப்படுத்திக்கொண்டார்கள். பாபா தொடர்ந்து கிராமங்களில் சுற்றுப்பயணம் மேற்கொண்டார். சில நேரங்களில் 'ஹெலிகாப்டரை' பயன்படுத்தி மலைகளில் உள்ள தொலைதூரப் பகுதிகளுக்குக்கூடச் சென்று வந்தார். ஹெலிகாப்டர் என்பது கிட்டத்தட்ட ஒரு பல்லக்கைப் போன்ற நான்கு பேரால் சுமந்து செல்லப்படக்கூடிய ஒரு மூங்கில் பாய். ஆழ்ந்த கடமை உணர்ச்சி அவரை மக்களுக்கு நெருக்கமானவராக ஆக்கியது என்றால், அவரது நம்பகத்தன்மை அனைத்துப் புரட்சியாளர்களிடம் மரியாதையைச் சம்பாதித்துக் கொடுத்தது. சுருக்கமாக, இந்தப் பகுதியில் அவர் ஒரு காட்-பாதரைப் போன்று இருந்தார்.

பாபாவையும் மக்களுடனான அவரது தொடர்புகளையும் காணும் போது அவரது வாழ்வையும் சாதனைகளையும் பற்றி நினைத்துப் பார்த்தேன். அவரது வாழ்வு குடும்பத்தை விட்டு விலகி முழுக்கவும் காடுகளில் கழிந்த வாழ்வு. பகைமை கொண்ட நாகாலாந்து பழங்குடியினத்தவரை ஒன்று சேர்ப்பதும் தலை வேட்டைக்கு முற்றுப்புள்ளி வைப்பதும் சாதாரண வேலையல்ல. அதிலும் தலை வேட்டை பல நூற்றாண்டுகளாக அவர்களது கலாசாரத்தின் முக்கிய அம்சமாக இருந்து வந்தது. மியான்மர் ராணுவப் படையைத் தடுத்து, நாகாலாந்தினர்கள் வாழும் பகுதிகளில் அவர்கள் கொடூரத் தாக்குதலைத் தொடர்வதில் உள்ள அர்த்தமின்மையை புரிந்துகொள்ள வைப்பது, அதே அளவு சவாலான விஷயமாக இருந்திருக்கவேண்டும்.

இருந்தாலும், எங்கள் நேரம் ஓடிக் கொண்டிருந்தது. நாங்கள் கப்லாங்குடன் அவரது செயலாளர்களுடன் கை குலுக்கி விட்டு எங்கள் முகாமுக்குத் திரும்பினோம்.

7

ரத்தம், வியர்வை, கண்ணீர்

ஜி.பி.ஆர்.என்.னின் கதை கடும் எதிர்மறைச் சூழலுக்கு மத்தியில் ஒரு சமூகம் நடத்திய போராட்டத்தின் கதை. தனிமையாக, கிட்டத்தட்ட உலகின் அணுகவே முடியாத மூலையில் இருக்கும் இவ்வமைப்பின் செயல்பாடுகள் மனித உரிமைகளையும் விடுதலையையும் பேசும் ஊடகங்கள் மற்றும் அரசுகளின் கவனத்தில் இருந்து விலகி இருந்து விட்டன. கடந்த நாற்பதாண்டுகளில், பெரும்பாலான சர்வதேச நாளிதழ்களின் முதல் பக்கத்தில் இடம் பெறத் தக்க சம்பவங்கள் கிழக்கு நாகாலாந்தில் நடந்திருக்கின்றன. அவ்வளவும், நவீன காலத்தில் இன்றும் நடக்கக்கூடியவையா என்று நம்பக் கடினமான காட்டுமிராண்டித்தனத்தைக் காட்டும் மரணம், அழிவு, இடப் பெயர்ச்சிகள். ஆனால் நாகாலாந்தினரின் மனக்குறைகள் கேட்கப் படாமலே போயின. அவர்களுக்கு வாய்த்திருந்த சவாலான வாழ்க்கையைச் சரி செய்யும் மாமருந்து என்ற அளவில் சுதந்தரத்துக்கான ஆதரவு பெருகியது.

பத்தொன்பதாம் நூற்றாண்டின் கடைசிப் பகுதியில் பிரிட்டிஷார், பர்மாவை காலனியாதிக்கத்தின் கீழ்கொணர்ந்து அதனை இந்தியாவின் ஒரு மாகாணமாக இணைத்தபோது, இந்தப் பிரச்னைக்கான விதைகள் தூவப்பட்டன. பின்னர் 1937-ல் அதே காலனியாதிக்கத் தலைமையால், நிர்வாக வசதிக்காக பர்மா தனியாகப் பிரிக்கப்பட்டது. ஆனால், பிரிட்டிஷார் தங்களது தவறை உணர்ந்து கொள்வதற்கு வெகு காலம் பிடிக்கவில்லை. விரைவில், பிரித்து வைக்கப்பட்ட பழங்குடியினரை

ஒன்று சேர்க்க ஒரு திட்டத்தைத் தயாரிக்கத் தொடங்கினர். அப்போது அஸ்ஸாமின் ஆளுநராக இருந்த ராபர்ட் ரீய் 1941-ல் கிரவுன் கலோனியல் ஸ்கீமைத் தயாரித்தார். அந்தத் திட்டத்தில் நாகா பகுதியும் சின்-லுஷாய் பகுதியும், அவர்களது பூர்வீகமும் வெளித்தோற்றமும் முற்றிலும் வேறுபட்டதாக இருப்பதால் அவற்றை இந்தியாவில் இருந்து பிரித்து அடையாளம் காணவேண்டும் என்று கூறியிருந்தார். காலனியாதிக்க மாநிலங்களை உருவாக்கும் அவரது திட்டம் கன்சர்வேடிவ் கட்சிக்குத் தலைமை தாங்கிய சர் வின்ஸ்டன் சர்ச்சிலுக்குப் பிடித்திருந்தது. ஆனால், இரண்டாம் உலகப் போரினால் இந்தத் திட்டத்தை அமல்படுத்த முடியாமல் போய்விட்டது.

போருக்குப் பின், பிரிட்டிஷார் ‘தீவிரமாக’ இந்தத் திட்டத்தை அமல்படுத்துவதற்கான சாத்தியத்தை ஆய்வு செய்தார்கள். அதுவும் இந்தியாவிலும் மியான்மரிலும் உள்ள இன்னும் அதிகமான பழங்குடிப் பகுதிகளையும் சேர்த்து விரிவாக்கப்பட்ட வடிவில் ஒரு புதிய பகுதியை உருவாக்க ஆய்வு செய்யப்பட்டது. லண்டன், மாற்று ஏற்பாடு ஒன்றுக்கு ஆதரவளிக்கத் தொடங்கியது ஏன் என்பதற்கான மற்றொரு காரணம் ஜப்பானியர்களுக்கு எதிரான போரில் இந்தப் பழங்குடியினர் காட்டிய விசுவாசம். 1945-ல் ஆக்ஸ்போர்டு பல்கலைக்கழகப் பேராசிரியர் ஆர்.கப்லாந்து காலனிய மாநிலங்களை உருவாக்குவதற்கு ஆதரவாக ஒரு அறிக்கை அளித்தார். ஆனால், அதற்கு ஒரு சில மாதங்களுக்குப் பின் அதிகாரத்துக்கு வந்த தொழிற்கட்சி இந்தத் திட்டத்தை நிராகரித்தது. பிரதமர் கிளமண்ட் அட்லி, இந்த விஷயத்தைப் பற்றி எந்த நாகாலாந்தினர் பிரதிநிதியுடனும் விவாதிக்காமல், பர்மாவையும் இந்தியாவையும் இறையாண்மை கொண்ட நாடுகளாகப் பிரித்தார்.

இம்மாற்றங்கள் இரு நாடுகளிலும் உள்ள நாகாலாந்தினர்களை செயலில் இறங்கத் தூண்டியது. சுதந்தரமடைவதற்குச் சில வாரங்கள் முன்னதாக நாகா தேசியக் கவுன்சில் 1947-ல் ஒன்பது அம்ச ஹைத்ரி ஒப்பந்தத்தைச் செய்துகொண்டது. இவ்வொப்பந்தம், நாகாலாந்தினர்கள் தங்கள் விருப்பப்படி தங்களை வளர்த்துக் கொள்வதற்கான, கேள்விக்கு அப்பாற்பட்ட உரிமைகளை அங்கீகரித்தது. இந்த ஒப்பந்தத்தின் 9ஆவது பிரிவு சர்ச்சைக்குரியதாக இருந்ததோடு நாகாலாந்து பிரச்னையின் மையமாகவும் ஆனது. நாகாலாந்தினர்கள் பத்தாண்டுகளுக்குப் பிறகு, இந்தியக் கூட்டரசுடன் சேர்ந்திருக்க விரும்புகிறார்களா இல்லையா என்பதை அவர்களே தீர்மானிக்கலாம் என்று நாகா கவுன்சில் இதற்கு விளக்கம் அளித்தது. எனினும், இந்திய அரசின் கருத்துப்படி, பத்தாண்டுகளுக்குப் பிறகு, நிலைமை ஆய்வு

செய்யப்பட்டு, நாகாலாந்தினர்கள் அனைவருக்கும் ஏற்புடைய ஒரு புதிய ஒப்பந்தம் கையெழுத்தாகும் என்பதே அதன் அர்த்தம் என்றது.

இந்தப் பூசல் கவுன்சிலுக்கு சந்தேகத்தை ஊட்டி அங்காபு சாபு பஸோ என்ற ஓர் இளைஞன் இந்தியாவிலிருந்து பிரிந்து செல்வதற்கான ஒரு இயக்கத்தைக் கட்டியமைக்கத் தொடங்கினான். இந்திய விடுதலைக்கு ஒரு நாள் முன்பு ஆகஸ்டு 14, 1947 அன்று நாகாலந்து விடுதலை பெற்றதாக அறிவிக்கப்பட்டது. அதனைத் தொடர்ந்து 1951-ல் ஒரு கருத்துக் கணிப்பும் நடத்த முடிவு செய்யப்பட்டது. நாகாலாந்தினர் இந்தியாவுடன் தொடர்ந்து இருப்பதை விரும்பவில்லை என்று காட்டுவதே இதன் நோக்கம்.

கிழக்கிந்திய நாகாலாந்தினர்களிடையே நாகா தேசிய அமைப்பு என்ற ஓர் அமைப்பு அதன் தலைவர் சம்ஜன் நகய்மாங், செயலாளர் சிம்போ சங்கே போன்றோரது தலைமையில் அமைக்கப்பட்டிருந்தாலும் செயல்பாடுகள் மந்தகதியில் இருந்தன. இந்த அமைப்புக்கு நாகாலாந்தின் பிஸோவின் கவுன்சிலுடன் தொடர்பு எதுவும் இல்லா விட்டாலும்கூட 14 ஆகஸ்டு 1947 அன்றே இந்த அமைப்பும் கிழக்கிந்திய நாகாலாந்தில் சுதந்தரத்தை அறிவித்ததாகச் சொல்கிறார் காப்லாங். எனினும், இக்குழு அருணாச்சலப் பிரதேசத்தின் சங்லாங்கில் உள்ள தங்க்சா நாகாலாந்தினர்களிடையே அழுத்தமான வேர்களைக் கொண்டிருந்ததால், இதன் முடிவுகள், நாகாலாந்தில் நடந்த நிகழ்வுகளால் உத்வேகம் பெற்றிருக்கலாம் என்ற யூகத்தை மறுப்பதற்கில்லை. மணிப்பூரை அடுத்துள்ள கிழக்கிந்திய நாகாலாந்தின் தென்பகுதியில் நாகாலாந்தினர் குழு ஒன்று மியான் மருடன் இணைவதில் இது போன்ற கருத்து வேறுபாடுகளைக் கொண்டிருந்தது. 1947-ல் எல். லிங்கோ தலைமையிலான ஒரு தூதுக் குழு இடைக்கால அரசிடம் தங்கள் நிலையைத் தெரிவிப்பதற்காக யாங்கோனை அடைந்தது. ஆனால், அவர்களது வேண்டுகோள் உதாசீனப்படுத்தப்பட்டது.

சில வாரங்களுக்குப் பின், ஜெனரல் ஆங் சாங் தலைமையிலான இடைக்கால அரசு, அதன் பின்னர் உருவாக இருந்த பர்மியக் கூட்டாட்சிக்கு வழிகோலும் வகையில், கச்சின், ஷான் மற்றும் சின் சமூகத்தினருடன் வரலாற்றுச் சிறப்பு மிக்க பங்லாங் ஒப்பந்தத்தில் கையெழுத்திட்டது. இந்த இனச் சிறுபான்மையினருக்குக் கணிசமான தன்னாட்சி வழங்கப்பட்டு அரசாங்கத்தில் பங்கு கொள்ளவும்கூட அனுமதி தரப்பட்டது. ஒரு மாதத்துக்குப் பின், சோம்ரா பிரதேசத்தில் இருந்து சென்ற மற்றொரு தூதுக்குழு அரசிடம் வேறொரு மனுவைச் சமர்ப்பித்தது. அந்த மனுவில், நாகா மலை மாவட்டங்கள்

ஒன்றியத்தின் ஒரு பகுதியாக இணைய விரும்பவில்லை; பர்மியக் கூட்டாட்சி அனைத்து தேசிய இனத்தாரின் உண்மையான ஒன்றியமாக கச்சின், ஷான் போன்ற இதர சிறுபான்மையினர்களுக்கு அளிக்கப்படும் அதே அந்தஸ்து வழங்கப்பட்டால் மட்டுமே நாகாலாந்தினர்கள் பர்மாவில் தொடர்ந்து வசிக்க உடன்படுவார்கள் என்றும் வெளிப் படையாகக் கூறப்பட்டிருந்தது. அடுத்த வருடம் ஜெனரல் ஆங் படுகொலை செய்யப்பட்டார்.

பங்க்லாங் ஒப்பந்தம் கிடப்பில் போடப்பட்டது.

நாகாலாந்து தலைவர்கள் அனைத்துக் கிராமங்களையும் ஒருங்கிணைத்து ஒரு வலுவான இயக்கத்தைக் கட்டியமைக்க விரும்பினார்கள். ஆனால், தாண்டுவதற்குக் கடினமான தடைகள் இருந்தன. கிழக்குப் பகுதி எல்லாவிதத்திலும் வனாந்தரமான எல்லைப்புறமாக இருந்தது. கிராமங்களுக்கிடையே போர் சகஜமாக இருந்தது. அவற்றுக்கிடையே சாலைத் தொடர்பு இல்லாமல் இருந்தது. எந்த அரசும் இந்தப் பகுதியில் அதிகாரம் செலுத்த இயலாமல் இருந்தது. சம்ஜன் மற்றும் சிம்போவின் செல்வாக்கு பங்கிமி பகுதியில் மட்டுமே செல்லுபடி ஆனது. பங்க்மி பகுதி அருணாச்சலப் பிரதேசத்தின் சங்லாங்கில் இருந்து மியான்மர் நாட்டு ஹீக்வாங் பள்ளத்தாக்கை எல்லையாகக் கொண்ட கிராமங்கள்வரை விரிந்திருந்தது.

இதுபோல சேம்ரா பகுதியில் தொடங்கிய முன்முயற்சிகள் வடக்கில் உள்ள ஒரு லைனாங் கிராமங்களை மட்டுமே சென்று சேர்ந்தன. 1950களில் கிராமங்களில், ராணுவம் எப்போதாவது நிகழ்த்திய படையெடுப்புக் களைத் தவிர்த்து, எதுவும் நடக்கவில்லை. இருந்தாலும் 1960களில் மியான்மரில் நடந்த சில நிகழ்வுகள் நாகாலாந்தினர்களை உறுதியான நடவடிக்கையில் இறங்கும்படித் தூண்டியது. 1962-ல் ஜெனரல் நீ-வின் ஒரு ராணுவப் புரட்சி நடத்தி மியான்மரில் நடந்து வந்த மக்கள் ஆட்சிக்கு ஒரு முற்றுப்புள்ளி வைத்தார்.

ராணுவம் புதிதாக அரசியல் கட்சிகள் தொடங்கத் தடை விதித்ததோடு தேசிய ஒருமைப்பாட்டுக்காக, புத்த மதத்தை அரசாங்க மதமாக வளர்த்தெடுக்கும் பிரதமர் யூ நுவின் முந்தைக் கொள்கையை வலியுறுத்தியது. இந்த மாற்றங்கள் தங்கள் கோரிக்கைகள் கேட்கப்படும் என்ற நம்பிக்கையை இழந்து நின்ற கிறிஸ்தவர்களான மலை வாழ் பழங்குடியினரை கோபமூட்டியது. புதிய தீவிரவாத இயக்கங்கள் தோன்றின. ஏற்கெனவே இருந்த இயக்கங்கள் அரசுக்கு எதிரான போருக்கு ஆயத்தமாயின.

மியான்மர் ராணுவ அரசு நாகாலாந்தினர்களின் தாயகத்தின் ஒரு பகுதியைப் பிரித்தெடுத்தது. அதனை கச்சின் மாநிலத்துடன்

இணைத்தது. நாகாலாந்தினர்களுக்கான ஒரு தன்னாட்சிப் பகுதியை உருவாக்கும் முடிவு அறிவிக்கப்பட்டது. ஆனால், அதில் ஹகம்டி மற்றும் ஹோமலின் போன்ற முக்கியமான நகர்ப்புறங்களும் கனிம வளம் செறிந்த பகுதிகளும் விடுபட்டிருந்தன. சிம்போவும் தனது கச்சின் பயணம் ஒன்றின்போது மர்மமான சூழ்நிலைகளில் மரணமடைந்தார்.

நாகாலாந்தினர்கள், இந்த நிகழ்வுகள் தங்கள் மண்ணை அபகரித்து தங்களை ஒழிப்பதற்காக ராணுவ ஆட்சிக்கும் கச்சின் இனத்தாருக்கும் இடையிலான ஒரு சதித் திட்டத்தின் வெளிப்பாடாகக் கருதினார்கள். ஆகவே, கச்சினுடனான அவர்களது உறவுகள் கடுமையான அழுத்தத்துக்கு உள்ளாகி 1963-ல் பூசல் ஏற்பட்டது. காப்லங் மற்றும் அவரது தோழர்களால் அமைக்கப்பட்ட நம்யூன் மற்றும் குங்கிட்டுவில் உள்ள பயிற்சி முகாமை கே.ஐ.ஏ. சூறையாடியது. மூத்த நாகாலாந்து தலைவர்கள் சுறுசுறுப்படைந்து போராளிகளை அப்படையில் சேர்க்கும் வேலையைத் தொடங்கியதோடு அமைப்பின் ஆயுதப் பிரிவான தேசியப் பாதுகாப்புப் படைக்கு (என்.டி.எஃப்.க்கு) புத்துயிரூட்டினார்கள்.

இவற்றுக்கெல்லாம் ஒரு சில மாதங்களுக்கு முன்புதான் பள்ளியிலிருந்து வெளியேறிய காப்லாங், இந்த நடவடிக்கையில் தீவிரமாக இறங்கியதோடு, நாகாலாந்தினர் தாயகத்தில் கே.ஐ.ஏ.வின் ஊடுருவலைத் தடுப்பதற்கு நியமிக்கப்பட்ட குழுவுக்குப் பொறுப் பேற்றுக்கொண்டார். ஒரு நாகாலாந்தினர் படையால் விரைவிலேயே கே.ஐ.ஏ. போராளிகளின் ஒரு சிறிய குழுவைத் திடீரெனத் தாக்கிக் கொல்ல முடிந்தது. அவர்களது தலைகள் துண்டிக்கப்பட்டு மிகவும் பாதிக்கப்பட்ட கிராமங்களில் மூங்கில் கழிகளில் மாட்டப்படுவதற்கு எடுத்துச் செல்லப்பட்டன.

அடிக்கடி சண்டை நடந்தது. ஆனால், கே.ஐ.ஏ. மேலும் முன்னேறுவது தடுக்கப்பட்டது. என்.பி.எஃப். அமைப்பு ரீதியாக வலுவாகக் கட்ட மைக்கப்பட்டிருந்தது. ஏனெனில், அந்த அமைப்பின் அடித்தளம் பங்மி பகுதியில் பத்து ஆண்டுகளுக்கு முன்பு அமைக்கப் பட்டிருந்தது. இதன் பலம் இது சேகரித்திருந்த ஆயுதங்களில் இருந்தது. கே.ஐ.ஏ.வின் ஆயுத பலமானது மிகப் பெரிதாக இருந்தது. நேச நாட்டுப் படையினர் மற்றும் ஜப்பானியர் விட்டுச் சென்ற அதிக அளவிலான ரைஃபில் துப்பாக்கிகளும், வெடி மருந்தும் நாகாலாந்தினர்கள் வசம் வந்து சேர்ந்தன.

இந்த நிகழ்ச்சியை நினைவுகூர்ந்து கால்பாங் அதை இப்படி விளக்கினார்: ‘அங்கங்கே சிதறிக் கிடந்த ஆயுதங்களையும், வெடி

மருந்துப் பொருட்களையும் சேரிக்க ஒரு பணிக் குழு போன்ற ஒரு அமைப்பை உருவாக்கினோம். ஆயுத சப்ளை பிஸோவின் என்.என்.சி.யிடம் இருந்து வந்ததாக கே.ஐ.ஏ. சந்தேகித்தது. ஆனால், அவர்கள் நினைத்ததைவிட மோசமான தவறு வேறு இருக்க முடியாது. பிஸோ எங்களுடன் எப்போதுமே தொடர்பு வைத்துக் கொண்டிருக்க வில்லை. ஆனால் எங்கள் பிரதேசம் வழியாக, பயிற்சிக்காக சீனாவுக்குச் சென்ற குழுக்களுக்கும் ஆயுதங்களுக்கும் பாதுகாப்பு வழங்கக் கோரி எங்களிடம் ஆளனுப்பினார். நாங்கள் அவர்களுக்கு உதவினோம்.

இந்தப் பிரச்னை நாகாலாந்தினர்களுக்கு மறைமுகமாகக் கிடைத்த ஒரு நல்வாய்ப்பாக அமந்தது. கே.ஐ.ஏ.விடம் இருந்து வந்த ஆபத்து, சண்டையிட்டுக் கொண்டிருந்த பழங்குடியினரிடையே ஒற்றுமையை வலியுறுத்தி தீவிரமான ஒரு பிரசாரத்தை முன்னெடுக்க எங்கள் கிளர்ச்சியாளர்களுக்கு உதவிகரமாக இருந்தது. முதல் முறையாக தெற்கில் சோம்ரா பகுதியிலிருந்த நாகாலாந்தினர் தலைவர்களும், சுதந்தர இயக்கத்தை நடத்தி வந்த நாகாலாந்தில் இருந்த தலைவர்களும் காப்லாங்கிடம் தொடர்புகொண்டார்கள். அவர்கள் கிராமம் கிராமமாகச் சென்று தலை வேட்டையாடுவதில் உள்ள மூடத் தனத்தையும் ஒற்றுமைக்கான தேவையையும் விளக்கிச் சொன்னார்கள். இதில் ஒரு எளிமையான தர்க்கம் இருந்தது. கச்சின்கள் ஒரு கிராமத்தைத் தாக்கினால் உடனடி உதவி பக்கத்தில் உள்ளவர்களிடம் இருந்துதானே வர முடியும். எனவே அக்கம் பக்கத்தில் இருப்பவர் களுடன் பகைமை பாராட்டுவதில் எந்த அர்த்தமும் இல்லையே.

என்.டி.எப். போராளிகள் பொதுவாக அங்கங்கே சிதறிக்கிடந்தார்கள். பிரச்னைக்குரிய இடத்துக்கு வர அவர்களுக்கு நாட்கணக்கில் ஆகும். ஒற்றுமை குறித்த நேர்மறையான வார்த்தைகளைவிட எதிரி குறித்த அச்சம் நாகா கிராமத்தினரிடையே ஒற்றுமையைக் கொண்டுவந்தது. குறிப்பாக இந்த ஒற்றுமை முயற்சிகள் எதிரிகள் படையெடுக்கும் வாய்ப்பு அதிகம் இருந்த பகுதிகளில் பயன் அளிக்கத் தொடங்கியது. விரைவில், கிராமங்களுக்கிடையிலான கூட்டங்கள் நடத்தப்படத் தொடங்கின. இந்த நடைமுறை புதுப் புது கிராமங்களுக்கு விரிவாக்கப்பட்டது. இந்தக் கிராமங்களின் வரலாற்றுரீதியிலான தனிமை உடைந்து நொறுங்கத் தொடங்கியது. அதற்கு முன் அவை குட்டிக் 'குடியரசு'களாகவும் தாங்களே ஒரு உலகமாகவும் இருந்தன.

இந்த மாற்றம் கிறிஸ்தவ மதம் பரவியதாலும் துரிதமடைந்தது. கிறிஸ்தவ மதத்தை போராளிகள் ஊக்குவித்தார்கள். கிறிஸ்தவம், பொதுவான ஒரு நாகாலாந்து அடையாளத்தை உருவாக்க ஒரு கருவியாகப் பயன்படுத்தப்பட்டது. சிலுவை துப்பாக்கியைத்

தொடர்ந்தது. கொரில்லாக்கள் வழிகாட்டினார்கள். விதிவசமாக, நாகாலாந்தினர்களிடையே பணியாற்றிய முதல் கிறிஸ்தவ மதப் பிரசாரகர்கள் கச்சினில் இருந்து வந்தவர்கள். அவர்கள் பாப்டிஸ்டு திருச்சபையைச் சேர்ந்தவர்கள். அவர்கள் பல பத்தாண்டுகளுக்கு முன்பே தங்களை நிறுவிக் கொண்டிருந்தார்கள்.

பாதிரியார்களும் கூடப் பார்த்து நடக்க வேண்டியிருந்தது — அவர்கள் உள்ளூர் வழக்கத்துக்கு ஏற்ப செயல்பட்டு புரட்சியாளர்களின் எதிர்பார்ப்புகளுக்கு இணங்க நடந்துகொண்டனர். வழக்கத்தில் உள்ள வழக்காறுகள் அல்லது நன்கு வேரூன்றிய பழக்கங்களுக்கு எதிராக மதத்தை நிறுத்தக்கூடாது என்று முடிவெடுத்தனர். தலை வேட்டை குறித்த விமர்சனங்கள் தவிர்க்கப்பட்டன. இதற்கு மேல் மாற்றங்களை இப்போது எதிர்பார்ப்பது ஆபத்தில் முடிந்திருக்கும். இருபது ஆண்டுகளுக்குப் பிறகு நடந்தது இதையே உறுதிப்படுத்தியது.

ஆதரவு பெருகப் பெருக என்.டி.எஃப். ஒரு துடிப்பான அரசியல் அமைப்பின் தேவையை உணர்ந்தது. 1965-ல் கன்வென்ஷன் என்ற பழைய அமைப்பு கலைக்கப்பட்டு கிழக்கு நாகாலாந்தினர் புரட்சிகர கவுன்சில் (ஈ.என்.ஆ.சி.) என்ற அமைப்பு சோம்ரா பகுதியைச் சேர்ந்த விஜோபோ என்ற ஒரு கங்குல் நாகாலாந்தினரைத் தலைவராகவும் காப்லாங்கை உப தலைவராகவும் கொண்டு ஆரம்பிக்கப்பட்டது. இவ்வமைப்பு யாரும் பயணிக்காத திசையில் பயணித்து ஒரு பெரும் நிலப் பரப்பினூடாக வசிக்கும் பல்வேறு பழங்குடி மக்களின் ஆதரவைப் பெற முடிந்தது. அதற்கு மிகச் சமீபத்தில் கே.ஐ.ஏ. போர் நிறுத்தத்துக்காக முயற்சித்து வந்தது. இதனை நாகாலாந்தினர்கள் ஏற்றுக்கொண்டார்கள். பல்வேறு கட்டப் பேச்சுவார்த்தைகளுக்குப் பின் 1968-ல் பகைமையை விட்டொழிப்பதற்கான ஓர் உடன்பாடு கையெழுத்தானது. காப்லாங் கச்சினில் இருந்து வெற்றியுடன் திரும்பி வந்து தலைவர் பொறுப்பை ஏற்றுக்கெண்டார்.

ஈ.என்.ஆர்.சி.க்கு ஆயுதங்களுக்கும் வெடி மருந்துகளுக்கும் உடனடி தேவை இருந்தது. நாகாலாந்தைச் சேர்ந்த அதன் தோழமை அமைப்பு களுக்குப் பயிற்சியும் ஐ.எஸ்.ஐ. மூலம் ஆயுதமும் கொடுத்துவந்த கிழக்கு பாகிஸ்தான் (பின்னர் வங்க தேசம்) ஈ.என்.ஆர்.சி.க்கும் உதவ முன்வந்தது. ஆனால், வங்க தேசம் நெடுந்தூரத்தில் இருந்ததோடு, வடகிழக்கில் உள்ள பாதுகாப்பு அடுக்குகளின் வழியாக பெரிய அளவிலான ஆயுத பார்சலைக் கொண்டு வருவது நடக்காத காரியமாகவும் இருந்தது.

அப்புறம் சீனா உதவியது. அங்கே (யுன்னானில்) நாகாலாந்தில் இருந்து சென்ற படையணிகள் ஏற்கெனவே பயிற்சி பெற்று வந்தன.

ஆனால், அங்கே போவதற்கு கச்சின் வழியாக மாதக் கணக்கில் நடந்து போகவேண்டும். அது கே.ஐ.ஏ.வின் அனுமதியின்றி நடக்காது. 1968-ல் கிழக்கு நாகாலாந்தில் இருந்து கிட்டத்தட்ட நூறு போராளிகளை சீனாவுக்கு அனுப்பி வைக்க ஒரு திட்டம் தயாரானதை நினைவுகூருகிறார், காப்லாங். அவர்கள் தாங்கள் நாகாலாந்தில் இருந்து வந்திருப்பதாகக் கூற வேண்டியிருந்தது. ஆனால், அவர்களது அடையாளம் கண்டுபிடிக்கப்பட்டதும் கே.ஐ.ஏ.வால் திருப்பி அனுப்பி வைக்கப்பட்டனர். போர் நிறுத்தம் ஏற்பட்டு அதற்குப் பின் 1973-ல் கச்சினிடம் ஒரு உடன்பாடு கண்ட பிறகே, ஒரு சிறிய குழு தங்கள் பயணத்தைத் தொடர அனுமதிக்கப்பட்டது. இதற்குப் பிரதியுபகாரமாக, நாகாலாந்தினர்கள் சீனாவில் இருந்து கொண்டு வரும் ஆயுதங்கள் மற்றும் வெடி மருந்துகளில் சிலவற்றை கச்சினுக்குக் கொடுக்க வேண்டிவந்தது.

இந்த உடன்பாடு இரு தரப்பினருக்கும் சாதகமாகச் செயல்பட்டதால், கரன் பிராந்தியம் வழியாக தாய்லாந்தில் இருந்து ஆயுதங்களைக் கொண்டு வர கச்சினுக்கும் நாகாலாந்தினர்களுக்கும் மற்றொரு உடன்பாடும் ஒரு சில மாதங்களுக்குள்ளேயே கையெழுத்தானது. கச்சின் போக்குவரத்து வசதிகளைச் செய்த தர நாகாலாந்தினர் ஆயுதங்களை விலை கொடுத்து வாங்கி அவற்றில் ஒரு பகுதியை கச்சின்களுக்குத் தருவார்கள். விரைவிலேயே இந்தக் கூட்டுக் குழு சியாங் மாய் பகுதியில் கூடாரமிட்டுத் தங்கி, ஒரு மாத காலத்துக்கு மேல் காத்திருந்து கிட்டத்தட்ட நூறு எம்-16 ரைஃபில்களைக் கைப்பற்றியது. இந்த நிகழ்வுகளால் உந்தப்பட்ட கே.ஐ.ஏ. போரிடும் மலைவாழ் பழங்குடியினர்களுக்கு எதிராக பயங்கரமான தாக்குதல் தொடுத்து வந்த ராணுவ ஆட்சிக்கு எதிரான ஓர் புரட்சி குழுக்களின் கூட்டணியில் நாகாலாந்தினர்களைச் சேர்க்க விரும்பியது.

நாங்கள் கடந்து சென்ற மலைகளில் இருந்த ஒரு கிராமத்தில் ஒரு முதியவர் எப்படி கச்சின் சொன்ன கருத்து விவாதிக்கப்பட்டு, இ.என்.ஆர்.சி. கலைக்கப்பட்ட பின் 1872-ல் உருவான கிழக்கிந்திய நாகாலாந்தினர்களின் தேசிய கவுன்சில் (இ.என்.என்.சி.)யின் கருத்து இறுதியில் ஏற்றுக்கொள்ளப்பட்டது என்பதை நினைவுகூர்ந்தார். இங்கேயும் துணைத் தலைவராக இருந்த காப்லாங் கே.ஐ.ஏ.வின் நோக்கங்கள் அவ்வமைப்பு சுதந்தரத்துக்காக அல்லாமல் ஒரு கூட்டாட்சிக்காக போராடுவதால், வேறுபட்டவை என்ற மூத்தவர் களின் கருத்தை எதிரொலித்தார். இந்த வாய்ப்பு மறுக்கப்பட்டு, பாதுகாப்புக்கான உடன்படிக்கை தொடர்பான மாற்றுத் திட்டம் ஒன்று முன்வைக்கப்பட்டது. இந்த உடன்படிக்கை கையெழுத்திடப்படா

விட்டாலும், எப்போதாவது நடந்த அசம்பாவிதங்களைத் தவிர்த்து இரு தரப்பினருக்கும் இடையிலான உறவுகள் நிலையாக நீடித்தது.

இதற்கிடையில், நாகாலாந்தின் மறு பக்க எல்லையில் நிலைமை மோசமானது. இதற்குக் காரணம், அரசுக்கும் போராளிகளுக்கும் இடையிலான அமைதி முயற்சிகள் தோல்வியுற்றதுதான். நாகாலாந்தினர் தேசிய கவுன்சில், 1963-ல் புதிதாக உருவாக்கப்பட்ட நாகாலாந்து மாநிலத்தை இந்திய அரசாங்கத்தின் 'பொம்மை அரசு' என்று வர்ணித்தது. ஒரு ஆண்டு கழித்து தொடங்கப்பட்ட அமைதிப் பேச்சுவார்த்தை என்.என்.சி.க்கும் அரசாங்கத்துக்கும் இடையிலான போர் நிறுத்த ஒப்பந்தத்தை அமல்படுத்தியது. ஆனால், 1972 வரையே அது நீடித்தது. பாதுகாப்புப் படைகளோடு கூடுதல் பட்டாலியன்கள் வரவழைக்கப்பட்டு தீவிரவாதத்துக்கு எதிரான தாக்குதல் நடவடிக்கைகள் அதிகரிக்கப்பட்டன. தீவிரவாதிகள் பாதுகாப்பான மறைவிடங்களைக் கொண்டிருப்பது அவசியமானது. அதற்குக் கிழக்கு நாகாலாந்து மிகவும் சரியான இடமாக இருந்தது.

1960களின் தொடக்கத்தில் இருந்து கவுன்சில் கிழக்கு நாகாலாந்துக்கு அணிகளை அனுப்பத் தொடங்கியதோடு, இ.என்.என்.சி.யின் அடித்தளப் பகுதியின் தென்புறத்தில் அமைந்துள்ள கியாம்னியயங்கன் நாகாலாந்தினர்கள் ஆதரவைப் பெறுவதில் வெற்றி பெற்றது. படிப்படியாக அந்த ஆதரவுத் தளம் லைனாங் பகுதிக்குப் பரவி, தலைமறைவுப் போராளிகளுக்கு மிகவும் தேவையான நிம்மதியை அளித்தது.

லண்டனில் இருந்தபடியே பிஸோ இந்த இயக்கத்துக்குத் தொடர்ந்து வழிகாட்டி வந்தார். நாகாலாந்தின் செயற்பாட்டுத் தளத்தில் அவர் இல்லாமல் போனது, இந்த இயக்கத்தைப் பலவீனப்படுத்தவில்லை. அதில் இருந்து ஒரு குழு பிரிந்து பொது வாழ்வுக்குத் திரும்பியது. ஆனால், அதற்கும் அதிகமான போராளிகள் சுதந்தரத்துக்காகப் போராடக் காத்திருந்தனர். 1975வரை எந்தப் பிரச்னையும் இல்லாமல் இருந்தது. அந்த ஆண்டு, அரசுடன் ஷில்லாங் ஒப்பந்தத்தில் கையெழுத்திடுவதற்காக, மூத்த செயற்பாட்டாளர்களின் ஒரு பிரிவினர் எடுத்த முடிவினால் கவுன்சிலுக்கு பெரிய பின்னடைவு ஏற்பட்டது. ஐந்து என்.என்.சி நிர்வாகிகளால் கையெழுத்திடப்பட்ட இந்த ஒப்பந்தம், நிபந்தனையின்றி இந்திய அரசியல் அமைப்புச் சட்டத்தை ஏற்றதோடு, ஆயுதங்களை விட்டுத் தரவும் ஒத்துக் கொண்டார்கள்.

பிஸோ இந்த ஒப்பந்தத்தைக் கண்டிக்கவில்லை. இதனால் சமரசம் செய்துகொள்ள மனம் இல்லாமல் இருந்த புரட்சிகரப் போராளிகளின் கோபம் அவர் மேல் குவிந்தது. அவர்கள் இந்திய ஒன்றியத்தில் இருந்து சுதந்தரம் அடைவதற்குக் குறைவான எதையும் ஏற்கவில்லை.

கவுன்சிலின் மூத்த நிர்வாகிகளில் ஒருவரான கோலே கோன்யாக், இந்த ஒப்பந்தம் பற்றி செய்தி வெளிவந்தபோது ஒரு பெரிய குழுவுடன் சீனாவில் இருந்தார். அவருடன் யுன்னான் மாகாணத்தில் இருந்த ஜியுங்கலெங்க் முய்வாவும், ஐசக் சிசி ஸ்வூவும் தங்கள் எதிர்ப்பைப் பதிவு செய்து உடனடியாக பிஸோவுக்கு ஒரு கடிதம் எழுதினார் என்று தனது 'நினைவுக் குறிப்புகளில்' கோலே எழுதியிருக்கிறார்.

சீனத் தலைவர்களின் அரவணைப்பில் இருந்த ஐசக்கும் முய்வாவும் நாகா தலைவர்கள் இந்தியாவுடன் செய்துகொண்ட ஒப்பந்தத்தால் அவமானப்படுத்தப்பட்டதாக உணர்ந்தனர். ஆனால், அவர்கள் புரட்சிகர இயக்கங்களில் இது போன்ற நிகழ்வுகள் சாதாரணமானவை என்று கோன்யாக் மற்றும் இதர போராளிகளிடம் சொன்னார்கள். இந்தக் குழுவின் சுதந்தர தாகத்துக்கு சீனா எப்போதும் உதவும் என்றும் பர்மாவில் தளங்களை ஏற்படுத்தி புதிதாகத் தொடங்கலாம் என்றும் அவர்களுக்கு உறுதியளிக்கப்பட்டது. ஒரு சில மாதங்களுக்குப் பின் அவர்கள் நாகாலாந்துக்குத் திரும்பினார்கள். எனினும், ஒப்பந்தத்தை ஆதரித்தவர்களுக்கும் ஆதரிக்காதவர்களுக்குமிடையிலான இடைவெளி மறைய வாய்ப்பே இல்லாமல் இருந்தது.

இதற்கிடையில் இ.என்.என்.சி.யின் தலைவரான காப்லாங், இயக்கத்தை வலுப்படுத்த கவுன்சிலுடன் இணைந்து செயல்படத் தீர்மானித்தார். இன்னும் அதிகமான கொலைகளையும், தவிர்க்க இயலாததாக மாறிப்போன பிளவையும் தடுப்பதே அவரது குறிக்கோளானது. அவர் ஷில்லாங் ஒப்பந்தத்துக்கு எதிர்ப்பு தெரிவித்தாலும், அதன் பேரிலான தனது கருத்தைக் கூறவேயில்லை. பிஸோவின் அனுமதிக்குப் பின் கவுன்சிலுடன் இ.என்.என்.சி. இணைந்த நிலையில், 1979-ல் காப்லாங் இதன் தலைவரானார். ஆனால், இந்த வேலை சொல்ல எளிதாக இருந்ததே தவிர, செயல் படுத்துவது கடினமாக இருந்தது. மூத்த தலைவர்களான, பொதுச் செயலாளர் துயிங்கலெங் முய்வாவும், துணைத் தலைவர் ஐசக் சிசி ஸ்வூவும் ஒப்பந்தத்தை நிராகரித்த காரணத்தால், ஆயுதப் பிரிவால் வீட்டுக் காவலில் வைக்கப்பட்டனர். காப்லாங் அவர்களை விடுவிக்கக் கோரினர். அவரது கோரிக்கைக்கு, அவர்களது வீட்டுக் காவலுக்கு எதிரான தனது கருத்தை ஏற்கனவே வெளிப்படுத்திய கோலேவும் ஆதரவளித்தார். திட்டப்படி இரண்டு தலைவர்களுக்கு மரண தண்டனை கிடைத்திருக்கும். ஆனால், அதிருஷ்டவசமாக, அவர்களை விடுவிக்குமாறு ராணுவப் பிரிவுக்கு அழுத்தம் தரப்பட்டது. அவர்கள் நூற்றுக்கணக்கான கிலோ மீட்டர் தொலைவில் இருந்த, ஒரு ஒதுங்கிய கிராமத்துக்குக் கொண்டு செல்லப்பட்டனர். அங்கே,

காப்லாங்கும் கோலேவும் அவர்களின் வருகைக்காக ஆர்வத்துடன் காத்திருந்தனர்.

இரண்டு மாதங்களுக்குப் பிறகு, கவுன்சிலுக்கு மாற்று ஒன்றை தேடிக் கொண்டிருந்த பல மூத்த நிர்வாகிகள், எதிரிகளின் கொள்ளிக் கண்களுக்கு அப்பால் மியான்மரில் உள்ள பட்காய் மலைத் தொடரில் உள்ள தியாங்பாவுக்கு நடைபயணம் சென்றார்கள். நாட்கணக்கிலான விவாதத்துக்குப் பின், இந்தியாவிலும் மியான்மரிலும் உள்ள தொடர்ச்சியான நாகா பகுதிகளின் சுதந்தரத்தை வென்றெடுக்கும் நோக்கத்துடன் நாகாலாந்து தேசிய சோஷலிஸ்டுக் கவுன்சில் (என்.எஸ்.சி.என்) 1980ஆம் ஆண்டு ஜனவரி 31ஆம் தேதி தொடங்கப் பட்டது. முதல் முறையாக, கிழக்கு சரகமும் மேற்கு சரகமும், ஒரே தலைமையின் கீழ் கொண்டு வரப்பட்டன. தலைவராக ஐசக் சிசி ஸ்வூவும், துணைத் தலைவராக காப்லாங்கும் இருக்க துயிங்கலெங் முய்வா பொதுச் செயலாளராக இருந்ததால் இது 'மூவர் கூட்டணி' என்று அழைக்கப்பட்டது. ராணுவப் பிரிவின் பொறுப்பு கமாண்டர்-இன்-சீப் ஆக இருந்த துங்போவிடம் ஒப்படைக்கப்பட்டு கோலே அதன் துணைத் தளபதியானார். ஒரு கிளோன்சர் அல்லது அமைச்சர் தலைமையில் தனித்தனி அமைச்சகங்கள் கொண்ட நாகாலாந்து மக்கள் குடியரசின் அரசாங்கத்தை அமைக்க முடிவெடுக்கப்பட்டது.

இந்தக் கூட்டமைப்பு நன்றாகச் செயல்பட்டதுடன் முடிவுகள் ஊக்க மூட்டுவதாக அமைந்தன. 1985ஆம் ஆண்டளவில் இவ்வமைப்பு நாகாலாந்தில் இணை அரசாங்கம் ஒன்றை நடத்தியதுடன் மணிப்பூர் மற்றும் அருணாச்சலப் பிரதேசத்தின் நாகா பகுதிகளிலும் கணிசமான அதிகாரம் செலுத்தியது. கிழக்குச் சரகத்தில் தெற்கு நோக்கி விரைவில் பரவியது. என்றாலும், ஒரு புதிய அமைப்பு உருவானது. அது கவுன்சிலுடன் சண்டைக்கான முகாந்திரமானது. உண்மையில் இந்த அமைப்பு உருவாவதற்கு சில வாரங்களுக்கு முன்பு, மியான்மரில் உள்ள ஹாசிக் என்ற இடத்தில் நிகழ்ந்த ஒரு தாக்குதலில் பல என்.என்.சி. நிர்வாகிகள் கொல்லப்பட்டனர். பதிலடி நிச்சயம் என்று தெரிந்தது. இனி நேரமில்லை. ஆகவே, என்.என்.சி.என். தீவிரமாக நிதி ஆதாரங்கள், துப்பாக்கிகள் மற்றும் போராளிகளைச் சேகரிக்கத் தொடங்கியது. நாகாலாந்தின் அங்காமி மற்றும் சாகேசங் பகுதிகளில் கவுன்சிலுக்குச் சவால் விடுவது வீண் முயற்சியாக இருந்தது. அங்கே கவுன்சில் நன்கு வளர்ந்திருந்தது. ஆகவே, கிழக்கு நாகாலாந்தில் கிளீன்-அப் நடவடிக்கை எடுக்கப்பட்டாக வேண்டும். என்.எஸ்.சி.ன் ஒரு கொலைத் திட்டத்தைச் செயல்படுத்தத் தொடங்கியது. விரைவில், பிஸோவின் ஆட்கள் இருப்பதற்கான தடயங்கள் இருந்த கிராமங்களும் மறைவிடங்களும் சூறையாடப்பட்டு, தீக்கிரையாக்கப்பட்டன.

இதற்கு முன்பு, நாகாலாந்தினர்களிடையே இது போன்ற பெரிய அளவிலான படுகொலைகள் எப்போதும் நடந்ததில்லை. கியாம்னியங்கள் பிரந்தியத்தில் உள்ள ஒரு கிராமத்தில் நிகழ்ந்த ஒரு சம்பவத்தில் பெண்களும் குழந்தைகளும்கூடத் தப்பவில்லை. மற்றொரு சம்பவத்தில், கவுன்சில் வலுவாகக் காலூன்றியிருக்கும் பகுதி ஒன்றில் தாக்குதல் தொடுக்க 300 பேர் கொண்ட என்.என்.சி.என். அணி ஒன்று செல்வதாக செய்தி கசிந்தது. பாதுகாப்புக்காக மூன்று கிராமங்கள் ஒன்றாக இணைந்து நின்றன. அகழிகள் தோண்டப் பட்டன; கண்ணிகள் போடப்பட்டன; எதிரிகளுக்கு எதிராக படை திரண்டு முன்னேறி நின்றது. அதன்பின் நடந்த சண்டைகளில் இரு தரப்பிலும் பெருமளவிலான உயிர்ச்சேதம் உண்டாக்கப்பட்டது. இந்தச் சண்டை ஒரு நாள் முழுக்க நடந்தது. என்.என்.சி.என்.இன் கமாண்டர்-இன்-சீப் துங்போ இந்தத் தாக்குதலுக்குத் தலைமை தாங்கினார். இறுதியில், நெற்றியில் துப்பாக்கிக் குண்டைத் தாங்கி இறந்து கிடந்தார். இதர பல மூத்த அதிகாரிகள்கூடக் கொல்லப் பட்டனர். என்.என்.சி.என்.னின் அதிகாரிகளிடையே குழப்பம் இருந்தது. விரைவில், கோலே, ராணுவப் பிரிவின் தலைவராக பதவியேற்று, போர்த் தளவாடங்களுக்குப் புத்துணர்வு அளிக்குமாறும், கவுன்சிலுக்கு எதிராகப் புதிய தாக்குதல்களைத் தொடங்குமாறும் கேட்டுக் கொள்ளப்பட்டார்.

என்றாலும் கோலே ஆணைகள் பிறப்பிக்கத் தயங்கினார். துங்போ கொல்லப்படுவதற்குக் கிட்டத்தட்ட இரண்டு ஆண்டுகளுக்கு முன்பே, சகோதரத்துவ கொலைகளில் முடியும் எந்தத் தாக்குதலிலும் எந்த கோன்யாக்கும் பங்கெடுக்கமாட்டார்கள் என்று அறிவித்திருந்தார். ஆனால், தாக்குதல்கள் தொடர்ந்தன. இந்தப் படுகொலைகளுக்கு ஒரு முற்றுப்புள்ளி வைக்க அவரால் முடியவில்லை. மேலும், துயிங்கலெங் முய்வா விதையிட்ட சில மோசமான கொள்கைகளையும் என்.என்.சி.என். நடைமுறைப்படுத்தத் தொடங்கியது.

இந்தப் பகுதியில் மியான்மர் ராணுவம் அதிக அளவில் வந்திறங்கிய தோடு, தான் ராணுவத்தை நிறுத்தியுள்ள இதர மலை மாநிலங்களைப் போலவே, கடினமான வேலைகளைச் செய்யுமாறு உள்ளூர் ஆட்களைக் கட்டாயப்படுத்தியது. அவ்வப்போது, கிராமத்தினர், பளு தூக்கவும், பொருள்களுக்கு ஏற்பாடு செய்யவும், கட்டுமான வேலையில் ஈடுபடவும் ஆணையிடப்பட்டனர். குறிப்பாக, லைனாங் நாகாலாந்தினர் கிராமங்களைப் பொறுத்தவரை இது உண்மையாக இருந்தது. உடனடியாக என்.என்.சி.என். அவர்களை வேலை செய்ய வேண்டாமென்று ஆணையிட்டது. கொஞ்ச காலம் அவர் ஒத்துக் கொண்டார்கள். ஆனால், ராணுவத்தின் அதிகரித்துக் கொண்டே வந்த

கோரிக்கைகளை உதாசீனம் செய்வது படிப்படியாக முடியாத காரியம் என்றானது.

தலைமையின் கட்டளையை மீறியதற்காக அவர்கள் பேரில் என்.என்.சி.என். பழி வாங்கல் நடவடிக்கையை எடுக்கும் என்பது மக்களுக்குத் தெரிந்திருந்தது. ஆனால், மியான்மர் ராணுவம் சொல்வதைக் கேட்காவிடில் அதுவும் தாங்கமுடியாத வன்முறையைக் கட்டவிழ்க்கும். பதிலடி என்றால் கொலைகள், கிராமத்து தானியக் கிடங்குகளைத் தீயிட்டு எரிப்பது, தப்பித்து மலைகளில் தஞ்சம் புகுவது என்று அர்த்தம்.

மேலும், அவர்கள் என்.என்.சி.என்.னுடன் மனக்குறை கொள்வதற்கு ஒரு கூடுதல் காரணமும் உண்டு. சில வாரங்களுக்கு முன்ப நாங்கள் தங்கியிருந்த ஒரு பங்க்மி கிராமத்தில், மியான்மர் ராணுவத்துக்கு உதவி செய்தவர்கள் மேல் அசாதாரணமான அபராதங்களை என்.என்.சி.என். விதித்தது என்று ஒரு முதியவர் கூறினார். லைனாங் நாகாலாந்தினர் களை மேலும் கோபப்படுத்திய விஷயம் அவர்களைக் கிறிஸ்தவ மதத்துக்குக் கட்டாயமாக மாற்ற எடுக்கப்பட்ட முயற்சிகள். கிராமங்கள் ஒட்டுமொத்தமாகப் புதிய மதத்தைக் கடைப்பிடிக்குமாறு ஆணையிடப்பட்டது. மதுக் கலயங்கள் உடைக்கப்பட்டன. ஆண்கள் தங்கள் பாரம்பரியப்படி நீண்ட தலைமுடி வைத்துக் கொள்வது தடை செய்யப்பட்டது. ஒரே இரவுக்குள் புதிய ஒரு புதிய கலாசாரச் சூழல் திணிக்கப்பட்டது. அது மோசமானதாக மட்டுமல்லாமல் அவர்களுக்கு ஒவ்வாததாகவும் இருந்தது. முடிவில், பொறுத்தது போதும் என்ற முடிவுக்கு அவர்கள் வந்தார்கள்.

என்னுடன் பேசிய ஒரு நாகாலாந்து முதியவர் ஒரு விஷயம் சொன்னார். 1983ஆம் ஆண்டு கடைசியில், ஷோலவ் கிராமத்தில் இருந்து சென்ற ஒரு தூதுக் குழு மியான்மர் ராணுவத்தைச் சந்தித்தது. அவர்களுக்கு துப்பாக்கிகளும், வெடி மருந்துப் பொருட்களும் அளிக்கப்பட்டன. அவர்களது முதல் குறியான பசங்கியிங்கில் இருந்த என்.என்.சி.என். முகாம் அழிக்கப்பட்டது. மூன்று போராளிகள் சுட்டுக் கொல்லப்பட்டனர். இது போன்ற சம்பவங்கள் இன்னும் பல பகுதிகளில் நிகழ்ந்தன. இதனால் என்.என்.சி.என். சில கிராமங்களைத் தேர்வு செய்து பதிலடி கொடுத்தது. சில தாக்குதல்களில், துப்பாக்கிச் சண்டைகள் ஒரு நாள் முழுக்க நீடித்தது. மற்ற சிலவற்றில், ஒரு மணி நேரங்களிலேயே மொத்த நடவடிக்கையும் முடிவுக்கு வந்தது. வெற்றி பெற்றவர் தோற்கடிக்கப்பட்டவரின் தலைகளோடு திரும்பி வருவார். இதனால் மரணமும் அழிவும் மிஞ்சின. இந்நிகழ்வு என்.என்.சி.என்.னில் இருந்த கோன்யாக்குகள் சமாதானத்துக்கான ஒரு திட்டத்தைத் தீட்டக் காரணமானது. அவர்கள் லைனாங்

நாகாலாந்தினர்களைப் போர் நிறுத்தம் அறிவிக்க ஒத்துக்கொள்ள வைத்தார்கள். அவர்களது ஆயுதங்களையும் ஒப்படைக்கக் கூறியதால் அவர்கள் அரை மனதுடன் ஆயுதங்களை ஒப்படைத்தார்கள்.

அமைதி அதிக காலம் நீடிக்கவில்லை. கொலைகாரக் குழுக்கள் அட்டூழியத்தில் ஈடுபட்டதால் கொலைகள் நடந்துகொண்டே இருந்தன. லைனாங் நாகாலாந்தினர்களிடையே உள்ள கிளர்ச்சியாளர் களை முழு மூச்சுடன் தீர்த்துக் கட்டி வந்த மேற்குப் பிராந்தியத்தைச் சேர்ந்த ஒரு சில அதிகாரிகளின் செயல்கள் கோன்யாக் மற்றும் பங்க்மி இனப் போராளிகளை அச்சுறுத்தின. இவ்வனைத்து அநியாயச் செயல்களும் இரண்டு பிராந்தியங்களையும் சேர்ந்த செயல்பாட்டாளர் களிடையே இரண்டு வருடங்களாகக் கனன்று கொண்டிருந்த மௌனத் தீக்கு எண்ணெய் வார்த்தது போலானது. இந்திய அரசாங்கத்துடன் பேச்சுவார்த்தை நடத்துவதற்கான வாய்ப்பு குறித்து ஆய்வு செய்ய வேண்டுமென்ற பொதுச் செயலாளர் முய்வாவின் கருத்தைத் தொடர்ந்து பிளவு மேலும் அதிகரித்தது என்று காப்லாங் கூறினார்.

புது தில்லியுடனான பேச்சு வார்த்தை அல்லது ஒரு ஒப்பந்தத்தின் மூலம் தங்களுக்கு எந்தப் பலனும் கிடைக்கப் போவதில்லை என்று கிழக்கத்திய தலைவர்கள் புரிந்துகொண்டனர். எல்லாவற்றுக்கும் மேல், இது இறையாண்மைக்கான இலக்கில் இருந்து விலகிப் போவதாக ஆகாதா?

1988ஆம் ஆண்டளவில், இந்த நிலைமை ஒரு முக்கியமான ஒரு கட்டத்தை எட்டியது. முய்வாவை ஆதரித்த போராளிகள் இந்திய அரசாங்கங்களுடன் பேச்சுவார்த்கைதள் நடத்துவதை ஆதரித்துத் தீர்மானம் ஒன்றை நிறைவேற்ற கூட்டம் கூட்டப் போவதாகச் செய்தி பரவியது. காப்லாங் தலைமையிலான எதிரி முகாம் பேச்சுவார்த்தை கள் எங்கே நடக்கும் எனத் தெரிந்து வைத்திருந்தது. 30.04.1988 அன்று ஐசக், முய்வா, இவ்விருவரின் ஆதரவாளர்கள் கூடியிருந்த ஹான்செங்குக்கு அருகில் இருந்த ஒரு இடத்தை காப்லாங்குக்கு விசுவாசிகளான கோன்யாக், பங்க்மி இனத்தைச் சேர்ந்த போராளிகள் சூழ்ந்து கொண்டார்கள்.

தாக்குதல் தொடங்கியது அதிகாலை நேரத்தில். நாகாலாந்தினர்களின் வரலாற்றில் இந்த நாள் மிகக் கொடூரமான நாட்களில் ஒன்றாகிப் போனது. மதிய நேரத்தில் கிட்டத்தட்ட நூறு போராளிகள் இறந்து கிடந்தனர். இவர்களில் பெரும்பாலானவர்கள் முய்வா முகாமைச் சேர்ந்தவர்கள். ஐசக்கும் முய்வாவும் மயிரிழையில் உயிர் தப்பினர்கள். முய்வா, உல்ஃபா இயக்கத்தவரால் காப்பாற்றப்பட்டு, நாகாலாந்துக்குள்

நுழையப் பாதுகாப்பான தருணம் வரும்வரை அஸ்ஸாமில் உள்ள மார்கெரிட்டாவில் மறைவிடத்தில் இருந்தார்.

உல்ஃபாவைத் தவிரவும், பி.எல்.ஏ., யூ.என்.எல்.எஃப். மற்றும் பிரெபாக் போன்ற என்.என்.சி.என். இதர கூட்டாளிகளும் கொலைகளால் குழப்பத்தில் ஆழ்ந்தனர். அவர்கள் மோதலைத் தடுக்க எண்ணினாலும், தோல்வியுற்றுத் திரும்பினர். இந்த மோதலுக்குப் பிறகு குழுக்கள் ஏதாவது ஒரு பக்கத்துக்கு ஆதரவளிக்கத் தயங்கின. ஏனெனில், அவர்கள் அவ்வாறு ஆதரவளிப்பது காலப்போக்கில் எதிர் விளைவுகளை ஏற்படுத்தும் என்று நினைத்தனர். பரேஷ் பரூவா, இந்த மோதல் பற்றிய செய்தி கிடைத்தபோது தாம் கச்சினில் இருந்து திரும்பி வந்து கொண்டிருந்ததாகச் சொன்னார். டாக்காவுக்கு முன் வந்த ஒரு கிராமத்தில் தனது பயணத்தை முடித்துக்கொண்டார். முதலில் அவருக்கு என்ன செய்வதென்ற தெரியவில்லை. இறுதியில், உல்ஃபா காப்லாங்குடன் கை கோர்த்தது. ஏனெனில், மியான்மரில் உள்ள அடித்தளம் இவ்விரு தரப்புக்கும் முக்கியமானதாக இருந்தது. முய்வாவைத் தப்பிப் பிழைக்கவைத்து அவரை அஸ்ஸாமுக்குக் கொண்டு செல்லும் முடிவு தனக்குத் தெரியாமல் 'உல்ஃபா செயற் பாட்டாளர்களில் ஒரு பிரிவினரால் எடுக்கப்பட்டது' என்று பரூவா கூறுகிறார்.

இந்த மோதல் குறித்த சில வினாக்கள் இன்னும் விடையில்லாம லேயே இருந்தன. ஐசக்கும் முய்வாவும் புது தில்லியுடன் பேச்சு வார்த்தைகளைத் தொடங்க அவ்வளவு ஆர்வமுடன் இருந்தார்கள் என்றால், பிளவுக்குப் பின் உடனடியாக அரசாங்கத்துடன் அமைதிப் பேச்சுவார்த்தை நடத்துவதைத் தடுத்தது எது? முய்வாவின் அணி 1996-ல்தான் போர் நிறுத்தத்துக்கான தூதர்களை அனுப்பிவைத்ததாக அரசு அதிகாரிகள் சொல்கிறார்கள். அயல் நாடுகளில் உள்ள இடங்களில் கூட்டங்கள் நடத்தப்பட்டதோடு, ஒரு வருடம் கழித்து ஒப்பந்தம் கையெழுத்தானது. முய்வாவுக்கு விசுவாசமாக மூத்தப் போராளிகள், தான் இந்திய அரசாங்கத்துடன் பேச்சு நடத்தப் போவதாகக் கூறிய காப்லாங்கின் கருத்துகளைப் புறந்தள்ளினார்கள். அதற்குப் பதிலாக அவர்கள் அதனை அமைப்பு தொடங்கப்பட்ட 1980க்குப் பிறகு வந்த அதிகாரப் போராட்டத்தின் விளைவாகக் கருதுகிறார்கள்.

படை ஒத்திகைகள் மீண்டும் ஒரு முறை நடந்தன. இரு தரப்பினரும் மற்றொரு சுற்றுத் தாக்குதலுக்குத் தயாராகத் தொடங்கினர். இவ்வாறாக, என்.என்.சி.என்.னின் ஐ.எம். (ஐசக்-முய்வா) மற்றும் (கே) காப்லாங் பிரிவுகள் தோன்றின. இரண்டு பிரிவுகளுமே, ஆதிப் பெயரான ஜி.பி.ஆர்.என். என்ற பெயரில் அரசாங்கங்களை மீண்டும்

உருவாக்கின. ‘கே’ பிரிவு கிழக்கு நாகாலாந்து, நாகாலாந்தில் உள்ள கோன்யாக் மற்றும் சேமா இனத்தாரிடையே மேற்குச் சரகத்தின் சில பகுதிகளில் மற்றும் அருணாச்சலப் பிரதேசத்தில் தங்க்சா பகுதியில் ஆழ வேரூன்றியது.

ஐ.எம். பிரிவானது வடகிழக்குப் பகுதியிலேயே மிகப் பெரிய, சிறந்த அமைப்பாக ஆன ஒரு அமைப்புக்கு அடித்தளமிட்டது. காப்லாங் என்.என்.சி.என்.(கே)வின் தலைவர் பதவியை ஏற்றதோடு அரசாங்கத்தின் அதிபராகவும் ஆனார். கோலே, ராணுவத்தின் தலைமைத் தளபதியானார். ஆனால், காப்லாங்கின் கவலைகள் தீர்ந்தபாடில்லை. நாகாலாந்தினர்கள் வசித்த கிராமங்களில் மியான்மர் ராணுவம் நடத்தி வந்த தாக்குதல்களும், கேட்டு வந்த வரி வசூலும் அதிகரித்தது. அவர்கள், கூடுதல் துருப்புக்களைக் கொண்டு வரத் தேவைப்படும் பாசறையைக் கட்டுவதற்காக தொடர்ந்து கட்டாயமாக வேலை வாங்கத் துவங்கினர். அவர்களது அட்டூழியங்களைத் தடுத்து நிறுத்தி அவர்களுக்கெதிராக ஒரு தாக்குதலைத் தொடங்கக் கூடுதலான வசதிகள் தேவைப்பட்டன.

அதேநேரம், உள்ளூர் மக்களின் ஆதரவையும் நம்பிக்கையையும் மீண்டும் பெறுவதற்கும், சமீபத்திய சம்பவங்கள் விளைவித்த தனிமைப்படுத்தல் உணர்வை நீக்கவும், சிறந்த ஒரு வாய்ப்பாக இருந்தது அது. மீண்டும், ஒரு முறை ஒற்றுமைக்கான ஒரு முயற்சி தொடங்கப்பட்டது. இந்த முறை, மியான்மர் ராணுவம் பொது எதிரியாக முன்னிறுத்தப்பட்டது. ஜி.பி.ஆர்.என். கடந்த காலத் தவறுகளைத் திரும்பவும் செய்யாமல் கவனமாக நடந்துகொண்டது. மதப் பிரசாரகர்கள் மத மாற்றத்தில் நிதானமாக நடந்து கொள்ளுமாறு ஆணையிடப்பட்டது. எந்தக் காரணம் கொண்டும் மிரட்டக்கூடாது என்று எச்சரிக்கை விடுக்கப்பட்டது. கிராமத் தலைவர் மற்றும் மூத்தவர்களுக்கு மரியாதை செய்து அவர்களது ஆதரவைப் பெறுமாறு அதிகாரிகள் கேட்டுக் கொள்ளப்பட்டார்கள்.

கோன்யாக் மற்றும் பங்க்மி பகுதிகள் முதலில் வழிக்கு வந்தன. ஏனெனில், என்.என்.சி.என்.னில் ஏற்கனவே சேர்ந்திருந்த போராளிகளில் பெரும்பான்மையானவர்கள் இவ்விரு இனத்தையும் சேர்ந்தவர்களாக இருந்தார்கள். அரசாங்க அமைப்பு ஒழுங்குபடுத்தப் பட்டு அதன் பொறுப்புக்கள் இருபது துறைகளாகப் பிரிக்கப்பட்டு ஒவ்வொன்றுக்கும் தலைவராக ஒரு கிளோன்சர் (அமைச்சர்) நியமிக்கப்பட்டார். இந்த அமைப்பின் மையமாக, ஒவ்வொரு கிராமத்துக்கும் பொறுப்பாக ஒரு ‘ரனபியூ’ இருந்தார். ஒவ்வொரு மூன்று கிராமங்களுக்கும் ஒரு ‘ராஜபியூ’ இருந்தார்.

எல்லையின் இரு மருங்கிலும் இருந்த வணிக நிறுவனங்கள் மற்றும் குடித்தனக்காரர்களிடமிருந்து வரி வசூல் நடத்தி நிதியாதாரத்தை உருவாக்குவது அதே அளவு சவாலான காரியமாக இருந்தது. போராளிகள் படையில் சேர்க்கப்பட்டு, பயிற்சியளிக்கப்பட்டு ஆயுதங்கள் தரப்பட்டு, பாதுகாப்பு தேவையான இடங்களில் நிறுத்தப் பட்டனர். உடல் நலம் நன்றாக இருக்கும் அனைத்து ஆண்களுக்கும் பெண்களுக்கும், மூன்று வருட ராணுவ சேவை கட்டாயமாக்கப் பட்டது. நடமாடும் காவல் படைகளும் கூடுதலாக மூன்று பட்டாலியன்களும் உருவாக்கப்பட்டன. இவ்வாறு உருவாக்கியது கொரில்லாப் போர் முறைக்கு அத்தியாவசியமான விரைவான போக்குவரத்துக்கும் போர் நடவடிக்கைகளுக்கும் உதவிகரமாக இருந்தது.

காப்லாங்கின் போர் வியூகம்: நாகாலாந்தின் மேற்குச் சரகம் மற்றும் அருணாச்சலப் பிரதேசத்தில் ஐ.எம். பிரிவின் முன்னேற்றத்தைத் தடுத்து நிறுத்துவதாகவும், கிழக்கில் மியான்மர் ராணுவத்துக்கெதிராக தேர்ந்தெடுக்கப்பட்ட பகுதிகளில் தாக்குதலைத் தொடங்குவதும் ஆகும். இந்தக் குழு முழுமையாக தகுதி பெற்றபின் ராணுவத்துக் கெதிராக 1991ல் 'ஆபரேஷன் டாவேர்' என்ற தாக்குதல் நடவடிக்கையைத் தொடங்கியது. நான்கு ஆண்டுகளுக்கு முன்பு ஒரு சில பாசறைகள் ஏற்படுத்தப்பட்டிருந்த லச்சான் பகுதி முதலாவது தாக்குதலுக்கு உள்ளானது. இந்தத் தாக்குதல் விரைவாக இருந்ததாக நேர்காணலில் தெரிவித்தார் காப்லாங். அதிகாலை நேரத்தில் தொடங்கிய அந்தத் தாக்குதல் ஒரு மணி நேரத்துக்குள் முடிவுக்கு வந்தது. பல ராணுவ அதிகாரிகளின் தலைகள் துண்டிக்கப்பட்டு அவை பக்கத்துக் கிராமங்களில் அணிவகுப்பாகக் கொண்டு செல்லப்பட்டன. மூன்று மாதங்களுக்குப் பிறகு வெற்றி கிட்டியது. பெங்க்னியூ என்ற இடத்தில் மரக் கட்டுமானங்கள் முழுவதும் சிதைக்கப்பட்டு, ஆயுதங்களும் வெடி மருந்துகளும் கைப்பற்றப்பட்டன தலையற்ற பிணங்கள் மட்டுமே எஞ்சின.

இந்தச் சம்பவங்களுக்குப் பிறகு, என்.என்.சி.என் -க்கு எதிராக ஒரு சில கிராமங்களைத் தூண்டிவிட ராணுவம் இரு மடங்கு முயற்சி எடுத்தாலும் அவர்களால் பெரிய அளவில் வெற்றி பெற முடியவில்லை. ஆகவே, மீண்டும் ஒரு முறை அவர்கள், 'எரிந்த பூமி' கொள்கையைத் தொடங்கினார்கள். இதற்கு முன்னுதாரணமாக இருந்தது பல பத்தாண்டுகளுக்கு முன்பு ஜெனரல் நீ-வின் கடைப்பிடித்த கொள்கை யாகும். இதன் அர்த்தம் என்னவென்றால், வழியில் தட்டுப்படும் எல்லாற்வறையும் அழித்து எதிர்ப்படும் எல்லோரையும் கொல்வதாகும்.

கிராமங்களில் நாங்கள் கேள்விப்பட்ட குரூரக் கதைகள் எங்கள் ரத்தத்தை உறைய வைத்தன. லைனாங் பகுதியில் பர்மாவால்

பிடிக்கப்படும் எவருக்கும் மரணம் என்பது சர்வ நிச்சயமாக இருந்தது. 1990ஆம் ஆண்டுகளை ஒரு ரானபியூ (கிராம நிர்வாக அலுவலர்) நினைவுகூர்ந்தார். ஒருவர் துப்பாக்கியால் சுடப்பட்டோ தலை துண்டிக்கப்பட்டோ கொல்லப்பட்டால், அவர் அதிருஷ்டம் செய்தவர் என்று அர்த்தம். ஏனெனில், அவர்கள் அடிக்கடி காட்டுமிராண்டித் தனமான சித்ரவதைகளைச் செய்தார்கள் என்றார்.

அவர்கள், ஒரு வெட்டுக் கத்தியால் வயிற்றைக் கிழித்துத் திறந்து அவர்களால் முடிந்த அளவு குடலைப் பிடுங்கி எடுப்பார்கள். சில சமயங்களில், கண்ணி வெடி இருப்பதற்கு அதிக வாய்ப்புள்ள இடங்களில், பக்கத்து கிராமத்தில் இருந்து மூன்று அல்லது நான்கு பையன்களைப் பிடித்துவந்து அவர்களுக்கு முன்பு நடக்கச் செல்வார்கள். பையன்கள் ஒரு கண்ணி வெடியில் கால் வைத்தால், வெடித்துச் சிதறுவார்கள். ராணுவம் பாதுகாப்பான இடைவெளியில் தொலைவில் இருக்கும். பயணத்துக்கு முன் செல்ல பையன்களே கிடைக்காவிடில், அவர்கள் கண்ணி வெடியைத் தவிர்ப்பதற்காக அடர்ந்த காடுகள், செங்குத்தான பாறைகள் வழியாக மலைகளின் நடுப்பகுதியில் ஏறுவார்கள்.

நாங்கள் ஒரு கிராமத்தில் இருந்து மற்றொரு கிராமத்துக்குச் சென்ற போது, ஒருநாள் எங்களுக்கு துணை வந்த டைக்காங் என்ற பெயர் கொண்ட ஒரு என்.என்.சி.என்.(கே) அதிகாரியும், சொல்வதற்கு ஆச்சர்யமூட்டும் கதைகளை வைத்திருந்தார். பல போர் நடவடிக்கை களில் பங்கு பெற்ற அனுபவம் மிக்க வீரரான அவர் ஒரு தகவல் களஞ்சியமாக இருந்தார். அதை விரிவாகப் பகிர்ந்துகொள்ளவும் செய்தார். அவர் நாகாலாந்தின் திமாப்பூரில் கல்வி பெற்ற கோன்யாக் நாகராவார். தொடக்கத்தில் என் கேள்விக்கணைகளைப் பார்த்து கொஞ்சம் ஜாக்கிரதையாக இருந்தார். ஏனெனில், ஓர் உல்ஃபா செயற்பாட்டாளர் இத்தகைய கேள்விகளைக் கேட்கமாட்டார். ஆனால், அவர் என் மீது நம்பிக்கை வைக்கத் தொடங்கிய கணத்தில் இருந்து பேசுவதை நிறுத்தவில்லை.

அவர், இந்தப் பகுதியில் முதல் முறையாகப் பணி புரிந்து கொண்டிருந்த மியான்மர் ராணுவக் கேப்டன் ஒருவரைப் பற்றிச் சொன்னார். அந்தக் கேப்டன் உள்ளூர் மக்களிடம் கூடுதலான வரி வசூலைக் கேட்டிருக்கிறார். அவர் கேட்ட அனைத்தும் — அதாவது பன்றிகள், எருமைகள், பணம் மற்றும் இதர பொருட்கள் ஏற்பாடு செய்யப்படும் என்று ஒரு செய்தி பரவச் செய்யப்பட்டது. அது ஒரு பொறி. மூங்கிலால் செய்யப்பட்ட மேஜைகள், மதிய உணவுக்குச் சேர்ந்து அமர்வதற்காக இணைக்கப்பட்டன. ஆனால், எத்தனை பேர் வருவார்கள்? முப்பது முதல் நாற்பது பேர்வரை இருக்கலாம் என்று

சிலர் சொல்ல, அதற்கேற்றபடி ஏற்பாடுகள் செய்யப்பட்டன. ஒவ்வொரு பர்மியப் போர் வீரருக்கும் பின்புறம் நிற்கும் ஒரு மனிதன் பரிமாற வேண்டுமென்று திட்டமிடப்பட்டது. ஆனால், கிட்டத்தட்ட நூறு பேர் வந்துவிட்டால் என்ன செய்வது இந்தத் திட்டம் கைவிடப்பட்டு, உரிய நேரத்தில் மற்றொரு திட்டம் செயல்படலாம் என்ற தீர்மானிக்கப்பட்டது. ஆனால், கடைசியில், பதினெட்டு பேர் மட்டுமே வந்து சேர்ந்தனர்.

வசதியான ஸ்டூல்களைப்போல வடிமைக்கப்பட்ட மரக்கட்டைகளின் மேல் இருந்த மேஜைகளைச் சூழ்ந்து அமர்ந்தது இந்தக் குழு. அவர்களுக்குப் பின்புறம் இருந்த பதினெட்டு பேரும் சாப்பாட்டுடன் முன்னேறினார்கள். ஆனால், அவர்கள் நெருங்கியபோது தட்டுகளைக் கீழேபோட்டு விட்டு கத்தியை உருவி எடுத்தனர். என்ன நடக்கிறது என்பதை ராணுவ வீரர்கள் உணர்வதற்கு முன்பே, கத்தி முனை அவர்கள் மேல் இறங்கி, அவர்கள் ரத்த வெள்ளத்தில் செத்துக் கிடந்தார்கள். இந்த நடவடிக்கை முழுவதும் ஒரு சில வினாடிகளே நீடித்தது. உடல்கள் அடுத்திருந்த மலை உச்சிக்குக் கொண்டு செல்லப் பட்டு அங்கிருந்து தூக்கி வீசப்பட்டன.

இரு வாரம் கழித்து ராணுவம் பதிலடி கொடுத்தது. அந்தக் கிராமம் மண்ணோடு மண்ணாக்கப்பட்டது. ஆனால், மக்கள் ஏற்கெனவே காடுகளுக்குத் தப்பிவிட்டிருந்தனர். ஒரு வருடத்துக்குப் பிறகு அவர்கள் கிராமத்துக்குத் திரும்பினார்கள். அந்தக் கிராமம் மீண்டும் கட்டியமைக்கப்பட்டது. மூன்று மாதங்களுக்குள்ளாகவே ஒரு புதிய கிராமம் எழுந்து நின்றது. அதற்கப்புறம், கிராமங்களின் பேரில் காட்டுமிரண்டித்தனமான தாக்குதல் தொடுப்பதை ராணுவம் நிறுத்திக் கொண்டது.

டைக்காங் சொன்ன மற்றொரு கதை, தனது கிராமத்திலிருந்த ஒரு பெண்ணுடன் தீவிரமான காதல் வயப்பட்ட ஒரு பதின்பருவச் சிறுவனைப் பற்றியது. ஒரு நாள் அவரது அப்பா அவனை நாகாலாந்தில் உள்ள எல்லையோர நகரமான மானீயாக்ஷீ என்ற ஊருக்கு ஏதோ வேலையாக அனுப்பி வைத்தார். அவனது மொத்தப் பயணமும் ஐந்து நாட்கள் எடுக்கக்கூடியது. அவன் நகரத்தைச் சென்று சேர்வதற்கு முன்பே ராணுவம் அவனது கிராமத்தைச் சூறையாடி, பலரைக் கொன்று விட்ட செய்தி கிடைத்தது. அவன் விரைந்து திரும்பி வந்தபோது, மக்கள் இறந்தவர்களுக்கான இறுதி ஊர்வலத்துக்கு ஏற்பாடு செய்து கொண்டிருந்தனர். சடலங்களில் அவனது காதலியும், அவளது சகோதரனும் அடங்கும். அவர்கள் என்.என்.சி.என்.(கே)வுக்கு ஆதரவளித்ததற்காகக் கிராமத் தலைவர் மற்றும் பிறருடன்

துப்பாக்கியால் சுட்டுக் கொல்லப்பட்டிருந்தனர். யாரும் ஆறுதல் சொல்ல முடியாதபடி பல வாரங்கள் சோகத்தில் இருந்த அந்த இளைஞன் கடைசியில் புரட்சிக் குழுவில் இணைந்தான்.

மியான்மர் ராணுவத்தினரைப் பொறுத்தவரை கிழக்கு நாகாலாந்தில் பணியேற்பது ஒரு தண்டனையாகும். அவர்களுக்குக் குறைந்த சம்பளமும், அதே அளவு சொற்பமான தளவாடங்களும் அளிக்கப் பட்டன. ஆனால் அவர்கள் அதி சிறப்பாகப் பணிபுரியவேண்டும் என்று எதிர்பார்க்கப்பட்டது. இந்த நிலை 1990-ன் தொடக்க ஆண்டுகளுக்குப் பிறகு மாறியது. அப்போது கூடுதலான துருப்புக்கள் அங்கே பணியமர்த்தப்பட்டதோடு, உணவுப் பொருட்களும் ஆயுதங்களும் தடையின்றி கிடைக்க ஏற்பாடுகள் செய்யப்பட்டன. 1989 பர்மியக் கம்யூனிஸ்டுக் கட்சி வீழ்ச்சியுற்று கே.ஐ.ஏ. ராணுவ ஆட்சியுடனான ஒரு போர் நிறுத்த ஒப்பந்தத்தை 1994-ல் செய்து கொண்டது. ராணுவத்துடன் மோதிக் கொண்டிருந்த பல பகுதிகளில் உள்ள புரட்சிக குழுக்கள் பலவும் இது போல் ஒப்பந்தம் செய்துகொண்டன. தற்போது, நாகாலாந்து பகுதியின் பக்கம் கவனம் கவியத் தொடங்கியது. அதிகாரத்தை நிறுவ வேண்டுமென்பது ராணுவத்தின் நோக்கமாக இருந்திருக்கக்கூடும். இதனைச் செய்ய விரைவான வழி, கொல்வதற்கான துப்பாக்கிகள் தன்னிடம் உள்ளது என்று காட்டுவது தான். அவ்வப்போது கிழக்கு நாகாலாந்து ஒரு இறையாண்மை பெற்ற நாட்டின் பகுதி என்றும் சுதந்தர நாடு அல்ல என்றும் சொல்ல வேண்டியிருந்தது.

கிளர்ச்சியாளர்களுக்கும் ராணுவத்துக்கும் இடையிலான பகைமை 1990கள் முழுதும் தொடர்ந்தது. 1990-ல் என்.என்.சி.என். உல்ஃபா மற்றும் யூ.என்.எல்.எஃபுடன் இணைந்து இந்தோ பர்மா புரட்சிகர முன்னணி (ஐ.பி.ஆர்.எஃப்.) என்ற கூட்டணியை அமைத்தது. அதோடு வடகிழக்கில் உள்ள இது போன்ற கருத்துடைய அமைப்பு களுக்கான கதவைத் திறந்து வைத்தது. ஐ.பி.ஆர்.எஃப்.பின் குறிக்கோள் இந்தியாவின் வடகிழக்குப் பகுதிகள் மற்றும் கிழக்கு நாகாலாந்தின் சுதந்தரமே. இந்தக் கூட்டணி பரஸ்பரம் பலனளிக்கக் கூடியதாக இருந்தது. வடகிழக்கிலிருந்து வந்த குழுக்கள் பயிற்சிக் கூடங்களை அமைத்தனர். அங்கே புதிய போராளிகள் பயிற்றுவிக்கப் பட்டனர். இந்தக் கூடுதல் துருப்புக்களைத் தனது கையில் வைத்திருந்ததால், தேவை எழும் போதெல்லாம் அவர்களை மியான்மர் ராணுவத்துக்கு எதிராகப் பயன்படுத்தக் கூடிய வாய்ப்பு என்.என்.சி.என்.(கே) பிரிவுக்குக் கிடைத்தது.

இதற்கிடையில் மோதலின் மத்தியில் 1997-ல் காப்லாங் கடினமானதும் சவாலானதுமான திட்டத்தில் இறங்கினார். அமைதியாக நாகாலாந்தின்

மான் பகுதிக்குச் சென்ற அவர் அங்கிருந்து அஸ்ஸாம், கூச் பிஹார் வழியாக வங்க தேசம் சென்றார். மூன்று நாட்களுக்குப் பின் வங்க தேச கடவுச் சீட்டு ஒன்றைப் பெற்ற அவர் நாகாலாந்தினர்களின் வழக்கை, பிரதிநிதித்துவம் செய்யப்படாத நாடுகள் மற்றும் மக்களின் அமைப்பு (யூ.என்.பி.ஓ.)வின் முன்பு சமர்ப்பிப்பதற்காக ஜெனிவா சென்றடைந்தார். இரண்டு மாதங்களுக்குப் பிறகு கவுன்சில் தலைமையகத்தில் உள்ள தனது முகாமுக்குத் திரும்பி வந்தார்.

மற்ற முனைகளிலும் நம்பிக்கைக் கீற்றுக்கள் தோன்றின. 2000ஆம் ஆண்டுத் தொடக்கத்தில் காப்லாங்குக்கு மியான்மர் ராணுவத்திடம் இருந்து ஒரு செய்தி கிடைத்தது. அதன்படி ராணுவம் பகைமைகளை நிறுத்திக் கொள்வதற்காக பேச்சுவார்த்தை நடத்த விரும்புவதாகத் தெரிவிக்கப்பட்டிருந்தது. தலைவர் குழப்பமானார். அவர்கள் உண்மையில் என்னதான் சொல்ல வருகிறார்கள்? ஏன் அவர்கள் திடுதிப்பென்று போர் நிறுத்தத்தில் ஆர்வம் காட்டுகிறார்கள்? என்ன காரணமாவது இருந்துவிட்டுப் போகட்டுமே. போய்ப் பார்த்து விடுவதே நல்லது என்று தீர்மானித்தது தலைமை. பிற இடங்களில் இருந்த மூத்த நிர்வாகிகளையெல்லாம் தலைமையகத்துக்கு வரவழைத்தது.

இரண்டு நாள் விவாதத்துக்குப் பின், போர் நிறுத்தம் நீங்கலாக ஒரு எழுதப்படாத 'புரிந்துணர்வை' ராணுவ ஆட்சியோடு செய்து கொள்ளத் தீர்மானிக்கப்பட்டது. இதற்குப் பின் உள்ள காரணம் என்ன வென்றால், போர் நிறுத்தம் என்பது இயக்கத்தின் கொள்கையான சுதந்தரத்துக்கு எதிரானதாக இருக்கும். ஏனெனில், அப்புறம் அடுத்த நடவடிக்கை என்பது துயிங்கலெங் முய்வாகளைத் தீர்க்க பேச்சு வார்த்தை நடத்துவதாக இருக்கும். ஆனால், ஒரு 'புரிந்துணர்வு' என்பது ஏற்றுக்கொள்ளப்பட்ட நிபந்தனைகளின் அடிப்படையில், பகைமைகளை முடிவுக்குக் கொண்டு வருவதில் மட்டுமே முற்றுப் பெறும்.

இரு மாதங்களுக்குப் பின், ராணுவம் சாதகமான முறையில் பதில் அளித்தது. முன்மொழிவை மேலே தொடர்வதில் தனக்கு ஆர்வம் இருப்பதாகச் சுட்டிக்காட்டியது. அதன் பின்னர், நடைமுறைக்கு வர இருந்த 'புரிந்துணர்வுக்கு' இரு தரப்பினராலும் பின்பற்றப்பட வேண்டிய வழிகாட்டுதல்கள் விவாதங்களின் முடிவில் வரையப்பட்டன.

கட்டாய உழைப்பு, உளவு பார்த்தல், திடீரெனத் தாக்குதல் போன்றவை உடனடியாக நிறுத்தப்பட வேண்டும். ஒவ்வொரு கிராமத்திலும், கிராமத் தலைவர் மற்றும் என்.எஸ்.சி.என்.னின் ஒப்புதலுக்குப் பிறகு ராணுவம் கிராமவாசிகளில் இருந்து ஒருவரை தனது பிரதிநிதியாக

நியமிக்க அனுமதிக்கப்படும். ஆனால், முன் அனுமதியின்றி ராணுவம், எந்த ஒரு நாகாலாந்தினர் குடியிருப்புக்கும் செல்லக் கூடாது. எந்தவொரு தரப்பும் மறு தரப்புக்குப் பாதகமான செயல்களில் ஈடபடக் கூடாது. இதற்கப்பால், ஏற்கப்பட்ட இரு தரப்பினராலும் பின்பற்றப்பட்ட இதர நிபந்தனைகளையும் இருந்ததாகக் காப்லாங் கூறுகிறார். இந்த 'ஒப்பந்தம்' ராணுவத்தால் ஒரே ஒரு முறை மட்டுமே மீறப்பட்டுள்ளது. அந்த ஒரே தடவையில், புது தில்லியில் இருந்து வந்த அழுத்தத்தால், அடுத்த ஆண்டே ஒரு முகாம் ராணுவத்தால் சூறையாடப்பட்டது. ஆனால், அந்தச் சேதம் விரைவிலேயே சரி செய்யப்பட்டு உறவுகள் இன்னும் பலம் பெற்றன.

இந்த உடன்படிக்கை, புது தில்லி அளிக்கும் தொடர்ந்த அழுத்தத்துக்கு இடையிலும், போராளிகளுக்கு எதிராகச் செயல்பட ராணுவ ஆட்சி காட்டும் தயக்கத்துக்கு சான்றாகத் திகழ்கிறது. போராளி முகாம் ஷெல்களால் துளைத்தெடுக்கப்பட்டு, அழிக்கப்பட்ட எண்ணற்ற சம்பவங்கள் உண்டு. ஆனால், அவை, இம்முகாம்களை அழித்தது ஒரு நாடகமே என்பதை எடுத்துக்காட்டும்விதத்தில் படு வேகமாக மீண்டும் கட்டி முடிக்கப்பட்டன. சில ஆண்டுகளுக்கு முன்பு, இந்திய அரசாங்க அதிகாரிகள் மியான்மர் ராணுவம் தங்களிடம் தாக்குதல்கள் மற்றும் இந்த முகாம்கள் ஒரு சிலவற்றின் பேரிலான குண்டு மழையைப் பற்றிய வீடியோ படத்தைக் காண்பித்ததாகத் தெரிவிக்கிறார்கள்.

ஆனால், நாகாலாந்தினர்களுக்கு எதிரான பகைமைக்கு முற்றுப்புள்ளி வைக்க மியான்மர் ராணுவ ஆட்சியைத் தூண்டியது எது?

மியான்மர் 1948-ல் சுதந்தரம் பெற்றதில் இருந்து தொடர்ந்து உள்நாட்டுப் போரில் சிக்கித் தவித்துவருகிறது. 1989 முதல் இருபதுக்கும் மேற்பட்ட போர் நிறுத்த ஒப்பந்தங்கள் போராளிக் குழுக்களுடன் செய்து கொள்ளப்பட்டிருக்கின்றன. எழுத்துபூர்வ ஒப்பந்தம் கே.ஐ.ஏ.வின் அரசியல் பிரிவான கே.ஐ.ஓ.வுடன் செய்து கொள்ளப்பட்டிருக்கிறது. மோதல்களின் எண்ணிக்கை கணிசமான அளவில் குறைந்திருக்கிறது. ஆனால், ராணுவ ஆட்சி இந்த ஒப்பந்தங்களை இயல்பான முடிவுகளை நோக்கிக் கொண்டு செல்லத் தவறிவிட்டது. குறிப்பான திட்டம் இல்லை. அப்போதைக்கு உள்ள நிலைமையைச்சமாளித்தால் போதும்; ஒரு நிரந்தரத் தீர்வு தேவையில்லை என்ற அளவில்தான் அதன் குறிக்கோள் இருந்ததாகத் தெரிந்தது.

அமைதி என்பது தற்காலிகமாக இருந்ததற்கு கச்சினில் நிலவும் பகைமை காரணமாக இருந்தது. மோதல்களைத் தீர்க்க மிகவும் முக்கியமானது போராளி இயக்கங்களும் ராணுவத்துக்குமிடையேயான நம்பிக்கை யாகும். அந்த நம்பிக்கை அறவே இல்லாமல் போனதோடு, அதனைப்

பெறவும் முடியாது என்றானது. நிலவும் சூழ்நிலைகளில் ராணுவம் நாகாலாந்தினர்களுடன் மற்றொரு எதிர்ப்புமுனையைத் திறக்க விரும்பவில்லை என்று தெரிந்தது. மேலும், கிழக்கு நாகாலாந்தில் போரிடுவது மிகவும் கஷ்டமான காரியமாக இருந்தது. காரணம், சாலைகளோ இதர முக்கிய கட்டமைப்புகளோ இல்லாத ஒரு பிராந்தியத்தில் போரிட மிக அதிகமான ஆதாரங்களைச் சேகரிக்க வேண்டி வந்தது. இதற்கும் மேல், நாகாலாந்தினர்களுக்கு எதிரான தாக்குதல்கள் அவர்களை கச்சின்களுக்கு நெருக்கமாகத் தள்ளிவிடும். போராளிகளுக்கிடையிலான உடன்படிக்கை ஒன்று ராணுவத்துக்குச் சாவு மணியாகிவிடும்.

மியான்மர் நாடு பல்லாண்டு காலத் தனிமைக்குப் பிறகு அரசியல் சீர்திருத்தங்களில் இறங்கியிருந்தது; உலக நாடுகளுடன் நட்புறவை ஏற்படுத்த ஆரம்பித்திருந்தது. எனவே, கிழக்கு நாகாலாந்தில் உள்ள அமைதியின்மை இந்த நாட்டை நோக்கி இதர ஆபத்துகளைக் கொண்டுவந்துவிடும். மியான்மரின் சரித்திரம் அதன் அண்டை நாடுகளால் உதவி பெற்ற கிளர்ச்சிக் குழுக்களுடனான மோதல்களால் நிரம்பியிருக்கிறது. 1970ஆம் ஆண்டுகளில் அரசாங்கத்துக்குக் கடும் அச்சுறுத்தலாக விளங்கிய பர்மிய கம்யூனிஸ்டு கட்சிக்கு சீனா பல்லாண்டுகளாக ஆதரவளித்து வந்தது. பெய்ஜிங்கின் நோக்கம் என்னவென்றால், மியான்மிரில் ஒரு பொம்மை அரசை நிறுவி, தன் பொருளாதாரப் பாதுகாப்பு நோக்கங்களைப் பூர்த்தி செய்வதாகவே இருந்தது.

புது தில்லியுடன் தொடர்புகொள்ளும் போதும் மியான்மர் கவனமாகவே இருக்கும். இந்திய அரசாங்கத்தின் முந்தைய கொள்கைகள் ராணுவ ஆட்சியை ஆடிப்போக வைத்தன. அப்போது இந்தியா ஆங் சாங் சுசியையும், ஜனநாயகத்துக்கான இயக்கத்தையும் அதன் தொடக்க காலகட்டத்தில் ஆதரித்தது. இந்தியாவின் வெளிநாட்டு உளவுத் துறை ஏஜென்சியான ரா-வும் கே.ஐ.ஏ.வுக்கும் அரகான் தேசிய ஐக்கியக் கட்சிக்கும் ஆயுதங்கள் வழங்கி உதவி செய்தது.

எனினும், சீனர்களைப் போன்றே இந்திய அரசாங்கமும் ராணுவத்துடன் தோழமை கொள்வதை விவேகமாகப் பார்த்தது. இது 1990களின் மத்தியில் இருந்து கொள்கைகள் மாறுவதற்கு வழி வகுத்தது. எனினும் அதிருப்தியில் இருந்த மியான்மர் ராணுவத் தலைமை இந்தியாவுக்கு ஒரு எச்சரிக்கை தர சரியான வாய்ப்பை எதிர்நோக்கியிருந்தது. 26.10.2000 அன்று அஸ்ஸாம் ரைஃபில்ஸ் படையைச் சேர்ந்த ஐந்து வீரர்களை மியான்மர் எல்லைக்கருகில் கைது செய்து காட்டுக்குள் அழைத்துச் சென்று நெற்றிப் பொட்டில் சுட்டுக் கொன்றது என்று

லேங்க்வா கிராமவாசிகளும், என்.என்.சி.என்.(கே) போராளிகளும் கூறுகிறார்கள். அவர்களுடைய சடலங்கள் இந்தியாவுக்குத் திருப்பி அனுப்பப்பட்டன. ராணுவ ஆட்சியானது, அவர்களை என்.என்.சி.என்.(கே)வைச் சேர்ந்த போராளிகள் என்று தவறாகப் புரிந்துகொண்டு கொன்றுவிட்டதாகச் சொன்னது.

நாகாலாந்தினர்களுடன் சமாதானமாக இருப்பது ராணுவ ஆட்சிக்குப் பலதரப்பட்ட பயன்களை வழங்கும். கச்சின் மற்றும் அரகான் பகுதிகளைப் போன்றே கிழக்கு நாகாலாந்தும் இயற்கை வளங்களும் கனிமங்களும் நிறைந்தது; எதிர்காலத்தில் வருவாய் ஆதாரமாக விளங்கும் என்று அறியப்பட்டிருந்தது. நாங்கள் தங்கியிருந்த முகாமுக்கு அருகிலேயே பல தரப்பினர் தங்கச் சுரங்கப் பணியில் ஈடுபட்டனர். இவர்கள் சிலருக்கு ராணுவம் உதவியிருப்பதாகத் தெரிகிறது.

போராளிகளுடன் உடன்பாட்டுக்கு இறங்கி வர பர்மிய அரசு முடிவு செய்ததன் பின்னணி பற்றி ஒரு மூத்த என்.என்.சி.என்.(கே) செயற் பாட்டாளர் விளக்க முயற்சி செய்தார். ஊடுருவலுக்குச் சாதகமான இந்தோ-மியான்மர் எல்லையைக் கண்காணிக்க அரசிடம் வசதிகள் இல்லை; இத்தகையதோர் சூழலில், எங்களுடன் தோழமை கொள்வது அவர்களுக்குப் பெரும் பலன்களை அளித்துள்ளது. இந்திய ராணுவம் இந்தப் பகுதியில் ஏதேனும் சாகசத்தில் இறங்கி, இந்தப் பிராந்தியத்துக்குள் அடியெடுத்து வைத்தால் இவ்வனைத்துப் புரட்சிக் குழுக்களும் ராணுவத்துக்கு எதிரான சிறந்த தற்காப்புக் கவசமாகச் செயல்படும். பத்தாண்டுகளுக்கு முன்பு தீவிரவாதிகளைத் தேடி இந்திய ராணுவம் பல முறை எல்லை தாண்டியிருக்கிறது என்ற காப்லாங்கின் கூற்றை அவரும் வழிமொழிந்தார்.

ராணுவ ஆட்சியுடனான புரிந்துணர்வுக்குப் பின், 2001-ல் என்.என்.சி.என். அது போன்ற உடன்படிக்கை ஒன்றை இந்திய அரசாங்கத்துடன் செய்து கொண்டது. 1988-ல் ஏற்பட்ட பிளவுக்குப் பிறகு ஐ.எம். மற்றும் கே. பிரிவுகளுக்கிடையே அங்கொன்றும் இங்கொன்றுமாக மோதல்கள் நடைபெற்றன. இரு தரப்புக்குமே சேதம் ஏற்பட்டது. ஆனால், ஐ.எம். பிரிவு நாகாலாந்திலும் இதர மாநிலங்களிலும் உள்ள அமைப்புகளிலேயே பெரிய, சிறப்பாகக் கட்டமைக்கப்பட்ட அமைப்பு என்பதால், காப்லாங் பிரிவு பெரிய அளவிலான சேதத்தைச் சந்தித்தது.

1999-ல், கொஹிமாவில் என்.என்.சி.என்.(கே) பிரிவின் பொதுச் செயலாளரான டேலி மங்க்ரோ சுட்டுக்கொல்லப்பட்டார். மான் என்ற இடத்தில் கிட்டத்தட்ட இரண்டு நாட்கள் நடந்த ஒரு கடுமையான சண்டையில் இரு தரப்பிலும் இருந்து எழுபது பேர் கொல்லப்

பட்டனர். இந்திய அரசாங்கத்துடனான போர் நிறுத்த ஒப்பந்தத்தைத் தொடர்ந்த என்.என்.சி.என். (ஐ.எம்.) பிரிவு பொது வாழ்வுக்குத் திரும்பிய 1997ஆம் ஆண்டுக்குப் பிறகு காப்லாங்குக்கு நிலைமை இன்னும் கடினமானது.

'எங்களை அதிகமாகக் குறிவைத்துத் தாக்குகிறார்கள்' என்று சொல்லும் காப்லாங், ஐ.எம். பிரிவு மற்றும் அஸ்ஸாம் ரைஃபில் படையின் கூட்டணியே அந்தத் தாக்குதல்களில் ஈடுபடுவதாகக் கூறுகிறார். போராளிகளின் நடமாட்டம் தடை செய்யப்பட்டது. ஒவ்வொரு ஆண்டும் மிகப்பெரிய தொகையாகக் கிடைக்கும் வரி வசூலும் தடைப் பட்டது. இந்திய அரசாங்கம், விரைவில் போர் நிறுத்தம் செய்து கொள்ளலாம் என்று காப்லாங்கிடம் பேச தூதர்களை அனுப்பி வைத்தது. அமைப்பின் இலக்கு சுதந்தரமே என்றும் ஐ.எம். குழுவுடன் செய்து கொள்ளப்பட்டதைப் போன்ற ஒரு ஒப்பந்தம் பயனற்றது என்ற அடிப்படையிலும் அவர்களின் கோரிக்கை நிராகரிக்கப்பட்டது.

குறிப்பிடப்படாத ஒரு காலத்துக்குப் பொருந்தும்வகையில் இந்திய அரசாங்கத்துடன் எழுதப்படாத ஒரு ஒப்பந்தத்தைச் செய்து கொள்வது முடியாத காரியம் என்பதை காப்லாங் உணர்ந்தார். எனவே, ஒரு மத்திய மார்க்கம் தேர்வு செய்யப்பட்டது. இந்தக் குழு போர் நிறுத்தத்தை ஏற்றுக்கொண்டது. ஆனால், பேச்சுவார்த்தைகளைப் புறக்கணித்தது. இந்த ஒப்பந்தம் நாகாலாந்தில் அமலுக்கு வந்தது. மணிப்பூர் மற்றும் அருணாசலப் பிரதேசம் போன்ற மாநிலங்களில் இவ்வொப்பந்தம் 'சாதாரண முறையில்' அமலுக்கு வந்தது. எனினும் பாதுகாப்புப் படைகள் தங்கள் நடவடிக்கைகளை முடக்கிக்கொண்ட காரணத்தால் போராளிகள் சுதந்தரமாக நடமாட முடிந்தது என்பதால் சாதகமான தாகவே இருந்தது.

ஒவ்வொரு ஆண்டும், ஒரு தூதுக் குழு புது தில்லிக்குச் சென்று உள்துறை அமைச்சக அதிகாரிகளுடன் பேசி, போர் நிறுத்தத்தை நீட்டித்து ஒரு பத்திரிகைச் செய்தி வெளியிடுவார்கள். ஒரு சில ஆண்டுகளுக்கு இந்தத் திட்டம் நன்றாக வேலை செய்தது. அரசாங்கமும் ஐ.எம். பிரிவைப் பகைத்துக்கொள்ள விரும்பவில்லை. அவர்களுடன், வடகிழக்கில் உள்ள நாகாலாந்தினர்கள் வசிக்கும் இடங்களில் நடக்கும் மோதலைப் பேச்சுவார்த்தை மூலம் தீர்ப்பதற்கான முயற்சிகளை எடுத்தது.

ஆனால், காப்லாங்கின் வியூகம் என்.என்.சி.என்.(கே) உயர்மட்ட நிர்வாகிகளை, அதிலும் குறிப்பாக நாகாலாந்தில் இருந்தவர்களைக் கோபமூட்டியது. அமைதியை மேலும் வளர்க்கவும், பத்தாண்டு காலத்துக்கும் மேலான பூசல்களுக்குத் தீர்வு காணவும் செய்வதாகத்

தெரியவில்லை. 2003ஆம் ஆண்டு தொடக்கத்தில் இந்தியாவின் அப்போதைய பிரதமர் அடல் பிஹாரி வாஜ்பேயியும் புது தில்லியின் இதர மூத்த அரசியல் தலைவர்களும் ஐசக்கையும் முய்வாவையும் சந்தித்தார்கள். அவர்களது கோரிக்கை மனுவின் பேரில் விவாதம் நடந்தது. விரைவில் ஓர் ஒப்பந்தம் கையெழுத்தாகும் என்று செய்தி பரப்பப்பட்டது. இந்த இரட்டையர்கள் மேலும், வடகிழக்குப் பிராந்தியத்தில் நாகாலாந்தினர்கள் வசிக்கும் பகுதிகள் அனைத்தையும் ஒற்றை நிர்வாகக் குடை ஒன்றின் கீழ் கொணர்வதை வலியுறுத்திய 'கிரேட்டர் நாகாலிம்' என்ற பகுதிக்காக தீவிரமாகப் போராடினார்கள்.

காப்லாங் வலியுறுத்தி வந்த 'தற்போது உள்ள நிலை' என்ற கருத்தை எதிர்த்து ஐ.பி.ஆர்.என். பிரதமர் என் கிட்டோவி ஜிமோமியின் தலைமையில் ஒரு சக்தி வாய்ந்த குழு உருவானது. நாகாலாந்தைச் சேர்ந்த கிட்டோவி தனது சேமா இனத்தின் ஆதரவையும் பெற்றிருந்தார்.

விரைவில் மரியாதைக்குரிய கோலே, கிஹோய் என்ற இடத்தில் இருந்த ஜிமோமியின் முகாமுக்கு வந்தார். இது 07.06.2011 அன்று காப்லாங்கைத் தலைவர் பதவியில் இருந்து நீக்கி தீர்மானம் ஒன்றை நிறைவேற்ற இந்தக் குழுவுக்குத் தைரியம் அளித்தது. இந்த நடவடிக்கைக்கான தூண்டுதல் எதுவென்றால், கோலேவைக் கட்சிக் கெதிரான நடவடிக்கைகளுக்காக கமாண்டர்-இன்-சீஃப் பதவியில் இருந்து நீக்கிய காப்லாங்கின் முடிவுதான் அது. இந்தப் புதிய குழு, தாங்கள் தேசிய சபை ஒன்று வேண்டும் என்று வெகுகாலமாகக் கோரி வருவதாகவும், ஆனால், காப்லாங் இணக்கமாகப் போவதற்கு எதிராக இருந்ததாகச் சொன்னது. இந்த இணக்கம் என்பது நாகாலாந்தினர் களிடையே ஒற்றுமையை ஏற்படுத்துவதற்காக பல்வேறு கிளர்ச்சிக் குழுக்களிடையே உறவுகளை ஏற்படுத்துவதாகும். அவர் ஒரு மாறுபட்ட தடத்தைப் பின்பற்றத் தீர்மானித்ததோடு என்.என்.சி.என். (ஐ.எம்.) பிரிவைப் போன்றே இந்திய அரசாங்கத்துடன் அனைத்துப் பிரச்னைகளையும் தீர்த்துக் கொள்வதுடன் ஒத்துழைக்கவும் தீர்மானித்தார்கள். அமைப்பு அதன் புதிய தலைவராகப் பொறுப் பேற்குமாறு கோலேவைக் கேட்டுக்கொள்ள அவர் அதை ஏற்றுக் கொண்டார்.

காப்லாங்கின் எதிர்வினை என்னவாக இருந்தது? ஏதோ சதித் திட்டம் நடக்கின்றது என்பதைப் பல மாதங்களுக்கு முன்பு அறிந்திருந்ததாகச் சொன்னார் காப்லாங். கோலே தில்லிக்குப் போகத் தொடங்கியதோடு கிட்டோவியுடன் நெருங்கினார். அதுதான் இறுதியின் தொடக்கமாக இருந்தது என்று சுட்டிக்காட்டியதோடு, கடந்த நாற்பதாண்டுகளில் நிகழ்ந்த முக்கிய நிகழ்வுகளை நினைவுகூர முயற்சி செய்தார்.

அவர் என்ன சொல்ல வந்தார் என்பதை என்னால் புரிந்துகொள்ள முடியவில்லை. எனவே விளக்கமாகச் சொல்லுமாறு கேட்டுக் கொண்டேன்.

'புது தில்லிக்குப் போவது என்பதற்கு இந்திய உளவு அமைப்புகளுடன் சேர்ந்துவிட்டதாக அர்த்தம்' என்று பதிலளித்தார். கோலே கிட்டோவியுடன் நட்புறவை ஏற்படுத்திக் கொண்டார். கிட்டோவி எப்போதும் எங்கள் போராட்டம் குறித்தும் இயக்கம் பற்றியும் பெரிதாக எடுத்துக்கொள்ளாதவர். இது ஒரு 'பயங்கரமான கூட்டணி'. இதன் விளைவுகள் விரைவிலேயே தெரியவரும்.

உண்மையில் அவ்வாறுதான் நடந்தது.

நான் புள்ளிகளை இணைக்கத் தொடங்கினேன். உயர் மட்டத் தலைவர்களிடையே விரிந்து கொண்டே வந்த இடைவெளிக்குப் பல காரணங்கள் இருந்ததாகத் தோன்றியது. என்.எஸ்.சி.என்.(கே) செங்குத்தாகப் பிளவுபட்டது என்றாலும் பெரும்பாலான மூத்த கமாண்டர்களும் செயற்பாட்டாளர்களும் காப்லாங் பக்கம் சாய்ந்தார் கள். 2008-ல் என்.எஸ்.சி.என்.(ஐ.எம்.)லிருந்து ஒன்றுபடுத்துதல் என்ற பொருளில், என்.எஸ்.சி.என்.(யூ) தோன்றியதுடன் தற்போது என்.எஸ்.சி.என். மூன்று பிரிவுகளாகப் பிளவுபட்டது. பின்னர் இது கிட்டோவியுடன் இணைந்தது. இதனை காப்லாங் ஆதரிக்கவில்லை.

கிழக்கு சரகத்துக்கும் மேற்கு சரகத்துக்கும் இடையிலான குறைந்தபட்ச பொதுத் திட்டம் ஒன்றை உருவாக்கும் கடினமான பணியே என்.எஸ்.சி.என். (கே)வின் சிக்கலுக்கு முக்கிய காரணமாக இருந்தது. இதற்கு முன்பு தோல்வி கிடைத்திருந்தது. இவ்விரு சரகங்களிலும் சமூக, பொருளாதார, அரசியல் நிலைமைகள் மிகவும் வேறுபட்டு இருந்ததால் இது மீண்டும் தோல்வியுறுவதும் நிச்சயம். மியான்மர் அரசாங்கத்துடன் காப்லாங் பேச்சுவார்த்தை நடத்தப் போவதில்லை. ஆனால், தனிப்பட்ட முறையிலான புரிந்துணர்வுடன் தொடர்கிறார். ஏனெனில், அது இரு தரப்பினரின் நலன்களுக்கும் உகந்ததாக இருந்தது. சூழ்நிலைகளும், அவர் இதர கிளர்ச்சிக் குழுக்களுடன் உறவுகளை வலுப்படுத்த உதவின. எனினும், இந்தியாவில் உள்ள அரசாங்கத்துடன் பேச்சுவார்த்தைகளைத் தவிர்ப்பது அந்தக் கிளர்ச்சிக் குழுவுக்கு எப்போதும் பாதகமாகவே இருக்கும். வடகிழக்குப் பகுதியில் நாகாலாந்தினர் வசிக்கும் பகுதிகளில் உள்ள தீவிரவாதம் குறித்துப் பொதுமக்கள் அதிருப்தியில் இருந்தார்கள். ஆயிரக்கணக்கான உயிர்களை பலி வாங்கிய ஒரு மோசமான மோதல் பல பத்தாண்டுகளாக நிகழ்ந்து வந்ததற்குப் பிறகு அவர்கள் பரிதாபமாக அமைதிக்கு ஏங்கினார்கள்.

தான் எப்போதும் நாகாலாந்து பழங்குடிகளிடையேயான ஒற்றுமைக்கு எதிரானவன் அல்ல என்று சொன்னார் காப்லாங். என் மேல் முகாந்திரமில்லாத குற்றச்சாட்டுக்களைக் கூறுபவர்கள், ஷில்லாங் ஒப்பந்தத்துக்குப் பிறகு 1970களின் இறுதியிலான என் பணியை நினைவுகூர வேண்டும். மூர்க்கத்தனமான கொலைகளில் யார் ஈடுபட்டது என்பதை ஒருவர் கொஞ்சம் நிதானமாக அலசிப் பார்க்கவேண்டும். நான் எப்போதும் எந்தவிதமான சமரசத்துக்கும் எதிராக இருந்ததில்லை. ஆனால், சமரசம் என்பது யாதொரு குறிப்பிட்ட தனி நபர் அல்லது குழுவின் நலன்களைப் பாதுகாப்பதற்காக என்று ஆகிவிடக் கூடாது. ஒரு குழு மற்றொரு குழுவின் மேல் பகைமை பாராட்டி அதனை அழித்துவிட யத்தனிக்கையில் இந்த சமரசக் கூட்டங்களில் பங்கு கொள்வதில் அர்த்தம் இல்லை என்பதை அழுத்தந்திருத்தமாகச் சொன்னார் காப்லாங். அவர் என்.என்.சி.என். (ஐ.எம்.) மற்றும் இதர குழுக்கள் பேரிலான அதன் தீவிரமான கொள்கைகள் குறித்தே இப்படிப் பேசினார்.

கோலேவும் கிட்டோவியும் வெளியேறிய பிறகு, நாகாலாந்து பகுதிகளின் மீதான காப்லாங்கின் பிடிமானம் கொஞ்சம் குறைந்தது என்றாலும், எதிர்பார்க்கப்பட்ட அளவு குறையவில்லை. அவர் நாகாலாந்தில் மான், அருணாச்சலப் பிரதேசத்தின் சாங்லாங் மற்றும் மணிப்பூரின் மலை வட்டங்களில் உள்ள சில பகுதிகளின் தொடர்ந்து கணிசமான அதிகாரம் செலுத்திவந்தார். இவ்விரண்டு பிரிவுகளுக்கும் இடையில் பல மோதல்கள் வெடித்து நிறைய உயிர்ச்சேதம் ஏற்பட்டது. இதற்கு முன் என்.என்.சி.என்.(கே)வை ஆதரித்த பல கிராமத் தலைவர்கள், இந்தச் சண்டையில் சிக்குவதில்லை என்று தீர்மானித்தனர். அவர்கள் இரு தரப்பினருடனும் சுமுக உறவுகளைப் பராமரித்து வந்ததோடு, இரு தரப்புக்கும் ஒத்துழைப்பு அளித்தனர். எல்லையின் மறுபக்கத்தில் இருந்த அவர்களது சக கிராமத் தலைவர்கள், காப்லாங்குக்குத் தங்கள் ஆதரவைத் தீவிரமாகத் தெரிவித்தனர்.

கிழக்கு நாகாலாந்தில் இருந்த காப்லாங்கின் ஆதரவுத் தளம் அப்படியே குறையாமல் இருந்தது. என்றாலும், அரசியல் நடவடிக்கைகள் அசுர கதியில் நடந்தேறிய மணிப்பூருக்கு எதிரே அமைந்த தெற்குச் சரகத்தில் தனது ஆதரவுத் தளத்தை விரிவாக்க இயலவில்லை. இந்தப் பகுதியில் மியான்மர் ராணுவம் முழு அளவில் நிறுத்தப்பட்டிருந்தது. உள் கட்டுமானமும் தகவல் தொடர்பும் நன்றாக இருந்தது. மக்களும் ஷான், சின் மற்றும் மியான்மரீஸ் போன்ற இதர இனத்தாரையும் உள்ளடக்கியதாக இருந்தது. என்.என்.சி.என்.(கே) வின் செல்வாக்கு செல்லுபடியான வடக்குப் பகுதி போலல்லாமல் இந்தப் பகுதியில் நேபியிடா (பர்மாவின் புதிய தலைநகரம்)

திட்டமிட்ட அரசியல் சீர்திருத்தம், தேர்தல்கள் மற்றும் எல்லா வற்றாலும் பாதிக்கப்பட்டது.

தேர்தல்களில் இருந்து தொடர்ந்து விலகி இருக்க தலைவர் தீர்மானித்திருந்தார். ஏனெனில், அவ்வாறு தேர்தல்களில் ஈடுபடுவது இறையாண்மை என்ற இலக்கை விட்டுக்கொடுப்பதாக அர்த்தமாகி விடும்.

1962-ல் நீ-வின் நடத்திய ராணுவப் புரட்சிக்குப் பின், சோரா பகுதி மற்றும் இதர நகரங்களிலிருந்து வந்த மூத்த குடிமக்கள் நாகாலாந்தினர்களிடையே ஒற்றுமையை ஏற்படுத்துவதற்காகவும், அவர்களது உரிமைகளைப் பாதுகாப்பதற்காகவும் ஒரு அரசியல் கட்சியைத் தொடங்கும் நடவடிக்கையில் இறங்கினார்கள். ராணுவ ஆட்சி அரசியல் கட்சிகளை அமைப்பதைத் தடை செய்திருந்ததால் இந்த வேலை ஆபத்தானதாக இருந்தது. பத்து வருடங்களுக்குப் பிறகே, பல பழங்குடி இனப் பிரதிநிதிகளை இணைத்து நாகாலாந்தினர் கலாசார மையக் குழு (என்.என்.சி.என்.) உருவாக்கப்பட்டது. சுகி ஜனநாயகத்துக்கான தனது இயக்கத்தைத் தொடங்கிய பின் தெற்கு சரகம் நடவடிக்கையில் இறங்கியது. தளர்வாகக் கட்டமைக்கப்பட்ட 'இளைஞர் மன்றம்' என்ற அமைப்பு தோன்றியது. இந்தப் பகுதியில் கிட்டத்தட்ட அனைத்து நகரங்களிலும் போராட்டங்களை நடத்தியது. ஒரு வருடம் கழித்து, அது நாகாலாந்தினர் மலைகள் பிராந்திய வளர்ச்சிக் கட்சி(என்.எச்.ஆர்.டி.பி.) என்று பெயர் மாற்றம் பெற்றது. கிழக்குப் பகுதியில் இதுவரையில் நாகாலாந்தினரிடையே இருக்கிற முதலாவது மற்றும் ஒரே அரசியல் அமைப்பு இதுதான்.

1990-ல் நடந்த பர்மியத் தேர்தலில், இவ்வமைப்பு ஐந்து வேட்பாளர்களைப் போட்டியிட வைத்தது. இரண்டு பேர் மட்டுமே லேய்ஷி மற்றும் லாஹேவில் இருந்து தேர்வானார்கள். மற்றவர் அற்பமான காரணங்களின் அடிப்படையில் தகுதி நீக்கம் செய்யப்பட்டனர். தேர்ந்தெடுக்கப்பட்ட வேட்பாளர்களும் கூட, 1994-ல் யாங்கோனில் அரசியல் அமைப்புச் சட்டம் வரைவதற்காக தேசிய நாடாளுமன்றம் கூடியபோது, அவர்களுக்குத் தலைமறைவு இயக்கங்களுடன் தொடர்புள்ளது என்ற காரணத்தால் பங்கேற்க அனுமதிக்கப்படவில்லை. நகரங்களில் போராட்டம் வெடித்தது. ராணுவ ஆட்சி, செல்வாக்கான தலைவர்களை பதவி நீக்கம் செய்து தான் தேர்வு செய்த வேட்பாளர்களை அந்த இடங்களில் நியமித்து பதிலடி கொடுத்தது. என்.என்.சி.என்.யின் அமைப்புச் சட்டம் துப்பாக்கி முனையில் மீள் வரைவு செய்யப்பட்டது. அது அனைத்து விதமான அசியல் செயல்பாடுகளையும் இதர இனக் குழு உறுப்பினர்களுடன் சேருவதையும் தடை செய்தது.

இதற்கிடையில், இந்தப்பகுதியில் தனது பிடிமானத்தை வலுப்படுத்தும் திட்டத்தின் ஒரு பகுதியாக ராணுவம் 'நாகாலாந்தினர் தன்னாட்சி சரகத்தை' உருவாக்கும் திட்டத்தை முன்வைத்து. எதிர்பார்த்தபடியே இத்திட்டத்தில் இருந்து கிழக்கு நாகாலாந்தில் உள்ள ஹ்காம்டி, ஹோமலின், டாம், கம்பட் போன்ற நகரங்கள் ஒதுக்கப்பட்டன. ஏனெனில், அவை கனிம வளம் செறிந்த பகுதிகளாக இருந்தன. மீண்டும் நாகாலாந்தினர்களது தாயகத்தைக் கூறு போடும் திட்டத்துக்கு எதிர்ப்பு தெரிவித்து நாகாலாந்தினர் இயக்கங்கள் ராணுவ ஆட்சியிடம் புகார் அளித்தன. இருந்த போதிலும், குறிப்பாக தெற்கு சரகத்தில் ராணுவம் இயற்கை வளங்களை எடுத்துக்கொண்டு சென்றதை யும், கொள்ளை அடித்ததைத் தடுக்க முடியாமல் போனது. அங்கே ராணுவத்தில் பதின்பருவ இளைஞர் கட்டாயமாகச் சேர்க்கப்பட்டதாகவும் தேவாலயங்கள் இடிக்கப்பட்டதாகவும் செய்திகள் வந்தன.

அப்படியாக, நான் ஏற்கெனவே தெரிந்துகொண்டிருந்தவற்றோடு காப்லாங் சொல்லியவற்றை ஒன்றுசேர்த்து அந்தப் பகுதியின் வரலாறை ஒருவகையாக மனதுக்குள் உருவாக்கிக்கொண்டேன்.

•

காப்லாங்கின் நேர்காணல் நிறைவுற்ற நிலையில், திரும்பிச் செல்லும் பயணத்துக்கான தயாரிப்பில் ஈடுபட ஆரம்பித்தோம். உல்ஃபா முகாமைச் சென்றடைந்த பிறகு, பிரதீப்பும் நானும் எங்களுக்குத் தேவையான குளுக்கோஸ், எலக்ட்ரால், கால் முட்டி கவசங்கள், பூச்சிக்கடிக்கெதிரான ஸ்பிரே மருந்து, பச்சைத் தேயிலை, கேனில் அமைக்கப்பட்ட மீன், மருந்துகள் என்ற நீளமான பட்டியலை நாங்கள் மோரனிடம் அளித்தோம். அவர் எங்களைப் பொறுமையாக இருக்கும்படிச் சொன்னார். எங்களுக்குப் பாதுகாப்பாக வரப் போகும் நபர்கள் இன்னும் அடையாளம் காணப்படவில்லை என்று கூறியதோடு, அது முன்னர் வந்த அணியிலிருந்து வேறுபட்டதாக இருக்கும் என்றும் உள்ளூர் மொழி பேசத் தெரிந்த மூத்த அதிகாரி தலைமையில் செயல்படும் எனவும் கொஞ்சம் தகவல்களைக் கசிய விட்டார்.

ஆக, நாங்கள் கிளம்ப குறைந்தபட்சம் ஒரு வாரம் ஆகும் கணக்குப் போட்டேன். இப்போது ஒரே ஒரு நிகழ்ச்சியைத்தான் கவர் செய்ய வேண்டி இருக்கிறது. டிசம்பர் 30ஆம் தேதி நடக்கவிருக்கும் கால் பந்துப் போட்டி. ஆனால், ஐக்கிய முன்னணியின் கூட்டம் ரத்து செய்யப் பட்டிருப்பது வருத்தமான விஷயம் என்று பிரதீப்பிடம் கூறினேன்.

'யெஸ். ஆனால், என்ன கிடைத்திருக்கிறதோ அதை வைத்து நாம் திருப்தியடைந்துவிடுவோமே' என்றார்.

உண்மைதான். குறைந்தது இரண்டு வாரங்களுக்குப் புதிய கட்டுரைகளை அளிப்பதற்குப் போதுமான செய்திகள் எங்களிடம் இருந்தன.

அடுத்த நாள் காலையில், ஒரு இனிய ஆச்சர்யத்துடன் தூக்கத்தில் இருந்து எழுப்பினார் பிஜோய். எங்களிடம் சாட்டிலைட் போனைக் காண்பித்து குடிலை விட்டு வெளியில் வரச் சொல்லி, 'உங்கள் குடும்ப உறுப்பினர்களுடன் பேசுங்கள்; ஆனால், நீங்கள் எங்கே இருக்கிறீர்கள்? எப்போது விரும்பி வருவீர்கள்? என்பது பற்றி எதுவும் சொல்ல வேண்டாம்' என்று சொன்னார்.

முதலில் பிரதீப் தனது மனைவி மற்றும் தனது நெருங்கிய நண்பருடன் பேசினார். அவரது கவலைகள் அந்தக்கணத்தில் தீர்ந்ததாகத் தோன்றியது. அவர் இல்லாத இந்த நேரத்தில் அவர்கள் செய்ய வேண்டிய பணிகள் குறித்து ஆலோசனைகள் சொன்னார். அப்புறம் போனை என்னிடம் கொடுத்தார். என்னுடைய குடும்ப உறுப்பினர்கள் சுமார் இரண்டு மாதங்களுக்குப் பிறகு என் குரலைக் கேட்பதில் பேரானந்தம் அடைந்தனர். நான் சிரித்து, வேடிக்கையாகப் பேசி நன்றாக இருப்பதாக அவர்களை நம்ப வைத்தேன். எங்கள் செய்தியேடான - செவன் சிஸ்டர்ஸ் போஸ்ட் - திட்டமிடப்பட்டபடி அக்டோபர் 31ஆம் தேதியன்றில்லாமல் நவம்பர் 11ஆம் தேதி தொடங்கப்பட்டதாகத் தெரிவித்தார்கள். அந்த நாளில்தான் ஒரு தள்ளாடும் மரக்கலம் வழியாக ஆற்றைக் கடக்கையில் ஒரு விபத்தில் இருந்து மயிழையில் நான் உயிர் தப்பிய நாளும் கூட. தீமை குறித்த துர் சகுனமா?

அடுத்த நான்கு நாட்கள் எப்போதும் போலான நடைமுறைகளைப் பின்பற்றுவதில் கழிந்தது. போராளிகள் காட்டிய அதே வேகத்துடன் நானும் தினசரி உடற்பயிற்சிகள், படிக்கட்டுக்களிலும் மலை முகடுகளிலும் ஏறி இறங்குதல் போன்றவற்றில் அதிக நேரம் கழித்தேன். மேலும், ஒலிப்பதிவுக் கருவியில் பாபா அளித்த நேர்காணலின் சில குறிப்பிட்ட பகுதிகளைத் திரும்பக் கேட்டு பரூவாவிடம் தெளிவு படுத்திக்கொள்ள வேண்டியிருந்த ஒரு சில கேள்விகளைக் குறிப்பெடுத்துக்கொண்டேன். பாபா சொன்ன தகவல்கள், பரூவா அளித்த நகைச்சுவையான குறிப்புகள் ஏதுமின்றி சுருக்கமாகவும், செறிவாகவும் இருந்ததை உணர்ந்தேன். அவரது நினைவலைகள் மறைந்து வருகின்றன. முக்கிய சம்பவங்கள் குறித்து ஒரு பொதுவான சித்திரமே அவர் மனதில் இருந்தது. அதிலும் குறிப்பாக, அவர் பள்ளிக் கூடத்தில் இருந்து வெளியேறக் காரணமான ஆரம்பக் காலகட்டத்தில் கச்சினுடன் நிகழ்ந்த மிக முக்கியமான மோதல் பற்றிய மங்கலான நினைவே அவருக்கு இருந்தது. இதற்குக் காரணம், கடுமையான மலைப்பிரதேசத்தில் இவ்வளவு ஆண்டுகள் போராட்டம் மிகுந்த வாழ்க்கை வந்ததுதான் என்று யூகித்துக் கொண்டேன்.

டிசம்பர் 29ஆம் தேதி அடுத்த நாள் மதியம் 2 மணிக்கு கால் பந்துப் போட்டி தொடங்கும் என்று எங்களிடம் சொல்லப்பட்டது. ஒவ்வொரு தரப்பிலும் தலா ஒன்பது பேர் மட்டுமே இருப்பார்கள். ஏனெனில், ஆடுகளம் சிறியதாக இருந்தது. உல்ஃபா, என்.டி.எஃப்.பி. மற்றும் என்.என்.சி.என்.(கே)வின் உறுப்பினர் ஒரு அணியில் இருக்க, ஏழு மணிப்பூரிக் குழுக்களின் கூட்டணி அவர்களை எதிர்கொள்ள விருந்தது. பிற்பகலில் இதற்கான ஏற்பாடுகள் தொடங்கின. பரூவா, பிஜோய் மற்றும் ஒரு என்.டி.எஃப்.பி. போராளி அணிகளின் பட்டியலைத் தயாரித்தனர். அவர்கள் பயிற்சி ஆட்டத்தை நடத்திய போது, மாலைவரை நீண்ட விவாதம் நடந்தது.

சுவாரசியமான விதத்தில், மணிப்பூரிகள் கிளர்ச்சிக் குழுக்களின் கூட்டணிக்கான அடித்தளத்தை ஏற்கனவே தயாரித்து வைத்திருந்தனர். காப்லாங்கிடம் இருந்து சம்மதம் கிடைத்த பிறகு இரண்டு ஆண்டுகளுக்கு முன்பு ஒரு சங்கத்தை உருவாக்கும் முயற்சிகள் தொடங்கின. 2010 இறுதியில், இந்த ஏழு குழுக்களும் தங்களுக்குள் கூட்டணி அமைத்து ஒருங்கிணைப்புக்குழு (கோர் காம்) என்ற பெயரில் அமைப்பை உருவாக்கின. இந்த அமைப்பு ஒருவருக் கொருவர் உதவிக்கொள்ளவும் மணிப்பூரின் சுதந்தரத்துக்கான கூட்டு நடவடிக்கை எடுக்கவும் உறுதியளித்தன. இந்த முன்முயற்சி வடகிழக்குப் பகுதியில் உள்ள கிளர்ச்சிக் குழுக்களின் கூட்டணி ஒன்றை உருவாக்க எடுத்த நான்காவது முயற்சியாகும். முதல் முயற்சி 1986லேயே நடந்தது. என்.என்.சி.என்.யின், யூ.என்.எல்.எப்., உல்ஃபா அமைப்புகள் ஒன்று சேர்ந்து ஐக்கிய முன்னணியை உருவாக்கின. இவ்வமைப்பு ஒருவருக்கொருவர் உதவிக் கொள்ளத் தீர்மானித்ததோடு சீனாவுக்கு ஒரு கூட்டுக் குழுவைக்கூட அனுப்பி வைத்தது. இரண்டு ஆண்டுகளுக்குப் பிறகு என்.என்.சி.என். காப்லாங் அணி என்றும் ஐசக்-முய்வா அணி என்றும் இரண்டாகப் பிளவுபட்ட பிறகு இந்தக் கூட்டணியின் நம்பிக்கை தகர்ந்தது.

உல்ஃபாவும் யூ.என்.எல்.எஃப்பும் காப்லாங் அணியுடன் சேர்ந்து இருந்தன. கூட்டணிக்கு இந்தோ-பர்மா புரட்சிகர முன்னணி (ஐ.பி.ஆர்.எஃப்) என்று மறு பெயரிடப்பட்டது. என்.என்.சி.என். (ஐ.எம்) அணி. என்.டி.எப்.பி. மற்றும் திரிபுரா தேசிய விடுதலை முன்னணி (என்.எல்.எப்.டி.)யுடன் இணைந்து, தென்கிழக்கு ஆசிய இமாலயப் பகுதி தற்காப்பு ஐக்கிய முன்னணி (யூ.எப்.எஸ்.இ.ஏ.எச்.ஆர்)ஐ அமைத்தது. இந்த அமைப்பு, நாகாலாந்தினர் அமைப்பு 1997-ல் இந்திய அரசாங்கத்துடன் ஒரு போர் நிறுத்த ஒப்பந்தத்தில் கையெழுத்திட்ட பிறகு தகர்ந்து போனது.

என்.என்.சி.என்.(ஐ.எம்.) அணியின் கிரேட்டர் நாகாலிம்முக்கான உரத்த குரல் மணிப்பூரில் இருந்த குழுக்களை அச்சுறுத்தியது. அரசாங்கம் இந்தக் கோரிக்கையை ஏற்றுக்கொண்டுவிட்டால், அவர்களது மாநிலம்தான் அதிகம் பாதிக்கப்படும். மணிப்பூர் மாநிலம், நாகாலாந்தினர் பழங்குடியினர் வசிக்கும் மொத்தமுள்ள ஐந்து மாவட்டங்களில் நான்கு மலை மாவட்டங்களை இழக்கும். பி.எல்.ஏ. இம்பால் பள்ளத்தாக்கில் உள்ள அனைத்துக் கிளர்ச்சிக் குழுக்களுக்கும் இடையிலான ஒரு இணைப்பை உருவாக்கும் யூ.என்.எல்.எஃப்பின் திட்டத்தை ஆதரித்தது. இவ்வாறாக, 1999-ல் மணிப்பூர் மக்கள் விடுதலை முன்னணி தொடங்கப்பட்டது. பிரிபாக் இந்த முன்னணியில் ஒரு உறுப்பினராக இணைந்தாலும், உள்கட்சி பூசலால், முழுமையாகப் பங்கேற்கவில்லை. இந்த அமைப்பு காங்லெய் யவோல் கன்னா லுப் (கே.ஒய்.கே.எஸ்.) மற்றும் காங்லெய்பாக் கம்யூனிஸ்டு கட்சிப் பிரிவுகளை இதில் சேர்த்துக் கொள்ளத் தவறியது.

மியான்மரில் உள்ள ராணுவ ஆட்சியாளர்களுடனான காப்லாங்கின் மகிழ்ச்சியான சந்திப்புக்குப் பிறகு, ஒரு நல்ல வாய்ப்பு கிடைத்தது. ராணுவம் நடத்திய தாக்குதல்களும் குண்டு வெடிப்புகளும் நிறுத்தப் பட்டு கிழக்கு நாகாலாந்தில் இன்னும் அதிகமான போராளிகளை வைத்துக்கொள்ள என்.என்.சி.என்.(கே) அமைப்புக்கு அனுமதி தரப்பட்டது. 2010-ல் கோர் காம் தொடங்கப்பட்டது. இதர வடகிழக்குப் பிராந்தியக் குழுக்களை ஒரே குடைக்குள் கொண்டு வரும் திட்டத்தை அமல்படுத்த அது வழிவகுத்தது. காப்லாங் தனது சம்மதத்தை அளிக்க பரூவாவும் இன்னும் அதிகக் குழுக்களைச் சேர்க்கும் நடவடிக்கையில் இறங்கினார். 2011ஆம் ஆண்டு மத்தியில் வடகிழக்குப் பகுதியில் இருந்து 14 குழுக்கள் கைகோக்க முடிவு செய்தன. மாநிலங்களில் மிஸோரத்துக்கு மட்டுமே பிரதிநிதித்துவம் இல்லை. காரணம் மிஸோ தேசிய முன்னணி (எம்.என்.எப்.) 1986-ல் பொது வாழ்க்கைக்குத் திரும்பியதைத் தொடர்ந்து, வெகு காலத்துக்கு முன்பே தீவிரவாதம் முடிவுக்கு வந்துவிட்டது. அருணாசலப் பிரதேசத்தில் ஒரு புதிய அமைப்பு உருவாகி வந்தாக நம்பப்பட்டது. மேகாலயாவின் காரோ தேசிய விடுதலை முன்னணி (ஜி.என்.எல்.எஃப்) அனைத்து திரிபுரா புலிப்படை (ஏ.டி.டி.எப்.) மற்றும் திரிபுரா தேசிய விடுதலை முன்னணி(என்.எல்.எப்.டி.)யின் விஸ்வமோகன் பிரிவு போன்ற அமைப்புகள் முளைத்தன.

ஐந்து மாதங்களுக்குப் பிறகு ஒரு கூட்டம் நடந்தது. டிசம்பர் 30ஆம் தேதியன்று கிழக்கு நாகாலாந்தில் உள்ள ஒரு வசதியான இடத்தில், இவ்வனைத்துக் குழுக்களின் உயர்மட்டத் தலைவர்கள் கூடுவது என்றும், அதனைத் தொடர்ந்து ஒரு கால்பந்து போட்டி நடத்தி,

முன்னணி அமைக்கப்பட்டதை அறிவித்து ஒரு பத்திரிகைச் செய்தி அளிப்பதென்றும் முடிவெடுக்கப்பட்டது. இருந்தபோதிலும் ஒரு சில இடங்களைத் தவிர்த்து, தீவிரவாதம் தேய்பிறையாகிப்போன மேகாலயா, திரிபுரா, அருணாசலப்பிரதேசம் போன்ற இடங்களில் இம்முன்னணியால் செல்வாக்கு பெறமுடியுமா என்பதைப் பொறுத்திருந்து பார்க்கவேண்டியிருந்தது. அருணாச்சலப் பிரதேசத்தில், 'அருணாச்சல் டிராகன் படை' என்றழைக்கப்பட்ட ஒரு குழு 1990களின் மத்தியில் தோன்றி, உல்ஃபாவுடனும் என்.எஸ்.சி.என்.(கே)யுடனும் கூடத் தொடர்பு ஏற்படுத்தியிருந்தது. ஆனால் போலீஸ் நடத்திய ஒரு சில கைதுகளுக்கும் நடவடிக்கைகளுக்கும் பிறகு அது கலகலத்தது.

அப்புறம், டிசம்பர் 30ஆம் தேதி, மைதானம் நன்கு தென்படும் வகையில் அமைக்கப்பட்ட ஒரு உயரமான மண் மேடையில் நாங்கள் நின்றிருந்தோம். பக்கத்துக் கிராமத்தில் இருந்து ஒரு சின்னக் கும்பல் சேர்ந்தது. உயிர்த்தெழுதல் நாள் போன்ற நிகழ்வுகளில் ஆண்டுக்கு ஒரு முறை அல்லது இரு முறை கிளர்ச்சிக் குழுக்களிடையே நட்புரீதியான பேட்டிகள் ஆடப்படும் போதெல்லாம் அவர்கள் அவ்வாறு வருவது வழக்கம். ஆனால், வண்ணமயமான உடை அணிந்த நடுவர் உடனிருக்க, ஒன்பது குழுக்களில் உள்ள ஆட்டக்காரர்களும் ஒன்றாகச் சேர்ந்து ஆடுவதை அவர்கள் பார்த்திருக்கமாட்டார்கள் என்பது நிஜம். பிற்பகல் 2.45 மணிக்கு, ஆட்டக்காரர்கள் மைதானத்தில் வரிசையாக வந்து நின்று ஒருவருக்கொருவர் கை குலுக்கிக் கொண்டனர். சிவப்பு நிற அரைக்கால் சட்டையும் ஒரு மஞ்சள் நிற பனியனும் அணிந்த பரூவா, உல்ஃபா என்.டி.எப்.பி.-என்.எஸ்.சி.எ.(கே) கூட்டு அணிக்குத் தலைமை தாங்க, யூ.என்.எ.எப்.பின் ஒல்லியான நடுத்தர வயது அதிகாரி ஒருவர் மற்றொரு அணிக்கு கேப்டனாக இருந்தார்.

பக்கத்தில் இருந்த ஒரு ஷெட்டில் மோரன் உடன்வர காப்லாங் வந்து அமர்ந்த சில நிமிடங்களில் நடுவர் விசில் ஊதினார். அந்த சின்னஞ்சிறு மைதானத்தில் ரொம்ப நேரத்துக்குப் பந்தை உதைத்துக் கொண்டு செல்லவோ தூரமாக உதைக்கவோ வாய்ப்பில்லை. ஆரம்பத்திலேயே இதைப் புரிந்துகொண்டவர்கள் மணிப்பூரிகள். அவர்கள் தொடக்கத்தில் இருந்து கொஞ்ச தூரமே 'பாஸ்' செய்து, தாக்குதலில் தீவிரமாக இருந்தார்கள். ஆட்ட நேரம் பாதி கடந்தபோது அவர் 3-0 என்ற புள்ளிக்கணக்கில் முன்னிலை வகித்தனர். பரூவா 'சென்டர் ஃபார்வேர்டு' நிலையில் இருந்து கோல் கீப்பராக மாறி கோல் விழுவதைத் தடுக்க ஒரு 'டைவ்' அடித்தும் பார்த்தார். அவர் உறுமலுடன் தன் முன்னணி உறுப்பினர்களுக்கு உத்தரவுகளைப் பிறப்பித்தார். ஆனால், எதிர்தரப்பு தங்கள் ஸ்கோரை இன்னும் உயர்த்திக் கொள்வதைத் தடுக்க முடியவில்லை. இறுதி நிலவரம் மணிப்பூரிகளுக்கு ஆதரவாக 4க்கு 2 என்ற கணக்கில் இருந்தது.

அந்த ஆட்டத்தை முப்பது படங்களுக்கு மேல் எடுத்துத் தள்ளினேன். ஆனால், அவற்றில் எட்டு மட்டுமே தேறின. ஆட்டத் தரத்தைப் பற்றிக் கவலைப்படாமல், பார்வையாளர்கள் இறுதிவரை இருந்தனர். அடிக்கடி பந்து ஆடுகளத்துக்கு வெளியில் வந்து விழுந்தது. சில சமயங்களில், சுற்றியிருக்கும் காடுகளுக்குள் விழுந்து காணாமல் போனது. அதனால் நேரமும் வீணானது. ஆட்டத்தின் சூடு குறைந்தது. மணிப்பூரிகளிடையே இரண்டு பேர் ஆட்டத்தில் சிறந்து விளங்கினார்கள். ஒருவர், அநேகமாக யூ.என்.எல்.எஃப.பைச் சேர்ந்தவராக இருக்க வேண்டும். அவர் எல்லாரையும் கவர்ந்திருந்தார். சந்தேகமே இல்லாமல் அவருக்கு அளிக்கப்பட்ட ஆட்ட நாயகன் விருதுக்குப் பொருத்தமானவர். அவர் இரண்டு கோல் அடித்தார். அதில் ஒரு முறை ஆட்டத்தின் முற்பகுதியில் பயங்கரமாக தலையால் மோதி கோல் அடித்தார். வயதில் மிக மூத்த ஆட்டக்காரரான பரூவாவும் அற்புதமாக விளையாடி ஆட்டத்தின் போக்கைத் தன் பக்கம் திருப்ப முயன்றார். ஆனால், கணிசமான உடல் வலுவும் ஆர்வமும் இருந்த போதிலும் அவரது உடனடி எதிர்வினைகள் கொஞ்சம் மெதுவாகி விட்டிருந்தது.

விளையாட்டு முடிந்தபின் ஆட்டக்காரர்கள் கை குலுக்கினார்கள். வடகிழக்குப் பிராந்திய தீவிரவாதத்தின் வரலாற்றுப் பக்கங்களில் ஒரு முக்கிய அத்தியாயத்தைத் தொடங்கிவிட்டிருந்தனர். கிளர்ச்சிக் குழுக்களிடையிலான தோழமை ஒரு அடி மேலும் நெருக்கமானது.

இந்தக் கிளர்ச்சிக் குழுக்களின் கூட்டணி, மியான்மர், ஒரு முக்கியமான மாறுதல் காலத்தைக் கடந்துகொண்டிருந்தபோது ஏற்பட்டது. அந்த நாட்டில் ஒரு பெரும் பங்கு வகிப்பதற்கு அமெரிக்கா, சீனா மற்றும் இந்தியாவுக்கிடையே கடும் போட்டி நடக்கும் காலம். ஆக, இந்த நிகழ்வு போராளிகள் எடுத்து வைத்த ராஜ தந்திர முயற்சியின் விளைவா? அல்லது இந்தப் பகுதியின் புவியியல் - அரசியலுடன் சம்பந்தப்பட்டதா? கடந்த சில பத்தண்டுகளில், மியான்மர் தன் உள்நாட்டு விவகாரங்களில் மூழ்கி, மேலை நாடுகளில் இருந்த தனிமைப்பட்டிருந்த நிலையில், இந்தியாவும், தன் உள் விஷயங்களால் இழுக்கப்பட்டிருந்தநிலையில், இந்தப் பகுதியில் சீனா அழுத்தமாகக் கால் ஊன்றியிருந்தது. 1990வாக்கில், மியான்மர், தென் கிழக்காசியாவில் சீனாவின் முக்கிய அரசியல் மற்றும் ராணுவக் கூட்டாளியாக மாறியிருந்தது. எனினும், சமீபத்தில், மியான்மர் தனது சர்வதேசத் தனிமையில் இருந்து வெளிவர வேண்டி, சீனாவை அண்டி வாழ்வதைக் குறைத்துக்கொண்டு இந்தியாவுடன் நெருக்கமாகியது.

2011ஆம் ஆண்டு டிசம்பர் 1-ல் அமெரிக்க வெளியுறவுத் துறை அமைச்சர் ஹிலாரி கிளிண்டன் மியான்மருக்கு வந்தார்.

பத்தாண்டுகளில் உயர்மட்ட அமெரிக்க அதிகாரி மேற்கொண்ட முதல் சுற்றுப் பயணம் இதுவே. அமெரிக்கா மியான்மருக்கு எதிராக விதிக்கப்பட்ட தடைகளை விலக்கிக் கொள்ளத் தீர்மானித்ததாக அறிவித்தவுடன் ஐரோப்பிய யூனியனும் அந்நாட்டுக்கு எதிரான தடைகளை விலக்கிக்கொண்டது. சீனா இந்நிகழ்வுகளால் மன நிம்மதியிழந்திருந்தது. ஏனெனில், சீனாவுக்கு மியான்மர் மீதான கட்டுப்பாட்டின் மூலம் கிடைக்கும் பொருளாதார, ராஜாங்க நலன்களை ஒருகாலமும் விட்டுக்கொடுக்க இயலாது.

உண்மையில், சீனா, மியான்மரில் பல்நோக்குத் திட்டம் ஒன்றைக் கொண்டிருக்கிறது. மத்தியக் கிழக்கு நாடுகளில் இருந்து தனது எண்ணெய் இறக்குமதிக்கு பதற்றமான மலாக்கா நீரிணைப்பைத் தவிர்ப்பதற்காக பர்மா வழியாக குழாய் பாதை ஒன்றை கட்டிய மைக்கத் திட்டமிட்டு வருகிறது சீனா. இதற்காகவும், பர்மாவின் தெற்கில் உள்ள எண்ணெய் வயல்களில் இருந்து எண்ணெய் மற்றும் எரி வாயுவை இறக்குமதி செய்வதற்கும் சீனா பர்மாவுடன் 2009-ல் ஓர் ஒப்பந்தம் செய்து கொண்டது.

இதையும் தவிர சீனா, அந்தப் பகுதியில் ராணுவரீதியில் மேலாதிக்கம் செலுத்தவும் வங்காள விரிகுடாவுடன் நேரடித் தொடர்பு பெறவும் விரும்பியது. இந்த வழியில் அது நுழைந்துவிட்டால் சீனாவால் இதனினும் பெரிய இந்தியப் பெருங்கடல் பகுதியில் பல நன்மைகளைப் பெறமுடியும். இது 'முத்து மாலை' திட்டத்தில் சீனா பெற விரும்பும் ராணுவப் பலனுக்கும் கூடுதலானதாக இருக்கும். முத்து மாலை திட்டம் மத்தியக் கிழக்கு முதல் மியான்மர்வரை சீனா தன் ராணுவ மற்றும் வாணிக அமைப்புகளை உருவாக்குவதாகும். இந்தியா தனது 'கிழக்கு நோக்குக் கொள்கை' மூலம் சாதிக்க விரும்பிய வற்றுக்கு இணையாக, 'ஆசியான்' பிராந்தியத்தில் சீனா தனது வணிக மற்றும் ராணுவம் தொடர்பான செல்வாக்கை மேம்படுத்த மியான்மரைப் பயன்படுத்திக்கொள்ளவும் முடியும்.

அரசியல் கொள்கைகளைத் தவிர, பெய்ஜிங் மியான்மரில் உள்நாட்டு நிலவரம் குறித்தும் கவலை கொண்டிருக்கிறது. சீன நிறுவனங்கள் இயற்கை வளங்களில் முதலீடு செய்வதற்கும் அவற்றைச் சுரண்டி எடுத்துப் போவதற்கும் எதிராக பெரிய அளவிலான போராட்டங்கள் நடந்துவருகின்றன. கச்சின் பகுதியில், ஐராவதி ஆற்றில் உள்ள 'மியிட்கோன்' அணைக்கு எதிரான போராட்டம், அரசாங்கம் அந்தத் திட்டத்தைக் கைவிடச் செய்துவிட்டது. அந்தத் திட்டம் பல பகுதிகளை நீருக்குள் மூழ்கவைத்து மாற்ற முடியாத சூழல் அழிவை உருவாக்கும் என்பதே அந்த எதிர்ப்புக்குக் காரணம். சகெயிங்

டிவிஷனில் உள்ள மோனிவாவில் மியான்மர் அரசுக்குச் சொந்தமான யூனியன் ஆஃப் மியான்மர் எகனாமிக் ஹோல்டிங்க்ஸ் என்ற அமைப்புடன் சீன அரசுக்குச் சொந்தமான ஆயுத உற்பத்தியாளரான நோரிங்கோவின் துணை நிறுவனமான 'வன்பாவ்' என்ற நிறுவனம் சேர்ந்து நடத்தி வரும் லெப்டாதாங் காப்பர் மைன்ஸ் என்ற தாமிரச் சுரங்கத்துக்கு எதிராக உள்ளூர்வாசிகள் போராடி வருகிறார்கள்.

மியான்மரின் நிலைமை மோசமாகிக் கொண்டே வர, சீனா கிளர்ச்சிக் குழுக்களுக்கு மனப்பூர்வமாக உதவி அளிக்கும் தனது முந்தையக் கொள்கையில் இருந்து பின்வாங்க வேண்டியதாகிவிட்டது. சமீப ஆண்டுகளில், சீனா மியான்மர் நாட்டின் ஷான் மாநிலத்தில் சீனாவின் தென்மேற்கு எல்லையில் உள்ள யுனைடெட் வா ஸ்டேட்ஸ் ஆர்மி (யூ.டபிள்யூ.எஸ்.ஏ.) அமைப்புக்கு ராணுவ உதவியை அதிகரித் திருக்கிறது. பர்மிய கம்யூனிஸ்டுக் கட்சியில், போரிடும் படைப் பிரிவில் பெரும்பான்மையினராக இருந்த 'வாஸ்' இனத்தார் கிளர்ச்சி செய்து தங்களுக்கான தனி அமைப்பைத் தொடங்கியதால் அக்கட்சி வீழ்ச்சியுற்றது. அதைத் தொடர்ந்து 1989-ல் இக்குழு உருவானது. சில செய்திகளின்படி, தற்போது யூ.டபிள்யூ.எஸ்.ஏ. அமைப்பினருக்குச் சீனர்களால் வான் வெளிப் பாதுகாப்புக் கருவிகள் மற்றும் கவச வாகனங்கள் அளிக்கப்படுகின்றன. இதன் நோக்கம்? மியான்மரின் சீர்திருத்தங்கள், இந்தியா மற்றும் மேலை நாடுகளுடனான அந்நாட்டின் வளரும் தொடர்பு ஆகியவற்றால் மியான்மரில் உள்ள சீனாவின் நீண்ட கால நலன்கள் பாதிக்கப்படக்கூடாது; அதை சீனா ஒருபோதும் பொறுத்துக்கொள்ளாது என்று நய் பிடாவ்-க்கு கடுமையான எச்சரிக்கை விடுப்பதுதான்.

சீனா, வடகிழக்குப் பிராந்தியத்தில் உள்ள சில கிளர்ச்சிக் குழுக்கள் மற்றும் தலைவர்களுடன் நெருங்கிய உறவுகளையும் பேணி வருகிறது. இந்தக் குழுக்களுக்கும் பெய்ஜிங்கின் உண்மையான நோக்கங்களுக்கும் உள்ள தொடர்புகளை அம்பலப்படுத்தும் சில நிகழ்வுகள் கடந்த காலத்தில் நடந்தேறியிருக்கின்றன. 1970களின் இறுதியில், பி.எல்.ஏ.வின் பத்தொன்பது பேர் கொண்ட அணி ஒன்று திபெத்தில் பயிற்சியில் ஈடுபட்டிருந்தபோது, அவர்களது சீனத் தலைவர்கள் அவர்களிடம், அவர்களது பகுதியில் ஒத்த கருத்துடைய அமைப்புகளுடன் இணைந்து அவர்கள் கூட்டணி அமைக்கவேண்டும் என அறிவுரை கூறினார்கள்.

பெய்ஜிங், பி.எல்.ஏ. பேரில் வைத்திருந்த நம்பிக்கைக்குப் பலமான காரணங்கள் உண்டு. பெய்ஜிங் ஏற்கனவே யுன்னானில் பயிற்றுவிக்கப் பட்ட நாகாலாந்து போராளிகள், மிஸோ கிளர்ச்சியாளர்கள் பேரில்

நம்பிக்கை இழந்து விட்டது. மிஸோ தேசிய முன்னணி இந்திய அரசாங்கத்துடன் பேச்சுவார்த்தையில் ஈடுபடுவதற்கான தனது விருப்பத்தை வெளியிட்டிருக்கிறது. நாகா தேசியக் கவுன்சில், ஒரு காலத்தில் நாகாலாந்தில் பிரிவினை இயக்கத்தை முன்னின்று நடத்தி தற்போது பல்வேறு அணிகளாகப் பிரிந்து நிற்கிறது. ஓஜாஸ் என்று அழைக்கப்பட்ட பி.எல்.ஏ. குழு ஒரு இயக்கத்துக்கான வலுவான அடித்தளத்தை உருவாக்கும் பணியையும் தொடர்புகளைத் தயாரிக்கும் பணியையும் அமைதியாகத் தொடங்கியது.

மேலும், இந்த கவுன்சிலின் ஒரு பிரிவுக்கும் இந்திய அரசாங்கத்துக்கும் இடையில் 1975-ல் ஷில்லாங் ஒப்பந்தம் கையெழுத்தாகி சரியாக ஒரு வாரம் கழித்து, பயிற்சிக்கும் ஆயுதங்களுக்கும் யுன்னானுக்குச் சென்ற அதன் மற்றொரு பிரிவுடன் சீன அதிகாரிகள் ஒரு கூட்டம் நடத்தினார்கள். துயிங்கலெங் முய்வா, ஐசக் சிசி ஸ்வூ, கோலே கோன்யாக் போன்ற மூத்த செயற்பாட்டாளர்களை உள்ளடக்கிய இவ்வணி ஷில்லாங் உடன்பாட்டை எதிர்த்து நாகாலாந்தின் சுதந்தரத்துக் கான போராட்டத்தைத் தொடர்ந்து நடத்தத் தீர்மானித்தது.

சீன அதிகாரிகள் 1949-ல் சீனாவில் அதிகாரத்தைக் கைப்பற்றுவதற்கு முன்பு கம்யூனிஸ்டுகள் செய்ததுபோல கிழக்கு நாகாலாந்தில் கிளர்ச்சி முகாம்கள் அமைக்குமாறு அறிவுரைகள் சொன்னார்கள். இந்தியாவும் மியான்மரும் இணைந்து இந்த முகாம்களை ஒழிக்கக் கூட்டு நடவடிக்கை எடுக்கலாம் என்றும் ஆனால், அத்தகைய சம்பவங்கள் இயக்கத்தை வலிமைப்படுத்தவே செய்யும் என்றும் சொன்னார்கள். நாகாலாந்தினர்களுக்கு உதவியும் ஆதரவும் தர உறுதியளிக்கப்பட்டு, தேவையான களப்பணிகளில் கவனம் செலுத்துமாறு கூறப்பட்டது.

இந்தியாவின் எதிர்ப்பைத் தொடர்ந்து இந்தப் பயிற்சித் திட்டங்கள் 1970-களின் இறுதியில் சீனாவால் முடிவுக்குக் கொண்டு வரப்பட்டன. வடகிழக்கு கிளர்ச்சியாளர்களுக்கு இனி உதவப் போவதில்லை என்று பெய்ஜிங் உறுதியளித்தாலும், ஆராய்ந்து பார்த்ததில் ஆச்சரியகரமான சில உண்மைகள் வெளிப்பட்டன. 1980களின் தொடக்கத்தில், சீனர்கள் கே.ஐ.ஏ.வுடன் நல்ல உறவில் இருந்ததால் பி.எல்.ஏ.வில் சேர்க்க பல அணிகளைப் பயிற்றுவிக்க கே.ஐ.ஏ.வைப் பயன்படுத்தியது. 2011-ல் இருந்து கச்சினில் நிலைமை மோசமானது. இந்தப் பகுதியில் சீனா செய்த முதலீடுகள் குறித்து கே.ஐ.ஏ.வும் இதர உள்ளூர் அமைப்புகளும் அதிருப்தியுற்றன. அந்த முதலீடுகள் உள்ளூர் தேவைகளையும் உணர்வுகளையும் புறக்கணித்திருந்தன.

நிலவி வரும் சூழல் கச்சினில் கால் பதிக்க இந்தியாவுக்கும் அமெரிக்காவுக்கும் வாய்ப்பளிக்கும் என்றும் மியான்மருக்கு

இப்போதுள்ளதைவிடப் பெரும் பங்கு கிடைக்கும் என்றும் பெய்ஜிங்கும் கவலைப்பட்டது. எனவே, சீனா ஷான் மாநிலத்தில் கூட்டாளிகளை உருவாக்கியது போலவே கிழக்கு நாகாலாந்திலும் கூட்டாளிகளை உருவாக்கியிருப்பதற்குச் சாத்தியங்கள் உண்டு. தேவைப்பட்டால், சீன நலன்களுக்கு எதிராக உள்ள அரசுகளுக்கும் அமைப்புகளுக்கும் எதிராக நிழல் யுத்தங்களை நடத்த இந்தக் குழுக்களைப் பயன்படுத்திக் கொள்ளலாம்.

•

மாலையில் பரூவாவிடம் நாங்கள் எங்கள் திரும்பும் பயணத் திட்டத்தைப் பற்றிக் கேட்டோம். அவரிடம் இருந்து ஒரு திட்டவட்ட மான பதில் கிடைத்ததில் மகிழ்ச்சியடைந்தோம்.

'நீங்கள் திரும்ப வேண்டிய பாதையை முடிவு செய்துவிட்டோம். பாதுகாப்புக் காரணங்களுக்காக அது கொஞ்சம் மாற்றியமைக்கப் படலாம். நீங்கள் இங்கு வருவதற்கு எடுத்துக் கொண்ட நேரத்தைவிட நிச்சயம் குறைந்த நேரமே எடுத்துக் கொள்வார்கள். ஆனால், திரும்பும் பயணத்தை இப்போது யாருக்கும் தெரிவிக்கக்கூடாது' என்றார் பரூவா.

மூன்று நாட்களுக்குப் பிறகு அவர்கள் நாங்கள் பிஹூ பண்டிகையில் கலந்து கொள்வதை விரும்புகிறார்கள் என்றும், அதற்கு முந்தைய நாள், குழுக்களிடையே மற்றொரு கால் பந்துப் போட்டி நடக்க உள்ளதாகவும் தெரிவித்தார் மோரன். இதர குழுக்களின் உயர்மட்டத் தலைவர்கள், காப்லாங் உட்பட விழாவைச் சிறப்பிக்கவிருப்பதாகவும் சொன்னார். பிஹூவுக்குப் பிறகா? அப்படியென்றால் மேலும் தாமதமாகும் என்று அர்த்தமா?

மோரன் எங்கள் சங்கடத்தை உணர்ந்தார். இப்போது பிரதீப்புக்கு வீட்டு நினைப்பு வந்துவிட்டது. பிஹூவுக்கு மறுநாள் நாங்கள் ஊருக்குக் கிளம்பமுடியும் என்றும் தூரம் குறைந்த பாதையில் அழைத்துச் செல்லப்படுவோம் எனவும் உறுதியளித்தார். அவர்களுடைய வேண்டுகோளை மறுக்க முடியவில்லை.

இருந்த போதிலும் நாங்கள் நிம்மதியாக உணர்ந்தோம். மீள் பயணத்துக்கான ஏற்பாடுகளில் இறங்கினோம். அங்கு இருந்த கடைக்குச் சென்று, பூச்சிக்கடி ஸ்பிரே உள்ளிட்ட தேவையான அனைத்துப் பொருட்களையும் எங்கள் பைகளில் நிரப்பினோம்.

தூங்குவதற்கான பைகள் சூரிய ஒளியில் உலரப் போடப்பட்டு, நடைப் பயணத்துக்கு வேண்டிய துணிமணிகள் துவைத்துக் காய

வைக்கப்பட்டன. மேல் சட்டைகள், கிரீன் டீ போன்ற புதிய பொருட்களையும் நாங்கள் எடுத்துப் போக வேண்டியிருந்தது. நான் போட்டிருந்த காடுகளுக்கான ஷூக்கள் கிழிந்துபோய்விட்டதால், புதிய ஷூக்களை அணிந்துகொண்டேன். நாங்கள் கிளம்புவதற்கு ஒரு சில நாட்களே இருந்ததால், பரூவாவுடனும் மோரனுடனும் அதிக நேரம் செலவிடத் தீர்மானித்தோம். நானும், கடைசியாக எஞ்சியிருந்த சில கேள்விகளைக் கேட்டேன்.

இதற்கிடையில் 1982-ல் மூன்று நாகாலாந்து இனக் குடியேறிகளால் அமைக்கப்பட்ட முதல் கிராமம் உள்ளிட்டு, பக்கத்தில் இருந்த பல இடங்களைச் சுற்றிப் பார்த்தோம். அவர்கள் மலைகளில் இருந்து மனமில்லாமல்தான் கீழிறங்கி வந்திருந்தார்கள். ஆனால், பள்ளத்தாக்கில் வாழ்க்கை எளிதாக இருப்பதைக் கண்டு கொண்டனர். பின்னர் அவர்கள் திரும்பிச் செல்லவில்லை. இவ்வாறு மலைகளில் இருந்து கீழறிங்கி வருவது தொடர்ந்து நிகழ்ந்து அடுத்த பத்தாண்டுகளுக்குள் கிட்டத்தட்ட 150 குடும்பங்களைக் கொண்ட கிராமம் உருவானது. மலைகளில் இருப்பது போலவே, அவர்கள் ஒரு தலைவரையும், அவருக்கு உதவ மூத்தவர் குழுவையும் தேர்ந்தெடுத்தனர். மலைகளில் இருந்த இதர கிராமத்தினர் இதையே பின்பற்ற ஆரம்பித்தனர்.

மாலையில் தாமதமாக நாங்கள் திரும்பி வந்தபோது முகாமில், ஜரூராக வேலைகள் நடந்துகொண்டிருந்தன. கூட்டத்தில் புது முகங்கள் தென்பட்டன. இன்னொரு முகாமில் இருந்து வந்தவர்களாக இருக்கலாம். ஒவ்வொருவரும் தற்காலிக மூங்கில் பந்தல்கள் அமைப்பதோ வளாகத்தைச் சுத்தப்படுத்துவதோ என ஏதோ ஒரு வேலை செய்து கொண்டிருந்தனர்.

கிராமங்களில் இருந்தும் முகாம்களில் இருந்தும் 300 பேருக்கு மேற்பட்டவர்கள் பிஹுவுக்காக வரவழைக்கப்பட்டிருந்தனர். அந்தப் பண்டிகை இரண்டு நாள் கழித்து வரவிருந்தது. விழா உல்ஃபா மற்றும் என்.டி.எஃப்.பி.யால் இணைந்து நடத்தப்பட்டது. ஆறு போராளிகள் மீன் பிடித்து வருவதற்காக ஆற்றுக்கு அனுப்பி வைக்கப்பட்டனர். மற்றவர்கள் இதர சின்னச் சின்ன வேலைகளைச் செய்ய அனுப்பி வைக்கப்பட்டிருந்தனர்.

காலை 11 மணியளவில், அந்த முகாமின் அணி வகுப்பு மைதானம் விருந்தினர்களால் நிரம்பி வழிந்தது. கறுப்பு நிற கோட்டும், சிவப்புக் கலர் டையும் அணிந்த காப்லாங் தனது மெய்க்காவலர்களுடன் வந்திறங்கி பரூவா மற்றும் என்.டி.எஃப்.பி. தலைவர் சாங்க் பிஜித்துடன் அமர்ந்தார். நிகழ்ச்சி எதிர்பார்க்கப்பட்டதைவிட சீக்கிரமே முடிந்தது. ஒரு மூத்த செயற்பாட்டாளர் பிஹு பண்டிகை பற்றி ஒரு சிறிய

உரையாற்றி, அந்த விழாவைச் சிறப்பித்த விருந்தினர்களுக்கு நன்றி தெரிவித்தார். அடுத்து உல்ஃபா போராளிகள் ஹுசோரி பாடலை 'டோல்' அடித்துப் பாடினார்கள். இருந்தாலும் இந்தப் பாடல் வரிகள், பிஹு பாடல்களுக்கே உரிய பாரம்பரிய ரொமாண்டிக் தொனியற்று இருந்தன. அந்த வரிகள் உல்ஃபாவின் இலக்கையும் சுதந்தரத்துக்கான கோரிக்கையையும் வெளிப்படுத்தின. ஆமக் ஸ்வாதிநதா லஹிபோ, ஆமக் ஸவாதிநதா லஹிபோ (எங்களுக்குச் சுதந்தரம் தேவை, எங்களுக்குச் சுதந்தரம் தேவை).

பரூவாவுக்கு பிஹுவின் மேல் உள்ள ப்ரியம் உலகறிந்த விஷயம். அவர் பாடல் குழுவுடன் சேர்ந்து போராளிகளுடன் நடனம் ஆடத் தொடங்கினார். பாரம்பரிய நடனங்களுக்கு உரிய பாணியில் அவர்கள் அவரைச் சூழ்ந்து கொண்டிருந்தனர். யாரோ ஒருவர் காப்லாங்கையும், சாங் பிஜித்தையும் பங்கேற்கச் சொல்ல அவர்களும் ஆட்டத்தில் குதித்தனர். கும்பல் கை தட்டி ஆரவாரித்தது. அவர்கள் இணைந்து நடனமாடுவதைக் காண்பது அற்புதமான காட்சியாக இருந்தது. அது ஒரு சில கணங்களுக்கே நீடித்தாலும்கூட, அதைப் பார்த்துக் கொண்டிருந்த ஒரு போராளி என்னையும் சேர்ந்து கொள்ளக் கூறினார். ஆனால், இந்நடனம் அளித்த அரிய புகைப்பட வாய்ப்பை நழுவ விட நான் விரும்பவில்லை.

நடனம் முடிந்து, தலைவர்கள் கூடாரத்துக்குத் திரும்பி வந்தார்கள். இந்த நிகழ்ச்சியை ரசித்தேனா என்று கேட்டார் பரூவா.

'ஆமாம். நிகழ்ச்சியை விடவும், பாபாவின் நடனமே நகர்ப்புறத்தினரின் கவனத்தைப் பெரிதும் ஈர்க்கும்' என்று பதிலளித்த நான் காப்லாங்கை யும் சாங்பிஜித்தையும் பாராட்டினேன். அவர்கள் இருவரும் என் பாராட்டில் சந்தோஷப்பட்டார்கள்.

'உங்களுக்குச் சில நல்ல ஃபோட்டோக்கள் எடுக்க முடிந்திருக்கும் என்று நினைக்கிறேன்' என்றார் காப்லாங்.

'அப்படித்தான் நினைக்கிறேன். சரி பார்க்க வேண்டும்.'

'யெஸ். அது நன்றாக வரவேண்டும். அஸ்ஸாமில் உள்ளவர்கள் இங்கே பிஹு எப்படிக் கொண்டாடப்படுகிறது என்றும் நாங்கள் அந்தப் பண்டிகையையும் ரசிப்பதையும் தெரிந்துகொள்ளவேண்டும். நீங்கள் என் நடனத்தை விரும்பினீர்களா?'

'ஆமாம் பாபா. நான் அஸ்ஸாமில் உள்ள ஒரு மேடையில் காண விரும்புகிறேன்.'

மதிய உணவுக்குப் பின், காப்லாங்கும், சாங்பிஜித்தும் திரும்பிச் செல்கையில், நான் அவர்களுடன் கை குலுக்கிவிட்டு நாங்கள் அடுத்து அங்கிருந்து கிளம்புவதாகத் தெரிவித்தேன். என்னை மீண்டும் வருமாறு கேட்டுக் கொண்டார்கள்.

மாலையில், பரூவாவின் குடிசையில் உள்ள வராந்தாவில் அவருடன் அமர்ந்திருந்தேன்.

'ஆக, எல்லாம் தயாராகிவிட்டது' அவர் கேட்டார்.

'ஆமாம். எல்லாவற்றுக்கும் உங்களுக்கு மீண்டும் நன்றி தெரிவிக்கிறேன். நாங்கள் இங்கேயுள்ள ஒவ்வொருவருக்கும் 'குட்பை' தெரிவிக்க விரும்புகிறோம். அது முடியுமா?'

'அவர்களும் வந்து உங்களை வழியனுப்ப விரும்புகிறார்கள்.'

தலைவர், எங்களது மீள் பயணத்துக்கான அடிப்படை விதிகளை விவரித்தார். எங்கேயும் எங்கள் அடையாளத்தை வெளிப்படுத்தக் கூடாது. முடிந்தவரை முன்னதாகப் பயணத்தைத் தொடங்கி முடிந்தவரை தூரமான இடத்துக்குச் சென்றுவிடவேண்டும். பாதை கடினமானது. ஆனால் உங்களுக்கு எந்தப் பிரச்னையும் இருக்காது. ஏனெனில், அது போன்றவற்றை நீங்கள் சந்தித்திருக்கிறீர்கள். நீங்கள் இங்கே வருவதற்கு எடுத்துக்கொண்டதைவிடப் பாதி நேரத்தில் ஊர் திரும்பிவிடுவீர்கள்.

நான் அவரிடம் டாக்டர் அவிஜீத் பர்மனுக்கு இ-மெயில் செய்யப்பட வேண்டிய கேள்விப் பட்டியலை அளித்தேன். நான் எங்களை மீண்டும் அழைத்துச் செல்லும் குழுவைப் பற்றிக் கேட்டேன். பாதுகாப்புக் காரணங்களால் அந்தக் குழுவின் அடையாளம் மறைக்கப் பட்டுள்ளதாகவும் அதில் பத்துப் போராளிகள் இருப்பார்கள் எனவும் தெரிவித்தார். இருந்தாலும் குழுவில் டாக்டர் இருக்கமாட்டார். அது என்னைக் கவலையில் ஆழ்த்தியது. நல்ல விஷயம் என்று பார்த்தால், பிரணாப் என்ற பெயருடைய அனுபவம் மிக்க அதிகாரிகள் குழுவுக்குத் தலைமை ஏற்பார். 1990களின் தொடக்கத்தில் இருந்து கிழக்கு நாகாலாந்தில் வசித்து வந்தவர்; உள்ளூர் மொழியைப் பேசுபவர்.

அடுத்த நாள், நாங்கள் காலையில் பன்றி இறைச்சியும் சோறும் சாப்பிட்டுவிட்டு எங்கள் கடைசி நிமிட பேக்கிங் வேலைகளை முடித்து காலை 10 மணிக்குப் புறப்படத் தயாரானோம். பிரணாப் குழு உறுப்பினர்களுடன் எங்களிடம் வந்தார். அவர்கள் எங்களுடன், நாங்கள் முதல் கிராமத்தை அடையும்வரை, எங்கள் பைகளைச் சுமந்து வருவார்கள்.

‘வீட்டுக்குத் திரும்ப எங்களுக்கு எவ்வளவு நாள் ஆகும் என்று நீங்கள் நினைக்கிறீர்கள் பிரணாப்?’

‘இதுவெல்லாம் உங்கள் வேகத்தையும் நிலைமையையும் பொறுத்தது. குறுக்கு வழிகள் அடைக்கப்பட்டிருந்தால், ஒரு மாதத்துக்கு மேல் ஆகும்.’

சிக்கல்தான்! இன்றைய நிலைமை என்ன? ராணுவக் கெடுபிடிகள் ஏதேனும் உண்டா?’

‘நீங்கள் வேகமாக நடந்தால், நாம் சூரியன் மறைவதற்கு முன் பாதுகாப்பான கிராமத்தை அடைந்துவிடலாம்’ என்று பதில் வந்தது.

மலைக்குன்றில் இருந்த அந்த இடத்தை கடைசியாக ஒரு முறை பார்த்தேன். எங்கள் குடில், அதற்குப் பின் உள்ள காடு. நாங்கள் இங்கே இரண்டு வாரங்கள் தங்குவோம் என்று நினைத்திருந்தேம். ஆனால், ஐம்பத்தி மூன்று நாட்கள் தங்கியிருந்திருக்கிறோம். பரூவாவும் மோரனும் எங்களைக் கட்டியணைத்ததோடு வாசல்வரை எங்களுடன் வந்தனர். அங்கே போராளிகள் எங்களுக்கு பிரிவுபசாரம் செய்வதற் காகக் கூடியிருந்தனர். அது ஒரு உணர்ச்சிகரமான தருணமாக இருந்தது.

ஒவ்வொருவரும் மிகவும் கரிசனத்துடனும் மரியாதையுடனும் இருந்திருக்கிறார்கள். எங்கள் வருகை அவர்களுக்கு முற்றிலும் ஒரு புது அனுபவமாகவே இருந்திருக்கிறது. அவர்கள் பத்திரிகை யாளர்களுடன் இருப்பது பற்றியும் அவர்களது தலைவர் நேர்காணல் அளிப்பது பற்றியும் அதுவரை கேள்விப்பட்டிருக்கவே இல்லை. நாங்கள் மீண்டும் அவர்களைப் பார்க்க வாய்ப்புகள் வெகு குறைவே. கொரில்லாக்கள் ஒரு நிலையற்ற வாழ்க்கையையே வாழமுடியும். அது அவர்களுக்குத் தெரியும். அதனால்தான் அவர்கள் கிழக்கு நாகாலாந்தில் இருந்தனர்.

ஒவ்வொருவருடனும் நானும் பிரதீப்பும் கை குலுக்கி சொன்னோம். பின்னர் போராளிகள் எங்களுக்கு முன்னும் பின்னும் செல்ல முகாமை விட்டு வெளியில் வந்தோம். நான் பின்னால் திரும்பிப் பார்த்து மீண்டும் ஒரு முறை கையசைத்து விடைபெற்றேன்.

8

காணவில்லை

எங்களுடைய திரும்பும் பயணத்தைப் பற்றிக் கூறும்முன், அதற்கு சில நாட்களுக்குமுன் நடந்த ஒரு விஷயத்தை இங்கு பகிர்ந்து கொள்கிறேன்.

நாங்கள் முகாமுக்கு வந்து பதினோரு நாட்களுக்குப் பிறகு ஓர் இரவில், எங்கள் அறைக்கதவு தட்டப்பட்டது. நானும் பிரதீப்பும் படுக்கையை விட்டுத் துள்ளி எழுந்தோம். வந்தது பிஜோய். அவர் பதற்றத்தில் இருந்தார். அவர் சொன்னது ஒரு மின்னலைப் போல் எங்களை வெட்டியது.

'நீங்கள் கிழக்கு நாகாலாந்துக்கு வருவதாக யாரிடமேனும் சொல்லி விட்டீர்களா?'

'இல்லை. படைத் தளபதியைச் சந்திக்கவிருப்பது பற்றிச் சொல்ல வில்லை' என்று பதிலளித்தேன். ஆனால், கொஞ்ச காலம் நான் வெளியில் இருப்பேன் என்பதால் என் அலுவலகத்தில் உள்ள சில நபர்களிடம் நான் காப்லாங்கை நேர்காணல் நடத்தப் போவதாகக் கூறியிருந்தேன். அந்தச் சில நபர்களில் என் நாளேட்டின் முதன்மை ஆசிரியரும் இருந்தார்.

'விஷயம் கசிந்திருக்கிறது. குவஹாத்தியில் தொலைக்காட்சி சேனல்கள் பத்திரிகையாளர் ஒருவர் மூத்த உல்ஃபா தலைவர் ஜிபோன் மோரனுடன் மியான்மர் ராணுவத்தால் கைது செய்யப்பட்டுள்ளதாகச் செய்தி ஒளிபரப்பிக்கொண்டுள்ளன.'

'அடக் கடவுளே! இப்போது என்ன நடக்கும்?'

‘பயப்படாதீர்கள். ஒன்றும் நடக்காது. நாங்கள் இது போன்ற செய்திகளுக்குப் பழக்கப்பட்டவர்கள். இவற்றைச் சமாளிக்க எங்களுக்கு நன்கு தெரியும்’ என்று அமைதியாகச் சொன்ன பிஜோய், மேலும் ஒரு சில நிமிடங்களுக்கு முன்பு பரூவா தன்னிடம் தொலைபேசியில் பேசி, நாங்கள் அந்தப் பயணம் குறித்து யாரிடமாவது சொல்லியதுண்டா என்று கேட்க உத்திரவிட்டதாகவும் தெரிவித்தார்.

நான் ஒரு சில வினாடிகள் பேச்சற்றுப் போனேன். இருளில் பிஜோயின் முகத்தை உற்றுப் பார்த்தேன். ‘ஆனால், யார் இதனைச் செய்திருக்கக் கூடும்? இது முழுக்கவும் பொய்யான செய்தி.’

‘யார் இதனைச் செய்திருந்தாலும் அவர் நீங்கள் எங்கள் தலைவரைச் சந்திப்பதை விரும்பவில்லை. அந்த அளவு தெளிவாகத் தெரிகிறது’ என்ற பதில் வந்தது.

‘நான் ஒரு விஷயத்தில் தெளிவாக இருக்கிறேன். சார் (பரூவா) உங்களைச் சந்திக்க முடிவு செய்திருக்கிறார். நீங்கள் அவரது நேர்காணலைப் பெற முடியும்.’

என்னால் கொஞ்சமும் தூங்க முடியவில்லை. மறுநாள் காலையில் சீக்கிரமாக எழுந்திருக்கவும் முடியவில்லை. நான் புதிய செய்திகளுக்காக தொலைக்காட்சியை ‘ஆன்’ செய்தேன். செய்தித் தாள்களின் தலைப்புச் செய்திகளை விவாதித்த நிகழ்ச்சி, எங்களைப் பற்றிய செய்தி, பெரும்பாலான உள்ளூர் மொழி நாளேடுகளின் முதல் பக்கத்தில் வெளியிடப்பட்டிருந்தது என்று காட்டியது. அவற்றிலும் சில நாளேடுகள், எனது பேஸ்புக் பக்கத்தில் இருந்து எடுக்கப்பட்ட ஒரு புகைப்படத்தைப் பிரசுரித்திருந்தன. ஒரு செய்தி ஒளிபரப்பு சேனல் இந்தச் செய்தியை முதலில் முந்தைய தினம் மாலையில் வெளியிட்டிருக்கிறது. அதனைத் தொடர்ந்து மற்ற சேனல்கள் ஒளிபரப்பியிருக்கின்றன. இந்த விஷயத்தை இன்னும் சிக்கலாக்கி, மத்திய உள்ளதுறைச் செயலாளர் ஆர்.கே.சிங் இந்தச் சம்பவத்தை புது தில்லியில் உள்ள நார்த் பிளாக்கில், பிற்பகலில் பத்திரிகையாளர்களிடம் உறுதிப்படுத்தினார். ஆனால், ஆச்சரியமாக இந்தச் செய்தியை முதலில் ஒளிபரப்பிய சேனல், பின்னர் அது பொய்யானது என்றும் அது போன்ற சம்பவங்கள் நடக்கவில்லை என்றும் யூ டர்ன் அடித்தது.

நான் இந்தச் சம்பவப் புள்ளிகளை இணைத்து பதில் தேட முயற்சித்தும், புதிதாக ஒன்றும் தோன்றவில்லை. எங்கேயோ, ஏதோ தவறு நடந்திருக்கிறது. யாருக்கோ எங்களது அசைன்மெண்ட் பற்றித் தெரிந்திருக்கிறது. யார் இந்தக் கதைகளை உருவாக்கினார்களோ அவர்களுக்கு நிச்சயமாக ஓர் உள்ளார்ந்த நோக்கம் இருக்கிறது. இந்தத்

திட்டத்தை ரகசியமாக வைத்திருக்குமாறும், ஏனெனில், அது எங்களுக்கு மட்டுமல்லாமல் அந்த முகாம் மொத்தத்துக்கும் அச்சுறுத்தலாக இருக்கும் என்றும் மீண்டும் மீண்டும் நினைவு படுத்தியிருந்தார்கள்.

நாங்கள் மோரனிடம் சாட்டிலைட் போனைப் பயன்படுத்தி எங்கள் குடும்பத்தினரிடம் பேச அனுமதிக்குமாறு கேட்டபோது, அவர் அவ்வாறு செய்யக்கூடாது என்றார். இதற்கு வலுவான காரணம் உண்டு. அந்த 'அழைப்பை' பயன்படுத்தி எங்கள் இருப்பிடத்தை பாதுகாப்புப் படைகள் கண்டுபிடித்துவிடும். பரூவாவும் அதே இடத்துக்குச் செல்வார் என்று ஊகித்துவிடுவார்கள். மோரன் நாங்கள் பாதுகாப்பாக இருப்பதாக எங்களது வீடுகளுக்கு செய்தி அனுப்புவதாக உறுதியளித்தார்.

அடுத்த சில நாட்கள் நாங்கள் தொலைக்காட்சி மட்டுமே பார்த்து வந்தோம். எங்கள் அசைன்மெண்டைக் குறித்து யூகத்தின் அடிப்படை யில் உள்ளூர் தொலைக்காட்சிகள் பரபரப்பாகப் பல்வேறு கதைகளை ஒளிபரப்பியதைப் பார்க்க வேடிக்கையாக இருந்தது. அவர்கள் அப்படிச் செய்ததில் தவறென்ன இருக்கமுடியும்? இந்தக் கதையை உள்துறைச் செயலாளரே உறுதிப்படுத்தியிருக்கிறாரே. உளவுத் துறை அமைப்புகளின் அறிக்கைகள் இன்றி அவர் அதைச் செய்திருக்க மாட்டார். சேனல்கள் இன்னும் கூடுதலான செய்திகளுக்காக தோண்டித் துருவி விரைவில் பிரதீப்பும் என்னுடன் வந்திருப்பதைக் கண்டுபிடித்துவிட்டார்கள். இருந்த போதிலும் நாங்கள் எங்கள் சுய விருப்பத்தின் பேரில் செல்கிறோமா? அல்லது பரூவாவால் அழைப்பு விடுக்கப்பட்டு அதன் பேரில் செல்கிறோமா என்பது அவர்களுக்கு நிச்சயமாகத் தெரியவில்லை. எங்கள் குடும்ப உறுப்பினர்கள் தொடர்ந்து பத்திரிகையாளர்கள் வற்புறுத்தியதால் நாங்கள் எங்கே இருக்கிறோம் என்பது பற்றி அவர்களுக்கு ஒன்றும் தெரியாது என்று பேட்டி கொடுக்க வேண்டியதாகிவிட்டது.

ஒவ்வொரு நாள் மாலையிலும் நானும் பிரதீப்பும் இந்த விஷயத்தை நுணுக்கமாக ஆய்வு செய்தோம். இந்தச் செய்தி கசிந்த பின் அதிகாரவர்க்கத்தில் உள்ள ஒருவர் தவறான தகவலை ஊடகத்துக்கு அளிக்கத் தொடங்கியிருக்கிறார் என்று முடிவு செய்தேன். அவர்களுக்கு எதுவும் தெரியவில்லை என்று காட்டிக் கொள்ளமுடியாதே. ஆர்.கே.சிங்கின் உறுதிப்படுத்துதல் அவர்கள் பெற்ற முதல் தகவல் தவறானது என்பதை நிரூபித்தது. அது ஒரு வதந்தி. எங்கள் கவலை மீண்டும் சந்தோஷமாக மாறியது. நாங்கள் உட்கார்ந்து, ரிலாக்ஸ்டாகி அந்த வேடிக்கையை அனுபவித்தோம்.

இரண்டு நாள் கழித்து மியான்மர் ராணுவம் அந்த இரண்டு பத்திரிகையாளர்களையும், அவர்களது காமிராக்கள் மற்றும் இதர சாதனங்களைப் பறிமுதல் செய்த பின் விடுவித்துவிட்டதாகச் செய்தி வந்தது. அந்த இருவரும் சீனா-மியான்மர் எல்லையில் ஏதோ ஒரு இடத்தில் கைது செய்யப்பட்டதாகவும், பின்னர் மணிப்பூருக்கு அருகேயுள்ள ஒரு இடத்துக்குக் கொண்டு வரப்பட்டதாகவும் தெரிகிறது. அங்கேதான் அவர்கள் விசாரிக்கப்பட்டதோடு ஏன் சித்ரவதைக்குள்ளாக்கப்பட்டு காவலில் வைக்கப்பட்டிருக்கலாம்.

அந்த நாள் முடிவுக்கு வந்தபோது சில சேனல்கள் நாங்கள் மணிப்பூரில் உள்ள எல்லை நகரமான மோரேவில் அஸ்ஸாம் ரைஃபில்ஸ் படையினரிடம் ஒப்படைக்கப்படவுள்ளதாகத் தெரிவித்தன. எங்களுடன் இருந்ததாகக் கூறப்படும் மோரனைப் பற்றி எதுவும் தெரியவில்லை. சில நாட்களுக்குப் பிறகு, யாரும் மோரேவுக்கு வரவில்லை என்றும், நாங்கள் இன்னும் 'காணவில்லை' என்று செய்தி அறிக்கைகள் வந்தன. எங்களை பத்திரமாக மீட்கத் தேவையான நடவடிக்கைகளை எடுக்கும்படி பிரதமர் மன்மோகன் சிங்குக்கு குவஹாத்தி பிரஸ் கிளப் கடிதம் அனுப்பியது.

இதற்கிடையில், தொலைக்காட்சியில் நடந்துவரும் முப்பது நிமிட நிகழ்ச்சிகளும்கூட நாங்கள் 'காணாமல் போனதை' மையமாகவைத்து விவாதிக்கத் தொடங்கின. இவற்றில் ஒரு நிகழ்ச்சியில் தனது புலனாய்வுத் திறமைக்காக பிரசித்தி பெற்ற ஒரு நிருபர், இந்தச் செய்தி ஊடகங்களில் கசிந்தது பற்றி ஆச்சரியம் காட்டினார். மற்றொரு உள்ளூர் நாளேட்டின் நிருபர், எங்கள் பயணம் பற்றிய தகவல், நாங்கள் புறப்பட்ட உடனேயே குவஹாத்தி பிரஸ் கிளப்பை எட்டிவிட்டதாகத் தெரிவித்தார். அதற்கு மேல் புதிய தகவல் எதுவும் எங்களைப் பற்றிக் கிடைக்கவில்லை. எனவே, அந்த விஷயம் அப்படியே அமுங்கிப் போனது.

எங்கள் பயணம் பற்றி உலகம் அறிந்திருந்தது; ஆனால், தொலைக்காட்சி அல்லது செய்தியேடுகளில் இடம்பெறும் முக்கியத்துவத்தை இழந்து விட்டிருந்தது. நாங்கள் மனம் நிம்மதியுற்ற நிலையில் மோரன் பாதுகாப்புக் காரணங்களுக்காக ஒரு சில நாட்கள் நாங்கள் முகாமை விட்டு வெளியில் செல்லவேண்டாம் என்று தெரிவித்தார். அவர் சொல்வதிலும் அர்த்தம் இருப்பதாக உணர்ந்தோம். ஏனெனில், தொலைக்காட்சியில் திரும்பத் திரும்ப எங்கள் முகங்கள் காட்டப் பட்டிருந்தன. பொழுதுபோக்க, மாலை வேளைகளில் நாங்கள் கால்பந்து விளையாடினோம். அல்லது போராளிகள் வாலிபால் விளையாடுவதை வேடிக்கை பார்த்தோம்.

இரண்டு நாள் கழித்து ஒரு மதியம் நாங்கள் சிறிது ஓய்வெடுத்துக் கொண்டிருந்தபோது ஒரு இளம் போராளி எங்களை எழுப்பினார். தொலைகாட்சி செய்தியைப் பார்க்குமாறு சொன்னார். இன்னொரு வெடிகுண்டு! இந்தத் தடவை நாங்கள் காப்லாங்கால் சிறைப்பிடிக்கப் பட்டதாகக் கூறியது. அவர் எங்களை விடுவிக்கப் போய் 5 கோடி ரூபாய் பணம் கேட்டிருக்கிறார். விஷயத்தின் முக்கியத்துவம் மற்றும் வேடிக்கையான அம்சங்களுக்கிடையில், அவ்வளவு பணத்துக்கு எனக்குத் தகுதியிருக்கிறதா என்று யோசித்துப் பார்த்தேன். எப்படி யிருந்தாலும், கிளர்ச்சித் தலைவருக்கு உண்மையிலேயே அந்தப் பணம் கொடுக்கப்படுமா என்பதும் யாருக்கும் தெரியவில்லை.

எங்கள் விடுதலைக்காக உல்ஃபா பேச்சுவார்த்தை நடத்திவருகிறதா? 'ஆமாம்' என்று யாரோ ஒருவர் சொன்னார். 'இல்லை' என்றார் இன்னொருத்தர். காப்லாங்குக்கு உல்ஃபா பணம் கொடுக்க வாய்ப்பே இல்லை. ஏனெனில், அவர் பரூவாவுக்கு நெருக்கமானவராக இருந்தார். நம்பகமான ஆதாரங்களை மேற்கோள் காட்டி, ஒரு பிரபல பத்திரிகையாளர் தனக்குக் கிடைத்த தகவலின்படி நாங்கள் காப்லாங்கின் முகாமில் காலை உணவு உட்கொண்டிருக்கும்போது தென்பட்டதாகத் தெரிவித்தார். ஆக, நாங்கள் சிறைப்படுத்தப் பட்டதாகச் சொன்ன இந்தச் செய்தி தவறு. நாங்கள் உயிருடன் சுதந்தரமாக இருந்தோம். அடுத்தது என்ன?

உண்மையில் நாங்கள் எங்கே இருந்தோம் என்று சொல்ல யாராவது ஒருவரைப் பேச வைப்பதற்கான நேரம் அது. அதற்காக வந்தவர், நாகாலாந்தைத் தளமாகக்கொண்ட என்.என்.சி.என்.(கே)வின் மக்கள் தொடர்புச் செயலாளர் குகலு முலதானு. அவர் ஒரு செய்திச் சேனலுக்குத் தொலைபேசியில் பேசினார். அவர் இரண்டு பத்திரிகை யாளர்களும், கிழக்குப் பகுதியில், பாதுகாப்பாக, நலமுடன் இருந்ததாகத் தெரிவித்ததோடு பொய்யான செய்தி அறிக்கைகளுக் காக, ஊடகத்தை விமர்சித்தார்.

குழப்பத்துக்கிடையில் பரூவாவின் வருகை விரைவில் எதிர்க்கப் படுகிறது என்ற நல்ல செய்தி கிடைத்தது. கடைசியில் சேனல்கள் அமைதியாகிவிட்டதாகத் தெரிந்தால், முழுக் கதையையும் தலைவரிடம் விளக்க வேண்டிய தர்ம சங்கடம் எங்களுக்கு இருக்காது என்பதால் நாங்கள் நிம்மதியடைந்தோம். என்னிடம் வலியுறுத்தப் பட்ட பூரண ரகசியத்தை காக்கத் தவறிவிட்டதற்காக என்னை நானே மௌனமாக சபித்துக் கொண்டேன்.

ஒரு வாரத்துக்குப் பிறகு, உள்ளூர் நாளிதழ் ஒன்றின் புது தில்லி நிருபரால் ஒரு கதை பரப்பப்பட்டது. ஒரு சேனலிடம் பேசிய அவர்

உள்துறை அமைச்சர் பி. சிதம்பரத்தை மேற்கோள் காட்டி, 'நாங்கள் இருக்கும் இடம் பற்றி எந்தச் செய்தியும் கிடைக்கவில்லை' என்றார். ஒரு பத்திரிகையாளர் சந்திப்பில் நாங்கள் எங்கே இருந்தாலும், பாதுகாப்பாக இருப்பதாகச் செய்திகள் தெரிவிப்பதாக விளக்கம் அளித்த அஸ்ஸாம் முதல்வர் தருண் கோகாய் மற்றபடி புது தில்லி நிருபரின் அறிக்கையை மறுத்தார்.

நாங்கள் நினைத்ததற்கு மாறாக, பரூவா இந்தச் சம்பவம் பற்றி கவலைப்பட்டதாகத் தெரியவில்லை. இருந்தாலும் எங்கள் பயணம் வெற்றி பெறுவதற்கு ரகசியம்தான் முன் நிபந்தனையாக இருந்தது என்று தொடர்ந்து சொல்லி வந்தார். நய்பிடாவ் (மியான்மர் தலைநகர்) இந்த முகாம்களை அழிக்கத் தயங்குவதால் புது தில்லி வெறுத்துப் போயிருந்தது. பரூவா இந்தியா வலைவீசித் தேடும் மனிதர்களில் ஒருவர். ஒரு குறிப்பிட்ட இடத்தில் அவர் இருப்பது உறுதிப்படுத்தப் பட்டுவிட்டால், நடவடிக்கை எடுக்குமாறு மியான்மர் ராணுவத்தை நிர்ப்பந்திக்க எளிதாக இருக்கும். எனினும் ராணுவம் இந்த நடவடிக்கைகளை வெற்றிகரமாக நடத்துவதற்கான வாய்ப்புக்கள் தற்போது அவ்வளவு பிரகாசமாக இல்லை. ஆபத்து, நாங்கள் கடந்து செல்லப் போகும் கிராமங்களிலும், எல்லையைக் கடக்கையிலும் இருந்தது. ஏற்கனவே அஸ்ஸாம் ரைஃபில்ஸ்க்கு எச்சரிக்கை தரப்பட்டு அவர்கள் எங்களை உன்னிப்பாகக் கவனிக்கலாம் என்பது யூகம்.

ஆனால், இத்தகைய கதைகள் ஒரு குறிப்பிட்ட பயத்தை உருவாக்கவே கட்டப்படுகின்றன. உயர் மட்டத் தலைவர்களுக்கும் களத்தில் இருக்கும் கீழ்மட்டப் போராளிகளுக்கும் இடையிலான தகவல் தொடர்பு எப்போதும் தெளிவாக இருக்காது. கற்பனையான செய்திக் கதைகள் குழப்பத்தை ஏற்படுத்தின. சில சமயங்களில் அரசுக்கு முன்பாக ஆயுதங்களை ஒப்படைப்பதற்கு நிர்வாகிகளுக்கு உத்வேகம் அளித்தன. தீவிரவாதத்துக்கு எதிரான போர் என்பது துப்பாக்கி, தோட்டாக்கள் கொண்டு மட்டுமே நடத்தப்படுவதில்லை. செய்திகளாலும் நடத்தப்படும். இதற்கு மேலாக, ஒரு அமைப்பின் தலைமையைப்பற்றிய கறைபட்ட பிம்பம் அவ்வமைப்பில் புதிய உறுப்பினர்கள் சேருவதைத் தடுக்க உதவும். இத்தகைய நோக்கங்களுக்காக, அனைத்து அமைப்புகளுக்கும் பெரிய அளவில் பணம் ஒதுக்கப்படுகிறது.

மோரனும் பிஜோயும் இந்தச் சர்ச்சையை அவ்வளவு சீரியஸாக எடுத்துக்கொள்ளவேண்டாம் என்று கூறி, இத்தகைய சம்பவங்களைக் கொண்ட முந்தைய நிகழ்வுகளை நினைவுகூர்ந்தார்கள். 2008-ல், மியான்மரில் உள்ள ஒரு பி.எல்.ஏ. முகாமில் பரூவா மிகவும்

உடல்நலம் குன்றிய நிலையில் உள்ளதாகச் செய்திகள் வந்தது. அவர் மரணத்தின் வாயிலில் இருப்பதாகவும், ஹெலிகாப்டர் மூலம் காப்பாற்றுவதற்கு இந்திய உளவுத் துறையைத் தொடர்பு கொண்டதாகவும் செய்திகள் உண்டு. ஒரு சில நாட்களுக்குப் பிறகு, தான் உடல்நலம் குன்றியும் இல்லை, முகாமிலும் இல்லை என்று தலைவர் ஒரு பத்திரிகைச் செய்தி வெளியிட்டார். கடந்த பத்தாண்டுகளில், உல்ஃபா முகாம்கள் அழிக்கப்பட்டது பற்றி, அமைப்புக்குள் நடக்கும் சண்டைகள் பற்றி மற்றும் அதன் தலைவர்கள் கைது செய்யப்பட்டது பற்றித் தொடர்ச்சியாக செய்திகள் ஊடகங்களில் வந்து கொண்டிருந்தன.

பி.பி.சி.யேகூட வடகிழக்குப் பிராந்தியத்தில் உள்ள தீவிரவாதம் குறித்து செய்தியளிக்கும்போது பலமுறை தவறு செய்திருக்கிறது. 2003ஆம் ஆண்டு டிசம்பர் 19ஆம் தேதி உல்ஃபாவைத் தோற்றுவித்த பீம்கண்டா பரகோஹைன் ராயல் பூட்டான் ராணுவம் நடத்திய தாக்குதல் ஒன்றில் கொல்லப்பட்டதாகத் தெரிவித்தது. இரண்டு வாரங்களுக்குப் பின், அவர், தான் கைது செய்யப்பட்ட பிறகு சித்ரவதைக்கு உட்படுத்தப்பட்டதாகச் சொன்னதாக மற்றொரு செய்தி வந்தது. புரகோஹைன் உண்மையில் அதற்குப் பல ஆண்டுகளுக்குப் பிறகு சிறையில் இருந்து விடுவிக்கப்பட்ட பிறகு அஸ்ஸாமில் இறந்தார். சில சமயம், உண்மையை உறுதிப்படுத்துவது மிகவும் கடினம். தங்களுக்கு என்னென்ன தகவல் அளிக்கப்படுகின்றனவோ அவற்றைச் செய்தியாக அளிக்கும் நிருபர்களை உளவுத் துறை அமைப்புகள் ஊடகங்களில் இடம்பெற வைக்கின்றன.

எங்களைப் பற்றிய செய்திகள் தொலைக்காட்சியில் இடம்பெறுவது நின்று போனது. ஆனால், உல்ஃபாவை நோக்கிய கவனம் தொடர்ந்தது. ‘பிரத்தியேகமானது’ என்ற முத்திரையுடன், ஒரு சேனல், உல்ஃபா அதன் மத்திய செயற்குழு புதிதாக மாற்றியமையக்கப்பட்டதில் இருந்து புதிய அமைப்புச் சட்டம் ஒன்றை ஏற்றுக்கொண்டுள்ளது என்று சொன்னது. இதில் தோற்றுப் போக விரும்பாத அதன் போட்டி செய்திச் சேனல், கிழக்கு நாகாலாந்தின் டாகா என்ற இடத்தில் உள்ள அனைத்து கிளர்ச்சிக் குழு முகாம்களையும் காட்டும் ஒரு வரைபடத்தை வெளியிட்டது. எனக்கு அந்த இடத்தை நன்றாகத் தெரியும். அது அவ்வளவும் பொய்யாக இருந்தது. புதிதாக ஒரு அரசியல் அமைப்புச் சட்டத்தை ஏற்றிருந்தால் எங்களுக்குத் தெரியாமலா இருக்கும். மேலும், பி.எல்.ஏ. செய்வதுபோல உல்ஃபாவும் என்.என்.சி.என்.(கே)வும் சி.பி.எம். (மாவோயிஸ்டு) பிரிவுடன் தீவிரமாக இணைந்து செயல்பட்டால் அது எங்களுக்குத் தெரிந்திருக்கும். ஒரு சேனல் ஆதித்ய போரா தலைமையிலான ஒரு முப்பது உறுப்பினர்

குழு இந்த அமைப்புக்களின் அழைப்பின் பேரில் எல்லைத் தாண்டி மியான்மருக்குச் சென்றது என்று செய்தி வெளியிட்டது. இது உண்மையல்ல.

சர்ச்சை ஓய்ந்த பின் நாங்கள் எங்கள் குடும்ப உறுப்பினர்களுடன் பேச அனுமதிக்கப்பட்டோம். சாட்டிலைட் போனில் இருந்து இன்னும் அதிகமான போன் கால்கள் செய்யவேண்டும் என்று பரூவாவிடம் அனுமதி கோரினேன். எங்கள் இருப்பிடம் வெளிப்படுத்தப்படக் கூடாது என்ற நிபந்தனையுடன் அவர் உடனடியாகச் சம்மதித்தார். விஷயம் கசிந்தது. யார் மூலம் என்று கண்டறியும் ஆர்வத்தை என்னால் அடக்க முடியவில்லை. அது ஒன்றும் கம்ப சூத்திரமல்ல. நான் புது தில்லயில் உள்ள ஒரு நண்பன் உள்ளிட்ட நான்கு பேருடன் பேசினேன். அவர்கள் அனைவரும் ஒரே திசையைக் கை காட்டினார்கள். அது நான் பணி புரிந்த செய்தியேடு!

முதல் செய்தி நவம்பர் 11, 2011 அன்று வெளிவந்த 'செவன் சிஸ்டர்ஸ் போஸ்டு' பத்திரிகையின் முதல் இதழின் தலையங்கத்தில், 'பரேஷ் பரூவாவின் பொய்ச் சண்டை' என்ற தலைப்பில் வெளிவந்ததாக என் நண்பர்கள் சொன்னார்கள். அந்தத் தலையங்கம், செய்தியேட்டின் ஒரு மூத்த ஆசிரியர் மியான்மர் நாட்டுக் காடுகளில் உள்ள உல்ஃபா மறைவிடத்தைக் கண்டுபிடிப்பதற்கான ஒரு அசைன்மெண்டில் சென்றிருக்கிறார் என்று கூறியது. என் பெயர் குறிப்பிடப்படவில்லை. ஆனால், நான் ஒரு மாதத்துக்கு அலுவலகத்தில் காணப்படாமல் இருந்ததால், என்னைத்தான் குறிப்பிடுகிறது என்பது நிதர்சனம்.

அடுத்தது, எங்கள் பயணம் குறித்து தனது பேஸ்புக் பக்கத்தில் முதன்மை ஆசிரியர் சுபீர் பௌமிக் வெளியிட்ட பதிவுகள். இப்பதிவு, ஒரு தேசிய நாளேட்டில் வந்த செய்திக் கட்டுரையில் சுட்டிக் காட்டப் பட்டது. பின்னர் டிசம்பர் 16ஆம் தேதியன்று செவன் சிஸ்டர்ஸ் போஸ்டில் மற்றொரு தலையங்கம் வெளிவந்தது. இம்முறை அந்தத் தலையங்கத்தை பௌமிக்கே எழுதியதாகக் கையொப்பம் இட்டிருந்தார். எனது பெயர் அல்லது பயணம் பற்றிய விஷயத்தை வெளியில் சொல்வதில் அவரிடம் மனத் தயக்கங்கள் எதுவும் இல்லை. அவர் அவ்வாறு பதினாறு முறை செய்ததோடு, இந்தச் சமயத்தில் தவறாக செய்தி வெளியிடுவதற்காக ஊடகங்களையும் இதழியலாளர்களையும் கடுமையாகச் சாடியிருந்தார்.

உள்ளார்ந்த நோக்கம் இருந்தாலொழிய, அறிவுள்ள எந்தப் பத்திரிகை ஆசிரியரும் அல்லது நலம் விரும்பியும், தனது ஜூனியர் சகாவைச் சிக்கலில் ஆழ்த்தும் இது போன்ற வேலைகளைச் செய்யமாட்டார். தாம் எழுதியது என்னையும் பிரதீப்பையும் அபாயத்தில் மாட்டிவிடும்

என்று அவருக்குத் தெரியாதா? மியான்மர் அரசாங்கம் இதுவரை இந்தச் சர்ச்சைக்குரிய பகுதிகளைச் சுற்றிப் பார்க்க எந்த இதழியலாளரையும் அனுமதித்ததில்லை. ஆனால், பௌமிக் ஏன் எங்கள் பாதுகாப்புக்குப் பங்கம் ஏற்படுத்துவதில் குறியாக இருக்கிறார்.

இந்த விஷயத்தைப்பற்றி யாருடனும் - ஏன் பிரதீப்புடனும்கூட பேச விரும்பவில்லை. கல்யாண் பரூவா, நிஷித் டோலாபாய், சுமன் சக்கரவர்த்தி மற்றும் எம்.எம்.ஜா. உள்ளிட்ட சில பத்திரிகையாளர்கள் எங்கள் இருப்பிடத்தைத் தேடுவதற்குத் தீவிரமான முயற்சிகள் எடுத்திருப்பதாக புது தில்லியில் இருந்த என் நண்பன் தெரிவித்தார். அஸ்ஸாமைச் சேர்ந்த நாடாளுமன்ற உறுப்பினரான ராமன் தேகா உள்துறை அமைச்சர் சிதம்பரத்தைச் சந்தித்து எங்கள் இருப்பிடம் குறித்த தகவலுக்காக அவரது சக மியான்மர் உள்துறை அமைச்சருடன் தொடர்புகொள்ளும்படிக் கேட்டுக்கொண்டார். உள்துறை அமைச்சரும் அவ்வாறே செய்தார். தங்கள் நாட்டில் நாங்கள் இருப்பது பற்றி சுத்தமாகத் தெரியாது என்று நய்பிடாவ் அவரிடம் தெரிவித்தது.

இது சம்பந்தமாக விசாரணை நடத்துமாறு வெளியுறவு அமைச்சகம் மியான்மரில் உள்ள இந்தியத் தூதரகத்துக்கு ஒரு கடிதம் அனுப்பியது. இதன் தொடர்ச்சியாக, தூதரகத்தில் இருந்து வந்த ஒரு மூத்த அதிகாரி மியான்மரில் உள்ள என் இருப்பிடத்தைத் தெரிந்து கொள்வதற்காக என் தந்தையைத் தொடர்புகொண்டார். என் தந்தை ஆச்சரியப்பட்டுப் போனார். அவர் அவர்களிடம் இருந்து செய்தியை எதிர்பார்த்துக் கொண்டிருந்தார்! உளவுத் துறை அமைப்புகள் தங்களது தோல்விக்குப் பின் துல்லியமான தகவலைப் பெறுவதற்காகத் தீவிரமாகச் செயல் பட்டனர். ஒரே குழப்பமாக இருந்தது. இந்தக் கதையைக் கசிய விட்ட சதிகாரர்களும்கூட நாங்கள் பாதுகாப்பாக இருக்கிறோம் என்று யூகிக்கத் தொடங்கினார்கள் என்று நினைக்கிறேன்.

எப்படியிருந்தாலும், எங்கள் முகமூடி கழன்று முகாமில் உள்ள ஒவ்வொருவருக்கும் நாங்கள் பத்திரிகையாளர்கள் என்பது தெரிந்து விட்டது. போராளிகளின் போக்கில் ஒரு மெல்லிய மாறுதல் ஏற்பட்டது. ஆனால், முன்பைப் போலவே அதே மரியாதையுடன் நடத்தப் பட்டோம்.

•

சமவெளிகள், காடுகள் வழியாக வந்தபோது ஆச்சர்யப்படத் தக்கவிதத்தில் வேகமாக நடக்க முடிந்தது. எங்களுக்குத் துணையாக வந்த பத்து பேரிடம் இருந்து எங்களைத் தனியாக அடையாளம் காண

முடியாத விதத்தில் அவர்களைப் போலவே வனச் சீருடை அணிந்திருந்தோம். இருந்தோம். ஒரே வித்தியாசம், நாங்கள் ஆயுதங்களைச் சுமந்திருக்கவில்லை. என் தொப்பி மற்றவர்களின் தொப்பிகளில் இருந்து வித்தியாசமாக இருந்து என்னைக் காட்டிக் கொடுத்தது. அது, சில ஆண்டுகளுக்கு முன்பு அருணாச்சலப் பிரதேசத்தின் பம்லாவில் நடந்த ஒரு நிகழ்ச்சியில் ஒரு சீன அதிகாரி அளித்த ஒரு பரிசுக்குப் பதிலாக மாற்றுப் பொருளாக எடுக்கப்பட்ட வனச் சீருடை போன்ற வண்ணம் கொண்ட ஒரு 'பெர்ட்' தொப்பி. இவ்வாறு எங்கள் நடைபயணத்தின் ஒவ்வொரு அடியையும் ரசித்தோம். இருக்காதா பின்னே... நாங்கள் வீடு திரும்பிக் கொண்டு இருக்கிறோம் அல்லவா!

மீள் பயணத்துக்கு உதவியாக வந்த புதிய குழுவுடன் நாங்கள் ஒன்றிப்போய்விட்டாலும், அந்தக் குழுவில் தங்களது 40 வயதுகளின் மத்தியில் இருந்த இதர இரண்டு மூத்த போராளிகள் அனூப் மற்றும் போலின் ஏதோ ஒன்று இல்லாதவர்களாகத் தோன்றினார்கள். அவர்களிடம் வாக்கி டாக்கிகள் இல்லை. ஏன்? உளவுத்துறையும் ராணுவமும் எந்தவொரு ரேடியோ தகவல் தொடர்பையும் இடைமறித்துக் கேட்குமளவு வசதி கொண்ட அதி நவீனக் கருவிகளைக் கொண்டிருக் கிறார்கள் என்று அறிந்துகொண்டேன். சங்கேத மொழியில் தகவல் தொடர்பு நிகழ்த்தப்பட்டாலும்கூட, எங்கள் குழுவின் இருப்பிடம் மற்றும் நடமாட்டங்கள் குறித்த மிகச் சிறிய தகவல்கூட எங்கள் பாதுகாப்புக்குக் குந்தகமாகிவிடும்.

ஆனால், ஏன் அவர்கள் அதிகமான கையெறி குண்டுகளும் வெடி மருந்துகளும் கொண்டு செல்கிறார்கள்? இதற்கும் கூடுதலாக நைலான் கயிற்றால் பிணைக்கப்பட்ட இரண்டு மூங்கில் கூடைகளில் இன்னும் அதிகமான ஆயுதங்கள் உள்ளன. நிலைமை மாறிப்போய்விட்டதா? இருக்காது. வேறு என்ன காரணம் இருக்க முடியும்?

'ஆக, குறிப்பாக எந்த இடத்துக்கு இந்தப் படகுகள் எங்களைக் கொண்டு செல்கின்றன?' என்று பிரணாப்பிடம் கேட்டேன். அவர் ரேடியோவை காதுகளை ஒட்டி வைத்துக் கேட்டுக் கொண்டிருந்ததால், கேள்வியை மீண்டும் கேட்க வேண்டியதாகி விட்டது.

'நீங்கள் இங்கே வரும்போது படகுகளில் ஏறிய இடத்தில் இருந்து இன்னும் கொஞ்சம் முன்னதாகவே உள்ள இடத்துக்குப் போவதுதான் திட்டம். இருட்டுவதற்கு முன்பும் அங்கே போய்விடுவோம் என்று நம்புகிறோம்.'

'ஒட்டுமொத்தமாக நிலைமை எப்படி இருக்கிறது இப்போது? எங்காவது ஆபத்து இருக்கிறதா?'

‘அவர் என்னைப் பார்த்துச் சிரித்தார். பதில் சொல்லும் முன்பு கிரீன் டீயை உறிஞ்சினார். எப்போதும் போல்தான். வாரத்துக்கு இருபத்தி நாலு மணி நேரமும் நாம் உஷாராக இருக்கவேண்டும். வருகிற செய்திகள் அபாயம் எதுவும் இல்லை என்றே சொல்கின்றன.’

‘எங்கள் பாதுகாப்பு விரிவாக்கப்பட்டுள்ளதால் நான் ஏதோ நடந்திருப்பதாக ஊகித்திருந்தேன்.’

‘எப்போதுமே குழுவில் அதிகமான ஆட்கள் இருப்பது நல்லது. ஏனெனில், இந்தக் காலகட்டத்தில் பஸ்திகளில் (கிராமங்களில்) ஷகான்கள் (வேலைக்காரர்கள்) பற்றாக்குறை நிலவுகிறது. கிராமங்களற்ற பள்ளத்தாக்கு வழியே போகையில் இப்படி ஆட்கள் அதிகம் இருப்பது முக்கியம்.’

ஆபத்தே இருந்தாலும்கூட எங்களிடம் சொல்லமாட்டார்கள் என்று எனக்குத் தெரியும். இந்தப் பகுதியில் இரண்டு பத்திரிகையாளர்கள் சுதந்தரமாக இருக்கிறார்கள் என்பது பட்டவர்த்தனமாகத் தெரிந்திருக் கிறது. ஆகவே, கூடுதலான கவனம் காட்டுவது புத்திசாலித்தனம் என்று பட்டது. ஆனால், நான் எதிர்பார்த்ததுபோல வழியில் ஃபோட்டோ எடுக்க முடியுமா? இந்த வாய்ப்பு மீண்டும் வராது என்பதால் ஆபத்தை வரவழைத்தாலும் ஃபோட்டோ எடுக்கலாம் என்று தீர்மானித்தேன்.

அப்புறம், நாங்கள் கிளம்பவேண்டிய நேரம் வந்துவிட்டது.

இரண்டரை நாட்களுக்குப் பின் நாங்கள் வேகமாக நடந்து சென்று முதல் கிராமத்தை எட்டினோம். அங்கே உல்ஃபா ஆட்களுக்காக ஒரு சில நாட்கள் தங்கியிருந்தோம். அப்போதே இருட்டியிருந்தது. இரவில் நாங்கள் தங்கவிருந்த குடிசைகளைக் கண்டுபிடிப்பது கொஞ்சம் தாமதமானது. வெம்மை குறைந்திருந்தது. பள்ளத்தாக்கை விடவும் மலைகளில் குளிர் அதிகமாக இருந்தது. போராளிகளிடம் பிரணாப் ஒரு வாரத்துக்கு உணவுப் பொருட்களை நிரப்பும்படியும், பைகளையும் கூடைகளைச் சுமந்து செல்ல நான்கு ஷகான்களை ஏற்பாடு செய்யுபடியும் உத்தரவிட்டார். கீழேயுள்ள பள்ளத்தாக்கில் இருந்து தலைமையகத்துக்கு வருமாறு ராணபியூ அழைக்கப்பட்டார். போராளிகளுக்கு உதவும் வேலைக்கு பணிக்கப்பட்ட இரண்டு இள வயதினர் தேவையான பொருட்களை அனைத்தையும் ஏற்பாடு செய்ய எங்கள் குழுவுக்கு உதவினார்கள்.

நாங்கள் படுக்கையை விரித்தபோது குடிசையின் மூங்கில் சுவற்றில் வினோதமாக ஏதோ ஒன்று தொங்கிக்கொண்டிருப்பதைக் கவனித்தேன். அது தோல் போலத் தெரிந்தது. ஆனால், தோல் அல்ல. அது இரண்டு அடி அகலம், பன்னிரெண்டு அடி நீளத்தில், மஞ்சள்

வண்ணத்தில் கறுப்புப் பட்டைகளுடன் இருந்தது. என் பக்கத்தில் நின்று கொண்டு வீட்டுக்குச் சொந்தக்காரக் கிழவர், 'அது இரண்டு மாதங்களுக்கு முன்பு கொல்லப்பட்ட ஒரு மலைப் பாம்புத் தோல்' என்றார்.

கிழக்கு நாகாலாந்தில் உள்ள மலைப் பாம்புகள் உலகின் மிகப் பெரிய மலைப் பாம்புகளின் வரிசையில் இடம்பெறத் தக்கவை என்றும், சில சமயம் 20 அடிக்கும் அதிகமான நீளமும் 200 கிலோவுக்கு அதிகமான எடையும் கொண்டதாக வளரக்கூடியவை என்றும் சொன்னார் பிரணாப். அவர் சொல்லச் சொல்ல என மூளையில் எங்கோ எச்சரிக்கை மணி அடிததது. இந்த இனம், மியான்மரில் அழியும் தருவாயில் இருப்பதாகச் சொன்ன ஒரு ஆவணப் படத்தைப் பார்த்தது எனக்கு ஞாபகம் வந்தது. அவை அவற்றின் கறிக்காகவும் தோலுக்காகவும் வேட்டையாடப் பட்டு அவற்றின் எண்ணிக்கை வேகமாகக் குறைந்து வருகிறது.

இரவில், இனி வரவுள்ள மலைகளில் ஒரு நீண்ட பயணம் செல்ல நானே மனதளவில் தயாரானேன். நெருப்புக்குப் பக்கத்தில் படுத்த நான் ஆழ்ந்த உறக்கத்துக்குப் போனேன். நான் ரொம்பவே நெருப்பை நெருங்கிவிட்டேன் போலிருக்கிறது. காலையில் முழங்காலுக்குப் பின்புறம் பேண்டில் ஒரு ஓட்டையைப் பார்த்தேன். அதிர்ஷ்டவசமாக, போர்வையும் படுக்கையும் தீப்பிடித்திருக்கவில்லை. சோம்பலுடன் பொழுது விடிந்தது. வழக்கம்போல அவித்த காய்கறிகள், கீரை வகைகளுடன் சாப்பாடு போடப்பட்டது. ஒரு மணி நேரத்துக்குள், நாங்கள் நடக்கத் தொடங்கினோம். கடைசியாக ஒருமுறை அந்த இடத்தைப் பார்க்கவேண்டித் திரும்பினேன். கம்பீரமான தேவாலயம், அக்கிராமத்தைச் சூழ்ந்து நின்ற சின்ன மலைக் குன்றுகள் மனதுக்குள் இனம் புரியாத உணர்வைத் தோற்றுவித்தன.

ஐந்து நிமிடங்கள் நடந்த பிறகு வந்த சாலையின் இரு மருங்கிலும் இருந்த சமதள பூமியில் இளஞ்சிவப்பு நிறத்திலும் வெள்ளை நிறத்திலும் கசகசா செடிகள் நிறைந்திருந்தன. ஒரு மாதத்துக்குப் பிறகு அவற்றில் இருந்து திரவம் எடுக்கப்படும். என் கேமராவை வெளியில் எடுத்துப் புகைப்படம் எடுக்கத் தொடங்கினேன். ஆனால், பொதுவாக, கஞ்சா சாகுபடியெல்லாமே மலையுச்சியில் பாதையில் இருந்து வெகு தூரத்தில் இருந்தன. ஏன் இவை பாதைக்கு அவ்வளவு அருகில் இருக்கின்றன?

மியான்மர் ராணுவம் இந்தக் கிராமங்களை எட்டும் வாய்ப்பு, சாகுபடி செய்ததற்குத் தண்டனையாக வரி விதித்து, கட்டாய வேலை வாங்குவதற்கான வாய்ப்பு எதுவும் இல்லை என்றார் அனூப். என்.என்.சி.என்.(கே)வுடன் ஏற்கனவே ஓர் உடன்பாடு செய்து

கொள்ளப்பட்டிருப்பதால், ராணுவம் கிராமத்துக்குள் வந்தாலும்கூட விவசாயிக்கு எவ்விதத் தீங்கும் நேராது என்று யூகித்தேன். அந்த உடன்பாடு பரஸ்பரம் பயனுள்ளதாக இருந்தது. கூடுதலாக, இந்தக் கிராமத்தில் கஞ்சா சாகுபடியின் கீழ் கொண்டு வரப்பட்ட நிலம், மலைகளில் உள்ள இது போன்ற நிலங்களின் அளவைவிடக் கணிசமான அளவு குறைவு. விவசாயிகள் கஞ்சாவுக்குக் கூடுதல் நிலத்தைத் தூரத்தில் ஒதுக்கியிருப்பதற்கும் வாய்ப்பு உண்டு. ஒரு சில கிராமவாசிகளிடம் நின்று பேச விரும்பினேன். ஆனால், பிரதீப் உள்ளிட்ட எங்கள் குழு உறுப்பினர்கள் நான்கு பேர் ஏற்கனவே எங்களை விட்டுவிட்டு முன்னே போயிருந்தனர். தனித்தனியாகச் செல்லவேண்டாம் என்று ஏற்கனவே அறிவுரை வழங்கப்பட்டிருந்தது. பிரணாப் எங்களைச் சேர்ந்து நடக்கும்படி ஆணையிட்டார்.

அடுத்த நாள் பிற்பகலில் நாங்கள் அடுத்த கிராமத்துக்கு வந்து சேர்ந்தோம். அங்கே தங்கத் தீர்மானித்தோம். ஒரு சில ஃபோட்டோக்கள் எடுக்கப் போதுமான வெளிச்சம் இன்னும் எஞ்சியிருந்தது. எங்கள் பைகளைக் குடிசையில் வைத்துவிட்டு கேமராவுடன் வெளியில் வரும் நேரம், விநோதமாக ஏதோ ஒன்று என் கவனத்தை ஈர்த்தது. அது ஒரு நீளமான குடிசையின் முன் இருந்த மூங்கில் கழி ஒன்றில் இருந்த வண்ணமயமான கொடியாகும். அந்தப் பகுதி பங்க்மி நாகாலாந்தினர்களிடையே காணப்படும் பொதுவான பாணியில் இருந்து முற்றிலும் வேறுபட்டிருந்தது. என் பக்கத்தில் நின்று கொண்டிருந்த பிரணாப்பிடம் அதுபற்றிக் கேட்டேன்.

‘அது மியான்மர் நாட்டுக் கொடி’ என்றார்.

‘அப்படியா? நான் அதனை ஒரு கிராமத்துக் கொடி என்று தவறாகப் புரிந்துகொண்டுவிட்டேன். ஆனால், மியான்மர் கொடி எதற்கு? அதற்கு முன்னதாக இங்கே வந்தபோது நாங்கள் அதனைக் கவனித்திருக்கவில்லை. வேறு கிராமங்களிலும் அதனை நாங்கள் பார்க்கவில்லையே?’.

உண்மையில் அந்தக் குடிசை ஒரு பள்ளிக்கூடம். அங்கே ஒவ்வொரு நாளும் ஒரு சில மணி நேரத்துக்குக் குழந்தைகளுக்குக் கற்றுக் கொடுக்கப்படுகிறது. அவர்கள் இந்தக் கிராமத்தின் முதல் தலைமுறை மாணவர்கள். நீங்கள் முன்பு இங்கே வந்திருந்தபோது இங்கே இந்தப் பள்ளிக்கூடம் இருந்தது. ஆனால், சில காரணங்களுக்காக கொடி இல்லாமல் இருந்தது.’

நான் குழப்பம் அடைந்தேன். ஏனெனில், ஒரு சில கிராமங்களில், எந்த இடத்திலிருந்தும் யாதொரு பண உதவியும் இல்லாமல் கிறிஸ்தவ மத போதகர்கள் மட்டும்தான் குழந்தைகளுக்குக் கல்வி கற்பித்து

வருகிறார்கள் என்ற எண்ணத்தில் இருந்தேன். ஆனால், மத போதகர்களுக்கும் மியான்மர் அரசாங்கத்துக்கும் உள்ள தொடர்பு என்ன?'

'நீங்கள் நினைப்பது தவறு' என்று பதிலளித்தார் பிரணாப்.

'அவர்கள் அரசாங்கத்தால் அனுப்பி வைக்கப்பட்டிருக்கிற மியான்மர் நாட்டு ஆசிரியர்கள். இதர கிராமங்களிலும் குறிப்பாக, பங்க்மி பகுதியில் அவர்கள் இருக்கிறார்கள்.'

நான் கொஞ்ச நேரம் யோசித்தேன். பள்ளிக்கூடத்தைக் கூர்ந்து பார்த்தேன். அப்பறம் இந்த ஒட்டுமொத்தமான திட்டத்தின் முக்கியத்துவத்தை உணர்ந்தேன். இதன் அர்த்தம், முதலாவதாக, நாகாலாந்தினர்களின் மியான்மர்மயமாதல் தொடங்கியிருக்கிறது. இந்தச் செயல்பாடுகள் எல்லாவற்றுக்கும் என்.என்.சி.என்.(கே)வின் ஆசிகள் உண்டு. அது இல்லாமல் மியான்மரின் பிரதான பகுதியில் இருந்து ஆசிரியர்களை இங்கே கொண்டுவந்து பணியமர்த்துவது முடியாத காரியம். மேலும், முப்பது ஆண்டுகளுக்கு முன்பு, நாகாலாந்தினர்கள் வசிக்கும் ஒரு இடத்தில் கொடியேற்றுவதை நினைத்துப் பார்க்கவே முடியாது.

இரண்டாவதாக, காப்லாங் சுட்டிக்காட்டிய ராணுவத்துடனான எழுதப்படாத ஒப்பந்தம், ஒருவருக்கொருவர் தாக்கிக் கொள்ளக் கூடாது என்ற புரிந்துணர்வுக்கு அப்பால் செல்கிறது. அல்லது தலைவர் வெளிப்படுத்த மறுக்கும் எழுதப்பட்ட ஓர் ஒப்பந்தம் இருக்குமோ?

மூன்றாவதாக, நாகாலாந்தினர்கள், குழந்தைகளுக்கு கல்வி தர அனுமதித்துவிட்டு பதிலாகச் சில சலுகைகளைப் போராடிப் பெற்றிருப்பதற்கும் அதிக வாய்ப்புகள் உண்டு. இந்தியாவின் வடகிழக்குப் பிராந்தியத்திலிருந்து வந்த தனது தோழமை அமைப்புகளின் முகாம்களை அழிக்கவேண்டாமென்று ராணுவத்திடம் உறுதிமொழி பெறுவதில் தலைவர் வெற்றியடைந்திருக்கலாம். இறுதியாக, காப்லாங் மியான்மர் தேசத்து மைய நீரோட்டத்துடன் ஒருங்கிணையும் செயல்பாட்டைத் தொடங்கி இருப்பதாகத் தெரிகிறது. இது எதிர்காலத்தில் பெரிய அளவிலான நட்புறவுக்கு ஐயமின்றி வழிகோலும் உடன்பாடாக இருந்தது.

மியான்மர் நாட்டு ஆசிரியரையும் வகுப்பறையையும் புகைப்படங்கள் எடுக்காமல் திரும்ப என்னால் முடியாது. ஆனால், என் ஆர்வத்தை மறைத்தபடி பள்ளிக்கூடத்தை நோக்கி நடக்கத் தொடங்கினேன். நான் மரப்படிக்கட்டுகளில் ஏறிப் போனேன். ஏழு மாணவர்கள் கரும் பலகையில் ஒரு சில மியான்மர் மொழி எழுத்துகளை எழுதியவாறே

விளக்கம் அளித்த ஆசிரியரின் குரலைக் கவனமாகக் காது கொடுத்துக் கேட்டுக் கொண்டிருந்தனர். மௌனமாக, ஒரு புகைப்படம் எடுத்தேன். அப்போதும், யாரோ ஒருவர் பின்னால் இருந்து பார்ப்பதைப் பற்றி அவர்கள் அறிந்திருக்கவில்லை. ஜன்னல் வழியாக நல்ல புகைப்படம் எடுப்பதற்காக மூலைக்கு நடந்து போனேன். ஆனால், காய்ந்த மூங்கிலால் ஆன தரைப் பகுதி கிறீச்சிட்டது. ஒவ்வொருவரும், ஆச்சரியத்துடன், யாரோ ஒருத்தர் தம்மை உளவு பார்ப்பதைப் பார்க்கத் திரும்பினார்கள். குழந்தைகள் சிரிக்க, ஆசிரியரும் ஆச்சரியப்பட்டார். ஏனெனில், கிளர்ச்சியாளர்கள் பள்ளிக்கூடத்தைச் சுற்றிப் பார்த்துப் புகைப்படங்கள் எடுப்பது சாதாரணமாக நடக்கக் கூடியதல்ல.

'தயவு செய்து உங்கள் வேலையைத் தொடருங்கள்' என்று அந்த ஆசிரியரிடம் சொன்னேன். அவர் தனது 20 வயதுகளில் இருந்த ஒல்லியான இளைஞர். அவர் இரண்டு தலைப்பட்டைகளை அணிந்திருந்தார். அவற்றில் நீளமான பச்சை நிறப்பட்டை முதுகுப்புறத்தில் கிட்டத்தட்ட இடுப்பைத் தொட்டுக் கொண்டிருந்தது. அவர் எழுதுவதைத் தொடர்ந்தார். ஆனால், குழந்தைகள் என்னையும் கேமராவையும் தொடர்ந்து வெறித்துப் பார்த்துக் கொண்டே இருந்தனர். அவர்கள் இதற்கு முன் கேமிராவைப் பார்த்திருக்கவில்லை. நான் இன்னும் கூடுதலாகச் சில புகைப்படங்களை எடுத்தேன்.

வகுப்பின் பின்புறம் தரையில் அமர்ந்தேன். அங்கே இரண்டு வகுப்பறைகள் இருந்தன. அவற்றை ஒரு மெல்லிய மூங்கில் சுவர் பிரித்தது. கரும்பலகையான நீளமான, பட்டையாக ஐந்து மரக் கட்டைகளை இணைத்து செய்யப்பட்டிருந்தது. நான்கு முதல் ஏழு வயது வரையிலான பிரிவில் இருந்து பதினான்கு மாணவர்கள் இருந்தனர். அவர்கள் நான்கு வரிசைகளில் தரையில் அமர்ந்திருந்தனர். ஒவ்வொரு வரிசையும், உருளையாலான மர அடிப் பாகத்தால் முட்டுக் கொடுக்கப்பட்ட தட்டையான மரப் பலகையால் பிரிக்கப்பட்டிருந்தது. அந்தக் குழுவில் ஒரே ஒரு மாணவனிடம் மட்டும் ஒரு நோட்டுப் புத்தகம் இருந்தது.

நான் எழுந்து நின்று அடுத்த அறைக்குச் சென்றேன். இங்கே ஆறு மாணவர்களே இருந்தனர். அதுவும் பெண்கள் மட்டும். இன்னொரு அறையில் இருந்தவர்களைவிடச் சற்று பெரியவர்களாக இருந்தனர். ஆனால், அவர்கள் அனைவரிடமும், புத்தகங்கள், நோட்டு, பேனாக்கள் இருந்தன. ஆசிரியர் வயதானவராக இருந்தார். அவருக்கு இரண்டு மரக் கம்பங்களோடு அழுத்தமாகப் பிணைக்கப்பட்ட ஒரு கரும்பலகை அளிக்கப்பட்டிருந்தது. புத்தகங்கள் நில வரைபடங்களைக் காண்பித்தன. அது புவியியல் தொடர்பான பாட நேரமாக இருந்திருக்க

வேண்டும். நான் அந்த ஆசிரியர்களிடம் பேச விரும்பினேன். ஆனால், இருவரும் பேசத் தயங்கினார்கள். போராளிகளிடம் பேசவேண்டாம் என்று அவர்களுக்கு அறிவுரைகள் தரப்பட்டிருக்கலாம். அரசாங்கம் என்ற அமைப்பு பெயருக்குக்கூட இல்லாத நடுக்காட்டில் தங்களுக்கு வேலை அளிக்கப்பட்டதில் அவர்கள் வெறுத்துப் போயிருக்கவும் வாய்ப்புண்டு. ஆனால், வடக்கு சஹெய்க் கோட்டத்தில் முதல் தலைமுறை மாணவர்களான இவர்களுக்குக் கற்பிப்பது சவாலான விஷயமாகவே இருக்க வேண்டும்.

•

அடுத்த கிராமத்தைச் சென்று சேர நீண்ட தூரம் நடக்க வேண்டியிருக்கும் என்பதால் மறுநாள் அதிகாலையிலேயே பயணத்தைத் தொடங்கினோம். பிற்பகல் வாக்கில், நாங்கள் ஏற்ற இறக்கமான ஒரு இடத்தை அடைகையில் நான் மேலே, கொஞ்சம் தொலைவில் புகையைப் பார்த்தேன். ஜூம் விவசாயத்துக்காக காட்டின் ஒரு பகுதி அழிக்கப்படுகிறது என்று யூகித்தேன். நான் அதை உறுதிப்படுத்திக்கொள்ள அனூப்பைக் கேட்டபோது அவர் தந்த பதில் என்னை அதிர்ச்சிக்குள்ளாக்கியது. 'அந்தப் புகையைக் கவனமாகப் பாருங்கள்' என்றார். பார்த்தபோது, அங்கே வித்தியாசமாக ஒன்றும் தென்படவில்லை.

'இரண்டு இடங்களில் புகை காற்றில் கலக்கிறது. இடையே இடைவெளி இருக்கிறது பாருங்கள்' அவர் விளக்கம் தந்தார்.

'ஆமாம்! இதில் ஆச்சரியப்பட என்ன இருக்கிறது? ஜூம் விவசாயத்தில் இது ரொம்ப சாதாரணம் அல்லவா?'

'நோ. இந்த நிகழ்ச்சி வித்தியாசமானது. இங்கே உள்ள சில பகுதிகளில் காட்டுத் தீ என்பது மாமூலான விஷயம். சில சமயங்களில் அவை பேரழிவை உண்டாக்குவதாக இருக்கும்.'

'உண்மையாகவா? அப்படியென்றால் இங்கே காட்டுத் தீ பற்றி எரிகிறது என்ற சொல்ல வருகிறீர்களா?'.

'ஆமாம். அது போல்தான் தோன்றுகிறது. இது கீழேயிருந்து தொடங்கியிருக்கவேண்டும். கிராமவாசிகள் தீ தங்களை எட்டாதவாறு தடுத்திருக்கிறார்கள். இதற்குச் சிறந்த வழி கிராமத்துக்குப் பக்கத்தில் மறு திசையில் தீயை உண்டாக்குவது. இதுதான் இங்கு நடந்திருக்க வேண்டும். நான் இதனை வேறு பகுதிகளிலும் பார்த்திருக்கிறேன்' அனூப் சொன்னார்.

'இது சுவாரசியமாக இருக்கிறது. ஒரு தீ மற்றொரு தீயை அணைக்கவும், தடுக்கவும் பயன்படுத்தப்படுகிறது. ஆக கீழே உள்ள புகை காட்டுத் தீயைக் காட்டுகிறது. மேலே உள்ள தீ கீழே உள்ள தீயைத் தடுக்க இன்னொரு திசையில் கிராமவாசிகள் தீ வைத்திருக் கிறார்கள் என்பதைக் காட்டுகிறது.'

'நிச்சயமாக. இது போன்ற சம்பவங்கள் சேதம் ஏற்படுத்தவே செய்யும். ஏனெனில், இந்தத் தீயை அணைக்க பெரிய அளவில் தண்ணீர் கிடைப்பதில்லை. பல வருடங்களுக்கு முன் மியான்மர் ராணுவம் வயல்களைக் கொளுத்துவதற்கு இந்த வழியைப் பின்பற்றியது.'

•

நாங்கள் ஓய்வின்றி நடந்தோம். கேப்டன் முழுதாக இரண்டு வாரங்களுக்குப் பிறகு ஒரு நாள் முழுக்க ஓய்வு எடுக்கலாம் என்று கேட்டுக்கொண்டார். உணவுப் பொருட்களை மீண்டும் வாங்கி நிரப்ப வேண்டியிருந்தது. பயணத்தை மீண்டும் தொடர்வதற்கு முன்பு, பாதைகளின் பாதுகாப்பை ஊர்ஜிதப்படுத்த வேண்டியிருந்தது. களைத்துப்போய், நாங்கள் மீதம் இருக்கும் தூரம் குறித்து விசாரித்தோம். நாங்கள் ஓரிரு நாட்களில் சென்று சேரலாம் என்று நம்பும் குறுக்கு வழிகளில் மற்றொன்று ஆபத்தானதாக இல்லாமல் இருந்தால், ஒரு வாரத்துக்குள் நாகாலாந்துக்குள் காலடி எடுத்து வைத்துவிடும் வாய்ப்பு உள்ளதாகச் சொன்னார்.

நான் கொஞ்சம் நிதானத்துக்கு வந்து, எனது நாட்குறிப்பில் முந்தைய நாட்களில் நடந்த முக்கிய சம்பவங்களையும், என் வர்ணனையில் இருந்து சில சமயம் தப்பிவிட்ட சுவாரஸியமான சம்பவங்களையும் குறித்து வைத்தேன். நான் எழுதத் தொடங்கியபோது பரூவாவைப் பற்றி கேட்க வேண்டிய கேள்விகள் இன்னும் இருப்பதை உணர்ந்தேன். நான் அஸ்ஸாமில் ஏற்படும் வெள்ளம், மண்ணரிப்பு பற்றியும் இந்த விஷயங்களை உல்ஃபா, அவற்றைத் தடுக்கத் தவறிய அரசாங்கத்தைக் கண்டிப்பதைத் தவிர தானாக வேறு எதுவும் செய்யாமல் இருப்பதுபோல் தோன்றுவது பற்றியும் கேள்விகள் கேட்டிருக்கலாம்.

உல்ஃபாவுக்கு மாற்றுத் திட்டம் எதுவும் உண்டா? அல்லது விடுதலைக்குப் பின்தான் சட்ட விரோதக் குடியேற்றத்தைப் பற்றி உல்ஃபா பரிசீலிக்கும் என்பதுபோல அஸ்ஸாமின் விடுதலைக்குப் பிறகே வெள்ளம் - மண் அரிப்பு பற்றியும் பரிசீலிக்கத் திட்டமிட்டிருக்கிறதா? இந்தக் கேள்விகளுக்குக் கிடைக்கும் பதில்களும் அந்த நேர்காணலைக் கொஞ்சம் கூடுதல் சுவாரஸியமாக்கியிருக்கும். ஆனால், காலம் கடந்துவிட்டது. ஆனால், நான் இப்போதும் என்.என்.சி.என்.(கே)

நடத்தும் இயக்கம் பற்றி, எப்போதெல்லாம் வாய்ப்பு கிடைக்கிறதோ அப்போதெல்லாம் இன்னும் அதிகமான ஆட்களுடன் அவர்களது கருத்துகளை, அவர்களது எண்ணங்களை, கோரிக்கைகளைப் பற்றிப் பேசலாம். இது வரையில், கிராமங்களில் நான் பேசிய ஆட்கள், பல விஷயங்களில் தெளிவற்றவர்களாகத் தென்பட்டார்கள். மொழி ஒரு பிரச்னையாக இருந்தது. அவர்கள் ஒரு பத்திரிகையாளரால் கேள்விகள் கேட்கப்படும் சூழலுக்குப் பழக்கப்பட்டிருக்கவில்லை.

யானையும் குருடர்களும் என்ற கதை என் ஞாபகத்துக்கு வந்தது. அவர்களில் காலைத் தொட்டுப் பார்த்தவர் யானை ஒரு தூண் போன்றது என்றும் காதைத் தொட்டுப் பார்த்தவர் அது முறம் போன்றது என்றும் சொன்னார்களே அதுதான் நினைவுக்கு வந்தது. குருட்டுத் தன்மை உண்மையைப் பெரிய அளவில் தடுக்கிறது. அந்தப் பகுதியில், மக்களுக்கு வெளியுலகம் தெரிந்திருக்கவில்லை. ஏனெனில், இங்கு வசிப்பவர்களில் பெரும்பான்மையானவர்கள், ஒரு குறிப்பிட்ட புள்ளிக்கு அப்பால் சென்றது கிடையாது. எல்லையோர கிராமங்களில் மட்டுமே நிலைமை கொஞ்சம் வேறுபட்டிருந்தது. அங்கே வசிப்பவர்கள் நாகாலாந்து, மணிப்பூர், அருணாச்சலப் பிரதேசத்துக்குச் செல்லும் வாய்ப்பைப் பெற்றிருந்தார்கள். நான், மாலையில் ஒரு குடியிருப்புக்குச் சென்று சேரும் போதோ அதிகாலையிலோ ஒரு கிராமத் தலைவரிடம் பேசிப் பார்க்கவேண்டும் என்று தீர்மானித்தேன்.

•

பாதகமான மண்ணில் சந்தேகிக்க முடியாத மூலைகளில் இருந்து ஆபத்துகள் எழுகின்றன. ஒரு முறை, ஒரு மரத்தின் கீழே ஒரு சில கணங்கள் ஓய்வெடுத்துக்கொண்டு இருந்தபோது ஆபத்து இல்லாதது போல் தோன்றிய தாவரத்தின் மேல் உரசிய என் இடது கை மின் அதிர்ச்சியை உணர்ந்தது. நான் தற்செயலாக உயர் அழுத்த மின் கம்பியைத் தொட்டுவிட்டதுபோல் அதிர்ந்தேன். நான் அந்தத் தாவரத்தைச் சோதிக்கையில் என் விரல்கள் ஒட்டுமொத்தமாக மரத்துப் போயின.

நான் ஒரு இலைக்குக் கீழே மறைந்திருந்த ஒரு சில சின்ன முட்களைத் தொடத்தான் செய்தேன். அவை விஷத்தன்மை கொண்டவை. 'மின்சார அடி' அல்லது 'மின்சார இலை' என்று அறியப்படுபவை. அந்த நாள் முழுக்க என் விரல்களில் உணர்ச்சிகளே இல்லை. சில சமயங்கள் இந்தத் தாவரம் வன விலங்குகளை விரட்டுவதற்காக மலைகளில் உள்ள சாகுபடி நிலங்களில் வேலி போடப் பயன்படுத்தப் படுகின்றன. உடனடியாக அந்தத் தாவரத்தை ஒரு சில புகைப்படங்கள்

எடுத்தேன். நினைவுப்பொருளாக வைத்துக் கொள்வதற்காக கத்தியைக் கொண்டு கவனமாக இரண்டு இலைகளைப் பறித்தேன்.

பருவ மழைக் காலத்தில் ஏற்படும் மற்றொரு ஆபத்து, சூறாவளிக் காற்றடித்த பின் மலைகளில் இருந்து கீழே விழும் பாறைகளும், பெரிய மரக் கிளைகளும். மண் சரிவுகள் நிகழும் மலைகளில்தான் இப்படியான விபத்துகள் நடக்கும் என்று நினைத்திருந்தேன். பல வருடங்களுக்கு முன்பு இந்தப் பகுதியில், ஒரு பாறையால் நசுக்கிக் கொல்லப்பட்ட ஒரு இளம் உல்ஃபா போராளி தொடர்பான ஒரு சம்பவத்தை நினைவுகூர்ந்தார் அனூப். அவர், பெரிய பாறையின் அடியில் சிக்கியவாறே வலியால் துடித்து, தனது தோழர்களிடம் தன்னைச் சுட்டு விடுமாறு கெஞ்சியிருக்கிறார். அந்தக் குழுவில் மூன்று பேர் இருந்திருக்கிறார்கள். அவர்களில் ஒருவர் பக்கத்து கிராமத்துக்கு உதவிக்காக ஓடிச் சென்றார். இருபது ஆட்கள் கூட்டாக முயற்சிசெய்தும், அந்தக் கல் நகர மறுத்தது. சில மணி நேரத்துக்குப் பின், அந்தப் பையன் வலியுடன் இறந்துபோனான்.

இரை தேடும் கரடிகளும் சிறுத்தைகளும் அந்தப் பகுதியில் ஒளிந்திருக்கும். கிராமத்தை விட்டு வெளியில் செல்லும் பெரும்பாலான நாகாலாந்தினர்கள், சில இடங்களைக் கடக்கையில் குழுக்களாக மட்டுமே செல்வார்கள். துப்பாக்கிகள், உள்ளூர் கத்திகளான 'தாவோ' போன்றவற்றை ஏந்திச் செல்வார்கள். அவர்கள் துப்பாக்கியால் சரியாகக் குறிபார்த்துச் சுடுவதில் மட்டுமல்லாமல் அதே அளவுக்குக் கத்தியைப் பயன்படுத்துவதிலும் வல்லவர்கள். ஒவ்வொரு வீட்டிலும் பல துப்பாக்கிகள் இருந்தன. அவை கடந்த 200 ஆண்டுகளாக முழுமை பெற்ற ஒரு குழப்பமான செய்முறையைப் பயன்படுத்தி உள்ளூரிலேயே உருவாக்கப்பட்டவை. நாகாலாந்து பகுதியில் பிரிட்டிஷார் நுழையத் தொடங்கிய காலத்தில் அவர்களைத் தடுக்க கோன்யாக் பழங்குடியினர் இந்தத் துப்பாக்கிகளைக் கையில் எடுத்தனர். காலனியாதிக்கவாதிகளுக்கு எதிர்வினையாற்றவும் ஆயுதங்களைச் சேர்க்கவும் வாய்ப்பெதுவும் தராமல் அவர்களைத் திடீரெனத் தாக்கிக் கொன்றார்கள். எதிர்பார்த்தபடி, பிரிட்டிஷார் பின்வாங்கியதோடு இனி இங்கு எந்தவிதத்திலும் தலையிடக் கூடாது என்று தீர்மானித்தார்கள். இப்போது மேற்கு சரகத்தில் இருந்து தேவையான பொருட்கள் கொண்டுவரப்படுவதால் துப்பாக்கி தயாரிப்பது எளிதாகிவிட்டது.

•

இரண்டு நாள் கழித்து, மாலையில் ஒரு கிராமத்துக்குச் சென்றோம். அதன் நுழைவாயிலில் ஒரு பெரிய வரவேற்புக் குழு காத்திருப்பதைப்

பார்த்து வியந்து போனோம். எங்களை வரவேற்பதற்கு ஒரு காரணமும் இல்லையே என்று யோசித்தபடியே ஆரவாரித்த கும்பலினூடாக நான் நடந்து சென்றேன். அந்தக் கூட்டம் ஒரு போட்டியில் ஜெயித்த உள்ளூர் கால்பந்து அணியை வரவேற்பதற்காகக் கூடியிருப்பதைத் தெரிந்து கொண்டேன். நான் நல்ல இடம் பார்த்த காமிராவுடன் நின்று கொண்டு கிராமத் தலைவரிடம் பேச்சுக் கொடுத்தேன். அந்தப் போட்டி பத்துக் கிராமங்களுக்கிடையே நடத்தப்படும் வருடாந்தர நிகழ்வு என்று விவரித்தார். அவரது 'பஸ்தி' (கிராமம்) கடந்த வருடம் பரிசு வென்ற கிராமத்தைத் தோற்கடித்ததுதான் இந்த எழுச்சிக்குக் காரணம். கிட்டாருடன் தோன்றிய ஒரு பதின்பருவ இளைஞன் பாடத் தொடங்கினான். ஒரு குறிப்பிட்ட தூரத்தில் வெற்றி பெற்ற அணி, வெற்றிக் கோப்பையையும் கிராமத்துக் கொடியையும் சுமந்தவாறு மலையை நோக்கி வருவதைப் பார்த்தேன். கும்பல் ஆரவாரித்து அவர்களை வரவேற்க முன்னே சென்றது. கேப்டனையும் இதர சில ஆட்டக்காரர் களையும் தங்கள் தோள்களில் சுமந்து கொண்டு திரும்பியது.

அதற்குக் கொஞ்ச நேரத்தில், கிராமத் தலைவர் அடுத்த நாள் விருந்து நடக்கும் என்று அறிவித்தார். இந்த விருந்தில் எதிரணியும் கூடப் பங்கேற்கும். என்ன ஒரு மாற்றம் என்று நினைத்துக்கொண்டேன். முன்பெல்லாம் ஒரு கிராமத்தின் வெற்றியானது அண்டை கிராமத்தில் இருந்து வெட்டி எடுத்துவரப்பட்ட தலைகளின் எண்ணிக்கையை வைத்து மதிப்பிடப்பட்டது. இன்று அந்த நிலை மாறி ஒற்றுமையும் நட்பும் மலர்ந்திருக்கின்றன. இது ஒன்றும் சாதாரணமான சாதனையல்ல, இதற்கு முழு காரணம் ஜி.பி.ஆர்.என்.தான்.

நாங்கள் இந்தக் கிராமத்தில் அரிசி விலைக்கு வாங்க முடிந்தது. ஒவ்வொரு வருடமும் உபரியாக உற்பத்தி செய்த ஒரு முதியவரிடம் இருந்து அரிசி வாங்கினோம். வருட ஆரம்பத்தில் சில மாதங்களுக்கு அரிசித் தட்டுப்பாடு நிலவுகிறது. ஆனால், கிராமவாசிகள் தேர்ந்தெடுக்கப் பல வாய்ப்புக்கள் இருக்கின்றன. ஆனால், எங்களுக்கு, அரைத்த சோள மாவுதான் ஒரே வழி.

இதற்கிடையில் இன்னொரு குறுக்கு வழியைப் பயன்படுத்த பிராணப்புக்குப் பச்சைக் கொடி காட்டப்பட்டது. எல்லாம் நல்லபடியாக நடந்தால், மூன்று நாட்களுக்குள் நாங்கள் நாகாலாந்தைச் சென்றடைய முடியும் என்றார்.

இரவுக்கு நாங்கள் ஒரு கோன்யாக் கிராமத்தில் தங்கினோம். அது முந்தைய குடியிருப்புகளைவிடவும் மிகப் பெரியதாக இருந்தது. நாங்கள் புறப்படுவதற்கு முன்பு கிராமத்தலைவரைப் பார்த்துப் பேசமுடியுமா என்று விசாரித்தேன். பிரணாப் ஒரு இளம் போராளியை

அவருடைய வீட்டுக்கு அனுப்பிக் கேட்டுவரும் படிச் சொன்னார். கிராமத் தலைவர் சந்திக்க சம்மதித்தார்.

தலைவர் கிராமத்தில் இல்லை. ஆனால், குடியிருப்பில் இருந்து தூரத்தில் உள்ள ஒரு குடிலில் சிலரோடு ஒரு கூட்டம் நடத்திக் கொண்டிருந்தார். நானும் பிரணாப்பும் அவரை நெருங்கியபோது, அவர் எழுந்து நின்றார். நான் அவர் பக்கத்தில் இருந்த பிளாஸ்டிக் நாற்காலியில் அமர்ந்தபோது, அந்தச் சின்னக் கூட்டம் கலைந்தது. உரையாடலைத் துவங்குவதற்கு முன்பு நான் என்னை ஒரு மூத்த உல்ஃபா போராளி என்று அறிமுகப்படுத்திக் கொண்டேன். அவர் பெயர் தம்கூ. நாகாலாந்தினர்கள் விசேஷ நிகழ்வுகளில் அணியும் பாரம்பரியமான கறுப்பு நிற மேல் சட்டையை அணிந்திருந்தார்.

‘உங்கள் கிராமம் பெரிதாக, சுத்தமாக அழகாக இருக்கிறது. உங்கள் மக்கள் மிகவும் உதவிகரமாகவும், மரியாதை தெரிந்தவர்களாகவும் இருக்கிறார்கள்’ என்று நான் நாகாலாந்தினர் மொழியில் பேசத் தொடங்கினேன்.

‘நீங்கள் எந்தப் பிரச்னையையும் சந்திக்கவில்லை என்று நம்புகிறேன்’ தம்கூ கேட்டார்.

‘இல்லையில்லை, உண்மையில், இன்னும் ஒரு சில தினங்களுக்குத் தங்கிச் செல்வதையே விரும்பியிருப்பேன். ஆனால் நாங்கள் இன்றே கிளம்ப வேண்டியதிருக்கிறது’ என்று பதிலளித்துவிட்டு உரையாடலை இயல்பாக ஆரம்பித்தேன்: ‘இந்தக் கிராமத்தில் எத்தனை பேர் இருக்கிறார்கள்?’

‘கிட்டத்தட்ட இருநூறு. 50-60 பேர் மட்டுமே வசிக்கும் கிராமங்களும் உண்டு’ என்று தலைவர் பதிலளித்தார்.

‘நீங்கள் எதிர்கொள்ளும் பிரச்னைகளைக் குறித்தும் அவற்றைத் தீர்க்க எடுக்கப்பட்ட முயற்சிகள் குறித்தும் சொல்லுங்களேன்.’

பதிலளிப்பதறகு முன்பு ஒரு சில வினாடிகள் யோசித்தார்: ‘குளிர் காலத்தில் பெண்களும், குழந்தைகளும் சற்று தொலைவுக்குச் சென்று தண்ணீர் எடுத்துவர வேண்டியதிருக்கிறது. அரிசியும் கிடைக்காமல் போய்விடுகிறது.’

‘வேறு ஏதாவது? நோய்கள் ஏதேனும் அடிக்கடி வருமா’ நான் கேட்டேன்.

‘ஆம், மக்கள் நோய்களால் துன்பப்படுகிறார்கள். தன் வயிற்றில் ஒரு கையை வைத்துக்காட்டி பதில் சொன்னார். அடிக்கடி வயிற்றுத்

தகராறு இருக்கிறதென்று அர்த்தம். அப்புறம் மழைக்கால மாதங்களில் மோகலாங்க் வியாதி வருகிறது.'

நேரம் ஆகிக் கொண்டிருந்ததால் பிரணாப், வேகமாகப் பேசிமுடிக்கும் படி சைகை காட்டினான். நான் நேரடியாக மிகவும் முக்கியமான கேள்விகளுக்குச் சென்றேன்.

'ஓகே, சுதந்தரம் பெறுவதற்கான இயக்கத்தைப் பற்றி நீங்கள் என்ன நினைக்கிறீர்கள்? நீங்கள் என்.என்.சி.என்.(கே)வின் போராட்டத்தை ஆதரிக்கிறீர்களா?'

'ஆம். எங்களுக்கு இண்டிபின்டி (இண்டிபெண்டன்ஸ்) வேண்டும். அது விரைவில் கிடைக்கும்.'

'தட்ஸ் ஃபைன். நீங்கள் சுதந்தரமானவராக ஆவீர்கள் என்று நம்புகிறீர்களா?'

'யெஸ். நாங்கள் நம்புகிறோம். நாங்கள் நிறையவே தியாகம் செய்திருக்கிறோம்.'

'ஆனால், சுதந்தரத்துக்குப் பிறகான உங்களது எதிர்பார்ப்புகள் என்னென்ன? நீங்கள் விரும்பியதை எல்லாம் பெற்றுவிடுவீர்கள் என்று நினைக்கிறீர்களா?' என்று கேட்டேன்.

ஒரு சில வினாடிகள் தம்கூ விழித்தார். இதற்கு முன்னால் யாரும் அவரிடம் இந்தக் கேள்வியைக் கேட்டிருக்க மட்டார்கள். நான் இந்தக் கேள்வியைத் திரும்பவும் விளக்கிச் சொல்லுமாறு பிரணாப்பிடம் கேட்டுக் கொண்டேன்.

'ஆம், சுதந்தரம் எங்களுக்கு எல்லாவற்றையும் தரும்' என்று பதிலளித்ததோடு, ஒரு விநோதமான முறையில் என்னைப் பார்த்தார்.

'நீங்கள் ஆசைப்படுவது எந்தவிதமான மாற்றத்துக்காக?'

தலைவர் பதில் அளிப்பதற்கு முன்பு கொஞ்ச நேரம் யோசித்தார். 'நாகாலாந்தில் பல விஷயங்கள் இருக்கின்றன. அதே திசையில் நாங்கள் போக விரும்புகிறோம். கிராமங்களில் நல்ல வாத்தியார்கள், நோயாளிகளுக்கு நல்ல வைத்திய வசதி.'

'அப்படியென்றால் நீங்கள் நாகாலாந்துக்குச் சென்று வந்திருக்கிறீர்கள் என்று அர்த்தம். அங்கே கடைசி முறையாக எப்போது சென்றீர்கள்?'

மீண்டும் பதில் அளிப்பதற்கு முன் கொஞ்சம் யோசித்த அவர், தான் 'மான்' பகுதிக்கு ஒரு நாள் ஒரு சின்ன வேலையாகச் சென்று வந்ததாகத் தெரிவித்தார்.

பிரணாப், நாங்கள் கிளம்பத் தாமதமாகி வருவதைத் தெரிவித்தார். நான் கடைசி கேள்வியைக் கேட்கத் தீர்மானித்தேன்.

'ஓ.கே. சாலை மற்றும் மின்சார வசதி பற்றி என்ன சொல்கிறீர்கள்?'

தலைவர் மீண்டும் என்னைப் பார்த்து வெறித்தார். உடனடியாக அவரிடம் அடுத்த கேள்வியைக் கேட்டேன்: 'நீங்களும் உங்கள் மக்களும் சந்தோஷமாக இருக்கிறீர்களா?'

புன்னகைத்த அவர் முன்பு சந்தோஷமாக இல்லாததற்குக் காரணம் 'பர்மா' (அதாவது மியான்மர் ராணுவம்) என்றார். 'இப்போது அவர்களை அடிக்கடிப் பார்க்க முடிவதில்லை. அவர்கள் எங்கள் மக்களைக் கொல்வதை, எங்கள் கிராமங்களைச் சூறையாடுவதை நிறுத்திவிட்டார்கள்.'

'எனக்கு இவ்வளவு கால அவகாசம் தந்ததற்கு நன்றி. நான் மீண்டும் வருவேன்' என்று சொல்லி விடைபெற்று எங்கள் குடிலை நோக்கி நடக்கத் தொடங்கினேன். அங்கேதான் இரவில் தங்கியிருந்தேன். குழுக்கள் அனைத்தும் எனக்காகக் காத்துக் கொண்டிருந்தன. இளம் போராளி ஒருவர், அடுத்த இடத்துக்கு ஷகான்களுடன் புறப்பட்டுப் போயிருந்தார்.

நடக்க நடக்க நாங்கள் ஏற வேண்டிய மலை முகடு அருகில் வந்து கொண்டிருந்தது. மதியம் கழித்து கொஞ்ச நேரத்தில் நாங்கள் அந்த இடத்தை அடைந்தோம்.

நாங்கள் படிப்படியாக ஏறினோம். ஒவ்வொரு அடிக்கும் அதிகக் கவனம் தேவைப்பட்டது. கூடிய சீக்கிரம், நாங்கள் உச்சியை எட்டினோம். அதற்கப்பால் இருந்த கிராமத்துக்கு இட்டுச் சென்ற பாதை நல்ல வேளையாக சமதளமாக இருந்தது.

வடக்குத் திசையைச் சுட்டிக்காட்டிச் சொன்னார்: 'அந்த மலையைப் பார்க்கிறீர்களா? அதுதான் மேற்கு சரகம். நாளை நாம் செல்ல வேண்டிய இடம்.'

'நாங்கள் வந்துவிட்டோம் என்று கூற வருகிறீர்களா?'

'கிட்டத்தட்ட. உங்களுக்கு இன்னும் ஒரே ஒரு நாள்தான் தேவைப்படும். ஆனால், இன்று இருட்டுவதற்குள் நாம் போக வேண்டிய இடத்தை எட்டி விட வேண்டும். நாங்கள் இன்னொரு குழுவை அமைக்கவேண்டும். அது உங்களை இறுதிக் கட்டத்துக்கு இட்டுச் செல்லும். ஏனெனில், இந்தக் கிராமத்துக்கு அப்பால் நாங்கள் போக முடியாது.'

'நாங்கள் இதுவரை கால் வைத்த கிராமங்கள் எல்லாவற்றையும்விட மிகப் பெரிய கிராமத்துக்கு வந்து சேர்ந்தோம். ஒரு வீட்டில் இருந்து ராக் இசை வழிந்தது. ஏதோ ஒருவிதமான கொண்டாட்டத்துக்காக அந்த வீடு அலங்கரிக்கப்பட்டிருந்தது. ராணபியூ எங்களை ஒரு வீட்டுக்கு அழைத்துச் சென்றான். அங்கே எங்கள் உடைமைகளைக் கழற்றிவைத்து ஓய்வெடுத்தோம்.

அடுத்த நாள் நாங்கள் செல்ல வேண்டிய நடைபயணம் குறித்து பேசினோம். பிரதீப்பும் நானும் நாங்கள் கைது செய்யப்பட்டால், அஸ்ஸாம் ரைஃபில்ஸ் படையினர் எங்கள் காமிராவையும் ஒலிப்பதிவுக் கருவியையும் பறிமுதல் செய்துவிடக்கூடும் என்று அஞ்சினோம். ஆகவே, அவற்றை எங்களுடன் எடுத்துச் செல்லாமல் இருப்பது நல்லது என்று முடிவெடுத்தோம். அவை பறிமுதல் செய்யப் பட்டால், எங்கள் கடும் உழைப்பின் பலன் முழுவதும் போய்விடும். நாங்கள் அவற்றைத் திரும்பப் பெறலாம். ஆனால், அவர்கள் புகைப்படங்கள் மற்றும் விலை மதிக்க முடியாத நேர்காணல்களின் ஒரு பிரதியைத் தங்களுக்கென வைத்துக்கொள்வார்கள். எங்களுக்கு என்ன நடக்கும் என்பதைப் பற்றி எங்களுக்கொன்றும் தெரியாது.

நல்ல செய்தி என்னவென்றால், கிராமத்தில் சில என்.என்.சி.என்.(கே) போராளிகளைச் சந்தித்த பின் அனுப்பும் பாலினும் எங்களைப் பக்கத்து நகரத்துக்கு அழைத்துச் செல்வதற்கு வசதியான இடத்தில் ஒரு வாகனத்துடன் காத்துக் கொண்டிருப்பார்கள். ஆனால், அவர்கள் திட்டத்தைப் பற்றிக் கூறியது எங்களை பதற்றத்தில் ஆழ்த்தியது.

'ஒரு அஸ்ஸாம் ரைஃபில்ஸ் முகாமுக்கு மிக அருகில் உள்ள ஒரு கிராமத்தை அடைவீர்கள். ஆகவே, வாகனத்தில் ஏறிக் கொள்வதற்கு முன்பு சரியான நேரத்துக்காக நீங்கள் காத்திருக்க வேண்டியதிருக்கும்' என்ற எங்களிடம் சொன்னார் பிரணாப்.

'அவர்கள் நாங்கள் கைது செய்யப்பட்டுவிட்டால் என்ன செய்வது? இத்தகைய ஒரு நிகழ்வு நடக்க வாய்ப்பே இல்லையென்றலும், எங்களது புகைப்படக் கருவிகளை மற்றொரு வழி மூலம் எங்களிடம் சேர்க்கப்படும் வகையில் நீங்கள் ஏற்பாடுகளைச் செய்வது நல்லது என்று நினைக்கிறேன்.'

'ஆம், எங்களால் அதைச் செய்ய முடியும். இதற்குப் பக்கத்தில் உள்ள ஒரு இடத்தில் நீங்கள் இருந்தால், அவ்வாறு செய்ய இரண்டு நாட்களுக்கு மேல் ஆகாது' என்று சொன்ன பிரணாப், எங்கள் முகவரி மற்றும் போன் நம்பர்களைக் கேட்டார். ஐந்து உள்ளூர்க்காரர்கள் எங்கள் பைகளைச் சுமந்துகொண்டு, அந்தக் கிராமத்தில் இருந்து எங்களுக்குக் காவலாக வருவார்கள் என்றும் சொன்னார்.

இருந்த போதிலும், எல்லையைக் கடந்த பின் எங்கேயாவது அஸ்ஸாம் ரைஃபிள்ஸ் படை குறுக்கிட்டால் தேவையற்ற தாமதம் ஏற்படும் என்பது எனக்குத் தெரியும். ஷில்லாங்கில் உள்ள அஸ்ஸாம் ரைஃபிள்ஸ் தலைமையகத்தில் இருந்தும், திமாப்பூருக்கருகில் உள்ள ராணுவத்தின் மூன்றாவது படைப் பிரிவிலிருந்தும் மூத்த அதிகாரிகள் எங்களை விசாரித்து, செய்திகளை வாங்கிப்போக நிச்சயம் வருவார்கள். அவர்கள் நாங்கள் அசைண்மெண்ட் முடிந்து திரும்புவது குறித்த ஊடகம் உள்ளிட்ட எவருக்கும் தெரியாது என்ற அம்சத்தைச் சாதகமாக்கிக் கொள்ளக்கூடும். எங்களை ஒரு சொல்லப்படாத இடத்துக்குக்கூட கொண்டு சென்று - அங்கே மோசமாக எதுவும் நடக்கலாம் - அப்படியிருந்தால், உல்ஃபாவும் என்.எஸ்.சி.என்.(கே) வும் நாங்கள் எல்லை தாண்டிவிட்டதாக நிச்சயமாக அறிக்கைகள் வெளியிடக் கூடும். எது வேண்டுமானாலும் நடக்கலாம். ஆனால், நல்லதே நடக்கும் என்று நினைப்பது சிறந்ததாக இருந்தது.

ஊடகங்களும், நாங்கள் திரும்பிவிட்டோம் என்று கேட்ட வினாடியில் எங்களை நோக்கி வரும் என்பதையும் உணர்ந்தேன். பத்திரிகையாளர் களிடமிருந்து ஓட முயற்சிக்கும் பத்திரிகையாளர்கள்! நான் பிரதீப்பிடம் ஆலோசித்தேன். மேல் அஸ்ஸாமுக்குச் சென்று அங்கேயுள்ள துலியஜான் என்ற இடத்தில் காமராவுக்காகவும், ஒலிப் பதிவு கருவிக்காகவும் காத்திருந்து பின் வீட்டுக்குச் செல்வது எனத் தீர்மானித்தோம்.

கடைசிச் சாப்பாட்டை உண்ட பின் காலை ஐந்து மணிக்கெல்லாம் தயாரானோம். எங்கள் கேமராக்களும் ஒலிப்பதிவுக் கருவியும், அங்கேயே விட்டு விட வேண்டி மற்றொரு பையில் வைக்கப்பட்டன. நான் இரண்டு மெமரி கார்டுகளை எடுத்துக் கவனமாக மேல் சட்டை காலரில் ஒளித்து வைத்தேன். நான் அந்த வீட்டை விட்டு வெளியே அடியெடுத்து வைத்தபோது குழந்தைகள் என்னை வெறித்துப் பார்த்துக் கொண்டிருந்தன. ஆனால், அவர்களிடம் இருந்த ஏதோ ஒன்று என் கவனத்தை ஈர்த்தது. மனித கபாலத்தைப் போன்ற சின்ன பித்தளை வடிவங்கள் அவர்கள் கழுத்தைச் சுற்றிக் கட்டப்பட்டிருந்தன. அவை வேறொரு கிராமத்தில் பல வாரங்களுக்கு முன் நான் சந்தித்த தலை வேட்டைக்காரிடம் பார்த்ததைப் போலவே தோன்றின.

மூத்த குழந்தை மூன்று கபால வடிவங்களை அணிந்திருக்க, இளைய குழந்தை அதைவிட அதிகமாக ஐந்து மண்டையோடு பொம்மையை அணிந்திருந்தது. அந்தக் குழந்தைகள் ஒரே மாதிரித் தோற்றம் அளித்தன. சகோதரர்களாகக்கூட இருக்கக்கூடும். அந்த பொம்மைகள், அந்தக் குழந்தைகளின் முன்னோர்களால் பக்கத்துக் கிராமங்களில் இருந்து கொய்யப்பட்ட தலைகளின் எண்ணிக்கையாக இருக்கலாம்.

உடனடியாக நான் ஃபோட்டோ எடுப்பதற்காக என் கேமிராவை வெளியே எடுத்து அந்தக் குழந்தைகளிடமிருந்து ஒரு பொம்மையை வாங்கிவிடலாமா என்று யோசித்தேன். ஆனால், இந்த பொம்மைகள் அக்குழந்தைகளுக்கு விலை மதிப்பிட முடியாத பொருட்கள் என்பதால் குழந்தைகளை சம்மதிக்கவைப்பது மிகவும் கடினமாக இருக்கும் என்பது தெரிந்தது. அதில் ஒன்றைத் தருமாறு நான் சைகை செய்த போது, இருவரும் ஓரிரு அடி பின்வாங்கினார்கள். அந்த மண்டையோட்டுக்குப் பதிலாக நான் கொடுப்பதற்கு வேறு எதுவும் இருக்கிறதா? காசைத் தவிர ஒன்றுமில்லாமல் இருக்க, பையில் இருந்த மணி பர்ஸில் இருந்து 500 ரூபாய் நோட்டு ஒன்றை உருவி எடுத்தேன். நான் அந்தப் பணத்தை பிரணாப்பிடம் தந்தேன். அவர் குடிசையை விட்டு வெளியில் வந்திருந்தார். அவரிடம் அந்தக் குழந்தைகளிட மிருந்து மண்டையோட்டு மாலையை ஒன்றை வாங்கித் தரும்படிக் கேட்டேன்.

பிரணாப் அந்தக் குழந்தைகளுடன் உரையாடத் தொடங்கினார். ஆனால், அவர்கள் மௌனமாகவே இருந்தனர். நான் சற்றுத் தூரத்தில் இருந்து விரல்களைக் கோர்த்தவாறு, அதைப் பார்த்துக் கொண்டிருந்தேன். பிரணாப், அந்த மண்டையோடுகளில் ஒன்றின் மீது கையை வைத்து, அதனைத் தான் பெற விரும்புவதாகச் சைகையில் தெரிவித்து ரூபாய் நோட்டைக் காட்டினார். பிரணாப் சொல்ல வந்ததை அந்தப் பையன்கள் புரிந்துகொண்டார்களா என்பது எனக்கு நிச்சயமாகத் தெரியாது. ஆனால், அவர்கள் தொடர்ந்து மௌனமாகவே இருந்தனர். இந்தப் பொருட்களைப் பெறுவது முடியாத காரியம் என்பது எனக்குப் புரிந்துபோனது. பிரணாப் விரைவில் தன் முயற்சியைக் கைவிட்டார். எனக்கு அதிருஷ்டம் இருந்தால் நாங்கள் புறப்பட்டுச் செல்லவிருக்கும் கிராமத்தில் என்னால் ஒரு மண்டையோடு டாலரைப் பெற முடியலாம்.

அதற்குப் பின் சற்று நேரத்தில், கடைசியாக, நாங்கள் எல்லாப் போராளிகளையும் கட்டிப்பிடித்து ஆறத் தழுவினோம். தனது முப்பது வயதுகளில் இருந்த அஹான் என்பவனால் வழி நடத்தப்பட்ட ஒரு குழுவுடன் எங்கள் நடைப் பயணத்தைத் தொடங்கினோம். கொஞ்சம் கொஞ்சமாக, கல்லும் மண்ணும் சேர்த்துக் கட்டப்பட்ட வளைந்து வளைந்து செல்லும் படிக்கட்டுகள் வழியாக அந்தக் கிராமத்தை விட்டு வெளியில் வரத் தொடங்கினோம். ஆனால், அந்தக் குடியிருப்பின் ஓரத்தில் உள்ள ஒரு வீட்டின் முற்றத்தில் விசித்திரமாக ஏதோ ஒன்றைச் செய்து கொண்டிருந்த ஒரு மூதாட்டியின் மேல் என் கவனம் நிலைகொண்டது. அருகே சென்ற நான், நான் பார்த்த காட்சியால் கிட்டத்தட்ட ஆடிப்போய்விட்டேன். அவள் ஒரு குழந்தையின்

தலையை பிளேடு வைத்து மழித்துக் கொண்டிருந்தார். அப்போது அந்தக் குழந்தையைத் தன் மடியில் படுக்கவைத்திருந்தார். அந்த அரிய காட்சியை சட்டென்று ஃபோட்டோ எடுத்தேன். .

நான்கு பையன்கள் பைகளுடன் எங்களை விடச் சற்று வேகமாக முன்னேறினார்கள். அதன் நோக்கம் பிற்பகல் ஒரு மணிக்கு முன்பு அந்தக் கிராமத்தை அடைந்து, பின்னர் ஜீப்பில் தொற்றிக் கொள்வது. இதுவரை, இந்த நடைபயணம் சிரமமின்றி நடந்து வந்தது. நடை பாதை அகலமாகவும் மலையில் இருந்து புதிதாக வெட்டப்பட்டதாக வும் இருந்தது. விரைவில் ஒரு கான்கிரீட் சாலையை அமைப்பதாகத் திட்டங்கள் இருப்பதாகச் சொன்னார் அஹான். இந்தத் திட்டம், இரு நாடுகளுக்கும் இடையேயான எல்லையோர வர்த்தகத்தைப் பெருக்கும் திட்டத்துடன் இணைக்கப்படலாம். ஆனால், இந்த உள்ளூர்க்காரர்கள் எதை விற்பார்கள்? எதை வாங்குவார்கள்? அவர்கள் கிட்டத்தட்ட தன்னிறைவு பெற்றவர்களாகத் திகழ்வதால், அரிசி, உப்பு போன்ற வெகு சில பொருட்கள்தான் இருக்கின்றன. நிலைமை எப்படியிருந்தாலும், வர்த்தகத்தைப் பெருக்குவதற்குத் தேவையான சாலைகளும் உள்கட்டுமானமும் இப்பகுதிகளை வந்தடைய பல ஆண்டுகள் ஆகலாம்.

காலை 11 மணிக்கு அந்தக் கிராமம் பார்வையில்பட்டது. பறந்து செல்வதென்றால் நாங்கள் நின்றிருந்த இடத்தில் இருந்து அந்த இடத்துக்கான தூரம் இரண்டு கிலோ மீட்டர்களுக்கு மேல் இருக்காது. ஆனால், நடந்துசென்றால் அதன் தூரம் அதிகமாக இருக்கும். அது ஒரு மலையின் உச்சியில் இருந்தது. அந்தக் குடியிருப்பு மறு பக்கம் கூடத் தெரிந்திருக்கலாம். அல்லது அப்படித்தான் தெரிந்தது. நாங்கள் கடந்த வந்திருந்த முந்தைய கிராமங்களைப் போல, அந்த வீடுகள் பெரிதாக இருந்தன. அஹான், விரைவில் சென்று சேர்வதற்கு எங்கள் நடையின் வேகத்தை அதிகரிக்குமாறு கேட்டுக்கொண்டான். நாங்கள் அவ்வாறே செய்தோம். ஆனால், என்னால் கொஞ்சம்தான் வேகம் கூட்ட முடிந்தது.

அந்தப் பாதை ஊர்ந்து செல்லும் பாம்பு போல் வளைந்த ஒரு மலைப் பாதையாக மாற்றம் கண்டது. ஒரு மணி நேரம் தாமதமாகச் சென்று சேர்வோம் என்பதை உணர்ந்தோம். எங்கள் கவலையெல்லாம் வாகனத்தைப் பற்றித்தான். ஏனெனில், அது சாலையில் நீண்ட நேரம் காத்திருந்தால் சந்தேகத்தைத்தான் கிளப்பும். அஹான் எங்களுக்கு முன் சென்றுகொண்டிருந்த பையன்களைப் பார்த்துக் கத்தினான். நாங்கள் தாமதமாக வருவோம் என்று ஓட்டுனரிடம் தகவல் தெரிவிக்குமாறு அவர்களிடம் சொல்லப்பட்டது. அதன் ஓட்டுனர்

பாதுகாப்பான ஓர் இடத்துக்குச் சென்றுவிட்டு, ஒரு மணி நேரத்துக்குப் பிறகு எங்களை அழைத்துப் போவதற்காகத் திரும்பி வரவேண்டும்.

கடைசியாக, மாலை 3 மணிக்கு நாங்கள் அந்தக் கிராமத்துக்குள் காலடி எடுத்துவைத்தோம். வளைந்து செல்லும் படிக்கட்டுக்கள் வழியாக ஒரு குடிலுக்கு அழைத்துச் செல்லப்பட்டோம். அங்கே மயான அமைதி நிலவியது. யாரும் தென்படவில்லை. அங்கே வசிப்பவர்களுக்கு நல்ல வருமானம் இருந்தது என்பதற்கு அறிகுறியாக பிற கிராமங்களில் உள்ளதைக் காட்டிலும் அதிகமான டிஷ் டிவி ஆண்டெனாக்கள் இருந்தன. சில குடிசைகளுக்கு மரக் கட்டைகளால், கம்பங்களால் முட்டுக் கொடுக்கப்பட்ட டின் ஷீட் கூரைகள் இருந்தன என்பதில் ஆச்சர்யப்பட ஒன்றுமில்லை. நாங்கள் அமர்ந்திருந்த இடத்தில் இருந்து நூறு மீட்டர் தூரத்தில் மலையில் மோட்டார் வாகனங்கள் செல்லத் தகுதியான ஒரு சாலை தென்பட்டது. ஆனால், வாகனம் வந்த பாடில்லை.

எங்கள் குழுவைச் சேர்ந்த பையன்களில் ஒருவன் இன்னும் சாலையில் நின்று கொண்டிருந்தான். நாங்கள் உட்கார்ந்திருந்த குடிலில் இருந்து அஸ்ஸாம் ரைஃபில்ஸ் படையினரின் அலுவலகம் தெரிந்தாலும், அங்கே அந்தப் படை வீரர்களும் இல்லை. இன்னும் நன்றாகப் பார்க்க விரும்பினேன். ஆனால், வீட்டுக்கு வெளியே உயர் மட்டத்தில் இருந்த மரங்கள் என் பார்வையைத் தடை செய்தன. அவர்கள் சிலர் கீழே இறங்கி எங்களைப் பார்த்தால் என்ன நடக்கும்? அவர்கள் அப்படிச் செய்யமாட்டார்கள். ஏனெனில், நாங்கள் இன்னும் மியான்மரில் இருந்தோம். ஆனால், அவர்கள் அண்டை நாட்டுக்குள் நுழைவது பற்றி செய்திகள் உண்டு. சாலையில் நின்று கொண்டிருக்கும் பையன் எங்களுக்கு எச்சரிக்கை தருவதற்காக நின்று கொண்டிருந்தான். அவனுடைய சமிக்ஞை கிடைத்தால் நாங்கள் எங்கேயாவது ஒளிந்து கொள்ளப் போதுமான நேரம் கிடைக்கும்.

ஒரு மரக் கம்பத்தில் சாய்ந்து கண்களை மூடி, நாங்கள் சாதித்து முடித்த அந்தப் பயணம் பற்றி யோசித்தேன். நான் புதிதாக ஏதேனும் கற்றுக் கொண்டேனா? இதிலிருந்து நான் பின்பற்ற வேண்டிய பாடங்கள் இருக்கின்றனவா? ஆம், ஒரு சில இருக்கின்றன.

முதல் பாடம், சந்தோஷம் என்பது தேவைகளுக்கு எதிர்விகிதத்தில் உள்ளது. வாழ்க்கையின் நிதர்சனங்களை ஏற்றுக்கொள்ளும் தகுதிக்கு நேர் விகிதத்தில் உள்ளது. தேவை அதிகமானால், மகிழ்ச்சி குறையும். இது, கிழக்கு நாகாலாந்து மக்களின் வாழ்க்கை முறையில் இருந்து புலப்பட்டது. அவர்கள் சித்ரவதைக்கு உள்ளாக்கப்பட்டார்கள். துன்புறுத்தப்பட்டார்கள். ஆனால், ஒவ்வொரு முறையும் அவர்கள் தங்கள் வாழ்வை மீட்டெடுக்கும் உத்வேகத்துடன் எழுந்தனர்.

அவர்களது தினசரி வாழ்க்கையும், மனித உடலைப் பற்றியிருக்கும் பல வியாதிகளுக்குக் கடும் உழைப்பும் வெந்த உணவும் மருந்து என்பதை நிரூபித்தன. குண்டாக அல்லது மதமதவென்று இருக்கும் எந்த ஒரு நாகாலாந்துக்காரரையும் சந்தித்ததாக எனக்கு ஞாபகம் இல்லை. கஞ்சாவுக்கு அடிமையானவர்கள்கூட உயிர்த் துடிப்புடன் இருந்தார்கள். வேகமாக நடந்தார்கள், எங்களால் சுமக்க முடிந்ததை விட அதிகப் பளுவான சுமைகளை, பொறாமைப்படும்படியான லாகவத்துடன் தூக்கிச் சுமந்தார்கள்.

தத்துவ ஞானிகள், சமூக விஞ்ஞானிகள் சொல்வது போல் மாற்றம் என்பதும் தவிர்க்க இயலாதது. சில நேரங்களில் அவர்கள் தூண்டப் படுகிறார்கள். மற்ற நேரங்களில் அவர்களது முயற்சியின்றி அவை தாமே நடக்கின்றன. இந்தப் பகுதியில் உள்ள மாறுதல் இரண்டும் சேர்ந்தால் ஏற்பட்ட விளைவாகும். இனி வரும் காலங்களில் மாபெரும் மாற்றங்கள் நடக்கத்தான் போகின்றன. பல தேசங்கள் மியான்மரை நெருங்க போட்டியிடும் நிலையில், இந்தப் பகுதி, வெகு விரைவிலேயே உலகுக்குத் திறந்து விடப்பட்டு, அதன் இயற்கை வளங்கள், மீளா பின்விளைவுகளுடன் சுரண்டப்பட்டு விடும்.

மிக முக்கியமாக, நம்பிக்கையும் நேர்மறைச் சிந்தனையும் தொழிற் முறை வாழ்க்கையில் மட்டுமின்றி மற்ற அனைத்துத் துறைகளிலுமே கூட வெற்றியின் திறவுகோல்களாக விளங்குகின்றன எங்கள் பயணத்ினூடே, நாங்கள் மனம் முடங்கி, நிச்சயமற்று நின்ற சமயங்கள் உண்டு. குறிப்பாக, நாங்கள் நடைப் பயணத்தைத் தொடங்கி இரண்டே நாட்கள் ஆன நிலையில் ஒரு கிராமத்தில் ராணுவத்தால் முடக்கிவைக்கப்படபோது மனம் சேர்ந்து போனேன். ஆனால் நாங்கள் முன்னேறிச் சென்று தடைகளைத் தாண்டி வெற்றியுடன் திரும்புவோம் என்று ஏதோ ஒன்று என்னிடம் சொல்லியபடியே இருந்தது.

என் கட்டுரைகள் - புகைப்படங்களுடன், எங்கள் செய்தியேட்டிலும் இதர நாளேடுகளிலும் பிரசுரிக்கப்படுவதை நினைத்துப் பார்க்கத் தொடங்கினேன். நான் வீடு திரும்பிய பிறகு எனக்குக் கிடைக்க விருக்கும் பாராட்டுகளைப் பற்றியும் கற்பனை செய்யத் தொடங்கினேன். எண்ணங்களே ஊக்க மருந்து; அவை ஒருவரின் வார்த்தைகளிலும், செயல்களிலும் பிரதிபலிக்கும் என்றால், எந்தக் கனவும் நனவாகும் என்று படித்திருந்தேன். பிரசுரிக்கப்படவிருக்கும் செய்திக் கட்டுரைகள், பேட்டிகள், இந்தப் பயணக் கட்டுரை பற்றி உல்ஃபா முகாமில் இருந்து நாங்கள் புறப்படுவதற்கு முன்பு என்னுடைய முகாம்வாசி களிடம் சொல்வேன். ஆனால், இப்போது, பாதுகாப்பாக எல்லை

தாண்டி, குளிரூட்டப்பட்ட கோல்டன் ஈகிள் பீர் புட்டியுடன் துலியஜானுக்கு ஒரு காரில் ஏறிச் செல்வது குறித்தே நான் கற்பனை செய்ய முடியும்.

•

ஒரு மணி நேரத்துக்குப் பின், சாலையில் நின்று கொண்டிருந்த பையன், எங்களை ஏற்றிச் செல்வதற்கு ஜீப் வந்துவிட்டது என்பதைத் தெரிவிப்பதற்காக ஓட்டமாக ஓடி வந்தான். என் இதயம் வேகமாக அடித்துக் கொண்டது. நான் சாலையைக் கவனித்தேன். அந்த வாகனத்தைப் பார்க்க முடியவில்லை. ஏனெனில், அது ஒரு சில மீட்டர்களுக்கு அப்பால் நிறுத்தி வைக்கப்பட்டிருந்தது. அடுத்து, எல்லாம் சரியாக இருக்கிறதா என்பதைக் கவனிப்பதற்காக அஸ்ஸாம் ரைஃபில்ஸ் படை முகாமைப் பார்வையிட்டேன். நான் இன்னும் சாலைவரை நடந்து செல்லத் தயங்கினேன். ஆனால், எங்கள் பைகள் ஏற்கனவே, ஜீப்பில் ஏற்றப்பட்டிருந்தன. பிரதீப்பும் படிக்கட்டுக்களில் ஏறத் தொடங்கினார். இழப்பதற்கு இனி நேரம் இல்லை. ஆகவே அங்கிருந்தவர்களுடன் கை குலுக்கி விட்டு வாகனத்துக்கு ஓடினேன்.

அந்த ஓட்டுநரிடம், துலியஜானுக்குச் சேர்வதற்கு எங்களுக்கு ஒரு டாக்ஸி பார்த்துத் தருமாறு சொல்லப்பட்டிருந்தது. நாங்கள் பக்கத்தில் இருந்த நகரத்துக்கு அந்த நெடுஞ்சாலை வழியே விரைந்தோம்.

பிரதீப்பும் நானும் ஒருவருக்கொருவர் பாராட்டிக் கொண்டோம். ‘கடைசியாக நாம் சாதித்துவிட்டோம். வேட்டைக்காரன் வீடு திரும்பினான், மலையில் இருந்து. மாலுமி வீடு திரும்பினான் கடலில் இருந்து… நமக்கு த்ரீ சியர்ஸ்’ என்றான்.

நான், ‘பத்திரிகையாளர்கள் பயணம் முடிந்து வீடு திரும்பினார்’ என்றேன்.

‘மொத்தமாக எவ்வளவு நாட்கள் ஆனது?’ இன்று ஜனவரி 30, 2012. மிகச் சரியாக மூன்று மாதங்கள் இருபது நாட்கள்.

கடைசி முறையாக நான் கிழக்கு நாகாலாந்தை மரியாதையோடும் நன்றியோடும் பார்த்தேன். நாங்கள் என்றேனும் ஒருநாள் திரும்பி வரலாம். இந்த சாகசமும் மாசற்ற இயற்கை எழிலும் எங்களை வசீகரிப்பவையாக இருந்தன. இவற்றில் எதையும் இழக்க நாங்கள் விரும்பவில்லை. எங்கள் பாதையில் ஒரு வளைவுக்குப் பின், நீல மலைகள் மறைந்து போயின.

மீண்டும்
ஆச்சரியங்களுக்கான பாதை

அருணாச்சலப் பிரதேசத்தில் உள்ள ஒரு உல்ஃபா போராளியிடமிருந்து அலைபேசியில் தகவல் கிடைத்த பின் ஆறு நாட்களுக்குப் பிறகு துலியஜானில் என் கருவிகளைப் பெற்றுக்கொண்டேன். கடைசியாக பிப்ரவரி 8, 2012 அன்று குவஹாத்தியில் உள்ள என் வீட்டை அடைந்தேன். வீட்டிலும் வேறு இடங்களிலும், ஒவ்வொருவரும் எனக்காகக் காத்திருந்தனர். தாடியுடன் எடை மிகவும் குறைந்து, என் தோற்றம் மாறிப் போயிருந்தது. நான் சந்தித்தவர்களிடமெல்லாம், முழுக் கதையையும் சொல்லி, புகைப்படங்களைக் காண்பித்து, நாங்கள் சிறை வைக்கப்பட்ட பொய்யான செய்தி குறித்த கேள்விக்கணைகளுக்குப் பதில் சொன்னேன்.

பிரதீப் தொலைக்காட்சியினருக்குப் பேட்டி கொடுத்தார். அதற்கடுத்த நாள் என் கட்டுரைத் தொடர் செவன் சிஸ்டர்ஸ் போஸ்ட் பத்திரிகையிலும் ஏனைய சில உள்ளூர் மொழிப் பத்திரிகைகளிலும் வெளியானது. நாங்கள் மீண்டும் கொஞ்ச காலத்துக்குத் தொலைக்காட்சித் திரைகளில் தோன்றினோம். கிழக்கு நாகாலாந்தில் பரூவாவுடன் இருக்கும் போராளிகளின் எண்ணிக்கை குறித்து நான் அளித்த மதிப்பீட்டுக்கு எதிர்வினைகள் வெவ்வேறு பகுதிகளில் இருந்து வந்து குவியத் தொடங்கின. சிலர் இதைத் தவறானது என்று சொல்ல, வேறு சிலர் 'தலைவரால் தனது பலத்தை நிரூபிக்க எங்கள் முன்பு நடத்தப்பட்ட ஒரு நாடகம்' என்று அதைக் குறிப்பிட்டார்கள். இன்னும் சிலர் இந்தத் தலைமறைவு இயக்கத்துக்குச் சாதகமான ஒரு பிம்பத்தை உருவாக்கவும் சேர்மன் ராஜ்கோவா தலைமையிலான குழுவுக்கும் அரசாங்கத்துக்கும் இடையில் நடைபெற்று வரும் பேச்சு

வார்த்தைகளை தடுக்கவும் மட்டுமே நாங்கள் இந்த நெடும் பயணத்தை மேற்கொண்டதாகச் சொன்னார்கள்.

கிழக்குச் சரகத்தில் புதிய போராளிகள் வந்து சேர்வதையும் அவர்கள் பயிற்சி பெறுவதையும் மறுக்க முடியாது. அவர்களின் எண்ணிக்கை யில் வேண்டுமானால் வேறுபாடு இருக்கலாம். இந்தப் பகுதியில் இதர போராளிக் குழுக்களின் முகாம்கள் சேதமின்றி இருப்பதைப்போல உல்ஃபா முகாம்களும் இருக்கின்றன. காப்லாங்கின் குழுவுக்கும் மியான்மர் ராணுவத்துக்கும் இடையில் புரிந்துணர்வு இருப்பதாக பல காலமாக சந்தேகப்படும் நிலையில் காப்லாங் அதை உறுதிப்படுத்தி யிருக்கிறார். அவர் இன்னும் பல திட்டங்களை வைத்திருப்பதாகவும் தெரிந்தது. அவற்றை எங்களிடம் சொல்லவில்லை.

ஏப்ரல் 9,2012 அன்று நாங்கள் திரும்பி வந்து இரண்டு மாதங்களுக்குப் பின், என்.என்.சி.என்.(கே) மியான்மர் ராணுவத்துடன் எழுத்துபூர்வ மான உடன்படிக்கை ஒன்றை செய்து கொண்டது. இரு தரப்புக்கும் இடையிலான போர் நிறுத்த ஒப்பந்தத்தை முறையாகப் பதிவு செய்தது இந்நிகழ்வு. இந்த உடன்படிக்கையில் கையெழுத்திட்ட அறுவரில் ஒருவரான இந்தியாவைச் சேர்ந்த ஒரு மூத்த தலைவர், அரசாங்கத்தால் கிழக்கு நாகாலாந்தில் உள்ள லாஹே, லய்சே மற்றும் நான்யாங் போன்ற பகுதிகளுக்கு தன்னாட்சி வழங்கப்பட்டிருப்பதாகக் கூறியதாக ஊடகங்கள் தெரிவித்தன.

காப்லாங்கும், தனக்கு எதிரணியான கோலே கோன்யாக் மற்றும் என். கிட்டோவி ழிமோமி தலைமையில் செயல்படும் பிரிவு இந்திய அரசாங்கத்துடன் இது போன்ற உடன்படிக்கை செய்து கொண்டதைத் தொடர்ந்து புது தில்லிக்கு ஒரு தூதுக் குழுவை அனுப்பி வைத்தார். பின்னர், அந்த நாகாலாந்தினர் தலைவர், நாகாலாந்தில் உள்ள பல்வேறு தீவிரவாதக் குழுக்களிடையே ஒற்றுமையை ஏற்படுத்துவதை நோக்கமாகக் கொண்ட ஒரு மாநாட்டில் பங்கேற்க, தாய்லாந்துக்குப் பிரதிநிதிகளை அனுப்பிவைத்தார். அதற்கு முன்பாக, அவரது எதிரிகள், ஒற்றுமை ஏற்படுத்த எடுக்கப்படும் முயற்சிகளுக்கு அவர் எதிராக இருப்பதாகக் குற்றஞ்சாட்டினார்கள்.

ஆக, இந்திய-மியான்மர் அரசுகளுடன் பேச்சுவார்த்தை நடத்த காப்லாங் தயாராக இருக்கிறாரா? அது இறையாண்மை பெறுவதை விட்டுக் கொடுப்பதாக ஆகும் என்பதால் தான் எதிர்ப்பதாக அவர் சொன்னார். அவரது உண்மையான நோக்கங்களைக் கணிக்க இப்போது காலம் கனியவில்லை என்று தோன்றுகிறது. ஆனால், இந்த உடன்படிக்கை களின், பின்னுள்ள காரணம் இரு தரப்பிலும் மோதல்களையும், ராணுவ நடவடிக்கைகளைத் தவிர்ப்பதற்குத்தான் என்று தோன்றுகிறது.

அரசுடன் முறையான ஓர் உடன்படிக்கை இல்லாத நிலையில் வரிவசூல் மற்றும் போராளிகள் சுதந்தரமாக நடமாடுவது வெகுவாக பாதிக்கப்பட்டிருக்கிறது. இது போன்ற சமாதானம் பேச்சுவார்த்தை களில் நேரும் மாமூலான தாமதத்தைக் கணக்கில் எடுத்துக் கொண்டால், இந்த புது தில்லியுடனான இந்த உடன்படிக்கை என்.என்.சி.என்.(கே)வுக்கு இடைக்கால நிவாரணமாக அமையும். என்.என்.சி.என்.(ஐ.எம்.) பிரிவோடு பேச்சுவார்த்தை நடந்து வருவதால், அந்த அமைப்பு காப்லாங்கைச் சேர்த்துக்கொண்டால் அதிருப்தியடையும் என்பதால், அரசு உடனடியாக காப்லாங்குடன் பேச்சுவார்த்தையில் ஈடுபடாது. மியான்மரைத் தளமாகக் கொண்ட காப்லாங்குக்கு அரசால் முன்னுரிமை அளிக்கப்பட்டால், கோலே-கிட்டோவி பிரிவும் கோபமடையலாம்.

என்.என்.சி.என்.(கே)வுடன் சமாதானத்தைத் தொடர்வதற்கு நய்பிடாவும் விரும்பும் என்பதால் நய்பிடாவிலிருந்து உடனடியான ஆபத்து எதுவும் இல்லை. ஆனால், நய்பிடாவ், போராளிகளுக்கு எதிரான நடவடிக்கைகளை எடுக்க இந்தியாவிலிருந்து வரும் அதிகரித்து வரும் அழுத்தத்தை சமாளிக்கும்விதத்தைப் பொறுத்தே எல்லாம் இருக்கும். அக்டோபர் 2011ல் மியான்மர் அதிபர் யூ தேயின் செய்ன் புது தில்லியில் வந்திறங்க, அதற்குப் பதிலாக 2012ல் பிரதமர் மன்மோகன்சிங் மியான்மருக்கு வந்து போன பிறகு, இந்த இரு அண்டை நாடுகளுக்கும் இடையிலான உறவுகளில் நெருக்கம் கூடியிருக்கிறது.

பொதுவாக, இந்தியக் குடியரசுத் தலைவரைச் சந்திக்கும் வாய்ப்பு பிற நாட்டு பிரதமர், அதிபர் ஆகியோருக்கு மட்டுமே அளிக்கப்படும். என்றாலும், ராணுவத் தலைமைத் தளபதி ஜெனரல் மின் ஆங் ஹ்லாங்க்குக்கும் அந்த கௌரவம் அளிக்கப்பட்டது. மேலும், இந்தியா காப்லாங்கின் கட்டுப்பாட்டில் உள்ள பகுதிகளோடு இணைந்த மியான்மரின் சகெய்ங் சப் டிவிஷனில் உள்ள பள்ளிகள் மற்றும் மருத்துவமனைகளுக்கு 25 மில்லியன் டாலர்கள் ஒதுக்கியது.

போராளி முகாம்களின் மேல் மியான்மர் நடவடிக்கை எடுக்கிறதோ இல்லையோ, புது தில்லி மியான்மருடனான நட்புறவைத் தொடர வேண்டிய கட்டாயத்தில் இருக்கிறது. இந்தியாவின் விரிவடைந்து வரும் பொருளாதாரத்துக்கு மியான்மரின் மாபெரும் எரிவாயு மற்றும் எண்ணெய் வளம் மிகவும் அவசியம். தென்கிழக்கு ஆசியாவில் நெருங்கிய உறவுகளை ஏற்படுத்தும் நோக்கம் கொண்ட 'லுக் ஈஸ்ட்' கொள்கை வெற்றி பெற, மியான்மர் அளிக்கும் ஒத்துழைப்பு மிகவும் அவசியம். அனைத்துக்கும் மேல், நாம் மியான்மருடன் நட்புறவை வளர்ப்பது அங்கு சீனாவின் செயல்பாடுகளைக் கட்டுப்படுத்தப் பெரிதும் உதவும்.

•

கிளர்ச்சியாளர்கள் பூமியில் இருந்து நான் கிளம்பி வந்து ஒரு ஆண்டுக்குப் பிறகு 2013ம் ஆண்டுத் தொடக்கத்தில் மணிப்பூரைச் சேர்ந்த காங்க் லெய்பாக் ஐக்கிய மக்கள் கட்சி (யூ.பி.பி.கே) மியான்மரில் உள்ள அதன் தளத்தில் இருந்து வெளியேற்றப்பட்டதைத் தொடர்ந்து வடகிழக்கு பிரிவினைவாதக் குழுக்களிடையேயான உற்சாகம் பாதிப்புக்குள்ளானது. ஒரு சில மாதங்களுக்குப் பின் அது மணிப்பூர் அரசின் போர் நிறுத்த ஒப்பந்தத்தில் கையெழுத்திட்டது. இந்தக் குழு 2010ல் இதே மாநிலத்தில் உள்ள ஆறு அமைப்புகளின் ஒருங்கிணைப்புக் குழுவிலும் (கோர் கமி) இடம் பெற்று இருந்தது. இந்த முடிவுக்கான காரணங்களைப் பற்றிக் கூறுகையில் கோர்காம் ஊடக ஒருங்கிணைப்பாளர் எச். பொய்ரெய் கடந்த பல மாதங்களாக தலைவர் லாங்கம்பா உள்ளிட்ட யூ.பி.பி.கே.வின் மூத்த நிர்வாகிகள் கூட்டங்களுக்கு வருவதில்லை என்று தெரிவித்தார்.

அமைப்புக்குள் நிலவிய பூசலும் இந்தக் குழுவைப் பாதித்தது. கமிட்டி உறுப்பினராக இருப்பதற்குத் தகுதியற்றதாக ஆக்கிவிட்டது. இந்தச் சம்பவம் கூட்டணியில் ஒரு மாபெரும் இடைவெளியே உண்டாக்கி விட்டது. எதிர்காலத் திட்டங்கள் மற்றும் முகாம்களின் இருப்பிடம் பற்றிய தகவல்கள் விரைவில் உளவுத் துறையிடம் போய்ச்சேர்ந்து விடும் என்ற அபாயம்தான் அதற்குக் காரணம்.

அமையவிருக்கும் கூட்டணி, வடகிழக்குப் பிராந்தியத்தில் உள்ள இதர மாநிலக் குழுக்களையும் சேர்த்துக்கொள்ள இயலுமா என்பதுவும் இன்னும் நிச்சயமாகத் தெரியாமல் உள்ளது. பாதுகாப்புப் படையினரின் தொடர்ச்சியான தீவிரவாதத் தடுப்பு நடவடிக்கைகளின் காரணமாக இரட்டை மாநிலங்களான திரிபுரா மற்றும் மேகாலயாவில் உள்ள குழுக்கள் தொடர்ந்து பின்வாங்கி வருகின்றன. அருணாச்சலப் பிரதேசத்தில் உதயமான ஒரு புதிய அமைப்பு, கூட்டமைப்பில் இருந்ததாக பரூவா சொன்னார். 2012ல், அருணாச்சலப் பிரதேசத்தில் சுமோனா முங்லாங் என்பவர் தலைமையில் ஐக்கிய மக்கள் ஜனநாயக முன்னணி (ய.பி.பி.எஃப்.) என்ற பெயரில் ஒரு புதிய அமைப்பு உருவாகி இருப்பதையும், அந்தச் சுமோனா முங்லாங் தலைமறைவு தாதா தாவூத் இப்ராஹிமுக்காக மும்பையில் வேலை பார்த்ததாகச் சொல்லப்படுவதையும் காவல்துறை அம்பலப்படுத்தியது. அதிகாரிகள் சொன்னதுபோல, அந்த அமைப்பின் நோக்கம் அந்த மாநிலத்தின் இறையாண்மைக்காகப் போராடுவதாக அல்லாமல் அந்த எல்லைப்புற மாநிலத்தில் ஒரு தன்னாட்சி மாவட்டக் கவுன்சிலை உருவாக்குவதாக இருந்தது.

உல்ஃபாவின் மாபெரும் தோல்வி எதுவென்றால், இருபது ஆண்டுகளுக்கும் மேலாக அவ்வமைப்பில் இருந்த பிஜோய்,

'சைனீஸ்' தாஸ் பிப்ரவரி 2013ல் பொது வாழ்க்கைக்குத் திரும்ப முடிவெடுத்ததுதான். நாங்கள் கிட்டத்தட்ட மூன்று வாரங்கள் அவருடன் முகாமில் கழித்ததோடு, அவரோடு நன்கு பழகியிருந்தோம். சமரசத்துக்கு இடமில்லாத ஒரு தீவிரவாதியாக பரூவாவின் நம்பிக்கையைப் பெற்றிருந்ததோடு பல பயங்கரமான நடவடிக்கைகளில் பங்கேற்ற அனுபவசாலியாகவே இருந்தார். அவருக்கு மேலை அஸ்ஸாமை உள்ளடக்கிய முக்கியமான கிழக்குப் பிராந்தியத்தின் 'மேஜராக' பதவி உயர்வு அளிக்கப்பட்டிருந்தது. புதிய மத்தியக் குழுவிலும் உறுப்பினராக நியமிக்கப்பட்டிருந்தார். அவர் ஏன் அந்தத் தீவிரவாதக் குழுவைக் கை கழுவினார் என்பதற்கான உண்மைக் காரணம் இன்னும் புதிராகவே இருக்கிறது.

பின்னர், ஜனவரி 2015-ல் உல்ஃபாவின் மத்திய நிர்வாகக் குழுவின் மூத்த நிர்வாகிகளில் ஒருவரான பார்த்தா கோகய், உயர் மட்டத் தலைமையின் ஆணைப்படி சுட்டுக் கொல்லப்பட்டார். அவர் தனது தலைமையிலான ஒரு குழுவில் உள்ள ஒரு சில போராளிகளைச் சரணடைய வைக்க முயற்சி செய்து வந்தார் என்பதும் இயக்கத்தின் பெயரால் வழிப்பறி செய்யப்பட்ட பணத்தைக் கையாடல் செய்ய முயற்சித்து வந்தார் என்பதுவும் அவரது பேரிலான குற்றச்சாட்டு. இந்த நூலாசிரியரால் நடத்தப்பட்ட புலனாய்வு, அவர் தலைவர் அரபிந்த ராஜ்கோவா தலைமையிலான அமைதி நடவடிக்கைகளில் இணையும் நோக்கில் பொது வாழ்க்கைக்குத் திரும்புவது பற்றி ஒரு மூத்த காவல் துறை அதிகாரியிடம் பேசிக் கொண்டிருந்ததாகத் தெரிவித்தது. மேலும் கோகய், உல்ஃபாவின் தகவல் தொடர்பு, வடக்கு மியான்மர் மற்றும் சீனாவில் அதன் செயல்பாடுகள் முழுவதையும் அறிந்திருந்த வெகு சிலரில் ஒருவராக இருந்தார்.

அவர் பொது வாழ்க்கைக்கு வந்துவிட்ட மறு வினாடியிலேயே, உளவுத் துறை அவரிடமிருந்து எல்லாவற்றையும் கறந்துவிடும். அப்படித் தகவல்கள் உளவுத் துறை வசமாவது பரூவாவுக்கும் அந்தப் பகுதியில் அவர் வைத்துள்ள திட்டங்களுக்கும் ஆபத்தாக முடியும். எனவே, அவர் மறுபக்கம் கடந்து போவதை தடுப்பது அவசியமாக இருந்தது. இந்நிகழ்வுகள், உல்ஃபாவில் உள்ள போராளிகளின் உத்வேகத்தின் மீது மாபெரும் கேள்விக் குறியொன்றை வைக்கின்றன.

வடகிழக்குப் பிராந்தியத்தில் பிரிவினைவாதம் முதல் கொள்ளையடிப்பதுவரை விதவிதமான கொள்கைகள் கொண்ட எண்ணற்ற குழுக்கள் தொடர்ந்து இயங்கி வருகின்றன. கடந்த சில வருடங்கள் தீவிரவாதம் தொடர்பான சம்பவங்கள் கணிசமான வீழ்ச்சியைச் சந்தித்திருக்கின்றன. பல பகுதிகளில் தீவிரவாதக் குழுக்கள் மட்டும்

தான் செத்து மடிந்தனவே தவிர, தீவிரவாதம் அல்ல. தொடர்ந்த இடைவெளிகளில் புதிய குழுக்கள் உருவாகும் அஸ்ஸாமின் மலை மாவட்டங்களான கர்பி அங்க்லாங் மற்றும் தியாஹனவ் பகுதிகளே இதற்குப் பொருத்தமான உதாரணங்கள். தீவிரவாதத்தை ஊக்குவிக்கும் காரணிகள் தொடர்ந்து நிலவுவது நிச்சயமாகத் தெரிகிறது. போர் நிறுத்த ஒப்பந்தங்கள், பேச்சு வார்த்தை, உடன்பாடு போன்றவற்றில் கவனம் செலுத்தும் அரசின் யுக்தி புதிய முறையில் பரிசீலிக்கப்பட வேண்டும். அரசின் அணுகுமுறையில் குறைகள் இருந்தாலும், அதற்கு வரையறையற்ற வளங்கள் என்ற சாதகமான அம்சம் இருக்கிறது. அது, இந்த இயக்கங்களை எதிர்த்து போரிட்டுக் கொண்டே இருக்கலாம். தீவிரவாத இயக்கங்களைப் பொறுத்தவரை, கொஞ்ச காலத்துக்குப் பிறகு களைப்பு ஏற்படும். மிகுந்த கொள்கைப் பிடிப்புள்ளவர்கள் மட்டுமே காடுகளில் உள்ள கடுமையான வாழ்வைத் தொடர்வார்கள். சாதாரண மனிதர்கள், எப்போது முடியும் என்றே தெரியாமல், பாதுகாப்புப் படைகள் நிகழ்த்தும் கொடுமையையும், மன வருத்தத்தையும் தாங்க முடியாது என்பதால் இந்தத் தீவிரவாத இயக்கங்களின் ஆதரவுத் தளம் குறைந்து கொண்டே வருகிறது.

உல்ஃபா இயக்கத்துக்குப் புதிதாக நியமிக்கப்பட்ட செயல் தலைவர் டாக்டர் அவிஜித் அசோம் இந்திய ஆயுதப் படைகளை ராணுவ ரீதியில் தோற்கடிக்க வாய்ப்பில்லையென ஒரு மின்னஞ்சல் மூலமான நேர்காணலின் தெரிவித்திருந்தார். நடைமுறை யதார்த்தத்தை உல்ஃபா சொன்னதாகக்கூட அதை எடுத்துக்கொள்ளலாம். ஆக, இப்போது உல்ஃபா தனது குறிக்கோள்களை நிறைவேற்ற வேறு ஒரு யுக்தியைப் பயன்படுத்துகிறதா? அதே நேர்காணலில், இந்தியா சீனாவுடன், 'ஒரு வரையறைக்குட்பட்ட போர்' ஒன்றில் ஈடுபடும் என்றும் எப்போது அது நடக்குமோ, அந்தநேரமே அஸ்ஸாமை இந்தியாவை விட்டு விரட்டப் பொன்னான நேரம் என்றும் கூறினார். தலைமைத் தளபதி பரூவாவும், தனிப்பட்ட முறையிலான ஒரு உரையாடலின்போது இவ்விரு அண்டை நாடுகளுக்கும் இடையிலான ஒரு போரைத் தூண்டிவிட அமெரிக்கா மேற்கொள்ளவிருக்கும் திரைமறைவுப் பணியைப் பற்றிக் குறிப்பிட்டார். கிழக்கு நாகாலாந்தைச் சேர்ந்த இதர குழுக்களின் உயர்மட்டத் தலைவர்களும்கூட இந்தியாவும் சீனாவும், பலப்பரீட்சையில் ஈடுபடுவதற்கான காலத்தை நோக்கி நெருங்கி வருவதாகவும், ஒரு சில ஆண்டுகளில் அது ஒரு போராக மாறும் என்றும் கருதுகின்றன.

அவ்வப்போது நிகழும் நெருக்கடிகளையும் மீறி இவ்விரண்டு அண்டை நாடுகளுக்கிடையேயான இன்னும் போர் வெடிக்க வில்லை. ஆனால், பிரிவினைவாதிகள் தாங்கள் சுட்டிக்காட்டியது

போல, தங்கள் போராட்டத்தைத் தீவிரப்படுத்தினார்கள். மே-ஜூன் 2015-ல் இந்திய ராணுவம் மற்றும் அஸ்ஸாம் ரைஃபில்ஸ் படைகளைச் சார்ந்த இருபத்தியாறு படை வீரர்கள் கொல்லப்பட்டதோடு, என்.என்.சி.என்.(கே), கே.ஒய்.கே.எல். மற்றும் கே.சி.பி. இயக்கத்தினரால் நிகழ்த்தப்பட்ட இரண்டு திடீர்த் தாக்குதல்களில் இன்னும் பலர் காயமுற்றனர்.

முதலில், என்.என்.சி.என்.(கே) அமைப்புதான் 2001ல் இந்திய அரசாங்கத்துடன் கையெழுத்திட்ட போர் நிறுத்த ஒப்பந்தத்தில் இருந்து விலகிக்கொண்டது. இந்நாகாலாந்தினர் தலைவர் (காப்லாங்), நய்பிடாவிடம் தோழமை பாராட்டி இந்திய அரசாங்கத்திடம் இருந்து விலகி இருப்பதால் பெருமளவு நன்மைகள் இருப்பதைக் கண்டார். எல்லாரும் நினைப்பதற்கு மாறாக, போர் நிறுத்தத்தை முடிவுக்குக் கொண்டு வருவதற்கு தலைவர் எடுத்த முடிவு திடீரென்று எடுக்கப் பட்டதல்ல. அது இரு ஆண்டுகளுக்கும் முன்பு, தீர்மானிக்கப்பட்ட ஒரு புத்திசாலித்தனமான யுக்தியின் வெளிப்பாடு ஆகும். இந்த ஒப்பந்தத்தை ரத்து செய்ததன் மூலம், என்.என்.சி.என்.(கே) மியான்மர் அரசுக்கு ஆதரவான தனது விசுவாசத்தையும் வடகிழக்குப் பிராந்தியத்தில் உள்ள பிரிவினைவாதக் குழுக்களுக்கான தனது கடமைப் பொறுப்பையும் வெளிக்காட்டிக் கொண்டது.

இரண்டாவதாக, என்.என்.சி.என்.(கே) போர் நிறுத்தத்தை முடிவுக்குக் கொண்டு வருவதாக அறிவித்த அதே சமயத்தில் பேச்சு வார்த்தை களுக்கு எதிரான உல்ஃபா பிரிவுகள், என்.டி.எஃப்.பி. மற்றும் ஒரு காலத்தில் வடக்கு வங்காளத்தில் தீவிரமாகச் செயல்பட்ட காமத்பூர் விடுதலை அமைப்பு என்ற குழு மற்றும் என்.என்.சி.என்.(கே) உள்ளிட்ட நான்கு குழுக்கள் சேர்ந்த மேற்கு தென் கிழக்காசிய ஐக்கிய தேசிய விடுதலை முன்னணி (யூ.என்.எல்.எப்.டபிள்யூ.எஸ்.இ.ஏ.) என்ற ஒரு கூட்டணி உதயமானது.

மியான்மரில் நான் போயிருந்த அதே இடத்தில், மாநாட்டில் கலந்து கொள்ளும் குழுக்களில் கிட்டத்தட்ட அனைத்துக் குழுக்களின் மூத்த தலைவர்களுடன் தொடர்ச்சியான சந்திப்புகள் நிகழ்த்தப்பட்டன. மேலும், அந்த ஆண்டு இறுதிக்குள் நாடு கடந்த அரசாங்கம் ஒன்றை அமைப்பது என்பது பற்றியும், அந்த அரசாங்கம் சர்வதேச அரங்கில், போராட்டத்துக்கு ஆதரவு கோருவதை மையமாகக் கொண்டு செயல்படும் என்றும் தீர்மானிக்கப்பட்டது. சுவாரஸியமான விதத்தில், இந்த அமைப்புகளுக்கு மிக அருகில் முகாம்களைக் கொண்டிருந்த ஆறு மணிப்பூரிக் குழுக்கள் இந்தக் கூட்டணியில் சேராமல், 'தார்மிக ஆதரவு' அளித்ததோடு, 'பொது எதிரிகளுக்கு' எதிரான கூட்டு நடவடிக்கைகளில் பங்கெடுப்பதாக மட்டுமே தெரிவித்தன.

உயர்மட்ட நிர்வாகிகள் வாரக் கணக்கில் பேச்சு வார்த்தை நடத்தியும் சில விஷயங்களில் பொதுக் கருத்து எட்டப்படவில்லை. மணிப்பூரின் யூ.என்.எல்.எப். சிறையில் உள்ள தனது தலைவர் ராஜ்குமார் மோகன் என்ற சனா எய்மா, இந்தக் கூட்டணிக்குத் தலைவர் ஆக்கப்பட வேண்டுமெனக் கோரியது. என்.என்.சி.என்.(கே) தலைவர், எஸ்.எஸ்.காப்லாங் வயதில் மூத்தவர் மட்டுமின்றி அவரது பிரதேசத்தில் தான் வடகிழக்கில் இந்தக் குழுக்கள் தீவிரவாதம் என்ற சுடரை அணையாமல் காத்துவந்தன என்ற காரணங்களால் மணிப்பூரைச் சேராத குழுக்கள் அவரைத் தலைவராக்கக் கோரின. மியான்மரில் இருந்த மற்றொரு மணிப்பூரிக் குழுவான கே.ஒய்.கே.எல்.இன் நடத்தையும், அது என்.என்.சி.என்.(ஐ.எம்)வுடன் நெருக்கமாக இருப்பதாக வந்த செய்திகளின் அடிப்படையில் விவாதப் பொருளானது. அந்த அமைப்பு மணிப்பூரில் உள்ள முகாம்களைத் தொடர வேண்டு மென்றால், என்.என்.சி.என்.(ஐ.எம்.) குழுவுடன் உள்ள உறவுகளைக் கத்தரித்துக்கொள்ள வேண்டியதிருக்கும் என்று எச்சரிக்கப்பட்டது. மணிப்பூரிக் குழுக்கள் விரைவில் தங்கள் முடிவை மற்ற அமைப்பு களுக்குத் தெரிவிக்கவேண்டும். அதுவரை பொறுத்திருப்போம் என்று தீர்மானித்திருக்கிறார்கள். அது ஒருவகையான முட்டுக்கட்டையாக இருந்துவருகிறது.

என்.என்.சி.என்.(கே) தாட்மதாவின் நம்பிக்கைக்குரிய கூட்டாளியாக ஆனதுடன் அவர்களது உறவு மியான்மரில் உள்ள நாகாலாந்தினர் வாழ் பகுதிகளின் அரசியல் களத்தைத் தீர்மானிப்பதில் பெரும் பங்கு வகிக்கும். அவற்றுக்கிடையேயான உறவு மாற்றம் பெற்றிருப்பதை, புதிய கூட்டணி தோன்றிய பிறகு, காப்லாங் நோய்வாய்ப்பட்ட நிலையில் அவருக்கு பாங்கோனில் உள்ள ஒரு மருத்துவமனையின் சிகிச்சையளிக்க அரசாங்கம் ஏற்பாடுகள் செய்ததில் இருந்து கணிக்க முடியும். இதன் பின்னர் உயர்மட்ட அரசாங்கப் பேச்சாளரான ஆங்மின், தீவிரவாதக் குழுக்களோடு நாகாலாந்தினர் தலைவரை, மருத்துவமனை யில் சந்திக்கும் புகைப்படம் ஊடகங்களில் வெளியானது.

நய்பிடாவைப் பொறுத்தவரை, காப்லாங்கின் ஆதரவு பல காரணங்களால் மிக முக்கியமானதாகக் கருதப்பட்டது. 2012ம் ஆண்டு ஒப்பந்தம், சில நாகாலாந்தினர் கிராமங்களில் உள்ள குழந்தைகளுக்கு மியான்மர் மொழியை கற்றுக் கொடுக்க அரசாங்கத்தை அனுமதித்தது. அது அந்த நாட்டில் நாகாலாந்தினர் வாழ் பகுதியை மியான்மர் தலைமை கொண்டதாக்குவதற்கான மிதமான ஒரு தொடக்கமாகும். சில கிராமங்களில் அந்த நாட்டின் தேசியக் கொடி ஏற்றப்படுவதை, இரு ஆண்டுகளுக்கு முன்பு நினைத்தே பார்க்க முடியாது இப்போது அக்கிராமங்களில் கொடிகள் ஏற்றப்பட்டிருப்பதைக் காண முடிந்தது.

பெரும்பாலான கிராமங்களில் உள்ளூர் மக்களில் இருந்து தெரிவு செய்யப்பட்ட தன் பிரதிநிதிகளை வைத்திருக்க ராணுவம், என்.என்.சி.என்.(கே)வால் அனுமதிக்கப்பட்டிருப்பதோடு, எந்தவொரு குடியிருப்புக்கும் செல்தற்கு முன் ராணுவம் கிராமத் தலைவருக்குத் தகவல் தெரிவிக்கிறது. ஒரு முறை போராளி முகாமில் இருந்து நாங்கள் திரும்பி வந்த போது, பின்மாலைப் பொழுதில் ஒரு கிராமத்தை விட்டு அவசரமாகச் சென்று விரைவில் மியான்மர் ராணவ அதிகாரிகள் குழு ஒன்று கூட்டம் ஒன்றுக்காக வரவிருப்பதாகக் கிராமத் தலைவர் தெரிவித்த பிறகு, ஒரு ஆற்றங்கரையில் அமைந்திருந்த ஒரு மறை விடத்திற்குத் தப்பிக்க வேண்டியிருந்தது. பர்மா (ராணுவம் என்று அர்த்தம்) என்ற சொல், மக்களின் மனதில் பயத்தை விளைவித்த காலம், அந்தக் காலம். அப்போது பர்மா என்றால் சூறையாடுதல் என்றும் அழிவு என்றும் பொருள். காப்லாங்கும்கூட மியான்மர் ராணுவத்தினரின் அதிகாலைத் தாக்குதல்கள் என்ற ஆபத்தின்றி இப்போது மக்கள் நிம்மதியாகத் தூங்கமுடியும் என்று ஒத்துக் கொண்டார்.

2015 மே ஜூன் மாதங்கள் போராளிகள் நடத்திய படுகொலைக்குப் பிறகு, போராளிகளின் நடமாடும் முகாம்களுக்கெதிராக இரண்டு எல்லை தாண்டிய தாக்குதல்களை நடத்தியது இந்திய ராணுவம். பின்னர், இந்த நடவடிக்கைகளில் கொல்லப்பட்ட போராளிகளின் எண்ணிக்கை குறித்து தேசிய ஊடகங்கள் அளித்த மதிப்பீடு தவறு என்று ஆகிப் போனது. இந்த முகாம்கள் மீது நடவடிக்கை எடுக்குமாறு நய்பிடாவை (மியான்மரின் தலைநகர்) நம்ப வைக்க புதிதாக முயற்சிகள் எடுக்கப்பட்டன. ஆனால், நய்பிடாவ் தனது பகுதியில் இந்திய ராணுவம் இது போன்ற நடவடிக்கை எதையும் நடத்தவில்லை என மறுத்து உடனடியாக ஒரு அறிக்கை வெளியிட்டதோடு எதிர்காலத்தில் இது போன்ற சம்பவங்கள் நிகழக்கூடாது என எச்சரிக்கவும் செய்தது.

அதன் தொடர்ச்சியாக, இந்திய தேசிய பாதுகாப்பு ஆலோசகர் அஜீத் தோவால், நட்புறவைச் சரி செய்வதற்காக மியான்மருக்குச் சென்றதோடு, இந்தியாவுக்கு வந்த மியான்மர் ராணுவ தளபதி மின் ஆங் ஹ்லெய்ங் தீவிரவாதிகளின் நடமாட்டத்தைக் கட்டப்படுத்த எல்லை நெடுகிலும் இன்னும் அதிகமான துருப்புக்கள் ஈடுபடுத்தப் படும் என்று உறுதியளித்தார். ஆனால், போராளி முகாம்களைப் பற்றி எவ்வித உறுதிமொழியும் அளிக்கவில்லை. ஆனால், டாத்மதாவ் (மியான்மர் ராணுவம்)வின் குறைந்த ஆள் பலத்தை வைத்துப் பார்க்கையில் எல்லையில் கூடுதல் துருப்புக்களை ஈடுபடுத்த முடியும் என்பது சந்தேகம்தான்.

இதற்கு மேலாக, போராளி முகாம்களுக்கு எதிராக நடவடிக்கை எடுக்காத காரணத்தால், புது தில்லி தீவிரமான நிலைப்பாட்டை

மேற்கொள்ளும் நிலையில் இல்லை என்பதை நய்பிடாவ் நன்கு உணர்ந்திருந்தது. மியான்மர் இந்தியாவுக்கு முக்கியம் - தென்கிழக்கு ஆசியாவில் உள்ள விரைந்து வளரும் பொருளாதார நாடுகளுக்கு தலை வாசல் — ஆகவே, ஆக்ட் ஈஸ்ட் கொள்கையின் வெற்றிக்கு முக்கியம். தற்போது பல்வேறு அமைப்புகளால் அமல்படுத்தப்படும் மியான்மரின் உள்கட்டமைப்புத் திட்டங்களில் இந்தியாவுக்குப் பங்கு இருக்கிறது. சீனாவின் பிடிக்குள் சென்று விட்ட மியான்மரைத் தன் பக்கம் திருப்ப விரும்பும் அமெரிக்கா போலவே புது தில்லியும் மியான்மரைத் தன்பக்கம் இழுக்க விரும்புகிறது (1980களின் இறுதியில் மியான்மர் ராணுவ ஆட்சியுடன் பெய்ஜிங் நெருங்கிய தூதரக, அரசியல் மற்றும் பொருளாதர உறவுகளை வளர்த்ததைத் தொடர்ந்து மியான்மர் சீனாவின் பிடியில் இருக்கிறது).

ஜூன் 9, 2017 அன்று என்.என்.சி.என்.(கே) தலைவர் எஸ்.எஸ். காப்லாங், நாங்கள் அவரைச் சந்தித்த அதே மியான்மரின் ஹூக்வாங் பள்ளத்தாக்கில் உள்ள தலைமையகத்தில் உயிர் நீத்தார். அந்த உயர் பதவிக்கு வரும் வாய்ப்பு உள்ளவர்களாகச் சொல்லப்பட்ட இருவரில் ஒருவர் தலைமை தளபதியான கும்சோக் பங்க்மி மற்றும் துணைத் தலைவர் காங்கோ கோன்யாக். இவர் நாகாலாந்தில் உள்ள மான் என்ற இடத்தைச் சேர்ந்தவர். நாங்கள் ஹூக்வாங்க் சென்றபோது இந்தோ-மியான்மர் எல்லைக்குப் பக்கத்தில் உள்ள ஒரு கிராமத்தில் காங்கோவைச் சந்தித்திருந்தோம். மிகவும் எளிமையாக, நாகரிகம் தெரிந்தவராக இருந்தார். காப்லாங்கின் இறுதி ஊர்வலம் நடந்து முடிந்த உடனேயே கும்சோக், 'இடைக்காலத் தலைவர்' ஆக நியமிக்கப்பட்டாலும், ஒரு சில வாரங்களுக்குப் பிறகு காங்கோ, இறுதியாக அந்த உயர் பதவிக்குத் தேர்ந்தெடுக்கப்பட்டார்.

காப்லாங்கின் மரணம், நாகாலாந்தைச் சேர்ந்த தலைவர் ஒரு உயர் மட்டத் தலைவரானதை மியான்மர் ராணுவம் ஏற்றுக்கொள்ளுமா என்ற சந்தேகத்தையும், அவ்வாறே ஏற்றாலும் அதே அளவு சுமுக உறவு இரு தரப்புக்கும் இடையே தொடருமா என்ற சந்தேகங்களை வளர்த்தது. என்.என்.சி.என்.(கே) எதிர்காலத்தில் எப்படியிருக்கும் என்பதை இப்போதே தீர்மானிக்க முடியாது என்றாலும் நாகாலாந்தினர்களுடனான உறவை மியான்மர் ராணுவம் தகர்த்து விடுவதற்கு வாய்ப்பில்லை. கோன்யாக், மியான்மர் ராணுவத்துடன் உள்ள ஒப்பந்தத்த ரத்து செய்வதற்குரிய கரணங்களும் இல்லை. ஏனெனில், காப்லாங்கே சொன்னதுபோல் அந்த ஒப்பந்தம், மிக நீண்ட காலத்துக்குப் பிறகு கிராமங்களுக்கு அமைதியை அளித்திருக்கிறது.

ஆனால், தனது இயக்கத்தின் நிதி நிலைமயை அபிவிருத்தி செய்வது, என்.என்.சி.என்.(கே)வின் ஆதரவுத் தளத்தைச் சேர்ந்த எல்லையின் இரு பக்கமும் பல்வேறு நாகாலாந்தினர் இனக் குழுவினர்களிடையே

ஒற்றுமையைப் பராமரிப்பது போன்ற இதர முக்கிய விஷயங்களில் காங்கோ கவனம் செலுத்தவேண்டி இருந்தன. கோன்யாக், இந்தியாவில் உள்ள நாகாலாந்தில் இருந்து வந்தவர் என்பதால் அவர் பெற்ற பதவி உயர்வின் பேரில் மியான்மர் நாட்டு நாகாலாந்தினர் தலைவர்களில் ஒரு பிரிவினர் வருத்தமாக உள்ளதாக வரும் செய்திகளுக்கிடையே இவ்விஷயம் முக்கியத்துவம் பெறுகிறது.

நாகாலாந்தைச் சேர்ந்த சுமி பிரிவுக்கும், பெரும்பாலும் மியான்மரைச் சேர்ந்த போராளிகளைக் கொண்ட கோன்யாக் - பங்சி குழுவுக்கும் இடையே உள்கட்சி சண்டைகளும் இருந்தன. சுமிக்களுக்குத் தலைமை வகித்தவர் ராணுவப் பிரிவின் துணைத் தலைமைத் தளபதி நிக்கி சுணமி. அவர் முக்கிய விஷயங்களில் கோன்யாக் உடன் வேறுபாடு கொண்டிருப்பதாகச் செய்திகள் வந்தன. அமைப்புகளுக்குள் உள்ள வேறுபாடுகள் இனி வரும் நாட்களிலும் எப்படி வெளிப்படும் எனப் பார்க்க வேண்டும். சுமிக்கள் தலைமைக்கு எதிராகப் போராடும் வரலாற்றைக் கொண்டவர்கள். 1960களின் இறுதியிலேயே, நாகாலாந்தில் உள்ள நாகா தேசியக் கவுன்சிலை விட்டு வெளியே தங்களுக்கென ஒரு அமைப்பைத் தொடங்கியது ஒரு பிரிவு.

கூட்டணி உருவாகியிருப்பது உண்மையே. என்றாலும் வடகிழக்குப் பகுதியில் உள்ள பிரிவினைவாத இயக்கங்களின் போக்கில் சமீபத்திய எதிர்காலத்தில் பெரிய மாற்றம் எதுவும் இருக்காது. 2015ல் நடந்த பொதுத் தேர்தல்களில் ஜனநாயகத்துக்குத் தேசியக் குழு (என்.எல்.டி.)வின் வெற்றி, விரைவில் இந்தத் தேசத்தின் நாகாலாந்தினர்கள் வாழும் பகுதியில் பெரிய மாற்றத்தை உருவாக்கு வதற்கு வாய்ப்பில்லை. மியான்மரில் உள்ள அடித்தளம் பாதுகாப்பாக வும், மியான்மர் ராணுவம் தனது அரசியலை மாற்றிக்கொள்ள வாய்ப்பில்லாத சூழலில், இந்தியாவின் வடகிழக்கில் இன்னும் சில ஆண்டுகள் அவ்வப்போது நிகழும் தற்போதைய நடவடிக்கைகள், என்கவுண்டர் போன்றவை தொடரும்.

காப்லாங்கின் கட்டுப்பாட்டுக்கு அப்பால் மணிப்பூரின் தொடர்ச்சி யான பகுதியில் உள்ள முகாம்கள், காவல் பணமாக கணிசமான தொகையை பெறும் மியான்மர் ராணுவத்துடனான ஒரு மறைமுகப் புரிந்துணர்வில் இயங்கி வருகின்றன. இருந்தாலும், மியான்மரில் போராளிகள் இருப்பதும், இந்தியாவில் உள்ள பாதுகாப்பு அமைப்புக் களுக்கு எதிராகத் தாக்குதல்கள் நடத்துவதும் நய்பிடாவ்வுக்கு தர்ம சங்கடத்தையே தரும். புது தில்லியில் இருந்து வரும் அழுத்தத்தை நய்பிடாவ் தாங்கி நிற்கும் என்றாலும், முகாம்களை அழிக்க முடியாததற்குத் தொடர்ந்து ஒரே விளக்கத்தை அளித்துக் கொண்டிருக்க முடியாது; உள் கட்டமைப்புத் துறையில் இந்திய முதலீடுகளை ஏற்றுக் கொள்ளவும், இதர துறைகளில் ஒத்துழைக்கவும்

மிகவும் விரும்பக்கூடிய ஒரு நாட்டை அது மிக மோசமாகக் காட்டும். ஆகவே, வடகிழக்குப் பிராந்திய பிரிவினைவாதக் குழுக்கள் இந்திய பாதுகாப்புப் படைகளின் மீது மேலும் தாக்குதல்கள் நடத்துவதை மியான்மர் ராணுவம் நிச்சயம் கட்டுப்படுத்தவே செய்யும்.

இன்றைய சூழ்நிலைகளைக் கணக்கில் எடுத்துக் கொண்டால், என்.எஸ்.சி.என்.(கே) டாட்மதாவ் அமைப்பை எதிர்த்துக் கொள்ளாது. ஏனெனில், காப்லாங் ஏற்படுத்திய சமநிலையை அது பாதிக்கும். இந்தப் பகுதியில் நிலவும் அமைதி இரு அண்டை நாடுகளின் நலனுக்கும் உதவுகிறது. அது என்.எஸ்.சி.என்.(கே)வின் திட்டங் களைப் பாதிக்காது. மியான்மரில் உள்ள தளம் தப்பிப் பிழைக்கத் தேவை என்பதால் வடகிழக்குப் பகுதியில் உள்ள குழுக்கள் அவ்வமைப்பைத் தனிமைப்படுத்தவும் முடியாது.

புது தில்லி இறையாண்மை குறித்த விவாதத்தை ஏற்றுக் கொள்ளாது என்பதால், வடகிழக்கில் உள்ள பிரிவினைவாதக் குழுக்கள் இந்திய அரசாங்கத்துடனான பேச்சுவார்த்தைகளுக்கு ஒத்து வருமா என்பது இன்றும் சந்தேகமே. 2006ல், உல்ஃபாவுடனான சமாதான முயற்சி, பேச்சுவார்த்தைகளின் 'முக்கிய அம்சமாக', இறையாண்மையைச் சேர்க்கவேண்டும் என்ற அதன் கோரிக்கை காரணமாகத் தகர்ந்தது. மணிப்பூரில் உள்ள குழுக்களும் கூட, தலை குனியாவிட்டால், போராட்டத்தைத் தீவிரப்படுத்துவதற்கான வாய்ப்பு குறையக் கூடும்; அதோடு மியான்மரின் காடுகளுக்குள் தங்கள் எஞ்சிய வாழ்வைத் தொலைக்க வேண்டியிருக்கும் என்ற போதிலும், தலை குனியாமல் இருக்கத் தீர்மானித்துவிட்டதாகத் தோன்றுகிறது.

வடகிழக்கில் நிலைமை வேகமாக மாறிவருகிறது. இந்த உண்மையைப் பெரும்பாலான ஆயுதக் குழுக்கள் அரசியலமைப்புச் சட்டத்துக்குட்பட்டு தன்னாட்சி கோருவதில் இருந்து கணிக்க முடியும். கூடவே, ஒவ்வொரு ஆண்டும், இந்திய மாநகர்களுக்கு வேலை தேடிப் போகும் இளைஞர்கள் எண்ணிக்கையும் அதிகரித்து வருகிறது. இதுவே இருபது ஆண்டுகளுக்கு முன்பு என்றால், அவர்கள் இந்தக் கிளர்ச்சிக் குழுக்களில் சேர்ந்திருப்பார்கள். இன்றும், வடகிழக்குப் பகுதிகளில் வேலை வாய்ப்புகளுக்குத் தட்டுப்பாடு நிலவுகிறது. இந்தப் பகுதிக்கு அளிக்கப்படும் ஆயிரக்கணக்கான கோடி ரூபாய் பணம், விரும்பியவிதத்தில் செலவிடப்படுவதில்லை. நிச்சயமாக, அரசால் புரிந்துகொள்ள இயலாத ஏதோ ஒன்று தவறாகப் போய்க்கொண்டிருக்கிறது. தீவிரவாதம் நின்றுபோனது என்பதற்கு அரசு இந்த யுத்தத்தை வென்றுவிட்டது என்று அர்த்தமல்ல.

நன்றியுரை

எங்களைச் சந்தித்து பேட்டி கொடுக்க ஒப்புக்கொண்ட உல்ஃபா சீஃப் ஆஃப் ஸ்டாஃப் பரேஷ் பரூவாவுக்கு மனமார்ந்த நன்றி. எனது இந்த நன்றியறிவிப்பையும் நோக்கத்தையும் சிலர் சந்தேகக்கண்கொண்டு தேசப் பாதுகாப்புக்கு ஊறுவிளைவிக்கும் ஒன்றாகப் பார்க்கக்கூடும் என்பது தெரிந்தும் நான் அவருக்கு நன்றி தெரிவிக்கவிரும்புகிறேன். என்.எஸ்.சி.என். (கே) சேர்மன் எஸ்.எஸ்.காப்லாங் அவருடைய பொன்னான நேரத்தை எங்களுடன் செலவிட்டதற்கு நன்றிகள் பல. எங்களை அன்பாகவும் அக்கறையுடனும் அழைத்துச் சென்று திரும்பிக் கொண்டுவந்து சேர்த்தவர்களுக்கு, குறிப்பாக இக்பால், போரா, ப்ரனாப் ஆகியோருக்கு, நன்றிகள். எங்களுடைய ஆமை நடைக்கு ஈடுகொடுத்து நடக்க வேண்டியிருந்தது அவர்களுக்கு. எங்களுடைய சுமைகளையும் சுமக்க வேண்டியிருந்தது. அதற்காகவே அவர்களுக்குக் கூடுதல் நன்றிகள் சொல்லியாகவேண்டும்.

கிழக்கு நாகாலாந்து கிராமத்தினரும் இயக்கத்தினரும் அந்தப் பகுதியையும் அங்கு செயல்படும் இயக்கங்களையும் பற்றிப் பல முக்கியமான தகவல்களைத் தந்துதவியிருக்கிறார்கள். தங்களுடைய பெயரும் பிற தகவல்களும் வெளியில் தெரிந்துவிடக்கூடாது என்ற நிபந்தனையின் பேரில் அந்தத் தகவல்களைப் பகிர்ந்துகொண்டார்கள். அவர்கள் சொன்ன விஷயங்கள் மட்டும் இல்லாதிருந்தால் இந்தப் புத்தகம் மிகவும் சாரமற்றதாகிவிட்டிருக்கும். எங்களுடைய பயணத்தின் ஒவ்வொரு கட்டத்திலும் அவர்களுடைய உதவிகள் எங்களுக்குக் கிடைத்தன. தங்கள் வீடுகளை நாங்கள் தங்கக் கொடுத்துவிட்டு அண்டைவீட்டில் சென்று தங்கிக் கொள்ளவும் நேர்ந்திருக்கிறது. அவர்களுக்கு என்ன கைமாறு என்னால் செய்துவிட முடியும்? மீண்டும் நான் அங்கு போக வாய்ப்புக் கிடைத்தால் அதே

அன்புடன் எளிமையுடன் என்னை வரவேற்பார்கள் என்று நிச்சயமாக நம்புகிறேன்.

நெருக்கடியான பணிகளுக்கு இடையிலும் உல்ஃபா சேர்மன் அரவிந்த ராஜ்கோவா சந்தித்துப் பேச வாய்ப்புக் கொடுத்து பரேஷ் பரூவா பற்றிய அவருடைய கருத்துகளைப் பகிர்ந்துகொண்டார். சில விஷயங்கள், நிகழ்வுகள் பற்றி எனக்கு சந்தேகங்கள் ஏற்பட்டபோது துணைத் தலைவர் ப்ரதீப் கோகோய், அயலகத் தொடர்பாளர் சஹாதர் சௌத்ரி ஆகியோர் தெளிவுபடுத்தினார்கள்

இந்தப் பேட்டி மற்றும் புத்தகத்தை எழுதும்படித் தூண்டியவர்களில் மிக முக்கியமானவர் பெர்டில் லிண்டர். அவர் ஒன்றரை வருடங்கள் மியான்மரில் 2200 கி.மீ பயணம் செய்து தனது பத்தகத்தை எழுதியிருந்தார். என் சக பணியாளர்கள் பாரத் பூஷண், சீமா குஹா, சௌரவ் சௌத்ரி, சரத் சர்மா, தலிப் சிங் ஆகியோர் நான் தில்லியில் பணிபுரிந்தபோது பெரிதும் உதவிபுரிந்தார்கள். வேறு யாரையும்விட பாதுகாப்பு விஷயங்கள் குறித்து பல உண்மைகள் தெரிந்த, பல புத்தகங்கள் எழுதிய என் நண்பர் எனக்குப் பெரிதும் உதவி புரிந்தார். அவரும் தன் பெயர் வெளியாவதை விரும்பவில்லை.

நாங்கள் 'காணாமல் போய்விட்டோம்' என்ற பிரச்னை வெடித்த போது, அதுபற்றி மிகவும் வருந்தியதோடு நாங்கள் நல்லவிதமாகத் திரும்பி வரவேண்டும் என்று பல நண்பர்கள் பெரிதும் முயற்சிகள் எடுத்தனர். குவஹாத்தி, ஜோர்ஹத், கோலாகாட், திப்பு, இம்பால் பத்திரிகையாளர் சங்கங்கள் மற்றும் தில்லியில் இருக்கும் என் நெருங்கிய நண்பர்கள் அனைவருக்கும் மனமார்ந்த நன்றிகள் பல. பி.ஜி.பரூவா, ராமென் தேகா, டாக்டர் ஹிரன் கோகெய்ன், ஹிரன்ய சைகியா, நவ தாகூரியா, ரூபம் பரூவா, ப்ரசாந்த ராஜ்குரு, மனோஜ் கோஸ்வாமி, மிர்னாள் தாலுக்தார், அதானு புயான், கல்யாண் பரூவா, அஜித் புயான், நிஷித் தோலாபாய், எம்.எம்.ஜா, சுமன்சக்கரவர்த்தி, ரத்னதீப் சௌத்ரி, பங்கஜ் பர்தாகுர், அபிஜித் தேவ், அருப் சந்தா, அசிந்த போரா, ப்ரனாப் கோகோய், தேவ்ஜித் அதிகாரி, நிகுஞ்ச தாகுல்தர், மிர்ளாள் தாஸ் மற்றும் செவ்வன் சிஸ்டர்ஸ் போஸ்ட் பணியாளர்கள் அனைவருக்கும் என் மனமார்ந்த நன்றிகள் பல.

எனக்கு என்ன நேர்ந்தது என்று தெரியாத பதற்றம், நெருக்கடி ஆகியவற்றுக்கு இடையே என் மனைவி ராஷ்மி, நண்பர்கள் பாஸ்கர் புயன், சுக்வந்த் சிங், நிலவ் ஜ்யோதி தாஸ், திவ்யஜித் பரூவா, சுமன் பர்தாகுர் ஆகியோர் நான் எடுத்த பணியை முடித்து, நல்லபடியாகத் திரும்பிவருவேன் என்பதில் நம்பிக்கையுடன் இருந்தனர். என்

பெற்றோரும் உறவினர்களும் எனக்காகப் பிரார்த்தனை செய்தனர். என் நண்பர்கள் சிலர் கிழக்கு நாகாலாந்துக்குப் புறப்படும் முன் அவர்களிடம் ஏன் தகவல் தெரிவிக்கவில்லை என்று உரிமையுடன் கடிந்துகொண்டனர்.

ப்ரணவ் போரா, ஜெயந்த் கோஸ்வாமி, பிபாஷ் சௌத்ரி, மோனோஜித் சர்மா, சஞ்சீவ் பரூவா, ரிதுராஜ் பர்தாகுர் மற்றும் ஷேக் மொஹம்மது சபா அல் அஹமது ஆகியோர் பல பயனுள்ள ஆலோசனைகள் வழங்கினர். அவர்களுக்கு என் மனமார்ந்த நன்றிகள். இந்தப் பணியைச் சிறப்பாக நான் முடிக்க ஆலோசனைகள் வழங்கி வழிகாட்டிய கௌதம் சௌத்ரி, அனில் ஜா, ராஜீவ் கோஸ்வாமி ஆகியோருக்கு நன்றிகள் பல.

தமிழின் முக்கிய பதிப்பகமான நியூ ஹொரைஸன் மீடியா-வை மகா தமிழ்ப் பிரபாகரன் எனக்கு அறிமுகப்படுத்தினார். பிரபல பத்திரிகையாளரும் ஆவணப்படத் தயாரிப்பாளருமான அவருடைய அன்பான அக்கறையான முயற்சியின்றி இந்தப் புத்தகத்தின் தமிழ் மொழி பெயர்ப்பு சாத்தியமாகியிருக்காது. தேர்ந்த மொழிபெயர்ப்பாளர் வெற்றிவேலிடம் ஆங்கில நூலைக் கொடுத்து விரைவாக தமிழ் பதிப்பைக் கொண்டுவர சீரிய முயற்சிகள் எடுத்த அந்த நிறுவனத்தின் அட்மினிஸ்ட்ரேடிவ் எடிட்டர் வைதேகி சங்கரன், ஆங்கில மூல நூலுடன் ஒப்பிட்டு மொழிபெயர்ப்பை மேம்படுத்திய சீஃப் எடிட்டர் (ட்ரான்ஸ்லேஷன்) B.R.மகாதேவன் ஆகியோருக்கு என் நன்றிகள்.

www.ingramcontent.com/pod-product-compliance
Lightning Source LLC
LaVergne TN
LVHW101352051026
849519LV00005BC/1513